专利复审和无效审查决定汇编丛书

# 专利复审和无效审查决定汇编
# (2007)

## 外观设计(第六卷)

国家知识产权局专利复审委员会　编

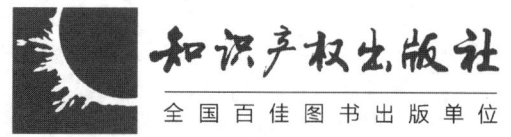

图书在版编目（CIP）数据

专利复审和无效审查决定汇编.2007.外观设计/国家知识产权局专利复审委员会编.—北京：知识产权出版社，2015.12

ISBN 978-7-5130-1607-0

Ⅰ.①专… Ⅱ.①国… Ⅲ.①专利权法—案例—中国 Ⅳ.①D923.425

中国版本图书馆 CIP 数据核字（2012）第 249540 号

**内容提要**

本书汇集了专利复审委员会 2007 年作出的外观设计专利复审和无效审查决定及相关审查决定和司法判决（根据法律规定需要保密的除外），比较全面地反映了专利复审委员会的审查工作和人民法院专利行政案件审理工作取得的进展，对专利工作者具有一定的借鉴和指导作用，也有利于当事人及广大公众对专利复审委员会的审查工作进行监督。

| | | | |
|---|---|---|---|
| 责任编辑：崔开丽 刘 畅 | | 责任校对：董志英 | |
| 责任出版：孙婷婷 | | 封面设计：品 序 | |

专利复审和无效审查决定汇编丛书

**专利复审和无效审查决定汇编（2007）**

外观设计（第六卷）

国家知识产权局专利复审委员会 编

| | |
|---|---|
| 出版发行：知识产权出版社有限责任公司 | 网 址：http://www.ipph.cn |
| 社 址：北京市海淀区马甸南村1号（邮编：100088） | 天猫旗舰店：http://zscqcbs.tmall.com |
| 责编电话：82000860 转 8377 | 责编邮箱：cui_kaili@sina.com |
| 发行电话：010-82000860 转 8101/8102 | 发行传真：010-82000893/82005070/82000270 |
| 印 刷：北京中献拓方科技发展有限公司 | 经 销：各大网上书店、新华书店及相关专业书店 |
| 开 本：880mm×1230mm 1/16 | 印 张：308.75 |
| 版 次：2015年12月第1版 | 印 次：2015年12月第1次印刷 |
| 字 数：8668 千字 | 定 价：1500.00元（全6卷） |
| ISBN 978-7-5130-1607-0 | |

出版权专有 侵权必究
如有印装质量问题，本社负责调换。

# 本书编委会

主　任：廖　涛

副主任：杨　光　　胡文辉　　祁德山

编　委：金泽俭　　徐晓敏　　廖志峰　　张予革
　　　　白剑峰　　马　昊　　蒋　彤　　李人久
　　　　李　越　　陈迎春　　于　萍　　吴赤兵
　　　　李　隽

# 前　言

随着经济全球化和我国国民经济的飞速发展，专利制度在经济活动中的作用和地位越来越突出，国民的专利意识也在不断增强。目前，我国专利申请总量超过1170万件，每年专利复审与无效宣告请求案件已超过2万件，2012年达到20261件。作为专利复审和无效宣告请求案件审查的专属机构，专利复审委员会每年都要作出数以千计的审查决定。与之相应，人民法院每年要作出数百篇司法判决。每一篇审查决定和判决书都凝聚着审查员和审判人员的心血和智慧。通过审查员和审判人员结合具体案情的创作型劳动，生硬的法律条文变得鲜活和丰满，形成一笔宝贵的精神财富和公共资源，并不断有专利代理机构、专利代理人以及审查员希望专利复审委员会能够出版专利复审和无效审查决定，作为学习和工作时的重要参考资料。

除根据法律规定需要保密的外，《专利复审和无效审查决定汇编（2007）》汇集了专利复审委员会2007年作出的审查决定，包括针对相应审查决定的司法判决，以便读者了解审查决定的法律状态并对照阅读和分析。本汇编按照技术专业领域将分为8大册，共25分卷：机械（3卷）、电学（4卷）、通信（2卷）、医药（2卷）、化学（2卷）、材料（3卷）、光电（3卷）、外观设计（6卷）。因此，本汇编比较全面地反映了专利复审委员会的审查工作和人民法院专利行政案件审理工作取得的进展。

我们相信，本汇编对专利工作者具有一定的借鉴和指导作用，也有利于当事人及广大公众对专利复审委员会的审查工作进行监督。本汇编也将为推动专利复审委员会的发展，促进专利代理业务水平的提高，为《国家知识产权战略纲要》进一步实施尽微薄之力。

本书编委会  
2013年8月

# 目　　录

**624** 窗口双向对讲机（3）
　　无效宣告请求审查决定（第 10641 号）·············································· 4045
　　北京市第一中级人民法院行政裁定书（2008）一中行初字第 517 号················· 4052

**625** 药品包装盒（古汉养生精口服液）
　　无效宣告请求审查决定（第 10646 号）·············································· 4053

**626** 按摩器（蛋型）
　　无效宣告请求审查决定（第 10647 号）·············································· 4057

**627** 桶贴（建筑胶）
　　无效宣告请求审查决定（第 10651 号）·············································· 4061

**628** 包装袋（植秀 66 田七）
　　无效宣告请求审查决定（第 10652 号）·············································· 4064

**629** 手动液压力学测试机
　　无效宣告请求审查决定（第 10655 号）·············································· 4068
　　北京市第一中级人民法院行政判决书（2008）一中行初字第 241 号················· 4073
　　北京市高级人民法院行政判决书（2009）高行终字第 1307 号······················· 4079

**630** 玩具（变形金刚机动阿劲）
　　无效宣告请求审查决定（第 10657 号）·············································· 4083

**631** 玩具（重装战士）
　　无效宣告请求审查决定（第 10658 号）·············································· 4088

**632** 玩具（脉冲战士）
　　无效宣告请求审查决定（第 10659 号）·············································· 4092

**633** 掌上电脑词典（牛津 2000）
　　无效宣告请求审查决定（第 10662 号）·············································· 4097

**634** 对讲机（PX-555）
　　无效宣告请求审查决定（第 10663 号）·············································· 4102
　　北京市第一中级人民法院行政裁定书（2008）一中行初字第 721 号················· 4107
　　北京市高级人民法院行政裁定书（2009）高行终字第 233 号······················· 4109

**635** 节能灯（3）
　　无效宣告请求审查决定（第10664号） ...... 4113

**636** 按钮开关
　　无效宣告请求审查决定（第10665号） ...... 4116

**637** 按钮开关
　　无效宣告请求审查决定（第10666号） ...... 4130

**638** 通气扇（BP11-2D）
　　无效宣告请求审查决定（第10674号） ...... 4142

**639** 酒瓶贴（新二曲）
　　无效宣告请求审查决定（第10675号） ...... 4152

**640** 玩具（变形金刚黑影战士）
　　无效宣告请求审查决定（第10676号） ...... 4156

**641** 玩具（变形金刚强击短剑）
　　无效宣告请求审查决定（第10677号） ...... 4161

**642** 皮革（07）
　　无效宣告请求审查决定（第10678号） ...... 4166

**643** 包装盒（兰花一）
　　无效宣告请求审查决定（第10679号） ...... 4170
　　北京市第一中级人民法院行政判决书（2008）一中行初字第377号 ...... 4174
　　北京市高级人民法院行政判决书（2009）高行终字第294号 ...... 4177

**644** 秋梨膏瓶
　　无效宣告请求审查决定（第10682号） ...... 4181

**645** 条播式施肥播种机
　　无效宣告请求审查决定（第10683号） ...... 4185

**646** 标贴（朗格果肉橙）
　　无效宣告请求审查决定（第10688号） ...... 4190

**647** 摄像机（球型PA型）
　　无效宣告请求审查决定（第10689号） ...... 4194

**648** 包装瓶（十）
　　无效宣告请求审查决定（第10690号） ...... 4199

**649** 摇摆车
　　无效宣告请求审查决定（第10691号） ...... 4204

| 650 | 型材防盗扣（二） |
| --- | --- |
| | 无效宣告请求审查决定（第10693号） …… 4209 |

| 651 | 绷缝机（GEM1500B） |
| --- | --- |
| | 无效宣告请求审查决定（第10696号） …… 4214 |

| 652 | 灯　头 |
| --- | --- |
| | 无效宣告请求审查决定（第10698号） …… 4220 |

| 653 | 带开关的灯头 |
| --- | --- |
| | 无效宣告请求审查决定（第10699号） …… 4224 |

| 654 | 玩具（空中霸王战士） |
| --- | --- |
| | 无效宣告请求审查决定（第10702号） …… 4229 |

| 655 | 玩具（带翼加达姆） |
| --- | --- |
| | 无效宣告请求审查决定（第10703号） …… 4234 |

| 656 | 玩具（强力机甲战士） |
| --- | --- |
| | 无效宣告请求审查决定（第10704号） …… 4239 |

| 657 | 玩具（剪影机甲战士） |
| --- | --- |
| | 无效宣告请求审查决定（第10705号） …… 4244 |

| 658 | 烧烤炭（CSLDF-5） |
| --- | --- |
| | 无效宣告请求审查决定（第10710号） …… 4249 |

| 659 | 型材（混凝土双T板） |
| --- | --- |
| | 无效宣告请求审查决定（第10711号） …… 4253 |

| 660 | 输送机支脚 |
| --- | --- |
| | 无效宣告请求审查决定（第10712号） …… 4259 |
| | 北京市第一中级人民法院行政判决书（2008）一中行初字第474号 …… 4269 |

| 661 | 输送机槽板（1） |
| --- | --- |
| | 无效宣告请求审查决定（第10713号） …… 4278 |
| | 北京市第一中级人民法院行政判决书（2008）一中行初字第473号 …… 4289 |
| | 北京市高级人民法院行政判决书（2008）高行终字第694号 …… 4298 |

| 662 | 链条（2） |
| --- | --- |
| | 无效宣告请求审查决定（第10714号） …… 4308 |
| | 北京市第一中级人民法院行政判决书（2008）一中行初字第472号 …… 4320 |
| | 北京市高级人民法院行政判决书（2008）高行终字第693号 …… 4329 |

| 663 | 包装盒（阿城阿胶） |
| --- | --- |
| | 无效宣告请求审查决定（第10715号） …… 4339 |

| 664 | 椅子（H668-3E）
无效宣告请求审查决定（第10716号） ……………………………………… 4344

| 665 | 电熨斗（7562）
无效宣告请求审查决定（第10717号） ……………………………………… 4349

| 666 | 电熨斗（7562）
无效宣告请求审查决定（第10718号） ……………………………………… 4355

| 667 | 太阳能热水器支架（1）
无效宣告请求审查决定（第10719号） ……………………………………… 4361

| 668 | 包装盒（圣天猴奶糖）
无效宣告请求审查决定（第10720号） ……………………………………… 4367

| 669 | 包装盒（2）
无效宣告请求审查决定（第10722号） ……………………………………… 4372

| 670 | 包缝机（52003200）
无效宣告请求审查决定（第10724号） ……………………………………… 4376

| 671 | 包装盒
无效宣告请求审查决定（第10727号） ……………………………………… 4380

| 672 | 玩具（变形金刚雷达战士）
无效宣告请求审查决定（第10728号） ……………………………………… 4382

| 673 | 玩具（双X战士）
无效宣告请求审查决定（第10729号） ……………………………………… 4387

| 674 | 玩具（沙漠战士）
无效宣告请求审查决定（第10730号） ……………………………………… 4392

| 675 | 玩具（变形金刚机动阿丁）
无效宣告请求审查决定（第10731号） ……………………………………… 4397

| 676 | 玩具（变形金刚禁卫战士）
无效宣告请求审查决定（第10732号） ……………………………………… 4402

| 677 | 玩具（变形金刚机动盖兹）
无效宣告请求审查决定（第10733号） ……………………………………… 4407

| 678 | 包装袋（圣天猴香芋味奶糖）
无效宣告请求审查决定（第10734号） ……………………………………… 4412

| 679 | 玩具（双龙战士）
无效宣告请求审查决定（第10735号） ……………………………………… 4416

680 玩具（艾比安战士）
　　无效宣告请求审查决定（第10736号） …………………………………………… 4421

681 玩具（加达姆·德斯赛兹）
　　无效宣告请求审查决定（第10737号） …………………………………………… 4426

682 玩具（烈焰机甲战士）
　　无效宣告请求审查决定（第10738号） …………………………………………… 4431

683 玩具（地狱死神战士）
　　无效宣告请求审查决定（第10739号） …………………………………………… 4435

684 带支架的液晶电视（51）
　　无效宣告请求审查决定（第10741号） …………………………………………… 4440

685 对讲机（B）
　　无效宣告请求审查决定（第10747号） …………………………………………… 4444

686 便携式无线对讲机（1）
　　无效宣告请求审查决定（第10748号） …………………………………………… 4448
　　北京市第一中级人民法院行政判决书（2008）一中行初字第487号 …………… 4453

687 应急灯（HK-118）
　　无效宣告请求审查决定（第10750号） …………………………………………… 4459

688 枪刷（12T）
　　无效宣告请求审查决定（第10751号） …………………………………………… 4462
　　北京市第一中级人民法院行政判决书（2008）一中行初字第201号 …………… 4470
　　北京市高级人民法院行政裁定书（2008）高行终字第447号 …………………… 4477

689 枪刷（22T）
　　无效宣告请求审查决定（第10752号） …………………………………………… 4478
　　北京市第一中级人民法院行政判决书（2008）一中行初字第202号 …………… 4486
　　北京市高级人民法院行政裁定书（2008）高行终字第448号 …………………… 4493

690 梳柄（T-C）
　　无效宣告请求审查决定（第10753号） …………………………………………… 4494

691 梳柄（T-C）
　　无效宣告请求审查决定（第10754号） …………………………………………… 4500

692 柱盆（2）
　　无效宣告请求审查决定（第10756号） …………………………………………… 4507

693 磁砖（3）
　　无效宣告请求审查决定（第10757号） …………………………………………… 4511

**694** 容器盖
　　无效宣告请求审查决定（第10758号） …………………………………………… 4517
　　北京市第一中级人民法院行政判决书（2008）一中行初字第488号 ………… 4522
　　北京市高级人民法院行政裁定书（2008）高行终字第526号 ………………… 4527

**695** 椅子扶手
　　无效宣告请求审查决定（第10759号） …………………………………………… 4528

**696** 排椅扶手（1）
　　无效宣告请求审查决定（第10760号） …………………………………………… 4533

**697** 无线激光遥控笔（1）
　　无效宣告请求审查决定（第10761号） …………………………………………… 4537

**698** 茶几（356A）
　　无效宣告请求审查决定（第10763号） …………………………………………… 4541
　　北京市第一中级人民法院行政判决书（2008）一中行初字第453号 ………… 4545
　　北京市高级人民法院行政判决书（2008）高行终字第570号 ………………… 4549

**699** 包装袋（香甜泡打粉）
　　无效宣告请求审查决定（第10765号） …………………………………………… 4554

**700** 烧烤炭块（CSLDF-1）
　　无效宣告请求审查决定（第10766号） …………………………………………… 4558

**701** 瓶贴（清茶无糖-PET500）
　　无效宣告请求审查决定（第10767号） …………………………………………… 4562

**702** 酒瓶（不锈钢型）
　　无效宣告请求审查决定（第10769号） …………………………………………… 4564

**703** 路灯（白玉兰）
　　无效宣告请求审查决定（第10771号） …………………………………………… 4569
　　北京市第一中级人民法院行政判决书（2008）一中行初字第435号 ………… 4574
　　北京市高级人民法院行政判决书（2008）高行终字第684号 ………………… 4579

**704** 组合座椅（三）
　　无效宣告请求审查决定（第10772号） …………………………………………… 4583

**705** 按摩椅（DLK-H009智能）
　　无效宣告请求审查决定（第10773号） …………………………………………… 4588

**706** 逃生门锁
　　无效宣告请求审查决定（第10774号） …………………………………………… 4594
　　北京市第一中级人民法院行政裁定书（2008）一中行初字第478号 ………… 4597

【707】横式推杠防盗报警逃生门锁
　　无效宣告请求审查决定（第10775号）……………………………………4598
　　北京市第一中级人民法院行政裁定书（2008）一中行初字第477号………4601

【708】毛孔清洁器（防水）
　　无效宣告请求审查决定（第10787号）……………………………………4602

【709】包装盒（阿胶）
　　无效宣告请求审查决定（第10788号）……………………………………4610

【710】玩具（变形金刚灾难战士）
　　无效宣告请求审查决定（第10795号）……………………………………4616

【711】玩具（变形金刚易吉斯战士）
　　无效宣告请求审查决定（第10797号）……………………………………4621

【712】包装盒
　　无效宣告请求审查决定（第10802号）……………………………………4626
　　北京市第一中级人民法院行政判决书（2008）一中行初字第588号………4630

【713】枕头（1）
　　无效宣告请求审查决定（第10803号）……………………………………4635

【714】皮革（02）
　　无效宣告请求审查决定（第10804号）……………………………………4640

【715】橱柜内置物架（二）
　　无效宣告请求审查决定（第10807号）……………………………………4644

【716】节能灯（2）
　　无效宣告请求审查决定（第10809号）……………………………………4651

【717】储物盒
　　无效宣告请求审查决定（第10810号）……………………………………4655
　　北京市第一中级人民法院行政判决书（2008）一中行初字第527号………4661
　　北京市高级人民法院行政判决书（2008）高行终字第525号………………4667

【718】宠物笼（方管组装式）
　　无效宣告请求审查决定（第10820号）……………………………………4673

【719】电热水壶
　　无效宣告请求审查决定（第10829号）……………………………………4677

【720】饮料瓶
　　无效宣告请求审查决定（第10832号）……………………………………4684

【721】充电式枪钻（双头）

无效宣告请求审查决定（第10838号）……………………………………………… 4689
北京市第一中级人民法院行政判决书（2008）一中行初字第589号……………… 4695
北京市高级人民法院行政判决书（2008）高行终字第519号……………………… 4701

### 722 蜡 烛
无效宣告请求审查决定（第10839号）……………………………………………… 4707

### 723 鞋 撑
无效宣告请求审查决定（第10868号）……………………………………………… 4712

### 724 平板刷
无效宣告请求审查决定（第10869号）……………………………………………… 4717

### 725 包装袋（转化洗衣粉）
无效宣告请求审查决定（第10874号）……………………………………………… 4721

### 726 笔（681）
无效宣告请求审查决定（第10882号）……………………………………………… 4724
北京市第一中级人民法院行政判决书（2008）一中行初字第439号……………… 4729
北京市高级人民法院行政判决书（2008）高行终字第456号……………………… 4734

### 727 手动脉冲发生器
无效宣告请求审查决定（第10886号）……………………………………………… 4739

### 728 冲茶器（巴顿将军）
无效宣告请求审查决定（第10888号）……………………………………………… 4745

### 729 订书机（DXY-911）
无效宣告请求审查决定（第10889号）……………………………………………… 4752

### 730 工具箱
无效宣告请求审查决定（第10895号）……………………………………………… 4757

### 731 育秧盘
无效宣告请求审查决定（第10898号）……………………………………………… 4763

### 732 塑料瓶（农药-2）
无效宣告请求审查决定（第10904号）……………………………………………… 4769

### 733 包装瓶（高）
无效宣告请求审查决定（第10905号）……………………………………………… 4773

### 734 塑料瓶（农药-3）
无效宣告请求审查决定（第10906号）……………………………………………… 4776

### 735 护栏横杆（3）
无效宣告请求审查决定（第10908号）……………………………………………… 4780

|736| 数码变频发电机组（YK3000i）
   无效宣告请求审查决定（第 10946 号） ………………………………………………… 4783

|737| 数码变频发电机组（YK3000i）
   无效宣告请求审查决定（第 10948 号） ………………………………………………… 4788

|738| 斜断锯（095）
   无效宣告请求审查决定（第 11506 号） ………………………………………………… 4793

|739| 锯铝机（090）
   无效宣告请求审查决定（第 11507 号） ………………………………………………… 4798

# 窗口双向对讲机（3）

## 无效宣告请求审查决定（第 10641 号）

| | |
|---|---|
| 决 定 号 | 第 10641 号 |
| 决 定 日 | 2007 年 11 月 8 日 |
| 发明创造名称 | 窗口双向对讲机（3） |
| 外观设计分类号 | 14-03 |
| 无效宣告请求人 | 漳州市爱德电子技术有限公司 |
| 专 利 权 人 | 漳州市福顺达计算机有限公司 |
| 专 利 号 | 03303890.2 |
| 申 请 日 | 2003 年 3 月 12 日 |
| 授 权 公 告 日 | 2003 年 10 月 29 日 |
| 合 议 组 组 长 | 宋鸣镝 |
| 主 审 员 | 刘 畅 |
| 参 审 员 | 周 航 |
| 附 图 | 2 页 |

法 律 依 据　专利法第 23 条
决 定 要 点

对于组装关系唯一的组件产品，即使将单个产品与对比文件进行比对是相近似的，但是如果他们组合在一起的状态不会引起一般消费者的混淆，则认为二者不相近似。

### 一、案由

本无效宣告请求涉及中华人民共和国国家知识产权局于 2003 年 10 月 29 日授权公告的、名称为"窗口双向对讲机（3）"的外观设计专利权（下称本专利），其申请号是 03303890.2，申请日是 2003 年 3 月 12 日，专利权人是漳州市福顺达计算机有限公司。

针对上述专利权，漳州市爱德电子技术有限公司（下称请求人）于 2006 年 5 月 8 日向专利复审委员会提出无效宣告请求，其无效宣告请求的理由是：本专利不符合专利法第 23 条的有关规定，并提交了如下附件作为证据使用：

附件 1：亚太国际出版有限公司出版的《金融技术设备年鉴（第三卷）》彩色复印件共 5 页，包括封面页 1 页、江泽民题辞页 1 页、版权页 1 页、广告内页 1 页以及封底页 1 页，其中版权页标注的本书的印刷日期为 2000 年 8 月，其出版号为 ISBN 962-245-080-6。

请求人认为附件 1 广告内页上公开的 MJ-D3 型对讲机，其主机部分与本专利的主机部分完全相同，因此相对于本专利构成出版物公开。

经形式审查合格，专利复审委员会依法受理了上述无效宣告请求，并于2006年5月10日向双方当事人发出无效宣告请求受理通知书，并将无效宣告请求书及其附件清单中所列附件的副本转送给专利权人，要求其在指定期限内进行意见陈述。

针对上述无效宣告请求，专利权人于2006年6月9日向专利复审委员会提交了意见陈述书，指出附件1中主机面板喇叭孔为圆形分布，而本专利为长方形分布，视觉上显著不同，此外，本专利面板从仰视图看有一曲面凸台，而附件1没有此设置，因而本专利与附件1不相近似。

专利复审委员会依法成立了合议组对本案进行审查。本案合议组于2006年9月8日向双方当事人发出了口头审理通知书，并告知双方当事人定于2006年10月18日对本案进行口头审理，随同口头审理通知书将专利权人于2006年6月9日提交的意见陈述书转寄给请求人。

口头审理如期进行，双方均出席了此次口头审理（下称第一次口头审理）。在第一次口头审理中，请求人明确其无效宣告的理由为：本专利不符合专利法第23条的有关规定，并明确使用附件1作为证据。

请求人当庭提交了附件1的原件，对此专利权人认为附件1为香港出版物，且缺少相关的公证认证文件，不予质证。请求人声称附件1是当时广告公司到请求人公司进行销售的，且没有保留购买该杂志时的发票。合议组给予请求人一个月的时间补交附件1相关的公证认证文件或者其他可以证明附件1在中国大陆可以获得的证据。专利权人认为该无效宣告请求是在2006版审查指南使用之前提出的，因而应适用2001年版审查指南的规定，不应给予请求人1个月时间对证据进行补充。合议组当庭告知专利权人，请求人需要补交的文件不属于新证据，符合2001版审查指南的规定。专利权人认为附件1的复印件与原件相符。合议组当庭核实后将该原件返还请求人。

请求人认为附件1第4页中MJ-03型对讲机与本专利的外观设计相近似，对此专利权人认为，本专利的主机上的扬声器为矩形而附件1产品图片中的扬声器为圆形，本专利的附音箱与附件1完全不同，本专利有六面视图，仅凭附件1一幅立体图无法看出其各视图，因而无法进行比对；附件1主机上左上角有一凹块而本专利没有，本专利面板有一曲面凸台，用于分隔喇叭孔与功能键，而附件1则没有此凸台。请求人认为附件1中主机上扬声器总体形状为矩形，只是扬声器部分为圆形，其他部分有浅槽但没有穿透，不影响其整体为矩形，从附件1原件也可以清楚地看出专利权人所指的曲面，即用于分隔喇叭孔与功能键的划分"S"型曲线。

关于附音箱，请求人认为横纹占据了附音箱的绝大部分，因而与附件1中的附音箱相近似。对此专利权人认为，本专利的附音箱底部为心形，与附件1不同，因而与附件1中的附音箱不相近似。请求人认为上述区别不会引起一般消费者的注意，专利权人认为二者差距甚大，因而二者不相近似。

2006年11月17日，请求人向专利复审委员会补充提交了如下附件：

附件1.1：附件1版权页复印件1页，其上载明证据1的书号为"ISBN 962-245-080-6"，此书的印刷日期为2000年8月；

附件2.1：由深圳市优利安广告有限公司于2006年11月13日出具并盖有其公章及"亚太国际资讯（集团）有限公司"印章的证明文件原件1页和彩色复印件1页，证明深圳市优利安广告有限公司系亚太国际资讯（集团）有限公司下属子公司，负责亚太集团出版刊物的广告代理与发行；

附件2.2：深圳市优利安广告有限公司的企业法人营业执照复印件1页，其上载明该公司的住所为：深圳市南山区科技园深南花园C座20楼C、D室，其经营范围为：设计、制作国内外广告、代理报刊、影视、印刷品、礼品广告业务，其营业期限为自1998年4月9日至2008年4月9日；

附件3.1：《金融&科技》杂志的订单彩色复印件1页；

附件 3.2：购书发票复印件一张，其中发票的发票号码为 05767165，开票单位为深圳市优利安实业发展有限公司，开票日期为 2006 年 10 月 27 日，客户名称为漳州市爱德电子技术有限公司，所购商品名称为《金融技术设备年鉴》2000 年版；

附件 3.3：附件 1 所在的《金融技术设备年鉴》原件 1 本；

附件 4：盖有"深圳市优利安广告有限公司"印章的附件 2.2 的复印件 1 页；

附件 5：附件 3.2 的发票原件一张。

请求人认为，附件 1.1 说明附件 1 由亚太国际资讯（集团）有限公司出版，附件 2.1、附件 2.2 说明深圳市优利安广告有限公司系亚太国际资讯（集团）有限公司直属公司，负责亚太集团出版刊物的广告代理与发布事宜，附件 3.1、附件 3.2 和附件 3.3 说明附件 1 可以由深圳市优利安广告有限公司购得，所以附件 1 是能够从除港澳台地区以外得国内公共渠道获得的，请求人可以在无效宣告程序中不办理相关的证明手续。

本案合议组于 2007 年 6 月 27 日向双方当事人再次发出口头审理通知书，告知双方当事人定于 2007 年 8 月 15 日对本案进行第二次口头审理。

口头审理如期进行，双方当事人均委托代理人出席了本次口头审理（下称第二次口头审理），在第二次口头审理过程中，合议组当庭将请求人于 2006 年 11 月 17 日提交的附件 1.1、附件 2.1 中的复印件、附件 2.2、附件 3.1、附件 3.2 转给专利权人，专利权人当庭表示在口头审理之前已收到过上述证据的传真件。

专利权人认为请求人于 2006 年 11 月 17 日提交的上述证据已经超过举证期限，请求人表示，此次提交的证据只是为了证明第一次口头审理时提交的附件 1 是可以在中国大陆内获得的，无需进行公证认证；专利权人认为，发票日期为 2006 年 10 月只能证明当时在中国大陆可以买到附件 1 这本书，不能证明在本专利的申请日之前就可以在中国大陆买到这本书，优利安广告公司是亚太国际资讯（集团）公司直属子公司，与本部发行没有直接关系，营业执照上记载的经营范围是代理报刊，没有资格代理杂志。请求人认为，发票是为了证明这本书可以从中国获得，不是为了证明公开时间。

请求人当庭提交了一份亚太国际出版有限公司的营业执照复印件（下称附件 6）、一份深圳市优利安实业发展有限公司出具的发行证明（下称附件 7）以及一份亚太国际出版有限公司出具的授权书（下称附件 8）。合议组当庭将这三份证据的复印件转交给专利权人。

至此，合议组认为本案事实清楚，现依法作出审查决定。

## 二、决定的理由

1. 关于证据

（1）关于请求人于第二次口头审理时当庭提交的附件 6、附件 7、附件 8。

请求人在第二次口头审理当庭提交了附件 6、附件 7、附件 8，虽然这三份证据的提交时间不在提出无效宣告请求之日起一个月内，也超过了合议组在第一次口头审理时当庭要求请求人在第一次口头审理结束后一个月内补充附件 1 的相关公证认证的期限，但是由于请求人提交的这三份证据是用于证明第一次口头审理时提交的附件 1 是可以在中国大陆内获得因而无需对附件 1 进行相关的公证认证，2006 年版审查指南的《实施修订后审查指南的过渡办法》第 3 条中规定：对于在 2006 年 7 月 1 日之前提出的无效宣告请求，自无效宣告请求之日起一个月后提出的新理由、新证据的审查适用 2001 年版审查指南第四部分第三章第 3.1 节的规定。因此，根据 2001 年版审查指南第四部分第三章第 3.1 节的规定，复审委员会可以接受请求人当庭提交的这三份证据。其中附件 6 是盖有"深圳市优利安实业发展有限公司"公章的该公司企业法人营业执照复印件，附件 7 是深圳市优利安实业发展有限公司出具的发行证明，证明该公司是亚太国际出版有限公司在中国境内的出版发行单位，从 2000 年 8 月份起代理发行《金融技术设备年鉴》第三卷，附件8是亚太国际出版有限公司授权深圳市优利安实业发展有限公司为《金融技术设备年鉴》在中国大陆地区的发行代理的授权书，该授权书的有效期为10年，自2000年1月30日至2010年1月30日止。附件7、8均为原件，附件6是盖有红章的复印件，在没有其他证据来质疑附件6、附件7、附件8的真实性的情况下，附件6、附件7、附件8可以作为本案证据使用。

（2）关于附件1。

附件1是《金融技术设备年鉴（第三卷）》中相关页的复印件，请求人于2006年11月17日提供了其原件，即附件3.3，在其版权页上标注了此书是由亚太国际出版有限公司出版的，该页还注明了亚太国际出版有限公司的地址：香港湾仔轩尼诗道163#4楼，因此，该附件1是一本香港出版的书籍。请求人于2006年11月17日提交了附件3.2中的购书发票，在发票上明确注明了请求人所购图书的名称，并盖有"深圳市优利安实业发展有限公司"的公章，因而可以证明这本书是从深圳市优利安实业发展有限公司购买的。请求人在第二此口头审理当庭提交了附件6、附件7及附件8，从附件6、附件7、附件8所证明的内容可以看出，深圳市优利安实业发展有限公司是亚太国际出版有限公司授权委托的代理发行机构，其有权在中国大陆地区代理发行《金融技术设备年鉴》第三卷一书，也就是说，此书是公众可以从国内公共渠道获得的，附件3.2中的购书发票也进一步印证了请求人通过深圳市优利安实业发展有限公司购买了这本书，因此，无需对附件1进行相关公证认证程序，综上所述，附件1可以作为本案证据使用。

（3）关于附件2.1、附件2.2、附件3.1、附件3.2。

请求人提交了附件2.1的原件和附件3.2的原件（即附件5），附件2.2是盖有"深圳市优利安广告有限公司"的红章的复印件，没有提交附件3.1的原件，附件3.1的真实性无法核实，不能作为本案证据使用，而在没有其他证据质疑其真实性的情况下，附件2.1、附件2.2、附件3.2的真实性可以得到认可，但是附件2.1所证明的事实仅涉及"深圳市优利安广告有限公司"和"亚太国际出版有限公司"的关系，因此在没有其他佐证的情况下，附件2.1与本案缺乏关联性，合议组在本案的审理中将不考虑附件2.1。

2. 关于专利法第23条

专利法第23条规定：授予专利权的外观设计，应当同申请日以前在国内外出版物上公开发表过或者国内公开使用过的外观设计不相同和不相近似，并不得与他人在先取得得合法权利相冲突。

本专利是一种组件产品，由对讲机及附音箱两部分组成，共包括附音箱主视图、附音箱后视图、附音箱仰视图、附音箱俯视图、附音箱左视图、附音箱右视图、主机主视图、主机后视图、主机俯视图、主机仰视图、主机右视图、主机左视图以及使用状态参考图共13幅附图。

本专利的主机呈近似长方体状，从主机的主视图可以看出，主机的底部呈弧线形设计，在主机的正面的右下角有一条弧线向左上方呈曲线延伸，整个主机的正面也被这条曲线分割为上下两部分，在上部的左侧是若干圆孔构成的长方形矩阵，右侧上方为长方形商标；在主机正面的下部是按钮区，由左至右依次为圆形指示灯、圆形大按钮、两个等大的圆形小按钮以及两个彼此对称的类三角形按钮，在类三角形按钮的两侧各设有一指示灯。从主机的左、右视图看，主机的截面呈梯形，由三部分组成，中段呈标准的长方形，在中段两侧分别为带有按钮的上部以及底部，该上部及底部都呈不规则的梯形。从附音箱的主视图看，附音箱的正面由上下两部分组成，其上部呈拐角为圆弧过渡的长方形，下部为不规则半圆形，上部的绝大部分被贯穿附音箱左右的细长浅槽（即请求人所述的"横纹"）占据，在浅槽区域的正中央可以看到上下缺少两条弧线的圆。从附音箱的左、右视图可以看出，附音箱的侧面呈近似长方形的设计，一条中线将附音箱分割为两部分，即带有浅槽的前部以及后部。由于附音箱及主机的后视图、仰视图及俯视图均为不易引起一般消费者注意的部位，因此省略掉对附音箱及主机的后视图、仰视图及俯视图的相关描述，详见本决定附图"本专利"部分。

证据1中的广告页公开了一种型号为"MJ-03"型的对讲机的外观设计，从图中可以看出，该对讲机也包括主机和附音箱两部分，其中主机的底部呈弧线形设计，在主机正面的右下角有一条弧线向左上方呈曲线延伸，整个主机的正面也被这条曲线分割为上下两部分，在上部的左侧是若干圆孔构成的长方形矩阵，右侧上方为长方形商标；在主机正面的下部是按钮区，由左至右依次为圆形指示灯、圆形大按钮、两个等大的圆形小按钮以及两个彼此对称的类三角形按钮，在类三角形按钮的两侧各设有一指示灯。附音箱呈近似长方体状，其正面的绝大部分被网格占据，在网格的正中央是上部带有缺口的圆形，详见本决定附图"附件1"。

将本专利与附件1相比较可以看出，本专利的主机的正面设计与附件1的主机的正面设计完全相同，但是本专利的附音箱与附件1的附音箱在整体形状上存在着很大的差异，本专利的附音箱上部为长方形，下部为半圆形，而附件1中的附音箱仅为长方形。请求人在口头审理当庭表示横纹占据了附音箱的绝大部分，因而与附件1中的附音箱相近似。对此合议组认为，根据审查指南第四部分第五章第5.4.1节的规定，对于组装关系唯一的组件产品，应当以组合状态下的整体外观设计为对象。具体就本案而言，本专利与附件1中的附音箱的整体外型的差异会引起一般消费者的注意，即使在附音箱与其对应的主机配合在一起使用时，这种差异依然是显著的，也就是说，正是由于本专利与附件1的附音箱外形上存在的这一具有显著影响的差异，使得本专利中的窗口对讲机与附件1中的窗口对讲机不会引起一般消费者的混淆。

综上所述，本专利与附件1不相近似，符合专利法第23条的有关规定。

### 三、决定

维持03303890.2号外观设计专利权有效。

当事人对本决定不服的，可以根据专利法第46条第2款的规定，自收到本决定之日起三个月内向北京市第一中级人民法院起诉。根据该款的规定，一方当事人起诉后，另一方当事人应当作为第三人参加诉讼。

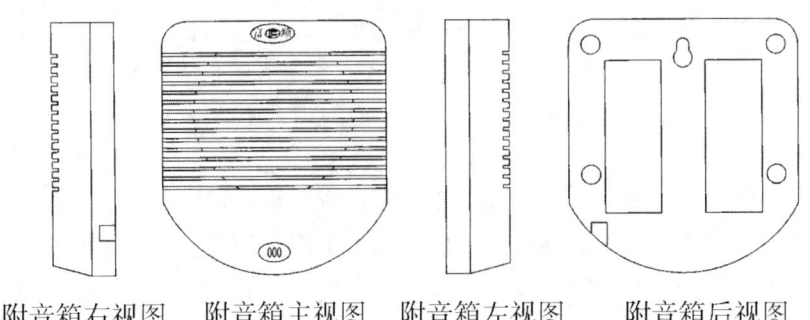

附音箱右视图　附音箱主视图　附音箱左视图　附音箱后视图

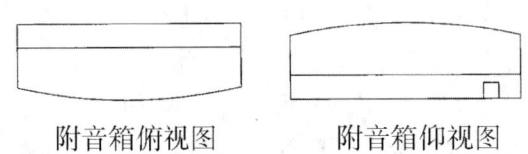

附音箱俯视图　　附音箱仰视图

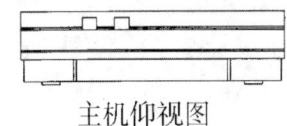

主机仰视图

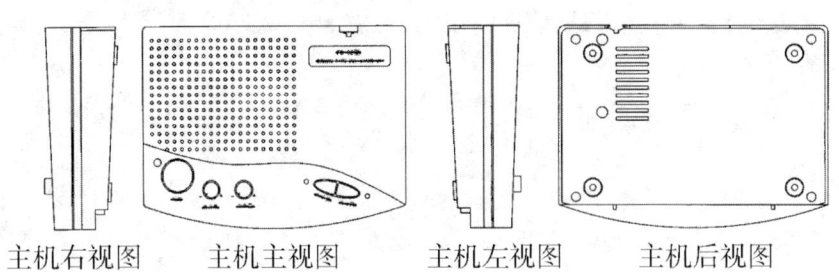

主机右视图　主机主视图　主机左视图　主机后视图

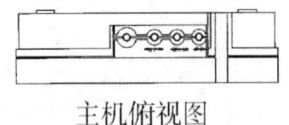

主机俯视图

本专利（1）附图

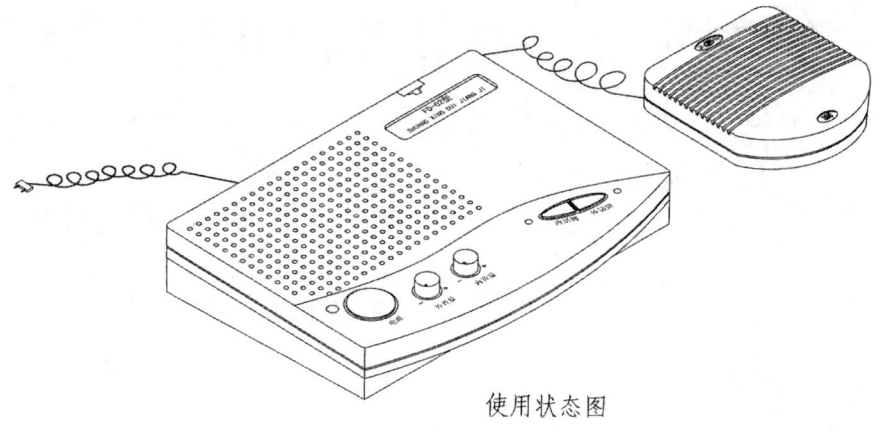

使用状态图

本专利（2）

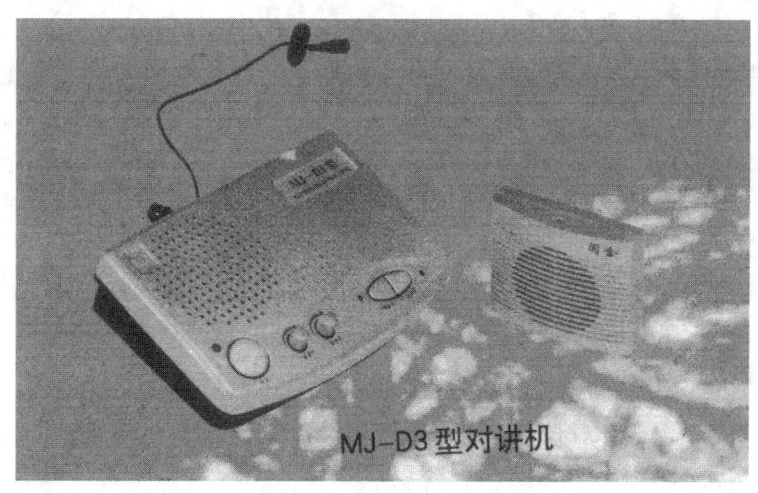

MJ-D3型对讲机

附件1

# 北京市第一中级人民法院
# 行政裁定书

(2008) 一中行初字第517号

原告漳州市爱德电子技术有限公司，住所地福建省漳州市芗城区元光南路。

法定代表人陈春山，经理。

委托代理人杨松文，男，汉族，1969年6月27日出生，漳州市爱德电子技术有限公司，住北京市海淀区中关村北一街甲18号楼4单元207。

被告国家知识产权局专利复审委员会，住所地北京市海淀区北四环西路9号银谷大厦10~12层。

法定代表人廖涛，副主任。

委托代理人刘畅，国家知识产权局专利复审委员会审查员。

委托代理人张华，国家知识产权局专利复审委员会审查员。

第三人漳州市福顺达计算机有限公司，住所地福建省漳州市蓝田开发区高科技园区6号。

法定代表人陈建顺，经理。

原告漳州市爱德电子技术有限公司不服被告国家知识产权局专利复审委员会于2007年11月8日作出的第10641号无效宣告请求审查决定书，向本院提起诉讼。本院于2008年4月8日受理后，依法组成合议庭，并按照法律有关规定通知漳州市福顺达计算机有限公司作为第三人参加诉讼。在本案审理过程中，原告漳州市爱德电子技术有限公司于2008年6月11日向本院提出撤诉申请。

本院认为，原告漳州市爱德电子技术有限公司的撤诉申请未违反法律规定，应予准许。依照《中华人民共和国行政诉讼法》第五十一条之规定，裁定如下：

准许原告漳州市爱德电子技术有限公司撤回对被告国家知识产权局专利复审委员会、第三人漳州市福顺达计算机有限公司的起诉。

案件受理费100元，减半收取50元，由原告漳州市爱德电子技术有限公司负担（已交纳）。

审　判　长　仪　军
代理审判员　侯占恒
代理审判员　王　暐
二〇〇八年六月十三日
书　记　员　王　溪

# 药品包装盒（古汉养生精口服液）

## 无效宣告请求审查决定（第 10646 号）

| | |
|---|---|
| 决 定 号 | 第 10646 号 |
| 决 定 日 | 2007 年 9 月 6 日 |
| 发明创造名称 | 药品包装盒（古汉养生精口服液） |
| 外观设计分类号 | 09-03 |
| 无效宣告请求人 | 李 艳 |
| 专 利 权 人 | 清华紫光古汉生物制药股份有限公司 |
| 专 利 号 | 200530048627.6 |
| 申 请 日 | 2005 年 7 月 20 日 |
| 授权公告日 | 2006 年 6 月 21 日 |
| 合议组组长 | 徐清平 |
| 主 审 员 | 李亚林 |
| 参 审 员 | 黄 强 |
| 附 图 | 1 页 |
| 法 律 依 据 | 专利法第 23 条 |
| 决 定 要 点 | 在本专利申请日以前已经公开了与其相同的外观设计，本专利不符合专利法第 23 条的规定。 |

## 一、案由

本无效宣告请求案涉及国家知识产权局于 2006 年 6 月 21 日授权公告的名称为"药品包装盒（古汉养生精口服液）"的 200530048627.6 号外观设计专利权（下称本专利），其申请日为 2005 年 7 月 20 日，专利权人为清华紫光古汉生物制药股份有限公司。

针对本专利，李艳（下称请求人）于 2007 年 1 月 18 日向专利复审委员会提出无效宣告请求，其理由是本专利不符合专利法第 23 条的规定。请求人同时提交如下证据：

证据 1：古汉养生精口服液包装盒实物 1 个；

证据 2：古汉养生精口服液部分销售清单两张；

证据 3：从国家食品药品监督管理局官方网站下载的有关古汉养生精口服液广告内容打印件 2 页。

请求人认为：（1）证据 1 为古汉养生精口服液包装盒，其生产日期为 2004 年 1 月 17 日，早于本专利的申请日，且其设计与本专利相同，因公开使用而破坏了本专利的新颖性；（2）证据 2 证明了古汉养生精口服液在申请日以前已经公开销售；证据3表明在2004年11月审批的药品广告批准文号"湘药广审（视）第2004110057号"广告发布内容的古汉养生精口服液包装盒与本专利的包装盒设计完全相同，可以说明古汉养生精口服液包装盒一直在使用，并进行公开宣传。因此，本专利在申请日以前就已经公开使用并销售，不符合专利法第23条的规定。

经形式审查合格后，专利复审委员会受理了上述请求，于2007年3月12日向双方当事人发出《无效宣告请求受理通知书》，并将《专利权无效宣告请求书》及其他有关文件的副本转送给专利权人，要求其在指定的期限内答复，同时成立合议组对本无效请求案进行审理。

2007年6月21日，本案合议组向双方当事人发出《无效宣告请求口头审理通知书》，拟定于2007年8月17日对该专利权的无效请求进行口头审理。

2007年8月17日，口头审理如期进行。专利权人没有出席口头审理。合议组在请求人一方出庭的情况下就本无效宣告请求案进行了庭审调查。在口头审理过程中，合议组就本案的无效理由及证据逐一进行了调查，并记录了以下事项：（1）请求人确认通过证据1与证据2的结合证明本专利产品在申请日之前已经公开销售的事实；（2）请求人确认证据3单独证明了本专利不符合专利法第23条的规定。

至此，合议组认为本案的事实清楚，可以作出审查决定。

## 二、决定的理由

1. 法律依据

基于请求人提出无效宣告请求所依据的事实和理由，合议组对本专利是否符合专利法第23条的规定进行审查。

专利法第23条规定：授予专利权的外观设计，应当同申请日以前在国内外出版物上公开发表过或者国内公开使用过的外观设计不相同和不相近似，并不得与他人在先取得的合法权利相冲突。

2. 证据的认定

证据3为国家食品药品监督管理局网站上公布的有关古汉养生精口服液广告内容的打印纸件，合议组核实认定该纸件内容与网站内容一致。该网站为政府职能机构向公众发布信息的网站，其具有公信力；此外，该广告的所有人为清华紫光古汉生物制药股份有限公司，即为本专利的专利权人，也就是说，该广告来源于本专利的专利权人，进一步增强了其内容的可信性。在证据3第1页记载了"广告有效期"为"2004-11-29至2005-11-28"，合议组通过咨询国家食品药品监督管理局信息中心相关人员获知，作为药品广告查询的基础数据库，其有专人维护且采用自动更新的方式实时更新数据库内的药品广告信息，通常情况下，一旦药品广告通过审查，药监局网站将及时公开获得批准的广告的内容，就证据3而言，其广告有效期的起始日（即2004年11月29日）较本专利的申请日（即，2005年7月20日）早8个多月，依照常理，8个月的时间远远超过了网站更新数据所需的时间，在无相反证据的情况下，合议组认为可以认定证据3的公开时间早于本专利的申请日。基于上面的评述，合议组认为证据3的内容真实有效，其所示外观设计可以作为在先设计与本专利进行相同或相近似比较。

3. 外观设计对比

证据3"分镜头及解说"中公开的古汉养生精包装盒的外观设计（下称在先设计）为包装盒外观设计，其产品与本专利产品属于同类产品，故对二者进行如下相近似性对比。

本专利中提供了药品包装盒的主视图、立体视图和使用状态参考图，"简要说明"记载其请求保护的外观设计包含有色彩且其设计要点仅涉及主视图而省略其他视图。所示包装盒为长方形扁盒，其主视图的中央有一棕色的六边形区域，该六边形区域的中央有黄色"古汉养生精"的隶书字体及大写拼音，文字和拼音的上下方各有相互面对的黄色双龙图案，在该棕色六边形的上方有一横贯主视图的波浪线，波浪线上方由下至包装盒上端由黄色渐变为橙红色，波浪线下方由上至包装盒下端由棕红色渐变为黄色，在主视图的下方偏右均有清华紫光的标记（详见本专利附图）。

证据3提供了在先设计的立体图，根据该立体图可见为长方形扁盒，其正面（即，相当于本专利包装盒的主视图）的中央有一棕色的六边形区域，该六边形区域的中央有黄色"古汉养生精"的隶书字体及大写拼音，文字和拼音的上下方各有相互面对的黄色双龙图案，在该棕色六边形的上方有一横贯主视图的波浪线，波浪线上方由下至包装盒上端由黄色渐变为橙红色，波浪线下方由上至包装盒下端由棕红色渐变为黄色，在主视图的下方偏右均有清华紫光的标记（详见在先设计附图）。由此可见，将本专利与在先设计相比较，二者形状、图案和色彩均相同，合议组认为二者属于相同的外观设计。

综上所述，在本专利申请日以前已经公开了与其相同的外观设计，本专利不符合专利法第23条的规定。

鉴于上述已经得出本专利不符合授权条件的结论，本审查决定对请求人提出的其他理由和提交的其他证据不再评述。

三、决定

宣告第200530048627.6号外观设计专利权无效。

当事人对本决定不服的，可以根据专利法第46条第2款的规定，自收到本决定之日起三个月内向北京市第一中级人民法院起诉。根据该款的规定，一方当事人起诉后，另一方当事人应当作为第三人参加诉讼。

主视图

立体图 使用状态参考图

本专利附图

在先设计附图

# 按摩器（蛋型）

## 无效宣告请求审查决定（第 10647 号）

| | |
|---|---|
| 决 定 号 | 第 10647 号 |
| 决 定 日 | 2007 年 9 月 4 日 |
| 发明创造名称 | 按摩器（蛋型） |
| 外观设计分类号 | 28-03 |
| 无效宣告请求人 | 上海好玛医疗器械有限公司 |
| 专 利 权 人 | 深圳市宝安区英之键电子制品厂 |
| 专 利 号 | 200530116867.5 |
| 申 请 日 | 2005 年 7 月 4 日 |
| 授权公告日 | 2006 年 7 月 19 日 |
| 合议组组长 | 王霞军 |
| 主 审 员 | 李亚林 |
| 参 审 员 | 黄 强 |
| 附 图 | 1 页 |

**法 律 依 据** 专利法第 23 条

**决 定 要 点**

本专利和证据1的整体形状相近似，区别只在于侧面顶端开关的布局存在差别，从整体视觉观察，本专利与证据1的产品采用了相似的形状，已导致一般消费者对二者的整体外观设计产生了相似的视觉印象，侧面开关的局部差别不足以对二者的整体外观设计产生显著的影响，因此二者应属于相近似的外观设计。

### 一、案由

本无效宣告请求案涉及国家知识产权局于 2006 年 7 月 19 日授权公告的名称为"按摩器（蛋型）"的 200530116867.5 号外观设计专利权（下称本专利），其申请日为 2005 年 7 月 4 日，专利权人为深圳市宝安区英之键电子制品厂。

针对本专利，上海好玛医疗器械有限公司（下称请求人）于 2007 年 3 月 14 日向专利复审委员会提出无效宣告请求，其理由是本专利不符合专利法第 23 条的规定。请求人同时提交如下证据：

证据1：2002 年 7 月 2 日公告的，1146067 号日本意匠公报及其译文，共 4 页；

证据2：2002 年 9 月 9 日《日经商务》杂志的封页目录页及有关页（第 67 页）的复印件及其有关页内容之译文，共 7 页；

证据3：1997年成为日本好玛离子研究所产品总经销商的上海好玛公司的被授权证明、2002年公开销售《脉冲蛋》的发票与产品介绍，共17页。包括株式会社好玛离子研究所授权上海好玛医疗器械有限公司为其产品在华总经销商的证明书，原件及中文译文，共2页；国际域名注册证书，复印件，共1页；上海市商业统一发票，票号为沪Ⅳ（82）02-11842442、沪Ⅳ（82）02-11842443和沪Ⅳ（82）02-11842444，复印件，共3页；脉冲蛋广告页及背页译文，共4页；上海好玛医疗器械有限公司在上海海德堡广告有限公司印刷脉冲蛋宣传材料的证明，共7页。

证据4：顾客戴飞跃提供的其本人2002年9月6日从上海好玛医疗器械有限公司购买《脉冲蛋》的证明材料，共2页。

请求人认为：证据1与本专利的设计很相似，整体上均为长椭圆体，在使用中接触手掌心的接触面中央都设置蛋状凸起的感触电极，壳体的侧部的上、下方（相对本专利的主视图而言）均分别设有选择工作方式（即可选择放松方式或激活方式）的开关、度盘式电源开关兼调整输出用开关，且度盘式电源开关兼调整输出用开关近处，均设计有指示电源开启位及输出增大方向的标记（见证据1的参考斜视图、左视图及后者仰视图）。后者的后背面上方也与前者一样，上半部设有带防滑槽的电池盖板。尽管后者侧部上方开关略向旁偏置，上方还设置套线钩，前述标记略更靠近下方开关等，但这些差异是细微、不起眼的，不影响两者外观设计构成相似。证据2~4也证明了在本专利申请日前，已有与本专利产品相似的产品在报刊上公开发表，且已在国内被公开销售、使用，因此，请求人认为本专利不符合专利法第23条的规定。

经形式审查合格后，专利复审委员会受理了上述请求，于2007年4月3日向双方当事人发出《无效宣告请求受理通知书》，并将《专利权无效宣告请求书》及其他有关文件的副本转送给专利权人，要求其在指定的期限内答复，同时成立合议组对本无效请求案进行审理。

专利权人在指定的答复期限内没有针对该无效宣告请求陈述意见。

2007年6月21日，本案合议组向双方当事人发出《无效宣告请求口头审理通知书》，拟定于2007年8月15日对该专利权的无效请求进行口头审理。

2007年8月15日，口头审理如期进行。专利权人没有出席口头审理，合议组在请求人一方出庭的情况下就本无效宣告请求案进行了庭审调查。在口头审理过程中，请求人当庭提交了盖有国家知识产权局专利检索咨询中心副本认证专用章的第1146067号日本意匠公报，经确认其意匠公报副本与原件相同；请求人当庭还提交了上海市黄浦区第一公证处出据的（2007）沪黄一证经字第5258号公证书，证明证据4中戴飞跃所出具的证言是其真实的意思表示；请求人当庭提交了证据3中上海市商业统一发票的原件，经核实复印件与原件相同。合议组就本案的无效理由及证据逐一进行了调查，当事人亦陈述了相关意见。

至此，合议组认为本案的事实清楚，可以作出审查决定。

**二、决定的理由**

1. 关于无效理由和法律依据

基于请求人提出无效宣告请求所依据的事实和理由，合议组对本专利是否符合专利法第23条的规定进行审查。

专利法第23条规定：授予专利权的外观设计，应当同申请日以前在国内外出版物上公开发表过或者国内公开使用过的外观设计不相同和不相近似，并不得与他人在先取得的合法权利相冲突。

2. 关于证据

请求人提交的证据1为日本意匠公报及其译文，在庭审中请求人提交了经国家知识产权局专利检索咨询中心确认与原件相同的具有同一意匠登录号的意匠公报副本，合议组核对后，对证据1的真实性予以认可。证据1的公告日为2002年7月2日，早于本专利的申请日，因此可以作为评价本专利是否符合专利法第23条规定的证据。对比文件与本专利产品相比，属于相同种类的产品，可以进行如下的相近似比较。

3. 相近似比较

本专利涉及按摩器（蛋型）的外观设计，公开了其六面视图。该按摩器的整体形状为椭圆体，其与人体的接触面的轮廓呈椭圆形，在靠近轮廓边缘的地方有一椭圆形，在中间略偏的位置有一较大椭圆形紧套着一较小椭圆形，该较小椭圆形内部分向外凸出。该按摩器的背面设有带防滑槽的盖板，按摩器椭圆体的一端侧面设有度盘式旋钮，另一端侧面依次设有近椭圆形推钮、圆形凹孔、近椭圆形推钮等（详见本专利附图）。

证据1涉及一种电气刺激器，通过电气刺激掌心的穴位而实现缓解精神压力的目的，其实质上就是一种按摩器。证据1公开了该电气刺激器的正面图、右侧面图、左侧面图、平面图、底面图和参考斜视图，其整体形状为椭圆体，与掌心接触面的轮廓呈椭圆形，在靠近轮廓边缘的地方有一椭圆形，在中间略偏的位置有一较大椭圆形紧套着一较小椭圆形，较小椭圆形内部分向外凸出。其背面设有带防滑槽的盖板，一端侧面设有度盘式旋钮，另一端侧面设有一向外凸出的调节工作方式的滑杆式开关（详见证据1附图）。

将本专利与证据1进行比较，二者产品均为椭圆体形状，与人体的接触面中央部位均有一椭圆形凸起，其主要不同点是椭圆体一端侧面的形状不同，本专利在椭圆体侧面顶端设有一圆形凹孔，凹孔两侧各设有一近椭圆形推钮，而证据1仅在椭圆体侧面顶端设有一滑杆式开关。

合议组认为，本专利和证据1的整体形状相近似，区别只在于侧面顶端开关的布局存在差别，从整体视觉观察，本专利与证据1的产品采用了相似的形状，已导致一般消费者对二者的整体外观设计产生了相似的视觉印象，侧面开关的局部差别不足以对二者的整体外观设计产生显著的影响，因此二者应属于相近似的外观设计。

综上所述，在本专利申请日前已有与其相近似的外观设计在出版物上公开发表过，本专利不符合专利法第23条的规定。

鉴于上述内容已经得出本专利不符合授权条件的结论，本审查决定对请求人提出的其他理由和提交的其他证据不再评述。

### 三、决定

宣告200530116867.5号外观设计专利权无效。

当事人对本决定不服的，可以根据专利法第46条第2款的规定，自收到本决定之日起三个月内向北京市第一中级人民法院起诉。根据该款的规定，一方当事人起诉后，另一方当事人应当作为第三人参加诉讼。

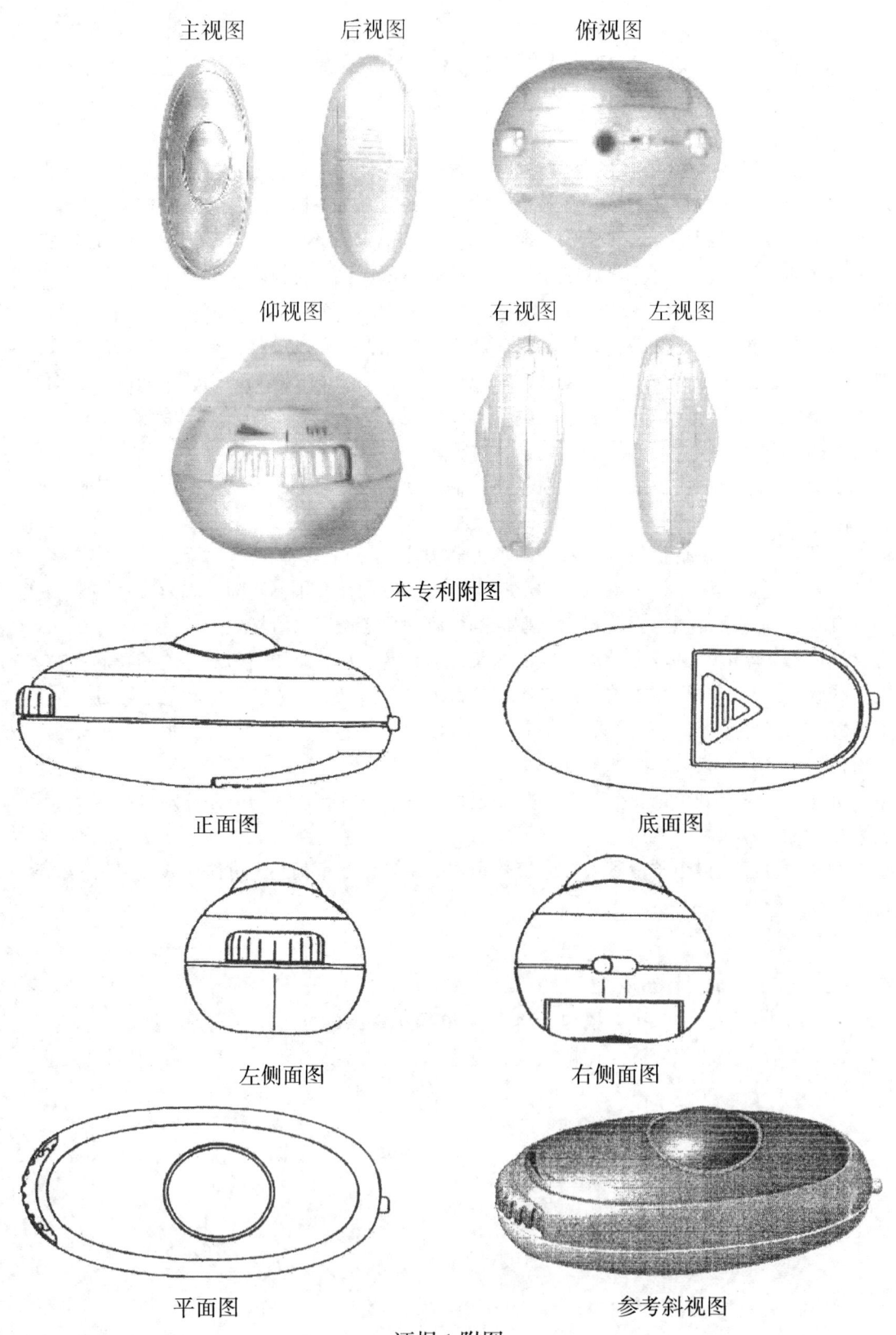

# 桶贴（建筑胶）

## 无效宣告请求审查决定（第 10651 号）

| | |
|---|---|
| 决 定 号 | 第 10651 号 |
| 决 定 日 | 2007 年 11 月 19 日 |
| 发明创造名称 | 桶贴（建筑胶） |
| 外观设计分类号 | 19-08 |
| 无效宣告请求人 | 徐顺之 |
| 专 利 权 人 | 韩 宁 |
| 专 利 号 | 200630015145.5 |
| 申 请 日 | 2006 年 5 月 11 日 |
| 授 权 公 告 日 | 2007 年 3 月 14 日 |
| 合 议 组 组 长 | 张雪飞 |
| 主 审 员 | 李巍巍 |
| 参 审 员 | 严若艳 |
| 法 律 依 据 | 专利法第 23 条 |

**决 定 要 点**

由于请求人所提交的证据中，或日期不清晰，或无日期，或未提交原件，且不能从其他证据中推定出相关产品公开的时间，因此，均无法形成完整证据链，均不能作为本案的定案依据。

### 一、案由

本无效宣告请求涉及 2007 年 3 月 14 日国家知识产权局授权公告的 200630015145.5 号外观设计专利，其产品名称是"桶贴（建筑胶）"，申请日是 2006 年 5 月 11 日，专利权人是韩宁。

针对上述外观设计专利权（下称本专利），徐顺之（下称请求人）于 2007 年 7 月 12 日向专利复审委员会提出无效宣告请求，请求人认为，在本专利申请日前已有与其相同的外观设计在国内公开使用过，因此，本专利的授予不符合专利法第 23 条的规定。请求人同时提交了如下附件作为证据：

附件 1 是天津市东方抗静电材料总厂生产的桶装建筑胶产品桶贴彩色照片，共 4 张；
附件 2 是天津市东方抗静电材料总厂企业基本情况证明复印件 1 页；
附件 3 是天津市东方抗静电材料总厂商标注册信息检索网站下载打印件 1 页；
附件 4 是天津市东方抗静电材料总厂遵化分厂桶装建筑胶产品桶贴彩色照片，1 张；
附件 5 是唐山市路北区海云涂料加工厂桶装建筑胶产品桶贴彩色照片，1 张；
附件 6 是唐山市路北区马驹桥海云涂料加工厂营业执照（副本）复印件 1 页。

专利复审委员会根据无效宣告请求审查程序的规定受理了该无效宣告请求,并于2007年7月25日将无效宣告请求书和证据的副本转送给专利权人,限其在指定的期限内答复。并告知专利权人如逾期不答复,不影响专利复审委员会的审理。

专利复审委员会于2007年8月21日收到专利权人的意见陈述书,专利权人认为,附件1、附件4和附件5均为照片,无法确定其真实性及公开日期;附件2、附件3和附件6与本案缺乏关联性,因此,均不能表明在本专利申请日前,在国内出版物上公开发表过或者在国内公开使用过与本专利相同或相近似的外观设计,应当维持本专利有效。

专利复审委员会于2007年9月14日向双方当事人发出《合议组成员告知通知书》,同日还向双方当事人发出《无效宣告请求口头审理通知书》,定于2007年11月12日在专利复审委员会进行口头审理。并将2007年8月21日收到的专利权人的意见陈述书同时转送请求人。

口头审理如期举行,双方均委托代理人参加了口头审理。在口头审理过程中,请求人认为附件1至附件3为一组证据、附件5和附件6为一组证据、附件4单独使用,均能证明在本专利申请日之前,在国内已公开使用与本专利相同的外观设计。请求人当庭提交了附件1至附件3、附件5所示桶贴的原件及附件1桶装建筑胶的实物,同时还提交了从国家建筑材料测试中心网站上下载的"中心编号:200251765、样品名称:4115型强力建筑胶、受检单位:天津市东方抗静电材料总厂"检验报告彩色打印件1页,并声明仅供本案参考,合议组当庭告知请求人该检验报告属于超期提交的证据,根据专利法实施细则第66条的有关规定本案不予考虑,请求人未提交附件4所示桶贴的原件。本案合议组当庭将其他原件转交给专利权人进行核实,专利权人认为附件1照片及实物中记载的日期均不清晰;附件2经营范围未记载有建筑胶,且经营时间与附件3所示商标专用权期限不一致,故附件1与附件2和附件3无关联性;附件4无原件,无法确定其真实性;附件5所示桶贴中未记载日期,附件6无原件,无法认定该组证据的真实性,从附件6中不能推定出附件5的公开日期,且附件5所示桶贴中记载的生产厂家与附件6中记载的字号名称也不相符。双方均坚持其原有主张。

在以上审理的基础上,本案合议组经合议,认为本案事实清楚,依法作出本审查决定。

**二、决定的理由**

1. 法律依据

根据请求人提出的无效宣告请求的理由和提交的证据,本案合议组依据专利法第23条的规定对本案进行审理。

专利法第23条规定:"授予专利权的外观设计,应当同申请日以前在国内外出版物上公开发表过或者国内公开使用过的外观设计不相同和不相近似,并不得与他人在先取得的合法权利相冲突。"

2. 证据的认定

请求人提交的附件1是天津市东方抗静电材料总厂生产的桶装建筑胶产品桶贴彩色照片,附件2是天津市东方抗静电材料总厂企业基本情况证明("独资企业基本情况(户卡)")复印件,附件3是天津市东方抗静电材料总厂商标注册信息检索网站下载打印件。请求人在口头审理时提交了附件1至附件3的原件,附件1中盖有一行红章,请求人认为其为生产日期(2001年5月3日),并强调附件2和附件3可证明附件1中的日期为公开使用的时间。但专利权人认为附件1照片及实物中的日期均不清晰,无法认定。合议组认为:附件1照片与实物中记载的日期均不清晰,无法认定其确切形成的时间,且在无其他销售过程中产生的原始证据的直接支持下,仅凭其上印有的生产日期,尚不足以认定其在国内公开使用的事实;附件2为个人独资企业基本情况的文字记录;附件3为商标的详细信息和商标图像。均无法从附件2和附件3中推定出附件1所示外观设计具体形成的日期,鉴于该组证据不能形成完整的证据链,因此,不能作为本案的定案依据。

请求人提交的附件4是天津市东方抗静电材料总厂遵化分厂桶装建筑胶产品桶贴彩色照片。在口头审理时请求人未能提交该证据中所示桶贴的原件，合议组无法核对其真实性，专利权人对其真实性也有异议，因此，附件4不予采信。

请求人提交的附件5是唐山市路北区海云涂料加工厂桶装建筑胶产品桶贴彩色照片，附件6是唐山市路北区马驹桥海云涂料加工厂营业执照（副本）复印件。请求人认为，从附件6营业执照中记载的时间可以推定出在本专利申请日之前已有与本专利相同的外观设计在国内公开使用过。专利权人对附件5和附件6的真实性有异议，认为附件5所示桶贴上无日期记载；请求人也未说明该证据的来源；其上所记载的生产厂家与附件6中记载的字号名称也不符。合议组认为，在口头审理时请求人虽然提交了附件5桶贴的原件，但其上未记载生产日期，同时无法根据附件6营业执照中所记载的经营时间推定出附件5所示桶贴公开使用的时间，且请求人也未提交其他证据支持其主张，因此，该组证据不能形成证据链，不能作为本案的定案依据。

综上所述，请求人提交的证据均不能证明本专利不符合专利法第23条的规定。请求人对其提出的无效宣告请求的主张有责任提供充分的证据，如果其提供的证据不够充分，应承担其主张不能成立的法律后果。本案请求人提供的证据均不能支持其主张，其无效宣告请求的理由不成立。

### 三、决定

维持200630015145.5号外观设计专利权有效。

当事人对本决定不服的，可以根据专利法第46条第2款的规定，自收到本决定之日起三个月内向北京市第一中级人民法院起诉。根据该款的规定，一方当事人起诉后，另一方当事人应当作为第三人参加诉讼。

# 包装袋（植秀 66 田七）

## 无效宣告请求审查决定（第 10652 号）

| | |
|---|---|
| 决 定 号 | 第 10652 号 |
| 决 定 日 | 2007 年 11 月 2 日 |
| 发明创造名称 | 包装袋（植秀 66 田七） |
| 外观设计分类号 | 09-05 |
| 无效宣告请求人 | 广西奥奇丽股份有限公司 |
| 专 利 权 人 | 苏章升 |
| 申 请 号 | 200630051529.2 |
| 申 请 日 | 2006 年 1 月 25 日 |
| 授权公告日 | 2006 年 12 月 13 日 |
| 合议组组长 | 徐清平 |
| 主 审 员 | 李 卉 |
| 参 审 员 | 武 磊 |
| 附 图 | 1 页 |

**法 律 依 据** 专利法第 23 条

**决 定 要 点**

在先设计的包装袋与本专利的包装袋相比，区别仅在于局部的细微变化，而该变化不足以对二者基本相同的立体图案形成的整体视觉效果产生显著影响，因此本专利与在先设计相近似。

### 一、案由

本无效宣告请求涉及国家知识产权局于 2006 年 12 月 13 日授权公告的、申请号为 200630051529.2、名称为"包装袋（植秀 66 田七）"的外观设计专利，申请日是 2006 年 1 月 25 日，专利权人是苏章升。

针对上述外观设计专利权（下称本专利），广西奥奇丽股份有限公司（下称请求人）于 2007 年 4 月 24 日向专利复审委员会提出无效宣告请求，其理由是本专利不符合专利法第 23 条的规定。请求人同时提交了作为证据的附件材料，即：

附件 1："田七"商标注册证、核准变更商标注册人名义证明、(2006) 穗海证民字第 3276 号公证书复印件，以及 (2006) 穗海证民字第 3275 号公证书复印件，共 5 页；

附件 2：授权公告日为 2005 年 11 月 23 日的 200530012321.5 号中国外观设计专利权的公开文本复印件 1 页，其授权公告号为 CN 3487291；

附件3：地方工商行政管理局的有关处理文件复印件，共38页。

请求人认为本专利与其申请日以前在国内外出版物上公开发表过的外观设计（附件2）相近似，并认为本专利与请求人的在先权利（附件1和附件3）相抵触。

专利复审委员会根据无效宣告请求审查程序的规定受理了该无效宣告请求，并于2007年6月4日向双方当事人发出了无效宣告请求受理通知书，并将请求人提交的专利无效宣告请求书及其附件清单中所列的附件的副本转送专利权人。

专利权人未在指定期限内提交意见陈述书。

专利复审委员会依法成立合议组对本案进行审理，并于2007年9月13日向双方当事人发出无效宣告请求口头审理通知书，定于2007年10月24日对本案进行口头审理。

口头审理如期举行，请求人出席了口头审理，专利权人未出席口头审理。

在口头审理中，请求人表示对合议组成员无回避请求，并当庭提交了附件1的公证书原件，以及附件3中除"汕头市澄海区工商行政管理局财物清单（第099号）"和"汕头市澄海区工商行政管理局行政处罚决定书（澄工商经大处字（2006）094号）"之外，其他文件的盖有相关单位核实章的原件。请求人明确无效宣告请求理由为：以附件2证明本专利与在先公开发表的外观设计相近似，附件1结合附件3证明本专利与请求人的在先权利相抵触，本专利不符合专利法第23条的规定。

至此，合议组经合议认为本案事实已经清楚，可依法作出本审查决定。

## 二、决定的理由

基于请求人提出的无效宣告请求的理由，合议组依据专利法第23条的规定对本案进行审理。

专利法第23条规定："授予专利权的外观设计，应当同申请日以前在国内外出版物上公开发表过或者国内公开使用过的外观设计不相同和不相近似，并不得与他人在先取得的合法权利相冲突。"

请求人提交的附件2是名称为"包装袋（田弋洗衣粉）"、授权公告日为2005年11月23日的200530012321.5号中国外观设计专利权的公开文本的复印件。合议组经核实认可其真实性，其确属于专利法第23条所规定的公开出版物，因此附件2可以作为证明本专利是否符合专利法第23条规定的证据（下称在先设计）。

合议组认为：本专利和在先设计均为包装袋的外观设计，二者用途相同，属于相同种类的产品，具有可比性。现将其与本专利进行相同和相近似比较：

本专利所示的包装袋整体呈长方形，从主视图看，包装袋正面的中央部分具有水旋涡状的图案，水旋涡图案由顺时针环绕排列的三条水纹条及背景圆形水圈图案组合构成，图案的中心部位具有标明商品牌号的两个汉字，旋涡图案的右下方具有一较小的卡通洗衣机图案，主视图的整体图案中具有散落分布的若干个水珠状图形；从后视图看，正中并排有两个较大的长方形框体，长方形的角呈圆弧倒角，其中左侧长方形框体的左上角嵌有一个边缘突出于长方形边框的类似平行四边形框体图案，两个长方形框体的上部中间部位具有明显的标明商品牌号的汉字（详见本专利附图）。

在先设计所示的包装袋整体呈长方形，从主视图看，包装袋正面的中央部分具有水旋涡状的图案，水旋涡图案由逆时针环绕的水纹状图案构成，图案的正中心部位具有标明商品牌号的两个汉字，旋涡图案的右下角具有长方形图案，旋涡图案的右上角具有一圆形装饰图案，主视图的整体图案中具有散落分布的若干个水珠状图形；从后视图看，正中并排有两个较大的长方形框体，长方形的四角都呈圆弧倒角（详见在先设计附图）。

将本专利与在先设计相比较，包装袋的形状、主体图案等都是基本相同的。二者之间的区别在于：（1）本专利的水旋涡状图案与在先设计的水旋涡状图案在细节上有所差异；（2）本专利与在先设计旋涡图案的右下角的小图案的具体内容不同；（3）在先设计的包装袋背面的两个长方形框体比本专利的略显细长;(4)在先设计包装袋背面左侧的长方形框体的左上角不具有平行四边形框体图案,在先设计包装袋背面的长方形框体上部不具有标明商品牌号的汉字。合议组认为:本专利和在先设计均属于包装袋,它们之间的区别仅在于部分图案的细节和背面框体的比例等,这属于局部的细微变化,上述变化不足以对二者基本相同的立体图案形成的整体视觉效果产生显著影响。因此,通过一般消费者整体观察可以看出,二者属于相近似的外观设计。

基于以上理由,合议组认为:本专利与申请日以前公开发表在出版物上的外观设计相近似,不符合专利法第23条的规定,请求人的无效宣告请求理由成立。

鉴于请求人的无效宣告请求理由已经成立,合议组对请求人所提出的其他证据和理由不再予以具体评述。

三、决定

宣告200630051529.2号外观设计专利权全部无效。

当事人对本决定不服的,可以根据专利法第46条第2款的规定,自收到本决定之日起三个月内向北京市第一中级人民法院起诉。根据该款的规定,一方当事人起诉后,另一方当事人应当作为第三人参加诉讼。

主视图 后视图

本专利附图

主视图 后视图

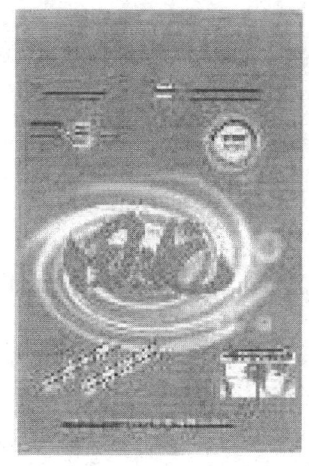 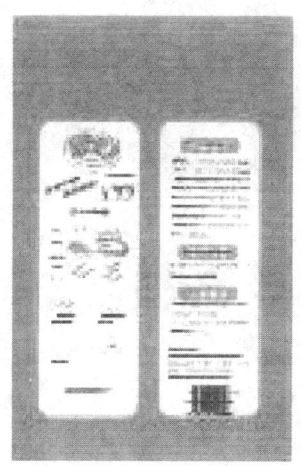

在先设计附图

# 手动液压力学测试机

## 无效宣告请求审查决定（第 10655 号）

| | |
|---|---|
| 决 定 号 | 第 10655 号 |
| 决 定 日 | 2007 年 8 月 24 日 |
| 发明创造名称 | 手动液压力学测试机 |
| 外观设计分类号 | 10-05 |
| 无效宣告请求人 | 乐清市艾力仪器有限公司 |
| 专 利 权 人 | 陈圣陶 |
| 专 利 号 | 200530087665.2 |
| 申 请 日 | 2005 年 8 月 3 日 |
| 授权公告日 | 2006 年 5 月 3 日 |
| 合议组组长 | 张雪飞 |
| 主 审 员 | 张 霞 |
| 参 审 员 | 高 颖 |
| 附 图 | 1 页 |

**法 律 依 据** 专利法第 23 条

**决 定 要 点**

本专利与在先设计相比较，其形状上的差别设计仅是相对于在先设计的简单复制和简化，对二者的整体视觉效果均不具有显著影响，因此，本专利与在先设计属于相近似的外观设计。

### 一、案由

本无效宣告请求涉及国家知识产权局于 2006 年 5 月 3 日授权公告的名称为"手动液压力学测试机"的 200530087665.2 号外观设计专利（下称本专利），其申请日是 2005 年 8 月 3 日，专利权人是陈圣陶。

针对本专利，乐清市艾力仪器有限公司（下称请求人）于 2007 年 4 月 24 日向专利复审委员会提出无效宣告请求，理由是本专利不符合专利法第 23 条的规定，并提交了如下证据：

证据 1：《电子质量》第 213 期封面及内页广告页复印件两页，封面标注日期为 2004 年 12 月，内页广告页中示有 SPV 型试验机台。

请求人认为：本专利存在自相矛盾之处，不应被授予专利权；证据 1 所示的 SPV 型试验机台与本专利均为手动液压力学测试机，二者的不同点仅在于：本专利的第二支撑隔板与第四支撑隔板是通过四根支撑杆连接，而证据 1 中所示的 SPV 型试验机台的第二支撑隔板与第四支撑隔板是通过两个支撑杆连接，上述差别属细微差异，就上述区别点而言，本专利与证据1所示在先设计的差别相对于产品外观设计的整体视觉效果并不具有显著的影响，因此，本专利与证据1所示在先设计相近似，不符合专利法第23条的规定，应宣告其无效。

经形式审查合格，专利复审委员会受理了该无效宣告请求，于2007年4月24日向双方当事人发出了无效宣告请求受理通知书，并将无效宣告请求书及其附件的副本转给了专利权人。

2007年4月29日，请求人提交了意见陈述书及其附件，补充了如下证据：

证据2：千年红商务网www.qnh.cn网页打印件两页，其第一页中示出SPV型手动液压机台；

证据3："（2007）浙乐证内经字第86号"公证书复印件7页，其公证内容为2007年4月19日中华人民共和国浙江省乐清市公证处公证员在互联网上获得与公证书相粘连的文件（含证据2）共5页。

请求人认为：本专利与证据2所示的在先设计是同一类别产品的外观设计，并且相应要素相同，因此，本专利与证据2所示的在先设计完全相同。另外，即使专利权人认为二者附带的夹具设计有所不同，但夹具属于可拆卸部件，且属于细微差别，对产品外观设计的整体视觉效果并不具有显著的影响，因此二者也是相近似的，因而本专利不符合专利法第23条的规定。

2007年5月29日专利权人针对无效宣告请求书及其附件提交意见陈述书，认为：本专利为四根立柱，证据1图片所示的立柱为两根立柱，且这一区别明显的对两者的整体视觉效果具有显著的区别和影响，因此，二者不相近似；且本专利不是自相矛盾的设计；本专利解决了两根立柱引起的技术问题。

专利复审委员会于2007年6月1日将请求人于2007年4月29日提交的意见陈述书以及补充证据的副本转给了专利权人，将专利权人于2007年5月29日提交的意见陈述书的副本转给了请求人，并发出口头审理通知书，定于2007年7月18日在专利复审委员会举行口头审理。

2007年6月28日专利权人针对请求人于2007年4月29日提交的意见陈述书以及补充证据提交了意见陈述书和如下反证：

反证1："（2007）浙温证内字第019550号"保全证据公证书复印件23页，其公证内容为专利权人于2007年6月14日来到中华人民共和国浙江省温州市中信公证处申请证据保全，于2007年6月14日在公证处公证员的监督下操作计算机访问了互联网获得了与公证书相粘连的18页附件。

专利权人认为：该网站网页在更新产品图片后，产品信息发布日不随图片更新而更新，而是保留首次发布时间，请求人证据3中与公证书相粘连的附件第3页中的2005年6月1日并不是四根立柱的手动液压力学测试机的发布日期，而是公司基本信息的发布日期。

口头审理如期举行，双方当事人均参加了口头审理。在口头审理过程中，双方当事人对合议组成员无回避请求。双方当事人对对方出庭人员身份无异议。请求人明确表示无效宣告请求理由为：本专利不符合专利法第23条以及专利法实施细则第2条第3款的规定。请求人认为本专利仰视图和俯视图不一致，不适用于工业应用，专利权人认为图像投影符合正常的透视关系，符合专利法实施细则第2条第3款的规定。请求人对反证1的真实性无异议，专利权人对证据1、3的真实性没有异议。请求人明确证据3用于证明证据2的真实性，证明2005年6月1日公开了证据2所示在先设计的图片，专利权人认为反证1可以证明同一网站上的图片与发布时间没有直接关系，证据2中的图片发布日期不是2005年6月1日。合议组告知双方当事人对于当庭转交给请求人的专利权人的意见陈述和反证，以及请求人当庭根据原提交的意见陈述总结提出的关于专利法实施细则第2条第3款的无效理由，给双方当事人1个月的答复期限。在相近似判断方面，双方均各自坚持原有观点。

2007年8月7日专利权人提交意见陈述，认为：本专利照片视图为一种透视投影图，仰视图第

1、2、3板被第4板遮挡，俯视图1板和2板距离较近，1板和4板距离较远，拍摄形成透视空间，1板和2板两个板叠加，3板和4板被透视遮挡，因此，本专利不是自相矛盾的设计，本专利符合专利法实施细则第2条第3款的规定；本专利与证据1的立柱数目不同，因而符合专利法第23条的规定；请求人的证据2、3也不能证明本专利已在申请日之前公开发表。

2007年8月8日请求人提交口头审理书面代理意见，坚持其原有观点。

在上述审理的基础上，合议组认为本案事实已经清楚，依法作出本无效宣告请求审查决定。

## 二、决定的理由

### 1. 法律依据

基于请求人提出的无效理由和证据，合议组首先依据专利法第23条的规定进行审理。

专利法第23条规定："授予专利权的外观设计，应当同申请日以前在国内外出版物上公开发表过或者国内公开使用过的外观设计不相同和不相近似，并不得与他人在先取得的合法权利相冲突"。

### 2. 证据认定

请求人提交的证据1是《电子质量》第213期封面及内页广告页复印件两页，专利权人对其真实性无异议，其公开日期为2004年12月，早于本专利申请日，因此属于中国专利法第23条规定的公开出版物，适用于本案。

### 3. 相近似性判断

证据1所示的SPV型试验机台（下称在先设计）与本专利用途相同，属于相同种类的产品，可以进行对比。

本专利图示有主视图、后视图、左视图、右视图、俯视图和仰视图。如图所示，本专利整体上看为四个平行矩形支撑隔板及支撑柱构成的三层结构，第一支撑隔板与第三支撑隔板通过四根支撑柱连接，第二支撑隔板与第四支撑隔板之间通过四根支撑柱连接，上述支撑柱均位于支撑隔板四角，该三层结构中的上层设有一手动液压千斤顶，千斤顶的一侧设有杆状的操纵手柄，中层无部件设置，下层分别在第三和第四隔板上相对设有两个U形夹具（详见本专利附图）。

在先设计整体上看为四个平行矩形支撑隔板及支撑柱构成的三层结构，第一支撑隔板与第三支撑隔板通过四根支撑柱连接，其支撑柱位于支撑隔板四角，第二支撑隔板与第四支撑隔板之间通过两根支撑柱连接，该支撑柱分别位于支撑隔板两侧，该三层结构中的上层设有一手动液压千斤顶和一近似"2"形结构，千斤顶的一侧设有杆状的操纵手柄，中层无部件设置，下层分别在第三和第四隔板上相对设有两个U形夹具（详见在先设计附图）。

将本专利与在先设计进行比较，二者的层结构设置和层间部件设置均基本相同，二者不同之处主要在于：本专利第二支撑隔板与第四支撑隔板之间通过四根支撑柱连接，上述支撑柱位于支撑隔板四角，在先设计的二支撑隔板与第四支撑隔板之间通过两根支撑柱连接，该支撑柱分别位于支撑隔板两侧；本专利没有一近似"2"形结构，而在先设计在三层结构中的上层设有一近似"2"形结构。对此，合议组认为，虽然本专利和在先设计在第二支撑隔板与第四支撑隔板之间支撑柱的数量和位置上有所不同，但是这种支撑柱数量的变化是通过对在先设计中的支撑柱结构进行简单复制而得到的，这种四角支撑的位置设计是所属技术领域的惯常设计，且虽然本专利相对于在先设计减少了近似"2"形结构的设计，但是此点差别是基于本专利相对于在先设计的简化设计而产生的，因此上述差异对二者的整体外观设计并不具有显著的影响，基于上述分析判断，二者应属于相近似的外观设计。

### 4. 结论

综上所述，在本专利申请日前已有与其相近似的外观设计在出版物上公开发表过，因此，本专利不符合专利法第23条的规定。

鉴于本专利不符合专利法第23条规定的无效宣告请求的理由成立，本决定对于其他无效宣告请求的理由和证据不再进行评述。

由于专利权人提交的反证是抗辩请求人提交的证据2和证据3所示的网上公开事实，与证据1涉及的出版物公开的认定无关，因此不足以否定上述结论。

三、决定

宣告200530087665.2号外观设计专利权全部无效。

当事人对本决定不服的，可以根据专利法第46条第2款的规定，自收到本决定之日起三个月内向北京市第一中级人民法院起诉。根据该款的规定，一方当事人起诉后，另一方当事人应当作为第三人参加诉讼。

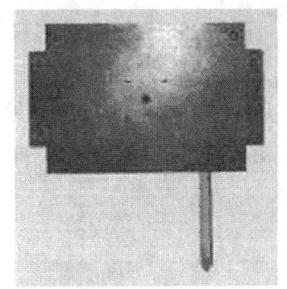 

俯视图　　　　　　　仰视图

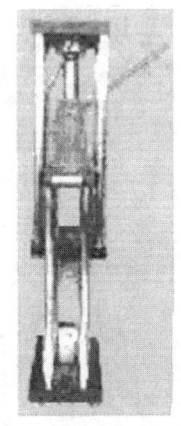   

左视图　　主视图　　右视图　　后视图

本专利附图

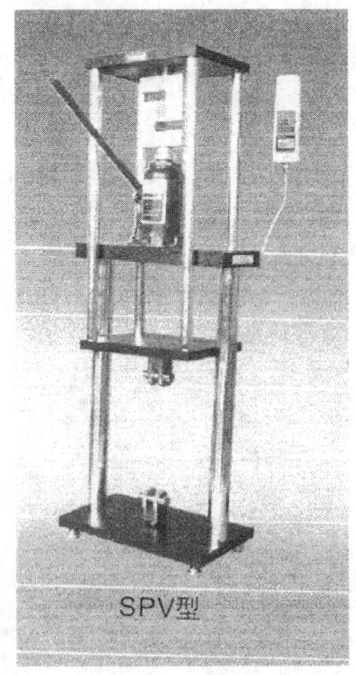

在先设计附图

# 北京市第一中级人民法院
# 行政判决书

(2008) 一中行初字第241号

原告陈圣陶，男，1972年1月25日出生，汉族，温州山度仪器有限公司总经理，住浙江省温州市鹿城区蒲鞋市街道龟湖路55弄22号403室。

委托代理人饶黄裳，女，北京中原华和知识产权代理有限公司专利代理人。

委托代理人舒邦思，男，北京中原华和知识产权代理有限公司专利代理人。

被告国家知识产权局专利复审委员会，住所地北京市海淀区北四环西路9号银谷大厦10~12层。

法定代表人廖涛，副主任。

委托代理人张霞，女，国家知识产权局专利复审委员会审查员。

委托代理人朱明雅，女，国家知识产权局专利复审委员会审查员。

第三人乐清市艾力仪器有限公司，住所地浙江省乐清市文昌路69号。

法定代表人郑存铭，总经理。

委托代理人刘守宪，男，北京三聚阳光知识产权代理有限公司专利代理人。

委托代理人张建纲，男，北京三聚阳光知识产权代理有限公司专利代理人。

原告陈圣陶不服被告国家知识产权局专利复审委员会作出的第10655号专利无效宣告审查决定（以下简称第10655号决定），于2008年1月22日向本院提起诉讼。本院受理后，依法组成合议庭并通知被诉具体行政行为的利害关系人乐清市艾力仪器有限公司作为第三人参加诉讼。2008年4月8日，本院依法公开开庭审理了本案，原告陈圣陶的委托代理人饶黄裳、舒邦思，被告的委托代理人张霞、朱明雅，第三人的委托代理人刘守宪、张建纲到庭参加了诉讼。本案现已审理终结。

2007年8月24日，被告依据《中华人民共和国专利法》（以下简称《专利法》）第二十三条作出第10655号决定，宣告200530087665.2号外观设计专利权（以下简称本专利）全部无效。

被告在法定的举证期限内向本院提交的证据有：（1）本专利授权文本；（2）在先设计（即无效程序中的证据1，以下简称证据1）；（3）口头审理记录表。上述证据用于证明第10655号决定认定事实清楚、适用法律正确、程序合法。

原告诉称：（1）根据《中华人民共和国专利法实施细则》（以下简称《专利法实施细则》）第二条第三款规定，专利法所称外观设计，是指对产品的形状、图案或者其结合以及色彩与形状、图案的结合所作出的富有美感并适于工业应用的新设计，本专利的外观设计符合授予专利权的法律规定。结构性认知和赏观性感知是实用新型与外观设计审查标准的根本区别，被告在本案中的审查的基本观点和思路是以实用新型审查标准——针对设计装置的空间位置和结构，依据科学技术的有效性、合理性和科学性的认知程度为出发点对本专利的外观设计进行审查的。这样一来，审查相近似就衍变成对支撑柱承载负荷及其力学强度的结构合理性进行审查。然而，应依据艺术的美观性、新颖性和可接受性的感知程度为出发点，对本专利外观设计进行审查。而对艺术领域中的表现美的感知仅需要感知人具备对自然和人工物的直觉的、天生的、欣赏的感知领悟能力。（2）被告以新颖性判定本专利不符合《专利法》第二十三条的规定依据不充分。被告仅以"在本专利申请日前已有与其相近似的外观设计在出版物上公开发表过"为理由，从而得出"本专利不符合《专利法》第二十三条的规定"的结论，即被告是仅以本专利不具备新颖性宣告本专利无效的。被告所作的结论是先在科学技术上决定两者具备相近似性，然后再就与本专利相近似的在先设计在本专利申请日前已公开发表过，推定本专利不具有新颖性。如果两者在艺术美学领域上不具备相近似性，则两者的公开发表时间能具备可比性吗？基于这一点，既然审查在结构性认知和表观性感知方面存在模糊的认识，则仅以此公开发表时间来认定本专利不符合《专利法》第二十三条的规定依据不充分。综上所述，原告认为，宣告本专利全部无效是不符合专利法对外观设计无效宣告的规定的，故请求撤销第 10655 号决定。

在本院审理过程中，原告未向本院提交证据。

被告辩称：本专利与在先设计相比较，其形状上的差别设计仅是相对于在先设计的简单复制和简化，对二者的整体视觉效果均不具有显著影响，因此，本专利与在先设计属于相近似的外观设计。综上所述，第 10655 号无效宣告请求审查决定认定事实清楚，审查程序合法，适用法律正确，请求人民法院在查明事实的基础上，依法作出驳回原告的诉讼请求、维持第 10655 号决定的判决。

第三人述称：同意被告的意见。第 10655 号决定认定事实清楚，适用法律正确，应予以维持。

在本院审理过程中，第三人未向本院提交证据。

在开庭审理中，原告及第三人对被告提交的证据没有异议。

经庭审质证，被告提交的证据与被诉决定具有关联性，且合法、真实，能够证明本案的事实，本院予以采纳。

根据上述有效证据及各方当事人在庭审中无争议的陈述，本院确认如下事实：

本专利系申请日为 2005 年 8 月 3 日，授权公告日为 2006 年 5 月 3 日，授权公告的专利号为 200530087665.2，名称为"手动液压力学测试机"的外观设计专利，专利权人是陈圣陶。

针对上述专利权，第三人于 2007 年 4 月 24 日向被告提出无效宣告请求，理由是本专利不符合《专利法》第二十三条的规定，并提交了如下证据：证据 1：《电子质量》第 213 期封面及内页广告页复印件两页，封面标注日期为 2004 年 12 月，内页广告页中示有 SPV 型试验机台。

第三人认为：本专利存在自相矛盾之处，不应被授予专利权；证据 1 所示的 SPV 型试验机台与本专利均为手动液压力学测试机，二者的不同点仅在于：本专利的第二支撑隔板与第四支撑隔板是通过四根支撑杆连接，而证据 1 中所示的 SPV 型试验机台的第二支撑隔板与第四支撑隔板是通过两个支撑杆连接，上述差别属细微差异，就上述区别点而言，本专利与证据 1 所示在先设计的差别相对于产品外观设计的整体视觉效果并不具有显著的影响，因此，本专利与证据 1 所示在先设计相近似，不符合《专利法》第二十三条的规定，应宣告其无效。

经形式审查合格，被告受理了该无效宣告请求，向双方当事人发出无效宣告请求受理通知书，并向原告转交申请材料。

2007 年 4 月 29 日，第三人提交了意见陈述书及其附件，补充了如下证据：证据 2：千年红商务网 www.qnh.cn 网页打印件两页，其第一页中示出 SPV 手动液压机台；证据 3："（2007）浙乐证内经字第 86 号"公证书复印件 7 页，其公证内容为 2007 年 4 月 19 日中华人民共和国浙江省乐清市公证处公证员在互联网上获得与公证书相粘连的文件（含证据 2）共 5 页。

第三人认为：本专利与证据 2 所示的在先设计相比较，二者也是相近似的，本专利不符合《专利法》第二十三条的规定。

2007 年 5 月 29 日原告针对无效宣告请求书及其附件提交意见陈述书，认为：本专利为四根立柱，证据 1 图片所示的立柱为两根立柱，且这一区别明显的对两者的整体视觉效果具有显著的区别和影响，因此，二者不相近似；且本专利不是自相矛盾的设计；本专利解决了两根立柱引起的技术问题。

被告将双方材料再次进行转文，并发出口头审理通知书。

2007 年 6 月 28 日原告针对第三人于 2007 年 4 月 29 日提交的意见陈述书以及补充证据提交了意

见陈述书和如下反证：

反证1："（2007）浙温证内字第019550号"保全证据公证书复印件23页，其公证内容为原告于2007年6月14日来到中华人民共和国浙江省温州市中信公证处申请证据保全，于2007年6月14日在公证处公证员的监督下操作计算机访问了互联网获得了与公证书相粘连的18页附件。

原告认为：该网站网页在更新产品图片后，产品信息发布日不随图片更新而更新，而是保留首次发布时间，第三人证据3中与公证书相粘连的附件第3页中的日期并不是四根立柱的手动液压力学测试机的发布日期，而是公司基本信息的发布日期。

2007年7月18日，被告举行口头审理，双方当事人均参加了口头审理。第三人明确表示无效宣告请求理由为：本专利不符合《专利法》第二十三条以及《专利法实施细则》第二条第三款的规定。第三人认为本专利仰视图和俯视图不一致，不适用于工业应用，原告认为图像投影符合正常的透视关系，符合《专利法实施细则》第二条第三款的规定。第三人对反证1的真实性无异议，原告对证据1、3的真实性没有异议。第三人明确证据3用于证明证据2的真实性，证明2005年6月1日公开了证据2所示在先设计的图片，原告认为反证1可以证明同一网站上的图片与发布时间没有直接关系，证据2中的图片发布日期不是2005年6月1日。被告告知双方当事人对于当庭转交给第三人的原告的意见陈述和反证，以及第三人当庭根据原提交的意见陈述总结提出的关于《专利法实施细则》第二条第三款规定的无效理由，给双方当事人1个月的答复期限。在相近似判断方面，双方均各自坚持原有观点。

2007年8月7日原告提交意见陈述，认为：本专利照片视图为一种透视投影图，仰视图第1、2、3板被第4板遮挡，俯视图1板和2板距离较近，1板和4板距离较远，拍摄形成透视空间，1板和2板两个板叠加，3板和4板被透视遮挡，因此，本专利不是自相矛盾的设计，本专利符合《专利法实施细则》第二条第三款的规定；本专利与证据1的立柱数目不同，因而符合《专利法》第二十三条的规定；第三人的证据2、3也不能证明本专利已在申请日之前公开发表。

2007年8月8日第三人提交口头审理书面代理意见，坚持其原有观点。

被告在进行上述审查过程后，作出以下判断：

（1）基于第三人提出的无效理由和证据，被告首先依据《专利法》第二十三条的规定进行审理。

（2）关于证据，第三人提交的证据1是《电子质量》第213期封面及内页广告页复印件两页，原告对其真实性无异议，其公开日期为2004年12月，早于本专利申请日，因此属于《专利法》第二十三条规定的公开出版物，适用于本案。

（3）关于相近似性判断。证据1所示的SPV型试验机台（下称在先设计）与本专利用途相同，属于相同种类的产品，可以进行对比。

本专利图示有主视图、后视图、左视图、右视图、俯视图和仰视图。如图所示，本专利整体上看为四个平行矩形支撑隔板及支撑柱构成的三层结构，第一支撑隔板与第三支撑隔板通过四根支撑柱连接，第二支撑隔板与第四支撑隔板之间通过四根支撑柱连接，上述支撑柱均位于支撑隔板四角，该三层结构中的上层设有一手动液压千斤顶，千斤顶的一侧设有杆状的操纵手柄，中层无部件设置，下层分别在第三和第四隔板上相对设有两个U形夹具（详见本专利附图）。

在先设计整体上看为四个平行矩形支撑隔板及支撑柱构成的三层结构，第一支撑隔板与第三支撑隔板通过四根支撑柱连接，其支撑柱位于支撑隔板四角，第二支撑隔板与第四支撑隔板之间通过两根支撑柱连接，该支撑柱分别位于支撑隔板两侧，该三层结构中的上层设有一手动液压千斤顶和一近似"2"形结构，千斤顶的一侧设有杆状的操纵手柄，中层无部件设置，下层分别在第三和第四隔板上相对设有两个U形夹具（详见在先设计附图）。

将本专利与在先设计进行比较，二者的层结构设置和层间部件设置均基本相同，二者不同之处主要在于：本专利第二支撑隔板与第四支撑隔板之间通过四根支撑柱连接，上述支撑柱位于支撑隔板四角，在先设计的二支撑隔板与第四支撑隔板之间通过两根支撑柱连接，该支撑柱分别位于支撑隔板两侧；本专利没有一近似"2"形结构，而在先设计在三层结构中的上层设有一近似"2"形结构。对此，被告认为，虽然本专利和在先设计在第二支撑隔板与第四支撑隔板之间支撑柱的数量和位置上有所不同，但是这种支撑柱数量的变化是通过对在先设计中的支撑柱结构进行简单复制而得到的，这种四角支撑的位置设计是所属技术领域的惯常设计，且虽然本专利相对于在先设计减少了近似"2"形结构的设计，但是此点差别是基于本专利相对于在先设计的简化设计而产生的，因此上述差异对二者的整体外观设计并不具有显著的影响，基于上述分析判断，二者应属于相近似的外观设计。

（4）结论意见：综上所述，在本专利申请日前已有与其相近似的外观设计在出版物上公开发表过，因此，本专利不符合《专利法》第二十三条的规定。鉴于本专利不符合《专利法》第二十三条规定的无效宣告请求的理由成立，本决定对于其他无效宣告请求的理由和证据不再进行评述。

由于原告提交的反证是抗辩第三人提交的证据2和证据3所示的网上公开事实，与证据1涉及的出版物公开的认定无关，因此不足以否定上述结论。

综上所述，被告作出第10655号决定。原告不服，向本院提起行政诉讼。

在庭审中，原告及第三人对被告的行政职权依据及审查程序均无异议，本院将进行书面审查。原告对第10655号决定所归纳的本专利与证据1的两个区别特征没有异议。

本院认为：《专利法》第二十三条规定："授予专利权的外观设计，应当同申请日以前在国内外出版物上公开发表过或者国内公开使用过的外观设计不相同和不相近似，并不得与他人在先取得的合法权利相冲突。"

证据1属于《专利法》第二十三条规定的公开出版物，其公开时间早于本专利，且与本专利用途相同，属于相同种类的产品，适用于本案，可以进行相近似性的对比。将本专利与在先设计进行比较，二者不同之处主要在于：本专利第二支撑隔板与第四支撑隔板之间通过四根支撑柱连接，上述支撑柱位于支撑隔板四角，在先设计的第二支撑隔板与第四支撑隔板之间通过两根支撑柱连接，该支撑柱分别位于支撑隔板两侧；本专利没有一近似"2"形结构，而在先设计在三层结构中的上层设有一近似"2"形结构。

对于本专利相对于在先设计减少了近似"2"形结构的设计这一区别特征，被告认为此点差别是基于本专利相对于在先设计的简化设计而产生的，因此上述差异对二者的整体外观设计并不具有显著的影响。在庭审中，各方当事人对被告此观点未明确提出争议，本院同意被告的观点。

对于本专利四根支撑柱相对于在先设计两根支撑柱设计这一区别特征，被告认为，虽然本专利和在先设计在第二支撑隔板与第四支撑隔板之间支撑柱的数量和位置上有所不同，但是这种支撑柱数量的变化是通过对在先设计中的支撑柱结构进行简单复制而得到的，这种四角支撑的位置设计是所属技术领域的惯常设计。

参照《审查指南》第四部分第五章第4节第（2）点规定，当产品上某些设计被证明是该类产品公认的惯常设计时，则其余设计的变化通常对整体效果更具有显著的影响。而该章节名称为"外观设计相同和相近似的判断"。因此，在外观设计相同和相近似的判断中，可以引入是否为"惯常设计"的判断标准。故原告认为"惯常设计"适用于实用新型审查标准，不适用于外观设计的审查判断，缺乏法律依据；而这种四角支撑的位置设计是该类产品的惯常设计，其余设计的变化通常对整体效果更具有显著的影响，但将本专利与在先设计进行比较，除上述二点不同之处外，二者的层结构设置和层间部件设置均基本相同。本专利与在先设计相比较，其形状上的差别设计仅是相对于在先设计的简单复制和简化,对二者的整体视觉效果均不具有显著影响,因此,本专利与在先设计属于相近似的外观设计。

综上所述,被告以在本专利申请日前已有与其相近似的外观设计在出版物上公开发表过,本专利不符合《专利法》第二十三条的规定为由,作出宣告本专利全部无效的决定是正确的,本院应予维持。原告的诉讼理由缺乏事实和法律依据,其诉讼请求本院不予支持。依照《中华人民共和国行政诉讼法》第五十四条第(一)项之规定,判决如下:

维持被告国家知识产权局专利复审委员会于二〇〇七年八月二十四日作出的第10655号无效宣告请求审查决定。

案件受理费100元,由原告陈圣陶负担(已交纳)。

如不服本判决,可在判决书送达之日起15日内,向本院递交上诉状,并按对方当事人的人数提出副本,预交上诉案件受理费100元,上诉于北京市高级人民法院。

审　判　长　饶亚东
审　判　员　刘景文
人民陪审员　杨　旭
二〇〇八年十月二十日
书　记　员　盛　阳

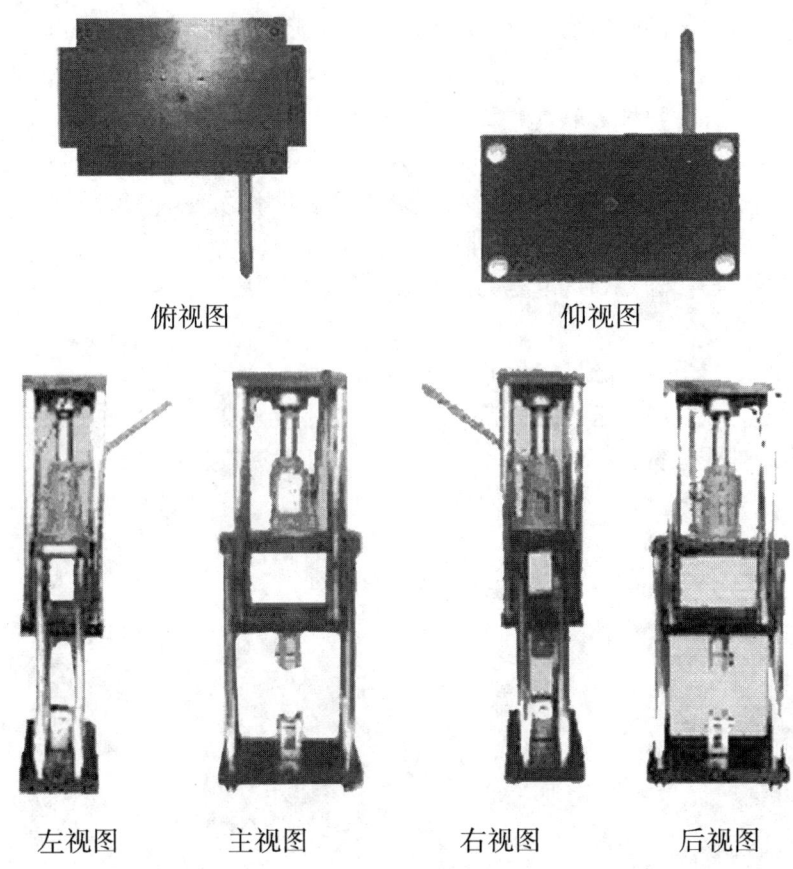

俯视图　　　　　仰视图

左视图　　主视图　　右视图　　后视图

本专利附图

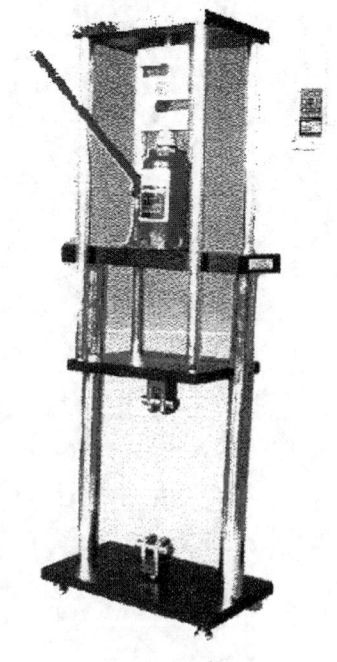

SPV 型

在先设计附图

# 北京市高级人民法院
# 行政判决书

（2009）高行终字第1307号

上诉人（一审原告）陈圣陶，男，1972年1月25日出生，汉族，温州山度仪器有限公司总经理，住浙江省温州市鹿城区蒲鞋市街道龟湖路55弄22号403室。

委托代理人舒邦思，男，北京中原华和知识产权代理有限责任公司专利代理人。

委托代理人饶黄裳，女，北京中原华和知识产权代理有限责任公司专利代理人。

被上诉人（一审被告）国家知识产权局专利复审委员会，住所地北京市海淀区北四环西路9号银谷大厦10~12层。

法定代表人张茂于，副主任。

委托代理人张霞，女，国家知识产权局专利复审委员会审查员。

委托代理人朱明雅，女，国家知识产权局专利复审委员会审查员。

被上诉人（一审第三人）乐清市艾力仪器有限公司，住所地浙江省乐清市乐成镇文昌路69号。

法定代表人郑存铭，总经理。

委托代理人刘守宪，男，北京三聚阳光知识产权代理有限公司专利代理人。

委托代理人张建纲，男，北京三聚阳光知识产权代理有限公司专利代理人。

上诉人陈圣陶因专利无效宣告请求审查决定，不服北京市第一中级人民法院（2008）一中行初字第241号行政判决，向本院提起上诉。本院受理后，依法组成合议庭对本案进行了审理。本案现已审理终结。

2007年8月24日，国家知识产权局专利复审委员会（以下简称复审委）依据《中华人民共和国专利法》（以下简称《专利法》）第二十三条的规定，作出第10655号专利无效宣告请求审查决定（以下简称被诉决定），决定宣告200530087665.2号外观设计专利权（以下简称本专利）全部无效。陈圣陶不服被诉决定，向北京市第一中级人民法院（以下简称一审法院）提起行政诉讼。

一审法院经审理认为，复审委以在本专利申请日前已有与其相近似的外观设计在出版物上公开发表过，本专利不符合《专利法》第二十三条的规定为由，作出宣告本专利全部无效的决定是正确的。陈圣陶的诉讼理由缺乏事实和法律依据，对其诉讼请求不予支持。依照《中华人民共和国行政诉讼法》第五十四条第（一）项之规定，判决维持了被诉决定。

陈圣陶不服一审判决，向本院提起上诉。陈圣陶上诉称，被诉决定未依据艺术的美观性、新颖性和可接受性的感知程度为出发点对本专利进行审查。一审法院确认其本人"认为惯常设计"适用于实用新型审查标准，不适用于外观设计的审查。但其本人从未有上述认识，且在一审诉讼中明确要求合议庭全面阅读和分析被诉决定的全文内容、行文、述语及论证结构，并指出被诉决定没有分析过整体视觉效果、涉及的述语、措辞都与实用新型审查述语有关。

惯常设计既是技术领域中的工程技术方面，也是艺术美学领域中的观赏方面的一个述语。不能因为《审查指南》第四部分第五章第4节第（2）点中提及"当产品上某些设计被证明是该类产品公认的惯常设计时"一词，就强行推论被诉决定中提及的惯常设计即为复审委引用外观设计判断标准。恰恰相反，前者所指的惯常设计是指观赏性方面的惯常设计，而后者所指的惯常设计是指工程技术方面的惯常设计。一审法院引用《审查指南》的惯常设计一词时，故意漏去"如易拉罐产品的圆柱形状设计"文字，因为这段文字正说明了其所指的"惯常设计"仅为"形状设计"，即仅属观赏性方面的"外观设计"。

在工程技术方面也许尚能对支撑柱的数量和位置关系得出简单复制、惯常设计的推论。但在艺术领域的外观设计中，任何具有表现美感的感知者和欣赏者都会指出具有一根支柱的为伞状建筑，具有两根支柱的为门状建筑，具有三根支柱的为亭状建筑，具有四根支柱的为厅状建筑。当然推而广之，一根支柱的也可制作成独脚桌，形成一排或一列的多根支柱也可构成（多）门、匾、牌坊状建筑，六根、八根乃至十八根、二十根形成矩形包络位置的支柱也可构成（大）厅、堂状建筑。从外观设计审查标准看，不能简单地、粗暴地得出"此乃简单复制"的结论。

综上，陈圣陶认为一审判决和被诉决定认定事实不清，请求予以撤销。

复审委答辩坚持其在被诉决定中的意见。同时认为，本专利与在先设计的区别为本专利第二支撑隔板与第四支撑隔板之间通过四根支撑柱连接，上述支撑柱位于支撑隔板四角，在先设计的二支撑隔板之间通过两根支撑柱连接，该支撑柱分别位于支撑隔板两侧；本专利没有一近似"2"形结构，而在先设计在三层结构中的上层设有一近似"2"形结构。虽然本专利和在先设计在第二支撑隔板与第四支撑隔板之间支撑柱的数量和位置上有所不同，但是这种支撑柱数量的变化是通过对在先设计中的支撑柱结构进行简单复制而得到的，这种四角支撑的位置设计是所属技术领域的惯常设计，且虽然本专利相对于在先设计减少了近似"2"形结构的设计，但是此点差别是基于本专利相对于在先设计的简化设计而产生的，因此上述差异对二者的整体外观设计并不具有显著的影响，基于上述分析判断，二者应属于相近似的外观设计，鉴于在本专利申请日前已有与其相近似的外观设计在出版物上公开发表过，因此，本专利不符合《专利法》第二十三条的规定。

综上，该委认为一审判决认定事实清楚，适用法律正确，请求予以维持并驳回陈圣陶的上诉请求。

被上诉人乐清市艾力仪器有限公司（以下简称艾力公司）未提交书面答辩意见。

一审法院审理期间，复审委在法定的举证期限内提交了：

（1）本专利授权文本；
（2）无效程序中的证据1（以下简称在先设计）；
（3）口头审理记录表。

陈圣陶和艾力公司未向一审法院提交证据。

上述证据已随案移送本院。经审查，复审委提交的证据来源合法，内容真实并能够印证被诉决定确认的事实，一审法院对上述证据的采纳本院不持异议。

经审理查明，本专利系陈圣陶于2005年8月3日提出申请，2006年5月3日被公告授权的"手动液压力学测试机"的外观设计专利，专利号为200530087665.2。

针对上述专利权，艾力公司以本专利不符合《专利法》第二十三条的规定为由，于2007年4月24日向复审委提出无效宣告请求，同时提交了刊登前述在先设计的《电子质量》第213期封面及内页广告页复印件作为证据，该杂志封面标注日期为2004年12月，内页广告页中示有SPV型试验机台。

艾力公司认为，本专利存在自相矛盾之处，不应被授予专利权；证据1所示的SPV型试验机台与本专利均为手动液压力学测试机，不同点仅在于：本专利的第二支撑隔板与第四支撑隔板是通过四根支撑杆连接，而在先设计所示的SPV型试验机台的第二支撑隔板与第四支撑隔板是通过两个支撑杆连接，上述差别属细微差别，相对于产品外观设计的整体视觉效果并不具有显著的影响，因此，本专利与在先设计相近似，不符合《专利法》第二十三条的规定，故请求宣告无效。

复审委受理后，向双方当事人发出了无效宣告请求受理通知书，并向陈圣陶转交申请材料。2007

年4月29日，艾力公司提交了意见陈述书及其附件，补充了证据2：千年红商务网www.qnh.cn网页打印件两页，其第一页中示出SPV手动液压机台，该下载内容业经浙江省乐清市公证处以（2007）浙乐证内经字第86号公证书公证。

艾力公司认为，本专利与证据2所示的机器图示构成相近似的外观设计，本专利不符合《专利法》第二十三条的规定。

2007年5月29日，陈圣陶提交了意见陈述书。陈圣陶认为，在先设计与本专利不相近似，且本专利解决了两根立柱存在的技术问题。

复审委将上述材料再次转文，并发出口头审理通知书。2007年6月28日，陈圣陶针对艾力公司于2007年4月29日提交的意见陈述书以及补充证据提交了意见陈述书和如下反证：2007年6月14日陈圣陶在互联网下载的关于艾力公司提交的证据2内容所做的（2007）浙温证内字第019550号保全证据公证书复印件23页，陈圣陶认为，该网站网页在更新产品图片后，产品信息发布日不随图片更新而更新，而是保留首次发布时间，艾力公司证据2的公证书中粘连的附件第3页中的日期不是四根立柱的手动液压力学测试机的发布日期，而是公司基本信息的发布日期。

2007年7月18日，复审委就本案进行了口头审理。艾力公司明确表示无效宣告请求理由为：本专利不符合《专利法》第二十三条以及《中华人民共和国专利法实施细则》（以下简称《专利法实施细则》）第二条第三款的规定，该公司认为本专利的仰视图和俯视图不一致，不适用于工业应用；明确证据2可以证明2005年6月1日公开了该证据所示的在先设计的图片，对反证的真实性没有异议。陈圣陶认为图像投影符合正常的透视关系，符合《专利法实施细则》第二条第三款的规定，对在先设计的真实性没有异议，认为其提交的反证可以证明同一网站上的图片与发布时间没有直接关系，证据2中的图片发布日期不是2005年6月1日。复审委告知双方当事人对于当庭转交给艾力公司的陈圣陶的意见陈述和反证，以及艾力公司当庭根据陈圣陶提交的意见陈述总结提出的关于《专利法实施细则》第二条第三款规定的无效理由，要求双方当事人在1个月的期限内提交答复意见。在相近似判断方面，双方当事人坚持原有观点。

2007年8月7日、8月8日，陈圣陶和艾力公司分别提交意见陈述，均坚持其原有观点。

复审委经审查认为，基于艾力公司提出的无效理由和证据，应首先对本专利是否符合《专利法》第二十三条的规定进行审理。复审委认为：

（1）关于证据，艾力公司提交的证据1（在先设计）是《电子质量》第213期封面及内页广告页复印件两页，其公开日期为2004年12月，早于本专利申请日，该在先设计属于《专利法》第二十三条规定的公开出版物，适用于本案。

（2）关于相近似性判断。在先设计所示的SPV型试验机台与本专利用途相同，属于相同种类的产品，可以进行对比。

本专利图示有主视图、后视图、左视图、右视图、俯视图和仰视图。如图所示，本专利整体上看为四个平行矩形支撑隔板及支撑柱构成的三层结构，第一支撑隔板与第三支撑隔板通过四根支撑柱连接，第二支撑隔板与第四支撑隔板之间通过四根支撑柱连接，上述支撑柱均位于支撑隔板四角，该三层结构中的上层设有一手动液压千斤顶，千斤顶的一侧设有杆状的操纵手柄，中层无部件设置，下层分别在第三和第四隔板上相对设有两个U形夹具。

在先设计整体上看为四个平行矩形支撑隔板及支撑柱构成的三层结构，第一支撑隔板与第三支撑隔板通过四根支撑柱连接，其支撑柱位于支撑隔板四角，第二支撑隔板与第四支撑隔板之间通过两根支撑柱连接，该支撑柱分别位于支撑隔板两侧，该三层结构中的上层设有一手动液压千斤顶和一近似"2"形结构，千斤顶的一侧设有杆状的操纵手柄，中层无部件设置，下层分别在第三和第四隔板上相对设有两个 U 形夹具。

将本专利与在先设计进行比较，二者的层结构设置和层间部件设置均基本相同，二者不同之处主要在于：本专利第二支撑隔板与第四支撑隔板之间通过四根支撑柱连接，上述支撑柱位于支撑隔板四角，在先设计的二支撑隔板与第四支撑隔板之间通过两根支撑柱连接，该支撑柱分别位于支撑隔板两侧；本专利没有一近似"2"形结构，而在先设计在三层结构中的上层设有一近似"2"形结构。对此，复审委认为，虽然本专利和在先设计在第二支撑隔板与第四支撑隔板之间支撑柱的数量和位置上有所不同，但是这种支撑柱数量的变化是通过对在先设计中的支撑柱结构进行简单复制而得到的，这种四角支撑的位置设计是所属技术领域的惯常设计，且虽然本专利相对于在先设计减少了近似"2"形结构的设计，但是此点差别是基于本专利相对于在先设计的简化设计而产生的，因此上述差异对二者的整体外观设计并不具有显著的影响，基于上述分析判断，二者应属于相近似的外观设计。

综上，复审委认为在本专利申请日前，已有与其相近似的外观设计在出版物上公开发表过，因此，本专利不符合《专利法》第二十三条的规定。鉴于本专利不符合《专利法》第二十三条规定的无效宣告请求的理由成立，故该委对于其他无效宣告请求的理由和证据不再进行评述。

由于陈圣陶提交的反证是抗辩艾力公司证据2所示的网上公开事实，与在先设计涉及的出版物公开的认定无关，因此不足以否定上述结论。综上，复审委作出被诉决定。

本院认为，《专利法》第二十三条规定，授予专利权的外观设计，应当同申请日以前在国内外出版物上公开发表过或者国内公开使用过的外观设计不相同和不相近似，并不得与他人在先取得的合法权利相冲突。本案在先设计于2004年12月公开发表于国内刊物《电子质量》第213期，其公开日期早于本专利申请日，故该在先设计属于《专利法》第二十三条规定的公开出版物；本专利和在先设计所属技术领域相同，为同类产品，复审委将该在先设计作为本专利的对比文件符合法律规定。

根据本专利与在先设计的图示，关于二者的相同点与区别，本院同意复审委的确认。其中区别1为本专利第二支撑隔板与第四支撑隔板之间通过四根支撑柱连接，在先设计的二支撑隔板之间通过两根支撑柱连接；区别2为在先设计在三层结构中的上层设有一近似"2"形结构，而本专利则没有设置该结构。但就二者的整体外观，上述区别确属细微差别，对二者的整体外观设计并没有产生显著影响，对消费者不会产生强烈的视觉冲击。复审委基于对区别特征的判断，确认本专利与在先设计属于相近似的外观设计、本专利不符合《专利法》第二十三条的规定的依据充分。故，本院对上述确认予以认可，并同意复审委基于在先设计已足以确认本专利不符合《专利法》第二十三条的规定，故在不影响本案的事实确认的前提下，对证据2以及陈圣陶针对证据2提出的反证不再进一步确认。

综上，被诉决定认定事实清楚，适用法律正确，程序合法，一审法院判决维持符合《中华人民共和国行政诉讼法》第五十四条第（一）项的规定；陈圣陶的上诉理由不能成立。本院不予支持。据此，依据《中华人民共和国行政诉讼法》第六十一条第（一）项的规定，判决如下：

驳回上诉，维持一审判决。

二审案件受理费人民币100元，由上诉人陈圣陶负担（已交纳）。

本判决为终审判决。

审 判 长 郭 宜
代理审判员 朱海宏
代理审判员 罗峥嵘
二〇〇九年十二月九日
书 记 员 程钰玮

# 玩具（变形金刚机动阿劲）

## 无效宣告请求审查决定（第10657号）

| | |
|---|---|
| 决 定 号 | 第10657号 |
| 决 定 日 | 2007年11月19日 |
| 发明创造名称 | 玩具（变形金刚机动阿劲） |
| 外观设计分类 | 21-01 |
| 无效宣告请求人 | 株式会社万代 |
| 专 利 权 人 | 陈振楷 |
| 申 请 号 | 200430075931.5 |
| 申 请 日 | 2004年9月27日 |
| 授权公告日 | 2005年3月23日 |
| 合议组组长 | 钱亦俊 |
| 主 审 员 | 吴大章 |
| 参 审 员 | 严若艳 |
| 附 图 | 2页 |

法 律 依 据 专利法第23条
决 定 要 点
在先设计与本专利属于相近似的外观设计，故本专利权的授予不符合专利法第23条的规定。

一、案由

本无效宣告请求涉及的是国家知识产权局于2005年3月23日授权公告的、名称为"玩具（变形金刚机动阿劲）"的外观设计专利，其申请号是200430075931.5，申请日是2004年9月27日，专利权人是陈振楷。

针对上述专利权（下称本专利），株式会社万代于2007年3月30日向专利复审委员会提出无效宣告请求，其理由是本专利权的授予不符合专利法第23条的规定，其主张的事实是在本专利申请日之前已有相同的外观设计在日本出版物上公开发表过。请求人提交了如下证据：

附件1：本专利授权公告网上公开信息的复印件；
附件2：附件3~5的证明书及公证和认证文件的复印件共3页；
附件3：《敢达模型大全集2004》（《ガンプラ大全集2004》）杂志的封面、第9页和第194页的复印件共3页；
附件4：《电击业余爱好》（《电击HOBBY》）杂志2003年6月号的封面、第28页至第31页和第382页的复印件共5页；

附件5：《电击业余爱好》（《电击HOBBY》）杂志2003年5月号的封面、第78页、第79页和第294页的复印件共4页。

2007年4月29日，专利复审委员会收到了请求人提交的上述附件2至附件5的中文译文。

专利复审委员会经形式审查合格受理了该无效宣告请求，并于2007年6月1日将请求书及相关证据材料副本转送给专利权人，要求其在指定的期限内答复。专利复审委员会逾期未收到专利权人的答复。

2007年8月9日，合议组向双方当事人发出口头审理通知书，定于2007年9月25日进行口头审理。

口头审理如期举行，请求人的代理人出席口头审理，对合议组成员无回避请求。专利权人未出席口头审理。专利复审委员会也没有收到其任何书面答复，故视为专利权人对合议组成员无回避请求。口头审理中，请求人就提交的证据进行了意见陈述并坚持原有主张，提交了附件2的原件，附件3~5的原件以及相关杂志当年期刊的全部原件。

至此，在口头审理的基础上，合议组认为本案事实清楚，可以依法作出审查决定。

**二、决定的理由**

请求人提出的无效宣告请求的理由是：本专利权的授予不符合专利法第23条的规定。

专利法第23条规定：授予专利权的外观设计，应当同申请日以前在国内外出版物上公开发表过或者国内公开使用过的外观设计不相同和不相近似，并不得与他人在先取得的合法权利相冲突。

请求人提交的附件3是《敢达模型大全集2004》杂志相关页的复印件。在口头审理中，请求人提交了附件3的原件和《敢达模型大全集2004》杂志的原件。针对该证据，万代株式会社董事长出具了证言："附加文件确实为下列书籍的真实复印件"，该证言经日本东京法务局公证人川岛贵志郎公证，又经东京法务局、日本外务省、中国驻日本大使馆认证（即附件2）。针对该证据，专利权人始终未提交任何意见陈述，也未提交相关证据证明其不真实，亦不出席口头审理。合议组认为，请求人提供的附件3真实可信，《敢达模型大全集2004》杂志（下称证据1）属于专利法意义上的出版物。在证据1的第194页上注明其发行日是2004年3月5日，在本专利申请日（2004年9月27日）之前，在其第9页刊载了一款名称为"ZGMF-1017机动阿劲"的玩具的图片。故证据1可以作为判断本专利是否符合专利法第23条的依据。

使用本专利的产品名称是"玩具（变形金刚机动阿劲）"，本专利的整体形状呈拟人形设计，各个组成部分呈机械零部件形态的设计。本专利的头顶具有近似三角形"鸡冠"的设计，背后有近似猛禽翼和类似翼片的设计，左手持机枪，右手持剑（详见本专利附图）。

从上述证据1"ZGMF-1017机动阿劲"的图片（下称在先设计）可知，在先设计的整体形状呈拟人形设计，各个组成部分呈机械零部件形态的设计。其头顶具有近似三角形"鸡冠"的设计，背后有近似猛禽翼和类似翼片的设计，左手持剑，右手机枪（详见在先设计附图）。

将本专利和在先设计进行对比后，可看到：二者的整体形状相同，除左右手所持武器的位置颠倒之外，各相应的组成部分也都是相同的。合议组认为，上述相同点已经构成本专利外观设计与在先设计在整体形状上视觉效果的基本相同，其差异对整体视觉效果不构成显著影响，因此，二者属于相近似的外观设计。

综上，请求人提供的证据能够证明在本专利申请日之前，已经有相近似的外观设计在公开出版物上发表。因此本专利权的授予不符合专利法第23条的规定。

鉴于上述已经得出本专利权的授予不符合专利法第23条规定的结论，故本决定对其他证据不再

评述。

### 三、决定

宣告200430075931.5号外观设计专利权无效。

当事人对本决定不服的,可以根据专利法第46条第2款的规定,在收到本决定之日起三个月内向北京市第一中级人民法院起诉。一方当事人起诉后,另一方当事人将作为第三人参加诉讼。

主视图

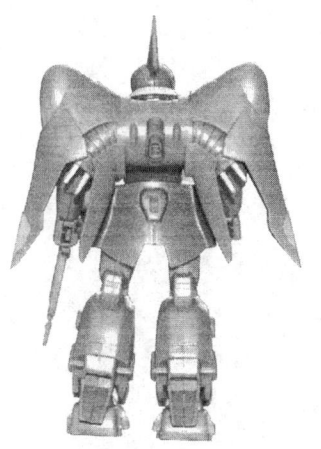
后视图

右视图

左视图

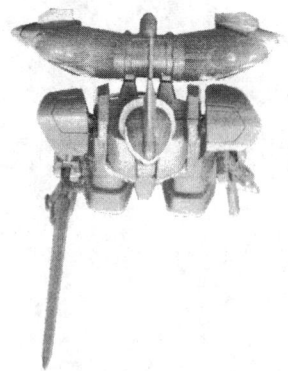
俯视图

本专利附图

在先设计附图

# 玩具（重装战士）

## 无效宣告请求审查决定（第 10658 号）

| | |
|---|---|
| 决 定 号 | 第 10658 号 |
| 决 定 日 | 2007 年 11 月 19 日 |
| 发明创造名称 | 玩具（重装战士） |
| 外观设计分类号 | 21-01 |
| 无效宣告请求人 | 株式会社万代 |
| 专 利 权 人 | 陈振楷 |
| 申 请 号 | 200530077279.5 |
| 申 请 日 | 2005 年 11 月 21 日 |
| 授权公告日 | 2006 年 10 月 4 日 |
| 合议组组长 | 钱亦俊 |
| 主 审 员 | 吴大章 |
| 参 审 员 | 严若艳 |
| 附 图 | 1 页 |
| 法 律 依 据 | 专利法第 23 条 |

**决 定 要 点**

在先设计与本专利属于相近似的外观设计，故本专利权的授予不符合专利法第 23 条的规定。

### 一、案由

本无效宣告请求涉及的是国家知识产权局于 2006 年 10 月 4 日授权公告的、名称为"玩具（重装战士）"的外观设计专利，其申请号是 200530077279.5，申请日是 2005 年 11 月 21 日，专利权人是陈振楷。

针对上述专利权（下称本专利），株式会社万代于 2007 年 3 月 30 日向专利复审委员会提出无效宣告请求，其理由是本专利权的授予不符合专利法第 23 条的规定，其主张的事实是在本专利申请日之前已有相同的外观设计在日本出版物上公开发表过。请求人提交了如下证据：

附件 1：本专利授权公告网上公开信息的复印件；

附件 2：附件 3 和附件 4 的证明书及公证和认证文件的复印件共 3 页；

附件 3：《敢达模型大全集 2004》（《ガンプラ大全集 2004》）的封面、第 182 页和第 194 页的复印件共3页；

附件4：《电击业余爱好》（《电击HOBBY》）杂志2000年11月号的封面、第16~19页和第290页的复印件共5页。

2007年4月29日，专利复审委员会收到了请求人提交的上述附件2至附件4的中文译文。

专利复审委员会经形式审查合格受理了该无效宣告请求，并于2007年5月14日将请求书及相关证据材料副本转送给专利权人，要求其在指定的期限内答复。专利复审委员会逾期未收到专利权人的答复。

2007年8月9日，合议组向双方当事人发出口头审理通知书，定于2007年9月25日进行口头审理。

口头审理如期举行，请求人的代理人出席口头审理，对合议组成员无回避请求。专利权人未出席口头审理。专利复审委员会也没有收到其任何书面答复，故视为专利权人对合议组成员无回避请求。口头审理中，请求人就提交的证据进行了意见陈述并坚持原有主张，提交了附件2的原件，附件3和附件4的原件以及相关杂志当年期刊的全部原件。

至此，在口头审理的基础上，合议组认为本案事实清楚，可以依法作出审查决定。

## 二、决定的理由

请求人提出的无效宣告请求的理由是：本专利权的授予不符合专利法第23条的规定。

专利法第23条规定：授予专利权的外观设计，应当同申请日以前在国内外出版物上公开发表过或者国内公开使用过的外观设计不相同和不相近似，并不得与他人在先取得的合法权利相冲突。

请求人提交的附件4是日本《电击业余爱好》杂志2000年11月号的复印件。在口头审理中，请求人提交了附件4的原件和《电击业余爱好》杂志2000年11月号的原件，针对该证据，万代株式会社董事长出具了证言："附加文件确实为下列书籍的真实复印件"，该证言经日本东京法务局公证人川岛贵志郎公证，又经东京法务局、日本外务省、中国驻日本大使馆认证（即附件2）。针对该证据，专利权人始终未提交任何意见陈述，也未提交相关证据证明其不真实，亦不出席口头审理。合议组认为，请求人提供的附件4真实可信，日本《电击业余爱好》杂志2000年11月号（下称证据2）属于专利法意义上的出版物。证据2的第290页上注明其发行日是2000年11月，在本专利申请日（2005年11月21日）之前，在其第16~19页刊载了一款名称为"重装战士"的玩具的图片。故证据2可以作为判断本专利是否符合专利法第23条的依据。

使用本专利的产品名称是"玩具（重装战士）"，本专利的整体形状呈拟人形设计，各个组成部分呈机械零部件形态的设计。本专利的头部前额具有"V"字形设计，前胸有双"V"形图案，左手持盾牌和加特林机枪，足部为一体设计（详见本专利附图）。

从上述证据2的"重装战士"的图片（下称在先设计）可知，在先设计的整体形状呈拟人形设计，各个组成部分呈机械零部件形态的设计。其头部前额具有"V"字形设计，前胸有双"V"形图案，左手持盾牌和加特林机枪，足部由两部分组成（详见在先设计附图）。

将本专利和在先设计进行对比后，可以看到：二者的整体形状相同，除足部外，各相应的组成部分也都是相同的。足部的设计不同：本专利是一体设计，在先设计是由上下两部分组成的。合议组认为，上述相同点已经构成本专利外观设计与在先设计在整体形状上视觉效果的基本相同，其差异对整体视觉效果不构成显著影响，因此，二者属于相近似的外观设计。

综上，请求人提供的证据能够证明在本专利申请日之前，已经有相近似的外观设计在公开出版物上发表。因此本专利权的授予不符合专利法第23条的规定。

鉴于上述已经得出本专利权的授予不符合专利法第 23 条规定的结论，故本决定对其他证据不再评述。

三、决定

宣告 200530077279.5 号外观设计专利权无效。

当事人对本决定不服的，可以根据专利法第 46 条第 2 款的规定，在收到本决定之日起三个月内向北京市第一中级人民法院起诉。一方当事人起诉后，另一方当事人将作为第三人参加诉讼。

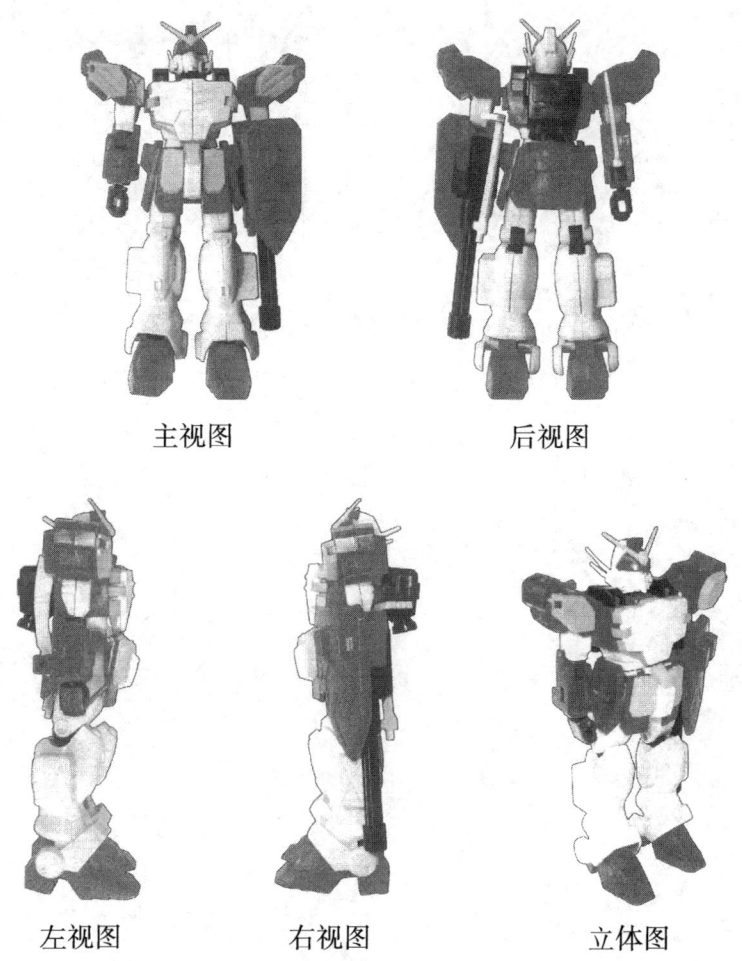

主视图　　　　　后视图

左视图　　　右视图　　　立体图

本专利附图

在先设计附图

# 玩具（脉冲战士）

## 无效宣告请求审查决定（第 10659 号）

决　定　号　第 10659 号
决　定　日　2007 年 11 月 19 日
发明创造名称　玩具（脉冲战士）
外观设计分类号　21-01
无效宣告请求人　株式会社万代
专　利　权　人　蔡沛文
申　　请　　号　200530075976.7
申　　请　　日　2005 年 11 月 14 日
授 权 公 告 日　2006 年 9 月 6 日
合 议 组 组 长　钱亦俊
主　　审　　员　吴大章
参　　审　　员　严若艳
附　　　　　图　2 页

法　律　依　据　专利法第 23 条
决　定　要　点
在先设计与本专利属于相近似的外观设计，故本专利权的授予不符合专利法第 23 条的规定。

### 一、案由

本无效宣告请求涉及的是国家知识产权局于 2006 年 9 月 6 日授权公告的、名称为"玩具（脉冲战士）"的外观设计专利，其申请号是 200530075976.7，申请日是 2005 年 11 月 14 日，专利权人是蔡沛文。

针对上述专利权（下称本专利），株式会社万代于 2007 年 3 月 30 日向专利复审委员会提出无效宣告请求，其理由是本专利权的授予不符合专利法第 23 条的规定，其主张的事实是在本专利申请日之前已有相同的外观设计在日本出版物上公开发表过。请求人提交了如下证据：

附件 1：本专利授权公告网上公开信息的复印件；
附件 2：附件 3 和附件 4 的证明书及公证和认证文件的复印件共 3 页；
附件 3：《HOBBY JAPAN》（《业余爱好日本》）杂志 2005 年 6 月号的封面、第 44 页和第 358 页的复印件共 3 页；
附件 4：《电击 HOBBY》（《电击业余爱好》）杂志 2005 年 2 月号的封面、第 65 页和第 364 页的复印件共3页。

2007年4月29日，专利复审委员会收到了请求人提交的上述附件2~4的中文译文。

专利复审委员会经形式审查合格受理了该无效宣告请求，并于2007年6月1日将请求书及相关证据材料副本转送给专利权人，要求其在指定的期限内答复。专利复审委员会逾期未收到专利权人的答复。

2007年8月9日，合议组向双方当事人发出口头审理通知书，定于2007年9月25日进行口头审理。

口头审理如期举行，请求人的代理人出席口头审理，对合议组成员无回避请求。专利权人未出席口头审理。专利复审委员会也没有收到其任何书面答复，故视为专利权人对合议组成员无回避请求。口头审理中，请求人就提交的证据进行了意见陈述并坚持原有主张，提交了附件2的原件，附件3和附件4的原件以及相关杂志当年期刊的全部原件。

至此，在口头审理的基础上，合议组认为本案事实清楚，可以依法作出审查决定。

## 二、决定的理由

请求人提出的无效宣告请求的理由是：本专利权的授予不符合专利法第23条的规定。

专利法第23条规定：授予专利权的外观设计，应当同申请日以前在国内外出版物上公开发表过或者国内公开使用过的外观设计不相同和不相近似，并不得与他人在先取得的合法权利相冲突。

请求人提交的附件4是日本《电击业余爱好》杂志2005年2月号相关页的复印件。在口头审理中，请求人提交了附件4的原件和《电击业余爱好》杂志2005年2月号的原件。针对该证据，万代株式会社董事长出具了证言："附加文件确实为下列书籍的真实复印件"，该证言经日本东京法务局公证人川岛贵志郎公证，又经东京法务局、日本外务省、中国驻日本大使馆认证（即附件2）。针对该证据，专利权人始终未提交任何意见陈述，也未提交相关证据证明其不真实，亦不出席口头审理。合议组认为，请求人提供的附件4真实可信，日本《电击业余爱好》杂志2005年2月号（下称证据2）属于专利法意义上的出版物。在证据2的第364页上注明其发行日是2005年2月1日，在本专利申请日（2005年11月14日）之前，在其第65页刊载了一款名称为"迷你脉冲战士"的玩具的图片。故证据2可以作为判断本专利是否符合专利法第23条的依据。

使用本专利的产品名称是"玩具（脉冲战士）"，本专利的整体形状呈拟人形设计，各个组成部分呈机械零部件形态的设计。本专利的头部前额具有双"V"字形设计，左手持盾牌和棒状物，盾牌上"十"字形的上部较下部更长，右手持冲锋枪，背后有战斗机机翼和尾翼以及类似翼片的设计（详见本专利附图）。

从上述证据2的"迷你脉冲战士"的图片（下称在先设计）可知，在先设计的整体形状呈拟人形设计，各个组成部分呈机械零部件形态的设计。其头部前额具有双"V"字形设计，左手持盾牌，盾牌上"十"字形的上部较下部更短，右手持冲锋枪，背后有战斗机机翼和尾翼以及类似翼片的设计（详见在先设计附图）。

将本专利和在先设计进行对比后，可以看到：二者的整体形状相同，除左手所持武器之外，各相应的组成部分也都是相同的。左手所持武器不同：本专利有盾牌和棒状物，在先设计仅有盾牌；盾牌上的图案略有不同。合议组认为，上述相同点已经构成本专利外观设计与在先设计在整体形状上视觉效果的基本相同，其差异对整体视觉效果不构成显著影响，因此，二者属于相近似的外观设计。

综上，请求人提供的证据能够证明在本专利申请日之前，已经有相近似的外观设计在公开出版物上发表。因此本专利权的授予不符合专利法第23条的规定。

鉴于上述已经得出本专利权的授予不符合专利法第23条规定的结论，故本决定对其他证据不再

评述。

**三、决定**

宣告 200530075976.7 号外观设计专利权无效。

当事人对本决定不服的，可以根据专利法第 46 条第 2 款的规定，在收到本决定之日起三个月内向北京市第一中级人民法院起诉。一方当事人起诉后，另一方当事人将作为第三人参加诉讼。

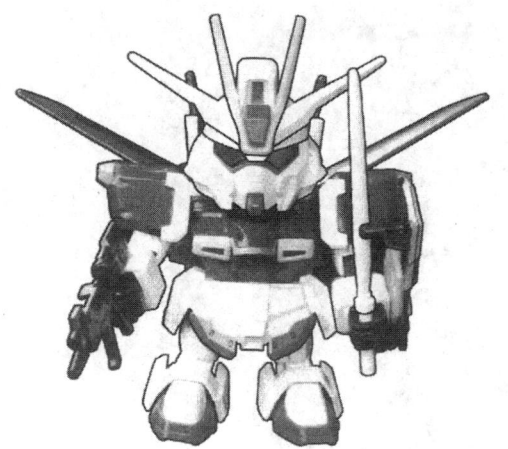

主视图

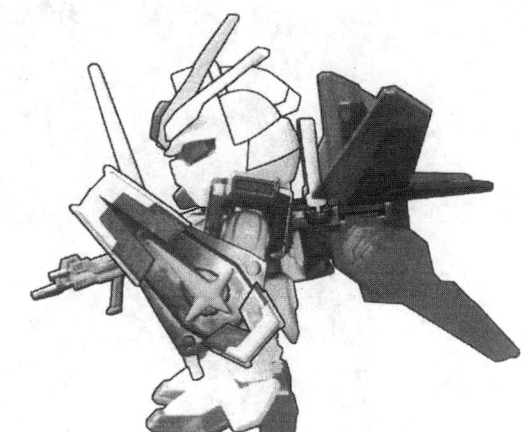

左视图

立体图

本专利附图

在先设计附图

# 掌上电脑词典（牛津 2000）

## 无效宣告请求审查决定（第 10662 号）

| | |
|---|---|
| 决 定 号 | 第 10662 号 |
| 决 定 日 | 2007 年 11 月 19 日 |
| 发明创造名称 | 掌上电脑词典（牛津 2000） |
| 外观设计分类号 | 14-02 |
| 无效宣告请求人 | 卡西欧计算机株式会社 |
| 专 利 权 人 | 中山名人电脑科技有限公司 |
| 专 利 号 | 200530059548.5 |
| 申 请 日 | 2005 年 5 月 16 日 |
| 授 权 公 告 日 | 2005 年 12 月 21 日 |
| 合 议 组 组 长 | 吴赤兵 |
| 主 审 员 | 李改平 |
| 参 审 员 | 李巍巍 |
| 附 图 | 2 页 |

法 律 依 据　专利法第 23 条

决 定 要 点

本专利与其申请日前授权公告的外观设计专利相近似，即已有与其相近似的外观设计在先公开发表过，因此，本专利不符合专利法第 23 条的规定。

### 一、案由

本无效宣告请求涉及的是国家知识产权局于 2005 年 12 月 21 日授权公告的 200530059548.5 号外观设计专利，使用该外观设计的产品名称为"掌上电脑词典（牛津 2000）"，申请日是 2005 年 5 月 16 日，专利权人是中山名人电脑科技有限公司。

针对上述专利权（下称本专利），卡西欧计算机株式会社（下称请求人）于 2006 年 10 月 25 日向专利复审委员会提出无效宣告请求，其理由是：在本专利申请日前已有与本专利相近似的外观设计公开发表过，因此，本专利不符合专利法第 23 条的规定。请求人提交了如下附件作为证据：

附件 1：本专利的公报复印件 1 页；
附件 2：本专利的外观设计图片 1 页；
附件 3：于 2003 年 12 月 1 日公开的第 565247 号台湾新式样专利公报复印件 5 页。
附件 4：附件 3 的外观设计图片 1 页；

附件5：2003年7月2日公开的第02368165.9号中国外观设计专利公报复印件1页；

附件6：2004年6月公开的电子词典操作手册2页；

附件7：2004年7月10日公开的关于XD-M730型号电子词典的报刊报道复印件2页；

附件8：2003年1月30日公开的关于XD-R970和XD-R820型号电子词典的报刊报道复印件1页。

经形式审查合格专利复审委员会受理了该无效宣告请求，并于2007年1月12日将无效宣告请求书转送给专利权人，于2007年4月11日将无效宣告请求书附件的副本转送给专利权人，要求其在指定期限内陈述意见。专利权人逾期未答复。

2007年8月8日专利复审委员会分别向请求人和专利权人发出无效宣告请求口头审理通知书，定于2007年9月19日在专利复审委员会进行口头审理。在发出无效宣告请求口头审理通知书的同时告知合议组成员。

口头审理如期举行。请求人的代理人参加了口头审理，请求人的代理人对合议组成员无回避请求，专利权人既未参加口头审理，也未对合议组成员提出回避请求。请求人的代理人陈述了请求无效的理由和依据，同时提交了附件3经国家知识产权局专利局检索咨询中心2007年9月7日确认的与原件相同的公报复印件，并将本专利与各证据中的外观设计进行了对比，认为本专利与附件3和附件5中所示的外观设计相近似，附件6~8进一步证明本专利在其申请日之前早已在国外出版物上公开发表过，因此本专利不符合专利法第23条的规定，请求专利复审委员会宣告本专利无效。

合议组经合议，认为本案事实清楚，依法作出本审查决定。

## 二、决定的理由

1. 法律依据

基于请求人提出的无效宣告请求理由，合议组对本专利是否符合专利法第23条的规定进行审查。

专利法第23条规定："授予专利权的外观设计，应当同申请日以前在国内外出版物上公开发表过或者国内公开使用过的外观设计不相同和不相近似，并不得与他人在先取得的合法权利相冲突。"

2. 证据认定

附件1是本专利的公报复印件，用于说明本专利情况。

附件3是第565247号台湾新式样专利公报复印件，口头审理时请求人提交了经国家知识产权局专利局检索咨询中心2007年9月7日确认的与原件相同的公报复印件，合议组予以采信。该台湾新式样专利公报所示使用外观设计的产品名称为"电子字典"，授权公告日为2003年12月1日，该授权公告日在本专利申请日前，故附件3可以作为判断本专利是否符合专利法第23条的规定的证据。

3. 外观设计对比

本专利为掌上电脑词典（牛津2000），附件3所示外观设计（下称在先设计）为电子字典，二者用途相同，属于相同类别的产品，故可以进行外观设计相近似性比较。

观察本专利的各视图可见，本专利大体上呈长方体，主视图所示的正面分为转轴部分与主体部分，主体部分两侧各有一条装饰线，中间有一略有突起的月牙形装饰图案，后视图所示背面两侧有一定宽度的装饰条，在使用状态参考图中，可以看到长方形显示屏和呈六横排分布的按键（详见本专利附图）。

观察在先设计的各视图可见，在先设计在闭合状态下大体上呈长方体，第8图所示的正面分为转轴部分与主体部分，主体部分两侧各有一条装饰线，在第1图和第7图中，均可以看到长方形显示屏和呈六横排分布的按键（详见在先设计附图）。

将本专利与在先设计相比，两者的相同点为：两者大体上呈长方体，正面中的转轴部分与主体部分的形状及比例基本相同，主体部分两侧都各有一条装饰线；在两者的打开状态图（本专利中指使用状态参考图，在先设计中指第1图和第7图）中，两者的显示屏形状基本相同、键盘中各按键的形状及布局都近似。两者的不同之处在于：本专利主视图所示的正面中有一略有突起的月牙形装饰图案，而在先设计中无此设计；后视图所示背面中两侧有一定宽度的装饰条，而在先设计中无此设计。对此，合议组认为：对一般消费者而言，本专利与在先设计整体形状及比例近似，两者的显示屏形状基本相同、键盘中各按键的形状及布局近似。与在先设计相比，本专利主视图中月牙形装饰图案属于局部的细微差别，后视图中的装饰条处于产品背面，对产品的整体视觉印象不具有显著的影响，按照整体观察综合判断的原则，本专利与在先设计整体形状近似，两者属于相近似的外观设计，因此，本专利不符合专利法第23条的规定。

综上所述，在本专利申请日前已有与其相近似的外观设计在国内公开发表过，因此，本专利不符合专利法第23条的规定。

鉴于已经得出本专利不符合专利法第23条的规定的结论，故对请求人提交的其他证据不再作出评述。

### 三、决定

宣告200530059548.5号外观设计专利权全部无效。

当事人对本决定不服的，可以根据专利法第46条第2款的规定，自收到本决定之日起三个月内向北京市第一中级人民法院起诉。根据该款的规定，一方当事人起诉后，另一方当事人应当作为第三人参加诉讼。

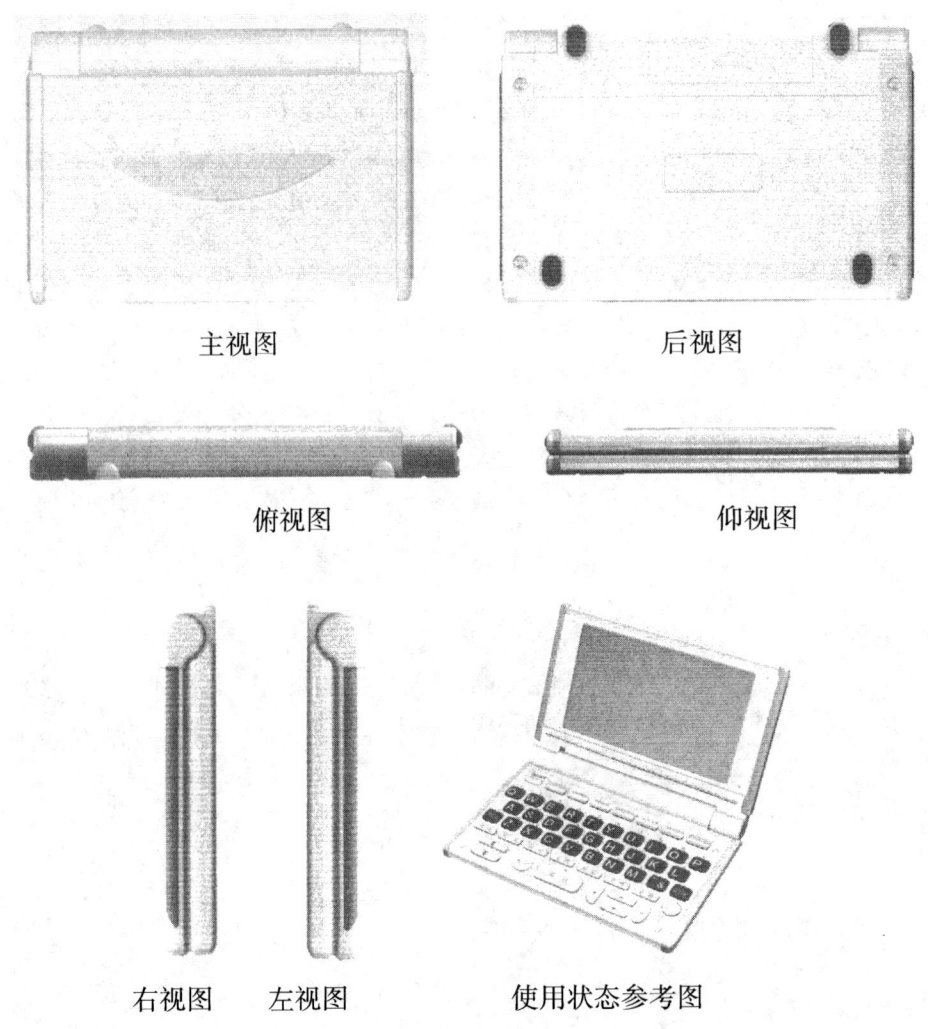

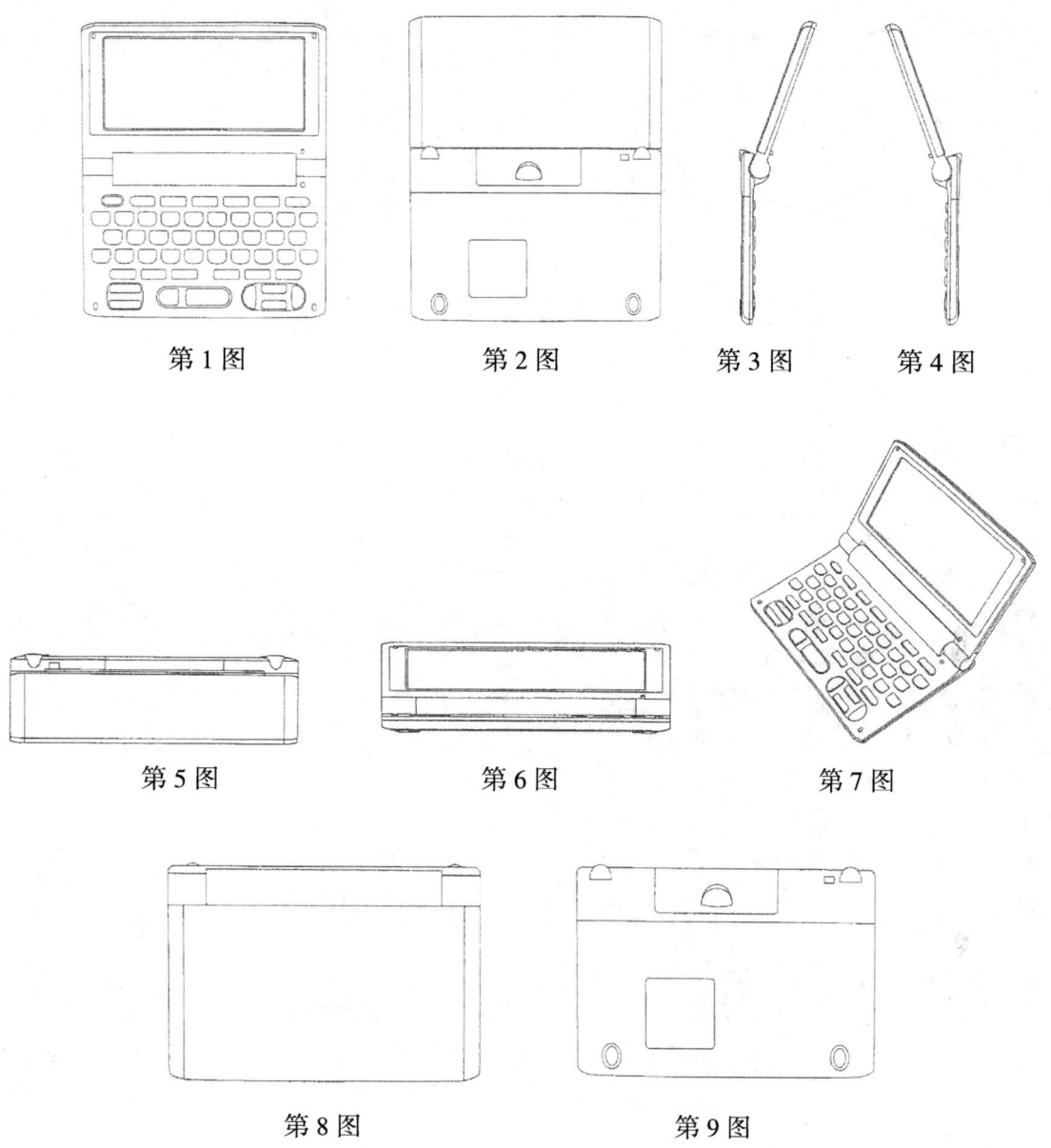

在先设计附图

# 对讲机（PX-555）

## 无效宣告请求审查决定（第 10663 号）

| | |
|---|---|
| 决　定　号 | 第 10663 号 |
| 决　定　日 | 2007 年 10 月 29 日 |
| 发明创造名称 | 对讲机（PX-555） |
| 外观设计分类号 | 14-03 |
| 无效宣告请求人 | 株式会社建伍 |
| 专　利　权　人 | 陈伟 |
| 专　利　号 | 200530171875.X |
| 申　请　日 | 2005 年 12 月 19 日 |
| 授权公告日 | 2006 年 11 月 1 日 |
| 合议组组长 | 王霞军 |
| 主　审　员 | 李改平 |
| 参　审　员 | 李巍巍 |
| 附　　　图 | 2 页 |

**法律依据** 专利法第 23 条

**决定要点**

本专利与其申请日前授权公告的外观设计专利相近似，即已有与其相近似的外观设计在先公开发表过，因此，本专利不符合专利法第 23 条的规定。

### 一、案由

本无效宣告请求涉及的是国家知识产权局于 2006 年 11 月 1 日授权公告的 200530171875.X 号外观设计专利，使用该外观设计的产品名称为"对讲机（PX-555）"，申请日是 2005 年 12 月 19 日，专利权人是陈伟。

针对上述专利权（下称本专利），株式会社建伍（下称请求人）于 2007 年 1 月 30 日向专利复审委员会提出无效宣告请求，其理由是：本专利与其申请日前由请求人申请并得以授权公告的外观设计专利近似，即已有与本专利相近似的外观设计在其申请日之前公开发表过，因此，本专利不符合专利法第 23 条的规定。请求人提交了如下附件作为证据：

附件 1：本专利的公报复印件及相应产品照片；

附件 2：03302027.2 号外观设计专利的公报复印件。

经形式审查合格专利复审委员会受理了该无效宣告请求，并于 2007 年 3 月 12 日将无效宣告请求书及其附件的副本转送给专利权人，要求其在指定期限内陈述意见。

专利复审委员会于 2007 年 4 月 10 日收到专利权人提交的意见陈述。专利权人认为本专利与请求人提交的对比设计具有显著的差别，具体表现在：（1）两者的天线长度与机身高度的比例明显不同，粗细长短不同，有无天线帽不同。（2）两者机身大小不同，并且本专利的机身两侧中部向中间凹陷，对比设计机身两侧呈平行的直线。（3）本专利的喇叭透音孔是密封的，呈 V 形状，且凸于机面，外围还有一条明显的装饰凹槽线，对比设计的喇叭透音孔是通透的，呈 U 形状，且凹于机面。（4）本专利中有背夹，对比设计中无背夹。（5）本专利的机身右边呈一曲线，功能键有 2 个，对比设计的机身右边基本上呈一直线，功能键有 4 个。（6）两者的外接配件插孔位置不一样。（7）两者机顶都有两个旋钮，属于功能性设计。根据上述比较，两者完全不相同不相近似，请求维持本专利有效。

2007 年 6 月 6 日专利复审委员会分别向请求人和专利权人发出合议组成员告知通知书。双方均逾期未对合议组成员提出回避请求。

合议组经合议，认为本案事实清楚，依法作出本审查决定。

## 二、决定的理由

1. 法律依据

基于请求人提出的无效宣告请求理由，合议组对本专利是否符合专利法第 23 条的规定进行审查。

专利法第 23 条规定："授予专利权的外观设计，应当同申请日以前在国内外出版物上公开发表过或者国内公开使用过的外观设计不相同和不相近似，并不得与他人在先取得的合法权利相冲突。"

2. 证据认定

附件 1 是本专利的公报复印件及相应产品照片，用于说明本专利情况。

附件 2 是 03302027.2 号外观设计专利的公报复印件，经合议组核实，该复印件与原件一致，其所示专利使用外观设计的产品名称为"便携无线电通讯机"，授权公告日为 2003 年 10 月 1 日，该授权公告日在本专利申请日前，故附件 2 可以作为判断本专利是否符合专利法第 23 条的规定的证据。

3. 外观设计对比

本专利所示对讲机外观设计，其机身大致为长方体，正面上部分布有若干呈平行横向开口的透音槽，该透音槽处于一装饰凹槽内并略有凸起，装饰凹槽线近似 V 形；顶部左侧为圆杆状天线，天线比机身长，且其顶端有端帽，天线右侧为一高一低的两个旋钮；左侧面设有 2 个功能键，其中一个为近似圆形，另一个为较大的椭圆形；对讲机背面设有背夹。详见本专利附图。

附件 2 所示"便携无线电通讯机"外观设计（下称在先设计），其机身大致为长方体，正面上部分布有若干呈平行横向开口的透音槽，该透音槽处于一装饰凹槽内，装饰凹槽线略呈 U 形；顶部左侧为圆杆状天线，天线比机身较短，其右侧为一高一低呈台阶状布置的两个旋钮；左侧面设有 4 个功能键，其中一个为近似圆形，另外三个为较大的椭圆形（详见在先设计附图）。

本专利外观设计用于对讲机，在先设计所示外观设计用于"便携无线电通讯机"，二者用途相同，属于相同种类的产品，故可以进行相近似性对比。

将本专利与在先设计相比较可以看出，两者外观设计的机身大致都为长方体，正面上部分布有若干呈平行横向开口的透音槽，其外围有装饰凹槽线；顶部设有天线和两个旋钮；左侧面设有功能键。两者不同之处主要在于，本专利对讲机背面有背夹，在先设计中无背夹；本专利的喇叭透音孔略凸于机面，外围还有一条明显的装饰凹槽线，略呈 V 形，在先设计的喇叭透音孔与机面大致相平，其下方有装饰凹槽线，略呈 U 形。两者还在天线长短比例、有无天线端帽、功能键的数量、侧面形状等方面存在不同。合议组认为，背夹属于附属功能部件，处于次要视觉部位的机体背面，视觉影响效果较小；两者喇叭透音孔相对于机身的凸凹差别情况并不明显；尽管本专利的喇叭透音孔外围有一条装饰凹槽线，略呈 V 形，在先设计的喇叭透音孔下方有装饰凹槽线，略呈 U 形，但两者整体的心形效果是一致的；天线的长短粗细以及是否具有端帽对整体不具有显著影响；虽然专利权人认为本专利的机身两侧中部向中间凹陷，在先设计机身两侧呈平行的直线，但合议组认为两者的差别不明显；顶部的两个旋钮和侧面的功能键都属于功能设计，虽然在先设计的两个旋钮呈台阶状布置，而本专利的两个旋钮处于同一台面，但两者的这一差别对整体影响不大；机身的大小以及透音孔是否通透不影响整体外观设计。以上不同之处均不能对整体视觉效果构成显著影响，属局部细微差异，除这些局部细微差异之外，二者的整体造型及各部分设计均基本相同，形成了明显相近似的整体视觉效果，因此二者属于相近似的外观设计。

综上所述，在本专利申请日前已有与其相近似的外观设计公开发表过，因此，本专利不符合专利法第 23 条的规定。

三、决定

宣告 200530171875.X 号外观设计专利权全部无效。

当事人对本决定不服的，可以根据专利法第 46 条第 2 款的规定，自收到本决定之日起三个月内向北京市第一中级人民法院起诉。根据该款的规定，一方当事人起诉后，另一方当事人应当作为第三人参加诉讼。

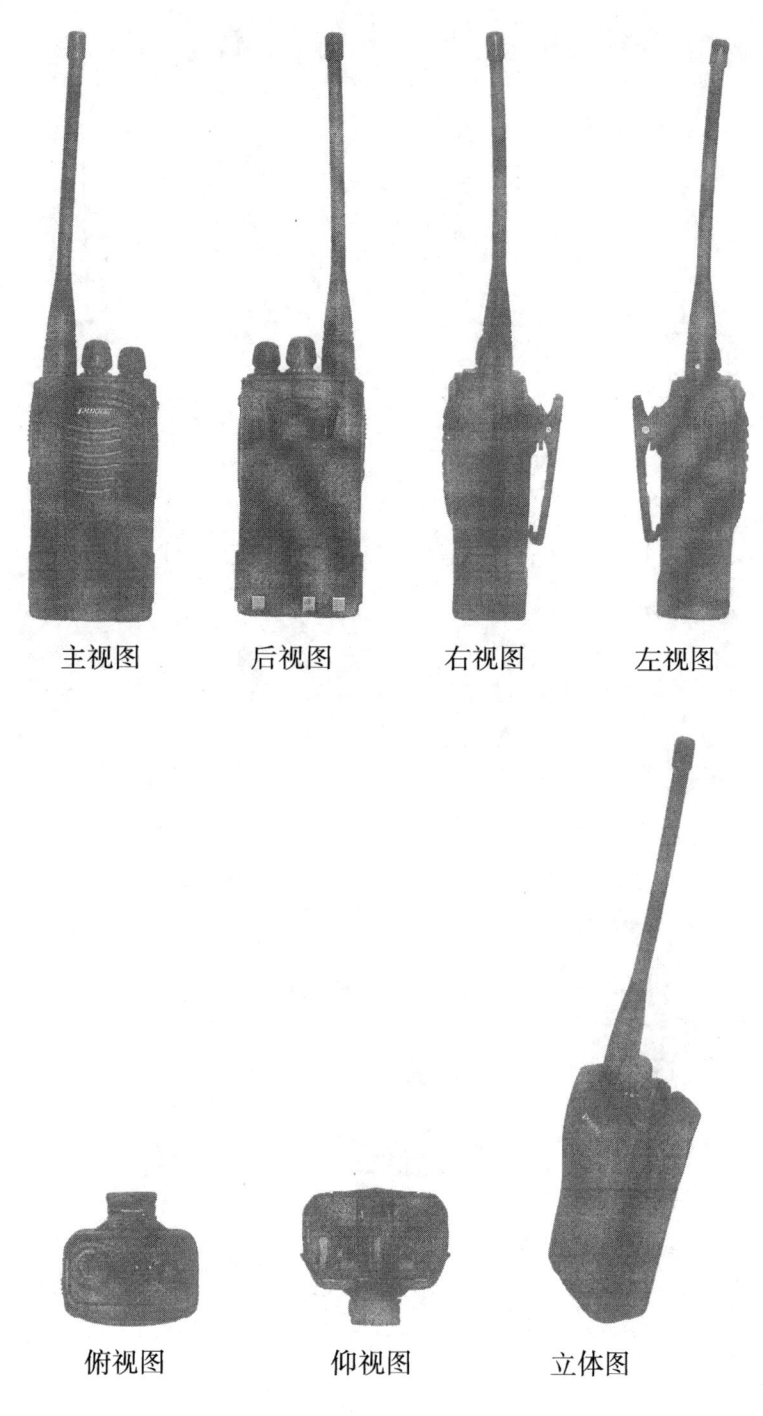

本专利附图

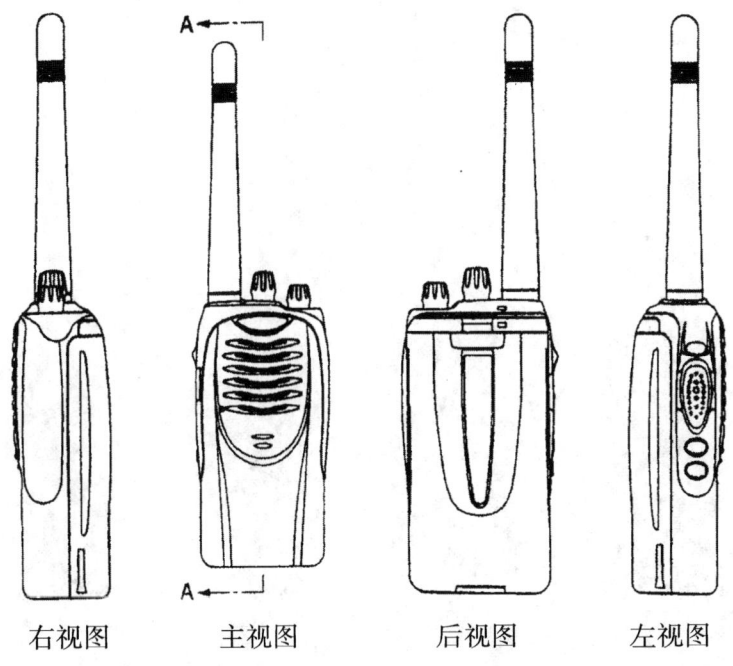

右视图　　主视图　　后视图　　左视图

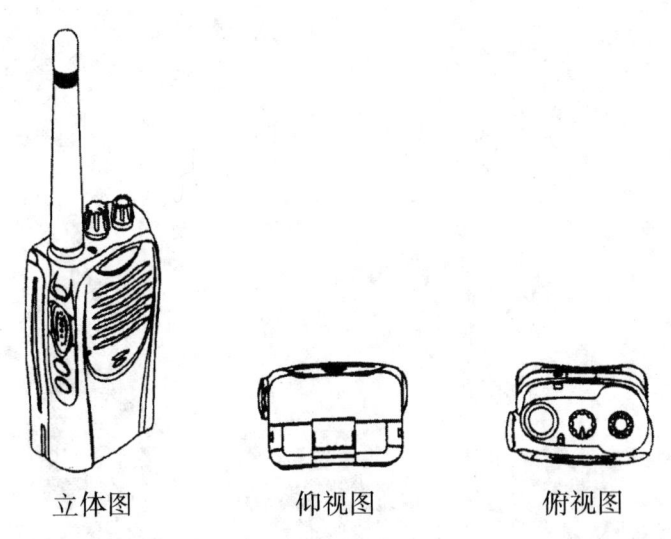

立体图　　仰视图　　俯视图

在先设计附图

# 北京市第一中级人民法院
# 行政裁定书

(2008) 一中行初字第721号

原告陈伟，男，1971年4月12日出生，住中华人民共和国福建省南安市霞美镇温山村霞新厝68号。委托代理人董敏，福建福兴律师事务所律师。

被告中华人民共和国国家知识产权局专利复审委员会，住所地中华人民共和国北京市海淀区北四环西路9号银谷大厦10~12层。

法定代表人廖涛，副主任。

委托代理人李改平，中华人民共和国国家知识产权局专利复审委员会审查员。

委托代理人郭鹏鹏，中华人民共和国国家知识产权局专利复审委员会审查员。

第三人株式会社建伍，住所地日本国东京都八王子市石川町2967-3。

法定代表人盐佃一男，总裁。

委托代理人李江，中国专利代理（香港）有限公司专利代理人。

委托代理人董江雄，中国专利代理（香港）有限公司专利代理人。

原告陈伟不服被告中华人民共和国国家知识产权局专利复审委员会（以下简称专利复审委员会）作出的第10663号无效宣告请求审查决定（以下简称第10663号决定），向本院提起行政诉讼。本院于2008年5月26日受理后，依法组成合议庭，并通知株式会社建伍作为本案的第三人参加诉讼，于2008年9月1日公开开庭进行了审理。原告陈伟的委托代理人董敏，被告专利复审委员会的委托代理人李改平、郭鹏鹏，第三人株式会社建伍的委托代理人董江雄、李江到庭参加了诉讼。本案现已审理终结。

就株式会社建伍针对陈伟拥有的名称为"对讲机（PX-555）"的外观设计专利（以下简称本专利）提出的无效宣告请求，专利复审委员会作出第10663号决定，认为本专利与在先设计第03302027.2号外观设计专利属于近似的外观设计，不符合《中华人民共和国专利法》（以下简称《专利法》）第二十三条的规定，故宣告本专利权无效。

陈伟不服第10663号决定，在法定期限内向本院提起行政诉讼，其诉称：（1）专利复审委员会对证据的认定错误。附件2涉及的在先外观设计专利已被专利复审委员会作出的第10661号无效宣告请求审查决定宣告无效，权利处于无效状态，故本专利不存在与他人在先取得的合法权利相冲突的问题，附件2依法不能作为判断本专利是否符合《专利法》第二十三条规定的证据。（2）专利复审委员会对事实的认定错误。即使附件2可以作为判断的证据，专利复审委员会在认定事实上也是明显错误的：①专利复审委员会不是根据外观设计的图片、照片进行判断，而是根据实物进行对比，显然是错误的。②本专利与附件2具有显著的差别，不相近似。对于对讲机而言，机身呈长方体、顶部设有天线和旋钮，均属于该类产品公认的惯常设计，故其余设计的变化对整体视觉效果具有显著的影响。而天线属于该类产品组装关系唯一的组件产品，应当以组合状态下的整体外观设计为对象。根据上述判断原则和判断方式，将本专利与附件2相比较，不论是整体观察、综合判断还是单独对比、直接观察，专利复审委员会认定本专利与附件2相近似缺少依据。综上，专利复审委员会认定事实错误，适用法律错误，请求法院予以撤销第10663号决定。

被告专利复审委员会辩称：（1）陈伟的起诉已经超过了三个月的法定起诉期限；（2）在先设计

不是作为他人在先取得的合法权利的证据,而是证明有在先设计公开发表,故专利复审委员会对证据的认定是正确的;(3)陈伟认为专利复审委员会在审理时是依据实物进行的对比没有依据;(4)陈伟主张本专利中的"其余设计的变化对整体视觉效果具有显著的影响"无说服力。据此,专利复审委员会作出第10663号决定认定事实清楚、适用法律正确,请求人民法院维持该决定。

第三人株式会社建伍没有提交书面意见陈述,其在本案庭审过程中表示同意第10663号决定,并认为陈伟的起诉已经超过了三个月的法定起诉期限,请求人民法院维持该决定。

本院经审理查明:

名称为"对讲机(PX-555)"外观设计专利(即本专利)的申请日为2005年12月19日,授权公告日为2006年11月1日,专利权人为陈伟,专利号为200530171875.X。

陈伟于2006年1月4日,即该专利的申请阶段填写的外观设计专利请求书中填写的本人地址为福建省南安市丰州镇温山村14组,确定的联系人为江春玲。2007年1月30日,株式会社建伍以本专利不符合《专利法》第二十三条的规定为由向专利复审委员会提出无效宣告请求,并提交了包括第03302027.2号外观设计专利公报在内的证据。专利复审委员会受理后,将无效请求书和相关证据按照陈伟在前述外观设计专利请求书中填写的地址转给陈伟。此后,专利复审委员会收到了陈伟寄交的意见陈述,但在信件上标注的陈伟的地址与前述外观设计专利请求书中的地址不一致。2007年11月27日,专利复审委员会作出第10663号决定,并以邮寄的方式将该决定送达江春玲。江春玲于2007年12月4日收到该决定,后于2008年1月30日将其转交陈伟本人。2008年3月25日,陈伟向本院提起诉讼。

在本案庭审过程中,专利复审委员会陈述将第10663号决定邮寄给江春玲的原因是陈伟寄交意见陈述时地址已经发生了变化,为确保其收到决定才按照联系人的地址将决定邮寄给江春玲。陈伟则认为,江春玲只是其在申请专利阶段指定的联系人,而不是在无效程序中指定的联系人。专利复审委员会在无效程序中曾将文件邮寄给陈伟,陈伟也收到了文件,没有必要将文件邮寄给江春玲。即使邮寄给江春玲,也应当以江春玲转交给陈伟的时间作为3个月的起算点。

以上事实,有本专利说明书,第10663号决定,外观设计专利请求书,陈伟在无效程序中提交的意见陈述书,第10663号决定转交陈伟的手续,当事人陈述等证据在案佐证。

本院认为:

《中华人民共和国专利法实施细则》(以下简称《专利法实施细则》)第五条规定,国务院专利行政部门的各种文件,可以通过邮寄、直接送交或者其他方式送达当事人。当事人委托专利代理机构的,文件送交专利代理机构;未委托专利代理机构的,文件送交请求书中指明的联系人。作为对《专利法实施细则》的进一步细化规定,《审查指南》第五部分第六章通知和决定的第1.1节规定,在专利申请的审查程序中以及专利权有效期间,审查员根据不同情况,将作出各种通知和决定。其中包括无效宣告请求审查决定等。在该章第2.2节收件人中规定,若请求书中未填写联系人的,收件人为当事人;在当事人是个人并确保能收到专利局信函时,可以不填写联系人。一般情况下,当事人是单位的,其填写的联系人应当是本单位的工作人员;当事人是个人的,填写的联系人应当是便于收到专利局信函并可迅速交给当事人本人的人。当事人只能填写一名联系人。上述规定与《专利法实施细则》的有关规定并无冲突,且在实践过程中无效宣告请求人和专利权人均根据《审查指南》的有关规定执行,故对本案纠纷,本院将参照《审查指南》的有关规定处理。

从上述规定的内容可以看出,首先,专利法所确定的联系人制度的宗旨在于提高审查效率,既使审查员能够通过快捷、方便形式与当事人进行联系,同时也确保当事人能够准确、及时地收到通知和决定等各种文件。其次,确定联系人与否由专利申请人自己决定,且其应当知道联系人的地位和作用；再次，在专利权有效期间，国务院专利行政部门及其专利复审委员会仍可能因具体事务同专利权人进行联系，如向专利权人发出视为放弃取得专利权通知书、专利权终止通知书等，特别是在无效宣告请求提出后，更应当及时、准确地通知专利权人。而此时在申请阶段确定的联系人仍应是与专利权人进行联系的最有保障和最便捷的方式，否则国务院专利行政部门及其专利复审委员会将无法准确、及时地与专利权人进行联系。因此，联系人制度并不仅仅局限于对专利申请的审查阶段，而是贯穿整个专利权有效期间。陈伟关于江春玲只是其在申请专利阶段指定的联系人，而不是在无效程序中指定的联系人的主张不能成立，本院不予支持。

在本案中，虽然专利复审委员会曾依据陈伟的地址邮寄送达无效请求书和相关证据，但在陈伟的回复表明其地址的不确定性后，为保证准确、及时地送达无效决定，专利复审委员会按照陈伟自己确定的联系人的地址邮寄送达无效决定并无不当。作为陈伟的联系人，江春玲收到第10663号决定即为陈伟收到该决定。根据《专利法》第四十六条的规定，陈伟应当收到无效决定之日起三个月内向人民法院起诉。而陈伟向本院提起诉讼的时间是2008年3月25日，显然已经超过了法定三个月的起诉期限。陈伟主张其于2008年1月30日收到无效决定，起诉没有超过法定期限没有事实和法律依据，本院不予支持。根据《最高人民法院关于执行〈中华人民共和国行政诉讼法〉若干问题的解释》第三十二条第二款的规定，受理后经审查不符合起诉条件的，裁定驳回起诉。

综上，陈伟就专利复审委员会作出的第10663号决定提起的诉讼超过了法定期限，应予驳回起诉。依照《最高人民法院关于执行〈中华人民共和国行政诉讼法〉若干问题的解释》第三十二条第二款之规定，本院裁定如下：

驳回原告陈伟的起诉。

如不服本裁定，原告陈伟和被告中华人民共和国国家知识产权局专利复审委员会可在本裁定书送达之日起10日内，第三人株式会社建伍可在本裁定书送达之日起30日内，向本院提交上诉状，上诉于中华人民共和国北京市高级人民法院。

审 判 长 仪 军
代理审判员 侯占恒
代理审判员 王 晔
二〇〇八年十月二十日
书 记 员 王东勇

# 北京市高级人民法院
## 行政裁定书

（2009）高行终字第233号

上诉人（原审原告）陈伟，男，汉族，1971年4月12日出生，住中华人民共和国福建省南安市霞美镇温山村霞新厝68号。

委托代理人董敏，福建福兴律师事务所律师。

被上诉人（原审被告）中华人民共和国国家知识产权局专利复审委员会，住所地中华人民共和国北京市海淀区北四环西路9号银谷大厦10~12层。

法定代表人廖涛，副主任。

委托代理人王霞军，该委员会审查员。

委托代理人郭鹏鹏，该委员会审查员。

原审第三人株式会社建伍，住所地日本国东京都八王子市石川町 2967-3。

法定代表人盐畑一男，总裁。

委托代理人李江，男，汉族，1975 年 6 月 22 日出生，中国专利代理（香港）有限公司专利代理人，住中华人民共和国北京市海淀区牡丹园北里甲 1 楼东门 503 号。

委托代理人董江雄，男，汉族，1951 年 11 月 18 日出生，中国专利代理（香港）有限公司专利代理人，住中华人民共和国北京市朝阳区建国路 98 号 4 号楼 1607 号。

上诉人陈伟因外观设计专利权无效行政纠纷一案，不服中华人民共和国北京市第一中级人民法院（以下简称北京市第一中级人民法院）（2008）一中行初字第 721 号行政裁定，向本院提起上诉。本院 2009 年 2 月 23 日受理本案后，依法组成合议庭，于 2009 年 3 月 24 日公开开庭进行了审理。上诉人陈伟的委托代理人董敏，被上诉人中华人民共和国国家知识产权局专利复审委员会（以下简称专利复审委员会）的委托代理人王霞军、郭鹏鹏，原审第三人株式会社建伍的委托代理人董江雄到庭参加了诉讼。本案现已审理终结。

北京市第一中级人民法院认定，陈伟是名称为"对讲机（PX-555）"外观设计专利（以下简称本专利）的专利权人。本专利的申请日是 2005 年 12 月 19 日，授权公告日为 2006 年 11 月 1 日，专利号为 200530171875.X。

陈伟于 2006 年 1 月 4 日，即本专利的申请阶段填写的外观设计专利请求书中填写的本人地址为福建省南安市丰州镇温山村 14 组，确定的联系人为江春玲。2007 年 1 月 30 日，株式会社建伍以本专利不符合《专利法》第二十三条的规定为由向专利复审委员会提出无效宣告请求，并提交了包括第 03302027.2 号外观设计专利公报在内的证据。专利复审委员会受理后，将无效请求书和相关证据按照陈伟在前述外观设计专利请求书中填写的地址转给陈伟。此后，专利复审委员会收到了陈伟寄交的意见陈述，但在信件上标注的陈伟的地址与前述外观设计专利请求书中的地址不一致。2007 年 11 月 27 日，专利复审委员会作出第 10663 号无效宣告请求审查决定（以下简称第 10663 号无效决定），并以邮寄的方式将该决定送达江春玲。江春玲于 2007 年 12 月 4 日收到第 10663 号无效决定，后于 2008 年 1 月 30 日将其转交陈伟本人。2008 年 3 月 25 日，陈伟向北京市第一中级人民法院提起诉讼。

在北京市第一中级人民法院庭审过程中，专利复审委员会陈述，因陈伟寄交意见陈述时地址已经发生了变化，为确保其收到第 10663 号无效决定，才按照联系人的地址将该决定邮寄给江春玲。陈伟主张，江春玲只是其在申请专利阶段指定的联系人，而不是在无效宣告请求审查程序中指定的联系人。专利复审委员会在无效宣告请求审查程序中曾将文件邮寄给陈伟，陈伟也收到了文件，没有必要将文件邮寄给江春玲。即使邮寄给江春玲，也应当以江春玲转交给陈伟的时间作为 3 个月的起算点。

北京市第一中级人民法院认为，《审查指南》是对《专利法实施细则》的进一步细化规定，在实践过程中无效宣告请求人和专利权人均根据《审查指南》的有关规定执行。故对本案纠纷，人民法院将参照《审查指南》的有关规定处理。

专利法所确定的联系人制度的宗旨在于提高审查效率，既使审查员能够通过快捷、方便形式与当事人进行联系，同时也确保当事人能够准确、及时地收到通知和决定等各种文件。确定联系人与否由专利申请人自己决定，且其应当知道联系人的地位和作用。在专利权有效期间，国务院专利行政部门及其专利复审委员会仍可能因具体事务同专利权人进行联系，如向专利权人发出视为放弃取得专利权通知书、专利权终止通知书等，特别是在无效宣告请求提出后，更应当及时、准确地通知专利权人。而此时在申请阶段确定的联系人仍应是与专利权人进行联系的最有保障和最便捷的方式，否则国务院专利行政部门及其专利复审委员会将无法准确、及时地与专利权人进行联系。因此,联系人制度并不仅仅局限于对专利申请的审查阶段,而是贯穿整个专利权有效期间。专利复审委员会按照陈伟自己确定的联系人的地址邮寄送达第 10663 号无效决定并无不当。作为陈伟的联系人,江春玲收到第 10663 号无效决定即为陈伟收到该决定。陈伟于 2008 年 3 月 25 日提起本案诉讼,已经超过了法定三个月的起诉期限。

北京市第一中级人民法院依据《最高人民法院关于执行〈中华人民共和国行政诉讼法〉若干问题的解释》第三十二条第二款的规定,裁定:驳回陈伟的起诉。

陈伟不服一审裁定,向本院提起上诉。理由是:一审法院关于联系人制度不仅局限于专利申请的审查阶段,而是贯穿整个专利权有效期间的认定是错误的。陈伟在本案无效宣告请求审查程序中未指定案外人江春玲代为收取任何文书。专利复审委员会错误地将第 10663 号无效决定送达给江春玲,因此,应以陈伟实际收到第 10663 号无效决定的时间作为诉讼时效的起算点。从陈伟实际收到第 10663 号无效决定到提起诉讼未超过专利法规定的三个月的诉讼时效。请求撤销一审裁定;撤销第 10663 号无效决定;本案一、二审诉讼费用由专利复审委员会承担。专利复审委员会、株式会社建伍服从一审裁定。

本院经审理,查明的事实与一审法院认定的事实一致。

本院认为,专利复审委员会在无效宣告请求审查程序中应严格遵守专利法、《专利法实施细则》的规定。《专利法实施细则》第五条规定,国务院专利行政部门的各种文件,可以通过邮寄、直接交交或者其他方式送达当事人。当事人委托专利代理机构的,文件送交专利代理机构;未委托专利代理机构的,文件送交请求书中指明的联系人。《审查指南》是专利复审委员会在无效宣告请求审查程序中必须执行的规范其具体行为的部门规章。《审查指南》第五部分《专利申请及事务处理》第六章《通知和决定》第 1.1 节《通知和决定》中规定:"在专利申请的审查程序中以及专利权有效期间,审查员根据不同情况,将作出各种通知和决定。"在该节中列举了通知和决定包括的种类,其中包括无效宣告请求审查决定。在《审查指南》第五部分《专利申请及事务处理》第六章《通知和决定》第 2 节《通知和决定的送达》第 2.2 节《收件人》的第 2.2.1 节中规定:"若请求书中未填写联系人的,收件人为当事人;在当事人是个人并确保能收到专利局信函时,可以不填写联系人……一般情况下,当事人是单位的,其填写的联系人应当是本单位的工作人员;当事人是个人的,填写的联系人应当是便于收到专利局信函并可迅速交给当事人本人的人。当事人只能填写一名联系人。"上述规定是在无效宣告请求审查程序中专利复审委员会及专利权人、无效宣告请求人均应遵守的行为规范。鉴于《审查指南》第五部分《专利申请及事务处理》第六章《通知和决定第 1.1 节《通知和决定》将无效宣告请求审查决定包括在内,故在无效宣告请求审查程序中,专利复审委员会在处理相关事务时应按照《审查指南》的规定实施其行为。根据《审查指南》第五部分《专利申请及事务处理》第六章《通知和决定》第 2 节《通知和决定的送达》第 2.2 节《收件人》的第 2.2.1 节中的相关规定,专利复审委员会在向专利权人以邮寄方式送达无效宣告请求审查决定时,为使专利权人能够方便、准确、及时地收到,应向其在请求书中填写的联系人邮寄无效宣告请求审查决定。前述的请求书应是指专利权人向国家知识产权局提出专利申请时提交的请求书。如果专利权人变更联系人,应当向国务院专利行政部门进行著录项目变更。陈伟在其向国家知识产权局提交的请求书中已经明确其联系人为江春玲,且陈伟未进行过变更联系人的著录项目变更。因此,专利复审委员会在本案无效宣告请求审查程序中,以邮寄方式向该联系人江春玲送达第 10663 号无效决定并无不当。江春玲于 2007 年 12 月 4 日收到第 10663 号无效决定,因此,应将 2007 年 12 月 4 日作为陈伟收到第 10663 号无效决定的时间。江春玲于 2008 年 1 月 30 日将第 10663 号无效决定转交陈伟。陈伟于 2008 年 3 月 25 日向一审法院提起诉讼。自陈伟的联系人江春玲于 2007 年 12 月 4 日收到第 10663 号无效决定，至陈伟于 2008 年 3 月 25 日向一审法院提起诉讼，已经超过专利法规定的"应当收到无效决定之日起三个月内向人民法院起诉"的三个月的起诉期限。陈伟主张应以 2008 年 1 月 30 日作为其收到第 10663 号无效决定的时间并以此时间作为计算其起诉期限的主张没有事实和法律依据。

陈伟就专利复审委员会作出的第 10663 号无效决定提起的诉讼超过了法定期限，其起诉应予驳回。一审法院认定事实清楚，适用法律正确。本院裁定如下：

驳回上诉，维持原裁定。

本裁定为终审裁定。

审　判　长　刘　辉
代理审判员　岑宏宇
代理审判员　焦　彦
二〇〇九年九月三日
书　记　员　陈　明
书　记　员　刘　悠

## 节能灯（3）

## 无效宣告请求审查决定（第10664号）

| | |
|---|---|
| 决 定 号 | 第10664号 |
| 决 定 日 | 2007年11月14日 |
| 发明创造名称 | 节能灯（3） |
| 外观设计分类号 | 26-05 |
| 无效宣告请求人 | 利安电光源（香港）有限公司 |
| 专 利 权 人 | 姜 峰 |
| 专 利 号 | 200530103591.7 |
| 申 请 日 | 2005年2月5日 |
| 授 权 公 告 日 | 2005年11月2日 |
| 合议组组长 | 张美菊 |
| 主 审 员 | 杜 宇 |
| 参 审 员 | 涂洪文 |

法 律 依 据 专利法第23条

决 定 要 点

本专利保护的外观设计与在先设计的差别不能对外观设计的整体视觉效果产生显著的影响，一般消费者对本专利保护的外观设计与在先设计会产生误认、混同，因此本专利保护的外观设计与在先外观设计相近似。

### 一、案由

本无效宣告请求涉及申请日为2005年2月5日、授权公告日为2005年11月2日、名称为"节能灯（3）"的200530103591.7号外观设计专利（下称本专利），专利权人为姜峰。

利安电光源（香港）有限公司（下称请求人）于2006年7月12日向专利复审委员会提出无效宣告请求，认为本专利不符合专利法第23条的规定，提交的附件如下：

附件1：专利号为03329400.3的中国外观设计专利公报，共1页；

附件2：由中国委托公证人马豪辉证明的MEGAMAN公司2002/2003年度产品目录的封面、封底、第8页的复印件，共3页；

附件3：杂志《ModernHome》2004年3月期的封面、封底、第137页的复印件，共3页；

附件4：由中国委托公证人马豪辉证明的利安电光源（香港）有限公司的《公司董事会决议证明》，其中包括附件2和附件3的公证认证文件，共25页。

请求人的具体无效理由如下：本专利与附件1的外观设计相同；本专利与附件2和附件3相比，其整体形状及主要组成部分的形状均相同，仅存在细微差异。因此，本专利不符合专利法第23条的规定。

经形式审查合格后，专利复审委员会依法受理了上述请求，于2006年8月10日向双方当事人发出了无效宣告请求受理通知书并将无效宣告请求书及其附件清单中所列附件的副本转送给专利权人，要求其在指定的期限内答复。

2007年2月5日，专利复审委员会向双方当事人发出无效宣告请求口头审理通知书，定于2007年4月2日举行口头审理。

口头审理如期举行，请求人单方出席了口头审理，其对合议组成员没有回避请求。请求人明确其无效的理由、证据、范围以及证据的使用情况为：本外观设计分别相对于附件1～3不符合专利法第23条的规定。请求人明确使用附件2的第8页GU10型号节能灯、附件3的第137页GU10型号节能灯与本专利进行对比。请求人当庭提交了附件3的原件。

至此，合议组认为本案事实已经调查清楚，现依法作出审查决定。

## 二、决定的理由

1. 关于无效理由

根据请求人提出的无效宣告请求的范围、理由和提交的证据，本案合议组依据专利法第23条对本案进行审查。

2. 关于证据

附件1为中国外观设计专利文献，其授权公告日（2003年10月8日）早于本专利申请日（2005年2月5日），附件1与本专利的产品均为节能灯，其可以与本专利进行专利法第23条规定的相同或相近似的比较。

3. 关于专利法第23条

专利法第23条规定：授予专利权的外观设计，应当同申请日以前在国内外出版物上公开发表过或者国内公开使用过的外观设计不相同和不相近似，并不得与他人在先取得的合法权利相冲突。

本专利为一节能灯，其视图包括主视图、左视图、俯视图，且未要求保护色彩。简要说明的内容主要是：本专利右端置于插座内不可见，其前后、上下对称，因此省略后视图、仰视图和右视图。该节能灯的灯身基本由上下两个圆柱体构成，其中上圆柱体较细，下圆柱体较粗，二者之间由锥体过渡连接，并在锥体连接部相对两侧开始至下圆柱体中部形成两个竖直切面和两斜切面，两斜切面呈半月形，竖直切面和斜切面所处的下圆柱体材料不同，上圆柱体的顶端有两个侧面形状为T字形的灯脚，下圆柱体的底端外缘向外突出形成小的圆边，在该飞边上均匀分布有四个小凹口，从下圆柱体底端看，有两个J字形灯管对称布置（详见本专利附图）。

附件1也为一节能灯，包括主视图、右视图、俯视图、仰视图，其后视图与主视图相同，左视图与右视图相同故省略。该节能灯的灯身基本由上下两个圆柱体构成，其中上圆柱体较细，下圆柱体较粗，二者之间由锥体过渡连接，并在锥体的两侧开始至下圆柱体中部形成两个竖直切面和两斜切面，两斜切面呈半月形，竖直切面和斜切面所处的下圆柱体材料不同，上圆柱体的顶端有两个T字形灯脚，下圆柱体的底端外缘向外突出形成小的圆边，从下圆柱体底端看，有两个J字形灯管对称连接（详见附件1附图）。

本专利与附件1的区别在于：下圆柱体的底端突出的圆边上均匀分布有四个小凹口。

合议组认为构成灯身的上、下圆柱体以及中间过渡连接上、下圆柱体的锥体是节能灯的主要部分，是一般消费者主要关注的部位，因此上、下圆柱体和锥体的外形对整体视觉效果具有显著的影响。本专利保护的外观设计与附件1公开的外观设计相比较，虽然下圆柱体的底端的飞边上均匀分布有四个小凹口，但一般消费者在使用节能灯时，相对于灯身的上、下圆柱体和锥体，下圆柱体的飞边上的小凹口不容易引起消费者注意的部位，其不能对节能灯的整体视觉效果产生显著的影响，由于本专利和附件1公开的外观设计的节能灯的绝大部分外观相近似，组成灯身的上、下圆柱体和锥体占总体的比例关系相近似，因此二者产品外观的整体视觉效果极其相似，故二者属于相近似的外观设计。

一般消费者对两者会产生误认、混同，因此本专利与附件2公开的外观设计相近似。

综上所述，本专保护的外观设计与附件1公开的外观设计相近似，因此本专利不符合专利法第23条的规定。

鉴于本专利相对于附件2不符合专利法第23条的无效宣告理由成立，因此对于请求人提出的其他证据和其认定的无效理由，合议组不再进行评述。

三、决定

宣告200530103591.7号外观设计专利权无效。

当事人对本决定不服的，可以根据专利法第46条第2款的规定，自收到本决定之日起三个月内向北京市第一中级人民法院起诉。根据该款的规定，一方当事人起诉后，另一方当事人应当作为第三人参加诉讼。

# 按钮开关

## 无效宣告请求审查决定（第 10665 号）

| | |
|---|---|
| 决 定 号 | 第 10665 号 |
| 决 定 日 | 2007 年 10 月 15 日 |
| 发明创造名称 | 按钮开关 |
| 外观设计分类号 | 13-03-S0912 |
| 无效宣告请求人 | 杭州三利机电有限公司 |
| 专 利 权 人 | 和泉电气株式会社 |
| 专 利 号 | 01309834.9 |
| 优 先 权 日 | 2000 年 11 月 24 日 |
| 申 请 日 | 2001 年 5 月 24 日 |
| 授 权 公 告 日 | 2002 年 2 月 6 日 |
| 合 议 组 组 长 | 张 度 |
| 主 审 员 | 骆素芳 |
| 参 审 员 | 涂洪文 |
| 附 图 | 8 页 |

**法 律 依 据** 专利法第 23 条

**决 定 要 点**

按钮开关的一般消费者不仅仅包括操作已经安装在机床上的按钮开关的人，更包括购买和安装按钮开关的人，以及使用过程中维修按钮开关的人。

### 一、案由

本无效请求案涉及国家知识产权局于 2002 年 2 月 6 日授权公告的 01309834.9 号名称为"按钮开关"的外观设计专利（下称本专利），其申请日为 2001 年 5 月 24 日，优先权日为 2000 年 11 月 24 日，专利权人为和泉电气株式会社。

针对上述专利权，杭州三利机电有限公司（下称请求人）于 2006 年 11 月 9 日向国家知识产权局专利复审委员会提出无效宣告请求，认为本专利不符合专利法第 23 条的规定，请求宣告本专利无效，请求人提交了下述附件作为证据：

附件 1：请求人称"2000.1~6 机床电器杂志图片"复印件，1 页；
附件 2：请求人称"2000.1~6 机床电器杂志图片"复印件，1 页；
附件 3：请求人称"上海天逸电器有限公司样本资料"复印件，3 页；

附件4：请求人称"2000.1~6机床电器杂志图片"复印件，1页；
附件5：请求人称"2000.1~6电气传动杂志图片"复印件，1页；
附件6：请求人称"江阴长江电器有限公司样本资料"复印件，3页；
附件7：请求人称"2000.4~6低压电器杂志图片"复印件，1页；
附件8：请求人称"台湾马可样本资料"复印件，2页；
附件9：请求人称"1998.1~3电气传动杂志图片"复印件，2页；
附件10：00315303.7号中国外观设计专利公告，1页，其公开日期为2000年11月22日；
附件11：98313747.1号中国外观设计专利公告，1页，其公开日期为1999年3月10日；
附件12：请求人称"杭州三利机电有限公司2001.8.15铁道机车车辆杂志图片"复印件，1页；
附件13：请求人称"2000.1~3低压电器杂志图片"复印件，1页；
附件14：请求人称"日本和泉样本图片"复印件，3页；
附件15：01309834.9号中国外观设计专利公告，1页，其公开日期为2002年2月6日（本专利）。

经形式审查合格，专利复审委员会依法受理了上述无效宣告请求，于2006年12月4日向双方当事人发出无效宣告请求受理通知书，并将请求人提交的无效宣告请求书及其附件副本转送给专利权人，要求其在指定的期限内答复。

2007年1月19日，专利权人提交了意见陈述书，其中指出由于请求人提供的证据均为复印件，而且非常不清楚，无法将证据中的外观设计与本专利进行比较，要求请求人提供清楚的证据复印件。

请求人分别于2007年3月21日和2007年4月11日向专利复审委员会重新提交了附件1~9、以及附件12~14，每次提交一份，两份内容相同。

2007年4月12日，专利复审委员会将请求人于2007年3月21日提交的上述附件转送给专利权人，并要求其在指定的期限内答复意见。

2007年5月25日，专利权人提交了意见陈述，指出请求人提供的证据中显示的"按钮开关"产品所包含的种类和款式十分多，而请求人没有具体指明附件1~14中公开的哪一款或者哪几款开关与本专利的外观设计相同或者相近似，因此，专利权人很难作出详细答复。

2007年6月1日，专利复审委员会向双方当事人发出口头审理通知书，定于2007年7月10日在专利复审委员会举行口头审理。随口头审理通知书将专利权人于2007年1月19日提交的意见陈述副本、2007年5月25日提交的意见陈述书副本转送请求人。

2007年7月10日，口头审理如期举行，双方当事人对合议组成员没有回避请求，对对方出庭人员的身份没有异议。请求人明确其无效理由为：本专利不符合专利法第23条的规定，附件12用来证明与本专利相同或相近似的产品已在国内公开使用过，附件1、3~11、13、14用来证明与本专利相同或相近似的产品已在出版物上公开发表，并放弃使用附件2。请求人出示了包括附件1、4、5、7、9、12、13的杂志原件；以及包括附件3、6、8、14的样本资料原件。专利权人表示：对附件4、7、9、10、11、13真实性没有异议；附件1、5、12的公开日期在本专利优先权日之后因此不可用；附件3、6、8、14为样本不能作为证据使用；附件10的名称和分类号与本外观专利不同，不属于相同、相近似产品，不予采用。

至此，本案事实已经清楚，可以依法作出审查决定。

二、决定的理由

1. 关于专利法第23条

专利法第23条规定：授予专利权的外观设计，应当同申请日以前在国内外出版物上公开发表过或者国内公开使用过的外观设计不相同和不相近似,并不得与他人在先取得的合法权利相冲突。

2. 关于证据

附件1、4、5、7、9、12、13是杂志复印件,附件3、6、8、14是样本资料复印件,请求人在口头审理时出示了附件1、4、5、7、9、12、13的原件,以及附件3、6、8、14的样本资料原件。

其中,附件1、5、12的公开日期在本专利优先权日之后,不能作为与本专利进行相同或相近似比较的在先设计。附件3、6、8、14是样本资料,请求人未能证明它们在本专利的优先权日前已经公开,因此,也不能作为与本专利进行相同或相近似比较的在先设计。

合议组当庭核实请求人出示的原件,确认附件4、7、9、13的公开日期在本专利的优先权日之前,且专利权人当庭表示对附件4、7、9、13的真实性没有异议,因此,附件4、7、9、13属于专利法第23条规定的在本专利申请日以前公开的出版物,适用于本案。

附件10和附件11是中国外观设计专利公告,其公开日均在本专利优先权日之前,因此,附件10和附件11也属于专利法第23条规定的在本专利申请日以前公开的出版物,适用于本案。

3. 相近似性判断

本专利与附件4、7、9、11、13均为按钮开关的外观设计,它们用途相同,属于相同类别的产品,具有可比性。

附件10为"信号灯(Q型指示灯)",与本专利的按钮开关都是应用在电气设备及机械设备上的元器件,发送指令、指示信号和监控是按钮和指示灯的主要功能,它们具有相近的用途,可以与本专利进行相近似比较。

(1) 本专利与附件4的比较。

本专利为一款按钮开关的外观设计,有:主视图、后视图、右视图、俯视图、仰视图,以及立体图。其左视图与右视图对称,省略左视图。从各视图可以看出:本专利的按钮开关由钮头、基架、触点模块三部分组成,其钮头整体上呈短粗的圆柱形;基架的外轮廓为方形,上方有一个近似倒凹字形的向外凸出的锁定杆;有两个触点模块,模块外侧面为不规则形状,但近似四边形,单个模块近似扁高的四方块(详见本专利附图)。

附件4上显示了多幅图片,其中第一排右数第1个、第2个和第5个按钮开关以下分别称为在先设计1、在先设计2和在先设计3。

在先设计1、2、3均为一款按钮开关的外观设计,从图片上可以看出:它们都是由钮头、基架、触点模块三部分组成,其钮头整体上呈短粗的圆柱形;基架的外轮廓近似方形,上方有一个向外凸出的锁定杆;有三个触点模块,模块外侧面为不规则形状,单个模块近似扁长的四方块(详见在先设计1、2、3附图)。

比较本专利与在先设计1,它们之间的不同点主要在于:①本专利的锁定杆相对于在先设计1的锁定杆所占比例更大,且明显地高出于基架,并且它们的形状不相同;②本专利中,在锁定杆与其后的模块的凸起部分之间,有3个平的卡扣,而在先设计1相应部分是3个向上竖起的卡扣;③本专利的模块顶面的外边沿呈前低后高状,其前低部分为一斜坡,而在先设计1的模块顶面外边沿呈前高后低状,其前高部分明显地隆起凸出;④本专利的模块侧面短而高,而在先设计1的模块侧面长而低。

整体观察本专利与在先设计1,上述不同点对产品外观设计的整体视觉效果具有显著的影响,因此,本专利与在先设计1不相近似。

分别将本专利与在先设计2和在先设计3比较,它们之间也存在上述本专利与在先设计1之间的不同点,因此,本专利与在先设计2、本专利与在先设计3之间都不相近似。

分别将本专利与附件4中的其他图片进行比较,它们与本专利之间存在比上述更多的不同点,鉴于上述已经得出在先设计 1、2、3 都与本专利不相近似的结论，因此，附件 4 中所公开的其他图片与本专利也都不相近似。

（2）本专利与附件 7 的比较。

附件 7 上显示了多幅图片，其左下方显示的多个按钮开关中最左下角的开关按钮以下称为在先设计 4。

在先设计 4 为一款按钮开关的外观设计，从图片上可以看出：在先设计 4 的按钮开关由钮头、基架、触点模块三部分组成，其钮头整体上呈短粗的圆柱形；基架的外轮廓近似方形，上方有一个向外凸出的锁定杆；模块近似四方块（详见在先设计 4 附图）。

比较本专利与在先设计 4，它们之间的不同点主要在于：①本专利的锁定杆与在先设计 4 的锁定杆形状不相同；②本专利的模块顶面外边沿呈前低后高状，其前低部分为一小斜坡，后面高起部分近似一平台，而在先设计 4 的模块顶面外边沿前低部分为一平台，后面高起部分为一隆起的斜坡；③本专利的模块为左右分立的两个模块，而在先设计 4 的模块呈现为一个整块。

整体观察本专利与在先设计 4，上述不同点对产品外观设计的整体视觉效果具有显著的影响，因此，本专利与在先设计 4 不相近似。

分别将本专利与附件 7 中的其他图片进行比较，它们与本专利之间存在比上述更多的不同点，鉴于上述已经得出在先设计 4 与本专利不相近似的结论，因此，附件 7 中所公开的其他图片与本专利也都不相近似。

（3）本专利与附件 9 的比较。

附件 9 第 1 页上显示了多个按钮开关，其中，中间一排从左至右 6 个按钮开关以及上排的 1 个按钮开关以下分别称为在先设计 5、6、7、8、9、10、11；下排左数第 1 个和第 3 个按钮开关以下分别称为在先设计 12 和在先设计 13。

在先设计 5、6、7、8、9、10、11 都只公开了按钮开关的钮头部分，一般消费者无法推定它们的基架和触点模块部分的外观设计，而本专利的基架和触点模块部分的设计对按钮开关的整体视觉效果具有显著的影响，因此，本专利与在先设计 5、6、7、8、9、10、11 均不相近似。

请求人认为，将按钮开关安装在机床等设备上后，只有钮头可见，按钮开关的使用者看不到按钮开关的基架和触点模块部分，因此，基架和触点模块的设计变化不会对按钮开关的整体视觉效果产生显著的影响。但是，合议组认为，按钮开关的一般消费者不仅仅包括操作已经安装在机床上的按钮开关的人，更包括购买和安装按钮开关的人，以及使用过程中维修按钮开关的人。对于购买、安装或维修等一般消费者，按钮开关的基架和触点模块的设计变化对按钮开关的整体视觉效果具有显著的影响。

附件 9 第 2 页上还显示了多个按钮开关的钮头的图片，依据与上述相同的理由，本专利与这些图片显示的开关均不相近似。

在先设计 12 的图片未显示按钮开关的钮头和锁定杆，且一般消费者无法推定它们的外观设计；图片显示了基架和模块的部分结构，结合一般消费者的认知能力，可以确定的其公开的内容包括：基架的外轮廓为方形，上方有向上竖起的卡扣；有两个触点模块，模块露出的部分外形近似四方块（详见在先设计 12 附图）。

比较本专利与在先设计 12，在先设计 12 所公开的部分与本专利相应部分的不同点主要在于：本专利的卡扣是平的，在先设计 12 的卡扣向上竖起。该不同点以及在先设计 12 未显示的钮头和锁定杆的设计对按钮开关的整体视觉效果具有显著的影响，因此，本专利与在先设计 12 不相近似。

在先设计 13 为一款按钮开关的外观设计，其右下角被部分遮挡，结合一般消费者的认知能力，从图片上可以看出：在先设计 13 的按钮开关由钮头、基架、触点模块三部分组成，其钮头整体上呈短粗的圆柱形，其外端面中央有一道竖线；基架的外轮廓近似方形，上方有一个向外凸出的锁定杆；有一个触点模块，模块露出的部分外形近似四方块（详见在先设计 13 附图）。

比较本专利与在先设计 13，它们之间的不同点主要在于：①本专利的钮头的外端面显示出多个圆环，而在先设计 13 的外端面中央为一道竖线；②本专利的锁定杆相对于在先设计 13 的锁定杆所占比例更大，且明显地高出于基架，并且它们的形状不相同；③本专利中，在锁定杆与其后的模块的凸起部分之间，有 3 个平的卡扣，而在先设计 13 相应部分是 3 个向上竖起的卡扣；④本专利的模块顶面外边沿呈前低后高状，而在先设计 13 的模块顶面外边沿没有高度差。

整体观察本专利与在先设计 13，上述不同点对产品外观设计的整体视觉效果具有显著的影响，因此，本专利与在先设计 13 不相近似。

附件 9 第 1 页下排的其他按钮开关相比于在先设计 13 与本专利之间存在更多的不同点，鉴于上述已经得出在先设计 13 与本专利不相近似的结论，因此，附件 9 中所公开的其他按钮开关与本专利也都不相近似。

（4）本专利与附件 10 的比较。

附件 10 公开了一款信号灯（Q 型指示灯）的外观设计（下称在先设计 14），从图片上观察，在先设计 14 的信号灯包括钮头、基架、模块三部分，其钮头整体上呈短粗的圆柱形；基架的外轮廓为方形，正上方有一个圆形凸出的锁定杆；模块位于基架后面，其外侧面为不规则形状，但近似四边形，单个模块近似扁长的四方块（详见在先设计 14 附图）。

比较本专利与在先设计 14，它们之间的不同点主要在于：①本专利的钮头的外端面显示出多个圆环，而在先设计 14 的图片没有显示该设计；②本专利的锁定杆与在先设计 14 的锁定杆形状不相同；③本专利的模块是两个分立的薄的四方块，分立在基架后面的两侧，其侧面短而高，而在先设计 14 的模块是一个整块的厚四方块，其侧面长而低。

整体观察本专利与在先设计 14，上述不同点对产品外观设计的整体视觉效果具有显著的影响，因此，本专利与在先设计 14 不相近似。

（5）本专利与附件 11 的比较。

附件 11 公开了一款按钮开关（五）的外观设计（下称在先设计 15），从图片上观察，在先设计 15 的按钮开关包括钮头、基架、模块三部分，其钮头整体上呈短粗的圆柱形；基架的外轮廓为方形；基架后面有一个四方块状的模块（详见在先设计 15 附图）。

比较本专利与在先设计 15，它们之间的不同点主要在于：①本专利的钮头的外端面显示出多个圆环，而在先设计 15 的图片没有显示该设计；②本专利基架的上方有一个近似倒凹字形的向外凸出的锁定杆，在先设计 15 中无此设计；③本专利的模块为两块薄四方块，分立在基架后面的两侧，而在先设计 15 的模块是一个整块的厚四方块。

整体观察本专利与在先设计 15，上述不同点对产品外观设计的整体视觉效果具有显著的影响，因此，本专利与在先设计 15 不相近似。

（6）本专利与附件 13 的比较。

附件 13 上显示了多幅图片，其上方的大图中右上角的第一排 3 个按钮开关中位于中间的按钮开关以下称为在先设计 16。

在先设计 16 为一款按钮开关的外观设计，从图片上可以看出：在先设计 16 的按钮开关的钮头整体上呈短粗的圆柱形；基架的外轮廓近似方形；基架后面的上半部分有一模块（详见在先设计 16 附图）。

比较本专利与在先设计16，它们之间的不同点主要在于：①本专利具有倒凹字形且明显高出于基架的锁定杆，在先设计16没有此设计；②本专利具有两个触点模块，它们为薄的四方块，分置于基架后面的左右两侧，而在先设计16的基架后面的模块形状和位置与本专利的模块明显不同。

整体观察本专利与在先设计16，上述不同点对产品外观设计的整体视觉效果具有显著的影响，因此，本专利与在先设计16不相近似。

将本专利与附件13中的其他按钮开关相比，它们之间也存在上述不同点，鉴于上述已经得出在先设计16与本专利不相近似的结论，因此，附件13中所公开的其他按钮开关与本专利也都不相近似。

4. 结论

综上所述，本专利相对于附件4、7、9、10、11、13不相近似，本专利相对于附件4、7、9、10、11、13符合专利法第23条的规定。

### 三、决定

维持01309834.9号外观设计专利权有效。

当事人对本决定不服的，可以根据专利法第46条第2款的规定，自收到本决定之日起三个月内向北京市第一中级人民法院起诉。根据该款的规定，一方当事人起诉后，另一方当事人应当作为第三人参加诉讼。

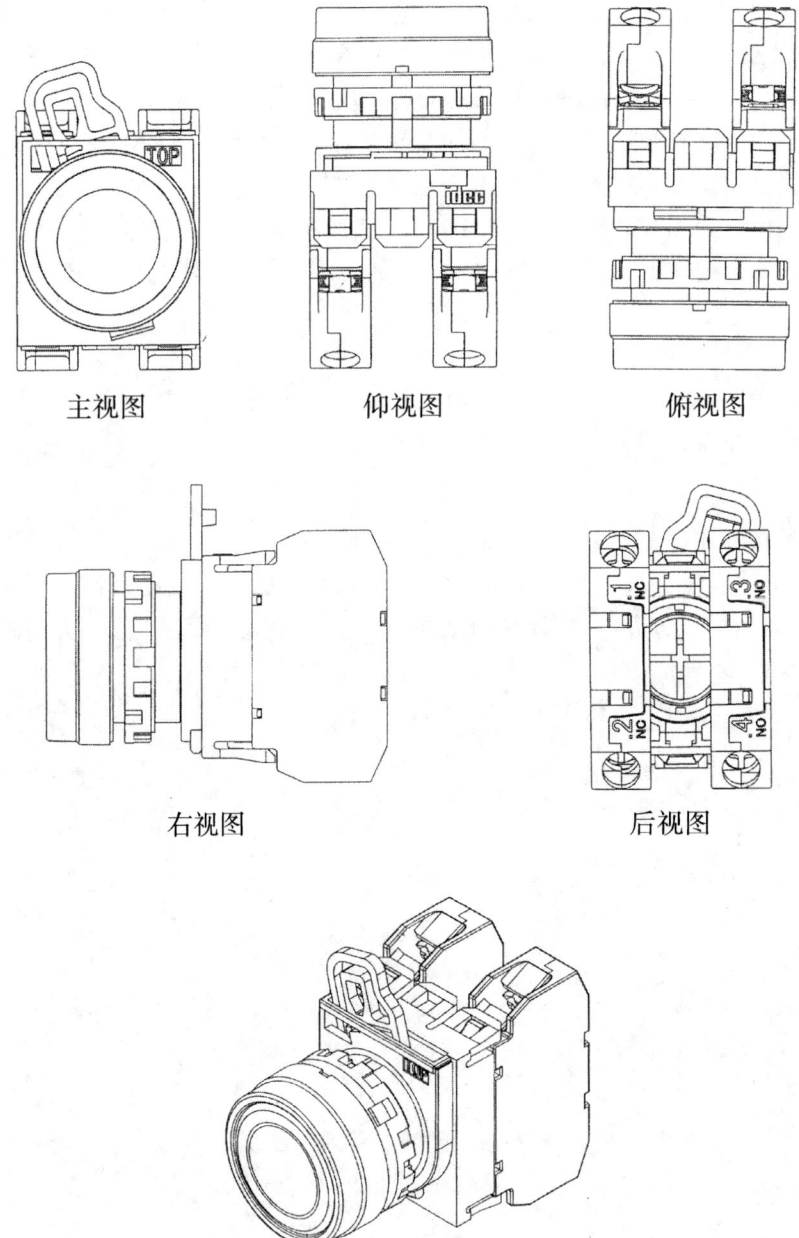

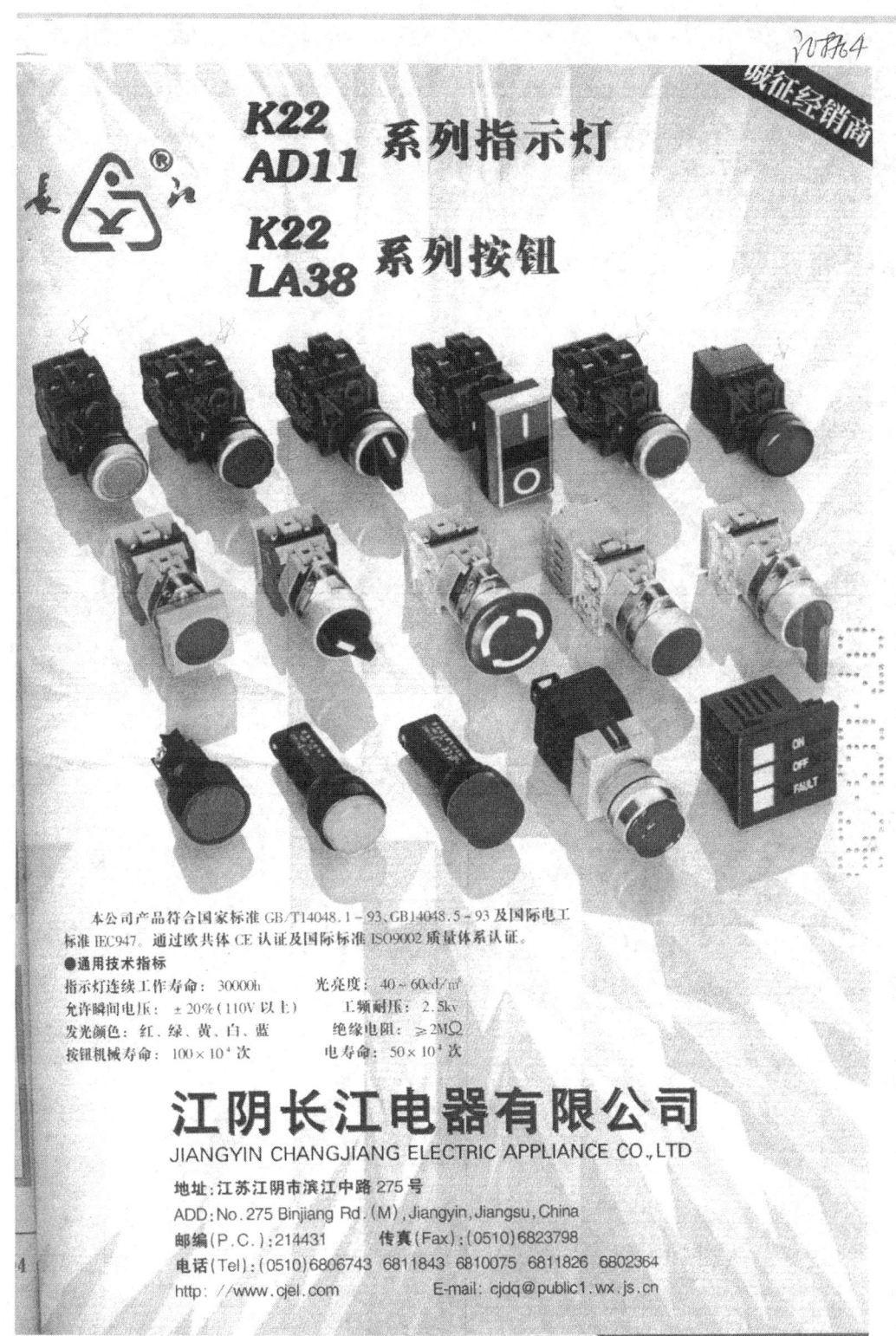

附件4

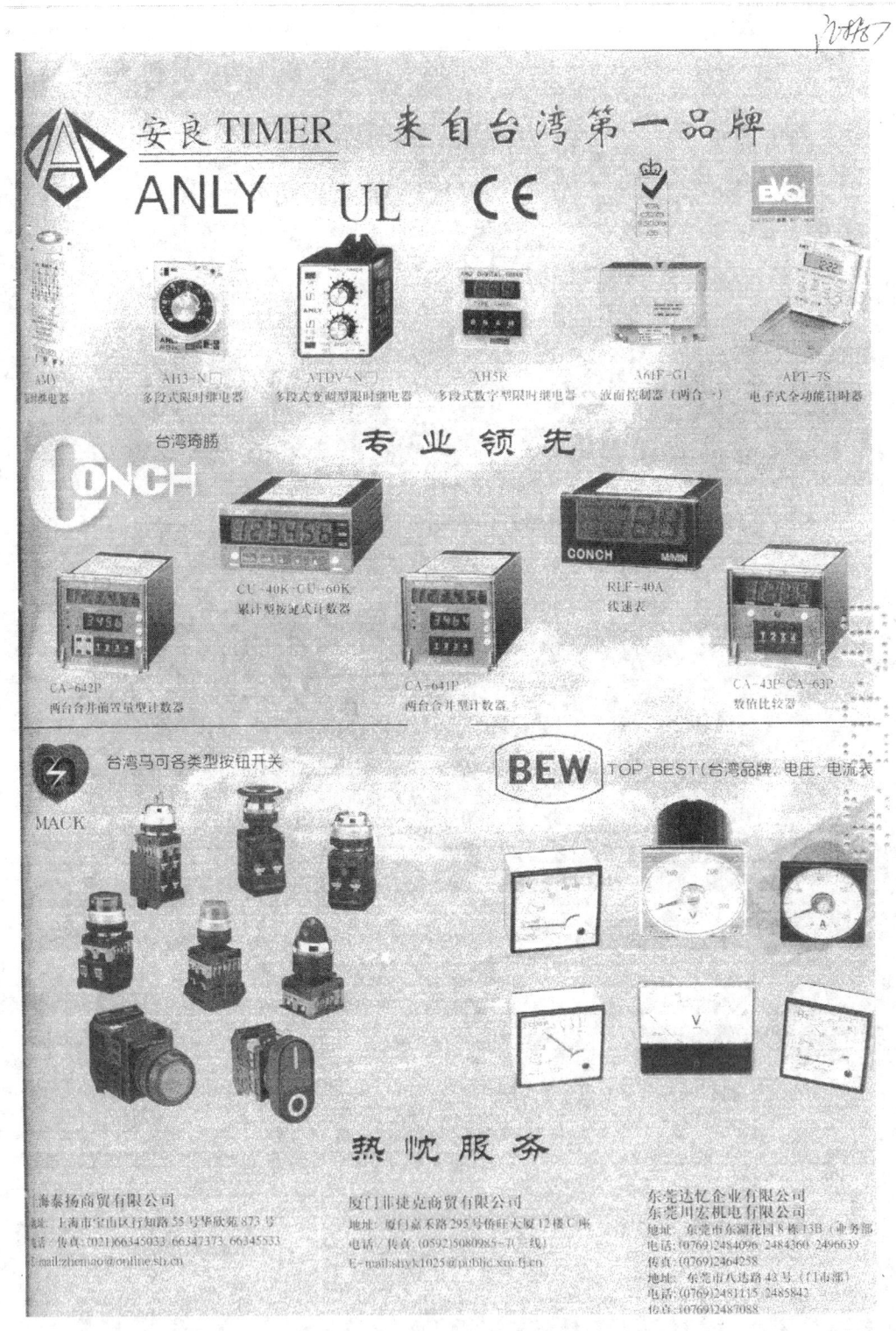

# RMQ 22

## 世界公认优质按钮！
### 德国制造，中国价格

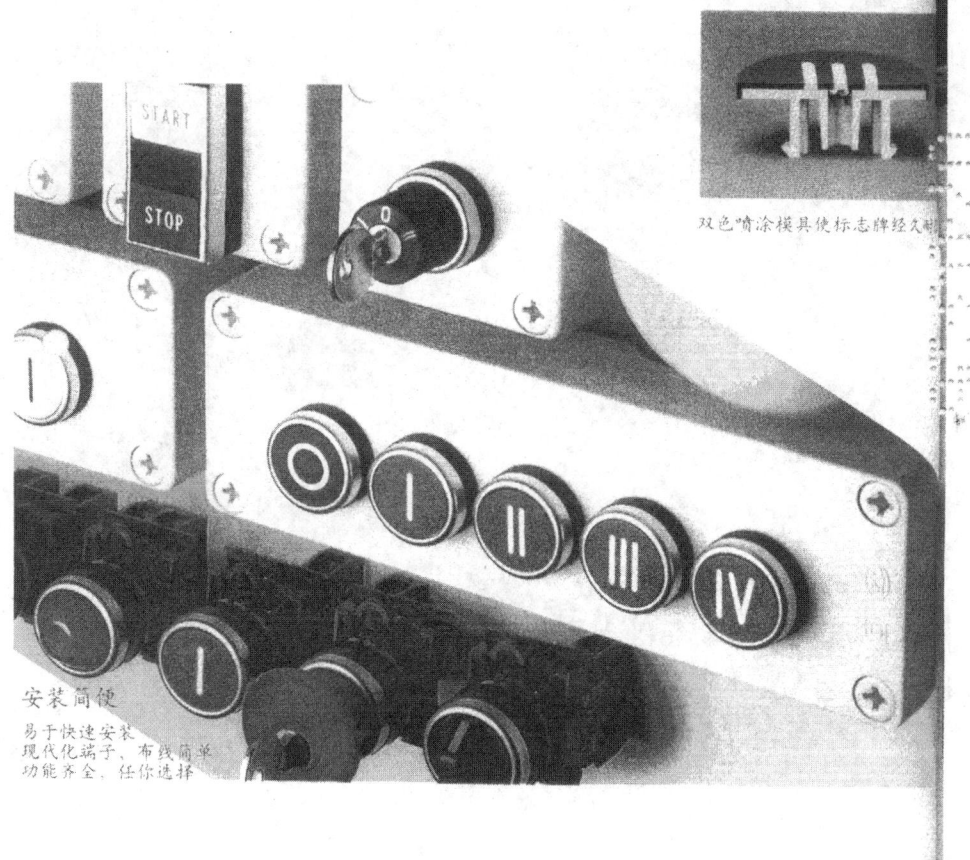

双色喷涂模具使标志牌经久耐用

**安装简便**
易于快速安装
现代化端子，布线简单
功能齐全，任你选择

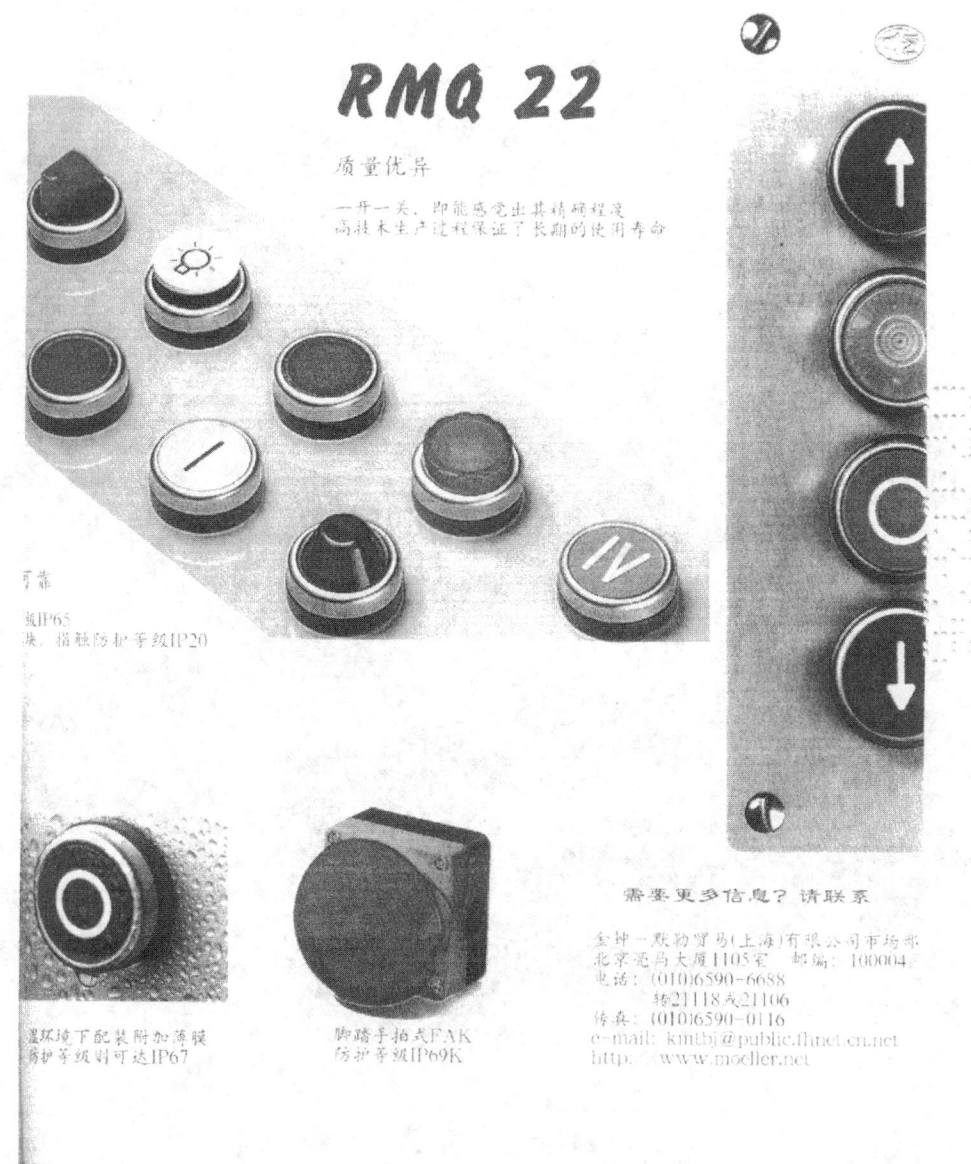

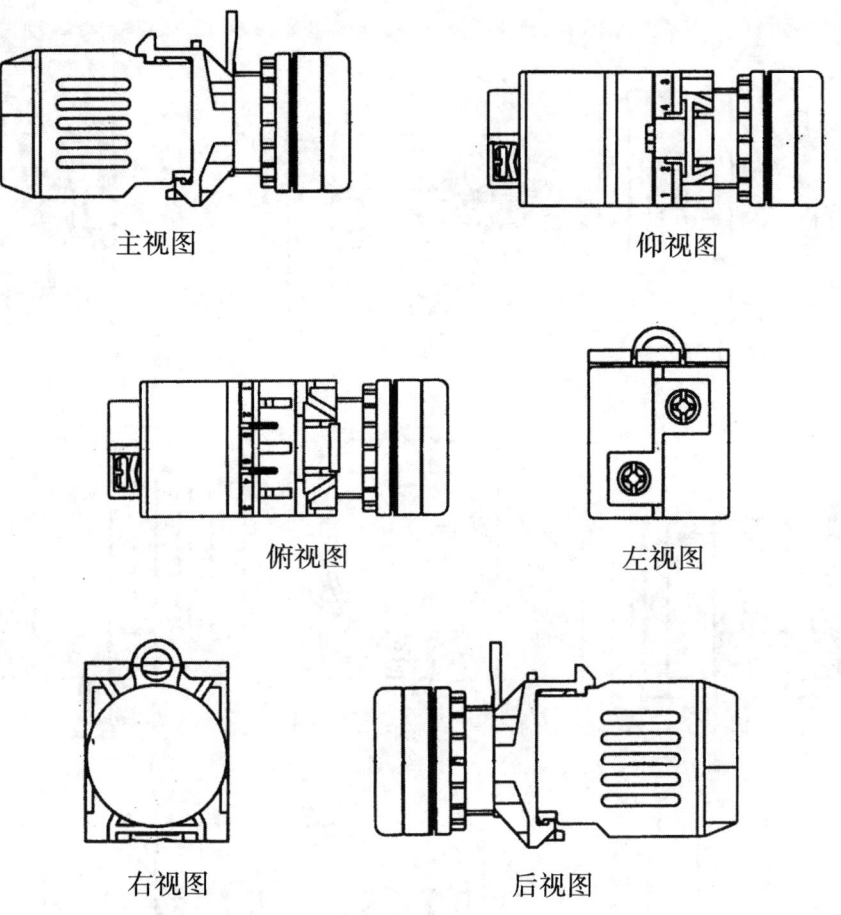

主视图　　仰视图　　俯视图　　左视图　　右视图　　后视图

附件10

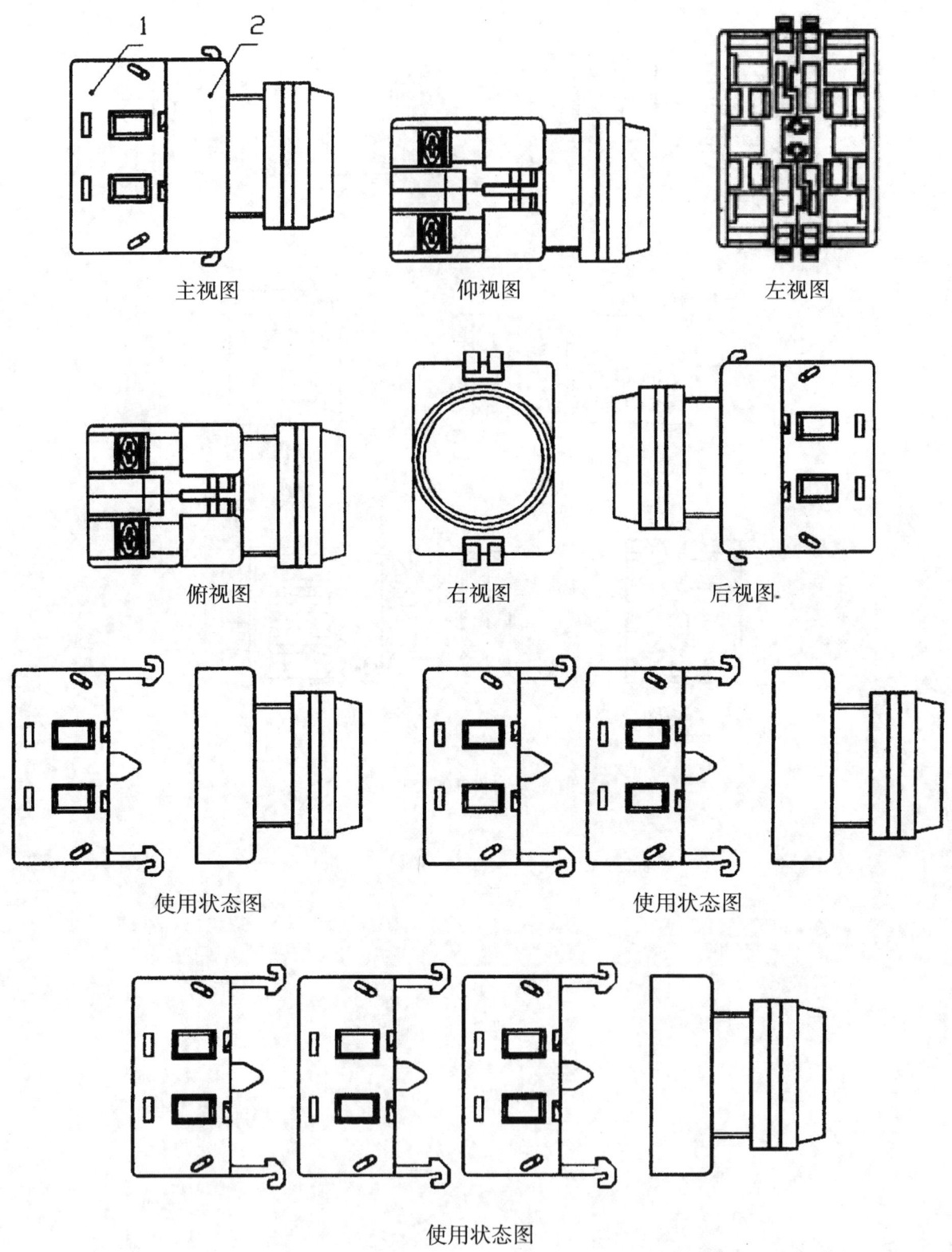

附件11

# FUJI ELECTRIC 富士電機 （日本原装）

# 九龍五金

网址：WWW.FuJi-KLN-AB.COM

富士电机各类型开关　　大量现货，欢迎选用！

| 富士温度／时间控制器 | 台湾CKC固态继电器 | 美国A-B软起动／按钮／各类开关 |
|---|---|---|
|  | 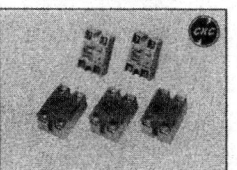 | 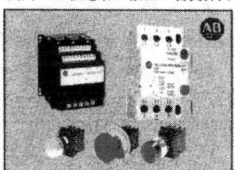 |
| 富士断路器／接触器 | 台湾CKC限时继电器 | 士林接触器／热继电器／开关 |
|  |  |  |

本公司是富士电机指定华东、华南地区代理，台湾松菱电机总经销，美国AB公司指定经销商

香港沙田火炭坳背湾街38号华卫工贸中心12楼9室　电话 (852)26023922(5线)　传真 (852)26996112
北京东路465号金机大厦1607室　电话 (021)63502601 63503309 63225920　传真 (021)63224955
北京东路465号金机商场　电话 (021)63226559　传真 (021)63226559
福田区深南中路佳和华强大厦B座2707室　电话 (0755)3796087 3796083 3794069　传真 (0755)3796143 3796087
深圳市深南中路赛格广场二楼2717，2718号　电话 (0755)3682535 3682492 3682493　传真 (0755)3682531 3682352
人民中路555号美国银行中心大楼1316室　电话 (020)81303636　传真 (020)81301230

附件13

# 按钮开关

## 无效宣告请求审查决定（第10666号）

| | |
|---|---|
| 决 定 号 | 第10666号 |
| 决 定 日 | 2007年11月7日 |
| 发明创造名称 | 按钮开关 |
| 外观设计分类号 | 13-03 |
| 无效宣告请求人 | 杭州三利机电有限公司 |
| 专 利 权 人 | 和泉电气株式会社 |
| 专 利 号 | 01337476.1 |
| 优 先 权 日 | 2001年4月3日 |
| 申 请 日 | 2001年9月30日 |
| 授权公告日 | 2002年12月11日 |
| 合议组组长 | 张　度 |
| 主 审 员 | 骆素芳 |
| 参 审 员 | 涂洪文 |
| 附　　图 | 6页 |

**法律依据** 专利法第9条、第23条，专利法实施细则第13条第1款

**决定要点**

在进行相同或相近似判断时应当以产品的六面视图所公开的外观设计的整体进行判断，而不是仅考虑产品的某一个或几个部件。

在相同或相近似判断中，应当用一项在先设计与本专利进行单独对比，不能将两项或两项以上在先设计结合起来与本专利进行对比。

## 一、案由

本无效请求案涉及国家知识产权局于2002年12月11日授权公告的01337476.1号名称为"按钮开关"的外观设计专利（下称本专利），其申请日为2001年9月30日，优先权日为2001年4月3日，专利权人为和泉电气株式会社。

针对上述专利权，杭州三利机电有限公司（下称请求人）于2007年4月30日向国家知识产权局专利复审委员会提出无效宣告请求，认为本专利不符合专利法第23条及第9条的规定，请求宣告本专利无效，请求人提交了下述附件作为证据：

附件1：请求人称"2000.1~6机床电器杂志图片"复印件，1页；

附件2：请求人称"2001.1~6机床电器杂志图片"复印件，1页；
附件3：请求人称"上海天逸电器有限公司样本资料"复印件，7页；
附件4：请求人称"2000.1~6机床电器杂志图片"复印件，1页；
附件5：请求人称"2000.1~6电气传动杂志图片"复印件，1页；
附件6：请求人称"江阴长江电器有限公司样本资料"复印件，7页；
附件7：请求人称"2000.4~6低压电器杂志图片"复印件，1页；
附件8：请求人称"台湾马可样本资料"复印件，2页；
附件9：请求人称"1998.1~3电气传动杂志图片"复印件，2页；
附件10：请求人称"杭州三利机电有限公司2001.8.15铁道机车车辆杂志图片"复印件，1页；
附件11：请求人称"2000.1~3低压电器杂志图片"复印件，1页；
附件12：请求人称"日本和泉样本图片"复印件，7页；
附件13：01309834.9号中国外观设计专利公告，1页，其优先权日为2000年11月24日，申请日为2001年5月24日，公开日期为2002年2月6日，申请人是和泉电气株式会社；
附件14：01337476.1号中国外观设计专利公告，1页（本专利）。

请求人的理由主要是：用附件1~12单独或组合证明本专利不符合专利法第23条的规定；用附件13单独或与附件2、12组合证明本专利不符合专利法第9条的规定。

经形式审查合格，专利复审委员会依法受理了上述无效宣告请求，于2007年6月11日向双方当事人发出无效宣告请求受理通知书，并将请求人提交的无效宣告请求书及其附件副本转送给专利权人，要求其在指定的期限内答复。

2007年7月26日，专利权人提交了意见陈述书，其意见主要为：（1）在外观设计的相同或相近似判断中，应用一项在先设计与被比设计进行单独对比，请求人将证据组合进行相近似判断不符合审查指南的规定；（2）附件1、2、4、5、7、9、10、11、13中包含了大量的按钮开关，由于请求人没有具体指定其中的某几个按钮开关，专利权人无法有针对性地一一评述；（3）附件13与本专利的申请人是同一人，不属于专利法第9条所指的两个以上申请人的情形。

2007年8月23日，专利复审委员会向双方当事人发出口头审理通知书，定于2007年10月17日在专利复审委员会举行口头审理。随口头审理通知书将专利权人于2007年7月26日提交的意见陈述书副本转送请求人。

2007年10月17日，口头审理如期举行，双方当事人对合议组成员没有回避请求，对对方出庭人员的身份没有异议。请求人当庭明确放弃使用附件2~4、6、8~10、12，并明确其无效理由为：用附件1、5、7、11证明本专利不符合专利法第23条的规定，以及本专利相对于附件13不符合专利法第9条的规定。合议组还对以下事项进行了记录：

（1）合议组当庭告知双方当事人，合议组依职权将无效理由中的专利法第9条的变更为专利法实施细则第13条第1款。

（2）请求人出示了包括附件1、5、7、11的杂志原件，经核实，附件1的出版日期是2000年12月12日，附件5的出版日期是2000年12月20日，附件7的出版日期是2000年10月20日，附件11的出版日期是2000年4月20日。

（3）请求人当庭提交附件1、5、7、11的目次页的复印件，合议组当庭转交给专利权人。专利权人对附件1、5、7、11的在先公开性和真实性没有异议，但是专利权人认为原始提交的附件1、5、7、11没有记载任何公开日期的信息，而上述目次页属于新证据，应当不予接受。

（4）专利权人表示对附件13的真实性没有异议。

(5) 请求人明确使用附件 1、5、7、11 中的以下按纽开关作为在先外观设计：附件 1 中右侧的按纽开关；附件 5 中最右上角的按纽开关；附件 7 左下部的按纽开关中上排右数第 2 个按纽开关；附件 11 左侧上排左数第一个按纽开关。

(6) 双方当事人认可本专利与附件 13 的基架和触点模块相同。

至此，本案事实已经清楚，可以依法作出审查决定。

## 二、决定的理由

1. 关于证据

附件 1、5、7、11 是杂志图片复印件，请求人在提交无效宣告请求书时仅提交了附件 1、5、7、11 的杂志图片复印件，没有提交杂志的封面以及登载有该杂志的出版信息的扉页，该证据本身没有显示其来源和公开时间。

但是在请求人提交的证据清单以及请求书附页中有说明杂志的名称和时间，如"2000.1~6 机床电器杂志图片"表明了附件 1 的杂志名称是机床电器，时间为 2000 年；"2000.1~6 电气传动杂志图片"表明了附件 5 的杂志名称是电气传动，时间为 2000 年；"2000.4~6 低压电器杂志图片"表明了附件 7 的杂志名称是低压电器，时间为 2000 年；"2000.1~3 低压电器杂志图片"表明了附件 11 的杂志名称是低压电器，时间为 2000 年。

在口头审理中，请求人出示了上述杂志原件并提交了包含出版信息的目次页复印件，经核实，附件 1、5、7、11 的内容与原件的内容相符，目次页复印件的内容与原件相符。目次页中记载的出版信息显示，附件 1 是"机床电器"杂志，其出版日期是 2000 年 12 月 12 日；附件 5 是"电气传动"杂志，其出版日期是 2000 年 12 月 20 日；附件 7 是"低压电器"杂志，其出版日期是 2000 年 10 日 20 日；附件 11 是"低压电器"杂志，其出版日期是 2000 年 4 月 20 日。上述杂志名称和出版时间与请求书的证据清单和附页中的记载相符。

在此基础上，请求人提供的证据能够证明附件 1、5、7、11 的公开时间。

上述公开时间均早于本专利的优先权日，并且，专利权人对附件 1、5、7、11 的在先公开性和真实性没有异议，因此，附件 1、5、7、11 属于专利法第 23 条规定的在本专利申请日以前公开的出版物，适用于本案。

专利权人认为，原始提交的附件 1、5、7、11 没有记载任何公开日期的信息，而上述目次页属于新证据，应当不予接受。合议组认为，上述目次页是杂志的出版信息页，用于证明附件 1、5、7、11 的公开出版时间，应被视为附件 1、5、7、11 的补充证据，不应视为新证据。

附件 13 是中国外观设计专利公告，其优先权日为 2000 年 11 月 24 日，申请日为 2001 年 5 月 24 日，公开日期为 2002 年 2 月 6 日，申请人是和泉电气株式会社。其优先权日在本专利的优先权日之前，公开日在本专利的优先权日之后，其申请人与本专利的申请人相同，可以作为用于评判本专利是否符合专利法实施细则第 13 条第 1 款的证据。

2. 关于专利法第 9 条和专利法实施细则第 13 条第 1 款

专利法第 9 条规定：两个以上的申请人分别就同样的发明创造申请专利的，专利权授予最先申请的人。

专利法实施细则第 13 条第 1 款规定：同样的发明创造只能被授予一项专利。

审查指南第四部分第七章第 1 节规定：专利法第 9 条和专利法实施细则第 13 条第 1 款所述的"同样的发明创造"，对于外观设计而言，是指外观设计相同或者相近似。

请求人认为本专利与附件 13 为同样的发明创造，请求以附件 13 作为证据证明本专利不符合专利法第 9 条。但是附件 13 与本专利的申请人相同，该证据明显与专利法第 9 条的无效宣告理由不对应。

合议组在口头审理中当庭告知请求人专利法第9条和专利法实施细则第13条第1款的含义，对于申请人相同的同样的发明创造应当适用专利法实施细则第13条第1款。在此基础上，合议组当庭告知双方当事人，专利法第9条的无效宣告理由变更为专利法实施细则第13条第1款。

本专利与附件13均为按钮开关的外观设计，它们用途相同，属于相同类别的产品，具有可比性。

本专利为一款按钮开关的外观设计，有：主视图、后视图、左视图、右视图、俯视图、仰视图，以及立体图。从各视图可以看出：本专利的按钮开关由钮头、基架、触点模块三部分组成，其中钮头呈蘑菇头型，由一个短粗的圆柱体和其外侧的罩组成，罩的直径明显大于圆柱体的直径且高于并宽于基架；基架的外轮廓为方形，上方有一个近似倒凹字形的向外凸出的锁定杆；有两个触点模块，模块外侧面为不规则形状，但近似四边形，单个模块近似扁高的四方块（详见本专利附图）。

附件13为一款按钮开关的外观设计，有：主视图、后视图、左视图、右视图、俯视图、仰视图，以及立体图。从各视图可以看出：本专利的按钮开关由钮头、基架、触点模块三部分组成，其中钮头呈平头型，短粗的圆柱体外侧的罩与圆柱体的直径大致相等，且小于基架的高度和宽度；基架的外轮廓为方形，上方有一个近似倒凹字形的向外凸出的锁定杆；有两个触点模块，模块外侧面为不规则形状，但近似四边形，单个模块近似扁高的四方块（详见附件13附图）。

比较本专利和附件13，它们的基架和触点模块相同，不同之处在于：本专利的钮头呈蘑菇型，外侧的罩的直径明显大于圆柱体的直径，且比后面的基架高、也比后面的基架宽；而附件13的钮头呈平头型，外侧的罩与圆柱体的直径大致相等，且小于基架的高度和宽度。

整体观察本专利和附件13，上述不同之处对按钮开关外观设计的整体视觉效果具有显著的影响，因此，本专利与附件13不相近似，本专利相对于附件13符合专利法实施细则第13条第1款的规定。

3. 关于专利法第23条

专利法第23条规定：授予专利权的外观设计，应当同申请日以前在国内外出版物上公开发表过或者国内公开使用过的外观设计不相同和不相近似，并不得与他人在先取得的合法权利相冲突。

本专利与附件1、5、7、11均为按钮开关的外观设计，它们用途相同，属于相同类别的产品，具有可比性。

（1）本专利与附件1的比较。

请求人明确使用附件1中右侧的按纽开关作为在先设计，下称为在先设计1。

在先设计1为一款按钮开关的外观设计，从图片上可以看出：它由钮头、基架、触点模块三部分组成，其中钮头呈平头型，短粗的圆柱体外侧的罩与圆柱体的直径大致相等，且小于基架的高度和宽度；基架的外轮廓近似方形，上方有一个向外凸出的锁定杆；有两个触点模块，模块外侧面为不规则形状，单个模块近似扁长的四方块（详见在先设计1附图）。

比较本专利与在先设计1，它们之间的不同点主要在于：（1）本专利的钮头呈蘑菇型，外侧的罩的直径明显大于圆柱体的直径，且比后面的基架高、也比后面的基架宽，而在先设计1的钮头呈平头型，外侧的罩与圆柱体的直径大致相等，且小于基架的高度和宽度；（2）本专利的锁定杆相对于在先设计1的锁定杆所占比例更大，且明显地高出于基架，并且它们的形状不相同；（3）本专利的模块侧面短而高，而在先设计1的模块侧面长而低。

整体观察本专利与在先设计1，上述不同点对产品外观设计的整体视觉效果具有显著的影响，因此，本专利与在先设计1不相近似。

（2）本专利与附件5的比较。

请求人明确使用附件5中最右上角的按纽开关作为在先设计，下称在先设计2。

在先设计2为一款按钮开关的外观设计，从图片上可以看出：它由钮头、基架、触点模块三部分组成，其中钮头呈平头型，短粗的圆柱体外侧的罩与圆柱体的直径大致相等，且小于基架的高度和宽度；基架的外轮廓近似方形，上方有一个向外凸出的锁定杆；有两个触点模块，模块外侧面为不规则形状，单个模块近似扁长的四方块（详见在先设计2附图）。

比较本专利与在先设计2，它们之间的不同点主要在于：（1）本专利的钮头呈蘑菇型，外侧的罩的直径明显大于圆柱体的直径，且比后面的基架高、也比后面的基架宽，而在先设计2的钮头呈平头型，外侧的罩与圆柱体的直径大致相等，且小于基架的高度和宽度；（2）本专利的锁定杆相对于在先设计2的锁定杆所占比例更大，且明显地高出于基架，并且它们的形状不相同；（3）本专利的模块侧面短而高，而在先设计2的模块侧面长而低。

整体观察本专利与在先设计2，上述不同点对产品外观设计的整体视觉效果具有显著的影响，因此，本专利与在先设计2不相近似。

（3）本专利与附件7的比较。

请求人明确使用附件7左下部的按钮开关中上排右数第2个按钮开关作为在先设计，以下称为在先设计3。

在先设计3为一款按钮开关的外观设计，从图片上可以看出：在先设计3的按钮开关由钮头、基架、触点模块三部分组成，其中钮头呈蘑菇头型，由一个短粗的圆柱体和其外侧的罩组成，罩的直径明显大于圆柱体的直径；基架的外轮廓近似方形；模块近似四方块（详见在先设计3附图）。

比较本专利与在先设计3，它们之间的不同点主要在于：1. 本专利的基架上方有一个近似倒凹字形的向外凸出的锁定杆，在先设计3没有锁定杆的设计；2. 本专利的模块为左右分立的两个模块，而在先设计3的模块呈现为一个整块；3. 本专利的模块侧面短而高，而在先设计3的模块侧面长而低，它们的宽高比明显不同。

整体观察本专利与在先设计3，上述不同点对产品外观设计的整体视觉效果具有显著的影响，因此，本专利与在先设计3不相近似。

（4）本专利与附件11的比较。

请求人明确使用附件11左侧上排左数第一个按钮开关作为在先设计，以下成为在先设计4。

在先设计16为一款按钮开关的外观设计，从图片上可以看出：在先设计16的按钮开关钮头呈蘑菇头型，由一个短粗的圆柱体和其外侧的罩组成，罩的直径明显大于圆柱体的直径；基架的外轮廓近似方形；基架后面的上半部分有一模块（详见在先设计4附图）。

比较本专利与在先设计4，它们之间的不同点主要在于：1. 本专利具有倒凹字形且明显高出于基架的锁定杆，在先设计4没有此设计；2. 本专利具有两个触点模块，它们为薄的四方块，分置于基架后面的左右两侧，而在先设计4的基架后面的模块形状和位置与本专利的模块明显不同。

整体观察本专利与在先设计4，上述不同点对产品外观设计的整体视觉效果具有显著的影响，因此，本专利与在先设计4不相近似。

综上所述，本专利相对与在先设计1~4都不相近似，本专利相对于附件1、5、7、11专利法第23条的规定。

4. 关于请求人的其他意见

请求人认为按钮开关的钮头、基架和触点模块各部件是可拆卸的，附件1的在先设计1和附件5的在先设计2与本专利的按钮开关的钮头不同，但是钮头是可拆卸、可替换的，附件7的在先设计3和附件11的在先设计4的钮头与本专利的按钮开关的钮头相同，用在先设计3或4的钮头替换在先设计1或2的钮头得到的按钮开关与本专利相近似。

合议组认为，尽管按钮开关的各部件是可拆卸的，但是，本专利保护的是按钮开关作为一个整体的外观设计，在进行相同或相近似判断时应当以产品的六面视图所公开的外观设计的整体进行判断，而不是仅考虑产品的某一个或几个部件。并且，在相同或相近似判断中，应当用一项在先设计与本专利进行单独对比，不能将两项或两项以上在先设计结合起来与本专利进行对比。因此，请求人的上述意见不能被接受。

### 三、决定

维持01337476.1号外观设计专利权有效。

当事人对本决定不服的，可以根据专利法第46条第2款的规定，自收到本决定之日起三个月内向北京市第一中级人民法院起诉。根据该款的规定，一方当事人起诉后，另一方当事人应当作为第三人参加诉讼。

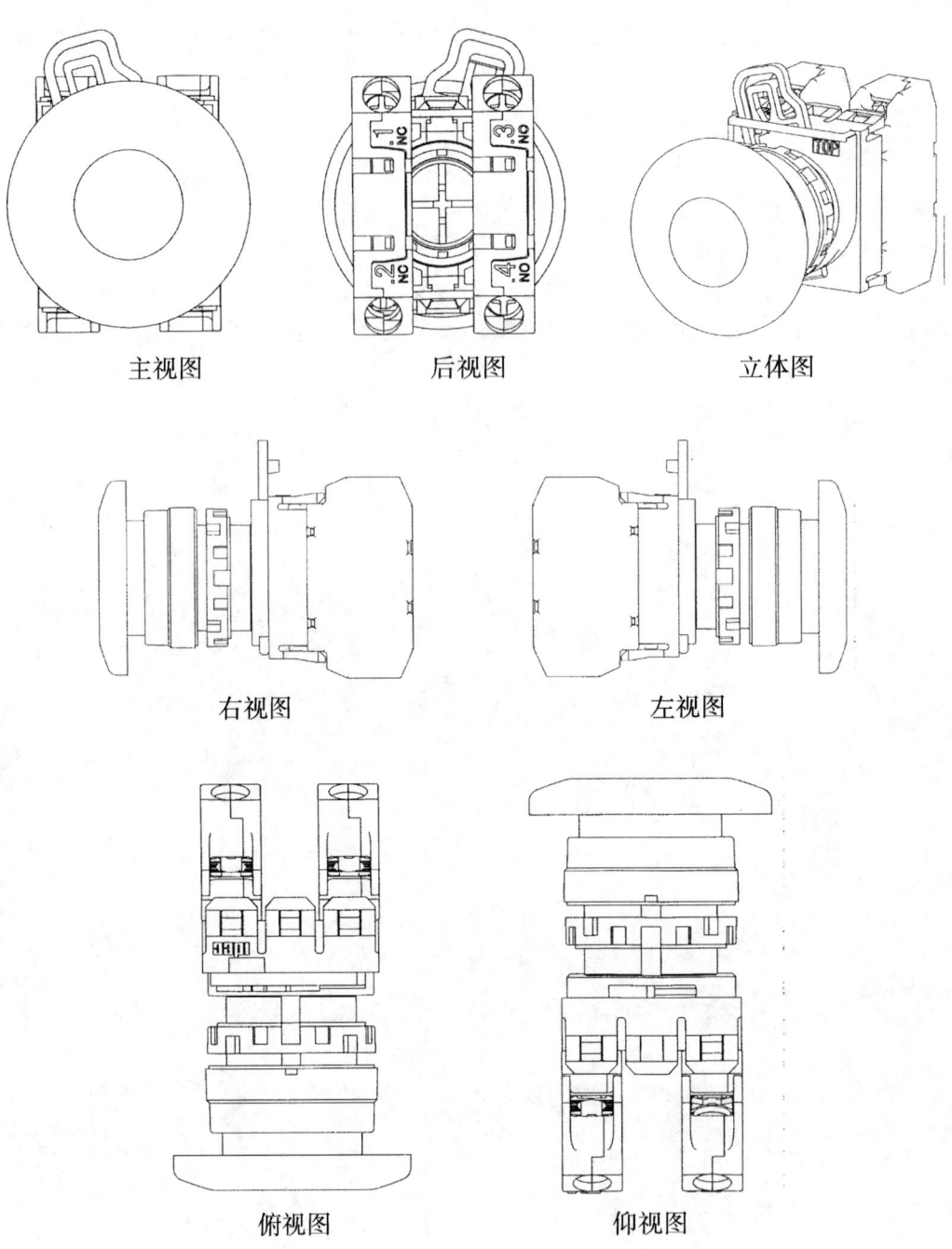

# 天逸电器
TIAN YI ELECTRIC

# 主 令 开 关

LA42系列按钮
AD17系列指示灯

**造型美观**

发送指令、指示信号和监控是按钮和指示灯的主要功能，是电气设备及机械设备必不可少的元器件。按钮指示灯的外观亦可影响整体设备的美观度。

LA42系列按钮、AD17系列指示灯以极富吸引力的完美设计，将最大程度地提高电气、机械设备的美誉度。

**各地代理商**

上海天逸电器有限公司
地址：中山南一路538号
电话：63024155　63042097
传真：63025712
邮编：200023

广州德宝电气公司
电话：020-84417697
传真：020-84234533

大连天业机电有限公司
电话：0411-3611678
传真：0411-3611678

长沙盛达科技实业有限公司
电话：0731-5131986
传真：0731-4610785

武汉中冶自动化工程技术公司
电话：027-86718343
传真：027-86715786

无锡新启元机电设备有限公司
电话：0510-2705374
传真：0510-2710591

西安市延兴电子器材公司
电话：029-5266639
传真：028-5266639

附件1

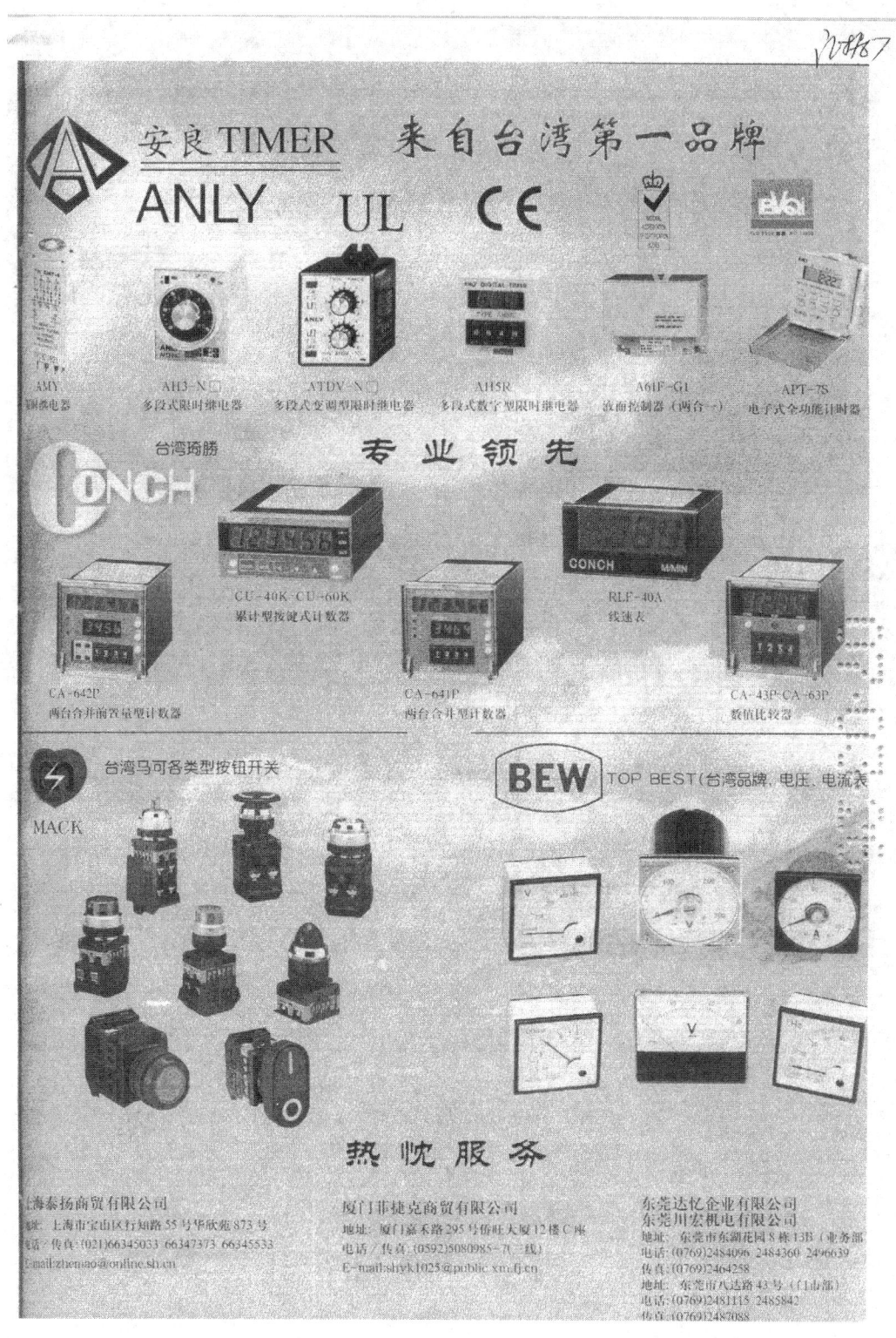

附件7

# FUJI ELECTRIC 富士電機（日本原裝）

# 九龍五金

网址：WWW.FuJi-KLN-AB.COM

富士电机各类型开关　　大量现货，欢迎选用！

富士温度／时间控制器

富士断路器／接触器

台湾CKC固态继电器
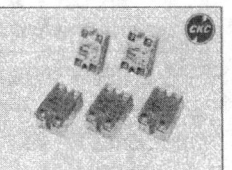

台湾CKC限时继电器
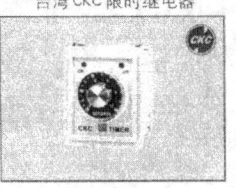

美国A-B软起动／按钮／各类开关
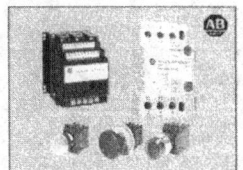

士林接触器／热继电器／开关
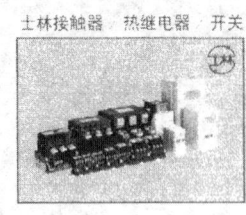

本公司是富士电机指定华东、华南地区代理．台湾松菱电机总经销．美国AB公司指定经销商

附件11

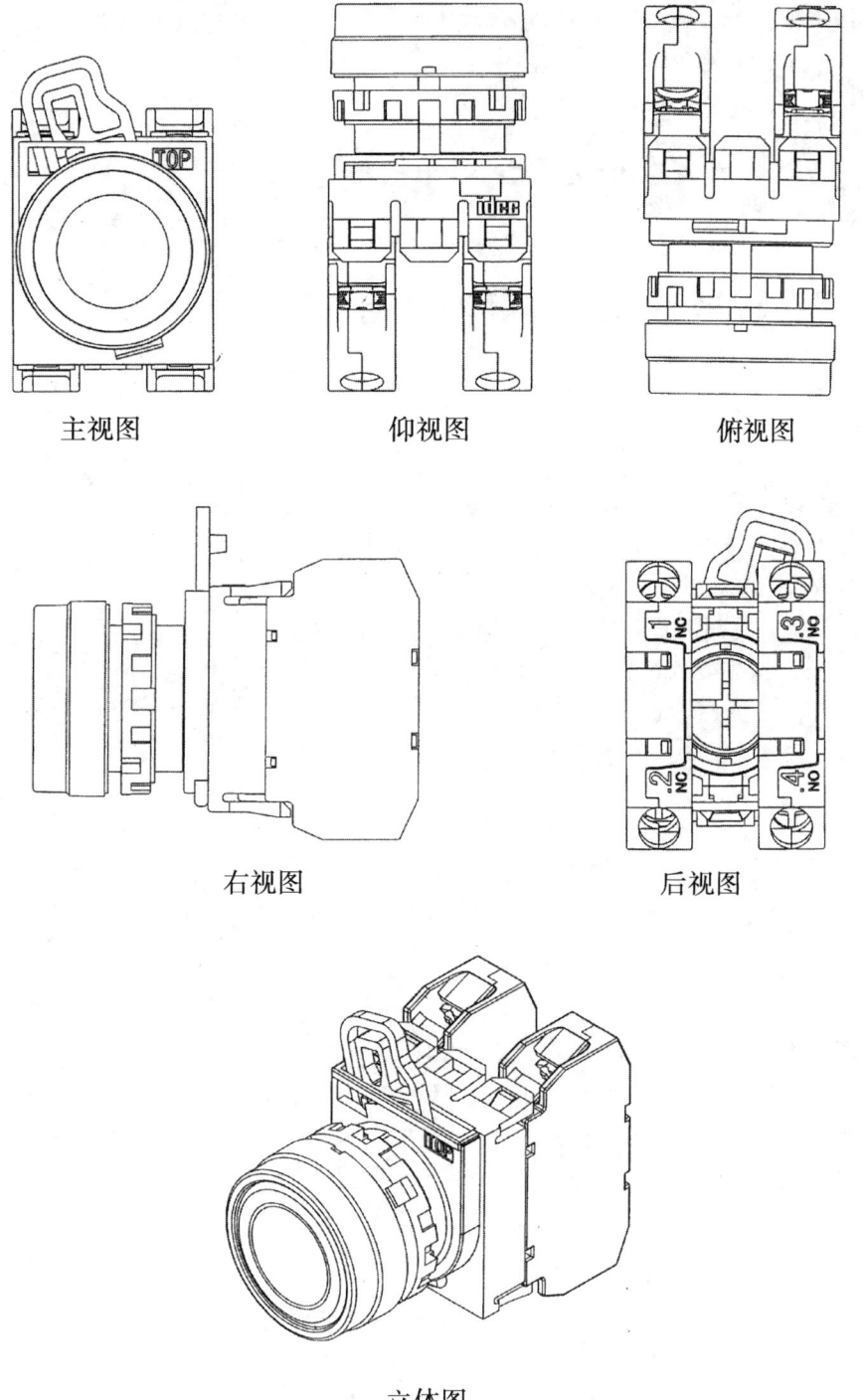

主视图　　仰视图　　俯视图

右视图　　后视图

立体图

附件 13

# 通气扇（BP11-2D）

## 无效宣告请求审查决定（第 10674 号）

| | |
|---|---|
| 决 定 号 | 第 10674 号 |
| 决 定 日 | 2007 年 8 月 21 日 |
| 发明创造名称 | 通气扇（BP11-2D） |
| 外观设计分类号 | 23-04 |
| 无效宣告请求人 | 沈正明 |
| 专 利 权 人 | 杭州奥普电器有限公司 |
| 专 利 号 | 02315306.7 |
| 申 请 日 | 2002 年 6 月 11 日 |
| 授权公告日 | 2002 年 12 月 18 日 |
| 合议组组长 | 蒋 彤 |
| 主 审 员 | 武 磊 |
| 参 审 员 | 高 颖 |
| 附 图 | 5 页 |

**法 律 依 据** 专利法第 23 条

**决 定 要 点**

对于通气扇类产品而言，其使用时容易看到部分的设计变化相对于不容易看到的部位的设计变化，通常对整体视觉效果更具有显著的影响，本专利和对比文件的面板的形状设计有明显的区别，根据整体观察、综合判断的原则，二者属于不相同且不相近似的外观设计。

### 一、案由

本无效宣告请求涉及专利号为 02315306.7、名称为"通气扇（BP11-2D）"的外观设计专利（下称本专利），其申请日为 2002 年 6 月 11 日，授权公告日为 2002 年 12 月 18 日，专利权人原为方胜康，后变更为杭州奥普电器有限公司。

针对上述专利权，沈正明（下称请求人）于 2006 年 12 月 29 日向国家知识产权局专利复审委员会提出无效宣告请求，其理由是本专利不符合专利法实施细则第 13 条第 1 款的规定和专利法第 23 条的规定，同时请求人提交了以下附件作为证据：

附件 1：02315305.9 号中国外观设计专利公报复印件，其申请日为 2002 年 6 月 11 日，授权公告日为 2003 年 4 月 9 日，专利权人原为方胜康，后变更为杭州奥普电器有限公司；

附件 2：95316689.9 号中国外观设计专利公报复印件，其授权公告日为 1996 年 11 月 27 日；

附件3：（2006）杭民三初字第490号浙江省杭州市中级人民法院民事案件应诉通知书1页，用来说明本专利案件的专利侵权纠纷情况。

请求人认为，（1）本专利申请人在2002年6月11日就同一项外观设计申请了两项外观设计申请，即本专利和附件1，并且均被授予专利权，将本专利外观设计与附件1的外观设计相比，二者的后视图、俯视图、仰视图、右视图、左视图完全相同，只主视图设计稍有不同，附件1的主视图面板中间比本专利的主视图多出两条横线，两者属于相近似的外观设计，因此本专利不符合专利法实施细则第13条第1款的规定；（2）本专利与附件2所示产品属于相同种类的产品，将本专利与附件2所示产品的外观设计进行比对，各项视图表示的外观形状基本相同，因此两者构成相近似的外观设计，本专利不符合专利法第23条的规定。

经形式审查合格后，专利复审委员会受理了该无效宣告请求，并于2006年12月30日向双方当事人发出无效宣告请求受理通知书，并将请求人提交的专利权无效宣告请求书及其附件清单中所列附件的副本转送专利权人。

专利权人未提交任何意见陈述。

专利复审委员会依法成立合议组，并于2007年5月31日向双方当事人发出无效宣告请求口头审理通知书，定于2007年7月4日举行无效宣告请求口头审理。

专利复审委员会于2007年6月18日收到专利权人提交的口头审理通知书回执及代理人委托书，并于2007年6月25日收到请求人提交的口头审理通知书回执，双方均表示参加口头审理。

口头审理如期举行，双方当事人均委托代理人出席口头审理。在口头审理过程中，双方当事人对合议组成员无回避请求，对对方出庭人员的身份无异议，请求人明确无效理由为：本专利外观设计相对于附件1公开的外观设计相近似，不符合专利法实施细则第13条第1款的规定，本专利外观设计相对于附件2公开的外观设计相近似，不符合专利法第23条的规定；另外，请求人当庭指出本专利各视图由于不对应，致使本专利不符合专利法实施细则第2条第3款的规定，其具体理由为：主视图显示面板凹于面罩，其他几个视图显示面板突出于面罩，这属于制图上的错误；专利权人对附件1和附件2的真实性无异议，专利权人认为本专利各视图所呈现的面板均是突出于面罩，不存在制图上的错误，同时，专利权人认为本专利与附件1的区别在于：本专利的面板突出于面罩，面板呈正方形，而附件1的面板平行于面罩，面板呈长方形，另外它们呈现的进风口形状不一样；专利权人认为本专利与附件2的区别在于：除了具有与附件1的区别之外，二者的整体轮廓不同，层数不一样，层高比例不一样，附件2的面板与面罩间没有间隙，附件2的面板是半透明的，附件2的主视图无进风口，附件2的进风口在侧面，另外其他几个视图也存在区别，因而本专利与附件1、附件2相比并不构成相近似的外观设计；而请求人认为上述差别在使用状态下均不存在显著影响，不容易被察觉，因而二者构成相近似的外观设计。

合议组当庭告知双方当事人，根据专利法实施细则第66条和审查指南的相关规定，请求人当庭提出的本专利不符合专利法实施细则第2条第3款规定的无效宣告理由合议组不予考虑。

至此，双方当事人均已经充分表明了各自的主张，合议组认为本案事实已经清楚，可以依法作出审查决定。

**二、决定的理由**

1. 关于无效宣告的理由

对于请求人当庭提出的本专利不符合专利法实施细则第2条第3款规定的无效宣告理由，根据专利法实施细则第66条的规定："在专利复审委员会受理无效宣告请求后，请求人可以在提出无效宣告请求之日起一个月内增加理由或者补充证据。逾期增加理由或者补充证据的，专利复审委员会可以不予考虑。"同时，根据审查指南第四部分第三章第 4.2 节的规定："（2）请求人在提出无效宣告请求之日起一个月后增加无效宣告理由的，专利复审委员会一般不予考虑，但下列情形除外：①针对专利权人以合并方式修改的权利要求，在专利复审委员会指定期限内增加无效宣告理由，并在该期限内对所增加的无效宣告理由具体说明的；②对明显与提交的证据不相对应的无效宣告理由进行变更的"。根据专利法实施细则第 66 条和审查指南的上述规定，由于请求人当庭提出的本专利不符合专利法实施细则第 2 条第 3 款规定的无效宣告理由，不属于在其提出无效宣告请求之日起一个月内增加的理由，也不属于专利复审委员会可以予以考虑的特殊情形，因此，对于请求人提出的这一项新的无效宣告理由，合议组不予考虑。

基于请求人提出的无效宣告请求的理由，合议组依据专利法实施细则第 13 条第 1 款和专利法第 23 条的规定对本案进行审理。

2. 关于证据

请求人提交的附件 1 是产品名称为"通气扇（BP11-1D）"的外观设计专利公报复印件，附件 1 的申请日为 2002 年 6 月 11 日，授权公告日为 2003 年 4 月 9 日，专利权人原为方胜康，后变更为杭州奥普电器有限公司，本专利的申请日为 2002 年 6 月 11 日，授权公告日为 2002 年 12 月 18 日，专利权人原为方胜康，后变更为杭州奥普电器有限公司，故本专利和附件 1 是本专利申请人在同一日申请的两项外观设计。专利权人对附件 1 的真实性无异议，合议组经核实亦确认附件 1 的真实性，在本案审理中可作为专利法实施细则第 13 条第 1 款的证据。

附件 2 是产品名称为"换气扇（F）"的外观设计专利公报复印件，附件 2 的授权公告日为 1996 年 11 月 27 日，其授权公告日早于本专利的申请日。专利权人对附件 2 的真实性无异议，合议组经核实亦确认附件 2 的真实性，其确属于专利法第 23 条所规定的公开出版物，在本案审理中可作为专利法第 23 条的证据。

3. 关于专利法实施细则第 13 条第 1 款

专利法实施细则第 13 条第 1 款的规定：同样的发明创造只能被授予一项专利。

审查指南第四部分第七章第 1 节中规定：专利法实施细则第 13 条第 1 款所述的"同样的发明创造"，对于发明和实用新型而言，是指要求保护的发明或者实用新型相同；对于外观设计而言，是指外观设计相同或者相近似。

如果一般消费者经过对被比设计与在先设计的整体观察可以看出，二者的差别对于产品外观设计的整体视觉效果不具有显著的影响，则被比设计与在先设计相近似；否则，两者既不相同，也不相近似。

本专利与附件 1 所示产品均为通气扇的外观设计，二者用途相同，属于相同类别的产品，具有可比性，故对二者进行如下相近似性对比：

本专利所示的"通气扇（BP11-2D）"具有六面视图和立体图，从其各个视图来看，本专利的通气扇是由面板、面罩、进风口、下壳体、涡旋状风箱、圆状风扇、排风口组成，从其主视图来看，本专利通气扇的外侧四周是由两个呈等宽间距的正方形框体形成的面罩，中间为正方形的面板，面板与面罩呈等宽的间距，结合其后视图和俯视图来看，在通气扇的面罩后部具有呈长方体的下壳体，下壳体的边长小于面罩的边长，下壳体位于面罩的上部，在下壳体的上部是涡旋状风箱，在风箱的顶部具有圆状风扇，其仰视图与俯视图对称，其左视图与右视图对称，从其左视图上可以看到，涡旋状风箱具有圆形的排风口，从其俯视图、仰视图、左视图和右视图均可以看到，该通气扇的面板突出于面罩，从而在面板与面罩之间的间隙处形成进风口（详见本专利的附图）。

附件 1 所示的"通气扇（BP11-1D）"具有六面视图和使用状态参考图，从其各个视图来看，该通气扇是由面板、面罩、进风口、下壳体、涡旋状风箱、圆状风扇、排风口组成，从其主视图来看，该通气扇的外侧四周是由两个呈等宽间距的正方形框体形成的面罩，中间为长方形的面板，长方形面板长边的长度与面罩的边长相同，面板位于面罩中部三分之一的位置，结合其后视图和俯视图来看，在通气扇的面罩后部具有呈长方体的下壳体，下壳体的边长小于面罩的边长，下壳体位于面罩的上部，在下壳体的上部是涡旋状风箱，在风箱的顶部具有圆状风扇，其仰视图与俯视图对称，其左视图与右视图对称，从其左视图上可以看到，涡旋状风箱具有圆形的排风口，从其俯视图、仰视图、左视图和右视图均可以看到，该通气扇的面板平行于面罩，在长方形面板两条长边与面罩之间的空隙处形成进风口（详见附件1的附图）。

将本专利与附件1所示的外观设计相比较，二者的相同之处在于：通气扇都是由面板、面罩、进风口、下壳体、涡旋状风箱、圆状风扇、排风口组成，通气扇的外侧四周是由两个呈等宽间距的正方形框体形成的面罩，在通气扇的面罩后部具有呈长方体的下壳体，下壳体的边长小于面罩的边长，下壳体位于面罩的上部，在下壳体的上部是涡旋状风箱，在风箱的顶部具有圆状风扇，排风口为圆形；二者的不同之处主要在于：（1）面板的形状和设置位置不同，本专利的面板为正方形，面板设置在通气扇的中心位置，面板与面罩呈等宽的间距，而附件1的面板为长方形，长方形面板长边的长度与面罩的边长相同，面板设置在面罩中部三分之一的位置，（2）面板与面罩的相对位置不同，本专利的面板向外突出于面罩，而附件1的面板与面罩平行。对于该通气扇类产品而言，其使用时容易看到部位的设计变化相对于不容易看到的部位的设计变化，通常对整体视觉效果更具有显著的影响，该通气扇类产品在使用时容易看到的部位通常是在吊顶以外的通气扇的正面和侧面部位，从上面的比较可知，本专利和附件1的面板设计具有明显的区别，此区别对于二者的整体视觉效果具有显著的影响，故根据整体观察、综合判断的原则，二者属于不相同且不相近似的外观设计，因此本专利相对于附件1符合专利法实施细则第13条第1款的规定。

4. 关于专利法第23条

专利法第23条规定：授予专利权的外观设计，应当同申请日以前在国内外出版物上公开发表过或者国内公开使用过的外观设计不相同和不相近似，并不得与他人在先取得的合法权利相冲突。

本专利与附件2所示产品均为通气扇的外观设计，二者用途相同，属于相同类别的产品，具有可比性，故对二者进行如下相近似性对比：

本专利所示的"通气扇（BP11-2D）"具有六面视图和立体图，从其各个视图来看，本专利的通气扇是由面板、面罩、进风口、下壳体、涡旋状风箱、圆状风扇、排风口组成，从其主视图来看，本专利通气扇的外侧四周是由两个呈等宽间距的正方形框体形成的面罩，中间为正方形的面板，面板与面罩呈等宽的间距，结合其后视图和俯视图来看，在通气扇的面罩后部具有呈长方体的下壳体，下壳体的边长小于面罩的边长，下壳体位于面罩的上部，在下壳体的上部是涡旋状风箱，在风箱的顶部具有圆状风扇，其仰视图与俯视图对称，其左视图与右视图对称，从其左视图上可以看到，涡旋状风箱具有圆形的排风口，从其俯视图、仰视图、左视图和右视图均可以看到，该通气扇的面板突出于面罩，从而在面板与面罩之间的间隙处形成进风口（详见本专利的附图）。

附件2所示的"换气扇（F）"具有六面视图，从其右视图来看，按照从左到右的顺序，附件2所示的换气扇是由面板、面罩、壳体、排风口组成，在面罩侧壁的侧面上具有进风口，进风口呈长方形，壳体位于面罩的后部，壳体整体呈长方体，壳体两侧有安装孔，从其主视图来看，该换气扇的外侧四周是由两个呈等宽间距的正方形框体形成的面罩，中间为正方形的面板，面板与面罩呈等宽的间距，面板为半透明材料，其左视图与右视图对称，从其后视图来看，该换气扇壳体的左上部有圆形通孔，壳体的右下侧具有口朝下的排风口，从其仰视图上可以看到，在壳体的左下侧是圆形的排风口，其仰视图与俯视图对称，从其俯视图、仰视图、左视图和右视图可以看到，该换气扇的面板明显突出于面罩，面板厚度是面罩厚度的大约 1/2，面板与面罩整体形成台阶状，在面板与面罩之间没有间隙，进风口是形成在面罩侧壁的两个侧面上（详见附件 2 的附图）。

将本专利与附件 2 所示的外观设计相比较，二者的相同之处在于：通气扇包括面板、面罩、壳体、进风口、排风口，通气扇的外侧四周是由两个呈等宽间距的正方形框体形成的面罩，中间为正方形的面板，面板与面罩呈等宽的间距；二者的不同之处主要在于：（1）二者的整体轮廓不同，本专利整体为五层结构，按照从下到上的顺序依次为面板、面罩、下壳体、涡旋状风箱、圆状风扇，而附件 2 整体为三层结构，按照从下到上的顺序依次为面板、面罩、壳体，本专利与附件 2 中各部分层高的比例关系不一样，（2）进风口的位置不同，本专利进风口是在面板与面罩之间的间隙处，进风口呈四周等宽的正方形，而附件 2 的进风口是在面罩侧壁的两个侧面上，附件 2 的进风口为长方形，（3）面板与面罩的设置关系不同，本专利的面板略微突出于面罩，在面板与面罩之间形成间隙，而附件 2 的面板明显突出于面罩，面板厚度是面罩厚度的大约 1/2，面板与面罩整体形成台阶状，面板与面罩之间没有间隙，（4）本专利的面罩后部具有涡旋状风箱和圆状风扇，圆状风扇位于涡旋状风箱的顶部，而附件 2 的面罩后部无相应的设计。从上面的描述可知，二者的上述差异使得通气扇上述相应组成部分的具体设计不同，综合这些差异来看，本专利和附件 2 的整体轮廓设计、进风口设计、面板与面罩的设计有明显的区别，在使用状态下，该通气扇类产品在使用时容易看到的部位通常是在吊顶以外的通气扇的正面和侧面部位，从上面的比较可知，本专利和附件 2 的面板与面罩侧面轮廓设计、面板与面罩的设置关系和比例、面罩侧壁上的设计均具有明显的区别，且均属于产品使用时容易看到的部位上的差别，能够对二者的整体视觉效果具有显著的影响，故根据整体观察、综合判断的原则，二者属于不相同且不相近似的外观设计，因此本专利相对于附件 2 符合专利法第 23 条的规定。

三、决定

维持 02315306.7 号外观设计专利权有效。

当事人对本决定不服的，可以根据专利法第 46 条第 2 款的规定，自收到本决定之日起三个月内向北京市第一中级人民法院起诉。根据该款的规定，一方当事人起诉后，另一方当事人应当作为第三人参加诉讼。

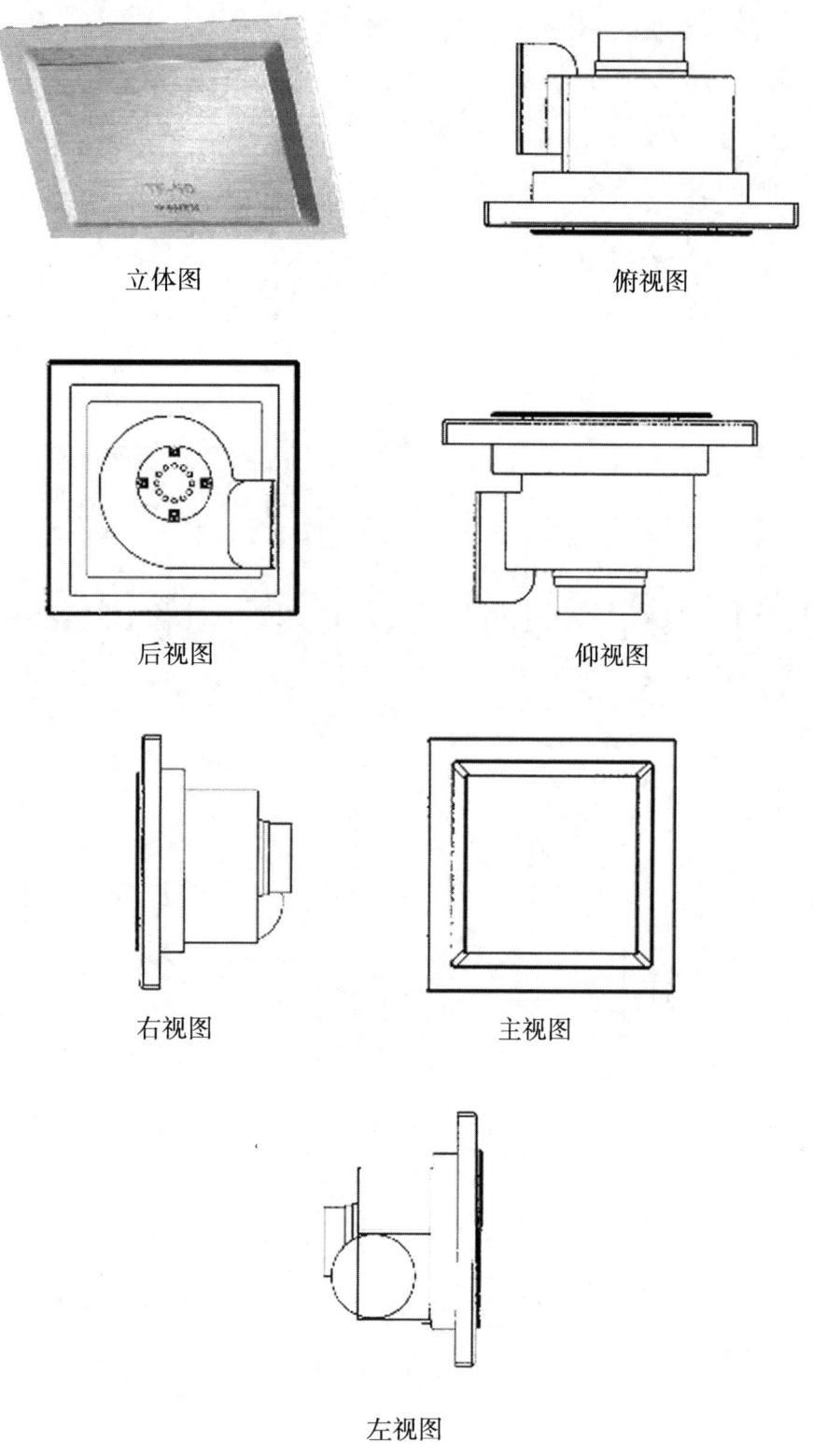

本专利的附图

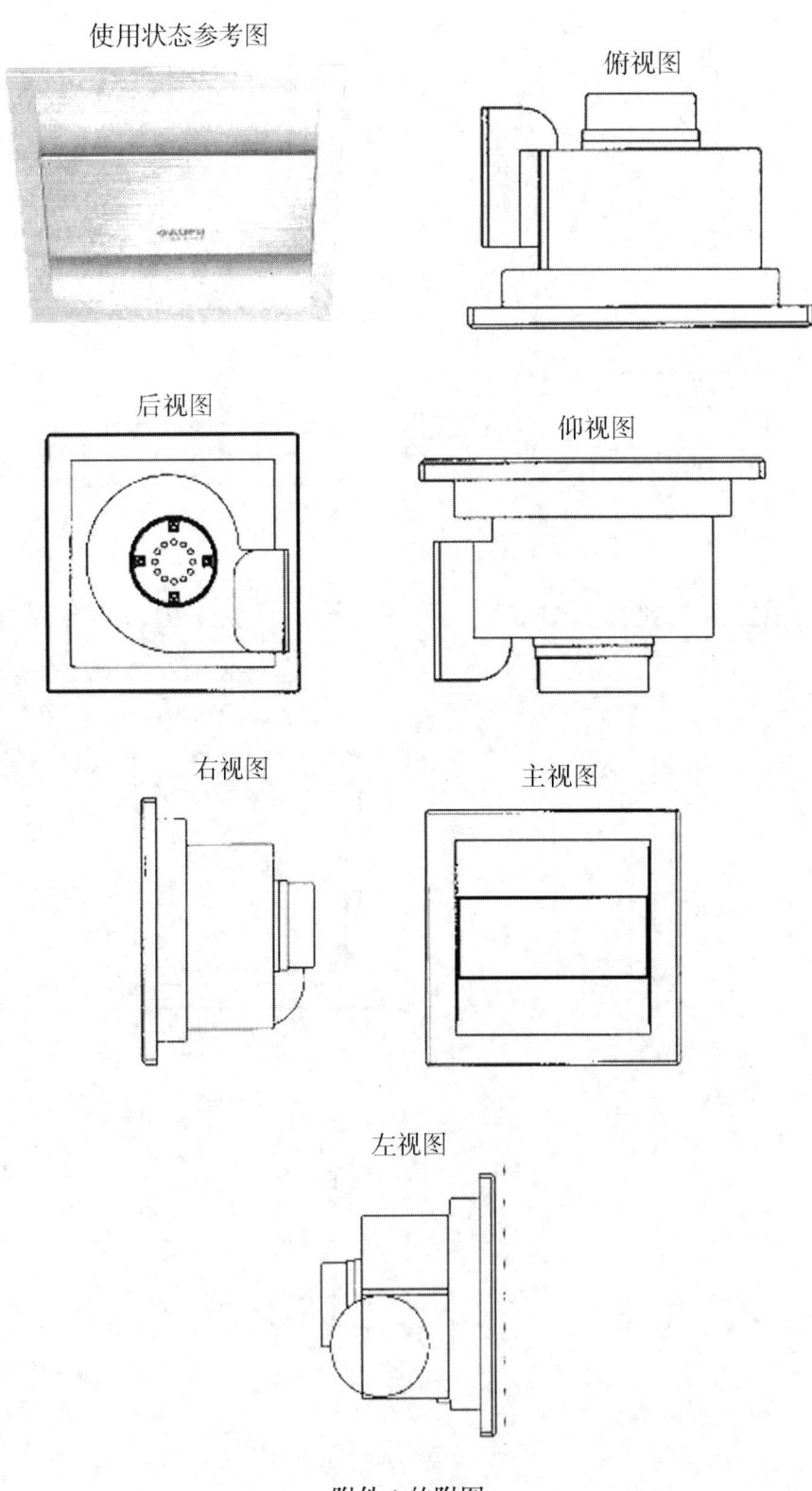

附件1的附图

俯视图

后视图

附件 2 的附图

仰视图

右视图

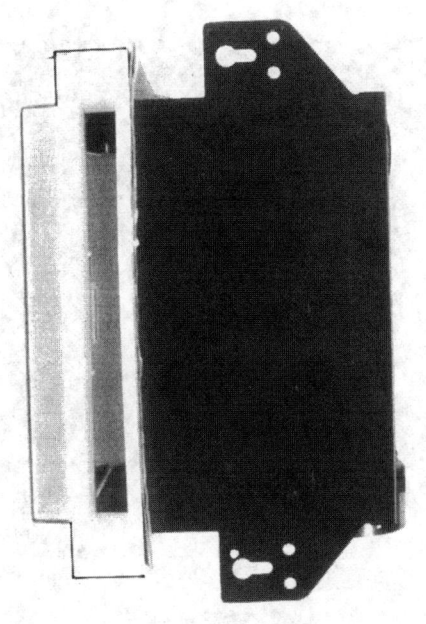

附件 2 的附图

主视图

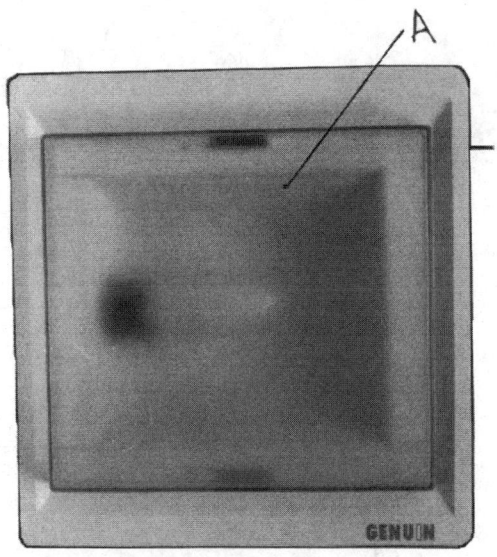

左视图

附件 2 的附图

# 酒瓶贴（新二曲）

## 无效宣告请求审查决定（第 10675 号）

| | |
|---|---|
| 决 定 号 | 第 10675 号 |
| 决 定 日 | 2007 年 9 月 18 日 |
| 发明创造名称 | 酒瓶贴（新二曲） |
| 外观设计分类号 | 19-08 |
| 无效宣告请求人 | 山东兰陵企业（集团）总公司 |
| 专 利 权 人 | 刘玉伦 |
| 专 利 号 | 200530136075.4 |
| 申 请 日 | 2005 年 12 月 14 日 |
| 授权公告日 | 2006 年 10 月 25 日 |
| 合议组组长 | 王霞军 |
| 主 审 员 | 钟 华 |
| 参 审 员 | 周 佳 |
| 附 图 | 1 页 |

**法 律 依 据** 专利法第 23 条

**决 定 要 点**

生效判决已经认定与本专利具有对应性的产品生产、销售和使用侵犯他人的商标权和包装装潢权，则本专利的行使与他人在先取得的合法权利相冲突，不符合专利法第 23 条的规定。

### 一、案由

本无效宣告请求涉及国家知识产权局于 2006 年 10 月 25 日授权公告的名称为"酒瓶贴（新二曲）"的 200530136075.4 号外观设计专利（下称本专利），其申请日为 2005 年 12 月 14 日，专利权人为刘玉伦。

针对本专利，山东兰陵企业（集团）总公司（下称请求人）于 2007 年 1 月 19 日向专利复审委员会提出无效宣告请求，其理由是本专利与请求人在本专利申请日前公开使用的"兰陵二曲"瓶贴非常近似，与请求人在先取得的商标权和知名商品特有的包装、装潢权相冲突，因此本专利不符合专利法第 23 条的规定，请求人同时提交如下附件作为证据：

附件 1：请求人生产的"兰陵二曲"瓶贴实物；
附件 2：请求人 1994 年印制"兰陵二曲"瓶贴的发票复印件；
附件 3：请求人持有的第 527371 号商标注册证复印件；

附件4：第527371号商标的核准转让注册商标证明复印件；

附件5：第527371号商标的核准续展注册商标证明复印件；

附件6：临沂市工商局关于认定"兰陵大曲"、"兰陵二曲"、"兰陵特曲"酒的名称、包装、装潢为知名商品特有的名称、包装、装潢的决定复印件；

附件7：临沂市中级人民法院（2005）临民三初字第23号民事判决书复印件；

附件8：山东省高级人民法院（2005）鲁民三终字第60号民事调解书复印件；

附件9：临沂市中级人民法院（2005）临民三初字第23号案件、山东省高级人民法院（2005）鲁民三终字第60号案件中请求人提交的专利权人刘玉伦使用"新二曲"瓶贴的实物照片；

附件10：山东省苍山县人民法院（1997）苍经初字第498号民事调解书复印件；

附件11：临沂市中级人民法院（2001）临经初字第6号民事判决书复印件；

附件12：山东省高级人民法院（2006）鲁民三终字第31号民事判决书复印件；

附件13：临沂市中级人民法院（2006）林民三初字第18号民事判决书复印件。

经形式审查合格，专利复审委员会依法受理了上述无效宣告请求，并于2007年2月5日将无效宣告请求书及相关文件的副本转送给专利权人，要求其在指定的期限内答复。专利权人逾期未进行答复。

专利复审委员会本案件合议组经过合议，于2007年7月2日向双方当事人发出口头审理通知书，定于2007年8月28日举行口头审理。

口头审理如期举行，专利权人缺席本次口头审理，请求人出席了本次口头审理。请求人明确以附件1和附件2证明"在国内公开使用过"，以附件3~9证明"与他人在先权利相冲突"，陈述附件9是附件7、附件8中的实物照片，明确附件10~13与专利权人无关，仅用以证明"兰陵二曲"作为知名商品的特有包装装潢权在其他案件中也受到司法保护。请求人当庭提交了附件3~13的原件，提交了加盖"山东兰陵美酒股份有限公司"印章的附件2的复印件。在此基础上，请求人充分陈述了意见。

至此，合议组认为本案事实已经调查清楚，可以作出如下审查决定。

**二、决定的理由**

1. 法律依据

专利法第23条规定：授予专利权的外观设计，应当同申请日以前在国内外出版物上公开发表过或者国内公开使用过的外观设计不相同和不相近似，并不得与他人在先取得的合法权利相冲突。

2. 证据的认定

附件7为山东省临沂市中级人民法院（2005）临民三初字第23号民事判决书，附件8为山东省高级人民法院（2005）鲁民三终字第60号民事调解书，请求人在口头审理中提交了附件7和附件8的原件，经合议组核实，附件7和附件8的原件与复印件相符，因此附件7和附件8可以作为本案的定案依据。

请求人在无效宣告请求书及口头审理中主张附件9为附件7和附件8所涉案件中的请求人提交的专利权人刘玉伦使用"新二曲"瓶贴的实物照片。专利复审委员会受理本案后，将请求人的无效宣告请求书及附件副本转送给了专利权人，专利权人在指定期限内未进行答复。在专利复审委员会于2007年7月2日发出口头审理通知书后，专利权人缺席了于2007年8月28日举行的口头审理，并且一直没有提交任何意见陈述。依据审查指南第四部分第三章第4.4.1节的规定，对于专利复审委员会转送的文件，当事人期满未答复的，视为当事人已经得知转送文件中所涉及的事实、理由和证据，并且未提出反对意见。此外，经合议组核实，附件7的原告之一为本案请求人，附件7的被告为苍山县兰陵酒厂，其法定代表人为刘玉伦，附件7第3页倒数第2行至第44页第1行记载有原告提交了"被告兰陵酒厂'新39度特酿'的瓶贴装潢、酒瓶及包装盒上标明系被告兰陵酒厂生产的'新大曲、新二曲，方瓶大曲，精品二曲……'等产品照片"，附件7第5页倒数第1行至第6页第1行记载有"……本院认定该部分照片……可以作为证据使用"，附件7第6页倒数第5行至倒数第4行记载"可以认定原告提供照片中'新大曲'、'新二曲'系被告生产销售的产品"。附件8为附件7的原审原告不服附件7提起上诉后的二审民事调解书，附件8对附件7所认定的上述事实没有否认，附件8第2页倒数第7行至倒数第6行记载"三、如上诉人不履行上述协议，即按照临沂市中级人民法院（2005）临民三初字第23号民事判决书确定的内容执行"。基于上述附件7和附件8记载的内容，合议组认为：请求人的主张与附件7和附件8记载的上述内容相印证，在专利权人未陈述任何反对意见且未提交任何相反证据的情况下，附件9的真实性应当予以确认，应当确认附件9为附件7和附件8所涉案件中的请求人提交用以证明被告苍山县兰陵酒厂使用"新二曲"瓶贴的实物照片。

3. 本专利是否与他人在先合法权利相冲突

附件7第9页第6~7行认定，被告苍山县兰陵酒厂生产销售原告提供的照片中显示的"新二曲"产品，已经构成侵害原告商标专用权及不正当竞争的行为，附件7第9页倒数第1行至第10页第5行判定被告苍山县兰陵酒厂停止销售现存"新二曲"等侵权产品，停止使用并销毁"新二曲"等侵权包装装潢。附件8第2页也记载经法院主持调解双方当事人达成协议，上诉人停止生产、销售"新二曲"等侵权产品，停止使用并销毁"新二曲"等侵权包装装潢。合议组认为，附件7和附件8可以证明，涉案被告苍山县兰陵酒厂生产销售"新二曲"产品、使用"新二曲"瓶贴的行为侵犯了请求人的商标权和包装装潢权。

经合议组核实，附件7和附件8所涉案件被告为苍山县兰陵酒厂，住所地为山东省苍山县兰陵镇，其法定代表人刘玉伦，本案专利权人也为刘玉伦，申请专利时的地址为山东省临沂市苍山县兰陵酒厂。可见，两者具有对应性，可以认定附件7、附件8所涉案件被告的法定代表人即为本案专利权人。请求人指定的附件9的左起第五为被告生产的"新二曲"产品，经合议组核实，该"新二曲"包装装潢的瓶贴除右侧标明有粉色"兰陵酒厂"小字外，其形状、图案、色彩与本专利的瓶贴一致，该"新二曲"包装装潢的颈贴与本专利的颈贴完全一致（详见本专利附图和附件9照片），因此，可以推定该"新二曲"包装装潢的瓶贴和颈贴就是本专利产品，由于已经生效的法院判决（附件7）和民事调解书（附件8）已经认定"新二曲"包装装潢侵犯他人在先合法取得的商标权和包装装潢权，因此本专利的行使与他人在先取得的合法权利相冲突，不符合专利法第23条的规定。

鉴于上述评述已经得出本专利不符合专利授权条件的结论，合议组对请求人提出的其他理由和证据不再予以评述。

三、决定

根据专利法第23条和专利法第46条第1款的规定，宣告200530136075.4号外观设计专利权全部无效。

根据专利法第46条第2款的规定，当事人对本决定不服的，自收到本决定之日起三个月内向北京市第一中级人民法院起诉，根据该款规定，一方当事人起诉后，另一方当事人应当作为第三人参加诉讼。

酒瓶贴主视图

酒瓶颈贴主视图

本专利附图

附件9照片

# 玩具（变形金刚黑影战士）

## 无效宣告请求审查决定（第10676号）

| | |
|---|---|
| 决 定 号 | 第10676号 |
| 决 定 日 | 2007年11月16日 |
| 发明创造名称 | 玩具（变形金刚黑影战士） |
| 外观设计分类 | 21-01 |
| 无效宣告请求人 | 株式会社万代 |
| 专 利 权 人 | 陈振楷 |
| 申 请 号 | 200430075936.8 |
| 申 请 日 | 2004年9月27日 |
| 授权公告日 | 2005年3月23日 |
| 合议组组长 | 钱亦俊 |
| 主 审 员 | 吴大章 |
| 参 审 员 | 李改平 |
| 附 图 | 2页 |
| 法 律 依 据 | 专利法第23条 |
| 决 定 要 点 | |

在先设计与本专利属于相同的外观设计，故本专利权的授予不符合专利法第23条的规定。

## 一、案由

本无效宣告请求涉及的是国家知识产权局于2005年3月23日授权公告的、名称为"玩具（变形金刚黑影战士）"的外观设计专利，其申请号是200430075936.8，申请日是2004年9月27日，专利权人是陈振楷。

针对上述专利权（下称本专利），株式会社万代（下称请求人）于2007年3月30日向专利复审委员会提出无效宣告请求，其理由是本专利权的授予不符合专利法第23条的规定，其主张的事实是在本专利申请日之前已有相同的外观设计在日本出版物上公开发表过。请求人提交了如下证据：

附件1：本专利授权公告网上公开信息的复印件；

附件2：附件3~6的证明书及公证和认证文件的复印件共3页；

附件3：《敢达模型大全集2004》（《ガンプラ大全集2004》）杂志的封面、第10页和第194页的复印件共3页；

附件4：《业余爱好日本》（《HOBBY JAPAN》）杂志2003年3月号的封面、第16页至第19页和第 374 页的复印件共 6 页；

附件 5：《电击业余爱好》（《电击 HOBBY》）杂志 2002 年 9 月号的封面、第 92 页、第 294 页的复印件共 3 页；

附件 6：《电击业余爱好》（《电击 HOBBY》）杂志 2003 年 3 月号的封面、第 50 页、第 51 页和第 294 页的复印件共 4 页。

2007 年 4 月 29 日，专利复审委员会收到了请求人提交的上述附件 2~6 的中文译文。

专利复审委员会经形式审查合格受理了该无效宣告请求，并于 2007 年 5 月 14 日将请求书及相关证据材料副本转送给专利权人，要求其在指定的期限内答复。专利复审委员会逾期未收到专利权人的答复。

2007 年 8 月 9 日，合议组向双方当事人发出口头审理通知书，定于 2007 年 9 月 25 日进行口头审理。

口头审理如期举行，请求人的代理人出席口头审理，对合议组成员无回避请求。专利权人未出席口头审理。专利复审委员会也没有收到其任何书面答复，故视为专利权人对合议组成员无回避请求。口头审理中，请求人就提交的证据进行了意见陈述并坚持原有主张，提交了附件 2 的原件，附件 3~6 的原件以及相关杂志当年期刊的全部原件。

至此，在口头审理的基础上，合议组认为本案事实清楚，可以依法做出审查决定。

二、决定的理由

1. 请求人提出的无效宣告请求的理由是：本专利权的授予不符合专利法第 23 条的规定。

专利法第 23 条规定：授予专利权的外观设计，应当同申请日以前在国内外出版物上公开发表过或者国内公开使用过的外观设计不相同和不相近似，并不得与他人在先取得的合法权利相冲突。

2. 请求人提交的附件 3 是《敢达模型大全集 2004》杂志相关页的复印件。在口头审理中，请求人提交了附件 3 的原件和《敢达模型大全集 2004》杂志的原件。针对该证据，万代株式会社董事长出具了证言："附加文件确实为下列书籍的真实复印件"，该证言经日本东京法务局公证人川岛贵志郎公证，又经东京法务局、日本外务省、中国驻日本大使馆认证（即附件 2）。针对该证据，专利权人始终未提交任何意见陈述，也未提交相关证据证明其不真实，亦不出席口头审理。合议组认为，请求人提供的附件 3 真实可信，《敢达模型大全集 2004》杂志（下称证据 1）属于专利法意义上的出版物。在证据 1 的第 194 页上注明其发行日是 2004 年 3 月 5 日，在本专利申请日（2004 年 9 月 27 日）之前，在其第 10 页刊载了一款名称为"GAT-X207 闪电战士"的玩具的图片。故证据 1 可以作为判断本专利是否符合专利法第 23 条的依据。

3. 使用本专利的产品名称是"玩具（变形金刚黑影战士）"，本专利的整体形状呈拟人形设计，各个组成部分呈机械零部件形态的设计。本专利头顶具有"V"字形设计，双肩呈纺锤形，背后有近似纺锤形翼的设计，左手装备爪状弹射锚，右手持攻盾系统（详见本专利附图）。

从上述"GAT-X207 闪电战士"的图片（下称在先设计）可知，在先设计的整体形状呈拟人形设计，各个组成部分呈机械零部件形态的设计。其头顶具有"V"字形设计，双肩呈纺锤形，背后有近似纺锤形翼的设计，左手装备爪状弹射锚，右手持攻盾系统（详见在先设计附图）。

将本专利和在先设计进行对比后，可以看到：二者的整体形状相同，各相应的组成部分也都是相同的。合议组认为，二者属于相同的外观设计。

请求人提供的证据能够证明在本专利申请日之前，已经有相同的外观设计在公开出版物上发表。因此本专利权的授予不符合专利法第 23 条的规定。

鉴于上述已经得出本专利权的授予不符合专利法第 23 条规定的结论，故本决定对其他证据不再评述。

### 三、决定

依据专利法第23条的规定，宣告200430075936.8号外观设计专利权无效。

当事人对本决定不服的，可以根据专利法第46条第2款的规定，在收到本决定之日起三个月内向北京市第一中级人民法院起诉。一方当事人起诉后，另一方当事人将作为第三人参加诉讼。

主视图

后视图

左视图　　　　右视图

本专利附图

在先设计附图

# 玩具（变形金刚强击短剑）

## 无效宣告请求审查决定（第 10677 号）

| | |
|---|---|
| 决 定 号 | 第 10677 号 |
| 决 定 日 | 2007 年 11 月 23 日 |
| 发明创造名称 | 玩具（变形金刚强击短剑） |
| 外观设计分类号 | 21-01 |
| 无效宣告请求人 | 株式会社万代 |
| 专 利 权 人 | 陈振楷 |
| 申 请 号 | 200430075927.9 |
| 申 请 日 | 2004 年 9 月 27 日 |
| 授 权 公 告 日 | 2005 年 3 月 23 日 |
| 合 议 组 组 长 | 钱亦俊 |
| 主 审 员 | 吴大章 |
| 参 审 员 | 李改平 |
| 附 图 | 2 页 |

法 律 依 据　专利法第 23 条
决 定 要 点
在先设计与本专利属于相近似的外观设计，故本专利权的授予不符合专利法第 23 条的规定。

### 一、案由

本无效宣告请求涉及的是国家知识产权局于 2005 年 3 月 23 日授权公告的、名称为"玩具（变形金刚强击短剑）"的外观设计专利，其申请号是 200430075927.9，申请日是 2004 年 9 月 27 日，专利权人是陈振楷。

针对上述专利权（下称本专利），株式会社万代（下称请求人）于 2007 年 3 月 30 日向专利复审委员会提出无效宣告请求，其理由是本专利权的授予不符合专利法第 23 条的规定，其主张的事实为在本专利申请日之前已有相同的外观设计在日本出版物上公开发表过。请求人提交了如下证据：

附件 1：本专利授权公告网上公开信息的复印件；
附件 2：附件 3~6 的证明书及公证和认证文件的复印件共 3 页；
附件 3：《敢达模型大全集 2004》（《ガンプラ大全集 2004》）杂志的封面、第 14 页和第 194 页的复印件共 3 页；
附件 4：《业余爱好日本》（《HOBBY JAPAN》）杂志 2003 年 7 月号的封面、第 74 页、第 102 页和第 366 页的复印件共 4 页。

附件 5：《电击业余爱好》（《电击 HOBBY》）杂志 2003 年 7 月号的封面、第 92 页和第 286 页的复印件共 3 页；

附件 6：《电击业余爱好》（《电击 HOBBY》）杂志 2003 年 8 月号的封面、第 56 页至第 59 页和第 302 页的复印件共 6 页。

2007 年 4 月 29 日，专利复审委员会收到了请求人提交的上述附件 2~6 的中文译文。

专利复审委员会经形式审查合格受理了该无效宣告请求，并于 2007 年 6 月 1 日将请求书及相关证据材料副本转送给专利权人，要求其在指定的期限内答复。专利复审委员会逾期未收到专利权人的答复。

2007 年 8 月 9 日，合议组向双方当事人发出口头审理通知书，定于 2007 年 9 月 25 日进行口头审理。

口头审理如期举行，请求人的代理人出席口头审理，对合议组成员无回避请求。专利权人未出席口头审理。专利复审委员会也没有收到其任何书面答复，故视为专利权人对合议组成员无回避请求。口头审理中，请求人就提交的证据进行了意见陈述并坚持原有主张，提交了附件 2 的原件，附件 3~6 的原件以及相关杂志当年期刊的全部原件。

至此，在口头审理的基础上，合议组认为本案事实清楚，可以依法作出审查决定。

## 二、决定的理由

请求人提出的无效宣告请求的理由是：本专利权的授予不符合专利法第 23 条的规定。

专利法第 23 条规定：授予专利权的外观设计，应当同申请日以前在国内外出版物上公开发表过或者国内公开使用过的外观设计不相同和不相近似，并不得与他人在先取得的合法权利相冲突。

请求人提交的附件 3 是日本《敢达模型大全集 2004》杂志相关页的复印件。在口头审理中，请求人提交了附件 3 的原件和《敢达模型大全集 2004》杂志的原件。针对该证据，万代株式会社董事长出具了证言："附加文件确实为下列书籍的真实复印件"，该证言经日本东京法务局公证人川岛贵志郎公证，又经东京法务局、日本外务省、中国驻日本大使馆认证（即附件 2）。针对该证据，专利权人始终未提交任何意见陈述，也未提交相关证据证明其不真实，亦不出席口头审理。合议组认为，请求人提供的附件 3 真实可信，《敢达模型大全集 2004》杂志（下称证据 1）属于专利法意义上的出版物。在证据 1 的第 194 页上注明其发行日是 2004 年 3 月 5 日，在本专利申请日（2004 年 9 月 27 日）之前，在其第 14 页刊载了一款名称为 "GAT-01 强击短剑" 的玩具的图片。故证据 1 可以作为判断本专利是否符合专利法第 23 条的依据。

使用本专利的产品名称是 "玩具（变形金刚强击短剑）"，本专利的整体形状呈拟人形设计，各个组成部分呈机械零部件形态的设计。本专利的头部具有天线设计，双肩呈块状机械部件形态，背后具有棒状物，左手装备盾牌，盾牌上具有 "1" 形的图形，右手持光束步枪。本专利没有要求保护色彩（详见本专利附图）。

从上述 "GAT-01 强击短剑"（下称在先设计）的图片可知，在先设计的整体形状呈拟人形设计，各个组成部分呈机械零部件形态的设计。其双肩呈块状机械部件形态，背后具有棒状物，左手装备盾牌，盾牌上具有 "1" 形的图形，右手持光束步枪（详见在先设计附图）。

将本专利和在先设计进行对比后，可以看到：二者的整体形状相同，除在先设计头部有天线，本专利没有之外，各相应的组成部分也都是相同的。合议组认为，上述相同点已经构成本专利外观设计与在先设计在整体形状上视觉效果的基本相同，其差异对整体视觉效果不构成显著影响，因此，二者属于相近似的外观设计。

综上，请求人提供的证据能够证明在专利申请日之前，已经有相近似的外观设计在公开出版物上发表。因此本专利权的授予不符合专利法第 23 条的规定。

鉴于上述已经得出本专利权的授予不符合专利法第 23 条规定的结论，故本决定对其他证据不再评述。

### 三、决定

依据专利法第 23 条的规定，宣告 200430075927.9 号外观设计专利权无效。

当事人对本决定不服的，可以根据专利法第 46 条第 2 款的规定，在收到本决定之日起三个月内向北京市第一中级人民法院起诉。一方当事人起诉后，另一方当事人将作为第三人参加诉讼。

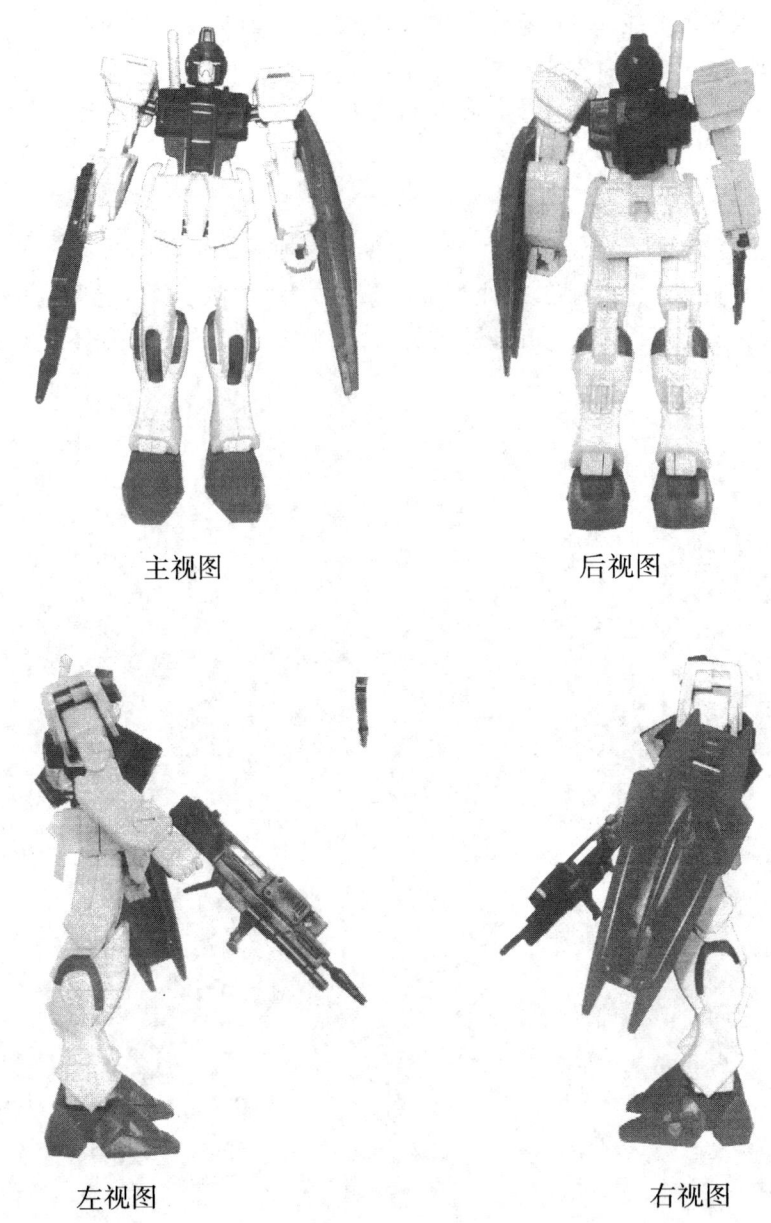

主视图  后视图

左视图  右视图

本专利附图

在先设计附图

# 皮革（07）

## 无效宣告请求审查决定（第 10678 号）

| | |
|---|---|
| 决 定 号 | 第 10678 号 |
| 决 定 日 | 2007 年 10 月 15 日 |
| 发明创造名称 | 皮革（07） |
| 外观设计分类号 | 05-06 |
| 无效宣告请求人 | 古乔古希股份公司 |
| 专 利 权 人 | 陈毓萍 |
| 专 利 号 | 200530055861.1 |
| 申 请 日 | 2005 年 4 月 8 日 |
| 授 权 公 告 日 | 2006 年 1 月 4 日 |
| 合 议 组 组 长 | 徐清平 |
| 主 审 员 | 李玲玲 |
| 参 审 员 | 武 磊 |
| 附 图 | 1 页 |

**法 律 依 据** 专利法第 9 条

**决 定 要 点**

与本专利相比，在先设计申请在先公开在后，二者的申请人不相同，二者的不同点仅在于组成产品图案的字母之间的连接方式有细微差别，在二者单元图案构成、排列布置方式基本相同的情况下，上述差别对于产品外观设计的整体视觉效果不足以产生显著影响，二者属于相近似的外观设计，本专利不符合专利法第 9 条的规定。

### 一、案由

本无效宣告请求涉及国家知识产权局于 2006 年 1 月 4 日授权公告、申请号为 200530055861.1、名称为"皮革（07）"的外观设计专利（下称本专利），其申请日是 2005 年 4 月 8 日，专利权人是陈毓萍。

针对本专利，古乔古希股份公司（下称请求人）于 2007 年 1 月 31 日向国家知识产权局专利复审委员会提出无效宣告请求，其理由为本专利不符合专利法实施细则第 13 条第 1 款的规定。请求人提交了如下附件作为证据：

附件 1：本专利公报复印件 1 页；

附件 2：200530104200.3 号中国外观设计专利公报复印件 1 页，其申请日为 2005 年 3 月 7 日，授权公告日为 2005 年 11 月 2 日，专利权人为浙江嘉善圣莱斯绒业有限公司。

请求人认为，本专利与附件 2 的产品均属于纺织、人造材料片材，用途相同，都可用于服装、箱包等，是相近似类别的产品。本专利为平面设计，外观设计的要素是图案，其题材是用字母组成图案，其单元图案主要是由方块形的大写字母"G"构成，上下左右四方连续构成单纯图案的外观设计。

附件 2 也是平面设计，外观设计的要素是图案，其题材是用字母组成图案，其单元图案主要是由连体的方块形大写字母"G"构成，上下左右四方连续构成单纯图案的外观设计。

从整体观察，二者的设计构思完全相同，图案的排列方式非常相近似，都是连体的方块形字母四方连续构成。二者的不同点仅在于字母之间连接的方式有细微差别。考虑到文字作为图案的装饰作用，对一般消费者而言，上述差别不会对产品整体视觉效果产生显著影响。因此二者属于相近似的外观设计。本专利不符合专利法实施细则第 13 条第 1 款的规定。

经形式审查合格，专利复审委员会依法受理了上述无效宣告请求，于 2007 年 3 月 12 日向双方当事人发出无效宣告请求受理通知书，同时将请求人于 2007 年 1 月 31 日提交的无效宣告请求书及其附件清单中所列附件副本转给专利权人，要求其在指定期限内答复。专利权人在指定期限内未作答复。

专利复审委员会依法成立合议组对本案进行审理，根据审查指南第四部分第七章关于"无效宣告程序中对于同样的发明创造的处理"中第 3.2 节的规定，请求宣告外观设计专利权无效的，如果申请在先的专利权属于他人申请在先公开在后的在先设计的，专利复审委员会可以依据专利法第 9 条的规定进行审查。

本案合议组于 2007 年 7 月 23 日向双方当事人发出无效宣告请求审查通知书，通知书中指出：合议组经核实认为，与本专利相比，附件 2 属于申请在先公开在后的在先设计，二者的申请人不相同，故针对附件 2 应适用专利法第 9 条的规定对本案进行审理。并要求请求人在通知书指定期限内就是否同意将本案无效理由变更为专利法第 9 条的规定作出答复；另外，专利权人未在指定期限对无效宣告请求陈述意见，如果请求人对于本专利相对于附件 2 是否符合专利法第 9 条的规定有新的陈述意见，也应当在通知书指定期限内作出答复。同时要求专利权人在通知书指定期限内就本专利相对于附件 2 是否符合专利法第 9 条的规定陈述意见。并告知双方当事人期满未答复的，均不影响本案的审理。

2007 年 8 月 8 日，请求人提交意见陈述书，请求合议组依法将无效宣告理由变更为本专利相对于附件 2 不符合专利法第 9 条的规定。并再次将本专利与附件 2 所示外观设计进行了详细对比，其坚持认为二者属于相近似的外观设计，因此本专利不符合专利法第 9 条的规定。

专利权人逾期未作答复。

至此，本案合议组认为本案事实已经清楚，现依法作出无效宣告请求审查决定。

**二、决定的理由**

1. 无效宣告请求的理由

请求人明确表示将无效宣告请求的理由变更为专利法第 9 条的规定。基于请求人提出的无效宣告请求的理由，合议组依据专利法第 9 条的规定对本案进行审理。专利法第 9 条规定：两个以上的申请人分别就同样的发明创造申请专利的，专利权授予最先申请的人。

2. 证据的审查

附件 2 是 200530104200.3 号中国外观设计专利公报复印件，其申请日为 2005 年 3 月 7 日，授权公告日为 2005 年 11 月 2 日，专利权人为浙江嘉善圣莱斯绒业有限公司。经合议组核实，对附件 2 的真实性予以认可，且附件 2 的申请日早于本专利申请日，其公开日晚于本专利申请日，二者的申请人不相同，因此附件2能够作为评价本专利是否符合专利法第9条的规定的证据。

3. 本专利是否符合专利法第9条的规定

附件2公开了一种装饰布的外观设计，其与本专利属相同类别的产品的外观设计，可以进行相近似性对比。

本专利为平面产品设计，外观设计的要素是图案，其内容是用字母组成图案，其单元图案主要是由四个直角拐弯的方形大写字母"G"组成，两个字母"G"间有线条间隔，单元图案的排列方式是上下左右四方连续排列（详见本专利附图）。

附件2也是平面产品设计，外观设计的要素是图案，其内容是用字母组成图案，其单元图案主要是由四个直角拐弯的方形大写字母"G"组成，单元图案的排列方式是上下左右四方连续排列（详见附件2附图）。

将本专利与附件2的外观设计图片相对比可以看出，二者的相同之处包括：二者均是平面设计，外观设计的要素都是图案，其内容都是用字母组成图案，其单元图案都是由直角拐弯的方形大写字母"G"组成，单元图案的排列方式是上下左右四方连续排列。

二者的不同点仅在于组成产品图案的字母之间的连接方式有细微差别，即，本专利单元图案中两个字母"G"间有线条间隔，两个字母"G"之间相互分离，而附件2单元图案中字母"G"之间无线条间隔，两个字母"G"的直角头部连成一体，然而，在二者单元图案构成、排列布置方式基本相同的情况下，上述差别对于产品外观设计的整体视觉效果不足以产生显著影响。因此，本专利与附件2属于相近似的外观设计，本专利不符合专利法第9条的规定。

三、决定

宣告200530055861.1号外观设计专利权全部无效。

当事人对本决定不服的，可以根据专利法第46条第2款的规定，自收到本决定之日起三个月内向北京市第一中级人民法院起诉。根据该款规定，一方当事人起诉后，另一方当事人应当作为第三人参加诉讼。

主视图

本专利附图

主视图

附件2附图

# 包装盒（兰花一）

## 无效宣告请求审查决定（第 10679 号）

| | |
|---|---|
| 决　定　号 | 第 10679 号 |
| 决　定　日 | 2007 年 11 月 19 日 |
| 发明创造名称 | 包装盒（兰花一） |
| 外观设计分类号 | 09-03 |
| 无效宣告请求人 | 大兴号贸易有限公司 |
| 专　利　权　人 | 邵素怡 |
| 专　利　号 | 200530066636.8 |
| 申　请　日 | 2005 年 8 月 23 日 |
| 授权公告日 | 2006 年 6 月 14 日 |
| 合议组组长 | 吴赤兵 |
| 主　审　员 | 程华 |
| 参　审　员 | 郑直 |
| 附　　　图 | 1 页 |
| 法律依据 | 专利法第 23 条 |

**决定要点**

通常主视图所对应的面是使用时朝向消费者的面或者最大程度反映产品的整体设计的面，对一般消费者产生的视觉影响也最大。本专利和在先设计都是包装盒，二者在主视图的构图方法、图案设计、色彩的深浅均基本相同的情况，不同点只是属于局部细微的差别，对于产品外观设计的整体视觉效果不具有显著的影响，因此，二者属于相近似的外观设计。

### 一、案由

本无效宣告请求涉及国家知识产权局于 2006 年 6 月 14 日授权公告、申请号为 200530066636.8、名称为"包装盒（兰花一）"的外观设计专利（下称本专利），其申请日是 2005 年 8 月 23 日，专利权人是邵素怡。

针对上述专利权，大兴号贸易有限公司（下称请求人）于 2007 年 1 月 26 日向国家知识产权局专利复审委员会提出无效宣告请求，无效理由为：本外观设计专利不符合专利法第 23 条的规定。请求人提交了如下附件作为证据：

附件 1：《人像摄影》杂志首页及相关页复印件共两页（下称证据 1）；

附件 2：包装盒实物一个（下称证据 2）；

附件3：供方为中山市越港印刷有限公司，需方为兴记号贸易有限公司，合同号03041801，日期为2003年4月18日的订货合同复印件共3页（下称证据3）。

请求人认为：使用证据3可以证明证据1和证据2为同一包装盒，证据1的出版发行时间在本专利申请日之前，本专利与证据1、2所示外观设计相近似，因此，在本专利申请人之前已有与本专利外观设计相近似的同类产品在公开出版物上发表过，请求宣告本专利权全部无效。

经形式审查合格后，专利复审委员会受理了上述无效宣告请求，于2007年6月11日向双方当事人发出了无效宣告请求受理通知书，并将专利权无效宣告请求书及其附件清单中所列附件的副本转送专利权人，要求其在指定期限内答复。

针对上述无效宣告请求，专利权人于2007年7月6日提交了意见陈述书，专利权人认为：证据1是复印件，对其真实性有异议；证据2与证据1没有关联性；从证据3所示"订货合同"看不出与本专利有任何关系，也看不出与证据1及证据2有任何关系，即"订货合同"与证据1及证据2没有任何关联性。此外，本专利与证据1和证据2所示外观设计不相同也不相近似，本专利符合专利法第23条的规定。

专利复审委员会依法成立合议组对本案进行审查。本案合议组于2007年9月5日向双方当事人发出口头审理通知书，定于2008年10月25日对本案进行口头审理。经双方当事人协商并同意，合议组于2007年9月13日发文正式通知双方当事人将原定于2008年10月25日对本案进行的口头审理改期为2007年10月25日进行。

口头审理于2007年10月25日如期举行，请求人委托代理人出席了口头审理，专利权人及其专利代理人出席了口头审理。在口头审理中，双方当事人对合议组成员无回避请求。请求人当庭提交了证据1~3的原件，同时说明证据2、3只是用于补充证明本专利的右侧面和底面，本专利与证据1所示外观设计相近似，不符合专利法第23条的规定。从请求人当庭提交的证据1的原件可知，该期杂志的出版日期是2002年11月7日。专利权人对证据1~3的真实性无异议，但认为证据2的实物与证据1没有关联性，证据3的订货合同和实物之间没有关联性，同时认为本专利与证据1所示外观设计不相同也不相近似。

至此，合议组认为本案事实已经清楚，可以作出如下审查决定。

## 二、决定的理由

1. 法律依据

专利法第23条规定：授予专利权的外观设计，应当同申请日以前在国内外出版物上公开发表过或者国内公开使用过的外观设计不相同和不相近似，并不得与他人在先取得的合法权利相冲突。

2. 证据的认定

请求人提交的证据1是2002年11月（155期）《人像摄影》杂志，在口审当庭请求人提交了证据1的原件，专利权人对其真实性也无异议。证据1的公开日在本专利申请日之前，属于专利法第23条规定的出版物，证据1（下称在先设计）所示外观设计专利与本专利用途相同属于同类产品，在外观设计相近似判断中具有可比性，可以作为在先设计适用于本案。

3. 外观设计近似性对比

本专利授权公报公开了5幅视图，分别为主视图、左视图、右视图、俯视图、仰视图，简要说明中记载后视图无图案，省略后视图。从本专利主视图观察，最上方有一横向色条，其上为被线条划掉的文字设计（COVERFACE），在被线条划掉的文字的正下方有一深色的长方形框，在该深色的长方形框上也被线条划掉的文字设计（naturenjoy），在该深色的长方形框的两侧分别有一深色的窄竖条，主视图的左下方是一个具有三个花瓣的花瓣图案的设计。左视图、右视图相互对称，均为由主视图延续而来的三个色框。俯视图的左上角为被线条划掉的文字设计，中间位置上有一类似于括号状的浅色设计。仰视图左上方设计有一由主视图上的花瓣延续而来的一个花瓣末端的图案设计，中间位置上有被线条划掉的文字设计（详见本专利附图）。

在先设计为包装盒的立体视图，从其上观察可以看出，主视图最上方有一横向色条，其上有一文字设计（COVERFACE），在该文字的正下方有一深色的长方形框，在该深色的长方形框上也有文字设计（naturactor），在该深色的长方形框的两侧分别有一深色的窄竖条，主视图的左下方有一具有多个花瓣的花瓣图案设计；左视图主要是由主视图延续而来的三个色框，在右下角还有由主视图上的花瓣延续而来的一个花瓣末端的图案设计，在左视图上还有整个图面的文字图案设计；俯视图的左上角为一文字设计，中间位置上有一类似于括号状的浅色设计（详见在先设计）。

将本专利与在先设计相比较，二者不同之处在于：（1）从在先设计上看不到右视图、仰视图和后视图；（2）主视图上花瓣图案的花瓣瓣数不同；（3）本专利左视图上无文字图案，在先设计左视图上有整个图面的文字图案设计。

合议组认为：根据审查指南的有关规定，"文字和数字的字音、字义不属于外观设计保护的内容"，因此，包装盒上的文字设计只作为一种图案。对于包装盒这类产品，通常主视图所对应的面是使用时朝向消费者的面或者最大程度反映产品的整体设计的面，对一般消费者产生的视觉影响也最大。本专利和在先设计二者在主视图的构图方法、图案设计、色彩的深浅均基本相同，其他视图的设计风格也基本相同的情况，以一般消费者作为判断主体来观察二者的外观设计，不同点只是属于局部细微的差别，对于产品外观设计的整体视觉效果不具有显著的影响，因此，二者属于相近似的外观设计。

综上所述，本专利在申请日前已有与其相近似的外观设计在国内出版物上公开发表过，因此不符合专利法第 23 条的规定。

鉴于本专利与在先设计相近似，不符合专利法第 23 条的规定，因此，对于请求人提交的其他证据不予评价

### 三、决定

宣告 200530066636.8 号外观设计专利权全部无效。

当事人对本决定不服的，可以根据专利法第 46 条第 2 款的规定，自收到本决定之日起三个月内向北京市第一中级人民法院起诉。根据该款的规定，一方当事人起诉后，另一方当事人应当作为第三人参加诉讼。

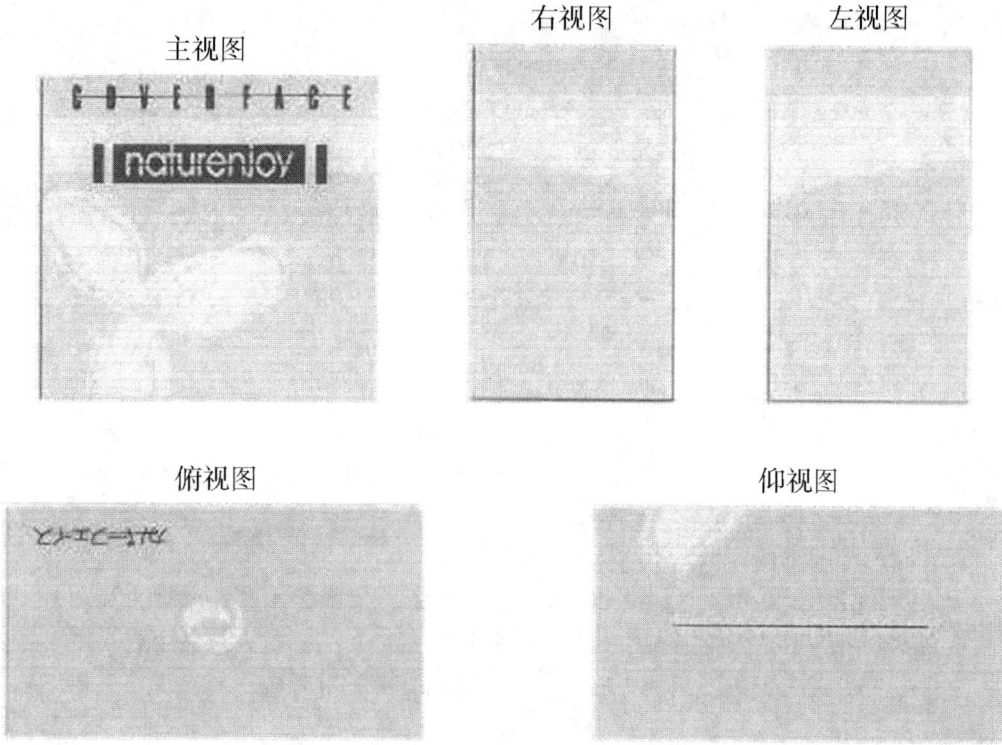

本专利附图

在先设计

# 北京市第一中级人民法院
# 行政判决书

（2008）一中行初字第 377 号

原告邵素怡，女，45 岁，汉族，中山市天然保贸易有限公司总经理，住中华人民共和国广东省中山市东区松苑新村银河阁 10 号 804 房。

委托代理人朱世东，男，北京金言诚信知识产权代理有限公司专利代理人。

委托代理人张娟，女，北京金言诚信知识产权代理有限公司职员。

被告中华人民共和国国家知识产权局专利复审委员会，住所地中华人民共和国北京市海淀区北四环西路 9 号银谷大厦 10~12 层。

法定代表人廖涛，副主任。

委托代理人刘路尧，男，中华人民共和国国家知识产权局专利复审委员会审查员。

委托代理人瞿晓峰，男，中华人民共和国国家知识产权局专利复审委员会审查员。

第三人大兴号贸易有限公司，住所地中华人民共和国香港特别行政区新界沙田火炭华乐工业中心 C 座 12 楼 12~15 室。

原告邵素怡不服被告国家知识产权局专利复审委员会作出的第 10679 号无效宣告请求审查决定（以下简称第 10679 号决定），向本院提起行政诉讼。本院受理后，依法组成合议庭，依照《中华人民共和国专利法》（以下简称《专利法》）第四十六条第二款、《中华人民共和国行政诉讼法》第二十七条的规定，通知利害关系人大兴号贸易有限公司作为本案第三人参加诉讼，并于 2008 年 9 月 8 日公开开庭审理了本案。原告的委托代理人朱世东，被告的委托代理人刘路尧、瞿晓峰到庭参加了诉讼，第三人经本院合法传唤未到庭。本案现已审理终结。

被告针对第三人提出的无效宣告请求，于 2007 年 11 月 19 日作出第 10679 号决定：

本无效宣告请求涉及国家知识产权局于 2006 年 6 月 14 日授权公告、申请号为 200530066636.8、名称为"包装盒（兰花一）"的外观设计专利（以下简称本专利），其申请日是 2005 年 8 月 23 日，专利权人为原告。

针对本专利，第三人于 2007 年 1 月 26 日向被告提出无效宣告请求，理由为：本专利不符合《专利法》第二十三条的规定，同时提交了如下附件作为证据：

附件 1：《人像摄影》杂志首页及相关页复印件共两页（以下简称证据 1）；

附件 2：包装盒实物一个（以下简称证据 2）；

附件 3：供方为中山市越港印刷有限公司，需方为兴记号贸易有限公司，合同号 03041801，日期为 2003 年 4 月 18 日的订货合同复印件共 3 页（以下简称证据 3）。

第三人认为：证据 3 可以证明证据 1 和证据 2 为同一包装盒，证据 1 的出版发行时间在本专利申请日之前，本专利与证据 1、2 所示外观设计相近似，因此，在本专利申请日之前已有与本专利外观设计相近似的同类产品在公开出版物上发表过，请求宣告本专利全部无效。

被告受理了上述无效宣告请求，于 2007 年 6 月 11 日向双方进行转文。原告于 2007 年 7 月 6 日提交了意见陈述书，其认为：证据 1 是复印件，对其真实性有异议；证据 2 与证据 1 没有关联性；从证据 3 所示"订货合同"与证据 1、2 没有任何关联性。此外，本专利与证据 1、2 所示外观设计不相同也不相近似，符合《专利法》第二十三条的规定。

2007年10月25日口头审理如期举行。在口头审理中，第三人当庭提交了证据1-3的原件，同时说明证据2、3只是用于补充证明本专利的右侧面和底面，本专利与证据1所示外观设计相近似，不符合《专利法》第二十三条的规定。证据1的出版日期是2002年11月7日。原告对证据1-3的真实性无异议，但认为证据2的实物与证据1没有关联性，证据3的订货合同和实物之间没有关联性，同时认为本专利与证据1所示外观设计不相同也不相近似。被告认为本案事实已经清楚，据此，作出第10679号决定。理由如下：

1. 证据的认定

第三人提交的证据1是2002年11月（155期）《人像摄影》杂志，在口审当庭第三人提交了证据1的原件，原告对其真实性无异议。证据1的公开日在本专利申请日之前，属于《专利法》第二十三条规定的出版物，证据1所示外观设计（以下简称在先设计）与本专利用途相同属于同类产品，在外观设计相近似判断中具有可比性，可以作为在先设计适用于本案。

2. 外观设计近似性对比

本专利授权公报公开了5幅视图，分别为主视图、左视图、右视图、俯视图、仰视图，简要说明中记载后视图无图案，省略后视图。从本专利主视图观察，最上方有一横向色条，其上为被线条划掉的文字设计（COVERFACE），在被线条划掉的文字的正下方有一深色的长方形框，在该深色的长方形框上也被线条划掉的文字设计（naturenjoy），在该深色的长方形框的两侧分别有一深色的窄竖条，主视图的左下方是一个具有三个花瓣的花瓣图案的设计。左视图、右视图相互对称，均为由主视图延续而来的三个色框。俯视图的左上角为被线条划掉的文字设计，中间位置上有一类似于括号状的浅色设计。仰视图左上方设计有一由主视图上的花瓣延续而来的一个花瓣末端的图案设计，中间位置上有被线条划掉的文字设计。

在先设计为包装盒的立体视图，从其上观察可以看出，主视图最上方有一横向色条，其上有一文字设计（COVERFACE），在该文字的正下方有一深色的长方形框，在该深色的长方形框上也有文字设计（naturactor），在该深色的长方形框的两侧分别有一深色的窄竖条，主视图的左下方有一具有多个花瓣的花瓣图案设计；左视图主要是由主视图延续而来的三个色框，在右下角还有由主视图上的花瓣延续而来的一个花瓣末端的图案设计，在左视图上还有整个图面的文字图案设计；俯视图的左上角为一文字设计，中间位置上有一类似于括号状的浅色设计。

将本专利与在先设计相比较，二者不同之处在于：（1）从在先设计上看不到右视图、仰视图和后视图；（2）主视图上花瓣图案的花瓣瓣数不同；（3）本专利左视图上无文字图案，在先设计左视图上有整个图面的文字图案设计。

被告认为：根据《审查指南》的有关规定，"文字和数字的字音、字义不属于外观设计保护的内容"，因此，包装盒上的文字设计只作为一种图案。对于包装盒这类产品，通常主视图所对应的面是使用时朝向消费者的面或者最大程度反映产品的整体设计的面，对一般消费者产生的视觉影响也最大。本专利和在先设计二者在主视图的构图方法、图案设计、色彩的深浅均基本相同，其他视图的设计风格也基本相同的情况，以一般消费者作为判断主体来观察二者的外观设计，不同点只是属于局部细微的差别，对于产品外观设计的整体视觉效果不具有显著的影响，因此，二者属于相近似的外观设计，因此不符合《专利法》第二十三条的规定。鉴于本专利与在先设计相近似，不符合《专利法》第二十三条的规定，因此，对于第三人提交的其他证据不予评价。据此，被告宣告本专利全部无效。

被告向本院提交了第10679号决定及以下证据：（1）本专利授权公告文本，（2）在先设计。上述证据用以证明第10679号决定认定事实清楚，适用法律正确。

原告诉称：（1）第10679号决定认定事实错误。在先设计没有公开右视图、仰视图、后视图，本专利左视图上无文字，在先设计左视图上有整个图面的文字图案设计，在此情况下，第10679号决定认定"……其他视图的设计风格也基本相同的情况"是错误的。（2）本专利与在先设计主视图不相同亦不相近似。本专利的主视图中的花瓣的大小和形状在主视图中占着主要位置，对整体观察具有显著的影响；其与在先设计的主视图中的花瓣的大小和形状有明显区别。第10679号决定认定二者属于相近似的外观设计属于适用法律错误。综上，原告请求法院判决：（1）撤销第10679号决定；（2）判令被告重新作出具体行政行为；（3）判令被告承担本案的诉讼费用。

原告向本院提交了第10679号决定及以下证据：（1）本专利授权公告文本，证明本专利的基本情况。（2）第10367号无效宣告请求审查决定，证明被告对其他类似图案的审查标准应当同样适用于本案。

被告辩称，坚持第10679号决定认定的事实及理由，原告的诉讼理由不能成立，被告请求法院驳回原告的诉讼请求、维持第10679号决定。

经庭审质证，原告对被告提交的证据的关联性、合法性、真实性无异议，但不同意被告的证明作用。被告认为原告提交的证据1与本案有关联性，可以作为本案证据，证据2与本案无关联性，不能作为本案证据使用。

经庭审质证及合议庭评议，本院认为：原告提交的证据1以及被告提交的证据真实、合法，能够证明被告作出第10679号决定的基本过程以及针对第三人提出的无效宣告请求、理由，原告陈述意见进行审理的。本院对上述证据予以采纳；原告提交的证据2与本案无关联性，本院对上述证据不予采纳。

根据上述有效证据，本院认定如下事实：原告于2005年8月23日向国家知识产权局提出本专利申请，2006年6月14日授权公告。2007年1月26日，第三人向被告提出无效宣告请求，其理由为：本专利不符合《专利法》第二十三条的规定，并提交三份附件作为无效请求的证据。被告受理后，依照法定程序进行转文，并于2007年10月25日进行了口头审理，在口头审理中，第三人提交了三份证据的原件；原告对三份证据的真实性无异议，但认为证据2-3与本案无关联性。被告在充分听取双方当事人的陈述意见后，经审查于同年11月19日作出第10679号决定。

在本院庭审中，原告对被告作出第10679号决定的审查程序无异议；原告对第10679号决定采用的在先设计即对比文件真实性无异议；原告认可证据2-3与本案无关联性；原告认可第10679号决定关于本专利与在先设计存在三点不同之处，但是不同意被告关于本专利与在先设计属于相近似的外观设计的认定结论。

本院认为，对于原告在庭审中不持异议的内容，本院经审查，认同被告相关认定结论，并对被告作出的第10679号决定程序的合法性予以确认。

根据《专利法》第二十三条规定，授予专利权的外观设计，应当同申请日以前在国内外出版物上公开发表过或者国内公开使用过的外观设计不相同和不相近似，并不得与他人在先取得的合法权利相冲突。本专利主视图的左下方是一个具有三个花瓣的花瓣图案的设计，左视图、右视图相互对称，均为由主视图延续而来的三个色框，仰视图左上方设计有一由主视图上的花瓣延续而来的一个花瓣末端的图案设计，同时在简要说明中记载后视图无图案，省略后视图。在先设计主视图的左下方有一具有多个花瓣的花瓣图案设计，左视图主要是由主视图延续而来的三个色框，在右下角还有由主视图上的花瓣延续而来的一个花瓣末端的图案设计，俯视图中间位置上有一类似于括号状的浅色设计。本专利与在先设计均是依据主视图对其他视图进行相应的设计，二者的主视图在构图方法、图案设计、色彩的深浅均基本相同。对于包装盒这类产品，通常主视图所对应的面是朝向消费者的面，亦是最大程度反映产品的整体设计的面，对一般消费者产生的视觉影响较大。虽然本专利花瓣的大小、形状与在先设计的主视图中的花瓣的大小、形状有细微区别,但是,以一般消费者作为判断主体来观察二者的外观设计,不同点只是属于局部细微的差别,对于产品外观设计的整体视觉效果不具有显著的影响。因此,第10679号决定关于本专利与在先设计属于相近似的外观设计,不符合《专利法》第二十三条的规定的认定正确,本院应予支持。原告关于第10679号决定认定事实以及适用法律错误的诉讼主张不能成立,其请求撤销第10679号决定的诉讼请求,因缺乏事实及法律依据,本院不予支持。综上,依照《中华人民共和国行政诉讼法》第五十四条第(一)项之规定,判决如下:

维持被告中华人民共和国国家知识产权局专利复审委员会于二〇〇七年十一月十九作出的第10679号无效宣告请求审查决定。

案件受理费人民币100元,由原告邵素怡负担(已交纳)。

如不服本判决,原告邵素怡、被告中华人民共和国国家知识产权局专利复审委员会可在本判决书送达之日起15日内,第三人大兴号贸易有限公司可在本判决书送达之日起30日内向本院提交上诉状,并按对方当事人人数提出副本,上诉于中华人民共和国北京市高级人民法院。上诉人在接到人民法院预交诉讼费用通知后7日内未预交又不提出缓交申请的,按自动撤回上诉处理。

审 判 长 张 杰
代理审判员 乔 军
代理审判员 何君慧
二〇〇八年九月十六日
书 记 员 张 涵

# 北京市高级人民法院
# 行政判决书

(2009)高行终字第294号

上诉人(一审原告)邵素怡,女,45岁,汉族,中山市天然保贸易有限公司总经理,住中华人民共和国广东省中山市东区松苑新村银河阁10号804房。

委托代理人朱世东,男,北京金言诚信知识产权代理有限公司专利代理人。

委托代理人张娟,女,北京金言诚信知识产权代理有限公司职员。

被上诉人(一审被告)中华人民共和国国家知识产权局专利复审委员会,住所地中华人民共和国北京市海淀区北四环西路9号银谷大厦10~12层。

法定代表人廖涛,副主任。

委托代理人刘路尧,男,中华人民共和国国家知识产权局专利复审委员会审查员。

委托代理人瞿晓峰,男,中华人民共和国国家知识产权局专利复审委员会审查员。

被上诉人(一审第三人)大兴号贸易有限公司,住所地中华人民共和国香港特别行政区新界沙田火炭华乐工业中心C座12楼12~15室。

上诉人邵素怡因专利无效审查决定一案,不服中华人民共和国北京市第一中级人民法院(2008)一中行初字第377号行政判决,向本院提起上诉。本院依法组成合议庭进行了审理,本案现已审理终结。

2007年11月19日,中华人民共和国国家知识产权局专利复审委员会(以下简称专利复审委)

针对大兴号贸易有限公司（以下简称大兴号公司）提出的无效宣告请求，作出第10679号无效宣告请求审查决定（以下简称第10679号决定），宣告专利号为200530066636.8、名称为"包装盒（兰花一）"的外观设计专利权（以下简称本专利）全部无效。邵素怡不服专利复审委作出的第10679号决定，向中华人民共和国北京市第一中级人民法院（以下简称一审法院）提起行政诉讼。

  一审法院判决认定，本专利与在先设计均是依据主视图对其他视图进行相应的设计，二者的主视图在构图方法、图案设计、色彩的深浅均基本相同。对于包装盒这类产品，通常主视图所对应的面是朝向消费者的面，亦是最大程度反映产品的整体设计的面，对一般消费者产生的视觉影响较大。虽然本专利花瓣的大小、形状与在先设计的主视图中的花瓣的大小、形状有细微区别，但是，以一般消费者作为判断主体来观察二者的外观设计，不同点只是属于局部细微的差别，对于产品外观设计的整体视觉效果不具有显著的影响。因此，专利复审委作出的第10679号决定关于本专利与在先设计属于相近似的外观设计，本专利不符合《中华人民共和国专利法》（以下简称《专利法》）第二十三条规定的认定正确。综上，依照《中华人民共和国行政诉讼法》第五十四条第（一）项的规定，判决予以维持。

  邵素怡不服一审判决，提出上诉。诉称，（1）第10679号决定认定事实错误。在先设计没有公开右视图、仰视图、后视图，本专利左视图上无文字，在先设计左视图上有整个图面的文字图案设计，在此情况下，第10679号决定认定"……其他视图的设计风格也基本相同的情况"是错误的。（2）本专利与在先设计主视图不相同亦不相近似。本专利的主视图中的花瓣的大小和形状在主视图中占着主要位置，对整体观察具有显著的影响，其与在先设计的主视图中的花瓣的大小和形状有明显区别。第10679号决定认定二者属于相近似的外观设计属于适用法律错误。综上，一审法院判决认定事实不清，适用法律错误，请求二审法院撤销一审判决，同时撤销专利复审委作出的第10679号决定。

  被上诉人专利复审委仍持第10679号决定意见，并认为一审法院判决认定事实清楚，适用法律正确，请求二审法院驳回上诉，维持一审判决。

  被上诉人大兴号公司没有陈述意见。

  本案一审审理期间，专利复审委在法定期限内向一审法院提交了以下主要证据：（1）本专利授权公告文本；（2）《人像摄影》杂志首页及相关页复印件共两页（即在先设计）。

  邵素怡向一审法院提交了以下主要证据：（1）本专利授权公告文本；（2）第10367号无效宣告请求审查决定。

  被上诉人大兴号公司未向一审法院提交证据。

  一审法院经审查认为，邵素怡提交的证据1以及专利复审委提交的证据真实、合法，能够证明专利复审委作出的第10679号决定的基本过程，以及针对大兴号公司提出的无效宣告请求、理由，邵素怡陈述意见进行审理的。对上述证据予以采纳。邵素怡提交的证据2与本案没有关联性，不予采纳。

  上述证据均已随案移送本院。二审期间，各方当事人没有提交新的证据。经审查核实，本院确认一审法院认证意见正确，并据此认定本案如下事实：

  2005年8月23日，邵素怡向中华人民共和国国家知识产权局提出了本专利申请，2006年6月14日，本专利被授权公告。2007年1月26日，大兴号公司向专利复审委提出无效宣告请求，理由为本专利不符合《专利法》第二十三条的规定，同时提交了如下附件作为证据：附件1，《人像摄影》杂志首页及相关页复印件共两页（即证据1）；附件2，包装盒实物一个（即证据2）；附件3，供方为中山市越港印刷有限公司，需方为兴记号贸易有限公司，合同号03041801，日期为2003年4月18日的订货合同复印件共3页（即证据3）。专利复审委受理后，依照法定程序进行转文，并于2007年10

月 25 日进行了口头审理，在口头审理中，大兴号公司提交了三份证据的原件，邵素怡对三份证据的真实性无异议，但认为证据 2~3 与本案无关联性。

专利复审委在充分听取双方当事人的陈述意见后，于 2007 年 11 月 19 日作出第 10679 号决定，宣告本专利权全部无效。主要理由是：

1. 证据的认定

大兴号公司提交的证据 1 是 2002 年 11 月（155 期）《人像摄影》杂志，在口审当庭大兴号公司提交了证据 1 的原件，邵素怡对其真实性无异议。证据 1 的公开日在本专利申请日之前，属于《专利法》第二十三条规定的出版物，证据 1 所示外观设计（即在先设计）与本专利用途相同属于同类产品，在外观设计相近似判断中具有可比性，可以作为在先设计适用于本案。

2. 外观设计近似性对比

本专利授权公报公开了 5 幅视图，分别为主视图、左视图、右视图、俯视图、仰视图，简要说明中记载后视图无图案，省略后视图。从本专利主视图观察，最上方有一横向色条，其上为被线条划掉的文字设计（COVERFACE），在被线条划掉的文字的正下方有一深色的长方形框，在该深色的长方形框上也被线条划掉的文字设计（naturenjoy），在该深色的长方形框的两侧分别有一深色的窄竖条，主视图的左下方是一个具有三个花瓣的花瓣图案的设计。左视图、右视图相互对称，均为由主视图延续而来的三个色框。俯视图的左上角为被线条划掉的文字设计，中间位置上有一类似于括号状的浅色设计。仰视图左上方设计有一由主视图上的花瓣延续而来的一个花瓣末端的图案设计，中间位置上有被线条划掉的文字设计。

在先设计为包装盒的立体视图，从其上观察可以看出，主视图最上方有一横向色条，其上有一文字设计（COVERFACE），在该文字的正下方有一深色的长方形框，在该深色的长方形框上也有文字设计（naturactor），在该深色的长方形框的两侧分别有一深色的窄竖条，主视图的左下方有一具有多个花瓣的花瓣图案设计；左视图主要是由主视图延续而来的三个色框，在右下角还有由主视图上的花瓣延续而来的一个花瓣末端的图案设计，在左视图上还有整个图面的文字图案设计；俯视图的左上角为一文字设计，中间位置上有一类似于括号状的浅色设计。

将本专利与在先设计相比较，二者不同之处在于：（1）从在先设计上看不到右视图、仰视图和后视图；（2）主视图上花瓣图案的花瓣瓣数不同；（3）本专利左视图上无文字图案，在先设计左视图上有整个图面的文字图案设计。

根据《审查指南》的有关规定，"文字和数字的字音、字义不属于外观设计保护的内容"，因此，包装盒上的文字设计只作为一种图案。对于包装盒这类产品，通常主视图所对应的面是使用时朝向消费者的面或者最大程度反映产品的整体设计的面，对一般消费者产生的视觉影响也最大。本专利和在先设计二者在主视图的构图方法、图案设计、色彩的深浅均基本相同，其他视图的设计风格也基本相同的情况，以一般消费者作为判断主体来观察二者的外观设计，不同点只是属于局部细微的差别，对于产品外观设计的整体视觉效果不具有显著的影响，因此，二者属于相近似的外观设计。鉴于本专利与在先设计相近似，不符合《专利法》第二十三条的规定，因此，对于大兴号公司提交的其他证据不予评价。

邵素怡不服上述决定，向一审法院提起行政诉讼。

本院认为，《专利法》第二十三条规定，授予专利权的外观设计，应当同申请日以前在国内外出版物上公开发表过或者国内公开使用过的外观设计不相同和不相近似，并不得与他人在先取得的合法权利相冲突。本专利主视图的左下方是一个具有三个花瓣的花瓣图案的设计，左视图、右视图相互对称，均为由主视图延续而来的三个色框，仰视图左上方设计有一由主视图上的花瓣延续而来的一个花瓣末端的图案设计，同时在简要说明中记载后视图无图案，省略后视图。在先设计主视图的左下方有一具有多个花瓣的花瓣图案设计，左视图主要是由主视图延续而来的三个色框，在右下角还有由主视图上的花瓣延续而来的一个花瓣末端的图案设计，俯视图中间位置上有一类似于括号状的浅色设计。本专利与在先设计均是依据主视图对其他视图进行相应的设计，二者的主视图在构图方法、图案设计、色彩的深浅均基本相同。对于包装盒这类产品，通常主视图所对应的面是朝向消费者的面，亦是最大程度反映产品整体设计的面，对一般消费者产生的视觉影响较大。虽然本专利花瓣的大小、形状与在先设计的主视图中的花瓣的大小、形状有细微区别，但是，以一般消费者作为判断主体来观察二者的外观设计，不同点只是属于局部细微的差别，对于产品外观设计的整体视觉效果不具有显著的影响。因此，专利复审委作出的第10679号决定关于本专利与在先设计属于相近似的外观设计，从而不符合《专利法》第二十三条规定的认定正确，本院应予支持。上诉人邵素怡关于第10679号决定认定事实及适用法律错误的诉讼主张，缺乏事实及法律依据，本院不予支持。

综上，专利复审委作出的第10679号决定，宣告专利号为200530066636.8、名称为"包装盒（兰花一）"的外观设计专利权全部无效合法，一审法院判决维持正确。依据《中华人民共和国行政诉讼法》第六十一条第（一）项的规定，判决如下：

驳回上诉，维持一审判决。

二审案件受理费人民币100元，由上诉人邵素怡负担（已交纳）。

本判决为终审判决。

审　判　长　朱世宽
代理审判员　赵宇晖
代理审判员　胡华峰
二〇〇九年六月十六日
书　记　员　张　怡

# 秋梨膏瓶

## 无效宣告请求审查决定（第 10682 号）

| | |
|---|---|
| 决 定 号 | 第 10682 号 |
| 决 定 日 | 2007 年 11 月 30 日 |
| 发明创造名称 | 秋梨膏瓶 |
| 外观设计分类 | 09-01 |
| 无效宣告请求人 | 马佰刚 |
| 专 利 权 人 | 张学敏 |
| 申 请 号 | 200530118202.8 |
| 申 请 日 | 2005 年 8 月 10 日 |
| 授权公告日 | 2006 年 5 月 31 日 |
| 合议组组长 | 张雪飞 |
| 主 审 员 | 吴大章 |
| 参 审 员 | 周 佳 |
| 附 图 | 1 页 |

**法 律 依 据** 专利法第 23 条

**决 定 要 点**

（1）由全国性官方组织在举办全国性活动期间散发的，标明刊名、主办单位、组委会名单和举办时间等信息，并含有大量活动信息和广告宣传内容的印刷品，在无相反证据足以推翻的情况下，应认定其真实性和公开性。

（2）在先设计与本专利属于相近似的外观设计，故本专利权的授予不符合专利法第 23 条的规定。

## 一、案由

本无效宣告请求涉及的是国家知识产权局于 2006 年 5 月 31 日授权公告的、名称为"秋梨膏瓶"的外观设计专利，其申请号是 200530118202.8，申请日是 2005 年 8 月 10 日，专利权人是张学敏。

针对上述专利权（下称本专利），马佰刚（下称请求人）于 2007 年 5 月 11 日向专利复审委员会提出无效宣告请求，其理由是本专利权的授予不符合专利法第 23 条的规定，其主张的事实是在本专利申请日之前已有相同的外观设计公开使用过和在出版物上公开发表过。请求人提交了如下证据：

附件 1：玻璃瓶罐买卖合同、协议标准签署意见表和 750 毫升信远斋饮料瓶图纸的复印件共 3 页；

附件 2：No00598083 北京市增值税发票的复印件 1 页；

附件3：No01372400 北京市增值税发票和 No01368577 北京市增值税发票的复印件1页；

附件4：《科学与和平-国际科学与和平周在中国》宣传册的封面及相关页的复印件共9页。

专利复审委员会经形式审查合格受理了该无效宣告请求，并于2007年7月2日将请求书及相关证据材料副本转送给专利权人，要求其在指定的期限内答复。

2007年9月3日，专利复审委员会收到刘朝生针对无效宣告请求书的答复。

2007年10月18日，合议组向双方当事人发出口头审理通知书，定于2007年11月28日进行口头审理。

口头审理如期举行，请求人的代理人出席口头审理，其对合议组成员无回避请求。专利权人未出席口头审理。专利复审委员会也没有收到其针对口头审理通知书的任何书面答复，故视为专利权人对合议组成员无回避请求。口头审理中，请求人重申了无效宣告请求书提出的两个事实主张：（1）在本专利申请日之前，北京信远斋公司与北京玻璃六厂签订了秋梨膏瓶的加工采购合同，北京玻璃六厂生产了北京信远斋公司的秋梨膏瓶，用上述包装瓶包装的秋梨膏在本专利的申请日之前已经销售。（2）国际科学与和平周活动每年11月举办，2000年11月在该活动期间散发的宣传册上刊载了北京信远斋公司的秋梨膏瓶的图片。请求人当庭提交了附件1~4的原件，并且补充提交了编号为0033105的入库单的原件。

至此，在上述审理的基础上，合议组认为本案事实清楚，可以依法作出审查决定。

**二、决定的理由**

请求人提出的无效宣告请求的理由是：本专利权的授予不符合专利法第23条的规定。

专利法第23条规定：授予专利权的外观设计，应当同申请日以前在国内外出版物上公开发表过或者国内公开使用过的外观设计不相同和不相近似，并不得与他人在先取得的合法权利相冲突。

请求人提交的附件4是《科学与和平-国际科学与和平周在中国》宣传册的复印件。在口头审理中，请求人提交了附件4的原件。专利复审委员会曾经收到刘朝生针对该证据的质证意见。但刘朝生并非本专利的专利权人，其提交的上述辩论意见不属于有效文件。专利权人始终未提交任何意见陈述，也未提交相关反证证明附件4的不真实，亦不出席口头审理。合议组认为，请求人提供的附件4原件上标明了刊名、主办单位、组委会名单和举办时间等信息，并含有大量活动信息及广告宣传内容，在无相反证据足以推翻的情况下，应该认定其真实性和公开性，能够确认其为第12届国际科学与和平周散发的会刊。根据其前言的发表日期和届数，合议组认定12届国际科学与和平周的举办时间即为该会刊的公开散发时间。附件4《科学与和平-国际科学与和平周在中国》宣传册属于专利法意义上的出版物，其公开日在本专利申请日（2005年8月10日）之前，故附件4可以作为判断本专利是否符合专利法第23条规定的依据。在其第44页和封三上刊载了北京信远斋公司产品的图片，该图片中有4个瓶装饮料产品，从左至右分别为"杨梅露"、"秋梨膏"、"乌梅汁"和鲜桔汁，其中的"秋梨膏"产品的包装瓶与本专利的用途相同，属于相同类别的产品，具有可比性。

从本专利的视图可知，本专利整体形状呈旋转体设计，可分为瓶口部分、瓶体上部、瓶体腰部和瓶体下部4个组成部分，瓶口部分为圆柱体形状，瓶口顶端的直径大于瓶口的下部；在其下面有一圈凸起的棱线；瓶体上部呈圆台形状，在其上面均布圆弧面的凸棱，所述凸棱自圆台的上端延伸至圆台的下端；瓶体腰部的直径小于上述圆台下端的直径和瓶体下部的直径；瓶体下部呈圆柱体形状（详见本专利附图）。

从上述附件4的图片所示的"秋梨膏"产品的包装瓶（下称在先设计）可知，在先设计整体形状呈旋转体设计，可分为瓶口部分、瓶体上部、瓶体腰部和瓶体下部4个组成部分，瓶口部分为圆柱体形状，瓶口顶端的直径大于瓶口的下部；在其下面有凸起的棱线；瓶体上部呈圆台形状，在其上面均布凸棱，所述凸棱自圆台的上端延伸至圆台的下端；瓶口部分和瓶体上部之间有曲面凸起的过渡区域；瓶体腰部的直径小于上述圆台下端的直径和瓶体下部的直径；瓶体下部呈圆柱体形状（详见在先设计附图）。

将本专利和在先设计进行对比后，可以看到：二者的整体形状基本相同，各相应的组成部分也都是相同的。主要不同之处在于：在先设计的瓶口部分和瓶体上部之间有曲面凸起的过渡区域，本专利没有；在先设计没有仰视图，未能准确披露瓶体底面的设计，但是合议组认为，包装瓶瓶体底面为视觉不易见的部位，对整体视觉效果不具有显著影响，上述相同点已经构成本专利外观设计与在先设计在整体形状上视觉效果的基本相同，而二者的差异对整体视觉效果不构成显著影响，因此，二者属于相近似的外观设计。

综上，请求人提供的证据能够证明在本专利申请日之前，已经有与其相近似的外观设计在出版物上公开发表。因此本专利权的授予不符合专利法第 23 条的规定。

鉴于上述已经得出本专利权的授予不符合专利法第 23 条规定的结论，故本决定对其他证据不再评述。

### 三、决定

宣告 200530118202.8 号外观设计专利权全部无效。

当事人对本决定不服的，可以根据专利法第 46 条第 2 款的规定，在收到本决定之日起三个月内向北京市第一中级人民法院起诉。一方当事人起诉后，另一方当事人将作为第三人参加诉讼。

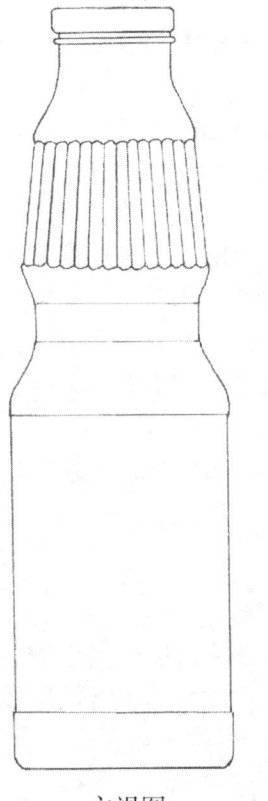
主视图

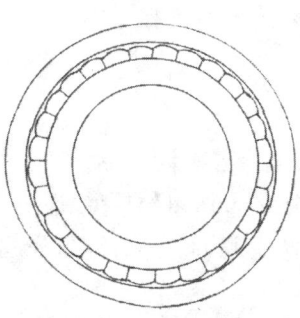
俯视图

本专利附图

在先设计附图

# 条播式施肥播种机

## 无效宣告请求审查决定（第 10683 号）

| | |
|---|---|
| 决 定 号 | 第 10683 号 |
| 决 定 日 | 2007 年 11 月 30 日 |
| 发明创造名称 | 条播式施肥播种机 |
| 外观设计分类号 | 15-03 |
| 无效宣告请求人 | 浙江华泰园艺工具有限公司 |
| 专 利 权 人 | 陶振华 |
| 专 利 号 | 03365064.0 |
| 申 请 日 | 2003 年 9 月 28 日 |
| 授权公告日 | 2004 年 5 月 19 日 |
| 合议组组长 | 徐清平 |
| 主 审 员 | 周 佳 |
| 参 审 员 | 李巍巍 |
| 附 图 | 2 页 |
| 法 律 依 据 | 专利法第 23 条 |

**决定要点**

本专利与在先设计 1 和在先设计 2 的贮料箱体前壁采用了截然不同的弧面与支撑架设计，对整体视觉效果产生了显著影响，因此，均不相同也不相近似。

### 一、案由

本无效宣告请求涉及的是 2004 年 5 月 19 日国家知识产权局授权公告的 03365064.0 号外观设计专利，其使用该外观设计的产品名称为"条播式施肥播种机"，申请日为 2003 年 9 月 28 日，专利权人为陶振华。

针对上述外观设计专利（下称本专利），2007 年 2 月 8 日浙江华泰园艺工具有限公司（下称请求人）向专利复审委员会提出无效宣告请求，其理由是本专利不符合专利法第 23 条的规定。请求人认为中国 01353022.4 号外观设计专利、01254895.2 号实用新型专利和美国 5607079 号专利的公告日均早于本专利，且均与本专利相近似，请求人提交了如下 4 个附件作为证据：

附件 1：本专利外观设计公报复印件；

附件 2：01353022.4 号外观设计专利公报复印件 1 页；

附件 3：01254895.2 号实用新型专利说明书复印件，共 6 页；

附件4：美国5607709号专利说明书复印件，共10页。

经形式审查合格后，专利复审委员会受理了上述无效宣告请求，于2007年2月8日向双方当事人发出无效宣告请求受理通知书，并将无效宣告请求书及其附件的副本转送给专利权人，要求其在指定期限内答复。

2007年5月8日专利权人提交意见陈述书，认为附件2所示外观设计的贮料箱体、支撑架、滚轮等部位均与本专利存在差别，对一般消费者而言，二者表现出来的形状既不相同也不相近似；附件3所示为实用新型专利，其说明书附图中的各视图均没有将产品的外形表达清楚，故不能与本专利进行比较；附件4为外文证据，但请求人没有提交中文译文，根据审查指南的相关规定不能作为证据使用。专利权人同时提交了请求人提交的上述附件1~4。

针对上述无效宣告请求，专利复审委员会依法成立合议组，对本案进行审理。2007年6月1日向双方当事人发出合议组成员告知通知书，并向请求人发出转送文件通知书，将2007年5月8日专利权人提交的意见陈述书及附件副本转送给请求人，要求其在指定期限内答复。

请求人逾期未作答复。

2007年9月12日专利复审委员会向双方当事人发出口头审理通知书，定于2007年10月22日对本案进行口头审理。

口头审理如期举行，专利权人和请求人均委托代理人出席了口头审理。口头审理中，双方均对对方出庭人员的资格和身份无异议；对合议组成员没有回避请求。请求人当庭放弃了附件4作为证据。双方就附件2、附件3所示外观设计与本专利的相同和相近似性比较进行了陈述。请求人认为附件3中的一个立体图已经反映了产品的外观，且附件2和附件3为同一申请人申请，其上所示产品非常相近似，作为播种机，其最主要的部分为箱体和轮子，本专利与附件2所示外观设计均采用一个料斗带有两个车轮和一个拉杆的设计，其整体的形状是相近似的，二者料斗弧度的不同仅为局部细微差别，轮子所采用的都是常规设计，而拉杆是可以伸缩的，其长短对整体外观没有实质影响，故从整体上观察两者为相近似的外观设计。专利权人仍坚持其在意见陈述书中的观点，认为本专利与附件2和附件3所示外观设计均不相近似。鉴于双方均有和解愿望，合议组给予双方当事人10天和解期限，在指定的和解期限内双方未向合议组递交书面和解材料。

在双方当事人意见陈述及口头审理的基础上，合议组经合议，认为本案事实清楚，依法作出本审查决定。

## 二、决定的理由

1. 法律依据

基于请求人提出的无效宣告请求理由，合议组依据专利法第23条对本案进行审理。

专利法第23条规定：授予专利权的外观设计，应当同申请日以前在国内外出版物上公开发表过或者国内公开使用过的外观设计不相同和不相近似，并不得与他人在先取得的合法权利相冲突。

2. 证据和事实的认定

请求人提交的附件2为01353022.4号外观设计专利公报复印件，其所示专利的申请日为2001年11月22日，授权公告日为2002年6月5日，授权公告号为CN3240208D，使用外观设计的产品名称为"手推式播种机"；附件3为01254895.2号实用新型专利说明书公报复印件，其所示专利的申请日为2001年11月22日，授权公告日为2002年10月2日，授权公告号为CN2513330Y，实用新型名称为"手推式播种机"。经合议组核实，附件2和附件3所示内容属实，其授权公告日均在本专利申请日之前，确系于本专利申请日前公开发表，均属于专利法第23条所规定的出版物，附件2和附件3可以作为判断本专利是否符合专利法第23条规定的证据。

请求人已放弃附件4作为证据,故对附件4不再作评述。

3. 相同和相近似性比较

本专利的产品名称为条播式施肥播种机,附件2与附件3所示为手推式播种机,本专利与附件2、附件3所涉及的均为播种机产品,其用途相同,可以进行相同和相近似性对比。

本专利包括主视图、后视图、左视图、右视图、俯视图、仰视图和立体图。所示外观设计由贮料箱体、推把、支撑架和车轮组成。贮料箱体为近似长方形斗状,前壁为中部向外突出的弧面,前壁中部下方设有一支撑架,后壁上方连接一圆杆型推把,箱体两侧连接有直径基本与箱体等宽的车轮,一侧车轮上方设有调节手柄(详见本专利附图)。

附件2所示的专利(下称在先设计1)包括主视图、后视图、左视图、右视图、俯视图、仰视图和立体图。所示外观设计由贮料箱体、推把、支脚和车轮组成。贮料箱体为长方形斗状,前壁端向下延伸有两个垂直支脚,后壁上方连接一圆杆型推把,箱体两侧连接有直径与箱体基本等宽的车轮(详见在先设计1附图)。

附件3所示专利(下称在先设计2)包括图1和图2,视图所示产品由贮料箱体、推把、支脚和车轮组成。贮料箱体为长方形斗状,前壁端向下延伸形成两个垂直支脚,后壁上方连接一圆杆型推把,箱体两侧连接有直径与箱体基本等宽的车轮(详见在先设计2附图)。

将本专利与在先设计1进行比较,其相同之处在于:整体结构基本相同,均由贮料箱体、推把、车轮和支撑装置组成;各部件的结构位置基本相同,以贮料箱体为主体,推把、车轮、支撑装置均设在其相应位置;推把、车轮与贮料箱体的整体比例较相同。两者的不同之处主要在于:(1)贮料箱体的形状不相同,本专利的贮料箱体前壁为向外突出的弧面,且前壁面中部有内凹面,而在先设计1的贮料箱体的壁面不带有弧度,且前壁面左右两端向下延伸形成两个支脚;(2)支撑装置的形状、大小不相同,本专利的支撑架为两个U型条杆连接构成,两个条杆的U型底部相连构成支撑部位,而在先设计1的支脚与贮料箱体为一体式;(3)车轮的轮毂和胎面花纹不相同;(4)本专利一侧车轮上方设有调节手柄,而在先设计1无此结构。合议组认为,尽管本专利与在先设计1的整体结构大致相同,但播种机的贮料箱体为产品的主体部分,本专利的箱体前壁采用了弧面设计和内嵌式支撑架的组合,与在先设计1采用的箱体、支脚一体式设计产生了截然不同的视觉效果,产品的前端为视觉瞩目面,两者的这一差别会对整体视觉效果产生显著影响。此外,本专利和在先设计1还在车轮、调节手柄等方面存在差别,因此,从整体上观察,二者会给一般消费者留下明显不同的视觉印象,属于不相同也不相近似的外观设计。

在先设计2和在先设计1的申请人相同,两者的形状基本相同,请求人在口头审理中也认为两者为非常相近似的产品,仅在局部细微的螺丝钉部分略有不同。合议组对本专利与在先设计2的相同和相近似性比较认定与在先设计1相同,不再赘述。本专利与在先设计2的整体视觉效果存在显著差别,属于不相同也不相近似的外观设计。

综上所述,请求人提交的上述证据均不足以证明在本专利申请日前已有与其相同或相近似的外观设计公开发表的事实,请求人提出的本专利不符合专利法第23条规定的理由不能成立。

三、决定

维持03365064.0号外观设计专利权有效。

当事人对本决定不服的,可以根据专利法第46条第2款的规定,自收到本决定之日起三个月内向北京市第一中级人民法院起诉。根据该款的规定,一方当事人起诉后,另一方当事人应当作为第三人参加诉讼。

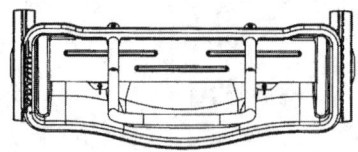

俯视图

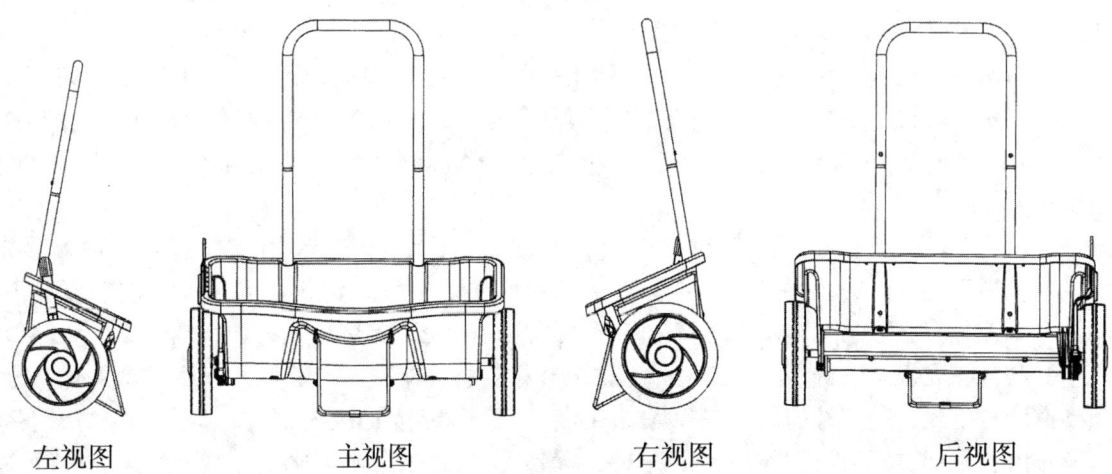

左视图　　　主视图　　　右视图　　　后视图

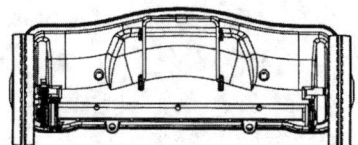

仰视图

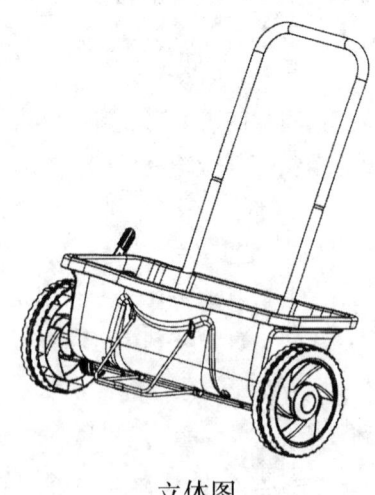

立体图

本专利附图

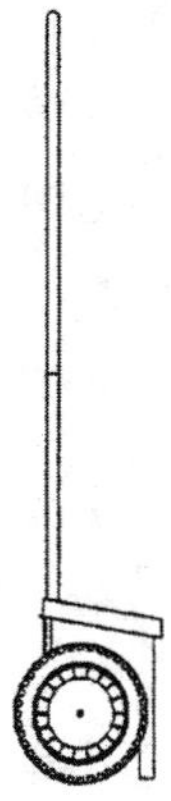

左视图 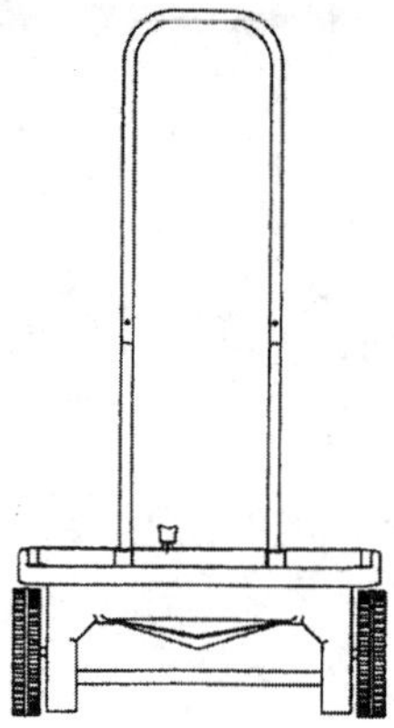　　主视图 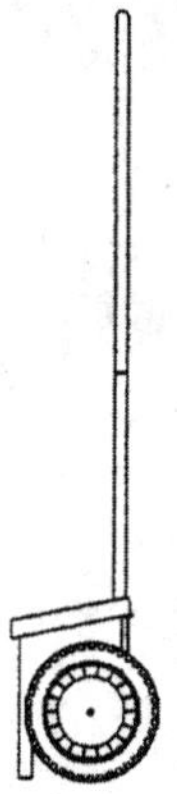　　右视图 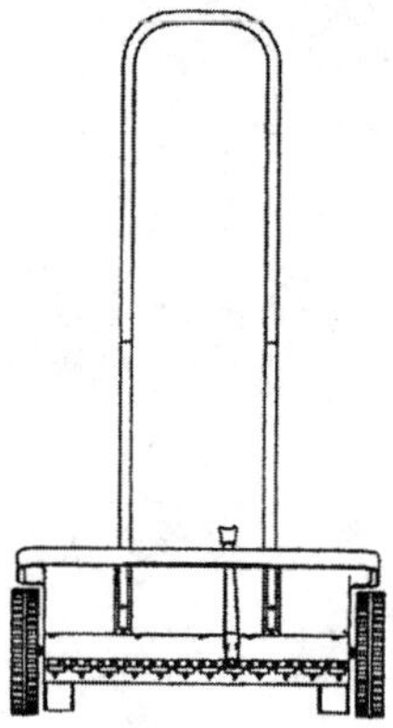　　后视图

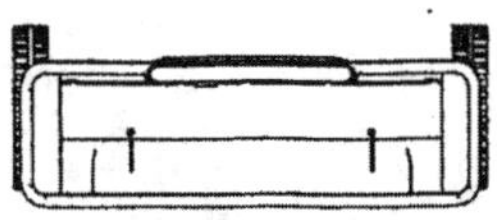

俯视图 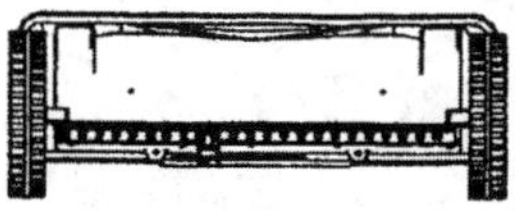　　仰视图 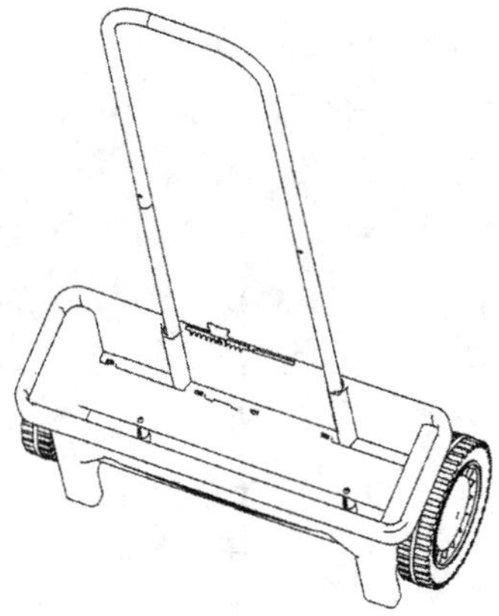　　立体图

在先设计1附图

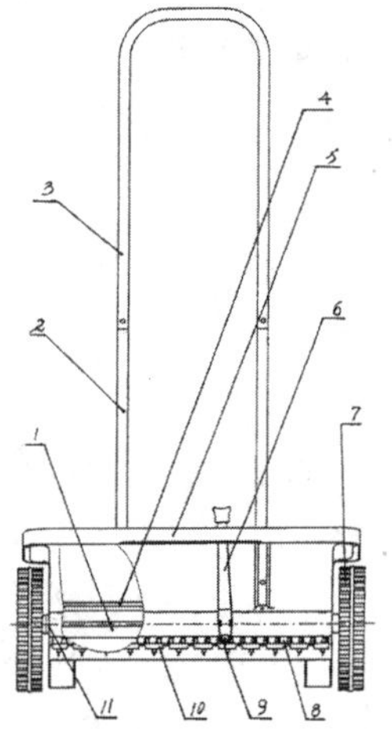

图1 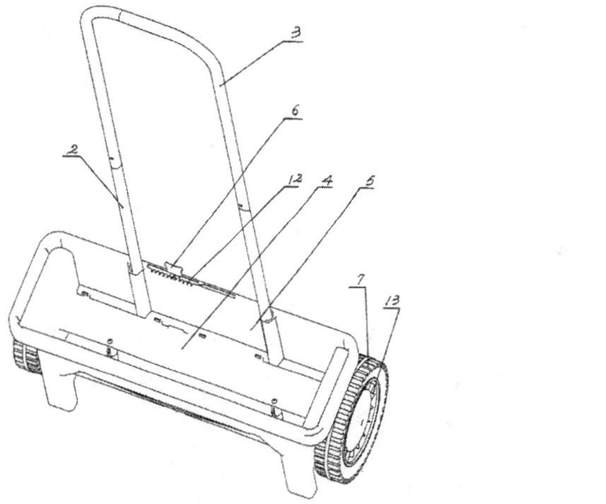　　图2

在先设计2附图

# 标贴（朗格果肉橙）

## 无效宣告请求审查决定（第10688号）

| | |
|---|---|
| 决 定 号 | 第10688号 |
| 决 定 日 | 2007年11月30日 |
| 发明创造名称 | 标贴（朗格果肉橙） |
| 外观设计分类号 | 19-08 |
| 无效宣告请求人 | 杨淑辉 |
| 专 利 权 人 | 陈树鸣 |
| 专 利 号 | 200530133465.6 |
| 申 请 日 | 2005年11月11日 |
| 授权公告日 | 2006年11月15日 |
| 合议组组长 | 吴大章 |
| 主 审 员 | 李巍巍 |
| 参 审 员 | 周佳 |
| 附 图 | 1页 |
| 法 律 依 据 | 专利法第23条 |

**决定要点**

将本专利与在先设计相比较，二者在标贴的整体形状，各图案的内容版式即半环形与文字结合的图案、"VC"图案、三个切面橙子的设计、表现方式均趋于相近似的情况下，二者的不同点对整体视觉效果不具有显著性的影响，二者应属于相近似的外观设计。因此，本专利不符合专利法第23条的规定。

## 一、案由

本无效宣告请求涉及2006年11月15日国家知识产权局授权公告的200530133465.6号外观设计专利，其产品名称是"标贴（朗格果肉橙）"，申请日是2005年11月11日，专利权人是陈树鸣。

针对上述外观设计专利权（下称本专利），杨淑辉（下称请求人）于2007年3月29日向专利复审委员会提出无效宣告请求，请求人认为，在本专利申请日之前在出版物上已经公开了与本专利相同的外观设计，因此，本专利不符合专利法第23条的规定。请求人为支持其无效宣告请求的理由提交了如下附件作为证据：

附件1是200430078236.4号外观设计专利公报复印件1页；

附件2是本专利外观设计专利公报复印件1页。

请求人认为：本专利与附件1相比较，本专利仅进行了部分文字的替换，即"统一鲜橙多改为果肉橙"，属于明显的抄袭行为。应当宣告本专利无效。

专利复审委员会根据无效宣告请求审查程序的规定于2007年6月5日受理了该无效宣告请求，并将无效宣告请求书和证据的副本转送给专利权人，限其在指定的期限内答复。并告知专利权人如逾期不答复，不影响专利复审委员会的审理。

针对请求人提出的无效宣告请求理由和提交的证据，专利权人至今未作出任何答复。

专利复审委员会于2007年10月12日向双方当事人发出《合议组成员告知通知书》，指出如对本案合议组人员有回避请求的，应于收到本通知之日起7天内提交书面请求书，逾期未答复，视为无回避请求。

在规定的期限内双方当事人均未对合议组成员提出回避的请求。

在以上审理的基础上，本案合议组经合议，认为本案事实清楚，依法作出本审查决定。

二、决定的理由

根据请求人提出的无效宣告请求的理由和提交的证据，本案合议组依据专利法第23条的规定对本案进行审理。

专利法第23条规定："授予专利权的外观设计，应当同申请日以前在国内外出版物上公开发表过或者国内公开使用过的外观设计不相同和不相近似，并不得与他人在先取得的合法权利相冲突。"

请求人提交的附件1是200430078236.4号外观设计专利公报复印件，经本案合议组核实，该复印件与原件一致，其专利申请日是2004年7月27日，授权公告日为2005年2月16日，该外观设计产品名称为"标贴（统一鲜橙多维生素版）"（下称在先设计）。该对比文件的授权公告日早于本专利的申请日（2005年11月11日），属于专利法第23条所述出版物，可以作为判断与本专利是否相近似的有效证据。

本专利与在先设计均为"标贴"的外观设计，用途相同，属于相同种类的产品，具有可比性。

本专利所示标贴的授权公告的视图仅为主视图，简要说明记载：（1）本设计为平面产品，后视图无特征，省略后视图。（2）主视图中灰色部分为透明部分。（3）请求保护的外观设计包含色彩。本专利形状为长方形，背景色为桔红色，图案分为左中右三部分，左右两部分的图案相同，主要为，黑色半环形底衬上注有白色"果肉橙"文字，红色"V"字和艺术化黑色"C"字图案、白色橙肉及橙皮的图案；中间部分图案的上部为黑色半环形底衬上注有白色"果肉橙"文字，红色"V"字和艺术化黑色"C"字图案，中下部长方形框内为被覆盖的文字和条形码（详见本专利附图）。

在先设计所示标贴的授权公告的视图为主视图和使用状态参考图，简要说明记载：（1）请求保护的外观设计包含色彩。（2）A、B、C、D、E、F部为透明。本专利形状为长方形，背景色为黄色和桔黄色，图案分为左中右三部分，左右两部分的图案相同，主要为，绿色半环形上注有白色"统一鲜橙多"文字，红色"V"字、白色的"+"和艺术化深兰色"C"字图案，"C"字的末端为三个桔黄色圆形、橙肉及橙皮为透明图案；中间部分的上部为绿色半环形上注有白色"统一鲜橙多"文字，红色"V"字和艺术化深兰色"C"字图案，中下部中长方形框内为被覆盖的文字和条形码（详见在先设计附图）。

由上面的描述可知，本专利与在先设计的形状相同，整体图案的布局相同，主体图案设计相同，二者主要不同点是半环形上所标注的文字不同，本专利为"果肉橙"，在先设计为"统一鲜橙多"；艺术化的"C"字末端收笔不同，本专利为渐细收笔，在先设计为三个圆形收笔；二者的色彩不同，本专利为桔红、白色和黑色搭配，在先设计为黄色、桔黄色、绿色和深兰色搭配。根据整体观察、综合判断的原则，合议组认为：标贴上出现的包括产品名称在内的文字不考虑其作为文字的字意，仅视为是一种图案；尽管本专利和在先设计均请求保护标贴的色彩，但二者色彩的明暗变化基本相同，背景色的色相相近似，且在本专利与在先设计的整体形状，各图案版式的内容即半环形与文字结合的图案、"VC"图案、三个切面橙子的设计、表现方式及均趋于相近似的情况下，以一般消费者作为判断主体来观察，极易在视觉上产生混同、误认，二者的不同点仅属于局部细微差别，在整体视觉效果中不具有显著性的影响，二者属于相近似的外观设计。

综上所述，在本专利申请日以前已有与其相近似的外观设计在出版物上公开发表过，本专利不符合专利法第 23 条的规定。

### 三、决定

宣告 200530133465.6 号外观设计专利权全部无效。

当事人对本决定不服的，可以根据专利法第 46 条第 2 款的规定，自收到本决定之日起三个月内向北京市第一中级人民法院起诉。根据该款的规定，一方当事人起诉后，另一方当事人应当作为第三人参加诉讼。

主视图

本专利附图

主视图

使用状态参考图

在先设计附图

# 摄像机（球型 PA 型）

## 无效宣告请求审查决定（第 10689 号）

| | |
|---|---|
| 决 定 号 | 第 10689 号 |
| 决 定 日 | 2007 年 12 月 3 日 |
| 发明创造名称 | 摄像机（球型 PA 型） |
| 外观设计分类号 | 16-01 |
| 无效宣告请求人 | 松下电器产业株式会社 |
| 专 利 权 人 | 邬益飞 |
| 专 利 号 | 200530103734.4 |
| 申 请 日 | 2005 年 1 月 24 日 |
| 授权公告日 | 2005 年 11 月 30 日 |
| 合议组组长 | 吴大章 |
| 主 审 员 | 李巍巍 |
| 参 审 员 | 周佳 |
| 附 图 | 2 页 |
| 法 律 依 据 | 专利法第 23 条 |

**决 定 要 点**

将本专利与在先设计相比较，二者在整体形状，即柱固定部、上壳体、下壳体和穹罩各部分的组成和形状均基本相同的情况下，仅存在局部细微的差别，不足以导致一般消费者对二者的外观设计产生混同、误认，因此，二者应属于相近似的外观设计。

### 一、案由

本无效宣告请求涉及 2005 年 11 月 30 日国家知识产权局授权公告的 200530103734.4 号外观设计专利，其产品名称是"摄像机（球型 PA 型）"，申请日是 2005 年 1 月 24 日，专利权人是邬益飞。

针对上述外观设计专利权（下称本专利），松下电器产业株式会社（下称请求人）于 2007 年 5 月 17 日向专利复审委员会提出无效宣告请求，请求人认为本专利申请日之前在出版物上已经公开了与本专利相同或者相近似的外观设计，因此，本专利不符合专利法第 23 条的规定。请求人为支持其无效宣告请求的理由提交了如下附件作为证据：

附件 1 是 03368881.8 号外观设计专利公报复印件 1 页；

附件 2 是 D1147010 号日本意匠公报复印件及译文共 5 页；

附件 3 是 2003 年 1 月 "AS 安全 & 自动化 CHINA" 科技杂志复印件共 6 页。

请求人认为：本专利与附件1~3中公开发表过的外观设计相比整体形状均相近似，与附件2的区别仅在于：柱固定部下部的六个凹部的形状和其上设有的螺钉数量的不同，但摄像机通常设置在天花板壁面或路灯柱的上部，上述柱固定部部位不易被一般消费者观察到，为局部细微差别，附件3是一种定期在台湾地区出版，并在中国大陆公开发行的科技杂志，可在大陆地区以合法手段获得，因此，不需要进行公证、认证手续。综上所述，应当宣告本专利无效。

专利复审委员会根据无效宣告请求审查程序的规定于2007年6月11日受理了该无效宣告请求，并将无效宣告请求书和证据的副本转送给专利权人，限其在指定的期限内答复。并告知专利权人如逾期不答复，不影响专利复审委员会的审理。

专利复审委员会于2007年10月12日向双方当事人发出《合议组成员告知通知书》，指出如对本案合议组人员有回避请求的，应于收到本通知之日起7天内提交书面请求书，逾期未答复，视为无回避请求。同日专利复审委员会还向双方当事人发出《无效宣告请求口头审理通知书》，定于2007年11月21日在专利复审委员会进行口头审理，并告知口头审理涉及的主要问题，及无效宣告请求人期满未提交回执并且不参加口头审理的，其无效宣告请求视为撤回。专利权人不参加口头审理的，可以缺席审理。

在规定的期限内双方当事人均未对合议组成员提出回避的请求。

针对请求人提出的无效宣告请求理由和提交的证据，专利权人至今未作出答复。

口头审理如期举行，请求人委托代理人参加了口头审理。在口头审理过程中，请求人当庭提交了附件3的原件（口头审理后请求人已取回），合议组对请求人提交的证据进行了核实。请求人认为，附件1和附件3与本专利相比为基本相同的外观设计；附件2与本专利相比仅在俯视图中所示的螺钉槽长短交替布置不同，为相近似的外观设计。专利权人未参加口头审理也未提交口头审理回执。

在以上审理的基础上，合议组经合议，认为本案事实清楚，依法作出本审查决定。

## 二、决定的理由

根据请求人提出的无效宣告请求的理由和提交的证据，本案合议组依据专利法第23条的规定对本案进行审理。

专利法第23条规定："授予专利权的外观设计，应当同申请日以前在国内外出版物上公开发表过或者国内公开使用过的外观设计不相同和不相近似，并不得与他人在先取得的合法权利相冲突。"

请求人提交的附件1是03368881.8号外观设计专利公报复印件，经本案合议组核实，该复印件与原件一致，其专利申请日是2003年9月22日，授权公告日为2004年6月23日，该外观设计产品名称为"摄像机（一体化高速球型）"（下称在先设计）。该对比文件的授权公告日早于本专利的申请日（2005年1月24日），属于专利法第23条所述出版物，可以作为判断与本专利是否相近似的有效证据。

本专利与在先设计均为"摄像机"的外观设计，用途相同，属于相同种类的产品，具有可比性。

本专利包括5幅视图，即主视图、后视图、左视图、俯视图、仰视图，简要说明记载：右视图与左视图对称，省略右视图。从各视图观察，本专利整体形状大致呈水滴状，由柱固定部、上壳体、下壳体和穹罩四部分组成。本专利摄像机的柱固定部上部为圆柱体形，下部大致呈圆台形，且圆台上沿周向分布有六个凹部（三个长凹部和三个短凹部交替排列），在三个短凹部内设有固定螺钉；上壳体大致呈圆台形；下壳体大致呈倒置的扁圆台形，下壳体与摄像镜头连接处有一环形凸台；穹罩为透明半球形，其内为黑色半球形的摄像镜头（详见本专利附图）。

在先设计包括7副视图，即主视图、后视图、左视图、仰视图、俯视图、立体图、使用状态参考图，简要说明记载：右视图与左视图对称，省略右视图。从各视图观察，本专利整体形状大致呈水滴状，由柱固定部、上壳体、下壳体和穿罩四部分组成。在先设计摄像机的柱固定部上部为圆柱体形，下部大致为圆台形，且圆台上沿周向分布有六个凹部（三个长凹部和三个短凹部交替排列），在三个短凹部内设有固定螺钉；上壳体大致呈圆台形；下壳体大致呈倒置的扁圆台形；穿罩为透明半球形，其内为黑色半球形的摄像镜头（详见在先设计附图）。

将本专利与在先设计相比较，本案合议组认为：二者的主要区别仅在于倒置的扁圆台形下壳体，本专利下壳体与摄像镜头连接处有一环形凸台，在先设计无。在二者整体形状，即柱固定部、上壳体、下壳体和穿罩各部分的组成和形状均基本相同的情况下，上述差别属于局部细微差别，对整体视觉效果不具有显著的影响，一般消费者很难将二者区别开来，因此，二者应属于相近似的外观设计。

综上所述，在本专利申请日以前已有与其相近似的外观设计在出版物上公开发表过，本专利不符合专利法第23条的规定。

鉴于在上述评述中已经得出本专利不符合专利授权条件的结论，本审查决定对请求人提出的其他证据不再评述。

### 三、决定

宣告200530103734.4号外观设计专利权全部无效。

当事人对本决定不服的，可以根据专利法第46条第2款的规定，自收到本决定之日起三个月内向北京市第一中级人民法院起诉。根据该款的规定，一方当事人起诉后，另一方当事人应当作为第三人参加诉讼。

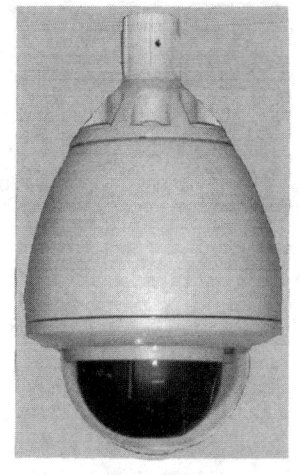
主视图

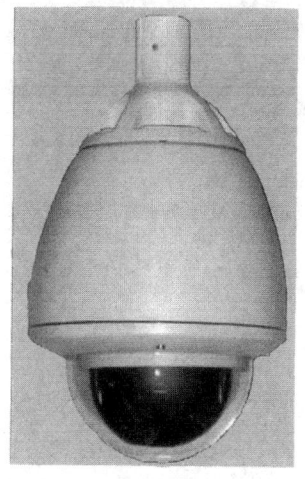
后视图

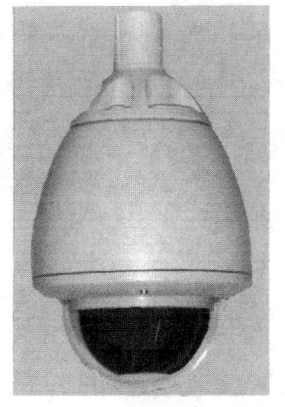
左视图

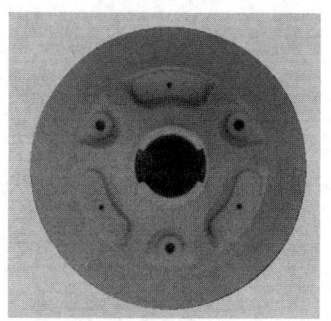
俯视图

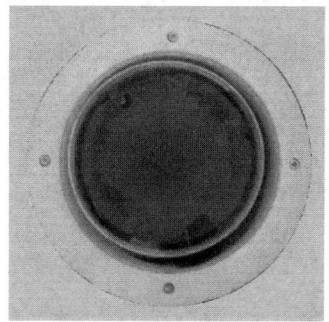
仰视图

本专利附图

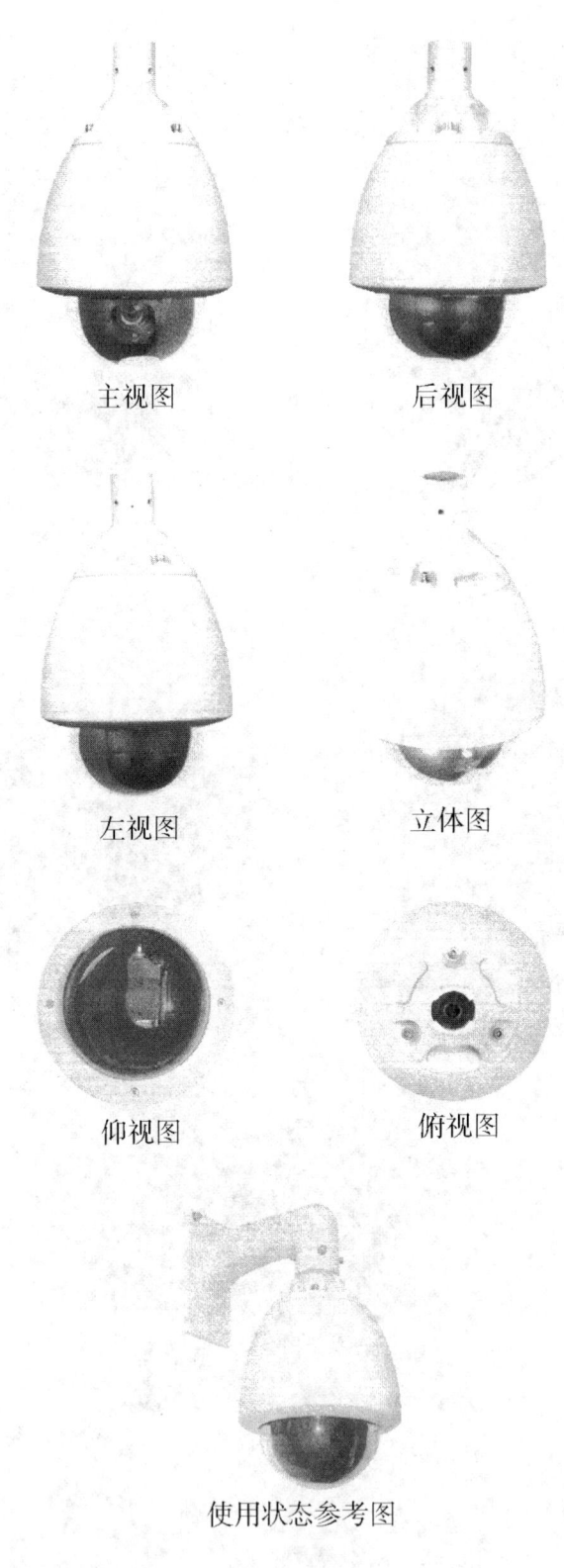

主视图　　后视图

左视图　　立体图

仰视图　　俯视图

使用状态参考图

在先设计附图

# 包装瓶（十）

## 无效宣告请求审查决定（第10690号）

| | |
|---|---|
| 决　定　号 | 第10690号 |
| 决　定　日 | 2007年12月4日 |
| 发明创造名称 | 包装瓶（十） |
| 外观设计分类号 | 09-01 |
| 无效宣告请求人 | 英国石油国际有限公司 |
| 专　利　权　人 | 丁兴林 |
| 专　利　号 | 200630089478.2 |
| 申　请　日 | 2006年6月2日 |
| 授权公告日 | 2007年3月14日 |
| 合议组组长 | 吴大章 |
| 主　审　员 | 李巍巍 |
| 参　审　员 | 周佳 |
| 附　　图 | 2页 |

**法律依据** 专利法第23条

**决定要点**

从整体上观察，本专利和在先设计的形状和各个主要部位的形状及布局等方面均采用了相同或者相近似的设计，且二者在桶盖和桶底上的差别对整体视觉效果不具有显著的影响，足以导致一般消费者对二者产生混同、误认，因此二者应属于相近似的外观设计。

## 一、案由

本无效宣告请求涉及2007年3月14日国家知识产权局授权公告的200630089478.2号外观设计专利，其产品名称是"包装瓶（十）"，申请日是2006年6月2日，专利权人是丁兴林。

针对上述外观设计专利权（下称本专利），英国石油国际有限公司（下称请求人）于2007年5月18日向专利复审委员会提出无效宣告请求，请求人认为本专利与在先公开的97315380.6号外观设计专利相近似，故本专利不符合专利法第23条的规定，应当宣告全部无效。同时，请求人提交了如下附件作为证据：

附件1是本专利外观设计专利公报复印件1页；
附件2是97315380.6号外观设计专利公报复印件1页。

专利复审委员会根据无效宣告请求审查程序的规定受理了该无效宣告请求，并于2007年6月13

日将无效宣告请求书和证据的副本转送给专利权人，限其在指定的期限内答复。并告知专利权人如逾期不答复，不影响专利复审委员会的审理。

专利复审委员会于 2007 年 10 月 12 日向双方当事人发出《合议组成员告知通知书》，指出如对本案合议组人员有回避请求的，应于收到本通知之日起 7 日内提交书面请求书，逾期未答复，视为无回避请求。

在规定的期限内双方当事人均未对本案合议组成员提出回避请求。

在以上审理的基础上，本案合议组经合议，认为本案事实清楚，依法作出本审查决定。

二、决定的理由

1. 法律依据

根据请求人提出的无效宣告请求的理由和提交的证据，本案合议组依据专利法第 23 条的规定对本案进行审理。

专利法第 23 条规定："授予专利权的外观设计，应当同申请日以前在国内外出版物上公开发表过或者国内公开使用过的外观设计不相同和不相近似，并不得与他人在先取得的合法权利相冲突。"

2. 证据的认定

请求人提交的附件 2 是 97315380.6 号外观设计专利公报复印件，所示专利授权公告日为 1998 年 11 月 4 日，使用外观设计的产品名称为"带盖的容器"（下称在先设计），经合议组核实，该复印件所示内容属实，其公告日在本专利申请日（2006 年 6 月 2 日）之前，确系本专利申请日之前发表的外观设计，可作为判定本专利是否符合专利法第 23 条规定的有效证据。

本专利与在先设计均是容器的外观设计，二者用途相同，属于相同种类的产品，具有可比性。

3. 本专利是否符合专利法第 23 条的规定

本专利包括主视图、左视图、右视图、俯视图、仰视图，简要说明中记载：后视图与主视图对称，省略后视图。从各视图上观察，本专利的整体形状为近似"n"形的扁桶体，整体桶身左厚右薄（略有不同）；桶身的左上角为近似扁圆柱形的桶盖和散布麻点的桶颈，桶盖的顶部有一"人"字形图案，其内有一圆形；桶身的右上部为弧形提手，其弧线一直延伸至桶身左下角，提手下方的弧形桶身表面为麻点状，桶底左侧略宽于右侧，其上有若干个环形设计（详见本专利附图）。

在先设计包括主视图、后视图、左视图、右视图、俯视图、仰视图和立体图及 A 部局部放大图和 B-B 面（合议组对此二图不作描述）。从各视图上观察，在先设计的整体形状为近似"n"形的扁桶体，整体桶身左厚右薄（略有不同）；桶身的左上角为近似扁圆柱形的桶盖和散布麻点的桶颈，桶盖的顶部有一"人"字形图案；桶身的右上部为弧形提手，其弧线一直延伸至桶身左下角，提手下方的弧形桶身表面为麻点状，桶底左侧略宽于右侧，其上有一中间宽两侧窄的长形弧线设计（详见在先设计附图）。

将本专利与在先设计的相比较后，可以看到，二者的整体形状是相同的；二者弧形手柄的形状是相同的；二者桶身的设计是相近似的；二者的桶颈部及桶身背部表面均带有"麻点"，二者的主要不同点是，扁圆桶盖顶部形状略有不同，本专利"人"字形图案中有一圆形，在先设计无圆形设计；桶底的设计不同，本专利为若干环形，在先设计为长形弧线设计。合议组认为，本专利与在先设计桶的底面在使用状态时，属于一般消费者不易观察到的部位，其上的不同点对整体视觉效果不具有显著的影响，在二者整体形状和各部位的设计均基本相同的情况下，上述不同点仅属于局部的细微差别，对一般消费者而言，容易将二者混同、误认。因此，本专利与在先设计应属于相近似的外观设计。

综上所述，在本专利申请日以前已有与其相近似的外观设计在出版物上公开发表过，因此，本专利不符合专利法第 23 条的规定。

### 三、决定

宣告 200630089478.2 号外观设计专利权全部无效。

当事人对本决定不服的，可以根据专利法第 46 条第 2 款的规定，自收到本决定之日起三个月内向北京市第一中级人民法院起诉。根据该款的规定，一方当事人起诉后，另一方当事人应当作为第三人参加诉讼。

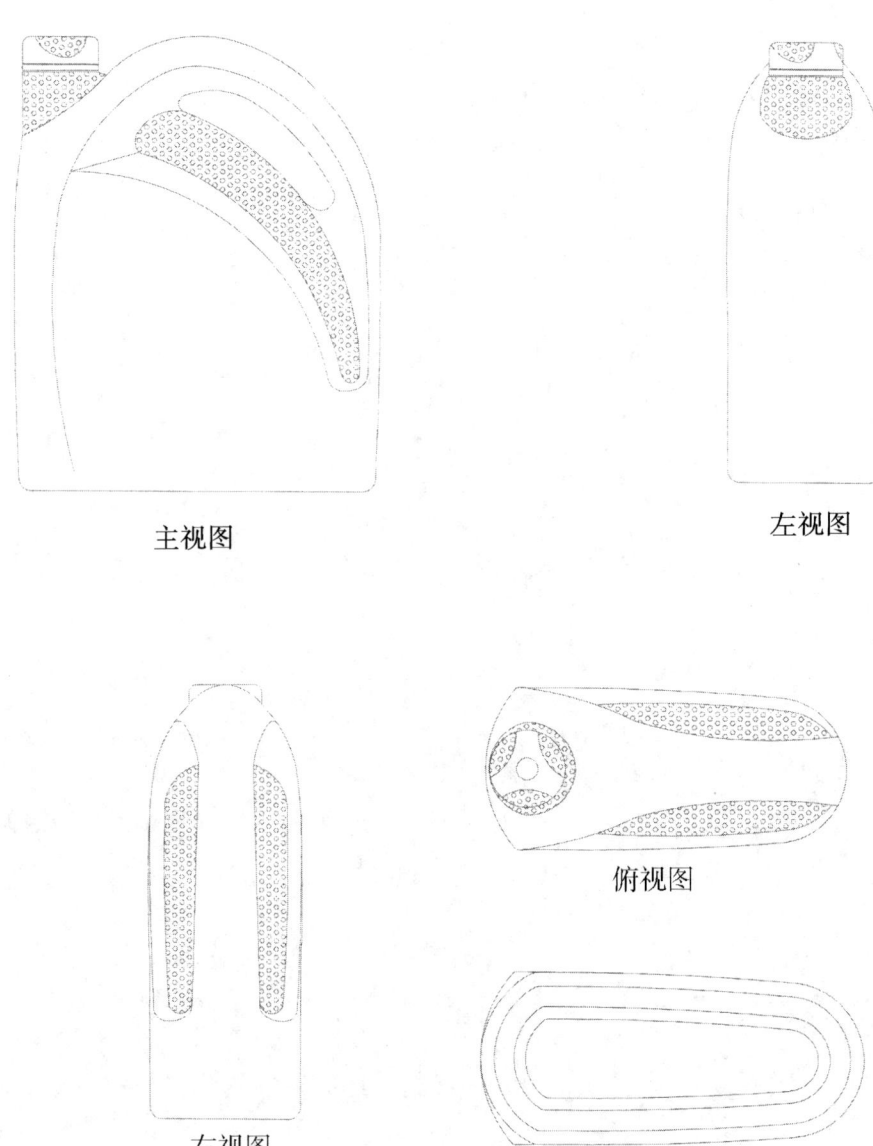

主视图　　左视图　　俯视图　　右视图　　仰视图

本专利附图

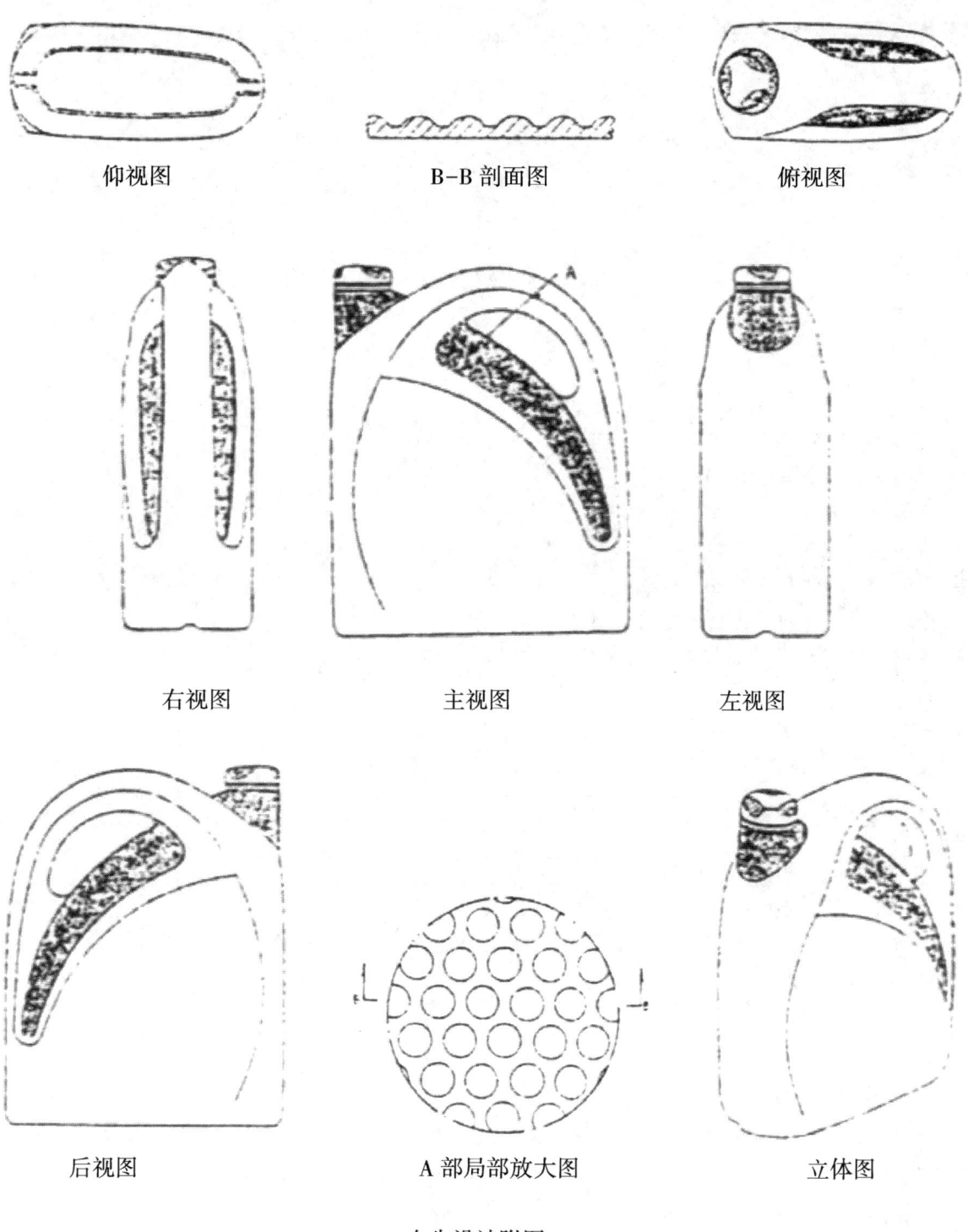

仰视图　　B-B 剖面图　　俯视图

右视图　　主视图　　左视图

后视图　　A 部局部放大图　　立体图

在先设计附图

# 摇摆车

## 无效宣告请求审查决定（第 10691 号）

| | |
|---|---|
| 决 定 号 | 第 10691 号 |
| 决 定 日 | 2007 年 11 月 23 日 |
| 发明创造名称 | 摇摆车 |
| 外观设计分类号 | 21-01 |
| 无效宣告请求人 | 包鸿志 |
| 专 利 权 人 | 顾洪钧 |
| 专 利 号 | 02322405.3 |
| 申 请 日 | 2002 年 2 月 27 日 |
| 授权公告日 | 2002 年 10 月 9 日 |
| 合议组组长 | 吴赤兵 |
| 主 审 员 | 李巍巍 |
| 参 审 员 | 周 佳 |
| 附 图 | 2 页 |

**法 律 依 据** 专利法第 23 条

**决 定 要 点**

在本专利申请日以前，已有与其相近似的外观设计在出版物上公开发表过，因此，本专利不符合专利法第 23 条的规定。

### 一、案由

本无效宣告请求涉及 2002 年 10 月 9 日国家知识产权局授权公告的 02322405.3 号外观设计专利，其产品名称是"摇摆车"，申请日是 2002 年 2 月 27 日，专利权人是顾洪钧。

针对上述外观设计专利权（下称本专利），包鸿志（下称请求人）于 2007 年 5 月 11 日向专利复审委员会提出无效宣告请求，其理由是本专利不符合专利法第 23 条的规定。同时请求人提交了如下附件作为证据：

附件 1 是申请案号为 088306760，公告号为 00430417 号台湾新式样专利图说公告文本复印件，共 7 页。

请求人认为，附件 1 所示台湾新式样专利为本专利申请人顾洪钧的相同专利，本专利与附件 1 相比较，其车身的整体形状是属于相同的设计，均为舟形，二者的差别仅在于本专利安装了操作抉择把手及车轮，从二者各视图看，这些不同点对于产品外观设计整体视觉效果不具有显著的影响，因此，应当宣告本专利全部无效。

专利复审委员会根据无效宣告请求审查程序的规定受理了该无效宣告请求，并于2007年6月11日将无效宣告请求书和证据的副本转送给专利权人，限其在指定的期限内答复。并告知专利权人如逾期不答复，不影响专利复审委员会的审理。

专利复审委员会于2007年9月14日向双方当事人发出《合议组成员告知通知书》，指出如对本案合议组人员有回避请求的，请于收到本通知之日起7日内提交书面请求书，逾期未答复，视为无回避请求。同日还向双方当事人发出《无效宣告请求口头审理通知书》，定于2007年11月15日在专利复审委员会进行口头审理。并告知请求人期满未提交回执，并且不参加口头审理的，其无效宣告请求视为撤回。专利权人不参加口头审理的，可以缺席审理。

针对请求人提出的无效宣告请求理由和提交的证据，专利权人至今未作出任何答复。

在规定的期限内双方当事人均未对合议组成员提出回避的请求。

口头审理如期举行，专利权人未参加口头审理，请求人及其代理人参加了口头审理。在口头审理过程中，请求人当庭提交了附件1的原件，合议组对请求人提交的证据进行了核实。请求人坚持其无效宣告请求的主张，认为本专利与附件1的车身形状均为船形，本专利车把、车轮为可拆卸的功能设计，也是惯常设计，对整体视觉效果不会产生显著影响，本专利与附件1已构成相近似外观设计，应予以无效。

在以上审理的基础上，本案合议组经合议，认为本案事实清楚，依法作出本审查决定。

## 二、决定的理由

1. 法律依据

根据请求人提出的无效宣告请求的理由和提交的证据，本案合议组依据专利法第23条的规定对本案进行审理。

专利法第23条规定："授予专利权的外观设计，应当同申请日以前在国内外出版物上公开发表过或者国内公开使用过的外观设计不相同和不相近似，并不得与他人在先取得的合法权利相冲突。"

2. 证据的认定

请求人提交的附件1是申请案号为088306760，公告号为00430417号台湾新式样专利图说公告文本，所示公告文本是经国家知识产权局专利检索咨询中心2007年4月29日认证的，其申请日期为1999年10月16日，公告日期为2001年4月11日，使用的产品名称为"摇摆车"（下称在先设计），经合议组核实，该复印件所示内容属实，其公告日期在本专利申请日（2002年2月27日）之前，属于在本专利申请日之前已经公开发表过的在先设计。可作为认定本专利是否符合专利法第23条规定的证据。

本专利与在先设计均是摇摆车产品的外观设计，用途相同，属于相同种类的产品，具有可比性。

3. 本专利是否符合专利法第23条的规定

本专利包括7副视图，即主视图、后视图、左视图、右视图、俯视图、仰视图、立体图，未要求保护色彩。从各视图可以得知，本专利包括类似蝙蝠形方向盘、车身、车轮等组成部件，从俯视图观察，车身整体形状大致呈椭圆形，中部两侧呈曲线向内收缩。车身为纵向左右对称，车身前部、后部均为圆弧形，车身前部略高于后部，呈流线形，车身后部两侧为突出的轮眉，其形状大致呈翅状，车头具有一个居中的辅助小轮和两个较大的柱面车轮，车尾具有两个较大的柱面车轮。车身前部、后部、两侧还有局部图案（详见本专利附图）。

在先设计包括7副视图，即前视图、后视图、左视图、右视图、俯视图、仰视图、立体图。从俯视图观察，车身整体形状大致呈椭圆形，中部两侧曲线向内收缩。车身为纵向左右对称，车身前部、后部均为圆弧形，车身前后部基本等高，呈流线形，车身后部两侧为突出的轮眉，其形状为圆弧状（详见在先设计附图）。

将本专利与在先设计相比较，二者车身形状基本相同，主要不同点在于：车身两侧轮眉的形状，本专利为翅状，在先设计为圆弧状；在先设计未涉及方向盘、车轮及车身前部、后部、两侧的局部图案。合议组认为：从整体观察，车身为此类产品的车体形状，其外观形状是最吸引消费者瞩目的部位，虽然本专利未显示方向盘和车轮的形状，但该类产品在使用状态下，车轮的形状一般不会被一般消费者所关注，而在二者具有基本相同的车身整体形状的情况下，方向盘的形状对整体视觉效果也不构成显著的影响，车身有无图案及车身后部两侧轮眉的形状的不同，并未能导致二者的整体形状产生明显的变化，上述的不同点应属于局部细微差别，二者应属于相近似的外观设计。

综上所述，本专利在申请日前已有与其相近似的外观设计在国内出版物上公开发表过，因此不符合专利法第 23 条的规定。

三、决定

宣告 02322405.3 号外观设计专利权全部无效。

当事人对本决定不服的，可以根据专利法第 46 条第 2 款的规定，自收到本决定之日起三个月内向北京市第一中级人民法院起诉。根据该款的规定，一方当事人起诉后，另一方当事人应当作为第三人参加诉讼。

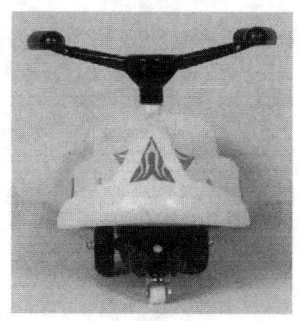
主视图

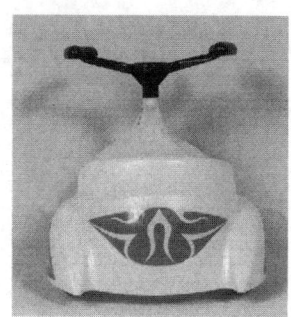
后视图

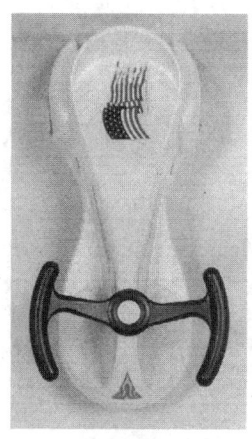
俯视图

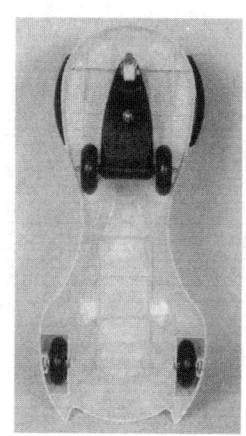
仰视图

左视图

右视图

立体图

本专利附图

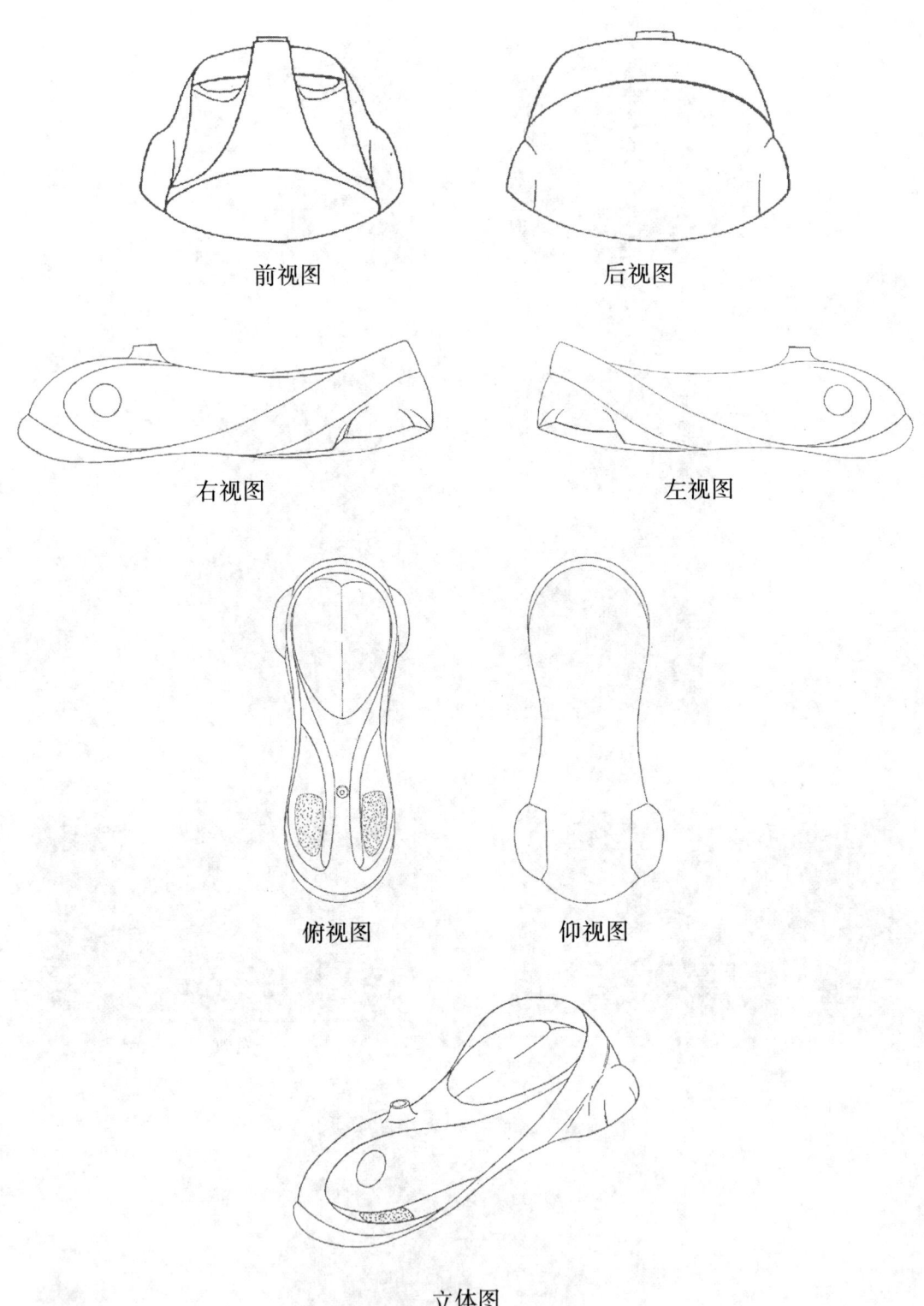

前视图　　后视图

右视图　　左视图

俯视图　　仰视图

立体图

在先设计附图

# 型材防盗扣（二）

## 无效宣告请求审查决定（第 10693 号）

| | |
|---|---|
| 决 定 号 | 第 10693 号 |
| 决 定 日 | 2007 年 11 月 30 日 |
| 发明创造名称 | 型材防盗扣（二） |
| 外观设计分类号 | 08-07-C0387 |
| 无效宣告请求人 | 伍 松 |
| 专 利 权 人 | 郑华明 |
| 专 利 号 | 00348887.X |
| 申 请 日 | 2000 年 12 月 28 日 |
| 授权公告日 | 2001 年 10 月 3 日 |
| 合议组组长 | 徐洁玲 |
| 主 审 员 | 余心蕾 |
| 参 审 员 | 刘 妍 |
| 附 图 | 2 页 |

**法 律 依 据** 专利法实施细则第 13 条
**决 定 要 点**
本专利与申请人于申请日同日提交的另一份外观设计专利既不相同也不相近似，符合专利法实施细则第 13 条的规定。

### 一、案由

本无效宣告请求案涉及国家知识产权局于 2001 年 10 月 3 日授权公告、名称为"型材防盗扣（二）"的第 00348887.X 号外观设计专利（下称"本专利"），其申请日为 2000 年 12 月 28 日，专利权人为郑华明。

针对上述专利权，伍松（下称请求人）于 2007 年 1 月 16 日向专利复审委员会提出无效宣告请求，其理由是：本专利不符合专利法实施细则第 13 条的规定。请求人同时提交了如下证据：

证据 1：本专利外观设计检索报告；
证据 2：第 00348888.8 号中国外观设计专利授权文本，其申请人为郑华明，申请日为 2000 年 12 月 28 日。

请求人认为：本专利和证据 2 为同一申请人于同一天提出的申请，二者相近似，根据审查指南的相关规定，二者属于同样的外观设计，而专利法实施细则第 13 条规定，同样的发明创造只能被授予一项专利权，故本专利应该被无效。

经形式审查合格，专利复审委员会于2007年2月5日受理了上述无效宣告请求，并向双方当事人发出无效宣告请求受理通知书，同日将专利权无效宣告请求书及其附件清单中所列附件副本转送给了专利权人，要求专利权人在指定的期限内陈述意见。

针对上述无效宣告请求，专利权人于2007年3月14日进行了意见陈述，专利权人认为：从主视图来看，本专利右侧为类似圆弧型，证据2的右侧为类似方形，而从二者的使用状态参考图来看，两者的右侧都是使用时容易看到的部位，可见对于一般消费者而言，本专利和证据2的差别对于整体视觉效果有显著影响，本专利和证据2既不相同也不相近似。请求人的无效请求理由不能成立。

2007年7月18日，合议组向双方当事人发出口头审理通知书，定于2007年8月27日举行口头审理。同时将专利权人于2007年3月14日提交的意见陈述书转交请求人。

口头审理如期举行，双方当事人均参加了口头审理。在口头审理中，双方当事人对合议组成员无回避请求，对对方当事人出席口头审理的身份和资格无异议。专利权人对证据2的真实性无异议。双方当事人均充分发表了意见。请求人认为：本专利和证据2的区别仅在于二者主视图右侧是圆角还是斜角的区别，这属于细微差别，不具有显著的影响。而专利权人认为：本专利与证据2从主视图右侧二分之一部分完全不同，本专利右侧右上角为一圆弧，而证据2是长方形，从使用状态来看，主视图是在使用过程中最容易看到的部分，根据审查指南第四部分的规定，本专利和证据4既不相同，也不相近似。

至此，合议组认为本案事实已经清楚，现依法作出审查决定。

**二、决定的理由**

1. 法律依据

专利法实施细则第13条第1款规定："同样的发明创造只能被授予一项专利。"审查指南第七章第1节规定："同样的发明创造"对于外观设计而言，是指外观设计相同或者相近似。

2. 关于证据

证据2是中国专利授权公告文本，其申请日、申请人与本专利均相同，专利权人对该证据的真实性无异议，故证据2可以用于评价本专利是否符合专利法实施细则第13条的规定。

3. 关于本专利是否符合专利法实施细则第13条

本专利外观设计包括型材防盗扣的六面视图以及立体图，六面视图为：俯视图、仰视图、主视图、后视图、右视图、左视图。如立体图所示，本专利的右侧部件宽度较大，整体呈左、下两面直线、右上角圆弧的形状，圆弧上有横、斜交错的线条，该右侧部件中心有一个圆形的空孔。从立体图结合各面视图看，其左侧部件的底座为一长方体，在该长方体底座上为一类长方体，该类长方体的底面积略小于该底座的面积，其上面、左侧面为空，前侧、后侧面各为一个里侧直线、外侧弧线的面板。该类长方体的前面有一个高度不超过该类长方体前侧面底的平面，该平面和前述右侧部件为一整体，并与其后的长方体底座相连。从仰视图看，其右侧部件的长度大约为左侧部件长度的三分之二。

证据2包括型材防盗扣的六面视图以及立体图，六面视图为：俯视图、后视图、仰视图、右视图、左视图和主视图。如立体图所示，证据2的右侧部件宽度较小，其大体呈竖放的类长方形，左上、右下各削去一角，该部件中心有一个圆形的空孔，该右侧部件的右上角顶部带有一小段涂黑。从立体图结合各面视图看，其左侧部件的底座为一长方体，在该长方体底座上为一类长方体，该类长方体的底面积略小于该底座的面积，其上面、左侧面为空，前侧、后侧面各为一个里侧直线、外侧弧线的面板，该类长方体的前面有一个高度不超过该类长方体前侧面底的平面，该平面和前述的右侧部件为一整体，并与其后的长方体底座相连。从仰视图看，其右侧部件的长度大约为左侧部件长度的三分之一。

经上述比较，二者的相同点是：二者都涉及一种型材防盗扣，属于相同类别的产品，其左侧部件的大体形状相同。二者的不同点在于：本专利的右侧部件与证据2不同，具体而言，本专利的右侧部件较宽，证据2的右侧部件较窄；本专利的右侧部件的右上角为圆弧状，且圆弧上有一段较长的横、斜交错线条，证据2的右侧部件为左上、右下各削去一角的类长方形，其右上角有一小段涂黑。针对上述不同点，合议组认为：该右侧部件在整个外观设计中占有较大的比重，并且从使用状态图来看，处于使用时容易看到的部位，根据审查指南第四部分第五章第4节的规定，使用时容易看到部位的设计变化相对于不容易看得到或者看不到部位的设计变化，通常对整体视觉效果更具有显著的影响。如前所述，本专利和证据2在右侧部件上存在的较为明显的区别，且处于使用时容易看到的部位，故对于一般消费者而言，二者的差别已经对产品外观设计的整体视觉效果构成了显著的影响。

基于上述理由，合议组认为：本专利与证据2所公开的外观设计既不相同也不相近似，本专利权符合专利法实施细则第13条的规定。

### 三、决定

维持00348887.X号外观设计专利权有效。

当事人对本决定不服的，可以根据专利法第46条第2款的规定，自收到本决定之日起三个月内向北京市第一中级人民法院起诉。根据该款的规定，一方当事人起诉后，另一方当事人应当作为第三人参加诉讼。

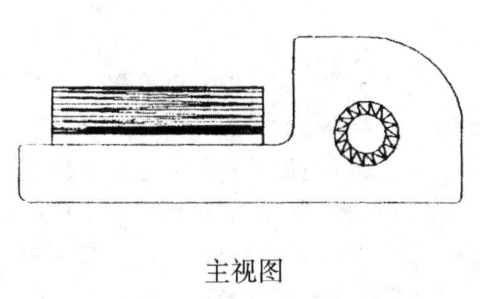

主视图

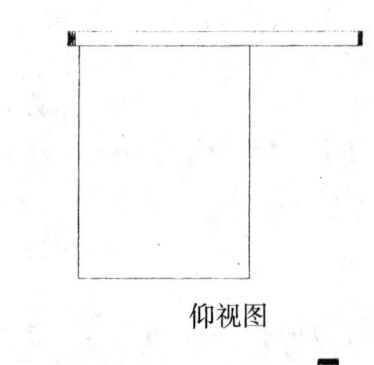

仰视图

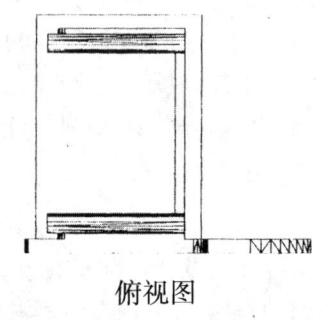

俯视图

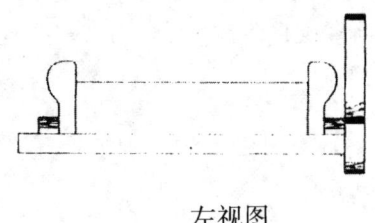

左视图

右视图

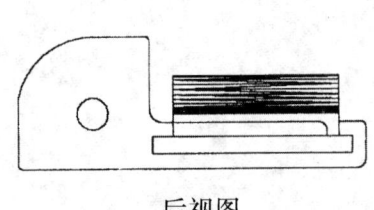

后视图

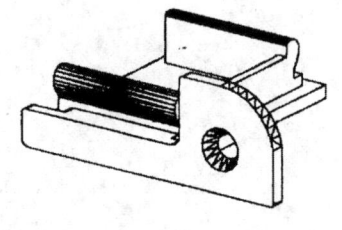

立体图

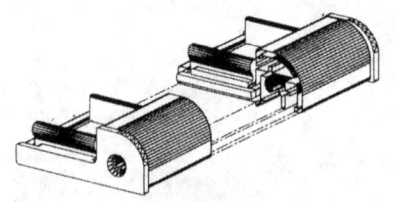

使用状态图

本专利附图

第 00348888.8 号外观设计专利

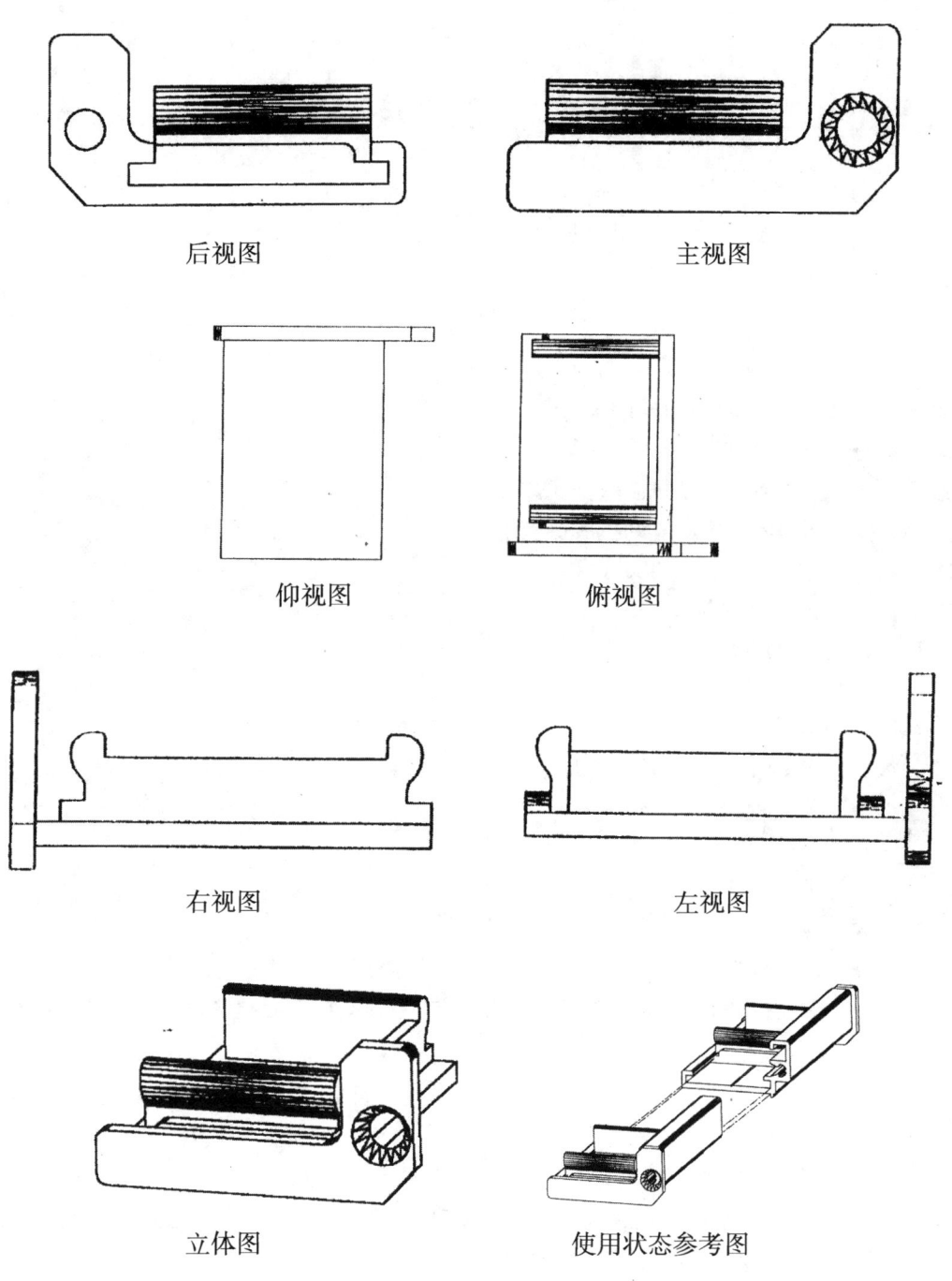

# 绷缝机（GEM1500B）

## 无效宣告请求审查决定（第 10696 号）

| | |
|---|---|
| 决 定 号 | 第 10696 号 |
| 决 定 日 | 2007 年 11 月 20 日 |
| 发明创造名称 | 绷缝机（GEM1500B） |
| 外观设计分类号 | 15-06 |
| 无效宣告请求人 | 飞马缝纫机制造株式会社 |
| 专 利 权 人 | 浙江宝石缝纫机股份有限公司 |
| 专 利 号 | 200530104860.1 |
| 申 请 日 | 2005 年 3 月 25 日 |
| 授 权 公 告 日 | 2006 年 4 月 5 日 |
| 合 议 组 组 长 | 程 强 |
| 主 审 员 | 齐宏涛 |
| 参 审 员 | 张 华 |
| 附 图 | 3 页 |
| 法 律 依 据 | 专利法第 23 条 |

**决 定 要 点**

根据整体观察、综合判断的原则，本专利与在先设计的差别对于产品外观设计的整体视觉效果不具有显著的影响，因此两者属于相近似的外观设计，本专利不符合专利法第 23 条的规定。

### 一、案由

本无效宣告请求涉及中华人民共和国国家知识产权局于 2006 年 4 月 5 日授权公告的、名称为"绷缝机（GEM1500B）"的外观设计专利权（下称本专利），其申请号是 200530104860.1，申请日是 2005 年 3 月 25 日，专利权人是浙江宝石缝纫机股份有限公司。

针对本专利权，飞马缝纫机制造株式会社（下称请求人）于 2007 年 1 月 19 日向专利复审委员会提出无效宣告请求，认为本专利不符合专利法第 23 条的规定，请求人同时提交了如下附件：

附件 1：ZL02305608.8 号外观设计专利公报复印件，共 1 页；

附件 2：ZL200530104860.1 号外观设计专利（本专利）公报复印件，共 1 页。

请求人认为：将本专利与附件 1 相比较可知：（1）两者为相同外观设计产品，均为绷缝机；（2）两者在整体外观形状上几乎完全相同，结构组件以及相互的大小比例、位置关系均相同，各组件外观形状也相同，其差别仅在于从左视图观察两者上节侧盖上的弧线过渡和侧盖上部的图案略有不同，但该部位是消费者不注意观察的部位，对于整体视觉效果不具有显著的影响。因此，本专利与附件1属于相近似的外观设计，不符合专利法第23条的规定，应宣告其无效。

经形式审查合格，专利复审委员会依法受理了上述无效宣告请求，并于2007年2月14日向请求人和专利权人发出无效宣告请求受理通知书，同时将专利权无效宣告请求书及其附件清单中所列附件的副本转送给专利权人，并要求专利权人在指定的期限内陈述意见。

针对专利复审委员会发出的上述无效宣告请求受理通知书，专利权人于2007年3月27日提交了意见陈述书。

专利权人认为：绷缝机作为传统的缝纫机型，其整体外形属于常规设计，所述常规设计通常不会对整体外形产生显著影响，而本专利与附件1存在显著的差别，从主视图看，本专利在机头正面水平壳体的硅油处（A处）具有明显下凹，在正面壳体的拐角处（C处）具有过线架，在正面壳体的下部的穿线罩板（B处）也有明显的内凹，而附件1的上述部位都没有相同的特征；从左视图看，本专利机头水平壳体的左端面上部面板（D处）为近似椭圆形，附件1对应位置则是明显下凹的流线型曲面，本专利机头左端面下部差动调节板罩（E处）横向尺寸也比附件1长，本专利穿线罩板上方的缝台板（F处）斜向外挂，而附件1没有外挂，与穿线罩板持平；从后视图看，本专利后视图在机头后背前部（G处）没有凹槽或镶条，而附件1有凹槽或镶条。因此本专利与附件1既不相同也不相近似，请求复审委员会维持本专利有效。

专利复审委员会依法成立合议组，对本案进行审理。合议组于2007年7月9日向双方当事人发出无效宣告请求口头审理通知书，定于2007年8月20日举行口头审理。随同口头审理通知书，将专利权人于2007年3月27日提交的意见陈述书转送给请求人。

口头审理如期举行，双方当事人及其代理人均参加了口头审理。

在口头审理中，请求人明确其无效宣告的理由、证据及范围为本专利相对于附件1不符合专利法第23条的规定，其具体理由为：从各视图比较本专利与附件1，可以看出：两者组件及组件之间的连接关系均相同，专利权人所述的七处差别中，附件1的C处也有过线架，E、F处仅仅是拍摄角度不同产生的差别，G处仅仅是盖板颜色不同产生的细微差别。因此，除A、B、D有细微差别外，其他部位均相同，且这些差别也不足以影响整体视觉效果。专利权人则认为，从各视图比较本专利与附件1，可以看出，A处：本专利有下斜的弧线，造成本专利有凹凸感；B处：本专利有内凹；C处：无法看出附件1的过线架；D处：附件1是弧线形成的凹凸面，本专利是近似椭圆形的凹凸面，且还有一个宝石公司的商标，这是区别最明显的地方；E、F处：与拍摄角度没有关系；G处：附件1有深色样的凹槽。因此，本专利与附件1的差别很明显，很容易使得消费者区别开。

至此，合议组认为本案事实已经清楚，可以作出审查决定。

**二、决定的理由**

1. 法律依据

专利法第23条规定：授予专利权的外观设计，应当同申请日以前在国内外出版物上公开发表过或者国内公开使用过的外观设计不相同和不相近似，并不得与他人在先取得的合法权利相冲突。

2. 证据的认定

附件1为ZL01342748.2号外观设计公报，专利权人对其真实性无异议，经合议组核实，附件1的内容真实，可以作为本案的有效证据。由于ZL01342748.2号外观设计的授权公告日为2002年12月18日，早于本专利申请日2005年3月25日，因此该外观设计可作为评价本专利是否符合专利法第23条规定的在先设计（下称在先设计）。

附件2为本专利外观设计公报，专利权人对其真实性无异议，经合议组核实，附件1的内容真实，可用以说明本专利的相关信息。

3. 本专利是否符合专利法第 23 条的规定

本专利与在先设计都是绷缝机（缝纫机）的外观设计专利权，其产品用途完全相同，并且其外观设计分类号也都是 15-06，因此两者属于同一类别的产品的外观设计专利权，根据审查指南第四部分第五章第 6 节的规定，可以进行外观设计相近似的比较。

本专利包括主视图、后视图、左视图、右视图、立体图以及俯视图，省略了仰视图。从各视图观察，该绷缝机由上节（机头部）和机座部构成，在机头的左侧上方设有上节侧盖；在机头部左侧下方设有针杆和针线操作器；上节顶部带有针杆帽和上盖；上节的右侧设有过线板，夹线器；在机座部上，机座部前部设有前罩壳，机座部底部设有油盘，机座右侧带有皮带罩和手轮（具体详见本专利图）。

在先设计包括主视图、后视图、左视图、右视图、立体图、俯视图以及仰视图。从各视图观察，该缝纫机由由上节（机头部）和机座部构成，在机头的左侧上方设有上节侧盖；在机头部左侧下方设有针杆和针线操作器；上节顶部带有针杆帽和上盖；上节的右侧设有过线板，夹线器；在机座部上，机座部前部设有前罩壳，机座部底部设有油盘，机座右侧带有皮带罩和手轮（具体详见在先设计图）。

将本专利与在先设计相对比可以发现，两者在整体外观形状上几乎完全相同，各组件的外观，组件之间的连接方式、位置关系、比例关系也均相同。针对专利权人所述的两者之间的七点区别，合议组认为：关于 A 处，本专利在机头正面壳体的硅油盒处具有一个上边缘为凸起曲线的很浅的下凹曲面，而在先设计的下凹曲面上边缘没有向上凸起，但这一点属于非常细微的差别，不容易被观察到；关于 B 处，本专利在正面壳体的下部的穿线罩板处有一处很浅的平行凹槽，而在先设计没有这一凹槽，但这一点显然也属于非常细微的差别；关于 C 处，从主视图看，在先设计在正面壳体拐角处也具有过线架，且从立体图、右视图也都能够清晰地观察到过线架的存在，因此，这一点不能构成两者差别所在；关于 D 处，从左视图看，本专利机头的左端面上部面板有下端为椭圆形弧线的凸起面，凸起面上还具有一个较浅的椭圆形凹陷，而在先设计的对应处是一个下端向左下方延伸的流线形弧线的凸起面，凸起面上的凹陷部分为圆形，但这一处的区别位于消费者不易观察到的左侧，且仅在于局部的细微变化；关于 E、F 处，如请求人所述，这些视觉差别只是两者拍摄角度高低不同所导致的，实际上并无差异，这一点可以从右视图、俯视图、仰视图中得到印证，两者的左端面下部差动调节板罩尺寸基本相同，而缝台板的向外延伸长度也完全一样；关于 G 处，从后视图看，本专利的机头后背部正中有一个较浅的凸起，而在先设计也有相同的凸起，只是右边螺钉部的颜色深浅与本专利不同，在本专利不请求保护的色彩的前提下，由于这一部分面积占整体比例非常小，体现在图案上也属于非常细微的差别。总之，对于专利权人所称的七处差异，C、E、F 处两者完全相同，A、B、D、G 处仅存有可以忽略的微小差别。根据整体观察、综合判断的原则，由于本专利与在先设计在整体外观形状上几乎完全相同，上述细微差别对于整体视觉效果上不足以产生显著的影响。此外，专利权人在意见陈述中曾主张，绷缝机由其功能限定，整体外形属于常规设计，所不同的只是局部改进，对此，合议组认为，专利权人并无任何证据证明其所主张的事实，缝纫机的外观并不是由其功能所唯一限定的，这一主张亦不能成立。综上所述，本专利与在先设计属于相近似的外观设计，本专利不符合专利法第 23 条的规定。

### 三、决定

宣告第 200530104860.1 号外观设计专利权无效。

当事人对本决定不服的，可以根据专利法第 46 条第 2 款的规定，自收到本决定之日起三个月内向北京市第一中级人民法院起诉。根据该款的规定，一方当事人起诉后，另一方当事人应当作为第三人参加诉讼。

立体图

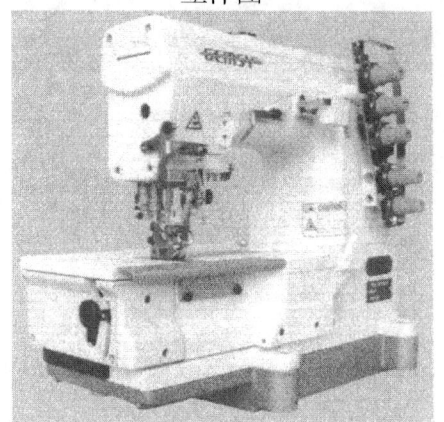

右视图

主视图

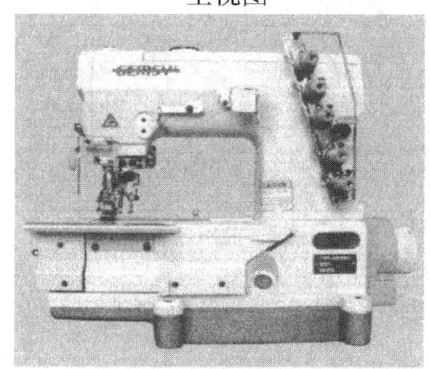

左视图

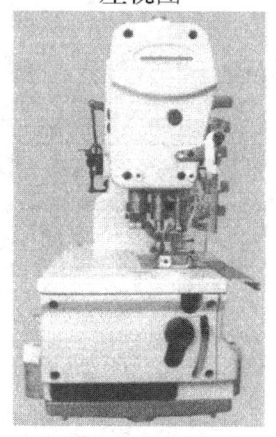

俯视图

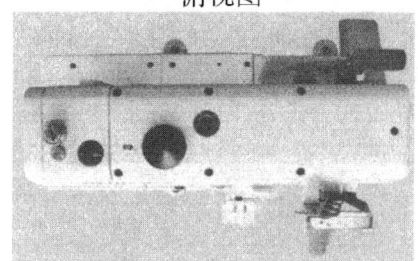

后视图

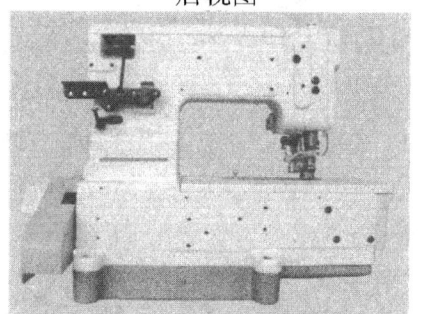

本专利附图

在先设计

立体图　　　　　　　　　　主视图

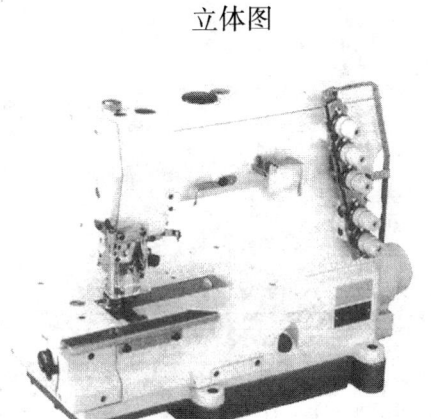
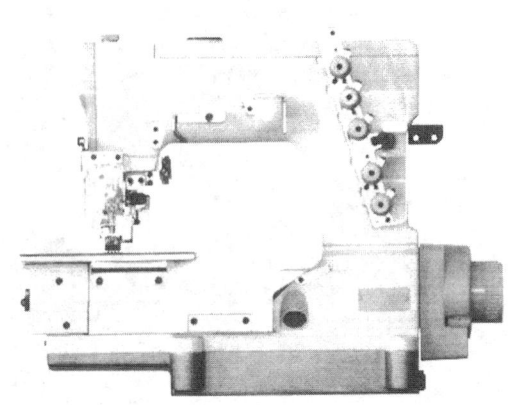

后视图

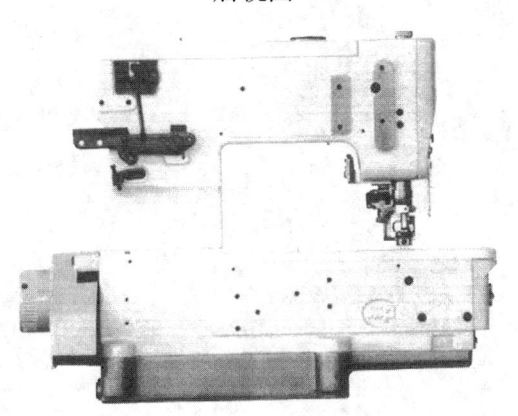

仰视图　　　　　　　右视图

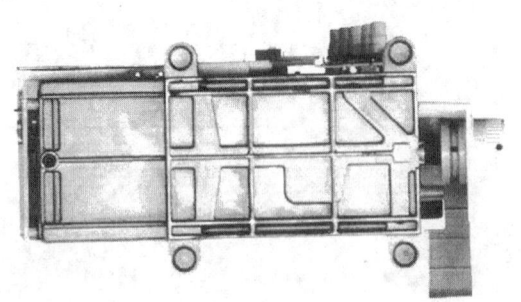
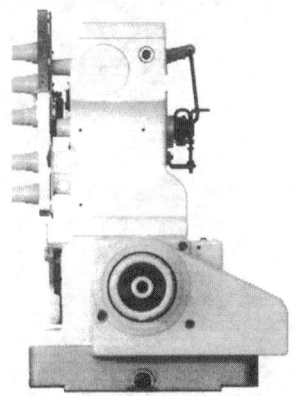

左视图  俯视图

# 灯　头

## 无效宣告请求审查决定（第 10698 号）

| | |
|---|---|
| 决 定 号 | 第 10698 号 |
| 决 定 日 | 2007 年 11 月 22 日 |
| 发明创造名称 | 灯头 |
| 外观设计分类号 | 26-04 |
| 无效宣告请求人 | 珠海泰阳电子塑胶制品有限公司 |
| 专 利 权 人 | 珠海市马帝电器有限公司 |
| 申 请 号 | 02375779.5 |
| 申 请 日 | 2002 年 12 月 13 日 |
| 授权公告日 | 2003 年 8 月 27 日 |
| 合议组组长 | 高　雪 |
| 主 审 员 | 刘　妍 |
| 参 审 员 | 瞿晓峰 |
| 附　　图 | 2 页 |
| 法 律 依 据 | 专利法第 23 条 |

**决 定 要 点**

请求人提供的证据未能证明在本专利申请日以前已有与本专利相同的外观设计产品在出版物上公开发表，因此，其提出的无效宣告请求的理由不成立。

### 一、案由

本无效宣告请求涉及的是国家知识产权局于 2003 年 8 月 27 日授权公告的，名称为"灯头"的外观设计专利（下称本专利），其申请号为 02375779.5，申请日为 2002 年 12 月 13 日，专利权人为珠海市马帝电器有限公司（下称专利权人）。

针对上述专利权，珠海泰阳电子塑胶制品有限公司（下称请求人）于 2006 年 12 月 14 日向专利复审委员会提出无效宣告请求，其理由是本专利不符合专利法第 23 条的规定，请求人认为：在本专利申请日之前，已有与其完全相同的外观设计在杂志上公开发表。与此同时，请求人提交了如下证据：

证据 1：香港周成康律师出具的证明书及周成康律师的律师执业证书复印本中文译文，复印件 8 页；

证据 2：2002 年 8 月出版《环球市场（龙媒）》封面页、第 15 页及中文译文，复印件 3 页；

证据3：2002年8月出版《环球市场（龙媒）》第354页，复印件1页；

证据4：2002年8月出版《环球市场（龙媒）》第355页，复印件1页。

经形式审查合格，专利复审委员会于2007年2月7日向双方当事人发出《无效宣告请求受理通知书》，并将无效请求书及相关证据的副本转送给专利权人。

2007年4月6日，专利复审委员会收到专利权人提交的意见陈述书，针对请求人提出的无效理由，专利权人认为：请求人提交的证据1~4不符合法律规定的要求，不能作为证据认定；附件3、4所公开的外观设计是非常模糊、不清楚的，不能看清该产品灯头的形状和各部分的外观设计，与本专利外观设计不相同也不相近似。因此，本专利的授权符合专利法第23条的规定。

2007年8月29日，本案合议组向双方当事人发出了《无效宣告请求口头审理通知书》，定于2007年10月9日进行口头审理，并向请求人转送了专利权人于2007年3月20日向复审委员会提交的意见陈述书的副本。

口头审理如期进行。请求人出席了口头审理，专利权人未出席口头审理。请求人对变更后的合议组无回避请求。请求人当庭提交了证据1~4的原件，并主张证据1用于证明证据2~4的真实性，证据3、4所公开的灯头与本专利完全相同。请求人就本专利不符合专利法第23条的规定的理由充分发表了意见。

至此，合议组认为本案的事实已经清楚，依法作出审查决定。

## 二、决定的理由

1. 关于证据

无效宣告请求人向专利复审委员会提交了证据1~4，并在口头审理中出示了证据1~4的原件，其中：

证据1为请求人声称的中国委托公证人的证明书，以及香港周成康律师的律师执业证书复印件及中文译文，上述证明书由香港周成康律师行出具，由周成康律师签名，请求人提交了证据1的原件，合议组对证据1的真实性予以认可。证据1的证明书上记载："2001年10月出版之龙媒灯饰杂志和2002年8月出版之环球市场（龙媒）杂志，两本杂志乃由环球市场集团（亚洲）有限公司（香港公司注册编号0720413）（前称香港龙媒国际控股有限公司）（下简称"环球"）出版，并于香港印刷"，"两杂志皆已取得国际标准期刊号，即ISSN编码"，"关于上述两杂志，敝行确认杂志内容包括如下：b. 东莞金辉公司于2002年8月之环球市场（龙媒）杂志，第354页内，有关之产品外观设计广告，外观设计中包括型号为PB/SAA之带开关的灯头及型号为KH01/SAA的灯头。c. 知旋有限公司于2002年8月之上述之环球市场（龙媒）杂志，第355页内，有关之产品外观设计广告，外观设计中包括型号为545之带开关的灯头及型号为544的灯头"。该证明书附有周成康律师的律师执业证书复印件，并经中国委托公证人吴绪煌律师公证，并盖有"中华人民共和国司法部委托香港律师办理内地使用的公正文书转递专用章"。证据2为请求人声称的2002年8月出版《环球市场（龙媒）》封面页、第15页及中文译文；证据3为请求人声称的2002年8月出版《环球市场（龙媒）》第354页；证据4为请求人声称的2002年8月出版《环球市场（龙媒）》第355页。由证据1可知，证据2~4为在香港公开出版的正式出版物，且履行了香港地区形成的证据的法定证明手续，合议组对证据2~4的真实性亦予以认可。其中证据2为目录页，证据3、4中公开的外观设计，其公开日（2002年8月31日）早于本专利申请日，可以作为评价本专利是否符合专利法第23条的对比文件。

2. 关于专利法第23条

专利法第23条规定"授予专利权的外观设计，应当同申请日以前在国内外出版物上公开发表过或者国内公开使用过的外观设计不相同和不相近似，并不得与他人在先取得的合法权利相冲突"。

请求人主张在本专利申请日之前，已有与其外观设计相同的产品在出版物上公开发表。具体而言，请求人认为：证据3第354页中型号为KH01/SAA的灯头及证据4第355页中型号为544的灯头为本专利的在先设计，与本专利完全相同。

对此合议组认为：本专利的灯头整体为上宽下窄，由上到下依次包含一部、二部、三部、四部四个部分组成，一部位于最上端，整体形状为圆柱形，直径小于灯头的二部，局部位于二部内部，形成嵌套结构，其顶部中央开有内凹的线孔，外侧均匀分布有纵向条纹的外形；灯头的二部整体为圆台形，其上端外侧设有8个突起（参见俯视图），每个突起从二部顶部顺延至中部，逐渐变细、变薄（参见主视图）；灯头四部下端外侧有4个条状突起（参见俯视图），每个突起从底部向上延伸一定高度，且从上到下逐渐变细、变薄（参见主视图）；在二部和四部之间设有一圆环三部。

证据3第354页中型号为KH01/SAA的灯头为一单一的平面小图，整体为上宽下窄，能够看出由上到下依次包含一部、二部、三部、四部四个部分组成，一部位于最上端，整体形状为圆柱形，直径小于灯头的二部，局部位于二部内部，形成嵌套结构，其顶部中央开有内凹的线孔；在二部和四部之间设有一圆环三部。在证据3灯头的平面图上能够看出灯头二部上端外侧圆周的左右两边边缘不平滑，具有突起，但是突起的形状、数目难以辨别；灯头四部圆周外侧线条平滑，难以辨别有无突起。

同样，证据4第355页中型号为544的灯头也为一单一的平面小图，平面图上能够看出灯头二部上端外侧的圆周左右两边边缘不平滑，设有突起，但突起的形状、数目难以辨别；灯头四部外侧圆周左右两边边缘不平滑，设有突起，但突起的形状、数目同样难以辨别。

由于证据3、4的灯头为平面小图，灯头二部与四部突起的数目与形状变化难以辨识，无法确定其与本专利的灯头确属完全相同的外观设计。合议组认定，请求人关于与本专利完全相同的外观设计在申请日之前已公开的主张不能成立。

基于以上事实和理由，本案合议组作出如下审查决定。

### 三、决定

维持02375779.5号外观设计专利权有效。

当事人对本决定不服的，可以根据专利法第46条第2款的规定，自收到本决定之日起三个月内向北京市第一中级人民法院起诉。根据该款的规定，一方当事人起诉后，另一方当事人应当作为第三人参加诉讼。

| 主视图 | 俯视图 | 仰视图 |
|---|---|---|
| 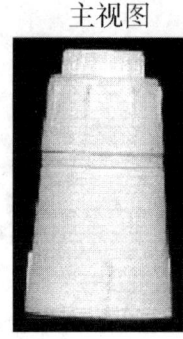 | 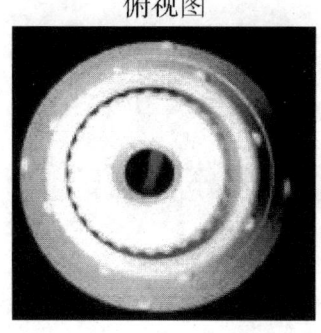 |  |

本专利附图

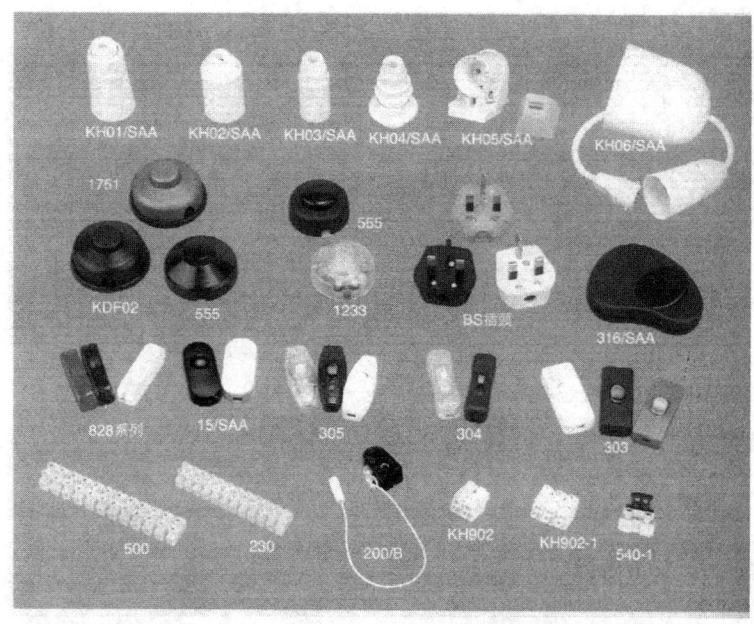

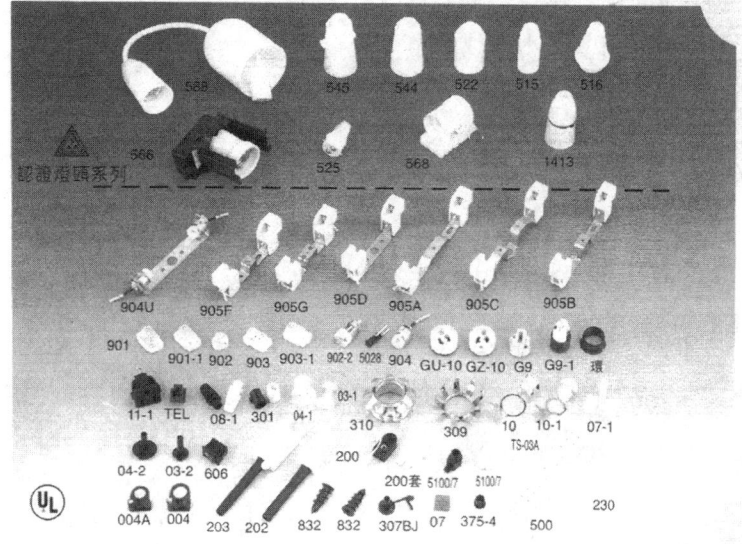

在先设计

# 带开关的灯头

## 无效宣告请求审查决定（第 10699 号）

| | |
|---|---|
| 决 定 号 | 第 10699 号 |
| 决 定 日 | 2007 年 11 月 22 日 |
| 发明创造名称 | 带开关的灯头 |
| 外观设计分类号 | 26-04 |
| 无效宣告请求人 | 珠海泰阳电子塑胶制品有限公司 |
| 专 利 权 人 | 珠海市马帝电器有限公司 |
| 申 请 号 | 02375780.9 |
| 申 请 日 | 2002 年 12 月 13 日 |
| 授权公告日 | 2003 年 8 月 27 日 |
| 合议组组长 | 高 雪 |
| 主 审 员 | 刘 妍 |
| 参 审 员 | 瞿晓峰 |
| 附 图 | 2 页 |

法 律 依 据　专利法第 23 条

决 定 要 点

请求人提供的证据未能证明在本专利申请日以前已有与本专利相同的外观设计产品在出版物上公开发表，因此，其提出的无效宣告请求的理由不成立。

一、案由

本无效宣告请求涉及的是国家知识产权局于 2003 年 8 月 27 日授权公告的，名称为"带开关的灯头"的外观设计专利（下称本专利），其申请号为 02375780.9，申请日为 2002 年 12 月 13 日，专利权人为珠海市马帝电器有限公司（下称专利权人）。

针对上述专利权，珠海泰阳电子塑胶制品有限公司（下称请求人）于 2006 年 12 月 14 日向专利复审委员会提出无效宣告请求，其理由是本专利不符合专利法第 23 条的规定，请求人认为：在本专利申请日之前，已有与其完全相同的外观设计在杂志上公开发表。与此同时，请求人提交了如下证据：

证据 1：香港周成康律师出具的证明书及周成康律师的律师执业证书复印本中文译文，复印件 8 页；

证据 2：2001 年 10 月出版《龙媒灯饰》封面页、第 13 页及中文译文，复印件 3 页；

证据3：2001年10月出版《龙媒灯饰》第242页，复印件1页；

证据4：2002年8月出版《环球市场（龙媒）》封面页、第15页及中文译文，复印件3页；

证据5：2002年8月出版《环球市场（龙媒）》第354页，复印件1页；

证据6：2002年8月出版《环球市场（龙媒）》第355页，复印件1页。

经形式审查合格，专利复审委员会于2007年2月7日向双方当事人发出《无效宣告请求受理通知书》，并将无效请求书及相关证据的副本转送给专利权人。

2007年4月6日，专利复审委员会收到专利权人提交的意见陈述书，针对请求人提出的无效理由，专利权人认为：请求人提交的证据1~6不符合法律规定的要求，不能作为证据认定；附件3、5、6所公开的外观设计是非常模糊、不清楚的，不能看清该产品带开关的灯头的形状和各部分的外观设计，与本专利外观设计不相同也不相近似。因此，本专利的授权符合专利法第23条的规定。

2007年8月29日，本案合议组向双方当事人发出了《无效宣告请求口头审理通知书》，定于2007年10月9日进行口头审理，并向请求人转送了专利权人于2007年3月20日向复审委员会提交的意见陈述书的副本。

口头审理如期进行。请求人出席了口头审理，专利权人未出席口头审理。请求人对变更后的合议组无回避请求。请求人当庭提交了证据1~6的原件，并主张证据1用于证明证据2~6的真实性，证据3、5、6所公开的带开关的灯头与本专利完全相同。请求人就本专利不符合专利法第23条的规定的理由充分发表了意见。

至此，合议组认为本案的事实已经清楚，依法作出审查决定。

**二、决定的理由**

1. 关于证据

无效宣告请求人向专利复审委员会提交了证据1~6，并在口头审理中出示了证据1~6的原件，其中：

证据1为请求人声称的中国委托公证人的证明书，以及香港周成康律师的律师执业证书复印件及中文译文，上述证明书由香港周成康律师行出具，由周成康律师签名，请求人提交了证据1的原件，合议组对证据1的真实性予以认可。证据1的证明书上记载："2001年10月出版之龙媒灯饰杂志和2002年8月出版之环球市场（龙媒）杂志，两本杂志乃由环球市场集团（亚洲）有限公司（香港公司注册编号0720413）（前称香港龙媒国际控股有限公司）（下简称"环球"）出版，并于香港印刷"，"两杂志皆已取得国际标准期刊号，即ISSN编码"，"关于上述两杂志，敝行确认杂志内容包括如下：a. 东莞金辉公司于2001年10月之龙媒灯饰杂志，第242页内，有关之产品外观设计广告，外观设计中包括型号为PB/SAA之带开关的灯头；及 b. 东莞金辉公司于2002年8月之环球市场（龙媒）杂志，第354页内，有关之产品外观设计广告，外观设计中包括型号为PB/SAA之带开关的灯头及型号为KH01/SAA的灯头。c. 知旋有限公司于2002年8月之上述之环球市场（龙媒）杂志，第355页内，有关之产品外观设计广告，外观设计中包括型号为545之带开关的灯头及型号为544的灯头"。该证明书附有周成康律师的律师执业证书复印件，并经中国委托公证人吴绪煌律师公证，并盖有"中华人民共和国司法部委托香港律师办理内地使用的公正文书转递专用章"。证据2为请求人声称的2001年10月出版《龙媒灯饰》封面页、第13页及中文译文；证据3为请求人声称的2001年10月出版《龙媒灯饰》第242页；证据4为请求人声称的2002年8月出版《环球市场（龙媒）》封面页、第15页及中文译文；证据5为请求人声称的2002年8月出版《环球市场（龙媒）》第354页；证据6为请求人声称的2002年8月出版《环球市场（龙媒）》第355页。由证据1可知，证据2~6为在香港公开出版的正式出版物，且履行了香港地区形成的证据的法定证明手续，合议组对证据2~6

的真实性亦予以认可。其中证据2、4为目录页，证据3、5、6中公开了外观设计，其中证据3的公开日为2001年10月31日，证据5、6的公开日为2002年8月31日，证据3、5、6的公开日均早于本专利申请日，可以作为评价本专利是否符合专利法第23条的对比文件。

2. 关于专利法第23条

专利法第23条规定"授予专利权的外观设计，应当同申请日以前在国内外出版物上公开发表过或者国内公开使用过的外观设计不相同和不相近似，并不得与他人在先取得的合法权利相冲突"。

请求人主张在本专利申请日之前，已有与其外观设计相同的产品在出版物上公开发表。具体而言，请求人认为：证据3第242页中型号为PB/SAA之带开关的灯头、证据5第354页中型号为PB/SAA之带开关的灯头，以及证据6第355页中型号为545之带开关的灯头为本专利的在先设计，与本专利完全相同。

对此合议组认为：本专利的带开关的灯头整体为上宽下窄，由上到下依次包含一部、二部、三部、四部四个部分组成，一部位于最上端，整体形状为圆柱形，直径小于灯头的二部，局部位于二部内部，形成嵌套结构，其顶部中央开有内凹的线孔，外侧均匀分布有纵向条纹的外形；灯头的二部整体为圆台形，其上端外侧设有8个突起（参见俯视图），每个突起从二部顶部顺延至中部，逐渐变细、变薄（参见主视图）；灯头四部下端外侧有4个条状突起（参见俯视图），每个突起从底部向上延伸一定高度，且从上到下逐渐变细、变薄（参见主视图）；在二部和四部之间设有一圆环三部，两侧均设有开关。

证据3第242页中型号为PB/SAA的带开关的灯头为一单一的平面小图，整体为上宽下窄，能够看出由上到下依次包含一部、二部、三部、四部四个部分组成，一部位于最上端，整体形状为圆柱形，直径小于灯头的二部，局部位于二部内部，形成嵌套结构，其顶部中央开有内凹的线孔；在二部和四部之间设有一圆环三部，两侧均设有开关。在证据3带开关的灯头的平面图上能够看出灯头二部上端圆周的边缘不平滑，具有突起，但是突起的形状、数目难以辨别；灯头四部圆周外侧边缘不平滑，具有突起，但是突起的形状、数目难以辨别。

证据5第354页中型号为PB/SAA之带开关的灯头与上述证据3型号相同，同样的，从证据5的带开关的灯头平面小图上仅能看出二部和四部具有突起，但是突起的形状、数目难以辨别。

证据6第355页中型号为545的带开关的灯头也为一单一的平面小图，平面图上能够看出灯头二部上端外侧的圆周左右两边边缘不平滑，设有突起，但突起的形状、数目难以辨别；灯头四部外侧圆周左右两边边缘不平滑，设有突起，但突起的形状、数目同样难以辨别。

由于证据3、5、6的带开关的灯头为平面小图，灯头二部与四部突起的数目与形状变化难以辨识，无法确定其与本专利的带开关的灯头确属完全相同的外观设计。合议组认定，请求人关于与本专利完全相同的外观设计在申请日之前已公开的主张不能成立。

基于以上事实和理由，本案合议组作出如下审查决定。

### 三、决定

维持02375780.9号外观设计专利权有效。

当事人对本决定不服的，可以根据专利法第46条第2款的规定，自收到本决定之日起三个月内向北京市第一中级人民法院起诉。根据该款的规定，一方当事人起诉后，另一方当事人应当作为第三人参加诉讼。

俯视图　　后视图　　仰视图

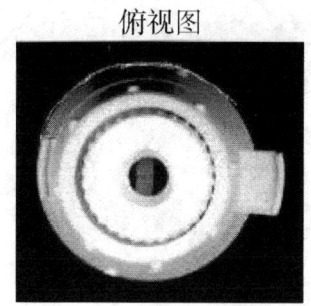  

左视图

右视图　　主视图

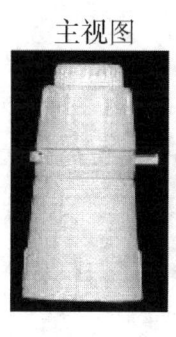 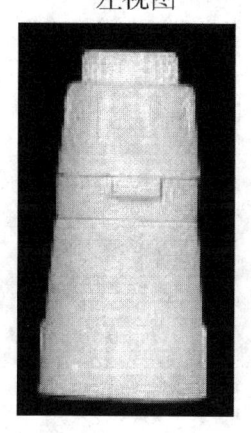

本专利附图

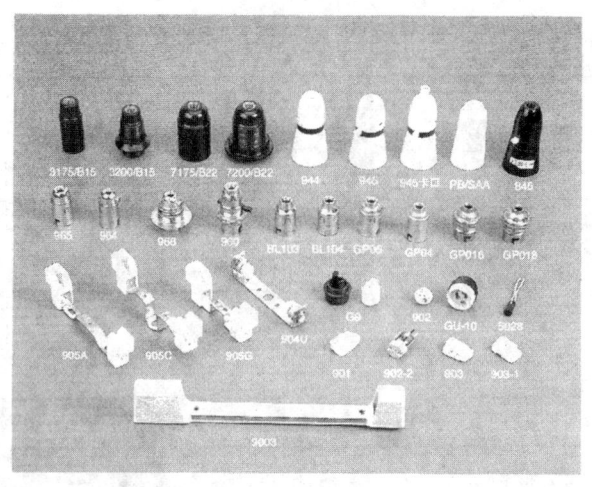

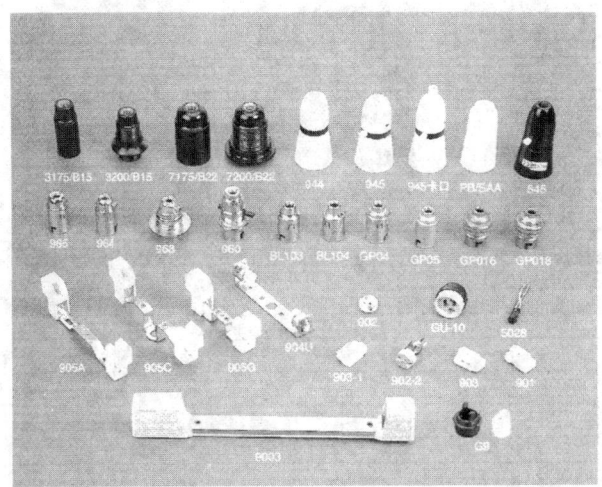

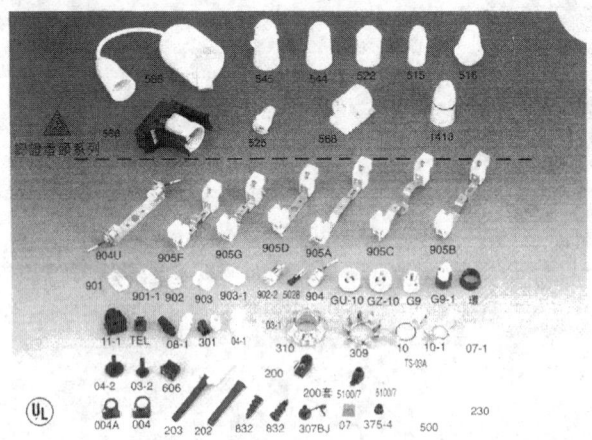

在先设计

# 玩具（空中霸王战士）

## 无效宣告请求审查决定（第 10702 号）

| | |
|---|---|
| 决 定 号 | 第 10702 号 |
| 决 定 日 | 2007 年 12 月 5 日 |
| 发明创造名称 | 玩具（空中霸王战士） |
| 外观设计分类号 | 21-01 |
| 无效宣告请求人 | 株式会社万代 |
| 专 利 权 人 | 陈振楷 |
| 申 请 号 | 200530079408.4 |
| 申 请 日 | 2005 年 11 月 25 日 |
| 授 权 公 告 日 | 2006 年 9 月 20 日 |
| 合 议 组 组 长 | 钟 华 |
| 主 审 员 | 吴大章 |
| 参 审 员 | 周 佳 |
| 附 图 | 2 页 |
| 法 律 依 据 | 专利法第 23 条 |
| 决 定 要 点 | |

在先设计与本专利属于相近似的外观设计，故本专利权的授予不符合专利法第 23 条的规定。

## 一、案由

本无效宣告请求涉及的是国家知识产权局于 2006 年 9 月 20 日授权公告的、名称为"玩具（空中霸王战士）"的外观设计专利，其申请号是 200530079408.4，申请日是 2005 年 11 月 25 日，专利权人是陈振楷。

针对上述专利权（下称本专利），株式会社万代（下称请求人）于 2007 年 3 月 30 日向专利复审委员会提出无效宣告请求，其理由是本专利权的授予不符合专利法第 23 条的规定，其主张的事实为在本专利申请日之前已有相同的外观设计在日本出版物上公开发表过。请求人提交了如下证据：

附件 1：本专利授权公告文本网页的复印件共 7 页；

附件 2：附件 3 和附件 4 的证明书及公证和认证文件的复印件共 3 页；

附件 3：《ガンプラ大全集 2004》（《敢达模型大全集 2004》）书刊的封面、第 188 页和第 194 页的复印件共 3 页；

附件 4：《HOBBY JAPAN》（《业余爱好日本》）刊物 1996 年 6 月号的封面、第 41 页和第 262 页

的复印件共 3 页；

附件 5：《HOBBY JAPAN》（《业余爱好日本》）刊物 1996 年 7 月号的封面、第 11 页、第 42 页、第 43 页和第 262 页的复印件共 5 页。

2007 年 4 月 29 日，专利复审委员会收到了请求人提交的上述附件 2~5 的中文译文。

专利复审委员会经形式审查合格受理了该无效宣告请求，并且于 2007 年 8 月 3 日将请求书及相关证据材料副本转送给专利权人，要求其在指定的期限内答复。专利权人逾期未作答复。

2007 年 10 月 29 日，专利复审委员会向双方当事人发出口头审理通知书，定于 2007 年 12 月 4 日进行口头审理。

口头审理如期举行，请求人的代理人出席口头审理，对合议组成员无回避请求。专利权人未出席口头审理。专利复审委员会也没有收到其任何书面答复。口头审理中，请求人就提交的证据进行了意见陈述并坚持原有主张，提交了附件 2~5 的原件以及相关刊物当年期刊的全部原件。

至此，在口头审理的基础上，合议组认为本案事实清楚，可以依法作出审查决定。

二、决定的理由

请求人提出的无效宣告请求的理由是：本专利权的授予不符合专利法第 23 条的规定。

专利法第 23 条规定：授予专利权的外观设计，应当同申请日以前在国内外出版物上公开发表过或者国内公开使用过的外观设计不相同和不相近似，并不得与他人在先取得的合法权利相冲突。

请求人提交的附件 5 是《业余爱好日本》刊物 1996 年 7 月号相关页的复印件，并提交了其公证认证文件（附件 2）和中文译文。在口头审理中，请求人提交了附件 2 和附件 5 的原件。在附件 2 中，万代株式会社董事长出具了证言："附加文件确实为下列书籍的真实复印件"，该证言经日本东京法务局公证人川岛贵志郎公证，又经东京法务局、日本外务省、中国驻日本大使馆认证。针对上述证据，专利权人始终未提交任何意见陈述，也未提交相关证据证明其不真实。合议组认为，附件 5 作为域外证据已经履行了相应的证明手续，并在规定的期限内提交了中文译文，符合审查指南第四部分第八章关于无效宣告程序中有关证据问题的规定，且专利权人未对其提出质疑，因此请求人提供的附件 5 真实可信，1996 年 7 月号《业余爱好日本》刊物属于专利法意义上的出版物。在该刊物的第 262 页上注明其发行日是 1996 年 7 月 1 日，在本专利申请日（2005 年 11 月 25 日）之前，在其第 11 页和第 42 页至第 43 页上刊载了一款名称为"GW-9800 空中霸王战士"的玩具的图片。故附件 5 可以作为判断本专利权的授予是否符合专利法第 23 条规定的依据。

本专利和在先设计均为玩具，两者用途相同，故可以进行相同和相近似比较。

本专利的整体形状呈拟人形设计，各个组成部分呈机械零部件形态的设计。本专利的头部前额具有"V"字形设计，双肩呈块状机械零部件形态，双手持光束步枪，身后两侧具有飞机机翼型设计，身后具有战斗机机舱段的设计（详见本专利附图）。

从上述附件 4 的"空中霸王战士"的玩具（下称在先设计）的图片可知，在先设计的整体形状呈拟人形设计，各个组成部分呈机械零部件形态的设计。头部前额具有"V"字形设计，双肩呈块状机械零部件形态，双手持光束步枪，身后两侧具有飞机机翼设计，身后具有战斗机机舱段的设计（详见在先设计附图）。

将本专利和在先设计进行对比后，可以看到：二者的整体形状几乎相同，各相应的组成部分也都是相近似的。合议组认为，对于一般消费者而言，容易将本专利与在先设计相混淆，因此二者属于相近似的外观设计。

综上，请求人提供的证据能够证明在本专利申请日之前，已经有相近似的外观设计在公开出版物上发表。因此本专利权的授予不符合专利法第 23 条的规定。

鉴于上述已经得出本专利权的授予不符合专利法第 23 条规定的结论，故本决定对请求人提交的其他证据不再评述。

### 三、决定

依据专利法第 23 条的规定，宣告 200530079408.4 号外观设计专利权全部无效。

当事人对本决定不服的，可以根据专利法第 46 条第 2 款的规定，在收到本决定之日起三个月内向北京市第一中级人民法院起诉。一方当事人起诉后，另一方当事人将作为第三人参加诉讼。

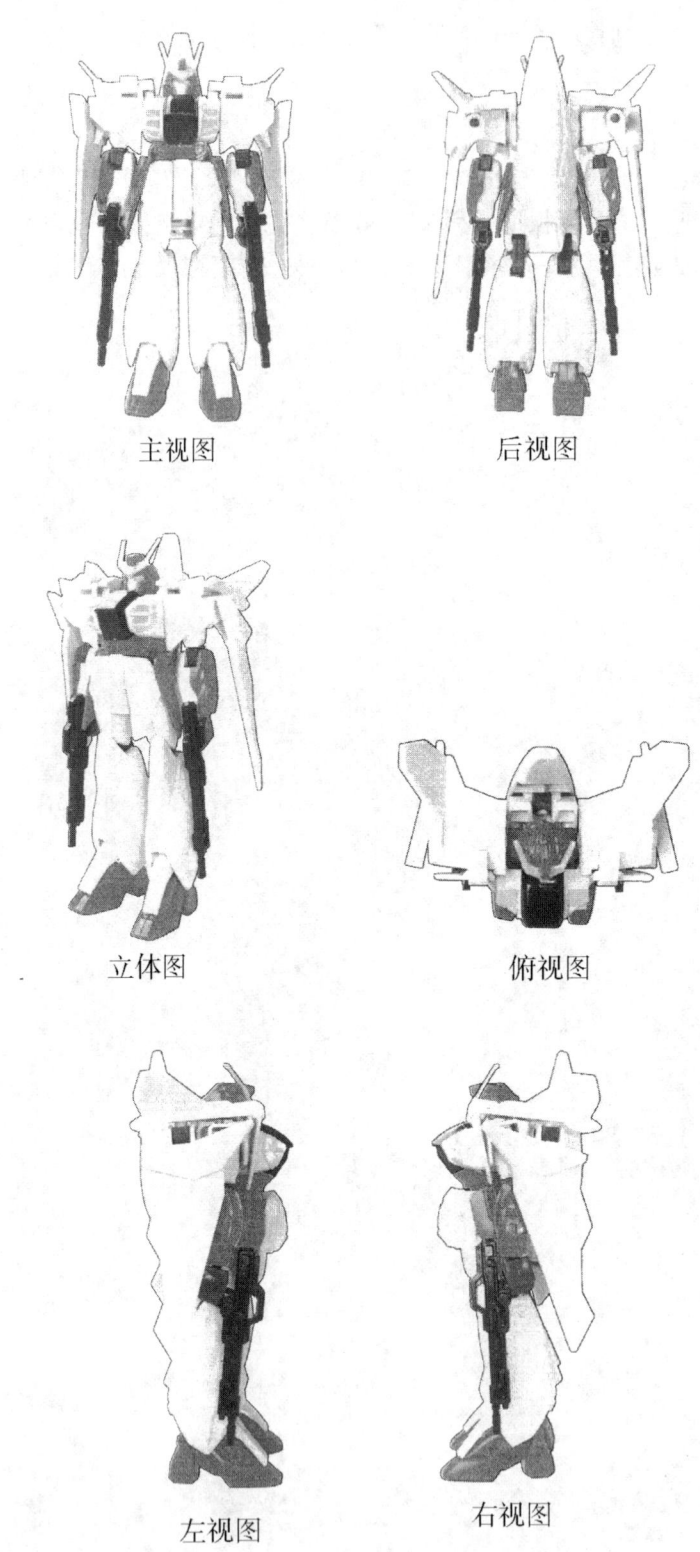

本专利附图

在先设计附图

# 玩具（带翼加达姆）

## 无效宣告请求审查决定（第 10703 号）

| | |
|---|---|
| 决 定 号 | 第 10703 号 |
| 决 定 日 | 2007 年 12 月 6 日 |
| 发明创造名称 | 玩具（带翼加达姆） |
| 外观设计分类号 | 21-01 |
| 无效宣告请求人 | 株式会社万代 |
| 专 利 权 人 | 陈振楷 |
| 申 请 号 | 200530062627.1 |
| 申 请 日 | 2005 年 7 月 4 日 |
| 授权公告日 | 2006 年 3 月 22 日 |
| 合议组组长 | 钟 华 |
| 主 审 员 | 吴大章 |
| 参 审 员 | 周 佳 |
| 附 图 | 2 页 |

**法 律 依 据** 专利法第 23 条
**决 定 要 点**
在先设计与本专利属于相近似的外观设计，故本专利权的授予不符合专利法第 23 条的规定。

## 一、案由

本无效宣告请求涉及的是国家知识产权局于 2006 年 3 月 22 日授权公告的、名称为"玩具（带翼加达姆）"的外观设计专利，其申请号是 200530062627.1，申请日是 2005 年 7 月 4 日，专利权人是陈振楷。

针对上述专利权（下称本专利），株式会社万代（下称请求人）于 2007 年 3 月 30 日向专利复审委员会提出无效宣告请求，其理由是本专利权的授予不符合专利法第 23 条的规定，其主张的事实为在本专利申请日之前已有相同的外观设计在日本出版物上公开发表过。请求人提交了如下证据：

附件 1：本专利授权公告文本网页的复印件共 7 页；

附件 2：附件 3~5 的证明书及公证和认证文件的复印件共 3 页；

附件 3：《ガンプラ大全集 2004》（《敢达模型大全集 2004》）刊物的封面、第 186 页和第 194 页的复印件共 3 页；

附件 4：《HOBBY JAPAN》（《业余爱好日本》）刊物 1997 年 7 月号的封面、第 8~13 页和第 310

页的复印件共 8 页；

附件 5：《HOBBY JAPAN》（《业余爱好日本》）刊物 2004 年 4 月号的封面、第 8~15 页和第 350 页的复印件共 10 页。

2007 年 4 月 29 日，专利复审委员会收到了请求人提交的上述附件 2~5 的中文译文。

专利复审委员会经形式审查合格受理了该无效宣告请求，并且于 2007 年 8 月 3 日将请求书及相关证据材料副本转送给专利权人，要求其在指定的期限内答复。专利权人逾期未作答复。

2007 年 10 月 29 日，专利复审委员会向双方当事人发出口头审理通知书，定于 2007 年 12 月 4 日进行口头审理。

口头审理如期举行，请求人的代理人出席口头审理，对合议组成员无回避请求。专利权人未出席口头审理。专利复审委员会也没有收到其任何书面答复。口头审理中，请求人就提交的证据进行了意见陈述并坚持原有主张，提交了附件 2~5 的原件以及相关刊物当年期刊的全部原件。

至此，在口头审理的基础上，合议组认为本案事实清楚，可以依法作出审查决定。

## 二、决定的理由

（1）请求人提出的无效宣告请求的理由是：本专利权的授予不符合专利法第 23 条的规定。

专利法第 23 条规定：授予专利权的外观设计，应当同申请日以前在国内外出版物上公开发表过或者国内公开使用过的外观设计不相同和不相近似，并不得与他人在先取得的合法权利相冲突。

（2）请求人提交的附件 4 是《业余爱好日本》刊物 1997 年 7 月号相关页的复印件，并提交了其公证认证文件（附件 2）和中文译文。在口头审理中，请求人提交了附件 2 和附件 4 的原件。在附件 2 中，万代株式会社董事长出具了证言："附加文件确实为下列书籍的真实复印件"，该证言经日本东京法务局公证人川岛贵志郎公证，又经东京法务局、日本外务省、中国驻日本大使馆认证。针对上述证据，专利权人始终未提交任何意见陈述，也未提交相关证据证明其不真实。合议组认为，附件 4 作为域外证据已经履行了相应的证明手续，并在规定的期限内提交了中文译文，符合审查指南第四部分第八章关于无效宣告程序中有关证据问题的规定，且专利权人未对其提出质疑，因此请求人提供的附件 4 真实可信，1997 年 7 月号《业余爱好日本》刊物属于专利法意义上的出版物。在该刊物的第 310 页上注明其发行日是 1997 年 7 月 1 日，在本专利申请日（2005 年 7 月 4 日）之前，在其第 8 页至第 13 页上刊载了一款名称为"带翼加达姆"的玩具的图片。故附件 4 可以作为判断本专利权的授予是否符合专利法第 23 条规定的依据。

（3）本专利和在先设计均为玩具，两者用途相同，故可以进行相同和相近似比较。

本专利的整体形状呈拟人形设计，各个组成部分呈机械零部件形态的设计。本专利的头部前额具有双"V"字形设计，双肩各由三个片状物叠加在一起形成，前胸凸出，身体后面具有展开的四片禽类羽翼的设计，各羽翼的每片翼片都是连为一体的，左手持光束枪，右手持棒状物（详见本专利附图）。

从上述附件 4 的"带翼加达姆"的玩具（下称在先设计）的图片可知，在先设计的整体形状呈拟人形设计，各个组成部分呈机械零部件形态的设计。其头部前额具有双"V"字形设计，双肩各由三个片状物叠加在一起形成，前胸凸出，身体后面具有四片禽类羽翼的设计，每片翼片都是可以收拢和张开的，右手持光束枪（详见在先设计附图）。

将本专利和在先设计进行对比后，可以看到：二者的整体形状近似，拟人形设计的各组成部分也都是相近似的。二者的不同之处在于：本专利各羽翼的每片翼片都是一体的，而在先设计的每片翼片都是可以收拢和张开的；手持的武器有所不同。合议组认为，本专利外观设计与在先设计整体形状拟人形设计的各部分均近似，二者的翼片虽有不同，但都采用禽类羽翼的设计，在先设计的翼片展开时，其视觉效果与本专利的几乎没有差别，所持武器属于可更换的配件，其差异对整体视觉效果不构成显著影响，因此，二者属于相近似的外观设计。

综上，请求人提供的证据能够证明在本专利申请日之前，已经有相近似的外观设计在公开出版物上发表。因此本专利权的授予不符合专利法第23条的规定。

鉴于上述已经得出本专利权的授予不符合专利法第23条规定的结论，故本决定对请求人提交的其他证据不再评述。

### 三、决定

依据专利法第23条的规定，宣告200530062627.1号外观设计专利权全部无效。

当事人对本决定不服的，可以根据专利法第46条第2款的规定，在收到本决定之日起三个月内向北京市第一中级人民法院起诉。一方当事人起诉后，另一方当事人将作为第三人参加诉讼。

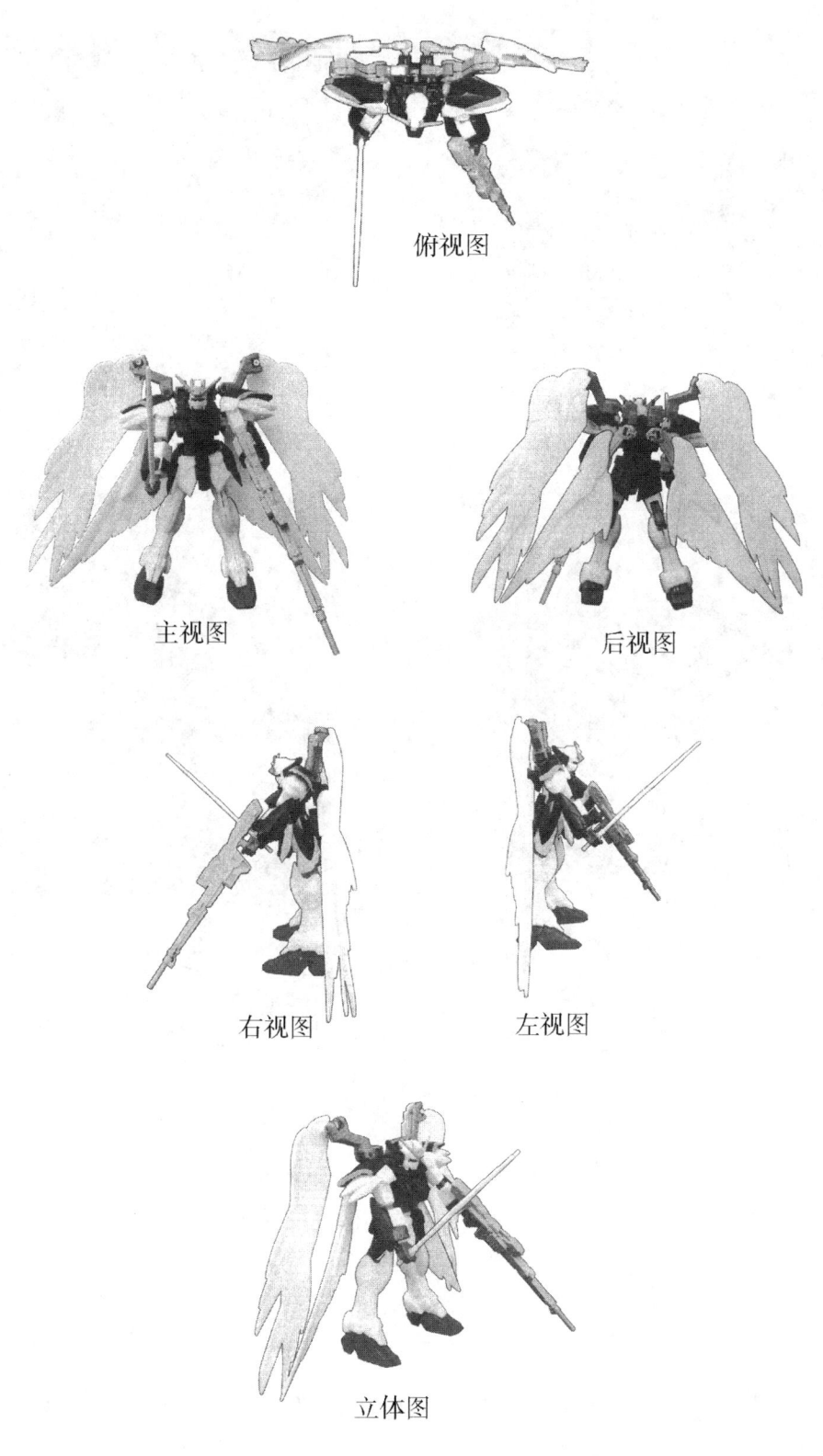

俯视图

主视图　　　后视图

右视图　　　左视图

立体图

本专利附图

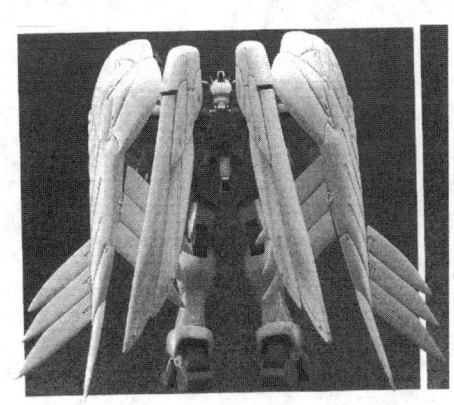

在先设计附图

# 玩具（强力机甲战士）

## 无效宣告请求审查决定（第 10704 号）

| | |
|---|---|
| 决　定　号 | 第 10704 号 |
| 决　定　日 | 2007 年 12 月 6 日 |
| 发明创造名称 | 玩具（强力机甲战士） |
| 外观设计分类 | 21-01 |
| 无效宣告请求人 | 株式会社万代 |
| 专　利　权　人 | 陈振楷 |
| 申　请　号 | 200530079526.5 |
| 申　请　日 | 2005 年 11 月 28 日 |
| 授权公告日 | 2006 年 9 月 13 日 |
| 合议组组长 | 钟　华 |
| 主　审　员 | 吴大章 |
| 参　审　员 | 周　佳 |
| 附　　　图 | 2 页 |

**法　律　依　据**　专利法第 23 条

**决　定　要　点**

在先设计与本专利属于相近似的外观设计，故本专利权的授予不符合专利法第 23 条的规定。

## 一、案由

本无效宣告请求涉及的是国家知识产权局于 2006 年 9 月 13 日授权公告的、名称为"玩具（强力机甲战士）"的外观设计专利，其申请号是 200530079526.5，申请日是 2005 年 11 月 28 日，专利权人是陈振楷。

针对上述专利权（下称本专利），株式会社万代（下称请求人）于 2007 年 3 月 30 日向专利复审委员会提出无效宣告请求，其理由是本专利权的授予不符合专利法第 23 条的规定，其主张的事实为在本专利申请日之前已有相同的外观设计在日本出版物上公开发表过。请求人提交了如下证据：

附件 1：本专利授权公告文本网页的复印件共 7 页；

附件 2：附件 3 和附件 4 的证明书及公证和认证文件的复印件共 3 页；

附件 3：《HOBBY JAPAN》（《业余爱好日本》）刊物 2005 年 4 月号的封面、第 58~61 页和第 358 页的复印件共 6 页；

附件 4：《電撃 HOBBY》（《电击业余爱好》）刊物 2005 年 3 月号的封面、第 32~35 页和第 294

页的复印件共6页；

2007年4月29日，专利复审委员会收到了请求人提交的上述附件2至附件4的中文译文。

专利复审委员会经形式审查合格受理了该无效宣告请求，并且于2007年8月3日将请求书及相关证据材料副本转送给专利权人，要求其在指定的期限内答复。专利权人逾期未作答复。

2007年10月29日，专利复审委员会向双方当事人发出口头审理通知书，定于2007年12月4日进行口头审理。

口头审理如期举行，请求人的代理人出席口头审理，对合议组成员无回避请求。专利权人未出席口头审理。专利复审委员会也没有收到其任何书面答复。口头审理中，请求人就提交的证据进行了意见陈述并坚持原有主张，提交了附件2~4的原件以及相关刊物当年期刊的全部原件。

至此，在口头审理的基础上，合议组认为本案事实清楚，可以依法作出审查决定。

二、决定的理由

请求人提出的无效宣告请求的理由是：本专利权的授予不符合专利法第23条的规定。

专利法第23条规定：授予专利权的外观设计，应当同申请日以前在国内外出版物上公开发表过或者国内公开使用过的外观设计不相同和不相近似，并不得与他人在先取得的合法权利相冲突。

请求人提交的附件4是《电击业余爱好》刊物2005年3月号相关页的复印件，并提交了其公证认证文件（附件2）和中文译文。在口头审理中，请求人提交了附件2和附件4的原件。在附件2中，万代株式会社董事长出具了证言："附加文件确实为下列书籍的真实复印件"，该证言经日本东京法务局公证人川岛贵志郎公证，又经东京法务局、日本外务省、中国驻日本大使馆认证。针对上述证据，专利权人始终未提交任何意见陈述，也未提交相关证据证明其不真实。合议组认为，附件4作为域外证据已经履行了相应的证明手续，并在规定的期限内提交了中文译文，符合审查指南第四部分第八章关于无效宣告程序中有关证据问题的规定，且专利权人未对其提出质疑，因此请求人提供的附件4真实可信，2005年3月号《电击业余爱好》刊物属于专利法意义上的出版物。在该刊物的第294页上注明其发行日是2005年3月1日，在本专利申请日（2005年11月28日）之前，在其第32~35页上刊载了一款名称为"ZGMF-X24S混沌战士"的玩具的图片。故附件4可以作为判断本专利权的授予是否符合专利法第23条规定的依据。

本专利和在先设计均为玩具，两者用途相同，故可以进行相同和相近似比较。

本专利的整体形状呈拟人形设计，各个组成部分呈机械零部件形态的设计。本专利的头部前额具有"V"字形头角，双肩呈块状机械部件形态，腰间双侧具有护甲，左臂装备盾牌，右手持光束枪，背后呈战斗机机身设计，身后两侧具有圆筒状的武器系统，足尖具有上翘的片状设计（详见本专利附图）。

从上述附件4的"ZGMF-X24S混沌战士"的玩具（下称在先设计）的图片可知，在先设计的整体形状呈拟人形设计，各个组成部分呈机械零部件形态的设计。其头部前额具有"V"字形头角，双肩呈块状机械部件形态，腰间双侧具有护甲，左臂装备盾牌，右手持光束枪，背后呈战斗机机身设计，身后两侧具有圆筒状的武器系统，足尖具有上翘的片状设计（详见在先设计附图）。

将本专利和在先设计进行对比后，可以看到：二者的整体形状几乎相同，各相应的组成部分也都是相近似的。对于一般消费者而言，容易将本专利与在先设计相混淆，因此，二者属于相近似的外观设计。

综上，请求人提供的证据能够证明在本专利申请日之前，已经有相近似的外观设计在公开出版物上发表。因此本专利权的授予不符合专利法第23条的规定。

鉴于上述已经得出本专利权的授予不符合专利法第23条规定的结论，故本决定对请求人提交的其他证据不再评述。

三、决定

依据专利法第 23 条的规定，宣告 200530079526.5 号外观设计专利权全部无效。

当事人对本决定不服的，可以根据专利法第 46 条第 2 款的规定，在收到本决定之日起三个月内向北京市第一中级人民法院起诉。一方当事人起诉后，另一方当事人将作为第三人参加诉讼。

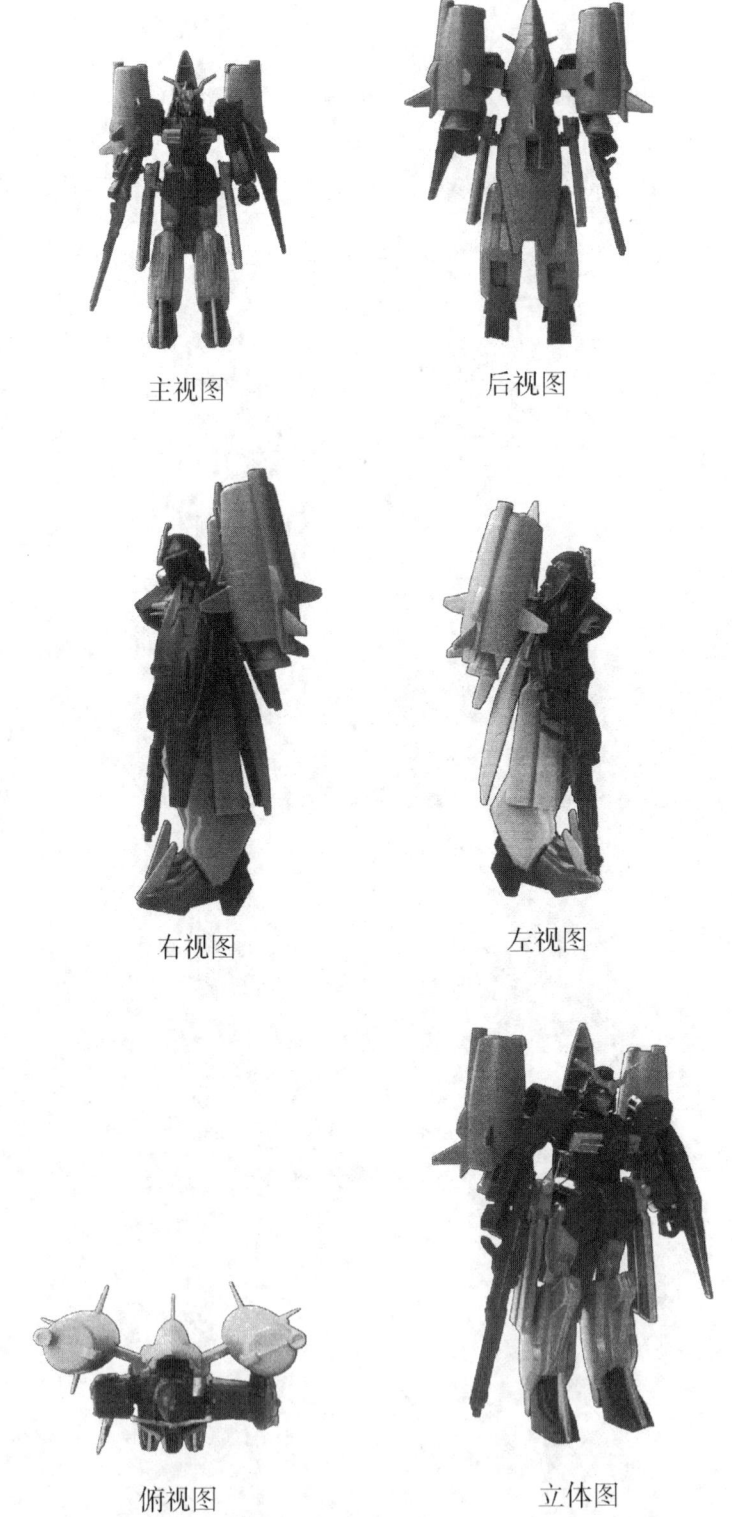

本专利附图

在先设计附图

# 玩具（剪影机甲战士）

## 无效宣告请求审查决定（第 10705 号）

| | |
|---|---|
| 决 定 号 | 第 10705 号 |
| 决 定 日 | 2007 年 12 月 6 日 |
| 发明创造名称 | 玩具（剪影机甲战士） |
| 外观设计分类号 | 21-01 |
| 无效宣告请求人 | 株式会社万代 |
| 专 利 权 人 | 陈振楷 |
| 申 请 号 | 200530077273.8 |
| 申 请 日 | 2005 年 11 月 21 日 |
| 授权公告日 | 2006 年 9 月 13 日 |
| 合议组组长 | 钟 华 |
| 主 审 员 | 吴大章 |
| 参 审 员 | 周 佳 |
| 附 图 | 2 页 |
| 法律依据 | 专利法第 23 条 |
| 决定要点 | |

在先设计与本专利属于相近似的外观设计，故本专利权的授予不符合专利法第 23 条的规定。

### 一、案由

本无效宣告请求涉及的是国家知识产权局于 2006 年 9 月 13 日授权公告的、名称为"玩具（剪影机战士）"的外观设计专利，其申请号是 200530077273.8，申请日是 2005 年 11 月 21 日，专利权人是陈振楷。

针对上述专利权（下称本专利），株式会社万代（下称请求人）于 2007 年 3 月 30 日向专利复审委员会提出无效宣告请求，其理由是本专利权的授予不符合专利法第 23 条的规定，其主张的事实为在本专利申请日之前已有相同的外观设计在日本出版物上公开发表过。请求人提交了如下证据：

附件 1：本专利授权公告文本网页的复印件共 7 页；

附件 2：附件 3 和附件 4 的证明书及公证和认证文件的复印件共 3 页；

附件 3：《HOBBY JAPAN》（《业余爱好日本》）刊物 2004 年 10 月号的封面、第 42 页至第 48 页和第 356 页的复印件共 9 页；

附件 4：《電擊 HOBBY JAPAN》（《电击业余爱好》）刊物 2004 年 11 月号的封面、第 17 页和第

290页的复印件共3页。

2007年4月29日，专利复审委员会收到了请求人提交的上述附件2~4的中文译文。

专利复审委员会经形式审查合格受理了该无效宣告请求，并且于2007年8月3日将请求书及相关证据材料副本转送给专利权人，要求其在指定的期限内答复。专利权人逾期未作答复。

2007年10月29日，专利复审委员会向双方当事人发出口头审理通知书，定于2007年12月4日进行口头审理。

口头审理如期举行，请求人的代理人出席了口头审理，对合议组成员无回避请求。专利权人未出席口头审理。专利复审委员会也没有收到其任何书面答复。口头审理中，请求人就提交的证据进行了意见陈述并坚持原有主张，提交了附件2~4的原件以及相关刊物当年期刊的全部原件。

至此，在口头审理的基础上，合议组认为本案事实清楚，可以依法作出审查决定。

二、决定的理由

请求人提出的无效宣告请求的理由是：本专利权的授予不符合专利法第23条的规定。

专利法第23条规定：授予专利权的外观设计，应当同申请日以前在国内外出版物上公开发表过或者国内公开使用过的外观设计不相同和不相近似，并不得与他人在先取得的合法权利相冲突。

请求人提交的附件4是《电击业余爱好》刊物2004年11月号相关页的复印件，并提交了其公证认证文件（附件2）和中文译文。在口头审理中，请求人提交了附件2和附件4的原件。在附件2中，万代株式会社董事长出具了证言："附加文件确实为下列书籍的真实复印件"，该证言经日本东京法务局公证人川岛贵志郎公证，又经东京法务局、日本外务省、中国驻日本大使馆认证。针对上述证据，专利权人始终未提交任何意见陈述，也未提交相关证据证明其不真实。合议组认为，附件4作为域外证据已经履行了相应的证明手续，并在规定的期限内提交了中文译文，符合审查指南第四部分第八章关于无效宣告程序中有关证据问题的规定，且专利权人未对其提出质疑，因此请求人提供的附件4真实可信，2004年11月号《电击业余爱好》刊物属于专利法意义上的出版物。在该刊物的第290页上注明其发行日是2004年11月1日，在本专利申请日（2005年11月21日）之前，在其第17页上刊载了一款名称为"ZGMF-X56S/α强力脉冲战士"的玩具的图片。故附件4可以作为判断本专利权的授予是否符合专利法第23条规定的依据。

本专利和在先设计均为玩具，两者用途相同，故可以进行相同和相近似比较。

本专利的整体形状呈拟人形设计，各个组成部分呈机械零部件形态的设计。本专利的头部前额具有双"V"字形头角，双肩呈块状机械零部件形态，身后具有飞机机翼、尾翼和稳定翼的设计，左臂装备盾牌，右手持光束步枪（详见本专利附图）。

从上述附件4的"ZGMF-X56S/α强力脉冲战士"的玩具（下称在先设计）的图片可知，在先设计的整体形状呈拟人形设计，各个组成部分呈机械零部件形态的设计，其头部前额具有双"V"字形头角，双肩呈块状机械零部件形态，身后具有飞机机翼、尾翼和稳定翼的设计，左臂装备盾牌，右手持光束步枪（详见在先设计附图）。

将本专利和在先设计进行对比后，可以看到：二者的整体形状几乎相同，各相应的组成部分也都是相近似的。合议组认为，对于一般消费者而言，容易将本专利与在先设计相混淆，二者属于相近似的外观设计。

综上，请求人提供的证据能够证明在本专利申请日之前，已经有相近似的外观设计在公开出版物上发表。因此本专利权的授予不符合专利法第23条的规定。

鉴于上述已经得出本专利权的授予不符合专利法第23条规定的结论，故本决定对请求人提交的其他证据不再评述。

### 三、决定

依据专利法第 23 条的规定，宣告 200530077273.8 号外观设计专利权全部无效。

当事人对本决定不服的，可以根据专利法第 46 条第 2 款的规定，在收到本决定之日起三个月内向北京市第一中级人民法院起诉。一方当事人起诉后，另一方当事人将作为第三人参加诉讼。

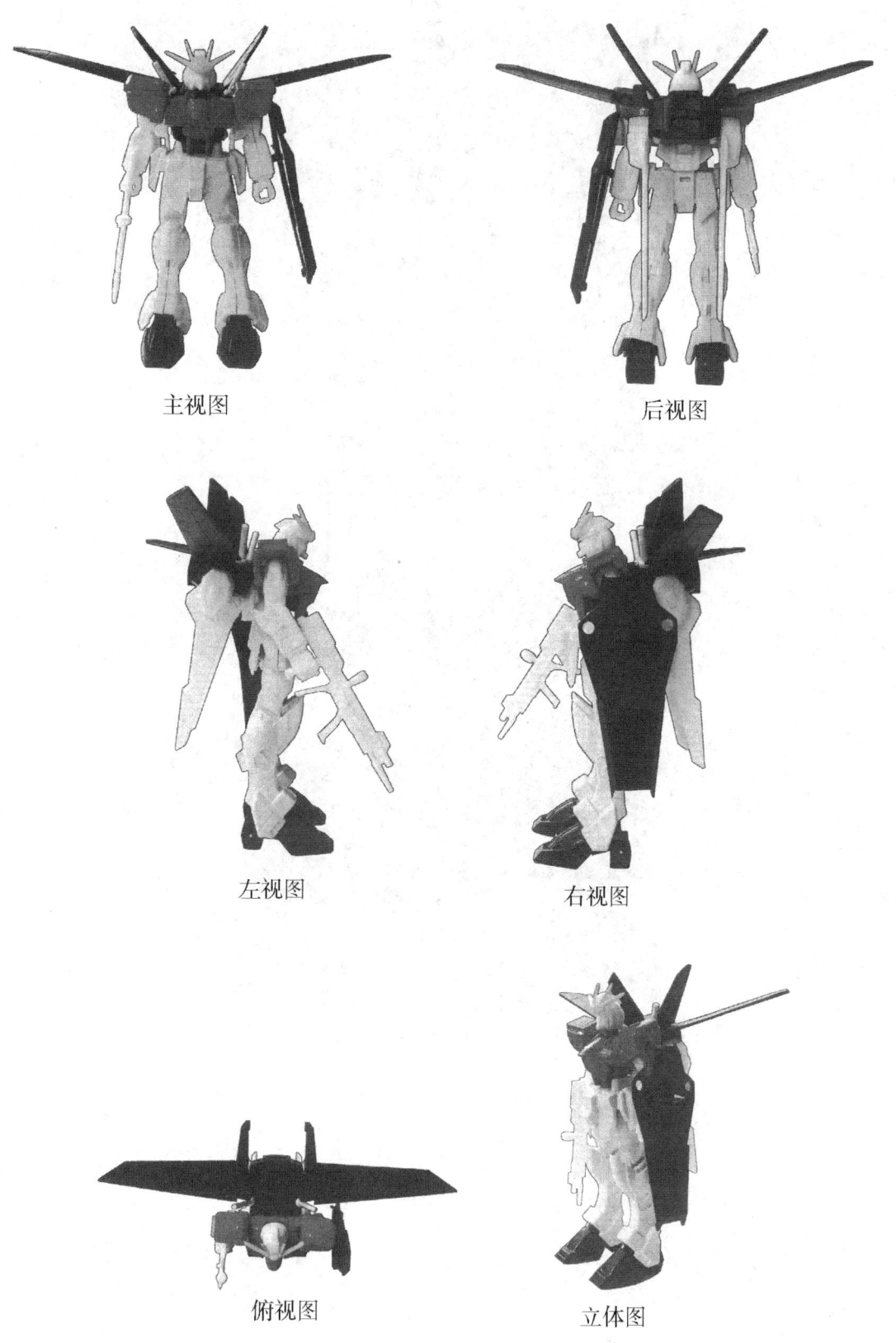

在先设计附图

# 烧烤炭（CSLDF-5）

## 无效宣告请求审查决定（第 10710 号）

| | |
|---|---|
| 决 定 号 | 第 10710 号 |
| 决 定 日 | 2007 年 11 月 1 日 |
| 发明创造名称 | 烧烤炭（CSLDF-5） |
| 外观设计分类号 | 23-05 |
| 无效宣告请求人 | MBZQ 有限责任公司 |
| 专 利 权 人 | 崔保太 |
| 专 利 号 | 200530002886.5 |
| 申 请 日 | 2005 年 2 月 5 日 |
| 授权公告日 | 2005 年 10 月 26 日 |
| 合议组组长 | 张雪飞 |
| 主 审 员 | 严若艳 |
| 参 审 员 | 周佳 |
| 附 图 | 1 页 |

法 律 依 据　专利法第 23 条
决 定 要 点
通过在先设计的说明性文字，确定该产品的使用领域，在先设计与本专利属于相同类别。
　　本专利与在先设计整体轮廓形状基本相同，主要内部的形状、数量、排列方式基本相同，二者的区别属于局部细微的差异，对外观设计的整体视觉效果不具有显著影响，本专利与在先设计相近似。

### 一、案由

本无效宣告请求涉及国家知识产权局于 2005 年 10 月 26 日授权公告的 200530002886.5 号外观设计专利，使用外观设计的产品名称是"烧烤炭（CSLDF-5）"，申请日是 2005 年 2 月 5 日，专利权人是崔保太。

针对上述外观设计专利权（下称本专利），MBZQ 有限责任公司（下称请求人）于 2007 年 4 月 3 日向专利复审委员会提出无效宣告请求，其理由是本专利不符合专利法第 23 条的规定。请求人认为：在本专利申请日之前，国际申请号为 PCT/US03/00003、国际公开号为 WO 03/066786 A1 的 PCT 申请已公开发表了与本专利相同或者相近似的外观设计。请求人提交了如下附件作为证据：

附件 1：国际申请号为 PCT/US03/00003、国际公开号为 WO 03/066786 A1 的 PCT 申请的公开文本复印件共 35 页，国际公开日为 2003 年 8 月 14 日；

附件 2：申请号为 03807424.9 的发明专利申请公开说明书复印件共 27 页，公开日为 2005 年 7 月 20 日。

专利复审委员会根据无效宣告请求审查程序的规定受理了该无效宣告请求，并于 2007 年 5 月 15 日将上述无效宣告请求书及其附件的副本转送给专利权人，要求其在指定期限内陈述意见。

专利权人于 2007 年 6 月 19 日提交了意见陈述书。专利权人认为：附件 1 中 PCT 申请的发明人是崔保太，即本专利的专利权人，因此附件 1 不是"他人"在先取得的合法权利，请求人根据专利法第 23 条提出无效宣告请求没有法律根据；请求人将附件 1 专利申请的发明人翻译为"C. B. 邰"是有意混淆发明人"崔保太"的名字；请求人采用欺诈的手段获取了附件 1 所示专利的专利权。并提交了如下附件作为反证：

反证 1：两份《DECLARATION FOR PATENT APPLICATION》及其中文译文和 WO 03/066786 A1 公告文本首页复印件共 5 页；

反证 2：本专利著录项目及图片复印件、发明专利申请 03807424.9 公开文本首页复印件、WO 03/066786 A1 公告文本首页复印件共 3 页。

专利复审委员会于 2007 年 7 月 2 日将专利权人提交的上述意见陈述书及附件的副本转送请求人，告知其可以在指定期限内陈述意见。同日向双方当事人发出口头审理通知书，定于 2007 年 8 月 14 日对本案进行口头审理。

口头审理如期举行。请求人的委托代理人、专利权人及其委托代理人出庭，双方对对方的出庭人员资格均无异议，对合议组成员无回避请求。专利权人当庭提交证据，欲证明本专利的专利权人就是请求人提交的附件 1 的发明人。请求人声明附件 2 是附件 1 的国际申请进入中国国家阶段的公开文本，作为附件 1 的中文译文使用。专利权人对附件 1 的真实性、公开性、附件 2 作为附件 1 中文译文翻译的一致性均无异议，但认为附件 1 的专利权人应为本专利的专利权人，对附件 2 中发明人姓名翻译有异议。请求人当庭指出用作外观设计对比的是附件 1 附图中的图 10 和图 12，双方就附件 1 能否与本专利进行外观设计相同相近似对比以及二者图片所示内容是否相同相近似进行了辩论，专利权人认为附件 1 是关于燃料组合物的方法的发明，与外观设计没有可比性，请求人认为附件 1 中的燃料组合物实质就是烧烤炭，公开的燃料组合物的图片可以用来与本专利进行对比。合议组当庭告知专利权人权属纠纷不属于专利复审委员会审理的范畴。

2007 年 8 月 16 日专利复审委员会收到请求人的意见陈述，其坚持原有观点。

在当事人的意见陈述和口头审理的基础上，合议组经合议，认为本案事实清楚，依法作出本审查决定。

### 二、决定的理由

1. 法律依据

基于请求人提出无效宣告请求的理由，合议组依据专利法第 23 条的规定进行审理。

专利法第 23 条规定：授予专利权的外观设计，应当同申请日以前在国内外出版物上公开发表过或者国内公开使用过的外观设计不相同和不相近似，并不得与他人在先取得的合法权利相冲突。

2. 证据认定

请求人提交的附件 1 是国际申请号为 PCT/US03/00003、国际公开号为 WO 03/066786 A1 的 PCT 申请的公开文本复印件，国际公开日为 2003 年 8 月 14 日。请求人声明附件 2 是附件 1 的国际申请进入中国国家阶段的公开文本，作为附件 1 的中文译文使用。专利权人对附件 1 的真实性、公开性、附件 2 作为附件 1 中文译文翻译的一致性均无异议。经专利权人确认、合议组核实，附件 1 的真实性可以确认，附件 2 视为附件 1 的中文译文。附件 1 的公开日为 2003 年 8 月 14 日，早于本专利申请日，属于本专利申请日以前公开发表的出版物,适用专利法第23条的规定。

专利权人于 2007 年 6 月 19 日提交的反证和口头审理当庭提交的证据,用于证明专利权人与请求人之间的权属纠纷,合议组已当庭告知专利权人权属纠纷不属于专利复审委员会审理的范畴,合议组对上述证据不予审理。同时,该权属纠纷并不影响本案涉及的出版物公开的事实认定。

3. 相同相近似对比

本专利使用外观设计的产品是烧烤炭,属于固体燃料。

附件 1 的发明名称为"燃料组合物及其方法",专利权人认为附件 1 的说明书主要是讲燃料组合物的方法,与外观设计没有可比性。合议组认为:附件 1 说明书的背景技术部分提到"人们进行了许多尝试来生产……用于烧烤的燃料",在其发明公开的内容部分提到"本发明包括独立的燃料物品",在附图的简要描述中记载有"附图 10 为本发明的燃料物品底部的透视图"、"附图 12 为本发明的燃料物品的底视图"。根据上述内容可知,附图 10 和附图 12 所示产品为燃烧物品,与本专利的烧烤炭同属固体燃料,二者用途相同,属于相同类别的产品,可以进行外观设计相同相近似比较。

本专利包括主视图、后视图、左视图、俯视图和仰视图。从图片观察,本专利产品整体呈扇形块状,扇形的两个直边与垂直中心线约呈 30°夹角;沿扇形内侧均匀交错分布七个圆形和七个细长长方形,正面中心还有一个"十"字形,其下方有一小菱形;背面与正面基本相同,仅缺少小菱形(详见本专利附图)。

附件 1 用于对比的是其中的附图 10 和附图 12,根据附件 1 说明书中对附图的说明,附图 10 和附图 12 表达的是同一产品(下称在先设计),附图 10 是立体图,附图 12 是正投影视图。如图所示,在先设计的产品整体呈扇形块状,扇形的两个直边与垂直中心线约呈 30°夹角;沿扇形内侧均匀交错分布七个圆形和七个细长长方形,正面中心还有一个"十"字形(详见在先设计附图)。

比较本专利与在先设计,二者整体轮廓形状基本相同,主要内部的形状、数量、排列方式均基本相同。二者的主要区别在于本专利正面中央偏下有一菱形,在先设计中没有;本专利中靠近扇形两直边分布的圆形直径比其他的略小,在先设计中七个圆形的直径是相同的。合议组认为,在二者整体轮廓形状基本相同、主要内部的形状、数量、排列方式基本相同的前提下,二者的上述区别明显属于局部细微的差异,对外观设计的整体视觉效果不具有显著影响。因此,本专利与在先设计相近似。

4. 结论

综上所述,在本专利申请日以前已有与其相近似的外观设计在出版物上公开发表过,本专利不符合专利法第 23 条的规定。

三、决定

宣告 200530002886.5 号外观设计专利权全部无效。

当事人对本决定不服的,可以根据专利法第 46 条第 2 款的规定,自收到本决定之日起三个月内向北京市第一中级人民法院起诉。根据该款的规定,一方当事人起诉后,另一方当事人应当作为第三人参加诉讼。

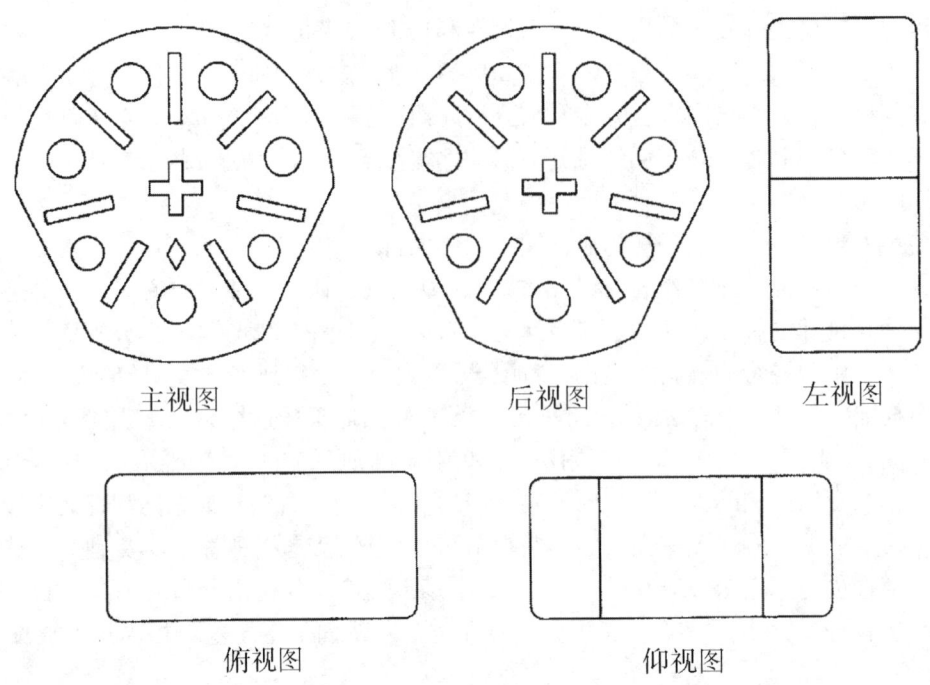

主视图　　　　　　后视图　　　　　　左视图

俯视图　　　　　　仰视图

本专利附图

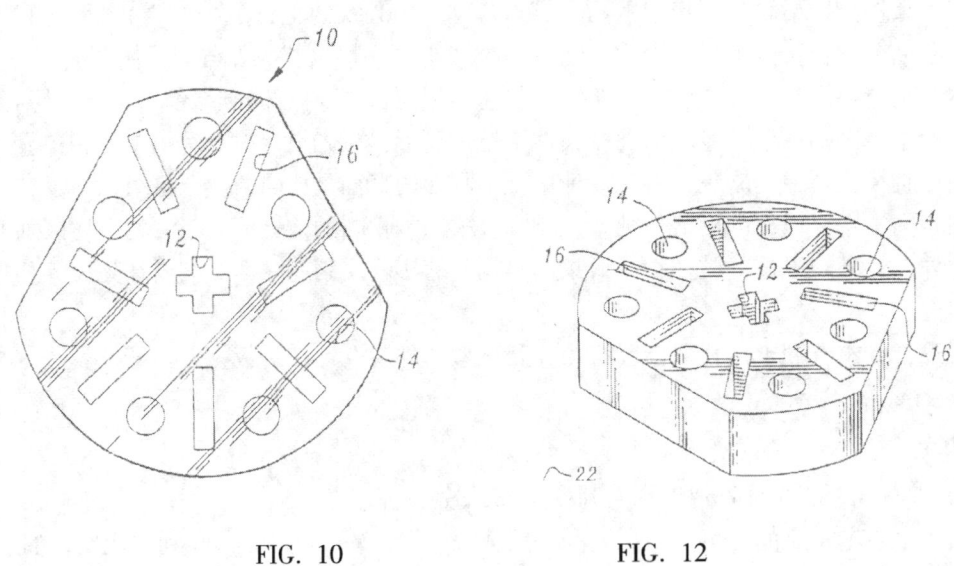

FIG. 10　　　　　　FIG. 12

在先设计附图

# 型材（混凝土双 T 板）

## 无效宣告请求审查决定（第 10711 号）

| | |
|---|---|
| 决 定 号 | 第 10711 号 |
| 决 定 日 | 2007 年 11 月 26 日 |
| 发明创造名称 | 型材（混凝土双 T 板） |
| 外观设计分类号 | 25-01 |
| 无效宣告请求人 | 上海建科结构新技术工程有限公司 |
| 专 利 权 人 | 王化君 |
| 专 利 号 | 200430070558.4 |
| 申 请 日 | 2004 年 9 月 28 日 |
| 授权公告日 | 2005 年 9 月 14 日 |
| 合议组组长 | 钟 华 |
| 主 审 员 | 李改平 |
| 参 审 员 | 周 佳 |
| 附 图 | 2 页 |

**法 律 依 据** 专利法第 23 条

**决 定 要 点**

建筑产品推荐性应用图集虽然没有像一般书籍那样有书号和出版社等内容，但从其主编单位及推荐性使用的性质，可以认定其属于一种公开出版物。对于封面上的编印时间，按照审查指南的相关规定，可认为是公开时间。

### 一、案由

本无效宣告请求涉及的是国家知识产权局于 2005 年 9 月 14 日授权公告的、名称为"型材（混凝土双 T 板）"的外观设计专利，其申请号是 200430070558.4，申请日是 2004 年 9 月 28 日，专利权人是王化君。

针对上述专利权（下称本专利），上海建科结构新技术工程有限公司（下称请求人）于 2007 年 1 月 23 日向专利复审委员会提出无效宣告请求，其理由是：在本专利申请日前已有与与其相近似的外观设计在国内外出版物上公开发表过，本专利不具有新颖性，不符合专利法第 23 条的规定。请求人提交了以下附件作为证据：

附件 1 是大庆油田建设设计研究院编制的《螺旋肋钢丝预应力混凝土双 T 板》图集封面及相关页复印件共 2 页；

附件 2 是东北地区建筑设计标准化办公室编制的东北地区建筑产品推荐性应用图集《大跨度预应力混凝土双 T 板》的封面及相关页复印件共 2 页；

附件 3 是内蒙古自治区电力勘测设计院编制的多层工业厂房结构构件重复使用图集《预应力钢筋混凝土双 T 板》的封面及相关页复印件共 2 页；

附件 4 是 1982 年 3 月《建筑技术》刊载的《双 T 板双跨单层建筑结构与连接构造》一文复印件共 5 页；

附件 5 是专利号为 200420084531.5、名称为预应力混凝土 T 形板的实用新型专利公告复印件共 5 页；

附件 6 是 1978 年 6 月《施工技术》刊载的《双 T 板建筑体系单层工业厂房试点工程设计与施工》一文的复印件共 5 页；

附件 7 是 1989 年 2 月《世界桥梁》刊载的《美国 AASHTO—PCI 预制预应力混凝土公路标准梁、桩及其他构件》一文的复印件共 9 页；

附件 8 是 1998 年 3 月中国建筑东北设计研究院研究所编制的《DQ 钢绞线预应力混凝土双 T 板》图集封面及相关页复印件共 2 页；

经形式审查合格，专利复审委员会受理了上述无效宣告请求，并于 2007 年 2 月 28 日将无效宣告请求书及相关材料副本转送给专利权人，要求其在指定期限内答复。

专利复审委员会于 2007 年 4 月 10 日收到专利权人提交的意见陈述书，专利权人认为附件 1~4、附件 6~8 均未充分公开本专利的外观设计，它们所公开的局部外观设计均与本专利对应部分不相近似，尤其是这些证据中的剖视图反映出水平翼板与垂直筋梁之间均为圆弧过渡，与本专利对应部位的交线不同，因此不足以破坏本专利的新颖性；证据 1、2、3、6、8 分别为标准或图集，单凭现有材料，无法证明是公开出版物，更无法证明其公开出版时间；证据 5 的公开时间在本专利申请日之后，不能作为本专利的对比文件。上述证据均不能证明在本专利申请日前公开了相同或相近似的外观设计，应驳回无效宣告请求，维持本专利有效。

专利复审委员于 2007 年 6 月 6 日将专利权人提交的上述意见陈述书转送请求人，要求其在口头审理中当庭或在收到文件之日起 1 个月内答复。请求人逾期未作书面答复。

专利复审委员会于 2007 年 6 月 6 日向双方当事人发出合议组成员告知通知书以及无效宣告请求口头审理通知书，定于 2007 年 7 月 19 日对本案进行口头审理。

口头审理如期举行，双方当事人均委托代理人出庭。双方对对方出庭人员资格均无异议，对合议组成员无回避请求。请求人当庭陈述了请求宣告本专利无效的理由和事实，认为在本专利申请日前已有与本专利相同或相近似的外观设计在国内外出版物上公开发表过，在国内公开使用过，因此本专利不具有新颖性，不符合专利法第 23 条的规定。请求人当庭提交了附件 1、附件 2、附件 4、附件 8 的原件；提交了附件 6、附件 7 的加盖了图书馆红章的复印件；没有提交附件 3 的原件，放弃了附件 5。请求人认为图集是为了统一设计标准根据公开发行的资料、论文等收集而制订的，标准图集附件 1、附件 2 和附件 8 都是从专业书店购买的，都标有相关的编制时间和出版单位；附件 4 是正式出版物，从附件 6 的内容上可以看出有关双 T 板在国内公开使用的时间，从附件 7 的内容上可以看出有关双 T 板在国外公开使用的时间。以上附件中由请求人指定的图片所示的外观设计均与本专利相近似，本专利无新颖性，应予无效。专利权人核对了以上各附件原件，对附件 1、附件 2、附件 4、附件 8 的原件以及附件 6、附件 7 的加盖了图书馆红章的复印件的真实性没有异议，但认为附件 1、附件 2、附件 8 不是正规出版物，没有出版日期和出版刊号，对附件 6 和附件 7 的公开日期有异议，认为不能从文章的内容推断公开日期；对于请求人提出的上述理由和事实，专利权人认为，上述证据中所示的外观设计均与本专利不相同或不相近似，请求人提交的证据不能支持其无效宣告请求的理由，不能证明本专利不符合专利法第 23 条的规定。

至此，合议组认为本案事实清楚，可以依法作出审查决定。

### 二、决定的理由

1. 法律依据

基于请求人提出的无效宣告请求理由，合议组对本专利是否符合专利法第 23 条的规定进行审查。

专利法第 23 条规定："授予专利权的外观设计，应当同申请日以前在国内外出版物上公开发表过或者国内公开使用过的外观设计不相同和不相近似，并不得与他人在先取得的合法权利相冲突。"

2. 证据认定

请求人提交的附件 2 是东北地区建筑产品推荐性应用图集《大跨度预应力混凝土双 T 板》封面及相关页复印件，在其封面上标有"DYG2003—08""东北地区建筑设计标准化办公室""2003 年 7 月"等字样，请求人对该图集的真实性没有异议，但对公开出版的时间有异议。对于该应用图集，合议组认为，虽然其没有像一般书籍那样有书号和出版社等内容，但从其"推荐使用"的性质及封面上记载的信息看，该应用图集属于一种政府部门发行的公开出版物，且记载了主编单位、编印时间，公众据此可以得到该出版物并且核实其真实性及公开性。因其封面上的编印时间为 2003 年 7 月，根据审查指南第二部分第三章的规定，出版物的印刷时间视为公开日，印刷日只写明年月的，以所写月份的最后一日为公开日，故可认定该图集的公开日为 2003 年 7 月 31 日。由于该公开日在本专利申请日（2004 年 9 月 28 日）之前，故附件 2 可以作为评价本专利是否符合专利法第 23 条的证据。

3. 外观设计对比

本专利为"型材（混凝土双 T 板）"的外观设计，由一长方形水平板与两条筋梁构成，水平板与筋梁以一定的倒角过渡连接，水平板两端下方有倾斜状加强筋，中部下方圆柱形加强筋。详见本专利附图。

附件 2 第 10 页所示混凝土双 T 板的外观设计（下称在先设计），由一长方形水平板与两条筋梁构成，水平板与筋梁以圆弧角过渡连接，水平板两端下方及中部下方有加强筋，详见在先设计附图。

由于本专利和在先设计都用于建筑型材，两者用途相同，故两者具有可比性。将两者进行对比，可以看到两者具有以下相同点：(1) 都由一长方形水平板与两条筋梁构成；(2) 水平板两端下方及中部下方有加强筋。两者不同之处在于：(1) 水平板与筋梁的连接过渡方式不同，本专利以一定的倒角过渡连接，在先设计以圆弧角过渡连接；(2) 水平板两端下方及中部下方的加强筋形状不同；(3) 两条筋梁的高度不同，在先设计的筋梁比本专利的筋梁高。对于以上不同点，合议组认为：不同点 1 和不同点 2 对于大型建筑型材来说都属于细微区别，不同点 3 不足以导致二者整体外观设计产生显著的视觉差别，因此合议组认为，本专利和在先设计属于相近似的外观设计。

4. 结论

综上，请求人提交的附件 2 证明在本专利申请日前已有与本专利相近似的外观设计在国内公开发表，故本专利不符合专利法第 23 条的规定。

鉴于已经得出本专利不符合专利法第 23 条的规定的结论，故对请求人提出的其他理由和证据不再作出评述。

### 三、决定

宣告 200430070558.4 号外观设计专利权全部无效。

当事人对本决定不服的，可以根据专利法第 46 条第 2 款的规定，自收到本决定之日起三个月内向北京市第一中级人民法院起诉。根据该款的规定，一方当事人起诉后，另一方当事人应当作为第三人参加诉讼。

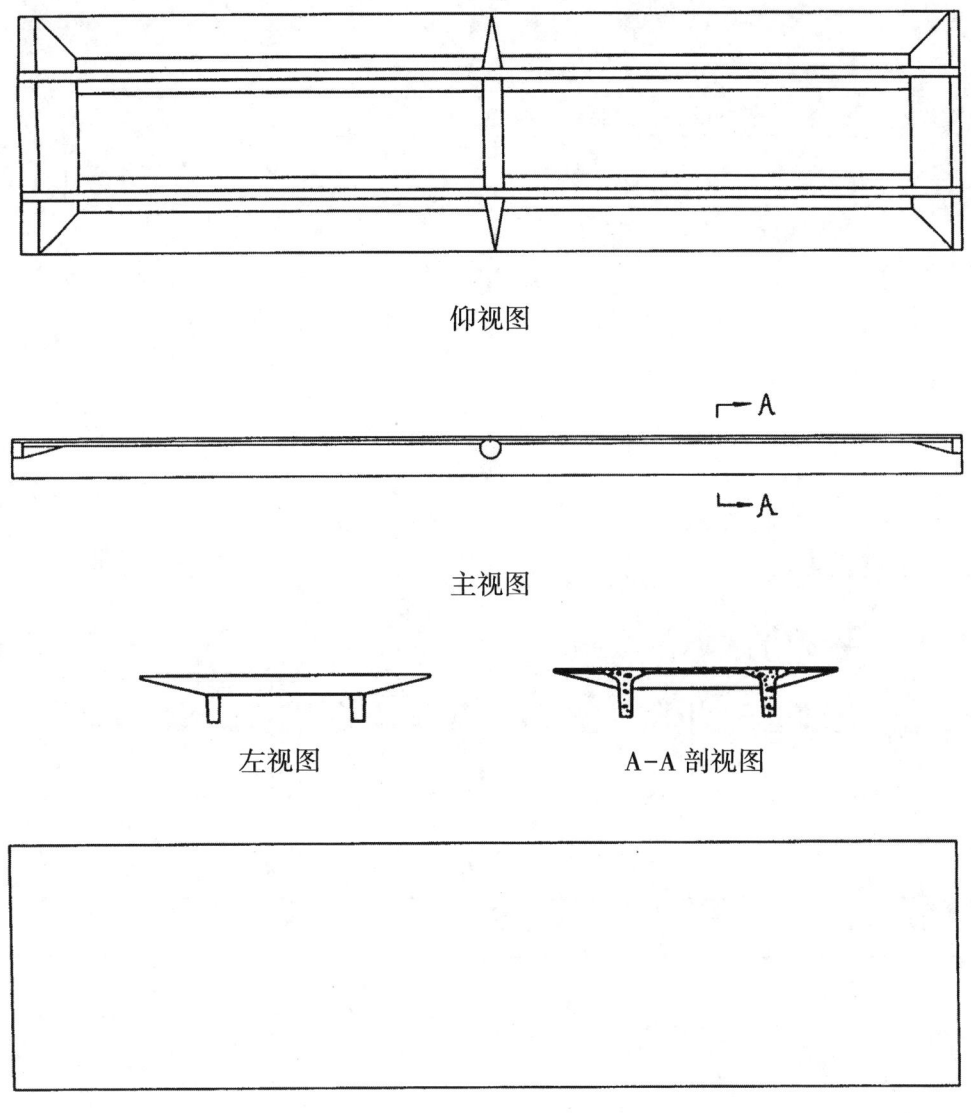

仰视图

主视图

左视图　　A-A 剖视图

俯视图

本专利附图

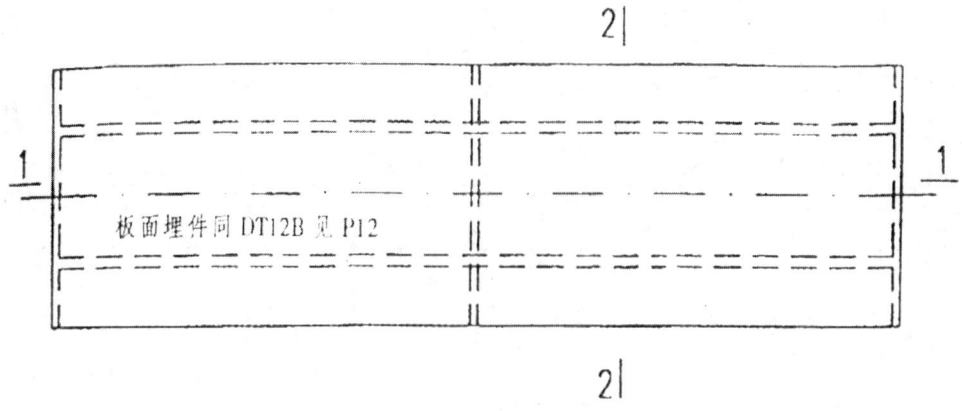

平面图

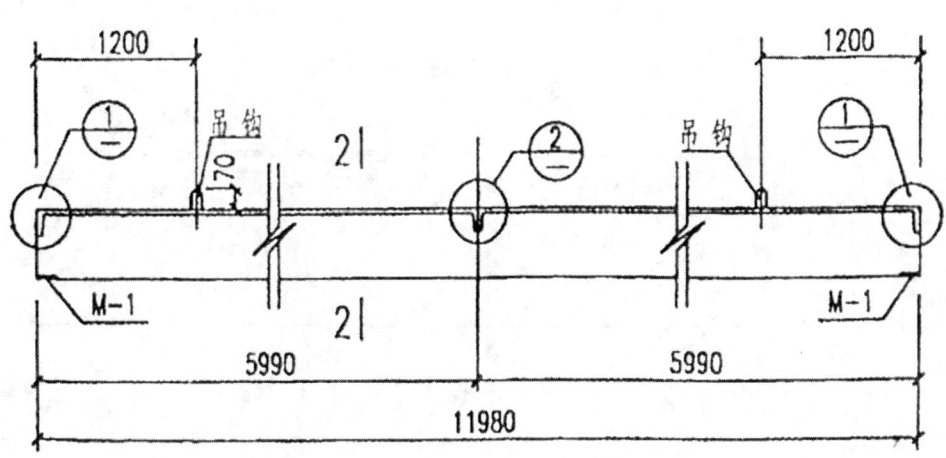

1-1

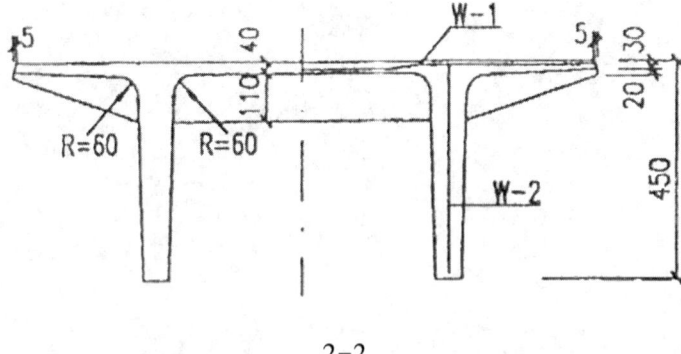

2-2

在先设计附图

# 输送机支脚

## 无效宣告请求审查决定（第10712号）

| | |
|---|---|
| 决 定 号 | 第10712号 |
| 决 定 日 | 2007年9月25日 |
| 发明创造名称 | 输送机支脚 |
| 外观设计分类号 | 12-05 |
| 无效宣告请求人 | 郑州运达造纸设备有限公司 |
| 专 利 权 人 | 周龙飞 |
| 专 利 号 | 200530105432.0 |
| 申 请 日 | 2005年4月2日 |
| 授权公告日 | 2006年4月26日 |
| 合议组组长 | 张雪飞 |
| 主 审 员 | 王艳妮 |
| 参 审 员 | 高颖 |
| 附 图 | 1页 |

**法律依据** 专利法第23条，专利法实施细则第2条第3款

**决定要点**

由于无法对未出庭作证的证人证言内容的真实性予以核实，同时也没有其他证据对照片与相关发票、合同之间的关联性进行佐证，因此无法组成完整的证据链证明相关产品已经在国内公开使用的事实。

如果对比图片没有清楚、完整地公开相关产品的外观形状，则无法与本专利产品的外观进行相同和相近似性对比，从而不能证明本专利不符合专利法第23条的规定。

## 一、案由

本无效宣告请求涉及国家知识产权局于2006年4月26日授权公告的200530105432.0号外观设计专利（下称本专利），使用该外观设计的产品名称为"输送机支脚"，申请日为2005年4月2日，专利权人为周龙飞。

针对上述专利权，郑州运达造纸设备有限公司（下称请求人）于2006年12月4日向国家知识产权局专利复审委员会提出无效宣告请求，其无效宣告理由为：本专利相对于附件1~10不符合专利法第23条的规定，本专利不符合专利法实施细则第2条第3款的规定。请求人提交了如下附件作为证据：

附件1：（2006）新密证民字第197号公证书复印件；

附件2：（2006）新密证民字第198号公证书复印件；

附件3：（2006）新密证民字第193号公证书复印件；

附件4：（2006）新密证民字第194号公证书复印件；

附件5：（2006）新密证民字第199号公证书复印件；

附件6：河南省运达造纸设备有限公司与东莞海龙纸业有限公司签订的购销合同复印件；

附件7：东莞海龙纸业有限公司出具的产品使用证明书及河南省运达造纸设备有限公司出具的增值税发票复印件；

附件8：东莞海龙纸业有限公司出具的产品外观图片复印件；

附件9：2002年《造纸信息》杂志第6期、第10期封面及广告页复印件；

附件10：2002年《造纸科学与技术》第6期封面及广告页复印件、2002年《纸业资讯》第11期封面及广告页复印件。

请求人提出的具体理由是：附件9、附件10可以证明本专利同申请日以前国内外出版物上公开发表过的外观设计相同或相近似；附件1~8可以证明本专利同申请日以前国内公开使用过的外观设计相同或相近似。

专利复审委员会于2006年12月5日向双方当事人发出无效宣告请求受理通知书，随受理通知书将请求人于2006年12月4日提交的无效宣告请求书及其附件的副本转寄给专利权人。

请求人于2007年1月4日补充了以下证据（编号续前）：

附件11：（2006）新密证民字第217号公证书；

附件12：（2006）新密证民字第216号公证书；

附件13：（2006）新密证民字第215号公证书；

附件14：（2006）新密证民字第218号公证书；

附件15：（2006）新密证民字第208号公证书。

请求人在意见陈述书中对附件11~15进行了具体说明，其中指出：附件11结合附件1和附件2能够证明本专利同申请日以前在国内公开使用过的外观设计相同；附件12结合附件4和附件3能够证明本专利同申请日以前在国内公开使用过的外观设计相同；附件13结合附件4和附件3能够证明本专利同申请日以前在国内公开使用过的外观设计相近似；附件14结合附件5能够证明本专利同申请日以前在国内公开使用过的外观设计相近似；附件15能够证明本专利同申请日以前在国内公开使用过的外观设计相近似。

请求人于2007年1月5日再次补充了如下证据（编号续前）：

附件16：（2007）新密证民字第001号公证书。

专利复审委员会于2007年1月24日收到专利权人提交的意见陈述书，其认为从附件1的公证书内容来看，公证人员当日在新乡市鸿泰实业有限公司看见了一份《工矿产品买卖合同》及增值税发票的原件，对该合同和发票的真实性均未证实；其次，合同和发票的企业名称均为新乡市鸿泰纸业有限公司，而公证书中是到新乡市鸿泰实业有限公司进行取证，证明主体前后矛盾；再次，该合同和发票上仅仅涉及产品名称，没有任何关于产品的图片和照片，因此附件1与本专利没有可比性。附件2的公证书仅能证明当日在新乡市鸿泰实业有限公司拍摄了12张照片，而照片所对应的实物是否为合同和发票中的实物并未证明；其次，公证书并不能证明新乡市鸿泰实业有限公司出具的《产品使用证明》中的内容本身的真实性；再次，这12张照片模糊不清，无法与本专利进行对比，因此附件2与本专利没有可比性。关于附件3~5的公证书，专利权人陈述的意见与附件1和附件2的意见大致相同，主要认为现场拍摄的照片与合同和发票之间不具有关联性，均与本专利不具有可比性。专利权人对附件6中合同的真实性有异议，认为合同后面所附的图形不能证明为该合同中所涉及的标的物，因此附件6与本专利没有可比性。专利权人认为附件7中的使用证明书和发票与本专利没有可比性，认为附件8中照片模糊不清，照片来历不明，与本专利没有可比性。专利权人认为没有证据证明附件9和附件10中的杂志为公开出版物，其次请求书中没有明确指明哪幅图片公开了本专利的内容。因此，请求人提供的证据不能证明本专利同申请日以前国内公开使用过的外观设计相同或相近似，也不能证明本专利同申请日以前国内外出版物上公开发表过的外观设计相同或相近似。

专利复审委员会依法成立合议组对本案进行审理，本案合议组于2007年3月15日向双方当事人发出口头审理通知书，定于2007年5月15日对本案进行口头审理，并随口头审理通知书将请求人于2007年1月4日、2007年1月5日补充的意见陈述书和证据的副本转送给专利权人，同时将专利权人的意见陈述书转送给请求人。

2007年5月15日口头审理如期举行，双方当事人均委托代理人参加了口头审理。在口头审理中，双方均对对方出庭人员的身份和资格无异议，对合议组成员无回避请求。在口头审理中，请求人当庭提交了附件1~5、9~10的原件。合议组当庭告知请求人其于2007年1月5日提交的附件16由于超出了自提出无效宣告请求之日起1个月的举证期限，虽然请求人说明在其于2007年1月4日提交的证据清单中提到了附件16，但是由于没有在当日提交该附件16，因此合议组对于附件16不予考虑。请求人明确其无效理由为：本专利与申请日之前在国内使用或者国内外出版物上公开的外观设计相同，因此不是新设计，并且支脚属于输送机不可分割的部分，不能单独作为专利保护的内容，因此本专利不符合专利法实施细则第2条第3款的规定；本专利相对于附件9和附件10的公开出版物、相对于附件1、附件2和附件11组成的证据链、相对于附件3、附件4和附件13组成的证据链、相对于附件3、附件4和附件12组成的证据链、相对于附件5和附件14组成的证据链、相对于附件15不符合专利法第23条的规定。请求人当庭声明放弃附件6~8作为本案的证据。合议组当庭告知请求人其在规定的期限内未对本专利不符合专利法实施细则第2条第3款的理由进行具体说明，而请求人认为关于该法条专利法已经规定得很明确，没有必要进一步提出意见陈述。专利权人核实相关证据原件后对附件1~5、附件11~15所示公证书的真实性没有异议，但是认为公证书仅对原件进行公证，并未对其内容的真实性进行公证；由于附件1、附件2和附件11中公证书中的企业名称"新乡市鸿泰实业有限公司"与合同、发票以及《产品使用证明》中的"新乡市鸿泰纸业有限公司"的名称不一致，专利权人对这三份附件的公证书中附件的真实性有异议；专利权人对附件5、附件15中合同的真实性有异议；对附件3、附件4和附件13组成的证据链，对附件3、附件4和附件12组成的证据链，对附件1、附件2和附件11组成的证据链，对附件5和附件14组成的证据链以及对附件15中合同和发票涉及的产品与现场拍摄照片之间的关联性有异议；专利权人对附件9和附件10中期刊的真实性没有异议，但是对期刊的公开日有异议。在口头审理中，双方对本专利与各组证据中的图片之间的相同和相近似性进行了辩论，请求人认为本专利与附件9和附件10期刊中产品的外观设计相近似，同时指出其中两幅图的生产厂家为平湖市建材机械厂，而平湖市建材机械厂的法定代表人为专利权人周龙飞，专利权人认为从附件9和附件10中的图片无法看出输送机支脚的具体外观形状，因此本专利与附件9和附件10中产品的外观不相同也不相近似，专利权人对其为平湖建材机械厂的法定代表人没有异议，但是认为不能由此得出本专利与期刊中产品的外观相同，因为产品会不断更新，同时也不能证明2002年期刊中的产品与2005年申请的本专利的产品的外观相同。请求人认为本专利与附件3、附件4和附件13组成的证据链，与附件3、附件4和附件12组成的证据链，与附件5和附件14组成的证据链以及与附件15中所涉及的输送机支脚的外观相同，认为本专利与附件1、附件2和附件

11组成的证据链中所涉及的输送机支脚的外观相近似。专利权人认为本专利与这些证据中产品的外观不相同也不相近似。对于其中涉及的销售厂家平湖市建材机械厂的法定代表人为专利权人周龙飞的事实予以认可，但是认为有关证据中平湖建材机械厂销售的产品并不是本专利的产品。

在以上审理的基础上，合议组认为本案事实清楚，依法作出审查决定。

## 二、决定的理由

1. 法律依据

基于请求人提出无效宣告请求所依据的事实和理由，合议组首先对本专利是否符合专利法第23条的规定进行审查。

专利法第23条规定：授予专利权的外观设计，应当同申请日以前在国内外出版物上公开发表过或者国内公开使用过的外观设计不相同和不相近似，并不得与他人在先取得的合法权利相冲突。

2. 关于附件16

专利法实施细则第66条规定：在专利复审委员会受理无效宣告请求后，请求人可以在提出无效宣告请求之日起1个月内增加理由或者补充证据。逾期增加理由或者补充证据的，专利复审委员会可以不予考虑。

请求人于2007年1月5日补充提交了附件16，其提出无效宣告请求之日为2006年12月4日，由于提交附件16的日期超过了自提出无效宣告请求1个月的举证期限，因此不满足专利法实施细则第66条规定的举证期限，合议组对于附件16不予考虑。

3. 关于出版物公开

请求人提交的附件9是2002年《造纸信息》杂志第6期、第10期封面及广告页复印件，附件10是2002年《造纸科学与技术》第6期封面及广告页复印件、2002年《纸业资讯》第11期封面及广告页复印件。请求人在口审时提交了附件9和附件10中各期刊的原件，专利权人对附件9、附件10中期刊的真实性没有异议，但认为其上所示的"2002"等字样不清楚是否表示2002年出版，对此合议组认为：由于附件10中的《纸业资讯》2002年11月刊中的第2页中明确记载了该期刊为内部资料，因此该期刊不属于专利法意义上的公开出版物，不能作为本案的证据。对于附件9和附件10中其余三本期刊，通过其上记载的信息足以得出×年×期×杂志等信息，且其内载有大量广告信息，在没有相反证据足以推翻的情况下，其在先公开性可以认定。因此附件9和附件10中其余三本期刊均属于专利法第23条所规定的公开出版物，适用于本案，其中在《造纸信息》2002年第6期上公开了一款BFW板链式输送机的支脚的外观设计（下称在先设计1），在《造纸信息》2002年第6期上公开了一款链板输送机的支脚的外观设计（下称在先设计2），在《造纸信息》2002年第10期上公开了一款链板输送机的支脚的外观设计（下称在先设计3），在《造纸信息》2002年第10期上公开了一款BFW板链式输送机的支脚的外观设计（下称在先设计4），在《造纸科学与技术》2002年第6期上公开了一款BFW板链式输送机的支脚的外观设计（下称在先设计5）。合议组认为，在先设计1~在先设计5与本专利均为输送机支脚的外观设计，用途相同，属于相同种类的产品，具有可比性。

本专利所要求保护的为输送机支脚，包括主视图、后视图、左视图、俯视图，其中俯视图和仰视图对称，右视图和左视图对称，在此省略了仰视图和右视图。从主视图来看，支脚呈现H形，其左右两根柱的上端分别有一矩形板，其底端分别有一矩形板，从后视图可以看出支脚的柱的上端矩形板为倾斜大致45°角（详见本专利附图）。

在先设计1、在先设计4和在先设计5所示均为输送机支脚的部分外观，包括一根柱和部分连接斜杆，从这些图片中并不能清楚、完整地反映输送机支脚的外观；在先设计2和在先设计3所示均为从正面拍摄的链板输送机的图片，从这两幅图片中看不到输送机支脚，从而不能明确该链板输送机所使用的支脚的具体形状，因此在先设计2和在先设计3也不能清楚、完整地反映输送机支脚的外观。综上可知，在先设计1~5均无法与本专利外观设计进行有效的对比判断，因此附件9和附件10中的图片不能证明本专利不符合专利法第23条的规定（详见在先设计1至在先设计5附图）。

4. 关于国内使用公开

（1）关于附件1、附件2和附件11。

附件1是河南省新密市公证处于2006年11月27日出具的（2006）新密证民字第197号公证书，其中包括一份《现场工作记录》、一份《工矿产品购销合同》和三张增值税专用发票；附件2是河南省新密市公证处于2006年11月27日出具的（2006）新密证民字第198号公证书，其中包括一份《现场工作记录》、一份《产品使用证明》和12张照片；附件11是河南省新密市公证处于2006年12月31日出具的（2006）新密证民字第217号公证书，其中包括一份《现场工作记录》和32张现场拍摄的照片。这三份公证书的公证内容是证明《现场工作记录》上所载的内容与实际情况相符，复印件和原件内容相符，原件上签名属实，照片内容与实际状况相符等。请求人认为上述三个附件能够组成证据链证明在本专利申请日之前河南省运达造纸设备有限公司向新乡市鸿泰纸业有限公司销售链板输送机的销售事实，并且所销售链板输送机的支脚与本专利相近似。专利权人对这三份附件所示公证书中附件的真实性有异议，认为公证书中的"新乡市鸿泰实业有限公司"与合同、发票以及《产品使用证明》中的"新乡市鸿泰纸业有限公司"不一致，请求人认为"鸿泰实业"是公证人员的笔误，应该为合同和发票以及印章中的"鸿泰纸业"。对此合议组认为，这种名称的不一致为公证书的瑕疵，在没有合理证据足以推翻的情况下，对该公证书的真实性予以认可。此外，专利权人认为公证书仅对原件进行公证，并未对其真实性进行公证，同时对这三份公证书中合同和发票的关联性以及其与现场拍摄照片的关联性有异议。

对于上述三个附件，本案合议组认为，附件1中编号为000335的《工矿产品买卖合同》是新乡市鸿泰纸业有限公司与河南省运达造纸设备有限公司于2004年7月8日签订的，其中产品名称为链板输送机，规格型号为宽1800mm×38.5m，总金额为26万元，三张票号为00411368、00411369、00411370的增值税发票均为河南省运达造纸设备有限公司向新乡市鸿泰纸业有限公司于2005年1月15日开具的发票，其中产品名称为链板输送机头部装置、中部装置和尾部装置，其总金额为26万元。附件2中由新乡市鸿泰纸业有限公司出具并有王建义签字的产品使用证明指出：该公司于2004年7月8日购买了一台链板式输送机，并与河南省运达造纸设备有限公司签订一份合同，2004年11月供货，供货后随即安装并使用至今，其发票号为00411368、00411369和00411370。合议组经过比对发现《工矿产品买卖合同》与发票中的产品名称、型号以及价格等信息均一致，从而能够证明该销售事实成立。附件11的现场工作记录表明相关工作人员于2006年12月31日来到新乡市鸿泰纸业有限公司，并且对由该公司车间主任王灿指认的河南省运达造纸设备有限公司生产并于2004年11月交货的链板输送机的有关部位和备件进行了拍照，取得照片32张。对于附件11中王灿的证人证言，合议组认为，虽然该证人证言是经过公证的，但是公证书只能证明当时王灿对有关产品进行了指认，不能直接证明证人证言内容的真实性，并且出具这些证言的证人未出席口头审理参加质证；另外附件11和附件2中所附的照片也没有任何有关产品型号的信息，且没有其他相关的证据对证人证言进行佐证，故合议组对该证言内容的真实性无法核对，同时不能认定新乡市鸿泰纸业有限公司所使用的输送机的来源唯一性和产品唯一性，从而无法与附件1中的合同和发票组成完整的证据链证明所销售的产品的外观，因此上述证据不能构成一个完整的公开销售的证据链来支持请求人的主张。

（2）关于附件3、附件4和附件13。

附件3是河南省新密市公证处于2006年11月27日出具的（2006）新密证民字第193号公证书，

其中包括一份《现场工作记录》，两份《产品使用证明》以及现场拍摄的照片20张；附件4是河南省新密市公证处于2006年11月27日出具的（2006）新密证民字第194号公证书，其中包括一份《现场工作记录》、一份《工矿产品买卖合同》和一份增值税专用发票、一份《工矿产品购销合同》和两份增值税专用发票；附件13是河南省新密市公证处于2006年12月31日出具的（2006）新密证民字第215号公证书，其中包括一份现场工作记录和10张现场拍摄的照片。这三份公证书的公证内容是证明《现场工作记录》上所载的内容与实际情况相符，复印件和原件内容相符，原件上签名属实，照片内容与实际状况相符等。请求人认为上述三个附件能够组成证据链证明在本专利申请日之前平湖市建材机械厂向许昌市魏都宏发造纸厂销售链板式输送机的销售事实，并且所销售的链板输送机的支脚与本专利相同。专利权人对这三份附件所示公证书的真实性没有异议，但是认为公证书仅对原件进行公证，并未对其真实性进行公证，同时对这三份附件中的合同与发票所对应的产品与现场所拍摄照片的关联性有异议。

对于上述三个附件，本案合议组认为，附件3中由许昌市魏都宏发造纸厂出具并有郑秋芳签字的《产品使用证明》表明，许昌市魏都宏发造纸厂于2002年11月19日购买了两台链板式输送机，并与平湖市建材机械厂签订购销合同，2003年1月交货，购货发票票号为：00568080；附件4中的《工矿产品买卖合同》是2002年11月19日由平湖市建材机械厂与许昌市魏都宏发造纸厂签订的，其中产品名称型号为：链板输送机BFW1400×21000，两台机器共计264600元，票号为00568080的浙江省增值税专用发票是2003年1月2日由供货单位平湖市建材机械厂向购货单位许昌市魏都宏发造纸厂开具的发票，其中货物名称为链板输送机，规格型号为BFW1400×21000，总价格为264600元。合议组经过比对发现《工矿产品买卖合同》与增值税发票中的产品名称、型号以及价格等信息都是一致的，从而能够证明平湖市建材机械厂向许昌市魏都宏发造纸厂销售链板输送机的销售事实成立。对于所销售产品中输送机支脚的外观，附件13中许昌市魏都宏发造纸厂厂长常青军对由平湖市建材机械厂生产并于2003年1月交货的链板输送机进行了指认，并对有关部位和备件进行了拍照取得照片10张。对于附件13中的常青军的证人证言，合议组认为，虽然该证人证言是经过公证的，但是公证书只能证明当时常青军对有关产品进行了指认，不能直接证明该证人证言内容的真实性，并且出具这些证言的证人未出席口头审理参加质证；另外附件13和附件3中所附的照片中也没有任何有关产品型号的信息，且没有其他相关的证据对证人证言进行佐证，所以合议组对其证言内容的真实性无法核对，同时不能认定许昌市魏都宏发造纸厂所使用的输送机的来源唯一性和产品唯一性，从而无法与附件4中的合同和发票组成完整的证据链证明所销售的产品的外观，因此上述证据不能构成一个完整的公开销售证据链来支持请求人的主张。

（3）关于附件3、附件4和附件12。

附件3是河南省新密市公证处于2006年11月27日出具的（2006）新密证民字第193号公证书，其中包括一份《现场工作记录》，两份《产品使用证明》以及现场拍摄的照片20张；附件4是河南省新密市公证处于2006年11月27日出具的（2006）新密证民字第194号公证书，其中包括一份《现场工作记录》、一份《工矿产品买卖合同》和一份增值税专用发票、一份《工矿产品购销合同》和两份增值税专用发票；附件12是河南省新密市公证处于2006年12月31日出具的（2006）新密证民字第216号公证书，其中包括一份《现场工作记录》和8张现场拍摄的照片。这三份公证书的公证内容是证明《现场工作记录》上所载的内容与实际情况相符，复印件和原件内容相符，原件上签名属实，照片内容与实际状况相符等。请求人认为上述三个附件能够组成证据链证明在本专利申请日之前河南省运达造纸设备有限公司向许昌宏伟实业（集团）有限公司（宏伟四分厂）销售链板式输送机的销售事实，并且所销售的链板输送机的支脚与本专利相同。专利权人对这三份附件所示公证书的真实性没有异议，但是认为公证书仅对原件进行公证，并未对其真实性进行公证，同时对这三份附件中的合同与发票所对应的产品与现场所拍摄照片的关联性有异议。

对于上述三个附件，本案合议组认为，附件3中由许昌宏伟实业（集团）有限公司出具并有郑秋芳签字的产品使用证明表明，许昌宏伟实业（集团）有限公司于2004年7月8日购买了三台链板式输送机，并与河南省运达造纸设备有限公司签订购销合同，2005年1月交货，购货发票票号为：00192867和00192868。附件4中的编号为000372的《工矿产品购销合同》是河南省运达造纸设备有限公司与许昌宏伟实业（集团）有限公司于2004年7月8日签订的，其中的产品名称型号为：链板输送机 BFW1400mm 和 BFW1800mm，总金额为568800元；票号为00192867和00192868的河南增值税专用发票是供货单位河南省运达造纸设备有限公司向购货单位许昌宏伟实业（集团）有限公司于2005年4月27日开具的发票，其中货物名称为输送机前半部和后半部，两张发票的总金额为231150元。合议组经过比对发现《工矿产品购销合同》与增值税发票中的产品名称和价格信息不一致，且合同本身多处涂改，因此不足以认定销售事实的成立。附件12中许昌宏伟实业（集团）有限公司四分厂的厂长孙建军对由河南省运达造纸设备有限公司生产并于2005年1月交货的链板输送机进行了指认，并且对有关部位进行拍照取得照片8张。对于附件12中的孙建军的证人证言，合议组认为，虽然该证人证言是经过公证的，但是公证书只能证明当时孙建军对有关产品进行了指认，不能直接证明证人证言内容的真实性，并且出具这些证言的证人未出席口头审理参加质证；另外附件12和附件3中所附的照片也没有任何有关产品型号的信息，并且附件3和附件4中的发票与合同也不一致，且没有其他相关的证据对证人证言进行佐证，所以合议组对其证言内容的真实性无法核对，同时不能认定许昌宏伟实业（集团）有限公司四分厂所使用的输送机的来源唯一性和产品唯一性，从而不能组成证据链证明附件3和附件12中所附照片的链板输送机已经在2005年通过销售而公开，因此上述证据不能构成一个完整的公开销售的证据链来支持请求人的主张。

（4）关于附件5和附件14

附件5是河南省新密市公证处于2006年11月27日出具的（2006）新密证民字第199号公证书，其中包括一份《现场工作记录》、一份《供货合同》、一份《产品使用证明》和4张现场拍摄的照片；附件14是河南省新密市公证处于2006年12月31日出具的（2006）新密证民字第218号公证书，其中包括一份现场工作记录和10张现场拍摄的照片。这两份公证书的公证内容是证明《现场工作记录》上所载的内容与实际情况相符，复印件和原件内容相符，原件上签名属实，照片内容与实际状况相符等。请求人认为上述两个附件能够组成证据链证明平湖市建材机械厂向新乡市新星纸业有限公司销售链板输送机的销售事实，并且所销售链板输送机的支脚与本专利相同。专利权人对这两份附件所示公证书的真实性没有异议，但是认为公证书仅对原件进行公证，并未对其真实性进行公证，此外专利权人对附件5中合同的真实性存在异议，同时还对这两份证据中合同与现场拍摄照片的关联性有异议。

对于上述两个附件，本案合议组认为，附件5中的《供货合同》是新乡县福利新星造纸厂二分厂与平湖市建材机械厂于2003年11月28日签订的，产品名称为BFW型链板输送机1600×19m，金额为133000元。专利权人对合同的真实性提出异议，认为公证书中的"新乡市新星纸业有限公司"与合同中的"新乡县福利新星造纸厂二分厂"不一致，并且没有发票来佐证合同的真实性。对于专利权人的异议，请求人说明厂名的不一致是因为企业的变更，未提供发票是由于企业处于停止运营状态，因此无法拿到发票。附件5中还包括一份由新乡市新星纸业有限公司一分厂（原单位名称：新乡县福利新星造纸厂二分厂）出具并有李国超签字的产品使用证明，其中记载了该公司于2003年11月28日购买了一台链板式输送机，并与平湖市建材机械厂签订一份合同，该设备于2004年4月开始使用。对于合同的真实性，本案合议组认为，专利权人作为合同签订一方的法定代表人，对合同的真实性的异议未提出其他合理的证据，因此合议组对合同的真实性予以采信，但仅凭证人证言尚不足以认定企业更名的事实，且附件14中新乡市新星纸业有限公司一纸厂职员朱安会对平湖市建材机械厂生产并由原新乡县福利新星造纸厂二分厂于2004年4月开始使用的链板输送机进行了指认，并且对有关部位和备件进行拍照，取得照片10张。对于附件14中朱安会的证人证言，合议组认为，虽然该证人证言经过公证，但是公证书只能证明当时证人对有关产品进行了指认，不能直接证明证人证言内容的真实性，并且出具这些证言的证人未出席口头审理参加质证；另外附件5和附件14中所附的照片中也没有任何有关产品型号的信息，且没有其他相关的证据对证人证言进行佐证，故合议组对该证言内容的真实性无法核对，同时不能认定新乡市新星纸业有限公司一纸厂所使用的输送机的来源唯一性和产品唯一性，从而无法与附件5中的合同组成完整的证据链证明所销售的产品的外观，因此上述证据不能构成一个完整的公开销售的证据链来支持请求人的主张。

(5) 关于附件15。

附件15是河南省新密市公证处于2006年12月22日出具的（2006）新密证民字第208号公证书，其中包括一份《现场工作记录》、一份《供货合同》、一份《产品使用证明》和现场拍摄的33张照片。该公证书的公证内容是证明《现场工作记录》上所载的内容与实际情况相符，复印件和原件内容相符，原件上签名属实，照片内容与实际状况相符等。请求人认为附件15能够证明平湖市建材机械厂向河南省新乡市新亚纸业集团销售链板输送机的销售事实，并且所销售链板输送机的支脚与本专利相同。专利权人对附件15所示公证书的真实性没有异议，但是认为公证书仅对原件进行公证，并未对其真实性进行公证，对附件15中供货合同的真实性有异议，同时对合同中产品与现场拍摄照片的关联性有异议。

对于附件15，本案合议组认为，其中的《供货合同》是河南省新乡市新亚纸业集团与平湖市建材机械厂于2002年12月18日签订的，其中的产品名称为BFW型板链式输送机，型号为1.4m×18.25m，金额为109500元。专利权人对合同的真实性提出异议，认为合同中没有明确说明交货时间，并且没有发票来佐证合同的真实性。对于专利权人的异议，请求人指出合同中指出了交货日期为2003年2月底。由于专利权人作为合同签订一方的法定代表人，对合同的真实性异议未提出合理的证据，因此合议组对合同的真实性予以采信。附件15中由新乡新亚纸业集团股份有限公司出具并有李如全签字的《产品使用证明》表明，该单位于2002年12月18日购买了一台链板式输送机，同平湖市建材机械厂签订购销合同，2003年2月底交货并随即组织安装试车，并使用至今。《现场工作记录》表明所拍摄的照片经过该公司副总经理李如全指认的由平湖市建材机械厂生产并按上述合同交付的链板输送机，对于李如全所提供的证人证言，合议组认为，虽然该证人证言是经过公证的，但是公证书只能证明当时李如全对有关产品进行了指认，不能直接证明证人证言内容的真实性，并且出具这些证言的证人未出席口头审理参加质证；另外所附的照片中也没有任何有关产品型号的信息，且没有其他相关的证据对证人证言进行佐证，故合议组对该证言内容的真实性无法核对，同时不能认定河南省新乡市新亚纸业集团所使用的输送机的来源唯一性和产品唯一性，从而无法与其中的合同和产品使用证明组成完整的证据链证明所销售的产品的外观，因此上述证据不能构成一个完整的公开销售的证据链来支持请求人的主张。

5. 关于本专利是否符合专利法实施细则第2条第3款的规定

专利法实施细则第2条第3款规定：专利法所称外观设计，是指对产品的形状、图案或者其结合以及色彩与形状、图案的结合所作出的富有美感并适于工业应用的新设计。

请求人在无效宣告请求书中提出本专利不符合专利法实施细则第2条第3款的规定，但请求人没有针对该理由进行具体的说明,其在口头审理期间提出的具体理由属于超期提交的理由,依据专利法实施细则第66条的规定,应不予考虑,但即使如请求人在口头审理期间提出的本专利不符合专利法实施细则第2条第3款规定的具体理由:(1)在此之前有与本专利相同或者相近似的外观设计在国内公开使用或在国内外出版物上公开发表,本专利不是新设计;(2)本专利所示支脚属于输送机不可分割的部分,不能单独作为专利保护的内容。对此,合议组认为:(1)专利法实施细则第2条第3款中的有关新设计的要求,仅需要根据申请文件的内容及一般消费者的常识进行判断,且请求人提交的证据也不能证明本专利属于公知设计、惯常设计的范畴;(2)支脚虽然安装在输送机上,但是其可以通过拆卸的方式与输送机分离,并且其本身可以作为输送机的备件使用和销售。因此综上分析可知,请求人提出的上述主张也均不能成立。

综上所述,请求人提交的证据均不足以支持其提出的本专利不符合专利法第23条的无效理由,且其提出的本专利不符合专利法实施细则第2条第3款的理由也不能成立。

三、决定

维持第200530105432.0号外观设计专利权有效。

当事人对本决定不服的,可以根据专利法第46条第2款的规定,自收到本决定之日起三个月内向北京市第一中级人民法院起诉。根据该款的规定,一方当事人起诉后,另一方当事人应当作为第三人参加诉讼。

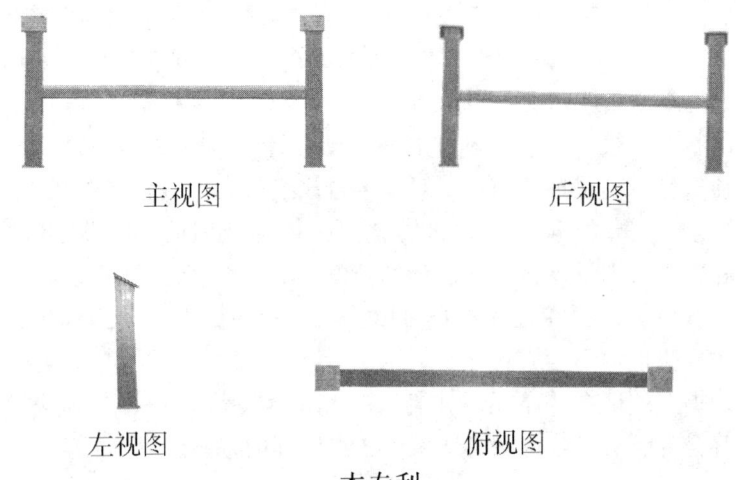

主视图　　　　　　后视图

左视图　　　　　俯视图

本专利

在先设计1　　　　在先设计2　　　　在先设计3

在先设计4　　　　在先设计5

# 北京市第一中级人民法院
# 行政判决书

(2008) 一中行初字第 474 号

原告郑州运达造纸设备有限公司，住所地河南省新郑市薛店镇世纪大道东侧。

法定代表人许超峰，董事长。

委托代理人徐关寿，男，浙江杭州金通专利事务所有限公司专利代理人。

委托代理人虎文珍，男，郑州运达造纸设备有限公司法制办公室主任。

被告国家知识产权局专利复审委员会，住所地北京市海淀区北四环西路9号银谷大厦10~12层。

法定代表人廖涛，副主任。

委托代理人高颖，女，国家知识产权局专利复审委员会审查员。

委托代理人张华，男，国家知识产权局专利复审委员会审查员。

第三人周龙飞，男，1964年4月12日出生，汉族，平湖市青云建材机械厂董事长，住浙江省平湖县前进乡建材机械厂。

委托代理人韩洪，男，杭州华鼎专利事务所专利代理人。

委托代理人潘慧，女，平湖市青云建材机械厂法务部主任。

原告郑州运达造纸设备有限公司不服被告国家知识产权局专利复审委员会作出的第10712号无效宣告请求审查决定（以下简称第10712号决定），向本院提起行政诉讼。本院受理后，依法组成合议庭，依照《中华人民共和国专利法》（以下简称《专利法》）第四十六条第二款、《中华人民共和国行政诉讼法》第二十七条的规定，通知利害关系人周龙飞作为本案第三人参加诉讼，并于2008年5月20日公开开庭审理了本案。原告的委托代理人徐关寿、虎文珍，被告的委托代理人高颖、张华，第三人的委托代理人韩洪、潘慧到庭参加了诉讼。本案现已审理终结。

被告针对原告提出的无效宣告请求，于2007年9月25日作出第10712号决定：

本无效宣告请求涉及国家知识产权局于2006年4月26日授权公告的200530105432.0号外观设计专利（以下简称本专利），使用该外观设计的产品名称为"输送机支脚"，申请日为2005年4月2日，专利权人为第三人。

针对本专利，原告于2006年12月4日向被告提出无效宣告请求，其无效宣告理由为：本专利相对于附件1~10不符合《专利法》第二十三条的规定以及《中华人民共和国专利法实施细则》（以下简称《专利法实施细则》）第二条第三款的规定。同时提交了如下附件作为证据：

附件1：（2006）新密证民字第197号公证书复印件；

附件2：（2006）新密证民字第198号公证书复印件；

附件3：（2006）新密证民字第193号公证书复印件；

附件4：（2006）新密证民字第194号公证书复印件；

附件5：（2006）新密证民字第199号公证书复印件；

附件6：河南省运达造纸设备有限公司与东莞海龙纸业有限公司签订的购销合同复印件；

附件7：东莞海龙纸业有限公司出具的产品使用证明书及增值税发票复印件；

附件8：东莞海龙纸业有限公司出具的产品外观图片复印件；

附件9：2002年《造纸信息》杂志第6期、第10期封面及广告页复印件；

附件 10：2002 年《造纸科学与技术》第 6 期封面及广告页复印件、2002 年《纸业资讯》第 11 期封面及广告页复印件。

原告提出：附件 9、10 可以证明本专利同申请日以前国内外出版物上公开发表过的外观设计相同或相近似；附件 1~8 可以证明本专利同申请日以前国内公开使用过的外观设计相同或相近似。

被告于 2006 年 12 月 5 日向双方当事人发出无效宣告请求受理通知书并转送相关材料。

原告于 2007 年 1 月 4 日补充了以下证据（编号续前）：

附件 11：（2006）新密证民字第 217 号公证书；
附件 12：（2006）新密证民字第 216 号公证书；
附件 13：（2006）新密证民字第 215 号公证书；
附件 14：（2006）新密证民字第 218 号公证书；
附件 15：（2006）新密证民字第 208 号公证书；

原告对附件 11~15 进行了具体说明，其中指出：附件 11 结合附件 1、2；附件 12 结合附件 4、3 能够证明本专利同申请日以前在国内公开使用过的外观设计相同；附件 13 结合附件 4、3，附件 14、5，附件 15 能够证明本专利同申请日以前在国内公开使用过的外观设计相近似。

原告于 2007 年 1 月 5 日再次补充如下证据：

附件 16：（2007）新密证民字第 001 号公证书；

被告于 2007 年 1 月 24 日收到第三人提交的意见陈述书。其认为原告提供的证据不能证明本专利同申请日以前国内公开使用过的外观设计相同或相近似，也不能证明本专利同申请日以前国内外出版物上公开发表过的外观设计相同或相近似。

2007 年 5 月 15 日，被告举行了口头审理，双方均对对方出庭人员的身份和资格无异议。在口头审理中，原告当庭提交了附件 1~5、9~10 的原件，并当庭提交了附件 6 的原件。被告当庭告知原告其于 2007 年 1 月 5 日提交的附件 16 由于超出了自提出无效宣告请求之日起一个月的举证期限，因此被告对于附件 16 不予考虑。原告明确其无效理由为：本专利与申请日之前在国内使用或者国内外出版物上公开的外观设计相同，因此不是新设计，并且支脚属于输送机不可分割的部分，不能单独作为专利保护的内容，因此本专利不符合《专利法实施细则》第二条第三款的规定；本专利相对于附件 9、10 的公开出版物，附件 1、2 和 11 组成的证据链，附件 3、4 和 13 组成的证据链，附件 3、4 和 12 组成的证据链，附件 5、14 组成的证据链，附件 15 不符合《专利法》第二十三条的规定。原告当庭声明放弃附件 6~8 作为本案的证据。被告当庭告知原告其在规定的期限内未对本专利不符合《专利法实施细则》第二条第三款的理由进行具体说明，原告认为关于该法条专利法已经规定得很明确，没有必要进一步提出意见。第三人核实相关证据原件后，对附件 1~5、附件 11~15 所示公证书的真实性没有异议，但是认为公证书仅对原件进行公证，并未对其内容真实性进行公证，由于附件 1、2 和 11 中公证书中的企业名称"新乡市鸿泰实业有限公司"与合同、发票以及《产品使用证明》中的"新乡市鸿泰纸业有限公司"的名称不一致，第三人对这三份附件的公证书中附件的真实性有异议；对附件 5、15 中合同的真实性有异议；附件 3、4、13，附件 3、4、12，附件 1、2、11，附件 5、14 以及附件 15 中合同和发票涉及的产品与现场拍摄照片之间的关联性有异议；对附件 9、10 中期刊的真实性没有异议，但是对期刊的公开日有异议。被告决定理由如下：

1. 法律依据

基于原告提出无效宣告请求所依据的事实和理由，被告对本专利是否符合《专利法》第二十三条进行审查。

2. 关于附件 16

原告提交附件 16 的日期超过了自提出无效宣告请求一个月的举证期限，因此不满足《专利法实施细则》第六十六条规定的举证期限，被告对于附件 20 不予考虑。

3. 关于出版物公开

原告提交的附件 9 是 2002 年《造纸信息》杂志第 6 期、第 10 期封面及广告页复印件，附件 10 是 2002 年《造纸科学与技术》第 6 期封面及广告页复印件、2002 年《纸业资讯》第 11 期封面及广告页复印件。附件 10 中的《纸业资讯》2002 年 11 月刊中的第 2 页中明确记载了该期刊为内部资料，不属于专利法意义上的公开出版物，不能作为本案的证据。附件 9、10 中其余三本期刊，属于《专利法》第二十三条所规定的公开出版物，适用于本案，其中在《造纸信息》2002 年第 6 期上公开了一款 BFW 板链式输送机的支脚的外观设计（以下简称在先设计 1），在《造纸信息》2002 年第 6 期上公开了一款链板输送机的支脚的外观设计（以下简称在先设计 2），在《造纸信息》2002 年第 10 期上公开了一款链板输送机的支脚的外观设计（以下简称在先设计 3），在《造纸信息》2002 年第 10 期上公开了一款 BFW 板链式输送机的支脚的外观设计（以下简称在先设计 4），在《造纸科学与技术》2002 年第 6 期上公开了一款 BFW 板链式输送机的支脚的外观设计（以下简称在先设计 5）。被告认为在先设计 1~5 与本专利均为输送机支脚的外观设计，用途相同，属于相同种类的产品，具有可比性。

本专利所要求保护的为输送机支脚，包括主视图、后视图、左视图、俯视图，其中俯视图和仰视图对称，右视图和左视图对称，在此省略了仰视图和右视图。从主视图来看，支脚呈现 H 形，其左右两根柱的上端分别有一矩形板，其底端分别有一矩形板，从后视图可以看出支脚的柱的上端矩形板为倾斜大致 45 度角（详见本专利附图）。

在先设计 1~5 中所示图片中不能清楚完整地反映所示产品的支脚的外观设计，因此，上述在先设计均无法与本专利外观设计进行有效的对比判断，从而根据附件 9、10 中的图片不能证明本专利不符合《专利法》第二十三条的规定。

4. 关于国内使用公开

（1）关于附件 1、2 和 11。

附件 1 中编号为 000335 的《工矿产品买卖合同》是新乡市鸿泰纸业有限公司与原告于 2004 年 7 月 8 日签订的。附件 2 中由新乡市鸿泰纸业有限公司出具并有王建义签字的产品使用证明指出：该公司于 2004 年 7 月 8 日购买了一台链板式输送机，并与原告签订一份合同，2004 年 11 月供货，供货后随即安装并使用至今，其发票号为 00411368、00411369 和 00411370。经比对：《工矿产品买卖合同》与发票中的产品名称以及价格等信息均一致，从而能够证明该销售事实成立。附件 11 的现场工作记录表明相关工作人员于 2006 年 12 月 31 日来到新乡市鸿泰纸业有限公司，并且对由该公司车间主任王灿指认的原告生产并于 2004 年 11 月交货的链板输送机的有关部位和备件进行了拍照，取得照片 32 张。被告认为，附件 11 中王灿的证人证言是经过公证的，但是公证书只能证明当时王灿对有关产品进行了指认，不能直接证明证人证言内容的真实性，并且出具这些证言的证人未出席口头审理参加质证；另外附件 11、2 中所附的照片未有任何有关产品型号的信息，且没有其他相关的证据对证人证言进行佐证，该证言内容的真实性无法核对，同时不能认定新乡市鸿泰纸业有限公司所使用的输送机的来源唯一性和产品唯一性，从而无法与附件 1 中的合同和发票组成完整的证据链证明所销售的产品的外观，因此上述证据不能构成一个完整的公开销售的证据链来支持原告的主张。

（2）关于附件 3、4 和 13。

附件 3 中由许昌市魏都宏发造纸厂出具并有郑秋芳签字的《产品使用证明》，表明许昌市魏都宏发造纸厂于2002年11月19日购买了两台链板式输送机,并与平湖市建材机械厂签订购销合同,2003年1月交货,购货发票票号为:00568080;附件4中的《工矿产品买卖合同》是2002年11月19日由平湖市建材机械厂与许昌市魏都宏发造纸厂签订的,其中产品名称型号为:链板输送机BFW1400×21000,两台机器共计264600元,票号为00568080的浙江省增值税专用发票是2003年1月2日由供货单位平湖市建材机械厂向购货单位许昌市魏都宏发造纸厂开具的发票,其中货物名称为链板输送机,规格型号为BFW1400×21000,总价格为264600元。经比对:《工矿产品买卖合同》与增值税发票中的产品名称、型号以及价格等信息都是一致的,从而能够证明平湖市建材机械厂向许昌市魏都宏发造纸厂销售链板输送机的销售事实成立。对于所销售产品中槽板的外观,附件13中许昌市魏都宏发造纸厂厂长常青军对由平湖市建材机械厂生产并于2003年1月交货的链板输送机进行了指认,并对有关部位和备件进行了拍照取得照片10张。被告认为,附件13中的常青军的证人证言是经过公证的,但是公证书只能证明当时常青军对有关产品进行了指认,不能直接证明该证人证言内容的真实性,并且出具这些证言的证人未出席口头审理参加质证;另外附件13、3中所附的照片中也没有任何有关产品型号的信息,且没有其他相关的证据对证人证言进行佐证,故对其证言内容的真实性无法核对,同时不能认定许昌市魏都宏发造纸厂所使用的输送机的来源唯一性和产品唯一性,从而无法与附件4中的合同和发票组成完整的证据链证明所销售的产品的外观,因此上述证据不能构成一个完整的公开销售证据链来支持原告的主张。

(3) 关于附件3、4和12。

附件3中由许昌宏伟实业(集团)有限公司出具并有郑秋芳签字的产品使用证明表明,许昌宏伟实业(集团)有限公司于2004年7月8日购买了三台链板式输送机,并与原告签订购销合同,2005年1月交货,购货发票票号为:00192867和00192868。附件4中的编号为000372的《工矿产品购销合同》是原告与许昌宏伟实业(集团)有限公司于2004年7月8日签订的,其中的产品名称型号为:链板输送机BFW1400mm和BFW1800mm,总金额为568800元;票号为00192867和00192868的河南增值税专用发票是供货单位原告向购货单位许昌宏伟实业(集团)有限公司于2005年4月27日开具的发票,其中货物名称为输送机前半部和后半部,两张发票的总金额为231150元。经比对:《工矿产品购销合同》与增值税发票中的产品名称和价格信息不一致,且合同本身多处涂改,因此不足以认定销售事实的成立。附件12中许昌宏伟实业(集团)有限公司四分厂的厂长孙建军对由原告生产并于2005年1月交货的链板输送机进行了指认,并且对有关部位进行拍照取得照片8张。被告认为,附件12中的孙建军的证人证言是经过公证的,但是公证书只能证明当时孙建军对有关产品进行了指认,不能直接证明证人证言内容的真实性,并且出具这些证言的证人未出席口头审理参加质证;另外附件12、3中所附的照片也没有任何有关产品型号的信息,并且附件3、4中的发票与合同也不一致,且没有其他相关的证据对证人证言进行佐证,对其证言内容的真实性无法核对,同时不能认定许昌宏伟实业(集团)有限公司四分厂所使用的输送机的来源唯一性和产品唯一性,从而不能组成证据链证明附件3、12中所附照片的链板输送机已经在2005年通过销售而公开,因此上述证据不能构成一个完整的公开销售的证据链来支持原告的主张。

(4) 关于附件5、14。

附件5中的《供货合同》是新乡县福利新星造纸厂二分厂与平湖市建材机械厂于2003年11月28日签订的,产品名称为BFW型链板输送机1600×19m,金额为133000元。附件5中还包括一份由新乡市新星纸业有限公司一分厂(原单位名称:新乡县福利新星造纸厂二分厂)出具并有李国超签字的产品使用证明,其中记载了该公司于2003年11月28日购买了一台链板式输送机,并与平湖市建材机械厂签订一份合同,该设备于2004年4月开始使用。对于合同的真实性,被告认为,第三人作为合同签订一方的法定代表人,对合同的真实性的异议未提出其他合理的证据,对合同的真实性予以采信,但仅凭证人证言尚不足以认定企业更名的事实,附件14中新乡市新星纸业有限公司一纸厂职员朱安会对平湖市建材机械厂生产并由原新乡县福利新星造纸厂二分厂于2004年4月开始使用的链板输送机进行了指认,并且对有关部位和备件进行拍照,取得照片10张。被告认为,附件14中朱安会的证人证言是经过公证,但是公证书只能证明当时证人对有关产品进行了指认,不能直接证明证人证言内容的真实性,并且出具这些证言的证人未出席口头审理参加质证;另外附件5、14中所附的照片中也没有任何有关产品型号的信息,且没有其他相关的证据对证人证言进行佐证,故合议组对该证言内容的真实性无法核对,同时不能认定新乡市新星纸业有限公司一纸厂所使用的输送机的来源唯一性和产品唯一性,从而无法与附件5中的合同组成完整的证据链证明所销售的产品的外观,因此上述证据不能构成一个完整的公开销售的证据链来支持原告的主张。

(5)关于附件15。

附件15中的《供货合同》是河南省新乡市新亚纸业集团与平湖市建材机械厂于2002年12月18日签订的,其中的产品名称为BFW型板链式输送机,型号为1.4m×18.25m,金额为109500元。附件15中由新乡新亚纸业集团股份有限公司出具并有李如全签字的《产品使用证明》表明,该单位于2002年12月18日购买了一台链板式输送机,同平湖市建材机械厂签订购销合同,2003年2月底交货并随即组织安装试车,并使用至今。《现场工作记录》表明所拍摄的照片经过该公司副总经理李如全指认的由平湖市建材机械厂生产并按上述合同交付的链板输送机。被告认为,李如全的证人证言是经过公证的,但是公证书只能证明当时李如全对有关产品进行了指认,不能直接证明证人证言内容的真实性,并且出具这些证言的证人未出席口头审理参加质证;另外所附的照片中也没有任何有关产品型号的信息,且没有其他相关的证据对证人证言进行佐证,对该证言内容的真实性无法核对,同时不能认定河南省新乡市新亚纸业集团所使用的输送机的来源唯一性和产品唯一性,从而无法与其中的合同和产品使用证明组成完整的证据链证明所销售的产品的外观,因此上述证据不能构成一个完整的公开销售的证据链来支持原告的主张。

5. 关于本专利是否符合《专利法实施细则》第二条第三款的规定

原告在无效宣告请求书中提出本专利不符合《专利法实施细则》第二条第三款的规定,但其没有针对该理由进行具体的说明,其在口头审理期间提出的具体理由属于超期提交的理由,依据《专利法实施细则》第六十六条的规定,不予考虑;但即使如原告在口头审理期间提出的本专利不符合《专利法实施细则》第二条第三款规定的具体理由:(1)在此之前有与本专利相同或者相近似的外观设计在国内公开使用或在国内外出版物上公开发表,本专利不是新设计;(2)本专利所示支脚属于输送机不可分割的部分,不能单独作为专利保护的内容。被告认为:(1)《专利法实施细则》第二条第三款中的有关新设计的要求,仅需要根据申请文件的内容及一般消费者的常识进行判断,且原告提交的证据也不能证明本专利属于公知设计、惯常设计的范畴;(2)支脚虽然安装在输送机上,但是其可以通过拆卸的方式与输送机分离,并且其本身可以作为输送机的备件使用和销售。因此,原告提出的上述主张亦不能成立。

综上所述,被告认为原告提交的证据均不足以支持其提出的本专利不符合《专利法》第二十三条的无效理由,且其提出的本专利不符合《专利法实施细则》第二条第三款的理由也不能成立。据此,被告作出决定维持本专利有效。

被告向本院提交了无效决定及以下证据:第10712号决定中附件1~16;17.本专利说明书;18.口头审理记录表。上述证据用以证明第10712号决定认定事实清楚,适用法律正确。

原告诉称,(1)本专利已被出版物公开,被告不能有效地对比判断属于认定错误。本专利产品为输送机支脚，从其产品使用状态看，支脚的上端与输送机底面固定，下端与地基固定，均为不可见，支脚的横撑作为功能性部件，也在输送机底面之下，也不易见。从输送机的平衡和设计规范，支脚的两根柱的形状必须对称。因此，就本专利产品而言，支脚的一根柱形便可以反映出该支脚的外观设计的整体效果。原告提交的在先设计1、3、5，虽然没有对支脚的整体作出图示，但已经十分清楚地公开了支脚柱的外观，具有了与本专利产品相同的视觉效果，符合《审查指南》关于外观设计相近似的判断规定。被告认定在先设计1、4、5无法与本专利进行有效的对比判断有误。同时，被告对附件10中的2002年《纸业资讯》出版物的性质认定有误。《纸业资讯》作为造纸业行业内的交流刊物，虽然记载着内部资料，但它不是保密资料。从《纸业资讯》可刊登的产品广告的情况表明，该《纸业资讯》应为业内的公开刊物。《审查指南》规定的是指：确系保密的内部资料。根据国家新闻出版总署的有关规定，内部与公开刊物都是经出版管理部门批准的刊物，分类为内部资料的只能是不能以出售方式发行。被告仅以记载内部资料而对该资料的公开性不予认定是错误的。原告认为本专利授权不符合《专利法》第二十三条的规定，应当宣告无效。（2）本专利在专利申请日前已有相同产品在国内公开使用，被告对公开使用证据的认定有误。原告提交的关于公开使用的证据有四组，其中三组证据的销售事实为第三人企业的公开销售行为，这些销售证据与公开出版物中的产品广告可以相互印证。但是，被告认定其中证据存在销售事实的同时，又以证人未能出席口头审理、不能被其他证据相佐证为由，而认定没有形成完整销售的证据链，从而未支持原告的主张，显得草率。（3）被告对不符合《专利法实施细则》第二条第三款规定的认定亦是错误的。本专利是一种不能独立使用，也不能独立销售的零件，是输送机不可分割的零件，因此，支脚的申请不符合《审查指南》的相关规定。综上，原告请求法院判决撤销被告作出的第10712号决定。其未向本院提交证据。

被告辩称：坚持第10712号决定认定的事实及理由，原告的诉讼理由不能成立，被告请求法院驳回原告的诉讼请求，维持第10712号决定。

第三人认为第10712号决定认定事实清楚，适用法律正确，请求法院驳回原告的诉讼请求，维持第10712号决定。其未向本院提交证据。

经庭审质证，原告对被告提交的证据的关联性、合法性、真实性无异议，但不同意被告的证明作用。第三人同意被告的举证。

经庭审质证及合议庭评议，本院认为：被告提交的证据真实、合法，能够证明被告作出第10712号决定的基本过程以及针对原告提出的无效宣告请求、理由以及第三人陈述意见进行审理的，本院对上述证据予以采纳。

根据上述有效证据，本院认定如下事实：第三人于2005年4月2日向国家知识产权局提出本专利申请，2006年4月26日授权公告。2006年12月4日，原告向被告提出无效宣告请求，其理由为：本专利相对于附件1~10不符合《专利法》第二十三条的规定以及《专利法实施细则》第二条第三款的规定，并提交了相关证据；但其没有针对本专利不符合《专利法实施细则》第二条第三款的理由进行具体的说明。被告受理后，依照法定程序进行转文，并于2007年5月15日进行了口头审理，在口头审理中，原告明确其无效理由：本专利与申请日之前在国内使用或者国内外出版物上公开的外观设计相同，因此不是新设计，并且支脚属于输送机不可分割的部分，不能单独作为专利保护的内容，因此本专利不符合《专利法实施细则》第二条第三款的规定；本专利相对于附件9~10的公开出版物，附件1、2和11，附件3、4和13，附件3、4和12，附件5、14，附件15组成的证据链均不符合《专利法》第二十三条的规定；原告当庭声明放弃了附件6~8作为本案的证据。被告在充分听取双方当事人的陈述意见后，经审查于同年8月7日作出第10712号决定。

在本院庭审中，原告、第三人对被告作出第10712号决定的审查程序均无异议。

本院认为，对于原告、第三人庭审中不持异议的内容，本院经审查，对第10712号决定的审查程序的合法性予以确认。《专利法》第二十三条规定：授予专利权的外观设计，应当同申请日以前在国内外出版物上公开发表过或者国内公开使用过的外观设计不相同和不相近似，并不得与他人在先取得的合法权利相冲突。本案的争议焦点是：（1）本专利在申请日前是否被出版物公开；（2）本专利在申请日前是否已经由相同产品在国内公开使用；（3）关于本专利不符合《专利法实施细则》第二条第三款规定的无效请求是否考虑的问题。

1. 关于本专利在申请日前是否被出版物公开

附件10中的《纸业资讯》。参照《审查指南》第二部分第三章第2.1.3.1节关于出版物公开部分的规定：对于印有"内部资料"、"内部发行"等字样的出版物，确系在特定范围内发行并要求保密的，不属于公开出版物。附件10中的《纸业资讯》2002年11月刊中的第2页左上角写有：内部资料注意保存。可以确认该出版物属于在特定范围内发行的，并且该出版物的发行属于社会观念或者商业习惯上被认为应当承担保密义务的情形；被告据此认定该出版物不属于《专利法》意义上的公开出版物，不能作为证据使用正确。原告关于被告对上述证据不予认定错误的理由不能成立。

本专利所要求保护的为输送机支脚。从主视图来看，支脚呈现H形，其左右两根柱的上端分别有一矩形板，其底端分别有一矩形板，从后视图可以看出支脚的柱的上端矩形板为倾斜大致45度角。

在先设计1、4、5中所示图片均为输送机支脚的部分外观，并不能清楚、完整地反映输送机支脚的外观；在先设计2、3所示均为从正面拍摄的链板输送机的图片，从这两幅图片中看不到输送机支脚，不能确定该链板输送机所使用的支脚的具体形状。因此，上述在先设计均无法与本专利外观设计进行有效的对比判断，从而根据附件9、10中的图片不能证明本专利不符合《专利法》第二十三条的规定。

2. 关于本专利在申请日前是否已经由相同产品在国内公开使用

参照《审查指南》第四部分第八章4.2关于证人证言的规定：未能出席口头审理作证的证人出具的书面证言不能单独作为认定案件事实的依据，但证人确有困难不能出席口头审理作证的除外；证人确有困难不能出席口头审理作证的，专利复审委员会根据前款的规定对其书面证言进行认定。

（1）关于附件11、12、13、14、15中出具的证人证言，因证人未出席口头审理参加质证，被告认定上述证人证言虽然是经过公证的，但是公证书只能证明证人对当时有关产品进行了指认，在无其他相关证据佐证的情况下，不能直接证明证人证言内容的真实性正确，本院应予支持。

（2）关于附件1、2和11。

附件1中编号为000335的《工矿产品买卖合同》是新乡市鸿泰纸业有限公司与原告于2004年7月8日签订的。附件2中由新乡市鸿泰纸业有限公司出具并有王建义签字的产品使用证明。附件11的现场工作记录为相关工作人员于2006年12月31日来到新乡市鸿泰纸业有限公司，并就该公司车间主任王灿指认的原告生产并于2004年11月交货的链板输送机的有关部位和备件进行了拍照。本院认为，附件11中王灿的证人证言是只能证明其当时对有关产品进行了指认，附件11、2中所附的照片均未有相关产品型号的信息，亦无其他相关的证据对证人证言进行佐证，故上述证据不能印证新乡市鸿泰纸业有限公司所使用的输送机的来源唯一性和产品唯一性，亦无法与附件1中的合同和发票组成完整的证据链证明所销售的产品的外观。因此，上述证据不能构成一个完整的公开销售的证据链来支持原告的主张。

（3）关于关于附件3、4和13。

附件3中由许昌市魏都宏发造纸厂出具并有郑秋芳签字的《产品使用证明》；附件4中的《工矿产品买卖合同》是2002年11月19日由平湖市建材机械厂与许昌市魏都宏发造纸厂签订的。经比对：

《工矿产品买卖合同》与增值税发票中的产品名称、型号以及价格等信息一致。对于所销售产品中槽板的外观，附件13中许昌市魏都宏发造纸厂厂长常青军对由平湖市建材机械厂生产并于2003年1月交货的链板输送机进行了指认，并对有关部位和备件进行了拍照。本院认为，附件13中的常青军的证人证言是其当时对有关产品进行了指认；附件13、3中所附的照片中均未有相关产品型号的信息，亦无其他相关的证据对证人证言进行佐证；上述证据的结合，不能印证许昌市魏都宏发造纸厂所使用的输送机的来源唯一性和产品唯一性，亦无法与附件4中的合同和发票组成完整的证据链证明所销售的产品的外观。因此，上述证据不能构成一个完整的公开销售证据链来支持原告的主张。

（4）关于附件3、4和12。

附件3中由许昌宏伟实业（集团）有限公司出具并有郑秋芳签字的产品使用证明表明；附件4中的编号为000372的《工矿产品购销合同》是原告与许昌宏伟实业（集团）有限公司于2004年7月8日签订的。经比对：《工矿产品购销合同》与增值税发票中的产品名称和价格信息不一致，合同存在多处涂改。附件12中许昌宏伟实业（集团）有限公司四分厂的厂长孙建军对由原告生产并于2005年1月交货的链板输送机进行了指认，并且对有关部位进行拍照。本院认为，附件12中的孙建军的证人证言是其当时对有关产品进行了指认；附件12、3中所附的照片均未有相关产品型号的信息，附件3、4中的发票与合同不一致，亦未有其他相关的证据对证人证言进行佐证，因此，上述证据的结合，不能印证许昌宏伟实业（集团）有限公司四分厂所使用的输送机的来源唯一性和产品唯一性，故不能组成证据链证明附件3、12中所附照片的链板输送机已经在2005年通过销售而公开。因此上述证据不能构成一个完整的公开销售的证据链来支持原告的主张。

（5）关于附件5、14。

附件5中的《供货合同》是新乡县福利新星造纸厂二分厂与平湖市建材机械厂于2003年11月28日签订的。其中有李国超签字的产品使用证明，其中记载了该公司于2003年11月28日购买了一台链板式输送机，并与平湖市建材机械厂签订一份合同，该设备于2004年4月开始使用。附件14中新乡市新星纸业有限公司一纸厂职员朱安会对平湖市建材机械厂生产并由原新乡县福利新星造纸厂二分厂于2004年4月开始使用的链板输送机进行了指认，并且对有关部位和备件进行拍照。本院认为，附件14中朱安会的证人证言是其当时对有关产品进行了指认；附件5、14中所附的照片中均未有相关产品型号的信息，且无其他相关的证据对证人证言进行佐证，故不能认定新乡市新星纸业有限公司一纸厂所使用的输送机的来源唯一性和产品唯一性，从而无法与附件5中的合同组成完整的证据链证明所销售的产品的外观。因此，上述证据不能构成一个完整的公开销售的证据链来支持原告的主张。

（6）关于附件15。

附件15中的《供货合同》是河南省新乡市新亚纸业集团与平湖市建材机械厂于2002年12月18日签订的；其中有新乡新亚纸业集团股份有限公司出具并有李如全签字的《产品使用证明》以及《现场工作记录》，表明所拍摄的照片经过该公司副总经理李如全指认的由平湖市建材机械厂生产并按上述合同交付的链板输送机。本院认为，李如全的证人证言是其当时对有关产品进行了指认；所附的照片中未有相关产品型号的信息，且无其他相关的证据对证人证言进行佐证，故不能印证河南省新乡市新亚纸业集团所使用的输送机的来源唯一性和产品唯一性，从而无法与其中的合同和产品使用证明组成完整的证据链证明所销售的产品的外观。因此，上述证据不能构成一个完整的公开销售的证据链来支持原告的主张。

3. 关于本专利不符合《专利法实施细则》第二条第三款规定的无效请求是否考虑的问题

根据《专利法实施细则》第六十四条规定：无效宣告请求书应当结合提交的所有证据，具体说明无效宣告请求的理由，并指明每项理由所依据的证据。第六十六条规定：在专利复审委员会受理无效宣告请求后，请求人可以在提出无效宣告请求之日起 1 个月内增加理由或者补充证据。逾期增加理由或者补充证据的，专利复审委员会可以不予考虑。

本案，原告在无效宣告请求书中虽然提出本专利不符合《专利法实施细则》第二条第三款的规定，但其没有针对该理由进行具体的说明，其虽在口头审理期间提出了具体理由，但其理由超过上述相关规定，被告对该请求不予考虑正确，本院应予支持。

综上，被告作出的第 10712 号决定认定事实清楚，适用法律正确，本院应予维持。原告请求撤销第 10712 号决定的诉讼请求，因缺乏事实及法律依据，本院不予支持。据此，依照《中华人民共和国行政诉讼法》第五十四条第（一）项之规定，判决如下：

维持被告国家知识产权局专利复审委员会于二〇〇七年九月二十五作出的第 10712 号无效宣告请求审查决定。

案件受理费 100 元，由原告郑州运达造纸设备有限公司负担（已交纳）。

如不服本判决，可在本判决书送达之日起 15 日内，向本院提交上诉状，并按对方当事人人数提出副本，上诉于北京市高级人民法院。上诉人在接到人民法院预交诉讼费用通知后 7 日内未预交又不提出缓交申请的，按自动撤回上诉处理。

审 判 长　张　杰<br>
代理审判员　何君慧<br>
人民陪审员　张燕宾<br>
二〇〇八年八月二十八日<br>
书 记 员　张　涵

# 输送机槽板（1）

## 无效宣告请求审查决定（第10713号）

| | |
|---|---|
| 决　定　号 | 第10713号 |
| 决　定　日 | 2007年8月7日 |
| 发明创造名称 | 输送机槽板（1） |
| 外观设计分类号 | 12-05 |
| 无效宣告请求人 | 郑州运达造纸设备有限公司 |
| 专利权人 | 周龙飞 |
| 专　利　号 | 200530105441.X |
| 申　请　日 | 2005年4月2日 |
| 授权公告日 | 2006年4月26日 |
| 合议组组长 | 张雪飞 |
| 主　审　员 | 王艳妮 |
| 参　审　员 | 高颖 |
| 附　　　图 | 1页 |

**法　律　依　据**　专利法第23条

**决　定　要　点**

由于无法对未出庭作证的证人证言内容的真实性予以核实，同时也没有其他证据对照片与相关发票、合同之间的关联性进行佐证，因此无法组成完整的证据链证明相关产品已经在国内公开使用的事实。

如果对比图片没有清楚、完整地公开相关产品的外观形状，则无法与本专利产品的外观进行相同和相近似性对比，从而不能证明本专利不符合专利法第23条的规定。

## 一、案由

本无效宣告请求涉及国家知识产权局于2006年4月26日授权公告的200530105441.X号外观设计专利（下称本专利），使用该外观设计的产品名称为"输送机槽板（1）"，申请日为2005年4月2日，专利权人为周龙飞。

针对上述专利权，郑州运达造纸设备有限公司（下称请求人）于2006年12月4日向国家知识产权局专利复审委员会提出无效宣告请求，其无效宣告理由为：本专利相对于附件1~10不符合专利法第23条的规定，本专利不符合专利法实施细则第2条第3款的规定。请求人提交了如下附件作为证据：

附件1：（2006）新密证民字第197号公证书复印件；

附件2：（2006）新密证民字第198号公证书复印件；

附件3：（2006）新密证民字第193号公证书复印件；

附件4：（2006）新密证民字第194号公证书复印件；

附件5：（2006）新密证民字第199号公证书复印件；

附件6：河南省运达造纸设备有限公司与东莞海龙纸业有限公司签订的购销合同复印件；

附件7：东莞海龙纸业有限公司出具的产品使用证明书及增值税发票复印件；

附件8：东莞海龙纸业有限公司出具的产品外观图片复印件；

附件9：2002年《造纸信息》杂志第6期、第10期封面及广告页复印件；

附件10：2002年《造纸科学与技术》第6期封面及广告页复印件、2002年《纸业资讯》第11期封面及广告页复印件。

请求人提出的具体理由是：附件9、附件10可以证明本专利同申请日以前国内外出版物上公开发表过的外观设计相同或相近似；附件1~8可以证明本专利同申请日以前国内公开使用过的外观设计相同或相近似。

专利复审委员会于2006年12月5日向双方当事人发出无效宣告请求受理通知书，随受理通知书将请求人于2006年12月4日提交的无效宣告请求书及其附件的副本转送给专利权人。

请求人于2007年1月4日补充了以下证据（编号续前）：

附件11：（2006）新密证民字第217号公证书；

附件12：（2006）新密证民字第216号公证书；

附件13：附件6的复印件，附件7的原件，附件8的部分原件；

附件14：（2006）新密证民字第215号公证书；

附件15：（2006）新密证民字第218号公证书；

附件16：（2006）新密证民字第208号公证书；

附件17：涉及江西洪都精工机械有限公司的营业执照复印件、两份技术合同书、链板机合同纪要、销售发票和增值税专用发票复印件以及证明材料；

附件18：河南省运达造纸设备有限公司与玖龙纸业（太仓）有限公司签订的采购合同书复印件、加工技术要求复印件、图纸复印件及禁止不正当商业行为协议复印件；

附件19：输送机图纸复印件。

请求人在意见陈述书中对附件11~19进行了具体说明，其中指出：附件11结合附件1和附件2能够证明本专利同申请日以前在国内公开使用过的外观设计相同；附件12结合附件4和附件3能够证明本专利同申请日以前在国内公开使用过的外观设计相同；附件13能够证明本专利同申请日以前在国内公开使用过的外观设计相同；附件14结合附件4和附件3能够证明本专利同申请日以前在国内公开使用过的外观设计相近似；附件15结合附件5能够证明本专利同申请日以前国内公开使用过的外观设计相近似；附件16、附件17、附件18、附件19分别能够证明本专利同申请日以前在国内公开使用过的外观设计相同或相近似。

请求人于2007年1月5日再次补充了如下证据（编号续前）：

附件20：（2007）新密证民字第001号公证书。

专利复审委员会于2007年1月24日收到专利权人提交的意见陈述书，其认为从附件1的公证书内容来看，公证人员当日在新乡市鸿泰实业有限公司看见了一份《工矿产品买卖合同》及增值税发票的原件，对该合同和发票的真实性均未证实；其次，合同和发票的企业名称均为新乡市鸿泰纸业有限公司，而公证书中是到新乡市鸿泰实业有限公司进行取证，证明主体前后矛盾；再次，该合同和发票上仅仅涉及产品名称，没有任何关于产品的图片和照片，因此附件1与本专利没有可比性。附件2的公证书仅能证明当日在新乡市鸿泰实业有限公司拍摄了12张照片，而照片所对应的实物是否为合同和发票中的实物并未证明；其次，公证书并不能证明新乡市鸿泰实业有限公司出具的《产品使用证明》中的内容本身的真实性；再次，这12张照片模糊不清，无法与本专利进行对比，因此附件2与本专利没有可比性。关于附件3~5的公证书，专利权人陈述的意见与附件1和附件2的意见大致相同，主要认为现场拍摄的照片与合同和发票之间不具有关联性，均与本专利不具有可比性。专利权人对附件6中合同的真实性有异议，认为合同后面所附的图形不能证明为该合同中所涉及的标的物，因此附件6与本专利没有可比性。专利权人认为附件7中的使用证明书和发票与本专利没有可比性，认为附件8中照片模糊不清，照片来历不明，与本专利没有可比性。专利权人认为没有证据证明附件9和附件10中的杂志为公开出版物，其次请求书中没有明确指明哪幅图片公开了本专利的内容。因此，请求人提供的证据不能证明本专利同申请日以前在国内公开使用过的外观设计相同或相近似，也不能证明本专利同申请日以前在国内外出版物上公开发表过的外观设计相同或相近似。

专利复审委员会依法成立合议组对本案进行审理，本案合议组于2007年3月15日向双方当事人发出口头审理通知书，定于2007年5月15日对本案进行口头审理，并随口审通知书将请求人于2007年1月4日、2007年1月5日补充的意见陈述书和证据的副本转送给专利权人，同时将专利权人的意见陈述书转送给请求人。

2007年5月15日口头审理如期举行，双方当事人均委托代理人参加了口头审理。在口头审理中，双方均对对方出庭人员的身份和资格无异议，对合议组成员无回避请求。在口头审理中，请求人当庭提交了附件1~5、9~10的原件，并当庭提交了附件6的原件。合议组当庭告知请求人其于2007年1月5日提交的附件20由于超出了自提出无效宣告请求之日起1个月的举证期限，虽然请求人说明在其于2007年1月4日提交的证据清单中提到了附件20，但是由于没有在当日提交该附件20，因此合议组对于附件20不予考虑。请求人明确其无效理由为：本专利与申请日之前在国内使用或者国内外出版物上公开的外观设计相同，因此不是新设计，并且槽板属于输送机不可分割的部分，不能单独作为专利保护的内容，因此本专利不符合专利法实施细则第2条第3款的规定；本专利相对于附件9和附件10的公开出版物，相对于附件3、附件4和附件14组成的证据链，相对于附件3、附件4和附件12组成的证据链，相对于附件1、附件2和附件11组成的证据链，相对于附件5和附件15组成的证据链，相对于附件6~8组成的证据链以及相对于附件16均不符合专利法第23条的规定。请求人当庭声明放弃附件17~19作为本案的证据。合议组当庭告知请求人其在规定的期限内未对本专利不符合专利法实施细则第2条第3款的理由进行具体说明，而请求人认为关于该法条专利法已经规定得很明确，没有必要进一步提出意见陈述。专利权人核实相关证据原件后，对附件1~5、附件11~12以及附件14~16所示公证书的真实性没有异议，但是认为公证书仅对原件进行公证，并未对其内容的真实性进行公证；由于附件1、附件2和附件11中公证书中的企业名称"新乡市鸿泰实业有限公司"与合同、发票以及《产品使用证明》中的"新乡市鸿泰纸业有限公司"的名称不一致，专利权人对这三份附件所示公证书中附件的真实性有异议；专利权人对附件5、附件16中合同的真实性有异议；对附件3、附件4和附件14组成的证据链，对附件3、附件4和附件12组成的证据链，对附件1、附件2和附件11组成的证据链，对附件5和附件15组成的证据链以及对附件16中合同和发票涉及的产品与现场拍摄照片之间的关联性有异议；专利权人对附件6中合同的真实性有异议，对附件7证明书的真实性有异议，对附件8与附件6和附件7的关联性有异议；专利权人对附件9和附件10中期刊的真实性没有异议，但是对期刊的公开日有异议。在口头审理中，双方对本专利与各组证据中的图片之间的相同和相近似性进行了辩论，请求人认为本专利与附件 9 和附件 10 期刊中产品的外观设计相同，同时指出其中两幅图的生产厂家为平湖市建材机械厂，而平湖市建材机械厂的法定代表人为专利权人周龙飞，专利权人认为从附件 9 和附件 10 中的图片无法看出槽板的具体外观形状，因此本专利与附件 9 和附件 10 中产品的外观不相同也不相近似，专利权人对其为平湖建材机械厂的法定代表人没有异议，但是认为不能由此得出本专利与期刊中产品的外观相同，因为槽板产品会不断更新，同时也不能证明 2002 年期刊中的产品与 2005 年申请的本专利的产品的外观相同。请求人认为本专利与附件 3、附件 4 和附件 14 组成的证据链、与附件 3、附件 4 和附件 12 组成的证据链，与附件 1、附件 2 和附件 11 组成的证据链、与附件 6~8 组成的证据链中所涉及的槽板的外观相同，认为本专利与附件 5 和附件 15 组成的证据链、与附件 16 中所涉及的槽板的外观相近似，专利权人认为本专利与这些证据中产品的外观不相同也不相近似，对于其中涉及销售厂家平湖市建材机械厂的法定代表人为专利权人周龙飞的事实予以认可，但是认为有关证据中平湖建材机械厂销售的产品并不是本专利的产品。

在以上审理的基础上，合议组认为本案事实清楚，依法作出审查决定。

## 二、决定的理由

### 1. 法律依据

基于请求人提出无效宣告请求所依据的事实和理由，合议组首先对本专利是否符合专利法第 23 条的规定进行审查。

专利法第 23 条规定：授予专利权的外观设计，应当同申请日以前在国内外出版物上公开发表过或者国内公开使用过的外观设计不相同和不相近似，并不得与他人在先取得的合法权利相冲突。

### 2. 关于证据

（1）关于附件 20。

专利法实施细则第 66 条规定：在专利复审委员会受理无效宣告请求后，请求人可以在提出无效宣告请求之日起 1 个月内增加理由或者补充证据。逾期增加理由或者补充证据的，专利复审委员会可以不予考虑。

请求人于 2007 年 1 月 5 日补充提交了附件 20，其提出无效宣告请求之日为 2006 年 12 月 4 日，由于提交附件 20 的日期超过了自提出无效宣告请求 1 个月的举证期限，因此不满足专利法实施细则第 66 条规定的举证期限，合议组对于附件 20 不予考虑。

（2）关于出版物公开。

请求人提交的附件 9 是 2002 年《造纸信息》杂志第 6 期、第 10 期封面及广告页复印件，附件 10 是 2002 年《造纸科学与技术》第 6 期封面及广告页复印件、2002 年《纸业资讯》第 11 期封面及广告页复印件。请求人在口头审理时提交了附件 9 和附件 10 中各期刊的原件，专利权人对附件 9、附件 10 中期刊的真实性没有异议，但认为其上所示的"2002"等字样不清楚是否表示 2002 年出版，对此合议组认为：由于附件 10 中的《纸业资讯》2002 年 11 月刊中的第 2 页中明确记载了该期刊为内部资料，因此该期刊不属于专利法意义上的公开出版物，不能作为本案的证据，因此，对于附件 9 和附件 10 中其余三本期刊，通过其上记载的信息足以得出×年×期×杂志等信息，且其内载有大量广告信息，在没有相反证据足以推翻的情况下，其在先公开性可以认定。因此附件 9 和附件 10 中其余三本期刊均属于专利法第 23 条所规定的公开出版物，适用于本案，其中在《造纸信息》2002 年第 6 期上公开了一款 BFW 板链式输送机的槽板的外观设计（下称在先设计 1），在《造纸信息》2002 年第 6 期上公开了一款链板输送机的槽板的外观设计（下称在先设计 2），在《造纸信息》2002 年第 10 期上公开了一款链板输送机的槽板的外观设计（下称在先设计 3），在《造纸信息》2002 年第 10 期上公开了一款 BFW 板链式输送机的槽板的外观设计（下称在先设计 4），在《造纸科学与技术》2002

年第6期上公开了一款BFW板链式输送机的槽板的外观设计（下称在先设计5）。合议组认为，在先设计1~5与本专利均为输送机槽板的外观设计，用途相同，属于相同种类的产品，具有可比性。

本专利所要求保护的为输送机槽板，包括主视图、后视图、左视图、仰视图，其中俯视图和仰视图对称，右视图和左视图对称，在此省略了俯视图和右视图。从主视图来看，槽板呈现中间凹陷的矩形，并且在凹陷的两侧处分别有两个孔，并且其上边缘的厚度略大于下边缘的厚度，左边缘和右边缘呈片状，从后视图可以看出槽板呈现中间凸出的矩形，从左视图中可以看出槽板的的左侧呈现中间厚边缘薄的形状，其过渡处为弧形（详见本专利附图）。

在先设计1、在先设计4和在先设计5所示均为安装后的槽板的一部分，并不能清楚、完整地反映所示产品的槽板的外观设计；在先设计2和在先设计3所示均为正面拍摄的输送机，其中可以看出安装后连接在一起的形状为矩形的槽板，但仅从这两幅图片仍不能明确该链板输送机所使用的槽板的具体形状，因此在先设计2和在先设计3也不能清楚、完整地反映所示产品的槽板的外观设计。综上可知，在先设计1~5均无法与本专利外观设计进行有效的对比判断，因此附件9和附件10中的图片不能证明本专利不符合专利法第23条的规定（详见在先设计1至在先设计5附图）。

（3）关于国内使用公开。

①关于附件3、附件4和附件14。

附件3是河南省新密市公证处于2006年11月27日出具的（2006）新密证民字第193号公证书，其中包括一份《现场工作记录》，两份《产品使用证明》以及现场拍摄的照片20张；附件4是河南省新密市公证处于2006年11月27日出具的（2006）新密证民字第194号公证书，其中包括一份《现场工作记录》、一份《工矿产品买卖合同》和一份增值税专用发票、一份《工矿产品购销合同》和两份增值税专用发票；附件14是河南省新密市公证处于2006年12月31日出具的（2006）新密证民字第215号公证书，其中包括一份现场工作记录和10张现场拍摄的照片。这三份公证书的公证内容是证明《现场工作记录》上所载的内容与实际情况相符，复印件和原件内容相符，原件上签名属实，照片内容与实际状况相符等。请求人认为上述三个附件能够组成证据链证明在本专利申请日之前平湖市建材机械厂向许昌市魏都宏发造纸厂销售链板式输送机的销售事实，并且所销售的链板输送机的槽板与本专利相同。专利权人对这三份附件所示公证书的真实性没有异议，但是认为公证书仅对原件进行公证，并未对其真实性进行公证，同时对这三份附件中的合同与发票所对应的产品与现场所拍摄照片的关联性有异议。

对于上述三个附件，本案合议组认为，附件3中由许昌市魏都宏发造纸厂出具并有郑秋芳签字的《产品使用证明》表明，许昌市魏都宏发造纸厂2002年11月19日购买了两台链板式输送机，并与平湖市建材机械厂签订购销合同，2003年1月交货，购货发票票号为：00568080；附件4中的《工矿产品买卖合同》是2002年11月19日由平湖市建材机械厂与许昌市魏都宏发造纸厂签订的，其中产品名称型号为：链板输送机BFW1400×21000，两台机器共计264600元，票号为00568080的浙江省增值税专用发票是2003年1月2日由供货单位平湖市建材机械厂向购货单位许昌市魏都宏发造纸厂开具的发票，其中货物名称为链板输送机，规格型号为BFW1400×21000，总价格为264600元。合议组经过比对发现《工矿产品买卖合同》与增值税发票中的产品名称、型号以及价格等信息都是一致的，从而能够证明平湖市建材机械厂向许昌市魏都宏发造纸厂销售链板输送机的销售事实成立。对于所销售产品中槽板的外观，附件14中许昌市魏都宏发造纸厂厂长常青军对由平湖市建材机械厂生产并于2003年1月交货的链板输送机进行了指认，并对有关部位和备件进行了拍照取得照片10张。对于附件14中的常青军的证人证言，合议组认为，虽然该证人证言是经过公证的，但是公证书只能证明当时常青军对有关产品进行了指认，不能直接证明该证人证言内容的真实性，并且出具这些证言的证人未出席口头审理参加质证；另外附件14和附件3中所附的照片中也没有任何有关产品型号的信息，且没有其他相关的证据对证人证言进行佐证，所以合议组对其证言内容的真实性无法核对，同时不能认定许昌市魏都宏发造纸厂所使用的输送机的来源唯一性和产品唯一性，从而无法与附件4中的合同和发票组成完整的证据链证明所销售的产品的外观，因此上述证据不能构成一个完整的公开销售证据链来支持请求人的主张。

②关于附件3、附件4和附件12。

附件3是河南省新密市公证处于2006年11月27日出具的(2006)新密证民字第193号公证书，其中包括一份《现场工作记录》，两份《产品使用证明》以及现场拍摄的照片20张；附件4是河南省新密市公证处于2006年11月27日出具的(2006)新密证民字第194号公证书，其中包括一份《现场工作记录》、一份《工矿产品买卖合同》和一份增值税专用发票、一份《工矿产品购销合同》和两份增值税专用发票；附件12是河南省新密市公证处于2006年12月31日出具的(2006)新密证民字第216号公证书，其中包括一份《现场工作记录》和8张现场拍摄的照片。这三份公证书的公证内容是证明《现场工作记录》上所载的内容与实际情况相符，复印件和原件内容相符，原件上签名属实，照片内容与实际状况相符等。请求人认为上述三个附件能够组成证据链证明在本专利申请日之前河南省运达造纸设备有限公司向许昌宏伟实业（集团）有限公司（宏伟四分厂）销售链板式输送机的销售事实，并且所销售的链板输送机的槽板与本专利相同。专利权人对这三份附件所示公证书的真实性没有异议，但是认为公证书仅对原件进行公证，并未对其真实性进行公证，同时对这三份附件中的合同与发票所对应的产品与现场所拍摄照片的关联性有异议。

对于上述三个附件，本案合议组认为，附件3中由许昌宏伟实业（集团）有限公司出具并有郑秋芳签字的产品使用证明表明，许昌宏伟实业（集团）有限公司于2004年7月8日购买了三台链板式输送机，并与河南省运达造纸设备有限公司签订购销合同，2005年1月交货，购货发票票号为：00192867和00192868。附件4中的编号为000372的《工矿产品购销合同》是河南省运达造纸设备有限公司与许昌宏伟实业（集团）有限公司于2004年7月8日签订的，其中的产品名称型号为：链板输送机BFW1400mm和BFW1800mm，总金额为568800元；票号为00192867和00192868的河南增值税专用发票是供货单位河南省运达造纸设备有限公司向购货单位许昌宏伟实业（集团）有限公司于2005年4月27日开具的发票，其中货物名称为输送机前半部和后半部，两张发票的总金额为231150元。合议组经过比对发现《工矿产品购销合同》与增值税发票中的产品名称和价格信息不一致，且合同本身多处涂改，因此不足以认定销售事实的成立。附件12中许昌宏伟实业（集团）有限公司四分厂的厂长孙建军对由河南省运达造纸设备有限公司生产并于2005年1月交货的链板输送机进行了指认，并且对有关部位进行拍照取得照片8张。对于附件12中的孙建军的证人证言，合议组认为，虽然该证人证言是经过公证的，但是公证书只能证明当时孙建军对有关产品进行了指认，不能直接证明证人证言内容的真实性，并且出具这些证言的证人未出席口头审理参加质证；另外附件12和附件3中所附的照片也没有任何有关产品型号的信息，并且附件3和附件4中的发票与合同也不一致，且没有其他相关的证据对证人证言进行佐证，所以合议组对其证言内容的真实性无法核对，同时不能认定许昌宏伟实业（集团）有限公司四分厂所使用的输送机的来源唯一性和产品唯一性，从而不能组成证据链证明附件3和附件12中所附照片的链板输送机已经在2005年通过销售而公开，因此上述证据不能构成一个完整的公开销售的证据链来支持请求人的主张。

③关于附件1、附件2和附件11。

附件1是河南省新密市公证处于2006年11月27日出具的(2006)新密证民字第197号公证书，其中包括一份《现场工作记录》、一份《工矿产品购销合同》和三张增值税专用发票；附件2是河南省新密市公证处于2006年11月27日出具的（2006）新密证民字第198号公证书，其中包括一份《现场工作记录》、一份《产品使用证明》和12张照片；附件11是河南省新密市公证处于2006年12月31日出具的（2006）新密证民字第217号公证书，其中包括一份《现场工作记录》和32张现场拍摄的照片。这三份公证书的公证内容是证明《现场工作记录》上所载的内容与实际情况相符，复印件和原件内容相符，原件上签名属实，照片内容与实际状况相符等。请求人认为上述三个附件能够组成证据链证明在本专利申请日之前河南省运达造纸设备有限公司向新乡市鸿泰纸业有限公司销售链板输送机的销售事实，并且所销售链板输送机的槽板与本专利相同。专利权人对这三份附件所示公证书中附件的真实性有异议，认为公证书中的"新乡市鸿泰实业有限公司"与合同、发票以及《产品使用证明》中的"新乡市鸿泰纸业有限公司"不一致，请求人认为"鸿泰实业"是公证人员的笔误，应该为合同和发票以及印章中的"鸿泰纸业"。对此合议组认为，这种名称的不一致为公证书的瑕疵，在没有合理证据足以推翻的情况下，对该公证书的真实性予以认可。此外，专利权人认为公证书仅对原件进行公证，并未对其真实性进行公证，同时对这三份公证书中合同和发票的关联性以及其与现场拍摄照片的关联性有异议。

对于上述三个附件，本案合议组认为，附件1中编号为000335的《工矿产品买卖合同》是新乡市鸿泰纸业有限公司与河南省运达造纸设备有限公司于2004年7月8日签订的，其中产品名称为链板输送机，规格型号为宽1800mm×38.5m，总金额为26万元，三张票号为00411368、00411369、00411370的增值税发票均为河南省运达造纸设备有限公司向新乡市鸿泰纸业有限公司于2005年1月15日开具的发票，其中产品名称为链板输送机头部装置、中部装置和尾部装置，其总金额为26万元。附件2中由新乡市鸿泰纸业有限公司出具并有王建义签字的产品使用证明指出：该公司于2004年7月8日购买了一台链板式输送机，并与河南省运达造纸设备有限公司签订一份合同，2004年11月供货，供货后随即安装并使用至今，其发票号为00411368、00411369和00411370。合议组经过比对发现《工矿产品买卖合同》与发票中的产品名称以及价格等信息均一致，从而能够证明该销售事实成立。附件11的现场工作记录表明相关工作人员于2006年12月31日来到新乡市鸿泰纸业有限公司，并且对由该公司车间主任王灿指认的河南省运达造纸设备有限公司生产并于2004年11月交货的链板输送机的有关部位和备件进行了拍照，取得照片32张。对于附件11中王灿的证人证言，合议组认为，虽然该证人证言是经过公证的，但是公证书只能证明当时王灿对有关产品进行了指认，不能直接证明证人证言内容的真实性，并且出具这些证言的证人未出席口头审理参加质证；另外附件11和附件2中所附的照片也没有任何有关产品型号的信息，且没有其他相关的证据对证人证言进行佐证，故合议组对该证言内容的真实性无法核对，同时不能认定新乡市鸿泰纸业有限公司所使用的输送机的来源唯一性和产品唯一性，从而无法与附件1中的合同和发票组成完整的证据链证明所销售的产品的外观，因此上述证据不能构成一个完整的公开销售的证据链来支持请求人的主张。

④关于附件5和附件15。

附件5是河南省新密市公证处于2006年11月27日出具的（2006）新密证民字第199号公证书，其中包括一份《现场工作记录》、一份《供货合同》、一份《产品使用证明》和4张现场拍摄的照片；附件15是河南省新密市公证处于2006年12月31日出具的（2006）新密证民字第218号公证书，其中包括一份现场工作记录和10张现场拍摄的照片。这两份公证书的公证内容是证明《现场工作记录》上所载的内容与实际情况相符，复印件和原件内容相符，原件上签名属实，照片内容与实际状况相符等。请求人认为上述两个附件能够组成证据链证明平湖市建材机械厂向新乡市新星纸业有限公司销售链板输送机的销售事实，并且所销售链板输送机的槽板与本专利相近似。专利权人对这两份附件所示公证书的真实性没有异议，但是认为公证书仅对原件进行公证，并未对其真实性进行公证，此外专利权人对附件5中合同的真实性存在异议，同时还对这两份证据中合同与现场拍摄照片的关联性有异议。

对于上述两个附件，本案合议组认为，附件5中的《供货合同》是新乡县福利新星造纸厂二分厂与平湖市建材机械厂于2003年11月28日签订的，产品名称为BFW型链板输送机1600×19m，金额为133000元。专利权人对合同的真实性提出异议，认为公证书中的"新乡市新星纸业有限公司"与合同中的"新乡县福利新星造纸厂二分厂"不一致，并且没有发票来佐证合同的真实性。对于专利权人的异议，请求人说明厂名的不一致是因为企业的变更，未提供发票是由于企业处于停止运营状态，因此无法拿到发票。附件5中还包括一份由新乡市新星纸业有限公司一分厂（原单位名称：新乡县福利新星造纸厂二分厂）出具并有李国超签字的产品使用证明，其中记载了该公司于2003年11月28日购买了一台链板式输送机，并与平湖市建材机械厂签订一份合同，该设备于2004年4月开始使用。对于合同的真实性，本案合议组认为，专利权人作为合同签订一方的法定代表人，对合同的真实性的异议未提出其他合理的证据，因此合议组对合同的真实性予以采信，但仅凭证人证言尚不足以认定企业更名的事实，且附件15中新乡市新星纸业有限公司一纸厂职员朱安会对平湖市建材机械厂生产并由原新乡县福利新星造纸厂二分厂于2004年4月开始使用的链板输送机进行了指认，并且对有关部位和备件进行拍照，取得照片10张。对于附件15中朱安会的证人证言，合议组认为，虽然该证人证言经过公证，但是公证书只能证明当时证人对有关产品进行了指认，不能直接证明证人证言内容的真实性，并且出具这些证言的证人未出席口头审理参加质证；另外附件5和附件15中所附的照片中也没有任何有关产品型号的信息，且没有其他相关的证据对证人证言进行佐证，故合议组对该证言内容的真实性无法核对，同时不能认定新乡市新星纸业有限公司一纸厂所使用的输送机的来源唯一性和产品唯一性，从而无法与附件5中的合同组成完整的证据链证明所销售的产品的外观，因此上述证据不能构成一个完整的公开销售的证据链来支持请求人的主张。

⑤关于附件6~8。

附件6是河南省运达造纸设备有限公司与东莞海龙纸业有限公司签订的购销合同复印件，附件7是东莞海龙纸业有限公司出具的《产品使用证明》及增值税发票复印件，附件8是东莞海龙纸业有限公司出具的产品外观图片复印件。请求人补充提交的附件13包括附件6的复印件、附件7的原件以及附件8的部分原件，并当庭提交了附件6的原件。请求人认为附件6~8能够组成证据链证明在本专利申请日之前河南省运达造纸设备有限公司向东莞海龙纸业有限公司销售链板输送机的销售事实，并且所销售链板输送机的槽板与本专利相同。对于附件6~8，首先，专利权人对附件6中合同的真实性有异议，认为合同最后部分图纸和合同没有关联性，看不出产品的形状和构造；其次，专利权人还认为附件7仅仅是法人出具的证明，对其内容的真实性有异议；最后，专利权人认为附件8是单独的图片，看不到和本案有关的信息。

对于上述三个附件，本案合议组认为，附件6是河南省运达造纸设备有限公司与东莞海龙纸业有限公司签订的编号为GYB0312712的合同，产品名称为链板机，规格型号为：1400×15373.3，金额为14万元。附件7中的两张发票是河南省运达造纸设备有限公司向东莞海龙纸业有限公司开具的，其中发票号分别为：00205381和00205382，产品名称为链板输送机前半部和后半部，其总金额为14万元。合议组经过比对发现，合同与发票中的产品名称和价格等信息均一致，从而能够证明该销售事实成立。关于附件7中由东莞海龙纸业有限公司开具的使用证明书，根据《民事诉讼法》第65条的规定，由单位出具的证明文书，应当由单位负责人签名或者盖章，并加盖单位印章，才能满足其形式要件。专利权人在口头审理中也强调，该证明没有相关负责人的签名，因此附件7中的使用证明书不能作为有效的证据采信。另外附件8中的图片仅加盖了东莞海龙纸业有限公司的印章，该图片中没有任何有关产品型号的信息,从而无法与附件6和附件7组成完整的证据链证明所销售的产品的外观,因此上述证据不能构成一个完整的公开销售的证据链来支持请求人的主张。

⑥关于附件16。

附件16是河南省新密市公证处于2006年12月22日出具的(2006)新密证民字第208号公证书,其中包括一份《现场工作记录》、一份《供货合同》、一份《产品使用证明》和现场拍摄的33张照片。该公证书的公证内容是证明《现场工作记录》上所载的内容与实际情况相符,复印件和原件内容相符,原件上签名属实,照片内容与实际状况相符等。请求人认为附件16能够证明平湖市建材机械厂向河南省新乡市新亚纸业集团销售链板输送机的销售事实,并且所销售链板输送机的槽板与本专利相近似。专利权人对附件16所示公证书的真实性没有异议,但是认为公证书仅对原件进行公证,并未对其真实性进行公证,对附件16中供货合同的真实性有异议,同时对合同中产品与现场拍摄照片的关联性有异议。

对于附件16,本案合议组认为,其中的《供货合同》是河南省新乡市新亚纸业集团与平湖市建材机械厂于2002年12月18日签订的,其中的产品名称为BFW型板链式输送机,型号为1.4m×18.25m,金额为109500元。专利权人对合同的真实性提出异议,认为合同中没有明确说明交货时间,并且没有发票来佐证合同的真实性。对于专利权人的异议,请求人指出合同中指出了交货日期为2003年2月底。由于专利权人作为合同签订一方的法定代表人,对合同的真实性异议未提出合理的证据,因此合议组对合同的真实性予以采信。附件16中由新乡新亚纸业集团股份有限公司出具并有李如全签字的《产品使用证明》表明,该单位于2002年12月18日购买了一台链板式输送机,同平湖市建材机械厂签订购销合同,2003年2月底交货并随即组织安装试车,并使用至今。《现场工作记录》表明所拍摄的照片经过该公司副总经理李如全指认的由平湖市建材机械厂生产并按上述合同交付的链板输送机,对于李如全所提供的证人证言,合议组认为,虽然该证人证言是经过公证的,但是公证书只能证明当时李如全对有关产品进行了指认,不能直接证明证人证言内容的真实性,并且出具这些证言的证人未出席口头审理参加质证;另外所附的照片中也没有任何有关产品型号的信息,且没有其他相关的证据对证人证言进行佐证,故合议组对该证言内容的真实性无法核对,同时不能认定河南省新乡市新亚纸业集团所使用的输送机的来源唯一性和产品唯一性,从而无法与其中的合同和产品使用证明组成完整的证据链证明所销售的产品的外观,因此上述证据不能构成一个完整的公开销售的证据链来支持请求人的主张。

3. 关于本专利是否符合专利法实施细则第2条第3款的规定

专利法实施细则第2条第3款规定:专利法所称外观设计,是指对产品的形状、图案或者其结合以及色彩与形状、图案的结合所作出的富有美感并适于工业应用的新设计。

请求人在无效宣告请求书中提出本专利不符合专利法实施细则第2条第3款的规定,但请求人没有针对该理由进行具体的说明,其在口头审理期间提出的具体理由属于超期提交的理由,依据专利法实施细则第66条的规定,应不予考虑,但即使如请求人在口头审理期间提出的本专利不符合专利法实施细则第2条第3款规定的具体理由:(1)在此之前有与本专利相同或者相近似的外观设计在国内公开使用或在国内外出版物上公开发表,本专利不是新设计;(2)本专利所示槽板属于输送机不可分割的部分,不能单独作为专利保护的内容。对此,合议组认为:(1)专利法实施细则第2条第3款中的有关新设计的要求,仅需要根据申请文件的内容及一般消费者的常识进行判断,且请求人提交的证据也不能证明本专利属于公知设计、惯常设计的范畴;(2)槽板虽然安装在输送机上,但是其可以通过拆卸的方式与输送机分离,并且其本身可以作为输送机的备件使用和销售。因此综上分析可知,请求人提出的上述主张也均不能成立。

综上所述，请求人提交的证据均不足以支持其提出的本专利不符合专利法第 23 条的无效理由，且其提出的本专利不符合专利法实施细则第 2 条第 3 款的理由也不能成立。

### 三、决定

维持 200530105441.X 号外观设计专利权有效。

当事人对本决定不服的，可以根据专利法第 46 条第 2 款的规定，自收到本决定之日起三个月内向北京市第一中级人民法院起诉。根据该款的规定，一方当事人起诉后，另一方当事人应当作为第三人参加诉讼。

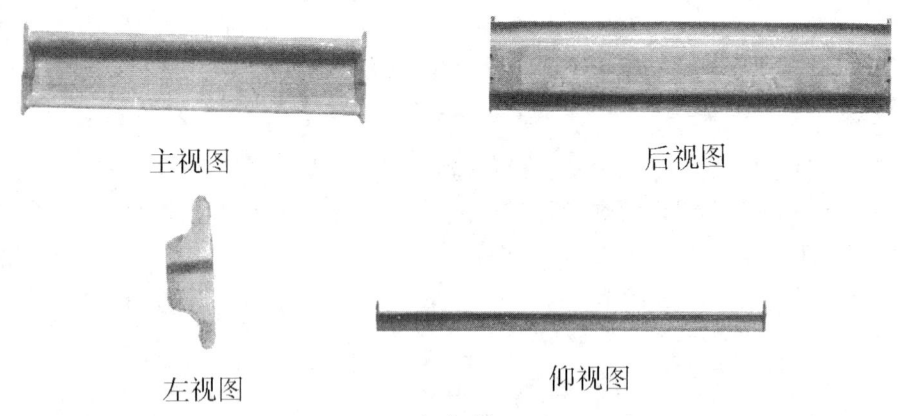

主视图  后视图

左视图  仰视图

本专利

在先设计1  在先设计2  在先设计3

在先设计4  在先设计5

# 北京市第一中级人民法院
# 行政判决书

(2008) 一中行初字第473号

原告郑州运达造纸设备有限公司，住所地河南省新郑市薛店镇世纪大道东侧。

法定代表人许超峰，董事长。

委托代理人徐关寿，男，浙江杭州金通专利事务所有限公司专利代理人。

委托代理人虎文珍，男，郑州运达造纸设备有限公司法制办公室主任。

被告国家知识产权局专利复审委员会，住所地北京市海淀区北四环西路9号银谷大厦10~12层。

法定代表人廖涛，副主任。

委托代理人高颖，女，国家知识产权局专利复审委员会审查员。

委托代理人张华，男，国家知识产权局专利复审委员会审查员。

第三人周龙飞，男，1964年4月12日出生，汉族，平湖市青云建材机械厂董事长，住浙江省平湖县前进乡建材机械厂。

委托代理人韩洪，男，杭州华鼎专利事务所专利代理人。

委托代理人潘慧，女，平湖市青云建材机械厂法务部主任。

原告郑州运达造纸设备有限公司不服被告国家知识产权局专利复审委员会作出的第10713号无效宣告请求审查决定（以下简称第10713号决定），向本院提起行政诉讼。本院受理后，依法组成合议庭，依照《中华人民共和国专利法》（以下简称《专利法》）第四十六条第二款、《中华人民共和国行政诉讼法》第二十七条的规定，通知利害关系人周龙飞作为本案第三人参加诉讼，并于2008年5月20日公开开庭审理了本案。原告的委托代理人徐关寿、虎文珍，被告的委托代理人高颖、张华，第三人的委托代理人韩洪、潘慧到庭参加了诉讼。本案现已审理终结。

被告针对原告提出的无效宣告请求，于2007年8月7日作出第10713号决定：

本无效宣告请求涉及国家知识产权局于2006年4月26日授权公告的200530105441.X号外观设计专利（以下简称本专利），使用该外观设计的产品名称为"输送机槽板（1）"，申请日为2005年4月2日，专利权人为第三人。

针对本专利，原告于2006年12月4日向被告提出无效宣告请求，其无效宣告理由为：本专利相对于附件1~10不符合《专利法》第二十三条的规定以及《中华人民共和国专利法实施细则》（以下简称《专利法实施细则》）第二条第三款的规定。同时提交了如下附件作为证据：

附件1：(2006)新密证民字第197号公证书复印件；

附件2：(2006)新密证民字第198号公证书复印件；

附件3：(2006)新密证民字第193号公证书复印件；

附件4：(2006)新密证民字第194号公证书复印件；

附件5：(2006)新密证民字第199号公证书复印件；

附件6：河南省运达造纸设备有限公司与东莞海龙纸业有限公司签订的购销合同复印件；

附件7：东莞海龙纸业有限公司出具的产品使用证明书及增值税发票复印件；

附件8：东莞海龙纸业有限公司出具的产品外观图片复印件；

附件9：2002年《造纸信息》杂志第6期、第10期封面及广告页复印件；

附件10：2002年《造纸科学与技术》第6期封面及广告页复印件、2002年《纸业资讯》第11期封面及广告页复印件。

原告提出：附件9、10可以证明本专利同申请日以前国内外出版物上公开发表过的外观设计相同或相近似；附件1~8可以证明本专利同申请日以前国内公开使用过的外观设计相同或相近似。

被告于2006年12月5日向双方当事人发出无效宣告请求受理通知书并转送相关材料。

原告于2007年1月4日补充了以下证据（编号续前）：

附件11：（2006）新密证民字第217号公证书；

附件12：（2006）新密证民字第216号公证书；

附件13：附件6~7原件及附件8的部分原件；

附件14：（2006）新密证民字第215号公证书；

附件15：（2006）新密证民字第218号公证书；

附件16：（2006）新密证民字第208号公证书；

附件17：涉及江西洪都精工机械有限公司的营业执照复印件、两份技术合同书、链板机合同纪要、销售发票和增值税专用发票复印件以及证明材料；

附件18：河南省运达造纸设备有限公司与玖龙纸业（太仓）有限公司签订的采购合同书复印件、加工技术要求复印件、图纸复印件及禁止不正当商业行为协议复印件；

附件19：输送机图纸复印件；

原告对附件11~19进行了具体说明，其中指出：附件11结合1、2；附件12结合4、3；附件13能够证明本专利同申请日以前在国内公开使用过的外观设计相同；附件14结合4、3，附件15、5能够证明本专利同申请日以前在国内公开使用过的外观设计相近似；附件16~19分别能够证明本专利同申请日以前在国内公开使用过的外观设计相同或相近似。

原告于2007年1月5日再次补充如下证据：

附件20：（2007）新密证民字第001号公证书；

被告于2007年1月24日收到第三人提交的意见陈述书。其认为原告提供的证据不能证明本专利同申请日以前国内公开使用过的外观设计相同或相近似，也不能证明本专利同申请日以前国内外出版物上公开发表过的外观设计相同或相近似。

2007年5月15日，被告举行了口头审理，双方均对对方出庭人员的身份和资格无异议。在口头审理中，原告当庭提交了附件1~5、6、9~10的原件。被告当庭告知原告其于2007年1月5日提交的附件20由于超出了自提出无效宣告请求之日起一个月的举证期限，因此被告对于附件20不予考虑。原告明确其无效理由为：本专利与申请日之前在国内使用或者国内外出版物上公开的外观设计相同，因此不是新设计，并且槽板属于输送机不可分割的部分，不能单独作为专利保护的内容，因此本专利不符合《专利法实施细则》第二条第三款的规定；本专利相对于附件9、10的公开出版物，附件3、4和14组成的证据链，附件3、4和12组成的证据链，附件1、2和11组成的证据链，附件5、15组成的证据链，附件6~8组成的证据链以及附件16均不符合《专利法》第二十三条的规定。原告当庭声明放弃附件17~19作为本案的证据。被告当庭告知原告其在规定的期限内未对本专利不符合《专利法实施细则》第二条第三款的理由进行具体说明，原告认为关于该法条专利法已经规定得很明确，没有必要进一步提出意见。第三人核实相关证据原件后，对附件1~5、附件11~12、附件14~16所示公证书的真实性没有异议，但是认为公证书仅对原件进行公证，并未对其内容真实性进行公证，由于附件1、2和11中公证书中的企业名称"新乡市鸿泰实业有限公司"与合同、发票以及《产品使用证明》中的"新乡市鸿泰纸业有限公司"的名称不一致,第三人对这三份附件的公证书中附件的真实性有异议;对附件5、16中合同的真实性有异议;对附件3、4、14,附件3、4、12,附件3、4、12,附件1、2、11,附件5、15以及附件16中合同和发票涉及的产品与现场拍摄照片之间的关联性有异议;对附件6中合同、附件7证明书的真实性有异议,对附件8、6、7的关联性有异议;对附件9、10中期刊的真实性没有异议,但是对期刊的公开日有异议。被告决定理由如下:

1. 法律依据

基于原告提出无效宣告请求所依据的事实和理由,被告对本专利是否符合《专利法》第二十三条进行审查。

2. 关于附件20

原告提交附件20的日期超过了自提出无效宣告请求一个月的举证期限,因此不满足《专利法实施细则》第六十六条规定的举证期限,被告对于附件20不予考虑。

3. 关于出版物公开

原告提交的附件9是2002年《造纸信息》杂志第6期、第10期封面及广告页复印件,附件10是2002年《造纸科学与技术》第6期封面及广告页复印件、2002年《纸业资讯》第11期封面及广告页复印件。附件10中的《纸业资讯》2002年11月刊中的第2页中明确记载了该期刊为内部资料,不属于专利法意义上的公开出版物,不能作为本案的证据。附件9、10中其余三本期刊,属于《专利法》第二十三条所规定的公开出版物,适用于本案,其中在《造纸信息》2002年第6期上公开了一款BFW板链式输送机的槽板的外观设计(以下简称在先设计1),在《造纸信息》2002年第6期上公开了一款链板输送机的槽板的外观设计(以下简称在先设计2),在《造纸信息》2002年第10期上公开了一款链板输送机的槽板的外观设计(以下简称在先设计3),在《造纸信息》2002年第10期上公开了一款BFW板链式输送机的槽板的外观设计(以下简称在先设计4),在《造纸科学与技术》2002年第6期上公开了一款BFW板链式输送机的槽板的外观设计(以下简称在先设计5)。被告认为在先设计1~5与本专利均为输送机槽板的外观设计,用途相同,属于相同种类的产品,具有可比性。

本专利所要求保护的为输送机槽板,包括主视图、后视图、左视图、仰视图,其中俯视图和仰视图对称,右视图和左视图对称,在此省略了俯视图和右视图。从主视图来看,槽板呈现中间凹陷的矩形,并且在凹陷的两侧处分别有两个孔,并且其上边缘的厚度略大于下边缘的厚度,左边缘和右边缘呈片状,从后视图可以看出槽板呈现中间凸出的矩形,从左视图中可以看出槽板的的左侧呈现中间厚边缘薄的形状,其过渡处为弧形(详见本专利附图)。

在先设计1~5中所示图片中不能清楚完整地反映所示产品的槽板的外观设计,因此,上述在先设计均无法与本专利外观设计进行有效的对比判断,从而根据附件9、10中的图片不能证明本专利不符合《专利法》第二十三条的规定。

4. 关于国内使用公开

(1)关于附件3、4和14。

附件3中由许昌市魏都宏发造纸厂出具并有郑秋芳签字的《产品使用证明》,表明许昌市魏都宏发造纸厂于2002年11月19日购买了两台链板式输送机,并与平湖市建材机械厂签订购销合同,2003年1月交货,购货发票票号为:00568080;附件4中的《工矿产品买卖合同》是2002年11月19日由平湖市建材机械厂与许昌市魏都宏发造纸厂签订的,其中产品名称型号为:链板输送机

BFW1400×21000，两台机器共计264600元，票号为00568080的浙江省增值税专用发票是2003年1月2日由供货单位平湖市建材机械厂向购货单位许昌市魏都宏发造纸厂开具的发票，其中货物名称为链板输送机，规格型号为BFW1400×21000，总价格为264600元。经比对：《工矿产品买卖合同》与增值税发票中的产品名称、型号以及价格等信息都是一致的，从而能够证明平湖市建材机械厂向许昌市魏都宏发造纸厂销售链板输送机的销售事实成立。对于所销售产品中槽板的外观，附件14中许昌市魏都宏发造纸厂厂长常青军对由平湖市建材机械厂生产并于2003年1月交货的链板输送机进行了指认，并对有关部位和备件进行了拍照取得照片10张。被告认为，附件14中的常青军的证人证言是经过公证的，但是公证书只能证明当时常青军对有关产品进行了指认，不能直接证明该证人证言内容的真实性，并且出具这些证言的证人未出席口头审理参加质证；另外附件14、3中所附的照片中也没有任何有关产品型号的信息，且没有其他相关的证据对证人证言进行佐证，故对其证言内容的真实性无法核对，同时不能认定许昌市魏都宏发造纸厂所使用的输送机的来源唯一性和产品唯一性，从而无法与附件4中的合同和发票组成完整的证据链证明所销售的产品的外观，因此上述证据不能构成一个完整的公开销售证据链来支持原告的主张。

（2）关于附件3、4和12。

附件3中由许昌宏伟实业（集团）有限公司出具并有郑秋芳签字的产品使用证明表明，许昌宏伟实业（集团）有限公司于2004年7月8日购买了三台链板式输送机，并与原告签订购销合同，2005年1月交货，购货发票票号为：00192867和00192868。附件4中的编号为000372的《工矿产品购销合同》是原告与许昌宏伟实业（集团）有限公司于2004年7月8日签订的，其中的产品名称型号为：链板输送机BFW1400mm和BFW1800mm，总金额为568800元；票号为00192867和00192868的河南增值税专用发票是供货单位原告向购货单位许昌宏伟实业（集团）有限公司于2005年4月27日开具的发票，其中货物名称为输送机前半部和后半部，两张发票的总金额为231150元。经比对：《工矿产品购销合同》与增值税发票中的产品名称和价格信息不一致，且合同本身多处涂改，因此不足以认定销售事实的成立。附件12中许昌宏伟实业（集团）有限公司四分厂的厂长孙建军对由原告生产并于2005年1月交货的链板输送机进行了指认，并且对有关部位进行拍照取得照片8张。被告认为，附件12中的孙建军的证人证言是经过公证的，但是公证书只能证明当时孙建军对有关产品进行了指认，不能直接证明证人证言内容的真实性，并且出具这些证言的证人未出席口头审理参加质证；另外附件12、3中所附的照片也没有任何有关产品型号的信息，并且附件3、4中的发票与合同也不一致，且没有其他相关的证据对证人证言进行佐证，对其证言内容的真实性无法核对，同时不能认定许昌宏伟实业（集团）有限公司四分厂所使用的输送机的来源唯一性和产品唯一性，从而不能组成证据链证明附件3、12中所附照片的链板输送机已经在2005年通过销售而公开，因此上述证据不能构成一个完整的公开销售的证据链来支持原告的主张。

（3）关于附件1、2和11。

附件1中编号为000335的《工矿产品买卖合同》是新乡市鸿泰纸业有限公司与原告于2004年7月8日签订的。附件2中由新乡市鸿泰纸业有限公司出具并有王建义签字的产品使用证明指出：该公司于2004年7月8日购买了一台链板式输送机，并与原告签订一份合同，2004年11月供货，供货后随即安装并使用至今，其发票票号为00411368、00411369和00411370。经比对：《工矿产品买卖合同》与发票中的产品名称以及价格等信息均一致，从而能够证明该销售事实成立。附件11的现场工作记录表明相关工作人员于2006年12月31日来到新乡市鸿泰纸业有限公司，并且对由该公司车间主任王灿指认的原告生产并于2004年11月交货的链板输送机的有关部位和备件进行了拍照，取得照片

32张。被告认为，附件11中王灿的证人证言是经过公证的，但是公证书只能证明当时王灿对有关产品进行了指认，不能直接证明证人证言内容的真实性，并且出具这些证言的证人未出席口头审理参加质证；另外附件11、2中所附的照片未有任何有关产品型号的信息，且没有其他相关的证据对证人证言进行佐证，该证言内容的真实性无法核对，同时不能认定新乡市鸿泰纸业有限公司所使用的输送机的来源唯一性和产品唯一性，从而无法与附件1中的合同和发票组成完整的证据链证明所销售的产品的外观，因此上述证据不能构成一个完整的公开销售的证据链来支持原告的主张。

（4）关于附件5、15。

附件5中的《供货合同》是新乡县福利新星造纸厂二分厂与平湖市建材机械厂于2003年11月28日签订的，产品名称为BFW型链板输送机1600×19m，金额为133000元。附件5中还包括一份由新乡市新星纸业有限公司一分厂（原单位名称：新乡县福利新星造纸厂二分厂）出具并有李国超签字的产品使用证明，其中记载了该公司于2003年11月28日购买了一台链板式输送机，并与平湖市建材机械厂签订一份合同，该设备于2004年4月开始使用。对于合同的真实性，被告认为，第三人作为合同签订一方的法定代表人，对合同的真实性的异议未提出其他合理的证据，对合同的真实性予以采信，但仅凭证人证言尚不足以认定企业更名的事实，附件15中新乡市新星纸业有限公司一纸厂职员朱安会对平湖市建材机械厂生产并由原新乡县福利新星造纸厂二分厂于2004年4月开始使用的链板输送机进行了指认，并且对有关部位和备件进行拍照，取得照片10张。被告认为，附件15中朱安会的证人证言是经过公证，但是公证书只能证明当时证人对有关产品进行了指认，不能直接证明证人证言内容的真实性，并且出具这些证言的证人未出席口头审理参加质证；另外附件5、15中所附的照片中也没有任何有关产品型号的信息，且没有其他相关的证据对证人证言进行佐证，故合议组对该证言内容的真实性无法核对，同时不能认定新乡市新星纸业有限公司一纸厂所使用的输送机的来源唯一性和产品唯一性，从而无法与附件5中的合同组成完整的证据链证明所销售的产品的外观，因此上述证据不能构成一个完整的公开销售的证据链来支持原告的主张。

（5）关于附件6~8。

附件6是原告与东莞海龙纸业有限公司签订的编号为GYB0312712的合同，产品名称为链板机，规格型号为：1400×15373.3，金额为14万元。附件7中的两张发票是原告向东莞海龙纸业有限公司开具的，其中发票号分别为：00205381和00205382，产品名称为链板输送机前半部和后半部，其总金额为14万元。经比对：合同与发票中的产品名称和价格等信息均一致，从而能够证明该销售事实成立。附件7中由东莞海龙纸业有限公司开具的使用证明书，根据《中华人民共和国民事诉讼法》第六十五条的规定，由单位出具的证明文书，应当由单位负责人签名或者盖章，并加盖单位印章，才能满足其形式要件。因此附件7中的使用证明书不能作为有效的证据采信。另外附件8中的图片仅加盖了东莞海龙纸业有限公司的印章，该图片中没有任何有关产品型号的信息，从而无法与附件6、7组成完整的证据链证明所销售的产品的外观，因此上述证据不能构成一个完整的公开销售的证据链来支持原告的主张。

（6）关于附件16。

附件16中的《供货合同》是河南省新乡市新亚纸业集团与平湖市建材机械厂于2002年12月18日签订的，其中的产品名称为BFW型板链式输送机，型号为1.4m×18.25m，金额为109500元。附件16中由新乡新亚纸业集团股份有限公司出具并有李如全签字的《产品使用证明》表明，该单位于2002年12月18日购买了一台链板式输送机，同平湖市建材机械厂签订购销合同，2003年2月底交货并随即组织安装试车，并使用至今。《现场工作记录》表明所拍摄的照片经过该公司副总经理李如全指认的由平湖市建材机械厂生产并按上述合同交付的链板输送机。被告认为，李如全的证人证言是经过公证的，但是公证书只能证明当时李如全对有关产品进行了指认，不能直接证明证人证言内容的真实性，并且出具这些证言的证人未出席口头审理参加质证；另外所附的照片中也没有任何有关产品型号的信息，且没有其他相关的证据对证人证言进行佐证，对该证言内容的真实性无法核对，同时不能认定河南省新乡市新亚纸业集团所使用的输送机的来源唯一性和产品唯一性，从而无法与其中的合同和产品使用证明组成完整的证据链证明所销售的产品的外观，因此上述证据不能构成一个完整的公开销售的证据链来支持原告的主张。

5. 关于本专利是否符合《专利法实施细则》第二条第三款的规定

原告在无效宣告请求书中提出本专利不符合《专利法实施细则》第二条第三款的规定，但其没有针对该理由进行具体的说明，其在口头审理期间提出的具体理由属于超期提交的理由，依据《专利法实施细则》第六十六条的规定，不予考虑；但即使如原告在口头审理期间提出的本专利不符合《专利法实施细则》第二条第三款规定的具体理由：（1）在此之前有与本专利相同或者相近似的外观设计在国内公开使用或在国内外出版物上公开发表，本专利不是新设计；（2）本专利所示槽板属于输送机不可分割的部分，不能单独作为专利保护的内容。被告认为：（1）《专利法实施细则》第二条第三款中的有关新设计的要求，仅需要根据申请文件的内容及一般消费者的常识进行判断，且原告提交的证据也不能证明本专利属于公知设计、惯常设计的范畴；（2）槽板虽然安装在输送机上，但是其可以通过拆卸的方式与输送机分离，并且其本身可以作为输送机的备件使用和销售。因此，原告提出的上述主张亦不能成立。

综上所述，被告认为原告提交的证据均不足以支持其提出的本专利不符合《专利法》第二十三条的无效理由，且其提出的本专利不符合《专利法实施细则》第二条第三款的理由也不能成立。据此，被告作出决定维持本专利有效。

被告向本院提交了无效决定及以下证据：第10713号决定中附件1~20；21.本专利说明书；22.口头审理记录表。上述证据用以证明第10713号决定认定事实清楚，适用法律正确。

原告诉称，（1）本专利已被出版物公开，被告不能有效地对比判断属于认定错误。本专利产品为输送机槽板，槽板的设计要点在于矩形，槽板的外观形状对称，且与输送机其他部件固定连接。因此，就本专利产品而言，槽板在连接后的使用状态可以反映出该产品的外观设计的整体效果。原告提交的在先设计1~5，虽然没有对槽板六面作出图示，但从正面清楚地公开了槽板的外观，具有了与本专利产品相同的视觉效果，符合《审查指南》关于同类产品、单一形状的外观设计相近似的判断规定。被告认定在先设计1~5无法与本专利进行有效的对比判断有误，不作比对是错误的。同时，被告对附件10中的2002年《纸业资讯》出版物的性质认定有误。《纸业资讯》作为造纸业行业内的交流刊物，虽然记载着内部资料，但它不是保密资料。从《纸业资讯》可刊登的产品广告的情况表明，该《纸业资讯》应为业内的公开刊物。《审查指南》规定的是指：确系保密的内部资料。根据国家新闻出版总署的有关规定，内部与公开刊物都是经出版管理部门批准的刊物，分类为内部资料的只能是不能以出售方式发行。被告仅以记载内部资料而对该资料的公开性不予认定是错误的。原告认为本专利授权不符合《专利法》第二十三条的规定，应当宣告无效。（2）本专利在专利申请日前已有相同产品在国内公开使用，被告对公开使用证据的认定有误。原告提交的关于公开使用的证据有六组，其中三组证据的销售事实为第三人企业的公开销售行为，这些销售证据与公开出版物中的产品广告可以相互印证。但是，被告认定其中五组证据存在销售事实的同时，又以证人未能出席口头审理、不能被其他证据相佐证为由，而认定没有形成完整销售的证据链，从而未支持原告的主张，显得草率；另外，被告对附件3、4的证据在与附件14、12结合时，作出结论相反的认定。（3）被告对不符合《专利法实施细则》第二条第三款规定的认定亦是错误的。本专利是一种不能独立使用，也不能独立销售的零件，是输送机不可分割的零件，因此，槽板的申请不符合《审查指南》的相关规定。综上，原告请求法院判决撤销被告作出的第10713号决定。其未向本院提交证据。

被告辩称：坚持第10713号决定认定的事实及理由，原告的诉讼理由不能成立，被告请求法院驳回原告的诉讼请求，维持第10713号决定。

第三人认为第10713号决定认定事实清楚，适用法律正确，请求法院驳回原告的诉讼请求，维持第10713号决定。其未向本院提交证据。

经庭审质证，原告对被告提交的证据的关联性、合法性、真实性无异议，但不同意被告的证明作用。第三人同意被告的举证。

经庭审质证及合议庭评议，本院认为：被告提交的证据真实、合法，能够证明被告作出第10713号决定的基本过程以及针对原告提出的无效宣告请求、理由以及第三人陈述意见进行审理的，本院对上述证据予以采纳。

根据上述有效证据，本院认定如下事实：第三人于2005年4月2日向国家知识产权局提出本专利申请，2006年4月26日授权公告。2006年12月4日，原告向被告提出无效宣告请求，其理由为：本专利相对于附件1~10不符合《专利法》第二十三条的规定以及《专利法实施细则》第二条第三款的规定，并提交了相关证据；但其没有针对本专利不符合《专利法实施细则》第二条第三款的理由进行具体的说明。被告受理后，依照法定程序进行转文，并于2007年5月15日进行了口头审理，在口头审理中，原告明确其无效理由：本专利与申请日之前在国内使用或者国内外出版物上公开的外观设计相同，因此不是新设计，并且槽板属于输送机不可分割的部分，不能单独作为专利保护的内容，因此本专利不符合《专利法实施细则》第二条第三款的规定；本专利相对于附件9~10的公开出版物，附件3、4和14，附件3、4和12，附件1、2和11，附件5、15，附件6~8，附件16组成的证据链均不符合《专利法》第二十三条的规定；原告当庭声明放弃了附件17~19作为本案的证据。被告在充分听取双方当事人的陈述意见后，经审查于同年8月7日作出第10713号决定。

在本院庭审中，原告、第三人对被告作出第10713号决定的审查程序均无异议。

本院认为，对于原告、第三人庭审中不持异议的内容，本院经审查，对第10713号决定的审查程序的合法性予以确认。《专利法》第二十三条规定：授予专利权的外观设计，应当同申请日以前在国内外出版物上公开发表过或者国内公开使用过的外观设计不相同和不相近似，并不得与他人在先取得的合法权利相冲突。

本案的争议焦点是：（1）本专利在申请日前是否被出版物公开；（2）本专利在申请日前是否已经由相同产品在国内公开使用；（3）关于本专利不符合《专利法实施细则》第二条第三款规定的无效请求是否考虑的问题。

1. 关于本专利在申请日前是否被出版物公开

附件10中的《纸业资讯》。参照《审查指南》第二部分第三章第2.1.3.1节关于出版物公开部分的规定：对于印有"内部资料"、"内部发行"等字样的出版物，确系在特定范围内发行并要求保密的，不属于公开出版物。附件10中的《纸业资讯》2002年11月刊中的第2页左上角写有：内部资料注意保存。可以确认该出版物属于在特定范围内发行的，并且该出版物的发行属于社会观念或者商业习惯上被认为应当承担保密义务的情形；被告据此认定该出版物不属于《专利法》意义上的公开出版物，不能作为证据使用正确。原告关于被告对上述证据不予认定错误的理由不能成立。

本专利所要求保护的为输送机槽板,本专利所要求保护的为输送机槽板。从主视图来看,槽板呈现中间凹陷的矩形,并且在凹陷的两侧处分别有两个孔,并且其上边缘的厚度略大于下边缘的厚度,左边缘和右边缘呈片状,从后视图可以看出槽板呈现中间凸出的矩形,从左视图中可以看出槽板的的左侧呈现中间厚边缘薄的形状,其过渡处为弧形。

在先设计1、4、5所示图片均为安装后的槽板一部分,并不能清楚反映所示产品槽板的外观设计;在先设计2、3所示图片均为正面拍摄的输送机,其中,可以看出安装后连接在一起的形状为矩形的槽板,但仅从这两幅图片中仍不能明确该链板输送机所使用的槽板的具体形状,所示图片中不能清楚完整地反映所示产品的槽板的外观设计。因此,上述在先设计均无法与本专利外观设计进行有效的对比判断,从而根据附件9、10中的图片不能证明本专利不符合《专利法》第二十三条的规定。

2. 关于本专利在申请日前是否已经由相同产品在国内公开使用

参照《审查指南》第四部分第八章第4.2节关于证人证言的规定:未能出席口头审理作证的证人出具的书面证言不能单独作为认定案件事实的依据,但证人确有困难不能出席口头审理作证的除外;证人确有困难不能出席口头审理作证的,专利复审委员会根据前款的规定对其书面证言进行认定。

(1) 关于附件11、12、14、15、16中出具的证人证言,因证人未出席口头审理参加质证,被告认定上述证人证言虽然是经过公证的,但是公证书只能证明证人对当时有关产品进行了指认,在无其他相关证据佐证的情况下,不能直接证明证人证言内容的真实性正确,本院应予支持。

(2) 关于关于附件3、4和14。

附件3中由许昌市魏都宏发造纸厂出具并有郑秋芳签字的《产品使用证明》;附件4中的《工矿产品买卖合同》是2002年11月19日由平湖市建材机械厂与许昌市魏都宏发造纸厂签订的。经比对:《工矿产品买卖合同》与增值税发票中的产品名称、型号以及价格等信息一致。对于所销售产品中槽板的外观,附件14中许昌市魏都宏发造纸厂厂长常青军对由平湖市建材机械厂生产并于2003年1月交货的链板输送机进行了指认,并对有关部位和备件进行了拍照。本院认为,附件14中的常青军的证人证言是其当时对有关产品进行了指认;附件14、3中所附的照片中均未有相关产品型号的信息,亦无其他相关的证据对证人证言进行佐证;上述证据的结合,不能印证许昌市魏都宏发造纸厂所使用的输送机的来源唯一性和产品唯一性,亦无法与附件4中的合同和发票组成完整的证据链证明所销售的产品的外观。因此,上述证据不能构成一个完整的公开销售证据链来支持原告的主张。

(3) 关于附件3、4和12。

附件3中由许昌宏伟实业(集团)有限公司出具并有郑秋芳签字的产品使用证明表明;附件4中的编号为000372的《工矿产品购销合同》是原告与许昌宏伟实业(集团)有限公司于2004年7月8日签订的。经比对:《工矿产品购销合同》与增值税发票中的产品名称和价格信息不一致,合同存在多处涂改。附件12中许昌宏伟实业(集团)有限公司四分厂的厂长孙建军对由原告生产并于2005年1月交货的链板输送机进行了指认,并且对有关部位进行拍照。本院认为,附件12中的孙建军的证人证言是其当时对有关产品进行了指认;附件12、3中所附的照片均未有相关产品型号的信息,附件3、4中的发票与合同不一致,亦未有其他相关的证据对证人证言进行佐证,因此,上述证据的结合,不能印证许昌宏伟实业(集团)有限公司四分厂所使用的输送机的来源唯一性和产品唯一性,故不能组成证据链证明附件3、12中所附照片的链板输送机已经在2005年通过销售而公开。因此上述证据不能构成一个完整的公开销售的证据链来支持原告的主张。

(4) 关于附件1、2和11。

附件1中编号为000335的《工矿产品买卖合同》是新乡市鸿泰纸业有限公司与原告于2004年7

月 8 日签订的。附件 2 中由新乡市鸿泰纸业有限公司出具并有王建义签字的产品使用证明。附件 11 的现场工作记录为相关工作人员于 2006 年 12 月 31 日来到新乡市鸿泰纸业有限公司，并就该公司车间主任王灿指认的原告生产并于 2004 年 11 月交货的链板输送机的有关部位和备件进行了拍照。本院认为，附件 11 中王灿的证人证言是只能证明其当时对有关产品进行了指认，附件 11、2 中所附的照片均未有相关产品型号的信息，亦无其他相关的证据对证人证言进行佐证，故上述证据不能印证新乡市鸿泰纸业有限公司所使用的输送机的来源唯一性和产品唯一性，亦无法与附件 1 中的合同和发票组成完整的证据链证明所销售的产品的外观。因此，上述证据不能构成一个完整的公开销售的证据链来支持原告的主张。

（5）关于附件 5、15。

附件 5 中的《供货合同》是新乡县福利新星造纸厂二分厂与平湖市建材机械厂于 2003 年 11 月 28 日签订的。其中有李国超签字的产品使用证明，其中记载了该公司于 2003 年 11 月 28 日购买了一台链板式输送机，并与平湖市建材机械厂签订一份合同，该设备于 2004 年 4 月开始使用。附件 15 中新乡市新星纸业有限公司一纸厂职员朱安会对平湖市建材机械厂生产并由原新乡县福利新星造纸厂二分厂于 2004 年 4 月开始使用的链板输送机进行了指认，并且对有关部位和备件进行拍照。本院认为，附件 15 中朱安会的证人证言是其当时对有关产品进行了指认；附件 5、15 中所附的照片中均未有相关产品型号的信息，且无其他相关的证据对证人证言进行佐证，故不能认定新乡市新星纸业有限公司一纸厂所使用的输送机的来源唯一性和产品唯一性，从而无法与附件 5 中的合同组成完整的证据链证明所销售的产品的外观。因此，上述证据不能构成一个完整的公开销售的证据链来支持原告的主张。

（6）关于附件 6~8。

附件 6 是原告与东莞海龙纸业有限公司签订的编号为 GYB0312712 的合同；附件 7 中的两张发票是原告向东莞海龙纸业有限公司开具的，有东莞海龙纸业有限公司开具的使用证明书；附件 8 中的图片仅加盖了东莞海龙纸业有限公司的印章，该图片中未有相关产品型号的信息。本院认为，附件 6~8 的结合不能组成完整的证据链证明所销售的产品的外观。因此，上述证据不能构成一个完整的公开销售的证据链来支持原告的主张。

（7）关于附件 16。

附件 16 中的《供货合同》是河南省新乡市新亚纸业集团与平湖市建材机械厂于 2002 年 12 月 18 日签订的；其中有新乡新亚纸业集团股份有限公司出具并有李如全签字的《产品使用证明》以及《现场工作记录》，表明所拍摄的照片经过该公司副总经理李如全指认的由平湖市建材机械厂生产并按上述合同交付的链板输送机。本院认为，李如全的证人证言是其当时对有关产品进行了指认；所附的照片中未有相关产品型号的信息，且无其他相关的证据对证人证言进行佐证，故不能印证河南省新乡市新亚纸业集团所使用的输送机的来源唯一性和产品唯一性，从而无法与其中的合同和产品使用证明组成完整的证据链证明所销售的产品的外观。因此，上述证据不能构成一个完整的公开销售的证据链来支持原告的主张。

3. 关于本专利不符合《专利法实施细则》第二条第三款规定的无效请求是否考虑的问题

根据《专利法实施细则》第六十四条规定：无效宣告请求书应当结合提交的所有证据，具体说明无效宣告请求的理由，并指明每项理由所依据的证据。第六十六条规定：在专利复审委员会受理无效宣告请求后，请求人可以在提出无效宣告请求之日起 1 个月内增加理由或者补充证据。逾期增加理由或者补充证据的，专利复审委员会可以不予考虑。

本案，原告在无效宣告请求书中虽然提出本专利不符合《专利法实施细则》第二条第三款的规定，但其没有针对该理由进行具体的说明，其虽在口头审理期间提出了具体理由，但其理由超过上述相关规定，被告对该请求不予考虑正确，本院应予支持。

综上，被告作出的第10713号决定认定事实清楚，适用法律正确，本院应予维持。原告请求撤销第10713号决定的诉讼请求，因缺乏事实及法律依据，本院不予支持。据此，依照《中华人民共和国行政诉讼法》第五十四条第（一）项之规定，判决如下：

维持被告国家知识产权局专利复审委员会于二〇〇七年八月七作出的第10713号无效宣告请求审查决定。

案件受理费100元，由原告郑州运达造纸设备有限公司负担（已交纳）。

如不服本判决，可在本判决书送达之日起15日内，向本院提交上诉状，并按对方当事人人数提出副本，上诉于北京市高级人民法院。上诉人在接到人民法院预交诉讼费用通知后7日内未预交又不提出缓交申请的，按自动撤回上诉处理。

审　判　长　张　杰
代理审判员　何君慧
人民陪审员　张燕宾
二〇〇八年八月二十八日
书　记　员　张　涵

# 北京市高级人民法院
## 行政判决书

（2008）高行终字第694号

上诉人（一审原告）郑州运达造纸设备有限公司，住所地河南省新郑市薛店镇世纪大道东侧。
法定代表人许超峰，董事长。
委托代理人许要锋，男，郑州运达造纸设备有限公司员工。
被上诉人（一审被告）国家知识产权局专利复审委员会，住所地北京市海淀区北四环西路9号银谷大厦10~12层。
法定代表人廖涛，副主任。
委托代理人刘路尧，男，国家知识产权局专利复审委员会审查员。
委托代理人瞿晓峰，男，国家知识产权局专利复审委员会审查员。
被上诉人（一审第三人）周龙飞，男，1964年4月12日出生，汉族，平湖市青云建材机械厂董事长，住浙江省平湖县前进乡建材机械厂。
委托代理人魏亮，男，平湖市青云建材机械厂员工。

上诉人郑州运达造纸设备有限公司（以下简称运达公司）因专利无效宣告请求审查决定一案，不服北京市第一中级人民法院（2008）一中行初字第473号行政判决，向本院提起上诉，本院依法组成合议庭进行了公开开庭审理。上诉人运达公司的委托代理人许要锋，被上诉人国家知识产权局专利复审委员会（以下简称专利复审委）的委托代理人刘路尧、瞿晓峰，被上诉人周龙飞的委托代理人魏亮到庭参加了诉讼。本案现已审理终结。

2007年8月7日，专利复审委作出第10713号无效宣告请求审查决定（以下简称第10713号决定），维持第200530105441.X号名称为"输送机槽板（1）"的外观设计专利权（以下简称本专利）有效。运达公司不服上述决定，向北京市第一中级人民法院提起行政诉讼。

一审法院判决认定，本案附件10中的《纸业资讯》2002年11月刊中的第2页左上角写有：内部资料，注意保存，专利复审委据此认定该出版物不属于《中华人民共和国专利法》（以下简称《专利法》）意义上的公开出版物，不能作为证据使用正确。

本案在先设计1、4、5所示图片均为安装后的槽板一部分，并不能清楚反映所示产品槽板的外观设计，在先设计2、3所示图片均为正面拍摄的输送机，其中，可以看出安装后连接在一起的形状为矩形的槽板，但仅从这两幅图片中仍不能明确该链板输送机所使用的槽板的具体形状，所示图片中不能清楚完整地反映所示产品的槽板的外观设计。因此，上述在先设计均无法与本专利外观设计进行有效的对比判断，从而根据附件9、10中的图片不能证明本专利不符合《专利法》第二十三条的规定。

关于附件11、12、14、15、16中出具的证人证言，因证人未出席口头审理参加质证，专利复审委认定上述证人证言虽然是经过公证的，但是公证书只能证明证人对当时有关产品进行了指认，在无其他相关证据佐证的情况下，不能直接证明证人证言内容的真实性正确。

关于附件1~8、11、12、14~16，均不能构成一个相关完整的证据链，以支持运达公司关于本专利使用公开的诉讼主张。

运达公司在无效宣告请求书中虽然提出本专利不符合《中华人民共和国专利法实施细则》（以下简称《专利法实施细则》）第二条第三款的规定，但其没有针对该理由进行具体的说明，其虽在口头审理期间提出了具体理由，但已超过相关规定的期限，专利复审委对该请求不予考虑正确。

综上，专利复审委作出的第10713号决定认定事实清楚，适用法律正确，依照《中华人民共和国行政诉讼法》第五十四条第（一）项的规定，判决予以维持。

运达公司不服一审判决，于2008年9月3日提出上诉。诉称，（1）本专利已被出版物公开，专利复审委不能有效地对比判断属于认定错误。本专利产品为输送机槽板，槽板的设计要点在于矩形，槽板的外观形状对称，且与输送机其他部件固定连接。因此，就本专利产品而言，槽板在连接后的使用状态可以反映出该产品的外观设计的整体效果。运达公司提交的在先设计1~5，虽然没有对槽板六面作出图示，但从正面清楚地公开了槽板的外观，具有了与本专利产品相同的视觉效果，符合《审查指南》关于同类产品、单一形状的外观设计相近似的判断规定。专利复审委认定在先设计1~5无法与本专利进行有效的对比判断有误，不作比对是错误的。同时，专利复审委对附件10中的2002年《纸业资讯》出版物的性质认定有误。《纸业资讯》作为造纸业行业内的交流刊物，虽然记载着内部资料，但它不是保密资料。从《纸业资讯》可刊登的产品广告的情况表明，该《纸业资讯》应为业内的公开刊物。《审查指南》规定的是指：确系保密的内部资料。根据国家新闻出版总署的有关规定，内部与公开刊物都是经出版管理部门批准的刊物，分类为内部资料的只能是不能以出售方式发行。专利复审委仅以记载内部资料而对该资料的公开性不予认定是错误的。运达公司认为本专利授权不符合《专利法》第二十三条的规定，应当宣告无效。（2）本专利在专利申请日前已有相同产品在国内公开使用，专利复审委对公开使用证据的认定有误。运达公司提交的关于公开使用的证据有六组，其中三组证据的销售事实为周龙飞企业的公开销售行为，这些销售证据与公开出版物中的产品广告可以相互印证。但是，专利复审委认定其中五组证据存在销售事实的同时，又以证人未能出席口头审理、不能被其他证据相佐证为由，而认定没有形成销售的完整证据链，从而未支持运达公司的主张,显得草率。另外,专利复审委对附件3、4的证据在与附件14、12结合时,作出结论相反的认定。(3)专利复审委对不符合《专利法实施细则》第二条第三款规定的认定亦是错误的。本专利是一种不能独立使用,也不能独立销售的零件,是输送机不可分割的零件,因此,槽板的申请不符合《审查指南》的相关规定。综上,一审法院判决认定事实不清,请求二审法院撤销一审判决,同时撤销专利复审委作出的第10713号决定。

被上诉人专利复审委仍持第10713号决定意见,并认为一审法院判决认定事实清楚,适用法律正确,请求二审法院驳回上诉,维持一审判决。

被上诉人周龙飞同意专利复审委的意见。

本案一审审理期间,专利复审委在法定期限内向一审法院提交了以下主要证据:(1)附件1~20;(2)本专利说明书;(3)口头审理记录表。

运达公司、周龙飞未向一审法院提交证据。

一审法院经审查认为,专利复审委提交的证据真实、合法,予以采纳。

上述证据均已随案移送本院。二审期间,各方当事人没有提交新的证据。经庭审质证及审查核实,本院确认一审法院认证意见正确,并据此认定本案如下事实:

2005年4月2日,周龙飞向国家知识产权局提出了名称为"输送机槽板(1)"的外观设计专利权(即本专利)申请,2006年4月26日,本专利被授权公告,专利号为200530105441.X,专利权人为周龙飞。

2006年12月4日,运达公司针对本专利向专利复审委提出无效宣告请求,其理由是,本专利相对于附件1~10不符合《专利法》第二十三条的规定,以及《专利法实施细则》第二条第三款的规定。同时提交了如下附件作为证据:

附件1:(2006)新密证民字第197号公证书复印件;

附件2:(2006)新密证民字第198号公证书复印件;

附件3:(2006)新密证民字第193号公证书复印件;

附件4:(2006)新密证民字第194号公证书复印件;

附件5:(2006)新密证民字第199号公证书复印件;

附件6:河南省运达造纸设备有限公司与东莞海龙纸业有限公司签订的购销合同复印件;

附件7:东莞海龙纸业有限公司出具的产品使用证明书及增值税发票复印件;

附件8:东莞海龙纸业有限公司出具的产品外观图片复印件;

附件9:2002年《造纸信息》杂志第6期、第10期封面及广告页复印件;

附件10:2002年《造纸科学与技术》第6期封面及广告页复印件、2002年《纸业资讯》第11期封面及广告页复印件。

运达公司提出,附件9、10可以证明本专利同申请日以前国内外出版物上公开发表过的外观设计相同或相近似,附件1~8可以证明本专利同申请日以前国内公开使用过的外观设计相同或相近似。

专利复审委于2006年12月5日向双方当事人发出无效宣告请求受理通知书并转送相关材料。

运达公司于2007年1月4日补充了以下证据(编号续前):

附件11:(2006)新密证民字第217号公证书;

附件12:(2006)新密证民字第216号公证书;

附件13:附件6-7原件及附件8的部分原件;

附件14:(2006)新密证民字第215号公证书;

附件15：(2006) 新密证民字第218号公证书；

附件16：(2006) 新密证民字第208号公证书；

附件17：涉及江西洪都精工机械有限公司的营业执照复印件、两份技术合同书、链板机合同纪要、销售发票和增值税专用发票复印件以及证明材料；

附件18：河南省运达造纸设备有限公司与玖龙纸业（太仓）有限公司签订的采购合同书复印件、加工技术要求复印件、图纸复印件及禁止不正当商业行为协议复印件；

附件19：输送机图纸复印件；

运达公司对附件11~19进行了具体说明，其中指出，附件11结合1、2；附件12结合4、3；附件13能够证明本专利同申请日以前在国内公开使用过的外观设计相同，附件14结合4、3，附件15、5能够证明本专利同申请日以前在国内公开使用过的外观设计相近似，附件16~19分别能够证明本专利同申请日以前在国内公开使用过的外观设计相同或相近似。

运达公司于2007年1月5日再次补充如下证据：

附件20：(2007) 新密证民字第001号公证书；

专利复审委于2007年1月24日收到周龙飞提交的意见陈述书。其认为运达公司提供的证据不能证明本专利同申请日以前国内公开使用过的外观设计相同或相近似，也不能证明本专利同申请日以前国内外出版物上公开发表过的外观设计相同或相近似。

2007年5月15日，专利复审委举行了口头审理，双方均对对方出庭人员的身份和资格无异议。在口头审理中，运达公司当庭提交了附件1~5、6、9~10的原件。专利复审委当庭告知运达公司其于2007年1月5日提交的附件20由于超出了自提出无效宣告请求之日起一个月的举证期限，因此专利复审委对于附件20不予考虑。运达公司明确其无效理由为：本专利与申请日之前在国内使用或者国内外出版物上公开的外观设计相同，因此不是新设计，并且槽板属于输送机不可分割的部分，不能单独作为专利保护的内容，因此本专利不符合《专利法实施细则》第二条第三款的规定；本专利相对于附件9、10的公开出版物，附件3、4和14组成的证据链，附件3、4和12组成的证据链，附件1、2和11组成的证据链，附件5、15组成的证据链，附件6~8组成的证据链以及附件16均不符合《专利法》第二十三条的规定。运达公司当庭声明放弃附件17~19作为本案的证据。专利复审委当庭告知运达公司其在规定的期限内未对本专利不符合《专利法实施细则》第二条第三款的理由进行具体说明，运达公司认为关于该法条《专利法》已经规定得很明确，没有必要进一步提出意见。周龙飞核实相关证据原件后，对附件1~5、附件11~12、附件14~16所示公证书的真实性没有异议，但是认为公证书仅对原件进行公证，并未对其内容真实性进行公证，由于附件1、2和11中公证书中的企业名称"新乡市鸿泰实业有限公司"与合同、发票以及《产品使用证明》中的"新乡市鸿泰纸业有限公司"的名称不一致，周龙飞对这三份附件的公证书中附件的真实性有异议；对附件5、16中合同的真实性有异议；对附件3、4、14，附件3、4、12，附件3、4、12，附件1、2、11，附件5、15以及附件16中合同和发票涉及的产品与现场拍摄照片之间的关联性有异议；对附件6中合同、附件7证明书的真实性有异议，对附件8、6、7的关联性有异议；对附件9、10中期刊的真实性没有异议，但是对期刊的公开日有异议。

2007年8月7日，专利复审委作出第10713号决定，维持本专利有效。主要理由是：

1. 法律依据

基于运达公司提出无效宣告请求所依据的事实和理由，专利复审委对本专利是否符合《专利法》第二十三条进行审查。

2. 关于附件 20

运达公司提交附件 20 的日期超过了自提出无效宣告请求一个月的举证期限，因此不满足《专利法实施细则》第六十六条规定的举证期限，专利复审委对于附件 20 不予考虑。

3. 关于出版物公开

运达公司提交的附件 9 是 2002 年《造纸信息》杂志第 6 期、第 10 期封面及广告页复印件，附件 10 是 2002 年《造纸科学与技术》第 6 期封面及广告页复印件、2002 年《纸业资讯》第 11 期封面及广告页复印件。附件 10 中的《纸业资讯》2002 年 11 月刊中的第 2 页中明确记载了该期刊为内部资料，不属于《专利法》意义上的公开出版物，不能作为本案的证据。附件 9、10 中其余三本期刊，属于《专利法》第二十三条所规定的公开出版物，适用于本案，其中在《造纸信息》2002 年第 6 期上公开了一款 BFW 板链式输送机的槽板的外观设计（以下简称在先设计 1），在《造纸言息》2002 年第 6 期上公开了一款链板输送机的槽板的外观设计（以下简称在先设计 2），在《造纸信息》2002 年第 10 期上公开了一款链板输送机的槽板的外观设计（以下简称在先设计 3），在《造纸信息》2002 年第 10 期上公开了一款 BFW 板链式输送机的槽板的外观设计（以下简称在先设计 4），在《造纸科学与技术》2002 年第 6 期上公开了一款 BFW 板链式输送机的槽板的外观设计（以下简称在先设计 5）。专利复审委认为在先设计 1~5 与本专利均为输送机槽板的外观设计，用途相同，属于相同种类的产品，具有可比性。

本专利所要求保护的为输送机槽板，包括主视图、后视图、左视图、仰视图，其中俯视图和仰视图对称，右视图和左视图对称，在此省略了俯视图和右视图。从主视图来看，槽板呈现中间凹陷的矩形，并且在凹陷的两侧处分别有两个孔，并且其上边缘的厚度略大于下边缘的厚度，左边缘和右边缘呈片状，从后视图可以看出槽板呈现中间凸出的矩形，从左视图中可以看出槽板的的左侧呈现中间厚边缘薄的形状，其过渡处为弧形（详见本专利附图）。

在先设计 1~5 中所示图片中不能清楚完整地反映所示产品的槽板的外观设计，因此，上述在先设计均无法与本专利外观设计进行有效的对比判断，从而根据附件 9、10 中的图片不能证明本专利不符合《专利法》第二十三条的规定。

4. 关于国内使用公开

关于附件 3、4 和 14。附件 3 中由许昌市魏都宏发造纸厂出具并有郑秋芳签字的《产品使用证明》，表明许昌市魏都宏发造纸厂于 2002 年 11 月 19 日购买了两台链板式输送机，并与平湖市建材机械厂签订购销合同，2003 年 1 月交货，购货发票票号为：00568080；附件 4 中的《工矿产品买卖合同》是 2002 年 11 月 19 日由平湖市建材机械厂与许昌市魏都宏发造纸厂签订的，其中产品名称型号为：链板输送机 BFW1400×21000，两台机器共计 264600 元，票号为 00568080 的浙江省增值税专用发票是 2003 年 1 月 2 日由供货单位平湖市建材机械厂向购货单位许昌市魏都宏发造纸厂开具的发票，其中货物名称为链板输送机，规格型号为 BFW1400×21000，总价格为 264600 元。经比对：《工矿产品买卖合同》与增值税发票中的产品名称、型号以及价格等信息都是一致的，从而能够证明平湖市建材机械厂向许昌市魏都宏发造纸厂销售链板输送机的销售事实成立。对于所销售产品中槽板的外观，附件 14 中许昌市魏都宏发造纸厂厂长常青军对由平湖市建材机械厂生产并于 2003 年 1 月交货的链板输送机进行了指认，并对有关部位和备件进行了拍照取得照片 10 张。专利复审委认为，附件 14 中的常青军的证人证言是经过公证的，但是公证书只能证明当时常青军对有关产品进行了指认，不能直接证明该证人证言内容的真实性，并且出具这些证言的证人未出席口头审理参加质证；另外附件 14、3 中所附的照片中也没有任何有关产品型号的信息，且没有其他相关的证据对证人证言进行佐证,故对其证言内容的真实性无法核对,同时不能认定许昌市魏都宏发造纸厂所使用的输送机的来源唯一性和产品唯一性,从而无法与附件4中的合同和发票组成完整的证据链证明所销售的产品的外观,因此上述证据不能构成一个完整的公开销售证据链来支持运达公司的主张。

关于附件3、4和12。附件3中由许昌宏伟实业(集团)有限公司出具并有郑秋芳签字的产品使用证明表明,许昌宏伟实业(集团)有限公司于2004年7月8日购买了三台链板式输送机,并与运达公司签订购销合同,2005年1月交货,购货发票票号为:00192867和00192868。附件4中的编号为000372的《工矿产品购销合同》是运达公司与许昌宏伟实业(集团)有限公司于2004年7月8日签订的,其中的产品名称型号为:链板输送机BFW1400mm和BFW1800mm,总金额为568800元;票号为00192867和00192868的河南增值税专用发票是供货单位运达公司向购货单位许昌宏伟实业(集团)有限公司于2005年4月27日开具的发票,其中货物名称为输送机前半部和后半部,两张发票的总金额为231150元。经比对:《工矿产品购销合同》与增值税发票中的产品名称和价格信息不一致,且合同本身多处涂改,因此不足以认定销售事实的成立。附件12中许昌宏伟实业(集团)有限公司四分厂的厂长孙建军对由运达公司生产并于2005年1月交货的链板输送机进行了指认,并且对有关部位进行拍照取得照片8张。专利复审委认为,附件12中的孙建军的证人证言是经过公证的,但是公证书只能证明当时孙建军对有关产品进行了指认,不能直接证明证人证言内容的真实性,并且出具这些证言的证人未出席口头审理参加质证;另外附件12、3中所附的照片也没有任何有关产品型号的信息,并且附件3、4中的发票与合同也不一致,且没有其他相关的证据对证人证言进行佐证,对其证言内容的真实性无法核对,同时不能认定许昌宏伟实业(集团)有限公司四分厂所使用的输送机的来源唯一性和产品唯一性,从而不能组成证据链证明附件3、12中所附照片的链板输送机已经在2005年通过销售而公开,因此上述证据不能构成一个完整的公开销售的证据链来支持运达公司的主张。

关于附件1、2和11。附件1中编号为000335的《工矿产品买卖合同》是新乡市鸿泰纸业有限公司与运达公司于2004年7月8日签订的。附件2中由新乡市鸿泰纸业有限公司出具并有王建义签字的产品使用证明指出:该公司于2004年7月8日购买了一台链板式输送机,并与运达公司签订一份合同,2004年11月供货,供货后随即安装并使用至今,其发票号为00411368、00411369和00411370。经比对:《工矿产品买卖合同》与发票中的产品名称以及价格等信息均一致,从而能够证明该销售事实成立。附件11的现场工作记录表明相关工作人员于2006年12月31日来到新乡市鸿泰纸业有限公司,并且对由该公司车间主任王灿指认的运达公司生产并于2004年11月交货的链板输送机的有关部位和备件进行了拍照,取得照片32张。专利复审委认为,附件11中王灿的证人证言是经过公证的,但是公证书只能证明当时王灿对有关产品进行了指认,不能直接证明证人证言内容的真实性,并且出具这些证言的证人未出席口头审理参加质证;另外附件11、2中所附的照片未有任何有关产品型号的信息,且没有其他相关的证据对证人证言进行佐证,该证言内容的真实性无法核对,同时不能认定新乡市鸿泰纸业有限公司所使用的输送机的来源唯一性和产品唯一性,从而无法与附件1中的合同和发票组成完整的证据链证明所销售的产品的外观,因此上述证据不能构成一个完整的公开销售的证据链来支持运达公司的主张。

关于附件5、15。附件5中的《供货合同》是新乡县福利新星造纸厂二分厂与平湖市建材机械厂于2003年11月28日签订的,产品名称为BFW型链板输送机1600×19m,金额为133000元。附件5中还包括一份由新乡市新星纸业有限公司一分厂(原单位名称:新乡县福利新星造纸厂二分厂)出具并有李国超签字的产品使用证明,其中记载了该公司于2003年11月28日购买了一台链板式输送机,并与平湖市建材机械厂签订一份合同,该设备于2004年4月开始使用。对于合同的真实性,专利复审委认为,周龙飞作为合同签订一方的法定代表人,对合同的真实性的异议未提出其他合理的证据,对合同的真实性予以采信,但仅凭证人证言尚不足以认定企业更名的事实,附件15中新乡市新星纸业有限公司一纸厂职员朱安会对平湖市建材机械厂生产并由原新乡县福利新星造纸厂二分厂于2004年4月开始使用的链板输送机进行了指认,并且对有关部位和备件进行拍照,取得照片10张。专利复审委认为,附件15中朱安会的证人证言是经过公证,但是公证书只能证明当时证人对有关产品进行了指认,不能直接证明证人证言内容的真实性,并且出具这些证言的证人未出席口头审理参加质证;另外附件5、15中所附的照片中也没有任何有关产品型号的信息,且没有其他相关的证据对证人证言进行佐证,故合议组对该证言内容的真实性无法核对,同时不能认定新乡市新星纸业有限公司一纸厂所使用的输送机的来源唯一性和产品唯一性,从而无法与附件5中的合同组成完整的证据链证明所销售的产品的外观,因此上述证据不能构成一个完整的公开销售的证据链来支持运达公司的主张。

关于附件6~8。附件6是运达公司与东莞海龙纸业有限公司签订的编号为GYB0312712的合同,产品名称为链板机,规格型号为:1400×15373.3,金额为14万元。附件7中的两张发票是运达公司向东莞海龙纸业有限公司开具的,其中发票号分别为:00205381和00205382,产品名称为链板输送机前半部和后半部,其总金额为14万元。经比对:合同与发票中的产品名称和价格等信息均一致,从而能够证明该销售事实成立。附件7中由东莞海龙纸业有限公司开具的使用证明书,根据《中华人民共和国民事诉讼法》第六十五条的规定,由单位出具的证明文书,应当由单位负责人签名或者盖章,并加盖单位印章,才能满足其形式要件。因此附件7中的使用证明书不能作为有效的证据采信。另外附件8中的图片仅加盖了东莞海龙纸业有限公司的印章,该图片中没有任何有关产品型号的信息,从而无法与附件6、7组成完整的证据链证明所销售的产品的外观,因此上述证据不能构成一个完整的公开销售的证据链来支持运达公司的主张。

关于附件16。附件16中的《供货合同》是河南省新乡市新亚纸业集团与平湖市建材机械厂于2002年12月18日签订的,其中的产品名称为BFW型板链式输送机,型号为1.4m×18.25m,金额为109500元。附件16中由新乡新亚纸业集团股份有限公司出具并有李如全签字的《产品使用证明》表明,该单位于2002年12月18日购买了一台链板式输送机,同平湖市建材机械厂签订购销合同,2003年2月底交货并随即组织安装试车,并使用至今。《现场工作记录》表明所拍摄的照片经过该公司副总经理李如全指认的由平湖市建材机械厂生产并按上述合同交付的链板输送机。专利复审委认为,李如全的证人证言是经过公证的,但是公证书只能证明当时李如全对有关产品进行了指认,不能直接证明证人证言内容的真实性,并且出具这些证言的证人未出席口头审理参加质证;另外所附的照片中也没有任何有关产品型号的信息,且没有其他相关的证据对证人证言进行佐证,对该证言内容的真实性无法核对,同时不能认定河南省新乡市新亚纸业集团所使用的输送机的来源唯一性和产品唯一性,从而无法与其中的合同和产品使用证明组成完整的证据链证明所销售的产品的外观,因此上述证据不能构成一个完整的公开销售的证据链来支持运达公司的主张。

5. 关于本专利是否符合《专利法实施细则》第二条第三款的规定

运达公司在无效宣告请求书中提出本专利不符合《专利法实施细则》第二条第三款的规定,但其没有针对该理由进行具体的说明,其在口头审理期间提出的具体理由属于超期提交的理由,依据《专利法实施细则》第六十六条的规定,不予考虑。但即使如运达公司在口头审理期间提出的本专利不符合《专利法实施细则》第二条第三款规定的具体理由:(1)在此之前有与本专利相同或者相近似的外观设计在国内公开使用或在国内外出版物上公开发表，本专利不是新设计；（2）本专利所示槽板属于输送机不可分割的部分，不能单独作为专利保护的内容。专利复审委认为：（1）《专利法实施细则》第二条第三款中的有关新设计的要求，仅需要根据申请文件的内容及一般消费者的常识进行判断，且运达公司提交的证据也不能证明本专利属于公知设计、惯常设计的范畴；（2）槽板虽然安装在输送机上，但是其可以通过拆卸的方式与输送机分离，并且其本身可以作为输送机的备件使用和销售。因此，运达公司提出的上述主张亦不能成立。

综上所述，专利复审委认为运达公司提交的证据均不足以支持其提出的本专利不符合《专利法》第二十三条的无效理由，且其提出的本专利不符合《专利法实施细则》第二条第三款的理由也不能成立。据此，专利复审委作出决定维持本专利有效。

运达公司不服上述决定，向北京市第一中级人民法院提起行政诉讼。

本院认为，运达公司、周龙飞等对专利复审委作出的第10713号决定的审查程序没有异议，经审查，本院对其合法性予以确认。本案争议的焦点问题是：（1）本专利在申请日之前是否已被出版物公开；（2）本专利在申请日之前是否已经有相同产品在国内公开使用；（3）关于本专利涉及《专利法实施细则》第二条第三款规定的问题。

1. 关于本专利在申请日之前是否已被出版物公开的问题

本案附件10中的《纸业资讯》2002年11月刊中的第2页左上角写有：内部资料，注意保存。参照《审查指南》第二部分第三章第2.1.3.1节关于出版物公开部分，对于印有"内部资料"、"内部发行"等字样的出版物，确系在特定范围内发行并要求保密的，不属于公开出版物的规定，可以确认该出版物属于在特定范围内发行的，并且该出版物的发行属于社会观念或者商业习惯上被认为应当承担保密义务的情形。专利复审委据此认定该出版物不属于《专利法》意义上的公开出版物，不能作为证据使用正确。

本案在先设计1、4、5所示图片均为安装后的槽板一部分，并不能清楚反映所示产品槽板的外观设计。在先设计2、3所示图片均为正面拍摄的输送机，其中，可以看出安装后连接在一起的形状为矩形的槽板，但仅从这两幅图片中仍不能明确该链板输送机所使用的槽板的具体形状，所示图片中不能清楚完整地反映所示产品的槽板的外观设计。因此，上述在先设计均无法与本专利外观设计进行有效的对比判断，从而根据附件9、10中的图片不能证明本专利不符合《专利法》第二十三条的规定。

2. 关于本专利在申请日之前是否已经由相同产品在国内公开使用的问题

本案附件11、12、14~16中出具的证人证言，因证人未出席口头审理参加质证，专利复审委认定上述证人证言虽然是经过公证的，但是公证书只能证明证人对当时有关产品进行了指认，在无其他相关证据佐证的情况下，不能直接证明证人证言内容的真实性正确。

关于附件3、4和14。附件3中由许昌市魏都宏发造纸厂出具并有郑秋芳签字的《产品使用证明》；附件4中的《工矿产品买卖合同》是2002年11月19日由平湖市建材机械厂与许昌市魏都宏发造纸厂签订的。经比对：《工矿产品买卖合同》与增值税发票中的产品名称、型号以及价格等信息一致。对于所销售产品中槽板的外观，附件14中许昌市魏都宏发造纸厂厂长常青军对由平湖市建材机械厂生产并于2003年1月交货的链板输送机进行了指认，并对有关部位和备件进行了拍照。本院认为，附件14中的常青军的证人证言是其当时对有关产品进行了指认；附件14、3中所附的照片中均未有相关产品型号的信息，亦无其他相关的证据对证人证言进行佐证；上述证据的结合，不能印证许昌市魏都宏发造纸厂所使用的输送机的来源唯一性和产品唯一性，亦无法与附件4中的合同和发票组成完整的证据链证明所销售的产品的外观。因此，上述证据不能形成一个完整的证据链以支持运达公司关于本专利公开销售的主张。

关于附件3、4和12。附件3中由许昌宏伟实业（集团）有限公司出具并有郑秋芳签字的产品使用证明表明；附件4中的编号为000372的《工矿产品购销合同》是运达公司与许昌宏伟实业（集团）有限公司于2004年7月8日签订的。经比对：《工矿产品购销合同》与增值税发票中的产品名称和价格信息不一致，合同存在多处涂改。附件12中许昌宏伟实业（集团）有限公司四分厂的厂长孙建军对由运达公司生产并于2005年1月交货的链板输送机进行了指认，并且对有关部位进行拍照。本院认为，附件12中的孙建军的证人证言是其当时对有关产品进行了指认；附件12、3中所附的照片均未有相关产品型号的信息，附件3、4中的发票与合同不一致，亦未有其他相关的证据对证人证言进行佐证，因此，上述证据的结合，不能印证许昌宏伟实业（集团）有限公司四分厂所使用的输送机的来源唯一性和产品唯一性，故不能组成证据链证明附件3、12中所附照片的链板输送机已经在2005年通过销售而公开。因此，上述证据不能形成一个完整的证据链以支持运达公司关于本专利公开销售的主张。

关于附件1、2和11。附件1中编号为000335的《工矿产品买卖合同》是新乡市鸿泰纸业有限公司与运达公司于2004年7月8日签订的。附件2中由新乡市鸿泰纸业有限公司出具并有王建义签字的产品使用证明。附件11的现场工作记录为相关工作人员于2006年12月31日来到新乡市鸿泰纸业有限公司，并就该公司车间主任王灿指认的运达公司生产并于2004年11月交货的链板输送机的有关部位和备件进行了拍照。本院认为，附件11中王灿的证人证言是只能证明其当时对有关产品进行了指认；附件11、2中所附的照片均未有相关产品型号的信息，亦无其他相关的证据对证人证言进行佐证，故上述证据不能印证新乡市鸿泰纸业有限公司所使用的输送机的来源唯一性和产品唯一性，亦无法与附件1中的合同和发票组成完整的证据链证明所销售的产品的外观。因此，上述证据不能形成一个完整的证据链以支持运达公司关于本专利公开销售的主张。

关于附件5、15。附件5中的《供货合同》是新乡县福利新星造纸厂二分厂与平湖市建材机械厂于2003年11月28日签订的。其中有李国超签字的产品使用证明，其中记载了该公司于2003年11月28日购买了一台链板式输送机，并与平湖市建材机械厂签订一份合同，该设备于2004年4月开始使用。附件15中新乡市新星纸业有限公司一纸厂职员朱安会对平湖市建材机械厂生产并由原新乡县福利新星造纸厂二分厂于2004年4月开始使用的链板输送机进行了指认，并且对有关部位和备件进行拍照。本院认为，附件15中朱安会的证人证言是其当时对有关产品进行了指认；附件5、15中所附的照片中均未有相关产品型号的信息，且无其他相关的证据对证人证言进行佐证，故不能认定新乡市新星纸业有限公司一纸厂所使用的输送机的来源唯一性和产品唯一性，从而无法与附件5中的合同组成完整的证据链证明所销售的产品的外观。因此，上述证据不能形成一个完整的证据链以支持运达公司关于本专利公开销售的主张。

关于附件6~8。附件6是运达公司与东莞海龙纸业有限公司签订的编号为GYB0312712的合同；附件7中的两张发票是运达公司向东莞海龙纸业有限公司开具的，有东莞海龙纸业有限公司开具的使用证明书；附件8中的图片仅加盖了东莞海龙纸业有限公司的印章，该图片中未有相关产品型号的信息。本院认为，附件6~8的结合不能组成完整的证据链证明所销售的产品的外观。因此，上述证据不能形成一个完整的证据链以支持运达公司关于本专利公开销售的主张。

关于附件16。附件16中的《供货合同》是河南省新乡市新亚纸业集团与平湖市建材机械厂于2002年12月18日签订的；其中有新乡新亚纸业集团股份有限公司出具并有李如全签字的《产品使用证明》以及《现场工作记录》，表明所拍摄的照片经过该公司副总经理李如全指认的由平湖市建材机械厂生产并按上述合同交付的链板输送机。本院认为，李如全的证人证言是其当时对有关产品进行了指认；所附的照片中未有相关产品型号的信息，且无其他相关的证据对证人证言进行佐证，故不能印证河南省新乡市新亚纸业集团所使用的输送机的来源唯一性和产品唯一性，从而无法与其中的合同和产品使用证明组成完整的证据链证明所销售的产品的外观。因此，上述证据不能形成一个完整的证据链以支持运达公司关于本专利公开销售的主张。

3. 关于本专利涉及《专利法实施细则》第二条第三款规定的问题

运达公司在无效宣告请求书中虽然提出本专利不符合《专利法实施细则》第二条第三款的规定，但其没有针对该理由进行具体的说明，其虽在口头审理期间提出了具体理由，但其理由超过了相关规定的期限，专利复审委对该请求不予考虑正确。

综上，专利复审委作出的第10713号决定维持第200530105441.X号外观设计专利权有效合法，一审法院判决维持正确。依据《中华人民共和国行政诉讼法》第六十一条第（一）项的规定，判决如下：

驳回上诉，维持一审判决。

二审案件受理费人民币100元，由上诉人郑州运达造纸设备有限公司负担（已交纳）。

本判决为终审判决。

审　判　长　朱世宽
代理审判员　赵宇晖
代理审判员　高京雯
二〇〇八年十二月十八日
书　记　员　张　怡

# 链条（2）

## 无效宣告请求审查决定（第 10714 号）

| | |
|---|---|
| 决 定 号 | 第 10714 号 |
| 决 定 日 | 2007 年 9 月 25 日 |
| 发明创造名称 | 链条（2） |
| 外观设计分类号 | 12-05 |
| 无效宣告请求人 | 郑州运达造纸设备有限公司 |
| 专 利 权 人 | 周龙飞 |
| 专 利 号 | 200530105436.9 |
| 申 请 日 | 2005 年 4 月 2 日 |
| 授权公告日 | 2006 年 4 月 26 日 |
| 合议组组长 | 张雪飞 |
| 主 审 员 | 王艳妮 |
| 参 审 员 | 高 颖 |
| 附 图 | 2 页 |
| 法 律 依 据 | 专利法第 23 条 |

**决 定 要 点**

由于无法对未出庭作证的证人证言内容的真实性予以核实，同时也没有其他证据对照片与相关发票、合同之间的关联性进行佐证，因此无法组成完整的证据链证明相关产品已经在国内公开使用的事实。

如果对比图片没有清楚、完整地公开相关产品的外观形状，则无法与本专利产品的外观进行相同和相近似性对比，从而不能证明本专利不符合专利法第 23 条的规定。

## 一、案由

本无效宣告请求涉及国家知识产权局于 2006 年 4 月 26 日授权公告的 200530105436.9 号外观设计专利（下称本专利），使用该外观设计的产品名称为"链条（2）"，申请日为 2005 年 4 月 2 日，专利权人为周龙飞。

针对上述专利权，郑州运达造纸设备有限公司（下称请求人）于 2006 年 12 月 4 日向国家知识产权局专利复审委员会提出无效宣告请求，其无效宣告理由为：本专利相对于附件 1~10 不符合专利法第 23 条的规定，本专利不符合专利法实施细则第 2 条第 3 款的规定。请求人提交了如下附件作为证据：

附件1：（2006）新密证民字第197号公证书复印件；
附件2：（2006）新密证民字第198号公证书复印件；
附件3：（2006）新密证民字第193号公证书复印件；
附件4：（2006）新密证民字第194号公证书复印件；
附件5：（2006）新密证民字第199号公证书复印件；
附件6：河南省运达造纸设备有限公司与东莞海龙纸业有限公司签订的购销合同复印件；
附件7：东莞海龙纸业有限公司出具的产品使用证明书及河南省运达造纸设备有限公司出具的两张增值税发票复印件；
附件8：东莞海龙纸业有限公司出具的产品外观图片复印件；
附件9：2002年《造纸信息》杂志第6期、第10期封面及广告页复印件；
附件10：2002年《造纸科学与技术》第6期封面及广告页复印件、2002年《纸业资讯》第11期封面及广告页复印件。

请求人提出的具体理由是：附件9、附件10可以证明本专利同申请日以前国内外出版物上公开发表过的外观设计相同或相近似；附件1~8可以证明本专利同申请日以前国内公开使用过的外观设计相同或相近似。

专利复审委员会于2006年12月5日向双方当事人发出无效宣告请求受理通知书，随受理通知书将请求人于2006年12月4日提交的无效宣告请求书及其附件的副本转寄给专利权人。

请求人于2007年1月4日补充了以下证据（编号续前）：

附件11：（2006）新密证民字第215号公证书；
附件12：（2006）新密证民字第216号公证书；
附件13：（2006）新密证民字第217号公证书；
附件14：（2006）新密证民字第218号公证书；
附件15：（2006）新密证民字第208号公证书；
附件16：2000年9月机械工业出版社出版的《输送链与特种链工程应用手册》相关页复印件；
附件17：无锡市创新轻工设备有限公司的个人独资企业营业执照复印件、企业法人营业执照副本复印件、该公司出具的公函和证明书以及该公司销往苏州市瑞华悬挂输送机厂的输送机链条图片；
附件18：附件6的复印件，附件8部分原件；
附件19：河南省运达造纸设备有限公司与玖龙纸业（太仓）有限公司签订的采购合同书复印件、加工技术要求复印件、图纸复印件以及禁止不正当商业行为协议复印件；
附件20：输送机图纸复印件。

请求人在意见陈述书中对附件11~20进行了具体说明，其中指出：附件11结合附件3和附件4能够证明本专利同申请日以前在国内公开使用过的外观设计相同；附件12结合附件4和附件3能够证明本专利同申请日以前在国内公开使用过的外观设计相同；附件13结合附件1和附件2能够证明本专利同申请日以前在国内公开使用过的外观设计相同；附件14结合附件5能够证明本专利同申请日以前在国内公开使用过的外观设计相同；附件16是在本专利申请日前的公开出版物，其公开了与本专利相同或相近似的外观设计；附件15、附件17、附件18、附件19、附件20分别能够证明本专利同申请日以前在国内公开使用过的外观设计相同或相近似。

请求人于2007年1月5日再次补充了如下证据（编号续前）：

附件21：（2007）新密证民字第001号公证书。

专利复审委员会于2007年1月24日收到专利权人提交的意见陈述书，其认为从附件1的公证书内容来看，公证人员当日在新乡市鸿泰实业有限公司看见了一份《工矿产品买卖合同》及增值税发票的原件，对该合同和发票的真实性均未证实；其次，合同和发票的企业名称均为新乡市鸿泰纸业有限公司，而公证书中是到新乡市鸿泰实业有限公司进行取证，证明主体前后矛盾；再次，该合同和发票上仅仅涉及产品名称，没有任何关于产品的图片和照片，因此附件1与本专利没有可比性。附件2的公证书仅能证明当日在新乡市鸿泰实业有限公司拍摄了12张照片，而照片所对应的实物是否为合同和发票中的实物并未证明；其次，公证书并不能证明新乡市鸿泰实业有限公司出具的《产品使用证明》中的内容本身的真实性；再次，这12张照片模糊不清，无法与本专利进行对比，因此附件2与本专利没有可比性。关于附件3~5的公证书，专利权人陈述的意见与附件1和附件2的意见大致相同，主要认为现场拍摄的照片与合同和发票之间不具有关联性，均与本专利不具有可比性。专利权人对附件6中合同的真实性有异议，认为合同后面所附的图形不能证明为该合同中所涉及的标的物，因此附件6与本专利没有可比性。专利权人认为附件7中的使用证明书和发票与本专利没有可比性，认为附件8中照片模糊不清，照片来历不明，与本专利没有可比性。专利权人认为没有证据证明附件9和附件10中的杂志为公开出版物，其次请求书中没有明确指明哪幅图片公开了本专利的内容。因此，请求人提供的证据不能证明本专利同申请日以前国内公开使用过的外观设计相同或相近似，也不能证明本专利同申请日以前国内外出版物上公开发表过的外观设计相同或相近似。

  专利复审委员会依法成立合议组对本案进行审理，本案合议组于2007年3月15日向双方当事人发出口头审理通知书，定于2007年5月15日对本案进行口头审理，并随口头审理通知书将请求人于2007年1月4日、2007年1月5日补充的意见陈述书和证据的副本转送给专利权人，同时将专利权人的意见陈述书转送给请求人。

  2007年5月15日口头审理如期举行，双方当事人均委托代理人参加了口头审理。在口头审理中，双方均对对方出庭人员的身份和资格无异议，对合议组成员无回避请求。在口头审理中，请求人当庭提交了附件1~5、9~10、16的原件，并当庭提交了附件6的原件。合议组当庭告知请求人其于2007年1月5日提交的附件21由于超出了自提出无效宣告请求之日起1个月的举证期限，虽然请求人指出在其于2007年1月4日提交的证据清单中提到了附件21，但是由于没有在当日提交该附件21，因此合议组对于附件21不予考虑。请求人明确其无效理由为：本专利相对于附件9~10、附件16的公开出版物，相对于附件1、附件2和附件13组成的证据链，相对于附件3、附件4和附件11组成的证据链，相对于附件3、附件4和附件12组成的证据链，相对于附件5和附件14组成的证据链，相对于附件15，相对于附件6~8组成的证据链，相对于附件17不符合专利法第23条的规定。请求人当庭声明放弃了附件19和附件20作为本案的证据。请求人当庭声明放弃本专利不符合专利法实施细则第2条第3款的规定的无效理由。专利权人核实相关证据原件后，对附件1~5、附件11~15所示公证书的真实性没有异议，但是认为公证书仅对原件进行公证，并未对其内容真实性进行公证，由于附件1、附件2和附件13中公证书中的企业名称"新乡市鸿泰实业有限公司"与合同、发票以及《产品使用证明》中的"新乡市鸿泰纸业有限公司"的名称不一致，专利权人对这三份附件的公证书中附件的真实性有异议；专利权人对附件5、附件15中合同的真实性有异议；对附件1、附件2和附件13组成的证据链，对附件3、附件4和附件11组成的证据链，对附件3、附件4和附件12组成的证据链，对附件5和附件14组成的证据链以及对附件15中合同和发票涉及的产品与现场拍摄照片之间的关联性有异议；专利权人对附件6中合同的真实性有异议，对附件7证明书的真实性有异议，对附件8与附件6和附件7的关联性有异议；专利权人对附件9和附件10中期刊的真实性没有异议，但是对期刊的公开日有异议；专利权人对附件16的真实性和公开出版物均没有异议。专利权人对附件17中的营业执照和公函没有异议，对照片说明书有异议，对营业执照和公函之间、照片和说明书之间的关联性有异议。在口头审理中，双方对本专利与各组证据中的图片之间的相同和相近似性进行了辩论，请求人认为本专利与附件9和附件10期刊中产品的外观设计相同，同时指出其中两幅图的生产厂家为平湖市建材机械厂，而平湖市建材机械厂的法定代表人为专利权人周龙飞，专利权人认为从附件9和附件10中的图片无法看出链条的具体外观形状，因此本专利与附件9和附件10中产品的外观不相同也不相近似，专利权人对其为平湖建材机械厂的法定代表人没有异议，但是认为不能由此得出本专利与期刊中产品的外观相同，因为链条产品会不断更新，同时也不能证明2002年期刊中的产品与2005年申请的本专利的产品的外观相同。请求人认为本专利与附件16中产品的外观相近似，专利权人认为本专利与附件16中产品的外观不相同也不相近似。请求人认为本专利与附件1、附件2和附件13组成的证据链、与附件3、附件4和附件11组成的证据链、与附件3、附件4和附件12组成的证据链、与附件6~8组成的证据链、与附件5和附件14组成的证据链、与附件15以及与附件17中所涉及的链条的外观相同，专利权人认为本专利与这些证据中产品的外观不相同也不相近似，对于其中涉及销售厂家平湖市建材机械厂的法定代表人为专利权人周龙飞的事实予以认可，但是认为有关证据中平湖建材机械厂销售的产品并不是本专利的产品。

在以上审理的基础上，合议组认为本案事实清楚，可以依法作出审查决定。

**二、决定的理由**

1. 法律依据

基于请求人提出无效宣告请求所依据的事实和理由，合议组对本专利是否符合专利法第23条进行审查。

专利法第23条规定：授予专利权的外观设计，应当同申请日以前在国内外出版物上公开发表过或者国内公开使用过的外观设计不相同和不相近似，并不得与他人在先取得的合法权利相冲突。

2. 关于证据

（1）关于附件21。

专利法实施细则第66条规定：在专利复审委员会受理无效宣告请求后，请求人可以在提出无效宣告请求之日起1个月内增加理由或者补充证据。逾期增加理由或者补充证据的，专利复审委员会可以不予考虑。

请求人于2007年1月5日补充提交了附件21，其提出无效宣告请求之日为2006年12月4日，由于提交附件21的日期超过了自提出无效宣告请求1个月的举证期限，因此不满足专利法实施细则第66条规定的举证期限，合议组对于附件21不予考虑。

（2）关于出版物公开。

请求人提交的附件9是2002年《造纸信息》杂志第6期、第10期封面及广告页复印件，附件10是2002年《造纸科学与技术》第6期封面及广告页复印件、2002年《纸业资讯》第11期封面及广告页复印件，附件16是2000年9月由机械工业出版社出版的《输送链与特种链工程应用手册》相关页复印件。请求人在口审时提交了附件9和附件10中各期刊的原件，提交了附件16的原件，专利权人对附件9、附件10中期刊的真实性没有异议，但认为其上所示的"2002"等字样不清楚是否表示2002年出版，对此合议组认为：由于附件10中的《纸业资讯》2002年11月刊中的第2页中明确记载了该期刊为内部资料，因此该期刊不属于专利法意义上的公开出版物，不能作为本案的证据。对于附件9和附件10中其余三本期刊，通过其上记载的信息足以得出×年×期×杂志等信息，且其内载有大量广告信息，在没有相反证据足以推翻的情况下，其在先公开性可以认定。因此附件9和附件10中其余三本期刊均属于专利法第23条所规定的公开出版物，适用于本案，其中在《造纸信息》2002年第6期上公开了一款BFW板链式输送机的链条的外观设计（下称在先设计1），在《造纸信息》

2002年第6期上公开了一款链板输送机的链条的外观设计（下称在先设计2），在《造纸信息》2002年第10期上公开了一款链板输送机的链条的外观设计（下称在先设计3），在《造纸信息》2002年第10期上公开了一款BFW板链式输送机的链条的外观设计（下称在先设计4），在《造纸科学与技术》2002年第6期上公开了一款BFW板链式输送机的链条的外观设计（下称在先设计5）。专利权人对附件16的真实性和其作为公开出版物均没有异议，其中附件16第13页左上角公开了一款双节距精密滚子链的结构（下称在先设计6），附件16第14页图b）公开了一款链板双测水平折弯的结构（下称在先设计7），附件16第15页图i）公开了一款立板置于链板外侧的结构（下称在先设计8），附件16第15页图q）公开了一款链板中部插入销轴的结构（下称在先设计9）。合议组认为，在先设计1~9与本专利均为输送机链条的外观设计，用途相同，属于相同种类的产品，具有可比性。

本专利所要求保护的为输送机链条，包括主视图、右视图、俯视图、仰视图，其中后视图和主视图对称，左视图和右视图对称，在此省略了后视图和左视图。从主视图来看，本专利产品包括两根链条以及连接在两根链条之间的横杆，其中每根链条包括内外链板和连接在内外链板之间的链轮，链轮为圆柱形，在每个内链板上垂直设置带有两个孔的方形板，从右视图可以看出链条由多个链轮和链板单元组成，并且在链条单元的连接处、外链板的外侧还具有凸出的圆弧形板（详见本专利附图）。

在先设计1~5中没有显示出链条，从这些图片中不能清楚、完整地反映所示产品的链条的外观设计，因此在先设计1~5均无法与本专利外观设计进行有效的对比判断，从而根据附件9和附件10中的图片不能证明本专利不符合专利法第23条的规定。

在先设计6为一链条，其包括内外链板和连接内外链板的链轮，通过对本专利和在先设计6进行比对，可以发现本专利与在先设计6的区别在于：本专利具有横杆和方形板，并且本专利的链轮形状与在先设计6的链轮形状也不相同，而且在先设计6的外链板外侧没有凸出的圆弧形板，这些区别对于链条的整体视觉效果具有显著的影响，因此本专利与在先设计6不相同也不相近似。

在先设计7为一链板双侧水平折弯的链条单元，其包括内外链板和连接内外链板的链轮，还包括两个分别垂直于内外链板的方形板，该方形板上设置有一个孔。通过对本专利和在先设计7进行比对，可以发现本专利与在先设计7的区别在于：本专利具有连接两个链条的横杆，并且本专利仅在内链板上设置有垂直于链板的方形板，并且该方形板上具有两个孔，在先设计7的外链板外侧也没有凸出的圆弧形板，这些区别对于链条的整体视觉效果具有显著的影响，因此本专利与在先设计7不相同也不相近似。

在先设计8为一链板外侧设置立板的链条，其包括内外链板和连接内外链板的链轮，还包括设置在外链板上并与其平行的方形板，该方形板上设置有两个孔。通过对本专利和在先设计8进行比对，可以发现本专利与在先设计8的区别在于：本专利具有连接两个链条的横杆，并且在内链板上设置有垂直于内链板的方形板，而在先设计8的方形板设置在链板外侧并平行于链板设置，并且在先设计8的外链板外侧没有凸出的圆弧形板，这些区别对于链条的整体视觉效果具有显著的影响，因此本专利与在先设计8不相同也不相近似。

在先设计9为一链板中部插入销轴的链条，其包括内外链板和连接内外链板的链轮，还包括插在内外链板中部的销轴，在销轴与内链板连接处具有弧形板。通过对本专利和在先设计9进行比对，可以发现本专利与在先设计9的区别在于：本专利连接两个链条的横杆在链轮处与链板进行连接，而在先设计9的销轴在链轮中部与链板进行连接，并且在先设计9的销轴与链板的连接处还设置了一个弧形板，此外本专利在内链板上设置有垂直于链板的方形板，在外链板外侧设有凸出的圆弧形板，这些特征都未在在先设计9中公开，这些区别对于链条的整体视觉效果具有显著的影响，因此本专利与在先设计9不相同也不相近似（详见在先设计1~9附图）。

(3) 关于国内使用公开。

①关于附件1、附件2和附件13。

附件1是河南省新密市公证处于2006年11月27日出具的（2006）新密证民字第197号公证书，其中包括一份《现场工作记录》、一份《工矿产品购销合同》和三张增值税专用发票；附件2是河南省新密市公证处于2006年11月27日出具的（2006）新密证民字第198号公证书，其中包括一份《现场工作记录》、一份《产品使用证明》和12张照片；附件13是河南省新密市公证处于2006年12月31日出具的（2006）新密证民字第217号公证书，其中包括一份《现场工作记录》和32张现场拍摄的照片。这三份公证书的公证内容是证明《现场工作记录》上所载的内容与实际情况相符，复印件和原件内容相符，原件上签名属实，照片内容和实际状况相符等。请求人认为上述三个附件能够组成证据链证明河南省运达造纸设备有限公司向新乡市鸿泰纸业有限公司销售链板输送机的销售事实，并且所销售链板输送机的链条与本专利相同。专利权人对这三份附件所示公证书中附件的真实性有异议，认为公证书中的"新乡市鸿泰实业有限公司"与合同、发票以及《产品使用证明》中的"新乡市鸿泰纸业有限公司"不一致，请求人认为"鸿泰实业"是公证人员的笔误，应该为合同和发票以及印章中的"鸿泰纸业"。对此合议组认为，这种名称的不一致为公证书的瑕疵，在没有合理证据足以推翻的情况下，对该公证书的真实性予以认可。此外，专利权人认为公证书仅对原件进行公证，并未对其真实性进行公证，同时对这三份公证书中合同和发票的关联性以及其与现场拍摄照片的关联性有异议。

对于上述三个附件，本案合议组认为，附件1中编号为000335的《工矿产品买卖合同》是新乡市鸿泰纸业有限公司与河南省运达造纸设备有限公司于2004年7月8日签订的，其中产品名称为链板输送机，规格型号为宽1800mm×38.5m，总金额为26万元，三张票号为00411368、00411369、00411370的增值税发票均为河南省运达造纸设备有限公司向新乡市鸿泰纸业有限公司于2005年1月15日开具的发票，其中产品名称为链板输送机头部装置、中部装置和尾部装置，其总金额为26万元。附件2中由新乡市鸿泰纸业有限公司出具并有王建义签字的产品使用证明指出：该公司于2004年7月8日购买了一台链板式输送机，并与河南省运达造纸设备有限公司签订一份合同，2004年11月供货，供货后随即安装并使用至今，其发票号为00411368、00411369和00411370。合议组经过比对发现《工矿产品买卖合同》与发票中的产品名称以及价格信息均一致，从而能够证明该销售事实成立。附件13的现场工作记录表明相关工作人员于2006年12月31日来到新乡市鸿泰纸业有限公司，并且对由该公司车间主任王灿指认的河南省运达造纸设备有限公司生产并于2004年11月交货的链板输送机的有关部位和备件进行了拍照，取得照片32张。对于附件13中王灿的证人证言，合议组认为，虽然该证人证言是经过公证的，但是公证书只能证明当时王灿对有关产品进行了指认，不能直接证明证人证言内容的真实性，并且出具这些证言的证人未出席口头审理参加质证；另外附件13和附件2中所附的照片也没有任何有关产品型号的信息，且没有其他相关的证据对证人证言进行佐证，故合议组对该证言内容的真实性无法核对，同时不能认定新乡市鸿泰纸业有限公司所使用的输送机的来源唯一性和产品唯一性，从而无法与附件1中的合同和发票组成完整的证据链证明所销售的产品的外观，因此上述证据不能构成一个完整的使用公开的证据链来支持请求人的主张。

②关于附件3、附件4和附件11。

附件3是河南省新密市公证处于2006年11月27日出具的（2006）新密证民字第193号公证书，其中包括一份《现场工作记录》，两份《产品使用证明》以及现场拍摄的照片20张；附件4是河南省新密市公证处于2006年11月27日出具的（2006）新密证民字第194号公证书，其中包括一份

《现场工作记录》、一份《工矿产品买卖合同》和一份增值税专用发票、一份《工矿产品购销合同》和两份增值税专用发票；附件11是河南省新密市公证处于2006年12月31日出具的（2006）新密证民字第215号公证书，其中包括一份现场工作记录和10张现场拍摄的照片。这三份公证书的公证内容是证明《现场工作记录》上所载的内容与实际情况相符，复印件和原件内容相符，原件上签名属实，照片内容和实际状况相符等。请求人认为上述三个附件能够组成证据链证明平湖市建材机械厂向许昌市魏都宏发造纸厂销售链板式输送机的销售事实，并且所销售链板输送机的链条与本专利相同。专利权人对这三份附件的真实性没有异议，但是认为公证书仅对原件进行公证，并未对其真实性进行公证，同时对这三份公证书中合同和发票的关联性以及其与现场拍摄照片的关联性有异议。

对于上述三个附件，本案合议组认为，附件3中由许昌市魏都宏发造纸厂出具并有郑秋芳签字的《产品使用证明》表明，许昌市魏都宏发造纸厂于2002年11月19日购买了两台链板式输送机，并与平湖市建材机械厂签订购销合同，2003年1月交货，购货发票票号为：00568080；附件4中的《工矿产品买卖合同》是2002年11月19日由平湖市建材机械厂与魏都宏发造纸厂签订的，其中产品名称型号为：链板输送机BFW1400×21000，两台机器共计264600元，票号为00568080的浙江省增值税专用发票是2003年1月2日由供货单位平湖市建材机械厂向购货单位许昌市魏都宏发造纸厂开具的发票，其中货物名称为链板输送机，规格型号为BFW1400×21000，总价格为264600元。合议组经过比对发现《工矿产品买卖合同》与增值税发票中的产品名称、型号以及价格等信息都是一致的，从而能够证明平湖市建材机械厂向许昌市魏都宏发造纸厂销售链板输送机的销售事实成立。对于所销售产品中链条的外观，附件11中许昌市魏都宏发造纸厂厂长常青军对由平湖市建材机械厂生产并于2003年1月交货的链板输送机进行了指认，并对有关部位和备件进行了拍照取得照片10张。对于附件11中的常青军的证人证言，合议组认为，虽然该证人证言是经过公证的，但是公证书只能证明当时常青军对有关产品进行了指认，不能直接证明该证人证言内容的真实性，并且出具这些证言的证人未出席口头审理参加质证；另外附件11和附件3中所附的照片中也没有任何有关产品型号的信息，且没有其他相关的证据对证人证言进行佐证，所以合议组对其真实性无法核对，同时不能认定许昌市魏都宏发造纸厂所使用的输送机的来源唯一性和产品唯一性，从而无法与附件4中的合同和发票组成完整的证据链证明所销售的产品的外观，因此上述证据不能构成一个完整的使用公开证据链来支持请求人的主张。

③关于附件3、附件4和附件12。

附件3是河南省新密市公证处于2006年11月27日出具的（2006）新密证民字第193号公证书，其中包括一份《现场工作记录》，两份《产品使用证明》以及现场拍摄的照片20张；附件4是河南省新密市公证处于2006年11月27日出具的（2006）新密证民字第194号公证书，其中包括一份《现场工作记录》、一份《工矿产品买卖合同》和一份增值税专用发票、一份《工矿产品购销合同》和两份增值税专用发票；附件12是河南省新密市公证处于2006年12月31日出具的（2006）新密证民字第216号公证书，其中包括一份《现场工作记录》和8张现场拍摄的照片。这三份公证书的公证内容是证明《现场工作记录》上所载的内容与实际情况相符，复印件和原件内容相符，原件上签名属实，照片内容和实际状况相符等。请求人认为上述三个附件能够组成证据链证明河南省运达造纸设备有限公司向许昌宏伟实业（集团）有限公司（宏伟四分厂）销售链板式输送机的销售事实，并且所销售链板输送机的链条与本专利相同。专利权人对这三份附件的真实性没有异议，但是认为公证书仅对原件进行公证，并未对其真实性进行公证，同时对这三份公证书中合同和发票的关联性以及其与现场拍摄照片的关联性有异议。

对于上述三个附件，本案合议组认为，附件3中由许昌宏伟实业（集团）有限公司出具并有郑秋芳签字的产品使用证明表明，许昌宏伟实业（集团）有限公司于2004年7月8日购买了三台链板式输送机，并与河南省运达造纸设备有限公司签订购销合同，2005年1月交货，购货发票票号为：00192867和00192868。附件4中的编号为000372的《工矿产品购销合同》是河南省运达造纸设备有限公司与河南省许昌宏伟实业（集团）有限公司于2004年7月8日签订的，其中的产品名称型号为：链板输送机BFW1400mm和BFW1800mm，总金额为568800元；票号为00192867和00192868的河南增值税专用发票是供货单位河南省运达造纸设备有限公司向购货单位许昌宏伟实业（集团）有限公司于2005年4月27日开具的发票，其中货物名称为输送机前半部和后半部，两张发票的总金额为231150元。合议组经过比对发现《工矿产品购销合同》与增值税发票中的产品名称和价格信息不一致，且合同本身，多处涂改，因此不足以认定销售事实的成立。附件12中许昌宏伟实业（集团）有限公司四分厂的厂长孙建军对由河南省运达造纸设备有限公司生产并于2005年1月交货的链板输送机进行了指认，并且对有关部位进行拍照取得照片8张。对于附件12中的孙建军的证人证言，合议组认为，虽然该证人证言是经过公证的，但是公证书只能证明当时孙建军对有关产品进行了指认，不能直接证明证人证言内容的真实性，并且出具这些证言的证人未出席口头审理参加质证；另外附件12和附件3中所附的照片也没有任何有关产品型号的信息，并且附件3和4中的发票与合同也不一致，且没有其他相关的证据对证人证言进行佐证，所以合议组对其真实性无法核对，同时不能认定许昌宏伟实业（集团）有限公司四分厂所使用的输送机的来源唯一性和产品唯一性，从而不能组成证据链证明附件3和12中所附照片的链板输送机已经在2005年通过销售而公开，因此上述证据不能构成一个完整的使用公开的证据链来支持请求人的主张。

④关于附件5和附件14。

附件5是河南省新密市公证处于2006年11月27日出具的（2006）新密证民字第199号公证书，其中包括一份《现场工作记录》、一份《供货合同》、一份《产品使用证明》和4张现场拍摄的照片；附件14是河南省新密市公证处于2006年12月31日出具的（2006）新密证民字第218号公证书，其中包括一份现场工作记录和10张现场拍摄的照片。这两份公证书的公证内容是证明《现场工作记录》上所载的内容与实际情况相符，复印件和原件内容相符，原件上签名属实，照片内容和实际状况相符等。请求人认为上述两个附件能够组成证据链证明平湖市建材机械厂向新乡市新星纸业有限公司销售链板输送机的销售事实，并且所销售链板输送机的链条与本专利相同。专利权人对这两份附件所示公证书的真实性没有异议但是认为公证书仅对原件进行公证，并未对其真实性进行公证，此外专利权人对附件5中合同的真实性存在异议，同时还对这两份证据中合同与现场拍摄照片的关联性有异议。

对于上述两个附件，本案合议组认为，附件5中的《供货合同》是新乡县福利新星造纸厂二分厂与浙江省平湖市建材机械厂于2003年11月28日签订的，产品名称为BFW型链板输送机1600×19m，金额为133000元。专利权人对合同的真实性提出异议，认为公证书中的"新乡市新星纸业有限公司"与合同中的"新乡县福利新星造纸厂二分厂"不一致，并且没有发票来佐证合同的真实性。对于专利权人的异议，请求人说明这种厂名的不一致是因为企业的变更，未提供发票是由于企业处于停止运营状态，因此无法拿到发票。附件5中还包括一份由新乡市新星纸业有限公司一分厂（原单位名称：新乡县福利新星造纸厂二分厂）出具并有李国超签字的产品使用证明，其中记载了该公司于2003年11月28日购买了一台链板式输送机，并与平湖市建材机械厂签订一份合同，该设备于2004年4月开始使用。对于合同的真实性，本案合议组认为，专利权人作为合同签订一方的法定代表人，对合同的真实性的异议未提出其他合理的证据，因此合议组对合同的真实性予以采信，但仅凭证人证言尚不足以认定企业更名的事实，且附件14中新乡市新星纸业有限公司一纸厂职员朱安会对平湖市建材机械厂生产并由原新乡县福利新星造纸厂二分厂于2004年4月开始使用的链板输送机进行了指认，并且对有关部位和备件进行拍照，取得照片10张。对于附件14中朱安会的证人证言，合议组认为，虽然该证人证言经过公证，但是公证书只能证明当时证人对有关产品进行了指认，不能直接证明证人证言内容的真实性，并且出具这些证言的证人未出席口头审理参加质证；另外附件5和附件14中所附的照片中也没有任何有关产品型号的信息，且没有其他相关的证据对证人证言进行佐证，故合议组对该证言的真实性无法核对，同时不能认定新乡市新星纸业有限公司一纸厂所使用的输送机的来源唯一性和产品唯一性，从而无法与附件5中的合同组成完整的证据链证明所销售的产品的外观，因此上述证据不能构成一个完整的使用公开的证据链来支持请求人的主张。

⑤关于附件15。

附件15是河南省新密市公证处于2006年12月22日出具的（2006）新密证民字第208号公证书，其中包括一份《现场工作记录》、一份《供货合同》、一份《产品使用证明》和现场拍摄的33张照片。该公证书的公证内容是证明《现场工作记录》上所载的内容与实际情况相符，复印件和原件内容相符，原件上签名属实，照片内容与实际状况相符等。请求人认为附件15能够证明平湖市建材机械厂向河南省新乡市新亚纸业集团销售链板输送机的销售事实，并且所销售链板输送机的链条与本专利相同。专利权人对附件15所示公证书的真实性没有异议，但是认为公证书仅对原件进行公证，并未对其真实性进行公证，对附件15中供货合同的真实性有异议，同时对合同中产品与现场拍摄照片的关联性有异议。

对于附件15，本案合议组认为，其中的《供货合同》是河南省新乡市新亚纸业集团与平湖市建材机械厂于2002年12月18日签订，其中的产品名称为BFW型板链式输送机，型号为1.4m×18.25m，金额为109500元。专利权人对合同的真实性提出异议，认为合同中没有明确说明交货时间，并且没有发票来佐证合同的真实性。对于专利权人的异议，请求人指出合同中指出了交货日期为2003年2月底。由于专利权人作为合同签订一方的法定代表人，对合同的真实性异议未提出合理的证据，因此合议组对合同的真实性予以采信。附件15中由新乡市新亚纸业集团股份有限公司出具并有李如全签字的《产品使用证明》表明，该单位于2002年12月18日购买了一台链板式输送机，同平湖市建材机械厂签订购销合同，2003年2月底交货并随即组织安装试车，并使用至今。《现场工作记录》表明所拍摄的照片经过该公司副总经理李如全指认的由平湖市建材机械厂生产并按上述合同交付的链板输送机，对于李如全所提供的证人证言，合议组认为，虽然该证人证言是经过公证的，但是公证书只能证明当时李如全对有关产品进行了指认，不能直接证明证人证言的真实性，并且出具这些证言的证人未出席口头审理参加质证；另外所附的照片中也没有任何有关产品型号的信息，且没有其他相关的证据对证人证言进行佐证，故合议组对该证言的真实性无法核对，同时不能认定新乡市新亚纸业集团所使用的输送机的来源唯一性和产品唯一性，从而无法与其中的合同和产品使用证明组成完整的证据链证明所销售的产品的外观，因此上述证据不能构成一个完整的使用公开售的证据链来支持请求人的主张。

⑥关于附件6~8。

附件6是河南省运达造纸设备有限公司与东莞海龙纸业有限公司签订的购销合同复印件，附件7是东莞海龙纸业有限公司出具的《产品使用证明》及增值税发票复印件，附件8是东莞海龙纸业有限公司出具的产品外观图片复印件。请求人补充提交的附件18包括附件6的复印件和附件8的部分原件，并在口头审理时当庭提交了附件6的原件。请求人认为附件6~8能够组成证据链证明在本专利申请日之前河南省运达造纸设备有限公司向东莞海龙纸业有限公司销售链板输送机的销售事实，并且所销售链板输送机的链条与本专利相同。对于附件6~8，首先，专利权人对附件6中合同的真实性有异议，认为合同最后部分图纸和合同没有关联性，看不出产品的形状和构造；其次，专利权人还认为附件7仅仅是法人出具的证明，对其内容的真实性有异议；最后，专利权人认为附件8是单独的图片，看不到和本案有关的信息。

对于上述三个附件，本案合议组认为，附件6是河南省运达造纸设备有限公司与东莞海龙纸业有限公司签订的编号为GYB0312712的合同，产品名称为链板机，规格型号为：1400×15373.3，金额为14万元。附件7中的两张发票是河南省运达造纸设备有限公司向东莞海龙纸业有限公司开具的，其中发票号分别为：00205381和00205382，产品名称为链板输送机前半部和后半部，其总金额为14万元。合议组经过比对发现，合同与发票中的产品名称和价格等信息均一致，从而能够证明该销售事实成立。关于附件7中由东莞海龙纸业有限公司开具的使用证明书，参照《民事诉讼法》第65条的规定，由单位出具的证明文书，应当由单位负责人签名或者盖章，并加盖单位印章，才能满足其形式要件。专利权人在口头审理中也强调，该证明没有相关负责人的签名，因此附件7中的使用证明书不能作为有效的证据采信。另外附件8中的图片仅加盖了东莞海龙纸业有限公司的印章，该图片中没有任何有关产品型号的信息，从而无法与附件6和7组成完整的证据链证明所销售的产品的外观，因此上述证据不能构成一个完整的使用公开的证据链来支持请求人的主张。

⑦关于附件17。

附件17包括一份个人独资企业营业执照，一份企业法人营业执照副本，一份无锡市创新轻工设备有限公司出具的公函和证明书，三张盖有苏州市瑞华悬挂输送机厂合同专用章的图片。请求人认为通过这些文件能够证明无锡创新轻工设备有限公司销售给苏州瑞华悬挂输送机厂的链条的外观与本专利相同，并且该产品的生产日期为2001年1月。专利权人对营业执照、营业执照副本、公函和证明书的真实性均没有异议，对照片的说明有异议，对营业执照和公函之间、照片和说明书之间的关联性有异议。

关于附件17，合议组认为，对于盖有苏州市瑞华悬挂输送机厂公章并有自然人签字的照片，其中图片上的文字指出此种链条为无锡创新轻工设备有限公司生产的造纸机械平板输送机用的输送链条，由于出具这些证言的证人未出席口头审理参加质证，因此合议组对该证言内容的真实性无法核对，另外所附的照片中也没有任何有关产品型号的信息，并且无锡创新轻工设备有限公司和苏州瑞华悬挂输送机厂之间也没有合同和发票来证明该销售事实，且没有其他相关的证据对证人证言进行佐证，因此上述证据不能构成一个完整的使用公开的证据链来支持请求人的主张。

综上所述，请求人提交的证据均不足以支持其提出的本专利不符合专利法第23条规定的无效理由。

### 三、决定

维持第200530105436.9号外观设计专利权有效。

当事人对本决定不服的，可以根据专利法第46条第2款的规定，自收到本决定之日起三个月内向北京市第一中级人民法院起诉。根据该款的规定，一方当事人起诉后，另一方当事人应当作为第三人参加诉讼。

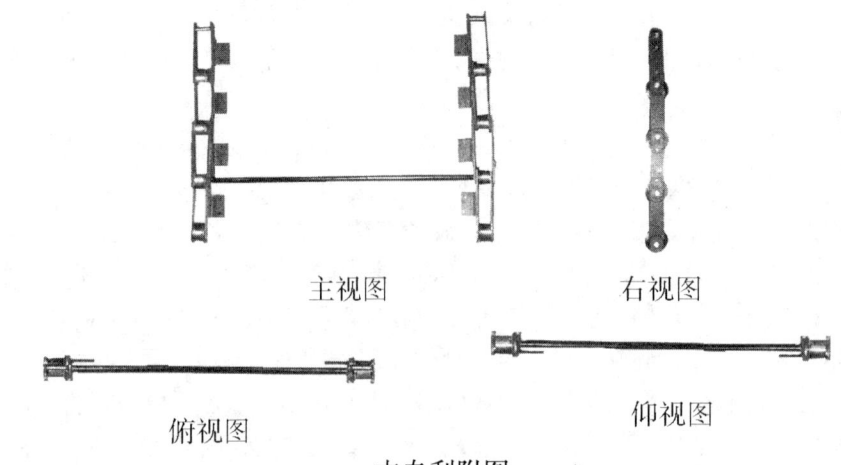

主视图　　　　　　　右视图

俯视图　　　　　　　仰视图

本专利附图

在先设计1

在先设计2

在先设计3

在先设计4

在先设计5

结构简图

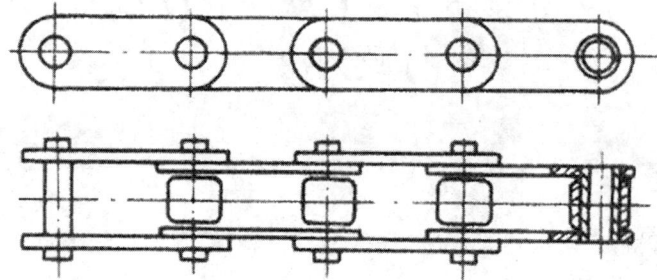

在先设计 6

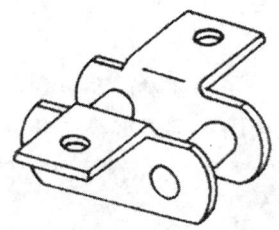

b）链板双侧水平折弯

在先设计 7

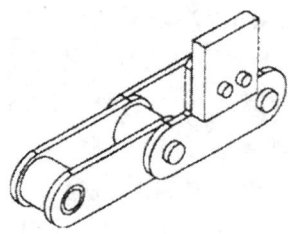 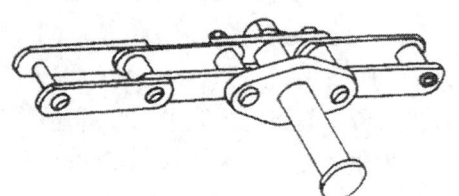

i）立板置于链板外侧　　　q）链板中部插入销轴
　　在先设计 8　　　　　　　　在先设计 9

# 北京市第一中级人民法院
# 行政判决书

(2008) 一中行初字第 472 号

原告郑州运达造纸设备有限公司，住所地河南省新郑市薛店镇世纪大道东侧。

法定代表人许超峰，董事长。

委托代理人徐关寿，男，浙江杭州金通专利事务所有限公司专利代理人。

委托代理人虎文珍，男，郑州运达造纸设备有限公司法制办公室主任。

被告国家知识产权局专利复审委员会，住所地北京市海淀区北四环西路9号银谷大厦10~12层。

法定代表人廖涛，副主任。

委托代理人高颖，女，国家知识产权局专利复审委员会审查员。

委托代理人张华，男，国家知识产权局专利复审委员会审查员。

第三人周龙飞，男，1964年4月12日出生，汉族，平湖市青云建材机械厂董事长，住浙江省平湖县前进乡建材机械厂。

委托代理人韩洪，男，杭州华鼎专利事务所专利代理人。

委托代理人潘慧，女，平湖市青云建材机械厂法务部主任。

原告郑州运达造纸设备有限公司不服被告国家知识产权局专利复审委员会作出的第10714号无效宣告请求审查决定（以下简称第10714号决定），向本院提起行政诉讼。本院受理后，依法组成合议庭，依照《中华人民共和国专利法》（以下简称《专利法》）第四十六条第二款、《中华人民共和国行政诉讼法》第二十七条的规定，通知利害关系人周龙飞作为本案第三人参加诉讼，并于2008年5月20日公开开庭审理了本案。原告的委托代理人徐关寿、虎文珍，被告的委托代理人高颖、张华，第三人的委托代理人韩洪、潘慧到庭参加了诉讼。本案现已审理终结。

被告针对原告提出的无效宣告请求，于2007年9月25日作出第10714号决定：

本无效宣告请求涉及国家知识产权局于2006年4月26日授权公告的200530105436.9号外观设计专利（以下简称本专利），使用该外观设计的产品名称为"链条（2）"，申请日为2005年4月2日，专利权人为第三人。

针对本专利，原告于2006年12月4日向被告提出无效宣告请求，其无效宣告理由为：本专利相对于附件1~10不符合《专利法》第二十三条的规定，本专利不符合《中华人民共和国专利法实施细则》（以下简称《专利法实施细则》）第二条第三款的规定。同时提交了如下附件作为证据：

附件1：（2006）新密证民字第197号公证书复印件；

附件2：（2006）新密证民字第198号公证书复印件；

附件3：（2006）新密证民字第193号公证书复印件；

附件4：（2006）新密证民字第194号公证书复印件；

附件5：（2006）新密证民字第199号公证书复印件；

附件6：河南省运达造纸设备有限公司与东莞海龙纸业有限公司签订的购销合同复印件；

附件7：东莞海龙纸业有限公司出具的产品使用证明书及河南省运达造纸设备有限公司出具的两张增值税发票复印件；

附件8：东莞海龙纸业有限公司出具的产品外观图片复印件；

附件9：2002年《造纸信息》杂志第6期、第10期封面及广告页复印件；

附件10：2002年《造纸科学与技术》第6期封面及广告页复印件、2002年《纸业资讯》第11期封面及广告页复印件。

原告提出：附件9、10可以证明本专利同申请日以前国内外出版物上公开发表过的外观设计相同或相近似；附件1-8可以证明本专利同申请日以前国内公开使用过的外观设计相同或相近似。

被告于2006年12月5日向双方当事人发出无效宣告请求受理通知书并转送相关材料。

原告于2007年1月4日补充了以下证据（编号续前）：

附件11：（2006）新密证民字第215号公证书；

附件12：（2006）新密证民字第216号公证书；

附件13：（2006）新密证民字第217号公证书；

附件14：（2006）新密证民字第218号公证书；

附件15：（2006）新密证民字第208号公证书；

附件16：2000年9月机械工业出版社出版的《输送链与特种链工程应用手册》相关页复印件；

附件17：无锡市创新轻工设备有限公司的个人独资企业营业执照复印件、企业法人营业执照副本复印件、该公司出具的公函和证明书以及该公司销往苏州市瑞华悬挂输送机厂的输送机链条图片；

附件18：附件6的复印件，附件8部分原件；

附件19：河南省运达造纸设备有限公司与玖龙纸业（太仓）有限公司签订的采购合同书复印件、加工技术要求复印件、图纸复印件以及禁止不正当商业行为协议复印件；

附件20：输送机图纸复印件。

原告对附件11~20进行了具体说明，其中指出：附件11结合3、4；附件12结合4、3；附件13结合1、2；附件14结合5能够证明本专利同申请日以前在国内公开使用过的外观设计相同；附件16是在本专利申请日前的公开出版物，其公开了与本专利相同或相近似的外观设计；附件15、17、18、19、20分别能够证明本专利同申请日以前在国内公开使用过的外观设计相同或相近似。

原告于2007年1月5日再次补充了如下证据（编号续前）：

附件21：（2007）新密证民字第001号公证书。

被告于2007年1月24日收到第三人提交的意见陈述书。其认为原告提供的证据不能证明本专利同申请日以前国内公开使用过的外观设计相同或相近似，也不能证明本专利同申请日以前国内外出版物上公开发表过的外观设计相同或相近似。

2007年5月15日，被告举行了口头审理，双方均对对方出庭人员的身份和资格无异议。在口头审理中，原告当庭提交了附件1~5、9~10、16的原件，并当庭提交了附件6的原件。被告当庭告知原告其于2007年1月5日提交的附件21由于超出了自提出无效宣告请求之日起一个月的举证期限，因此被告对于附件21不予考虑。原告明确其无效理由为：本专利相对于附件9~10、16的公开出版物，相对于附件1、2和13组成的证据链，相对于附件3、4和11组成的证据链，相对于附件3、4和12组成的证据链，相对于附件5和14组成的证据链，相对于附件15，相对于附件6~8组成的证据链，相对于附件17不符合《专利法》第二十三条的规定。原告当庭声明放弃了附件19、20作为本案的证据；当庭声明放弃本专利不符合《专利法实施细则》第二条第三款的规定的无效理由。第三人核实相关证据原件后，对附件1~5、11~15所示公证书的真实性没有异议，但是认为公证书仅对原件进行公证，并未对其内容真实性进行公证，由于附件1、2和13中公证书中的企业名称"新乡市鸿泰实业有限公司"与合同、发票以及（产品使用证明》中的"新乡市鸿泰纸业有限公司"的名称不一致，第三人对这三份附件的公证书中附件的真实性有异议；第三人对附件5、15中合同的真实性有异议；对附件1、2和13，附件3、4和11，附件3、4和12，附件5和14以及附件15中合同和发票涉及的产品与现场拍摄照片之间的关联性有异议；对附件6中合同、附件7证明书的真实性有异议，对附件8与6、7的关联性有异议；第三人对附件9、10中期刊的真实性没有异议，但是对期刊的公开日有异议；第三人对附件16的真实性和公开出版物均没有异议。第三人对附件17中的营业执照和公函没有异议，对照片说明书有异议，对营业执照和公函之间、照片和说明书之间的关联性有异议。被告决定理由如下：

1. 法律依据

基于原告提出无效宣告请求所依据的事实和理由，被告对本专利是否符合《专利法》第二十三条进行审查。

2. 关于附件21

原告提交附件21的日期超过了自提出无效宣告请求一个月的举证期限，因此不满足《专利法实施细则》第六十六条规定的举证期限，被告对于附件21不予考虑。

3. 关于出版物公开

原告提交的附件9是2002年《造纸信息》杂志第6期、第10期封面及广告页复印件，附件10是2002年《造纸科学与技术》第6期封面及广告页复印件、2002年《纸业资讯》第11期封面及广告页复印件，附件16是2000年9月由机械工业出版社出版的《输送链与特种链工程应用手册》相关页复印件。其在口审时提交了附件9、10中各期刊及附件16的原件。附件10中的《纸业资讯》2002年11月刊中的第2页中明确记载了该期刊为内部资料，不属于专利法意义上的公开出版物，不能作为本案的证据。附件9、10中其余三本期刊，属于《专利法》第二十三条所规定的公开出版物，适用于本案，其中在《造纸信息》2002年第6期上公开了一款BFW板链式输送机的链条的外观设计（以下简称在先设计1），在《造纸信息》2002年第6期上公开了一款链板输送机的链条的外观设计（以下简称在先设计2），在《造纸信息》2002年第10期上公开了一款链板输送机的链条的外观设计（以下简称在先设计3），在《造纸信息》2002年第10期上公开了一款BFW板链式输送机的链条的外观设计（以下简称在先设计4），在《造纸科学与技术》2002年第6期上公开了一款BFW板链式输送机的链条的外观设计（以下简称在先设计5）。附件16第13页左上角公开了一款双节距精密滚子链的结构（以下简称在先设计6），附件16第14页图b公开了一款链板双测水平折弯的结构（以下简称在先设计7），附件16第15页图i公开了一款立板置于链板外侧的结构（以下简称在先设计8），附件16第15页图q）公开了一款链板中部插入销轴的结构（以下简称在先设计9）。在先设计1~9与本专利均为输送机链条的外观设计，用途相同，属于相同种类的产品，具有可比性。

本专利所要求保护的为输送机链条，包括主视图、右视图、俯视图、仰视图，其中后视图和主视图对称，左视图和右视图对称，在此省略了后视图和左视图。从主视图来看，本专利产品包括两根链条以及连接在两根链条之间的横杆，其中每根链条包括内外链板和连接在内外链板之间的链轮，链轮为圆柱形，在每个内链板上垂直设置带有两个孔的方形板，从右视图可以看出链条由多个链轮和链板单元组成，并且在链条单元的连接处、外链板的外侧还具有凸出的圆弧形板（详见本专利附图）。

在先设计1~5中没有显示出链条，上述图片中不能清楚、完整地反映所示产品的链条的外观设计，因此在先设计1~5均无法与本专利外观设计进行有效的对比判断，从而根据附件9、10中的图片不能证明本专利不符合《专利法》第二十三条的规定。

在先设计6为一链条，其包括内外链板和连接内外链板的链轮。本专利与在先设计6的区别在于：本专利具有横杆和方形板，并且本专利的链轮形状与在先设计6的链轮形状也不相同，而且在先设计6的外链板外侧没有凸出的圆弧形板，这些区别对于链条的整体视觉效果具有显著的影响，因此本专利与在先设计 6 不相同也不相近似。

在先设计 7 为一链板双侧水平折弯的链条单元，其包括内外链板和连接内外链板的链轮，还包括两个分别垂直于内外链板的方形板，该方形板上设置有一个孔。本专利与在先设计 7 的区别在于：本专利具有连接两个链条的横杆，并且本专利仅在内链板上设置有垂直于链板的方形板，并且该方形板上具有两个孔，在先设计 7 的外链板外侧也没有凸出的圆弧形板，这些区别对于链条的整体视觉效果具有显著的影响，因此本专利与在先设计 7 不相同也不相近似。

在先设计 8 为一链板外侧设置立板的链条，其包括内外链板和连接内外链板的链轮，还包括设置在外链板上并与其平行的方形板，该方形板上设置有两个孔。本专利与在先设计 8 的区别在于：本专利具有连接两个链条的横杆，并且在内链板上设置有垂直于内链板的方形板，而在先设计 8 的方形板设置在链板外侧并平行于链板设置，并且在先设计 8 的外链板外侧没有凸出的圆弧形板，这些区别对于链条的整体视觉效果具有显著的影响，因此本专利与在先设计 8 不相同也不相近似。

在先设计 9 为一链板中部插入销轴的链条，其包括内外链板和连接内外链板的链轮，还包括插在内外链板中部的销轴，在销轴与内链板连接处具有弧形板。本专利与在先设计 9 的区别在于：本专利连接两个链条的横杆在链轮处与链板进行连接，而在先设计 9 的销轴在链轮中部与链板进行连接，并且在先设计 9 的销轴与链板的连接处还设置了一个弧形板，此外本专利在内链板上设置有垂直于链板的方形板，在外链板外侧设有凸出的圆弧形板，这些特征都未在在先设计 9 中公开，这些区别对于链条的整体视觉效果具有显著的影响，因此本专利与在先设计 9 不相同也不相近似（详见在先设计 1 至在先设计 9 附图）。

4. 关于国内使用公开

（1）关于附件 1、2 和 13。

附件 1 是河南省新密市公证处于 2006 年 11 月 27 日出具的（2006）新密证民字第 197 号公证书，其中包括一份《现场工作记录》、一份《工矿产品购销合同》和三张增值税专用发票；附件 2 是河南省新密市公证处于 2006 年 11 月 27 日出具的（2006）新密证民字第 198 号公证书，其中包括一份《现场工作记录》、一份《产品使用证明》和 12 张照片；附件 13 是河南省新密市公证处于 2006 年 12 月 31 日出具的（2006）新密证民字第 217 号公证书，其中包括一份《现场工作记录》和 32 张现场拍摄的照片。这三份公证书的公证内容是证明《现场工作记录》上所载的内容与实际情况相符，复印件和原件内容相符，原件上签名属实，照片内容和实际状况相符等。

附件 1 中编号为 000335 的《工矿产品买卖合同》，经过比对发现与发票中的产品名称以及价格信息均一致，从而能够证明该销售事实成立。附件 13 中王灿的证人证言，是经过公证的，但是公证书只能证明当时王灿对有关产品进行了指认，不能直接证明证人证言内容的真实性，并且出具这些证言的证人未出席口头审理参加质证；另外附件 13、2 中所附的照片也没有任何有关产品型号的信息，且没有其他相关的证据对证人证言进行佐证，故被告对该证言内容的真实性无法核对，同时不能认定新乡市鸿泰纸业有限公司所使用的输送机的来源唯一性和产品唯一性，从而无法与附件 1 中的合同和发票组成完整的证据链证明所销售的产品的外观，因此上述证据不能构成一个完整的使用公开的证据链来支持原告的主张。

（2）关于附件 3、4 和 11。

附件 3 是河南省新密市公证处于 2006 年 11 月 27 日出具的（2006）新密证民字第 193 号公证书，其中包括一份《现场工作记录》，两份《产品使用证明》以及现场拍摄的照片 20 张；附件 4 是河南省新密市公证处于 2006 年 11 月 27 日出具的（2006）新密证民字第 194 号公证书，其中包括一份《现场工作记录》、一份《工矿产品买卖合同》和一份增值税专用发票、一份《工矿产品购销合同》

和两份增值税专用发票；附件11是河南省新密市公证处于2006年12月31日出具的（2006）新密证民字第215号公证书，其中包括一份现场工作记录和10张现场拍摄的照片。这三份公证书的公证内容是证明《现场工作记录》上所载的内容与实际情况相符，复印件和原件内容相符，原件上签名属实，照片内容和实际状况相符等。原告认为上述三个附件能够组成证据链证明平湖市建材机械厂向许昌市魏都宏发造纸厂销售链板式输送机的销售事实，并且所销售链板输送机的链条与本专利相同。第三人对这三份附件的真实性没有异议，但是认为公证书仅对原件进行公证，并未对其真实性进行公证，同时对这三份公证书中合同和发票的关联性以及其与现场拍摄照片的关联性有异议。

对于上述三个附件，被告认为，附件4中的《工矿产品买卖合同》，经过比对与增值税发票中的产品名称、型号以及价格等信息都是一致的，从而能够证明平湖市建材机械厂向许昌市魏都宏发造纸厂销售链板输送机的销售事实成立。附件11中的常青军的证人证言是经过公证的，但是公证书只能证明当时常青军对有关产品进行了指认，不能直接证明该证人证言内容的真实性，并且出具这些证言的证人未出席口头审理参加质证；另外附件11、3中所附的照片中也没有任何有关产品型号的信息，且没有其他相关的证据对证人证言进行佐证，所以对其真实性无法核对，同时不能认定许昌市魏都宏发造纸厂所使用的输送机的来源唯一性和产品唯一性，从而无法与附件4中的合同和发票组成完整的证据链证明所销售的产品的外观，因此上述证据不能构成一个完整的使用公开证据链来支持原告的主张。

（3）关于附件3、4和12。

附件4中的《工矿产品购销合同》，经比对与增值税发票中的产品名称和价格信息不一致，且合同本身，多处涂改，因此不足以认定销售事实的成立。附件12中的孙建军的证人证言是经过公证的，但是公证书只能证明当时孙建军对有关产品进行了指认，不能直接证明证人证言内容的真实性，并且出具这些证言的证人未出席口头审理参加质证；另外附件12、3中所附的照片也没有任何有关产品型号的信息，并且附件3、4中的发票与合同也不一致，且没有其他相关的证据对证人证言进行佐证，对其真实性无法核对，同时不能认定许昌宏伟实业（集团）有限公司四分厂所使用的输送机的来源唯一性和产品唯一性，从而不能组成证据链证明附件3、12中所附照片的链板输送机已经在2005年通过销售而公开，因此上述证据不能构成一个完整的使用公开的证据链来支持原告的主张。

（4）关于附件5和14。

附件5中的《供货合同》，第三人作为合同签订一方的法定代表人，对合同的真实性的异议未提出其他合理的证据，因此被告对合同的真实性予以采信，但仅凭证人证言尚不足以认定企业更名的事实。附件14中朱安会的证人证言是公证书只能证明当时证人对有关产品进行了指认，不能直接证明证人证言内容的真实性，并且出具这些证言的证人未出席口头审理参加质证；另外附件5、14中所附的照片中也没有任何有关产品型号的信息，且没有其他相关的证据对证人证言进行佐证，故被告对该证言的真实性无法核对，同时不能认定新乡市新星纸业有限公司一纸厂所使用的输送机的来源唯一性和产品唯一性，从而无法与附件5中的合同组成完整的证据链证明所销售的产品的外观，因此上述证据不能构成一个完整的使用公开的证据链来支持原告的主张。

（5）关于附件15。

第三人作为其中的《供货合同》签订一方的法定代表人，对合同的真实性异议未提出合理的证据，因此被告对合同的真实性予以采信。附件15中李如全所提供的证人证言，虽然是经过公证的，但是公证书只能证明当时李如全对有关产品进行了指认，不能直接证明证人证言的真实性，并且出具这些证言的证人未出席口头审理参加质证；另外所附的照片中也没有任何有关产品型号的信息，且没有其他相关的证据对证人证言进行佐证，故被告对该证言的真实性无法核对，同时不能认定新乡市新亚纸业集团所使用的输送机的来源唯一性和产品唯一性,从而无法与其中的合同和产品使用证明组成完整的证据链证明所销售的产品的外观,因此上述证据不能构成一个完整的使用公开售的证据链来支持原告的主张。

(6) 关于附件6~8。

附件6是河南省运达造纸设备有限公司与东莞海龙纸业有限公司签订的编号为GYB0312712的合同,产品名称为链板机,规格型号为:1400×15373.3,金额为14万元。经比对附件7中的两张发票的产品名称和价格等信息均一致,从而能够证明该销售事实成立。附件7中由东莞海龙纸业有限公司开具的使用证明书,参照《中华人民共和国民事诉讼法》第六十五条的规定,由单位出具的证明文书,应当由单位负责人签名或者盖章,并加盖单位印章,才能满足其形式要件。因此附件7中的使用证明书不能作为有效的证据采信。另外附件8中的图片仅加盖了东莞海龙纸业有限公司的印章,该图片中没有任何有关产品型号的信息,从而无法与附件6、7组成完整的证据链证明所销售的产品的外观,因此上述证据不能构成一个完整的使用公开的证据链来支持原告的主张。

(7) 关于附件17。

附件17中盖有苏州市瑞华悬挂输送机厂公章并有自然人签字的照片,其中图片上的文字指出此种链条为无锡创新轻工设备有限公司生产的造纸机械平板输送机用的输送链条,由于出具这些证言的证人未出席口头审理参加质证,因此对该证言内容的真实性无法核对,另外所附的照片中也没有任何有关产品型号的信息,并且无锡创新轻工设备有限公司和苏州瑞华悬挂输送机厂之间也没有合同和发票来证明该销售事实,且没有其他相关的证据对证人证言进行佐证,因此上述证据不能构成一个完整的使用公开的证据链来支持原告的主张。

综上所述,被告认为原告提交的证据均不足以支持其提出的本专利不符合《专利法》第二十三条规定的无效理由。据此,被告作出决定宣告维持本专利有效。

被告向本院提交了无效决定及以下证据:第10714号决定附件1~21;22. 口头审理记录表;23. 本专利说明书。上述证据用以证明第10714号决定认定事实清楚,适用法律正确。

原告诉称,(1) 本专利已被出版物公开,被告不能有效地对比判断属于认定错误。本专利产品为输送机链条,从其产品使用状态看,链条间的撑杆是不可见的,视觉的传动件仅为一节链条,链条中的链板是与槽板的连接件,无法看见,而且是一功能件;因此,就本专利产品而言,仅一节链条便可以反映出该链条的外观设计的整体效果。而原告提交的在先设计6-9均能完整地表示了一节以上链条的外观设计,尤其是在先设计9,完全具有与本专利产品相同的视觉效果,符合《审查指南》关于外观设计相近似的判断规定。同时,被告对附件10中的2002年《纸业资讯》出版物的性质认定有误。《纸业资讯》作为造纸业行业内的交流刊物,虽然记载着内部资料,但它不是保密资料。从《纸业资讯》可刊登的产品广告的情况表明,该《纸业资讯》应为业内的公开刊物。《审查指南》规定的是指:确系保密的内部资料。根据国家新闻出版总署的有关规定,内部与公开刊物都是经出版管理部门批准的刊物,分类为内部资料的只能是不能以出售方式发行。被告仅以记载内部资料而对该资料的公开性不予认定是错误的。原告认为本专利授权不符合《专利法》第二十三条的规定,应当宣告无效。(2) 本专利在专利申请日前已有相同产品在国内公开使用,被告对公开使用证据的认定有误。原告提交的关于公开使用的证据有七组,其中三组的证据的销售事实为第三人企业的公开销售行为,这些销售证据与公开出版物中的产品广告可以相互印证。但是,被告认定其中五组证据存在销售事实的同时,又以证人未能出席口头审理、不能被其他证据相佐证为由,而认定没有形成完整销售的证据链,从而未支持原告的主张,显得草率;另外,被告对附件3、4的证据在与附件11、12结合时,作出结论相反的认定。综上,原告请求法院判决撤销被告作出的第10714号决定。其未向本院提交证据。

被告辩称：坚持第10714号决定认定的事实及理由，原告的诉讼理由不能成立，被告请求法院驳回原告的诉讼请求，维持第10714号决定。

第三人认为第10714号决定认定事实清楚，适用法律正确，请求法院驳回原告的诉讼请求，维持第10714号决定。其未向本院提交证据。

经庭审质证，原告对被告提交的证据的关联性、合法性、真实性无异议，但不同意被告的证明作用。第三人同意被告的举证。

经庭审质证及合议庭评议，本院认为：被告提交的证据真实、合法，能够证明被告作出第10714号决定的基本过程以及针对原告提出的无效宣告请求、理由以及第三人陈述意见进行审理的，本院对上述证据予以采纳。

根据上述有效证据，本院认定如下事实：第三人于2005年4月2日向国家知识产权局提出本专利申请，2006年4月26日授权公告。2006年12月4日，原告向被告提出无效宣告请求并提交了相关证据。被告受理后，依照法定程序进行转文，并于2007年5月15日进行了口头审理，在口头审理中，原告明确其无效理由：本专利相对于附件9-10、附件16的公开出版物，附件1、2和13，附件3、4和11，附件3、4和12，附件5和14，附件15，附件6-8，附件17组成的证据链不符合《专利法》第二十三条的规定；原告当庭声明放弃了附件19、20作为本案的证据；当庭声明放弃本专利不符合《专利法实施细则》第二条第三款的规定的无效理由。被告在充分听取双方当事人的陈述意见后，经审查于同年9月25日作出第10714号决定。

在本院庭审中，原告、第三人对被告作出第10714号决定的审查程序均无异议。

本院认为，对于原告、第三人庭审中不持异议的内容，本院经审查，对第10714号决定的审查程序的合法性予以确认。《专利法》第二十三条规定：授予专利权的外观设计，应当同申请日以前在国内外出版物上公开发表过或者国内公开使用过的外观设计不相同和不相近似，并不得与他人在先取得的合法权利相冲突。本案的争议焦点是：（1）本专利在申请日前是否被出版物公开；（2）本专利在申请日前是否已经由相同产品在国内公开使用。

1. 关于本专利在申请日前是否被出版物公开

附件10中的《纸业资讯》。参照《审查指南》第二部分第三章第2.1.3.1节关于出版物公开部分的规定：对于印有"内部资料"、"内部发行"等字样的出版物，确系在特定范围内发行并要求保密的，不属于公开出版物。附件10中的《纸业资讯》2002年11月刊中的第2页左上角写有：内部资料注意保存。可以确认该出版物属于在特定范围内发行的，并且该出版物的发行属于社会观念或者商业习惯上被认为应当承担保密义务的情形；被告据此认定该出版物不属于《专利法》意义上的公开出版物，不能作为证据使用正确。原告关于被告对上述证据不予认定错误的理由不能成立。

本专利与在先设计的对比应当以整体观察为判断原则，以本专利的全部图片或照片为判断依据。本专利所要求保护的为输送机链条，从主视图来看，本专利产品包括两根链条以及连接在两根链条之间的横杆，其中每根链条包括内外链板和连接在内外链板之间的链轮，链轮为圆柱形，在每个内链板上垂直设置带有两个孔的方形板，从右视图可以看出链条由多个链轮和链板单元组成，并且在链条单元的连接处、外链板的外侧还具有凸出的圆弧形板。

在先设计1~5中所示图片没有显示出链条，不能清楚、完整地反映所示产品的链条的外观设计，均无法与本专利进行有效的对比判断。

本专利与在先设计6的区别在于：本专利的链轮形状与在先设计6的链轮形状不相同，在先设计6的外链板外侧没有凸出的圆弧形板。上述区别对于链条的整体视觉效果具有显著的影响，因此本专利与在先设计6不相同亦不相近似。

本专利与在先设计7的区别在于：本专利具有连接两个链条的横杆，本专利在内链板上设置有垂直于链板的方形板，该方形板上具有两个孔，在先设计7的外链板外侧没有凸出的圆弧形板，上述区别对于链条的整体视觉效果具有显著的影响，因此本专利与在先设计7不相同亦不相近似。

本专利与在先设计8的区别在于：本专利具有连接两个链条的横杆，在内链板上设置有垂直于内链板的方形板，在先设计8的方形板设置在链板外侧并平行于链板设置，并且在先设计8的外链板外侧没有凸出的圆弧形板，上述区别对于链条的整体视觉效果具有显著的影响，因此本专利与在先设计8不相同亦不相近似。

本专利与在先设计9的区别在于：本专利连接两个链条的横杆在链轮处与链板进行连接，在先设计9的销轴在链轮中部与链板进行连接，在先设计9的销轴与链板的连接处还设置了一个弧形板，本专利在内链板上设置有垂直于链板的方形板，在外链板外侧设有凸出的圆弧形板。上述区别对于链条的整体视觉效果具有显著的影响，因此本专利与在先设计9不相同亦不相近似。

2. 关于本专利在申请日前是否已经由相同产品在国内公开使用

参照《审查指南》第四部分第八章第4.2节关于证人证言的规定：未能出席口头审理作证的证人出具的书面证言不能单独作为认定案件事实的依据，但证人确有困难不能出席口头审理作证的除外；证人确有困难不能出席口头审理作证的，专利复审委员会根据前款的规定对其书面证言进行认定。

（1）关于附件11~15中出具的证人证言，因证人未出席口头审理参加质证，被告认定上述证人证言虽然是经过公证的，但是公证书只能证明证人对当时有关产品进行了指认，在无其他相关证据佐证的情况下，不能直接证明证人证言内容的真实性正确，本院应予支持。

（2）关于附件1、2和13。

附件1中编号为000335的《工矿产品买卖合同》是新乡市鸿泰纸业有限公司与原告于2004年7月8日签订的；附件2中由新乡市鸿泰纸业有限公司出具并有王建义签字的产品使用证明；经比对，其增值税发票票号与附件1中的票号一致；附件13的现场工作记录为相关工作人员于2006年12月31日来到新乡市鸿泰纸业有限公司，并就该公司车间主任王灿指认的原告公司生产并于2004年11月交货的链板输送机的有关部位和备件进行了拍照。本院认为，附件13中王灿的证人证言只能证明其当时对有关产品进行了指认，附件13、2中所附的照片中均未有相关产品型号的信息，亦未有其他相关的证据对证人证言进行佐证，故上述证据不能认定新乡市鸿泰纸业有限公司所使用的输送机的来源唯一性和产品唯一性，亦无法与附件1中的合同和发票组成完整的证据链证明所销售产品的外观。因此，上述证据不能构成一个完整的使用公开的证据链来支持原告的主张成立。

（3）关于附件3、4和11。

附件3中由许昌市魏都宏发造纸厂出具并有郑秋芳签字的《产品使用证明》；附件4中的《工矿产品买卖合同》是2002年11月19日由平湖市建材机械厂与魏都宏发造纸厂签订的。经比对：《工矿产品买卖合同》与增值税发票中的产品名称、型号以及价格等信息一致。关于所销售产品中链条的外观，附件11中许昌市魏都宏发造纸厂厂长常青军对由平湖市建材机械厂生产并于2003年1月交货的链板输送机进行了指认，并对有关部位和备件进行了拍照。本院认为，附件11中的常青军的证人证言是其当时对有关产品进行了指认；附件11、3中所附的照片中均未有相关产品型号的信息，亦没有其他相关的证据对证人证言进行佐证；上述证据的结合，不能认定许昌市魏都宏发造纸厂所使用的输送机的来源唯一性和产品唯一性，亦无法与附件4中的合同和发票组成完整的证据链证明所销售产品的外观。因此，上述证据不能构成一个完整的使用公开证据链来支持原告的主张。

（4）关于附件3、4和12。

附件3中由许昌宏伟实业（集团）有限公司出具并有郑秋芳签字的产品使用证明；附件4中的编号为000372的《工矿产品购销合同》是原告与河南省许昌宏伟实业（集团）有限公司于2004年7月8日签订的。经比对：《工矿产品购销合同》与增值税发票中的产品名称和价格信息不一致，合同存在多处涂改。附件12中许昌宏伟实业（集团）有限公司四分厂的厂长孙建军对由原告生产并于2005年1月交货的链板输送机进行了指认，并且对有关部位进行拍照。本院认为，附件12中的孙建军的证人证言是其当时对有关产品进行了指认；附件12、3中所附的照片均未有相关产品型号的信息，附件3、4中的发票与合同不一致，亦未有其他相关的证据对证人证言进行佐证，因此，上述证据的结合，不能认定许昌宏伟实业（集团）有限公司四分厂所使用的输送机的来源唯一性和产品唯一性，故不能组成证据链证明附件3、12中所附照片的链板输送机已经在2005年通过销售而公开。因此，上述证据不能构成一个完整的使用公开的证据链来支持原告的主张。

（5）关于附件5和14。

附件5中的《供货合同》是新乡县福利新星造纸厂二分厂与浙江省平湖市建材机械厂于2003年11月28日签订的。其中还包括一份由新乡市新星纸业有限公司一分厂（原单位名称：新乡县福利新星造纸厂二分厂）出具并有李国超签字的产品使用证明，其中记载了该公司于2003年11月28日购买了一台链板式输送机，并与平湖市建材机械厂签订一份合同，该设备于2004年4月开始使用。附件14中新乡市新星纸业有限公司一纸厂职员朱安会对平湖市建材机械厂生产并由原新乡县福利新星造纸厂二分厂于2004年4月开始使用的链板输送机进行了指认，并且对有关部位和备件进行拍照。本院认为，附件14中朱安会的证人证言是其当时对有关产品进行了指认；附件5、14中所附的照片中均未有相关产品型号的信息，且无其他相关的证据对证人证言进行佐证，故不能认定新乡市新星纸业有限公司一纸厂所使用的输送机的来源唯一性和产品唯一性，从而无法与附件5中的合同组成完整的证据链证明所销售的产品的外观。因此，上述证据不能构成一个完整的使用公开的证据链来支持原告的主张。

（6）关于附件15。

附件15中的《供货合同》是河南省新乡市新亚纸业集团与平湖市建材机械厂于2002年12月18日签订；其中有李如全签字的《产品使用证明》以及《现场工作记录》，表明所拍摄的照片经过该公司副总经理李如全指认的由平湖市建材机械厂生产并按上述合同交付的链板输送机。本院认为，李如全的证人证言是其当时对有关产品进行了指认；所附的照片中未有相关产品型号的信息，且无其他相关的证据对证人证言进行佐证，故不能认定新乡市新亚纸业集团所使用的输送机的来源唯一性和产品唯一性，从而无法与其中的合同和产品使用证明组成完整的证据链证明所销售的产品的外观。因此，上述证据不能构成一个完整的使用公开的证据链来支持原告的主张。

（7）关于附件6~8。

附件6是原告与东莞海龙纸业有限公司签订的编号为GYB0312712的合同；附件7中的两张发票系原告向东莞海龙纸业有限公司开具的，有东莞海龙纸业有限公司开具的使用证明书；附件8中的图片仅加盖了东莞海龙纸业有限公司的印章，该图片中未有相关产品型号的信息。本院认为，附件6~8的结合不能组成完整的证据链证明所销售的产品的外观。因此，上述证据不能构成一个完整的使用公开的证据链来支持原告的主张。

（8）关于附件17。

附件17中盖有苏州市瑞华悬挂输送机厂公章并有自然人签字的照片，其中图片上文字记载此种链条为无锡创新轻工设备有限公司生产的造纸机械平板输送机用的输送链条，所附的照片中均未有相关产品型号的信息，亦无相关合同、发票证明无锡创新轻工设备有限公司与苏州瑞华悬挂输送机厂之间有上述销售事实。因此，上述证据不能构成一个完整的使用公开的证据链来支持原告的主张。

综上，被告作出的第10714号决定认定事实清楚，适用法律正确，本院应予维持。原告请求撤销第10714号决定的诉讼请求，因缺乏事实及法律依据，本院不予支持。据此，依照《中华人民共和国行政诉讼法》第五十四条第（一）项之规定，判决如下：

维持被告国家知识产权局专利复审委员会于二〇〇七年九月二十五日作出的第10714号无效宣告请求审查决定。

案件受理费100元，由原告郑州运达造纸设备有限公司负担（已交纳）。

如不服本判决，可在本判决书送达之日起15日内，向本院提交上诉状，并按对方当事人人数提出副本，上诉于北京市高级人民法院。上诉人在接到人民法院预交诉讼费用通知后7日内未预交又不提出缓交申请的，按自动撤回上诉处理。

审　判　长　张　杰<br>
代理审判员　何君慧<br>
人民陪审员　张燕宾<br>
二〇〇八年八月十五日<br>
书　记　员　张　涵

# 北京市高级人民法院
## 行政判决书

（2008）高行终字第693号

上诉人（一审原告）郑州运达造纸设备有限公司，住所地河南省新郑市薛店镇世纪大道东侧。

法定代表人许超峰，董事长。

委托代理人许要锋，男，郑州运达造纸设备有限公司员工。

被上诉人（一审被告）国家知识产权局专利复审委员会，住所地北京市海淀区北四环西路9号银谷大厦10~12层。

法定代表人廖涛，副主任。

委托代理人刘路尧，男，国家知识产权局专利复审委员会审查员。

委托代理人瞿晓峰，男，国家知识产权局专利复审委员会审查员。

被上诉人（一审第三人）周龙飞，男，1964年4月12日出生，汉族，平湖市青云建材机械厂董事长，住浙江省平湖县前进乡建材机械厂。

委托代理人魏亮，男，平湖市青云建材机械厂员工。

上诉人郑州运达造纸设备有限公司（以下简称运达公司）因专利无效宣告请求审查决定一案，不服北京市第一中级人民法院（2008）一中行初字第472号行政判决，向本院提起上诉，本院依法组成合议庭进行了公开开庭审理。上诉人运达公司的委托代理人许要锋，被上诉人国家知识产权局专利复审委员会（以下简称专利复审委）的委托代理人刘路尧、瞿晓峰，被上诉人周龙飞的委托代理人魏亮到庭参加了诉讼。本案现已审理终结。

2007年9月25日，专利复审委作出第10714号无效宣告请求审查决定（以下简称第10714号决定），宣告维持第200530105436.9号外观设计专利权（以下简称本专利）有效。运达公司不服上述决定，向北京市第一中级人民法院提起行政诉讼。

一审法院判决认定，本案附件10中的《纸业资讯》2002年11月刊中的第2页左上角写有：内部资料注意保存。专利复审委据此认定该出版物不属于《中华人民共和国专利法》（以下简称《专利法》）意义上的公开出版物，不能作为证据使用正确。

本案在先设计1~5中所示图片没有显示出链条，不能清楚、完整地反映所示产品的链条的外观设计，均无法与本专利进行有效的对比判断。

本专利与在先设计6、7、8、9均存在一定区别，因此，本专利与上述在先设计属于不相同亦不相近似的外观设计。

关于附件11~15中出具的证人证言，因证人未出席口头审理参加质证，专利复审委认定上述证人证言虽然是经过公证的，但是公证书只能证明证人对当时有关产品进行了指认，在无其他相关证据佐证的情况下，不能直接证明证人证言内容的真实性正确。

关于附件1~8、11~15及附件17，均不能构成一个相关完整的证据链，以支持运达公司关于本专利使用公开的诉讼主张。

综上，专利复审委作出的第10714号决定认定事实清楚，适用法律正确。依照《中华人民共和国行政诉讼法》第五十四条第（一）项的规定，判决予以维持。

运达公司不服一审判决，于2008年9月3日提出上诉。诉称，（1）本专利已被出版物公开，专利复审委不能有效地对比判断属于认定错误。本专利产品为输送机链条，从其产品使用状态看，链条间的撑杆是不可见的，视觉的传动件仅为一节链条，链条中的链板是与槽板的连接件，无法看见，而且是一功能件，因此，就本专利产品而言，仅一节链条便可以反映出该链条的外观设计的整体效果。而运达公司提交的在先设计6~9均能完整地表示了一节以上链条的外观设计，尤其是在先设计9，完全具有与本专利产品相同的视觉效果，符合《审查指南》关于外观设计相近似的判断规定。同时，专利复审委对附件10中的2002年《纸业资讯》出版物的性质认定有误。《纸业资讯》作为造纸业行业内的交流刊物，虽然记载着内部资料，但它不是保密资料。从《纸业资讯》可刊登的产品广告的情况表明，该《纸业资讯》应为业内的公开刊物。《审查指南》规定的是指：确系保密的内部资料。根据国家新闻出版总署的有关规定，内部与公开刊物都是经出版管理部门批准的刊物，分类为内部资料的只能是不能以出售方式发行。专利复审委仅以记载内部资料而对该资料的公开性不予认定是错误的。运达公司认为本专利授权不符合《专利法》第二十三条的规定，应当宣告无效。（2）本专利在专利申请日前已有相同产品在国内公开使用，专利复审委对公开使用证据的认定有误。运达公司提交的关于公开使用的证据有七组，其中三组的证据的销售事实为周龙飞企业的公开销售行为，这些销售证据与公开出版物中的产品广告可以相互印证。但是，专利复审委认定其中五组证据存在销售事实的同时，又以证人未能出席口头审理、不能被其他证据相佐证为由，而认定没有形成销售的完整证据链，从而未支持运达公司的主张，显得草率。另外，专利复审委对附件3、4的证据在与附件11、12结合时，作出结论相反的认定。综上，一审法院判决认定事实不清，请求二审法院撤销一审判决，同时撤销专利复审委作出的第10714号决定。

被上诉人专利复审委仍持第10714号决定意见，并认为一审法院判决认定事实清楚，适用法律正确，请求二审法院驳回上诉，维持一审判决。

被上诉人周龙飞同意专利复审委的意见。

本案一审审理期间，专利复审委在法定期限内向一审法院提交了以下主要证据：（1）附件1-21；（2）口头审理记录表；（3）本专利说明书。

运达公司、周龙飞未向一审法院提交证据。

一审法院经审查认为，专利复审委提交的证据真实、合法，予以采纳。

上述证据均已随案移送本院。二审期间，各方当事人没有提交新的证据。经庭审质证及审查核实，本院确认一审法院认证意见正确，并据此认定本案如下事实：

2005年4月2日，周龙飞向国家知识产权局提出了名称为"链条（2）"的外观设计专利权（即本专利）申请，2006年4月26日，本专利被授权公告，专利号为200530105436.9，专利权人为周龙飞。

2006年12月4日，运达公司针对本专利向专利复审委提出无效宣告请求，其理由是，本专利相对于附件1-10不符合《专利法》第二十三条的规定，本专利不符合《中华人民共和国专利法实施细则》（以下简称《专利法实施细则》）第二条第三款的规定。同时提交了如下附件作为证据：

附件1：（2006）新密证民字第197号公证书复印件；

附件2：（2006）新密证民字第198号公证书复印件；

附件3：（2006）新密证民字第193号公证书复印件；

附件4：（2006）新密证民字第194号公证书复印件；

附件5：（2006）新密证民字第199号公证书复印件；

附件6：河南省运达造纸设备有限公司与东莞海龙纸业有限公司签订的购销合同复印件；

附件7：东莞海龙纸业有限公司出具的产品使用证明书及河南省运达造纸设备有限公司出具的两张增值税发票复印件；

附件8：东莞海龙纸业有限公司出具的产品外观图片复印件；

附件9：2002年《造纸信息》杂志第6期、第10期封面及广告页复印件；

附件10：2002年《造纸科学与技术》第6期封面及广告页复印件、2002年《纸业资讯》第11期封面及广告页复印件。

运达公司提出，附件9、10可以证明本专利同申请日以前国内外出版物上公开发表过的外观设计相同或相近似，附件1~8可以证明本专利同申请日以前国内公开使用过的外观设计相同或相近似。

2006年12月5日，专利复审委向双方当事人发出无效宣告请求受理通知书并转送相关材料。

运达公司于2007年1月4日补充了以下证据（编号续前）：

附件11：（2006）新密证民字第215号公证书；

附件12：（2006）新密证民字第216号公证书；

附件13：（2006）新密证民字第217号公证书；

附件14：（2006）新密证民字第218号公证书；

附件15：（2006）新密证民字第208号公证书；

附件16：2000年9月机械工业出版社出版的《输送链与特种链工程应用手册》相关页复印件；

附件17：无锡市创新轻工设备有限公司的个人独资企业营业执照复印件、企业法人营业执照副本复印件、该公司出具的公函和证明书以及该公司销往苏州市瑞华悬挂输送机厂的输送机链条图片；

附件18：附件6的复印件，附件8部分原件；

附件19：河南省运达造纸设备有限公司与玖龙纸业（太仓）有限公司签订的采购合同书复印件、加工技术要求复印件、图纸复印件以及禁止不正当商业行为协议复印件；

附件20：输送机图纸复印件。

运达公司对附件11~20进行了具体说明，指出：附件11结合3、4；附件12结合4、3；附件13结合1、2；附件14结合5能够证明本专利同申请日以前在国内公开使用过的外观设计相同；附件16

是在本专利申请日前的公开出版物，其公开了与本专利相同或相近似的外观设计；附件15、17、18、19、20分别能够证明本专利同申请日以前在国内公开使用过的外观设计相同或相近似。

运达公司于2007年1月5日再次补充了如下证据（编号续前）：

附件21：（2007）新密证民字第001号公证书。

专利复审委于2007年1月24日收到周龙飞提交的意见陈述书。其认为运达公司提供的证据不能证明本专利同申请日以前国内公开使用过的外观设计相同或相近似，也不能证明本专利同申请日以前国内外出版物上公开发表过的外观设计相同或相近似。

2007年5月15日，专利复审委对本案举行了口头审理，双方均对对方出庭人员的身份和资格无异议。在口头审理中，运达公司当庭提交了附件1~5、9~10、16的原件，并当庭提交了附件6的原件。专利复审委当庭告知运达公司其于2007年1月5日提交的附件21由于超出了自提出无效宣告请求之日起一个月的举证期限，因此专利复审委对于附件21不予考虑。运达公司明确其无效理由为：本专利相对于附件9~10、16的公开出版物，相对于附件1、2和13组成的证据链，相对于附件3、4和11组成的证据链，相对于附件3、4和12组成的证据链，相对于附件5和14组成的证据链，相对于附件15，相对于附件6~8组成的证据链，相对于附件17不符合《专利法》第二十三条的规定。运达公司当庭声明放弃了附件19、20作为本案的证据；当庭声明放弃本专利不符合《专利法实施细则》第二条第三款的规定的无效理由。周龙飞核实相关证据原件后，对附件1~5、11~15所示公证书的真实性没有异议，但是认为公证书仅对原件进行公证，并未对其内容真实性进行公证，由于附件1、2和13中公证书中的企业名称"新乡市鸿泰实业有限公司"与合同、发票以及《产品使用证明》中的"新乡市鸿泰纸业有限公司"的名称不一致，周龙飞对这三份附件的公证书中附件的真实性有异议；周龙飞对附件5、15中合同的真实性有异议；对附件1、2和13，附件3、4和11，附件3、4和12，附件5和14以及附件15中合同和发票涉及的产品与现场拍摄照片之间的关联性有异议；对附件6中合同、附件7证明书的真实性有异议，对附件8与6、7的关联性有异议；周龙飞对附件9、10中期刊的真实性没有异议，但是对期刊的公开日有异议；周龙飞对附件16的真实性和公开出版物均没有异议。周龙飞对附件17中的营业执照和公函没有异议，对照片说明书有异议，对营业执照和公函之间、照片和说明书之间的关联性有异议。

2007年9月25日，专利复审委作出第10714号决定，宣告维持本专利有效。主要理由是：

1. 法律依据

基于运达公司提出无效宣告请求所依据的事实和理由，专利复审委对本专利是否符合《专利法》第二十三条的规定进行审查。

2. 关于附件21

运达公司提交附件21的日期超过了自提出无效宣告请求一个月的举证期限，因此不满足《专利法实施细则》第六十六条规定的举证期限，专利复审委对于附件21不予考虑。

3. 关于出版物公开

运达公司提交的附件9是2002年《造纸信息》杂志第6期、第10期封面及广告页复印件，附件10是2002年《造纸科学与技术》第6期封面及广告页复印件、2002年《纸业资讯》第11期封面及广告页复印件，附件16是2000年9月由机械工业出版社出版的《输送链与特种链工程应用手册》相关页复印件。其在口头审理时提交了附件9、10中各期刊及附件16的原件。附件10中的《纸业资讯》2002年11月刊中的第2页中明确记载了该期刊为内部资料，不属于专利法意义上的公开出版物，不能作为本案的证据。附件9、10中其余三本期刊，属于《专利法》第二十三条所规定的公开出版物，适用于本案。其中在《造纸信息》2002年第6期上公开了一款BFW板链式输送机的链条的外观设计（以下简称在先设计1），在《造纸信息》2002年第6期上公开了一款链板输送机的链条的外观设计（以下简称在先设计2），在《造纸信息》2002年第10期上公开了一款链板输送机的链条的外观设计（以下简称在先设计3），在《造纸信息》2002年第10期上公开了一款BFW板链式输送机的链条的外观设计（以下简称在先设计4），在《造纸科学与技术》2002年第6期上公开了一款BFW板链式输送机的链条的外观设计（以下简称在先设计5）。附件16第13页左上角公开了一款双节距精密滚子链的结构（以下简称在先设计6），附件16第14页图b公开了一款链板双测水平折弯的结构（以下简称在先设计7），附件16第15页图i公开了一款立板置于链板外侧的结构（以下简称在先设计8），附件16第15页图q）公开了一款链板中部插入销轴的结构（以下简称在先设计9）。在先设计1~9与本专利均为输送机链条的外观设计，用途相同，属于相同种类的产品，具有可比性。

本专利所要求保护的为输送机链条，包括主视图、右视图、俯视图、仰视图，其中后视图和主视图对称，左视图和右视图对称，在此省略了后视图和左视图。从主视图来看，本专利产品包括两根链条以及连接在两根链条之间的横杆，其中每根链条包括内外链板和连接在内外链板之间的链轮，链轮为圆柱形，在每个内链板上垂直设置带有两个孔的方形板，从右视图可以看出链条由多个链轮和链板单元组成，并且在链条单元的连接处、外链板的外侧还具有凸出的圆弧形板（详见本专利附图）。

在先设计1-5中没有显示出链条，上述图片中不能清楚、完整地反映所示产品的链条的外观设计，因此在先设计1-5均无法与本专利外观设计进行有效的对比判断，从而根据附件9、10中的图片不能证明本专利不符合《专利法》第二十三条的规定。

在先设计6为一链条，其包括内外链板和连接内外链板的链轮。本专利与在先设计6的区别在于：本专利具有横杆和方形板，并且本专利的链轮形状与在先设计6的链轮形状也不相同，而且在先设计6的外链板外侧没有凸出的圆弧形板，这些区别对于链条的整体视觉效果具有显著的影响，因此本专利与在先设计6不相同也不相近似。

在先设计7为一链板双侧水平折弯的链条单元，其包括内外链板和连接内外链板的链轮，还包括两个分别垂直于内外链板的方形板，该方形板上设置有一个孔。本专利与在先设计7的区别在于：本专利具有连接两个链条的横杆，并且本专利仅在内链板上设置有垂直于链板的方形板，并且该方形板上具有两个孔，在先设计7的外链板外侧也没有凸出的圆弧形板，这些区别对于链条的整体视觉效果具有显著的影响，因此本专利与在先设计7不相同也不相近似。

在先设计8为一链板外侧设置立板的链条，其包括内外链板和连接内外链板的链轮，还包括设置在外链板上并与其平行的方形板，该方形板上设置有两个孔。本专利与在先设计8的区别在于：本专利具有连接两个链条的横杆，并且在内链板上设置有垂直于内链板的方形板，而在先设计8的方形板设置在链板外侧并平行于链板设置，并且在先设计8的外链板外侧没有凸出的圆弧形板，这些区别对于链条的整体视觉效果具有显著的影响，因此本专利与在先设计8不相同也不相近似。

在先设计9为一链板中部插入销轴的链条，其包括内外链板和连接内外链板的链轮，还包括插在内外链板中部的销轴，在销轴与内链板连接处具有弧形板。本专利与在先设计9的区别在于：本专利连接两个链条的横杆在链轮处与链板进行连接，而在先设计9的销轴在链轮中部与链板进行连接，并且在先设计9的销轴与链板的连接处还设置了一个弧形板，此外本专利在内链板上设置有垂直于链板的方形板，在外链板外侧设有凸出的圆弧形板，这些特征都未在在先设计9中公开，这些区别对于链条的整体视觉效果具有显著的影响，因此本专利与在先设计9不相同也不相近似（详见在先设计1至在先设计9附图）。

4. 关于国内使用公开

关于附件1、2和13。附件1是河南省新密市公证处于2006年11月27日出具的（2006）新密证民字第197号公证书,其中包括一份《现场工作记录》、一份《工矿产品购销合同》和三张增值税专用发票;附件2是河南省新密市公证处于2006年11月27日出具的(2006)新密证民字第198号公证书,其中包括一份《现场工作记录》、一份《产品使用证明》和12张照片;附件13是河南省新密市公证处于2006年12月31日出具的(2006)新密证民字第217号公证书,其中包括一份《现场工作记录》和32张现场拍摄的照片。这三份公证书的公证内容是证明《现场工作记录》上所载的内容与实际情况相符,复印件和原件内容相符,原件上签名属实,照片内容和实际状况相符等。

附件1中编号为000335的《工矿产品买卖合同》,经过比对发现与发票中的产品名称以及价格信息均一致,从而能够证明该销售事实成立。附件13中王灿的证人证言,是经过公证的,但是公证书只能证明当时王灿对有关产品进行了指认,不能直接证明证人证言内容的真实性,并且出具这些证言的证人未出席口头审理参加质证;另外附件13、2中所附的照片也没有任何有关产品型号的信息,且没有其他相关的证据对证人证言进行佐证,故专利复审委对该证言内容的真实性无法核对,同时不能认定新乡市鸿泰纸业有限公司所使用的输送机的来源唯一性和产品唯一性,从而无法与附件1中的合同和发票组成完整的证据链证明所销售的产品的外观,因此上述证据不能构成一个完整的使用公开的证据链来支持运达公司的主张。

关于附件3、4和11。附件3是河南省新密市公证处于2006年11月27日出具的(2006)新密证民字第193号公证书,其中包括一份《现场工作记录》,两份《产品使用证明》以及现场拍摄的照片20张;附件4是河南省新密市公证处于2006年11月27日出具的(2006)新密证民字第194号公证书,其中包括一份《现场工作记录》、一份《工矿产品买卖合同》和一份增值税专用发票、一份《工矿产品购销合同》和两份增值税专用发票;附件11是河南省新密市公证处于2006年12月31日出具的(2006)新密证民字第215号公证书,其中包括一份现场工作记录和10张现场拍摄的照片。这三份公证书的公证内容是证明《现场工作记录》上所载的内容与实际情况相符,复印件和原件内容相符,原件上签名属实,照片内容和实际状况相符等。运达公司认为上述三个附件能够组成证据链证明平湖市建材机械厂向许昌市魏都宏发造纸厂销售链板式输送机的销售事实,并且所销售链板输送机的链条与本专利相同。周龙飞对这三份附件的真实性没有异议,但是认为公证书仅对原件进行公证,并未对其真实性进行公证,同时对这三份公证书中合同和发票的关联性以及其与现场拍摄照片的关联性有异议。

对于上述三个附件,专利复审委认为,附件4中的《工矿产品买卖合同》,经过比对与增值税发票中的产品名称、型号以及价格等信息都是一致的,从而能够证明平湖市建材机械厂向许昌市魏都宏发造纸厂销售链板输送机的销售事实成立。附件11中的常青军的证人证言是经过公证的,但是公证书只能证明当时常青军对有关产品进行了指认,不能直接证明该证人证言内容的真实性,并且出具这些证言的证人未出席口头审理参加质证;另外附件11、3中所附的照片中也没有任何有关产品型号的信息,且没有其他相关的证据对证人证言进行佐证,所以对其真实性无法核对,同时不能认定许昌市魏都宏发造纸厂所使用的输送机的来源唯一性和产品唯一性,从而无法与附件4中的合同和发票组成完整的证据链证明所销售的产品的外观,因此上述证据不能构成一个完整的使用公开证据链来支持运达公司的主张。

关于附件3、4和12。附件4中的《工矿产品购销合同》,经比对与增值税发票中的产品名称和价格信息不一致,且合同本身,多处涂改,因此不足以认定销售事实的成立。附件12中的孙建军的证人证言是经过公证的,但是公证书只能证明当时孙建军对有关产品进行了指认,不能直接证明证人证言内容的真买性,并且出具这些证言的证人未出席口头审理参加质证;另外附件12、3中所附的照片也没有任何有关产品型号的信息,并且附件3、4中的发票与合同也不一致,且没有其他相关的证据对证人证言进行佐证，对其真实性无法核对，同时不能认定许昌宏伟实业（集团）有限公司四分厂所使用的输送机的来源唯一性和产品唯一性，从而不能组成证据链证明附件3、12中所附照片的链板输送机已经在2005年通过销售而公开，因此上述证据不能构成一个完整的使用公开的证据链来支持运达公司的主张。

关于附件5和14。附件5中的《供货合同》，周龙飞作为合同签订一方的法定代表人，对合同的真实性的异议未提出其他合理的证据，因此专利复审委对合同的真实性予以采信，但仅凭证人证言尚不足以认定企业更名的事实。附件14中朱安会的证人证言是公证书只能证明当时证人对有关产品进行了指认，不能直接证明证人证言内容的真实性，并且出具这些证言的证人未出席口头审理参加质证；另外附件5、14中所附的照片中也没有任何有关产品型号的信息，且没有其他相关的证据对证人证言进行佐证，故专利复审委对该证言的真实性无法核对，同时不能认定新乡市新星纸业有限公司一纸厂所使用的输送机的来源唯一性和产品唯一性，从而无法与附件5中的合同组成完整的证据链证明所销售的产品的外观，因此上述证据不能构成一个完整的使用公开的证据链来支持运达公司的主张。

关于附件15。周龙飞作为其中的《供货合同》签订一方的法定代表人，对合同的真实性异议未提出合理的证据，因此专利复审委对合同的真实性予以采信。附件15中李如全所提供的证人证言，虽然是经过公证的，但是公证书只能证明当时李如全对有关产品进行了指认，不能直接证明证人证言的真实性，并且出具这些证言的证人未出席口头审理参加质证；另外所附的照片中也没有任何有关产品型号的信息，且没有其他相关的证据对证人证言进行佐证，故专利复审委对该证言的真实性无法核对，同时不能认定新乡市新亚纸业集团所使用的输送机的来源唯一性和产品唯一性，从而无法与其中的合同和产品使用证明组成完整的证据链证明所销售的产品的外观，因此上述证据不能构成一个完整的使用公开售的证据链来支持运达公司的主张。

关于附件6-8。附件6是河南省运达造纸设备有限公司与东莞海龙纸业有限公司签订的编号为GYB0312712的合同，产品名称为链板机，规格型号为：1400×15373.3，金额为14万元。经比对附件7中的两张发票的产品名称和价格等信息均一致，从而能够证明该销售事实成立。附件7中由东莞海龙纸业有限公司开具的使用证明书，参照《中华人民共和国民事诉讼法》第六十五条的规定，由单位出具的证明文书，应当由单位负责人签名或者盖章，并加盖单位印章，才能满足其形式要件。因此附件7中的使用证明书不能作为有效的证据采信。另外附件8中的图片仅加盖了东莞海龙纸业有限公司的印章，该图片中没有任何有关产品型号的信息，从而无法与附件6、7组成完整的证据链证明所销售的产品的外观，因此上述证据不能构成一个完整的使用公开的证据链来支持运达公司的主张。

关于附件17。附件17中盖有苏州市瑞华悬挂输送机厂公章并有自然人签字的照片，其中图片上的文字指出此种链条为无锡创新轻工设备有限公司生产的造纸机械平板输送机用的输送链条，由于出具这些证言的证人未出席口头审理参加质证，因此对该证言内容的真实性无法核对，另外所附的照片中也没有任何有关产品型号的信息，并且无锡创新轻工设备有限公司和苏州瑞华悬挂输送机厂之间也没有合同和发票来证明该销售事实，且没有其他相关的证据对证人证言进行佐证，因此上述证据不能构成一个完整的使用公开的证据链来支持运达公司的主张。

综上所述，运达公司提交的证据均不足以支持其提出的本专利不符合《专利法》第二十三条规定的无效理由。据此，专利复审委作出决定宣告维持本专利有效。

运达公司不服上述决定，向北京市第一中级人民法院提起行政诉讼。

本院认为，运达公司、周龙飞等对专利复审委作出的第10714号决定的审查程序没有异议，经审查，本院对其合法性予以确认。本案争议的焦点问题是：第一，本专利在申请日之前是否已被出版物公开；第二，本专利在申请日之前是否已经有相同产品在国内公开使用。

1. 关于本专利在申请日之前是否已被出版物公开的问题

本案附件10中的《纸业资讯》2002年11月刊中的第2页左上角写有"内部资料注意保存"的字样。参照《审查指南》第二部分第三章第2.1.3.1节关于出版物公开部分，对于印有"内部资料"、"内部发行"等字样的出版物，确系在特定范围内发行并要求保密的，不属于公开出版物的规定，可以确认该出版物属于在特定范围内发行的，并且该出版物的发行属于社会观念或者商业习惯上被认为应当承担保密义务的情形。据此，专利复审委作出该出版物不属于《专利法》意义上的公开出版物，不能作为证据使用的认定正确。

本专利所要求保护的为输送机链条，从主视图来看，本专利产品包括两根链条以及连接在两根链条之间的横杆，其中每根链条包括内外链板和连接在内外链板之间的链轮，链轮为圆柱形，在每个内链板上垂直设置带有两个孔的方形板，从右视图可以看出链条由多个链轮和链板单元组成，并且在链条单元的连接处、外链板的外侧还具有凸出的圆弧形板。

本案在先设计1~5中所示图片没有显示出链条，不能清楚、完整地反映所示产品的链条的外观设计，均无法与本专利进行有效的对比判断。

本专利与在先设计6的区别在于，本专利的链轮形状与在先设计6的链轮形状不相同，在先设计6的外链板外侧没有凸出的圆弧形板。上述区别对于链条的整体视觉效果具有显著的影响，因此，本专利与在先设计6不相同亦不相近似。

本专利与在先设计7的区别在于，本专利具有连接两个链条的横杆，本专利在内链板上设置有垂直于链板的方形板，该方形板上具有两个孔，在先设计7的外链板外侧没有凸出的圆弧形板。上述区别对于链条的整体视觉效果具有显著的影响，因此，本专利与在先设计7不相同亦不相近似。

本专利与在先设计8的区别在于，本专利具有连接两个链条的横杆，在内链板上设置有垂直于内链板的方形板，在先设计8的方形板设置在链板外侧并平行于链板设置，并且在先设计8的外链板外侧没有凸出的圆弧形板。上述区别对于链条的整体视觉效果具有显著的影响，因此，本专利与在先设计8不相同亦不相近似。

本专利与在先设计9的区别在于，本专利连接两个链条的横杆在链轮处与链板进行连接，在先设计9的销轴在链轮中部与链板进行连接，在先设计9的销轴与链板的连接处还设置了一个弧形板，本专利在内链板上设置有垂直于链板的方形板，在外链板外侧设有凸出的圆弧形板。上述区别对于链条的整体视觉效果具有显著的影响，因此，本专利与在先设计9不相同亦不相近似。

2. 关于本专利在申请日之前是否已经有相同产品在国内公开使用的问题

关于附件11~15中出具的证人证言，因证人未出席口头审理参加质证，专利复审委据此认定上述证人证言虽然经过公证，但是公证书只能证明证人对当时有关产品进行了指认，在无其他相关证据佐证的情况下，不能直接证明证人证言内容的真实性正确。

关于附件1、2和13。附件1中编号为000335的《工矿产品买卖合同》是新乡市鸿泰纸业有限公司与运达公司于2004年7月8日签订的，附件2中由新乡市鸿泰纸业有限公司出具并有王建义签字的产品使用证明。经比对，其增值税发票票号与附件1中的票号一致，附件13的现场工作记录为相关工作人员于2006年12月31日来到新乡市鸿泰纸业有限公司，并就该公司车间主任王灿指认的运达公司生产，并于2004年11月交货的链板输送机的有关部位和备件进行了拍照。本院认为，附件13中王灿的证人证言只能证明其当时对有关产品进行了指认，附件13、2中所附的照片中均未有相关产品型号的信息，亦未有其他相关的证据对证人证言进行佐证，因此，上述证据不能认定新乡市鸿泰纸业有限公司所使用的输送机的来源唯一性和产品唯一性，亦无法与附件1中的合同和发票组成完整的证据链证明所销售产品的外观。因此，上述证据不能构成一个完整的证据链以支持运达公司关于本专利使用公开的主张。

关于附件3、4和11。附件3中由许昌市魏都宏发造纸厂出具并有郑秋芳签字的《产品使用证明》，附件4中的《工矿产品买卖合同》是2002年11月19日由平湖市建材机械厂与魏都宏发造纸厂签订的。经比对，《工矿产品买卖合同》与增值税发票中的产品名称、型号以及价格等信息一致。关于所销售产品中链条的外观，附件11中许昌市魏都宏发造纸厂厂长常青军对由平湖市建材机械厂生产，并于2003年1月交货的链板输送机进行了指认，并对有关部位和备件进行了拍照。本院认为，附件11中的常青军的证人证言是其当时对有关产品进行了指认，附件11、3中所附的照片中均未有相关产品型号的信息，亦没有其他相关的证据对证人证言进行佐证。上述证据的结合，不能认定许昌市魏都宏发造纸厂所使用的输送机的来源唯一性和产品唯一性，亦无法与附件4中的合同和发票组成完整的证据链证明所销售产品的外观。因此，上述证据不能构成一个完整的证据链以支持运达公司关于本专利使用公开的主张。

关于附件3、4和12。附件3中由许昌宏伟实业（集团）有限公司出具并有郑秋芳签字的产品使用证明，附件4中的编号为000372的《工矿产品购销合同》是运达公司与河南省许昌宏伟实业（集团）有限公司于2004年7月8日签订的。经比对，《工矿产品购销合同》与增值税发票中的产品名称和价格信息不一致，合同存在多处涂改。附件12中许昌宏伟实业（集团）有限公司四分厂的厂长孙建军对由运达公司生产并于2005年1月交货的链板输送机进行了指认，并且对有关部位进行拍照。本院认为，附件12中的孙建军的证人证言是其当时对有关产品进行了指认，附件12、3中所附的照片均未有相关产品型号的信息，附件3、4中的发票与合同不一致，亦未有其他相关的证据对证人证言进行佐证，因此，上述证据的结合，不能认定许昌宏伟实业（集团）有限公司四分厂所使用的输送机的来源唯一性和产品唯一性，不能构成完整的证据链证明附件3、12中所附照片的链板输送机已经在2005年通过销售而公开。因此，上述证据不能形成一个完整的证据链以支持运达公司关于本专利使用公开的主张。

关于附件5和14。附件5中的《供货合同》是新乡县福利新星造纸厂二分厂与浙江省平湖市建材机械厂于2003年11月28日签订的。其中还包括一份由新乡市新星纸业有限公司一分厂（原单位名称为新乡县福利新星造纸厂二分厂）出具并有李国超签字的产品使用证明，其中记载了该公司于2003年11月28日购买了一台链板式输送机，并与平湖市建材机械厂签订一份合同，该设备于2004年4月开始使用。附件14中新乡市新星纸业有限公司一纸厂职员朱安会对平湖市建材机械厂生产并由原新乡县福利新星造纸厂二分厂于2004年4月开始使用的链板输送机进行了指认，并且对有关部位和备件进行拍照。本院认为，附件14中朱安会的证人证言是其当时对有关产品进行了指认，附件5、14中所附的照片中均未有相关产品型号的信息，且无其他相关的证据对证人证言进行佐证，因此，不能认定新乡市新星纸业有限公司一纸厂所使用的输送机的来源唯一性和产品唯一性，从而无法与附件5中的合同形成完整的证据链证明所销售的产品的外观。因此，上述证据不能构成一个完整的证据链以支持运达公司关于本专利使用公开的主张。

关于附件15。附件15中的《供货合同》是河南省新乡市新亚纸业集团与平湖市建材机械厂于2002年12月18日签订，其中有李如全签字的《产品使用证明》以及《现场工作记录》，表明所拍摄的照片经过该公司副总经理李如全指认的由平湖市建材机械厂生产并按上述合同交付的链板输送机。本院认为，李如全的证人证言是其当时对有关产品进行了指认，所附的照片中未有相关产品型号的信息，且无其他相关的证据对证人证言进行佐证，因此，不能认定新乡市新亚纸业集团所使用的输送机的来源唯一性和产品唯一性，从而无法与其中的合同和产品使用证明形成完整的证据链证明所销售的产品的外观。因此，上述证据不能构成一个完整的证据链以支持运达公司关于本专利使用公开的主张。

关于附件6~8。附件6是运达公司与东莞海龙纸业有限公司签订的编号为GYB0312712的合同，附件7中的两张发票系运达公司向东莞海龙纸业有限公司开具的，有东莞海龙纸业有限公司开具的使用证明书，附件8中的图片仅加盖了东莞海龙纸业有限公司的印章，该图片中未有相关产品型号的信息。本院认为，附件6~8的结合不能形成完整的证据链证明所销售的产品的外观。因此，上述证据不能构成一个完整的证据链来支持运达公司关于本专利使用公开的主张。

关于附件17。附件17中盖有苏州市瑞华悬挂输送机厂公章并有自然人签字的照片，其中图片上文字记载此种链条为无锡创新轻工设备有限公司生产的造纸机械平板输送机用的输送链条，所附的照片中均未有相关产品型号的信息，亦无相关合同、发票证明无锡创新轻工设备有限公司与苏州瑞华悬挂输送机厂之间有上述销售事实。因此，上述证据不能构成一个完整的证据链以支持运达公司关于本专利使用公开的主张。

综上，专利复审委作出的第10714号决定维持第200530105436.9号外观设计专利权有效合法，一审法院判决维持正确。依据《中华人民共和国行政诉讼法》第六十一条第（一）项的规定，判决如下：

驳回上诉，维持一审判决。

二审案件受理费人民币100元，由上诉人郑州运达造纸设备有限公司负担（已交纳）。

本判决为终审判决。

审　判　长　朱世宽
代理审判员　赵宇晖
代理审判员　高京雯
二〇〇八年十二月十八日
书　记　员　张　怡

# 包装盒（阿城阿胶）

## 无效宣告请求审查决定（第 10715 号）

| | |
|---|---|
| 决　定　号 | 第 10715 号 |
| 决　定　日 | 2007 年 12 月 11 日 |
| 发明创造名称 | 包装盒（阿城阿胶） |
| 外观设计分类号 | 09-03 |
| 无效宣告请求人 | 山东东阿阿胶股份有限公司 |
| 专　利　权　人 | 伍永堂 |
| 专　利　号 | 200530166020.8 |
| 申　请　日 | 2005 年 12 月 2 日 |
| 授权公告日 | 2007 年 3 月 28 日 |
| 合议组组长 | 王霞军 |
| 主　审　员 | 李巍巍 |
| 参　审　员 | 钟　华 |
| 附　图 | 2 页 |
| 法　律　依　据 | 专利法第 23 条 |

**决定要点**

将本专利与在先设计相比较，二者除文字内容不同外，在整体形状、文字图案和其余设计上均基本相同，因此，二者应属于相近似的外观设计。

### 一、案由

本无效宣告请求涉及 2007 年 3 月 28 日国家知识产权局授权公告的 200530166020.8 号外观设计专利，其产品名称是"包装盒（阿城阿胶）"，申请日是 2005 年 12 月 2 日，专利权人是伍永堂。

针对上述外观设计专利权（下称本专利），山东东阿阿胶股份有限公司（下称请求人）于 2007 年 6 月 28 日向专利复审委员会提出无效宣告请求，其理由是本专利不符合专利法第 23 条的规定。同时，请求人提交了如下附件作为证据：

附件 1 是山东东阿阿胶股份有限公司简介复印件 1 页；

附件 2 是山东东阿阿胶股份有限公司企业荣誉证书和产品荣誉证书复印件 7 页；

附件 3 是 03303311.0 号外观设计专利证书复印件 1 页；

附件 4 是 03303311.0 号外观设计专利彩色照片 4 页（共 7 张照片）及网上下载著录项目信息页 1 页；

附件5是本专利外观设计专利网上检索下载打印件1页；

附件6是03303311.0号外观设计专利网上检索下载打印件1页；

附件7是与被请求宣告无效专利相类似侵权产品的司法鉴定书复印件17页。

请求人认为：将本专利与03303311.0号外观设计专利相比较，二者形状相同，各视图图案、色彩相近似，二者存在的局部细微差别不会对产品的整体视觉效果产生显著影响，对于消费者而言在视觉上很容易将二者误认、混同，应当宣告本专利全部无效。

专利复审委员会根据无效宣告请求审查程序的规定于2007年8月3日受理了该无效宣告请求，并将无效宣告请求书和证据的副本转送给专利权人，限其在指定的期限内答复。并告知专利权人如逾期不答复，不影响专利复审委员会的审理。

专利权人于2007年9月14日向专利复审委员会递交了意见陈述书，专利权人认为，二者各视图的图案、色彩均不相近似，应当维持本专利有效。同时，专利权人提交了从国家知识产权局网站上下载的本专利与03303311.0号彩色图片。

专利复审委员会于2007年10月15日将专利权人提交的意见陈述转送给请求人，并告知在口头审理时一并答复。同日向双方当事人发出《无效宣告请求口头审理通知书》，定于2007年11月26日在专利复审委员会进行口头审理。同日还向双方当事人发出《合议组成员告知通知书》，指出如对本案合议组人员有回避请求的，请于收到本通知之日起7天内提交书面请求书，逾期未答复，视为无回避请求。

口头审理如期举行，专利权人委托的代理人和请求人及请求人委托的代理人参加了口头审理，双方对对方参加口头审理人员的身份和资格均没有异议，对合议组成员没有回避请求。在口头审理中请求人声明附件1和附件2仅证明"山东东阿阿胶股份有限公司"为生产阿胶领域的领先企业，在本专利申请日之前已经存在，跟本案没有直接的关系，放弃附件7为本案的证据。请求人认为本专利虽然未请求保护色彩，但其图案和形状与03303311.0号外观设计专利相近似。专利权人对03303311.0号外观设计的图片和专利公报的真实性无异议，专利权人认为本专利在图案上确实与03303311.0号外观设计专利有相近似的地方，但在色彩上是不一样的，只要色彩与请求人产品不混同既可生产。对此请求人提出了反对意见。在口头审理过程中，双方均坚持其原有主张。

在以上审理的基础上，合议组经合议，认为本案事实清楚，依法作出本审查决定。

**二、决定的理由**

1. 法律依据

根据请求人提出的无效宣告请求的理由和提交的证据，本案合议组依据专利法第23条的规定对本案进行审理。

专利法第23条规定："授予专利权的外观设计，应当同申请日以前在国内外出版物上公开发表过或者国内公开使用过的外观设计不相同和不相近似，并不得与他人在先取得的合法权利相冲突。"

2. 证据的认定

请求人提交的附件4和附件6是03303311.0号外观设计彩色图片及其国家知识产权局网站检索下载的打印件，经合议组核实，所示内容属实，该专利申请日为2003年2月27日，授权公告日为2003年12月31日，使用外观设计的产品名称为"包装盒（阿胶）"（下称在先设计），其公告日在本专利申请日（2005年12月2日）之前，确系本专利申请日之前发表的外观设计，可作为判定本专利是否符合专利法第23条规定的有效证据。

本专利与在先设计均是阿胶产品的包装盒，用途相同，属于相同种类的产品，具有可比性。

3. 本专利是否符合专利法第23条的规定

本专利包括主视图、后视图、俯视图、仰视图、左视图、右视图。从各视图观察，本专利整体形状为长方体，主视图的左侧为圆形图案和"阿城阿胶"文字，中部为"阿胶"文字，其下方和右侧为被单线条删除的文字和商标，商标的下方有圆角长形设计，后视图为被单线条删除的文字，其他视图中的图案与主视图左侧中的图案相同，仅是排列方向不同，仰视图中还有部分被单线条删除的文字（详见本专利附图）。

在先设计包括主视图、后视图、俯视图、仰视图、左视图、右视图、立体图，请求保护色彩。从各视图观察，在先设计整体形状为长方体，主视图的左侧为被单线条删除的云形图案和"东阿阿胶"文字，中部为"阿胶"文字，其下方和右侧为被单线条删除的文字和商标，商标的下方有圆角长形设计，后视图为被单线条删除的文字，左视图、仰视图和俯视图中的图案与主视图左侧中的图案相同，仅是排列方向不同，右视图中无图案设计（详见在先设计附图）。

本专利未要求保护色彩，其为形状与图案相结合的外观设计，因此，仅将本专利和在先设计外观设计的形状和图案进行比较。根据审查指南第四部分第五章第6.4节的规定：在相近似判断中，产品外表出现的包括产品名称在内的文字是一种图案，应当考虑其作为图案的装饰作用，而不应当考虑其作为文字的字意。合议组认为：二者除文字内容不同外，在整体形状、文字图案和其余设计上均基本相同，专利权人在口头审理中亦认可二者在图案上有相近似的设计，因此，二者应属于相近似的外观设计。

综上所述，本专利在申请日前已有与其相近似的外观设计在国内出版物上公开发表过，因此不符合专利法第23条的规定。

专利权人提交的从国家知识产权局网站上下载的本专利与03303311.0号彩色图片，与请求人所提交的证据相同，不影响本专利不符合专利法第23条规定的结论。

三、决定

宣告200530166020.8号外观设计专利权全部无效。

当事人对本决定不服的，可以根据专利法第46条第2款的规定，自收到本决定之日起三个月内向北京市第一中级人民法院起诉。根据该款的规定，一方当事人起诉后，另一方当事人应当作为第三人参加诉讼。

主视图

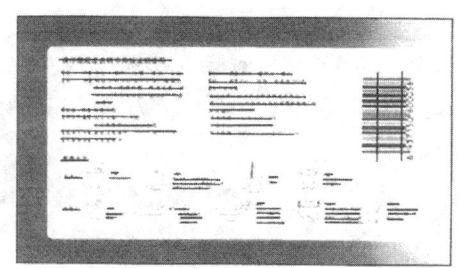

后视图

左视图

右视图

俯视图

仰视图

本专利附图

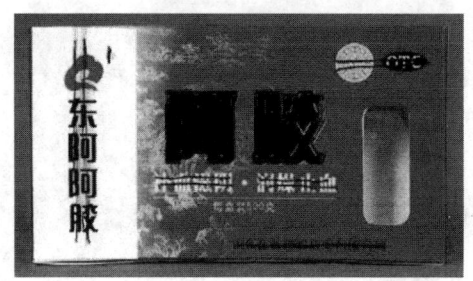
主视图

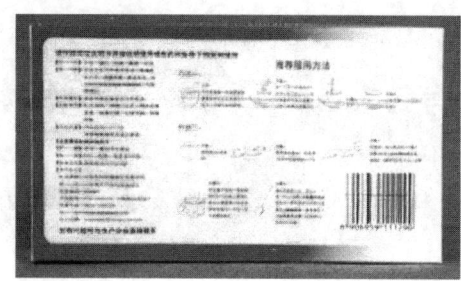
后视图

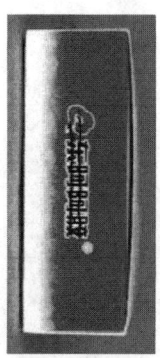
左视图

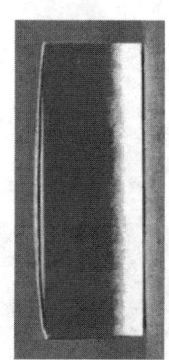
右视图

俯视图

仰视图

立体图

在先设计附图

# 椅子（H668-3E）

## 无效宣告请求审查决定（第10716号）

| | |
|---|---|
| 决 定 号 | 第10716号 |
| 决 定 日 | 2007年12月10日 |
| 发明创造名称 | 椅子（H668-3E） |
| 外观设计分类号 | 06-01 |
| 无效宣告请求人 | 威尔克翰威尔肯宁和汉纳有限及两合公司 |
| 专 利 权 人 | 陈伟聪 |
| 专 利 号 | 200530004603.0 |
| 申 请 日 | 2005年3月24日 |
| 授权公告日 | 2005年12月21日 |
| 合议组组长 | 吴大章 |
| 主 审 员 | 李巍巍 |
| 参 审 员 | 周佳 |
| 附 图 | 2页 |
| 法 律 依 据 | 专利法第23条 |

**决 定 要 点**

根据整体观察、综合判断的原则，本专利与在先设计椅背高矮的不同在椅子的整体外观设计中为次要的局部设计，在二者椅子整体造型和主要部分的设计均是基本相同的情况下，该不同点属于局部细微差别，不足以导致一般消费者对二者的整体外观设计产生明显不同的视觉印象，因此，二者应属于相近似的外观设计。

### 一、案由

本无效宣告请求涉及2005年12月21日国家知识产权局授权公告的200530004603.0号外观设计专利，其产品名称是"椅子（H668-3E）"，申请日是2005年3月24日，专利权人是陈伟聪。

针对上述外观设计专利权（下称本专利），威尔克翰威尔肯宁和汉纳有限及两合公司（下称请求人）于2007年5月25日向专利复审委员会提出无效宣告请求，其理由是本专利不符合专利法第23条的规定。同时，请求人提交了如下附件作为证据：

附件1是本专利外观设计专利公报复印件1页；

附件2是德国专利与商标局外观设计注册摘要及中文译文复印件3页；

附件3是德国外观设计公报第5期2001年3月10日的第1202页及中文译文复印件3页；

附件 4 是第 USD456163S 号美国外观设计公报及中文译文复印件 21 页；

附件 5 是"椅子"各部位名称的说明 1 页。

请求人认为：将本专利与附件 3 和附件 4 相比较可以看出，两者的整体形状和设计风格基本相同，各组成部分的形状、布局和尺寸比例基本相同，两者的区别仅在于：本专利椅子"背板"的上半部分比附件 3 和附件 4 的"背板"的上半部分略低一点。该区别应属于局部细微差别，对椅子的整体视觉效果不会产生显著影响，两者是相近似的外观设计，应当宣告本专利权全部无效。

专利复审委员会根据无效宣告请求审查程序的规定，于 2007 年 6 月 11 日受理了该无效宣告请求，并将无效宣告请求书和证据的副本转送给专利权人，限其在指定的期限内答复。并告知专利权人如逾期不答复，不影响专利复审委员会的审理。

针对请求人提出的无效宣告请求理由和提交的证据，专利权人至今未作出任何答复。

专利复审委员会于 2007 年 10 月 12 日向双方当事人发出《合议组成员告知通知书》，指出如对本案合议组人员有回避请求的，应于收到本通知之日起 7 天内提交书面请求书，逾期未答复，视为无回避请求。

专利复审委员会于 2007 年 10 月 15 日向双方当事人发出《无效宣告请求口头审理通知书》，定于 2007 年 11 月 29 日在专利复审委员会进行口头审理，并告知当事人应当在收到本通知之日起七日内向专利复审委员会提交口头审理通知书回执。无效宣告请求人期满未提交回执，并且不参加了口头审理的，其无效宣告请求视为撤回。专利权人不参加口头审理的，可以缺席审理。

口头审理如期举行，专利权人未参加口头审理，也未提交口头审理通知书回执，请求人委托代理人参加了口头审理，对本案合议组成员无回避请求。在口头审理过程中，请求人当庭提交了附件 2~4 经国家知识产权局专利检索咨询中心 2007 年 5 月 11 日确认的和盖有"中国对外翻译出版公司翻译业务专用章"（蓝章）的原件，合议组对请求人提交的证据进行了核实。请求人认为，附件 2~4 为同一专利（美国专利享有德国专利的优先权），本专利与附件 2~4 的不同点仅在于椅背的高矮略有不同，二者为相近似外观设计专利。

在以上审理的基础上，合议组经合议，认为本案事实清楚，依法作出本审查决定。

二、决定的理由

1. 法律依据

根据请求人提出的无效宣告请求的理由和提交的证据，本案合议组依据专利法第 23 条的规定对本案进行审理。

专利法第 23 条规定："授予专利权的外观设计，应当同申请日以前在国内外出版物上公开发表过或者国内公开使用过的外观设计不相同和不相近似，并不得与他人在先取得的合法权利相冲突。"

2. 证据的认定

请求人提交的附件 4 是 USD456163S 号美国外观设计专利公报和译文，在口头审理时请求人提交了盖有"经确认此副本与原件相同，国家知识产权局专利检索咨询中心副本认证专用章 2007 年 5 月 11 日"红章的确认件和盖有"中国对外翻译出版公司翻译业务专用章"（蓝章）的原件，经合议组核实，所示内容属实，其上所示专利优先权日为 2000 年 10 月 18 日（德国），授权公告日为 2002 年 4 月 30 日，使用外观设计的产品名称为"椅子"（下称在先设计），其授权公告日在本专利申请日（2005 年 3 月 24 日）之前，属于专利法第 23 条所述出版物，可作为判定本专利是否符合专利法第 23 条规定的有效证据。

本专利与在先设计均是"椅子"的外观设计，用途相同，属于相同种类的产品，具有可比性。

## 3. 本专利是否符合专利法第 23 条的规定

本专利包括主视图、后视图、俯视图、右视图、立体图，简要说明中记载：仰视图为不常见部位，省略仰视图。左视图与右视图对称，省略左视图。从各视图观察，本专利由椅架、斜撑、面板、背板、扶手组成，椅架位于左右两侧，在椅子的后下方相接构成椅脚，在其中部有一斜撑将其与面板、背板连接，背板大致呈方形，其中上部略向后倾，横向为呈弧形设计，面板大致呈方形，其前端为圆弧过渡略下垂，扶手位于椅架的上部，前端圆弧过渡下垂（详见本专利附图）。

在先设计包括 6 副视图，附图说明中记载：图 1 是本外观设计的主视图、图 2 是本外观设计的后视图、图 3 是本外观设计的俯视图、图 4 是本外观设计的仰视图、图 5 是本外观设计的一个侧视图，另一侧则与其相对称、图 6 是本外观设计的立体图。从各视图观察，在先设计由椅架、斜撑、面板、背板、扶手组成，椅架位于左右两侧，在椅子的后下方相接构成椅脚，在其中部有一斜撑将其与面板、背板连接，背板大致呈方形，其中上部略向后倾，横向为呈弧形设计，面板大致呈方形，其前端为圆弧过渡略下垂，扶手位于椅架的上部，前端圆弧过渡下垂（详见在先设计附图）。

将本专利和在先设计相对比较，可以看出，二者的主要不同点仅在于本专利的椅背较在先设计的矮，根据整体观察、综合判断的原则，合议组认为：上述不同点在椅子的整体外观设计中为次要的局部设计，其不同点属于局部细微差别，在本专利和在先设计椅子的整体造型和主要部分的设计均是基本相同的情况下，该差别不足以导致一般消费者对二者的整体外观设计产生明显不同的视觉印象，因此，二者应属于相近似的外观设计。

综上所述，在本专利申请日以前已有与其相近似椅子的外观设计在出版物上公开发表过，故本专利不符合专利法第 23 条的规定。

鉴于已经得出本专利不符合专利法第 23 条的结论，对于请求人提交的其他证据不再作出评述。

## 三、决定

宣告 200530004603.0 号外观设计专利权全部无效。

当事人对本决定不服的，可以根据专利法第 46 条第 2 款的规定，自收到本决定之日起三个月内向北京市第一中级人民法院起诉。根据该款的规定，一方当事人起诉后，另一方当事人应当作为第三人参加诉讼。

主视图　　　　　后视图

右视图　　　　　俯视图

立体图

本专利附图

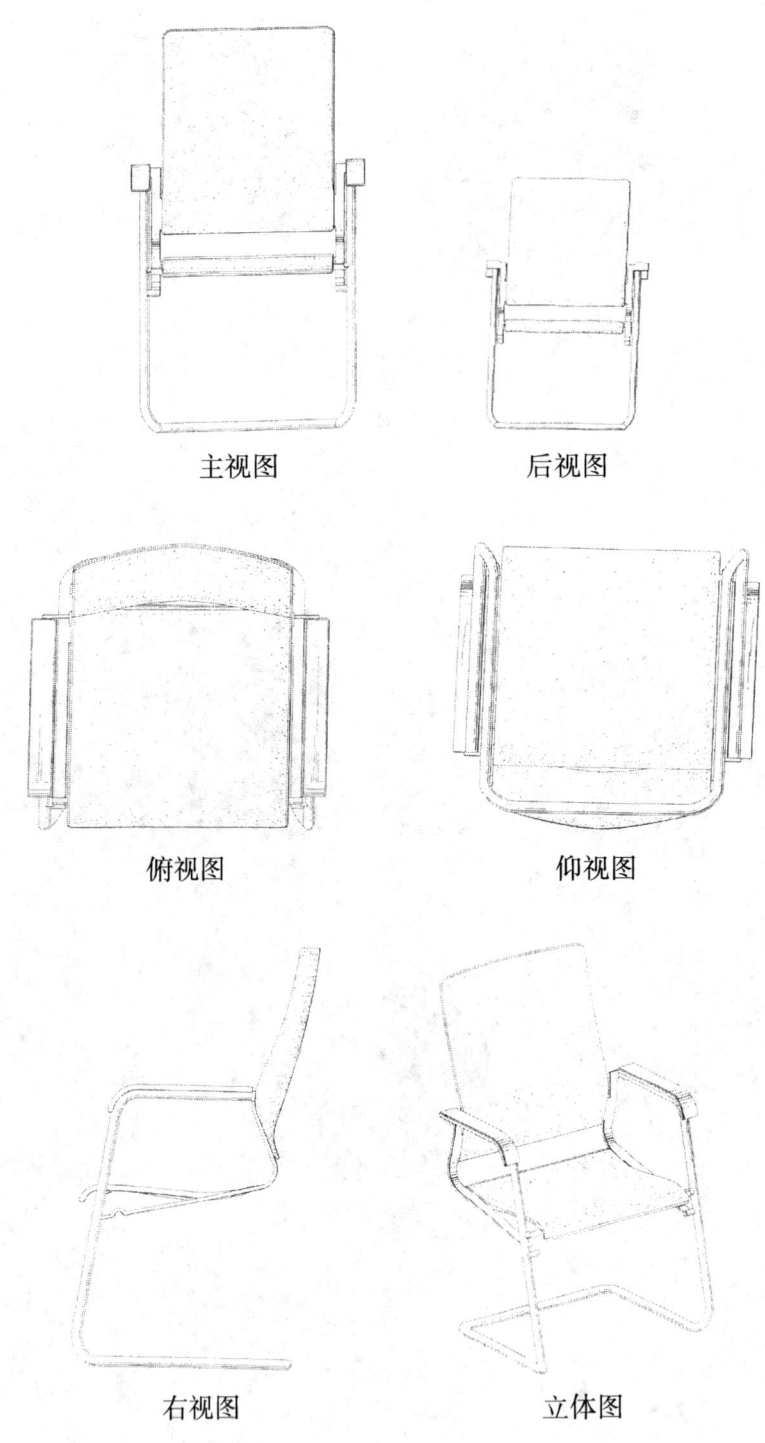

主视图　　后视图

俯视图　　仰视图

右视图　　立体图

在先设计附图

# 电熨斗（7562）

## 无效宣告请求审查决定（第 10717 号）

| | |
|---|---|
| 决 定 号 | 第 10717 号 |
| 决 定 日 | 2007 年 12 月 7 日 |
| 发明创造名称 | 电熨斗（7562） |
| 外观设计分类号 | 07-05 |
| 无效宣告请求人 | 浙江月立电器有限公司 |
| 专 利 权 人 | 厦门灿坤实业股份有限公司 |
| 专 利 号 | 00302642.6 |
| 申 请 日 | 2000 年 2 月 3 日 |
| 授权公告日 | 2000 年 10 月 11 日 |
| 合议组组长 | 钱亦俊 |
| 主 审 员 | 李亚林 |
| 参 审 员 | 危 峰 |
| 附 图 | 2 页 |

法 律 依 据　专利法第 23 条
决 定 要 点

　　本专利所示电熨斗在熨斗体半透明设计形成的深浅色图案对比效果上与请求人提交的对比专利相比存在明显差别，形成了明显不同的整体视觉效果，因此其属于不相同且不相近似的外观设计。请求人据此证明本专利不符合专利法第 23 条规定的主张不能成立。

## 一、案由

　　本无效宣告请求涉及的是国家知识产权局于 2000 年 10 月 11 日授权公告的 00302642.6 号外观设计专利，使用该外观设计的产品名称为"电熨斗（7562）"，申请日是 2000 年 2 月 3 日，专利权人是厦门灿坤实业股份有限公司（下称专利权人）。

　　针对上述专利权（下称本专利），浙江月立电器有限公司（下称请求人）于 2007 年 5 月 23 日向专利复审委员会提出无效宣告请求，其依据的事实和理由是：将本专利与其申请日之前授权公告的多篇电熨斗外观设计相比较，其均具有圆滑的尖头造型，侧面正投影从头部、前额面至把手和尾部形成曲线性；前额面均设有按钮等装置，把手与熨斗体呈圆滑过渡，把手下部为近似长椭圆形握孔，握孔内设有圆形调节盘；尾部均为曲面设计，在尾部形成凸起造型。可见对比专利均具备本专利所示电熨斗的主体外观特征，其形状雷同，容易造成一般消费者的误认，故属于相近似的外观设计，因此，本专利不符合专利法第 23 条的规定。为此，请求人提交了如下附件作为证据：

附件 1：本专利的公告文本复印件 1 页；
附件 2：98329756.8 号外观设计专利的公告文本复印件 1 页；
附件 3：99304207.4 号外观设计专利的公告文本复印件 1 页；
附件 4：97330086.8 号外观设计专利的公告文本复印件 1 页。

经形式审查合格专利复审委员会受理了该无效宣告请求，并于 2007 年 6 月 11 日将无效宣告请求书及其附件的副本转送给专利权人，要求其在指定期限内陈述意见。

2007 年 6 月 26 日专利权人提交了意见陈述书，专利权人认为：请求人提交的对比专利与本专利所示电熨斗的外观设计存在着明显的、相当大的差异，一般消费者不会产生误认，其属于不相同且不相近似的外观设计，同时进行了分析对比。

专利复审委员会于 2007 年 9 月 12 日将上述专利权人的意见陈述转送给请求人，并同时向双方当事人发出了口头审理通知书，定于 2007 年 10 月 22 日对本案进行口头审理。

口头审理如期举行，双方均委托代理人参加了审理。审理中双方均在坚持其原有观点的基础上重点对本专利和对比专利进行了详细分析对比。请求人认为在其提交的两份对比专利中附件 4 所示外观设计专利与本专利更相近似，专利权人对该三份对比专利文件的真实性无异议。

在双方当事人意见陈述及口头审理的基础上，合议组经合议，认为本案事实清楚，依法作出本审查决定。

**二、决定的理由**

基于请求人提出无效宣告请求所依据的事实和理由，合议组对本专利是否符合专利法第 23 条的规定进行审查。

专利法第 23 条规定：授予专利权的外观设计，应当同申请日以前在国内外出版物上公开发表过或者国内公开使用过的外观设计不相同和不相近似，并不得与他人在先取得的合法权利相冲突。

请求人提交的作为证据的附件 2 是 98329756.8 号外观设计专利的公告文本复印件，该专利申请日为 1998 年 12 月 24 日，授权公告日为 1999 年 10 月 27 日，使用该外观设计的产品名称为"电熨斗"（下称对比文件 1）；附件 3 是 99304207.4 号外观设计专利的公告文本复印件，该专利申请日为 1999 年 3 月 25 日，授权公告日为 1999 年 12 月 29 日，使用该外观设计的产品名称为"电熨斗（I4）"（下称对比文件 2）；附件 4 是 97330086.8 号外观设计专利的公告文本复印件，该专利申请日为 1997 年 12 月 31 日，授权公告日为 1998 年 12 月 16 日，使用该外观设计的产品名称为"电熨斗"（下称对比文件 3）。经合议组核实，上述专利公告文本内容属实，其所示外观设计均在本专利申请日之前授权公告即公开发表，因此，可以适用专利法第 23 条的规定作为本案的有效证据。

对比文件 1、对比文件 2 和对比文件 3 均为"电熨斗"的外观设计，与本专利属相同种类的产品，故将其分别与本专利进行如下对比：

本专利包括六面视图，其所示电熨斗头部为圆滑的尖头造型，从主视图及后视图观察，其侧面正投影从头部、前额面至把手和后端面形成曲线形；前额面设有喷水口、注水孔和按钮装置，把手与熨斗体呈圆滑过渡，把手下部为近似长椭圆形握孔，握孔内设有向上突出的圆形调节盘；熨斗体环绕握孔至前额面区域形成连为一体的半透明设计，相对其他部分为深色区并形成接缝线，熨斗体下部有一条横贯熨斗体的接缝线；熨斗尾部下方为曲面设计，其相对于底部熨烫面呈"S"曲面形抬升，与下部向外翘起的后端面一起在尾部形成明显的凸起造型；从右视图观察，后端面近似于三角形且两条边线中部略向内弯曲，上部设有一弧形凸块且下部设有对称的两凸块；从仰视图观察底面设有八字形排列的蒸汽孔（详见本专利附图）。

对比文件 1 所示外观设计专利包括六面视图和立体图。该电熨斗头部为圆滑的尖头造型，从左视图及右视图观察，其前额面设有按钮等装置，前额面的下部在熨斗底盘内形成类似于底盘轮廓线的接缝线；前额面与把手以及后端面形成曲线形，把手下部为长条形圆角握孔，握孔内设有向上突出的圆形调节盘；熨斗尾部下方相对于底部熨烫面呈上凹形曲线抬升；从后视图观察，后端面为平面设计，其近似于三角形且两条边线中部略向内弯曲（详见对比文件 1 附图）。

对比文件 2 所示外观设计专利包括六面视图和立体图。该电熨斗头部为圆滑的尖头造型，从主视图及后视图观察，其侧面正投影从头部、前额面至把手和后端面形成曲线形；前额面设有按钮等装置，把手与熨斗体呈圆滑过渡，把手下部为近长椭圆形握孔，握孔内设有向上突出的圆形调节盘和按钮；尾部下方相对于底部熨烫面呈上凹形曲面抬升，与下部向外翘起的后端面一起在尾部形成凸起造型；从右视图观察，后端面光滑且近似于三角形（详见对比文件 2 附图）。

对比文件 3 所示外观设计专利包括六面视图和立体图。该电熨斗头部为圆滑的尖头造型，从主视图及后视图观察，其侧面正投影从头部、前额面至把手和后端面形成曲线形；前额面设有按钮等装置，把手与熨斗体呈圆滑过渡，把手下部为长条形圆角握孔；尾部下方相对于底部熨烫面呈曲面抬升，与下部向外翘起的后端面一起在尾部形成凸起造型；从右视图观察，后端面的上部为圆形，下部紧连着此圆形为一近似于倒置的碗形（详见对比文件 3 附图）。

将本专利与对比文件 3 相比较，二者所示电熨斗头部均为圆滑的尖头造型，其侧面正投影从前额面至把手和底面尾部有相似的弧线外形，均有握孔设计，底部熨烫面形状基本相同。其不同之处主要在于，本专利熨斗体环绕握孔的较大区域为半透明设计，相对其他部分形成深浅色对比关系，对比文件 3 在该区域无相应设计；本专利熨斗的后端面近似于三角形且两条边线中部略向内弯曲，对比文件 3 的后端面则分为明显的上下两部分，上部把手位置为圆形，下部两边线向外弯曲形成近似倒置的碗形；本专利熨斗后端面的上部设有弧形凸块且下部设有对称的两凸块，对比文件 3 在该区域无相应设计；本专利握孔内设有向上突出的圆形调节盘，对比文件 3 无相应设计；另有前额面按钮等不同设计。合议组认为，本专利熨斗体大面积半透明设计形成了明显的深浅色图案对比效果，相对于对比文件 3 白色熨斗体具有明显差别，本专利熨斗后端面的形状和其上的凸块以及握孔内的圆形调节盘等均与对比文件 3 具有较大差别，这些差别致使二者在整体上产生较大的视觉差别。而二者相似的圆滑尖头造型和基本相同的底面形状属于该产品的惯常设计，况且底面形状也是该产品十分弱化的视觉部位；在此情况下二者即使存在前述相同或相似之处，其也不足以形成相似的整体视觉效果，而上述不同构成了二者明显差别，因此，本专利与对比文件 3 所示外观设计不相同且不相近似。

请求人认为电熨斗处于使用状态下视觉能看到该产品的俯视状态，对比文件 3 熨斗的前额面设有的按钮等装置与本专利的设计相同，尾部的凸起造型十分相似，因此，对比文件 3 与本专利所示产品为相同或相近似的外观设计产品。合议组认为，在进行相近似判断时，使用者在使用过程中容易看到部位设计的变化对整体视觉效果通常更具有显著的影响，但对于容易看到的部位不宜进行狭义的解释，对于电熨斗而言，应从整体形状出发判断相近似性而非某一侧面的投影视图，即电熨斗的侧面（对应于主视图、后视图）、上部（对应于俯视图）、前端面（对应于左视图）和后端面（对应于右视图）均为使用时容易看到的部位，在进行整体观察时均需进行考察。在前面的评述中已比较了本专利与对比文件 3 产品的侧面和后端面，二者产品具有明显的不同，下面对本专利与对比文件 3 的俯视图进行比较，可见二者存在以下不同：本专利把手被 U 形的半透明水箱所环绕，与把手和熨斗轮廓边缘部分形成深浅色对比关系，而对比文件 3 把手两侧为对称的两片深色区域，其面积较小并未形成对把手的环绕；本专利前额面的三个按钮均为圆形且呈品字形排列，头部一个较大，后面两个较小，对比文件 3 前额面的两个按钮一个为月牙形，一个近似圆形；由此可见，二者的俯视图亦存在较大不同，尤其是水箱的设计具有明显的差异，因此，请求人的上述理由不成立。

将本专利与对比文件1相比较，二者所示电熨斗头部均为圆滑的尖头造型，其侧面正投影从前额面至把手和底面尾部均为相似的弧线外形，均有握孔设计，底部熨烫面形状基本相同。其不同之处除有无环绕握孔的较大区域的半透明设计以及后端面有无凸块外，二者在尾部设计上还存在较大差别，本专利尾部呈"S"曲面形抬升且与外翘的后端面形成明显的凸起造型，对比文件3相应为较缓的弧面抬升，其与平面形的后端面无法形成凸起造型；此外，在前额面设计上也存在较大差别，本专利的前额面与熨斗体形成圆滑过渡，而对比文件1则在熨斗底盘上形成接缝线。因此，合议组认为，本专利与对比文件1所示电熨斗在整体视觉效果上的差别较大，二者明显属于不相同且不相近似的外观设计。

将本专利与对比文件2相比较，二者所示电熨斗头部均为圆滑的尖头造型，其侧面正投影从前额面至把手和底面尾部均为相似的弧线外形，均有握孔设计，底部熨烫面形状基本相同。其不同之处除有无环绕握孔的较大区域的半透明设计以及后端面有无凸块外，二者还存在如下区别：本专利熨斗底部的断热板横贯熨斗体，形成平滑的轮廓线，对比文件2相应的断热板轮廓线则终止于抬升尾部的中央，未形成贯穿熨斗体的轮廓线；从主视图来看，本专利熨斗较为细长，其长高比约为5：2，对比文件2熨斗则显得较高，其长高比约2：1；对比文件2前端面的中部设有一较大的椭圆形滑钮，而本专利前端面中部则无此设计。因此，合议组认为，本专利与对比文件2所示电熨斗在整体视觉效果上具有明显差别，二者属于不相同且不相近似的外观设计。

综上所述，在请求人提交的证据中，合议组将附件1（本专利公告文本）分别与附件2（对比文件1）、附件3（对比文件2）、附件4（对比文件3）所示外观设计进行了单独对比，认为本专利与三份对比文件均不相同也不相近似，因此，请求人提交的证据均不足以证明本专利在其申请日前已有相同或相近似的外观设计公开发表过，请求人据此证明本专利不符合专利法第23条规定的主张不能成立。

### 三、决定

维持00302642.6号外观设计专利权有效。

当事人对本决定不服的，可以根据专利法第46条第2款的规定，自收到本决定之日起三个月内向北京市第一中级人民法院起诉。根据该款的规定，一方当事人起诉后，另一方当事人应当作为第三人参加诉讼。

主视图 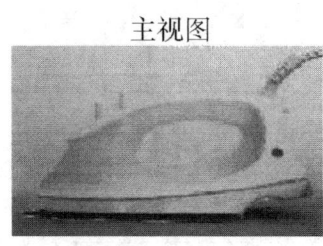 后视图 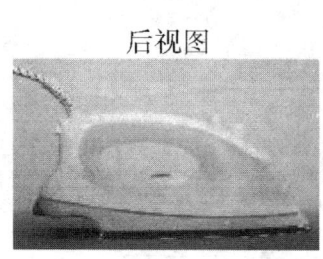 右视图

左视图 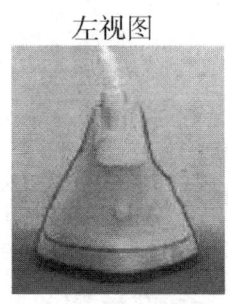 仰视图 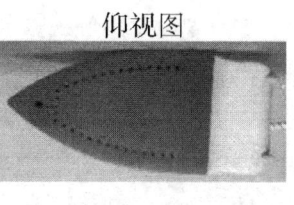 俯视图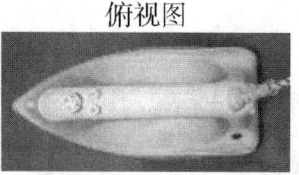

本专利附图

主视图 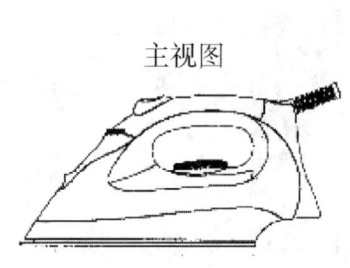 后视图 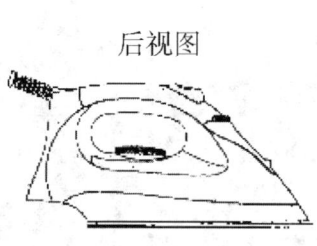 右视图  左视图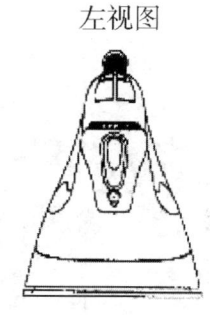

仰视图 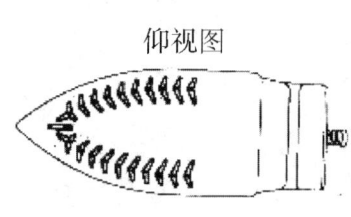 俯视图 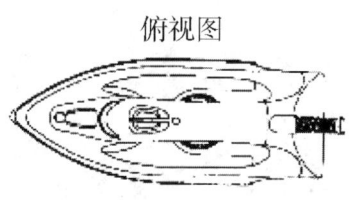 立体图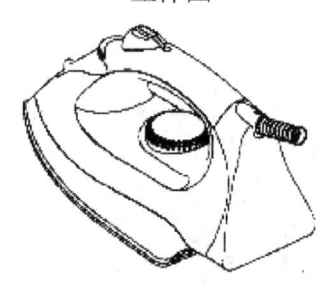

对比文件1附图

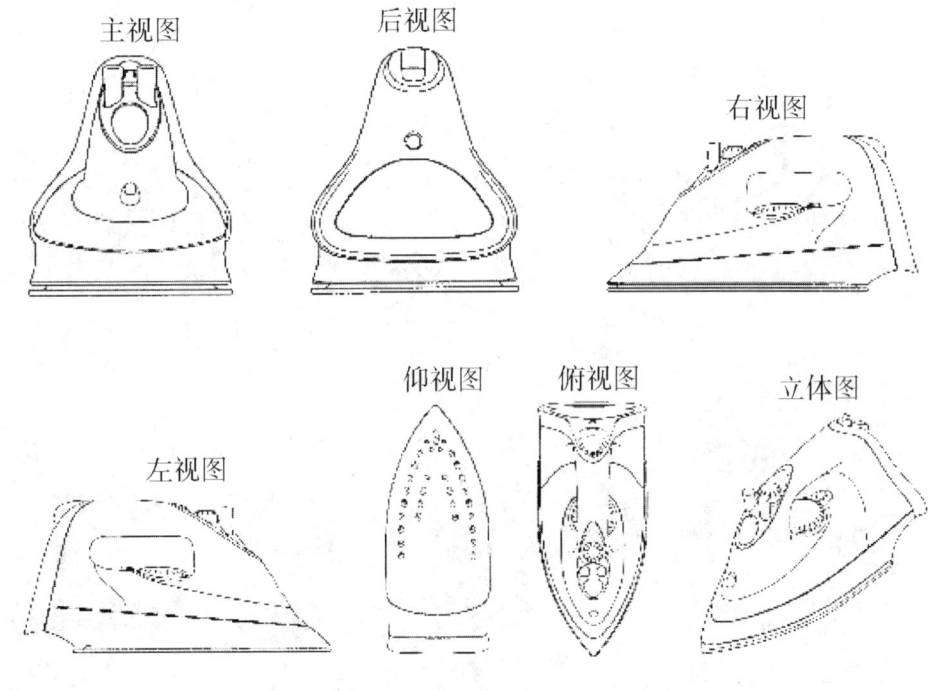

对比文件2附图

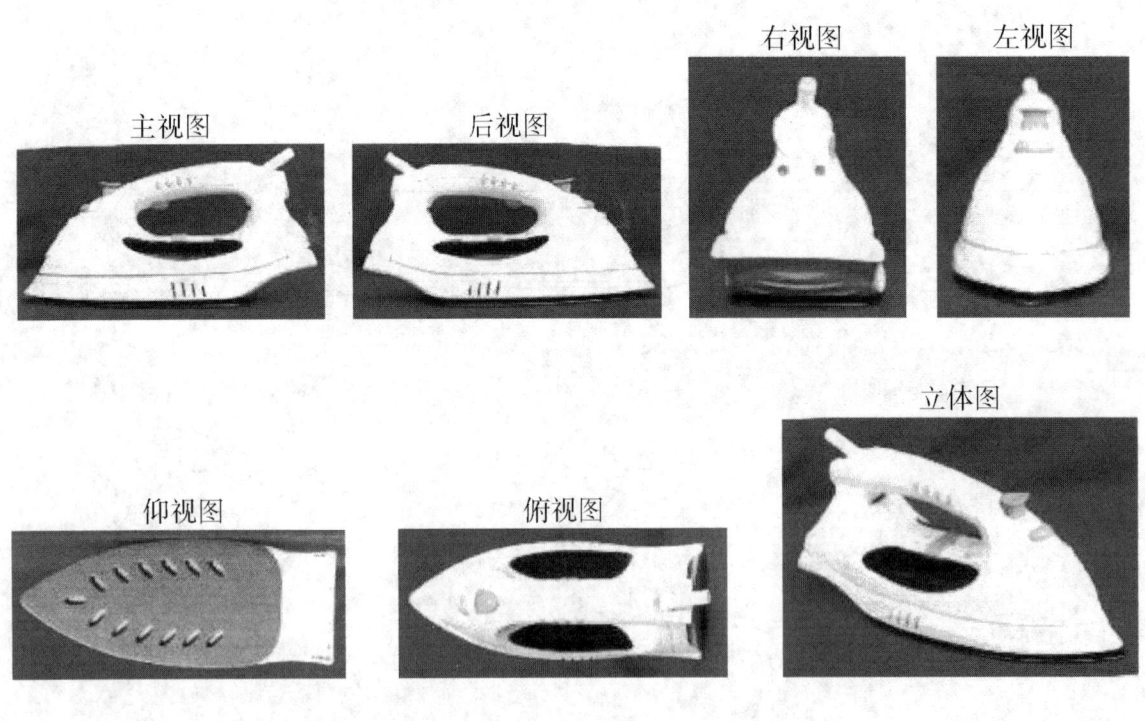

对比文件3附图

# 电熨斗（7562）

## 无效宣告请求审查决定（第10718号）

| | |
|---|---|
| 决 定 号 | 第10718号 |
| 决 定 日 | 2007年12月7日 |
| 发明创造名称 | 电熨斗（7562） |
| 外观设计分类号 | 07-05 |
| 无效宣告请求人 | 上海大金科技有限公司 |
| 专 利 权 人 | 厦门灿坤实业股份有限公司 |
| 专 利 号 | 00302642.6 |
| 申 请 日 | 2000年2月3日 |
| 授权公告日 | 2000年10月11日 |
| 合议组组长 | 钱亦俊 |
| 主 审 员 | 李亚林 |
| 参 审 员 | 危峰 |
| 附 图 | 2页 |
| 法律依据 | 专利法第23条 |
| 决定要点 | |

本专利所示电熨斗在熨斗体半透明设计形成的深浅色图案对比效果上与请求人提交的对比专利相比存在明显差别，形成了明显不同的整体视觉效果，因此其属于不相同且不相近似的外观设计。请求人据此证明本专利不符合专利法第23条规定的主张不能成立。

### 一、案由

本无效宣告请求涉及的是国家知识产权局于2000年10月11日授权公告的00302642.6号外观设计专利，使用该外观设计的产品名称为"电熨斗（7562）"，申请日是2000年2月3日，专利权人是厦门灿坤实业股份有限公司（下称专利权人）。

针对上述专利权（下称本专利），上海大金科技有限公司（下称请求人）于2007年3月5日向专利复审委员会提出无效宣告请求，其依据的事实和理由是：将本专利与其申请日之前授权公告的多篇电熨斗外观设计相比较，其均具有圆滑的尖头造型，侧面正投影从头部、前额面至把手和尾部形成曲线性；前额面均设有按钮等装置，把手与熨斗体呈圆滑过渡，把手下部为近似长椭圆形握孔，握孔内设有圆形调节盘；尾部均为曲面设计，在尾部形成凸起造型。可见对比专利均具备本专利所示电熨斗的主体外观特征，其形状雷同，容易造成一般消费者的误认，故属于相近似的外观设计，因此，本专利不符合专利法第 23 条的规定。为此，请求人提交了如下附件作为证据：

附件 1：本专利的公告文本复印件 1 页；

附件 2：98329756.8 号外观设计专利的公告文本复印件 1 页；

附件 3：99304207.4 号外观设计专利的公告文本复印件 1 页；

附件 4：97330086.8 号外观设计专利的公告文本复印件 1 页。

经形式审查合格专利复审委员会受理了该无效宣告请求，并于 2007 年 3 月 20 日将无效宣告请求书及其附件的副本转送给专利权人，要求其在指定期限内陈述意见。

2007 年 4 月 26 日专利权人提交了意见陈述书，专利权人认为：请求人提交的对比专利与本专利所示电熨斗的外观设计存在着明显的、相当大的差异，一般消费者不会产生误认，其属于不相同且不相近似的外观设计，同时进行了分析对比。

专利复审委员会于 2007 年 9 月 12 日将上述专利权人的意见陈述转送给请求人，并同时向双方当事人发出了口头审理通知书，定于 2007 年 10 月 22 日对本案进行口头审理。

口头审理如期举行，双方均委托代理人参加了审理。审理中双方均在坚持其原有观点的基础上重点对本专利和对比专利进行了详细分析对比。请求人认为在其提交的两份对比专利中附件 4 所示外观设计专利与本专利更相近似，专利权人对该三份对比专利文件的真实性无异议。

在双方当事人意见陈述及口头审理的基础上，合议组经合议，认为本案事实清楚，依法作出本审查决定。

**二、决定的理由**

基于请求人提出无效宣告请求所依据的事实和理由，合议组对本专利是否符合专利法第 23 条的规定进行审查。

专利法第 23 条规定：授予专利权的外观设计，应当同申请日以前在国内外出版物上公开发表过或者国内公开使用过的外观设计不相同和不相近似，并不得与他人在先取得的合法权利相冲突。

请求人提交的作为证据的附件 2 是 98329756.8 号外观设计专利的公告文本复印件，该专利申请日为 1998 年 12 月 24 日，授权公告日为 1999 年 10 月 27 日，使用该外观设计的产品名称为 "电熨斗"（下称对比文件 1）；附件 3 是 99304207.4 号外观设计专利的公告文本复印件，该专利申请日为 1999 年 3 月 25 日，授权公告日为 1999 年 12 月 29 日，使用该外观设计的产品名称为 "电熨斗（I4）"（下称对比文件 2）；附件 4 是 97330086.8 号外观设计专利的公告文本复印件，该专利申请日为 1997 年 12 月 31 日，授权公告日为 1998 年 12 月 16 日，使用该外观设计的产品名称为 "电熨斗"（下称对比文件 3）。经合议组核实，上述专利公告文本内容属实，其所示外观设计均在本专利申请日之前授权公告即公开发表，因此，可以适用专利法第 23 条的规定作为本案的有效证据。

对比文件 1、对比文件 2 和对比文件 3 均为 "电熨斗" 的外观设计，与本专利属相同种类的产品，故将其分别与本专利进行如下对比：

本专利包括六面视图，其所示电熨斗头部为圆滑的尖头造型，从主视图及后视图观察，其侧面正投影从头部、前额面至把手和后端面形成曲线形；前额面设有喷水口、注水孔和按钮装置，把手与熨斗体呈圆滑过渡，把手下部为近似长椭圆形握孔，握孔内设有向上突出的圆形调节盘；熨斗体环绕握孔至前额面区域形成连为一体的半透明设计，相对其他部分为深色区并形成接缝线，熨斗体下部有一条横贯熨斗体的接缝线；熨斗尾部下方为曲面设计，其相对于底部熨烫面呈 "S" 曲面形抬升，与下部向外翘起的后端面一起在尾部形成明显的凸起造型；从右视图观察，后端面近似于三角形且两条边线中部略向内弯曲，上部设有一弧形凸块且下部设有对称的两凸块；从仰视图观察底面设有八字形排列的蒸汽孔（详见本专利附图）。

对比文件 1 所示外观设计专利包括六面视图和立体图。该电熨斗头部为圆滑的尖头造型，从左视图及右视图观察，其前额面设有按钮等装置，前额面的下部在熨斗底盘内形成类似于底盘轮廓线的接缝线；前额面与把手以及后端面形成曲线形，把手下部为长条形圆角握孔，握孔内设有向上突出的圆形调节盘；熨斗尾部下方相对于底部熨烫面呈上凹形曲线抬升；从后视图观察，后端面为平面设计，其近似于三角形且两条边线中部略向内弯曲（详见对比文件 1 附图）。

对比文件 2 所示外观设计专利包括六面视图和立体图。该电熨斗头部为圆滑的尖头造型，从主视图及后视图观察，其侧面正投影从头部、前额面至把手和后端面形成曲线形；前额面设有按钮等装置，把手与熨斗体呈圆滑过渡，把手下部为近长椭圆形握孔，握孔内设有向上突出的圆形调节盘和按钮；尾部下方相对于底部熨烫面呈上凹形曲面抬升，与下部向外翘起的后端面一起在尾部形成凸起造型；从右视图观察，后端面光滑且近似于三角形（详见对比文件 2 附图）。

对比文件 3 所示外观设计专利包括六面视图和立体图。该电熨斗头部为圆滑的尖头造型，从主视图及后视图观察，其侧面正投影从头部、前额面至把手和后端面形成曲线形；前额面设有按钮等装置，把手与熨斗体呈圆滑过渡，把手下部为长条形圆角握孔；尾部下方相对于底部熨烫面呈曲面抬升，与下部向外翘起的后端面一起在尾部形成凸起造型；从右视图观察，后端面的上部为圆形，下部紧连着此圆形为一近似于倒置的碗形（详见对比文件 3 附图）。

将本专利与对比文件 3 相比较，二者所示电熨斗头部均为圆滑的尖头造型，其侧面正投影从前额面至把手和底面尾部有相似的弧线外形，均有握孔设计，底部熨烫面形状基本相同。其不同之处主要在于，本专利熨斗体环绕握孔的较大区域为半透明设计，相对其他部分形成深浅色对比关系，对比文件 3 在该区域无相应设计；本专利熨斗的后端面近似于三角形且两条边线中部略向内弯曲，对比文件 3 的后端面则分为明显的上下两部分，上部把手位置为圆形，下部两边线向外弯曲形成近似倒置的碗形；本专利熨斗后端面的上部设有弧形凸块且下部设有对称的两凸块，对比文件 3 在该区域无相应设计；本专利握孔内设有向上突出的圆形调节盘，对比文件 3 无相应设计；另有前额面按钮等不同设计。合议组认为，本专利熨斗体大面积半透明设计形成了明显的深浅色图案对比效果，相对于对比文件 3 白色熨斗体具有明显差别，本专利熨斗后端面的形状和其上的凸块以及握孔内的圆形调节盘等均与对比文件 3 具有较大差别，这些差别致使二者在整体上产生较大的视觉差别。而二者相似的圆滑尖头造型和基本相同的底面形状属于该产品的惯常设计，况且底面形状也是该产品十分弱化的视觉部位；在此情况下二者即使存在前述相同或相似之处，其也不足以形成相似的整体视觉效果，而上述不同构成了二者明显差别，因此，本专利与对比文件 3 所示外观设计不相同且不相近似。

请求人认为电熨斗处于使用状态下视觉能看到该产品的俯视状态，对比文件 3 熨斗的前额面设有的按钮等装置与本专利的设计相同，尾部的凸起造型十分相似，因此，对比文件 3 与本专利所示产品为相同或相近似的外观设计产品。合议组认为，在进行相近似判断时，使用者在使用过程中容易看到部位设计的变化对整体视觉效果通常更具有显著的影响，但对于容易看到的部位不宜进行狭义的解释，对于电熨斗而言，应从整体形状出发判断相近似性而非某一侧面的投影视图，即电熨斗的侧面（对应于主视图、后视图）、上部（对应于俯视图）、前端面（对应于左视图）和后端面（对应于右视图）均为使用时容易看到的部位，在进行整体观察时均需进行考察。在前面的评述中已比较了本专利与对比文件 3 产品的侧面和后端面，二者产品具有明显的不同，下面对本专利与对比文件 3 的俯视图进行比较，可见二者存在以下不同：本专利把手被 U 形的半透明水箱所环绕，与把手和熨斗轮廓边缘部分形成深浅色对比关系，而对比文件 3 把手两侧为对称的两片深色区域，其面积较小并未形成对把手的环绕；本专利前额面的三个按钮均为圆形且呈品字形排列，头部一个较大，后面两个较小，对比文件 3 前额面的两个按钮一个为月牙形，一个近似圆形；由此可见，二者的俯视图亦存在较大不同，尤其是水箱的设计具有明显的差异，因此，请求人的上述理由不成立。

将本专利与对比文件1相比较，二者所示电熨斗头部均为圆滑的尖头造型，其侧面正投影从前额面至把手和底面尾部均为相似的弧线外形，均有握孔设计，底部熨烫面形状基本相同。其不同之处除有无环绕握孔的较大区域的半透明设计以及后端面有无凸块外，二者在尾部设计上还存在较大差别，本专利尾部呈"S"曲面形抬升且与外翘的后端面形成明显的凸起造型，对比文件3相应为较缓的弧面抬升，其与平面形的后端面无法形成凸起造型；此外，在前额面设计上也存在较大差别，本专利的前额面与熨斗体形成圆滑过渡，而对比文件1则在熨斗底盘上形成接缝线。因此，合议组认为，本专利与对比文件1所示电熨斗在整体视觉效果上的差别较大，二者明显属于不相同且不相近似的外观设计。

将本专利与对比文件2相比较，二者所示电熨斗头部均为圆滑的尖头造型，其侧面正投影从前额面至把手和底面尾部均为相似的弧线外形，均有握孔设计，底部熨烫面形状基本相同。其不同之处除有无环绕握孔的较大区域的半透明设计以及后端面有无凸块外，二者还存在如下区别：本专利熨斗底部的断热板横贯熨斗体，形成平滑的轮廓线，对比文件2相应的断热板轮廓线则终止于抬升尾部的中央，未形成贯穿熨斗体的轮廓线；从主视图来看，本专利熨斗较为细长，其长高比约为5∶2，对比文件2熨斗则显得较高，其长高比约2∶1；对比文件2前端面的中部设有一较大的椭圆形滑钮，而本专利前端面中部则无此设计。因此，合议组认为，本专利与对比文件2所示电熨斗在整体视觉效果上具有明显差别，二者属于不相同且不相近似的外观设计。

综上所述，在请求人提交的证据中，合议组将附件1（本专利公告文本）分别与附件2（对比文件1）、附件3（对比文件2）、附件4（对比文件3）所示外观设计进行了单独对比，认为本专利与三份对比文件均不相同也不相近似，因此，请求人提交的证据均不足以证明本专利在其申请日前已有相同或相近似的外观设计公开发表过，请求人据此证明本专利不符合专利法第23条规定的主张不能成立。

### 三、决定

维持00302642.6号外观设计专利权有效。

当事人对本决定不服的，可以根据专利法第46条第2款的规定，自收到本决定之日起三个月内向北京市第一中级人民法院起诉。根据该款的规定，一方当事人起诉后，另一方当事人应当作为第三人参加诉讼。

主视图    后视图 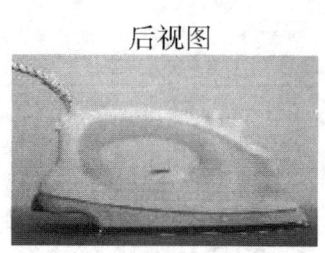   右视图

左视图    仰视图 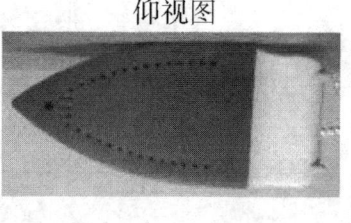   俯视图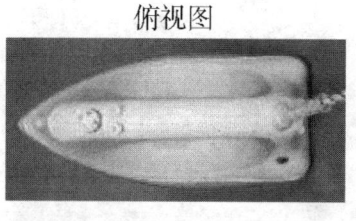

本专利附图

主视图 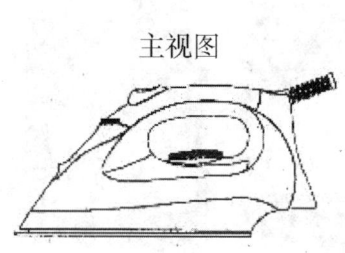   后视图 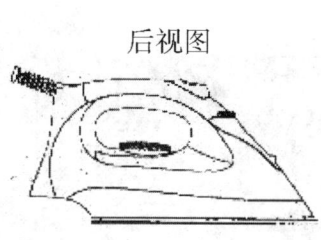   右视图 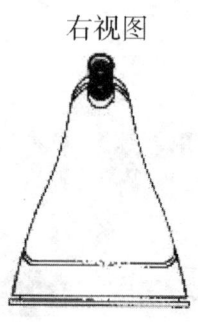   左视图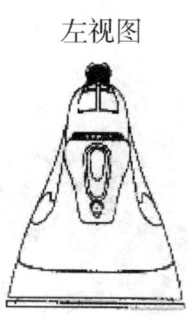

仰视图 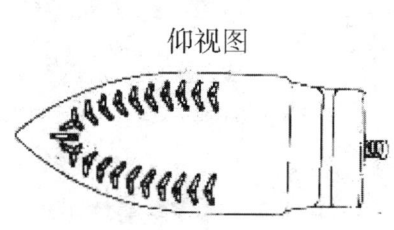   俯视图 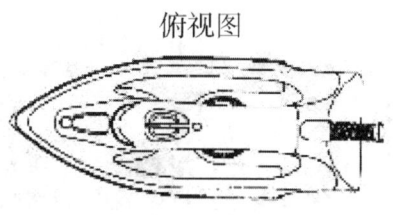   立体图

对比文件1附图

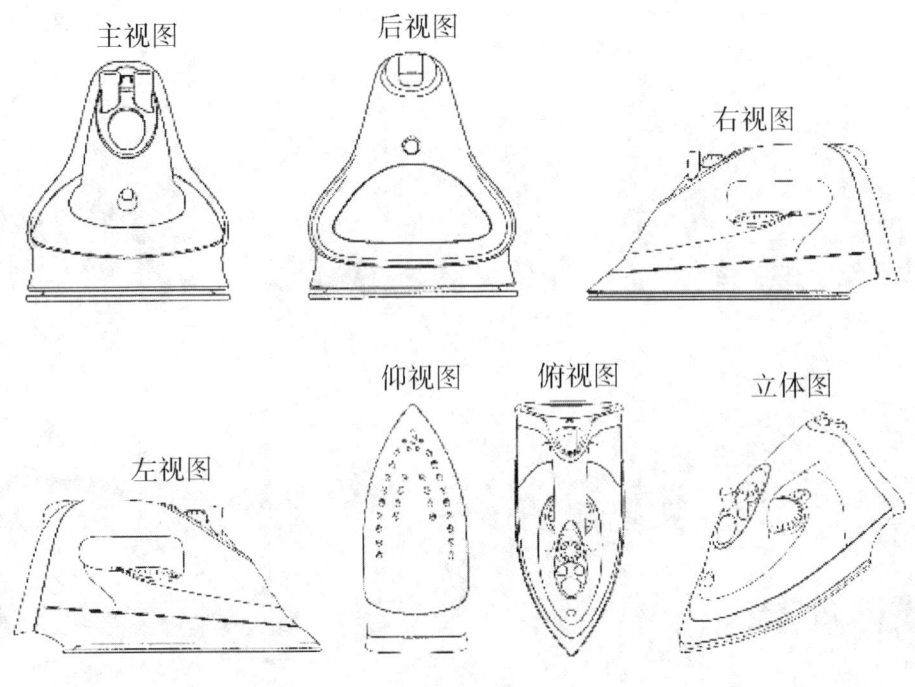

对比文件2附图

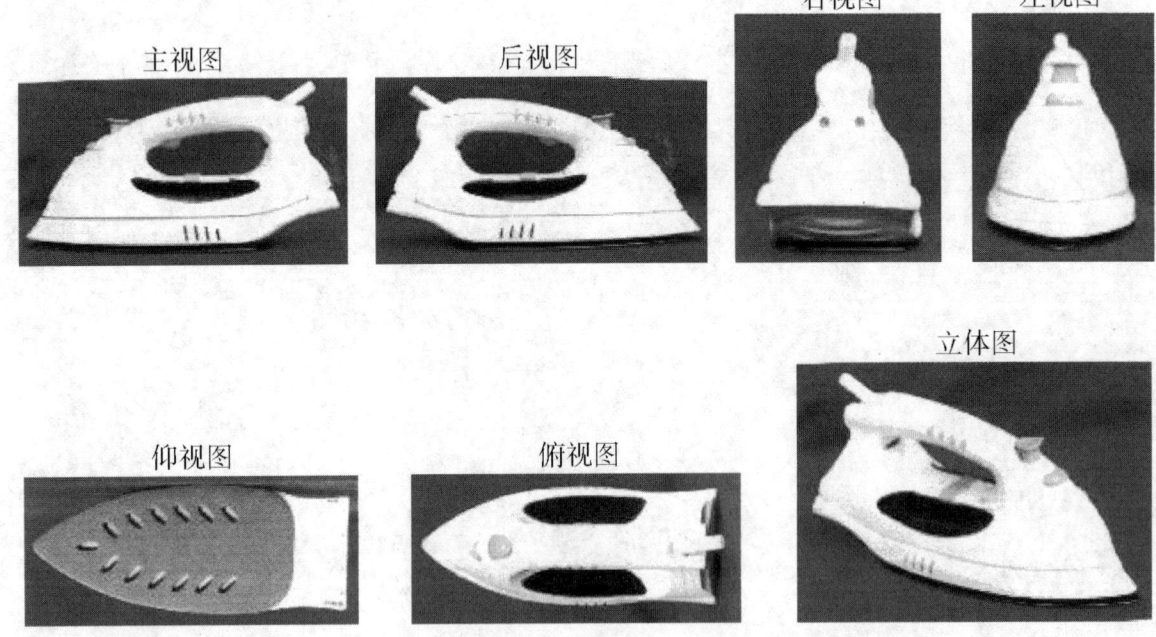

对比文件3附图

# 太阳能热水器支架（1）

## 无效宣告请求审查决定（第 10719 号）

| | |
|---|---|
| 决 定 号 | 第 10719 号 |
| 决 定 日 | 2007 年 11 月 23 日 |
| 发明创造名称 | 太阳能热水器支架（1） |
| 外观设计分类号 | 23-03 |
| 无效宣告请求人 | 张建峰 |
| 专 利 权 人 | 江苏太阳雨太阳能有限公司 |
| 专 利 号 | 200330111784.8 |
| 申 请 日 | 2003 年 11 月 6 日 |
| 授权公告日 | 2004 年 6 月 30 日 |
| 合议组组长 | 徐清平 |
| 主 审 员 | 毕艳红 |
| 参 审 员 | 瑜佳 |
| 附 图 | 2 页 |
| 法 律 依 据 | 专利法第 23 条 |
| 决 定 要 点 | 如果一般消费者经过对被比设计与在先设计的整体观察可以看出，二者的差别对于产品外观设计的整体视觉效果具有显著的影响，则被比设计与在先设计既不相同也不相近似。 |

### 一、案由

本无效宣告请求涉及国家知识产权局于 2004 年 6 月 30 日授权公告、申请号为 200330111784.8、名称为"太阳能热水器支架（1）"的外观设计专利（下称本专利），其申请日是 2003 年 11 月 6 日，原专利权人是连云港市太阳雨热水器制造有限公司，于 2006 年 12 月 27 日变更为江苏太阳雨太阳能有限公司。

针对上述专利权，张建峰（下称请求人）于 2006 年 11 月 14 日向国家知识产权局专利复审委员会提出无效宣告请求，其无效理由为本专利不符合专利法第 23 条的规定。请求人提交了如下附件作为证据：

附件 1：《太阳能信息》复印件共 2 页，在第 2 页最上面有"2 版"、"2003 年 10 月 16 日第 77 期"的字样。

请求人认为，2003 年 10 月 16 日在《太阳能信息》第 77 期第 2 版上公开发行的太阳能支架的侧面的外形是以"人"字形为基准进行适当的变形得到的，本专利左视图也是以"人"字形为基础，进行一定程度的变形而得,二者极为相似。从正视图来看,太阳能热水器的支架都是以此为结构设计的,外形一致,虽然附件1没有明显显示本专利的外形,但作为本行业内的普通人员,在确保热水器正常使用的情况下,必然是这样的外形,不需要创造性劳动即可获得。本专利在申请日以前已经在国内出版物上公开发表,不符合专利法第23条的相关规定,请求宣告其无效。

请求人于2006年12月6日补充提交如下附件作为证据(编号承前):

附件2:盖有"浙江图书馆业务专用章"的2002年第6期《太阳能》(双月刊)杂志封面、目录及产品介绍页复印件,共3页。

请求人使用附件2证明在本专利的申请日2003年11月6日之前,已有相类似产品在公开出版物上公开。

经请求人两次补正,克服了无效宣告请求书及授权委托书中存在的缺陷。

经形式审查合格,专利复审委员会受理了上述无效宣告请求,于2007年6月15日向双方当事人发出了无效宣告请求受理通知书,将请求人提交的无效宣告请求书及其附件清单中所列附件的副本转寄给专利权人,告知其可在指定期限内陈述意见。

针对上述无效宣告请求,专利权人于2007年7月12日提交了意见陈述书,专利权人认为:(1)"人"字形支撑是适用于太阳能热水器最基本最适合的支撑方式,在此基础上进行富有美感并适于工业应用的新设计是可以获得专利权保护的。请求人所提出的"进行适当的变形"表意不清;(2)本专利设计的要部在于整个支架的形状构成、前腿的弧度、桶托的形状、前腿、后腿及其与桶托的连接形状构成等等,请求人所提供的证据中并不能看出哪个太阳能热水器与本专利外观设计构成相同或相近似,上述理由无法律依据;(3)专利权人要求请求人提供所有证据的原件及其来源证明。

本案合议组于2007年9月5日向双方当事人发出口头审理通知书,定于2007年10月15日对本案进行口头审理,并随本口头审理通知书将专利权人于2007年7月12日提交的意见陈述书转给请求人。

口头审理如期举行,双方当事人均委托代理人出席了口头审理。

在口头审理中,双方当事人充分发表了意见并进行了辩论,合议组记录的重要事项如下:双方当事人对合议组的组成人员无回避请求,对对方当事人的资格以及出庭人员身份无异议;请求人明确无效宣告请求理由为:本专利外观设计已构成在先发表,不符合专利法第23条的规定;请求人当庭提交了附件1的原件及加盖了"浙江图书馆业务专用章"红色印章的附件2所示复印件的确认件。专利权人对附件1的真实性及其属于在先公开出版物无异议,但认为附件2第3页与前两页不具关联性;合议组告知专利权人的代理人于口头审理结束7日内提交证明其专利代理人身份的证明文件,否则视为公民代理。

2007年10月16日,专利权人的代理人刘喜莲提交了证明其代理人身份的执业证复印件一份共一页,其上盖有其所在的南京众联专利代理有限公司的红色印章。

在上述工作的基础上,合议组认为本案事实已经清楚,可以作出审查决定。

**二、决定的理由**

1. 无效宣告请求的理由

基于请求人提出无效宣告请求所依据的事实和理由,合议组对本专利是否符合专利法第23条的规定进行审查。

专利法第23条规定:"授予专利权的外观设计,应当同申请日以前在国内外出版物上公开发表过或者国内公开使用过的外观设计不相同和不相近似,并不得与他人在先取得的合法权利相冲突。"

2. 证据的审查和事实的认定

请求人先后共提交了两份附件作为本专利不符合专利法第23条的证据,附件1是2003年10月

16日第77期《太阳能信息》中的复印件共2页，附件2是加盖有"浙江图书馆业务专用章"的2002年第6期《太阳能》的复印件共3页，依据审查指南第四部分第三章第4.3.1节（2）的（ii）的规定，请求人在口头审理辩论终结前提交了用于完善证据法定形式的2003年《太阳能信息》合订本作为附件1的原件，以及加盖了"浙江图书馆业务专用章"的红色印章的附件2。

经合议组核实，附件1与2003年10月16日出版的第77期《太阳能信息》原件的首页及其第2版的内容一致，由于其发行日为2003年10月16日，早于本专利的申请日2003年11月6日，并且专利权人对附件1的真实性及其属于在先公开出版物均无异议，附件1可以作为评价本专利是否符合专利法第23条规定的证据，请求人指定附件1第2页上的"健湖太阳能"中靠上的一幅图和"中关园光霸"中的屋脊式最右面的一幅图与本专利外观设计进行比对（下称附件1上述两幅图所对应的外观设计分别为在先设计1、在先设计2）。

经合议组核实，附件2与加盖有"浙江图书馆业务专用章"红色印章的复印件内容一致，但是附件2中的第3页没有任何能够与前两页关联的信息，并且请求人需要使用第3页上的太阳能热水器与本专利外观设计进行比对，但由于存在上述不具有关联性的缺陷，不能证明上述第3页出自2002年第6期《太阳能》杂志，因此无法确定其公开的具体时间，专利权人对此也提出了异议，因此附件2不能作为本案的有效证据使用。

3. 关于专利法第23条

在先设计1、2与本专利均为太阳能热水器支架的外观设计，属相同种类产品，现将其与本专利进行如下相同或相近似性对比：

本专利包括六面正投影视图和立体图，右视图与左视图对称故省略，所示太阳能热水器由前、后腿和位于前、后腿上端结合处的桶托组成。前腿为较长的、向后腿方向倾斜并且圆滑过渡的圆弧线形、上窄下宽，后腿为从上向下逐渐加宽的直线形，桶托形成在与后腿垂直的平面上，其外侧边由后腿外侧边向上延伸，桶托上有两个圆弧形设计，一个为桶托最上端的圆弧形设计、用于放置热水器，一个为与前腿连接处形成的圆弧形，该圆弧由前腿上侧边缘逐渐圆滑过渡并一体成型，桶托的高度大约为后腿高度的1/3（详见本专利附图）。

在先设计1为一幅立体图，图中所示太阳能热水器支架由前、后腿和桶托组成，桶托形成在前后腿的结合处，前腿为较长的直线形设计，后腿较短、其上靠近前腿的内侧边缘线呈现向前腿倾斜一定角度的弧线、外侧边缘线为直线（详见在先设计1附图）。

在先设计2为一幅立体图，图中所示的太阳能热水器支架由前、后腿和桶托组成，桶托形成在前、后腿结合处的外侧，前腿为较长的、向后腿倾斜的直线形设计，后腿为较短的、向前腿倾斜的直线形设计（详见在先设计2附图）。

将本专利与在先设计1相比较，二者所示太阳能热水器支架虽在组成部分上均包括前、后腿和桶托，但在前、后腿形状的设计上，本专利的前腿为较长的、向后腿方向倾斜并且圆滑过渡的圆弧线形，而在先设计1的前腿为较长的、向后腿方向倾斜的直线形，本专利的后腿为较短的、基本为竖直的直线形，在先设计1的后腿为较短的、其靠近前腿的内侧边缘线为向前腿倾斜一定角度的圆弧线形、外侧边缘线为直线；另外，在桶托的设计上，本专利的桶托具有一定高度且桶托上有两处明显的弧度设计，在先设计1的桶托直接形成在前、后腿的结合处，并且未形成一定高度，虽然该桶托上端是否形成有放置热水器的弧度不可见，但在先设计1至少没有本专利桶托内侧的、与前腿一体成型的弧度设计。通过以上分析可知，本专利与在先设计1在前、后腿与桶托的形状及其相互位置关系的设计上存在显著差异，上述差别对二者的整体视觉效果具有显著影响，二者属于不相同且不相近似的外观设计。

将本专利与在先设计 2 相比较，二者所示太阳能支架虽在组成部分上均包括前、后腿和桶托，但在前后腿形状的设计上，本专利的前腿为较长的、向后腿方向倾斜并且圆滑过渡的圆弧线形而在先设计 2 的前腿为较长的、向后腿方向倾斜的直线形，本专利的后腿为较短的、基本上竖直的直线形，在先设计 2 的后腿为较短的、向前腿方向倾斜的直线形；在桶托的设计上，本专利的桶托具有一定高度、且桶托上有两处明显的弧度设计，在先设计 2 的桶托未形成明显的高度，并且虽然在先设计 2 桶托上端是否形成有放置热水器的弧度不可见，但在先设计 2 至少没有本专利桶托内侧的、与前腿一体成型的弧度设计；从前、后腿及桶托的相互位置关系来看，本专利的桶托形成在前、后腿结合处并在后腿向上延伸的竖直平面上，在先设计 2 的桶托形成在前腿顶端的竖直平面上，且桶托与前后腿的延长线均不在同一平面上。通过以上分析可知，本专利与在先设计 2 在前、后腿与桶托的形状及其相互位置关系的设计上均存在显著差异，上述差别对二者的整体视觉效果具有显著影响，二者属于不相同且不相近似的外观设计。

综上所述，本专利与请求人提交的证据所示外观设计均不相同也不相近似，请求人据此证明本专利不符合专利法第 23 条规定的无效宣告请求理由不能成立。

### 三、决定

维持 200330111784.8 号外观设计专利权有效。

当事人对本决定不服的，可以根据专利法第 46 条第 2 款的规定，自收到本决定之日起三个月内向北京市第一中级人民法院起诉。根据该款的规定，一方当事人起诉后，另一方当事人应当作为第三人参加诉讼。

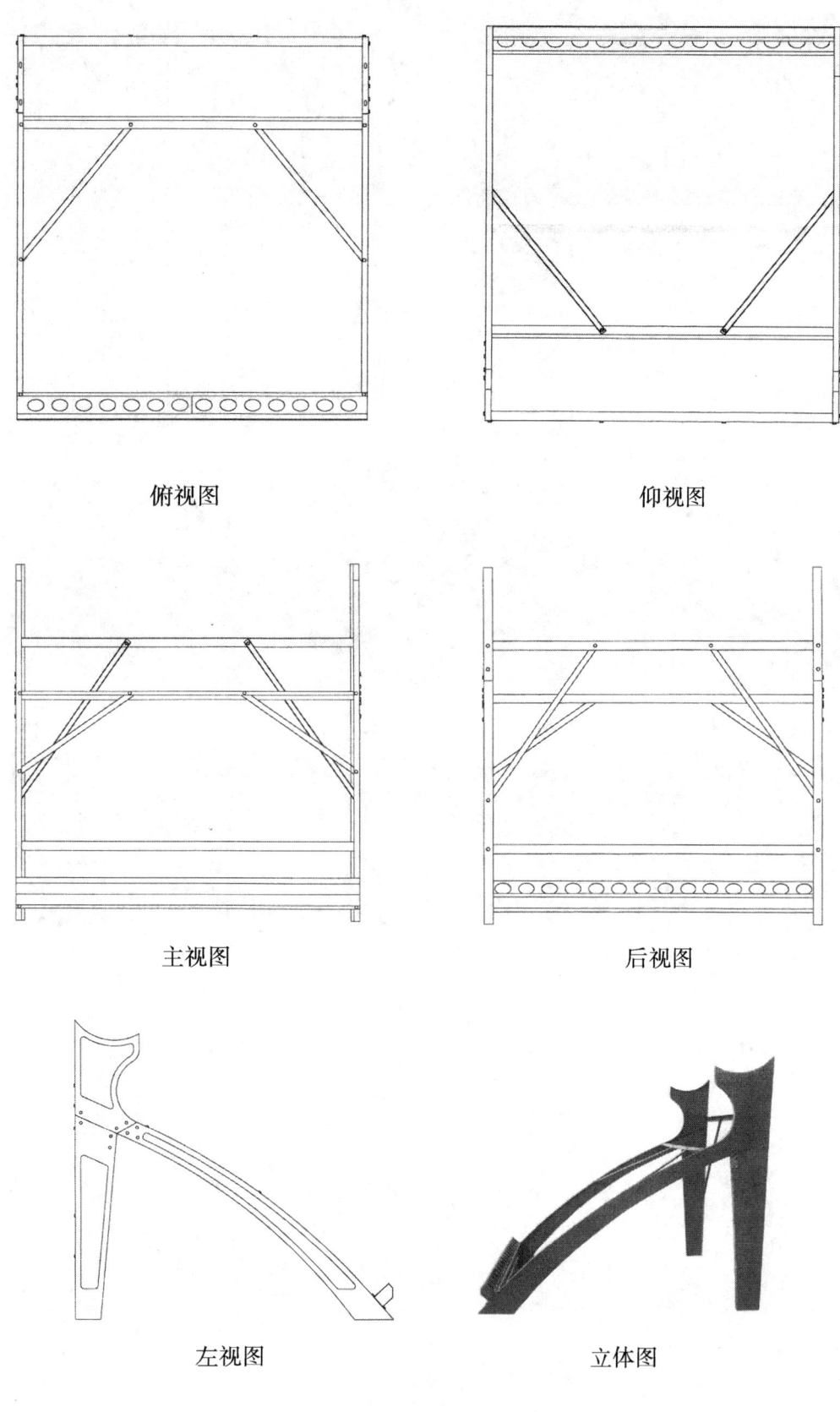

在先设计1附图

在先设计2附图

# 包装盒（圣天猴奶糖）

## 无效宣告请求审查决定（第 10720 号）

| | |
|---|---|
| 决 定 号 | 第 10720 号 |
| 决 定 日 | 2007 年 11 月 26 日 |
| 发明创造名称 | 包装盒（圣天猴奶糖） |
| 外观设计分类号 | 09-03 |
| 无效宣告请求人 | 上海金丝猴食品有限公司 |
| 专 利 权 人 | 王本臣 |
| 专 利 号 | 200530143409.0 |
| 申 请 日 | 2005 年 10 月 17 日 |
| 授 权 公 告 日 | 2006 年 9 月 13 日 |
| 合 议 组 组 长 | 张雪飞 |
| 主 审 员 | 程 华 |
| 参 审 员 | 乔东峰 |
| 附 图 | 2 页 |

**法 律 依 据** 专利法第 23 条

**决 定 要 点**

通常主视图所对应的面是使用时朝向消费者的面或者最大限度反映产品的整体设计的面，对一般消费者产生的视觉影响也最大。本专利和在先设计都是用于包装糖果的，二者在主视图的构图方法、图案设计、表现方式均基本相同的情况下，不同点只是局部细微的差别，对于产品外观设计的整体视觉效果不具有显著的影响，因此，二者属于相近似的外观设计。

### 一、案由

本无效宣告请求涉及国家知识产权局于 2006 年 9 月 13 日授权公告、申请号为 200530143409.0、名称为"包装盒（圣天猴奶糖）"的外观设计专利（下称本专利），其申请日是 2005 年 10 月 17 日，专利权人是王本臣。

针对上述专利权，上海金丝猴食品有限公司（下称请求人）于 2007 年 3 月 22 日向国家知识产权局专利复审委员会提出无效宣告请求，其无效宣告请求的理由为：（1）本专利与请求人在本专利申请日之前已经公开使用的外观设计相近似；（2）本专利外观设计与附件 1~5 所示外观设计相近似；（3）本专利与请求人在先取得的商标权相冲突，因此，本专利不符合专利法第 23 条的规定。请求人提交了如下附件作为证据：

附件1：02378901.8号中国外观设计专利文献复印件2页，公告日为2003年7月23日；
附件2：02378905.0号中国外观设计专利文献复印件3页，公告日为2003年7月23日；
附件3：200430107752.5号中国外观设计专利文献复印件3页，公告日为2005年7月27日；
附件4：200430107730.9号中国外观设计专利文献复印件2页，公告日为2005年8月3日；
附件5：200430107731.3号中国外观设计专利文献复印件2页，公告日为2005年8月3日；
附件6：商标注册材料复印件共37页。

经形式审查合格，专利复审委员会依法受理了上述无效宣告请求，于2007年5月14日向双方当事人发出无效宣告请求受理通知书，同时将请求人于2007年3月22日提交的无效宣告请求书及其附件清单中所列附件副本转交给专利权人，要求其在指定期限内答复。

针对上述无效宣告请求，专利权人未提交意见陈述。

专利复审委员于2007年9月13日向双方当事人发出口头审理通知书，定于2007年10月31日对本案进行口头审理。

口头审理如期举行，请求人出席了口头审理。专利权人未出席口头审理。在口头审理中请求人坚持原有观点。合议组当庭告知请求人：由于请求人未提交有关在先公开使用的证据，也未提交能够证明权利冲突的生效的处理决定或者判决，因此，其以在先公开使用、与在先权利相冲突为由提出的无效宣告理由不予审理。

在上述审理的基础上，合议组经合议，认为本案事实清楚，可以依法作出本审查决定。

## 二、决定的理由

1. 法律依据

专利法第23条规定：授予专利权的外观设计，应当同申请日以前在国内外出版物上公开发表过或者国内公开使用过的外观设计不相同和不相近似，并不得与他人在先取得的合法权利相冲突。

2. 证据的认定

请求人提交的附件2是国家知识产权局于2003年7月23日授权公告的、申请号为02378905.0、名称为"糖果包装袋（3）"的外观设计专利公报复印件，专利权人未对其真实性提出异议。经合议组核实，附件2所示内容真实，其公告日在本专利申请日之前，属于专利法第23条规定的出版物，可以适用于本案。

3. 外观设计近似性对比

本专利授权公报公开了5幅视图，分别为主视图、左视图、右视图、俯视图、仰视图，简要说明中记载后视图无设计要点，省略后视图。从视图观察，包装盒为长方体，正面中间位置为一正立着的长尾猴的图案，在该图案左侧偏下的位置上有分两行排列的"圣天猴奶糖，营养健康多一点！"细小字样，右侧偏下的位置上有"saint day monkey"细小字样，在主视图的下方从上至下有四条由细渐宽的波浪状曲线。仰视图上标有"圣天猴食品"的字样。其他视图另有细小的图案、文字排列（详见本专利附图）。

附件2公开了一款糖果包装袋的外观设计（下称在先设计），包括2幅视图，分别为主视图、后视图。从视图观察，糖果包装袋为长方形，正面中间位置为一正立着的长尾猴的图案，在长尾猴脚的位置上有从左到右以波浪线的方式排列的"金丝猴"三个字，在"猴"字的下方有相对字号较小的"奶糖"两个字，在上述两行字的正下方还有一行"Golden Monkey"字样，在长尾猴图案的左上方设计有细小的文字图案，在主要图案的下方从上至下有四条由细渐宽的波浪状曲线，主要图案的上方也设置有若干条波浪状曲线。后视图除上下波浪线排列外，主要为细小文字、图案排列（详见在先设计附图）。

合议组认为，本专利和在先设计均为糖果外包装的外观设计，用途相同，属于相同种类的产品，具有可比性。

将本专利与在先设计相比较，二者主要不同之处在于：（1）本专利由于是包装盒，其具有六个面，在先设计是一包装袋，其只有前后两个面；（2）从主视图上来看，二者在中间偏下的位置上标识的字样不同，并且本专利在长尾猴图案的上方无其他设计，在先设计所示的外观设计中在长尾猴图案的上方还设置有"金丝猴"艺术体字样和若干条波浪状曲线。

本案合议组认为：对于包装类产品而言，通常主视图所对应的面是购买和使用时朝向消费者的主要面，对一般消费者产生的视觉影响也最大。本专利与在先设计正面主要图案的设计和布局相近似，产生了同样的视觉效果，其他细小图案文字不足以产生显著的差别。其次，本专利其他面的设计主要为说明性文字和细小图案排列，且又处于视觉次要部位，故其与在先设计的区别不足以对整体视觉效果产生显著的影响，因此，本专利与在先设计属于相近似的外观设计。

综上所述，在本专利申请日以前已有与其相近似的外观设计在出版物上公开发表过，本专利不符合专利法第 23 条的规定。

鉴于上述已得出本专利不符合专利法规定的授权条件的结论，本决定对请求人提出的其他理由和证据不再予以评述。

三、决定

宣告 200530143409.0 号外观设计专利权全部无效。

当事人对本决定不服的，可以根据专利法第 46 条第 2 款的规定，自收到本决定之日起三个月内向北京市第一中级人民法院起诉。根据该款的规定，一方当事人起诉后，另一方当事人应当作为第三人参加诉讼。

主视图

右视图 左视图

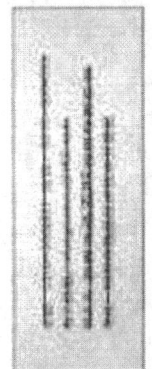 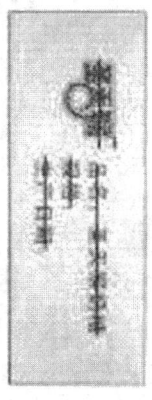

仰视图

俯视图

本专利附图

主视图

后视图

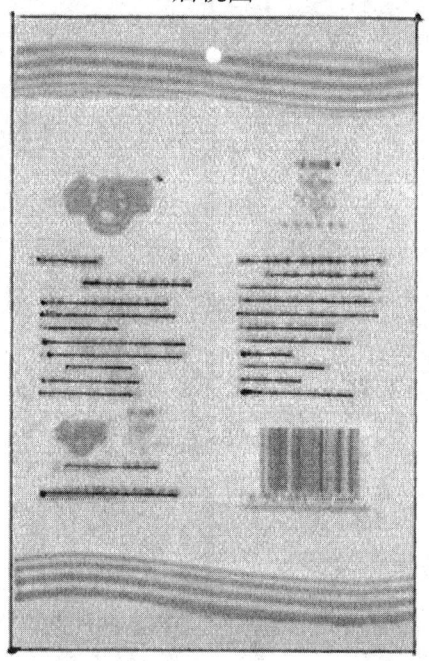

在先设计

# 包装盒（2）

## 无效宣告请求审查决定（第 10722 号）

| | |
|---|---|
| 决 定 号 | 第 10722 号 |
| 决 定 日 | 2007 年 11 月 26 日 |
| 发明创造名称 | 包装盒（2） |
| 外观设计分类号 | 09-03 |
| 无效宣告请求人 | （V&S Vin&Sprit AB）（publ） |
| 专 利 权 人 | 徐 凌，席 玉 |
| 专 利 号 | 200430052888.0 |
| 申 请 日 | 2004 年 9 月 30 日 |
| 授权公告日 | 2005 年 4 月 6 日 |
| 合议组组长 | 钟 华 |
| 主 审 员 | 程 华 |
| 参 审 员 | 李 卉 |
| 附 图 | 1 页 |

**法 律 依 据** 专利法第 23 条
**决 定 要 点**
  本专利和在先设计都是用于包装酒品的包装盒，二者的构图、图案均基本相同，不同点只是局部细微的差别，对于产品外观设计的整体视觉效果不具有显著的影响，因此，二者属于相近似的外观设计。

### 一、案由

本无效宣告请求涉及国家知识产权局于 2005 年 4 月 6 日授权公告、申请号为 200430052888.0、名称为"包装盒（2）"的外观设计专利（下称本专利），其申请日是 2004 年 9 月 30 日，专利权人是徐凌、席玉。

针对上述专利权，（V&S Vin&Sprit AB）（publ）（下称请求人）于 2007 年 3 月 28 日向国家知识产权局专利复审委员会提出无效宣告请求，其无效宣告理由为本专利不符合专利法第 23 条的规定。请求人提交的附件如下：

附件 1：无效宣告请求书附页 7 页及附件清单 1 页；
附件 2：2003 年出版的第 1 期某广告宣传册复印件 8 页及其相关公证认证页复印件 1 页（下称证据 1）；

附件3：证据1中广告宣传册复印件第2页下方图片说明部分中文译文复印件1页；

附件4：证据1中公证认证页的中文译文复印件1页；

附件5：2003年出版的第2期"pac snack"杂志复印件16页及其公证认证页复印件1页（下称证据2）；

附件6：证据2中公证认证页中文译文复印件1页；

附件7：2003年4月出版的某产品通讯复印件6页及其相关公证认证页复印件1页（下称证据3）；

附件8：证据3中公证认证页中文译文复印件1页；

附件9：ZL200430052888.0授权公告文本复印件共3页。

具体无效理由为：本专利与证据1~3中的外观设计相近似，不符合专利法第23条的规定。

经形式审查合格后，专利复审委员会受理了上述无效宣告请求，并于2007年5月14日向双方当事人发出了《无效宣告请求受理通知书》，并将《专利权无效宣告请求书》及其附件清单中所列附件的副本转送专利权人，要求其在指定期限内答复。

针对上述无效请求，专利权人未提交书面答复。

专利复审委员会依法成立合议组对本案进行审查。本案合议组于2007年9月5日向双方当事人发出口头审理通知书，定于2008年10月23日对本案进行口头审理。经与双方当事人协商并经双方当事人同意，合议组于2007年9月13日发文正式通知双方当事人将原定于2008年10月23日对本案进行的口头审理改期为2007年10月23日进行。

口头审理于2007年10月23日如期举行。专利权人未出席口头审理。在口头审理中，请求人对合议组无回避请求。请求人当庭提交了证据1~3的原件，并明确其无效宣告理由为：本外观设计专利分别与证据1~3中请求人当庭指认的包装箱图案相近似，不符合专利法第23条的规定；证据2第5、6页只是用来说明外观设计的色彩，并不用来与本专利相似性进行比较，使用证据2第7页右上角的图案与本专利进行相似性比较。

在上述工作的基础上，合议组认为本案事实已经清楚，可以作出如下审查决定。

二、决定的理由

1. 法律依据

专利法第23条规定：授予专利权的外观设计，应当同申请日以前在国内外出版物上公开发表过或者国内公开使用过的外观设计不相同和不相近似，并不得与他人在先取得的合法权利相冲突。

2. 证据的认定

请求人提交的证据2是一本名为"pac snack"瑞典杂志，其首页右下角标有"nr2 2003"字样，公证书表明安妮-玛丽 邦德，斯德哥尔摩公证人证明此文件是原始杂志真实和正确的拷贝文件，斯德哥尔摩外交部又证明安妮-玛丽 邦德，斯德哥尔摩公证人以其官方地位给出并签名上述证明，该公证书已经我国驻瑞典大使馆认证。对此，专利复审委员会在向双方当事人发出无效宣告请求受理通知书时，已将证据2转送给专利权人，专利权人未对其真实性提出异议，证据2的真实性应予以确认。经合议组核实，证据2是一份2003年出版的杂志，根据审查指南的相关规定，出版物的印刷日视为公开日，印刷日只写明年份的，以所写年份的12月31日为公开日，因此合议组认定其公开日为2003年12月31日，该日期在本专利申请日之前，证据2属于专利法第23条规定的在先公开的出版物。请求人当庭指认的证据2中包装箱外观设计（下称在先设计）与本专利都属于一种酒类的包装盒，两者用途相同，属于同类产品，在外观设计相近似判断中具有可比性，可以作为在先设计适用于本案。

3. 外观设计近似性对比

本专利授权公报公开了 2 幅视图，即主视图和立体图，简要说明中记载其他视图无设计要点，省略其他视图。从图示可见，本专利所示包装盒的整体形状是长方体，从本专利主视图观察，上方为相互交错倚靠的两个向右前方倾斜的立体瓶体，位于画面前方的瓶体的倾斜角度大一些，瓶体只显示了瓶盖、瓶颈和部分瓶身，位于画面后方的瓶体的倾斜角度小一些，并且只显示了部分瓶底，其他部分被位于画面前方的瓶体所遮挡，位于画面前方的瓶体其瓶身偏上方的圆形图案标识是完整的，偏下方该酒品的名称文字设计则不完整，该名称的残缺部分刚好是位于画面后方的瓶体所显示的部分，主视图的下方标有"PURE VODKA"字样，在该行字样的下方还有一行文字设计。从立体图上可以看出，俯视图与主视图的设计相同，右视图上方无设计要点，下方是商品标识条形码设计以及一些文字设计（详见本专利附图）。

在先设计仅包括 1 幅视图，即包装盒的立体视图，在正面偏上的位置上标有"ABSOLUT VODKA"字样，占据画面大部分设计的是一个向右前方倾斜的立体瓶体设计，瓶体只显示了瓶盖、瓶颈和部分瓶身，瓶身偏上方的圆形图案标识和偏下方该酒品的名称文字设计是完整的，瓶体右侧有一个阴影部分（详见在先设计附图）。

将本专利与在先设计相比较，二者在视图的构图上均采用瓶体图案与文字图案设计，且图案和文字在整体画面中所占比例相同，瓶体图案居中处于主体位置；瓶体的形状及其上的圆形图案标识和酒品名称的文字设计基本相同，文字图案近似。二者不同之处在于：（1）本专利主视图上的字样设计在瓶体图案的正下方，在先设计是在瓶体图案的正上方的位置上标有字样设计；（2）本专利中的图案设计为两个瓶体相互交错倚靠，在先设计所示的瓶体是单个瓶体；（3）在先设计未公开俯视图。

本案合议组认为：根据审查指南中的规定"文字和数字的字音、字义不属于外观设计保护的内容"，包装盒上出现的包括产品名称在内的文字不考虑其作为文字的字意，仅为一种图案，本专利与在先设计文字图案近似，仅位置不同不足以对整体视觉效果产生显著的影响；二者都是用于包装酒瓶的包装盒，其中重点要突出的单个瓶体本身的图案设计基本相同，且在整体构图、瓶体图案均基本相同的情况下，二者瓶体数量的差异对于产品外观设计的整体视觉效果不具有显著的影响；本专利的俯视图的图案与其主视图相同，因此，本专利俯视图也不能给二者带来显著不同的整体视觉效果。综上，本专利与在先设计所示包装盒形状相同，主视图近似，二者区别均不能给产品的整体视觉效果带来显著的影响，二者应属于相近似的外观设计。

综上所述，在本专利申请日以前已有与其相近似的外观设计在出版物上公开发表过，本专利不符合中国专利法第 23 条的规定。

鉴于本专利与在先设计相近似，不符合专利法第 23 条的规定，因此，对于请求人提交的其他证据不再予以评价。

三、决定

宣告 200430052888.0 号外观设计专利权全部无效。

当事人对本决定不服的，可以根据专利法第 46 条第 2 款的规定，自收到本决定之日起三个月内向北京市第一中级人民法院起诉。根据该款的规定，一方当事人起诉后，另一方当事人应当作为第三人参加诉讼。

主视图

立体图

本专利附图

在先设计

# 包缝机（52003200）

## 无效宣告请求审查决定（第10724号）

| | |
|---|---|
| 决 定 号 | 第10724号 |
| 决 定 日 | 2007年12月11日 |
| 发明创造名称 | 包缝机（52003200） |
| 外观设计分类号 | 15-06 |
| 无效宣告请求人 | 飞马缝纫机制造株式会社 |
| 专 利 权 人 | 王必斌 |
| 专 利 号 | 200430071829.8 |
| 申 请 日 | 2004年8月19日 |
| 授权公告日 | 2005年5月11日 |
| 合议组组长 | 耿 博 |
| 主 审 员 | 朱明雅 |
| 参 审 员 | 郭鹏鹏 |
| 附 图 | 2页 |

**法律依据** 专利法第23条

**决定要点**

如果被比专利与在先设计的差别极其细小，且区别位于不显著位置，则该差别不足以对整体视觉产生显著影响，因此被比专利与在先设计属于相近似的外观设计，不符合专利法第23条的规定。

### 一、案由

本无效宣告请求涉及国家知识产权局于2005年5月11日授权公告、名称为"包缝机（52003200）"的外观设计专利（下称本专利），其申请日为2004年8月19日，申请号为200430071829.8，专利权人是王必斌（下称专利权人）。

飞马缝纫机制造株式会社（下称请求人）于2007年1月11日针对该外观设计专利权（下称本专利）以本专利不符合专利法第23条的规定为理由提出无效宣告请求，并提交证据如下：

证据1：ZL02369177.8号中国外观设计专利公报，授权公告日为2003年6月18日。

请求人主张：证据1是请求人于2002年11月29日提出申请，并于2003年6月18日授权公告的外观设计专利，其公开日在本专利的申请日之前。本专利与证据1中公开的外观设计相同，故本专利不符合专利法第23条的规定，请求宣告本专利无效。

经形式审查合格后，专利复审委员会受理了该无效宣告请求，于2007年2月28日向双方当事人发出受理通知书，并将请求人提交的请求书及其附件的副本转送给专利权人，要求专利权人在收到受理通知书之日起 1 个月内陈述意见。

专利权人未在指定期限内提交意见陈述书。

专利复审委员会依法成立合议组，并于 2007 年 8 月 27 日向双方当事人发出合议组成员告知通知书。

双方均未答复，因此视为对合议组成员无回避请求。

至此，本案合议组认为本案事实已经清楚，可以在此基础上依法作出审查决定。

## 二、决定的理由

1. 证据的认定

请求人提交的证据 1 为申请日之前公开的专利文献，经合议组核实，其真实性可以确认，且证据 1 与本专利属于同类产品，因此可作为在先设计与本专利进行相同或相近似性的比较。

2. 关于专利法第 23 条

专利法第 23 条规定，授予专利权的外观设计，应当同申请日以前在国内外出版物上公开发表过或者国内公开使用过的外观设计不相同和不相近似，并不得与他人在先取得的合法权利相冲突。

本专利为包缝机，从主视图上看，本专利的整体外观大致呈"⌐"形，左侧为缝纫台，右侧为缝纫机身，高出左侧，缝纫机身的左上顶部有一个较小的圆柱形调节螺帽，机身中上部有一长方形导线板，导线板的右侧为半圆形，导线板的底部并排有 4 个夹线器；从右视图上看，机身右侧有一皮带罩，皮带罩的形状大致为半个心形，表面呈波纹状；从左视图上看，机头左侧有压脚调压螺钉、抬压脚手柄、压脚臂和压脚；从左、右视图以及俯视图上看，机身顶部的上盖呈半圆柱状，其上有两个圆孔；从后视图上看，机身中部有一竖柄与一斜横向柄杆相联，以及 4 个固定螺丝的孔眼（具体内容可参见附图 1）。

证据 1 公开了一种缝纫机，从主视图上看，证据 1 的整体外观大致呈"⌐"形，左侧为缝纫台，右侧为缝纫机身，高出左侧，缝纫机身的左上顶部有一个较小的圆柱形调节螺帽，机身中上部有一长方形导线板，导线板的右侧为半圆形，导线板的底部并排有 4 个夹线器；从右视图上看，机身右侧有一皮带罩，皮带罩的形状大致为半个心形，表面呈波纹状；从左视图上看，机头左侧有压脚调压螺钉、抬压脚手柄、压脚臂和压脚；从左、右视图以及俯视图上看，机身顶部的上盖呈半圆柱状，其上有两个圆孔；从后视图上看，机身中部有一竖柄与一斜横向柄杆相联，以及 2 个固定螺丝的孔眼（具体内容可参见附图 2）。

本专利与证据 1 相比，整体外形以及各个部件形状、比例、位置均相同。两者的区别仅在于：从后视图上看，两者固定螺丝的圆孔数目不同：本专利为 4 个孔，证据 1 仅有 2 个。但这点区别极其细小，且位于一般消费者不容易观察到的机身后部，因此不足以对两者的整体视觉产生显著影响。

综上，本专利与证据 1 相比属于相近似的外观设计，本专利不符合专利法第 23 条的规定。

## 三、决定

宣告第 200430071829.8 号外观设计专利权无效。

当事人对本决定不服的，可以根据专利法第 46 条第 2 款的规定，自收到本决定之日起三个月内向北京市第一中级人民法院起诉。根据该条款的规定，一方当事人起诉后，另一方当事人应当作为第三人参加诉讼。

附图1：本专利

俯视图

后视图
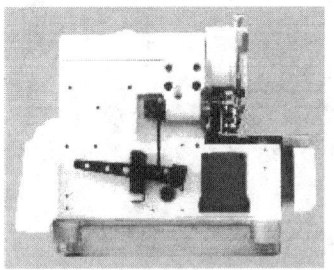

仰视图

右视图
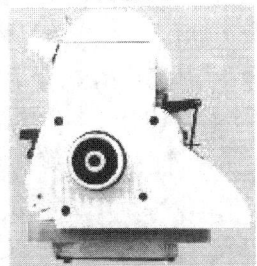

主视图
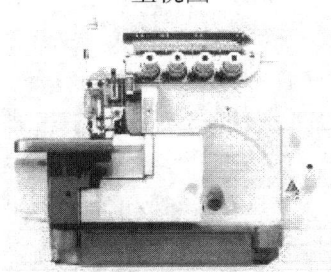

左视图
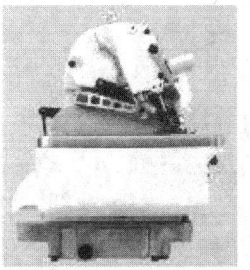

附图2：证据1

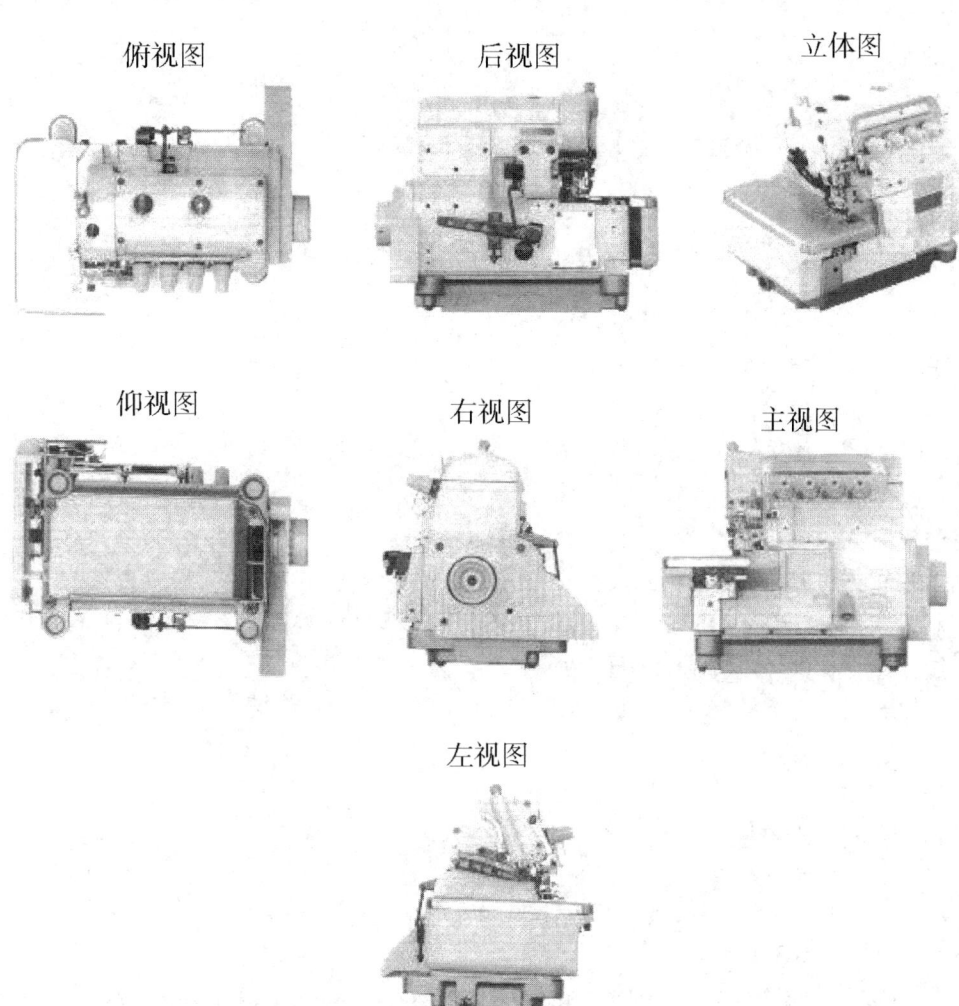

# 包装盒

## 无效宣告请求审查决定（第 10727 号）

| | |
|---|---|
| 决 定 号 | 第 10727 号 |
| 决 定 日 | 2007 年 12 月 12 日 |
| 发明创造名称 | 包装盒 |
| 外观设计分类号 | 09-03 |
| 无效宣告请求人 | 林英华 |
| 专 利 权 人 | 刘绍飞 |
| 专 利 号 | 200530015225.6 |
| 申 请 日 | 2005 年 5 月 17 日 |
| 授 权 公 告 日 | 2006 年 3 月 15 日 |
| 合 议 组 组 长 | 徐清平 |
| 主 审 员 | 周 佳 |
| 参 审 员 | 严若艳 |
| 法 律 依 据 | 专利法第 23 条，专利法实施细则第 2 条第 3 款 |
| 决 定 要 点 | |

请求人提交的各项附件均为复印件，未提交原件，无法核实其真实性，故不能作为定案依据，请求人提出的无效宣告请求的理由不成立。

### 一、案由

本无效宣告请求涉及的是 2006 年 3 月 15 日国家知识产权局授权公告的 200530015225.6 号外观设计专利，其使用该外观设计的产品名称为"包装盒"，申请日为 2005 年 5 月 17 日，专利权人为刘绍飞。

针对上述外观设计专利（下称本专利），2007 年 8 月 15 日林英华（下称请求人）向专利复审委员会提出无效宣告请求，其理由是本专利不符合专利法实施细则第 2 条第 3 款和专利法第 23 条的规定。请求人主张的事实是本专利所示包装盒为行业通用的包装盒，在其申请日前已有与本专利相近似的包装盒存在，请求人提交了 3 个附件作为证据：

附件 1：YITONG 牌起子头包装盒照片复印件，1 页；
附件 2：誉厦（YUSHA）牌工业用批咀包装盒复印件，1 页；
附件 3：沪工牌起子头包装盒照片复印件，1 页。

经形式审查合格后，专利复审委员会受理了上述无效宣告请求，于 2007 年 8 月 16 日向双方当事人发出无效宣告请求受理通知书，并将无效宣告请求书及其附件的副本转送给专利权人，要求其在指定期限内答复。

2007年9月20日，专利复审委员会收到专利权人提交的意见陈述书，其认为请求人提交的各项证据均没有公开具体的出版日期，不能证明本专利不符合专利法实施细则第2条第3款和专利法第23条的规定，请求予以维持专利权有效。

2007年11月1日专利复审委员会向双方当事人发出口头审理通知书，定于2007年12月11日对本案进行口头审理，并随口头审理通知书将专利权人提交的意见陈述书转送给请求人。

2007年11月26日请求人提交口头审理通知书回执，声明不能参加口头审理。

口头审理如期举行，专利权人及其代理人出席了口头审理，请求人未出席口头审理。专利权人对合议组成员没有回避请求。请求人未提交任何书面意见陈述，视为对合议组成员无回避请求。口头审理中，专利权人对附件1至附件3的真实性有异议，认为其均不是本专利申请日之前的证据，且与本案均无关联性，本专利符合专利法的相关规定。

至此，在口头审理的基础上，合议组经合议，认为本案事实清楚，依法作出本审查决定。

## 二、决定的理由

1. 法律依据

基于请求人提出的无效宣告请求理由，合议组对本专利是否符合专利法实施细则第2条第3款和专利法第23条的规定进行审查。

专利法实施细则第2条第3款规定，专利法所称外观设计，是指对产品的形状、图案或者其结合以及色彩与形状、图案的结合所作出的富有美感并适于工业应用的新设计。

专利法第23条规定：授予专利权的外观设计，应当同申请日以前在国内外出版物上公开发表过或者国内公开使用过的外观设计不相同和不相近似，并不得与他人在先取得的合法权利相冲突。

2. 关于专利法实施细则第2条第3款

请求人提起本无效宣告请求的理由之一是专利法实施细则第2条第3款，但并未结合证据具体说明该无效宣告理由，不符合专利法实施细则第64条的规定，故合议组对该理由不作审理。

3. 关于专利法第23条

请求人提交的附件1至附件3分别为YITONG牌、誉厦（YUSHA）牌和沪工牌起子头包装盒的照片复印件，复印件模糊不清，且请求人未提交上述附件的原件，无法核实其真实性，故合议组对附件1~3不予采信。请求人据此提出本专利不符合专利法第23条的理由不能成立。

4. 综上所述，请求人认为本专利不符合专利法实施细则第2条第3款和专利法第23条规定的无效宣告理由均不成立。

## 三、决定

维持200530015225.6号外观设计专利权有效。

当事人对本决定不服的，可以根据专利法第46条第2款的规定，自收到本决定之日起三个月内向北京市第一中级人民法院起诉。根据该款的规定，一方当事人起诉后，另一方当事人应当作为第三人参加诉讼。

# 玩具（变形金刚雷达战士）

## 无效宣告请求审查决定（第 10728 号）

| | |
|---|---|
| 决 定 号 | 第 10728 号 |
| 决 定 日 | 2007 年 11 月 29 日 |
| 发明创造名称 | 玩具（变形金刚雷达战士） |
| 外观设计分类号 | 21-01 |
| 无效宣告请求人 | 株式会社万代 |
| 专 利 权 人 | 陈振楷 |
| 申 请 号 | 200430075942.3 |
| 申 请 日 | 2004 年 9 月 27 日 |
| 授 权 公 告 日 | 2005 年 3 月 23 日 |
| 合 议 组 组 长 | 钟 华 |
| 主 审 员 | 李改平 |
| 参 审 员 | 周 佳 |
| 附 图 | 2 页 |

法 律 依 据　专利法第 23 条
决 定 要 点
在先设计与本专利属于相近似的外观设计，故本专利权的授予不符合专利法第 23 条的规定。

## 一、案由

本无效宣告请求涉及的是国家知识产权局于 2005 年 3 月 23 日授权公告的、名称为"玩具（变形金刚雷达战士）"的外观设计专利，其申请号是 200430075942.3，申请日是 2004 年 9 月 27 日，专利权人是陈振楷。

针对上述专利权（下称本专利），株式会社万代（下称请求人）于 2007 年 3 月 30 日向专利复审委员会提出无效宣告请求，其理由是本专利权的授予不符合专利法第 23 条的规定，其主张的事实是在本专利申请日之前已有相同的外观设计在日本出版物上公开发表过。请求人提交了如下证据：

附件 1：本专利授权公告网上公开信息的复印件；
附件 2：附件 3~6 的证明书及公证和认证文件的复印件共 3 页；
附件 3：《ガンプラ大全集 2004》（《敢达模型大全集 2004》）杂志的封面、第 13 页和第 194 页的复印件共 3 页；
附件 4：《HOBBY JAPAN》（《业余爱好日本》）杂志 2004 年 1 月号的封面、第 40~43 页、第

366 页的复印件共 6 页；

附件 5：《电击 HOBBY》（《电击业余爱好》）杂志 2003 年 6 月号的封面、第 92 页、第 294 页的复印件共 3 页；

附件 6：《电击 HOBBY》（《电击业余爱好》）杂志 2003 年 9 月号的封面、第 77 页、第 298 页的复印件共 3 页。

2007 年 4 月 29 日，专利复审委员会收到了请求人提交的上述附件 2~6 的中文译文。

专利复审委员会经形式审查合格受理了该无效宣告请求，并于 2007 年 6 月 1 日将请求书及相关证据材料副本转送给专利权人，要求其在指定的期限内答复。专利权人逾期未作答复。

2007 年 8 月 9 日，专利复审委员会向双方当事人发出口头审理通知书，定于 2007 年 9 月 26 日进行口头审理。

口头审理如期举行，请求人的代理人出席口头审理，对合议组成员无回避请求。专利权人未出席口头审理，专利复审委员会也没有收到其任何书面答复，故视为专利权人对合议组成员无回避请求。口头审理中，请求人就提交的证据进行了意见陈述并坚持原有主张，提交了附件 2~6 的原件以及相关杂志当年期刊的全部原件。

至此，在口头审理的基础上，合议组认为本案事实清楚，可以依法作出审查决定。

## 二、决定的理由

请求人提出的无效宣告请求的理由是：本专利权的授予不符合专利法第 23 条的规定。

专利法第 23 条规定：授予专利权的外观设计，应当同申请日以前在国内外出版物上公开发表过或者国内公开使用过的外观设计不相同和不相近似，并不得与他人在先取得的合法权利相冲突。

请求人提交的附件 3 是《敢达模型大全集 2004》杂志相关页的复印件，附件 2 为附件 3 的公证认证文件的复印件，并于 2007 年 4 月 29 日提交了附件 3 的中文译文。在口头审理中，请求人提交了附件 2 和附件 3 的原件。在附件 2 中，万代株式会社董事长上野和典出具了证言："附加文件确实为下列书籍的真实复印件"，该证言经日本东京法务局公证人川岛贵志郎公证，又经东京法务局、日本外务省、中国驻日本大使馆认证。针对上述证据，专利权人始终未提交意见陈述，也未提交任何相反证据证明其不真实，亦不出席口头审理。合议组认为，附件 3 作为域外证据，已经履行了相应的证明手续，且在规定期限内提交了中文译文，符合审查指南第四部分第八章无效宣告程序中有关证据问题的规定，且专利权人未对其提出质疑，因此请求人提供的附件 3 真实可信，《敢达模型大全集 2004》杂志（下称证据 1）属于专利法意义上的出版物。在证据 1 的第 194 页上注明其发行日是 2004 年 3 月 5 日，在本专利申请日（2004 年 9 月 27 日）之前，其第 13 页刊载了一款名称为 "GAT-X370 RAIDER GUNDAM" 玩具图片。故证据 1 可以作为判断本专利是否符合专利法第 23 条的依据。

本专利和在先设计均为玩具，两者用途相同，故可以进行近似性对比。使用本专利的产品名称是"玩具（变形金刚雷达战士）"，其整体形状呈拟人形设计，各个组成部分呈机械零部件形态的设计。本专利头顶具有 "V" 字形头角，双肩呈手枪形，小腿下部各有两个向下的铃铛状部件，右手持双管射击器，背部有似鹰翅般的两翼（详见本专利附图）。

从上述证据 1 上记载的 "GAT-X370 RAIDER GUNDAM" 玩具图片（下称在先设计）可以看到，在先设计的整体形状呈拟人形设计，各个组成部分呈机械零部件形态的设计。在先设计头顶具有 "V" 字形头角，双肩呈手枪形，小腿下部各有两个向下的铃铛状部件，右手持双管射击器，背部有似鹰翅般的两翼（详见在先设计附图）。

将本专利和在先设计进行对比后，可以看到：二者的整体形状几乎相同，各相应的组成部分也都非常近似。合议组认为，一般消费者会将在先设计与本专利相混淆，因此，二者属于相近似的外观设计。

请求人提供的证据能够证明在本专利申请日之前，已经有相同的外观设计在公开出版物上发表，因此本专利权的授予不符合专利法第 23 条的规定。

鉴于上述已经得出本专利权的授予不符合专利法第 23 条规定的结论，故本决定对请求人提交的其他证据不再评述。

### 三、决定

依据专利法第 23 条的规定，宣告 200430075942.3 号外观设计专利权全部无效。

当事人对本决定不服的，可以根据专利法第 46 条第 2 款的规定，在收到本决定之日起三个月内向北京市第一中级人民法院起诉。一方当事人起诉后，另一方当事人将作为第三人参加诉讼。

主视图

后视图

左视图

右视图

俯视图

本专利附图

在先设计附图

# 玩具（双 X 战士）

## 无效宣告请求审查决定（第 10729 号）

| | |
|---|---|
| 决 定 号 | 第 10729 号 |
| 决 定 日 | 2007 年 12 月 5 日 |
| 发明创造名称 | 玩具（双 X 战士） |
| 外观设计分类号 | 21-01 |
| 无效宣告请求人 | 株式会社万代 |
| 专 利 权 人 | 陈振楷 |
| 申 请 号 | 200530079404.6 |
| 申 请 日 | 2005 年 11 月 25 日 |
| 授 权 公 告 日 | 2006 年 10 月 4 日 |
| 合议组组长 | 钟 华 |
| 主 审 员 | 李改平 |
| 参 审 员 | 周 佳 |
| 附 图 | 2 页 |

**法 律 依 据** 专利法第 23 条
**决 定 要 点**
本专利与在先设计属于相近似的外观设计，故本专利权的授予不符合专利法第 23 条的规定。

### 一、案由

本无效宣告请求涉及的是国家知识产权局于 2006 年 10 月 4 日授权公告的、名称为"玩具（双 X 战士）"的外观设计专利，其申请号是 200530079404.6，申请日是 2005 年 11 月 25 日，专利权人是陈振楷。

针对上述专利权（下称本专利），株式会社万代（下称请求人）于 2007 年 3 月 30 日向专利复审委员会提出无效宣告请求，其理由是本专利权的授予不符合专利法第 23 条的规定，其主张的事实是在本专利申请日之前已有相同的外观设计在日本出版物上公开发表过。请求人提交了如下证据：

附件 1：本专利授权公告网上公开信息的复印件；
附件 2：附件 3 和附件 4 的证明书及公证和认证文件的复印件共 3 页；
附件 3：《ガンプラ大全集 2004》（《敢达模型大全集 2004》）杂志的封面、第 188 页和第 194 页的复印件共 3 页；
附件 4：《HOBBY JAPAN》（《业余爱好日本》）杂志 2005 年 3 月号的封面、第 80~83 页和第

356页的复印件共6页.

2007年4月29日,专利复审委员会收到了请求人提交的上述附件2~4的中文译文。

专利复审委员会经形式审查合格受理了该无效宣告请求,并于2007年6月1日将请求书及相关证据材料副本转送给专利权人,要求其在指定的期限内答复。专利权人逾期未作答复。

2007年8月9日,专利复审委员会向双方当事人发出口头审理通知书,定于2007年9月26日进行口头审理。

口头审理如期举行,请求人的代理人出席口头审理,对合议组成员无回避请求。专利权人未出席口头审理,专利复审委员会也没有收到其任何书面答复,故视为专利权人对合议组成员无回避请求。口头审理中,请求人就提交的证据进行了意见陈述并坚持原有主张,提交了附件2~4的原件以及相关杂志当年期刊的全部原件。

至此,在口头审理的基础上,合议组认为本案事实清楚,可以依法作出审查决定。

## 二、决定的理由

请求人提出的无效宣告请求的理由是:本专利权的授予不符合专利法第23条的规定。

专利法第23条规定:授予专利权的外观设计,应当同申请日以前在国内外出版物上公开发表过或者国内公开使用过的外观设计不相同和不相近似,并不得与他人在先取得的合法权利相冲突。

请求人提交的附件4是2005年3月号《HOBBY JAPAN》(《业余爱好日本》)杂志相关页的复印件,附件2为附件4的公证认证文件的复印件,并于2007年4月29日提交了附件4的中文译文。在口头审理中,请求人提交了附件2和附件4的原件。在附件2中,万代株式会社董事长上野和典出具了证言:"附加文件确实为下列书籍的真实复印件",该证言经日本东京法务局公证人川岛贵志郎公证,又经东京法务局、日本外务省、中国驻日本大使馆认证。针对上述证据,专利权人始终未提交意见陈述,也未提交任何相反证据证明其不真实,亦不出席口头审理。合议组认为,附件4作为域外证据,已经履行了相应的证明手续,且在规定期限内提交了中文译文,符合审查指南第四部分第八章无效宣告程序中有关证据问题的规定,且专利权人未对其提出质疑,因此请求人提供的附件4真实可信,2005年3月号《业余爱好日本》(《HOBBY JAPAN》)杂志(下称证据1)属于专利法意义上的出版物。在证据1的第356页上注明其发行日是2005年3月1日,在本专利申请日(2005年11月25日)之前,其第80~83页刊载了一款名称为"GX-9901-DX"玩具图片,故证据1可以作为判断本专利是否符合专利法第23条的依据。

本专利和在先设计均为玩具,两者用途相同,故可以进行相近似性对比。使用本专利的产品名称是"玩具(双X战士)",其整体形状呈拟人形设计,各个组成部分呈机械零部件形态的设计。本专利头顶具有"双V"字形头角,胸部凸起,两肩为匙柄状装备,右手持枪,小腿两侧具有两端大小不同的长状物,背部有长扁形武器,并有短剑状两翼(详见本专利附图)。

从上述证据1上记载的"GX-9901-DX"玩具图片(下称在先设计)可以看到,在先设计的整体形状呈拟人形设计,各个组成部分呈机械零部件形态的设计。在先设计的头顶具有双"V"字形头角,胸部突起,两肩为匙柄状装备,右手持枪,左手持一板状武器,小腿两侧具有两端大小不同的长状物,背部有长扁形武器,并有短剑状两翼(详见在先设计附图)。

将本专利和在先设计进行对比,可以看到:二者的整体形状几乎相同,各相应的组成部分也都非常近似。合议组认为,一般消费者会将在先设计与本专利相混淆,因此,二者属于相近似的外观设计。

请求人提供的证据能够证明在本专利申请日之前,已经有相近似的外观设计在公开出版物上发表。因此本专利权的授予不符合专利法第23条的规定。

鉴于上述已经得出本专利权的授予不符合专利法第23条规定的结论，故本决定对请求人提交的其他证据不再评述。

三、决定

依据专利法第23条的规定，宣告200530079404.6号外观设计专利权全部无效。

当事人对本决定不服的，可以根据专利法第46条第2款的规定，在收到本决定之日起三个月内向北京市第一中级人民法院起诉。一方当事人起诉后，另一方当事人将作为第三人参加诉讼。

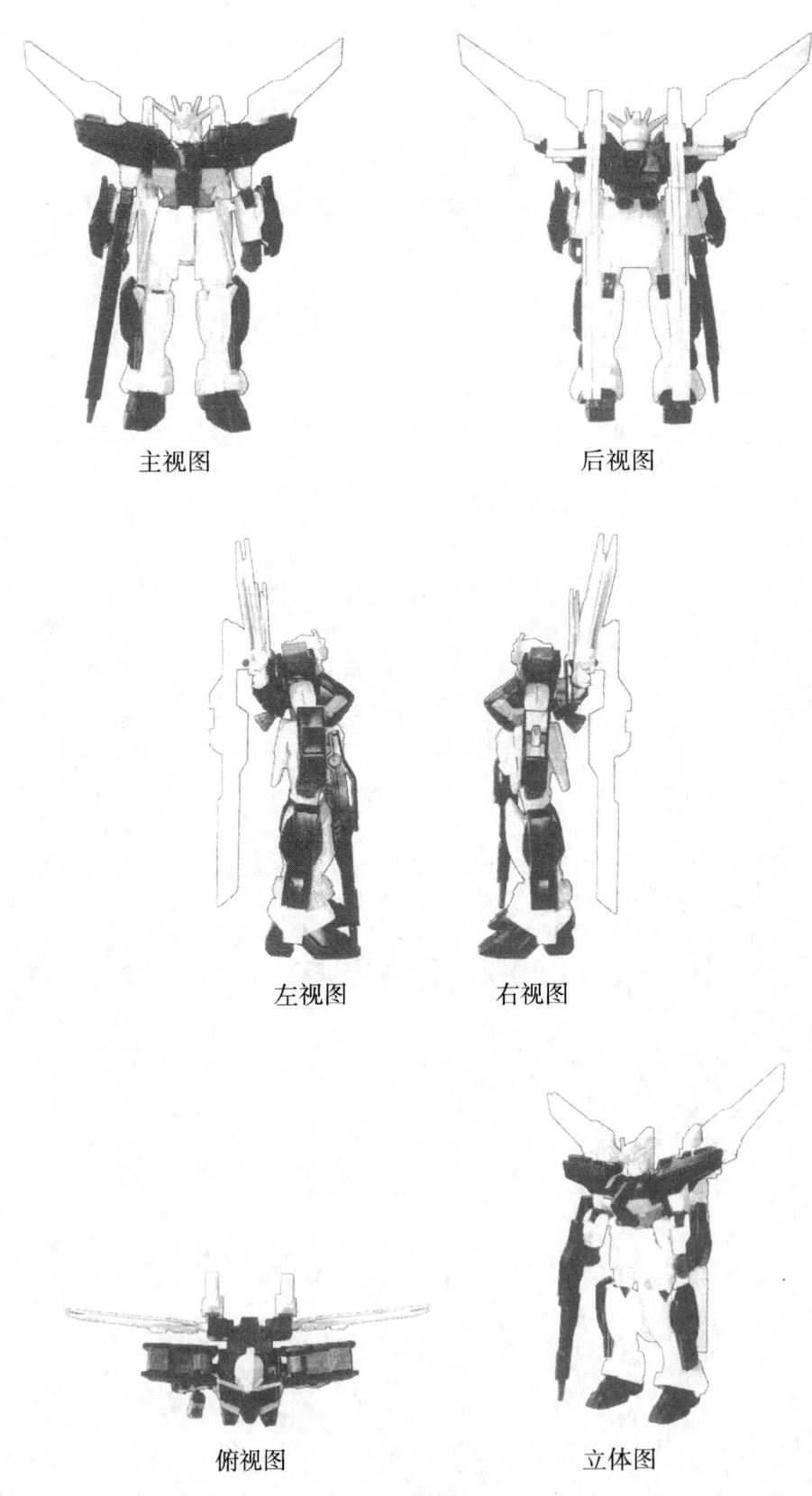

本专利附图

在先设计附图

# 玩具（沙漠战士）

## 无效宣告请求审查决定（第 10730 号）

| | |
|---|---|
| 决 定 号 | 第 10730 号 |
| 决 定 日 | 2007 年 12 月 5 日 |
| 发明创造名称 | 玩具（沙漠战士） |
| 外观设计分类号 | 21-01 |
| 无效宣告请求人 | 株式会社万代 |
| 专 利 权 人 | 陈振楷 |
| 申 请 号 | 200530079405.0 |
| 申 请 日 | 2005 年 11 月 25 日 |
| 授权公告日 | 2006 年 9 月 20 日 |
| 合议组组长 | 钟 华 |
| 主 审 员 | 李改平 |
| 参 审 员 | 周 佳 |
| 附 图 | 2 页 |

**法 律 依 据** 专利法第 23 条

**决 定 要 点**

在先设计与本专利属于相近似的外观设计，故本专利权的授予不符合专利法第 23 条的规定。

### 一、案由

本无效宣告请求涉及的是国家知识产权局于 2006 年 9 月 20 日授权公告的、名称为"玩具（沙漠战士）"的外观设计专利，其申请号是 200530079405.0，申请日是 2005 年 11 月 25 日，专利权人是陈振楷。

针对上述专利权（下称本专利），株式会社万代（下称请求人）于 2007 年 3 月 30 日向专利复审委员会提出无效宣告请求，其理由是本专利权的授予不符合专利法第 23 条的规定，其主张的事实是在本专利申请日之前已有相同的外观设计在日本出版物上公开发表过。请求人提交了如下证据：

附件 1：本专利授权公告网上公开信息的复印件；

附件 2：附件 3 和附件 4 的证明书及公证和认证文件的复印件共 3 页；

附件 3：《ガンプラ大全集 2004》（《敢达模型大全集 2004》）杂志的封面、第 182 页和第 194 页的复印件共 3 页；

附件 4：《电击 HOBBY》（《电击业余爱好》）杂志 2000 年 11 月号的封面、第 20~23 页、第 290

页的复印件共 6 页；

2007 年 4 月 29 日，专利复审委员会收到了请求人提交的上述附件 2~4 的中文译文。

专利复审委员会经形式审查合格受理了该无效宣告请求，并于 2007 年 6 月 1 日将请求书及相关证据材料副本转送给专利权人，要求其在指定的期限内答复。专利权人逾期未作答复。

2007 年 8 月 9 日，专利复审委员会向双方当事人发出口头审理通知书，定于 2007 年 9 月 26 日进行口头审理。

口头审理如期举行，请求人的代理人出席口头审理，对合议组成员无回避请求。专利权人未出席口头审理，专利复审委员会也没有收到其任何书面答复，故视为专利权人对合议组成员无回避请求。口头审理中，请求人就提交的证据进行了意见陈述并坚持原有主张，提交了附件 2~4 的原件以及相关杂志当年期刊的全部原件。

至此，在口头审理的基础上，合议组认为本案事实清楚，可以依法做出审查决定。

**二、决定的理由**

请求人提出的无效宣告请求的理由是：本专利权的授予不符合专利法第 23 条的规定。

专利法第 23 条规定：授予专利权的外观设计，应当同申请日以前在国内外出版物上公开发表过或者国内公开使用过的外观设计不相同和不相近似，并不得与他人在先取得的合法权利相冲突。

请求人提交的附件 4 是 2000 年 11 月号《电击业余爱好》杂志相关页的复印件，附件 2 为附件 4 的公证认证文件的复印件，并于 2007 年 4 月 29 日提交了附件 4 的中文译文。在口头审理中，请求人提交了附件 2 和附件 4 的原件。在附件 2 中，万代株式会社董事长上野和典出具了证言："附加文件确实为下列书籍的真实复印件"，该证言经日本东京法务局公证人川岛贵志郎公证，又经东京法务局、日本外务省、中国驻日本大使馆认证。针对上述证据，专利权人始终未提交意见陈述，也未提交任何相反证据证明其不真实，亦不出席口头审理。合议组认为，附件 4 作为域外证据，已经履行了相应的证明手续，且在规定期限内提交了中文译文，符合审查指南第四部分第八章无效宣告程序中有关证据问题的规定，且专利权人未对其提出质疑，因此请求人提供的附件 4 真实可信，2000 年 11 月号《电击业余爱好》杂志（下称证据 1）属于专利法意义上的出版物。在证据 1 的第 290 页上注明其发行日是 2000 年 11 月 1 日，在本专利申请日（2005 年 11 月 25 日）之前，其第 20~23 页刊载了一款名称为"XXXG-01SRGUNDAM SANDROCK"的玩具图片，故证据 1 可以作为判断本专利是否符合专利法第 23 条的依据。

本专利和在先设计均为玩具，两者用途相同，故可以进行相近似性对比。使用本专利的产品名称是"玩具（沙漠战士）"，其整体形状呈拟人形设计，各个组成部分呈机械零部件形态的设计。本专利头顶具有双"V"字形头角，两肩呈展开的鸟翅状，右手持 T 形武器，左手持带双钩的盾牌，背部有一对弯刀，臀部为蜂尾状（详见本专利附图）。

从上述"XXXG-01SRGUNDAM SANDROCK"的玩具图片（下称在先设计）可以看到，在先设计的整体形状呈拟人形设计，各个组成部分呈机械零部件形态的设计。在先设计的头顶具有双"V"字形头角，两肩呈展开的鸟翅状，右手持 T 形武器，左手持带双钩的盾牌，背部有一对弯刀，臀部为蜂尾状（详见在先设计附图）。

将本专利和在先设计进行对比，可以看到：二者的整体形状几乎相同，各相应的组成部分也都非常近似。合议组认为，一般消费者会将在先设计与本专利相混淆，因此，二者属于相近似的外观设计。

请求人提供的证据能够证明在本专利申请日之前，已经有相近似的外观设计在公开出版物上发表。因此本专利权的授予不符合专利法第 23 条的规定。

鉴于上述已经得出本专利权的授予不符合专利法第23条规定的结论，故本决定对请求人提交的其他证据不再评述。

三、决定

依据专利法第23条的规定，宣告200530079405.0号外观设计专利权全部无效。

当事人对本决定不服的，可以根据专利法第46条第2款的规定，在收到本决定之日起三个月内向北京市第一中级人民法院起诉。一方当事人起诉后，另一方当事人将作为第三人参加诉讼。

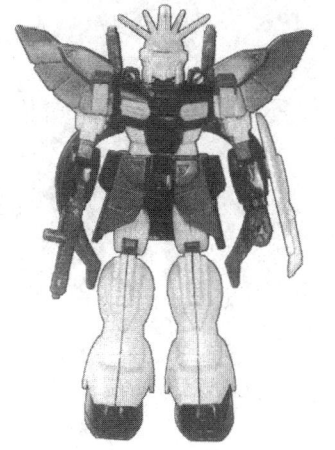
主视图

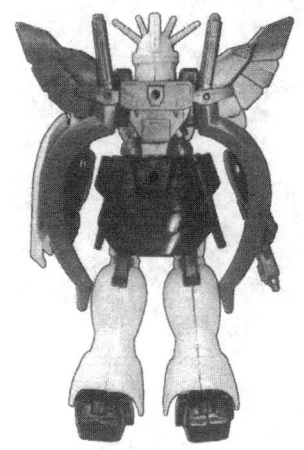
后视图

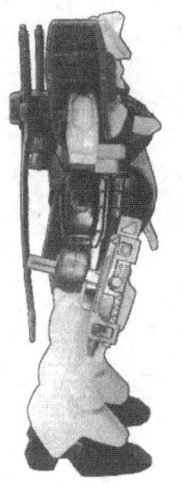
左视图

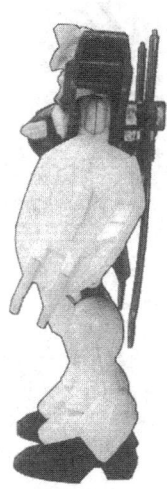
右视图

俯视图

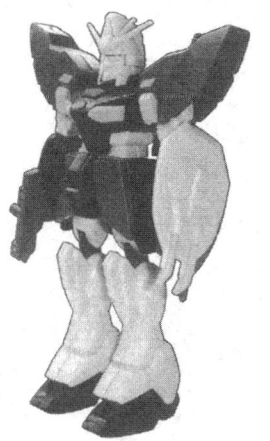
立体图

本专利附图

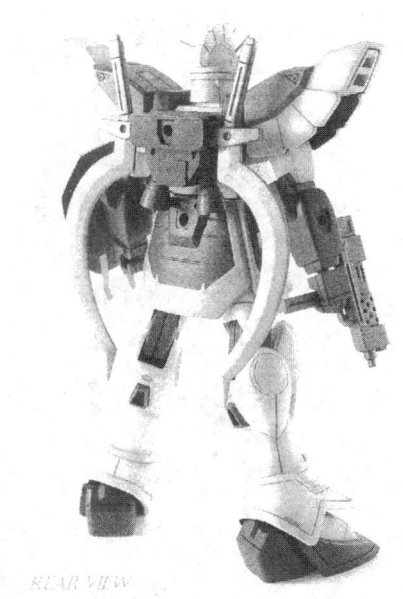

FRONT VIEW　　　　　REAR VIEW

在先设计附图

# 玩具（变形金刚机动阿丁）

## 无效宣告请求审查决定（第10731号）

| | |
|---|---|
| 决　定　号 | 第10731号 |
| 决　定　日 | 2007年11月29日 |
| 发明创造名称 | 玩具（变形金刚机动阿丁） |
| 外观设计分类号 | 21-01 |
| 无效宣告请求人 | 株式会社万代 |
| 专　利　权　人 | 陈振楷 |
| 申　请　号 | 200430075930.0 |
| 申　请　日 | 2004年9月27日 |
| 授权公告日 | 2005年3月23日 |
| 合议组组长 | 钟　华 |
| 主　审　员 | 李改平 |
| 参　审　员 | 周　佳 |
| 附　　　图 | 2页 |

法　律　依　据　专利法第23条
决　定　要　点
在先设计与本专利属于相近似的外观设计，故本专利权的授予不符合专利法第23条的规定。

### 一、案由

本无效宣告请求涉及的是国家知识产权局于2005年3月23日授权公告的、名称为"玩具（变形金刚机动阿丁）"的外观设计专利，其申请号是200430075930.0，申请日是2004年9月27日，专利权人是陈振楷。

针对上述专利权（下称本专利），株式会社万代（下称请求人）于2007年3月30日向专利复审委员会提出无效宣告请求，其理由是本专利权的授予不符合专利法第23条的规定，其主张的事实是在本专利申请日之前已有相同的外观设计在日本出版物上公开发表过。请求人提交了如下证据：

附件1：本专利授权公告网上公开信息的复印件；

附件2：附件3~6的证明书及公证和认证文件的复印件共3页；

附件3：《HOBBY JAPAN》（《业余爱好日本》）杂志2003年4月号的封面、第99页和第366页的复印件共3页；

附件4：《HOBBY JAPAN》（《业余爱好日本》）杂志2003年6月号的封面、第32~35页、第

382 页的复印件共 6 页；

附件 5：《电击 HOBBY》（《电击业余爱好》）杂志 2003 年 4 月号的封面、第 82 页、第 302 页的复印件共 3 页；

附件 6：《电击 HOBBY》（《电击业余爱好》）杂志 2003 年 12 月号的封面、第 76 页、第 290 页的复印件共 3 页。

2007 年 4 月 29 日，专利复审委员会收到了请求人提交的上述附件 2~6 的中文译文。

专利复审委员会经形式审查合格受理了该无效宣告请求，并于 2007 年 5 月 14 日将请求书及相关证据材料副本转送给专利权人，要求其在指定的期限内答复。专利权人逾期未作答复。

2007 年 8 月 9 日，专利复审委员会向专利权人发出转送文件通知书，将请求人于 2007 年 4 月 29 日提交的上述附件 2 至附件 6 的中文译文转送专利权人，并向双方当事人发出口头审理通知书，定于 2007 年 9 月 26 日进行口头审理。

口头审理如期举行，请求人的代理人出席口头审理，对合议组成员无回避请求。专利权人未出席口头审理，专利复审委员会也没有收到其任何书面答复，故视为专利权人对合议组成员无回避请求。口头审理中，请求人就提交的证据进行了意见陈述并坚持原有主张，提交了附件 2~6 的原件以及相关杂志当年期刊的全部原件。

至此，在口头审理的基础上，合议组认为本案事实清楚，可以依法作出审查决定。

## 二、决定的理由

请求人提出的无效宣告请求的理由是：本专利权的授予不符合专利法第 23 条的规定。

专利法第 23 条规定：授予专利权的外观设计，应当同申请日以前在国内外出版物上公开发表过或者国内公开使用过的外观设计不相同和不相近似，并不得与他人在先取得的合法权利相冲突。

请求人提交的附件 4 是 2003 年 6 月号《业余爱好日本》（《HOBBY JAPAN》）杂志相关页的复印件，附件 2 为附件 4 的公证认证文件的复印件，并于 2007 年 4 月 29 日提交了附件 4 的中文译文。在口头审理中，请求人提交了附件 2 和附件 4 的原件。在附件 2 中，万代株式会社董事长上野和典出具了证言："附加文件确实为下列书籍的真实复印件"，该证言经日本东京法务局公证人川岛贵志郎公证，又经东京法务局、日本外务省、中国驻日本大使馆认证。针对上述证据，专利权人始终未提交意见陈述，也未提交任何相反证据证明其不真实，亦不出席口头审理。合议组认为，附件 4 作为域外证据，已经履行了相应的证明手续，且在规定期限内提交了中文译文，符合审查指南第四部分第八章无效宣告程序中有关证据问题的规定，且专利权人未对其提出质疑，因此请求人提供的附件 4 真实可信，2003 年 6 月号《业余爱好日本》（《HOBBY JAPAN》）杂志（下称证据 1）属于专利法意义上的出版物。在证据 1 的第 382 页上注明其发行日是 2003 年 6 月 1 日，在本专利申请日（2004 年 9 月 27 日）之前，其第 32~35 页刊载了一款名称为"AMF-101"的玩具图片，故证据 1 可以作为判断本专利是否符合专利法第 23 条的依据。

本专利和在先设计均为玩具，两者用途相同，故可以进行相近似性对比。使用本专利的产品名称是"玩具（变形金刚机动阿丁）"，其整体形状呈拟人形设计，各个组成部分呈机械零部件形态的设计。本专利头部佩头盔，膝盖处有突出物，两手持枪，背部有两端呈尖的防护装置，并有鹰翅形两翼（详见本专利附图）。

从证据 1 上记载的"AMF-101"的玩具图片（下称在先设计）可以看到，在先设计的整体形状呈拟人形设计，各个组成部分呈机械零部件形态的设计。在先设计的头部佩头盔，膝盖处有突出物，在持枪状态图中两手持枪，背部有两端呈尖的防护装置，并有鹰翅形两翼（详见在先设计附图）。

由于将本专利和在先设计进行对比，可以看到：二者的整体形状几乎相同，各相应的组成部分也都是相近似的。合议组认为,一般消费者会将在先设计与本专利相混淆,因此,二者属于相近似的外观设计。

请求人提供的证据能够证明在本专利申请日之前,已经有相近似的外观设计在公开出版物上发表。因此本专利权的授予不符合专利法第 23 条的规定。

鉴于上述已经得出本专利权的授予不符合专利法第 23 条规定的结论,故本决定对请求人提交的其他证据不再评述。

### 三、决定

依据专利法第 23 条的规定,宣告 200430075930.0 号外观设计专利权全部无效。

当事人对本决定不服的,可以根据专利法第 46 条第 2 款的规定,在收到本决定之日起三个月内向北京市第一中级人民法院起诉。一方当事人起诉后,另一方当事人将作为第三人参加诉讼。

主视图

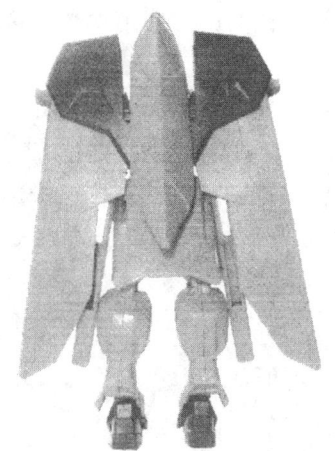
后视图

左视图

右视图

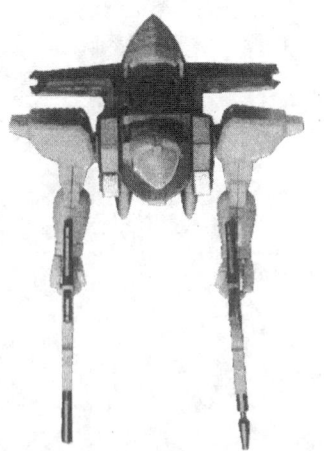
俯视图

本专利附图

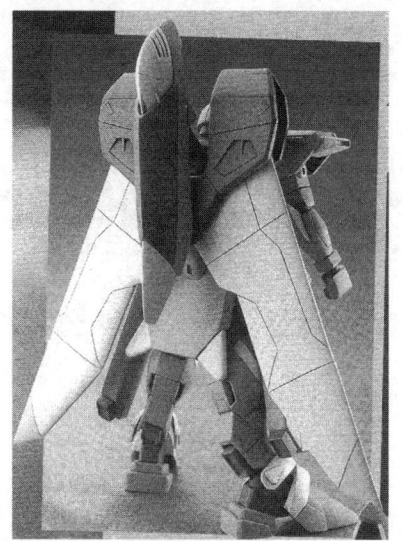

持枪状态图

在先设计附图

# 玩具（变形金刚禁卫战士）

## 无效宣告请求审查决定（第 10732 号）

| | |
|---|---|
| 决　定　号 | 第 10732 号 |
| 决　定　日 | 2007 年 11 月 28 日 |
| 发明创造名称 | 玩具（变形金刚禁卫战士） |
| 外观设计分类号 | 21-01 |
| 无效宣告请求人 | 株式会社万代 |
| 专　利　权　人 | 陈振楷 |
| 申　请　号 | 200430075939.1 |
| 申　请　日 | 2004 年 9 月 27 日 |
| 授　权　公　告　日 | 2005 年 3 月 23 日 |
| 合议组组长 | 钟　华 |
| 主　审　员 | 李改平 |
| 参　审　员 | 周　佳 |
| 附　　　图 | 2 页 |

**法　律　依　据**　专利法第 23 条

**决　定　要　点**

在先设计与本专利属于相近似的外观设计，故本专利权的授予不符合专利法第 23 条的规定。

### 一、案由

本无效宣告请求涉及的是国家知识产权局于 2005 年 3 月 23 日授权公告的、名称为"玩具（变形金刚禁卫战士）"的外观设计专利，其申请号是 200430075939.1，申请日是 2004 年 9 月 27 日，专利权人是陈振楷。

针对上述专利权（下称本专利），株式会社万代（下称请求人）于 2007 年 3 月 30 日向专利复审委员会提出无效宣告请求，其理由是本专利权的授予不符合专利法第 23 条的规定，其主张的事实是在本专利申请日之前已有相同的外观设计在日本出版物上公开发表过。请求人提交了如下证据：

附件 1：本专利授权公告网上公开信息的复印件；

附件 2：附件 3~6 的证明书及公证和认证文件的复印件共 3 页；

附件 3：《ガンプラ大全集 2004》（《敢达模型大全集 2004》）杂志的封面、第 13 页和第 194 页的复印件共 3 页；

附件 4：《HOBBY JAPAN》（《业余爱好日本》）杂志 2003 年 11 月号的封面、第 28~31 页和第

366页的复印件共6页；

附件5：《电击HOBBY》（《电击业余爱好》）杂志2003年6月号的封面、第92页、第93页、第294页的复印件共4页；

附件6：《电击HOBBY》（《电击业余爱好》）杂志2003年8月号的封面、第70页、第302页的复印件共3页。

2007年4月29日，专利复审委员会收到了请求人提交的上述附件2~6的中文译文。

专利复审委员会经形式审查合格受理了该无效宣告请求，并于2007年5月14日将请求书及相关证据材料副本转送给专利权人，要求其在指定的期限内答复。专利权人逾期未作答复。

2007年8月9日，专利复审委员会向专利权人发出转送文件通知书，将请求人于2007年4月29日提交的上述附件2~6的中文译文转送专利权人，并向双方当事人发出口头审理通知书，定于2007年9月26日进行口头审理。

口头审理如期举行，请求人的代理人出席口头审理，对合议组成员无回避请求。专利权人未出席口头审理，专利复审委员会也没有收到其任何书面答复，故视为专利权人对合议组成员无回避请求。口头审理中，请求人就提交的证据进行了意见陈述并坚持原有主张，提交了附件2~6的原件以及相关杂志当年期刊的全部原件。

至此，在口头审理的基础上，合议组认为本案事实清楚，可以依法作出审查决定。

二、决定的理由

请求人提出的无效宣告请求的理由是：本专利权的授予不符合专利法第23条的规定。

专利法第23条规定：授予专利权的外观设计，应当同申请日以前在国内外出版物上公开发表过或者国内公开使用过的外观设计不相同和不相近似，并不得与他人在先取得的合法权利相冲突。

请求人提交的附件3是《敢达模型大全集2004》杂志相关页的复印件，附件2为附件3的公证认证文件的复印件，并于2007年4月29日提交了附件3的中文译文。在口头审理中，请求人提交了附件2和附件3的原件。在附件2中，万代株式会社董事长上野和典出具了证言："附加文件确实为下列书籍的真实复印件"，该证言经日本东京法务局公证人川岛贵志郎公证，又经东京法务局、日本外务省、中国驻日本大使馆认证。针对上述证据，专利权人始终未提交意见陈述，也未提交任何相反证据证明其不真实，亦不出席口头审理。合议组认为，附件3作为域外证据，已经履行了相应的证明手续，且在规定期限内提交了中文译文，符合审查指南第四部分第八章无效宣告程序中有关证据问题的规定，且专利权人未对其提出质疑，因此请求人提供的附件3真实可信，《敢达模型大全集2004》杂志（下称证据1）属于专利法意义上的出版物。在证据1的第194页上注明其发行日是2004年3月5日，在本专利申请日（2004年9月27日）之前，其第13页刊载了一款名称为"GAT-X252 FORBIDDEN GUNDAM"玩具图片，故证据1可以作为判断本专利是否符合专利法第23条的依据。

本专利和在先设计均为玩具，两者用途相同，故可以进行相近似性对比。使用本专利的产品名称是"玩具（变形金刚禁卫战士）"，其整体形状呈拟人形设计，各个组成部分呈机械零部件形态的设计。本专利头顶具有"V"字形头角，两侧装有盾形翼，右手持带矛头的长柄"镰刀"，背部是具有五处突起的龟壳状装备（详见本专利附图）。

从上述"GAT-X252 FORBIDDEN GUNDAM"玩具图片（下称在先设计）可以看到，在先设计的整体形状呈拟人形设计，各个组成部分呈机械零部件形态的设计。在先设计的头顶具有"V"字形头角，两侧装有盾形翼，右手持带矛头的长柄"镰刀"，背部是具有五处突起的龟壳状装备（详见在先设计附图）。

将本专利和在先设计进行对比，可以看到：二者的整体形状几乎相同，各相应的组成部分也都非常近似。合议组认为，一般消费者会将在先设计与本专利相混淆，因此，二者属于相近似的外观设计。

请求人提供的证据能够证明在本专利申请日之前，已经有相近似的外观设计在公开出版物上发表，因此本专利权的授予不符合专利法第23条的规定。

鉴于上述已经得出本专利权的授予不符合专利法第23条规定的结论，故本决定对请求人提交的其他证据不再评述。

三、决定

依据专利法第23条的规定，宣告200430075939.1号外观设计专利权全部无效。

当事人对本决定不服的，可以根据专利法第46条第2款的规定，在收到本决定之日起三个月内向北京市第一中级人民法院起诉。一方当事人起诉后，另一方当事人将作为第三人参加诉讼。

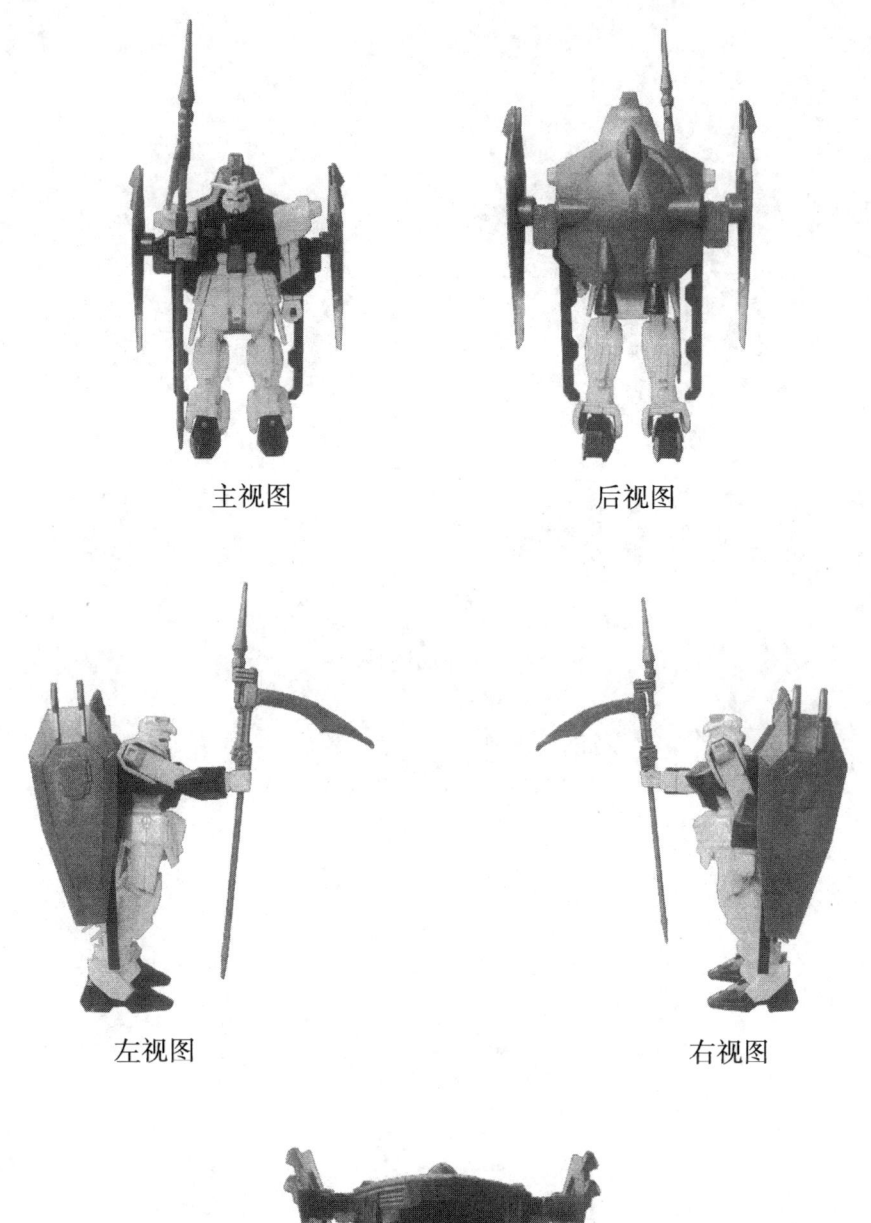

主视图　　　后视图

左视图　　　右视图

俯视图

本专利附图

在先设计附图

# 玩具（变形金刚机动盖兹）

## 无效宣告请求审查决定（第 10733 号）

| | |
|---|---|
| 决 定 号 | 第 10733 号 |
| 决 定 日 | 2007 年 11 月 29 日 |
| 发明创造名称 | 玩具（变形金刚机动盖兹） |
| 外观设计分类号 | 21-01 |
| 无效宣告请求人 | 株式会社万代 |
| 专 利 权 人 | 陈振楷 |
| 申 请 号 | 200430075932.X |
| 申 请 日 | 2004 年 9 月 27 日 |
| 授权公告日 | 2005 年 6 月 22 日 |
| 合议组组长 | 钟 华 |
| 主 审 员 | 李改平 |
| 参 审 员 | 周 佳 |
| 附 图 | 2 页 |

**法 律 依 据** 专利法第 23 条

**决 定 要 点**
在先设计与本专利属于相近似的外观设计，故本专利权的授予不符合专利法第 23 条的规定。

### 一、案由

本无效宣告请求涉及的是国家知识产权局于 2005 年 6 月 22 日授权公告的、名称为"玩具（变形金刚机动盖兹）"的外观设计专利，其申请号是 200430075932.X，申请日是 2004 年 9 月 27 日，专利权人是陈振楷。

针对上述专利权（下称本专利），株式会社万代（下称请求人）于 2007 年 3 月 30 日向专利复审委员会提出无效宣告请求，其理由是本专利权的授予不符合专利法第 23 条的规定，其主张的事实是在本专利申请日之前已有相同的外观设计在日本出版物上公开发表过。请求人提交了如下证据：

附件 1：本专利授权公告网上公开信息的复印件；

附件 2：附件 3~7 的证明书及公证和认证文件的复印件共 3 页；

附件 3：《ガンプラ大全集 2004》（《敢达模型大全集 2004》）杂志的封面、第 13 页和第 194 页的复印件共 3 页；

附件 4：《HOBBY JAPAN》（《业余爱好日本》）杂志 2003 年 7 月号的封面、第 75 页、第 366 页

的复印件共 3 页；

附件 5：《HOBBY JAPAN》（《业余爱好日本》）杂志 2003 年 11 月号的封面、第 22 页至第 27 页、第 366 页的复印件共 8 页；

附件 6：《电击 HOBBY》（《电击业余爱好》）杂志 2003 年 7 月号的封面、第 93 页、第 286 页的复印件共 3 页；

附件 7：《电击 HOBBY》（《电击业余爱好》）杂志 2003 年 11 月号的封面、第 49 页、第 302 页的复印件共 3 页。

2007 年 4 月 29 日，专利复审委员会收到了请求人提交的上述附件 2~7 的中文译文。

专利复审委员会经形式审查合格受理了该无效宣告请求，并于 2007 年 5 月 14 日将请求书及相关证据材料副本转送给专利权人，要求其在指定的期限内答复。专利权人逾期未作答复。

2007 年 8 月 9 日，专利复审委员会向专利权人发出转送文件通知书，将请求人于 2007 年 4 月 29 日提交的上述附件 2~7 的中文译文转送专利权人，并向双方当事人发出口头审理通知书，定于 2007 年 9 月 26 日进行口头审理。

口头审理如期举行，请求人的代理人出席口头审理，对合议组成员无回避请求。专利权人未出席口头审理，专利复审委员会也没有收到其任何书面答复，故视为专利权人对合议组成员无回避请求。口头审理中，请求人就提交的证据进行了意见陈述并坚持原有主张，提交了附件 2~7 的原件以及相关杂志当年期刊的全部原件。

至此，在口头审理的基础上，合议组认为本案事实清楚，可以依法作出审查决定。

## 二、决定的理由

请求人提出的无效宣告请求的理由是：本专利权的授予不符合中国专利法第 23 条的规定。

专利法第 23 条规定：授予专利权的外观设计，应当同申请日以前在国内外出版物上公开发表过或者国内公开使用过的外观设计不相同和不相近似，并不得与他人在先取得的合法权利相冲突。

请求人提交的附件 3 是《敢达模型大全集 2004》杂志相关页的复印件，附件 2 为附件 3 的公证认证文件的复印件，并于 2007 年 4 月 29 日提交了附件 3 的中文译文。在口头审理中，请求人提交了附件 2 和附件 3 的原件。在附件 2 中，万代株式会社董事长上野和典出具了证言："附加文件确实为下列书籍的真实复印件"，该证言经日本东京法务局公证人川岛贵志郎公证，又经东京法务局、日本外务省、中国驻日本大使馆认证。针对上述证据，专利权人始终未提交意见陈述，也未提交任何相反证据证明其不真实，亦不出席口头审理。合议组认为，附件 3 作为域外证据，已经履行了相应的证明手续，且在规定期限内提交了中文译文，符合审查指南第四部分第八章无效宣告程序中有关证据问题的规定，且专利权人未对其提出质疑，因此请求人提供的附件 3 真实可信，《敢达模型大全集 2004》杂志（下称证据 1）属于专利法意义上的出版物。在证据 1 的第 194 页上注明其发行日是 2004 年 3 月 5 日，在本专利申请日（2004 年 9 月 27 日）之前，在其第 13 页刊载了一款名称为 "ZGMF-600 MOBILE SUIT GUAIZ" 玩具图片。故证据 1 可以作为判断本专利是否符合专利法第 23 条的依据。

本专利和在先设计均为玩具，两者用途相同，故可以进行近似性对比。使用本专利的产品名称是 "玩具（变形金刚机动盖兹）"，其整体形状呈拟人形设计，各个组成部分呈机械零部件形态的设计。本专利头顶具有三角形标状物，双肩呈鸟头形，胸部有两个格栅，膝盖部的护腿呈三角状向外伸出，右手持枪，左手持攻盾系统，背部有上窄下宽的板形两翼（详见本专利附图）。

从上述证据 1 上记载的 "ZGMF-600 MOBILE SUIT GUAIZ" 玩具图片（下称在先设计）可知，在先设计的整体形状呈拟人形设计，各个组成部分呈机械零部件形态的设计。在先设计头顶具有三角形标状物，双肩呈鸟头形，胸部有两个格栅，膝盖部的护腿呈三角状向外伸出，右手持枪，左手持攻盾系统，背部有上窄下宽的板形两翼（详见在先设计附图）。

将本专利和在先设计进行对比后，可以看到：二者的整体形状几乎相同，各相应的组成部分也都非常近似。合议组认为，一般消费者会将在先设计与本专利相混淆，因此，二者属于相近似的外观设计。

请求人提供的证据能够证明在本专利申请日之前，已经有相近似的外观设计在公开出版物上发表，因此本专利权的授予不符合专利法第 23 条的规定。

鉴于上述已经得出本专利权的授予不符合专利法第 23 条规定的结论，故本决定对请求人提交的其他证据不再评述。

三、决定

依据专利法第 23 条的规定，宣告 200430075932.X 号外观设计专利权全部无效。

当事人对本决定不服的，可以根据专利法第 46 条第 2 款的规定，在收到本决定之日起三个月内向北京市第一中级人民法院起诉。一方当事人起诉后，另一方当事人将作为第三人参加诉讼。

主视图

后视图

左视图

右视图

俯视图

本专利附图

在先设计附图

# 包装袋（圣天猴香芋味奶糖）

## 无效宣告请求审查决定（第 10734 号）

| | |
|---|---|
| 决　定　号 | 第 10734 号 |
| 决　定　日 | 2007 年 12 月 12 日 |
| 发明创造名称 | 包装袋（圣天猴香芋味奶糖） |
| 外观设计分类号 | 09-05 |
| 无效宣告请求人 | 上海金丝猴食品有限公司 |
| 专　利　权　人 | 王本臣 |
| 专　利　号 | 200530168943.7 |
| 申　　　请　　　日 | 2005 年 12 月 19 日 |
| 授权公告日 | 2006 年 11 月 1 日 |
| 合议组组长 | 徐清平 |
| 主　审　员 | 李改平 |
| 参　审　员 | 严若艳 |
| 附　　　图 | 1 页 |
| 法　律　依　据 | 专利法第 23 条 |

**决定要点**

本专利与其申请日前授权公告的外观设计专利相近似，即已有与其相近似的外观设计在先公开发表过，因此，本专利不符合专利法第 23 条的规定。

### 一、案由

本无效宣告请求涉及的是国家知识产权局于 2006 年 11 月 1 日授权公告的 200530168943.7 号外观设计专利，使用该外观设计的产品名称为"包装袋（圣天猴香芋味奶糖）"，申请日是 2005 年 12 月 19 日，专利权人是王本臣。

针对上述专利权（下称本专利），上海金丝猴食品有限公司（下称请求人）于 2007 年 3 月 22 日向专利复审委员会提出无效宣告请求，其理由是：在本专利申请日前已有与本专利相近似的外观设计被授予外观设计专利且在市场上公开销售，同时还与请求人在先取得的商标权相冲突，因此，本专利不符合专利法第 23 条的规定。请求人提交了如下附件作为证据：

附件 1：第 02378901.8 号外观设计专利公告文本复印件共 2 页；

附件 2：第 02378905.0 号外观设计专利公告文本复印件共 3 页；

附件 3：第 200430107752.5 号外观设计专利公告文本复印件共 3 页；

附件4：第200430107730.9号外观设计专利公告文本复印件共2页；
附件5：第200430107731.3号外观设计专利公告文本复印件共2页；
附件6：有关金丝猴图形的商标注册证明复印件共37页。

经形式审查合格专利复审委员会受理了该无效宣告请求，并于2007年4月19日将无效宣告请求书及其附件的副本转送给专利权人，要求其在指定期限内陈述意见。专利权人逾期未答复。

2007年7月4日专利复审委员会分别向请求人和专利权人发出合议组成员告知通知书，双方均逾期未答复，视为对合议组成员无回避请求。

合议组经合议认为，本案事实清楚，并依法作出本审查决定。

**二、决定的理由**

1. 法律依据

基于请求人提出的无效宣告请求理由，合议组对本专利是否符合专利法第23条的规定进行审查。

专利法第23条规定："授予专利权的外观设计，应当同申请日以前在国内外出版物上公开发表过或者国内公开使用过的外观设计不相同和不相近似，并不得与他人在先取得的合法权利相冲突。"

2. 证据认定

附件2是第02378905.0号外观设计专利公告文本复印件，经合议组核实属实。该外观设计专利公告文本所示使用外观设计的产品名称为"糖果包装袋（3）"，授权公告日为2003年7月23日，该授权公告日在本专利申请日前，故附件2可以作为判断本专利是否符合专利法第23条的规定的证据。

3. 外观设计对比

本专利所示外观设计为包装袋（圣天猴香芋味奶糖），附件2所示外观设计（下称在先设计）为糖果包装袋（3），两者的用途相同，故可以进行外观设计相近似性比较。

本专利包装袋外形呈长方形，主视图中间有一伸着大拇指的卡通猴，卡通猴的脚部有略呈波浪形布局的"圣天猴"三个字；主视图上部和下部均有波浪线，在下部波浪线上方有若干完整的和切开的芋头图案。后视图与主视图相比较，后视图中没有芋头图案，其他部分相同（详见本专利附图）。

在先设计包装袋外形呈长方形，主视图中间有一伸着大拇指的卡通猴，卡通猴的脚部有略呈波浪形布局的"金丝猴"三个字；主视图上部和下部均有波浪线，在下部波浪线上方有"GoldenMonkey"字样。后视图上部和下部均有波浪线，中间部分是说明性文字（详见在先设计附图）。

将本专利与在先设计相比，两者的相同点为：两者均呈长方形，主视图中间都有形象相同的伸着大拇指的卡通猴，本专利中的"圣天猴"三个字和在先设计中的"金丝猴"三个字的位置及布局完全相同，两者在上部和下部的波浪线的位置及形状基本相同；后视图中两者在上部和下部的波浪线的位置及形状基本相同。两者的不同之处在于：两者的主视图中，本专利中的"圣天猴"三个字和在先设计中的"金丝猴"三个字的内容不同，本专利在下部波浪线上方有若干完整的和切开的芋头图案，而在先设计在下部波浪线上方有"GoldenMonkey"字样；后视图中，两者中部的图案不同。对于上述不同点，合议组认为：外观设计专利的保护客体不包括文字的含义，一般将文字视为一种图案，因此，本专利中的"圣天猴"三个字和在先设计中的"金丝猴"三个字构成近似的图案；本专利在下部波浪线上方有若干完整的和切开的芋头图案，而在先设计在下部波浪线上方有"Golden Monkey"字样，此区别属于局部差别，不足以导致两者整体上的显著区别；对于两者后视图中的不同点，合议组认为，由于包装袋外观设计的主要特征反映在主视图所示正面上，其对一般消费者产生主要视觉作用，而包装袋后视图所示背面一般只记载产品的一般说明，故其设计效果一般不被消费者注意。根据上述分析，合议组认为，两者包装袋正面相近似，背面的设计效果一般不被消费者注意，故本专利和在先设计属于相近似的外观设计。

综上所述，在本专利申请日前已有与其相近似的外观设计公开发表过，因此，本专利不符合专利法第 23 条的规定。

鉴于已经得出本专利不符合专利法第 23 条的规定的结论，故对请求人提交的其他理由和证据不再作出评述。

### 三、决定

宣告 200530168943.7 号外观设计专利权全部无效。

当事人对本决定不服的，可以根据专利法第 46 条第 2 款的规定，自收到本决定之日起三个月内向北京市第一中级人民法院起诉。根据该款的规定，一方当事人起诉后，另一方当事人应当作为第三人参加诉讼。

主视图　　　　　　　　后视图

本专利附图

主视图　　　　　　　　后视图

在先设计附图

# 玩具（双龙战士）

## 无效宣告请求审查决定（第 10735 号）

| | |
|---|---|
| 决 定 号 | 第 10735 号 |
| 决 定 日 | 2007 年 12 月 10 日 |
| 发明创造名称 | 玩具（双龙战士） |
| 外观设计分类号 | 21-01 |
| 无效宣告请求人 | 株式会社万代 |
| 专 利 权 人 | 陈振楷 |
| 申 请 号 | 200530079527.X |
| 申 请 日 | 2005 年 11 月 28 日 |
| 授 权 公 告 日 | 2006 年 9 月 13 日 |
| 合 议 组 组 长 | 王霞军 |
| 主 审 员 | 吴大章 |
| 参 审 员 | 李改平 |
| 附 图 | 2 页 |
| 法 律 依 据 | 专利法第 23 条 |
| 决 定 要 点 | |

在先设计与本专利属于相近似的外观设计，故本专利权的授予不符合专利法第 23 条的规定。

## 一、案由

本无效宣告请求涉及的是国家知识产权局于 2006 年 9 月 13 日授权公告的、名称为"玩具（双龙战士）"的外观设计专利，其申请号是 200530079527.X，申请日是 2005 年 11 月 28 日，专利权人是陈振楷。

针对上述专利权（下称本专利），株式会社万代（下称请求人）于 2007 年 3 月 30 日向专利复审委员会提出无效宣告请求，其理由是本专利权的授予不符合专利法第 23 条的规定，其主张的事实为在本专利申请日之前已有相同的外观设计在日本出版物上公开发表过。请求人提交了如下证据：

附件 1：本专利授权公告网上公开信息的复印件；
附件 2：附件 3~5 的证明书及公证和认证文件的复印件共 3 页；
附件 3：《敢达模型大全集 2004》（《ガンプラ大全集 2004》）书刊的封面、第 182 页、第 186 页和第 194 页的复印件共 4 页；
附件 4：《业余爱好日本》（《HOBBY JAPAN》）书刊 1996 年 1 月号的封面、第 54 页和第 246 页

的复印件共 3 页；

附件 5：《业余爱好日本》（《HOBBY JAPAN》）书刊 1997 年 3 月号的封面、第 54 页和第 286 页的复印件共 3 页。

2007 年 4 月 29 日，专利复审委员会收到了请求人提交的上述附件 2~5 的中文译文。

专利复审委员会经形式审查合格受理了该无效宣告请求，并于 2007 年 8 月 3 日将请求书及相关证据材料副本转送给专利权人，要求其在指定的期限内答复。专利复审委员会逾期未收到专利权人的答复。

2007 年 10 月 29 日，合议组向双方当事人发出口头审理通知书，定于 2007 年 11 月 28 日进行口头审理。

口头审理如期举行，请求人的代理人出席口头审理，对合议组成员无回避请求。专利权人未出席口头审理。专利复审委员会也没有收到其任何书面答复，故视为专利权人对合议组成员无回避请求。口头审理中，请求人就提交的证据进行了意见陈述并坚持原有主张，提交了附件 2 的原件，附件 3~5 的原件以及相关书刊当年期刊的全部原件。

至此，在口头审理的基础上，合议组认为本案事实清楚，可以依法作出审查决定。

## 二、决定的理由

请求人提出的无效宣告请求的理由是：本专利权的授予不符合专利法第 23 条的规定。

专利法第 23 条规定：授予专利权的外观设计，应当同申请日以前在国内外出版物上公开发表过或者国内公开使用过的外观设计不相同和不相近似，并不得与他人在先取得的合法权利相冲突。

请求人提交的附件 4 是《业余爱好日本》书刊 1996 年 1 月号相关页的复印件。在口头审理中，请求人提交了附件 2 和附件 4 的原件。针对附件 4，万代株式会社董事长出具了证言："附加文件确实为下列书籍的真实复印件"，该证言经日本东京法务局公证人川岛贵志郎公证，又经东京法务局、日本外务省、中国驻日本大使馆认证。针对该证据，专利权人始终未提交任何意见陈述，也未提交相关证据证明其不真实，亦不出席口头审理。合议组认为，请求人提供的附件 4 真实可信，属于专利法意义上的出版物。在该书刊的第 246 页上注明其发行日是 1996 年 1 月 1 日，在本专利申请日（2005 年 11 月 28 日）之前，在其第 54 页刊载了一款名称为"双龙战士"的玩具的图片，故附件 4 可以作为判断本专利是否符合专利法第 23 条规定的依据。

本专利的整体形状呈拟人形设计，各个组成部分呈机械零部件形态的设计。本专利的头部具有双"V"字形设计，双肩呈块状机械部件形态，背后具有弯钩形状的翼翅和节状伸展装置，左肩装备圆形盾牌，右手持三叉戟（详见本专利附图）。

从附件 4 刊载的"双龙战士"（下称在先设计）的图片可知，在先设计的整体形状呈拟人形设计，各个组成部分呈机械零部件形态的设计。其双肩呈块状机械部件形态，背后具有弯钩形状的翼翅和节状伸展装置，左肩装备圆形盾牌（详见在先设计附图）。

将本专利和在先设计进行对比后，可以看到：二者的整体形状相同，除本专利右手持三叉戟在先设计为空手之外，各相应的组成部分也都是相同的。合议组认为，上述相同点已经构成本专利外观设计与在先设计在整体形状上视觉效果的基本相同，手持武器为可更换的配件，其差异对整体视觉效果不构成显著影响，因此，二者属于相近似的外观设计。

综上，请求人提供的证据能够证明在专利申请日之前，已经有相近似的外观设计在公开出版物上发表。因此本专利权的授予不符合专利法第 23 条的规定。

鉴于上述已经得出本专利权的授予不符合专利法第 23 条规定的结论，故本决定对其他证据不再评述。

三、决定

依据专利法第 23 条的规定，宣告 200530079527.X 号外观设计专利权全部无效。

当事人对本决定不服的，可以根据专利法第 46 条第 2 款的规定，在收到本决定之日起三个月内向北京市第一中级人民法院起诉。一方当事人起诉后，另一方当事人将作为第三人参加诉讼。

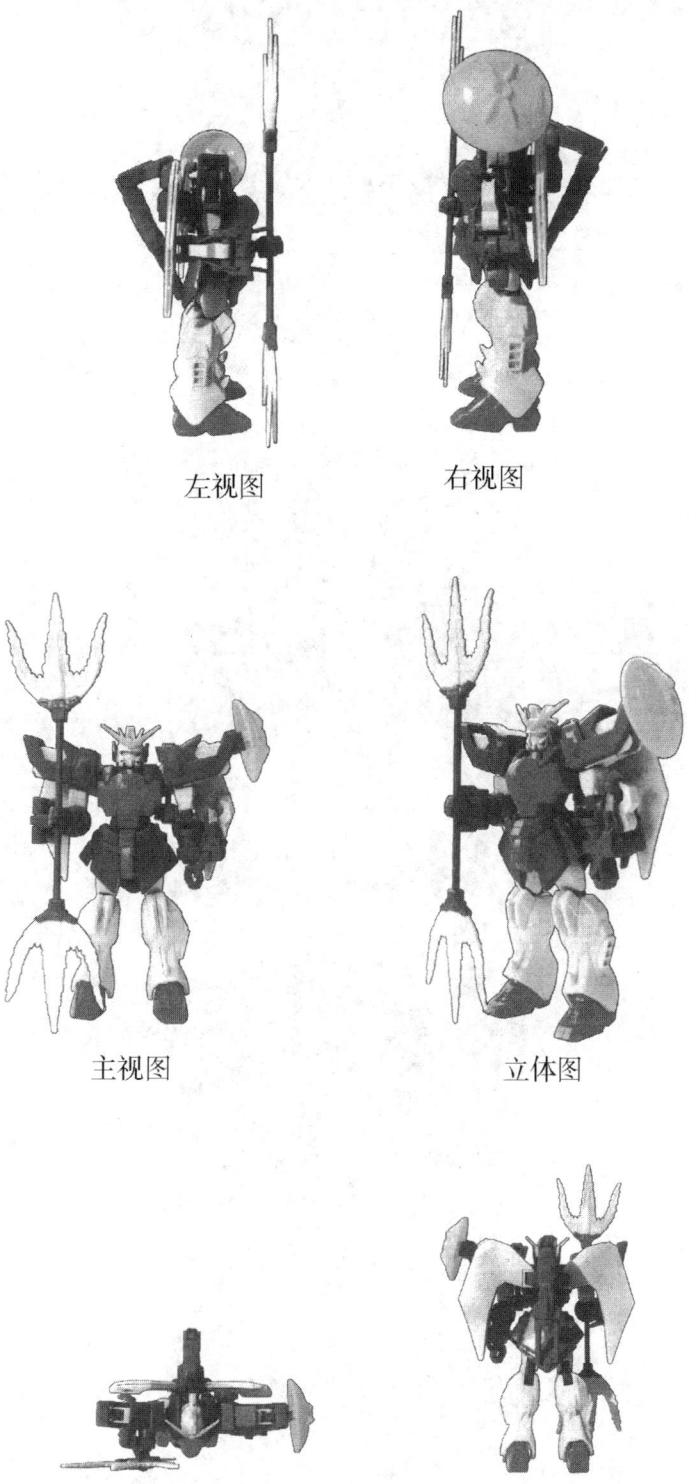

左视图 右视图

主视图 立体图

俯视图 后视图

本专利附图

在先设计附图

# 玩具（艾比安战士）

## 无效宣告请求审查决定（第 10736 号）

| | |
|---|---|
| 决 定 号 | 第 10736 号 |
| 决 定 日 | 2007 年 12 月 10 日 |
| 发明创造名称 | 玩具（艾比安战士） |
| 外观设计分类号 | 21-01 |
| 无效宣告请求人 | 株式会社万代 |
| 专 利 权 人 | 陈振楷 |
| 申 请 号 | 200530079407.X |
| 申 请 日 | 2005 年 11 月 25 日 |
| 授权公告日 | 2006 年 9 月 20 日 |
| 合议组组长 | 王霞军 |
| 主 审 员 | 吴大章 |
| 参 审 员 | 李改平 |
| 附 图 | 2 页 |
| 法 律 依 据 | 专利法第 23 条 |
| 决 定 要 点 | |

在先设计与本专利属于相近似的外观设计，故本专利权的授予不符合专利法第 23 条的规定。

### 一、案由

本无效宣告请求涉及的是国家知识产权局于 2006 年 9 月 20 日授权公告的、名称为"玩具（艾比安战士）"的外观设计专利，其申请号是 200530079407.X，申请日是 2005 年 11 月 25 日，专利权人是陈振楷。

针对上述专利权（下称本专利），株式会社万代（下称请求人）于 2007 年 3 月 30 日向专利复审委员会提出无效宣告请求，其理由是本专利权的授予不符合专利法第 23 条的规定，其主张的事实为在本专利申请日之前已有相同的外观设计在日本出版物上公开发表过。请求人提交了如下证据：

附件 1：本专利授权公告网上公开信息的复印件；

附件 2：附件 3~4 的证明书及公证和认证文件的复印件共 3 页；

附件 3：《敢达模型大全集 2004》（《ガンプラ大全集 2004》）书刊的封面、第 182 页和第 194 页的复印件共3页；

附件4：《业余爱好日本》（《HOBBY JAPAN》）杂志1995年12月号的封面、第26页至第29页和第246页的复印件共6页。

2007年4月29日，专利复审委员会收到了请求人提交的上述附件2~4的中文译文。

专利复审委员会经形式审查合格受理了该无效宣告请求，并于2007年8月3日将请求书及相关证据材料副本转送给专利权人，要求其在指定的期限内答复。专利复审委员会逾期未收到专利权人的答复。

2007年10月29日，合议组向双方当事人发出口头审理通知书，定于2007年11月28日进行口头审理。

口头审理如期举行，请求人的代理人出席口头审理，对合议组成员无回避请求。专利权人未出席口头审理。专利复审委员会也没有收到其任何书面答复，故视为专利权人对合议组成员无回避请求。口头审理中，请求人就提交的证据进行了意见陈述并坚持原有主张，提交了附件2的原件，附件3~4的原件以及相关杂志当年期刊的全部原件。

至此，在口头审理的基础上，合议组认为本案事实清楚，可以依法做出审查决定。

## 二、决定的理由

请求人提出的无效宣告请求的理由是：本专利权的授予不符合专利法第23条的规定。

专利法第23条规定：授予专利权的外观设计，应当同申请日以前在国内外出版物上公开发表过或者国内公开使用过的外观设计不相同和不相近似，并不得与他人在先取得的合法权利相冲突。

请求人提交的附件4是《业余爱好日本》杂志1995年12月号相关页的复印件。在口头审理中，请求人提交了附件2和附件4的原件。针对附件4，万代株式会社董事长出具了证言："附加文件确实为下列书籍的真实复印件"，该证言经日本东京法务局公证人川岛贵志郎公证，又经东京法务局、日本外务省、中国驻日本大使馆认证。针对该证据，专利权人始终未提交任何意见陈述，也未提交相关证据证明其不真实，亦不出席口头审理。合议组认为，请求人提供的附件4真实可信，《业余爱好日本》杂志1995年12月号属于专利法意义上的出版物。在该杂志的第246页上注明其发行日是1995年12月1日，在本专利申请日（2005年11月25日）之前，在其第26~29页上刊载了一款名称为"艾比安战士"的玩具的图片。故该杂志可以作为判断本专利是否符合专利法第23条规定的依据。

本专利的整体形状呈拟人形设计，各个组成部分呈机械零部件形态的设计。本专利的头部具有双"V"字形设计，双肩具有向上翘起的块状机械部件设计，双臂装备抓钩，背后具有弯曲状的翼翅，左手持多节鞭，右手持双体匕首（详见本专利附图）。

从上述附件4刊载的"艾比安战士"（下称在先设计）的图片可知，在先设计的整体形状呈拟人形设计，各个组成部分呈机械零部件形态的设计。其头部具有双"V"字设计，双肩具有向上翘起的块状机械部件设计，双臂装备抓钩，背后具有弯曲状的翼翅（详见在先设计附图）。

将本专利和在先设计进行对比后，可以看到：二者的整体形状相同，除本专利双手持武器而在先设计为空手之外，各相应的组成部分也都是相同的。合议组认为，上述相同点已经构成本专利外观设计与在先设计在整体形状上视觉效果的基本相同，手持武器为可更换的配件，其差异对整体视觉效果不构成显著影响，因此，二者属于相近似的外观设计。

综上，请求人提供的证据能够证明在专利申请日之前，已经有相近似的外观设计在国外公开出版物上发表。因此本专利权的授予不符合专利法第23条的规定。

鉴于上述已经得出本专利权的授予不符合专利法第23条规定的结论，故本决定对其他证据不再

评述。

**三、决定**

依据专利法第 23 条的规定，宣告 200530079407.X 号外观设计专利权全部无效。

当事人对本决定不服的，可以根据专利法第 46 条第 2 款的规定，在收到本决定之日起三个月内向北京市第一中级人民法院起诉。一方当事人起诉后，另一方当事人将作为第三人参加诉讼。

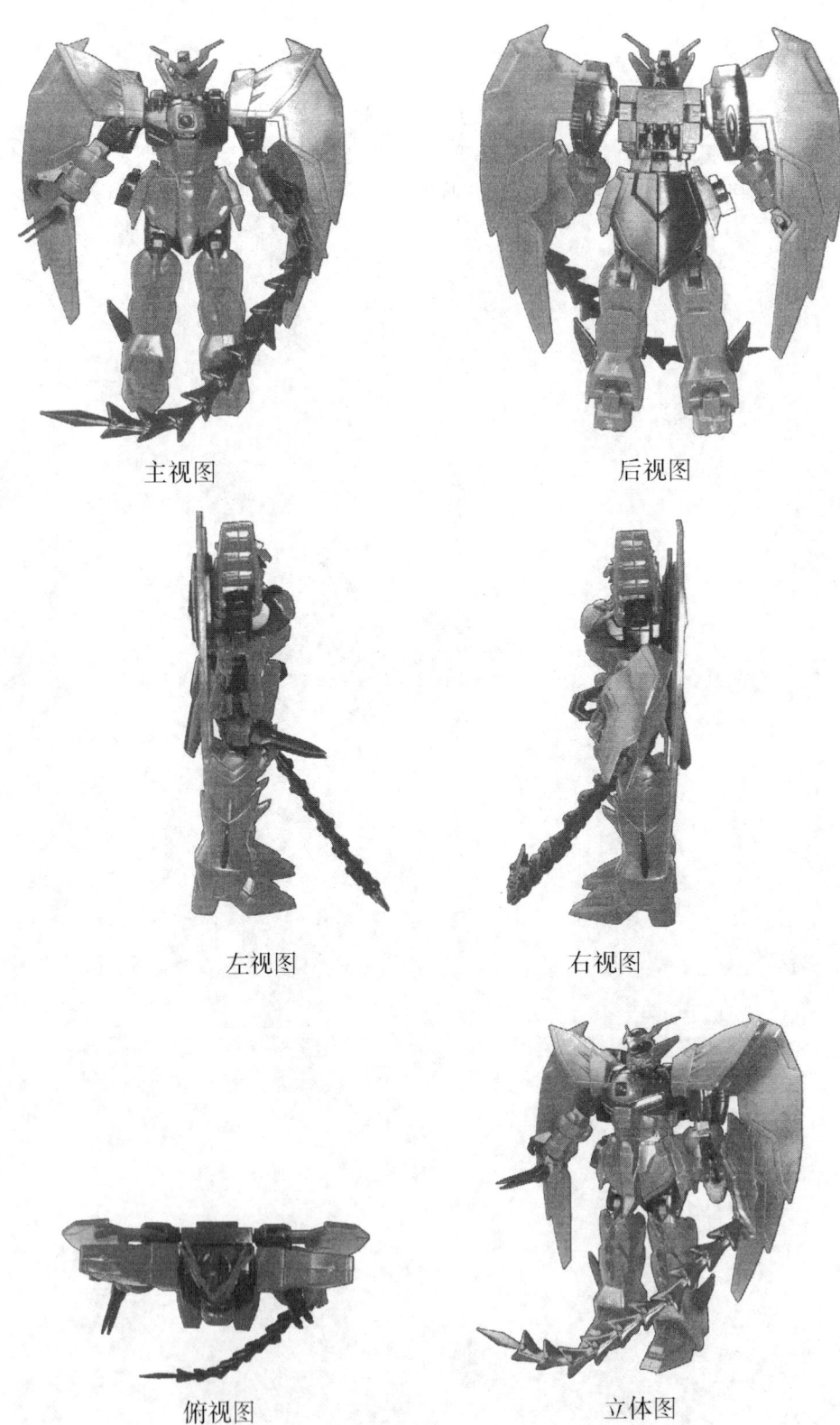

在先设计附图

# 玩具（加达姆·德斯赛兹）

## 无效宣告请求审查决定（第 10737 号）

| | |
|---|---|
| 决 定 号 | 第 10737 号 |
| 决 定 日 | 2007 年 12 月 10 日 |
| 发明创造名称 | 玩具（加达姆·德斯赛兹） |
| 外观设计分类号 | 21-01 |
| 无效宣告请求人 | 株式会社万代 |
| 专 利 权 人 | 陈振楷 |
| 申 请 号 | 200530062628.6 |
| 申 请 日 | 2005 年 7 月 4 日 |
| 授权公告日 | 2006 年 3 月 22 日 |
| 合议组组长 | 王霞军 |
| 主 审 员 | 吴大章 |
| 参 审 员 | 李改平 |
| 附 图 | 2 页 |
| 法 律 依 据 | 专利法第 23 条 |
| 决 定 要 点 | |

在先设计与本专利属于相近似的外观设计，故本专利权的授予不符合专利法第 23 条的规定。

## 一、案由

本无效宣告请求涉及的是国家知识产权局于 2006 年 3 月 22 日授权公告的、名称为"玩具（加达姆·德斯赛兹）"的外观设计专利，其申请号是 200530062628.6，申请日是 2005 年 7 月 4 日，专利权人是陈振楷。

针对上述专利权（下称本专利），株式会社万代（下称请求人）于 2007 年 3 月 30 日向专利复审委员会提出无效宣告请求，其理由是本专利权的授予不符合专利法第 23 条的规定，其主张的事实为在本专利申请日之前已有相同的外观设计在日本出版物上公开发表过。请求人提交了如下证据：

附件 1：本专利授权公告网上公开信息的复印件共 8 页；
附件 2：附件 3 和附件 4 的证明书及公证和认证文件的复印件共 3 页；
附件 3：《敢达模型大全集 2004》（《ガンプラ大全集 2004》）书刊的封面、第 186 页和第 194 页

的复印件共 3 页；

附件 4：《业余爱好日本》（《HOBBY JAPAN》）杂志 1998 年 6 月号的封面、第 38~41 页和第 342 页的复印件共 6 页。

2007 年 4 月 29 日，专利复审委员会收到了请求人提交的上述附件 2~4 的中文译文。

专利复审委员会经形式审查合格受理了该无效宣告请求，并于 2007 年 8 月 3 日将请求书及相关证据材料副本转送给专利权人，要求其在指定的期限内答复。专利复审委员会逾期未收到专利权人的答复。

2007 年 10 月 29 日，合议组向双方当事人发出口头审理通知书，定于 2007 年 11 月 28 日进行口头审理。

口头审理如期举行，请求人的代理人出席口头审理，对合议组成员无回避请求。专利权人未出席口头审理。专利复审委员会也没有收到其任何书面答复，故视为专利权人对合议组成员无回避请求。口头审理中，请求人就提交的证据进行了意见陈述并坚持原有主张，提交了附件 2 公证认证的原件，附件 3 和附件 4 的原件以及相关杂志当年期刊的全部原件。

至此，在口头审理的基础上，合议组认为本案事实清楚，可以依法作出审查决定。

## 二、决定的理由

请求人提出的无效宣告请求的理由是：本专利权的授予不符合专利法第 23 条的规定。

专利法第 23 条规定：授予专利权的外观设计，应当同申请日以前在国内外出版物上公开发表过或者国内公开使用过的外观设计不相同和不相近似，并不得与他人在先取得的合法权利相冲突。

请求人提交的附件 4 是《业余爱好日本》杂志 1998 年 6 月号相关页的复印件。在口头审理中，请求人提交了附件 2 和附件 4 的原件。针对附件 4，万代株式会社董事长出具了证言："附加文件确实为下列书籍的真实复印件"，该证言经日本东京法务局公证人川岛贵志郎公证，又经东京法务局、日本外务省、中国驻日本大使馆认证。针对该证据，专利权人始终未提交任何意见陈述，也未提交相关证据证明其不真实，亦不出席口头审理。合议组认为，请求人提供的附件 4 真实可信，属于专利法意义上的出版物。在该杂志的第 342 页上注明其发行日是 1998 年 6 月 1 日，在本专利申请日（2005 年 7 月 4 日）之前，在其第 38~41 页上刊载了一款名称为 "XXXG-01D2 加达姆·德斯赛兹" 的玩具的图片。故附件 4 可以作为判断本专利是否符合专利法第 23 条规定的依据。

本专利的整体形状拟人形设计，各个组成部分呈机械零部件形态的设计。本专利的头部具有 "V" 字形设计，双肩上部具有副翼，双肩和双臂上有护甲，双膝盖上有向上的尖桩，双足前部尖而且向上翘起，背后具有蝙蝠翅膀形态的双翼，右手持镰刀（详见本专利附图）。

从附件 4 刊载的 "加达姆·德斯赛兹"（下称在先设计）的图片可知，在先设计的整体形状呈拟人形设计，各个组成部分呈机械零部件形态的设计。其头部具有 "V" 字形设计，双肩上部具有副翼，双肩和双臂上有护甲，双膝盖上有向上的尖桩，双足前部尖而且向上翘起，背后具有蝙蝠翅膀形态的双翼（详见在先设计附图）。

将本专利和在先设计进行对比后，可以看到：二者的整体形状相同，除本专利右手持镰刀而在先设计为空手之外，各相应的组成部分也都是相同的。合议组认为，上述相同点已经构成本专利外观设计与在先设计在整体形状上视觉效果的基本相同，手持武器为可更换的配件，其差异对整体视觉效果不构成显著影响，因此，二者属于相近似的外观设计。

综上，请求人提供的证据能够证明在专利申请日之前，已经有相近似的外观设计在国外公开出版物上发表。因此本专利权的授予不符合专利法第 23 条的规定。

鉴于上述已经得出本专利权的授予不符合专利法第23条规定的结论，故本决定对其他证据不再评述。

### 三、决定

依据专利法第23条的规定，宣告200530062628.6号外观设计专利权全部无效。

当事人对本决定不服的，可以根据专利法第46条第2款的规定，在收到本决定之日起三个月内向北京市第一中级人民法院起诉。一方当事人起诉后，另一方当事人将作为第三人参加诉讼。

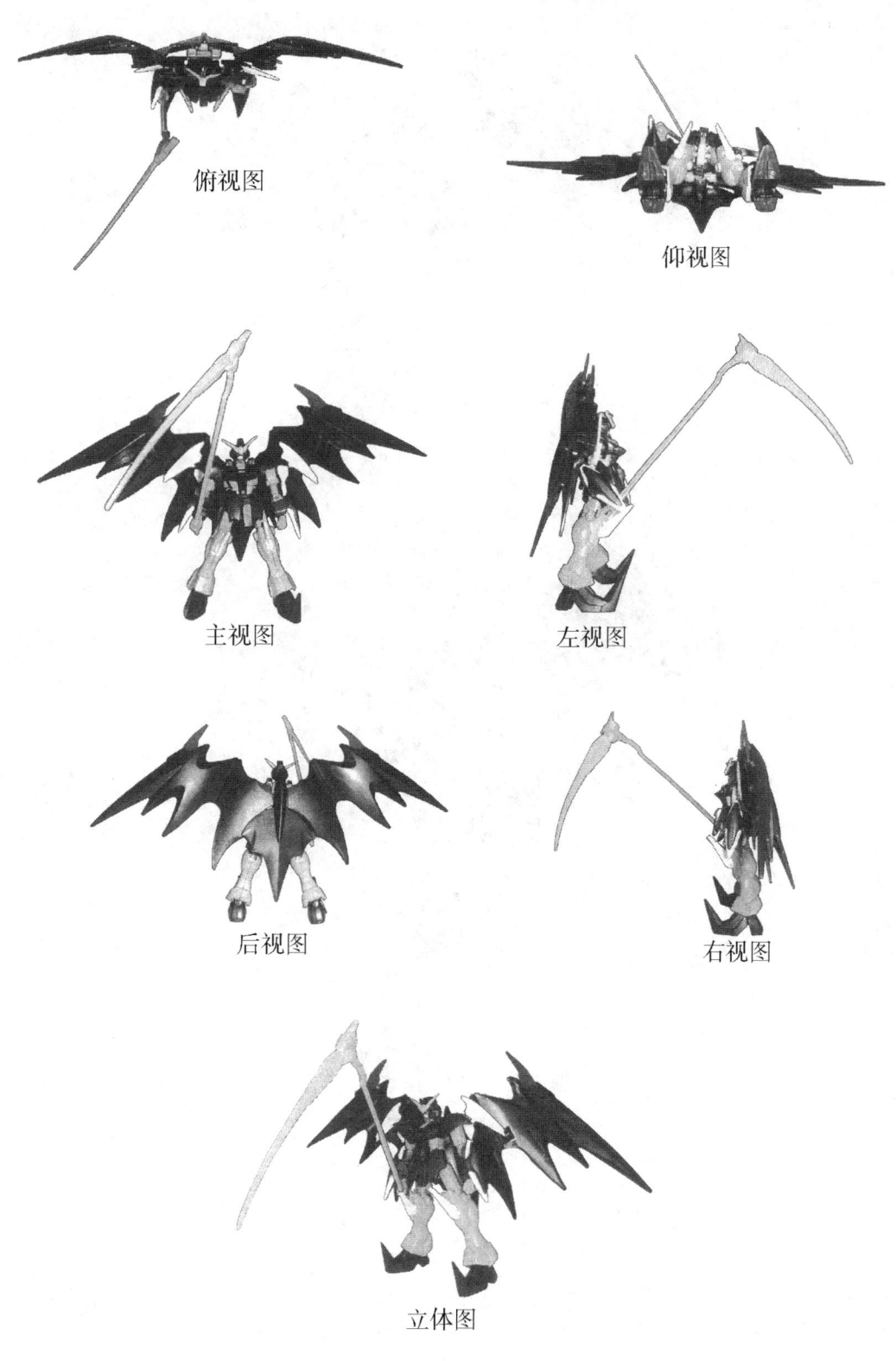

在先设计附图

# 玩具（烈焰机甲战士）

## 无效宣告请求审查决定（第 10738 号）

| | |
|---|---|
| 决 定 号 | 第 10738 号 |
| 决 定 日 | 2007 年 12 月 10 日 |
| 发明创造名称 | 玩具（烈焰机甲战士） |
| 外观设计分类号 | 21-01 |
| 无效宣告请求人 | 株式会社万代 |
| 专 利 权 人 | 陈振楷 |
| 申 请 号 | 200530079528.4 |
| 申 请 日 | 2005 年 11 月 28 日 |
| 授权公告日 | 2006 年 9 月 20 日 |
| 合议组组长 | 王霞军 |
| 主 审 员 | 吴大章 |
| 参 审 员 | 李改平 |
| 附 图 | 2 页 |

**法律依据** 专利法第 23 条

**决定要点**

在先设计与本专利属于相同的外观设计，故本专利权的授予不符合专利法第 23 条的规定。

### 一、案由

本无效宣告请求涉及的是国家知识产权局于 2006 年 9 月 20 日授权公告的、名称为"玩具（烈焰机甲战士）"的外观设计专利，其申请号是 200530079528.4，申请日是 2005 年 11 月 28 日，专利权人是陈振楷。

针对上述专利权（下称本专利），株式会社万代（下称请求人）于 2007 年 3 月 30 日向专利复审委员会提出无效宣告请求，其理由是本专利权的授予不符合专利法第 23 条的规定，其主张的事实为在本专利申请日之前已有相同的外观设计在日本出版物上公开发表过。请求人提交了如下证据：

附件 1：本专利授权公告网页公开信息的复印件；

附件 2：附件 3 和附件 4 的证明书及公证和认证文件的复印件共 3 页；

附件 3：《业余爱好日本》（《HOBBY JAPAN》）书刊 2005 年 10 月号的封面、第 68~71 页和第 380 页的复印件共 6 页；

附件 4：《电击业余爱好》（《電撃 HOBBY MAGAZINE》）书刊 2005 年 4 月号的封面、第 30 页、第 31 页和第 290 页的复印件 4 页。

2007 年 4 月 29 日，专利复审委员会收到了请求人提交的上述附件 2~4 的中文译文。

专利复审委员会经形式审查合格受理了该无效宣告请求，并且于 2007 年 8 月 3 日将请求书及相关证据材料副本转送给专利权人，要求其在指定的期限内答复。专利复审委员会逾期未收到专利权人的答复。

2007 年 10 月 29 日，专利复审委员会向双方当事人发出口头审理通知书，定于 2007 年 11 月 28 日进行口头审理。

口头审理如期举行，请求人的代理人出席口头审理，对合议组成员无回避请求。专利权人未出席口头审理。专利复审委员会也没有收到其任何书面答复，故视为专利权人对合议组成员无回避请求。口头审理中，请求人就提交的证据进行了意见陈述并坚持原有主张，提交了附件 2 公证认证的原件，附件 3 和附件 4 的原件以及相关书刊当年期刊的全部原件。

至此，在口头审理的基础上，合议组认为本案事实清楚，可以依法作出审查决定。

## 二、决定的理由

请求人提出的无效宣告请求的理由是：本专利权的授予不符合专利法第 23 条的规定。

专利法第 23 条规定：授予专利权的外观设计，应当同申请日以前在国内外出版物上公开发表过或者国内公开使用过的外观设计不相同和不相近似，并不得与他人在先取得的合法权利相冲突。

请求人提交的附件 3 是《业余爱好日本》书刊 2005 年 10 月号相关页的复印件。在口头审理中，请求人提交了附件 2 和附件 3 的原件。针对该证据，万代株式会社董事长出具了证言："附加文件确实为下列书籍的真实复印件"，该证言经日本东京法务局公证人川岛贵志郎公证，又经东京法务局、日本外务省、中国驻日本大使馆认证。针对该证据，专利权人始终未提交任何意见陈述，也未提交相关证据证明其不真实。合议组认为，请求人提供的附件 3 真实可信，《业余爱好日本》书刊 2005 年 10 月号属于专利法意义上的出版物。在该书刊的第 380 页上注明其发行日是 2005 年 10 月 1 日，在本专利申请日（2005 年 11 月 28 日）之前，在其第 71 页上刊载了一款名称为 "ZGMF-1000 烈焰机甲战士" 的玩具的图片。故附件 3 可以作为判断本专利权的授予是否符合专利法第 23 条规定的依据。

本专利的整体形状呈拟人形设计，各个组成部分呈机械零部件形态的设计。本专利的头部具有头盔，左手装备盾牌，盾牌上部具有 3 根圆锥，右手持冲锋枪，背后有两个发动机以及类似翼片的设计（详见本专利附图）。

从上述附件 3 的 "ZGMF-1000 烈焰机甲战士" 的玩具（下称在先设计）的图片可知，在先设计的整体形状呈拟人形设计，各个组成部分呈机械零部件形态的设计。头部具有头盔，左手装备盾牌，盾牌上部具有 3 根圆锥，右手持冲锋枪，背后有两个发动机以及类似翼片的设计（详见在先设计附图）。

将本专利和在先设计进行对比后，可以看到：二者的整体形状相同，所持武器相同，各相应的组成部也都是相同的。合议组认为，二者属于相同的外观设计。

综上，请求人提供的证据能够证明在专利申请日之前，已经有相同的外观设计在国外公开出版物上发表。本专利权的授予不符合专利法第 23 条的规定。

鉴于上述已经得出本专利权的授予不符合专利法第 23 条的规定的结论，故本决定对其他证据不再评述。

## 三、决定

依据专利法第 23 条的规定，宣告 200530079528.4 号外观设计专利权全部无效。

当事人对本决定不服的，可以根据专利法第 46 条第 2 款的规定，在收到本决定之日起三个月内向北京市第一中级人民法院起诉。一方当事人起诉后，另一方当事人将作为第三人参加诉讼。

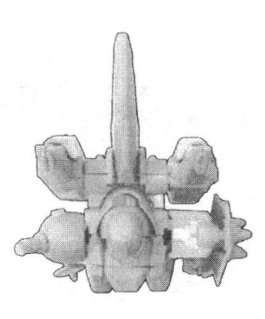

俯视图

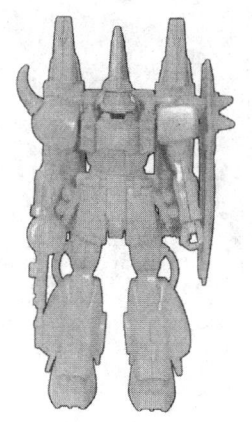

主视图

立体图

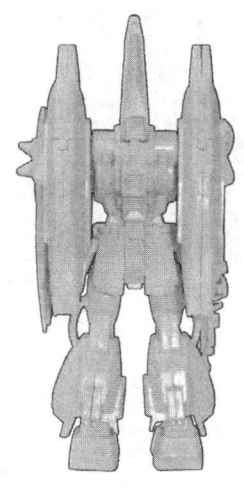

后视图

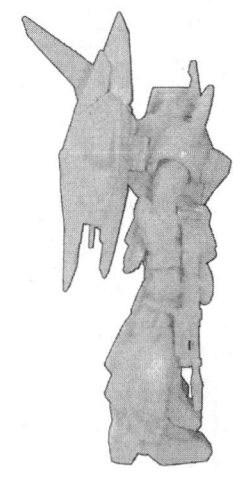

左视图

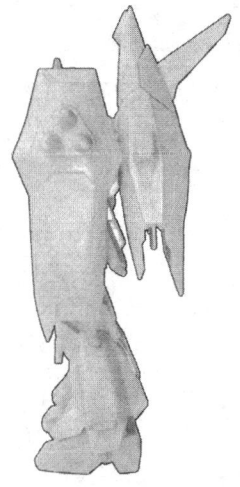

右视图

本专利附图

在先设计附图

# 玩具（地狱死神战士）

## 无效宣告请求审查决定（第 10739 号）

| | |
|---|---|
| 决 定 号 | 第 10739 号 |
| 决 定 日 | 2007 年 12 月 11 日 |
| 发明创造名称 | 玩具（地狱死神战士） |
| 外观设计分类号 | 21-01 |
| 无效宣告请求人 | 株式会社万代 |
| 专 利 权 人 | 陈振楷 |
| 申 请 号 | 200530079410.1 |
| 申 请 日 | 2005 年 11 月 25 日 |
| 授 权 公 告 日 | 2006 年 10 月 18 日 |
| 合议组组长 | 王霞军 |
| 主 审 员 | 吴大章 |
| 参 审 员 | 李改平 |
| 附 图 | 2 页 |
| 法 律 依 据 | 专利法第 23 条 |
| 决 定 要 点 | |

在先设计与本专利属于相近似的外观设计，故本专利权的授予不符合专利法第 23 条的规定。

### 一、案由

本无效宣告请求涉及的是国家知识产权局于 2006 年 10 月 18 日授权公告的、名称为"玩具（地狱死神战士）"的外观设计专利，其申请号是 200530079410.1，申请日是 2005 年 11 月 25 日，专利权人是陈振楷。

针对上述专利权（下称本专利），株式会社万代（下称请求人）于 2007 年 3 月 30 日向专利复审委员会提出无效宣告请求，其理由是本专利权的授予不符合专利法第 23 条的规定，其主张的事实为在本专利申请日之前已有相同的外观设计在日本出版物上公开发表过。请求人提交了如下证据：

附件 1：本专利授权公告文本网页的复印件共 7 页；

附件 2：附件 3 和附件 4 书刊杂志的证明书及公证和认证文件的复印件共 3 页；

附件 3：《敢达模型大全集 2004》（《ガンプラ大全集 2004》）刊物的封面、第 182 页和第 194 页的复印件共3页；

附件4：《业余爱好日本》(《HOBBY JAPAN》)刊物1996年2月号的封面、第8~10页和第298页的复印件共5页；

2007年4月29日，专利复审委员会收到了请求人提交的上述附件2和附件4的中文译文。

专利复审委员会经形式审查合格受理了该无效宣告请求，并且于2007年8月3日将请求书及相关证据材料副本转送给专利权人，要求其在指定的期限内答复。专利复审委员会逾期未收到专利权人的答复。

2007年10月29日，专利复审委员会向双方当事人发出口头审理通知书，定于2007年11月28日进行口头审理。

口头审理如期举行，请求人的代理人出席口头审理，对合议组成员无回避请求。专利权人未出席口头审理。专利复审委员会也没有收到其任何书面答复，故视为专利权人对合议组成员无回避请求。口头审理中，请求人就提交的证据进行了意见陈述并坚持原有主张，提交了附件2公证认证的原件，附件3和附件4的原件以及该刊物当年期刊的全部原件。

至此，在口头审理的基础上，合议组认为本案事实清楚，可以依法作出审查决定。

## 二、决定的理由

请求人提出的无效宣告请求的理由是：本专利权的授予不符合专利法第23条的规定。

专利法第23条规定：授予专利权的外观设计，应当同申请日以前在国内外出版物上公开发表过或者国内公开使用过的外观设计不相同和不相近似，并不得与他人在先取得的合法权利相冲突。

请求人提交的附件4是《业余爱好日本》刊物1996年2月号相关页的复印件。在口头审理中，请求人提交了附件2和附件4的原件。针对附件4，万代株式会社董事长出具了证言："附加文件确实为下列书籍的真实复印件"，该证言经日本东京法务局公证人川岛贵志郎公证，又经东京法务局、日本外务省、中国驻日本大使馆认证。针对该证据，专利权人始终未提交任何意见陈述，也未提交相关证据证明其不真实。合议组认为，请求人提供的附件4真实可信，《业余爱好日本》刊物1996年2月号属于专利法意义上的出版物。在该刊物的第298页上注明其发行日是1996年2月1日，在本专利申请日（2005年11月25日）之前，在其第8~10页上刊载了一款名称为"地狱死神战士"的玩具的图片。故附件4可以作为判断本专利权的授予是否符合专利法第23条规定的依据。

本专利的整体形状呈拟人形设计，各个组成部分呈机械零部件形态的设计。本专利的头部前额具有"V"字形设计，手持双头镰刀，前胸和背后以及双侧具有披风设计，左侧具有风暴护盾（详见本专利附图）。

从上述附件4的"地狱死神战士"的玩具（下称在先设计）的图片可知，在先设计的整体形状呈拟人形设计，各个组成部分呈机械零部件形态的设计，其头部前额具有"V"字形设计，手持双头镰刀，前胸和背后以及双侧具有披风设计（详见在先设计附图）。

将本专利和在先设计进行对比后，可以看到：除了所持武器不同之外，二者的整体形状相同，各相应的组成部分也都是相同的。所持武器不同：本专利左侧具有风暴护盾，在先设计没有。合议组认为，上述相同点已经构成本专利外观设计与在先设计在整体形状上视觉效果的基本相同，其差异对整体视觉效果不构成显著影响，因此，二者属于相近似的外观设计。

综上，请求人提供的证据能够证明在本专利申请日之前，已经有相近似的外观设计在国外公开出版物上发表。因此本专利权的授予不符合专利法第23条的规定。

鉴于上述已经得出本专利权的授予不符合专利法第23条规定的结论，故本决定对其他证据不再评述。

### 三、决定

依据专利法第23条的规定，宣告200530079410.1号外观设计专利权全部无效。

当事人对本决定不服的，可以根据专利法第46条第2款的规定，在收到本决定之日起三个月内向北京市第一中级人民法院起诉。一方当事人起诉后，另一方当事人将作为第三人参加诉讼。

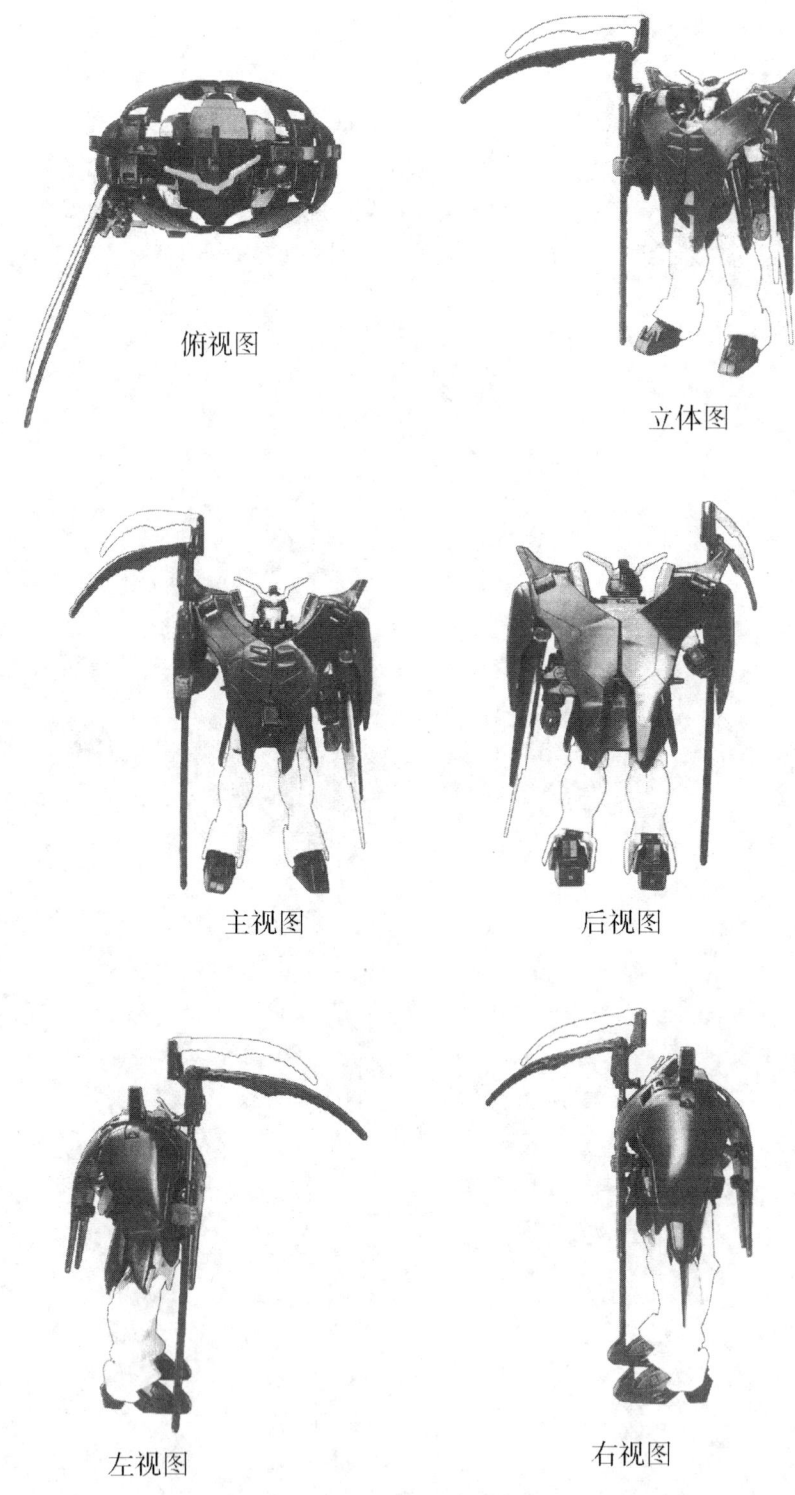

本专利附图

在先设计附图

# 带支架的液晶电视（51）

## 无效宣告请求审查决定（第 10741 号）

| | |
|---|---|
| 决　定　号 | 第 10741 号 |
| 决　定　日 | 2007 年 11 月 30 日 |
| 专利创造名称 | 带支架的液晶电视（51） |
| 外观设计分类号 | 14-03 |
| 无效宣告请求人 | 松下电器产业株式会社 |
| 专　利　权　人 | 海信集团有限公司 |
| 专　利　号 | 200530095670.8 |
| 申　请　日 | 2005 年 10 月 29 日 |
| 授权公告日 | 2006 年 8 月 30 日 |
| 合议组组长 | 张雪飞 |
| 主　审　员 | 邢文飞 |
| 参　审　员 | 李卉 |
| 附　图 | 1 页 |
| 法　律　依　据 | 专利法第 23 条 |
| 决　定　要　点 | |

本专利外观设计与在先公开发表的外观设计之间的差别在整体视觉效果上不具备显著影响，二者属于相近似的外观设计，因此，本专利不符合专利法第 23 条的规定。

### 一、案由

本无效宣告请求涉及国家知识产权局于 2006 年 8 月 30 日授权公告的、名称为"带支架的液晶电视（51）"的外观设计专利（下称本专利），其申请日为 2005 年 10 月 29 日，专利号为 200530095670.8，专利权人为海信集团有限公司。

针对上述专利权，松下电器产业株式会社（下称请求人）于 2007 年 1 月 29 日向专利复审委员会提出了无效宣告请求，其理由是本专利不符合专利法第 23 条的规定。请求人提交的作为证据使用的附件如下：

附件 1：本专利的外观设计公报复印件共 1 页；

附件 2：北京市海淀第二公证处出具的（2006）京海民证字第 4350 号公证书原件一份共 7 页；

附件 3：专利号为 ZL03304316.7 的外观设计公报复印件共 3 页。

请求人认为：附件 2 和附件 3 中的在先外观设计与本专利的外观设计相近似，因此本专利不符合专利法第 23 条的规定。

经形式审查合格，专利复审委员会受理了上述无效宣告请求，并于 2007 年 3 月 20 日发出无效宣告请求受理通知书，同时将该无效宣告请求书及其附件的副本转送给专利权人。

针对上述无效宣告请求，专利权人于 2007 年 4 月 26 日提交了意见陈述书，认为：本专利与附件 2 中提供的 VIERA 系列平板电视有着一般消费者可以明显区分的差别，并非相同或相似产品，因此相对于附件 2 中提供的 VIERA 系列平板电视而言，本专利满足专利法第 23 条的规定；本专利与附件 3 中的在先外观设计专利有着一般消费者可以明显区分的差别，并非相同或相似的产品，因此满足专利法第 23 条的规定，应当维持有效。

本案合议组于 2007 年 8 月 30 日向双方当事人发出口头审理通知书，定于 2007 年 10 月 16 日举行口头审理，同时将专利权人提交的意见陈述书的副本转送给请求人。

口头审理如期举行，双方当事人的代理人均出席口头审理并各自陈述了意见。

在口头审理中，双方当事人对合议组成员没有回避请求；双方当事人对对方出庭人员身份无异议；专利权人对附件 2、3 的真实性无异议，对附件 2 公证书中报纸的真实性和在先公开性无异议；请求人明确无效理由为：本专利外观设计不符合专利法第 23 条的规定，属于出版物在先公开。

在上述审理的基础上，合议组认为双方当事人已经充分发表意见，本案事实清楚，可以依法作出本无效宣告请求审查决定。

**二、决定的理由**

1. 法律依据

根据请求人提出的无效宣告请求的范围、理由和证据，本案合议组依据专利法第 23 条对本案进行审理。

专利法第 23 条规定：授予专利权的外观设计，应当同申请日以前在国内外出版物上公开发表过或者国内公开使用过的外观设计不相同和不相近似，并不得与他人在先取得的合法权利相冲突。

2. 关于证据

请求人提交的作为证据的附件 3 是专利号为 ZL03304316.7 的外观设计在《外观设计专利公报》上的公告复印件，专利权人对附件 3 的真实性无异议，本案合议组对附件 3 核实后，认同其真实性；该附件 3 的公开日为 2003 年 10 月 29 日，早于本专利的申请日，因此请求人提交的作为证据的附件 3 可以作为评价专利法第 23 条的证据使用，合议组予以采信。

3. 关于相似性判断

本专利与附件 3 所公开的产品的外观设计（下称在先设计）均为带支架的电视机的外观设计，属于同类产品，具有可比性。

本专利外观设计包括带支架的液晶电视的七幅视图，即主视图、后视图、左视图、右视图、俯视图、仰视图和立体图。如各视图所示，本专利的带支架的液晶电视分为支架上的平板电视和支架两部分，其中支架上的平板电视部分从整体上看呈长方形，该电视部分中间是长方形的屏幕，屏幕外侧的上、下方是较窄的框，在屏幕下侧较窄的框中间部分存在一长方形的槽；屏幕外侧的左、右方向是较宽的框，在屏幕外侧较宽的框中均匀分布网孔；支架部分是一个三层的支架，支架底面的前半部近似喇叭形，后半部分是近似梯形，支架两侧的支撑架也是长方形的，且该支撑架的外侧与电视的外侧壁对齐（详见本专利附图）。

在先设计所示的电视机包括整体六面视图，即主视图、后视图、右视图、俯视图、仰视图和立体图。如各视图所示，在先设计的电视机分为支架上的电视部分和支架两部分，其中支架上的电视部分从整体上看呈长方体，该电视的中间部分是长方形的屏幕部分，屏幕的四周是宽度几乎相同的框，在屏幕下方的框的左下角有两个按钮；支架部分是一个三层的支架，支架底面的前半部分呈近似的长方形，后半部分是长方形，支架两侧的支撑架也是长方形的，且该支撑架的外侧与电视的外侧壁对齐（详见在先设计附图）。

将本专利和在先设计相比较可知，本专利和在先设计的电视机均是带支架的电视机，分为支架上的电视和支架两部分，其中支架上的电视均是长方形的，支架均是三层的支架，支架两侧的支撑架也是长方形的，且该支撑架的外侧与电视的外侧壁对齐。其主要区别在于：（1）本专利的屏幕外侧的上、下方是较窄的框，在屏幕下侧较窄的框中间部分存在一长方形的槽；屏幕外侧的左、右方向是较宽的框，在屏幕外侧较宽的框中均匀分布网孔；而在先设计的屏幕的四周是宽度几乎相同的框；（2）本专利的支架底面的前半部分呈近似的长方形，后半部分是长方形，而在先设计的支架底面的前半部分呈近似的长方形，后半部分是长方形（3）本专利与在先设计另有其他更细微的不同点。虽然本专利与在先设计存在着上述区别，但是这种区别过于细微，并未对消费者的观察判断产生显著的影响。因此合议组根据整体观察、综合判断，本专利与在先设计整体设计基本相同，其区别点属于局部的细微变化，尚不足以构成整体视觉效果的显著影响，因此本专利与在先设计的外观设计是相近似的。

综上所述，在本专利申请日以前已有与本专利相似的外观设计在出版物上公开发表过，因此本专利不符合专利法第23条的规定。

鉴于由上述已得出本专利不符合专利法规定的授权条件的结论，本决定对请求人提出的其他证据不再予以评述。

三、决定

宣告200530095670.8号外观设计专利权全部无效。

当事人对本决定不服的，可以根据专利法第46条第2款的规定，自收到本决定之日起三个月内向北京市第一中级人民法院起诉。根据该款的规定，一方当事人起诉后，另一方当事人应当作为第三人参加诉讼。

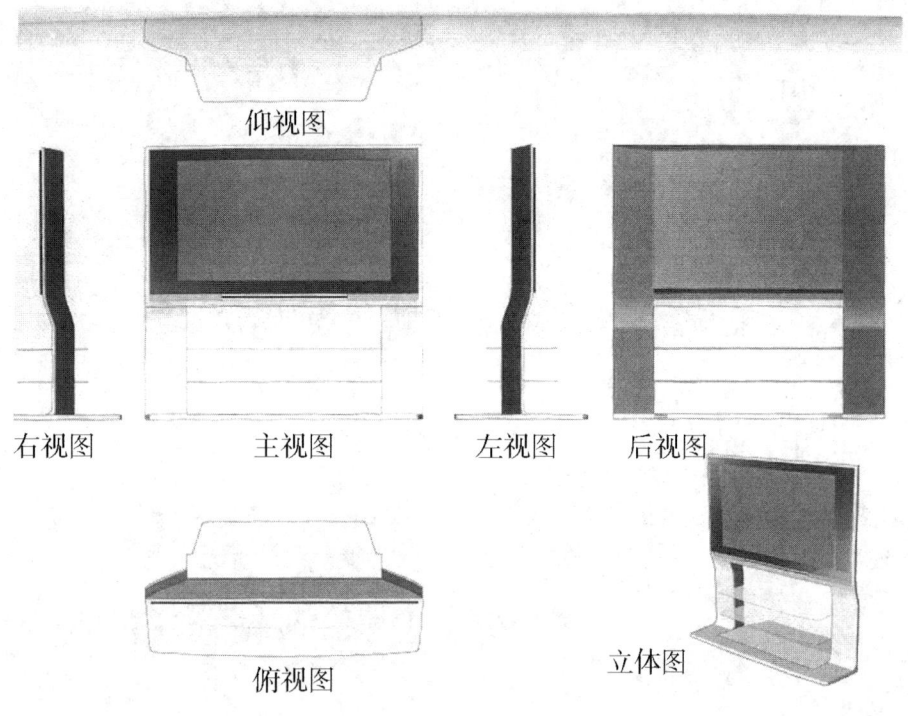

本专利附图

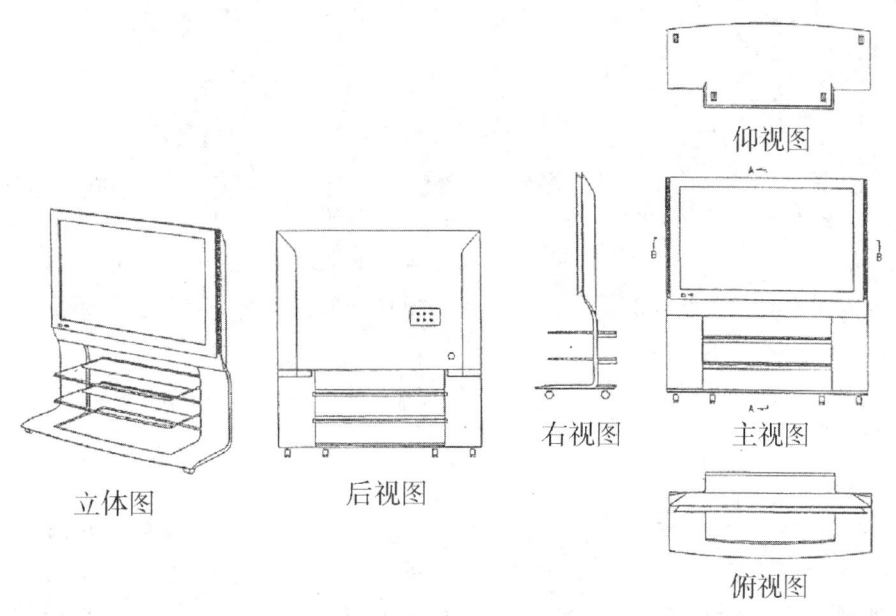

在先设计附图

# 对讲机（B）

## 无效宣告请求审查决定（第10747号）

| | |
|---|---|
| 决 定 号 | 第10747号 |
| 决 定 日 | 2007年12月11日 |
| 发明创造名称 | 对讲机（B） |
| 外观设计分类号 | 14-03 |
| 无效宣告请求人 | 株式会社建伍 |
| 专 利 权 人 | 陈小泉 |
| 专 利 号 | 200530093519.0 |
| 申 请 日 | 2005年7月29日 |
| 授权公告日 | 2006年5月17日 |
| 合议组组长 | 吴赤兵 |
| 主 审 员 | 李巍巍 |
| 参 审 员 | 严若艳 |
| 附 图 | 1页 |
| 法 律 依 据 | 专利法第23条 |

**决定要点**

虽然输入键和透音槽的排列方式、透音槽外缘轮廓线形状及对讲机左右侧面的凸起的形状略有不同，但其在对讲机上的分布位置均相同，在二者的整体造型基本相同及各部分设计形成了明显相近似的情况下，二者上述不同点属于局部差别，对于产品的整体视觉效果不具有显著影响，二者应属于相近似的外观设计。

### 一、案由

本无效宣告请求涉及2006年5月17日国家知识产权局授权公告的200530093519.0号外观设计专利，其产品名称是"对讲机（B）"，申请日是2005年7月29日，专利权人是陈小泉。

针对上述外观设计专利权（下称本专利），株式会社建伍（下称请求人）于2006年11月1日向专利复审委员会提出无效宣告请求，其理由是本专利不符合专利法第23条的规定。请求人认为在本专利申请日以前已有与其相近似的外观设计在国内外公开销售和出版物上公开发表过，同时，请求人提交了如下附件作为证据：

附件1是本专利外观设计专利公报复印件，共1页；

附件2是请求人生产的TH-G71A型对讲机单张产品说明书复印件，共2页；

附件3是《通信世界报》2003年9月8日版第2页复印件,共2页;

附件4是《电子零件》2003/3期杂志封面及相关页复印件,共2页;

附件5是专利复审委员会第7394号无效宣告审查决定书复印件;共7页。

附件6是第200430001075.9号外观设计专利的无效宣告请求书副本复印件,共5页。

请求人认为:从2003年起TH-G71A型对讲机就在国内外开始销售,2003年4月印刷并向公众大量散发对应上述型号对讲机的单张产品说明书广告(附件2),2003年9月8日在《通信世界报》第2版和天驰咨询推广公司公开出版的《电子零件》2003/3期均刊登了相应的广告(附件3和附件4),其刊登上述型号对讲机广告的日期均早于本专利申请日,将上述证据与本专利相比较,唯一的区别是:本专利主视图缺少此种无线对讲机必备的天线,但在本专利的主视图和俯视图中均可以看到安装此天线的插口,因此,应当宣告本专利无效。

专利复审委员会根据无效宣告请求审查程序的规定受理了该无效宣告请求,于2007年4月17日将无效宣告请求书和证据的副本转送给专利权人,限其在指定的期限内答复。并告知专利权人如逾期不答复,不影响专利复审委员会的审理。

针对请求人提出的无效宣告请求理由和提交的证据,专利权人至今未作出任何答复,也未提出任何异议。

专利复审委员会于2007年7月23日向双方当事人发出《合议组成员告知通知书》,指出如对本案合议组人员有回避请求的,请于收到本通知之日起7天内提交书面请求书,逾期未答复,视为无回避请求。同时向双方当事人发出《无效宣告请求口头审理通知书》,定于2007年9月10日进行口头审理。并告知无效宣告请求人期满未提交回执,并且不参加口头审理的,其无效宣告请求视为撤回。专利权人不参加口头审理的,可以缺席审理。

在规定的期限内双方当事人均未对合议组成员提出回避的请求。

口头审理如期举行,请求人代理人参加了口头审理,专利权人未参加口头审理。在口头审理过程中,请求人当庭提交了附件2请求人生产的TH-G71A型对讲机单张产品说明书、附件3《通信世界报》D1至D4版、附件4《电子零件》的原件,合议组对请求人提交的证据进行了核实。请求人仍坚持其原有主张,认为上述三份书证的公开日期均早于本专利的申请日,将其上所附的产品图片与本专利相比为相近似的外观设计。

2007年9月24日请求人提交了附件3《通信世界报》A至C共12版的原件,在A1版中记载有该报的出版者信息。

在以上审理的基础上,本案合议组经合议,认为本案事实清楚,依法作出本审查决定。

### 二、决定的理由

1. 法律依据

根据请求人提出的无效宣告请求的理由和提交的证据,本案合议组依据专利法第23条的规定对本案进行审理。

专利法第23条规定:"授予专利权的外观设计,应当同申请日以前在国内外出版物上公开发表过或者国内公开使用过的外观设计不相同和不相近似,并不得与他人在先取得的合法权利相冲突。"

2. 证据的认定

请求人提交的附件3是2003年9月8日版《通信世界报》D1版面的上半版(含有出版日期和该报的网址)和D2版面的下半版(含有TH-G71A对讲机产品的广告图片)复印件,请求人在口头审理中当庭提交了该报的D1至D4版的原件,合议组对该证据进行了核实,在该《通信世界报》D1版面的右上方载有发行时间为"2003.9.8"字样和"责编:谢力迅 E-mail:editor@21ctn.com"字样等信息，在D4版市场专栏中标题为"APC'牵手'渠道做细市场——2003 APC牵手行动成都站纪实"的纪实报道中记载有"2003年8月26日，'创新动力，可靠为本——2003 APC牵手行动'来到成都，本次巡展吸引了来自电子商务、金融、通信、保险、石油等行业的用户和渠道伙伴的积极参与。会上，APC向与会者详细介绍了NCPI（网络物理基础设施）理念，以及基于该理念的InfraStruXure（英飞集成系统）"等信息，合议组认为，根据上述信息，可以确定该证据的出版时间在本专利申请日前，为本专利申请日前的公开出版物，可以作为判断本专利是否符合专利法第23条规定的证据。

在该报刊的D2版的左下方中公开了TH-G71A对讲机（下称在先设计）的图片，与本专利均是对讲机的外观设计，用途相同，属于相同种类的产品，具有可比性。

3. 本专利是否符合专利法第23条的规定

本专利包括主视图、后视图、左视图、右视图、仰视图和俯视图，未要求保护色彩。对讲机整体形状为长方体，其左侧上半部略呈弧形；正面上部为长方形液晶显示屏，显示屏的下边缘线略呈弧形；液晶显示屏下方，左侧为纵向排列的一圆形二椭圆形按钮，右侧为四条横向的透音槽，透音槽下边缘线呈波浪形；透音槽的下方为输入键盘，呈四行四列排列，共16个输入键；对讲机顶部右侧为一圆柱形旋钮，左侧为天线插孔；对讲机的右侧上部和中部分别有一圆角长形设计，左侧上部的两圆角长形设计；对讲机的后部上方中部有一方形设计，下方有三个方形设计（详见本专利附图）。

在先设计为产品的主视图，从图片上观察，其整体形状为长方体，其左侧上半部略呈弧形；正面上部为长方形液晶显示屏，显示屏的下边缘线略有弧度；液晶显示屏下方，左侧为纵向排列的二大一小的圆形按钮，右侧为五条横向的透音槽，透音槽左侧下边缘线呈弧形；透音槽的下方为输入键盘，第一行为4个输入键，第二行至第五行为每行3个输入键，共16个输入键；对讲机顶部右侧为一圆柱形旋钮，左侧为圆柱形渐细鞭状天线；对讲机的右侧上部、中部和下部分别有四长形凸起，左侧中下部分别有二长形凸起（详见在先设计附图）。

将本专利与在先设计相比较，二者主要不同点为：输入键和透音槽的排列、透音槽外边缘线的形状、在先设计未显示对讲机后部、本专利未显示天线。合议组认为，从整体视觉观察，本专利所示对讲机的机体背面，使用状态下处于不可视部位，其对对讲机整体视觉效果影响力较弱；虽然本专利的对讲机只显示了天线接口，未显示天线的形状，但此类便携式对讲机在使用状态时必然要安装天线，天线是此类产品必备的配套部件，因此有无天线对于一般消费者而言在整体视觉效果上不具有显著的影响；虽然输入键和透音槽的排列方式、透音槽外缘轮廓线形状及对讲机左右侧面的凸起的形状略有不同，但其在对讲机上的分布位置均相同，在二者的整体造型基本相同及各部分设计形成了明显相近似的情况下，二者上述不同点属于局部差别，对于产品的整体视觉效果不具有显著影响，极易导致一般消费者对二者的整体外观设计产生误认、混同，因此二者应属于相近似的外观设计。

综上所述，本专利在申请日前已有与其相近似的外观设计在国内公开发表过，因此不符合专利法第23条的规定。

鉴于上述评价已经得出本专利不符合专利授权条件的结论，本审查决定对请求人提交的其他证据不再作出评述。

三、决定

宣告200530093519.0号外观设计专利权全部无效。

当事人对本决定不服的，可以根据专利法第46条第2款的规定，自收到本决定之日起三个月内向北京市第一中级人民法院起诉。根据该款的规定，一方当事人起诉后，另一方当事人应当作为第三人参加诉讼。

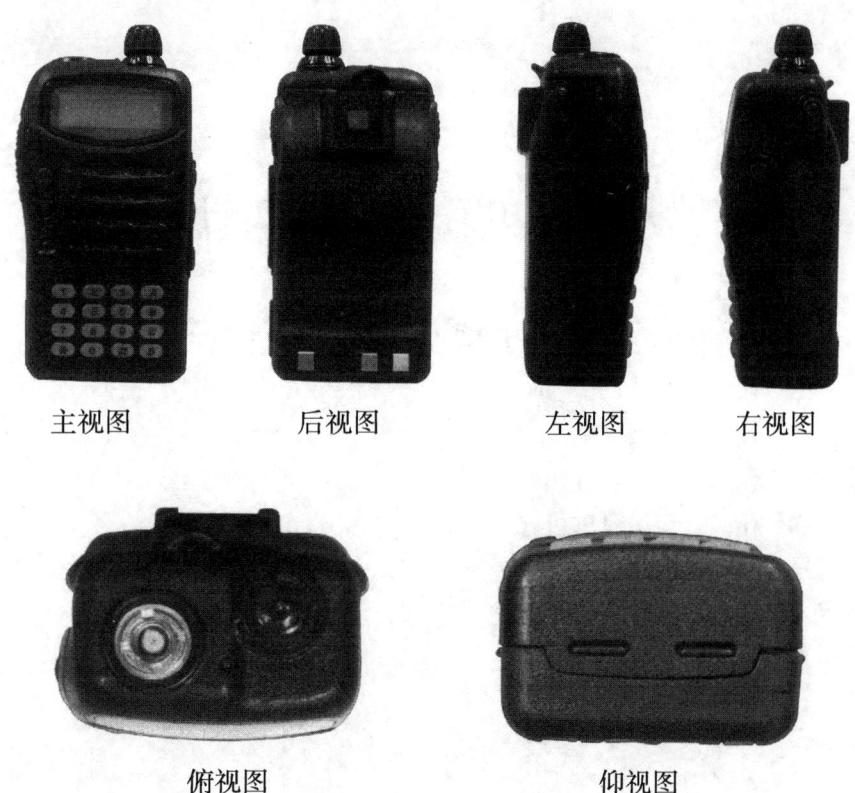

主视图　　　后视图　　　左视图　　　右视图

俯视图　　　仰视图

本专利附图

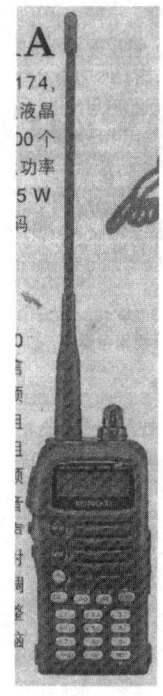

在先设计附图

# 便携式无线对讲机（1）

## 无效宣告请求审查决定（第 10748 号）

| | |
|---|---|
| 决 定 号 | 第 10748 号 |
| 决 定 日 | 2007 年 12 月 11 日 |
| 发明创造名称 | 便携式无线对讲机（1） |
| 外观设计分类号 | 14-03 |
| 无效宣告请求人 | 株式会社建伍 |
| 专 利 权 人 | 杜清海 |
| 专 利 号 | 200530073076.9 |
| 申 请 日 | 2005 年 10 月 17 日 |
| 授权公告日 | 2006 年 12 月 13 日 |
| 合议组组长 | 吴赤兵 |
| 主 审 员 | 李巍巍 |
| 参 审 员 | 严若艳 |
| 附 图 | 2 页 |
| 法 律 依 据 | 专利法第 23 条 |
| 决 定 要 点 | |

对讲机天线上部、顶部平面、旋钮、正面线条、两侧按钮的设计虽然略有不同，但其在对讲机上的分布位置均相同，在二者的整体造型基本相同及各部分设计形成了明显相近似的情况下，二者上述不同点属于局部差别，对于产品的整体视觉效果不具有显著影响，极易导致一般消费者对二者的整体外观设计产生误认、混同，因此二者应属于相近似的外观设计。

一、案由

本无效宣告请求涉及 2006 年 12 月 13 日国家知识产权局授权公告的 200530073076.9 号外观设计专利，其产品名称是"便携式无线对讲机（1）"，申请日是 2005 年 10 月 17 日，专利权人是杜清海。

针对上述外观设计专利权（下称本专利），株式会社建伍（下称请求人）于 2007 年 3 月 23 日向专利复审委员会提出无效宣告请求，其理由是本专利不符合专利法第 23 条的规定。请求人认为，在本专利申请日以前已有与其相近似的外观设计在国内出版物上公开发表过，应当宣告本专利无效。同时提交了如下附件作为证据：

附件 1 是本专利外观设计专利公报复印件，共 1 页；

附件 2 是 03302027.2 号外观设计专利公报复印件，共 1 页。

专利复审委员会根据无效宣告请求审查程序的规定受理了该无效宣告请求，于 2007 年 5 月 14 日将无效宣告请求书和证据的副本转送给专利权人，限其在指定的期限内答复。并告知专利权人如逾期不答复，不影响专利复审委员会的审理。

专利复审委员会于 2007 年 6 月 13 日收到专利权人对无效宣告请求理由和证据的答复，专利权人对附件 2 的真实性无异，认为与本专利相比，虽然在天线、旋钮、透音槽方面有一些相似，但二者在天线形状；前面板的中、下方呈"细腰"形的曲线形状；后视图中整体是一个平面和本专利的左、右视图的下部，具有明显的凹陷等明显的不同，二者上述的不相同，对产品外观设计的整体视觉效果具有显著的影响，因此，应当维持本专利有效。

专利复审委员会于 2007 年 7 月 24 日向双方当事人发出《合议组成员告知通知书》，指出如对本案合议组人员有回避请求的，请于收到本通知之日起 7 天内提交书面请求书，逾期未答复，视为无回避请求。同时将专利权人的意见陈述书转送请求人，要求其在指定期限内陈述意见。

专利复审委员会于 2007 年 8 月 2 日收到的专利权人的意见陈述书，专利权人对合议组成员无回避请求，要求进行口头审理。

专利复审委员会于 2007 年 8 月 6 日向双方当事人发出《无效宣告请求口头审理通知书》，定于 2007 年 9 月 10 日在专利复审委员会进行口头审理。后因工作需要专利复审委员会于 2007 年 8 月 13 日再次向双方当事人发出《无效宣告请求口头审理通知书》，将本案无效宣告请求口头审理日期改为 2007 年 9 月 24 日在专利复审委员会进行口头审理，并告知无效宣告请求人期满未提交回执，并且不参加口头审理的，其无效宣告请求视为撤回。专利权人不参加口头审理的，可以缺席审理。

专利复审委员会于 2007 年 8 月 13 日收到请求人的意见陈述书，并附有下列附件（编号继前）：

附件 3 是杜海清签字的赔偿协议复印件 1 页；

附件 4 是 BF-5168 VHF/UHF 多功能超小型专业无线调频手持机广告页、广东省深圳市中级人民法院（2006）深中法民三初字第 256 号、BF-5200 VHF/UHF 多功能超小型专业无线调频手持机广告页、广东省深圳市中级人民法院（2006）深中法民三初字第 257 号、BF-5600 VHF/UHF 多功能超小型专业无线调频手持机广告页、广东省深圳市中级人民法院（2006）深中法民三初字第 258 号民事判决书复印件共 40 页。

专利复审委员会于 2007 年 9 月 4 日将请求人提交的意见陈述书转送专利权人，告知其口头审理时一并答复。

在规定的期限内双方当事人均未对合议组成员提出回避的请求。

口头审理如期举行，请求人代理人参加了口头审理，专利权人及代理人参加了口头审理。在口头审理过程中，专利权人当庭演示了物证。合议组告知对请求人 2007 年 8 月 13 日提交的意见陈述书所附证据超出专利法实施细则第 66 条有关补充新证据的期限规定，本案不予接受。双方当事人就本专利与证据的相近似性进行了充分的辩论，双方均坚持其原有的主张。

在以上审理的基础上，本案合议组经合议，认为本案事实清楚，依法作出本审查决定。

## 二、决定的理由

### 1. 法律依据

根据请求人提出的无效宣告请求的理由和提交的证据，本案合议组依据专利法第 23 条的规定对本案进行审理。

专利法第 23 条规定："授予专利权的外观设计，应当同申请日以前在国内外出版物上公开发表过或者国内公开使用过的外观设计不相同和不相近似，并不得与他人在先取得的合法权利相冲突。"

2. 证据的认定

请求人提交的附件 2 是 03302027.2 号外观设计专利公报复印件，申请日为 2003 年 1 月 24 日，授权公告日为 2003 年 10 月 1 日，使用外观设计的产品名称为"便携式无线对讲机"，经合议组核实，其内容属实，为本专利申请日前的公开出版物，可适用专利法第 23 条规定作为本案证据。

3. 本专利是否符合专利法第 23 条的规定

本专利是"便携式无线对讲机"，附件 2 是"便携式无线电通讯机"（下称在先设计），二者用途相同，属于相同种类的产品，具有可比性。

本专利包括主视图、后视图、左视图、右视图、仰视图、俯视图、立体图，未要求保护色彩。对讲机整体形状为长方体，正面上部"U"形设计中有一半圆形和六条横向略有弧度的透音槽；中部有一对向内收缩呈"细腰"形曲线；对讲机顶部右侧为两个高矮略有区别的带有凹槽的旋钮，左侧为下端略粗中上部略细的圆柱形天线；对讲机右侧的上部长椭圆形设计，左侧有大小不等的三个椭圆形按钮；对讲机的后部上方中部有一长方形设计，下方有四个方形设计；对讲机底部有一折线将底部分为两长形（详见本专利附图）。

在先设计包括主视图、后视图、左视图、右视图、仰视图、俯视图、立体图，未要求保护色彩。对讲机整体形状为长方体，正面上部"U"形设计中有一半圆形、六条横向略有弧度的透音槽和二条装饰线；中下部有两对略向内收缩的线条设计；对讲机顶部右侧阶梯状面一高一低带有凹槽的旋钮，左侧为从下至上渐细的圆柱形天线，在天线的上部有一环形凹槽；对讲机右侧的长椭圆形设计，左侧有大小不等的四个椭圆形按钮；对讲机的后部上方中部有一长方形和两半椭圆形设计；对讲机底部有若干个线条将底部分为不等的长形和方形（详见在先设计附图）。

将本专利与在先设计相比较，二者主要不同点为：本专利较在先设计对讲机顶部旋钮的高矮略有不同；顶部面略有不同，本专利为平面，在先设计为阶梯面；正面的曲线不同，本专利为中部呈"细腰"形曲线，在先设计为中下部向内收缩两对线条设计；左侧椭圆形按钮的数量不同，本专利为三个，在先设计四个；右侧椭圆形形状不同，本专利长度小于在先设计；底部略有不同，本专利为两长形，在先设计为若干长、方形；天线上部不同，本专利无环形凹槽，在先设计有此设计。合议组认为，从整体视觉观察，本专利所示对讲机的底部，使用状态下处于不可视部位，其对对讲机整体视觉效果影响力较弱；对讲机天线上部、顶部平面、旋钮、正面线条、两侧按钮的设计虽然略有不同，但其在对讲机上的分布位置均相同，在二者的整体造型基本相同及各部分设计形成了明显相近似的情况下，二者上述不同点属于局部差别，对于产品的整体视觉效果不具有显著影响，极易导致一般消费者对二者的整体外观设计产生误认、混同，因此二者应属于相近似的外观设计。

综上所述，本专利在申请日前已有与其相近似的外观设计在国内公开发表过，因此不符合专利法第 23 条的规定。

三、决定

宣告 200530073076.9 号外观设计专利权全部无效。

当事人对本决定不服的，可以根据专利法第 46 条第 2 款的规定，自收到本决定之日起三个月内向北京市第一中级人民法院起诉。根据该款的规定，一方当事人起诉后，另一方当事人应当作为第三人参加诉讼。

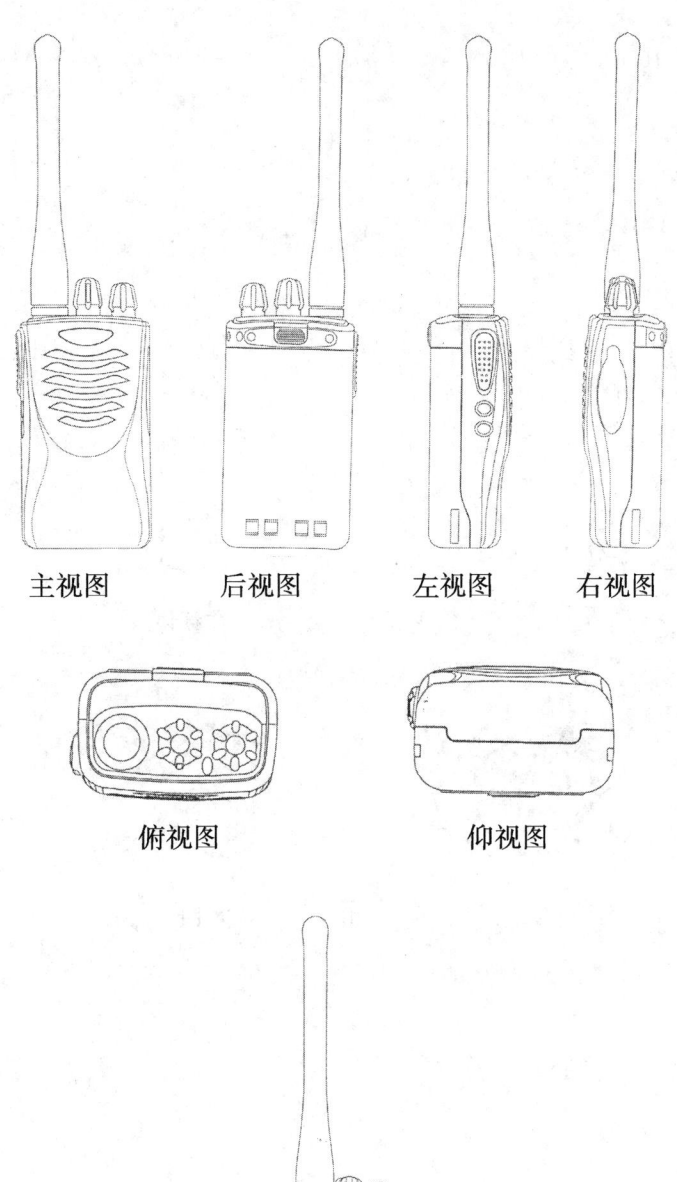

主视图　　后视图　　左视图　　右视图

俯视图　　仰视图

立体图

本专利附图

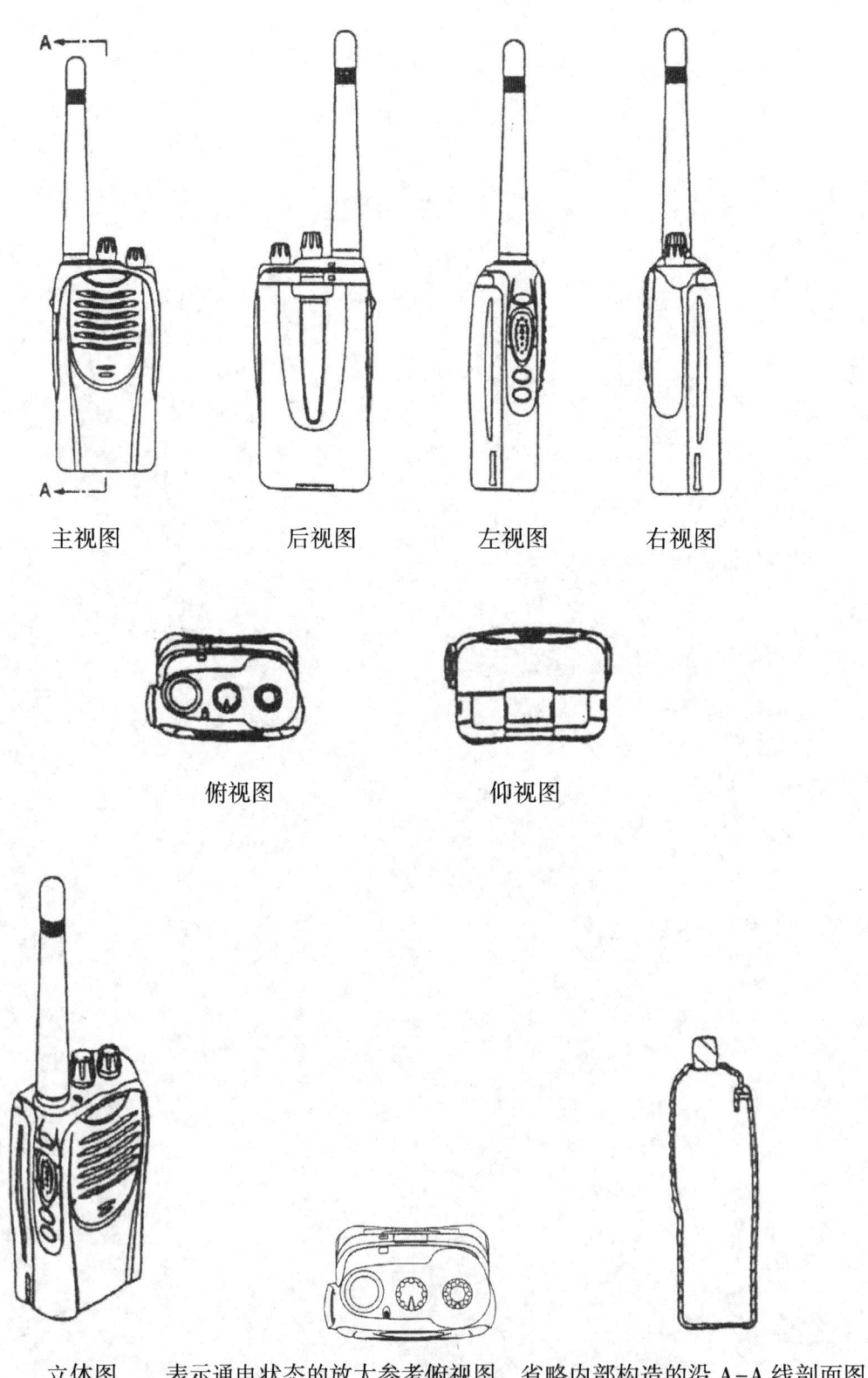

主视图　　后视图　　左视图　　右视图

俯视图　　仰视图

立体图　　表示通电状态的放大参考俯视图　　省略内部构造的沿 A-A 线剖面图

在先设计附图

# 北京市第一中级人民法院
# 行政判决书

（2008）一中行初字第 487 号

原告杜清海，男，1967 年 2 月 4 日出生，汉族，泉州市丰泽区北峰电讯器材设备有限公司总经理，住福建省泉州市洛江区马甲镇马甲村三落 59 号。

委托代理人朱世东，北京金言诚信知识产权代理有限公司专利代理人。

被告中华人民共和国国家知识产权局专利复审委员会，住所地北京市海淀区北四环西路 9 号银谷大厦 10~12 层。

法定代表人廖涛，副主任。

委托代理人李巍巍，中华人民共和国国家知识产权局专利复审委员会审查员。

委托代理人杜微科，中华人民共和国国家知识产权局专利复审委员会审查员。

第三人株式会社建伍，住所地日本国东京都八王子市石川町 2967-3。

法定代表人塩畑一男，总裁。

委托代理人李江，男，1975 年 6 月 22 日出生，中国专利代理（香港）有限公司专利代理人，住北京市海淀区牡丹园北里甲 1 楼东门 503 号。

委托代理人董江雄，男，1951 年 11 月 18 日出生，中国专利代理（香港）有限公司专利代理人，住北京市朝阳区建国路 98 号 4 号楼 1607 号。

原告杜清海不服被告中华人民共和国国家知识产权局专利复审委员会（以下简称专利复审委员会）于 2007 年 12 月 11 日作出的第 10748 号无效宣告请求审查决定（以下简称第 10748 号决定），于法定期限内向本院提起行政诉讼。本院于 2008 年 3 月 28 日受理后，依法组成合议庭，并通知株式会社建伍作为第三人参加本案诉讼，于 2008 年 7 月 16 日公开开庭进行了审理。原告杜清海的委托代理人朱世东，被告专利复审委员会的委托代理人杜微科，第三人株式会社建伍的委托代理人李江到庭参加了诉讼。本案现已审理终结。

第 10748 号决定系专利复审委员会针对株式会社建伍就杜清海所拥有的 200530073076.9 号"便携式无线对讲机（1）"外观设计专利（以下简称本专利）所提出的无效宣告请求而作出的。专利复审委员会在第 10748 号决定中认定：株式会社建伍提交的附件 2 是 03302027.2 号外观设计专利公报复印件，申请日为 2003 年 1 月 24 日，授权公告日为 2003 年 10 月 1 日，使用外观设计的产品名称为"便携式无线对讲机"，经专利复审委员会核实，其内容属实，为本专利申请日前的公开出版物，可适用《中华人民共和国专利法》（以下简称《专利法》）第二十三条规定作为本案证据。本专利是"便携式无线对讲机（1）"，附件 2 是"便携式无线电通讯机"（以下简称在先设计），二者用途相同，属于相同种类的产品，具有可比性。本专利包括主视图、后视图、左视图、右视图、仰视图、俯视图、立体图，未要求保护色彩。对讲机整体形状为长方体，正面上部"U"形设计中有一半圆形和六条横向略有弧度的透音槽；中部有一对向内收缩呈"细腰"形曲线；对讲机顶部右侧为两个高矮略有区别的带有凹槽的旋钮，左侧为下端略粗中上部略细的圆柱形天线；对讲机右侧的上部长椭圆形设计，左侧有大小不等的三个椭圆形按钮；对讲机的后部上方中部有一长方形设计，下方有四个方形设计；对讲机底部有一折线将底部分为两长形。在先设计包括主视图、后视图、左视图、右视图、仰视图、俯视图、立体图，未要求保护色彩。对讲机整体形状为长方体，正面上部"U"形设计中有一半圆形、六条横向略有弧度的透音槽和二条装饰线;中下部有两对略向内收缩的线条设计;对讲机顶部右侧阶梯状面一高一低带有凹槽的旋钮,左侧为从下至上渐细的圆柱形天线,在天线的上部有一环形凹槽;对讲机右侧的长椭圆形设计,左侧有大小不等的四个椭圆形按钮;对讲机的后部上方中部有一长方形和两半椭圆形设计;对讲机底部有若干个线条将底部分为不等的长形和方形。将本专利与在先设计相比较,二者主要不同点为:本专利较在先设计对讲机顶部旋钮的高矮略有不同;顶部面略有不同,本专利为平面,在先设计为阶梯面;正面的曲线不同,本专利为中部呈"细腰"形曲线,在先设计为中下部向内收缩两对线条设计;左侧椭圆形按钮的数量不同,本专利为三个,在先设计四个;右侧椭圆形形状不同,本专利长度小于在先设计;底部略有不同,本专利为两长形,在先设计为若干长、方形;天线上部不同,本专利无环形凹槽,在先设计有此设计。从整体视觉观察,本专利所示对讲机的底部,使用状态下处于不可视部位,其对对讲机整体视觉效果影响力较弱;对讲机天线上部、顶部平面、旋钮、正面线条、两侧按钮的设计虽然略有不同,但其在对讲机上的分布位置均相同,在二者的整体造型基本相同及各部分设计形成了明显相近似的情况下,二者上述不同点属于局部差别,对于产品的整体视觉效果不具有显著影响,极易导致一般消费者对二者的整体外观设计产生误认、混同,因此二者应属于相近似的外观设计。综上所述,本专利在申请日前已有与其相近似的外观设计在国内公开发表过,因此不符合《专利法》第二十三条的规定。据此专利复审委员会作出第10748号决定,宣告本专利专利权全部无效。

原告杜清海不服第10748号决定,于法定期限内向本院提起行政诉讼,其诉称:(1)本专利与在先设计相比,虽然二者在天线、旋钮、透音槽的构成方面有一些相似,但是从二者的主视图和后视图等可以很清楚地看出二者是不相同和不相近似的,在天线方面:本专利的天线下部的三分之一处呈弧形弯曲,该部分天线呈圆锥体,其余三分之二部分天线呈圆柱体,其上部没有凹槽,也没有分段,是一个整体的天线。在先设计的天线整体呈圆柱体,其上由凹槽将天线分成两段。由于天线是在比较显著的位置,故二者的差别对于整体视觉效果具有显著的影响。(2)由于对讲机属于特殊产品,因自身功能需要必须配有天线、调整旋钮以及透音槽,并且惯例都设计在产品的上部。在本专利的前面板的中、下方左右各有一条曲线,两条曲线构成"细腰"形,其两侧由内向外是凹下去的。从视图中可明显的看出,两条曲线分别同左侧面、右侧面进行过渡并形成切面,形成中间高左右低;而在先设计的前面板的中、下方左右各由两条直线延伸至底部,大致呈"直线分割形",其中心为平面由内向外是凸出来的。由于在本专利的前面板的中、下方的"细腰"形的曲线形状处在前面板显著的位置,因此,二者前面板图案是不相同和不相近似,上述差别对于整体视觉效果具有显著的影响。(3)在先设计的后视图与本专利的后视图不同,存在明显的区别,但在第10748号决定中并没有任何评述和认定。此外,本专利与在先设计还存在多个不同点,二者的差别对于产品外观设计的整体视觉效果具有明显的影响,但是第10748号决定却认为属于局部差别,不具有显著影响,易产生误认、混同,该认定属于适用法律错误,综上请求人民法院撤销第10748号决定。

被告专利复审委员会辩称:本专利与在先设计相近似的具体理由在第10748号决定中有详细描述,仍坚持第10748号决定中的认定,故第10748号决定审理程序合法、认定事实清楚、适用法律正确,原告的诉讼理由不能成立,请求人民法院维持第10748号决定,驳回原告的诉讼请求。

第三人株式会社建伍诉称:第10748号决定程序合法,适用法律正确。本专利与在先设计的整体造型基本相同,各部分设计相近似,两者的不同点属于局部差别,对于产品的整体视觉效果不具有显著影响,极易导致一般消费者对两者的整体外观设计产生误认、混同,二者属于相近似的外观设计,请求人民法院维持第10748号决定,驳回原告的诉讼请求。

经本院审理查明,杜清海于2005年10月17日向中华人民共和国国家知识产权局(以下简称国家知识产权局）提出了名称为"便携式无线对讲机（1）"的外观设计申请，国家知识产权局于2006年12月13日授权公告，专利号为200530073076.9号，专利权人为杜清海。本专利的授权公告文本有7幅视图，即主视图、俯视图、仰视图、左视图、右视图、后视图、立体图（详见附图1）。

针对本专利，株式会社建伍于2007年3月23日向专利复审委员会提出无效宣告请求，其理由是本专利不符合《专利法》第二十三条的规定。株式会社建伍认为，在本专利申请日以前已有与其相近似的外观设计在国内出版物上公开发表过，应当宣告本专利无效。其提交的主要证据为：03302027.2号外观设计专利公报（即在先设计）。在先设计的授权公告日为2003年10月1日，共有9幅视图，即主视图、后视图、左视图、右视图、仰视图、俯视图、立体图，表示通电状态的放大参考俯视图，省略内部结构的沿A-A线剖面图（详见附图2）。专利复审委员会依规定受理了该无效宣告请求，并于2007年5月14日将无效宣告请求书和证据的副本转送给杜清海，限其在指定的期限内答复。专利复审委员会于2007年6月13日收到杜清海对无效宣告请求理由和证据的答复，杜清海对在先设计的真实性无异议，认为与本专利相比，虽然在天线、旋钮、透音槽方面有一些相似，但二者在天线形状；前面板的中、下方呈"细腰"形的曲线形状；后视图中整体是一个平面和本专利的左、右视图的下部，具有明显的凹陷等明显的不同，二者上述的不相同，对产品外观设计的整体视觉效果具有显著的影响，因此，应当维持本专利有效。专利复审委员会于2007年9月24日进行了口头审理，在口头审理过程中，杜清海当庭演示了物证，双方当事人就本专利与在先设计的相近似性进行了充分的辩论，双方均坚持其原有的主张。

2007年12月11日，专利复审委员会作出第10748号决定。

上述事实，有本专利授权公告文本、第03302027.2号外观设计专利公报、第10748号决定、口头审理记录表及当事人的陈述等证据在案佐证。

本院认为，根据本案各方当事人的诉辩主张，争议的焦点问题仅限于本专利与在先设计是否构成相近似，是否符合《专利法》第二十三条的规定。《专利法》第二十三条规定："授予专利权的外观设计，应当同申请日以前在国内外出版物上公开发表过或者国内公开使用过的外观设计不相同和不相近似，并不得与他人在先取得的合法权利相冲突。"

根据本案查明的事实可以确认。本专利名称为"便携式无线对讲机（1）"，其整体形状为长方体，正面上部"U"形设计中有一半圆形和六条横向略有弧度的透音槽；中部有一对向内收缩呈"细腰"形曲线；对讲机顶部右侧为两个高矮略有区别的带有凹槽的旋钮，左侧为下端略粗中上部略细的圆柱形天线；对讲机右侧的上部长椭圆形设计，左侧有大小不等的三个椭圆形按钮；对讲机的后部上方中部有一长方形设计，下方有四个方形设计；对讲机底部有一折线将底部分为两长形。在先设计名称为"便携式无线电通讯机"，其整体形状为长方体，正面上部"U"形设计中有一半圆形、六条横向略有弧度的透音槽和二条装饰线；中下部有两对略向内收缩的线条设计；对讲机顶部右侧阶梯状面一高一低带有凹槽的旋钮，左侧为从下至上渐细的圆柱形天线，在天线的上部有一环形凹槽；对讲机右侧的长椭圆形设计，左侧有大小不等的四个椭圆形按钮；对讲机的后部上方中部有一长方形和两半椭圆形设计；对讲机底部有若干个线条将底部分为不等的长形和方形。

将二者进行比对后可知其主要的不同点为：本专利与在先设计在对讲机顶部旋钮的高矮略有不同；顶部面略有不同，本专利为平面，在先设计为阶梯面；正面的曲线不同，本专利为中部呈"细腰"形曲线，在先设计为中下部向内收缩两对线条设计；左侧椭圆形按钮的数量不同，本专利为三个，在先设计四个；右侧椭圆形形状不同，本专利长度小于在先设计；底部略有不同，本专利为两长形，在先设计为若干长、方形；天线上部不同，本专利无环形凹槽，在先设计有此设计。从整体视觉观察，本专利所示对讲机的底部，使用状态下处于不可视部位，其对对讲机整体视觉效果影响力较弱；对讲机天线上部、顶部平面、旋钮、正面线条、两侧按钮的设计虽然略有不同，但其在对讲机上的分布位置均相同，在二者的整体造型基本相同及各部分设计明显相近似的情况下，虽然还存在其他细微区别，但根据整体观察，综合判断的原则标准，二者存在的不同应视为局部差别，尤其在使用状态下，对整体视觉效果不具有显著影响，极易导致一般消费者对二者的整体外观设计产生误认、混同，故二者属于相近似的外观设计。

综上所述，被告作出的第10748号决定认定事实清楚，程序合法，应予维持。根据《中华人民共和国行政诉讼法》第五十四条第（一）项之规定，判决如下：

维持被告中华人民共和国国家知识产权局专利复审委员会作出的第10748号无效宣告请求审查决定。

案件受理费人民币100元，由原告杜清海负担（已交纳）。

如不服本判决，原告杜清海、被告中华人民共和国国家知识产权局专利复审委员会可于判决书送达之日起15日内、第三人株式会社建伍可于判决书送达之日起30日内向本院提交上诉状，并按对方当事人的人数提交副本，交纳上诉案件受理费人民币100元，上诉于中华人民共和国北京市高级人民法院。

审　判　长　刘海旗
代理审判员　周云川
人民陪审员　高　伟
二〇〇八年九月十六日
书　记　员　高　颖
书　记　员　牛　捷

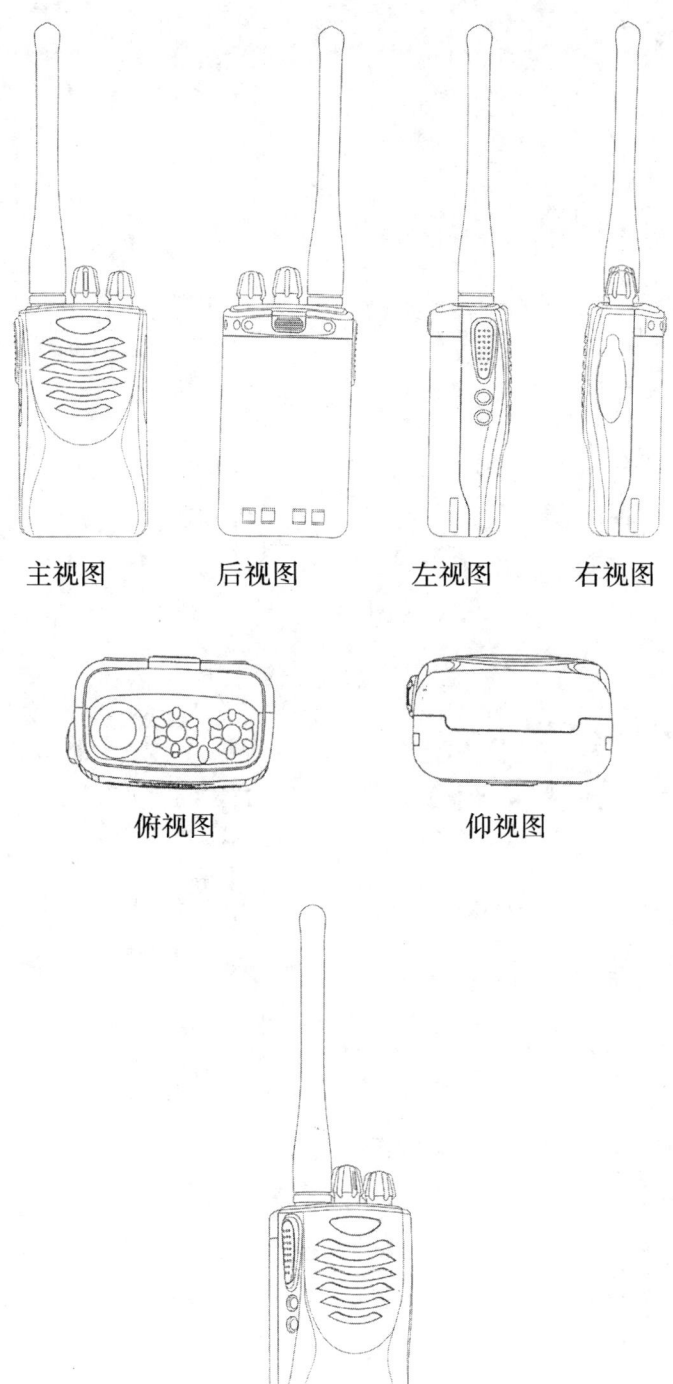

主视图　　后视图　　左视图　　右视图

俯视图　　仰视图

立体图

本专利附图

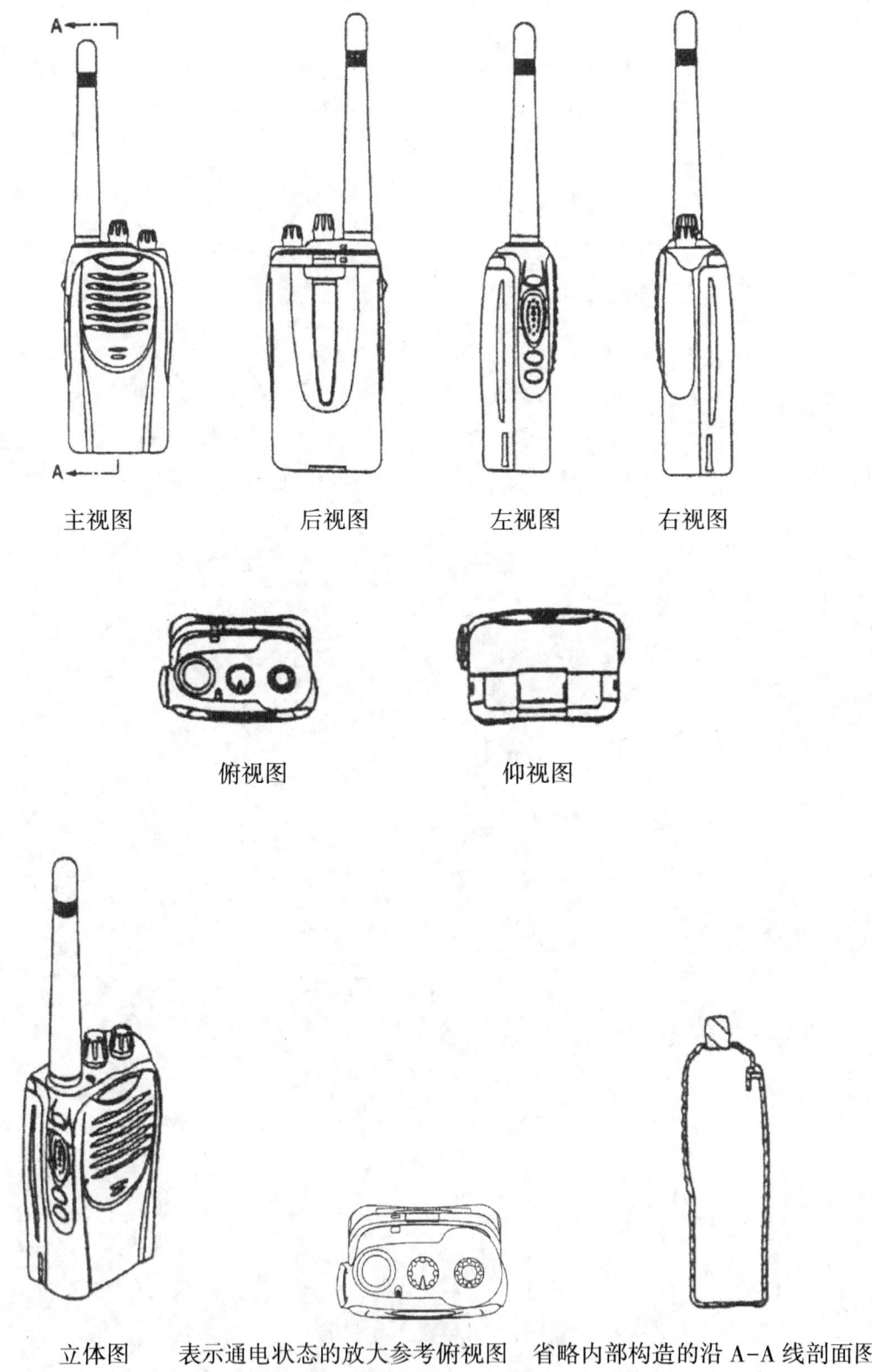

主视图　　后视图　　左视图　　右视图

俯视图　　仰视图

立体图　　表示通电状态的放大参考俯视图　　省略内部构造的沿 A-A 线剖面图

在先设计附图

# 应急灯（HK-118）

## 无效宣告请求审查决定（第10750号）

| | |
|---|---|
| 决 定 号 | 第10750号 |
| 决 定 日 | 2007年11月20日 |
| 发明创造名称 | 应急灯（HK-118） |
| 外观设计分类号 | 26-05 |
| 无效宣告请求人 | 泉州捷胜电子有限公司 |
| 专 利 权 人 | 欧碧玲 |
| 专 利 号 | 200330111550.3 |
| 申 请 日 | 2003年10月26日 |
| 授权公告日 | 2004年5月5日 |
| 合议组组长 | 左 一 |
| 主 审 员 | 毕艳红 |
| 参 审 员 | 邢文飞 |

**法 律 依 据** 专利法第23条

**决 定 要 点**

在专利权人对证据的真实性均有异议的情况下，请求人始终未提交用于完善证据法定形式的原件，证据的真实性不能被确认，从而使得证据均不能被采信，不足以支持请求人的无效宣告请求的理由，故维持专利权有效。

### 一、案由

本无效宣告请求涉及国家知识产权局于2004年5月5日授权公告、申请号为200330111550.3、名称为"应急灯（HK-118）"的外观设计专利（下称本专利），其申请日是2003年10月26日，专利权人是欧碧玲。

针对上述专利权，泉州捷胜电子有限公司（下称请求人）于2006年7月6日向国家知识产权局专利复审委员会提出无效宣告请求，其无效理由为本专利不符合专利法第23条的规定。请求人提交了如下附件作为证据使用：

附件1：请求人声称的泉州和生电子有限公司的产品宣传页复印件共1页，在该附件的右上角记载有型号为HS-288的应急灯的图片，该附件的左下角记载有"Date：03/25/03"的字样；

附件2：第00033455号福建增值税专用发票复印件共1页，其上记载的开票日期为2003年3月23日；

附件3：证人张梁的证言及其身份证复印件共1页。

请求人认为，从以上附件的分析可以得出，在本专利的申请日2003年10月26日之前，2003年3月23日作为国内出版物的泉州和生电子有限公司的产品宣传页上，已经公开发表了与本专利的外观设计相同的外观设计，另外由于该出版物为产品宣传页，所以还证明了在本专利的上述申请日之前，在2003年3月23日已有与本专利外观设计相同的产品应急灯（HS-288）在国内公开使用。因此，本专利不符合专利法第23条的相关规定，应当宣告本专利权全部无效。

经形式审查合格，专利复审委员会受理了上述无效宣告请求，并于2007年7月9日向福建省泉州市中级人民法院发出了无效宣告案件审查状态通知书（一），同时向双方当事人发出了无效宣告请求受理通知书，并将请求人提交的无效宣告请求书及其附件清单中所列附件的副本转寄给专利权人，要求其在指定期限内答复。

针对上述无效宣告请求受理通知书，专利权人于2007年8月2日提交了意见陈述书，其中专利权人认为：附件1的产品宣传页上无出版刊号和印刷时间，不能认定其为公开出版物；另外，没有任何证据可以证明其公开时间早于本专利的申请日，二者不具有可比性；附件2的发票中无任何图片或照片也没有关于印刷内容的描述，无法与本专利进行比较；从附件3的证人证言中无法得知证人办理的是什么内容的宣传页的印刷事宜，附件2、3与本专利无关联性，无法与本专利比较。因此，本专利符合专利法第23条的相关规定，应维持本专利的专利权有效。

专利权人于2007年8月8日再次提交意见陈述书，请求加快审查。

专利复审委员会依法成立合议组对本案进行审查，合议组于2007年9月5日向双方当事人发出口头审理通知书，定于2007年10月15日对本专利的无效宣告请求进行口头审理，并随本口审通知书将专利权人于2007年8月2日提交的意见陈述书转给请求人。

口头审理如期举行，双方当事人均委托代理人出席了口头审理。其中专利权人委托厦门市新华专利商标代理有限公司代理人刘兰出席口头审理，由于该代理人的代理证在年检，所以未能当庭出示代理证，仅出示了该代理公司对其身份的证明文件，其上记载该代理人证号为：3520302606.2。经合议组与国家知识产权局条法司专利代理管理处核实，该代理人确系上述代理公司的代理人，代理证号确为3520302606.2。

在口头审理过程中，双方当事人对合议组成员无回避请求；双方当事人对对方出庭人员身份无异议；请求人明确无效理由为本外观设计不符合专利法第23条的规定；请求人未提交附件1~3的原件，专利权人对上述附件的真实性均有异议。

在上述工作的基础上，合议组认为本案事实已经清楚，可以依法作出审查决定。

**二、决定的理由**

1. 法律依据

基于请求人提出的无效宣告请求理由，合议组依据专利法第23条的规定对本案进行审理。

专利法第23条规定："授予专利权的外观设计，应当同申请日以前在国内外出版物上公开发表过或者国内公开使用过的外观设计不相同和不相近似，并不得与他人在先取得的合法权利相冲突。"

2. 关于证据

审查指南第四部分第三章第4.3.1节（2）的（ii）对请求人提交证据原件的时限进行了规定，即在口头审理辩论终结前提交用于完善证据法定形式的公证书、原件等证据。

请求人提交的作为证据使用的附件1~3分别是产品宣传页、增值税专用发票以及证人证言的复印件，在专利权人对上述附件的真实性均有异议的情况下，请求人在口头审理辩论终结前未提交上述附件的原件，合议组无法对上述附件进行质证以核实其真实性，因此上述附件的真实性不能被确认，即附件1~3不能被采信作为认定本案事实的证据。

3. 关于专利法第23条

由于请求人提交的附件不能被采信，因此上述附件不足以支持请求人提出的无效理由，本专利符合专利法第23条的规定。

### 三、决定

维持200330111550.3号外观设计专利权有效。

当事人对本决定不服的，可以根据专利法第46条第2款的规定，自收到本决定之日起三个月内向北京市第一中级人民法院起诉。根据该款的规定，一方当事人起诉后，另一方当事人应当作为第三人参加诉讼。

# 枪刷（12T）

## 无效宣告请求审查决定（第10751号）

| | |
|---|---|
| 决 定 号 | 第10751号 |
| 决 定 日 | 2007年12月11日 |
| 发明创造名称 | 枪刷（12T） |
| 外观设计分类号 | 04-01 |
| 无效宣告请求人 | 宁波市鄞州福兴制刷厂 |
| 专 利 权 人 | 唐岳芬 |
| 专 利 号 | 200530103746.7 |
| 申 请 日 | 2005年1月25日 |
| 授权公告日 | 2005年9月21日 |
| 合议组组长 | 翁晓君 |
| 主 审 员 | 张琳 |
| 参 审 员 | 郑直 |
| 附 图 | 4页 |
| 法 律 依 据 | 专利法实施细则第13条第1款，专利法第23条 |

**决 定 要 点**

本专利与另一专利不属于同样的发明创造，本专利符合专利法实施细则第13条第1款的规定；整体观察本专利外观设计与在先设计，二者的差别对于产品外观设计的整体视觉效果具有显著的影响，二者不相同也不相近似，本专利符合专利法第23条的规定。

### 一、案由

本无效宣告请求涉及的是国家知识产权局于2005年9月21日授权公告的200530103746.7号外观设计专利，使用该外观设计的产品名称为"枪刷（12T）"，申请日为2005年1月25日，专利权人是唐岳芬。

针对上述专利权（下称本专利），宁波市鄞州福兴制刷厂（下称请求人）于2007年6月13日向专利复审委员会提出无效宣告请求，其依据的事实和理由是：本专利与附件1属于同样的发明创造，不符合专利法实施细则第13条第1款的规定；本专利相对于附件2~4不符合专利法第23条的规定。请求人提交了如下附件作为证据：

附件1：ZL200530103753.7号中国外观设计专利网页打印页1页；

附件2：US5557871A号美国专利复印件（7页）以及相关部分中文译文1页（共8页）；

附件3：US2897525号美国专利复印件（4页）以及相关部分中文译文1页（共5页）；

附件4：US4901465号美国专利复印件（8页）以及相关部分中文译文1页（共9页）；

经形式审查合格，专利复审委员会受理了该无效宣告请求，并于2007年7月3日将无效宣告请求书及其附件的副本转送给专利权人，要求其在指定期限内陈述意见。

针对请求人的无效宣告请求，专利权人于2007年7月28日提交了意见陈述书，专利权人认为：本专利与附件1不属于同样的发明创造，故符合专利法实施细则第13条第1款的规定；本专利与附件2~4均不相同和相近似，符合专利法第23条的规定。

专利复审委员会于2007年9月11日向双方当事人发出了口头审理通知书，定于2007年11月13日进行口头审理，并同时将上述专利权人的意见陈述转送给请求人。

口头审理如期进行。双方当事人均出席了口头审理，双方当事人对对方出庭人员身份均无异议，对合议组成员均无回避请求。专利权人对附件1~4真实性无异议，对附件2~4译文准确性无异议。请求人明确无效请求理由为：本专利相对于附件1不符合专利法实施细则第13条第1款的规定；本专利分别相对于附件2的附图1、附件3的附图1、附件4的附图1（标识62、64）和附图3不符合专利法第23条的规定。

在双方当事人意见陈述及口头审理的基础上，合议组经合议，认为本案事实清楚，依法作出本审查决定。

**二、决定的理由**

1. 法律依据

基于无效请求人提出的无效宣告理由和证据，合议组依据如下法条对本案进行审理。

专利法实施细则第13条第1款规定：同样的发明创造只能被授予一项专利。

专利法第23条规定：授予专利权的外观设计，应当同申请日以前在国内外出版物上公开发表过或者国内公开使用过的外观设计不相同和不相近似，并不得与他人在先取得的合法权利相冲突。

2. 关于证据

附件1是ZL200530103753.7号中国外观设计，申请日为2005年1月25日，与本专利申请日相同，授权公告日为2005年9月21日，专利权人为唐岳芬，与本专利专利权人相同，故附件1可以作为评价本专利与其是否为同样的发明创造的证据使用。

附件2是US5557871A号美国专利，公开日为1996年9月24日；

附件3是US2897525号美国专利，公开日为1959年8月4日；

附件4是US4901465号美国专利，公开日为1990年2月20日；

由于附件2~4公开日均早于本专利申请日，故可以作为评价本专利是否符合专利法第23条的证据使用。

3. 外观设计相近似性的认定

本专利外观设计产品的名称是"枪刷（12T）"，枪刷整体呈短粗的圆柱体，枪刷顶部为一环形；枪刷主体为两条相扭转缠绕的杆构成的杆件，两条杆中夹持有紧密排列的刷毛，刷毛较长，该刷毛向外延伸并沿杆扭转缠绕的方向形成整齐的螺旋面形状，该枪刷主体部分整体短粗；枪刷末端顺序排列有多面柱体、圆柱体、螺旋体（详见本专利附图）。

附件1的外观设计产品名称是"枪刷（22T）"，枪刷整体呈细长的圆柱体，枪刷顶部为一环形；枪刷主体为两条相扭转缠绕的杆，两条杆中夹持有紧密排列的刷毛，刷毛较短，该刷毛向外延伸并沿杆扭转缠绕的方向形成整齐的螺旋面形状，该枪刷主体部分整体细长；枪刷末端顺序排列有多面柱体、圆柱体、螺旋体（详见附件1视图）。

附件2的附图1所示产品是枪刷，枪刷芯线12扭转缠绕形成枪刷的杆件，刷毛14从杆件的各个间隙发散伸出，枪刷末端顺序排列有多面柱体、圆柱体、螺旋体（详见附件2的附图1视图）。

附件3的附图1所示的产品是枪刷，枪刷顶部为一环状钩，枪刷杆带有刷毛，但不能清楚看出其刷毛排列形状，枪刷末端顺序排列有多面柱体、圆柱体（详见附件3的附图1视图）。

附件4的附图1（标识63、64）、附图3所示产品是枪刷，从附图1（标识63、64）、附图3无法看出枪刷顶部、底部形状，无法看出枪刷杆部刷毛排列形状（详见附件4的附图1、3视图）。

（1）本专利与附件1外观的相同、相近似性比较。

本专利与附件1外观设计相同之处在于，二者顶端为环形，枪刷主体均为两条相扭转缠绕的杆，两条杆中夹持有紧密排列的刷毛，该刷毛向外延伸并沿杆扭转缠绕的方向形成整齐的螺旋面形状，枪刷末端顺序排列有多面柱体、圆柱体、螺旋体。

本专利与附件1外观设计不同之处包括：本专利枪刷短粗，刷毛较长，给人以整体短粗、毛长且密集的视觉效果，而附件1枪刷细长，刷毛较短，给人以整体细长、毛短且稀疏的视觉效果，两者尺寸方面的差异没有仅仅导致产品被整体放大或者缩小。

整体观察本专利与附件1的外观设计，二者的差别对于产品外观设计的整体视觉效果具有显著的影响，二者不相同也不相近似，故二者不属于相同的发明创造，本专利符合专利法实施细则第13条第1款规定。

（2）本专利与附件2附图1外观的相同、相近似性比较

本专利与附件2附图1外观设计相同之处在于，二者枪刷末端均顺序排列有多面柱体、圆柱体、螺旋体。

本专利与附件2附图1外观设计不同之处包括：①本专利枪刷的刷毛向外延伸并沿杆扭转缠绕的方向形成整齐的螺旋面形状，附件2附图1枪刷的刷毛14从杆件的各个间隙发散伸出，不能确定整个枪刷刷毛的排列形状，无法与本专利枪刷刷毛排列形状相比较；②本专利枪刷顶端有一圆环，而附件2枪刷顶端没有圆环。

整体观察本专利与附件2附图1的外观设计，二者的差别对于产品外观设计的整体视觉效果具有显著的影响，二者不相同也不相近似，本专利符合专利法第23条的规定。

（3）本专利与附件3附图1外观的相同、相近似性比较。

本专利与附件3附图1外观设计相同之处在于，二者枪刷末端均顺序排列有多面柱体、圆柱体、螺旋体。

本专利与附件3附图1外观设计不同之处包括：①本专利枪刷的刷毛向外延伸并沿杆扭转缠绕的方向形成整齐的螺旋面形状，附件3附图1没有清楚显示刷毛的排列形状，无法与本专利刷毛排列形状比较；②本专利枪刷顶端有一圆环，而附件3附图1枪刷顶端是一环状钩，不是环形。

整体观察本专利与附件3附图1的外观设计，二者的差别对于产品外观设计的整体视觉效果具有显著的影响，二者不相同也不相近似，本专利符合专利法第23条的规定。

（4）本专利与附件4附图1、3外观的相同、相近似性比较。

附件4的附图1（标识62、64）、附图3所示产品是枪刷，从附图1（标识62、64）、附图3无法看出枪刷顶部、底部形状，也无法看出枪刷杆部刷毛排列形状，因此其无法与本专利外观设计进行比较，不能证明本专利不符合专利法第23条的规定。

综上所述，本专利与附件1不属于同样的发明创造，本专利相对于附件1符合专利法实施细则第

13条第1款的规定；本专利分别与附件2的附图1、附件3的附图1、附件4的附图1（标识62、64）和附图3的外观不相同且不相近似，符合专利法第23条的规定。

### 三、决定

维持200530103746.7号外观设计专利有效。

当事人对本决定不服的，可以根据专利法第46条第2款的规定，自收到本决定之日起三个月内向北京市第一中级人民法院起诉。根据该款的规定，一方当事人起诉后，另一方当事人应当作为第三人参加诉讼。

俯视图P1

左视图P1　主视图P1　右视图P1　后视图P1　立体图P1

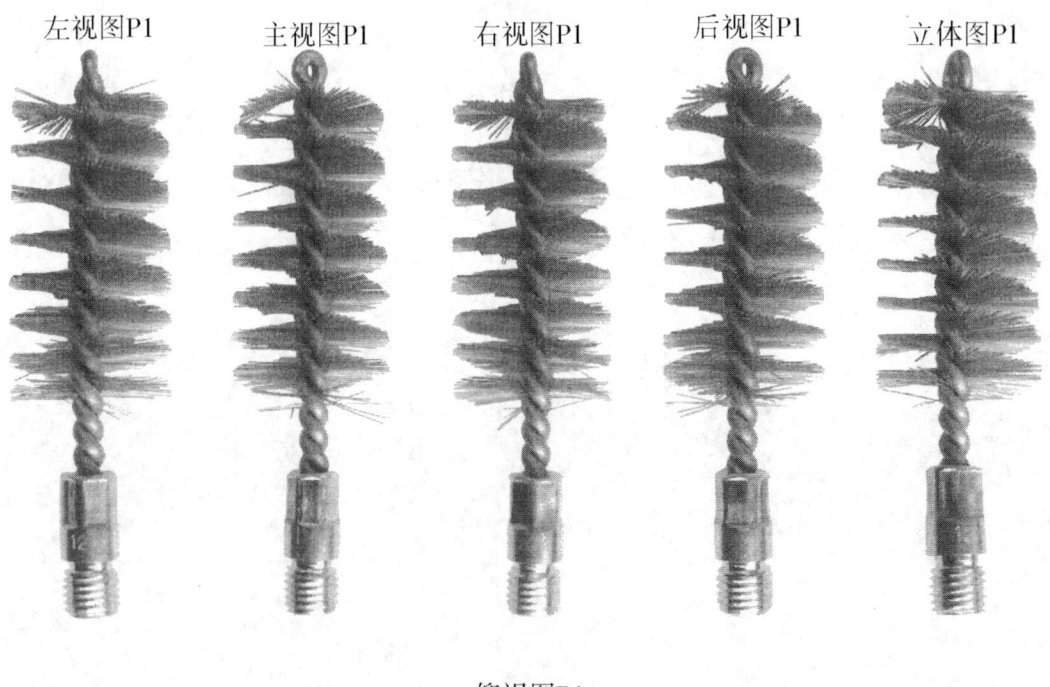

仰视图P1

本专利视图

俯视图P1

左视图P1　主视图P1　右视图P1　后视图P1　立体图P1

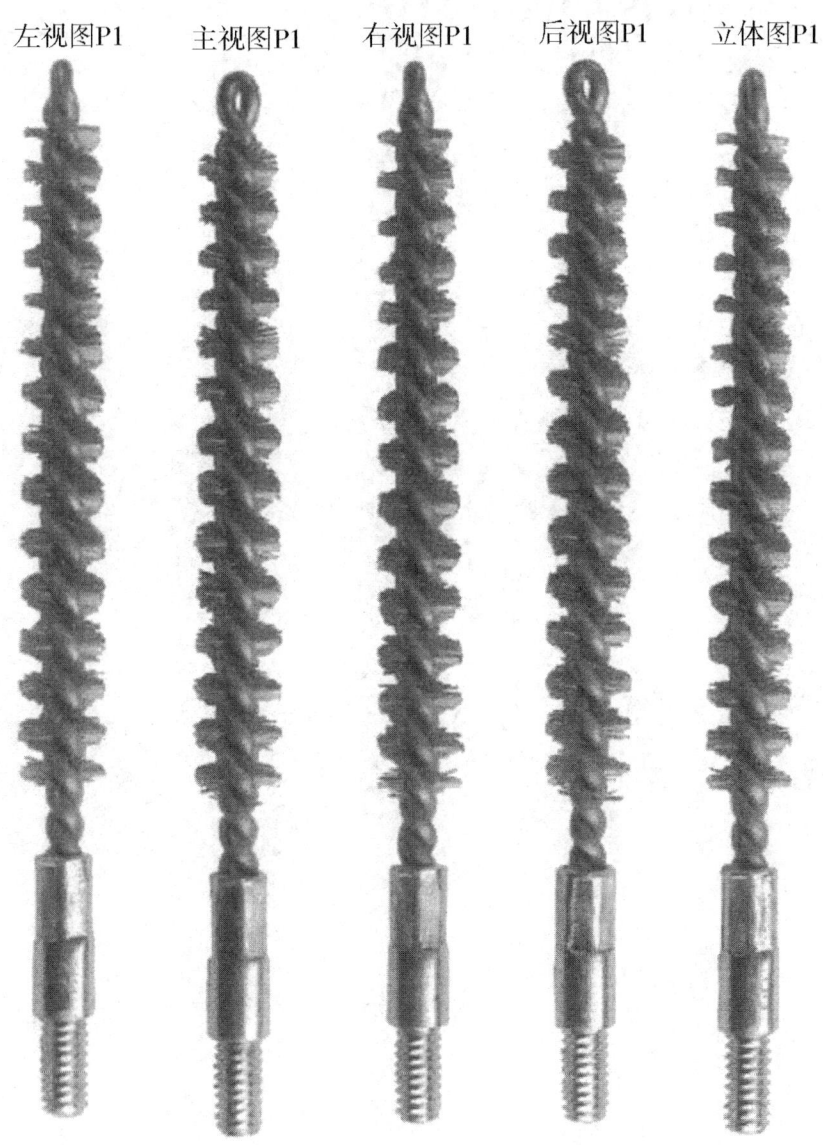

仰视图P1

附件1视图

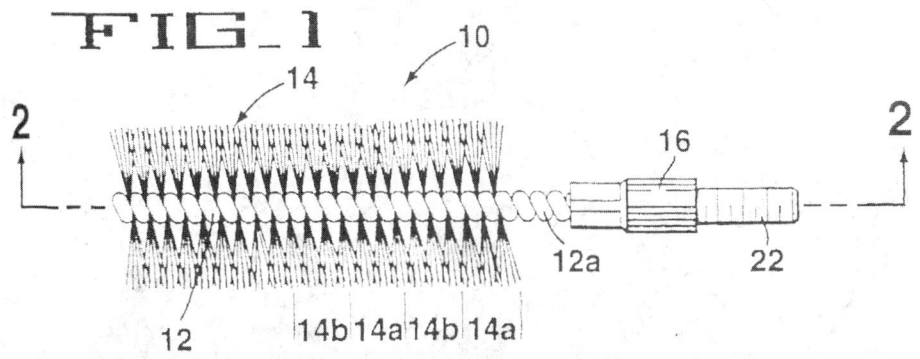

附件 2 的附图 1 视图

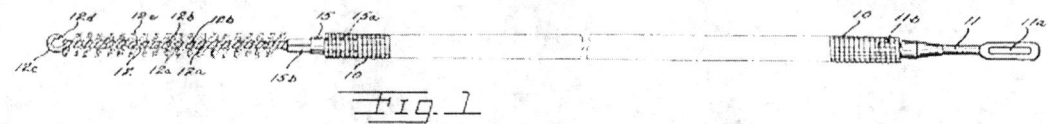

附件 3 的附图 1 视图

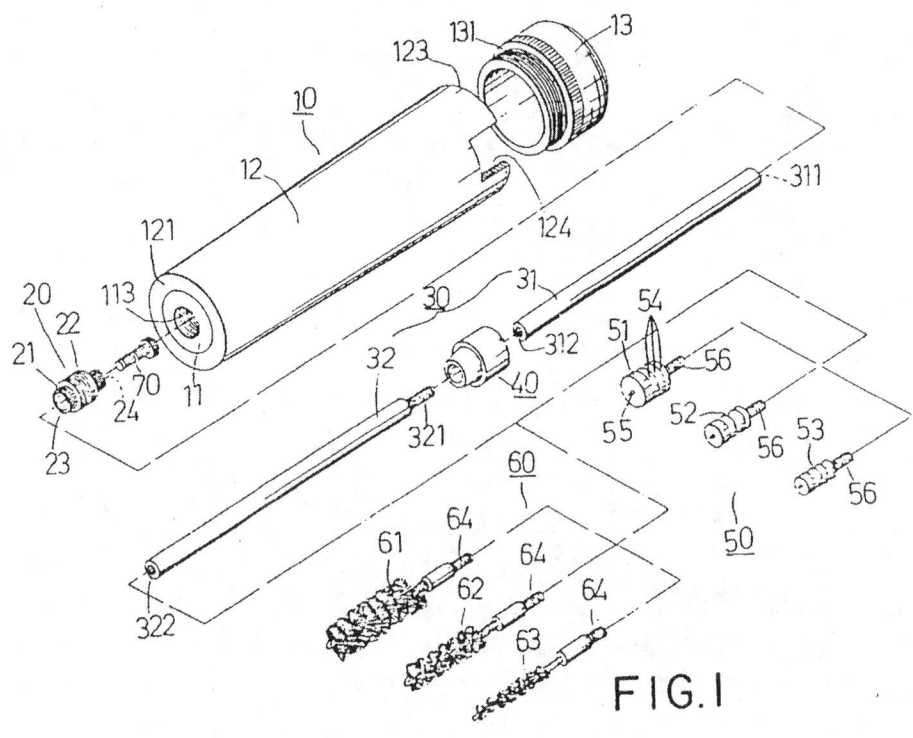

FIG.1

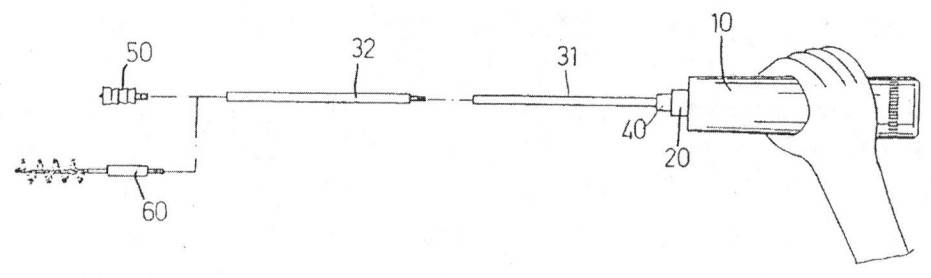

FIG.3

附件4的附图1、3视图

# 北京市第一中级人民法院
# 行政判决书

(2008) 一中行初字第 201 号

原告宁波市鄞州福兴制刷厂，住所地浙江省宁波市鄞州区钟公庙街道新林村。

法定代表人李兴祥，厂长。

委托代理人赵海生，北京市国枫律师事务所律师。

委托代理人李军，浙江红邦律师事务所律师。

被告国家知识产权局专利复审委员会，住所地北京市海淀区北四环西路9号银谷大厦10~12层。

法定代表人廖涛，副主任。

委托代理人张琳，国家知识产权局专利复审委员会审查员。

委托代理人张华，国家知识产权局专利复审委员会审查员。

第三人唐岳芬，女，1970年7月20日出生，汉族，鄞州洞桥庄成异特制刷厂厂长，住浙江省宁波市鄞州区洞桥镇王家桥村6组42号。

委托代理人张文忠，宁波市天晟知识产权代理有限公司专利代理人。

原告宁波市鄞州福兴制刷厂（以下简称福兴厂）不服被告国家知识产权局专利复审委员会（以下简称专利复审委员会）作出的第10751号无效宣告请求审查决定（以下简称第10751号决定），于法定期限内向本院提起诉讼。本院于2008年1月23日受理本案后，依法组成合议庭，并依法通知唐岳芬作为第三人参加诉讼，于2008年3月6日公开开庭进行了审理。原告福兴厂的委托代理人赵海生、李军，被告专利复审委员会的委托代理人张琳、张华，第三人唐岳芬的委托代理人张文忠到庭参加诉讼。本案现已审理终结。

专利复审委员会2007年12月11日作出的第10751号决定是针对福兴厂对唐岳芬享有的200530103746.7号名称为"枪刷（12T）"的外观设计（以下简称本专利）所提出的无效宣告请求作出的。

专利复审委员会认为，将本专利与福兴厂提交的附件1，唐岳芬的200530103753.7号名称为"枪刷（22T）"的外观设计、附件2，US5557871A号美国专利、附件3，US2897525号美国专利、附件4，US4901465号美国专利分别比对，本专利与附件1的不同之处包括：本专利枪刷短粗，刷毛较长，给人以整体短粗，毛长且密集的视觉效果，而附件1枪刷细长，刷毛较短，给人以整体细长，毛短且稀疏的视觉效果，两者尺寸差异并不仅仅导致产品被整体放大或者缩小。故两者不相同也不相近似。本专利与附件2的不同之处包括：（1）本专利枪刷的刷毛向外延伸并沿杆扭转缠绕的方向形成整齐的螺旋面形状，而附件2附图1枪刷的刷毛从杆件的各个间隙发散伸出，不能确定整个枪刷刷毛的排列形状，无法与本专利枪刷刷毛排列形状相比较；（2）本专利枪刷顶端有一圆环，而附件2枪刷顶端没有圆环。两者的差异对于产品外观设计的整体视觉效果具有显著的影响。两者不相同也不相近似。本专利与附件3的不同之处包括：（1）本专利枪刷的刷毛向外延伸并沿杆扭转缠绕的方向形成整齐的螺旋面形状，附件3附图1没有清楚显示刷毛的排列形状，无法与本专利刷毛排列形状比较；（2）本专利枪刷顶端有一圆环，而附件3附图1枪刷顶端是一环状钩，不是环形。两者的差异对于产品外观设计的整体视觉效果具有显著的影响。两者不相同也不相近似。本专利与附件4附图1和3相比，从附图1和3无法看出枪刷顶部、底部形状，也无法看出枪刷杆部刷毛排列形状，因此其无法与本专利外观设计进行比较，不能证明本专利不符合《中华人民共和国专利法》（以下简称《专利法》)第二十三条的规定。综上，本专利符合《中华人民共和国专利法实施细则》（以下简称《专利法实施细则》）第十三条第一款，《专利法》第二十三条的规定，决定：维持200530103746.7号外观设计专利有效。

原告福兴厂不服该决定，向本院起诉称：（1）本专利不符合《专利法实施细则》第十三条第一款的规定。以附件1与本专利比较，两者除刷毛长度不同外，其余都相同，该不同点完全属于不具有显著性的情况，因此，两者设计构成近似，应予无效。（2）本专利不符合《专利法》第二十三条的规定。将附件2、3、4分别与本专利比较，都只存在局部些微差异，均不能对整体视觉产生显著影响，对此被告专利复审委员会认为存在显著区别，明显与事实不符。综上，本专利不符合《专利法》第二十三条的规定，请求撤销专利复审委员会作出的第10751号决定，宣告200530103746.7号外观设计专利无效。

被告专利复审委员会辩称：（1）关于《专利法实施细则》第十三条第一款。《审查指南》第四部分第五章第4节之（4）规定，在尺寸不同的情况下，若尺寸的差异仅导致产品被整体放大或者缩小，则对整体视觉效果不具有显著影响。本专利与附件1相比的不同之处包括：本专利枪刷短粗，刷毛较长，给人以整体短粗，毛长且密集的视觉效果，而附件1枪刷细长，刷毛较短，给人以整体细长，毛短且稀疏的视觉效果，因此整体观察本专利与附件1的外观设计，二者的差别对于产品外观设计整体视觉效果具有显著影响，二者不相同也不相近似，故不属于相同的发明创造，本专利符合《专利法实施细则》第十三条第一款的规定。（2）关于《专利法》第二十三条。我委坚持第10751号决定对此作出的事实认定，该认定符合《专利法》第二十三条与《审查指南》的相关规定。该决定认定事实清楚、适用法律准确、程序合法，故请求驳回原告的诉讼请求，维持第10751号决定。

第三人唐岳芬同意第10751号决定。称：（1）本专利与附件1比较，本专利给人以枪刷短粗，刷毛较长，整体短粗，毛长且密集的视觉效果，附件1给人以枪刷细长，刷毛较短，整体细长，毛短且稀疏的视觉效果，普通消费者能比较容易区分两者的差异，属于不相同的外观设计。本专利不属重复授权。（2）本专利与附件2比较，附件2的产品图片中相扭转的金属杆所夹持的毛刷，金属杆端头呈斜秃头状，刷毛为向两侧分别散开的清晰可见的五根丝毛，根本没有本专利沿金属杆方向延伸到螺旋面形状，没有刷毛紧密形成的整齐划一大螺旋面形状，且该刷毛端部明显呈发散状，无法形成整齐规则的螺旋线，夹持刷毛的金属杆部分约占整体形状3/5，柄部为凸台状，底部具有向后凸延伸的杆部，与本专利相比，视觉效果不同。（3）本专利与附件3比较，附件3图1中对应的产品图片为一幅正面图和一幅弯曲状态图，具有很长的可以弯曲的柄部，柄部后端延伸有挂孔，柄部前端延伸有之状芯线，头部有挂钩。图中芯线模糊不清，杂乱散发，与本专利视觉效果明显不同，不具有可比性。（4）本专利与附件4比较，附件4的图1中对应的第一类产品图片中为一幅模糊不清的立体图，图3中对应的第二类产品图片中为一幅模糊不清的立体图，图5中对应的第三类产品图片中为一幅立体图。图5立体图所对应的第三类产品与本专利分类类别相差太远，两者不具有可比性。图1对应的产品模糊不清，无法比对，其上部杂乱无序的黑压压绒状物，根本就没有本专利沿金属杆方向延伸的螺旋面形状。图3为弹簧条，模糊不清，并与本专利分类相差太远，两者不具有可比性。故，第10751号决定正确，请求驳回原告的诉讼请求。

经审理查明：

2005年1月25日，唐岳芬申请了名称为"枪刷（12T）"的外观设计专利（即本专利），2005年9月21日获得授权，专利号为200530103746.7。

2007年6月13日，原告对本专利提起无效请求，并以附件1，唐岳芬的200530103753.7号名称为"枪刷（22T）"的外观设计、附件2，US5557871A号美国专利、附件3，US2897525号美国专利、附件4，US4901465号美国专利作为无效请求的证据，附件2至4产品设计均属于枪刷。

本专利外观设计见后附图1，附件1、2、3的产品外观分别见后附图2、3、4。

原告在庭审中表示，本专利与附件1相比，不同之处仅在于刷毛的长短、螺纹的大小，而枪支的口径和枪膛内的螺旋膛线有自身标准，因此所述两点不同之处也系枪支本身的功能性限定所致，该区别不应予以考虑，两者属于同样的发明创造。被告表示，枪刷可有不同形状，其功能都是清理枪膛，因此刷毛与螺旋形状的设计可以不同，并非功能限定结果，本专利与附件1两者属于不同的发明创造，且适用功能性限定规则须慎重。第三人表示在本发明之前的枪刷形状并非螺旋状。

有关本专利与附件2、3、4的比对，各方当事人均坚持己见。原告还表示从附件上的枪刷视图能够看出属于螺旋形状，并非被告所认为的模糊不清。

另经本院查明，原告以本专利与附件1的不同之处属于功能性限定所致的理由并未在无效审查期间予以主张。

上述事实有第10751号决定、本专利外观设计专利证书、附件1、2、3、4，以及当事人陈述等证据在案佐证。

本院认为：

根据《审查指南》第四部分第五章4"判断原则"（4）在尺寸不同的情况下，若尺寸的差异仅导致产品被整体放大或者缩小，则对整体视觉效果不具有显著的影响。

将本专利与附件1相比可见，本专利枪刷短粗，刷毛较长，视觉效果呈现整体短粗，毛长且密集感，而附件1枪刷细长，刷毛较短，视觉效果呈现整体细长，毛短且稀疏感，两毛刷形状在尺寸上并不产生整体被放大或者缩小，故整体视觉效果不同。被告认定两者不属于相同发明，且不违反《专利法实施细则》第十三条第一款，并无不当，原告主张本专利属于重复授权，事实不能成立，本院不予支持。

将本专利与附件2的附图1比较，本专利枪刷的刷毛向外延伸并沿杆扭转缠绕的方向形成整齐的螺旋面形状，而附件2附图1枪刷的刷毛从杆件的各个间隙发散伸出成两排，因原告仅提供此视图，从该视图看，所示枪刷视觉效果显与本专利不相同，另外也无法想象在其他视觉角度下该视图枪刷刷毛的排列组成形状，无法与本专利枪刷刷毛排列形状加以比较判断，且本专利枪刷顶端有一圆环，而附件2枪刷顶端没有圆环。原告以此证明本专利与附件2两者外观设计构成近似的事实不能成立。

根据附件3附图1、附件4附图1、3所示，两者均存在刷毛排序形状模糊不清的问题，分别与本专利比对，其结果均无法加以判断。故原告主张不能得到证据支持。本专利并不违反《专利法》第二十三条的规定。

原告庭审中提出的本专利与附件1的不同之处属于功能性限定所致的理由，并未在无效审查期间予以主张，超出原无效请求审查范围，本院对此不作评述。

综上所述，专利复审委员会作出的第10751号决定认定事实清楚，适用法律正确，程序合法，依照《中华人民共和国行政诉讼法》第五十四条第（一）项之规定，本院判决如下：

维持被告国家知识产权局专利复审委员会作出的第10751号无效宣告请求审查决定。

案件受理费100元，由原告宁波市鄞州福兴制刷厂负担（已交纳）。

如不服本判决，各方当事人可于本判决书送达之日起15日内，向本院递交上诉状，并按对方当事人人数提交上诉状副本，同时交纳上诉案件受理费100元，上诉于北京市高级人民法院。

审　判　长　任　进
代理审判员　邢　军
人民陪审员　郝建欣
二〇〇八年四月二十日
书　记　员　朱　平

俯视图 P1

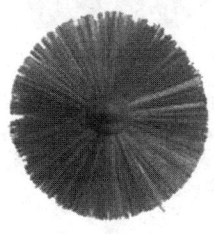

左视图 P1　　主视图 P1　　右视图 P1　　后视图 P1　　立体图 P1

仰视图 P1

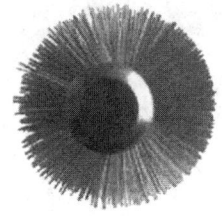

附件 1
附图 2

俯视图 P1

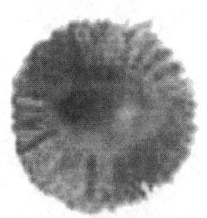

左视图 P1　主视图 P1　右视图 P1　后视图 P1　立体图 P1

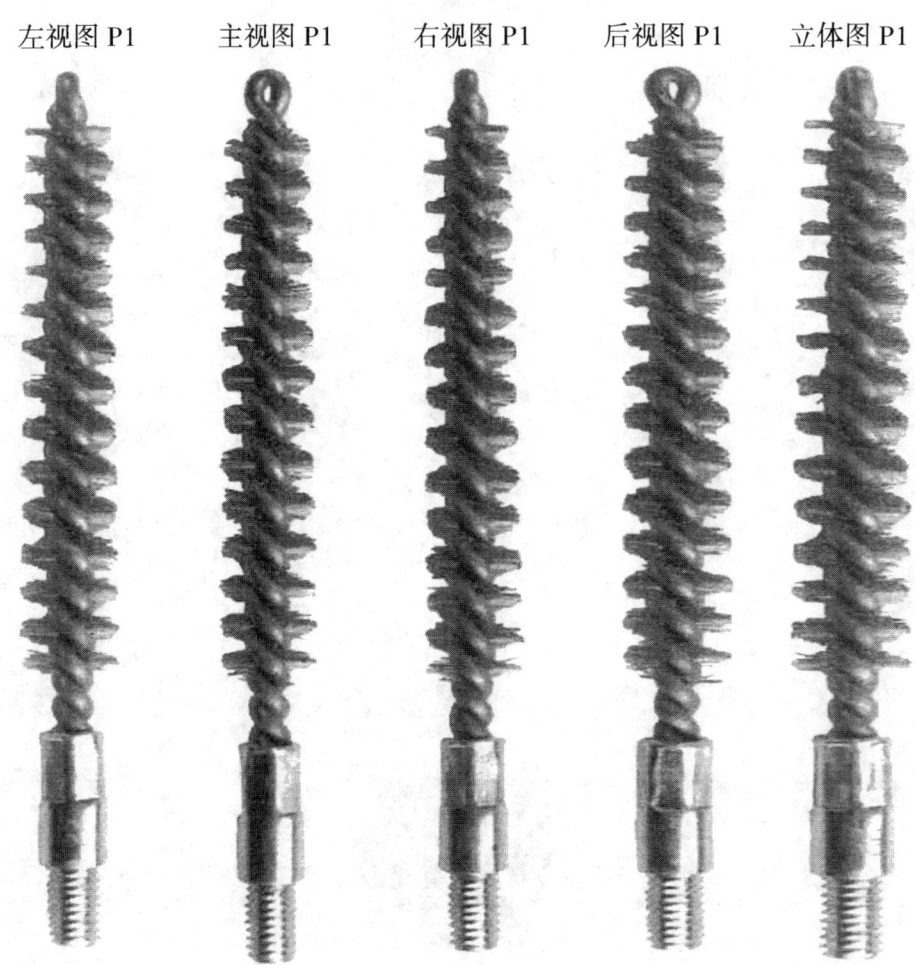

仰视图 P1

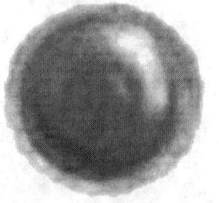

本专利
附图 1

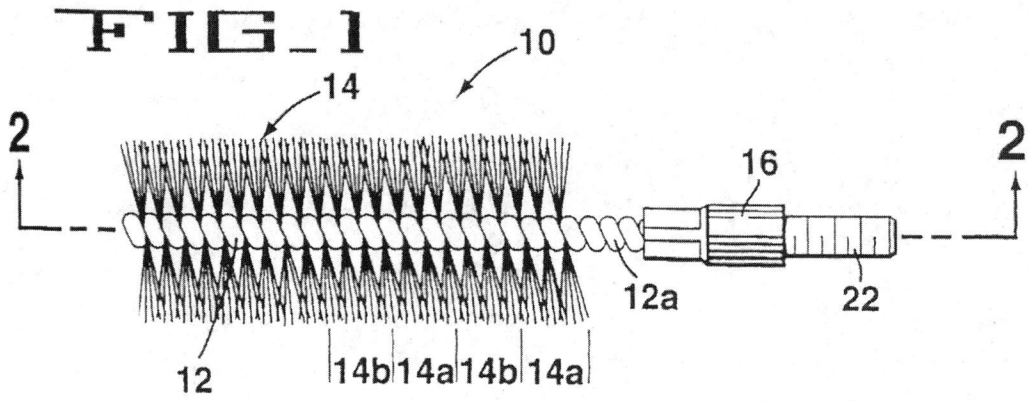

附件 2

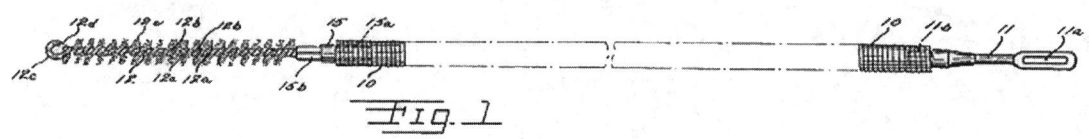

附件 3

附图 3

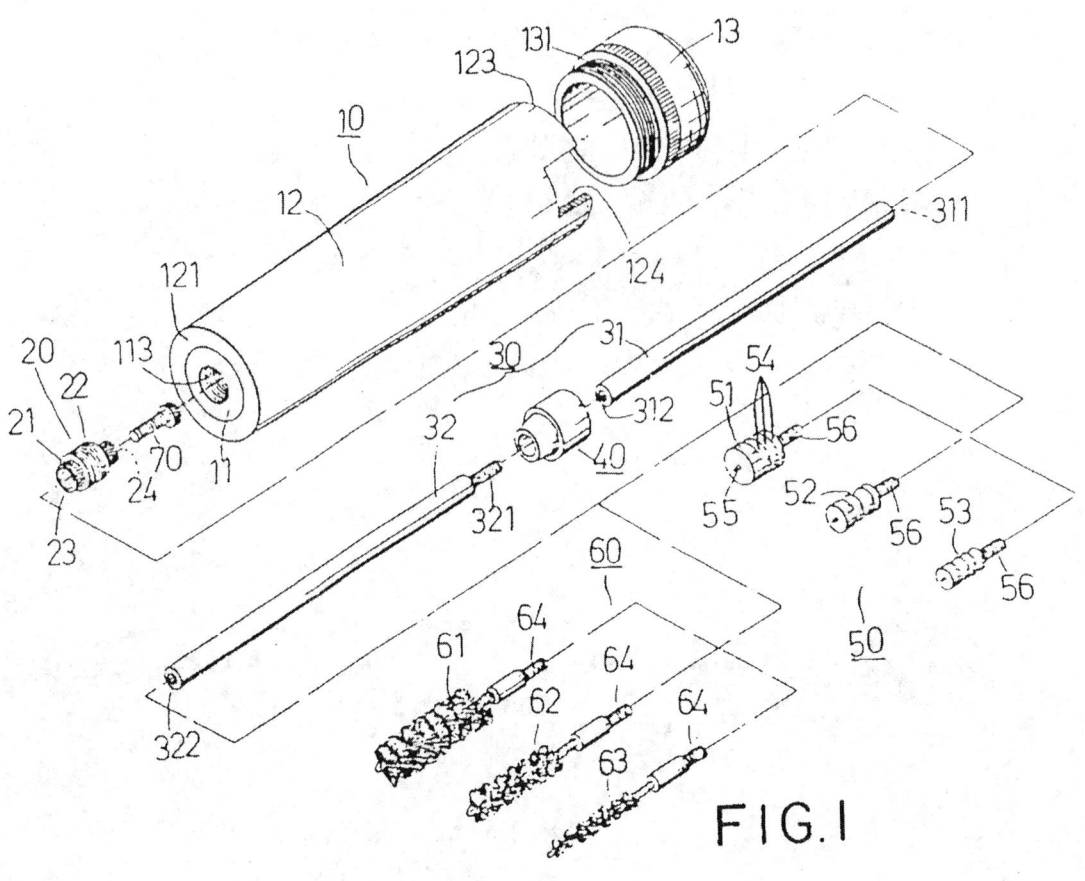

FIG.1

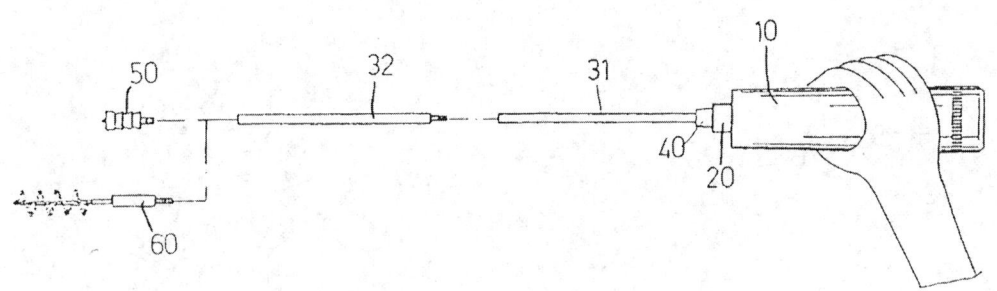

FIG.3

附件4

附图4

# 北京市高级人民法院
# 行政裁定书

(2008) 高行终字第 447 号

上诉人（原审原告）宁波市鄞州福兴制刷厂，住所地浙江省宁波市鄞州区钟公庙街道新林村。

法定代表人李兴祥，厂长。

委托代理人赵海生，北京市国枫律师事务所律师。

被上诉人（原审被告）国家知识产权局专利复审委员会，住所地北京市海淀区北四环西路9号银谷大厦10~12层。

法定代表人廖涛，副主任。

委托代理人张琳，国家知识产权局专利复审委员会审查员。

委托代理人张华，国家知识产权局专利复审委员会审查员。

原审第三人唐岳芬，女，汉族，1970年7月20日出生，鄞州洞桥庄成异特制刷厂厂长，住浙江省宁波市鄞州区洞桥镇王家桥村6组42号。

委托代理人张文忠，宁波市天晟知识产权代理有限公司专利代理人。

上诉人宁波市鄞州福兴制刷厂因外观设计专利权无效行政纠纷一案，不服北京市第一中级人民法院（2008）一中行初字第201号行政判决，向本院提出上诉。本院于2008年6月18日受理后，依法组成合议庭进行审理。在本案审理过程中，上诉人宁波市鄞州福兴制刷厂于2008年6月24日向本院申请撤回上诉。

本院经审查认为，上诉人宁波市鄞州福兴制刷厂的撤诉申请系其真实意思表示，未违反法律规定，亦未侵犯他人合法权益，应予准许。依照《中华人民共和国行政诉讼法》第五十一条之规定，裁定如下：

准许上诉人宁波市鄞州福兴制刷厂撤回上诉，各方均按原审判决执行。

一审案件受理费人民币100元，由宁波市鄞州福兴制刷厂负担（已交纳）；二审案件受理费人民币100元，减半收取人民币50元，由宁波市鄞州福兴制刷厂负担（已交纳）。

本裁定为终审裁定。

审　判　长　刘继祥
代理审判员　刘晓军
代理审判员　潘　伟
二〇〇八年七月三日
书　记　员　刘　悠

# 枪刷（22T）

## 无效宣告请求审查决定（第10752号）

| | |
|---|---|
| 决 定 号 | 第10752号 |
| 决 定 日 | 2007年12月11日 |
| 发明创造名称 | 枪刷（22T） |
| 外观设计分类号 | 04-01 |
| 无效宣告请求人 | 宁波市鄞州福兴制刷厂 |
| 专 利 权 人 | 唐岳芬 |
| 专 利 号 | 200530103753.7 |
| 申 请 日 | 2005年1月25日 |
| 授权公告日 | 2005年9月21日 |
| 合议组组长 | 翁晓君 |
| 主 审 员 | 张 琳 |
| 参 审 员 | 郑 直 |
| 附 图 | 4页 |

**法律依据** 专利法第23条，专利法实施细则第13条第1款

**决定要点**

本专利与另一专利不属于同样的发明创造，本专利符合专利法实施细则第13条第1款的规定；整体观察本专利外观设计与在先设计，二者的差别对于产品外观设计的整体视觉效果具有显著的影响，二者不相同也不相近似，本专利符合专利法第23条的规定。

## 一、案由

本无效宣告请求涉及的是国家知识产权局于2005年9月21日授权公告的200530103753.7号外观设计专利，该外观设计名称为"枪刷（22T）"，申请日为2005年1月25日，专利权人是唐岳芬。

针对上述专利权（下称本专利），宁波市鄞州福兴制刷厂（下称请求人）于2007年6月13日向专利复审委员会提出无效宣告请求，其依据的事实和理由是：本专利与附件1属于同样的发明创造，不符合专利法实施细则第13条第1款的规定；本专利相对于附件2~4不符合专利法第23条的规定。请求人提交了如下附件作为证据：

附件1：ZL200530103746.7号中国外观设计专利网页打印页1页；

附件2：US5557871A号美国专利复印件（7页）以及相关部分中文译文1页（共8页）；

附件3：US2897525号美国专利复印件（4页）以及相关部分中文译文1页（共5页）；

附件 4：US4901465 号美国专利复印件（8 页）以及相关部分中文译文 1 页（共 9 页）；

经形式审查合格，专利复审委员会受理了该无效宣告请求，并于 2007 年 7 月 3 日将无效宣告请求书及其附件的副本转送给专利权人，要求其在指定期限内陈述意见。

针对请求人的无效宣告请求，专利权人于 2007 年 7 月 28 日提交了意见陈述书，专利权人认为：本专利与附件 1 不属于同样的发明创造，故符合专利法实施细则第 13 条第 1 款的规定；本专利与附件 2~4 均不相同和相近似，符合专利法第 23 条的规定。

专利复审委员会于 2007 年 9 月 11 日向双方当事人发出了口头审理通知书，定于 2007 年 11 月 13 日进行口头审理，并同时将上述专利权人的意见陈述转送给请求人。

口头审理如期进行。双方当事人均出席了口头审理，双方当事人对对方出庭人员身份均无异议，对合议组成员均无回避请求。专利权人对附件 1~4 真实性无异议，对附件 2~4 译文的准确性无异议。请求人明确无效请求理由为：本专利相对于附件 1 不符合专利法实施细则第 13 条第 1 款的规定；本专利分别相对于附件 2 的附图 1、附件 3 的附图 1、附件 4 的附图 1（标识 63、64）和附图 3 不符合专利法第 23 条的规定。

在双方当事人意见陈述及口头审理的基础上，合议组经合议，认为本案事实清楚，依法作出本审查决定。

## 二、决定的理由

1. 法律依据

基于无效请求人提出的无效宣告理由和证据，合议组依据如下法条对本案进行审理。

专利法实施细则第 13 条第 1 款规定：同样的发明创造只能被授予一项专利。

专利法第 23 条规定：授予专利权的外观设计，应当同申请日以前在国内外出版物上公开发表过或者国内公开使用过的外观设计不相同和不相近似，并不得与他人在先取得的合法权利相冲突。

2. 关于证据

附件 1 是 ZL200530103746.7 号中国外观设计，申请日为 2005 年 1 月 25 日，与本专利申请日相同，授权公告日为 2005 年 9 月 21 日，专利权人为唐岳芬，与本专利专利权人相同，故附件 1 可以作为评价本专利与其是否为同样的发明创造的证据使用。

附件 2 是 US5557871A 号美国专利，公开日为 1996 年 9 月 24 日；

附件 3 是 US2897525 号美国专利，公开日为 1959 年 8 月 4 日；

附件 4 是 US4901465 号美国专利，公开日为 1990 年 2 月 20 日；

由于附件 2~4 公开日均早于本专利申请日，故可以作为评价本专利是否符合专利法第 23 条的证据使用。

3. 外观设计相近似性的认定

本专利外观设计的产品名称是"枪刷（22T）"，枪刷整体呈细长的圆柱体，枪刷顶部为一环形；枪刷主体为两条相扭转缠绕的杆构成的杆件，两条杆中夹持有紧密排列的刷毛，刷毛较短，该刷毛向外延伸并沿杆扭转缠绕的方向形成整齐的螺旋面形状，该枪刷主体部分细长；枪刷末端顺序排列有多面柱体、圆柱体、螺旋体（详见本专利附图）。

附件 1 的外观设计的产品名称是"枪刷（12T）"，枪刷整体呈短粗的圆柱体，枪刷顶部为一环形；枪刷主体为两条相扭转缠绕的杆，两条杆中夹持有紧密排列的刷毛，刷毛较长，该刷毛向外延伸并沿杆扭转缠绕的方向形成整齐的螺旋面形状，该枪刷主体部分短粗；枪刷末端顺序排列有多面柱体、圆柱体、螺旋体（详见附件 1 附图）。

附件 2 的附图 1 所示产品是枪刷，枪刷芯线 12 扭转缠绕形成枪刷的杆件，刷毛 14 从杆件的各个间隙发散伸出，枪刷末端顺序排列有多面柱体、圆柱体、螺旋体（详见附件 2 附图 1 视图）。

附件 3 的附图 1 所示产品是枪刷，枪刷顶部为一环状钩，枪刷杆带有刷毛，但不能清楚看出其刷毛排列形状，枪刷末端顺序排列有多面柱体、圆柱体（详见附件 3 的附图 1 视图）。

附件 4 的附图 1（标识 63、64）、附图 3 所示产品是枪刷，从附图 1（标识 63、64）、附图 3 无法看出枪刷顶部、底部形状，无法看出枪刷杆部刷毛排列形状（详见附件 4 的附图 1、附图 3 视图）。

（1）本专利与附件 1 外观的相同、相近似性比较。

本专利与附件 1 外观设计相同之处在于，二者顶端为环形，枪刷主体均为两条相扭转缠绕的杆，两条杆中夹持有紧密排列的刷毛，该刷毛向外延伸并沿杆扭转缠绕的方向形成整齐的螺旋面形状，枪刷末端顺序排列有多面柱体、圆柱体、螺旋体。

本专利与附件 1 外观设计不同之处包括：本专利枪刷细长，刷毛较短，给人以整体细长、毛短且稀疏的视觉效果，而附件 1 枪刷短粗，刷毛较长，给人以整体短粗、毛长且密集的视觉效果，两者尺寸方面的差异没有仅仅导致产品被整体放大或者缩小。

整体观察本专利与附件 1 的外观设计，二者的差别对于产品外观设计的整体视觉效果具有显著的影响，二者不相同也不相近似，故二者不属于相同的发明创造，本专利符合专利法实施细则第 13 条第 1 款规定。

（2）本专利与附件 2 附图 1 外观的相同、相近似性比较。

本专利与附件 2 附图 1 外观设计相同之处在于，二者枪刷末端均顺序排列有多面柱体、圆柱体、螺旋体。

本专利与附件 2 附图 1 外观设计不同之处包括：①本专利枪刷的刷毛向外延伸并沿杆扭转缠绕的方向形成整齐的螺旋面形状，附件 2 附图 1 枪刷的刷毛 14 从杆件的各个间隙发散伸出，不能确定整个枪刷刷毛的排列形状，无法与本专利枪刷刷毛排列形状相比较；②本专利枪刷顶端有一圆环，而附件 2 枪刷顶端没有圆环。

整体观察本专利与附件 2 附图 1 的外观设计，二者的差别对于产品外观设计的整体视觉效果具有显著的影响，二者不相同也不相近似，本专利符合专利法第 23 条的规定。

（3）本专利与附件 3 附图 1 外观的相同、相近似性比较。

本专利与附件 3 附图 1 外观设计相同之处在于，二者枪刷末端均顺序排列有多面柱体、圆柱体、螺旋体。

本专利与附件 3 附图 1 外观设计不同之处包括：①本专利枪刷的刷毛向外延伸并沿杆扭转缠绕的方向形成整齐的螺旋面形状，附件 3 附图 1 没有清楚显示刷毛的排列形状，无法与本专利刷毛排列形状比较；②本专利枪刷顶端有一圆环，而附件 3 附图 1 枪刷顶端是一环状钩，不是环形。

整体观察本专利与附件 3 附图 1 的外观设计，二者的差别对于产品外观设计的整体视觉效果具有显著的影响，二者不相同也不相近似，本专利符合专利法第 23 条的规定。

（4）本专利与附件 4 附图 1、附图 3 外观的相同、相近似性比较。

附件 4 的附图 1（标识 63、64）、附图 3 所示产品是枪刷，从附图 1（标识 63、64）、附图 3 无法看出枪刷顶部、底部形状，也无法看出枪刷杆部刷毛排列形状，因此其无法与本专利外观设计进行比较，不能证明本专利不符合专利法第 23 条的规定。

综上所述，本专利与附件 1 不属于同样的发明创造，本专利相对于附件 1 符合专利法实施细则第 13 条第 1 款的规定；本专利分别与附件 2 的附图 1、附件 3 的附图 1、附件 4 的附图 1（标识 63、64）

和附图3的外观不相同且不相近似，符合专利法第23条的规定。

三、决定

维持200530103753.7号外观设计专利有效。

当事人对本决定不服的，可以根据专利法第46条第2款的规定，自收到本决定之日起三个月内向北京市第一中级人民法院起诉。根据该款的规定，一方当事人起诉后，另一方当事人应当作为第三人参加诉讼。

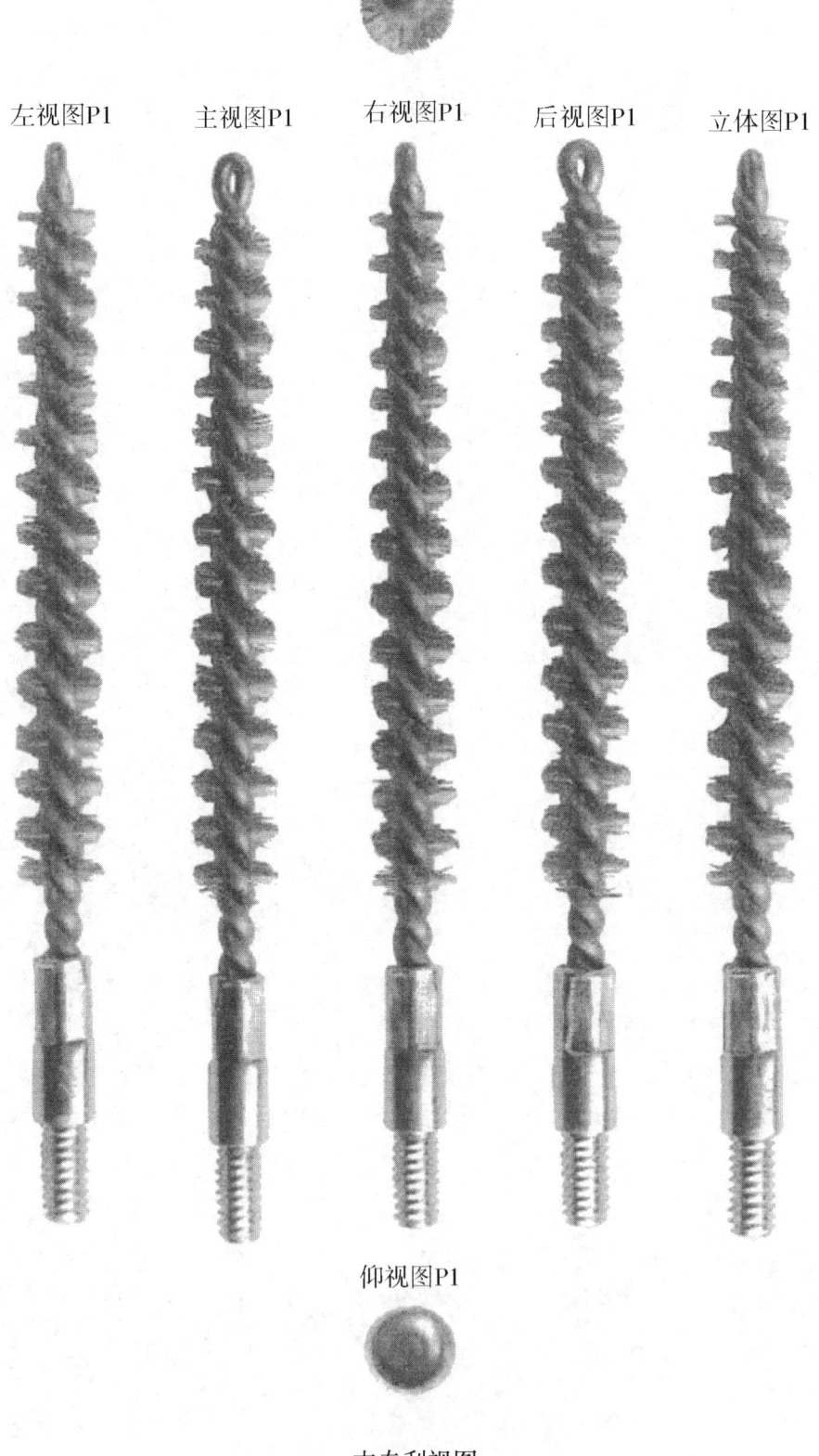

俯视图P1

左视图P1　主视图P1　右视图P1　后视图P1　立体图P1

仰视图P1

本专利视图

俯视图P1

左视图P1　　主视图P1　　右视图P1　　后视图P1　　立体图P1

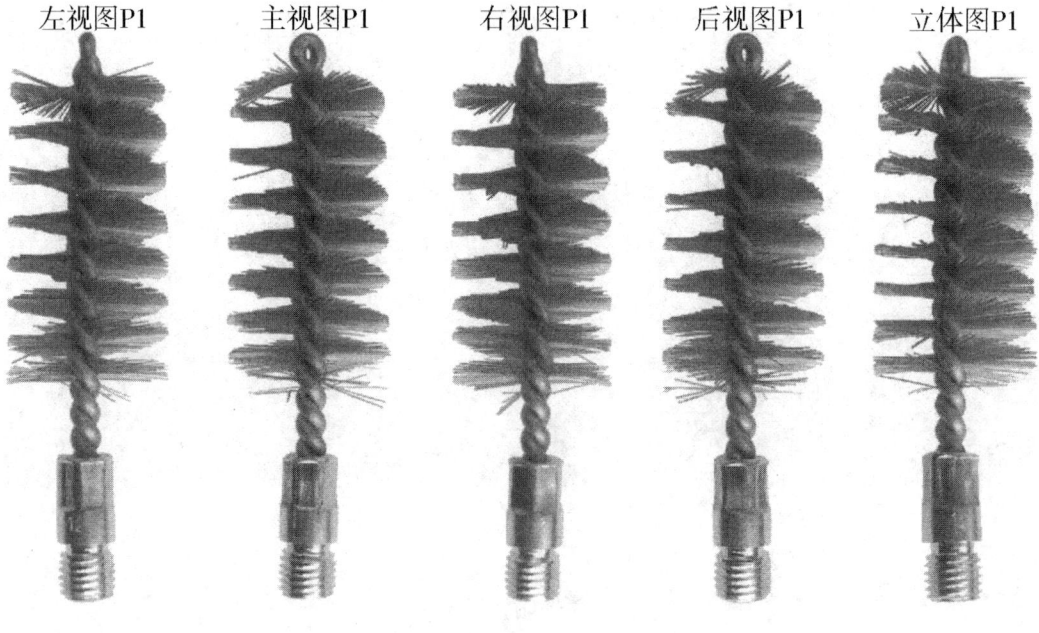

仰视图P1

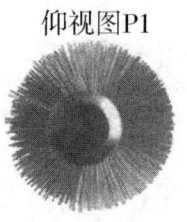

附件1视图

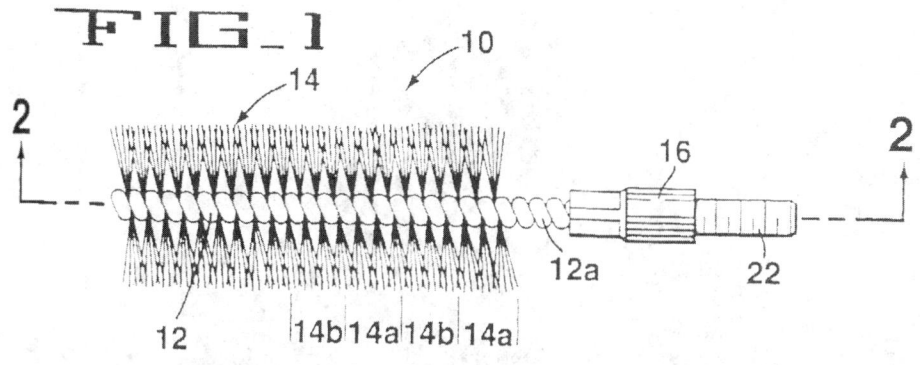

附件 2 的附图 1 视图

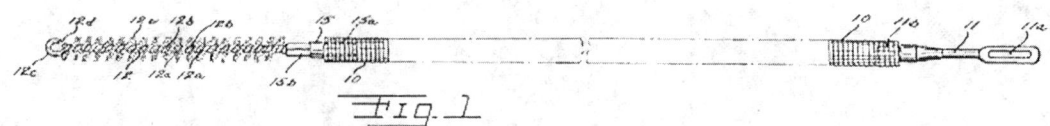

附件 3 的附图 1 视图

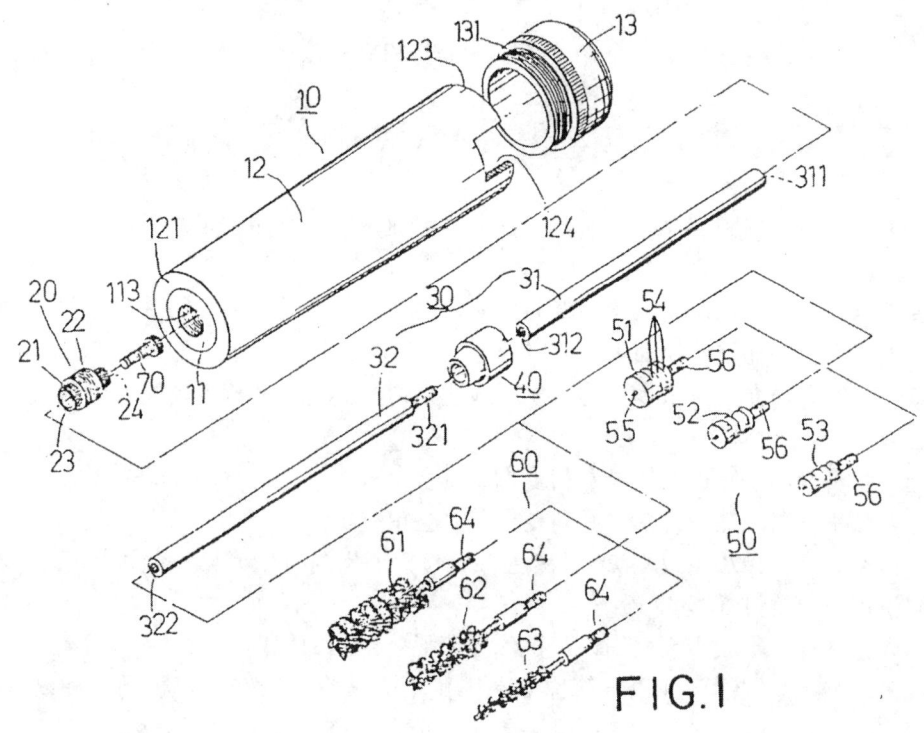

FIG.1

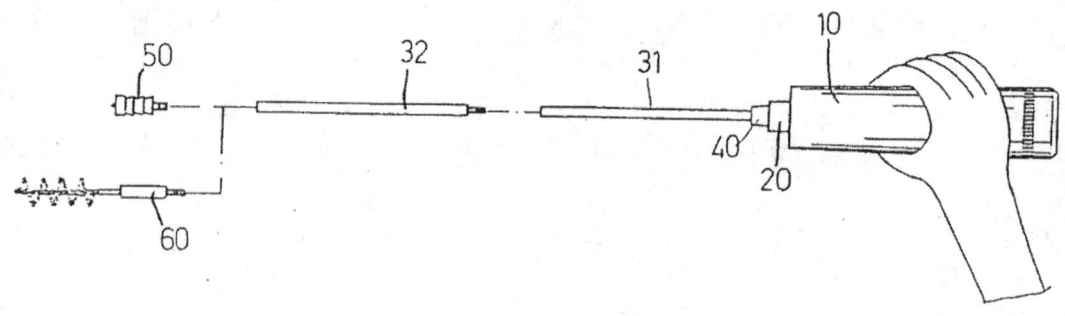

FIG.3

附件4的附图1、附图3视图

# 北京市第一中级人民法院
# 行政判决书

(2008) 一中行初字第 202 号

原告宁波市鄞州福兴制刷厂，住所地浙江省宁波市鄞州区钟公庙街道新林村。

法定代表人李兴祥，厂长。

委托代理人赵海生，北京市国枫律师事务所律师。

委托代理人李军，浙江红邦律师事务所律师。

被告国家知识产权局专利复审委员会，住所地北京市海淀区北四环西路9号银谷大厦10~12层。

法定代表人廖涛，副主任。

委托代理人张琳，国家知识产权局专利复审委员会审查员。

委托代理人张华，国家知识产权局专利复审委员会审查员。

第三人唐岳芬，女，1970年7月20日出生，汉族，鄞州洞桥庄成异特制刷厂厂长，住浙江省宁波市鄞州区洞桥镇王家桥村6组42号。

委托代理人张文忠，宁波市天晟知识产权代理有限公司专利代理人。

原告宁波市鄞州福兴制刷厂（以下简称福兴厂）不服被告国家知识产权局专利复审委员会（以下简称专利复审委员会）作出的第10752号无效宣告请求审查决定（以下简称第10752号决定），于法定期限内向本院提起诉讼。本院于2008年1月23日受理本案后，依法组成合议庭，并依法通知唐岳芬作为第三人参加诉讼，于2008年3月6日公开开庭进行了审理。原告福兴厂的委托代理人赵海生、李军，被告专利复审委员会的委托代理人张琳、张华，第三人唐岳芬的委托代理人张文忠到庭参加诉讼。本案现已审理终结。

专利复审委员会2007年12月11日作出的第10752号决定是针对福兴厂对唐岳芬享有的200530103753.7号名称为"枪刷（22T）"的外观设计专利（以下简称本专利）所提出的无效宣告请求作出的。

专利复审委员会认为，将本专利与福兴厂提交的附件1，唐岳芬的200530103746.7号名称为"枪刷（12T）"的外观设计、附件2，US5557871A号美国专利、附件3，US2897525号美国专利、附件4，US4901465号美国专利分别比对，本专利与附件1的不同之处包括：本专利枪刷细长，刷毛较短，给人以整体细长，毛短且稀疏的视觉效果，而附件1枪刷短粗，刷毛较长，给人以整体短粗，毛长且密集的视觉效果，两者尺寸差异并不仅仅导致产品被整体放大或者缩小。故两者不相同也不相近似。本专利与附件2的不同之处包括：（1）本专利枪刷的刷毛向外延伸并沿杆扭转缠绕的方向形成整齐的螺旋面形状，而附件2附图1枪刷的刷毛从杆件的各个间隙发散伸出，不能确定整个枪刷刷毛的排列形状，无法与本专利枪刷刷毛排列形状相比较；（2）本专利枪刷顶端有一圆环，而附件2枪刷顶端没有圆环。两者的差异对于产品外观设计的整体视觉效果具有显著的影响。两者不相同也不相近似。本专利与附件3的不同之处包括：（1）本专利枪刷的刷毛向外延伸并沿杆扭转缠绕的方向形成整齐的螺旋面形状，附件3附图1没有清楚显示刷毛的排列形状，无法与本专利刷毛排列形状比较；（2）本专利枪刷顶端有一圆环，而附件3附图1枪刷顶端是一环状钩，不是环形。两者的差异对于产品外观设计的整体视觉效果具有显著的影响。两者不相同也不相近似。本专利与附件4附图1和3相比，从附图1和3无法看出枪刷顶部、底部形状，也无法看出枪刷杆部刷毛排列形状，因此其无法与本专利外观设计进行比较，不能证明本专利不符合《中华人民共和国专利法》（以下简称《专利法》）第二十三条的规定。综上，本专利符合《中华人民共和国专利法实施细则》（以下简称《专利法实施细则》）第十三条第一款、《专利法》第二十三条的规定，决定：维持200530103753.7号外观设计专利有效。

原告福兴厂不服该决定，向本院起诉称：（1）本专利不符合《专利法实施细则》第十三条第一款的规定。以附件1与本专利比较，两者除刷毛长度不同外，其余都相同，该不同点完全属于不具有显著性的情况，因此，两者设计构成近似，应予无效。（2）本专利不符合《专利法》第二十三条的规定。将附件2、3、4分别与本专利比较，都只存在局部些微差异，均不能对整体视觉产生显著影响，对此被告专利复审委员会认为存在显著区别，明显与事实不符。综上，本专利不符合《专利法》第二十三条的规定，请求撤销专利复审委员会作出的第10752号决定，宣告200530103753.7号外观设计专利无效。

被告专利复审委员会辩称：（1）关于《专利法实施细则》第十三条第一款。《审查指南》第四部分第五章第4节之（4）规定，在尺寸不同的情况下，若尺寸的差异仅导致产品被整体放大或者缩小，则对整体视觉效果不具有显著影响。本专利与附件1相比的不同之处包括：本专利枪刷细长，刷毛较短，给人以整体细长，毛短且稀疏的视觉效果，而附件1枪刷短粗，刷毛较长，给人以整体短粗，毛长且密集的视觉效果，因此整体观察本专利与附件1的外观设计，二者的差别对于产品外观设计整体视觉效果具有显著影响，二者不相同也不相近似，故不属于相同的发明创造，本专利符合《专利法实施细则》第十三条第一款的规定。（2）关于《专利法》第二十三条。我委坚持第10752号决定对此作出的事实认定，该认定符合《专利法》第二十三条与《审查指南》的相关规定。该决定认定事实清楚、适用法律准确、程序合法，故请求驳回原告的诉讼请求，维持第10752号决定。

第三人唐岳芬同意第10752号决定。称：（1）本专利与附件1比较，本专利给人以枪刷细长，刷毛较短，整体细长，毛短且稀疏的视觉效果，附件1给人以枪刷短粗，刷毛较长，整体短粗，毛长且密集的视觉效果，普通消费者能比较容易区分两者的差异，属于不相同的外观设计。本专利不属重复授权。（2）本专利与附件2比较，附件2的产品图片中相扭转的金属杆所夹持的毛刷，金属杆端头呈斜秃头状，刷毛为向两侧分别散开的清晰可见的五根丝毛，根本没有本专利沿金属杆方向延伸到螺旋面形状，没有刷毛紧密形成的整齐划一大螺旋面形状，且该刷毛端部明显呈发散状，无法形成整齐规则的螺旋线，夹持刷毛的金属杆部分约占整体形状3/5，柄部为凸台状，底部具有向后凸延伸的杆部，与本专利相比，视觉效果不同。（3）本专利与附件3比较，附件3图1中对应的产品图片为一幅正面图和一幅弯曲状态图，具有很长的可以弯曲的柄部，柄部后端延伸有挂孔，柄部前端延伸有之状芯线，头部有挂钩。图中芯线模糊不清，杂乱散发，与本专利视觉效果明显不同，不具有可比性。（4）本专利与附件4比较，附件4的图1中对应的第一类产品图片中为一幅模糊不清的立体图，图3中对应的第二类产品图片中为一幅模糊不清的立体图，图5中对应的第三类产品图片中为一幅立体图。图5立体图所对应的第三类产品与本专利分类类别相差太远，两者不具有可比性。图1对应的产品模糊不清，无法比对，其上部杂乱无序的黑压压绒状物，根本就没有本专利沿金属杆方向延伸的螺旋面形状。图3为弹簧条，模糊不清，并与本专利分类相差太远，两者不具有可比性。故，第10752号决定正确，请求驳回原告的诉讼请求。

经审理查明：

2005年1月25日，唐岳芬申请了名称为"枪刷（22T）"的外观设计专利（即本专利），2005年9月21日获得授权，专利号为200530103753.7。

2007年6月13日，原告对本专利提起无效请求，并以附件1，唐岳芬的200530103746.7号名称为"枪刷（12T）"的外观设计、附件2，US5557871A号美国专利、附件3，US2897525号美国专利、附件4，US4901465号美国专利作为无效请求的证据，附件2至4产品设计均属于枪刷。

本专利外观设计见后附图1，附件1、2、3的产品外观分别见后附图2、3、4。

原告在庭审中表示，本专利与附件 1 相比，不同之处仅在于刷毛的长短、螺纹的大小，而枪支的口径和枪膛内的螺旋膛线有自身标准，因此所述两点不同之处也系枪支本身的功能性限定所致，该区别不应予以考虑，两者属于同样的发明创造。被告表示，枪刷可有不同形状，其功能都是清理枪膛，因此刷毛与螺旋形状的设计可以不同，并非功能限定结果，本专利与附件 1 两者属于不同的发明创造，且适用功能性限定规则须慎重。第三人表示在本发明之前的枪刷形状并非螺旋状。

有关本专利与附件 2、3、4 的比对，各方当事人均坚持己见。原告还表示从附件上的枪刷视图能够看出属于螺旋形状，并非被告所认为的模糊不清。

另经本院查明，原告以本专利与附件 1 的不同之处属于功能性限定所致的理由并未在无效审查期间予以主张。

上述事实有第 10752 号决定、本专利外观设计专利证书、附件 1、2、3、4，以及当事人陈述等证据在案佐证。

本院认为：

根据《审查指南》第四部分第五章 4 "判断原则" （4）在尺寸不同的情况下，若尺寸的差异仅导致产品被整体放大或者缩小，则对整体视觉效果不具有显著的影响。

将本专利与附件 1 相比可见，本专利枪刷细长，刷毛较短，视觉效果呈现整体细长，毛短且稀疏感，而附件 1 枪刷短粗，刷毛较长，视觉效果呈现整体短粗，毛长且密集感，两毛刷形状在尺寸上并不产生整体被放大或者缩小，故整体视觉效果不同。被告认定两者不属于相同发明，且不违反《专利法实施细则》第十三条第一款，并无不当，原告主张本专利属于重复授权，事实不能成立，本院不予支持。

将本专利与附件 2 的附图 1 比较，本专利枪刷的刷毛向外延伸并沿杆扭转缠绕的方向形成整齐的螺旋面形状，而附件 2 附图 1 枪刷的刷毛从杆件的各个间隙发散伸出成两排，因原告仅提供此视图，从该视图看，所示枪刷视觉效果显与本专利不相同，另外也无法想象在其他视觉角度下该视图枪刷刷毛的排列组成形状，无法与本专利枪刷刷毛排列形状加以比较判断，且本专利枪刷顶端有一圆环，而附件 2 枪刷顶端没有圆环。原告以此证明本专利与附件 2 两者外观设计构成近似的事实不能成立。

根据附件 3 附图 1、附件 4 附图 1、3 所示，两者均存在刷毛排序形状模糊不清的问题，分别与本专利比对，其结果均无法加以判断。故原告主张不能得到证据支持。本专利并不违反《专利法》第二十三条的规定。

原告庭审中提出的本专利与附件 1 的不同之处属于功能性限定所致的理由，并未在无效审查期间予以主张，超出原无效请求审查范围，本院对此不作评述。

综上所述，专利复审委员会作出的第 10752 号决定认定事实清楚，适用法律正确，程序合法，依照《中华人民共和国行政诉讼法》第五十四条第（一）项之规定，本院判决如下：

维持被告国家知识产权局专利复审委员会作出的第 10752 号无效宣告请求审查决定。

案件受理费 100 元，由原告宁波市鄞州福兴制刷厂负担（已交纳）。

如不服本判决，各方当事人可于本判决书送达之日起 15 日内，向本院递交上诉状，并按对方当事人人数提交上诉状副本，同时交纳上诉案件受理费 100 元，上诉于北京市高级人民法院。

审 判 长 任 进
代理审判员 邢 军
人民陪审员 郝建欣
二〇〇八年四月二日
书 记 员 朱 平

俯视图 P1

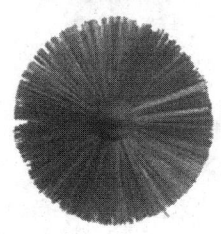

左视图 P1　主视图 P1　右视图 P1　后视图 P1　立体图 P1

仰视图 P1

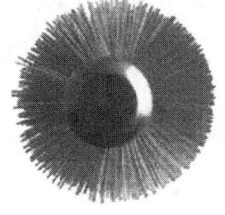

本专利
附图 1

俯视图 P1

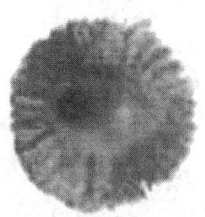

左视图 P1　　主视图 P1　　右视图 P1　　后视图 P1　　立体图 P1

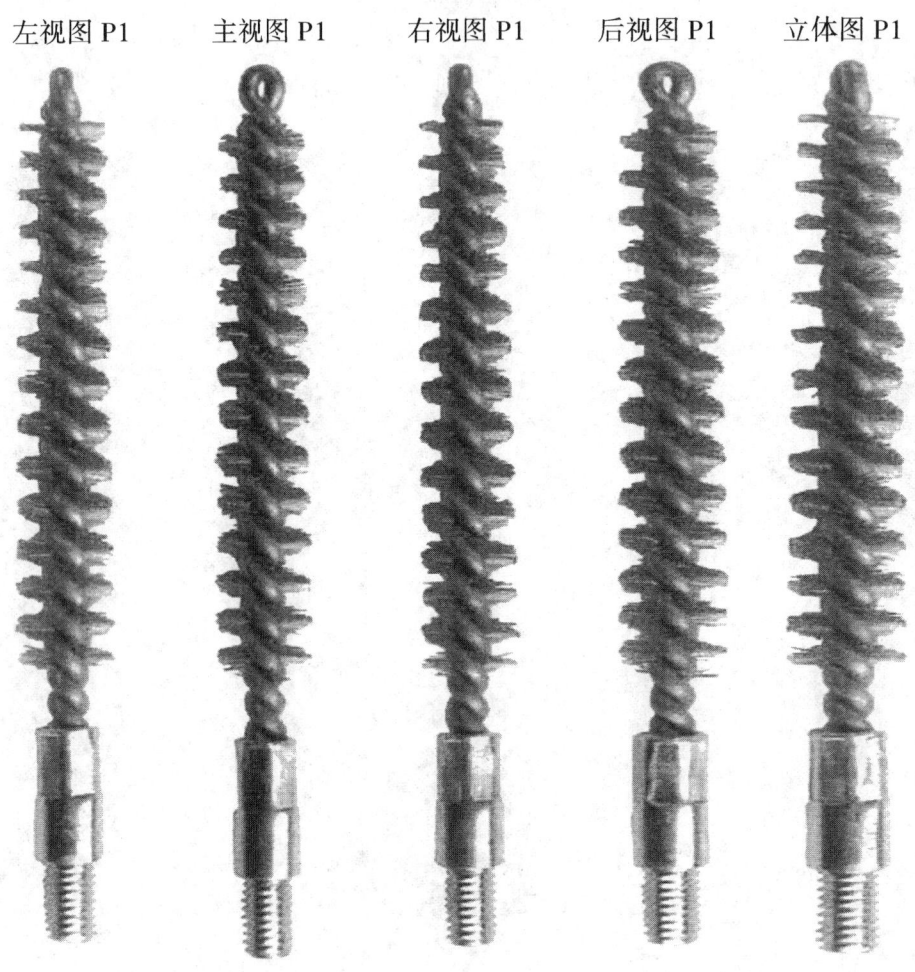

仰视图 P1

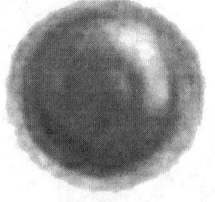

附件 1
附图 2

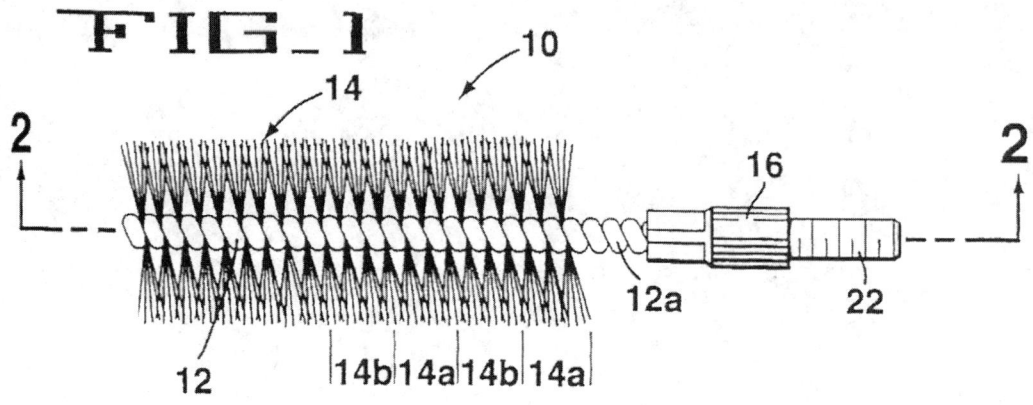

附件 2

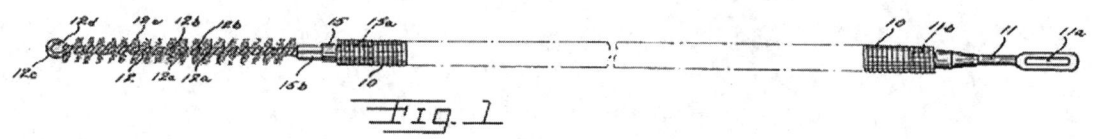

附件 3

附图 3

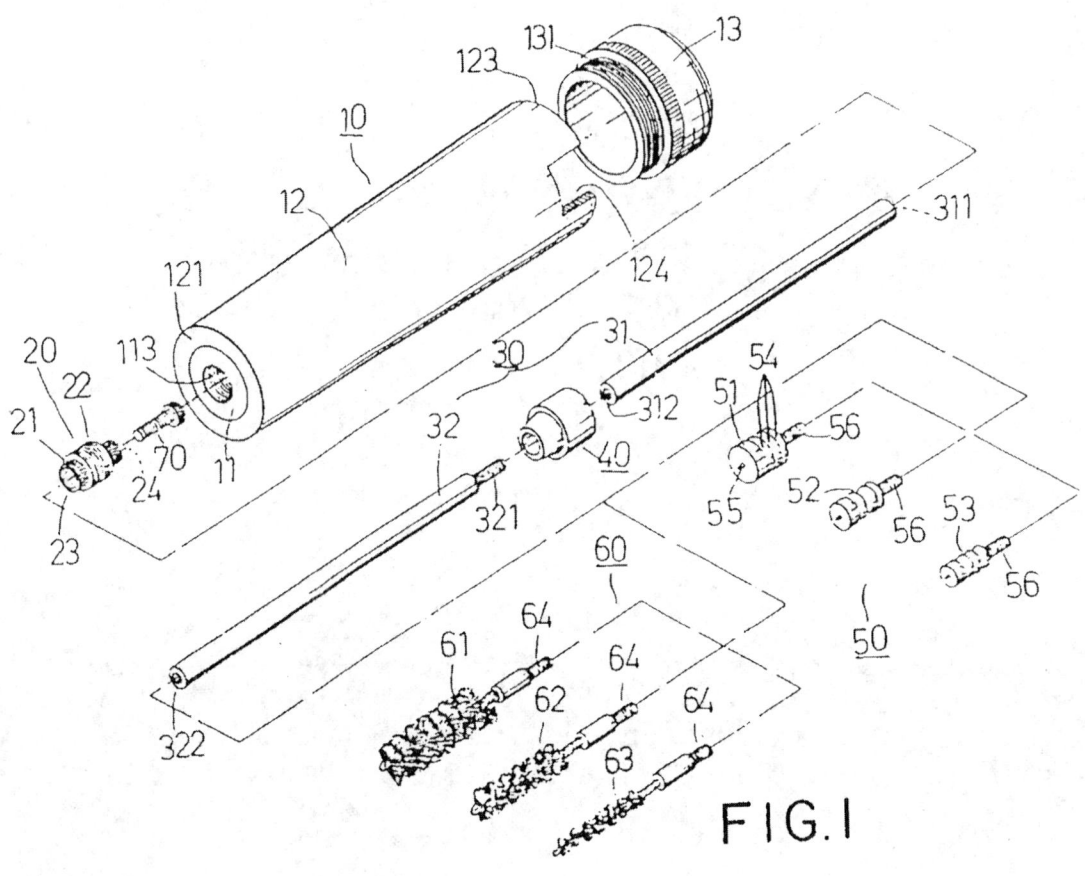

FIG.1

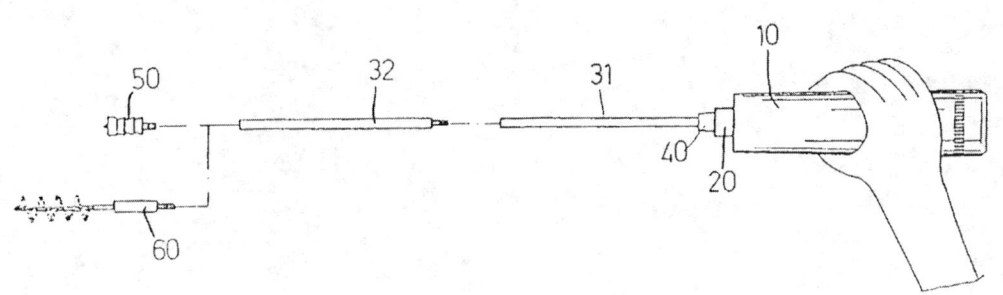

FIG.3

附件4

附图4

# 北京市高级人民法院
# 行政裁定书

(2008) 高行终字第 448 号

上诉人（原审原告）宁波市鄞州福兴制刷厂，住所地浙江省宁波市鄞州区钟公庙街道新林村。
法定代表人李兴祥，厂长。
委托代理人赵海生，北京市国枫律师事务所律师。
被上诉人（原审被告）国家知识产权局专利复审委员会，住所地北京市海淀区北四环西路9号银谷大厦10~12层。
法定代表人廖涛，副主任。
委托代理人张琳，国家知识产权局专利复审委员会审查员。
委托代理人张华，国家知识产权局专利复审委员会审查员。
原审第三人唐岳芬，女，汉族，1970年7月20日出生，鄞州洞桥庄成异特制刷厂厂长，住浙江省宁波市鄞州区洞桥镇王家桥村6组42号。
委托代理人张文忠，宁波市天晟知识产权代理有限公司专利代理人。

上诉人宁波市鄞州福兴制刷厂因外观设计专利权无效行政纠纷一案，不服北京市第一中级人民法院（2008）一中行初字第202号行政判决，向本院提出上诉。本院于2008年6月18日受理后，依法组成合议庭进行审理。在本案审理过程中，上诉人宁波市鄞州福兴制刷厂于2008年6月24日向本院申请撤回上诉。

本院经审查认为，上诉人宁波市鄞州福兴制刷厂的撤诉申请系其真实意思表示，未违反法律规定，亦未侵犯他人合法权益，应予准许。依照《中华人民共和国行政诉讼法》第五十一条之规定，裁定如下：

准许上诉人宁波市鄞州福兴制刷厂撤回上诉，各方均按原审判决执行。

一审案件受理费人民币100元，由宁波市鄞州福兴制刷厂负担（已交纳）；二审案件受理费人民币100元，减半收取人民币50元，由宁波市鄞州福兴制刷厂负担（已交纳）。

本裁定为终审裁定。

审 判 长 刘继祥
代理审判员 刘晓军
代理审判员 潘 伟
二〇〇八年七月三日
书 记 员 刘 悠

# 梳柄（T-C）

## 无效宣告请求审查决定（第 10753 号）

| | |
|---|---|
| 决 定 号 | 第 10753 号 |
| 决 定 日 | 2007 年 11 月 30 日 |
| 发明创造名称 | 梳柄（T-C） |
| 外观设计分类号 | 28-03 |
| 无效宣告请求人 | 宁波飘逸梳业有限公司 |
| 专 利 权 人 | 陈奇伟 |
| 专 利 号 | 200530103464.7 |
| 申 请 日 | 2005 年 2 月 1 日 |
| 授 权 公 告 日 | 2005 年 10 月 19 日 |
| 合议组组长 | 苏 青 |
| 主 审 员 | 张 琳 |
| 参 审 员 | 毕艳红 |
| 附 图 | 3 页 |

**法 律 依 据** 专利法第 23 条

**决 定 要 点**

通过整体观察本专利的外观设计与在先设计，二者的差别对于产品外观设计的整体视觉效果具有显著的影响，两者既不相同也不相近似，本专利符合专利法第 23 条的规定。

### 一、案由

本无效宣告请求涉及的是国家知识产权局于 2005 年 10 月 19 日授权公告的 200530103464.7 号外观设计专利，使用该外观设计的产品名称为"梳柄（T-C）"，申请日为 2005 年 2 月 1 日，专利权人是陈奇伟。

针对上述专利权（下称本专利），宁波飘逸梳业有限公司（下称请求人）于 2007 年 6 月 22 日向专利复审委员会提出无效宣告请求，其依据的事实和理由是：本专利相对于证据 1、2 分别不符合专利法第 23 条的规定。请求人提交了如下证据：

证据 1：中华人民共和国国家知识产权局网站上公开的 02366195.X 号中国外观设计专利文献复印件 1 页，公告日 2003 年 7 月 16 日；

证据 2：中华人民共和国国家知识产权局网站上公开的 02357644.8 号中国外观设计专利文献复印件 1 页，公告日 2003 年 1 月 22 日。

另外，请求人提交了中华人民共和国国家知识产权局网站上本专利外观设计专利文献复印件1页。

经形式审查合格，专利复审委员会受理了上述无效宣告请求，并于2007年6月22日将无效宣告请求书及其附件清单所列附件的副本转送给专利权人，要求其在指定期限内陈述意见。

针对请求人的无效宣告请求，专利权人于2007年7月24日提交了意见陈述书，专利权人认为：本专利与证据1、2存在大量不同之处，整体不相近似且细节判断上也不会产生混淆，彼此均不相同也不相近似，符合专利法第23条的规定。

专利复审委员会依法成立合议组对本案进行审理，合议组于2007年9月11日向双方当事人发出了口头审理通知书，定于2007年11月20日对本案进行口头审理，并同时将专利权人的上述意见陈述转交给请求人。

口头审理如期进行，双方当事人均委托代理人出席了口头审理，并对对方出席人员身份无异议，对合议组成员无回避请求。请求人明确其无效理由为本专利相对于证据1、2分别不符合专利法第23条的规定；专利权人对证据1、证据2的真实性无异议。

在双方当事人意见陈述及口头审理的基础上，合议组经合议，认为本案事实清楚，依法作出本审查决定。

**二、决定的理由**

1. 法律依据

基于请求人提出的无效宣告请求理由和证据，合议组依据专利法第23条对本案进行审查。

专利法第23条规定：授予专利权的外观设计，应当同申请日以前在国内外出版物上公开发表过或者国内公开使用过的外观设计不相同和不相近似，并不得与他人在先取得的合法权利相冲突。

2. 关于证据和事实的认定

请求人所提交的证据1、2为两份中国外观设计专利文献，专利权人对其真实性均无异议，且证据1、2的公开日均早于本专利的申请日，故均可以作为评价本专利是否符合专利法第23条规定的证据使用。

3. 关于专利法第23条

使用本专利外观设计的产品名称为"梳柄（T-C）"，梳柄整体呈圆柱形，棱角分明。从梳柄主视图看，梳柄正面含有一近似拉长的水滴形装饰镶嵌物，该装饰物上半部分有近似椭圆形的镂空，其由上至下覆盖梳柄正面，覆盖面较大，梳柄顶端有一通孔。从左视图、右视图看，梳柄顶端有一切面，该切面从梳柄背面以大约45度角向前延伸至梳柄正面，使顶部呈尖顶；梳柄下端两侧各有一个切面（详见本专利附图）。

使用证据1外观设计的产品名称为"梳子手柄"，梳柄呈中段向两侧突出、下端向正面突出的纺锤形。从主视图看，梳柄顶端呈圆顶，其上有一通孔，梳柄正面有一拉长的水滴形装饰镶嵌物，该装饰物位于顶端通孔下方；梳柄下端两侧向内凹进；梳柄底端有一圆环。从左视图看，梳柄底端向正面（主视图方向）突起（详见证据1附图）。

使用证据2外观设计的产品名称为"手柄"，手柄整体呈下端凹进的柱形。从主视图看，梳柄正面有一椭圆形装饰镶嵌物，该装饰物覆盖梳柄正面上部位置，且梳柄顶端装饰镶嵌物上形成有通孔。从左视图、右视图看，梳柄正面（主视图方向）下端中间向内凹进（详见证据2附图）。

（1）本专利与证据1的相同、相近似性比较。

本专利与证据1的相同之处在于，梳柄上端均有一通孔，梳柄下端两侧向内凹进。

本专利与证据1的不同之处包括，①两者梳柄整体形状不同，本专利梳柄呈带有切面的圆柱形，棱角分明；证据1梳柄呈中段向两侧突出、下端向正面突出的纺锤形。②本专利梳柄顶端有一由背面延伸至正面、大致呈45度角的切面，呈尖顶，证据1梳柄顶端没有切面，呈圆顶。③两者梳柄正面的装饰物形状不同，梳柄正面含有一近似拉长的水滴形装饰镶嵌物，该装饰物上半部分有近似椭圆形的镂空，其由上至下覆盖梳柄正面，覆盖面较大；证据1梳柄正面有一水滴形装饰镶嵌物，位于通孔下方，且没有镂空。④本专利下端没有突起，证据1梳柄下端有一向正面的突起。

通过整体观察本专利与证据1的外观设计，二者的上述差别对于产品外观设计的整体视觉效果具有显著的影响，两者属于不相同且不相近似的外观设计。

(2) 本专利与证据2的相同、相近似性比较。

本专利与证据2的相同之处在于：梳柄上端均有一通孔，梳柄下端两侧向内凹进。

本专利与证据2的不同之处包括，①两者梳柄整体形状不同，本专利梳柄呈带有切面的圆柱形，棱角分明；证据2梳柄呈中间凹进的柱形。②本专利梳柄上端有一由背面延伸至正面、大致呈45度角的切面，呈尖顶，证据2梳柄顶端没有切面，呈圆顶。③两者梳柄正面的装饰物形状不同，本专利梳柄正面含有一近似拉长的水滴形装饰镶嵌物，该装饰物上半部分有近似椭圆形的镂空，其由上至下覆盖梳柄正面，覆盖面较大；证据2梳柄正面有一椭圆形装饰镶嵌物，其覆盖梳柄上半部，且没有镂空。④本专利下部正面没有向内凹进，证据2梳柄正面下端向内凹进。⑤本专利梳柄下部两侧各有一切面，证据2梳柄下端没有切面。

通过整体观察本专利与证据2的外观设计，二者的上述差别对于产品外观设计的整体视觉效果具有显著的影响，两者属于不相同且不相近似的外观设计。

综上所述，本专利与证据1、2属于不相同且不相近似的外观设计，符合专利法第23条的规定。

### 三、决定

维持200530103464.7号外观设计专利有效。

当事人对本决定不服的，可以根据专利法第46条第2款的规定，自收到本决定之日起三个月内向北京市第一中级人民法院起诉。根据该款的规定，一方当事人起诉后，另一方当事人应当作为第三人参加诉讼。

俯视图P1

左视图P1　　主视图P1　　后视图P2　　右视图P1

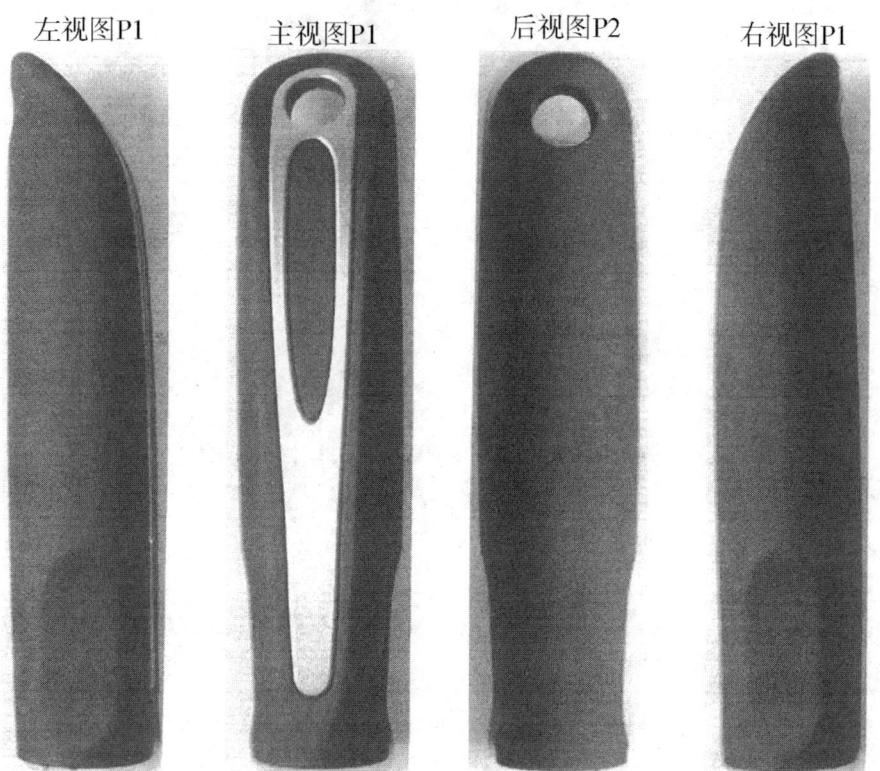

立体图P2

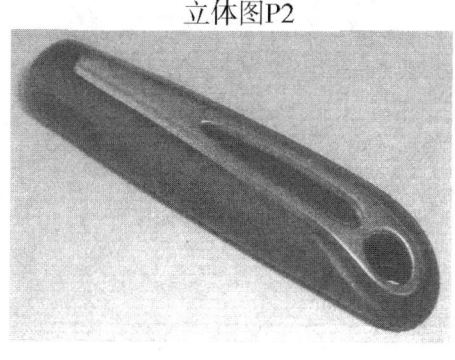

本专利附图

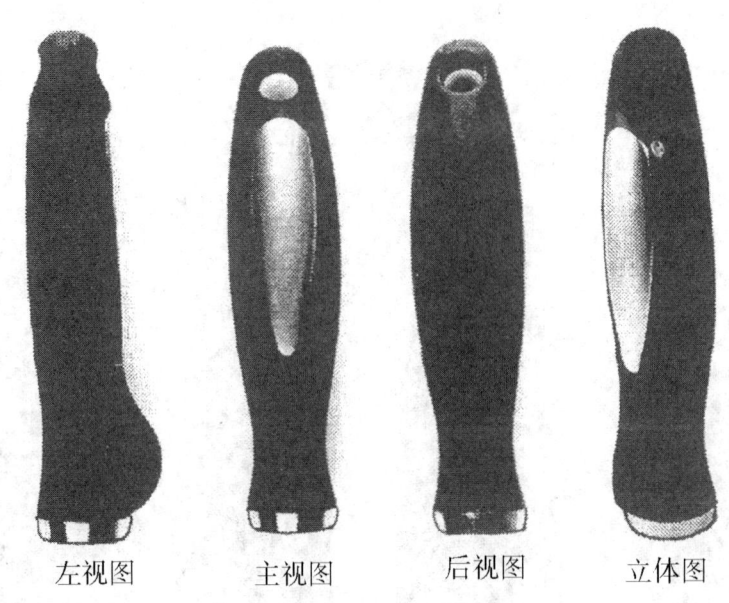

左视图　　主视图　　后视图　　立体图

证据1附图

注：(1) 右视图与左视图对称，省略右视图。(2) 仰视图、俯视图无设计要点，省略仰视图、俯视图。

俯视图

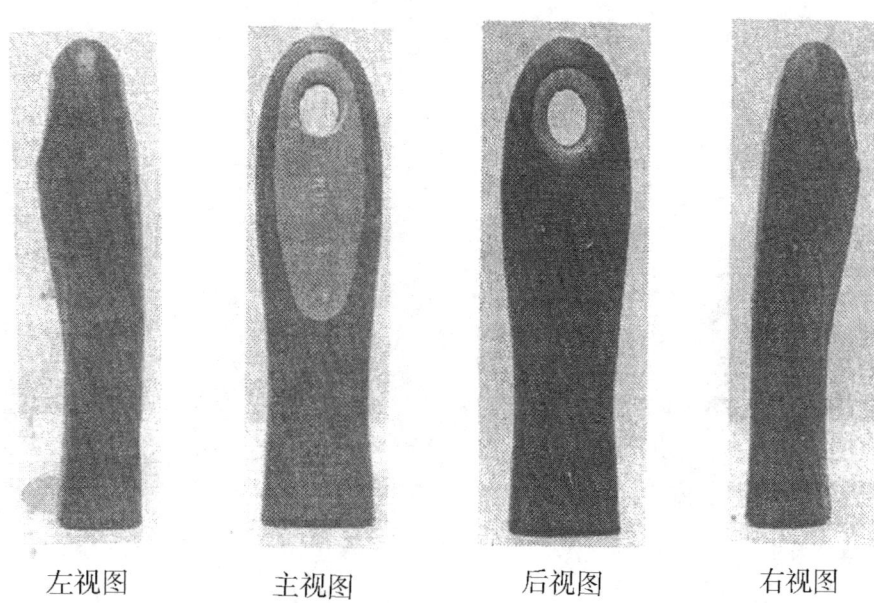

左视图　　　主视图　　　后视图　　　右视图

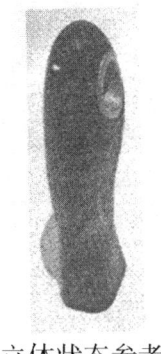　　

立体状态参考图　　仰视图

证据2附图

# 梳柄（T-C）

## 无效宣告请求审查决定（第 10754 号）

| | |
|---|---|
| 决 定 号 | 第 10754 号 |
| 决 定 日 | 2007 年 11 月 30 日 |
| 发明创造名称 | 梳柄（T-C） |
| 外观设计分类号 | 28-03 |
| 无效宣告请求人 | 宁波飘逸梳业有限公司 |
| 专 利 权 人 | 陈奇伟 |
| 专 利 号 | 200530103464.7 |
| 申 请 日 | 2005 年 2 月 1 日 |
| 授权公告日 | 2005 年 10 月 19 日 |
| 合议组组长 | 苏 青 |
| 主 审 员 | 张 琳 |
| 参 审 员 | 毕艳红 |
| 附 图 | 3 页 |
| 法 律 依 据 | 专利法第 23 条，专利法实施细则第 13 条第 1 款 |
| 决 定 要 点 | |

通过对本专利的外观设计与在先设计的整体观察，二者的差别对于产品外观设计的整体视觉效果具有显著的影响，两者属于不相同且不相近似的外观设计；请求人未在举证期限内提供符合规定的域外证据公证认证文件，无法认定证据真实性；未经质证的证言不能单独作为认定案件事实的依据。

### 一、案由

本无效宣告请求涉及的是国家知识产权局于 2005 年 10 月 19 日授权公告的 200530103464.7 号外观设计专利，使用该外观设计的产品名称为"梳柄（T-C）"，申请日为 2005 年 2 月 1 日，专利权人是陈奇伟。

针对上述专利权（下称本专利），宁波飘逸梳业有限公司（下称请求人）于 2007 年 6 月 21 日向专利复审委员会提出无效宣告请求，其依据的事实和理由是：本专利相对于证据 1 不符合专利法第 23 条的规定；本专利相对于证据 2 不符合专利法第 9 条和专利法实施细则第 13 条第 1 款的规定。请求人提交了如下证据：

证据 1：中华人民共和国国家知识产权局网站上公开的 01311846.3 号中国外观设计专利文献复印件 1 页，公告日 2001 年 12 月 19 日；

证据2：中华人民共和国国家知识产权局网站上公开的200430106661.X号中国外观设计专利文献复印件1页，申请日为2004年12月8日，公告日2005年7月20日，专利权人为陈奇伟；

另外，请求人提交了中华人民共和国国家知识产权局网站上公开的本专利网页复印件1页。

经形式审查合格，专利复审委员会受理了无效宣告请求，并于2007年6月22日向双方当事人发出了无效宣告请求受理通知书，将无效宣告请求书及其附件清单中所列附件的副本转送给专利权人，要求其在指定期限内陈述意见。

请求人于2007年7月20日提交补充证据3、4，并补充无效理由：本专利相对于证据3不符合专利法第23条的规定；证据4证明本专利外观设计在其申请日以前已经在国内公开使用，不符合专利法第23条的规定。请求人提交补充证据如下：

证据3：请求人声称的伊朗S.G.K公司2004年的宣传画册原件；

证据4：无效宣告请求人用来证明在本专利申请日之前在国内公开使用的设计图（光盘1张）以及"龚江平"签字的情况说明原件。

专利权人于2007年7月24日针对请求人于2007年6月21日的无效宣告请求书提交了意见陈述书，专利权人认为：本专利与证据1、2存在大量不同之处，整体不相近似且细节判断上也不会产生混淆，彼此均不相同也不相近似，符合专利法第23条的规定和专利法第9条以及专利法实施细则第13条第1款的规定。

专利复审委员会依法成立合议组对本案进行审理，合议组于2007年9月11日向双方当事人发出了口头审理通知书，定于2007年11月20日对本案进行口头审理，并同时将专利权人于2007年7月24日提交的意见陈述转交给请求人，将请求人于2007年7月20日提交的补充证据及理由转交给专利权人。

口头审理如期进行。双方当事人均委托代理人出席了口头审理，双方对对方出庭人员身份无异议，对合议组成员无回避请求。请求人一方证人未出庭。请求人明确其无效理由为：证据1~3作为公开出版物使用，证据4作为使用公开的证据。本专利相对于证据1、证据3、证据4不符合专利法第23条的规定，本专利相对于证据2不符合专利法实施细则第13条第1款的规定。请求人明确放弃本专利不符合专利法第9条的无效理由。专利权人对证据1、2的真实性无异议，对证据3、4的真实性和合法性有异议。请求人当庭提交口头审理延期申请，并提交了请求人声称的在伊朗形成的针对证据3的英文公证书复印件2页，合议组当庭将其转交给专利权人。同时请求人认为已在法定期限内提交了证据3，其为出版物原件，专利权人在口头审理前未对该公开出版物提出反对意见，直到口头审理时才对证据3的真实性提出异议，因此请求人认为其已经履行了按期提交证据的责任，而且合议组应当给予无效请求人完善证据的时间。

在双方当事人意见陈述及口头审理的基础上，合议组经合议，认为本案事实清楚，依法作出本审查决定。

**二、决定的理由**

1. 法律依据

基于请求人提出的无效宣告请求理由和证据，合议组依据专利法实施细则第13条第1款、专利法第23条对本案进行审查。

专利法第13条第1款规定：同样的发明创造只能被授予一项专利。

专利法第23条规定：授予专利权的外观设计，应当同申请日以前在国内外出版物上公开发表过或者国内公开使用过的外观设计不相同和不相近似，并不得与他人在先取得的合法权利相冲突。

2. 关于证据和事实的认定

（1）证据1是01311846.3号中国外观设计专利，专利权人对其真实性无异议，其公开日为2001年12月19日，早于本专利申请日，可以作为评价本专利是否符合专利法第23条的证据使用。

（2）证据2是200430106661.1号中国外观设计专利，专利权人对其真实性无异议，其申请日为2004年12月8日，早于本专利申请日，公开日为2005年7月20日，晚于本专利申请日，且申请人与本专利申请人相同，可以作为评价本专利是否符合专利法实施细则第13条第1款的证据使用。

（3）证据3是请求人声称的伊朗S.G.K公司2004年的宣传画册原件。

审查指南第四部分第八章第2.2.2节有关域外证据的证明手续的内容中规定："域外证据是指在中国人民共和国领域外形成的证据，该证据应当经所在国公证机关予以证明，并经中华人民共和国驻该国使领馆予以认证，或者履行中华人民共和国与该所在国订立的有关条约中规定的证明手续。"

审查指南第四部分第八章第4.3.1节第（2）项有关请求人补充证据举证期限的内容中规定："请求人在提出无效宣告请求之日起1个月后补充证据的，专利复审委员会一般不予考虑，但下列情形除外：（ii）在口头审理辩论终结前提交技术词典、技术手册和教科书等所属技术领域中的公知常识性证据或者用于完善证据法定形式的公证书、原件等证据，并在该期限内结合该证据具体说明相关无效宣告理由的。"

审查指南第八章第2.2.1节有关外文证据需提交中文译文的内容中规定："当事人提交外文证据的，应当提交中文译文，未在举证期限内提交中文译文的，该外文证据视为未提交。"

证据3为请求人声称的伊朗S.G.K公司2004年的宣传画册原件，是在中华人民共和国领域外形成的证据，属于域外证据，根据审查指南第四部分第八章第2.2.2节的规定，在请求人未证明它能够从港、澳、台地区外的国内公共渠道获得且无其他证据足以证明其真实性以及对方当事人质疑该证据真实性的情况下，应该提交公证认证文件。根据审查指南第四部分第八章第4.3.1节第（2）项的有关规定，有关完善证据法定形式的公证书，应当在口头审理辩论终结前提交，且根据审查指南第八章第2.2.1节的有关规定，外文证据应当提交中文译文，请求人在口头审理辩论终结前仅仅提交了其声称的证据3的在伊朗形成的英文公证书复印件2页，而始终未提交公证书原件及其相应的中文译文，并且未提交中国驻伊朗大使馆的认证文件原件，故请求人未在指定时间内完成举证责任，应由其承担举证不利的后果。在专利权人对证据3的来源以及合法性、真实性有异议，同时请求人未完成举证责任的情况下，合议组无法核实证据3的真实性，证据3不能作为认定案件事实的依据，合议组对于证据3不予采信。对于请求人提出的延期口头审理的请求及给予其时间以完善证据的请求合议组不予支持。

（4）证据4为设计图光盘1张以及"龚江平"签字的情况说明。

审查指南第八章第4.2节有关证人证言的内容中规定："未能出席口头审理作证的证人出具的书面证言不能单独作为认定案件事实的依据，但证人确有困难不能出席口头审理作证的除外。"

证据4的"情况说明"属于证人证言，证人龚江平无正当理由未出庭质证，且不能证明其确有困难导致其不能出席，故证据4中的证人证言不能单独作为认定案件事实的依据。证据4的设计图光盘为一张刻录光盘，其没有出版信息，不是公开出版物，也无法认定其真实性。在专利权人对证据4的合法性和真实性有异议、合议组也无法核实该证据4的合法性、真实性的情况下，证据4不能作为认定案件事实的依据。

3. 外观设计相同和相近似性的认定

使用本专利外观设计的产品名称为"梳柄（T-C）"，梳柄整体呈圆柱形，从梳柄主视图看，梳柄正面有一近似拉长的水滴形装饰镶嵌物，该装饰物上半部分有近似椭圆形的镂空，该装饰物由上至下覆盖梳柄正面，覆盖面积较大，梳柄顶端有一通孔。从左视图、右视图看，梳柄顶端有一切面，该切面从梳柄背面以大约45度角向前延伸至梳柄正面，使顶部呈尖顶；梳柄下端两侧各有一个切面（详见本专利附图）。

使用证据1外观设计的产品名称为"梳柄（K-G）"，梳柄整体呈纺锤形，正面以及背面扁平。从主视图看，梳柄正面有一椭圆形装饰镶嵌物；梳柄顶端有一通孔；顶部呈圆顶；梳柄底端有一圆环（详见证据1附图）。

使用证据2外观设计的产品名称为"梳柄（F-B）"，梳柄整体呈纺锤状，正面以及背面扁平。从主视图和后视图看，梳柄正面以及背面均有一覆盖顶端并向下延伸为椭圆环的装饰镶嵌物，梳柄上端有通孔，顶部呈圆顶。从左视图、右视图看，梳柄下部向内凹进且有横条装饰（详见证据2附图）。

（1）本专利与证据1的相同和相近似性比较。

本专利与证据1的相同之处在于，梳柄上端均有一通孔。

本专利与证据1的不同之处包括，①两者梳柄整体形状不同，本专利梳柄呈带有切面的圆柱形；证据1梳柄呈纺锤形。②本专利梳柄上端有一由背面顶端延伸至正面、大致呈45°角的切面，顶端为尖顶，证据1梳柄顶端没有切面，为圆顶。③两者梳柄正面的装饰物形状不同，本专利梳柄正面有一近似拉长的水滴形装饰镶嵌物，该装饰物上半部分有近似椭圆形的镂空；证据1梳柄正面有一椭圆形装饰镶嵌物，没有镂空。

通过整体观察本专利与证据1的外观设计，本专利与证据1的上述差别对于产品外观设计的整体视觉效果具有显著的影响，两者属于不相同也不相近似的外观设计，故符合专利法第23条的规定。

（2）本专利与证据2相同和相近似性比较。

本专利与证据2的相同之处在于：梳柄上端均有一通孔。

本专利与证据2的不同之处包括，①两者整体形状不同，本专利整体呈圆柱形，证据2梳柄整体呈纺锤状。②本专利梳柄上端有一由顶端开始向正面延伸的、大致呈45°角的切面，梳柄顶端呈尖顶，证据2梳柄顶端没有切面，呈圆顶。③两者梳柄正面的装饰物形状不同，本专利梳柄正面有一近似拉长的水滴形装饰镶嵌物，该装饰物上半部分有近似椭圆形的镂空；证据2梳柄有覆盖顶端并向下延伸为椭圆环的装饰镶嵌物，其不是镂空的，而是椭圆环。④本专利梳柄背面没有装饰镶嵌物，而证据2背面有与正面相同的装饰镶嵌物。⑤本专利下部两侧有凹进的切面，证据2梳柄下端无切面，两侧有横条装饰。

通过整体观察本专利与证据2的外观设计，本专利与证据2的上述差别对于产品外观设计的整体视觉效果具有显著的影响，两者属于不相同也不相近似的外观设计，不属于同样的发明创造，符合专利法实施细则第13条第1款的规定。

综上所述，本专利与证据1属于不相同也不相近似的外观设计，符合专利法第23条的规定。本专利与证据2不属于同样的发明创造，符合专利法实施细则第13条第1款的规定。

### 三、决定

维持200530103464.7号外观设计专利有效。

当事人对本决定不服的，可以根据专利法第46条第2款的规定，自收到本决定之日起三个月内向北京市第一中级人民法院起诉。根据该款的规定，一方当事人起诉后，另一方当事人应当作为第三人参加诉讼。

俯视图P1

左视图P1　　主视图P1　　后视图P2　　右视图P1

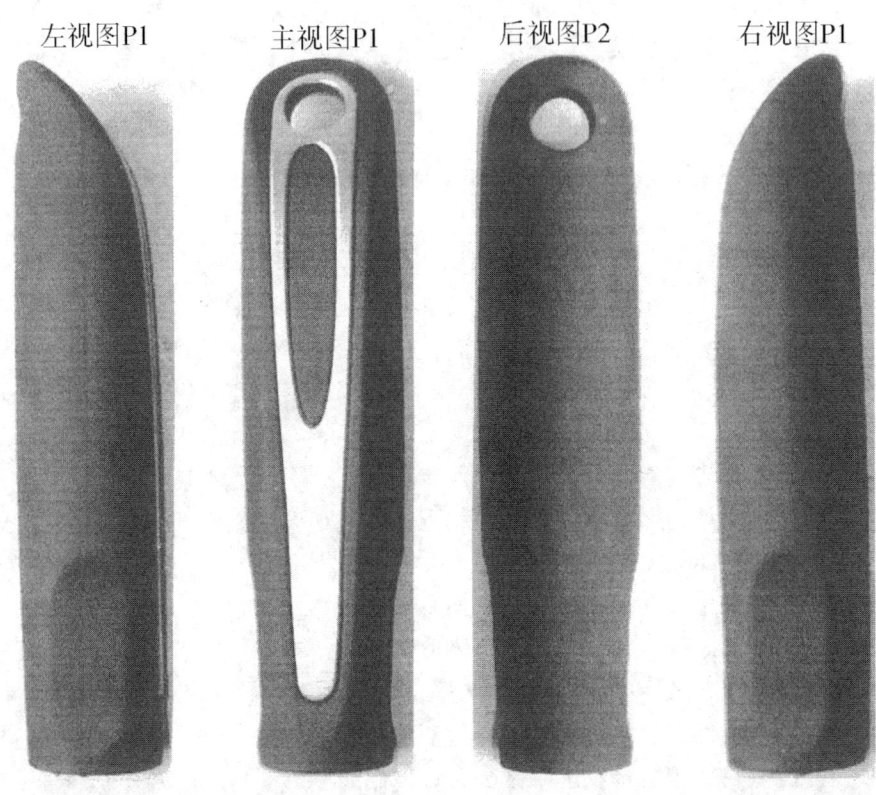

立体图P2

本专利：200530103464.7

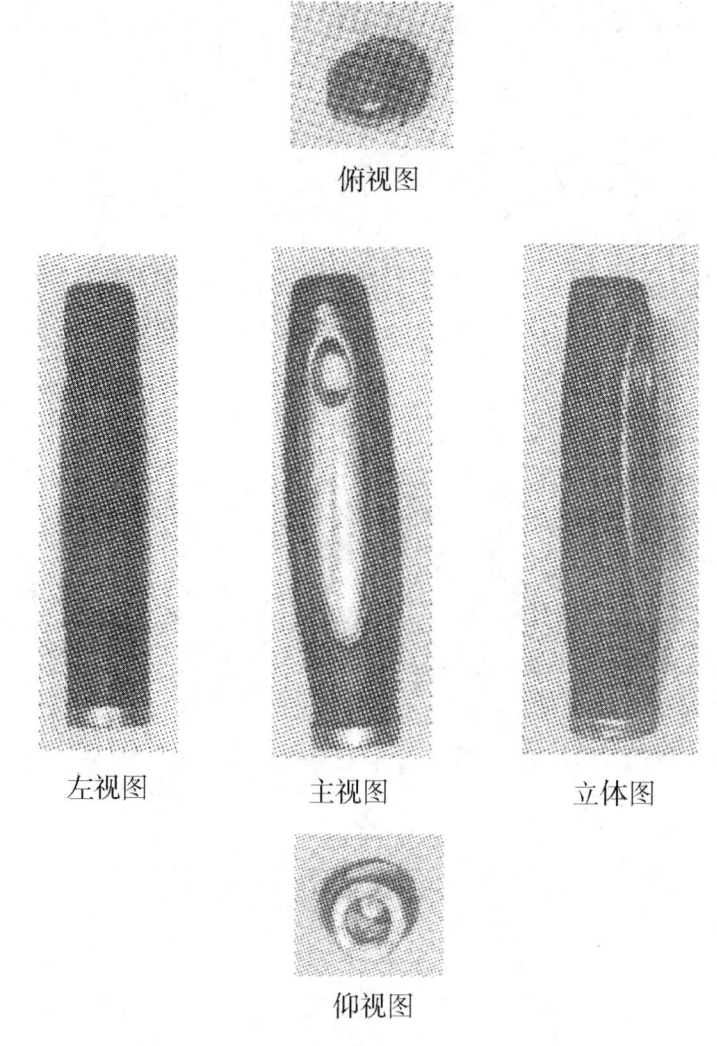

证据附图

注：（1）右视图与左视图对称，故省略右视图。（2）后视图与主视图对称，故省略后视图。

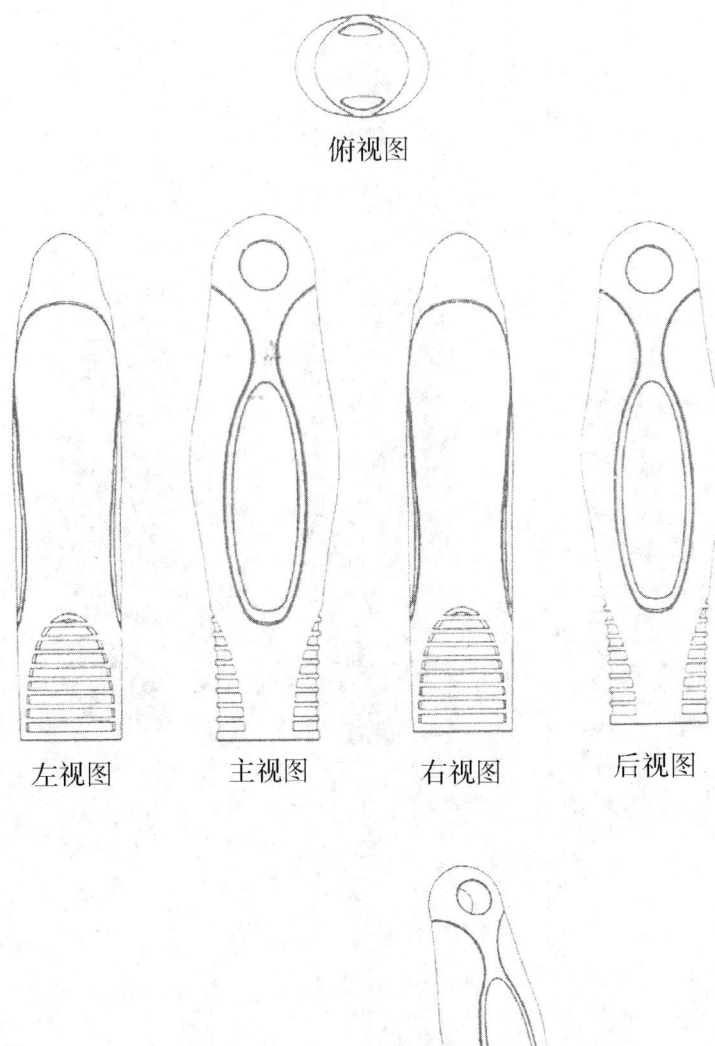

证据 2 附图

# 柱盆（2）

## 无效宣告请求审查决定（第 10756 号）

| | |
|---|---|
| 决 定 号 | 第 10756 号 |
| 决 定 日 | 2007 年 11 月 27 日 |
| 发明创造名称 | 柱盆（2） |
| 外观设计分类号 | 23-02 |
| 无效宣告请求人 | 许昌钧迪陶瓷有限公司 |
| 专 利 权 人 | 宋文周 |
| 专 利 号 | 200530099850.3 |
| 申 请 日 | 2005 年 1 月 19 日 |
| 授 权 公 告 日 | 2006 年 7 月 5 日 |
| 合议组组长 | 吴赤兵 |
| 主 审 员 | 李玲玲 |
| 参 审 员 | 高 颖 |

**法律依据** 专利法第 23 条

**决定要点**

请求人提供的证据是复印件，没有提交原件，请求人也未出席口头审理，因而其提供的证据没有经过当事人质证，其真实性不能确认。

请求人提供的证据为证人证言，该份证据是复印件，请求人并未向专利复审委员会提交该份证据的原件，也未出席口头审理，且该证言为事后出具的，证人也并未到庭接受质证，请求人提供的该份证据也未经当事人质证，其真实性不能确认。

如果证据本身的真实性无法确认，使得所有证据均不能采信，不足以作为定案依据，则请求人提交的证据不足以支持其无效宣告请求的理由。

## 一、案由

本无效宣告请求涉及国家知识产权局于 2006 年 7 月 5 日授权公告、申请号为 200530099850.3、名称为"柱盆（2）"的外观设计专利（下称本专利），其申请日是 2005 年 1 月 19 日，专利权人是宋文周。

针对本专利，许昌钧迪陶瓷有限公司（下称请求人）于 2007 年 7 月 2 日向国家知识产权局专利复审委员会提出无效宣告请求，其无效宣告请求的理由为本专利不符合专利法第 23 条的规定。请求人提交了如下附件作为证据：

附件1：声称是2007年6月26日禹州市夏都陶瓷厂出具的证明复印件（包括2页黑白照片复印件），共3页。

请求人认为，本专利外观设计与禹州市夏都陶瓷厂2004年10月开始生产销售的"赛丹牌"洗衣槽外观设计相同，本专利不符合专利法第23条的规定。

经形式审查合格，专利复审委员会依法受理了上述无效宣告请求，并于2007年7月2日向双方当事人发出无效宣告请求受理通知书，同时将请求人于2007年7月2日提交的无效宣告请求书及其附件清单中所列附件的副本转给专利权人，要求其在指定期限内答复。

2007年7月30日，请求人提交了意见陈述书，并提交了如下附件作为证据：

附件2：声称是2004年1月5日禹州市夏都陶瓷厂与曹丙朝签订的2004年度合作合同书复印件，共3页。

附件3：声称是2007年7月10日经销商曹丙朝出具的证明复印件，共1页。

附件4：声称是2005年4月8日颁发的经销商曹丙朝个体工商户营业执照复印件，共1页，但其上显示的经营者姓名并不清楚。

附件5：声称是经销商曹丙朝销售洗衣槽照片复印件，共2页。

附件6：声称是用户购买洗衣槽收据复印件，共1页。

附件7：声称是用户所购洗衣槽及用户照片复印件，共2页。

请求人认为，附件2证明经销商曹丙朝2004年1月5日与禹州市夏都陶瓷厂签订了2004年度合作合同，经销禹州市夏都陶瓷厂产品。附件3证明，经销商曹丙朝证明2004年11月经销禹州市夏都陶瓷厂赛丹牌洗衣槽，该产品外观照片见附件5。附件4为经销商曹丙朝个体工商户营业执照。附件6为用户从经销商曹丙朝处购买洗衣槽的购货收据。附件7为购货收据中记载的洗衣槽照片。上述证据中记载的产品已经在本案专利申请日前公开销售，该产品形状与专利产品形状基本上完全相同，二者外观设计构成相同，因此，本专利不符合专利法第23条的规定。

专利权人于2007年8月9日提交了意见陈述书，专利权人认为：（1）对请求人提交的附件1的真实性、合法性及与本案的关联性均有异议。（2）附件1所附的照片，从照片本身不能看出它们的形成时间在本专利的申请日之前，也无法证明其中所示的产品是公开生产、销售或使用的产品；也无法证明该产品是谁生产的；该照片无合法的来源；不能作为评价本专利的在先设计使用；照片中立柱的前后位置也不同于本专利，其他部分也有差别。（3）附件1所附的禹州市夏都陶瓷厂证明，不是合法的证据形式；禹州市夏都陶瓷厂是否合法主体无法证实；其证明内容的真实性无法证实，不管是否生产、不管何时生产，均可以不负责任地出具该证明，随意性大，且该单位从名称上看和请求人同处许昌禹州市，有一定厉害关系；证明中所涉及的洗衣槽是何种外观也无法证实。（4）请求人证据不足，事实不清，理由不成立。

专利复审委员会依法成立合议组对本案进行审理，本案合议组于2007年9月4日向双方当事人发出口头审理通知书，定于2007年11月13日对本案进行口头审理，并随口头审理通知书将专利权人于2007年8月9日提交的意见陈述书转送给请求人，将请求人于2007年7月30日提交的意见陈述书及其所附附件的副本转送给专利权人。

2007年10月31日，请求人提交口头审理通知书回执明确表示将按时参加口头审理，并在回执中明确要求将派三名证人出庭作证。2007年9月26日，专利权人提交口头审理通知书回执表示将按时参加口头审理。

口头审理如期举行，专利权人出席了口头审理，请求人并未出席口头审理。合议组对本案进行了缺席审理。在口头审理中，专利权人对合议组成员无回避请求，专利权人具体陈述了如下意见：对请求人提交的7份证据的真实性、合法性和关联性都有异议。对于附件1，因为请求人没有提交夏都陶瓷厂的证明，不能证明头陶瓷厂是主体，也不能证明是陶瓷厂是合法的主体所出具的。对附件1的内容不予认可，附件1中洗衣槽的外观不清楚，不能证明与本案有关联性，附件1中照片什么时间产生有异议，不能证明是本专利申请日之前产生，也无法证明其已销售和使用，无法证明其合法的来源，同时，立柱的前后位置也不同于本专利。对附件2的真实性、合法性和关联性有异议，专利权人是2005年取得的资格，明显的不真实，合同书中没有显示包括了洗衣槽的产品，更不能证明是本专利外观设计内容的洗衣槽产品，请求人没有提交夏都陶瓷厂的主体资格证明。附件3中证明的内容不真实，因为2005年才取得的营业执照，且其中的主体不同。请求人没有提交附件4的原件，对真实性不予认可。对附件5的真实性、合法性和关联性不予认可，其中的照片不能证明其形成的时间是在本专利申请日之前，不能证明是谁生产的，没有合法的来源，其与本专利的区别是：洗衣槽的前侧是有弧度的，本专利是直的，二者立柱的前后位置不一致。对附件6的真实性、合法性和关联性不予认可，这份收据没有显示缴款单位名称，没有显示是谁销售的，其中显示的"曹"字与附件2和附件3中的笔迹也不一致，收据中的洗衣槽是什么形状也不能证明，龙水兰的身份不清楚，对签字的主体无法确认，无法与原件核对。附件7显示了一个人和一个照片，对附件7的真实性、合法性和关联性均有异议，不能证明其形成时间，是谁生产的，谁照的。总之，请求人提交的上述证据不能证明专利权人申请日以前已经公开销售的事实。

至此，合议组认为本案事实清楚，现依法作出审查决定。

**二、决定的理由**

1. 无效宣告请求的理由

请求人提出的无效宣告请求的理由是专利法第23条。专利法第23条规定：授予专利权的外观设计，应当同申请日以前在国内外出版物上公开发表过或者国内公开使用过的外观设计不相同和不相近似，并不得与他人在先取得的合法权利相冲突。

2. 证据的审查

请求人声称附件1是2007年6月26日禹州市夏都陶瓷厂出具的证明，附件3是2007年7月10日经销商曹丙朝出具的证明。但附件1和附件3均为复印件，请求人并没有向专利复审委员会提交上述附件1和附件3的原件，也未出席口头审理，且附件1和附件3中的证人证言均为事后出具的，附件1和附件3中的证人均未到庭接受质证，请求人提交的附件1和附件3也未经当事人质证，其真实性都不能确认。

请求人声称附件2是2004年1月5日禹州市夏都陶瓷厂与曹丙朝签订的2004年度合作合同书，但附件2为复印件，请求人并没有向专利复审委员会提交该附件2的原件，也未出席口头审理，该附件2没有经过当事人质证，其真实性不能确认。

请求人声称附件4是2005年4月8日颁发的经销商曹丙朝个体工商户营业执照，但附件4为复印件，请求人并没有向专利复审委员会提交附件4的原件，也未出席口头审理，且其上显示的经营者姓名并不清楚，其上显示的颁证日期也在本专利申请日之后，该附件4没有经过当事人质证，其真实性不能确认。

请求人声称附件5是经销商曹丙朝销售洗衣槽照片，附件7是用户所购洗衣槽及用户照片，但附件5和附件7都是复印件，请求人并没有向专利复审委员会提交附件5和附件7的原件，也未出席口头审理，且附件5和附件7上都没有任何关于时间的信息，虽然附件5上写有"经销商证明"，附件7上写有"用户证明，本人照片"，但附件5和附件7中的证人均未到庭接受质证，请求人提交的附件5和附件7也都没有经过当事人质证，其真实性不能确认。

请求人声称附件6是用户购买洗衣槽收据，但附件6是复印件，请求人并没有向专利复审委员会提交附件6的原件，也未出席口头审理，虽然附件6上写有"我已2004年购买洗衣槽套现正在使用"，签名为"龙水兰"，但附件6中的证人未到庭接受质证，附件6也未经当事人质证，其真实性不能确认。

综上所述，附件1~7的客观真实性均不能确认，不足以作为支持请求人所提出的无效宣告请求理由的证据。因此，请求人提交的附件均不足以支持其无效宣告请求理由。

### 三、决定

维持200530099850.3号外观设计专利权有效。

当事人对本决定不服的，可以根据专利法第46条第2款的规定，自收到本决定之日起三个月内向北京市第一中级人民法院起诉。根据该款规定，一方当事人起诉后，另一方当事人应当作为第三人参加诉讼。

# 磁砖（3）

## 无效宣告请求审查决定（第 10757 号）

| | |
|---|---|
| 决　定　号 | 第 10757 号 |
| 决　定　日 | 2007 年 11 月 22 日 |
| 发明创造名称 | 磁砖（3） |
| 外观设计分类号 | 25-01 |
| 无效宣告请求人 | 陈立闽 |
| 专　利　权　人 | 陈志鹏 |
| 专　利　号 | 200530018230.2 |
| 申　请　日 | 2005 年 6 月 13 日 |
| 授权公告日 | 2006 年 3 月 29 日 |
| 合议组组长 | 翁晓君 |
| 主　审　员 | 李玲玲 |
| 参　审　员 | 张 霞 |
| 附　　图 | 2 页 |

**法　律　依　据**　专利法第 23 条
**决　定　要　点**
将一项外观设计专利与在先设计进行相近似比较时，在综合考虑各种因素的情况下，若区别点仅在于局部的细微变化，则该区别点对整体视觉效果不足以产生显著影响，两者外观设计相近似。

### 一、案由

本无效宣告请求涉及国家知识产权局于 2006 年 3 月 29 日授权公告、申请号为 200530018230.2、名称为"磁砖（3）"的外观设计专利（下称本专利），其申请日是 2005 年 6 月 13 日，专利权人是陈志鹏。

针对本专利，陈立闽（下称请求人）于 2007 年 4 月 20 日向国家知识产权局专利复审委员会提出无效宣告请求，其无效宣告请求的理由为本专利不符合专利法第 23 条的规定。请求人提交了如下附件作为证据：

附件 1：本专利公报复印件 1 页。

附件 2：200430067996.5 号中国外观设计专利公报复印件 1 页，其授权公告日为 2005 年 2 月 16 日。

请求人认为，附件 2 公开了一种瓷砖，其授权公告日早于本专利申请日，将两者对比分析得出：

两者均属于贴墙面用瓷砖，属于同类同用途产品，两产品的外观形状相同，均为长方形，在长方形中部具有一四角星，该四角星由四个形状相同的四棱锥拼合而成，四角星四个顶端延伸至长方形两长边，于两四棱锥之间向长方形短边方向延伸一带凸点的菱形，自该菱形另一侧相邻的两边向长方形短边方向缩口延伸一带凸点的区域，其余空间填充直线条文。两件产品细微的区别为：本专利中带凸点的部分为规则分布的菱形。即两者区别之处仅在于细微之处的凸点纹理的局部变化，此细微的差别对于产品外观设计的整体视觉效果不具有显著的影响，因此本专利不符合专利法第23条的规定。

经形式审查合格，专利复审委员会依法受理了上述无效宣告请求，于2007年6月11日向双方当事人发出无效宣告请求受理通知书，同时将请求人于2007年4月20日提交的无效宣告请求书及其附件清单中所列附件副本转给专利权人，要求其在指定期限内答复。

专利权人在指定期限内未作答复。

专利复审委员会依法成立合议组对本案进行审理，本案合议组于2007年9月4日向双方当事人发出口头审理通知书，定于2007年11月13日对本案进行口头审理。

口头审理如期举行，双方当事人均出席了口头审理。在口头审理中，双方当事人对合议组成员均无回避请求，对对方出庭人员的身份无异议。专利权人当庭提交了盖有佛山市禅城区兆星模具雕刻加工部章的图片复印件一页、中国邮政汇款收据复印件一页以及光盘一张，图片复印件上写有"此砖板在2004年1月份加工"，签名人的签名不清楚，合议组当庭将上述三份证据转送给请求人，并当庭演示了光盘中存储的一张图片以及光盘的属性内容。专利权人认为纸件图片和光盘中存储的图片都是本专利产品的外观设计图片，纸件图片和光盘用于证明本专利与请求人提供的附件2不相同也不相近似，且本专利的设计形成的时间早于请求人提交的附件2申请专利的时间；中国邮政汇款收据用于证明本专利合法有效。专利权人对请求人提交的附件2的真实性有异议，原因是请求人未提交附件2的原件；请求人对专利权人提交的三份证据的真实性和合法性有异议，对光盘属性里面涉及的时间有异议，认为时间是可以修改的，也是没有公开的。专利权人认为光盘是实物证据和纸件图片可以互相印证。对于本专利与附件2外观设计的相近似比较，请求人当庭陈述了如下意见：二者细微的区别为：本专利中带凸点的部分为规则分布的菱形；附件2中带凸点的部分为不规则分布但大小形状大致相同的凸点。专利权人当庭陈述了如下意见：本专利中四角星是常见的设计，本专利外观设计中凸点构成与附件2不一样；除了四角星以外，附件2视图上的左右两边的带有沟状的线条勾画，本专利两边是纯几何线条的勾画。在口头审理过程中，双方当事人都充分陈述了观点。

至此，合议组认为本案事实已经清楚，现依法作出审查决定。

**二、决定的理由**

1. 无效宣告请求的理由

请求人提出的无效宣告请求的理由是专利法第23条。专利法第23条规定：授予专利权的外观设计，应当同申请日以前在国内外出版物上公开发表过或者国内公开使用过的外观设计不相同和不相近似，并不得与他人在先取得的合法权利相冲突。

2. 证据的审查

附件2是200430067996.5号中国外观设计专利公报复印件，请求人并未提交该附件2的原件，因此专利权人对其真实性有异议。经合议组核实，该附件2所示内容真实，因此合议组对附件2的真实性予以认可，且附件2的公开日早于本专利申请日，属于专利法第23条所规定的公开出版物，可适用于本案。因此，附件2可以作为本专利的在先设计使用。

专利权人当庭提交了盖有佛山市禅城区兆星模具雕刻加工部章的一页图片复印件以及一张光盘，同时，专利权人当庭提交了中国邮政汇款收据用于证明本专利合法有效。专利权人认为图片和光盘用于证明本专利与请求人提供的附件2不相同也不相近似，且本专利的设计形成的时间早于请求人提交的附件2申请专利的时间，专利权人当庭演示了光盘中存储的一张图片以及光盘的属性内容。请求人对专利权人提交的上述证据的真实性和合法性都有异议，对光盘属性里面涉及的时间有异议。

合议组认为，暂且不考虑专利权人提交的上述证据的真实性，仅就其证明目的而言，专利权人提交上述证据用于证明本专利外观设计的图片内容、本专利外观设计的形成时间以及本专利的有效性，而本专利的申请日和专利保护范围均是以本专利公报的内容为准，本专利与附件2是否相近似与本专利外观设计的形成时间无关，本专利授权以后的缴费情况也与本案无关。因此，专利权人提交的上述证据同本专利与附件2是否相近似的判断无关，合议组不予考虑。

3. 本专利是否符合专利法第23条的规定

附件2公开了一种瓷砖的外观设计，其与本专利属于相同类别的产品的外观设计，可以进行相近似性对比。

本专利的描述（详见本专利附图）。

本专利外观设计所示的瓷砖为长方形，在长方形中部具有一四角星，该四角星由四个形状相同的四棱锥拼合而成，四角星四个顶端延伸并接近于长方形两长边，分别位于左右两侧的同侧的两四棱锥之间分别向长方形两短边方向缩口延伸一区域，该区域由三条直线条划分为三部分，其中紧邻四棱锥的一部分为菱形，其余两部分分别为不规则四边形，该区域的三部分均由规则的细小菱形填充，该瓷砖的其余空间全部为横向直线条文填充。

本专利后视图显示瓷砖背面左右两侧分别有三条平行斜线条纹。

附件2的描述（详见附件2附图）。

附件2外观设计所示的瓷砖为长方形，在长方形中部具有一四角星，该四角星由四个形状相同的四棱锥拼合而成，四角星四个顶端延伸并接近于长方形两长边，分别位于左右两侧的同侧的两四棱锥之间分别向长方形两短边方向缩口延伸一带凸点的区域，该带凸点的区域由三条略粗的沟状直线条划分为三部分，其中紧邻四棱锥的一部分为菱形，其余两部分分别为不规则四边形，该区域的三部分中都填充有不规则的微小凸点，该瓷砖的其余空间全部为横向直线条文填充。

附件2左视图和俯视图显示瓷砖表面的四棱锥顶点凸出于瓷砖平面。附件2简要说明中说明后视图无设计要点。

将本专利与附件2的外观设计图片相对比可以看出，二者的相同之处包括：二者均为瓷砖的外观设计，二者整体均呈长方形，在长方形中部具有一四角星，四角星四个顶端延伸并接近于长方形两长边，分别位于左右两侧的同侧的两四棱锥之间分别向长方形两短边方向缩口延伸一区域，该区域的形状相同，且都由三条直线条分为三部分，该三部分各自对应部分的形状和比例基本相同，瓷砖的其余空间全部为横向填充的直线条文。

两者的不同点仅在于：（1）本专利中左右两侧的区域的三部分均由规则的细小菱形填充；附件2中左右两侧的区域的三部分均为不规则的微小凸点填充。（2）二者左右两侧的区域中的三条直线线条的形状略有不同。（3）本专利后视图显示瓷砖背面左右两侧分别有三条平行斜线条纹；附件2省略了后视图，即后视图无设计要点。

专利权人认为：本专利外观设计中凸点构成与附件2不一样；除了四角星以外，附件2视图上的左右两边的带有沟状的线条勾画，本专利两边是纯几何线条的勾画。

合议组认为：对于区别点（1）和（2），二者外观设计中瓷砖左右两侧的区域的形状相同，三条直线所分的三部分各自的形状和比例基本相同，其中细小填充图案的形状以及三条直线条形状的略微差别均属于产品局部的细微变化；对于区别点（3），瓷砖背面的设计使用时并不容易看到，对瓷砖的整体视觉效果不具有显著的影响。至于专利权人认为本专利外观设计中凸点构成与附件2不一样，合议组认为：附件2左视图和俯视图显示瓷砖表面的四棱锥顶点凸出于瓷砖平面，而本专利并没有左视图和俯视图，对于瓷砖表面的四棱锥顶点是否凸出于瓷砖平面并没有相应的视图加以确定。在二者瓷砖的整体构成、各部分基本形状及各部分之间的比例基本相同的情况下，上述细小填充图案的形状、线条形状的细微差别以及使用时不容易看到的瓷砖背面的设计均不足以对二者的整体视觉效果产生显著的影响。因此，本专利与附件2属于相近似的外观设计，本专利不符合专利法第23条的规定。

三、决定

宣告200530018230.2号外观设计专利权全部无效。

当事人对本决定不服的，可以根据专利法第46条第2款的规定，自收到本决定之日起三个月内向北京市第一中级人民法院起诉。根据该款规定，一方当事人起诉后，另一方当事人应当作为第三人参加诉讼。

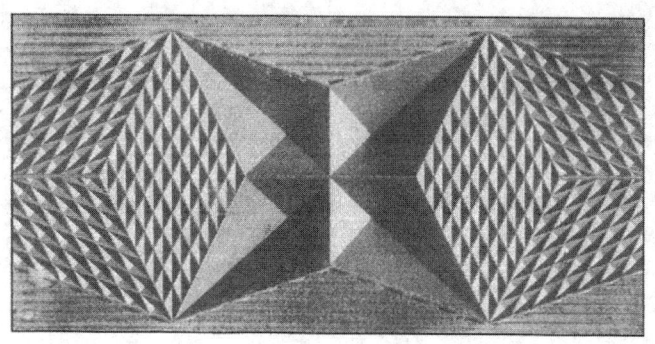

主视图

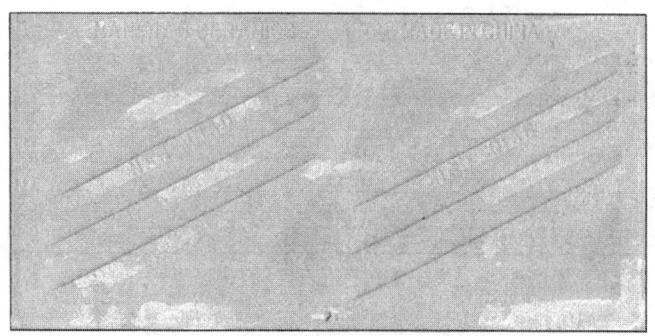

后视图

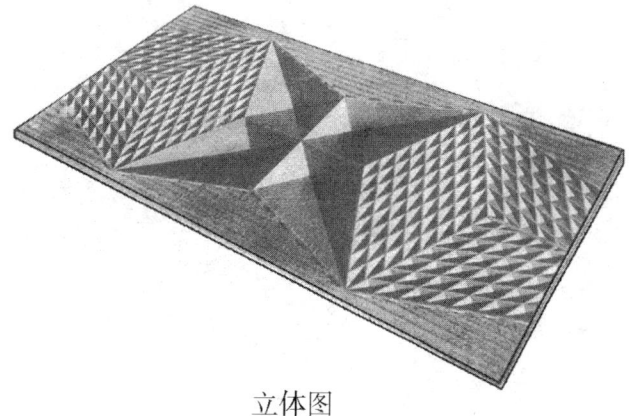

立体图

本专利附图

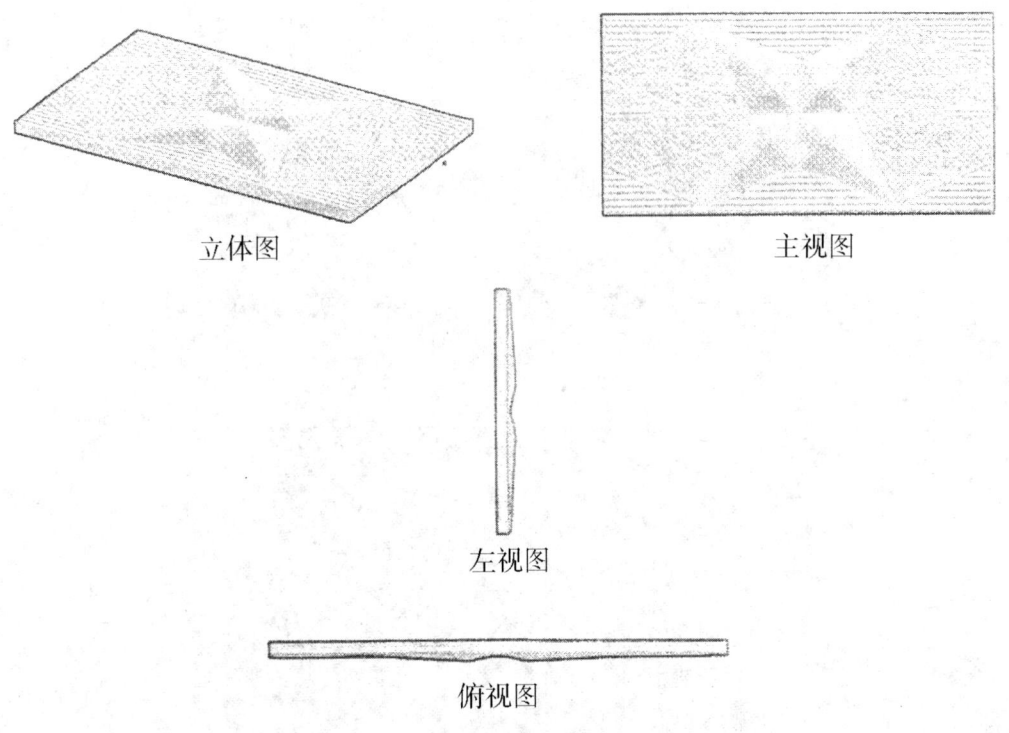

附件 2 附图

… 694

# 容器盖

## 无效宣告请求审查决定（第 10758 号）

决　定　号　第 10758 号
决　定　日　2007 年 11 月 30 日
发明创造名称　容器盖
外观设计分类号　09-07
无效宣告请求人　汕头市东方塑胶有限公司
专　利　权　人　德科有限公司
专　利　号　200430060244.6
申　请　日　2004 年 7 月 12 日
授权公告日　2005 年 3 月 23 日
合议组组长　钟　华
主　审　员　郑　直
参　审　员　李　阳
附　　　图　2 页

法　律　依　据　专利法第 23 条
决　定　要　点
　　如果通过整体观察、综合判断，本专利与在先设计相比，存在明显区别，该区别对外观设计的整体视觉效果存在显著影响，则本专利与在先设计不相同也不相近似。

## 一、案由

本无效宣告请求涉及国家知识产权局于 2005 年 3 月 23 日授权公告、申请日为 2004 年 7 月 12 日、名称为"容器盖"的第 200430060244.6 号外观设计专利（下称本专利），专利权人德科有限公司。

2007 年 4 月 18 日，汕头市东方塑胶有限公司（下称请求人）针对本专利向专利复审委员会提出无效宣告请求，并提交了以下附件作为证据：

附件 1：授权公告号为 Des359905 的美国外观设计专利公告文本的扉页和第 2 页，共 2 页，授权公告日为 1995 年 7 月 4 日，其上有手写的对发明名称、申请号、申请日、授权公告号以及公告日的中文译文。

请求人请求宣告无效的理由是：美国 Des359905 号专利的授权公告日为 1995 年 7 月 4 日，使用该外观设计产品的名称为"带通气孔的密封盖"，其与本专利均为圆形状，边缘处翻卷，盖面设有一个小圆片，两者的差别在于美国专利的小圆片偏离中央位置，并设有三块小边角片，而本专利的小圆片位于中央位置，并且只具有一个小边角片，但是上述区别仅是细微区别，对整体视觉效果不造成显著影响，因此本专利不符合专利法第 23 条的规定。

经形式审查合格以后，专利复审委员会予以受理，于 2007 年 5 月 14 日向双方当事人发出了无效宣告请求受理通知书，并将无效宣告请求书及其附件清单所列附件的副本转送给专利权人，要求专利权人于指定期限内陈述意见。

请求人于 2007 年 5 月 17 日提交了意见陈述书，并补充提交了加盖有检索中心副本认证专用章的授权公告号为 Des359905 的美国外观设计专利公告文本全文复印件，其中在扉页上加有手写的对发明名称、申请号、申请日、授权公告号以及公告日的中文译文。

专利权人于 2007 年 6 月 29 日提交了意见陈述书，并提交了授权公告号为 Des359905 的美国外观设计专利公告文本全文，专利权人指出：请求人没有提交外文证据的全文译文，应视为未提交，并且认为本专利与附件 1 的美国专利相比，区别明显，因此本专利符合专利法第 23 条的规定。

专利复审委员会依法成立合议组，于 2007 年 9 月 24 日向双方当事人发出了无效宣告请求口头审理通知书，定于 2007 年 11 月 22 日进行口头审理，并随口头审理通知书将专利权人于 2007 年 6 月 29 日提交的意见陈述书及其附件的副本转送给请求人，将请求人于 2007 年 5 月 17 日提交的意见陈述书及其附件的副本转送给专利权人。

口头审理如期举行，双方当事人均委托代理人出席了口头审理，双方当事人表示对合议组成员无回避请求，对对方出庭人员无异议，请求人当庭提交了加盖有检索中心副本认证专用章的授权公告号为 Des359905 的美国外观设计专利公告文本。专利权人对该公告文本的真实性无异议，并对其授权公告日（1995 年 7 月 4 日）无异议。

在此基础上，合议组认为双方已经充分陈述了意见，可以依法作出审查决定。

**二、决定的理由**

1. 法律依据

基于请求人提出的无效宣告请求的理由，合议组依据专利法第 23 条的规定进行审理。

专利法第 23 条规定：授予专利权的外观设计，应当同申请日以前在国内外出版物上公开发表过或者国内公开使用过的外观设计不相同和不相近似，并不得与他人在先取得的合法权利相冲突。

2. 关于证据

请求人提交了加盖有检索中心副本认证专用章的授权公告号为 Des359905 的美国外观设计专利公告文本，并对其相关内容进行了翻译，请求人表示以 Des359905 的全部附图与本专利进行对比。Des359905 的授权公告日为 1995 年 7 月 4 日，早于本专利的申请日，专利权人对此无异议，因此其公开的密封盖外观设计（下称在先设计）可以作为在先设计使用。

3. 关于专利法第 23 条

本专利与在先设计均为容器盖的外观设计，用途相同，属于相同种类的产品，可以进行如下相近似性对比：

本专利的容器盖整体为圆形，边缘处翻卷，从而在容器盖边缘形成一条环绕周边的圆环形凸肋，圆环形凸肋包围着平整的盖面，在容器盖的边缘延伸出三个弯月形的小边角片，其在圆周上均匀分布。在容器盖的中央具有一个圆形通气孔，通气孔上具有一个小圆片，小圆片上具有两个小圆环，其通过左右对称分布的支点与容器盖连接，通气孔整体设计较为平整（详见本专利附图）。

在先设计的容器盖整体为圆形，边缘处翻卷，从而在容器盖边缘形成一条环绕周边的圆环形凸肋，圆环形凸肋包围着平整的盖面，在容器盖的一侧边缘延伸出一个半圆形的小边角片，在容器盖的另外一侧靠近凸肋边缘处具有一个圆形通气孔，该通气孔整体凹陷，其上具有一个一侧可翻转的小圆片，通气孔整体设计较厚（详见在先设计附图）。

本专利与在先设计相比，其区别在于：第一，小边角片的数量和形状不同，本专利具有三个弯月形的小边角片，而在先设计仅在一侧具有一个半圆形的小边角片；第二，通气孔的位置和形状不同，本专利的通气孔位于容器盖中央，其上的小圆片可以左右翻转，其整体设计较为平整，而在先设计的通气孔位于容器盖一侧，该通气孔整体凹陷，其上具有一个一侧可翻转的小圆片，通气孔整体设计较厚。通过对两个外观设计的整体观察、综合判断，合议组认为：本专利与在先设计的边角片、通气孔的形状均有不同，容易引起一般消费者的注意，上述区别对产品的整体视觉效果产生了显著的影响，因此本专利与在先设计属于不相同和不相近似的外观设计，在先设计不能证明本专利不符合专利法第23条的规定。

### 三、决定

维持200430060244.6号外观设计专利权有效。

当事人对本决定不服的，可以根据专利法第46条第2款的规定，自收到本决定之日起三个月内向北京市第一中级人民法院起诉。根据该款的规定，一方当事人起诉后，另一方当事人应当作为第三人参加诉讼。

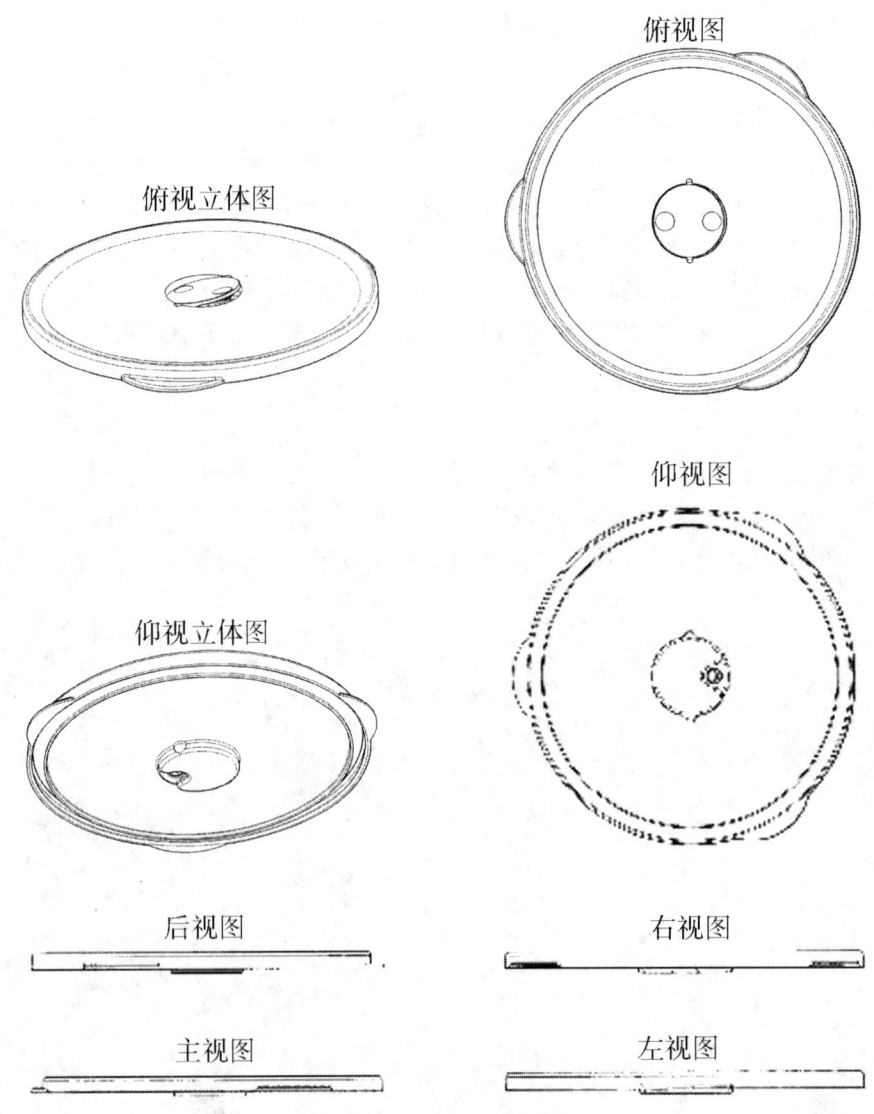

本专利附图

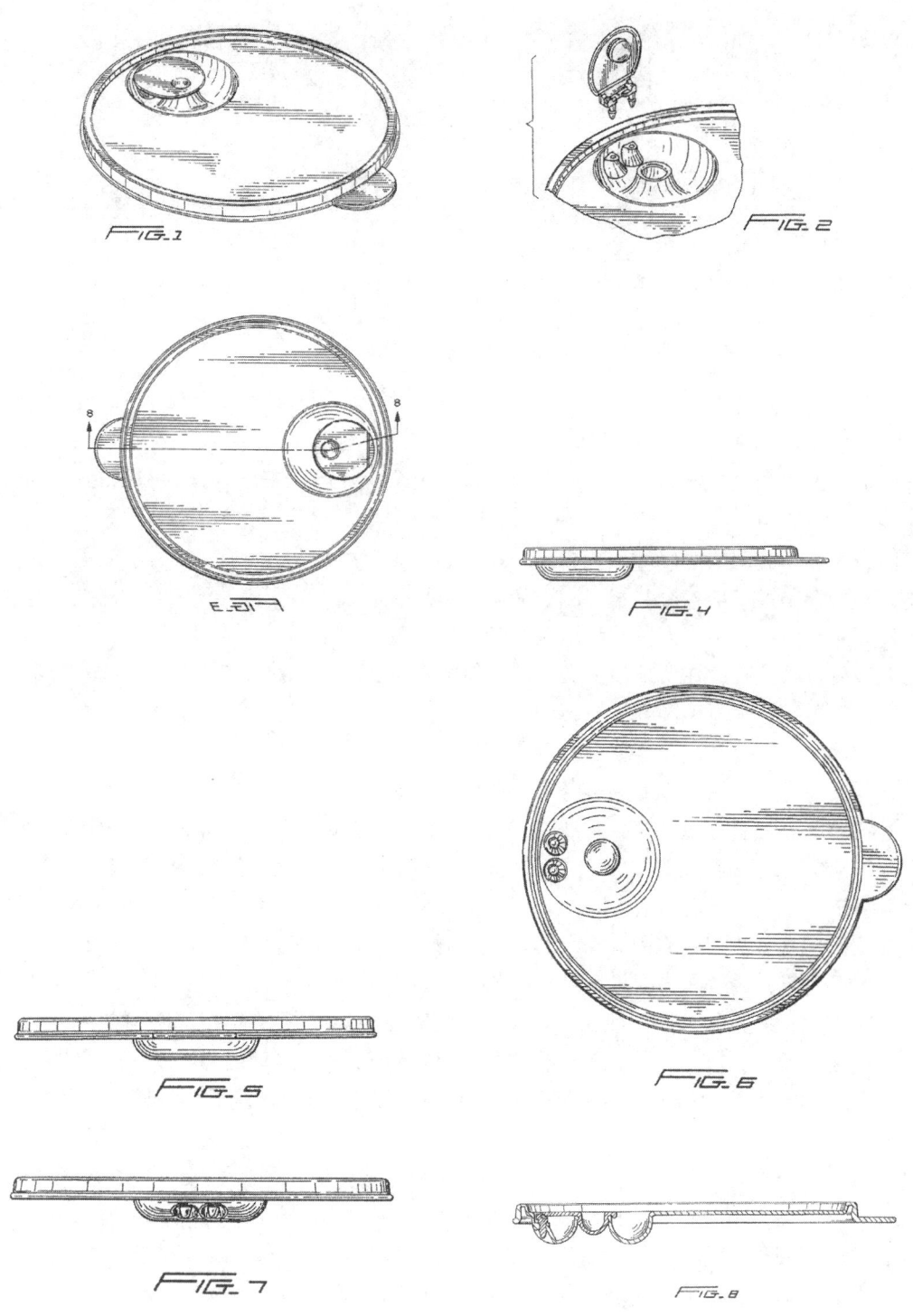

在先设计附图

# 北京市第一中级人民法院
# 行政判决书

(2008) 一中行初字第 488 号

原告汕头市东方塑胶有限公司,住所地中华人民共和国广东省汕头市珠池路南侧万安工业区前一、二楼。

法定代表人陈伟建,总经理。

委托代理人黄河长,男,汉族,1971年12月6日出生,住广东省汕头市金平区石砲台街道长平路45号703房,汕头市高科专利事务所专利代理人。

被告中华人民共和国国家知识产权局专利复审委员会,住所地中华人民共和国北京市海淀区北四环西路9号银谷大厦10~12层。

法定代表人廖涛,副主任。

委托代理人李阳,中华人民共和国国家知识产权局专利复审委员会审查员。

委托代理人瞿晓峰,中华人民共和国国家知识产权局专利复审委员会审查员。

第三人德科有限公司,住所地澳大利亚联邦维多利亚州,斯科斯比3179,佛尼垂格列路1314号。

法定代表人雷蒙德·大卫·高登,董事。

委托代理人朱健,北京市路盛律师事务所律师。

委托代理人李宓,中国商标专利事务所有限公司专利代理人。

原告汕头市东方塑胶有限公司(以下简称东方公司)不服被告中华人民共和国国家知识产权局专利复审委员会(以下简称专利复审委员会)作出的第10758号无效宣告请求审查决定(以下简称第10758号决定),于法定期限内向本院提起诉讼。本院于2008年3月28日受理本案后,依法组成合议庭,并依法通知作为德科有限公司(以下简称德科公司)第三人参加诉讼,于2008年5月21日公开开庭进行了审理。原告东方公司的委托代理人黄河长,被告专利复审委员会的委托代理人李阳、瞿晓峰,第三人德科公司的委托代理人朱健、李宓到庭参加诉讼。本案现已审理终结。

专利复审委员会2007年11月30日作出的第10758号决定是针对东方公司对德科公司享有的200430060244.6号名称为"容器盖"的外观设计专利(以下简称本专利)所提出的无效宣告请求作出的。

专利复审委员会在第10758号决定中认定:关于相近似判断,附件1授权公告号为Des359905的美国外观设计专利(以下简称在先设计)所示的带通气孔的密封盖与本专利均为容器盖的外观设计,用途相同,属于相同种类的产品,可以进行外观设计近似性对比。本专利容器盖整体为圆形,边缘处翻卷,从而在容器盖边缘形成一条环绕周边的圆环形凸肋,圆环形凸肋包围着平整的盖面,在容器盖的边缘延伸出三个弯月形的小边角片,其在圆周上均匀分布。在容器盖的中央具有一个圆形通气孔,通气孔上具有一个小圆片,小圆片上具有两个小圆环,其通过左右对称分布的支点与容器盖连接,通气孔整体设计较为平整。在先设计容器盖整体为圆形,边缘处翻卷,从而在容器盖边缘形成一条环绕周边的圆环形凸肋,圆环形凸肋包围着平整的盖面,在容器盖的一侧边缘延伸出一个半圆形的小边角片,在容器盖的另外一侧靠近凸肋边缘处具有一个圆形通气孔,该通气孔整体凹陷,其上具有一个一侧可翻转的小圆片,通气孔整体设计较厚。本专利与在先设计相比,其区别在于:第一,小边角片的数量和形状不同,本专利具有三个弯月形的小边角片,而在先设计仅在一侧具有一个半圆形的小边角片；第二，通气孔的位置和形状不同，本专利的通气孔位于容器盖的中央，其上的小圆片可以左右翻转，其整体设计较为平整，而在先设计的通气孔位于容器盖的一侧，该通气孔整体凹陷，其上具有一个一侧可翻转的小圆片，通气孔整体设计较厚。通过对两个外观设计的整体观察、综合判断，合议组认为：本专利与在先设计的边角片、通气孔的形状均有不同，容易引起一般消费者的注意，上述区别对产品的整体视觉效果产生了显著的影响，因此，本专利与在先设计属于不相同和不相近似的外观设计，在先设计不能证明本专利不符合《专利法》第二十三条的规定。专利复审委员会作出第10758号决定，维持200430060244.6号外观设计专利权有效。

原告东方公司不服该决定，向本院起诉称：在先设计与本专利的容器盖整体均为圆形，边缘处翻卷，从而在容器盖边缘形成一条环绕周边的圆环形凸肋，圆环形凸肋包围着平整的盖面，盖面上设有一小圆片，为便于拉起整个容器盖，两容器盖均在边缘位置设有弯月形的小边角片，而通气孔的凹陷部位对整体视觉效果应理解为"局部区别"，这些细微的差别相对于产品外观设计的整体效果不具有显著的影响，在先设计和本专利中的容器盖应该认定为相近似，本专利应该宣告无效。据此请求撤销被告作出的第10758号决定。

被告专利复审委员会答辩称：本专利与在先设计相比，其区别在于：第一，小边角片的数量和形状不同，本专利具有三个弯月形的小边角片，而在先设计仅在一侧具有一个半圆形的小边角片；第二，通气孔的位置和形状不同，本专利的通气孔位于容器盖的中央，其上的小圆片可以左右翻转，其整体设计较为平整，而在先设计的通气孔位于容器盖的一侧，该通气孔整体凹陷，其上具有一个一侧可翻转的小圆片，通气孔整体设计较厚。上述区别对产品的整体视觉效果产生了显著的影响，因此本专利与在先设计不相同和不相近似。原告称通气孔的凹陷部位对整体视觉效果应该理解为"局部区别"，细微差别相对于产品外观设计的整体视觉效果不具有显著的影响，我委认为，在本专利和在先设计容器盖平整的顶端，通气孔位于顶端的一侧或者顶端的中央部位的这种差异，对普通消费者而言在视觉效果上是具有显著影响的。综上，该决定认定事实清楚、适用法律正确、程序合法，请求驳回原告的诉讼请求，维持第10758号决定。

第三人德科公司述称：（1）涉案专利和在先设计的相同设计特征属于功能性的特征，属于惯常设计，并且两个设计的边缘并不相同，涉案专利容器盖的边缘平滑过渡变窄，而在先设计边缘是方形的。（2）涉案专利与在先设计的不同特征包括：小边角片数量、形状不同，所述不同造成不同的外部轮廓；通气孔位置不同，且涉案专利通气孔可绕其中轴线翻转，通气孔与容器盖的其余部分之间为平整过渡，而在先设计通气孔从一个边缘翻起，与容器盖的其余部分之间存在一个占较大比例的凹面，即使通气孔关闭时，这个占较大比例的凹面也是非常明显的。通气孔的位置和设计的不同是两者的主要区别。如被告所作决定，上述区别对产品的整体视觉效果产生了显著的影响。另外，两设计之间还存在以下不同点：①从侧视图看，涉案专利通气孔与容器盖的其余部分平整过渡，而在先设计的通气孔所在部位是一个凸出部件。②涉案专利中的小边角片向外稍为突出，而在先设计小边角片则向外突出明显。③涉案专利的外边缘下部没有凸缘，而在先设计的外边缘下部具有一个明显的凸缘。④与在先设计比较，涉案专利中的通气孔的整个容器盖上占据较小的空间。⑤涉案专利通气孔上具有相对中心线等距离的两个小圆孔，而在先设计上只有一个小圆孔。除此之外，涉案专利已在多个国家获得注册，在美国的审查中认为在先设计并不影响本专利的专利性而获得授权。综上，涉案专利与在先设计为不相同和不相近似的外观设计。

本院经审理查明，2004年7月12日，德科公司申请了名称为"容器盖"外观设计（即本专利），2005年3月23日获得授权，专利号为200430060244.6。其设计内容见本判决后附图。

2007年4月18日，东方公司就本专利向专利复审委员会提起无效宣告请求，理由是本专利不符合《中华人民共和国专利法》（以下简称《专利法》）第二十三条的规定，并提交了附件1授权公告号为Des359905的美国外观设计专利作为请求证据，该设计内容见本判决后附图。

上述事实有第10758号决定书、200430060244.6号专利、Des35990号美国外观设计专利，以及当事人陈述等证据在案佐证。

本院认为，本案争议焦点在于本专利与在先设计的不同之处是否属于明显不同，抑或属于局部细微不同，对整体视觉效果是否产生显著性影响。

外观设计近似性问题判断的规则是整体观察，综合判断，而本案涉及的产品属于日常用品，进行近似性判断应当从一般消费者角度出发，在隔离状态下进行判断。结合本案，因其只涉及形状要素，故应对整体形状从一般消费者角度加以观察确定。根据证据显示，两者形状的主要区别在于通气孔的位置和形状以及小边角片的数量和形状，本专利通气孔位于容器盖的中央，其上的小圆片可以左右翻转，其整体设计较为平整，而在先设计的通气孔位于容器盖的一侧，该通气孔整体凹陷，其上具有一个一侧可翻转的小圆片，通气孔整体设计较厚。本专利具有三个弯月形的小边角片，而在先设计仅在一侧具有一个半圆形的小边角片。由于两设计通气孔的形状、位置、作用方式均有较大差异，且对于整体为圆形的容器盖而言，小边角片数量和形状上的不同对整体视觉效果有较大影响。因此，两设计间所述不同之处相对一般消费者而言，应当属于明显不同，对整体形状视觉效果能够产生显著性影响。专利复审委员会据此认定两者不相近似，在先设计不能证明本专利不符合《专利法》第二十三条，所作认定并无不当。

综上所述，专利复审委员会作出的第10758号决定认定事实基本清楚，适用法律正确，程序合法，依照《中华人民共和国行政诉讼法》第五十四条第（一）项之规定，本院判决如下：

维持被告中华人民共和国国家知识产权局专利复审委员会作出的第10758号无效宣告请求审查决定。

案件受理费人民币100元，由原告汕头市东方塑胶有限公司负担（已交纳）。

如不服本判决，原告汕头市东方塑胶有限公司、被告中华人民共和国国家知识产权局专利复审委员会于本判决书送达之日起15日内，第三人德科有限公司于本判决书送达之日起30日内，向本院递交上诉状，并按对方当事人人数提交上诉状副本，同时交纳上诉案件受理费，上诉于中华人民共和国北京市高级人民法院。

审　判　长　任　进
代理审判员　邢　军
人民陪审员　郝建欣
二〇〇八年六月十三日
书　记　员　袁　伟

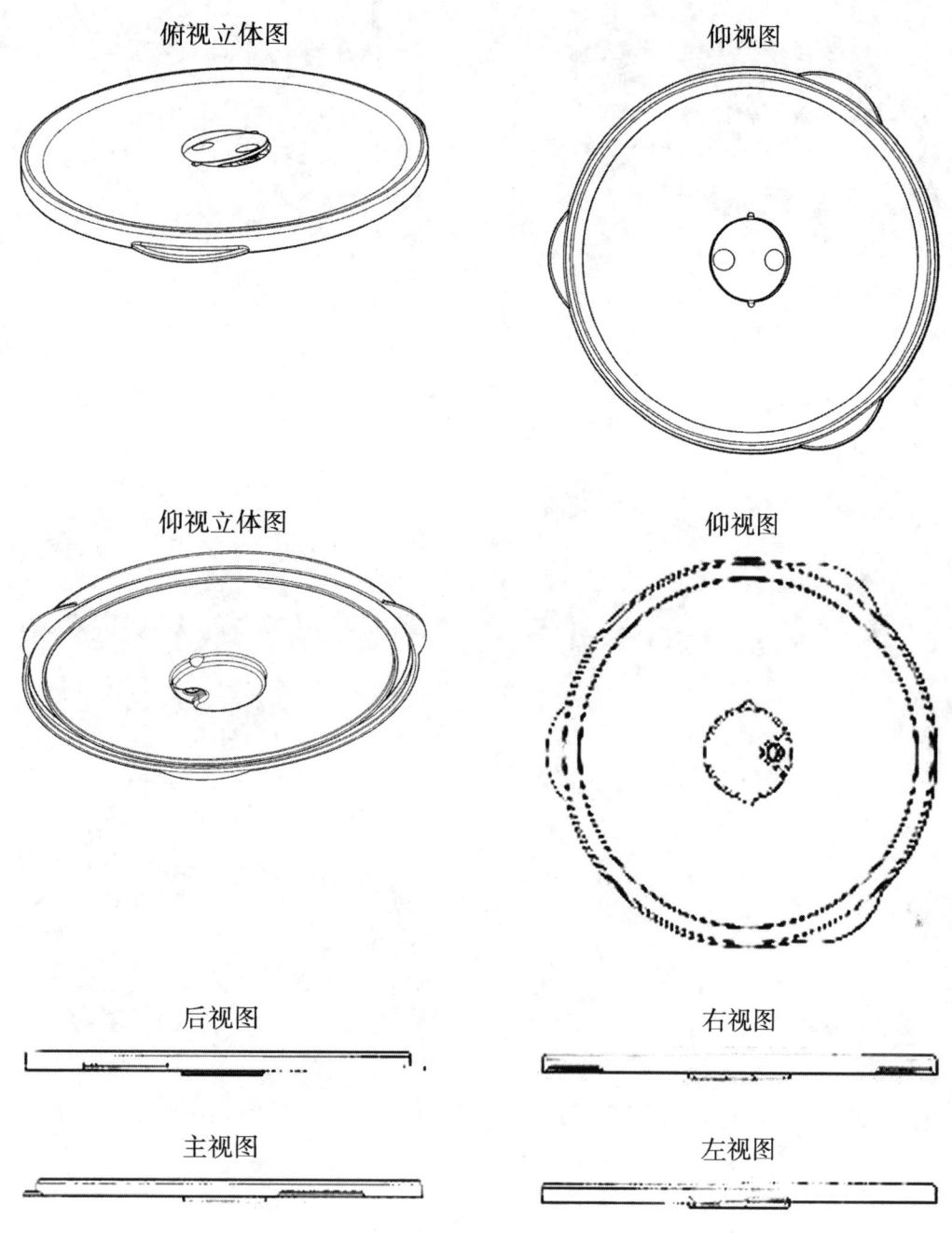

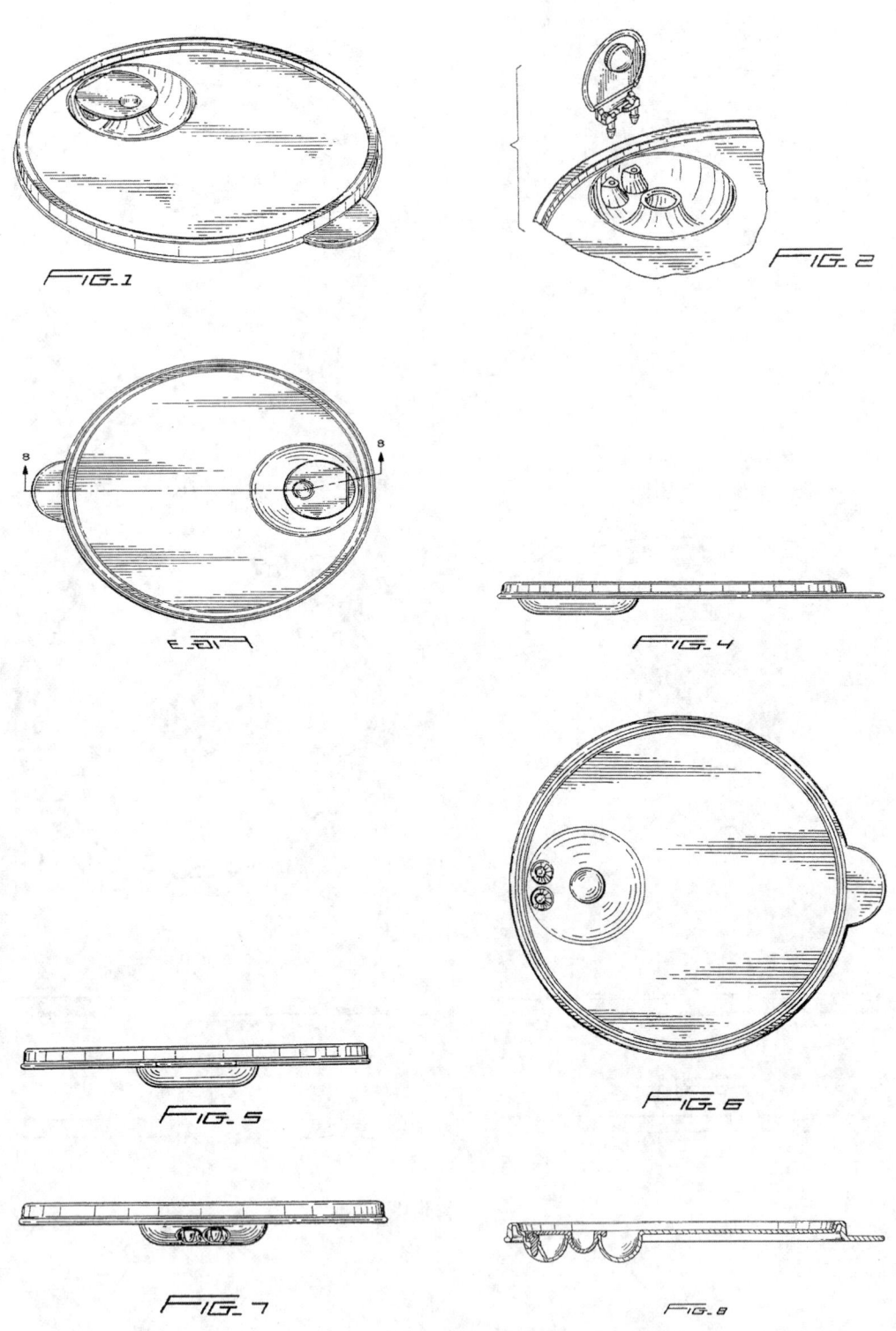

在先设计附图

# 北京市高级人民法院
# 行政裁定书

(2008) 高行终字第 526 号

上诉人（原审原告）汕头市东方塑胶有限公司，住所地中华人民共和国广东省汕头市珠池路南侧万安工业区前一、二楼。

法定代表人陈伟建，总经理。

委托代理人黄河长，男，汉族，1971年12月6日出生，汕头市高科专利事务所专利代理人，住中华人民共和国广东省汕头市金平区石炮台街道长平路45号703房。

委托代理人唐瑞玉，女，汉族，1964年11月21日出生，汕头市高科专利事务所专利代理人，住中华人民共和国广东省汕头市金平区海安街道外马路20号20幢605房。

被上诉人（原审被告）中华人民共和国国家知识产权局专利复审委员会，住所地中华人民共和国北京市海淀区北四环西路9号银谷大厦10~12层。

法定代表人廖涛，副主任。

委托代理人郑直，该委员会审查员。

委托代理人瞿晓峰，该委员会审查员。

原审第三人德科有限公司，住所地澳大利亚联邦维多利亚州，斯科斯比3179，佛尼垂格列路1314号。

法定代表人雷蒙德·大卫·高登，董事。

委托代理人谯荣德，北京市路盛律师事务所律师。

委托代理人郝利生，男，汉族，1963年8月25日出生，北京捷鼎知识产权代理有限责任公司专利代理人，住中华人民共和国山西省太原市迎泽区兴农街2号1-1。

上诉人汕头市东方塑胶有限公司因外观设计专利权无效行政纠纷一案，不服中华人民共和国北京市第一中级人民法院（2008）一中行初字第488号行政判决，向本院提起上诉。在本院审理过程中，上诉人汕头市东方塑胶有限公司于2008年10月20日向本院提出撤回上诉的申请。本院经审查认为，汕头市东方塑胶有限公司的撤回上诉申请符合法律规定，应予准许。现裁定如下：

准许上诉人汕头市东方塑胶有限公司撤回上诉，各方当事人按原审判决执行。

一审案件受理费100元，由汕头市东方塑胶有限公司负担（已交纳）；二审案件受理费100元，减半收取50元，由汕头市东方塑胶有限公司负担（已交纳）。

本裁定为终审裁定。

审　判　长　刘　辉
代理审判员　岑宏宇
代理审判员　焦　彦
二〇〇八年十一月十一日
书　记　员　陈　明

# 椅子扶手

## 无效宣告请求审查决定（第 10759 号）

| | |
|---|---|
| 决　定　号 | 第 10759 号 |
| 决　定　日 | 2007 年 11 月 29 日 |
| 发明创造名称 | 椅子扶手 |
| 外观设计分类号 | 06-06 |
| 无效宣告请求人 | 杭州荣恒冲压件厂 |
| 专 利 权 人 | 陈　育，孟振林 |
| 申　请　号 | 200530113655.1 |
| 申　请　日 | 2005 年 7 月 28 日 |
| 授权公告日 | 2006 年 5 月 24 日 |
| 合议组组长 | 蒋　彤 |
| 主　审　员 | 李　卉 |
| 参　审　员 | 刘　鹏 |
| 附　　　图 | 2 页 |

**法　律　依　据** 专利法第 23 条

**决　定　要　点**

本专利与在先设计的相同点仅在于椅子扶手从外形上均由 U 形支架、扶手板和扶手面板三部分构成，但本专利与在先设计存在诸多差别，使得一般消费者经过整体观察看出这些差别对于产品的外观设计的整体视觉效果具有显著的影响，因而本专利与在先设计既不相同，也不相近似。

### 一、案由

本无效宣告请求涉及国家知识产权局于 2006 年 5 月 24 日授权公告的、申请号为 200530113655.1 的外观设计专利，名称为"椅子扶手"，申请日是 2005 年 7 月 28 日，专利权人是陈育和孟振林。

针对上述外观设计专利权（下称本专利），杭州荣恒冲压件厂（下称请求人）于 2007 年 2 月 6 日向专利复审委员会提出无效宣告请求，其理由是本专利不符合专利法第 23 条的规定。请求人认为本专利与其申请日以前在国内出版物上公开发表过的外观设计相同和相近似。请求人同时提交了作为证据的附件，即：

附件 1：申请号为 98302656.4 的中国外观设计专利（公开日为 1999 年 2 月 3 日）公告的复印件 1 页；

附件 2：申请号为 00320843.5 的中国外观设计专利（公开日为 2000 年 11 月 22 日）公告的复印

件1页。

请求人认为本专利的外观设计与附件1或附件2的在先设计属于相近似的外观设计，因而本专利不符合专利法第23条的规定。

专利复审委员会根据无效宣告请求审查程序的规定受理了该无效宣告请求，并于2007年3月12日向双方当事人发出了无效宣告请求受理通知书，并将请求人的无效宣告请求书及所附附件的副本转送专利权人。

专利权人未在规定期限内提交对该无效宣告请求的意见陈述。

专利复审委员会依法成立合议组，于2007年5月31日向双方当事人发出无效宣告请求口头审理通知书，定于2007年7月3日对本案进行口头审理。

口头审理如期举行，双方当事人均委托了代理人出席了口头审理。

在口头审理中，双方当事人均表示对合议组成员无回避请求，对对方当事人出庭人员身份无异议，专利权人对请求人提交的附件1和附件2的真实性无异议。请求人明确无效理由为：本外观设计专利相对于附件1或附件2不符合专利法第23条的规定。请求人认为本专利与附件1和附件2的区别在于A点装饰套，并认为该点属于细微的差别，没有造成显著的影响，请求人认为本专利与附件2的区别还在于，附件2的扶手板与扶手面板是一体的，即没有单独的扶手面板。专利权人认为：本专利与附件1的区别在于，扶手两头具有突出的设计，并且装饰套的设计具有明显不同的视觉效果，另外，支架的形状一个是圆弧的，一个是扁平的。专利权人认为本专利与附件2之间不仅存在上述与附件1的区别，而且还存在附件2没有扶手面板、附件2在连接处具有钉片的区别。在庭审过程中，双方当事人都充分陈述了意见。

至此，合议组经合议认为本案事实已经清楚，可依法作出本无效宣告请求审查决定。

**二、决定的理由**

1. 关于证据

请求人提交的附件1是授权公告日为1999年2月3日的98302656.4号中国外观设计专利的公告的复印件。附件2是授权公告日为2000年11月22日的00320843.5号中国外观设计专利的公告的复印件。专利权人对附件1、2的真实性无异议，经合议组核实，以上证据所示内容真实，确系在本专利申请日2005年7月28日以前公开发表的外观设计，因此可以作为适用于中国专利法第23条的证据使用。

2. 关于专利法第23条

基于请求人提出的无效宣告请求的理由，合议组依据专利法第23条的规定对本案进行审理。

专利法第23条规定："授予专利权的外观设计，应当同申请日以前在国内外出版物上公开发表过或者国内公开使用过的外观设计不相同和不相近似，并不得与他人在先取得的合法权利相冲突。"

本专利所示椅子扶手的整体为不规则的四边形框体，上部的扶手板呈弧状弯曲，其上覆盖有扶手面板，其下部具有一U形支架，U形支架的左侧部和下部各具有两个固定连接孔，扶手板与U形支架的连接处各具有一标记为A的装饰套，扶手板的两端略突出于U形支架，扶手面板的两端略突出于扶手板（详见本专利附图）。

本专利以及附件1和附件2均为椅子扶手，二者用途相同，属于相同类别的产品，具有可比性。现将本专利与附件1和附件2进行相同和相近似比较：

（1）附件1。

附件1的在先设计所示的椅子扶手整体为不规则的四边形框体，上部的扶手板呈弧状弯曲，右端微低，其上具有扶手面板，其下部具有一U形支架，U形支架的左侧部和下部各具有两个固定连接孔，扶手板与U形支架为一体成型的，扶手面板的两头与扶手板及下部支架相平齐（详见附件1附图）。

将本专利与附件1的在先设计相比较，相同点在于：两者均为椅子扶手，具有扶手板、扶手面板和U形支架，U形支架的左侧和下部各具有两个固定连接孔。区别在于：①本专利具有标记为A的两个装饰套的设计，而附件1的扶手板与U形支架是一体成型的，不具有该连接处的设计；②本专利的扶手板的两端略突出于支架，附件1中的扶手板的两端与下部支架相平齐；③本专利扶手面板的两端略突出于扶手板，而附件1中扶手面板的两端与扶手板相平齐。对于二者之间存在的相同点和不同点，合议组认为：二者的相同点仅在于椅子扶手从外形上均由U形支架、扶手板和扶手面板三部分构成，但二者的外观设计存在有诸多差别，尤其是本专利中A点装饰套的设计，使得一般消费者经过整体观察看出二者的差别对于产品的外观设计的整体视觉效果具有显著的影响，因而二者既不相同，也不相近似。本专利相对于附件1符合专利法第23条的规定。

（2）附件2。

附件2的在先设计所示的椅子扶手整体呈不规则的四边形框体，上部的扶手板呈弧状弯曲，其下部具有一U形支架，U形支架的右侧部和下部各具有两个固定连接孔，扶手板与U形支架连接处具有的钉片，扶手板的两端略突出于U形支架（详见附件2附图）。

将本专利与附件2的在先设计相比较，相同点在于：两者均为椅子扶手，具有扶手板和U形支架，U形支架的右侧和下部各具有两个固定连接孔。区别在于：（1）本专利具有标记为A的两个装饰套的设计，而附件2的设计不具有；（2）本专利的扶手板与U形支架由装饰套连接，而附件1的扶手板与U形支架是由钉片连接；（3）本专利具有扶手面板，而附件2的设计不具有扶手面板。对于二者之间存在的相同点和不同点，合议组认为：二者的相同点仅在于椅子扶手从外形上均由U形支架、扶手板和扶手面板三部分构成，但二者的外观设计存在诸多差别，尤其是本专利中A点装饰套的设计以及扶手面板的设计，使得一般消费者经过整体观察看出二者的差别对于产品的外观设计的整体视觉效果具有显著的影响，因而二者既不相同，也不相近似。本专利相对于附件2符合专利法第23条的规定。

综上所述，附件1和附件2不足以证明在本专利申请日之前，与本专利相同或相近似的外观设计已在国内外出版物上公开发表过，本专利相对于附件1或附件2符合专利法第23条的规定。请求人的无效宣告请求理由不成立。

三、决定

维持200530113655.1号外观设计专利权有效。

当事人对本决定不服的，可以根据专利法第46条第2款的规定，自收到本决定之日起三个月内向北京市第一中级人民法院起诉。根据该款的规定，一方当事人起诉后，另一方当事人应当作为第三人参加诉讼。

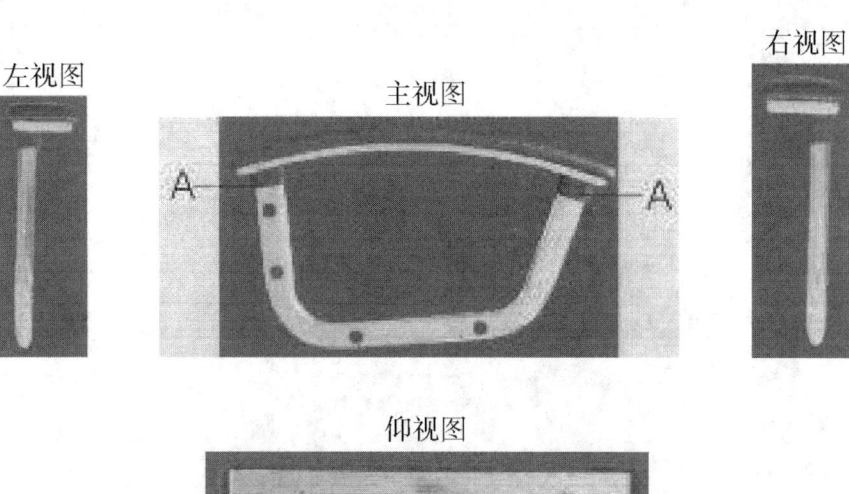

本专利附图

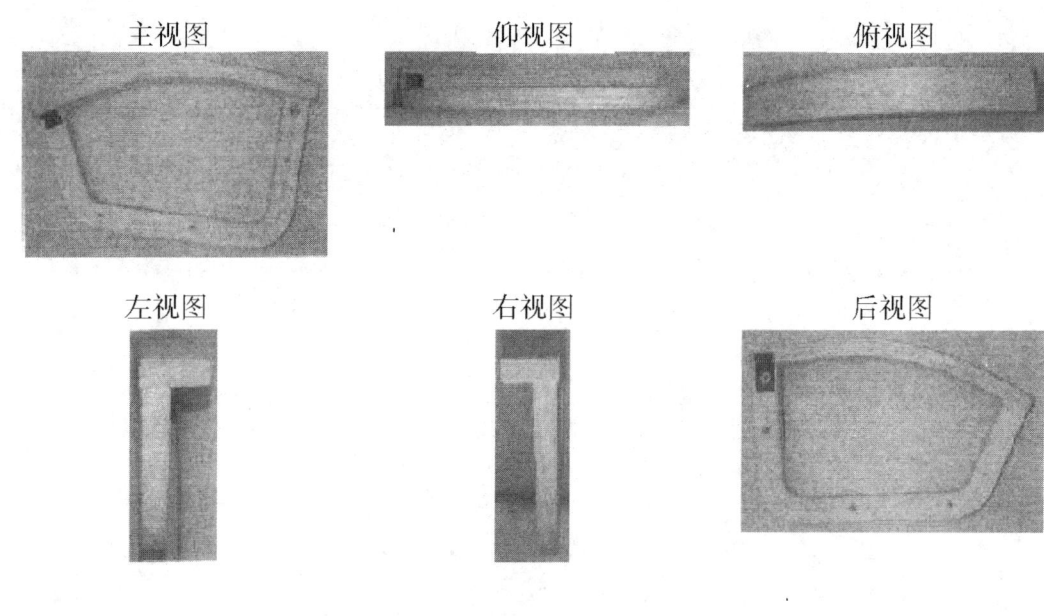

附件2附图

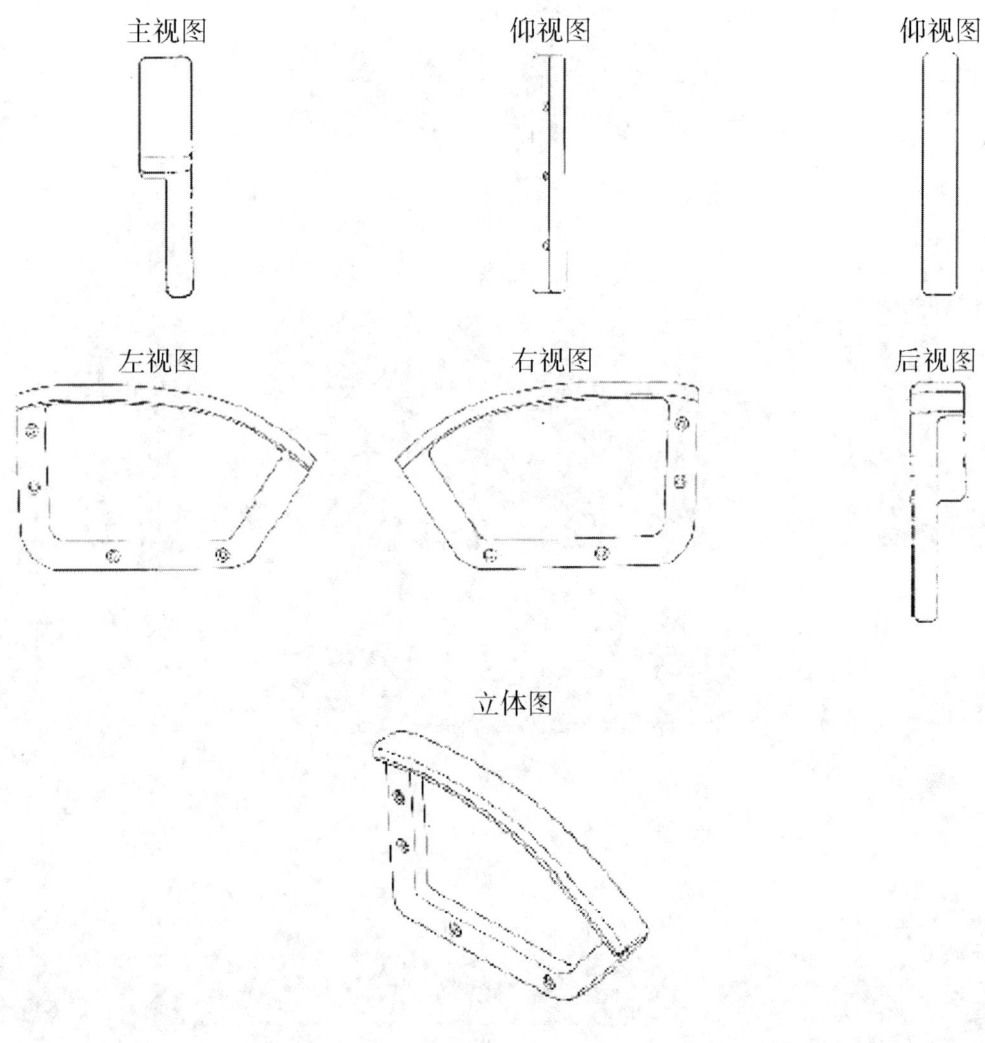

附件1附图

# 排椅扶手（1）

## 无效宣告请求审查决定（第 10760 号）

| | |
|---|---|
| 决 定 号 | 第 10760 号 |
| 决 定 日 | 2007 年 12 月 14 日 |
| 发明创造名称 | 排椅扶手（1） |
| 外观设计分类号 | 06-01 |
| 无效宣告请求人 | 安吉永鼎家具有限公司 |
| 专 利 权 人 | 谭耀珠 |
| 专 利 号 | 200430033699.9 |
| 申 请 日 | 2004 年 3 月 3 日 |
| 授 权 公 告 日 | 2004 年 10 月 20 日 |
| 合议组组长 | 王霞军 |
| 主 审 员 | 周 佳 |
| 参 审 员 | 钟 华 |
| 附 图 | 2 页 |

**法 律 依 据** 专利法第 23 条
**决 定 要 点**
本专利与在先设计所示扶手的弯折方式和弯折角度基本相同，从而形成的整体外观形状几乎相同，且两者的差别仅为局部细微差别，因此应属于相近似的外观设计。

### 一、案由

本无效宣告请求涉及的是 2004 年 10 月 20 日国家知识产权局授权公告的 200430033699.9 号外观设计专利，其使用该外观设计的产品名称为"排椅扶手（1）"，申请日为 2004 年 3 月 3 日，专利权人为谭耀珠。

针对上述外观设计专利（下称本专利），2007 年 2 月 8 日安吉永鼎家具有限公司（下称请求人）向专利复审委员会提出无效宣告请求，其理由是本专利不符合专利法第 23 条的规定。请求人主张的事实是公告日早于本专利申请日的 02358974.4 号外观设计所示的椅子扶手与本专利为相同的外观设计，请求人同时提交了如下附件作为证据：

附件 1：02358974.4 号外观设计专利网上公告的著录项目和图片复印件，共 7 页。

经形式审查合格后，专利复审委员会受理了上述无效宣告请求，于 2007 年 4 月 3 日向双方当事人发出无效宣告请求受理通知书，并将无效宣告请求书及其附件的副本转送给专利权人，要求其在指定期限内答复。

专利权人逾期未作答复。

2007年7月2日，专利复审委员会向双方当事人发出合议组成员告知通知书，告知如对合议组成员有回避请求，应于收到通知书之日其7日内提交书面的请求书，并说明理由。

双方当事人逾期均未作答复，视为均对本案合议组成员无回避请求。

至此，在上述审理的基础上，合议组经合议，认为本案事实清楚，依法作出本审查决定。

## 二、决定的理由

1. 法律依据

基于请求人提出的无效宣告请求理由，合议组对本专利是否符合专利法第23条的规定进行审查。

专利法第23条规定：授予专利权的外观设计，应当同申请日以前在国内外出版物上公开发表过或者国内公开使用过的外观设计不相同和不相近似，并不得与他人在先取得的合法权利相冲突。

2. 证据和事实的认定

请求人提交的附件1为02358974.4号外观设计网上公告的著录项目和图片复印件，其所示专利的申请日为2002年7月3日，授权公告日为2003年3月5日，授权公告号为CN3280496，使用外观设计的产品名称为"沙发（7000机场椅）"。经合议组核实，附件1所示内容属实，其授权公告日在本专利申请日之前，系于本专利申请日前公开发表，属于专利法第23条所规定的出版物，可以作为判断本专利是否符合专利法第23条规定的证据。

3. 相同和相近似性比较

本专利为排椅扶手，附件1中公开了一种机场椅的扶手（下称在先设计），两者的用途相近，为相近类别的产品，故对二者的外观设计作出如下对比：

本专利包括主视图、后视图、左视图、右视图、俯视图和仰视图。本专利所示外观设计为一体四段式弯折结构，从主视图观察，扶手上端面平直，右端头为圆弧型，左端向左下方弯折延伸，再向右下方弯折延伸，至扶手支撑架处垂直向下弯折，支撑架略为扁平，整体呈近似"⌒"型。从其他视图观察，本专利的扶手厚度均匀，各面之间为圆滑过渡（详见本专利附图）。

在先设计为一体四段式弯折结构，从附件1右视图观察，扶手上端面平直，左端向左下方弯折延伸，再向右下方弯折延伸，至扶手支撑架处垂直向下弯折，支撑架略为扁平，整体呈近似"⌒"型。从其他视图观察，扶手的厚度均匀（详见在先设计附图）。

将本专利与在先设计比较，两者的相同点为：由于扶手的弯折方式和弯折角度基本相同，整体构成的"⌒"型形状几乎相同。两者的主要不同点为在先设计的扶手支撑架有与下部支撑架进行铆接的结构设计，而本专利的该结构则在设置在扶手的另一侧面。合议组认为，本专利与在先设计扶手的外观特征表现在其扶手的弯折形状上，从整体观察，两者由此形成的整体外观形状基本相同，已经构成了相近似的整体视觉效果，扶手支撑架处铆接结构的差异属于局部细微差别，不会对整体视觉效果造成显著影响，因此两者应属于相近似的外观设计。

综上所述，在本专利申请日已有与其相近似的外观设计公开发表，本专利不符合专利法第23条的规定。

## 三、决定

宣告200430033699.9号外观设计专利权全部无效。

当事人对本决定不服的，可以根据专利法第46条第2款的规定，自收到本决定之日起三个月内向北京市第一中级人民法院起诉。根据该款的规定，一方当事人起诉后，另一方当事人应当作为第三人参加诉讼。

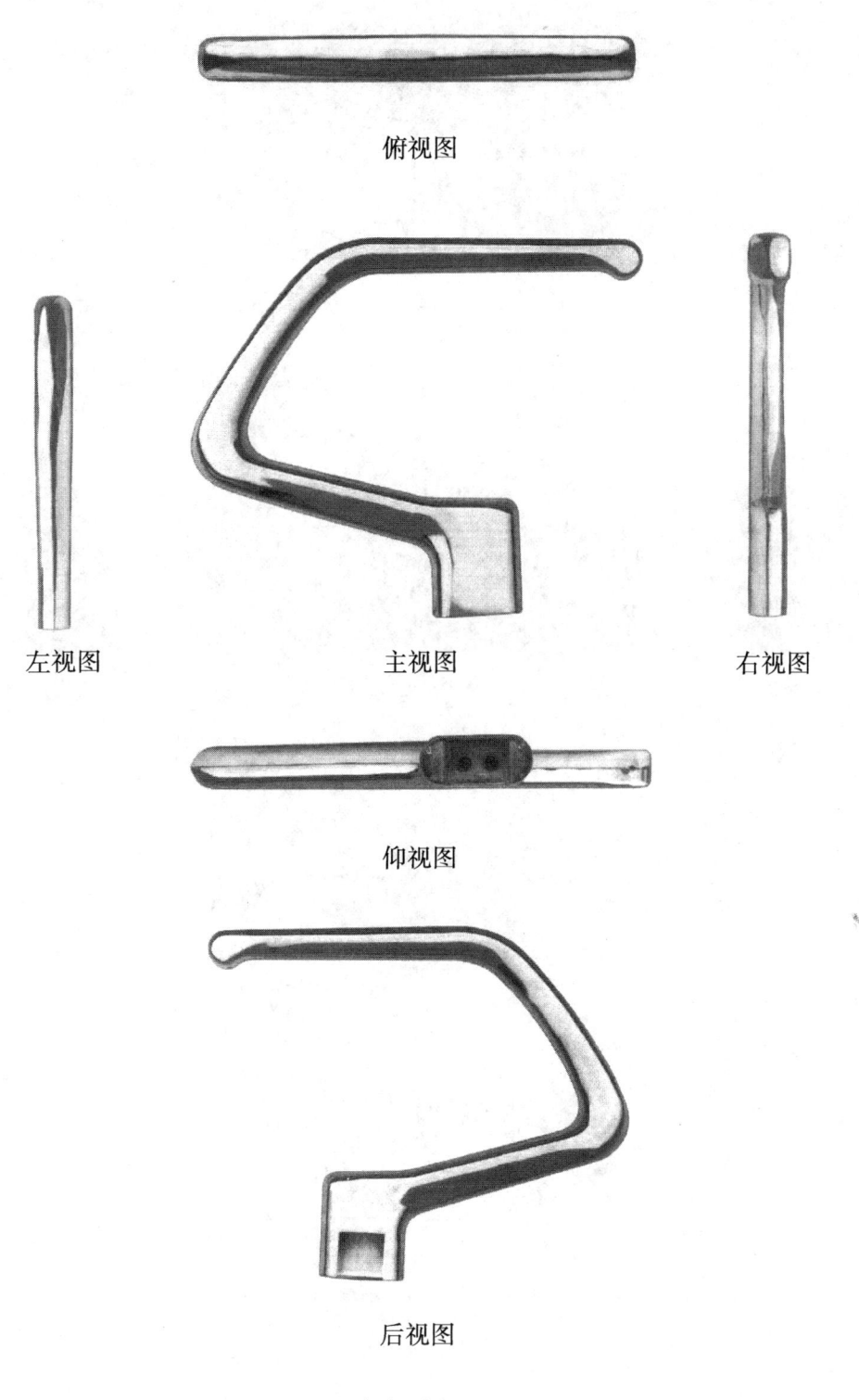

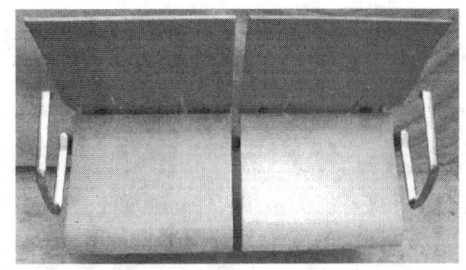

俯视图

左视图  主视图  右视图

仰视图

后视图

在先设计附图

# 无线激光遥控笔（1）

## 无效宣告请求审查决定（第 10761 号）

| | |
|---|---|
| 决 定 号 | 第 10761 号 |
| 决 定 日 | 2007 年 12 月 5 日 |
| 发明创造名称 | 无线激光遥控笔（1） |
| 外观设计分类号 | 14-03 |
| 无效宣告请求人 | 陈海志 |
| 专 利 权 人 | 黄志毅 |
| 专 利 号 | 200530116301.2 |
| 申 请 日 | 2005 年 7 月 29 日 |
| 授权公告日 | 2006 年 5 月 31 日 |
| 合议组组长 | 李 隽 |
| 主 审 员 | 余心蕾 |
| 参 审 员 | 朱明雅 |
| 附 图 | 2 页 |

**法 律 依 据** 专利法第 23 条
**决 定 要 点**
当事人提交外文证据的，应当提交中文译文，未在举证期限内提交中文译文的，该外文证据视为未提交。

### 一、案由

本无效宣告请求案涉及国家知识产权局于 2006 年 5 月 31 日授权公告、专利号为 200530116301.2、名称为"无线激光遥控笔（1）"的外观设计专利（下称本专利），其申请日为 2005 年 7 月 29 日，专利权人为黄志毅。

针对上述专利权，陈海志（下称请求人）于 2007 年 2 月 15 日向专利复审委员会提出无效宣告请求，其理由是：本专利不符合专利法第 23 条的规定。请求人同时提交了如下附件：

附件 1：（2007）深证字第 23193 号公证书（下称证据 1）；
附件 2：国家知识产权局网站下载的本专利的授权公告文本。

请求人认为：在本专利的申请日之前，韩国 KMTEL 公司已推出并在网页上公开了外观与本专利相同的无线激光遥控笔，具体见证据 1 附件四第 2 页的网页图片。故本专利不符合专利法第 23 条的规定。

经形式审查合格，专利复审委员会于2007年2月16日受理了上述无效宣告请求，并向双方当事人发出无效宣告请求受理通知书，同日将专利权无效宣告请求书及其附件清单中所列附件副本转送给了专利权人，要求专利权人在指定的期限内陈述意见。

2007年10月10日，合议组向双方当事人发出口头审理通知书，定于2007年11月13日举行口头审理。

口头审理如期举行。双方当事人均参加了口头审理。在口头审理中，双方当事人对合议组成员无回避请求，对对方当事人出席口头审理的身份和资格无异议。在口审审理过程中，请求人当庭出示了证据1的原件，专利权人对其形式真实性表示认可。请求人明确其无效宣告请求的证据和理由为：证据1的附件一第1页、附件四第2页公开的"SP-150"无线激光遥控笔的接收器与本专利相同，附件三第1页公开了该产品已于2005年5月正式公开销售，本专利不符合专利法第23条的规定。专利权人认为请求人的证据不足，但表示其对证据1所涉及的韩国KMTEL公司的网站、产品均很熟悉。双方当事人均充分发表了意见。

至此，合议组认为本案事实已经清楚，现依法作出审查决定。

二、决定的理由

基于请求人提出的无效宣告请求的理由，合议组依据专利法23条的规定对本案进行审理。

1. 法律依据

专利法第23条规定："授予专利权的外观设计，应当同申请日以前在国内外出版物上公开发表过或国内公开使用过的外观设计不相同和不相近似，并不得与他人在先取得的合法权利相冲突。"

2. 关于审查文本

本决定以授权公告文本作为审查基础。

3. 关于证据

证据1的附件一至附件四均为韩文，并且请求人均未在举证期限内提交中文译文，尽管请求人宣称附件三第1页公开了该产品已于2005年5月正式公开销售，但根据审查指南第四部分第八章第2.2.1节的规定："当事人提交外文证据的，应当提交中文译文，未在举证期限内提交中文译文的，该外文证据视为未提交"，故附件三的相关内容应视为未提交，而仅依据附件一第1页、附件四第2页公开的图片信息，无法确定其公开时间，进而无法确认其是否是在本专利申请日以前已公开。此外，证据1的附件一至四的内容均来自网址www.kmtel21.com，尽管请求人提交了公证书，但公证书仅能证明请求人在公证员的面前进行了网页操作，点击了相关网址，打开了如附件一至附件四所述的网页，对于该网站的相关信息并无任何说明，事实上，仅根据公证书所附的网页信息，在没有任何佐证的情况下，无法确认该网站所载内容的真实性。故证据1不能作为在先设计评价本专利是否符合专利法第23条的规定。

基于上述理由，合议组认为：证据1无法证明本专利不符合专利法第23条的规定。

三、决定

维持200530116301.2号外观设计专利权有效。

当事人对本决定不服的，可以根据专利法第46条第2款的规定，自收到本决定之日起三个月内向北京市第一中级人民法院起诉。根据该款的规定，一方当事人起诉后，另一方当事人应当作为第三人参加诉讼。

本专利附图（200530116301.2号）

俯视图

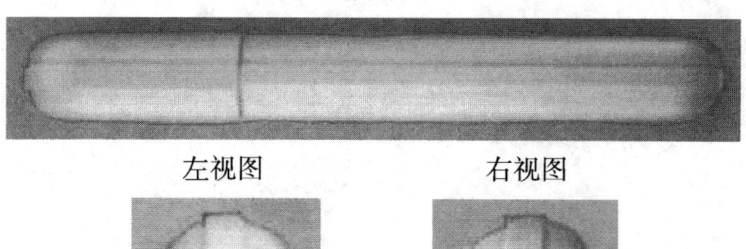

左视图　　　　　右视图

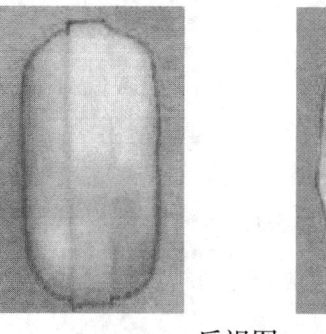 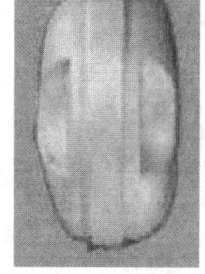

后视图

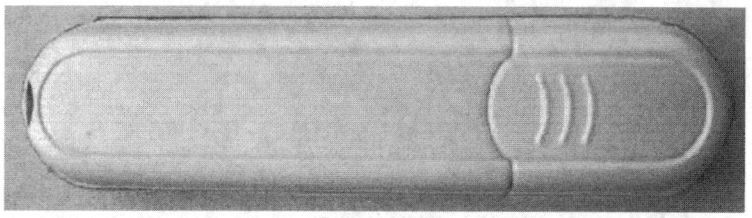

主视图

立体图

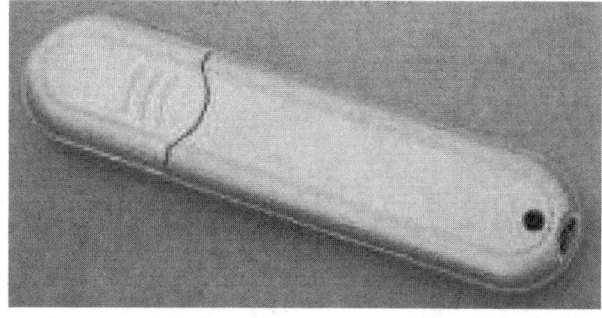

证据 1

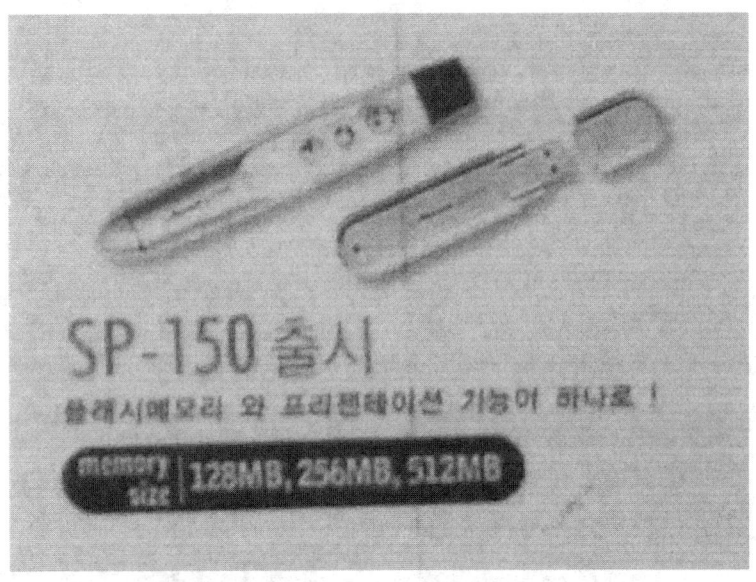

附件一第 1 页所示图

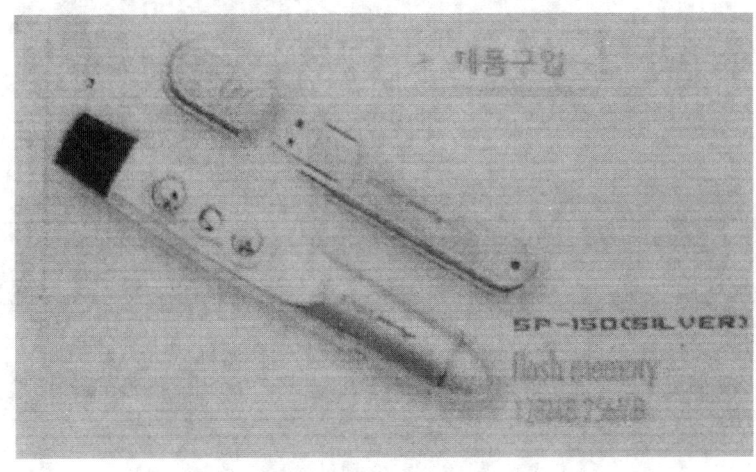

附件四第 2 页所示图

# 茶几（356A）

## 无效宣告请求审查决定（第10763号）

| | |
|---|---|
| 决　定　号 | 第10763号 |
| 决　定　日 | 2007年12月14日 |
| 发明创造名称 | 茶几（356A） |
| 外观设计分类号 | 06-03 |
| 无效宣告请求人 | 广州市金海豹家具有限公司 |
| 专　利　权　人 | 黎智聪 |
| 专　利　号 | 02300492.4 |
| 申　请　日 | 2002年1月28日 |
| 授权公告日 | 2002年12月11日 |
| 合议组组长 | 张雪飞 |
| 主　审　员 | 徐清平 |
| 参　审　员 | 钟华 |
| 法　律　依　据 | 专利法第23条，专利法实施细则第65条第2款、第66条 |

**决定要点**

请求人提交的有关声明、用户访问表等事后证明的证据缺乏充分的原始证据相印证，不足以证明所述有关外观设计产品已在本专利申请日之前在先销售的事实，其据此证明本专利不符合专利法第23条规定的主张不能成立。

### 一、案由

本无效宣告请求涉及的是国家知识产权局于2002年12月11日授权公告的02300492.4号外观设计专利，使用该外观设计的产品名称为"茶几（356A）"，申请日是2002年1月28日，专利权人是黎智聪。

针对上述专利权（下称本专利），广州市金海豹家具有限公司（下称请求人）于2006年9月14日向专利复审委员会提出无效宣告请求，其依据的事实和理由是：对于本专利外观设计，请求人在其申请日之前已经生产制造并公开销售，已构成在先公开使用；同时，请求人亦将本专利外观设计印制成产品宣传册公开发行，已构成在先公开发表，因此，本专利不符合专利法第23条的规定。为此，请求人提交了如下附件作为证据：

附件1：杭州市公证处出具的"（2006）杭证民字第5330号"公证书复印件1份、盖有杭州东方家私市场金海豹家私专卖店发票专用章的收款收据复印件2张、涉及茶几产品的照片复印件8张；

附件2：沈阳市铁西区公证处出具的"（2006）沈西证民字第832号"公证书复印件1份及2006年6月29日广州市金海豹家具有限公司用户访问表复印件1张；

附件3：昆明市西山区公证处出具的"（2006）昆西证字第6140号"、"（2006）昆西证字第5762号"公证书、昆明宝丽家具订货单复印件各1份；

附件4：杭州东方家私市场浩轩家具专卖店出具的声明书复印件1页；

附件5：请求人与广东青蛙广告有限公司签订的印刷合同复印件1页。

请求人认为，上述证据中，附件1可证实杭州居民宋肖军、瞿晶分别于2001年10月1日、9月25日向请求人购买秋千长几产品，使用至今，该秋千长几产品与本专利外观设计相同；附件2可证实沈阳居民李新宇于2000年3月21日向请求人购买秋千长几产品，使用至今，该秋千长几产品与本专利外观设计相同；附件3可证实昆明居民李贵林于2001年3月14日向请求人购买秋千长几和方几产品各一张，使用至今，该秋千长几和方几产品与本专利外观设计相同；附件4为杭州东方家私市场浩轩家具专卖店证明2001年6月已开始销售请求人生产的秋千长几产品；附件5可证明请求人于2001年6月21日已委托广告公司印刷出版发行产品画册，内附秋千长几、方几的外观设计与本专利相同。

经形式审查合格，专利复审委员会受理了该无效宣告请求，并于2006年11月15日将无效宣告请求书及其附件的副本转送给专利权人，要求其在指定期限内陈述意见。

2006年12月19日请求人补充提交了证据，认为这些证据可证明其早在2001年已生产、销售秋千茶几产品，所补充提交的证据如下（编号续前）：

附件6："金海豹"家具图册复印件7页；

附件7：吉正（吉隆达）运输有限公司货物运单复印件、"金海豹"送货清单复印件共7页；

附件8：请求人公司的秋千长几使用状况反馈书复印件2页；

附件9：有关家具经销单位出具的证明及销货凭证复印件共6页。

2006年12月29日专利权人提交了意见陈述书，专利权人认为：（1）请求人提交的附件1至附件3所示公证书不能证明用户家中茶几的具体购买时间，从而不能证明本专利产品已于申请日前公开使用，同时公证书中的用户调查行为仅由一名公证员进行，其违反了公证程序；（2）请求人并未提供附件4声明书中所提及的销售单据、托运单据等证据，该声明仅能算作一份书面证言，且无相关负责人、自然人签字，不符合证据的形式要求，同时其出证单位与请求人有利害关系，不能单独作认定事实的依据；（3）附件5所示合同双方的签字日期中均有明显更改痕迹，不能确认其真实有效，且无相关图样，无法证明本专利已于申请日前公开出版和公开使用。因此，请求人提交的证据不能构成对本专利的在先使用公开或出版物公开，其无效宣告理由不能成立。专利权人同时提交了《最高人民法院关于民事诉讼证据的若干规定》、《公证程序规则》、《浙江省公证条例》复印件各1份。

专利复审委员会依法成立合议组对本案进行审理，于2007年4月10日向请求人和专利权人发出口头审理通知书，定于2007年5月17日对本案进行口头审理。同时将上述请求人补充提交的证据和意见陈述、专利权人提交意见陈述及其附件分别转送给对方。

口头审理如期举行，请求人和专利权人均委托代理人参加了审理，双方对对方参加口头审理人员的身份和资格没有异议，对合议组成员没有回避请求。请求人当庭提交了附件1至附件4的原件，并补充提交了与附件1中两张照片内容相同且在背面另附证人证言的照片（下称附件10），附件4及附件10中所涉及的证人梁耀雄出庭作证，证人出示了其所经营的家具专卖店的三份营业执照；请求人认为附件1和附件4相结合、附件2、附件3均可证明有关相对本专利在先销售的事实，附件5可证明在先公开发表的事实，据此证明本专利不符合专利法第23条的规定。专利权人对请求人提交的证据进行了质证,认为原件与复印件相符,对附件3公证书原件的真实性无异议,对其他证据的真实性均有异议,并认为请求人提交的证据均不能证明所述在先销售、公开发表的事实。双方在坚持其原书面意见的基础上进一步详细阐述了具体主张及理由。合议组当庭告知请求人2006年12月19日提交的证据及当庭补充提交的证据均超过了举证期限,合议组不予考虑;针对附件5专利复审委员会第8287号无效宣告请求审查决定已作出认定,请求人现以同样的理由和证据对本专利再次提出无效宣告请求,合议组不予审理。鉴于双方均有和解愿望,合议组指定了和解期限。

合议组指定的和解期限已届满,双方未能达成和解。合议组经合议,认为本案事实清楚,依法作出本审查决定。

**二、决定的理由**

1. 无效宣告请求理由及其相关法律规定

基于请求人提出无效宣告请求所依据的事实和理由,合议组对本专利是否符合专利法第23条的规定进行审查。

专利法第23条规定:授予专利权的外观设计,应当同申请日以前在国内外出版物上公开发表过或者国内公开使用过的外观设计不相同和不相近似,并不得与他人在先取得的合法权利相冲突。

在专利复审委员会就无效宣告请求作出决定之后,又以同样的理由和证据请求无效宣告的,专利复审委员会不予受理。

在专利复审委员会受理无效宣告请求后,请求人可以在提出无效宣告请求之日起1个月内增加理由或者补充证据。逾期增加理由或者补充证据的,专利复审委员会可以不予考虑。

2. 证据和事实认定

专利法实施细则第66条规定,在专利复审委员会受理无效宣告请求后,请求人可以在提出无效宣告请求之日起1个月内增加理由或者补充证据,逾期增加理由或者补充证据的,专利复审委员会可以不予考虑。请求人2006年12月19日提交的证据(附件6至附件9)及当庭补充提交的证据(附件10)均超过了自提出无效宣告请求之日起的1个月期限,且不属于审查指南第四部分第三章第4.3.1节规定的可予考虑的例外情形,因此,合议组对上述证据不予考虑。

对于附件5所示证据,请求以此证明有关在先公开发表的事实,专利复审委员会第8287号无效宣告请求审查决定已针对其作出认定,请求人现以同样的理由和证据对本专利再次提出无效宣告请求,合议组不予审理。

请求人提交的附件1是杭州市公证处出具的"(2006)杭证民字第5330号"公证书、盖有杭州东方家私市场金海豹家私专卖店发票专用章的收款收据、涉及茶几产品的照片;该公证书中附有2006年7月24日分别针对两位不同用户的"广州市金海豹家具有限公司用户访问表"两张,其记载用户购买的产品为C76型秋千长几,购买时间为2001年,及其他有关产品质量、使用、价格情况的调查,公证书证明被调查用户在上述"广州市金海豹家具有限公司用户访问表"上签名。请求人提交的附件4是杭州东方家私市场浩轩家具专卖店出具的声明书,其所述法人代表梁耀雄出庭作证,其证明该专卖店"于2001年6月开始在杭州销售金海豹公司所生产的秋千长几"。合议组认为:上述公证书的证明内容仅涉及所附用户访问表的用户签名,而不涉及该用户访问表所记载的销售事实;该用户访问表为2006年7月作出,属事后证明,同样附件4所述声明及证人出庭作证属证人证言作事后证明,上述收款收据虽为原始证据但属企业自制的单据材料,其证明力较低,故这些事后证明的事实缺乏充分的原始证据相印证,其与所述收款收据相结合也不足以证明请求人主张的有关销售事实;同时,附件1中照片所示茶几产品除证人作证明外,并无其他可证明所示产品与用户访问表、收款收据等其他证据具有必然联系,故上述证据亦不足以形成的完整的证据链证明照片所示茶几产品已在先销售。因此，请求人提交的附件1、附件4相结合不足以证明其主张的有关产品已在本专利申请日之前在先销售的事实。

请求人提交的附件2是沈阳市铁西区公证处出具的"（2006）沈西证民字第832号"公证书及2006年6月29日广州市金海豹家具有限公司用户访问表。该公证书记载"本人李新宇在2000年3月21日在沈阳北方家具公司购买秋千茶几1张，并如实填写访问表"、"本人李新宇在公证员的陪同下在家中拍照秋千茶几照片一张"，并附有照片一张，公证书证明内容为"经查，当事人的上述行为符合《中华人民共和国民法通则》的规定"；该用户访问表有用户李新宇签名及经销商签章。合议组认为，上述公证书的证明内容仅涉及用户声明和拍照行为，并不涉及有关产品的销售事实；上述用户访问表为2006年7月作出，属事后证明；因此，仅凭所述事后声明、拍照、用户访问表记载的内容，在无相关原始证据充分印证的情况下，其不足以证明请求人所主张的有关产品已在本专利申请日之前在先销售的事实。

请求人提交的附件3是昆明市西山区公证处出具的"（2006）昆西证字第6140号"、"（2006）昆西证字第5762号"公证书、昆明宝丽家具订货单。公证书中分别附有李贵林的《声明》、公证人员对李贵林家中摆放的长几和方几产品进行证据保全的现场拍摄照片和《现场工作记录》，公证书证明李贵林在《声明》上签名属实，《现场工作记录》为公证员现场制作，其钱磊、李贵林签名属实，照片内容与现场实际情况相符；该订货单有客户李贵林签字、经销商签章，订货日期为2001年3月14日。合议组认为，上述公证书仅能证明有关人员签字属实，公证现场当时情况属实，并不涉及对声明内容所述事实的证明，该《声明》作为证人证言属事后证明，上述订货单虽为原始证据但属企业自制的单据材料，其证明力较低，故《声明》所述事实缺乏充分的原始证据相印证，而现场拍摄的照片本身无法证明所示产品的购买或销售时间，与上述订货单也不具必然联系。因此，上述证据相结合不足以证明请求人主张的有关产品已在本专利申请日之前在先销售的事实。

综上所述，请求人提交的证据不足以证明其主张的有关外观设计产品已在本专利申请日之前在先销售或公开发表的事实，其据此证明本专利不符合专利法第23条规定的主张不能成立。

### 三、决定

维持02300492.4号外观设计专利权有效。

当事人对本决定不服的，可以根据专利法第46条第2款的规定，自收到本决定之日起三个月内向北京市第一中级人民法院起诉。根据该款的规定，一方当事人起诉后，另一方当事人应当作为第三人参加诉讼。

# 北京市第一中级人民法院
# 行政判决书

(2008) 一中行初字第 453 号

原告广州市金海豹家具有限公司，住所地广东省广州市白云区广花路夏茅第四煤矿工业区北 A10 号厂房。

法定代表人朱婉钟，董事长。

委托代理人田波，男，1974 年 10 月 24 日出生，广州市金海豹家具有限公司法务专员，住所地广东省佛山市禅城区轻工三路 18 号 1 座。

被告国家知识产权局专利复审委员会，住所地北京市海淀区北四环西路 9 号银谷大厦 10~12 层。

法定代表人廖涛，副主任。

委托代理人张雪飞，国家知识产权局专利复审委员会审查员。

委托代理人高雪，国家知识产权局专利复审委员会审查员。

第三人黎智聪，男，1972 年 12 月 12 日生，汉族，住所地广东省顺德市龙江镇龙山居委聚龙东路 26 号。

委托代理人李尊霞，女，汉族，1977 年 6 月 5 日出生，住北京市昌平区回龙观镇龙腾苑小区六区 34 楼 2 门 601 号，北京康信知识产权代理有限责任公司职员。

原告广州市金海豹家具有限公司（以下简称金海豹公司）不服被告中华人民共和国国家知识产权局专利复审委员会（以下简称专利复审委员会）于 2007 年 12 月 14 日作出的第 10763 号无效宣告请求审查决定（以下简称第 10763 号决定），于法定期限内向本院提起行政诉讼。本院于 2008 年 3 月 24 日受理后，依法组成合议庭，并通知黎智聪作为本案第三人参加诉讼，于 2008 年 5 月 20 日公开开庭进行了审理。原告金海豹公司委托代理人田波，被告专利复审委员会的委托代理人张雪飞、高雪，第三人黎智聪的委托代理人李尊霞到庭参加了诉讼。本案现已审理终结。

第 10763 号决定系专利复审委员会于 2007 年 12 月 14 日针对金海豹公司就黎智聪拥有的 02300492.4 号外观设计专利（以下简称本专利）所提出的无效宣告请求而作出的。专利复审委员会在该决定中认定：（1）附件 1 所示公证书的证明内容仅涉及所附用户访问表的用户签名，而不涉及该用户访问表所记载的销售事实；该用户访问表为 2006 年 7 月作出，属事后证明，同样附件 4 所述声明及证人出庭作证属证人证言作事后证明，上述收款收据虽为原始证据但属企业自制的单据材料，其证明力较低，故这些事后证明的事实缺乏充分的原始证据相印证，其与所述收款收据相结合也不足以证明请求人主张的有关销售事实；同时，附件 1 中照片所示茶几产品除证人作证明外，并无其他证据可证明所示产品与用户访问表、收款收据等其他证据具有必然联系，故上述证据亦不足以形成完整的证据链证明照片所示茶几产品已在先销售。（2）附件 2 所示公证书的证明内容仅涉及用户声明和拍照行为，并不涉及有关产品的销售事实；上述用户访问表为 2006 年 7 月作出，属事后证明；因此，仅凭所述事后声明、拍照、用户访问表记载的内容，在无相关原始证据充分印证的情况下，其不足以证明请求人所主张的有关产品已在本专利申请日之前在先销售的事实。（3）附件 3 所示的公证书仅能证明有关人员签字属实，公证现场当时情况属实，并不涉及对声明内容所述事实的证明，该《声明》作为证人证言属事后证明，上述订货单虽为原始证据但属企业自制的单据材料，其证明力较低，故《声明》所述事实缺乏充分的原始证据相印证，而现场拍摄的照片本身无法证明所示产品的购买或销售时间,与上述订货单也不具必然联系。(4)金海豹公司2006年12月19日提交的证据(附件6至附件9)及当庭补充提交的证据(附件10)均超过了自提出无效宣告请求之日起的一个月期限,且不属于《审查指南》第四部分第三章第4.3.1节规定的可予考虑的例外情形,因此,合议组对上述证据不予考虑。对于附件5所示证据,请求以此证明有关在先公开发表的事实,专利复审委员会第8287号无效宣告请求审查决定已针对其作出认定,金海豹公司以同样的理由和证据对本专利再次提出无效宣告请求,合议组不予审理。因此,上述证据相结合不足以证明请求人主张的有关产品已在本专利申请日之前在先销售的事实,其据此证明本专利不符合《中华人民共和国专利法》(以下简称《专利法》)第二十三条规定的主张不能成立。据此,专利复审委员会作出第10763号决定,宣告维持本专利有效。

第10763号决定作出后,原告金海豹公司不服,向本院提起行政诉讼,其诉称:(1)第10763号无效决定孤立的看待附件1及附件4,导致作出错误的认定:附件1通过证明访问表上用户签名的真实性而证明访问表上的内容为签字人的真实意思表示,两用户于2001年在杭州东方家私市场金海豹专卖店购买C76秋千长几,盖有杭州东方家私市场金海豹家私专卖店发票专用章的收款收据也印证证言属实。附件4的声明也可以证明早在2001年6月就开始销售C76型秋千长几。原告生产的秋千长几的购买者通过公证的形式,证实秋千长几的外观样式、购买时间,也有照片为证,充分证明涉案外观设计已于申请日前公开销售,不具备新颖性。(2)第10763号无效决定对附件2认定错误:公证书对用户声明及拍照行为进行公证,用户声明内容和访问表的真实性可以确定,原告通过公证的形式,对用户李新宇购买、使用与涉案外观设计样式相同的秋千长几进行了证据保全,尽到了举证责任,第10763号决定拒不采信,缺乏事实依据。(3)第10763号无效决定对附件3认定错误:公证书能证明用户李贵林签字属实、公证现场情况属实,也证明李贵林所签字的书证的真实性,能够证明李贵林于2001年3月14日购买秋千长几的事实,昆明宝丽家具订货单也印证李贵林证言的真实性,公证人员所拍照片与本专利外观设计相同。上述证据构成证据链能够证明原告在先公开使用的事实。因此,专利复审委员会第10763号决定缺乏事实依据,请求人民法院撤销第10763号决定,判令被告重新作出审查决定。

被告专利复审委员会在书面答辩中坚持其在第10763号决定中阐述的意见,认为:(1)附件1所示公证书内容仅能证明有关用户确填写过所示用户访问表,但不延及该用户访问表记载的销售事实,该用户访问表于2006年7月作出,属事后证明,被调查用户陈述的事实特别是购买时间是否属实尚不足以被认定,而收款收据虽为原始证据但属原告企业自制的单据材料,证明力较低,也没有证据证明附件1中的照片所示的茶几产品与用户访问表、收款收据等证据具有必然联系,因此上述证据不能证明照片所示茶几产品已在先销售;附件4所述声明及证人出庭作证也为事后证明,其声明内容不足以被认定,因此附件1、4结合不足以证明有关产品在先销售的事实。(2)附件2为与附件1类似的关于用户访问表的公证书,且公证书证明内容为"经查,当事人的上述行为符合《中华人民共和国民法通则》的规定",公证内容含糊不清,结合前述理由,原告主张的事实不能成立。(3)同理,附件3所示公证书仅能证明有关人员签字属实,公证现场当时情况属实,并不涉及对声明内容所述事实的证明,公证书所附《声明》属于事后证明,而订货单虽为原始证据但属企业自制单据材料,证明力低,现场拍摄照片本身无法证明产品的购买和销售时间,与上述订货单也不具必然联系,因此上述证据的结合不足以证明有关产品的在先销售的事实。综上,第10763号决定认定事实清楚,适用法律法规正确,审理程序合法,请求人民法院维持该决定。

第三人黎智聪没有提交书面的意见陈述。庭审当中第三人表示同意被告专利复审委员会的意见。

经审理查明,本案涉及国家知识产权局于2002年12月11日授权公告的02300492.4号外观设计专利，使用该外观设计的产品名称为"茶几（356A）"，申请日是 2002 年 1 月 28 日，专利权人是黎智聪。

针对上述专利权（即本专利），金海豹公司于 2006 年 9 月 14 日向专利复审委员会提出无效宣告请求，其依据的事实和理由是：对于本专利外观设计，金海豹公司在其申请日之前已经生产制造并公开销售，已构成在先公开使用；同时，金海豹公司亦将本专利外观设计印制成产品宣传册公开发行，已构成在先公开发表，因此，本专利不符合《专利法》第二十三条的规定。为此，金海豹公司提交了如下附件作为证据：

附件 1：杭州市公证处出具的（2006）杭证民字第 5330 号公证书复印件 1 份，包括盖有"杭州东方家私市场金海豹家私专卖店发票专用章"的收款收据复印件 2 张。该公证书中附有 2006 年 7 月 24 日分别针对两位不同用户的"广州市金海豹家具有限公司用户访问表"两张，其记载用户购买的产品为 C76 型秋千长几，购买时间为 2001 年，及其他有关产品质量、使用、价格情况的调查，公证书证明被调查用户在上述"广州市金海豹家具有限公司用户访问表"上签名。盖有"杭州东方家私市场金海豹家私专卖店发票专用章"的收款收据原件为两页撕下来的单页。附件 1 中不包括茶几产品的照片。

附件 2：沈阳市铁西区公证处出具的（2006）沈西证民字第 832 号、（2006）沈西证民字第 833 号公证书复印件 2 份及 2006 年 6 月 29 日"广州市金海豹家具有限公司用户访问表"复印件 1 张。该公证书记载"本人李新宇在 2000 年 3 月 21 日在沈阳北方家具公司购买秋千茶几 1 张，并如实填写访问表"、"本人李新宇在公证员的陪同下在家中拍照秋千茶几照片一张"，并附有照片一张，公证书中记载"经查，当事人的上述行为符合《中华人民共和国民法通则》的规定"；该用户访问表有用户李新宇签名及经销商签章。

附件 3：昆明市西山区公证处出具的（2006）昆西证字第 6140 号、（2006）昆西证字第 5762 号公证书、昆明宝丽家具订货单复印件各 1 份。（2006）昆西证字第 6140 号公证书中附有李贵林的《声明》，记载李贵林"于 2001 年 3 月 14 日在昆明恒际家具有限公司得胜家具城购买金海豹家具系列中各为秋千长几、秋千方几各一台"，附有李贵林的签名，日期 2006 年 8 月 17 日。（2006）昆西证字第 5762 号公证书记载公证人员与昆明恒际家具有限公司授权代理人钱磊于 2006 年 8 月 3 日来到李贵林家中，对其家中客厅排放的长几和方几产品进行证据保全的现场拍摄，附有照片 7 页 14 张。公证制作《现场工作记录》，公证书证明李贵林在《声明》上签名属实，《现场工作记录》上钱磊、李贵林签名属实，照片内容与现场实际情况相符。昆明宝丽家具订货单有客户李贵林签字、经销商昆明恒际家具有限公司签章，订货日期为 2001 年 3 月 14 日，客户地址与公证书中《现场工作记录》中记载的地址相符，订货单上记载商品为秋千长几、秋千方几各一台。本案庭审当中，被告对于订货单题头为"昆明宝丽订货单"而盖章为昆明恒际家具有限公司，销售单位名称不符提出异议，对此原告解释其公司有多家销售商，订货单可统一定制分发不同销售商。

附件 4：杭州东方家私市场浩轩家具专卖店出具的声明书复印件 1 页。

附件 5：金海豹公司与广东青蛙广告有限公司签订的印刷合同复印件 1 页，合同签订日期显示为 2001 年 6 月 21 日。

2006 年 12 月 19 日金海豹公司补充提交了如下证据：

附件 6："金海豹"家具图册复印件 7 页；

附件 7：吉正（吉隆达）运输有限公司货物运单复印件、"金海豹"送货清单复印件共 7 页；

附件 8：金海豹公司的秋千长几使用状况反馈书复印件 2 页；

附件 9：有关家具经销单位出具的证明及销货凭证复印件共 6 页。

2007年5月17日专利复审委员会对本案进行口头审理，金海豹公司补充提交了两张背面附有证人证言的照片（即附件10），称所述照片为附件1中访问用户家中拍摄。附件4及附件10中所涉及的证人梁耀雄出庭作证，证人出示了其所经营的家具专卖店的三份营业执照，其证明该专卖店"于2001年6月开始在杭州销售金海豹公司所生产的秋千长几"。

另，原告于庭审中当庭提交金海豹公司的广告宣传册原件一份，其上印有与本专利相近似的标有"秋千长几C76"的茶几图片，封底页标有"摄影、设计：广东青蛙广告"及电话信息，其标注电话与附件5中广东青蛙广告有限公司标注电话相符。所述广告宣传册没有标注印制时间。

本案庭审当中，被告及第三人承认附件2、附件3中所附照片与本专利外观设计相近似。第三人对公证书中仅一名公证人员而非两名公证人员提出异议。

以上事实有附件1~10、第10763号决定、金海豹公司广告宣传册以及当事人陈述等证据在案佐证。

本院认为，《专利法》第二十三条规定：授予专利权的外观设计，应当同申请日以前在国内外出版物上公开发表过或者国内外公开使用过的外观设计不相同和不相近似，并不得与他人在先取得的合法权利相冲突。

本案中，附件3中的昆明宝丽家具订货单为原始证据，通过观察，其证据形态完整，无涂改痕迹，其中李贵林签字与（2006）昆西证字第6140号公证书中李贵林《声明》中签字字体相同，客户地址与（2006）昆西证字第5762号公证书中《现场工作记录》中记载的地址相符，订货单上记载商品秋千长几、秋千方几各一台与公证书中《声明》中茶几产品的名称相同，订货单上印有金海豹公司名称，附件3中照片亦显示有金海豹公司图标。被告和第三人认可附件3中所附照片与本专利外观设计产品相似。对于被告提出的订货单题头盖章单位不符的异议，本院认为，名称不符并未排除该订货单并非昆明恒际家具公司出具的事实，该证据对于证明昆明恒际家具公司销售行为具有证明力，原告对此问题的解释亦合情理。因此，附件3中各个证据已经能够形成完整的证据链，证明李贵林于本专利申请日2002年1月28日之前的2001年3月14日"购买了"与本专利外观设计相近似的茶几产品的盖然性明显大于"没有购买"的盖然性，即本专利外观设计产品已经在申请日前公开销售，不符合《专利法》第二十三条规定。原告提交的其他证据虽然并不完整，但能够进一步辅助证明在先销售事实的存在。专利复审委员会认为公证书仅证明有关人员签字属实，公证现场当时情况属实，并不涉及对声明内容所述事实的证明，该《声明》作为证人证言属事后证明，订货单属于原始证据但属企业自制的单据材料，其证明力较低，现场拍摄的照片本身无法证明所示产品的购买或销售时间，与上述订货单也不具必然联系。对于专利复审委员会的上述分析，本院认为不妥。公证书诚然不能证明所记载内容是否真实，但是专利复审委员会应当结合公证书记载的内容及其他相关证据对证明内容是否为真的盖然性作出合理判断，不应当概以或然状态而不予采信。对于订货单这一原始证据，在没有相反证据证明其系伪造并有公证书、照片及其他附件所示证据佐证的情况下仅以原告自证不予认可，反而认为《声明》所述事实缺乏充分的原始证据相印证是不恰当的。对于第三人提出的公证书中公证人员非两名公证人员的异议，并非系非法证据应予排除的理由，本院认为所述形式瑕疵不能抗辩本专利外观设计已被在先销售的事实。

综上，专利复审委员会作出的第10763号决定评判有误，本院予以改判。依照《中华人民共和国行政诉讼法》第五十四条第（二）项之规定，本院判决如下：

1. 撤销被告国家知识产权局专利复审委员会作出的第10763号无效宣告请求审查决定。

2. 被告国家知识产权局专利复审委员会重新就第02300492.4号"茶几（365A）"外观设计专利作出无效宣告请求审查决定。

案件受理费100元，由被告国家知识产权局专利复审委员会负担（于本判决生效之日起7日内交纳）。

如不服本判决，各方当事人可于本判决送达之日起15日内，向本院提交上诉状及其副本，并交纳上诉案件受理费100元，上诉于北京市高级人民法院。

审　判　长　任　进
代理审判员　邢　军
人民陪审员　郝建欣
二〇〇八年六月二十日
书　记　员　袁　伟

# 北京市高级人民法院
# 行政判决书

（2008）高行终字第570号

上诉人（原审第三人）黎智聪，男，汉族，1972年12月12日出生，住广东省顺德市龙江镇龙山居委聚龙东路26号。

委托代理人陈钧，男，汉族，1970年2月2日出生，北京康信知识产权代理有限责任公司职员，住北京市东城区东皇城根南街86号4门406号。

委托代理人李尊霞，女，汉族，1977年6月5日出生，北京康信知识产权代理有限责任公司职员，住北京市昌平区回龙观镇龙腾苑小区六区34楼2门601号。

被上诉人（原审原告）广州市金海豹家具有限公司，住所地广东省广州市白云区广花路夏茅第四煤矿工业区北A10号厂房。

法定代表人朱婉钟，董事长。

委托代理人田波，男，汉族，1974年10月24日出生，广州市金海豹家具有限公司职员，住广东省佛山市禅城区轻工三路18号1座。

原审被告国家知识产权局专利复审委员会，住所地北京市海淀区北四环西路9号银谷大厦10~12层。

法定代表人廖涛，副主任。

委托代理人徐清平，国家知识产权局专利复审委员会审查员。

委托代理人郭鹏鹏，国家知识产权局专利复审委员会审查员。

上诉人黎智聪因专利权无效行政纠纷一案，不服北京市第一中级人民法院2008年6月20日作出的（2008）一中行初字第453号行政判决，向本院提起上诉。本院2008年9月8日受理本案后，依法组成合议庭，于2008年10月9日公开开庭进行了审理。上诉人黎智聪及其委托代理人陈钧、李尊霞，被上诉人广州市金海豹家具有限公司（以下简称金海豹公司）的委托代理人田波，原审被告国家知识产权局专利复审委员会（以下简称专利复审委员会）的委托代理人徐清平、郭鹏鹏到庭参加了诉讼。本案现已审理终结。

黎智聪为第02300492.4号名称为"茶几（356A）"的外观设计专利（以下简称本专利）的专利权人。2006年9月14日，金海豹公司以本专利不具备新颖性为由向专利复审委员会提出了宣告本专利权无效的请求。2007年12月14日，专利复审委员会作出第10763号无效宣告请求审查决定（以下简称第10763号决定），维持本专利权有效。金海豹公司不服第10763号决定，向北京市第一中级人民法院提起行政诉讼。

北京市第一中级人民法院经审理认为：本案中，附件3中的昆明宝丽家具订货单为原始证据，通过观察，其证据形态完整，无涂改痕迹，其中李贵林签字与（2006）昆西证字第6140号公证书中李贵林《声明》中签字字体相同，客户地址与（2006）昆西证字第5762号公证书中《现场工作记录》中记载的地址相符，订货单上记载商品秋千长几、秋千方几各一台与公证书中《声明》中茶几产品的名称相同，订货单上印有金海豹公司名称，附件3中照片亦显示有金海豹公司图标。被告和第三人认可附件3中所附照片与本专利外观设计产品相似。对于被告提出的订货单题头盖章单位不符的异议，法院认为，名称不符并未排除该订货单并非昆明恒际家具公司出具的事实，该证据对于证明昆明恒际家具公司销售行为具有证明力，原告对此问题的解释亦合情理。因此，附件3中各个证据已经能够形成完整的证据链，证明李贵林于本专利申请日2002年1月28日之前的2001年3月14日"购买了"与本专利外观设计相近似的茶几产品的盖然性明显大于"没有购买"的盖然性，即本专利外观设计产品已经在申请日前公开销售，不符合《中华人民共和国专利法》（以下简称《专利法》）第二十三条规定。原告提交的其他证据虽然并不完整，但能够进一步辅助证明在先销售事实的存在。对于第三人提出的公证书中公证人员非两名公证人员的异议，并非系非法证据应予排除的理由，法院认为所述形式瑕疵不能抗辩本专利外观设计已被在先销售的事实。综上，专利复审委员会作出的第10763号决定评判有误，应予改判。依照《中华人民共和国行政诉讼法》第五十四条第（二）项之规定，判决如下：（1）撤销被告国家知识产权局专利复审委员会作出的第10763号无效宣告请求审查决定。（2）被告国家知识产权局专利复审委员会重新就第02300492.4号"茶几（356A）"外观设计专利作出无效宣告请求审查决定。

黎智聪不服一审判决，向本院提起上诉，请求撤销一审判决，维持第10763号决定。其主要理由为：被上诉人金海豹公司提供的附件1~4不能证明本专利外观设计产品在先公开销售，原审法院认定结论缺乏事实和法律依据，因此请求撤销原审判决，维持专利复审委员会作出的10763号决定。被上诉人金海豹公司、专利复审委员会服从一审判决。

本院经审理查明：本案涉及国家知识产权局于2002年12月11日授权公告的名称为"茶几（356A）"的02300492.4号外观设计专利，申请日是2002年1月28日，专利权人是黎智聪。

针对本专利，金海豹公司于2006年9月14日向专利复审委员会提出无效宣告请求，其依据的事实和理由是：对于本专利外观设计，金海豹公司在其申请日之前已经生产制造并公开销售，已构成在先公开使用；同时，金海豹公司亦将本专利外观设计印制成产品宣传册公开发行，已构成在先公开发表，因此，本专利不符合《专利法》第二十三条的规定。为此，金海豹公司提交了如下附件作为证据：

附件1包括杭州市公证处出具的（2006）杭证民字第5330号公证书、盖有"杭州东方家私市场金海豹家私专卖店发票专用章"的收款收据复印件以及产品照片复印件8张。公证书中附有2006年7月24日分别针对两位用户的"广州市金海豹家具有限公司用户访问表"两张，记载用户购买的产品为"秋千长几"，购买时间为2001年，及其他有关产品质量、使用、价格情况的调查，被调查用户在上述"广州市金海豹家具有限公司用户访问表"上签名；经核对，盖有"杭州东方家私市场金海豹家私专卖店发票专用章"的收款收据复印件与原件一致，收据中载明的产品名称、购买时间、购货单位、销售单位内容与前述用户访问表的相关内容一致。

附件2包括沈阳市铁西区公证处出具的（2006）沈西证民字第832号、（2006）沈西证民字第

833号公证书及2006年6月29日"广州市金海豹家具有限公司用户访问表"复印件1张。公证书记载"本人李新宇在2000年3月21日在沈阳北方家具公司购买秋千茶几1张,并如实填写访问表"、"本人李新宇在公证员的陪同下在家中拍照秋千茶几照片一张",并附有照片一张,公证书中记载"经查,当事人的上述行为符合《中华人民共和国民法通则》的规定";该用户访问表有用户李新宇签名及经销商签章。

附件3包括昆明市西山区公证处出具的(2006)昆西证字第6140号、(2006)昆西证字第5762号公证书、昆明宝丽家具订货单复印件各1份。(2006)昆西证字第6140号公证书中附有李贵林的《声明》,记载李贵林"于2001年3月14日在昆明恒际家具有限公司得胜家具城购买金海豹家具系列中各为秋千长几、秋千方几各一台",附有李贵林的签名,日期2006年8月17日。(2006)昆西证字第5762号公证书记载公证人员与昆明恒际家具有限公司授权代理人钱磊于2006年8月3日来到李贵林家中,对其家中客厅排放的长几和方几产品进行证据保全的现场拍摄,附有照片7页14张。公证制作《现场工作记录》,公证书证明李贵林在《声明》上签名属实,《现场工作记录》上钱磊、李贵林签名属实,照片内容与现场实际情况相符。经核对,昆明宝丽家具订货单复印件与原件一致,订货单上载有客户李贵林签字、经销商昆明恒际家具有限公司签章,订货日期为2001年3月14日,客户地址与公证书中《现场工作记录》中记载的地址相符,订货单上记载商品为秋千长几、秋千方几各一台。

附件4:杭州东方家私市场浩轩家具专卖店出具的声明书复印件1页。

附件5:金海豹公司与广东青蛙广告有限公司签订的印刷合同复印件1页,合同签订日期显示为2001年6月21日。

2006年12月19日金海豹公司补充提交了如下证据:

附件6:"金海豹"家具图册复印件7页;

附件7:吉正(吉隆达)运输有限公司货物运单复印件、"金海豹"送货清单复印件共7页;

附件8:金海豹公司的秋千长几使用状况反馈书复印件2页;

附件9:有关家具经销单位出具的证明及销货凭证复印件共6页。

2007年5月17日专利复审委员会对本案进行口头审理,金海豹公司补充提交了与附件1中的两张内容相同且背面附有证人证言的照片(即附件10),称所述照片为附件1中访问用户家中拍摄。附件4及附件10中所涉及的证人梁耀雄出庭作证,证人出示了其所经营的家具专卖店的三份营业执照,其证明该专卖店"于2001年6月开始在杭州销售金海豹公司所生产的秋千长几"。

专利复审委员会认为:(1)附件1所示公证书的证明内容仅涉及所附用户访问表的用户签名,而不涉及该用户访问表所记载的销售事实;该用户访问表为2006年7月作出,属事后证明,同样附件4所述声明及证人出庭作证属证人证言作事后证明,上述收款收据虽为原始证据但属企业自制的单据材料,其证明力较低,故这些事后证明的事实缺乏充分的原始证据相印证,其与所述收款收据相结合也不足以证明请求人主张的有关销售事实;同时,附件1中照片所示茶几产品除证人作证明外,并无其他证据可证明所示产品与用户访问表、收款收据等其他证据具有必然联系,故上述证据亦不足以形成完整的证据链证明照片所示茶几产品已在先销售。(2)附件2所示公证书的证明内容仅涉及用户声明和拍照行为,并不涉及有关产品的销售事实;上述用户访问表为2006年7月作出,属事后证明;因此,仅凭所述事后声明、拍照、用户访问表记载的内容,在无相关原始证据充分印证的情况下,其不足以证明请求人所主张的有关产品已在本专利申请日之前在先销售的事实。(3)附件3所示的公证书仅能证明有关人员签字属实,公证现场当时情况属实,并不涉及对声明内容所述事实的证明,该《声明》作为证人证言属事后证明,上述订货单虽为原始证据但属企业自制的单据材料,其证明力较低，故《声明》所述事实缺乏充分的原始证据相印证，而现场拍摄的照片本身无法证明所示产品的购买或销售时间，与上述订货单也不具必然联系。（4）金海豹公司2006年12月19日提交的证据（附件6至附件9）及补充提交的证据（附件10）均超过了自提出无效宣告请求之日起的一个月期限，且不属于审查指南第四部分第三章第4.3.1节规定的可予考虑的例外情形，因此对上述证据不予考虑。对于附件5所示证据，专利复审委员会第8287号无效宣告请求审查决定已针对其作出认定，金海豹公司以同样的理由和证据对本专利再次提出无效宣告请求，对此不予审理。因此，上述证据相结合不足以证明请求人主张的有关产品已在本专利申请日之前在先销售的事实，其据此证明本专利不符合《专利法》第二十三条规定的主张不能成立。据此，专利复审委员会作出第10763号决定，宣告维持本专利有效。

一审庭审期间，金海豹公司当庭提交金海豹公司的广告宣传册原件一份，其上印有与本专利相近似的标有"秋千长几C76"的茶几图片，封底页标有"摄影、设计：广东青蛙广告"及电话信息，其标注电话与附件5中广东青蛙广告有限公司标注电话相符。所述广告宣传册没有标注中制时间。庭审中，黎智聪对于订货单题头为"昆明宝丽订货单"而盖章为昆明恒际家具有限公司，销售单位名称不符提出异议，对此金海豹公司解释其公司有多家销售商，订货单可统一定制分发不同销售商；专利复审委员会及黎智聪承认附件2、附件3中所附照片与本专利外观设计相近似；黎智聪对公证书中仅一名公证人员而非两名公证人员提出异议。

以上事实有附件1～10、第10763号决定、金海豹公司广告宣传册以及当事人陈述等证据在案佐证。

本院认为：本案二审的审理焦点为附件1～4能否证明本专利外观设计产品在申请日前公开销售。

就附件2而言，鉴于上诉人及专利复审委认可本专利与经过公证的相关照片所显示的产品外观相近似，因此可以证明用户李新宇购买了与本专利外观设计相近似的产品。虽然根据公证书，李新宇声称其于本专利申请日之前购买了涉案产品，但是金海豹公司并未提出其他证据予以佐证，附件2不能证明其所涉及的产品销售时间在本专利申请日之前，因此本院认为附件2不能证明相关产品在申请日前公开销售。

鉴于附件1只能证明杭州两位用户分别于本专利申请日之前购买了名称为"秋千长几"的产品，但是却无法证明其外观与本专利之间的关系，即使有附件4，即梁耀雄的声明，仍无法确认前述用户所购买的产品外观与本专利外观设计之间存在相同或相近似的关系；同时，梁耀雄虽然声明其在本专利申请日之前销售与本专利外观相同的产品，但是其并未提出其他相关的证据予以佐证。因此附件1、4亦无法证明相关产品在申请日前公开销售。

在本案中，附件3包括昆明市西山区公证处出具的（2006）昆西证字第6140号、（2006）昆西证字第5762号公证书、订货单。（2006）昆西证字第6140号公证书的内容涉及李贵林的证人证言。根据该公证书，李贵林声明其于2001年3月14日在昆明恒际家具有限公司购买金海豹"秋千长几"。（2006）昆西证字第5762号公证书中的照片则进一步表明李贵林所购买的产品外观与本专利外观相近似，这一点亦为上诉人和专利复审委所认同。因此两份公证书足以证明李贵林购买了与本专利外观相近似的产品。经核实，附件3中的订货单复印件与原件一致，订货单中载明的订货日期、商品名称、公章以及客户签字与李贵林声明中所述内容一致。虽然订货单中印制单位名称与公章载明的单位名称不符，但是本院认为金海豹公司对此作出的解释符合情理，且上诉人未提出其他相应的证据反驳该证据的真实性，因此本院对该证据的真实性予以确认。将该订货单与前述两份公证书相结合，足以证明昆明恒际家具有限公司在本专利申请日之前向李贵林出售了与本专利外观相近似的金海豹"秋千长几"。因此，本院认为可以确认附件3中涉及的具有与本专利外观相近似的产品在本专利申请日前已公开销售。

综上，一审判决认定事实清楚，适用法律正确，应予维持。黎智聪的上诉理由不能成立，对其上诉请求，本院不予支持。依照《中华人民共和国行政诉讼法》第六十一条第（一）项之规定，判决如下：

驳回上诉，维持原判。

一审案件受理费100元，由国家知识产权局专利复审委员会（已交纳）；二审案件受理费100元，由黎智聪负担（已交纳）。

本判决为终审判决。

审　判　长　刘继祥
代理审判员　潘　伟
代理审判员　刘晓军
二○○八年十月二十七日
书　记　员　刘　悠

# 包装袋（香甜泡打粉）

## 无效宣告请求审查决定（第 10765 号）

| | |
|---|---|
| 决 定 号 | 第 10765 号 |
| 决 定 日 | 2007 年 12 月 14 日 |
| 发明创造名称 | 包装袋（香甜泡打粉） |
| 外观设计分类号 | 09-05 |
| 无效宣告请求人 | 桂林市红星化工总厂 |
| 专 利 权 人 | 朱广山 |
| 专 利 号 | 200530103059.5 |
| 申 请 日 | 2005 年 10 月 8 日 |
| 授权公告日 | 2006 年 7 月 26 日 |
| 合议组组长 | 徐清平 |
| 主 审 员 | 李改平 |
| 参 审 员 | 周 佳 |
| 附 图 | 1 页 |

**法律依据** 专利法第 23 条

**决定要点**

本专利与其申请日前授权公告的外观设计专利相近似，即已有与其相近似的外观设计在先公开发表过，因此，本专利不符合专利法第 23 条的规定。

### 一、案由

本无效宣告请求涉及的是国家知识产权局于 2006 年 7 月 26 日授权公告的 200530103059.5 号外观设计专利，使用该外观设计的产品名称为"包装袋（香甜泡打粉）"，申请日是 2005 年 10 月 8 日，专利权人是朱广山。

针对上述专利权（下称本专利），桂林市红星化工总厂（下称请求人）于 2007 年 3 月 6 日向专利复审委员会提出无效宣告请求，其理由是：在本专利申请日前已有与本专利相同的外观设计被授予外观设计专利且在专利公报上公开发表，因此，本专利不符合专利法第 23 条的规定。请求人提交了如下附件作为证据：

附件 1：第 93305309.6 号外观设计专利证书复印件 1 页；

附件 2：第 93305309.6 号外观设计专利主视图复印件 1 页；

附件 3：请求人声称 10 多年来一直使用的包装袋样品 1 件；

附件4：本专利主视图复印件1页；
附件5：本专利公告文本复印件1页；
附件6：桂林市红星化工厂升格为红星化工总厂的批复文件复印件1页。

经形式审查合格专利复审委员会受理了该无效宣告请求，并于2007年4月27日将无效宣告请求书及其附件的副本转送给专利权人，要求其在指定期限内陈述意见。专利权人逾期未答复。

2007年7月4日专利复审委员会分别向请求人和专利权人发出合议组成员告知通知书，双方均逾期未答复，视为对合议组成员无回避请求。

合议组经合议认为，本案事实清楚，并依法作出本审查决定。

**二、决定的理由**

1. 法律依据

基于请求人提出的无效宣告请求理由，合议组对本专利是否符合专利法第23条的规定进行审查。

专利法第23条规定："授予专利权的外观设计，应当同申请日以前在国内外出版物上公开发表过或者国内公开使用过的外观设计不相同和不相近似，并不得与他人在先取得的合法权利相冲突。"

2. 证据认定

附件1是第93305309.6号外观设计专利证书复印件，附件2是第93305309.6号外观设计专利主视图复印件，经合议组核实属实。第93305309.6号外观设计专利公告文本所示使用外观设计的产品名称为"食品包装袋1"，授权公告日为1994年6月8日，该授权公告日在本专利申请日前，故第93305309.6号外观设计专利公告可以作为判断本专利是否符合专利法第23条的规定的证据。

3. 外观设计对比

本专利所示外观设计为包装袋（香甜泡打粉），第93305309.6号外观设计专利公告所示外观设计（下称在先设计）为食品包装袋，两者的用途相同，故可以进行外观设计相近似性比较。

本专利包装袋外形呈长方形，主视图中间有五个艺术字"香甜泡打粉"，下部有一条较粗的实线，在艺术字的上方和下方以及粗实线的下方有文字排列，艺术字上方有圆形图案排列，后视图无设计要点被省略（详见本专利附图）。

在先设计包装袋外形呈长方形，主视图中间有五个艺术字"香甜泡打粉"，下部有一条较粗的实线，在艺术字的上方和下方以及粗实线的下方有文字排列，艺术字上方有图案排列，后视图被省略（详见在先设计附图）。

将本专利与在先设计相比，两者的相同点为：两者均呈长方形，两者主视图中的五个艺术字"香甜泡打粉"的形状和位置，以及粗实线的宽度和位置都基本相同；两者的后视图均被省略。两者的不同之处在于：两者的主视图中除五个艺术字"香甜泡打粉"之外的其他文字、图案的排列不相同。对于上述相同点和不同点，合议组认为：两者主视图所示正面上的五个艺术字"香甜泡打粉"及粗实线反映了包装袋外观设计的主要特征，对一般消费者产生主要视觉作用，而其他文字、图案排列的不同属于局部细微差别，不足以导致两者整体上的显著区别，因此，两者主视图所示正面相近似，又由于两者的后视图均被省略，因此，合议组认为，两者整体上相近似，故本专利和在先设计属于相近似的外观设计。

综上所述，在本专利申请日前已有与其相近似的外观设计公开发表过，因此，本专利不符合专利法第23条的规定。

鉴于已经得出本专利不符合专利法第23条的规定的结论，故对请求人提交的其他证据不再作出评述。

### 三、决定

宣告 200530103059.5 号外观设计专利权全部无效。

当事人对本决定不服的,可以根据专利法第 46 条第 2 款的规定,自收到本决定之日起三个月内向北京市第一中级人民法院起诉。根据该款的规定,一方当事人起诉后,另一方当事人应当作为第三人参加诉讼。

主视图

本专利附图

主视图

在先设计附图

# 烧烤炭块（CSLDF-1）

## 无效宣告请求审查决定（第 10766 号）

| | |
|---|---|
| 决 定 号 | 第 10766 号 |
| 决 定 日 | 2007 年 11 月 20 日 |
| 发明创造名称 | 烧烤炭块（CSLDF-1） |
| 外观设计分类号 | 23-05 |
| 无效宣告请求人 | MBZQ 有限责任公司 |
| 专 利 权 人 | 崔保太 |
| 专 利 号 | 200530002889.9 |
| 申 请 日 | 2005 年 2 月 5 日 |
| 授 权 公 告 日 | 2005 年 10 月 26 日 |
| 合 议 组 组 长 | 张雪飞 |
| 主 审 员 | 严若艳 |
| 参 审 员 | 周佳 |
| 附 图 | 1 页 |

**法 律 依 据** 专利法第 23 条

**决 定 要 点**

通过在先设计的说明性文字，确定该产品的使用领域，在先设计与本专利属于相同类别。

在先设计只有一个面的正投影视图，不能确定其整体形状，且其一面所示扇形轮廓与本专利的近似梅花形轮廓不相同也不相近似，二者整体外形区别明显，不能得出二者外观设计相近似的结论，本专利与在先设计不相同且不相近似。

## 一、案由

本无效宣告请求涉及国家知识产权局于 2005 年 10 月 26 日授权公告的 200530002889.9 号外观设计专利，使用外观设计的产品名称是"烧烤炭块（CSLDF-1）"，申请日是 2005 年 2 月 5 日，专利权人是崔保太。

针对上述外观设计专利权（下称本专利），MBZQ 有限责任公司（下称请求人）于 2007 年 4 月 3 日向专利复审委员会提出无效宣告请求，其理由是本专利不符合专利法第 23 条的规定。请求人认为：在本专利申请日之前，国际申请号为 PCT/US03/00003、国际公开号为 WO 03/066786 A1 的 PCT 申请已公开发表了与本专利相同或者相近似的外观设计。请求人提交了如下附件作为证据：

附件 1：国际申请号为 PCT/US03/00003、国际公开号为 WO 03/066786 A1 的 PCT 申请的公开文本复印件共 35 页，国际公开日为 2003 年 8 月 14 日；

附件 2：申请号为 03807424.9 的发明专利申请公开说明书复印件共 27 页，公开日为 2005 年 7 月 20 日。

专利复审委员会根据无效宣告请求审查程序的规定受理了该无效宣告请求，并于 2007 年 5 月 15 日将上述无效宣告请求书及其附件的副本转送给专利权人，要求其在指定期限内陈述意见。

专利权人于 2007 年 6 月 19 日提交了意见陈述书。专利权人认为：附件 1 中 PCT 申请的发明人是崔保太，即本专利的专利权人，因此附件 1 不是"他人"在先取得的合法权利，请求人根据专利法第 23 条提出无效宣告请求没有法律根据；请求人将附件 1 专利申请的发明人翻译为"C. B. 邰"是有意混淆发明人"崔保太"的名字；请求人采用欺诈的手段获取了附件 1 所示专利的专利权。并提交了如下附件作为反证：

反证 1：两份《DECLARATION FOR PATENT APPLICATION》及其中文译文和 WO 03/066786 A1 公告文本首页复印件共 5 页；

反证 2：本专利公报复印件、发明专利申请 03807424.9 公开文本首页复印件、WO 03/066786 A1 公告文本首页复印件共 3 页。

专利复审委员会于 2007 年 7 月 2 日将专利权人提交的上述意见陈述书及附件的副本转送请求人，告知其可以在指定期限内陈述意见。同日向双方当事人发出口头审理通知书，定于 2007 年 8 月 14 日对本案进行口头审理。

口头审理如期举行。请求人的委托代理人、专利权人及其委托代理人出庭，双方对对方的出庭人员资格均无异议，对合议组成员无回避请求。专利权人当庭提交证据，欲证明本专利的专利权人就是请求人提交的附件 1 的发明人。请求人声明附件 2 是附件 1 的国际申请进入中国国家阶段的公开文本，作为附件 1 的中文译文使用。专利权人对附件 1 的真实性、公开性、附件 2 作为附件 1 中文译文翻译的一致性均无异议，但认为附件 1 的专利权人应为本专利的专利权人，对附件 2 中发明人姓名翻译有异议。请求人当庭指出用作外观设计对比的是附件 1 附图中的图 11，双方就附件 1 能否与本专利进行外观设计相同相近似对比以及二者图片所示内容是否相同相近似进行了辩论，专利权人认为附件 1 是关于燃料组合物的方法的发明，与外观设计没有可比性，请求人认为附件 1 中的燃料组合物实质就是烧烤炭，公开的燃料组合物的图片可以用来与本专利进行对比。合议组当庭告知专利权人权属纠纷不属于专利复审委员会审理的范畴。

2007 年 8 月 16 日专利复审委员会收到请求人的意见陈述，其坚持原有观点。

在当事人的意见陈述和口头审理的基础上，合议组经合议，认为本案事实清楚，依法作出本审查决定。

**二、决定的理由**

1. 法律依据

基于请求人提出无效宣告请求的理由，合议组依据专利法第 23 条的规定进行审理。

专利法第 23 条规定：授予专利权的外观设计，应当同申请日以前在国内外出版物上公开发表过或者国内公开使用过的外观设计不相同和不相近似，并不得与他人在先取得的合法权利相冲突。

2. 证据认定

请求人提交的附件 1 是国际申请号为 PCT/US03/00003、国际公开号为 WO 03/066786 A1 的 PCT 申请的公开文本复印件，国际公开日为 2003 年 8 月 14 日。请求人声明附件 2 是附件 1 的国际申请进入中国国家阶段的公开文本，作为附件 1 的中文译文使用。专利权人对附件 1 的真实性、公开性、附件 2 作为附件 1 中文译文翻译的一致性均无异议。经专利权人确认、合议组核实，附件 1 和附件 2 的真实性可以确认，附件2视为附件1的中文译文。附件1的公开日为2003年8月14日，早于本专利申请日，属于本专利申请日以前公开发表的出版物，适用专利法第23条的规定。

专利权人于2007年6月19日提交的反证和口头审理当庭提交的证据，用于证明专利权人与请求人之间的权属纠纷，合议组已当庭告知专利权人权属纠纷不属于专利复审委员会审理的范畴，合议组对上述证据不予审理。同时，该权属纠纷并不影响本案涉及的出版物公开的事实认定。

3. 相同相近似对比

本专利使用外观设计的产品是烧烤炭，属于固体燃料。

附件1的发明名称为"燃料组合物及其方法"，专利权人认为附件1的说明书主要是讲燃料组合物的方法，与外观设计没有可比性。合议组认为：附件1说明书的背景技术部分提到"人们进行了许多尝试来生产……用于烧烤的燃料"，在其发明公开的内容部分提到"本发明包括独立的燃料物品"，在附图的简要描述中记载有"附图11为本发明的燃料物品的顶视图"。根据上述内容可知，附图11所示产品为燃烧物品，与本专利的烧烤炭同属固体燃料，二者用途相同，属于相同类别的产品，可以进行外观设计相同相近似比较。

本专利包括主视图、后视图、左视图、俯视图和仰视图。从图片观察，本专利产品整体呈近似梅花形块状，左右两边的直边与垂直中心线约呈30度夹角；沿梅花形圆周均匀交错分布六个圆形和六个细长长方形，中心有一个圆形，正面中心下方有一小三角形；背面与正面基本相同，仅缺少小三角形（详见本专利附图）。

附件1用于对比的是其中的附图11（下称在先设计）。如图所示，在先设计示出的一面外轮廓呈扇形，扇形的两个直边与垂直中心线约呈30度夹角；沿扇形外侧均匀交错分布七个圆形和七个细长长方形，正面中心有一个较大圆形（详见在先设计附图）。

比较本专利与在先设计，二者的相同点为有一面均有与垂直中心线约呈30度夹角的两斜边，且在该面均匀交错分布有圆形和细长长方形。二者图面显示的不同点为外缘形状不同，圆形和细长长方形的数量不同，中心圆形的大小不同，本专利中有三角形，在先设计中没有。由于在先设计只有一个面的正投影视图，根据图片仅能得知该产品的二维形状，且其一面所示扇形轮廓与本专利的近似梅花形轮廓不相同也不相近似，二者整体外形区别明显，不能据此得出二者外观设计相近似的结论，因此，本专利与在先设计应属于不相同且不相近似的外观设计。

4. 结论

综上所述，请求人提交的证据不能证明本专利不符合专利法第23条的规定，请求人提出的无效宣告请求的理由不成立。

三、决定

维持200530002889.9号外观设计专利权有效。

当事人对本决定不服的，可以根据专利法第46条第2款的规定，自收到本决定之日起三个月内向北京市第一中级人民法院起诉。根据该款的规定，一方当事人起诉后，另一方当事人应当作为第三人参加诉讼。

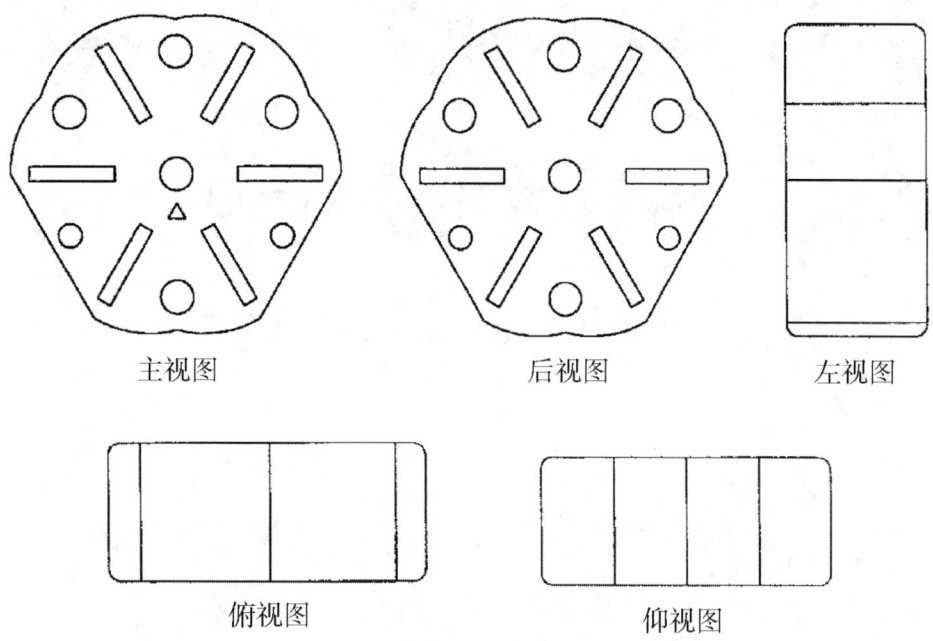

| 主视图 | 后视图 | 左视图 |

| 俯视图 | 仰视图 |

本专利附图

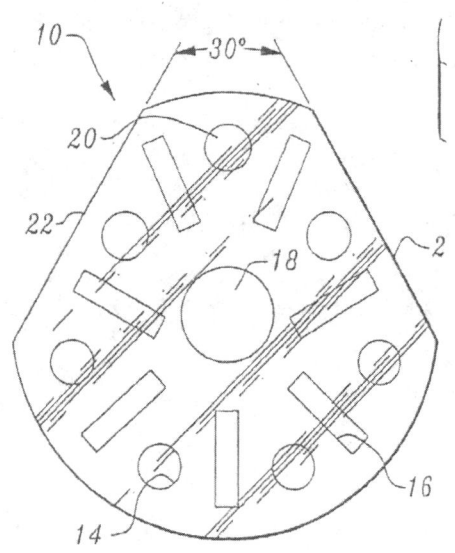

FIG. 11

在先设计附图

# 瓶贴（清茶无糖-PET500）

## 无效宣告请求审查决定（第10767号）

| 决　定　号 | 第10767号 |
|---|---|
| 决　定　日 | 2007年12月14日 |
| 发明创造名称 | 瓶贴（清茶无糖-PET500） |
| 外观设计分类号 | 19-08 |
| 无效宣告请求人 | 统一企业（中国）投资有限公司 |
| 专 利 权 人 | 顶益（开曼岛）控股有限公司 |
| 专　利　号 | 200530005522.2 |
| 申　请　日 | 2005年3月11日 |
| 授权公告日 | 2005年11月30日 |
| 合议组组长 | 李　隽 |
| 主　审　员 | 王伟艳 |
| 参　审　员 | 耿　博 |
| 法　律　依　据 | 专利法实施细则第13条第1款 |
| 决　定　要　点 | |

鉴于专利权人已经放弃200530005469.6号外观设计专利，且本案中不存在其他证据，因此，本专利符合专利法实施细则第13条第1款的规定。

### 一、案由

本无效宣告请求涉及国家知识产权局于2005年11月30日授权公告的、名称为"瓶贴（清茶无糖-PET500）"的外观设计专利，其申请号为200530005522.2，申请日为2005年3月11日，专利权人是顶益（开曼岛）控股有限公司。

针对上述外观设计专利（下称本专利），统一企业（中国）投资有限公司（下称请求人）于2007年1月17日向专利复审委员会提出了专利权无效宣告请求，其依据的理由和事实是：本专利与专利权人同一日申请的专利号200530005469.6的外观设计专利为同样的外观设计，本专利权的授予不符合专利法实施细则第13条第1款的规定。与此同时，请求人提交了作为证据的下列附件：

附件1：200530005469.6号外观设计专利公告，授权公告日为2005年10月26日，复印件。

经形式审查合格后，专利复审委员会依法受理了该无效宣告请求，于2007年1月18日将无效宣告请求书及其附件清单中所列附件副本转给了专利权人，要求专利权人在指定期限内进行意见陈述。

专利复审委员会于2007年3月5日收到了专利权人针对上述无效宣告请求的意见陈述书，陈述了本专利外观设计符合专利法实施细则第13条第1款的具体理由。

专利复审委员会本案合议组于2007年3月14日向双方当事人发出合议组成员告知通知书，同时，向专利权人发出无效宣告请求审查通知书，其主要内容为：专利复审委员会认为本专利与200530005469.6号外观设计专利属于同样的发明创造，根据《施行修订后审查指南的过渡办法》的规定，本案适用审查指南（2001）版的相关规定，据此，专利权人可以选择放弃其中一项专利权，允许专利权人自在后获得的专利权权利生效日起放弃在先获得的专利权。同时，向无效宣告请求人发出转送文件通知书，将2007年3月5日收到的专利权人的意见陈述书转送请求人。

专利复审委员会于2007年4月28日收到了专利权人的放弃专利权声明，声明自本专利权的权利生效日，即2005年11月30日起放弃200530005469.6号外观设计专利，同时提交了全体专利权人同意放弃专利权的证明。

专利复审委员会于2007年5月25日发出转送文件通知书，将2007年4月28日收到的专利权人的放弃专利权声明转送给请求人。

2007年7月25日国家知识产权局发出手续合格通知书，准予专利权人自本专利权的权利生效日，即2005年11月30日起放弃200530005469.6号外观设计专利。

至此，合议组认为本案事实已经清楚，可以依法作出审查决定。

**二、决定的理由**

专利法实施细则第13条第1款规定：同样的发明创造只能被授予一项专利。

鉴于专利权人已经放弃200530005469.6号外观设计专利，且本案中不存在其他无效理由以及证据，因此，本专利符合专利法实施细则第13条第1款的规定，请求人的无效理由不成立。

**三、决定**

维持200530005522.2号外观设计专利权有效。

当事人对本决定不服的，可以根据专利法第46条第2款的规定，自收到本决定通知书之日起三个月内向北京市第一中级人民法院起诉。根据该款的规定，一方当事人起诉后，另一方当事人应当作为第三人参加诉讼。

# 酒瓶（不锈钢型）

## 无效宣告请求审查决定（第 10769 号）

| | |
|---|---|
| 决 定 号 | 第 10769 号 |
| 决 定 日 | 2007 年 11 月 23 日 |
| 发明创造名称 | 酒瓶（不锈钢型） |
| 外观设计分类号 | 09-01 |
| 无效宣告请求人 | 四川省宜宾五粮液集团有限公司 |
| 专 利 权 人 | 青岛琅琊台集团股份有限公司 |
| 专 利 号 | 02340900.2 |
| 申 请 日 | 2002 年 10 月 9 日 |
| 授权公告日 | 2003 年 5 月 28 日 |
| 合议组组长 | 徐清平 |
| 主 审 员 | 李 卉 |
| 参 审 员 | 瑜 佳 |
| 附 图 | 2 页 |

**法 律 依 据** 专利法第 23 条

**决 定 要 点**

在先设计的酒瓶与本专利的酒瓶相比，区别仅在于局部的细微变化，而该变化不足以对二者基本相同的整体形状形成的整体视觉效果产生显著影响，因此本专利与在先设计相近似。

### 一、案由

本无效宣告请求涉及国家知识产权局于 2003 年 5 月 28 日授权公告的、申请号为 02340900.2 的外观设计专利，名称为"酒瓶（不锈钢型）"，申请日是 2002 年 10 月 9 日，专利权人是青岛琅琊台集团股份有限公司。

针对上述外观设计专利权（下称本专利），四川省宜宾五粮液集团有限公司（下称请求人）于 2007 年 4 月 20 日向专利复审委员会提出无效宣告请求，其理由是本专利不符合专利法第 23 条的规定。请求人认为本专利与其申请日以前在国内出版物上公开发表过的外观设计相近似。请求人同时提交了作为证据的附件材料，即

附件 1：授权公告日为 1993 年 11 月 24 日的 92305193.7 号中国外观设计专利的专利公报复印件 1

页，其授权公告号为CN3022172D。

专利复审委员会依法成立合议组，根据无效宣告请求审查程序的规定受理了该无效宣告请求，并于2007年6月4日向双方当事人发出了无效宣告请求受理通知书，并将请求人的无效宣告请求文件的副本转送专利权人。

专利权人未在指定期限内提交意见陈述书。

专利复审委员会于2007年9月13日向双方当事人发出无效宣告请求口头审理通知书，定于2007年10月22日对本案进行口头审理。

口头审理如期举行，请求人出席了口头审理，专利权人未出席口头审理。

在口头审理中，请求人表示对合议组成员无回避请求，请求人明确无效宣告请求理由为：本外观设计与附件1在先公开发表的外观设计相近似，不符合专利法第23条的规定。

至此，合议组经合议认为本案事实已经清楚，可依法作出本审查决定。

二、决定的理由

基于请求人提出的无效宣告请求的理由，合议组依据专利法第23条的规定对本案进行审理。

专利法第23条规定："授予专利权的外观设计，应当同申请日以前在国内外出版物上公开发表过或者国内公开使用过的外观设计不相同和不相近似，并不得与他人在先取得的合法权利相冲突。"

请求人提交的附件1是名称为"酒瓶（款3）"、授权公告日为1993年11月24日的92305193.7号中国外观设计专利的专利公报复印件，其授权公告号为CN3022172D，经合议组核实，其内容属实，属于本专利申请日前公开发表的外观设计（下称在先设计）。

合议组认为：本专利和在先设计均为酒瓶，二者用途相同，属于相同种类的产品，具有可比性。现将其与本专利进行相近似性比较：

本专利是一种酒瓶，具有呈圆柱状的瓶嘴和呈扁圆状的瓶身，从主视图看，瓶身的中心部位有一环形装饰条，装饰条内是圆形内凹平面，该平面为透明区域，中心部位可见一圆形图案，瓶嘴部位的上部具有一略微外突的瓶盖部分，瓶盖部位的周部具有纵向条纹；从后视图可以看出，后部瓶身的整体为光滑的平面（详见本专利附图）。

在先设计是一种酒瓶，具有呈圆柱状的瓶嘴和呈扁圆状的瓶身，并从俯仰视图可以看出，瓶身向一个方向有微小弧度造型；从主视图看，瓶身的中心部位有一环形装饰条，装饰条内是圆形内凹平面，瓶嘴部位的下部具有若干横向的条纹，瓶身正面的环形装饰条有略微突出（详见在先设计附图）。

将本专利与在先设计相比较，酒瓶的瓶嘴和瓶身整体形状基本相同。二者之间的区别在于：（1）本专利瓶身的圆形内凹平面与在先设计的相比，整体比例偏小；（2）在先设计的内凹平面不是透明的，也不可见有图案；（3）本专利的瓶嘴部位的上部具有一略微外突的瓶盖部分，瓶盖部位的周部具有纵向条纹，而在先设计在瓶嘴部位的下部具有若干横向的条纹；（4）从俯仰视图看本专利的瓶身较为平直，而在先设计整体瓶身向一个方向有微小弧度造型，瓶身正面的环形装饰条有略微突出；（5）在先设计的背面不可见。合议组认为：本专利和在先设计均属于酒瓶，它们之间的区别在于：内凹面的大小、瓶嘴部位的具体细节等，属于局部或细微变化，瓶身弧度及是否透明设计的不同不足以对二者基本相同的整体形状形成的整体视觉效果产生显著影响。本专利酒瓶背面为光滑平面，除外形形状和个别文字外无其他设计内容，在先设计虽未表示相应面，但其他视图已清楚表示其形状设计，且本专利的个别文字为常规字体和局部细微设计，故不影响对二者进行对比。因此，一般消费者经过整体观察可以看出，二者的上述差别对于产品外观设计的整体视觉效果不具有显著的影响。

基于以上理由，合议组认为：二者属于相近似的外观设计，即，本专利与申请日以前公开发表在出版物上的外观设计相近似，不符合专利法第23条的规定，请求人的无效宣告请求理由成立。

### 三、决定

宣告02340900.2号外观设计专利权全部无效。

当事人对本决定不服的，可以根据专利法第46条第2款的规定，自收到本决定之日起三个月内向北京市第一中级人民法院起诉。根据该款的规定，一方当事人起诉后，另一方当事人应当作为第三人参加诉讼。

仰视图

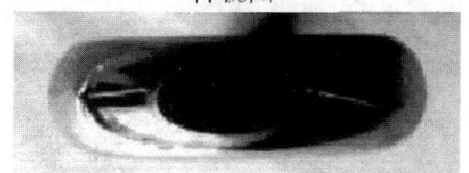

主视图　　　　　左视图

俯视图

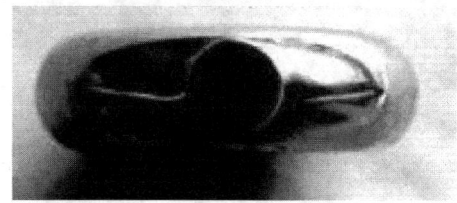

后视图

本专利附图

仰视图

立体图　　　　　主视图　　　　　左视图

俯视图

在先设计附图

# 路灯（白玉兰）

## 无效宣告请求审查决定（第 10771 号）

| | |
|---|---|
| 决 定 号 | 第 10771 号 |
| 决 定 日 | 2007 年 12 月 17 日 |
| 发明创造名称 | 路灯（白玉兰） |
| 外观设计分类号 | 26-03 |
| 无效宣告请求人 | 陆昌顺 |
| 专 利 权 人 | 宁波燎原工业股份有限公司 |
| 专 利 号 | 200330120733.1 |
| 申 请 日 | 2003 年 12 月 31 日 |
| 授权公告日 | 2004 年 7 月 28 日 |
| 合议组组长 | 张雪飞 |
| 主 审 员 | 钟 华 |
| 参 审 员 | 李改平 |
| 附 图 | 2 页 |

**法 律 依 据** 专利法第 23 条
**决 定 要 点**
路灯产品一般被安装在较高高度，在使用状态下细节变化的视觉效果被进一步弱化，一般消费者会瞩目其整体外形并留有印象。

### 一、案由

本无效宣告请求涉及的是国家知识产权局于 2004 年 7 月 28 日授权公告的、名称为"路灯（白玉兰）"的外观设计专利，其申请号是 200330120733.1，申请日是 2003 年 12 月 31 日，原专利权人是宁波燎原灯具股份有限公司，现变更为宁波燎原工业股份有限公司。

针对上述专利权（下称本专利），陆昌顺（下称请求人）于 2007 年 1 月 23 日向专利复审委员会提出无效宣告请求，其理由是：在本专利申请日前有与本专利相近似的外观设计在国内公开使用、销售和公开出版，本专利不符合专利法第 23 条、第 9 条和专利法实施细则第 13 条的规定，请求宣告本专利无效。请求人提交了如下附件作为证据：

附件 1 是本专利公报复印件 1 页；
附件 2 是专利号为 200330108379.0 的外观设计专利公报复印件 1 页；
附件 3 是专利号为 02340589.9 的外观设计专利公报复印件 1 页；

附件4是专利号为02340593.7的外观设计专利公报复印件1页；

附件5是专利号为02340592.9的外观设计专利公报复印件1页；

附件6是专利号为200330102670.7的外观设计专利公报复印件1页；

附件7是2003年第3期《道路照明》杂志封面、封底和相关页复印件4页和购买发票复印件1页；

附件8是北京市第一中级人民法院（2005）一中行初字第455号行政判决书复印件1份；

附件9是北京市第一中级人民法院（2006）一中行初字第313号行政判决书复印件1份；

附件10是北京市高级人民法院（2005）高行终字第442号行政判决书复印件1份。

经形式审查合格，专利复审委员会受理了此案，并于2007年2月12日将无效宣告请求书及相关材料副本转送给专利权人，请其答复。

2007年4月25日专利复审委员会收到专利权人提交的意见陈述书。专利权人认为以普通消费者和一般注意力观察，请求人提交的证据所显示的外观设计与本专利相比较，整体上存在明显差异，且设计风格的不同也使得消费者能明显分辨两外观设计，因此，两者均不构成近似，恳请专利复审委员会驳回请求人的无效宣告请求，维持本专利有效。

2007年7月2日专利复审委员会向双方当事人发出无效宣告请求口头审理通知书，定于2007年8月21日在专利复审委员会进行口头审理。同时将2007年4月25日专利复审委员会收到的专利权人提交的意见陈述书转送给请求人，请其在口头审理时进行答复。

口头审理如期举行，双方当事人均委托代理人出庭。双方对对方出庭人员资格均无异议，对合议组成员无回避请求。请求人当庭提交了意见陈述书，合议组当庭将该意见陈述书转送给专利权人。请求人陈述了请求宣告本专利无效的主要理由和事实，专利权人对附件1~6的真实性没有异议，但认为附件2~6记载的外观设计与本专利不相同也不相近似；对附件7的真实性没有异议，但认为其公开的内容不充分，无法与本专利进行比较；对附件8~10的真实性没有异议，对关联性有异议，认为附件8~10中的判决中的观点不适用于本案。专利权人明确表示对于当庭收到的请求人的意见陈述不需要庭后答复。

至此，合议组认为本案事实清楚，可以依法作出审查决定。

**二、决定的理由**

1. 法律依据

基于请求人提出的无效宣告请求理由，合议组首先对本专利是否符合专利法第23条的规定进行审查。

专利法第23条规定："授予专利权的外观设计，应当同申请日以前在国内外出版物上公开发表过或者国内公开使用过的外观设计不相同和不相近似，并不得与他人在先取得的合法权利相冲突。"

2. 证据认定

附件1是本专利公报复印件，用于证明本专利相关信息；

附件4是专利号为02340593.7的外观设计专利公报复印件，使用该外观设计产品的名称为"路灯（白玉兰）"，经合议组核实属实。该外观设计专利的公开日为2003年4月23日，在本专利的申请日（2003年12月31日）之前，故附件4可以作为判断本专利是否符合专利法第23条的规定的证据。

3. 外观设计对比

本专利为"路灯（白玉兰）"的外观设计，从玻璃罩所在正面观察可见，本专利由四个大小不同的椭圆构成，顶端呈圆弧状，尾部有大小变化，从侧面观察可见，尾部呈斜口的套状设计（详见本专利附图）。

附件4所示为"琵琶形路灯（5）"的外观设计（下称在先设计），从玻璃罩所在正面观察可见，在先设计由四个大小不同的椭圆构成，顶端呈圆弧状，尾部有大小变化，且有棒状柄（详见在先设计附图）。

由于本专利与在先设计都用于路灯，两者用途相同，故两者具有可比性。将本专利与在先设计进行对比，从玻璃罩所在正面观察可见，两者均由四个大小不同的椭圆构成，顶端呈圆弧状，尾部有大小变化。两者的不同之处在于：本专利的尾部呈斜口的套状设计，无棒状柄，在先设计的尾部没有此套状设计，有棒状柄。合议组认为，虽然本专利的尾部呈斜口的套状设计形成了两个层面，但两个层面的高差变化极小，由此所形成的外观设计视觉效果也是细微变化，更何况，作为路灯产品其一般被安装在较高高度，在使用状态下这种变化的视觉效果更为弱化，因而一般消费者容易忽略上述两个层面的高差变化，也即容易忽略套装设计形成的两个层面。而对于棒状柄，其属于路灯产品安装的必备部件，一般不会引起一般消费者的关注。除此之外，两者其他部分形状相近似，整体上导致一般消费者误认混同，造成相近似的视觉效果。按照整体观察、综合判断的原则，两者整体上属于相近似的外观设计。

4. 结论

综上，请求人提交的证据所示产品外观设计与本专利属于相近似的外观设计，证明在本专利申请日前已有与本专利相近似的外观设计在出版物上公开发表，亦即证明本专利不符合专利法第23条之规定。

鉴于已经得出本专利不符合专利授权条件的结论，故对请求人提交的其他理由和证据不再作出评述。

三、决定

宣告200330120733.1号外观设计专利权全部无效。

当事人对本决定不服的，可以根据专利法第46条第2款的规定，自收到本决定之日起三个月内向北京市第一中级人民法院起诉。根据该款的规定，一方当事人起诉后，另一方当事人应当作为第三人参加诉讼。

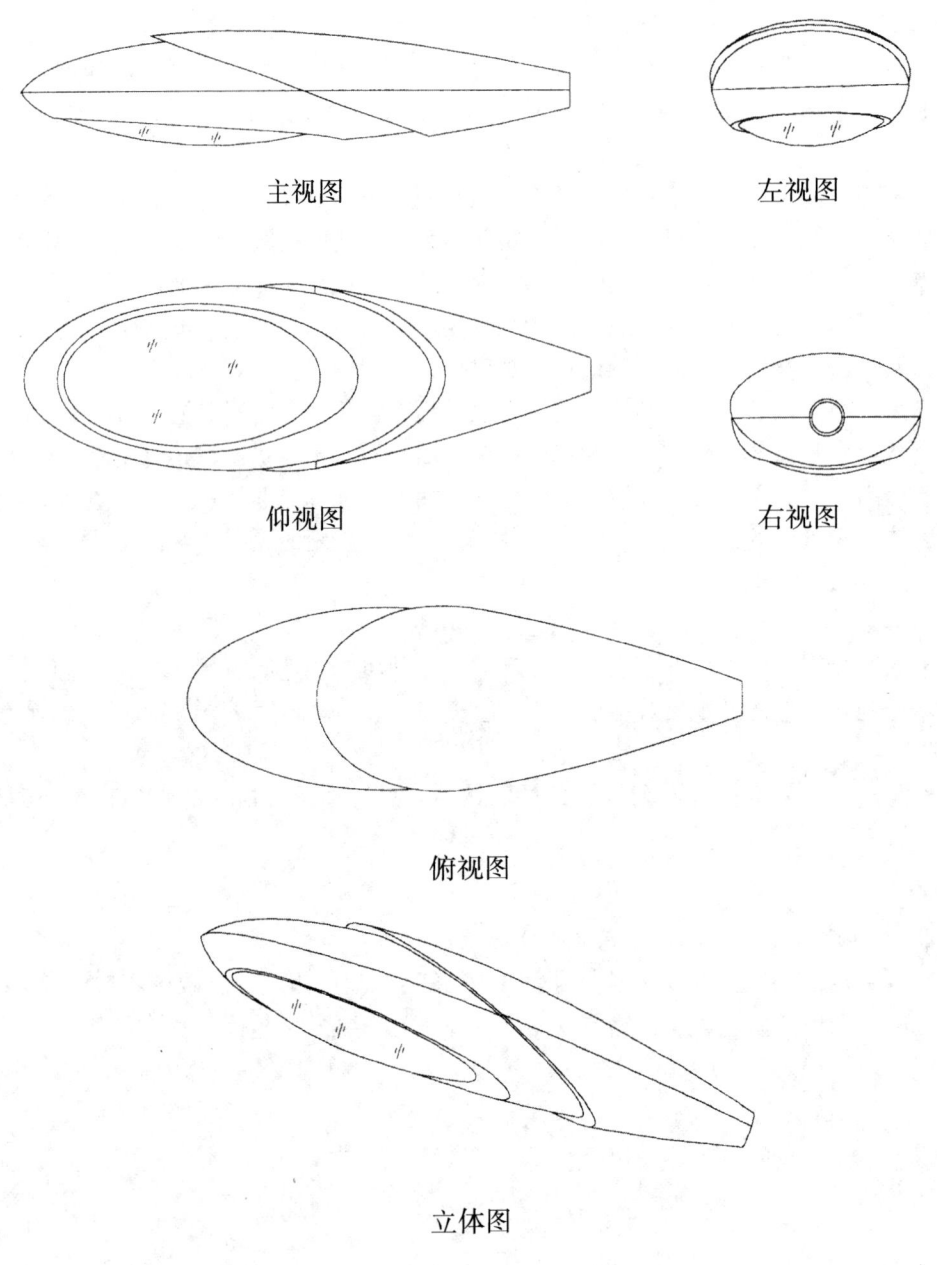

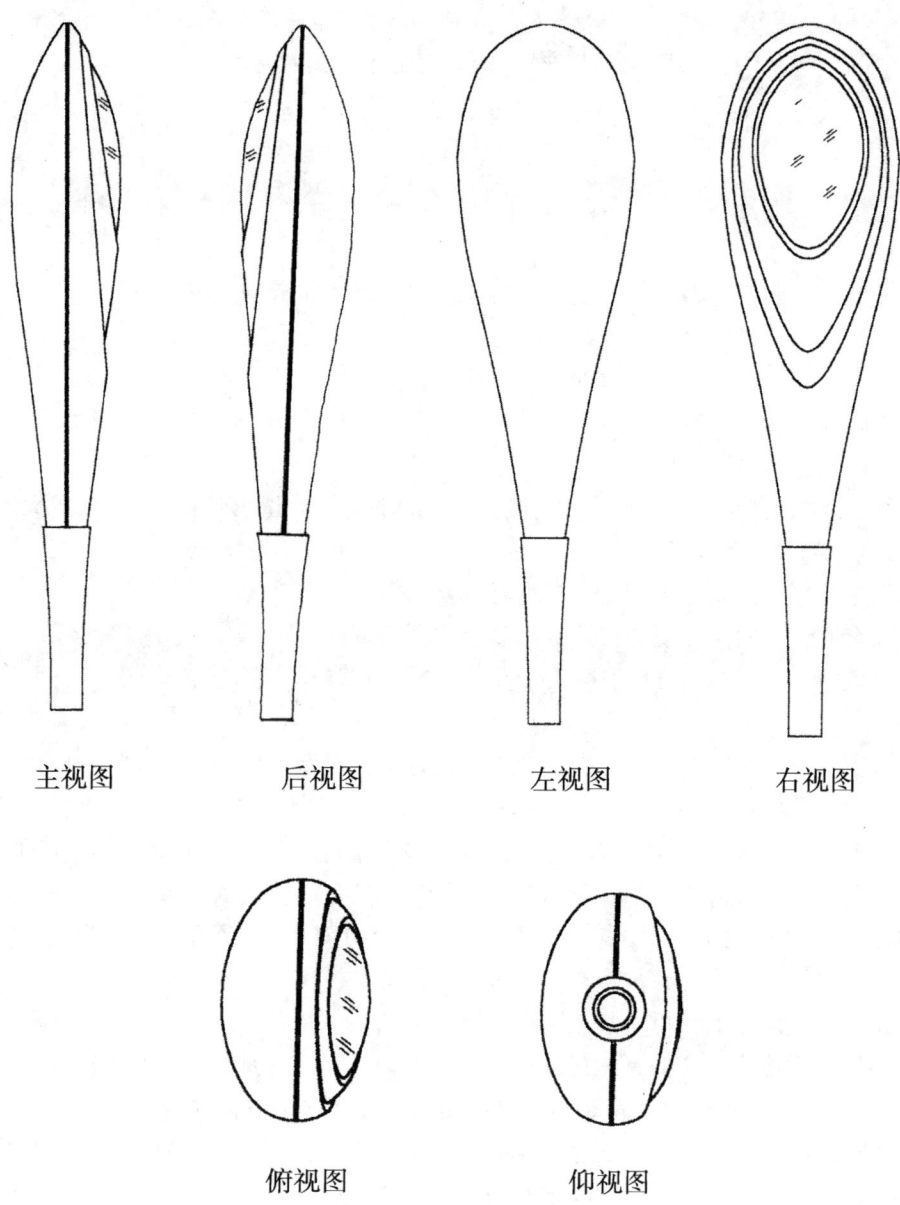

在先设计附图

# 北京市第一中级人民法院
# 行政判决书

(2008) 一中行初字第 435 号

原告宁波燎原工业股份有限公司，住所地浙江省余姚市兰江街道肖东工业园区。

法定代表人邵运蒸，董事长。

委托代理人左玉国，北京市立方律师事务所律师。

委托代理人张磊，女，1977年11月15日出生，北京市立方律师事务所实习律师，住山西省太原市杏花岭区柏杨树城建29号2户。

被告国家知识产权局专利复审委员会，住所地北京市海淀区北四环西路9号银谷大厦10~12层。

法定代表人廖涛，副主任。

委托代理人李改平，国家知识产权局专利复审委员会审查员。

委托代理人余心蕾，国家知识产权局专利复审委员会审查员。

第三人陆昌顺，男，1962年11月13日出生，汉族，住江苏省丹阳市界牌镇界东村安乐南山圩埭110号。

委托代理人王亚轩，北京金言诚信知识产权代理有限公司专利代理人。

原告宁波燎原工业股份有限公司（以下简称燎原公司）不服被告国家知识产权局专利复审委员会（以下简称专利复审委员会）第10771号无效宣告请求审查决定（以下简称第10771号决定），于法定期限内向本院提起行政诉讼。本院于2008年3月18日受理后，依法组成合议庭，并根据相关法律规定通知陆昌顺作为本案的第三人参加诉讼，于2008年5月14日公开开庭审理了本案。原告燎原公司的委托代理人左玉国、张磊，被告专利复审委员会的委托代理人李改平、余心蕾，第三人陆昌顺的委托代理人王亚轩到庭参加了诉讼。本案现已审理终结。

第三人陆昌顺针对燎原公司拥有的第200330120733.1号名称为"路灯（白玉兰）"的外观设计专利（以下简称本专利），向专利复审委员会提出无效宣告请求。专利复审委员会于2007年12月17日作出第10771号决定，认为：专利号为02340593.7的外观设计专利（以下简称在先设计）的公开日在本专利的申请日之前，可以作为判断本专利是否符合《中华人民共和国专利法》（以下简称《专利法》）第二十三条的规定的证据。由于本专利与在先设计都用于路灯，两者用途相同，故两者具有可比性。将本专利与在先设计进行对比，从玻璃罩所在正面观察可见，两者均由四个大小不同的椭圆构成，顶端呈圆弧状，尾部有大小变化。两者的不同之处在于：本专利的尾部呈斜口的套状设计，无棒状柄，在先设计的尾部没有此套状设计，有棒状柄。虽然本专利的尾部呈斜口的套状设计形成了两个层面，但两个层面的高差变化极小，由此所形成的外观设计视觉效果也是细微变化，更何况，作为路灯产品其一般被安装在较高高度，在使用状态下这种变化的视觉效果更为弱化，因而一般消费者容易忽略上述两个层面的高差变化，也即容易忽略套装设计形成的两个层面。而对于棒状柄，其属于路灯产品安装的必备部件，一般不会引起一般消费者的关注。除此之外，两者其他部分形状相近似，整体上导致一般消费者误认混同，造成相近似的视觉效果。按照整体观察、综合判断的原则，两者整体上属于相近似的外观设计。据此，专利复审委员会作出第10771号决定，宣告本专利专利权全部无效。

原告燎原公司不服第10771号决定，在法定期限内向本院提起行政诉讼，其诉称：（1）10771号决定对路灯外观设计产品的"一般消费者"的认定显属错误。10771号决定实质上是将路灯外观设计产品的"一般消费者"定位为行人或司机这样的普通大众,将与路灯产品基本上不存在消费关系的普通大众作为判断路灯产品外观设计是否相同或近似的判断主体,明显不符合《审查指南》的规定。"一般消费者"应当是指与被比设计产品存在消费关系的特定消费者群体。不同的产品具有不同的消费者群体,路灯作为市政工程方面的照明设备,并非大众消费品,市政公司、路灯所、建设局等单位采购、安装路灯的人员是路灯的特定消费群体,普通行人或司机与路灯不存在消费关系,不是路灯产品的"一般消费者",对路灯的外观设计状况缺乏常识性的了解,对有关的设计差别也不具有相应的分辨力,依法不能作为路灯产品外观设计是否相同或近似的判断主体。(2) 10771号决定所认定的本专利和在先设计的外观设计要素存在诸多错误之处,其在此基础上得出二者外观设计相近似的结论显属错误。本专利从正面(仰视图)来看,由三个大小不同的椭圆和一条弧线构成,路灯后壳斜包前壳形成两个层面,两壳斜交于中部,故中部呈斜口的套状设计,路灯从中部开始向后缓慢变小,线形呈扩张感,使路灯流线比较饱满扩张,整个路灯就象含苞待放的白玉兰。在先设计"琵琶形路灯"的外观设计,由两个大小不同的椭圆和两个大小不同的水滴形构成,路灯从中部开始向后迅速收缩变小,这种特有的曲线变化和其他要素相结合,使路灯前部形成大圆头、后部形成细长棒,路灯整体就像一个琵琶。一般消费者对在先设计和本专利进行整体观察、综合判断,二者表现出显著不同的整体视觉效果,不会导致一般消费者的误认和混同,二者不构成近似外观设计。此外,路灯尾部一般都没有棒状柄,棒状柄也并非路灯产品的必备功能性部件,在先设计中棒状柄是"琵琶形路灯"比较重要的外观设计要素之一。第10771号决定关于"而对于棒状柄,其属于路灯产品安装的必备部件"之认定显属错误。(3) 路灯作为专用照明设备,市政公司、路灯所、建设局等采购、安装路灯的人员为其一般消费者,在采购、安装路灯时很容易注意到本专利和在先设计之间的巨大差别,特别是整体像白玉兰的路灯和整体像琵琶的路灯之间显著不同的视觉效果。整体视觉效果显著不同的外观设计容易区分,不会引起一般消费者的误认混同,根据整体观察、综合判断的原则,二者不构成近似外观设计。因此,原告请求人民法院判决撤销第10771号决定。

被告专利复审委员会坚持第10771号决定的认定,并认为路灯属于日常生活中很常见的物品,对其认识不需要特殊知识,其消费者不属于特殊群体,不论路灯的采购、安装人员以及普通行人,均会认为本专利和在先设计相近似,因此请求人民法院维持第10771号决定。

第三人陆昌顺述称:第10771号决定审查程序合法,适用法律适当,事实认定清楚。原告对路灯判断定位出尔反尔、颠三倒四,有时主张对路灯判断定位是一般消费者,有时又主张对路灯判断应是特定消费群体,如市政人员等。路灯产品是被安装在较高的高度,在使用状态下细节变化的视觉效果被进一步弱化,一般消费者按照整体观察、综合判断的原则瞩目其整体外形并留有印象,所以本专利与在先设计进行对比,两者整体上属于相近似的外观设计。因此请求人民法院维持第10771号决定。

本院经审理查明:

第10771号决定涉及的是名称为"路灯(白玉兰)"、专利号为200330120733.1的外观设计专利(即本专利),该专利的申请日为2003年12月31日,授权公告日为2004年7月28日,现专利权人是燎原公司。本专利授权公告有6幅视图(本专利外观详见本判决书后附图)。

针对本专利,陆昌顺于2007年1月23日以本专利不符合《专利法》第九条、第二十三条和《中华人民共和国专利法实施细则》第十三条的规定为由,向专利复审委员会提出无效宣告请求,并提交了包括第02340593.7号中国外观设计专利公报在内的证据。第02340593.7号中国外观设计专利公报公开了一种"琵琶形路灯(5)"产品的外观设计(即在先设计,其外观详见本判决书后附图),其申请日为2002年9月16日,授权公告日为2003年4月23日,专利权人为燎原公司。

专利复审委员会于2007年8月21日对上述无效宣告请求案进行了口头审理。2007年12月17

日，专利复审委员会作出第 10771 号决定。

以上事实有本专利授权公告文本、第 10771 号决定、在先设计及当事人陈述等证据在案佐证。

本院认为：

《专利法》第二十三条规定，授予专利权的外观设计，应当同申请日以前在国内外出版物上公开发表过或者国内公开使用过的外观设计不相同和不相近似，并不得与他人在先取得的合法权利相冲突。本案中，在先设计的公开日早于本专利的申请日，且二者属于同一类别产品，可以用于评判本专利是否符合《专利法》第二十三条的规定。根据各方当事人的主张，本案的争议焦点在于本专利与在先设计是否相近似。

在判断外观设计是否相近似时，首先要确定判断主体。不同的判断主体，由于对被比设计产品的知识水平和认知能力存在差异，在判断两项外观设计是否相近似时，可能得出不同的结论。根据《审查指南》的规定，在判断外观设计是否相近似时，应当基于被比设计产品的一般消费者的知识水平和认知能力进行评价。这里所述的"一般消费者"是具体的，不同类别的被比设计产品具有不同的消费者群体。本案被比设计产品是路灯，其属于市政公共设施产品，其一般消费者主要是专门从事路灯的制造、销售、购买、安装及维修人员，他们对于路灯产品的外观有着常识性的了解，对于不同外观的路灯产品有相应的认知能力。

如果路灯产品的一般消费者经过对比，本专利与在先设计的差别对于产品的整体视觉效果具有显著的影响，则二者既不相同，也不相近似。将本专利与对比文件相比，本专利前部呈圆弧状，中部后壳斜包前壳形成有一定高差的两个层面的斜形套，整体流线饱满扩张，整体像合苞欲放的白玉兰；而在先设计顶端呈圆弧状，自中部开始向后迅速收缩变细形成细长棒，尾部带柄，整体像琵琶。对于关注路灯产品、对路灯产品具有一定知识水平和认知能力的上述消费者而言，其显然会注意到两者存在的上述不同，尤其是本专利存在高差的两个斜形套，及两者整体形状和风格的不同，会对二者整体视觉效果产生显著的影响，因此本专利与在先设计不相同也不相近似。被告认为路灯产品一般被安装在较高高度，在使用状态下本专利两个层面的高差变化更为弱化及一般消费者会忽视两个层面的高差变化等观点，没有充分考虑路灯产品的一般消费者的应有的知识水平和认知能力，其据此作出二者相近似的认定错误，本院予以纠正。

综上所述，被告作出的第 10771 号决定认定事实不清，结论错误，应予撤销。原告的诉讼请求具有事实和法律依据，本院予以支持。依照《中华人民共和国行政诉讼法》第五十四条第（二）项之规定，判决如下：

1. 撤销被告国家知识产权局专利复审委员会作出的第 10771 号无效宣告请求审查决定；

2. 被告国家知识产权局专利复审委员会就第 200330120733.1 号"路灯（白玉兰）"外观设计专利重新作出无效宣告请求审查决定。

案件受理费 100 元，由被告国家知识产权局专利复审委员会负担（于本判决生效之日起七日内交纳）。

如不服本判决，各方当事人可在本判决书送达之日起 15 日内，向本院递交上诉状及其副本，并交纳上诉案件受理费 100 元，上诉于北京市高级人民法院。

审 判 长　刘海旗
代理审判员　周云川
人民陪审员　郝建欣
二〇〇八年八月四日
书 记 员　高　颖

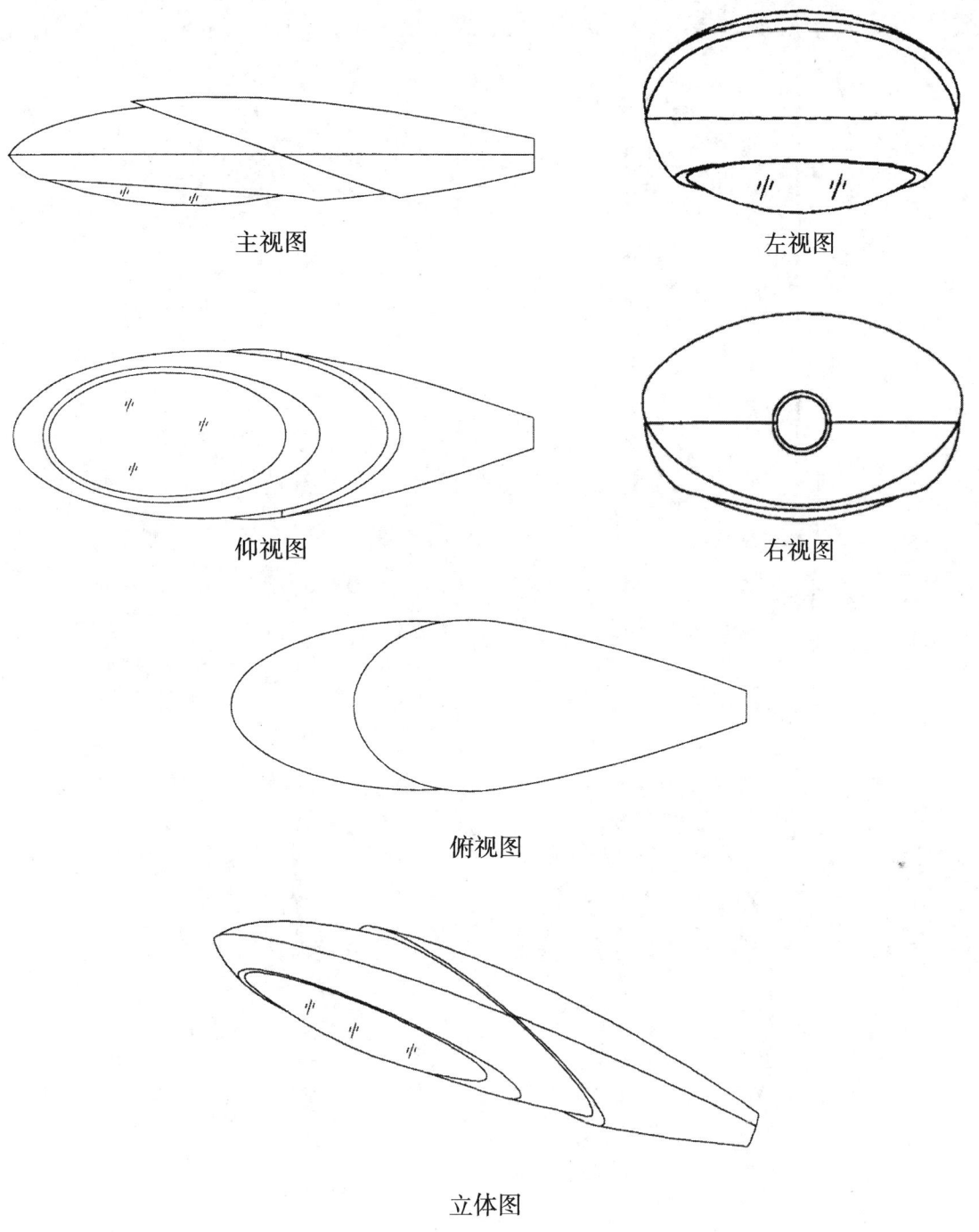

主视图　　　左视图

仰视图　　　右视图

俯视图

立体图

本专利附图

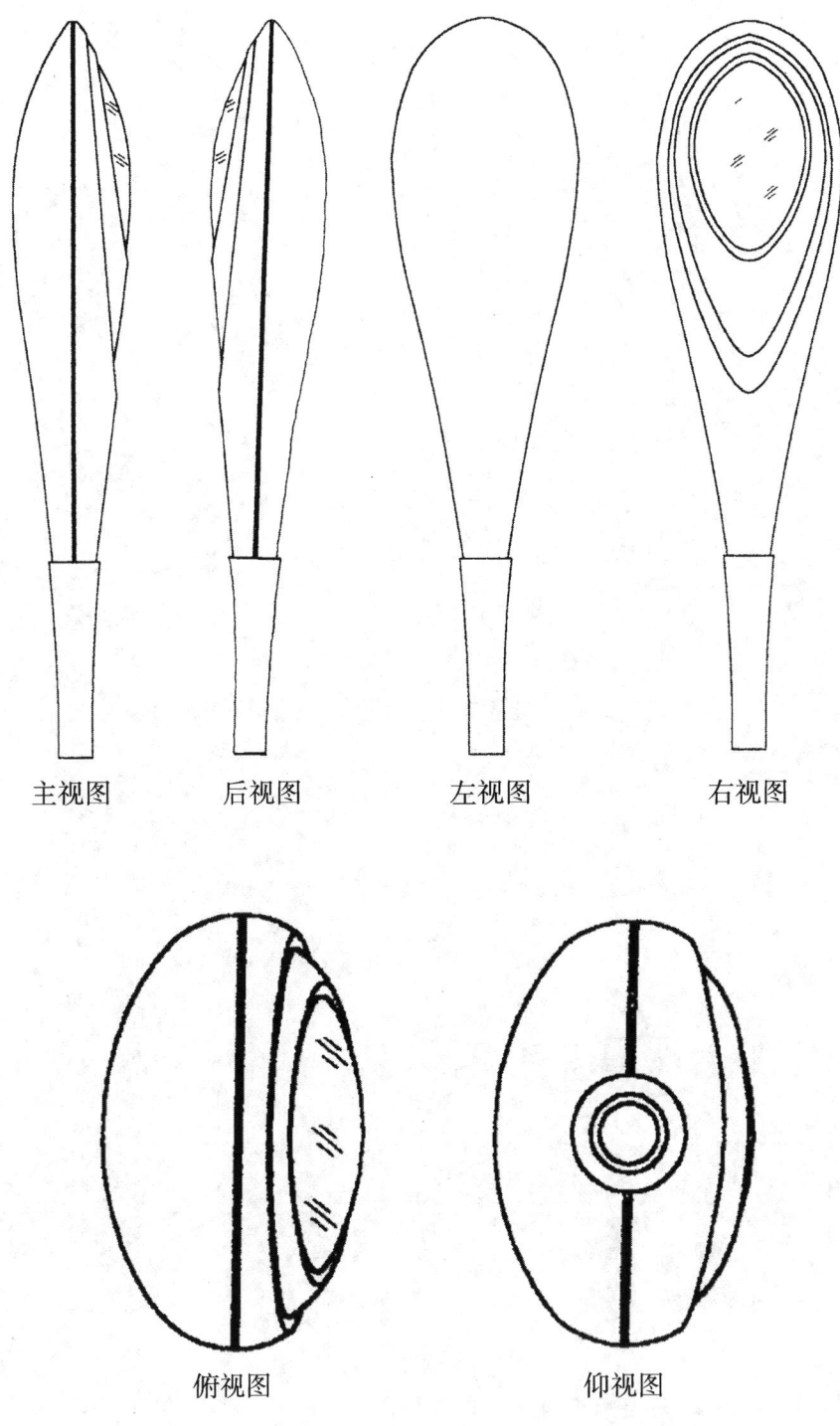

# 北京市高级人民法院
# 行政判决书

(2008) 高行终字第684号

上诉人（原审第三人）陆昌顺，男，汉族，1962年11月13日出生，住江苏省丹阳市界牌镇界东村安乐南山圩埭110号。

委托代理人王亚轩，男，汉族，1939年5月20日出生，北京金言诚信知识产权代理有限公司专利代理人，住北京市朝阳区安慧里三区18号楼1门502号。

委托代理人周研，北京市天元律师事务所律师。

被上诉人（原审原告）宁波燎原工业股份有限公司，住所地浙江省余姚市兰江街道肖东工业园区。

法定代表人邵运蒸，董事长。

委托代理人左玉国，北京市立方律师事务所律师。

委托代理人张磊，女，汉族，1977年11月15日出生，北京市立方律师事务所实习律师，住山西省太原市杏花岭区柏杨树城建29号2户。

原审被告国家知识产权局专利复审委员会，住所地北京市海淀区北四环西路9号银谷大厦10~12层。

法定代表人廖涛，副主任。

委托代理人隋璐，国家知识产权局专利复审委员会审查员。上诉人陆昌顺因外观设计专利权无效行政纠纷一案，不服北京市第一中级人民法院（2008）一中行初字第435号行政判决，于法定期限内向本院提出上诉。本院于2008年11月6日受理本案后，依法组成合议庭，于2008年12月2日公开开庭审理了本案。上诉人陆昌顺及其委托代理人王亚轩、周研，被上诉人宁波燎原工业股份有限公司（以下简称燎原公司）的委托代理人左玉国、张磊，原审被告国家知识产权局专利复审委员会（以下简称专利复审委员会）的委托代理人隋璐到庭参加了诉讼。本案现已审理终结。

北京市第一中级人民法院认定，燎原公司是申请日为2003年12月31日、名称为"路灯（白玉兰）"、专利号为200330120733.1的外观设计专利（以下简称本专利）的权利人。2007年1月23日，陆昌顺以本专利不符合《中华人民共和国专利法》（以下简称《专利法》）第九条、第二十三条和《中华人民共和国专利法实施细则》（以下简称《专利法实施细则》）第十三条的规定为由，请求专利复审委员会宣告本专利无效，并提交了包括第02340593.7号中国外观设计专利公报在内的证据。第02340593.7号中国外观设计专利公报公开了一种"琵琶形路灯（5）"产品的外观设计（以下简称在先设计），其申请日为2002年9月16日，授权公告日为2003年4月23日，专利权人为燎原公司。专利复审委员会于2007年8月21日对上述无效宣告请求案进行了口头审理，并于2007年12月17日作出第10771号无效宣告请求审查决定（以下简称第10771号决定），以本专利与在先设计属于相近似的外观设计为由，宣告本专利权全部无效。

北京市第一中级人民法院认为，在判断外观设计是否相近似时，应当基于被比设计产品的一般消费者的知识水平和认知能力进行评价，不同类别的被比设计产品具有不同的消费者群体。本案被比设计产品是路灯，属于市政公共设施产品，其一般消费者主要是专门从事路灯的制造、销售、购买、安装及维修人员，他们对路灯产品的外观有着常识性的了解，对于不同外观的路灯产品具有相应的认知能力。将本专利与对比文件相比，本专利前部呈圆弧状，中部后壳斜包前壳形成有一定高差的两个层面的斜形套，整体流线饱满扩张，整体像含苞欲放的白玉兰；而在先设计顶端呈圆弧状，自中部开始向后迅速收缩变细形成细长棒，尾部带柄，整体像琵琶。对于关注路灯产品、对路灯产品具有一定知识水平和认知能力的上述一般消费者而言，其显然会注意到两者存在的上述不同，尤其是本专利存在高差的两个斜形套，及两者整体形状和风格的不同，会对二者整体视觉效果产生显著的影响，因此本专利与在先设计不相同也不相近似。专利复审委员会没有充分考虑路灯产品的一般消费者应有的知识水平和认知能力，其据此作出二者相近似的认定错误，应予纠正。北京市第一中级人民法院依照《中华人民共和国行政诉讼法》第五十四条第（二）项之规定，判决：（1）撤销被告国家知识产权局专利复审委员会作出的第10771号无效宣告请求审查决定；（2）被告国家知识产权局专利复审委员会就第200330120733.1号"路灯（白玉兰）"外观设计专利重新作出无效宣告请求审查决定。

陆昌顺不服一审判决并向本院提起上诉，请求撤销一审判决并维持第10771号决定。陆昌顺的上诉理由是，一审判决对路灯类产品的判断主体的判定有误，行人应当是路灯类产品的一般消费者，本专利与在先设计已经构成相似外观设计，应被宣告无效。

专利复审委员会及燎原公司服从原审判决。

本院经审理查明：

名称为"路灯（白玉兰）"的外观设计专利（即本专利）的申请日为2003年12月31日，授权公告日为2004年7月28日，专利号为200330120733.1。本专利授权公报有6幅视图（见本判决书附图一），目前本专利的权利人为燎原公司。

2007年1月23日，陆昌顺以本专利不符合《专利法》第九条、第二十三条和《专利法实施细则》第十三条的规定为由，请求专利复审委员会宣告本专利无效，并提交了包括第02340593.7号中国外观设计专利公报在内的10份证据。第02340593.7号中国外观设计专利公报公开了一种"琵琶形路灯（5）"产品的外观设计（即在先设计，详见本判决书附图二），其申请日为2002年9月16日，授权公告日为2003年4月23日，专利权人为燎原公司。

2007年8月21日，专利复审委员会针对上述无效宣告请求进行了口头审理，并于2007年12月17日作出第10771号决定。专利复审委员会在第10771号决定中认定：在先设计的公开日在本专利的申请日之前，可以作为判断本专利是否符合《专利法》第二十三条的规定的证据。由于本专利与在先设计都用于路灯，两者用途相同，故两者具有可比性。将本专利与在先设计进行对比，从玻璃罩所在正面观察可见，两者均由四个大小不同的椭圆构成，顶端呈圆弧状，尾部有大小变化。两者的不同之处在于：本专利的尾部呈斜口的套状设计，无棒状柄，在先设计的尾部没有此套状设计，有棒状柄。虽然本专利的尾部呈斜口的套状设计形成了两个层面，但两个层面的高差变化极小，由此所形成的外观设计视觉效果也是细微变化，更何况作为路灯产品其一般被安装在较高高度，在使用状态下这种变化的视觉效果更为弱化，因而一般消费者容易忽略上述两个层面的高差变化，也即容易忽略套装设计形成的两个层面。而对于棒状柄，其属于路灯产品安装的必备部件，一般不会引起一般消费者的关注。除此之外，两者其他部分形状相近似，整体上导致一般消费者误认混同，形成相近似的视觉效果。按照整体观察、综合判断的原则，两者整体上属于相近似的外观设计。据此，专利复审委员会在第10771号决定中宣告本专利权全部无效。

燎原公司不服第10771号决定并依法向原审法院起诉，请求撤销第10771号决定。

以上事实有本专利授权公告文本、第10771号决定、在先设计及当事人陈述等证据在案佐证。

本院认为：本案在先设计是一项在本专利申请日前即已获得授权的同类产品的外观设计专利，故其能够用于对本案外观设计专利相同或相近似性的判断。在判断外观设计是否相同或相近似时，应当基于被比外观设计产品的一般消费者的知识水平和认知能力进行评价，不同种类的产品有不同的消费群体。本案专利产品是路灯，属于公共服务设施，消费者是对在使用状态下的路灯进行观察和欣赏。在界定路灯类产品的一般消费者时，应当注重该类产品的使用状态。路灯的使用者及路灯功能的享用者包括不特定的过往行人，而并非仅仅是指专门从事路灯的制造、销售、购买、安装及维修人员一。原审法院将路灯类产品的一般消费者仅仅界定为从事路灯制造、销售、购买、安装及维修人员明显不当，本院依法予以纠正。上诉人关于原审法院对路灯类产品的判断主体的判定有误的上诉理由成立，本院予以支持。将本专利与在先设计相比，本专利前部呈圆弧状，中部后壳斜包前壳形成有一定高差的两个层面的斜形套，整体流线饱满扩张，整体像含苞欲放的白玉兰；而在先设计顶端呈圆弧状，自中部开始向后迅速收缩变细形成细长棒，尾部带柄，整体像琵琶。路灯类产品的一般消费者很容易注意到两者存在的上述差别，且这种差别对二者整体视觉效果具有显著影响，因此本专利与在先设计不相同也不相近似。原审法院虽然对路灯类产品的判断主体的认定有误，但其判决结果正确，本院予以维持，上诉人关于本专利与在先设计已经构成相似外观设计的上诉理由不能成立，应予驳回。

综上，上诉人陆昌顺的上诉理由虽部分成立，但其上诉主张因缺乏事实及法律依据不能成立，本院不予支持。一审判决虽对路灯类产品外观设计专利的判断主体的认定有误，但其认定事实清楚，判决结果正确，本院予以维持。依据《中华人民共和国行政诉讼法》第六十一条第（一）项之规定，判决如下：

驳回上诉，维持原判。

一审案件受理费人民币100元，由国家知识产权局专利复审委员会负担（于本判决生效之日起七日内交纳）；二审案件受理费100元，由陆昌顺负担（已交纳）。

本判决为终审判决。

审　判　长　刘继祥
代理审判员　刘晓军
代理审判员　潘　伟
二〇〇九年二月十日
书　记　员　孙　娜

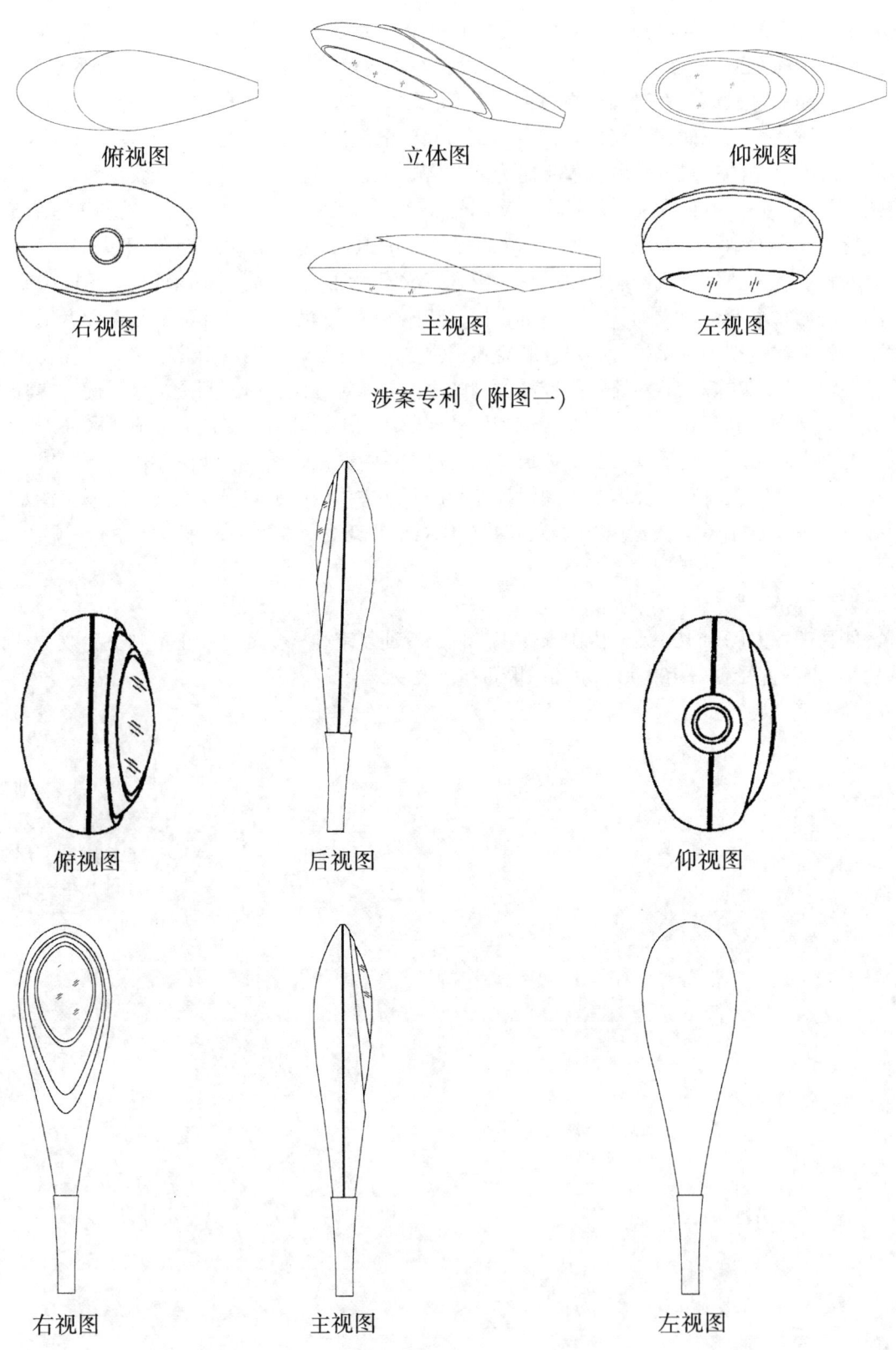

# 组合座椅（三）

## 无效宣告请求审查决定（第 10772 号）

| | |
|---|---|
| 决 定 号 | 第 10772 号 |
| 决 定 日 | 2007 年 12 月 14 日 |
| 发明创造名称 | 组合座椅（三） |
| 外观设计分类号 | 06-01 |
| 无效宣告请求人 | 厦门群力金属制品有限公司 |
| 专 利 权 人 | 金斯曼有限公司 |
| 专 利 号 | 200430102973.3 |
| 申 请 日 | 2004 年 11 月 2 日 |
| 优 先 权 日 | 2004 年 7 月 9 日 |
| 授权公告日 | 2006 年 2 月 15 日 |
| 合议组组长 | 王霞军 |
| 主 审 员 | 钟华 |
| 参 审 员 | 李改平 |
| 附 图 | 2 页 |

**法 律 依 据** 专利法第 23 条，专利实施细则第 10 条

**决 定 要 点**

请求人提交的证据相互印证，可以证明在本专利优先权日前有与其相近似的外观设计在国内公开使用过，因此本专利不符合专利法第 23 条的规定。

### 一、案由

本无效宣告请求涉及国家知识产权局于 2006 年 2 月 15 日授权公告的名称为"组合座椅（三）"的 200430102973.3 号外观设计专利（下称本专利），其申请日为 2004 年 11 月 2 日，其优先权日为 2004 年 7 月 9 日，专利权人为金斯曼有限公司。

针对本专利，厦门群力金属制品有限公司（下称请求人）于 2007 年 4 月 25 日向专利复审委员会提出无效宣告请求，其理由是在本专利申请日前已经在国内公开使用过与本专利相近似的外观设计，因此本专利不符合专利法第 23 条的规定，请求人同时提交了如下证据：

证据 1：中华人民共和国广东省广州市公证处出具的（2007）穗证内经字第 52392 号公证书复印件。

经形式审查合格，专利复审委员会依法受理了上述无效宣告请求，并于 2007 年 4 月 26 日将无效

宣告请求书及相关文件的副本转给专利权人，要求其在指定的期限内答复。专利权人逾期未进行答复。

专利复审委员会于 2007 年 8 月 13 日向双方当事人发出口头审理通知书，定于 2007 年 9 月 19 日日举行口头审理。

口头审理如期举行，双方当事人均有代理人参加本次口头审理。在口头审理中，请求人出示了证据 1 的原件，明确其无效宣告理由为专利法第 23 条所述的与本专利相近似的外观设计在本专利申请日前在国内公开使用过，主张以证据 1 上所附合同日 2003 年 7 月 8 日、中标日 2003 年 4 月 10 日、验收日 2004 年 6 月 4 日为公开日。专利权人对证据 1 公证书本身的真实性无异议，但对公证书所附的《证明》、照片、资料之间的关联性和真实性有异议，认为《证明》的出具单位为本案的利害关系人，因此该证明不能作为认定事实的依据，认为招标中标等行为为非公开行为，因此不能证明在先公开使用。在此基础上，双方当事人进行了充分的意见陈述和辩论。

至此，合议组认为本案事实已经调查清楚，可以作出如下审查决定。

## 二、决定的理由

1. 法律依据

专利法第 23 条规定：授予专利权的外观设计，应当同申请日以前在国内外出版物上公开发表过或者国内公开使用过的外观设计不相同和不相近似，并不得与他人在先取得的合法权利相冲突。

专利法实施细则第 10 条规定：除专利法第 28 条和第 42 条规定的情形外，专利法所称申请日，有优先权的，指优先权日。

2. 证据的认定

证据 1 是一份公证书，专利权人对该公证书本身的真实性无异议，证据 1 的真实性应予以确认。证据 1 公证的事项为保全行为，具体事项为公证员于 2007 年 4 月 26 日上午来到广州白云国际机场扩建工程指挥部，该指挥部出具了《证明》并附照片 6 页，随后该指挥部的档案室复印了相关资料 5 页，档案室工作人员在复印资料上加盖了档案室的印章，最后公证员来到广州白云国际机场航站楼，对其内正在使用的部分座椅的所处位置、外观及厂家标识进行了拍照，共拍摄照片 15 张。该公证书附有三份附件，其中附件 1 为上述广州白云国际机场扩建指挥部的档案室 5 页资料复印件；附件 2 为上述广州白云国际机场扩建工程指挥部出具的《证明》原件及照片共 7 页；附件 3 为上述公证员所拍 15 张照片。

附件 1 为广州白云国际机场扩建指挥部的档案室 5 页资料复印件，其中第 1 页为一张座椅的工程图，第 2 页为招标合同，上有"中仪国际招标公司"、"广州白云国际机场有限公司"、"太原天龙集团股份有限公司"的印章，日期为 2003 年 7 月 8 日，第 3 页为中标产品清单，上有"民航物货设备招投标评标委员会"的印章，日期为 2003 年 4 月 10 日，第 4 页为开工报告，上有"太原天龙集团股份有限公司"、"广州白云国际机场迁建工程指挥部总工程师办公室"的印章，日期分别为 2004 年 3 月 28 日和 2004 年 3 月 31 日，计划竣工日期为 2004 年 5 月 20 日，第 5 页为"广州白云国际机场迁建工程航站楼座椅项目验收结论"，上有"航站楼座椅项目验收领导小组，二〇〇四年六月四日"字样，并有诸多自然人签名。附件 1 的 5 页资料上均有"广州白云国际机场扩建工程指挥部档案业务专用章此件与原件相符，原件存于本单位"的印章。

附件 2 为上述广州白云国际机场扩建工程指挥部出具的《证明》原件及照片共 7 页。该《证明》的内容是"兹有广州白云国际机场有限公司（广州白云国际机场迁建工程指挥部）于 2003 年 3 月通过招标形式采购航站楼座椅一批，于 2003 年 4 月 10 日确定中标商，于 2003 年 7 月 8 日与中标商签订采购合同，于 2004 年 6 月 4 日验收合格接收使用，该批航站楼座椅使用于广州新白云国际机场航站楼内，于 2004 年 8 月 5 日广州新白云国际机场通航后正式启用。附 2003 年 7 月 8 日采购的航站楼座椅图片。"上述《证明》及照片各页均有"广州白云国际机场扩建工程指挥部招标采购部"的印章。

合议组认为：附件 1 为广州白云国际机场扩建指挥部的档案室复印资料，其真实性应予以确认。附件 2 为附件 1 资料所在单位职能部门出具的书面证明，且其内容和附件 1 一致，因此其真实性也应予以确认。专利权人虽然对附件 1 和附件 2 的真实性持有异议，主张附件 2 的出具单位是本案的利害关系人，但并未提交任何足以推翻附件 1 和附件 2 的相反证据，不足以否定附件 1 和附件 2 的真实性。

附件 3 为公证员于 2007 年 4 月 16 日在广州白云国际机场航站楼所拍摄的 15 张座椅照片，其真实性应该予以确认。

合议组认为，附件 1 和附件 2 相互印证，可以证明以下事实：广州白云国际机场有限公司在 2003 年 3 月采购航站楼座椅，于 2003 年 4 月 10 日确定中标商，于 2003 年 7 月 8 日与中标商签订采购合同，于 2004 年 6 月 4 日验收合格，2004 年 8 月 5 日白云机场正式启用。专利权人认为招标中标等行为为非公开行为，但是在招标、中标后，上述座椅销售给广州白云国际机场，随后在其航站楼安装，并于 2006 年 6 月 4 日验收合格，在没有证据证明验收合格前的销售行为是保密的情况下，应该认为该销售行为已经完成并已经构成使用公开。由于航站楼座椅于 2004 年 6 月 4 日验收合格，因此该销售行为应早于 2004 年 6 月 4 日，即在本专利优先权日 2004 年 7 月 9 日之前，因此所述航站楼座椅在本专利优先权日之前已经在国内公开使用。同时，附件 1 第 1 页的图纸与附件 2 所附的照片、附件 3 的照片相一致，可以证明上述航站楼座椅的外观设计（下称在先设计）。

3. 本专利是否符合专利法第 23 条的规定

本专利为组合椅的外观设计，在先设计也为组合椅的外观设计，两者所属产品的种类相同，因此可以进行外观设计近似性比较。

本专利为组合座椅，由三张座椅组合而成，各座椅之间由一扶手分割，扶手为顶边略呈弧形的三角形，组合座椅两侧各有一人字形支脚，各座椅座板的下侧面有一三角形支架，支架内有两个镂空孔，一镂空孔为梯形，另一镂空孔近似三角形，座椅靠背后侧也有同样设计的三角形支架（详见本专利附图）。

在先设计为组合座椅，由三张座椅组合而成，各座椅之间由一扶手分割，扶手为顶边略呈弧形的三角形，组合座椅两侧各有一人字形支脚，各座椅座板的下侧面有一三角形支架，支架内有两个镂空孔，一镂空孔为梯形，另一镂空孔近似三角形，座椅靠背后侧也有同样设计的三角形支架（详见在先设计附图）。

将本专利与在先设计对比，两者的整体形状、主要构件的形状及位置关系均一致。合议组认为：对于一般消费者而言，容易将本专利与在先设计相混同，因此本专利与在先设计构成相近似的外观设计。由此可见，在本专利优先权日前，已经有与本专利相近似的外观设计在国内公开使用过，因此本专利不符合专利法第 23 条的规定。

三、决定

根据专利法第 23 条和专利法第 46 条第 1 款的规定，宣告 200430102973.3 号外观设计专利权全部无效。

根据专利法第 46 条第 2 款的规定，当事人对本决定不服的，自收到本决定之日起三个月内向北京市第一中级人民法院起诉，根据该款规定，一方当事人起诉后，另一方当事人应当作为第三人参加诉讼。

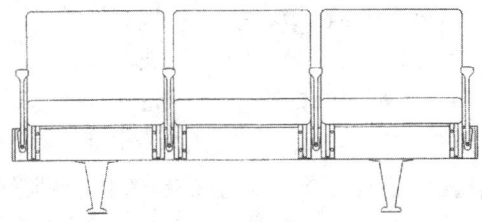

主视图

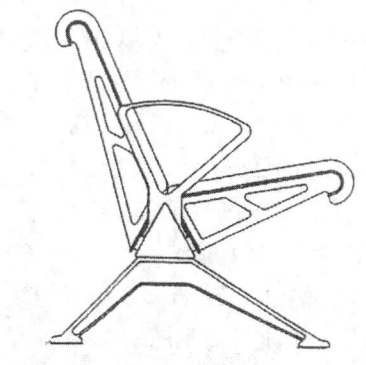

左视图

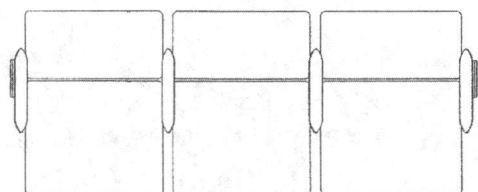

俯视图

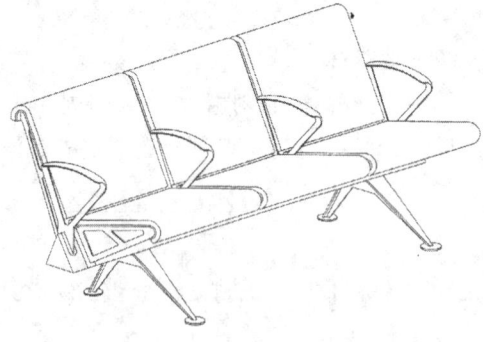

立体图

本专利附图

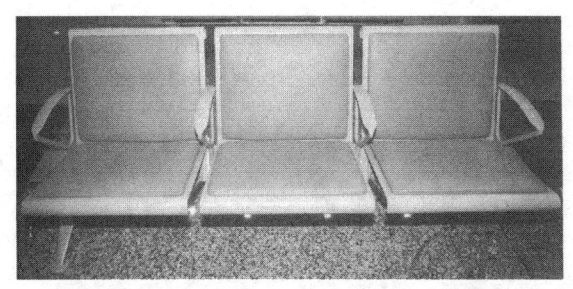

在先设计附图

# 按摩椅（DLK-H009 智能）

## 无效宣告请求审查决定（第 10773 号）

| | |
|---|---|
| 决 定 号 | 第 10773 号 |
| 决 定 日 | 2007 年 12 月 14 日 |
| 发明创造名称 | 按摩椅（DLK-H009 智能） |
| 外观设计分类号 | 06-01 |
| 无效宣告请求人 | 邵文岳 |
| 专 利 权 人 | 温州得力康电子有限公司 |
| 专 利 号 | 200630106888.3 |
| 申 请 日 | 2006 年 4 月 4 日 |
| 授权公告日 | 2007 年 2 月 28 日 |
| 合议组组长 | 王霞军 |
| 主 审 员 | 钟 华 |
| 参 审 员 | 李改平 |
| 附 图 | 3 页 |
| 法 律 依 据 | 专利法第 23 条 |

**决 定 要 点**

（1）证据上虚线显示的图片已经公开了一项外观设计，该外观设计与本专利所属产品的领域相同，因此可以与本专利进行近似性对比；

（2）本专利与在先设计相比，两者不相同且不相近似，因此在先设计不能证明本专利不符合专利法第 23 条的规定。

## 一、案由

本无效宣告请求涉及国家知识产权局于 2007 年 2 月 28 日授权公告的名称为"按摩椅（DLK-H009 智能）"的 200630106888.3 号外观设计专利（下称本专利），其申请日为 2006 年 4 月 4 日，专利权人为温州得力康电子有限公司。

针对本专利，邵文岳（下称请求人）于 2007 年 3 月 13 日向专利复审委员会提出无效宣告请求，其理由是在本专利申请日前已经公开发表过与其相近似的外观设计，因此本专利不符合专利法第 23 条的规定，请求人同时提交如下附件作为证据：

附件 1：国家知识产权局网站上下载的 03355212.6 号外观设计专利著录项目信息及图片复印件 3 页；

附件2：国家知识产权局网站上下载的03355213.4号外观设计专利著录项目信息及图片复印件2页；

附件3：国家知识产权局网站上下载的本外观设计专利著录项目信息及图片复印件1页。

经形式审查合格，专利复审委员会依法受理了上述无效宣告请求，并于2007年3月13日将无效宣告请求书及相关文件的副本转给专利权人，要求其在指定的期限内答复。

2007年4月4日专利权人提交了意见陈述书，认为：本专利与附件1和附件2上记载的外观设计均不相同且不相近似；证据1中虚线表示的图片不能与本专利进行近似性对比；外观设计相近似性对比应该遵循单独对比原则，因此不能将附件1和附件2上记载的外观设计结合后与本专利进行对比。专利权人同时请求专利复审委员会对本案进行口头审理。

专利复审委员会于2007年7月4日向双方当事人发出口头审理通知书，定于2007年8月29日举行口头审理，同时将上述专利权人提交的意见陈述书转送给请求人。

口头审理如期举行，双方当事人均有代理人参加本次口头审理。在口头审理中，请求人坚持其在无效宣告请求书中的意见，专利权人对附件1和附件2的真实性均无异议，认为附件1中的虚线表示的视图不能与本专利进行近似性比较，即使可以比较两者也不相同且不相近似。在此基础上，双方当事人进行了充分的意见陈述和辩论。

至此，合议组认为本案事实已经调查清楚，可以作出审查决定。

## 二、决定的理由

1. 法律依据

专利法第23条规定：授予专利权的外观设计，应当同申请日以前在国内外出版物上公开发表过或者国内公开使用过的外观设计不相同和不相近似，并不得与他人在先取得的合法权利相冲突。

2. 证据的认定

附件1、附件2为国家知识产权局网站上下载的外观设计专利著录项目信息及图片复印件，专利权人对附件1和附件2的真实性均无异议，经合议组核实，附件1和附件2的内容真实。附件1的公开日为2004年9月15日，附件2的公开日为2004年6月2日，均在本专利申请日之前，因此其上记载的外观设计均构成在本专利申请日前公开发表过的外观设计。

3. 本专利是否符合专利法第23条的规定

专利权人指出附件1所公开的按摩椅只是一个假想的形状，只是用虚线表示的一个大致轮廓，并不能表达所公开的真正内容，因此不能与本专利进行相近似性比较。对此，合议组认为：附件1记载的外观设计专利保护的是按摩椅的前臂按摩装置，但是其以虚线表示的使用状态参考图已经公开了一款按摩椅的外观设计（下称在先设计1），由于本专利与在先设计1所属产品的种类相同，因此可以进行外观设计近似性比较。

本专利为按摩椅的外观设计，该按摩椅由靠背、两个扶手、两个前臂按摩装置、座垫、底部、搁脚部组成。其中座垫位于中间部位，形状近似倒圆角正方形，中央有两条平行线；靠背位于座垫的上方，形状近似长方形，靠背上部的中央有正梯形外框和倒梯形的凸出垫块，靠背下部的中央有三个长方形框；搁脚部位于座垫下方，有两个弯弧形夹脚槽；扶手前高后低，形状为细长的倒圆角长方形；两个前臂按摩装置分别位于两个扶手上，形状呈拳头状，其开口部相对，开口较小；一端扶手上方有一长方形控制器；扶手下方的按摩椅外侧各有近似扇形的凸出部分，扇形凸出部分的下方向外伸出一台阶构成底部的一部分，台阶的边沿成起伏弯曲状；按摩椅的后面底部向外突出，有两个小转轮（详见本专利附图）。

在先设计1为按摩椅的外观设计，该按摩椅由靠背、两个扶手、座垫、底部、搁脚部组成，其中座垫位于中间部位，形状近似倒圆角正方形；靠背位于座垫的上方，形状近似长方形，有两条平行线贯穿靠背及座垫；靠背上部的中央有倒圆角长方形的凸出垫块；搁脚部位于座垫下方，形状呈长方形；扶手前低后高，形状为细长的倒圆角长方形；两个前臂按摩装置分别位于两个扶手上，其且开口部相对，形状呈弯曲手掌状，开口较大；扶手下方的按摩椅的外侧面呈近似平滑的长方形；按摩椅的底部呈平板状向侧面、向后方突出，后面有两个小转轮（详见在先设计1附图）。

将本专利与在先设计1对比，两者均包括靠背、两个扶手、座垫、底部、搁脚部，两者座垫、靠背、扶手、转轮的形状近似，两者的主要不同之处在于：本专利与在先设计1的靠背上的凸出垫块形状不同；两者前臂按摩装置的形状不同；本专利有两个弧形夹脚槽，在先设计1虽有搁脚部，但无夹脚槽；本专利扶手下方的按摩椅外侧有扇形的凸出部分，在先设计1扶手下方的按摩椅外侧呈近似平滑的长方形；本专利有控制器，在先设计1无控制器；合议组认为：对于整个按摩椅而言，靠背、两个扶手、座垫、底部、搁脚部为其基本构成部件，本专利与在先设计1的靠背、座垫、扶手、转轮均采用了通常所见的形状设计。对于一般消费者而言，本专利与在先设计1靠背上的垫块形状的不同、有无夹脚槽的不同、前臂按摩装置形状的不同、扶手下方的按摩椅外侧形状的不同、扶手倾斜方向的不同、按摩椅底部形状的不同已经构成两者明显的区别，足以对产品的整体视觉效果造成显著的影响，因此本专利与在先设计1应属于不相同且不相近似的外观设计，附件1不能证明本专利不符合专利法第23条的规定。

本专利为按摩椅的外观设计，在先设计2也为按摩椅的外观设计，两者所属产品的种类相同，因此可以进行外观设计近似性比较。

在先设计2为按摩椅的外观设计，该按摩椅由靠背、两个扶手、座垫、底部、搁脚部组成，其中座垫位于中间部位，形状近似倒圆角正方形；靠背位于座垫的上方，形状近似长方形，有两条平行线贯穿靠背及座垫；靠背上部的中央有倒圆角长方形的凸出垫块；搁脚部位于座垫下方，形状呈长方形；两个扶手分别位于靠背的两侧并位于座垫的上方，扶手前低后高，形状为细长的倒圆角长方形；扶手下方的按摩椅的外侧面呈近似平滑的长方形；按摩椅的底部呈平板状向侧面、向后方突出，后面有两个小转轮（详见在先设计2附图）。

将本专利与在先设计2对比，两者均包括靠背、两个扶手、座垫、底部、搁脚部，两者座垫、靠背、扶手、转轮的形状近似，两者的主要不同之处在于：本专利有前臂按摩装置，在先设计2无前臂按摩装置；本专利有两个弯弧形夹脚槽，在先设计2虽有搁脚部，但无夹脚槽；两者靠背上的凸出垫块的形状不同；本专利扶手下方的按摩椅外侧有扇形的凸出部分，在先设计2扶手下方的按摩椅外侧呈近似平滑的长方形；本专利有控制器，在先设计2无控制器；合议组认为：对于整个按摩椅而言，靠背、两个扶手、座垫、底部、搁脚部为其基本构成部件，本专利与在先设计2的靠背、座垫、扶手、转轮均采用了通常所见的形状设计。对于一般消费者而言，本专利与在先设计2靠背上的垫块的不同、有无前臂按摩装置和夹脚槽的不同、扶手下方的按摩椅外侧形状的不同、扶手倾斜方向的不同、按摩椅底部的不同已经构成两者明显的区别，足以对产品的整体视觉效果造成显著的影响，因此本专利与在先设计2应属于不相同且不相近似的外观设计，附件2不能证明本专利不符合专利法第23条的规定。

### 三、决定

根据专利法第23条和专利法第46条第1款的规定，维持200630106888.3号外观设计专利权有效。

根据专利法第46条第2款的规定，当事人对本决定不服的，自收到本决定之日起三个月内向北京市第一中级人民法院起诉，根据该款规定，一方当事人起诉后，另一方当事人应当作为第三人参加诉讼。

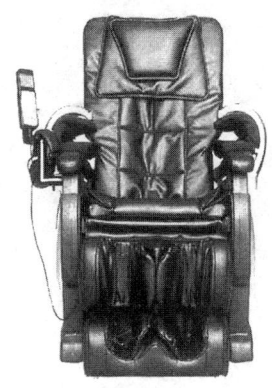
主视图

后视图

左视图

右视图

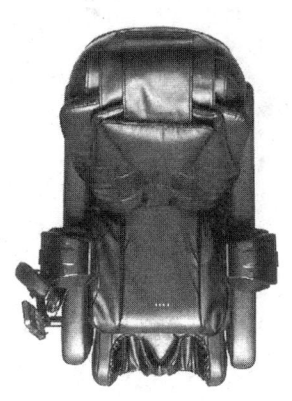
俯视图

仰视图

本专利附图

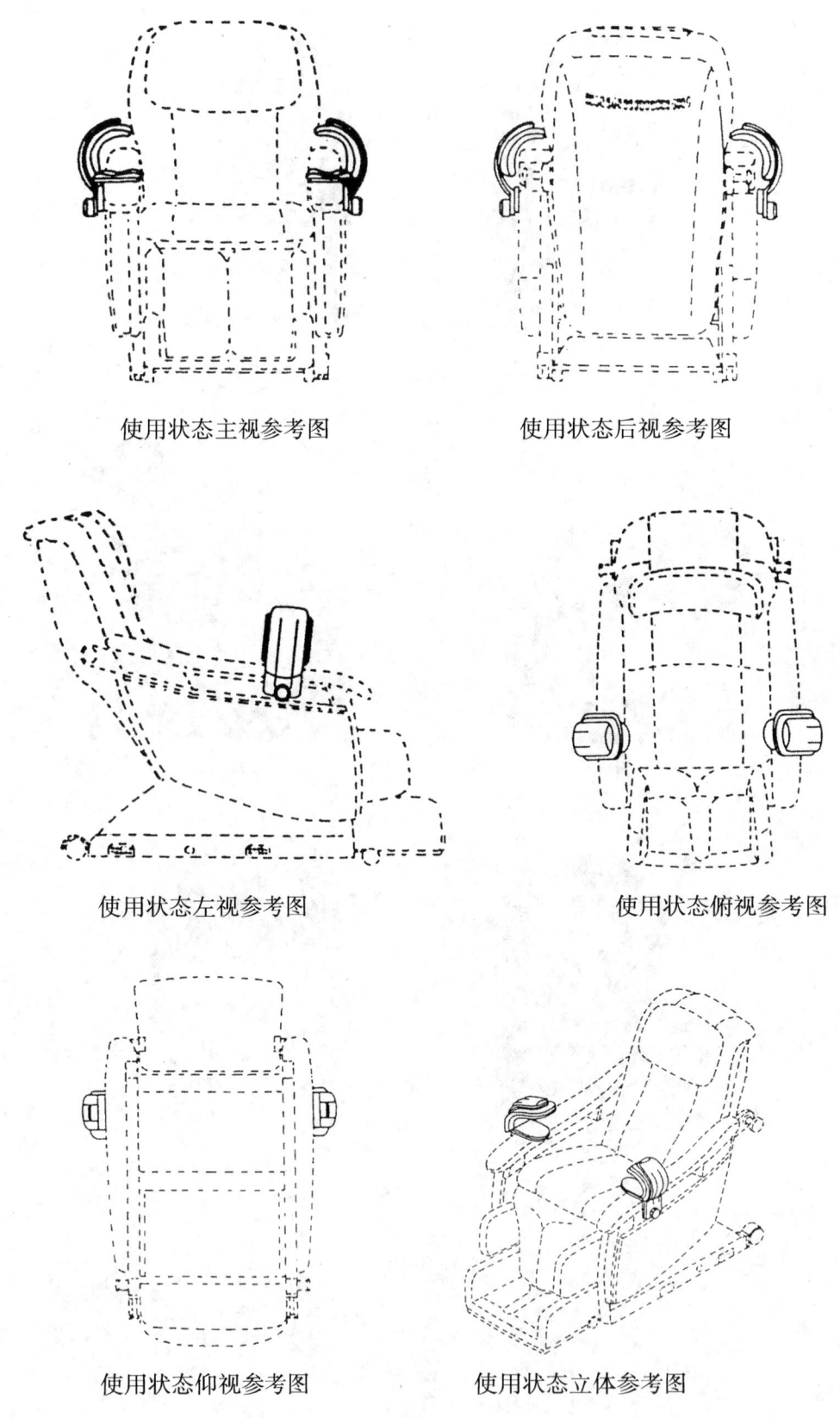

在先设计1附图

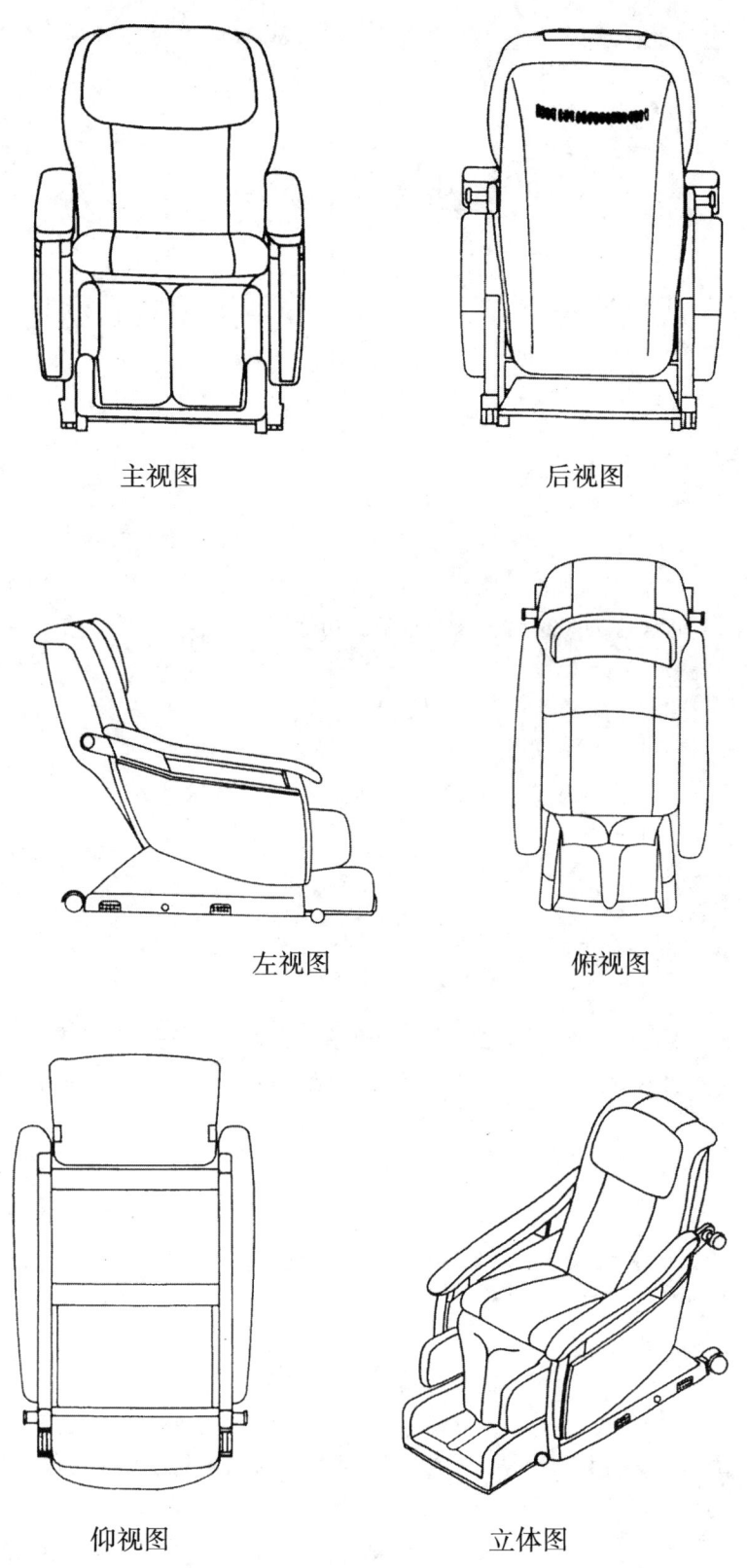

主视图　　　　后视图

左视图　　　　俯视图

仰视图　　　　立体图

在先设计 2 附图

# 逃生门锁

## 无效宣告请求审查决定（第 10774 号）

| | |
|---|---|
| 决 定 号 | 第 10774 号 |
| 决 定 日 | 2007 年 12 月 18 日 |
| 发明创造名称 | 逃生门锁 |
| 外观设计分类号 | 08-07 |
| 无效宣告请求人 | 北京莹德嘉电子有限公司 |
| 专 利 权 人 | 北京科进天龙控制系统有限公司 |
| 专 利 号 | 200430060800.X |
| 申 请 日 | 2004 年 6 月 16 日 |
| 授权公告日 | 2005 年 4 月 27 日 |
| 合议组组长 | 钟 华 |
| 主 审 员 | 徐清平 |
| 参 审 员 | 周 佳 |
| 法 律 依 据 | 专利法第 23 条 |
| 决 定 要 点 | |

请求人提交的证据不足以证明其主张的有关产品在出版物上在先公开发表或在展会上展出而公开使用的事实，其据此证明本专利不符合专利法第 23 条规定的无效宣告请求理由不能成立。

## 一、案由

本无效宣告请求涉及的是国家知识产权局于 2005 年 4 月 27 日授权公告的 200430060800.X 号外观设计专利，使用该外观设计的产品名称为"逃生门锁"，申请日是 2004 年 6 月 16 日，专利权人是北京科进天龙控制系统有限公司。

针对上述专利权（下称本专利），北京莹德嘉电子有限公司（下称请求人）于 2006 年 12 月 30 日向专利复审委员会提出无效宣告请求，其依据的事实和理由是：本专利产品于 2003 年 7 月 10 日至 13 日在第四届广州国际社会公共安全防范产品、智能楼宇设备、智能交通及停车设施展览会上公开展出，于 2003 年 10 月 29 至 11 月 1 日在北京展览馆举办的 2003 年国际社会公共安全产品博览会上公开展出，且在本专利申请日之前已多次在中国政府承认举办的国内大型展览会上公开展出，并且在出版物上公开发表过，以及所取得的产品型式检验报告、科学技术成果登记证书、科学技术成果鉴定证书在网站上公布过，即该专利产品在其申请日之前已在展会上展出公开使用过，被公众所知，因此，本专利不符合专利法第 23 条的规定。请求人同时提交了如下附件作为证据：

附件1：报警门锁产品宣传材料复印件5页；
附件2：产品名称为"防火型报警逃生门锁"的检验报告复印件2页；
附件3：第四届广州国际社会公共安全防范产品、智能楼宇设备、智能交通及停车设施展览会会后报道材料复印件3页；
附件4：成果名称为"'SPRINTS佳和'防火型报警疏散门锁系统"的科学技术成果鉴定证书复印件2页；
附件5：公安部科技局颁发的科学技术研究成果登记证书复印件1页；
附件6：2003年国际社会公共安全产品博览会展出材料复印件及相关产品放大图共3页；
附件7：标题为"中国智能建筑专家网《城市·建筑智能系统》编辑部"的网页记载文字1页；
附件8：本专利的公告文本复印件1页。

经形式审查合格，专利复审委员会受理了该无效宣告请求，并于2007年2月12日将无效宣告请求书及其附件的副本转送给专利权人，通知其在指定期限内陈述意见。

2007年3月14日专利权人提交了意见陈述书，专利权人认为：请求人提交的附件1为产品宣传资料，该资料中无出版日期，不是专利法意义的公开出版物；附件2也不是专利法意义的公开出版物，且在该检验报告中没有公开有关外观设计的具体内容；附件3所示会后报道看不出为何时出版、发行，附件4和附件5是保密文件，不是专利法意义的公开出版物；附件6所示照片来源不明，也未经公证机关公证，对其真实性有异议；附件7为网上下载资料，未经过公证机关公证，对其真实性有异议；因此请求人提交的证据均不能证明有关本专利在先公开的事实，各证据之间也无关联性，其无效宣告理由不能成立。

专利复审委员会于2007年5月8日向请求人和专利权人发出口头审理通知书，定于2007年7月10日对本案进行口头审理。同时将上述专利权人的意见陈述转送给请求人，并向双方发出合议组成员告知通知书。

口头审理如期举行，请求人和专利权人均委托代理人参加了审理，双方对对方参加口头审理人员的身份和资格无异议，对合议组成员无回避请求。请求人当庭提交了北京市朝阳区公证处"（2007）朝证字第1404号"公证书（下称附件9）、"（2007）朝证字第1403号"公证书（下称附件10），分别用于证明附件3、附件6的证据来源；请求人未能提交其他证据的原件；请求人明确将附件2与附件1相结合、附件4和附件5与附件1相结合及其他证据分别证明所主张的在先公开的事实，并在附件1、附件6中指定了用于与本专利进行对比的具体外观设计。专利权人对请求人提交的证据除附件8外，对其他证据的真实性均有异议；合议组当庭将请求人补充提交的附件9、附件10转送给专利权人，专利权人认为该补充证据已超出举证期限，应不予考虑，并表示不再针对该补充证据进行书面意见陈述。双方均在坚持原书面意见的基础上充分陈述了意见。

通过上述审理，合议组经合议，认为本案事实清楚，依法作出本审查决定。

**二、决定的理由**

1. 无效宣告请求理由及其相关法律规定

基于请求人提出无效宣告请求所依据的事实和理由，合议组对本专利是否符合专利法第23条的规定进行审查。

专利法第23条规定："授予专利权的外观设计，应当同申请日以前在国内外出版物上公开发表过或者国内公开使用过的外观设计不相同和不相近似，并不得与他人在先取得的合法权利相冲突。"

2. 证据及事实认定

请求人提交的附件1是产品宣传材料复印件，附件2是产品名称为"防火型报警逃生门锁"的检验报告复印件，附件4是成果名称为"'SPRINTS佳和'防火型报警疏散门锁系统"的科学技术成果鉴定证书复印件，附件5是公安部科技局颁发的科学技术研究成果登记证书复印件。请求人认为附件1为本专利产品宣传材料，其在展会期间已被公开散发，可证明本专利外观设计于2003年被公开发表和公开使用，附件2中检验报告所记载的产品抽样时间为2003年6月，所示产品型号与附件1相同，可进一步证明在先公开使用的事实；附件4可证明本专利产品在2004年3月已经进行了检验鉴定，附件5是关于附件4的登记证书，附件4中的产品名称与附件相对应，由此可证明在先公开的事实。合议组认为，请求人提交的上述证据均为复印件，未提交其原件，不能核实复印件与原件内容是否相符，专利权人对其真实性均有异议，因此合议组对所述证据的真实性不予认定；同时附件1本身未显示公开时间，请求人也未证明其主张的公开散发时间，附件2、附件4、附件5所示检验报告和技术成果鉴定并不能直接证明公开使用的事实，请求人亦认可附件2所示"型式检验"为产品上市之前的检验，因此，附件1分别与附件2、附件4和附件5相结合也不足以证明请求人所主张的有关在先公开发表或公开使用的事实。

请求人提交的附件3是第四届广州国际社会公共安全防范产品、智能楼宇设备、智能交通及停车设施展览会会后报道材料复印件，附件7是标题为"中国智能建筑专家网《城市·建筑智能系统》编辑部"的网页记载文字，请求人称附件7中报道内容与附件3是相同的；并在口头审理中补充提交了附件9所示北京市朝阳区公证处"（2007）朝证字第1404号"公证书，该公证书对附件3所示报道材料从网络下载打印过程进行了证据保全公证，请求人以所述证据证明本专利产品在展会上已公开展出而构成公开使用。合议组认为，请求人提交附件9虽已超过了自提出无效宣告请求之日起1个月期限，但其为用于证明附件3所示证据复印件来源的证据，属于审查指南第四部分第三章第4.3.1节规定的"用于完善证据法定形式的公证书、原件等证据"，即属于审查指南规定的因超过举证期限而不予考虑的证据的除外情形，故合议组对该证据予以考虑；附件3及附件9中所示报道材料虽涉及专利权人在相关展会期间作题为"出入口控制系统如何处理安防与消防的矛盾问题研究"的讲座，但仅从该报道的文字记载并不能得知专利权人在展会上所具体展出产品的外观设计，即不能确认其与本专利外观设计的关联性；因此，请求人以附件3、附件9及所称与附件3报道内容相同的附件7证明本专利产品在所述展会上已公开展出而构成公开使用的主张不能成立。

请求人提交的附件6是2003年国际社会公共安全产品博览会展出材料复印件及相关产品放大图，在口头审理中补充提交了附件10所示北京市朝阳区公证处"（2007）朝证字第1403号"公证书，该公证书对附件6所示展出材料从网络下载打印过程进行了证据保全公证，请求人以所述证据证明本专利产品在展会上已公开展出而构成公开使用。合议组认为，请求人提交附件9虽已超过了自提出无效宣告请求之日起1个月期限，但其为用于证明附件6所示证据复印件来源的证据，同前述关于附件9的认定理由，合议组对该证据予以考虑；通过附件10公证书的公证内容，可以认定附件6所示有关展会的展出照片来自"慧聪网"第三方网站对所述展会的报道内容，并且照片内容为专利权人的宣传展出场景，因此在专利权人无相反证据证明的情况下，合议组对附件6所示该展出照片的真实性予确认；但请求人在该展出照片中指出的所称为本专利外观设计的展出产品模糊不清，仅隐约显示有产品部分外轮廓，不能与本专利外观设计进行整体观察、综合对比而得出是否相同或相近似的结论；至于该证据中的产品放大图片，请求人称其从附件1所示宣传材料拷贝所得，即并非来源于该展出照片本身，不能确认二者的关联性，因此请求人认为放大图所示产品即为展出照片中所示产品的主张不能成立。因此请求人以附件6、附件10证明本专利产品在所述展会上已公开展出而构成公开使用的主张不能成立。

请求人提交的附件8为本专利公告文本，其可证明本专利外观设计内容及相关信息，不能直接证明该专利本身是否符合专利法第 23 条的规定。

综上所述，请求人提交的证据不足以证明其主张的有关产品在出版物上在先公开发表或在展会上展出而公开使用的事实，其据此证明本专利不符合专利法第 23 条规定的无效宣告请求理由不能成立。

三、决定

维持 200430060800.X 号外观设计专利权有效。

当事人对本决定不服的，可以根据专利法第 46 条第 2 款的规定，自收到本决定之日起三个月内向北京市第一中级人民法院起诉。根据该款的规定，一方当事人起诉后，另一方当事人应当作为第三人参加诉讼。

# 北京市第一中级人民法院
# 行政裁定书

（2008）一中行初字第 478 号

原告北京莹德嘉电子有限公司，住所地北京市朝阳区大屯润枫德尚 A 座（住宅楼）2204 室。

法定代表人李勇，总经理。

委托代理人苏海金，女，汉族，1980 年 10 月 3 日出生，北京莹德嘉电子有限公司员工，住河南省安阳县永和乡苏奇村。

被告国家知识产权局专利复审委员会，住所地北京市海淀区北四环西路 9 号银谷大厦 10~12 层。

法定代表人廖涛，副主任。

委托代理人徐清平，国家知识产权局专利复审委员会审查员。

委托代理人杜微科，国家知识产权局专利复审委员会审查员。

第三人北京科进天龙控制系统有限公司，住所地北京市昌平区科技园白浮泉路 13 号。

法定代表人何培重，董事长。

委托代理人杨成煜，北京市中润律师事务所律师。

原告北京莹德嘉电子有限公司不服被告国家知识产权局专利复审委员会于 2007 年 12 月 18 日作出的第 10774 号无效宣告请求审查决定书，向本院提起诉讼。本院于 2008 年 3 月 27 日受理后，依法组成合议庭，并按照法律有关规定通知作为北京科进天龙控制系统有限公司第三人参加诉讼。在本案审理过程中，原告北京莹德嘉电子有限公司于 2008 年 6 月 13 日向本院提出撤诉申请。

本院认为，原告北京莹德嘉电子有限公司的撤诉申请未违反法律规定，应予准许。依照《中华人民共和国行政诉讼法》第五十一条之规定，裁定如下：

准许原告北京莹德嘉电子有限公司撤回对被告国家知识产权局专利复审委员会、第三人北京科进天龙控制系统有限公司的起诉。

案件受理费 100 元，减半收取 50 元，由原告北京莹德嘉电子有限公司负担（已交纳）。

审　判　长　仪　军
代理审判员　侯占恒
代理审判员　王　晫
二〇〇八年六月十六日
书　记　员　王　溪

# 横式推杠防盗报警逃生门锁

## 无效宣告请求审查决定（第 10775 号）

| | |
|---|---|
| 决 定 号 | 第 10775 号 |
| 决 定 日 | 2007 年 12 月 14 日 |
| 发明创造名称 | 横式推杠防盗报警逃生门锁 |
| 外观设计分类号 | 08-07 |
| 无效宣告请求人 | 北京莹德嘉电子有限公司 |
| 专 利 权 人 | 北京科进天龙控制系统有限公司 |
| 专 利 号 | 200430060754.3 |
| 申 请 日 | 2004 年 6 月 16 日 |
| 授权公告日 | 2005 年 1 月 19 日 |
| 合议组组长 | 钟　华 |
| 主 审 员 | 徐清平 |
| 参 审 员 | 周　佳 |
| 法 律 依 据 | 专利法第 23 条 |
| 决 定 要 点 | |

请求人提交的证据不足以证明其主张的有关产品在出版物上在先公开发表或在展会上展出而公开使用的事实，其据此证明本专利不符合专利法第 23 条规定的无效宣告请求理由不能成立。

### 一、案由

本无效宣告请求涉及的是国家知识产权局于 2005 年 1 月 19 日授权公告的 200430060754.3 号外观设计专利，使用该外观设计的产品名称为"横式推杠防盗报警逃生门锁"，申请日是 2004 年 6 月 16 日，专利权人是北京科进天龙控制系统有限公司。

针对上述专利权（下称本专利），北京莹德嘉电子有限公司（下称请求人）于 2006 年 12 月 30 日向专利复审委员会提出无效宣告请求，其依据的事实和理由是：本专利产品于 2003 年 7 月 10 日至 13 日在第四届广州国际社会公共安全防范产品、智能楼宇设备、智能交通及停车设施展览会上公开展出，于 2003 年 10 月 29 日至 11 月 1 日在北京展览馆举办的 2003 年国际社会公共安全产品博览会上公开展出，且在本专利申请日之前已多次在中国政府承认举办的国内大型展览会上公开展出，并且在出版物上公开发表过，以及所取得的产品型式检验报告、科学技术成果登记证书、科学技术成果鉴定证书在网站上公布过，即该专利产品在其申请日之前已在展会上展出公开使用过，被公众所知，因此，本专利不符合专利法第 23 条的规定。请求人同时提交了如下附件作为证据：

附件1：产品的宣传材料复印件5页；
附件2：产品名称为"防火型报警逃生门锁"的检验报告复印件2页；
附件3：第四届广州国际社会公共安全防范产品、智能楼宇设备、智能交通及停车设施展览会会后报道材料复印件3页；
附件4：成果名称为"SPRINTS佳和防火型报警疏散门锁系统"的科学技术成果鉴定证书复印件2页；
附件5：公安部科技局颁发的科学技术研究成果登记证书复印件1页；
附件6：2003年国际社会公共安全产品博览会展出材料复印件及相关产品放大图共3页；
附件7：标题为"中国智能建筑专家网《城市．建筑智能系统》编辑部"的网页记载文字1页；
附件8：本专利的公告文本复印件1页。

经形式审查合格，专利复审委员会受理了该无效宣告请求，并于2007年2月5日将无效宣告请求书及其附件的副本转送给专利权人，通知其在指定期限内陈述意见。

2007年3月14日专利权人提交了意见陈述书，专利权人认为：请求人提交的附件1为产品宣传资料，该资料中无出版日期，不是专利法意义的公开出版物；附件2也不是专利法意义的公开出版物，且在该检验报告中没有公开有关外观设计的具体内容；附件3所示会后报道看不出为何时出版、发行，附件4和附件5是保密文件，不是专利法意义的公开出版物；附件6所示照片来源不明，也未经公证机关公证，对其真实性有异议；附件7为网上下载资料，未经过公证机关公证，对其真实性有异议；因此请求人提交的证据均不能证明有关本专利在先公开的事实，各证据之间也无关联性，其无效宣告理由不能成立。

专利复审委员会于2007年5月8日向请求人和专利权人发出口头审理通知书，定于2007年7月10日对本案进行口头审理。同时将上述专利权人的意见陈述转送给请求人，并向双方发出合议组成员告知通知书。

口头审理如期举行，请求人和专利权人均委托代理人参加了审理，双方对对方参加口头审理人员的身份和资格无异议，对合议组成员无回避请求。请求人当庭提交了北京市朝阳区公证处"（2007）朝证字第1404号"公证书（下称附件9）、"（2007）朝证字第1403号"公证书（下称附件10），分别用于证明附件3、附件6的证据来源；请求人未能提交其他证据的原件；请求人明确将附件2与附件1相结合、附件4和附件5与附件1相结合及其他证据分别证明所主张的在先公开的事实，并在附件1、附件6中指定了用于与本专利进行对比的具体外观设计。专利权人对请求人提交的证据除附件8外，对其他证据的真实性均有异议；合议组当庭将请求人补充提交的附件9、附件10转送给专利权人，专利权人认为该补充证据已超出举证期限，应不予考虑，并表示不再针对该补充证据进行书面意见陈述。双方均在坚持原有书面意见的基础上充分陈述了意见。

通过上述审理，合议组经合议，认为本案事实清楚，依法作出本审查决定。

**二、决定的理由**

1. 无效宣告请求理由及其相关法律规定

基于请求人提出无效宣告请求所依据的事实和理由，合议组对本专利是否符合专利法第23条的规定进行审查。

专利法第23条规定："授予专利权的外观设计，应当同申请日以前在国内外出版物上公开发表过或者国内公开使用过的外观设计不相同和不相近似，并不得与他人在先取得的合法权利相冲突。"

2. 证据及事实认定

请求人提交的附件1是产品的宣传材料复印件，附件2是产品名称为"防火型报警逃生门锁"的检验报告复印件，附件4是成果名称为"'SPRINTS佳和'防火型报警疏散门锁系统"的科学技术成果鉴定证书复印件，附件5是公安部科技局颁发的科学技术研究成果登记证书复印件。请求人认为附件1为本专利产品宣传材料，其在展会期间已被公开散发，可证明本专利外观设计于2003年被公开发表和公开使用，附件2中检验报告所记载的产品抽样时间为2003年6月，所示产品型号与附件1相同，可进一步证明在先公开使用的事实；附件4可证明本专利产品在2004年3月已经进行了检验鉴定，附件5是关于附件4的登记证书，附件4中的产品名称与附件相对应，由此可证明在先公开的事实。合议组认为，请求人提交的上述证据均为复印件，未提交其原件，不能核实复印件与原件内容是否相符，专利权人对其真实性均有异议，因此合议组对所述证据的真实性不予认定；同时附件1本身未显示公开时间，请求人也未证明其主张的公开散发时间，附件2、附件4、附件5所示检验报告和技术成果鉴定并不能直接证明公开使用的事实，请求人亦认可附件2所示"型式检验"为产品上市之前的检验，因此，附件1分别与附件2、附件4和附件5相结合也不足以证明请求人所主张的有关在先公开发表或公开使用的事实。

　　请求人提交的附件3是第四届广州国际社会公共安全防范产品、智能楼宇设备、智能交通及停车设施展览会会后报道材料复印件，附件7是标题为"中国智能建筑专家网《城市·建筑智能系统》编辑部"的网页记载文字，请求人称附件7中报道内容与附件3是相同的；并在口头审理中补充提交了附件9所示北京市朝阳区公证处"（2007）朝证字第1404号"公证书，该公证书对附件3所示报道材料从网络下载打印过程进行了证据保全公证，请求人以所述证据证明本专利产品在展会上已公开展出而构成公开使用。合议组认为，请求人提交附件9虽已超过了自提出无效宣告请求之日起1个月期限，但其为用于证明附件3所示证据复印件来源的证据，属于审查指南第四部分第三章第4.3.1节规定的"用于完善证据法定形式的公证书、原件等证据"，即属于审查指南规定的因超过举证期限而不予考虑的证据的除外情形，故合议组对该证据予以考虑；附件3及附件9中所示报道材料虽涉及专利权人在相关展会期间作题为"出入口控制系统如何处理安防与消防的矛盾问题研究"的讲座，但仅从该报道的文字记载并不能得知专利权人在展会上所具体展出产品的外观设计，即不能确认其与本专利外观设计的关联性；因此，请求人以附件3、附件9及所称与附件3报道内容相同的附件7证明本专利产品在所述展会上已公开展出而构成公开使用的主张不能成立。

　　请求人提交的附件6是2003年国际社会公共安全产品博览会展出材料复印件及相关产品放大图，在口头审理中补充提交了附件10所示北京市朝阳区公证处"（2007）朝证字第1403号"公证书，该公证书对附件6所示展出材料从网络下载打印过程进行了证据保全公证，请求人以所述证据证明本专利产品在展会上已公开展出而构成公开使用。合议组认为，请求人提交附件9虽已超过了自提出无效宣告请求之日起1个月期限，但其为用于证明附件6所示证据复印件来源的证据，同前述关于附件9的认定理由，合议组对该证据予以考虑；通过附件10公证书的公证内容，可以认定附件6所示有关展会的展出照片来自"慧聪网"第三方网站对所述展会的报道内容，并且照片内容为专利权人的宣传展出场景，因此在专利权人无相反证据证明的情况下，合议组对附件6所示该展出照片的真实性予确认；但请求人在该展出照片中指出的所称为本专利外观设计的展出产品模糊不清，仅隐约显示有产品部分外轮廓，不能与本专利外观设计进行整体观察、综合对比而得出是否相同或相近似的结论；至于该证据中的产品放大图片，请求人称其从附件1所示宣传材料拷贝所得，即并非来源于该展出照片本身，不能确认二者的关联性，因此请求人认为放大图所示产品即为展出照片中所示产品的主张不能成立。因此请求人以附件6、附件10证明本专利产品在所述展会上已公开展出而构成公开使用的主张不能成立。

　　请求人提交的附件8为本专利公告文本，其可证明本专利外观设计内容及相关信息，不能直接证明该专利本身是否符合专利法第 23 条的规定。

综上所述，请求人提交的证据不足以证明其主张的有关产品在出版物上在先公开发表或在展会上展出而公开使用的事实，其据此证明本专利不符合专利法第 23 条规定的无效宣告请求理由不能成立。

三、决定

维持 200430060754.3 号外观设计专利权有效。

当事人对本决定不服的，可以根据专利法第 46 条第 2 款的规定，自收到本决定之日起三个月内向北京市第一中级人民法院起诉。根据该款的规定，一方当事人起诉后，另一方当事人应当作为第三人参加诉讼。

# 北京市第一中级人民法院
# 行政裁定书

(2008) 一中行初字第 477 号

原告北京莹德嘉电子有限公司，住所地北京市朝阳区大屯润枫德尚 A 座（住宅楼）2204 室。
法定代表人李勇，总经理。
委托代理人苏海金，女，汉族，1980 年 10 月 3 日出生，北京莹德嘉电子有限公司员工，住河南省安阳县永和乡苏奇村。
被告国家知识产权局专利复审委员会，住所地北京市海淀区北四环西路 9 号银谷大厦 10~12 层。
法定代表人廖涛，副主任。
委托代理人徐清平，国家知识产权局专利复审委员会审查员。
委托代理人杜微科，国家知识产权局专利复审委员会审查员。
第三人北京科进天龙控制系统有限公司，住所地北京市昌平区科技园白浮泉路 13 号。
法定代表人何培重，董事长。
委托代理人杨成煜，北京市中润律师事务所律师。

原告北京莹德嘉电子有限公司不服被告国家知识产权局专利复审委员会于 2007 年 12 月 14 日作出的第 10775 号无效宣告请求审查决定书，向本院提起诉讼。本院于 2008 年 3 月 27 日受理后，依法组成合议庭，并按照法律有关规定通知作为北京科进天龙控制系统有限公司第三人参加诉讼。在本案审理过程中，原告北京莹德嘉电子有限公司于 2008 年 6 月 13 日向本院提出撤诉申请。

本院认为，原告北京莹德嘉电子有限公司的撤诉申请未违反法律规定，应予准许。依照《中华人民共和国行政诉讼法》第五十一条之规定，裁定如下：

准许原告北京莹德嘉电子有限公司撤回对被告国家知识产权局专利复审委员会、第三人北京科进天龙控制系统有限公司的起诉。

案件受理费 100 元，减半收取 50 元，由原告北京莹德嘉电子有限公司负担（已交纳）。

审　判　长　仪　军
代理审判员　侯占恒
代理审判员　王　晫
二〇〇八年六月十六日
书　记　员　王　溪

# 毛孔清洁器（防水）

## 无效宣告请求审查决定（第 10787 号）

| | |
|---|---|
| 决 定 号 | 第 10787 号 |
| 决 定 日 | 2007 年 12 月 17 日 |
| 发明创造名称 | 毛孔清洁器（防水） |
| 外观设计分类号 | 28-03 |
| 无效宣告请求人 | 松下电工株式会社 |
| 专 利 权 人 | 黄 粤 |
| 申 请 号 | 200530034015.1 |
| 申 请 日 | 2005 年 1 月 31 日 |
| 授 权 公 告 日 | 2006 年 6 月 28 日 |
| 合议组组长 | 耿 博 |
| 主 审 员 | 余心蕾 |
| 参 审 员 | 隋 璐 |
| 附 图 | 4 页 |
| 法 律 依 据 | 专利法第 23 条 |
| 决 定 要 点 | |

本专利和申请日前已公开的在先设计既不相同也不相近似，符合专利法第 23 条的规定。

## 一、案由

本无效宣告请求涉及国家知识产权局于 2006 年 6 月 28 日授权公告的 200530034015.1 号外观设计专利（下称本专利），本专利申请日为 2005 年 1 月 31 日、名称为"毛孔清洁器（防水）"、专利权人为黄粤。

针对本专利，松下电工株式会社（下称请求人）于 2007 年 1 月 15 日向专利复审委员会提出了无效宣告请求。请求人提出的无效宣告请求的理由是本专利不符合专利法第 23 条的规定；同时提交了如下证据：

证据 1：日本意匠登录第 1057576 号公报及其译文，其名称为"美颜器本体"、公开日为 2000 年 1 月 11 日；

证据 2：日本意匠登录第 1057575 号公报及其译文，其名称为"美颜器用吸引器"、公开日为 2000 年 1 月 11 日；

证据 3：日本意匠登录第 1057574 号公报及其译文，其名称为"美颜器"、公开日为 2000 年 1 月 11 日；

请求人在无效宣告请求书中具体指出，结合证据采用两种方式评价本专利是否符合专利法第23条的规定：(1) 将证据1和证据2相结合后作为一项在先设计与本专利相比：证据1与本专利部件1相比，其整体比例相同，外延轮廓也相近似，二者的区别仅在于：二者中部和下部的划分比例不同，按钮不同，防滑设计不同，而按照整体观察、综合判断的原则，二者的区别对整体视觉效果不具有显著的影响，部件1与证据1属于相近似的外观设计；证据2与本专利部件2相比，二者整体比例相同，外延轮廓也相近似，二者的区别仅在于二者的卡件形状不同，本专利部件2为喇叭状，证据2为酒杯状，而按照整体观察、综合判断的原则，二者的区别对整体视觉效果不具有显著的影响，另外尽管证据2未限定是否透明，而本专利的部件2是透明的，但二者形状相似，容易使一般消费者在购买时在视觉上产生混淆，部件2与证据2属于相近似的外观设计，综上，本专利与证据1和证据2结合后的整体属于相近似的外观设计产品，本专利不符合专利法第23条的规定。(2) 将本专利与证据3相比：二者整体比例相同，外延轮廓也相近似，二者的区别仅在于：二者中部和下部的划分比例不同，按钮不同，防滑设计不同，而按照整体观察、综合判断的原则，二者的区别对整体视觉效果不具有显著的影响，本专利与证据3属于相近似的外观设计，本专利不符合专利法第23条的规定。

经形式审查合格，专利复审委员会于2007年2月5日向双方当事人发出了无效宣告请求受理通知书，同时将专利权无效宣告请求书及其附件清单中所列附件的副本转送给专利权人，要求专利权人在指定的期限内答复。

2007年3月26日，专利权人针对请求人提出的无效宣告请求提交了意见陈述书。专利权人在意见陈述书中指出：(1) 请求人并无证据证明证据1和证据2有唯一的组装关系，并且请求人提交的三份证据的译文中也没有关于证据1和证据2组装关系的说明，故不能将二者结合与本专利进行对比，此外，审查指南第四部分第五章第5.2节规定："在相同或者相近似判断中，一般应当用一项在先设计与被比设计进行单独对比，而不能将两项或者两项以上在先设计结合起来与被比设计进行对比"。(2) 证据3的六面视图与本专利相比均不相同、不相近似，并且在长条形是该类产品公认的惯常设计的前提下，其余设计的变化对整体视觉效果具有更显著的影响。

专利复审委员会依法成立合议组对本无效宣告请求进行审查。合议组于2007年7月18日向双方当事人发出无效宣告请求口头审理通知书，定于2007年8月29日进行口头审理，并将专利权人于2006年3月26日提交的意见陈述书及其附页一份转送请求人。

口头审理如期举行，双方当事人均出席了口头审理，并对对方出席口头审理的资格和身份无异议，对合议组成员无回避请求。在口头审理中，请求人明确其无效请求的理由和证据为：证据1、2结合后作为一项在先设计和本专利进行对比，其中证据1对应部件1，证据2对应部件2，证据2、3分别与本专利单独对比，请求宣告本专利全部无效。专利权人对证据1、证据2、证据3的真实性没有异议。请求人认为本专利和证据3相比，整体轮廓均相同，差别在于：从立体图看本专利开关是平板的，与证据3不同；本专利部件2的吸引器的头是凸台，而在证据3中是酒杯状的；本专利整体分成三段，中段占三分之一，证据3所示的美颜器虽然也分成三段，但比例不同。专利权人认为：(1) 证据1、2未体现组装关系，无法将其二者组合与本专利进行对比。(2) 关于本专利和证据3的区别，除请求人所述之外，二者还在底部形状、中部弧线、头部大小、吸引器形状、部件2是否透明、背部是否有凸点等方面均存在区别。

至此，合议组认为本案事实已经调查清楚，可依法作出无效宣告请求的审查决定。

**二、决定的理由**

1. 法律依据

专利法第23条规定："授予专利权的外观设计，应当同申请日以前在国内外出版物上公开发表过

或者国内公开使用过的外观设计不相同和不相近似，并不得与他人在先取得的合法权利相冲突。"

2. 证据的认定

证据1、2、3均为日本专利文献，属专利法意义上的公开出版物，请求人在口头审理中当庭出示了证据1~3的原件，其上均盖有"经确认此副本与原件相同国家知识产权局专利检索咨询中心副本认证专用章"，并且专利权人对上述证据的真实性无异议，故合议组对上述证据予以采信，且其公开日均早于本专利申请日，证据1~3构成本专利的在先设计，可以作为评价本专利是否符合专利法第23条规定的证据使用。

3. 关于新理由

审查指南第四部分第三章第4.2节规定："请求人在提出无效宣告请求之日起1个月后增加无效宣告理由的，专利复审委员会一般不予考虑，但下列情形除外：（i）针对专利权人以合并方式修改的权利要求，在专利复审委员会指定期限内增加无效宣告理由，并在该期限内对所增加的无效宣告理由具体说明的；（ii）对明显与提交的证据不相对应的无效宣告理由进行变更的。"

就本案而言，请求人在2007年8月29日进行的口头审理中，增加了理由"以证据2与本专利单独对比"评价本专利是否符合专利法第23条的规定，而在其于2007年1月15日提交的无效请求书中并无该理由，可见该理由为请求人提出无效宣告请求之日起一个月后增加的新的无效宣告理由，并且不属于可以被接受的两个例外情况，故对于该新理由，合议组不予接受。

4. 关于相近似

如前所述，合议组依据审查指南予以接受的评价本专利是否符合专利法第23条规定的对比方式有2种：将证据1和证据2结合后作为一项在先设计与本专利相对比；将证据3单独和本专利相对比。

本专利包括部件1、部件2两个部件，并且，其二者为组装关系唯一的组件产品，根据审查指南第四部分第五章第5.4.1节的规定："对于组装关系唯一的组件产品……应当以上述组合状态下的整体外观设计为对象，而不是以所有单个构件的外观设计为对象来判断相同或者相近似。"故就本案而言，应当以部件1、部件2组合状态下的整体外观设计为对象来进行相同或相近似的判断。

审查指南第四部分第五章第5.2节规定："被比设计是由组装在一起使用的至少两个构件构成的产品的外观设计的，可以将其与其构件数量相对应的明显具有组装关系的构件结合起来作为一项在先设计与被比设计进行对比。"

合议组认为：就本案而言，证据1的"美颜器本体"和证据2的"美颜器用吸引器"明显具有组装关系，故可以将证据1和证据2结合后作为一项在先设计与本专利进行对比。证据1与证据2相结合后，其所得到的外观设计即为证据3所示的外观设计。并且，证据1、2、3均为日本外观设计专利，设计人均为西泽刚，专利权人均为松下电工株式会社，申请日均为1999年9月17日，公开日均为2000年1月11日，证据1的外观设计名称为美颜器本体，证据2为美颜器用吸引器，证据3为美颜器。基于上述理由，在相近似性的评述中，将采用证据3和本专利进行对比，关于证据1、2结合后的外观设计与本专利进行对比的理由，同下所述。

结合各面视图来看，本专利整体呈类长方体，头部宽度大于握柄部，头部的大小在整体中占有较大的比重，头部轮廓呈类半圆形，握柄两侧为直线形，底部为曲面形。握柄沿宽度方向有两条线，将本专利整体分为长度大体相同的三段，中段正面有呈类椭圆形的开关，该开关表面无任何凸起或线条，该开关相应的柄部部分表面平整，开关略突出柄部表面。柄部正面有一弧形封闭曲线，该曲线将头部的吸引器及中部的开关包纳其中，并延伸至接近底部的部位，该圆弧包纳头部吸引器的部位为类圆型，在中段开关处向内凹入，靠近底部为弧线型。手柄背部光滑无凸点。吸引器的头呈喇叭状，吸引器座的侧面后端有一直线，直线的中间为两嵌套的小圆圈。从仰视图看，柄部的头部下方呈圆弧状。从左视图看，头部的顶端有一小方形块。结合简要说明，吸引器（部件2）为透明（详见本专利附图。）。

证据3公开了一种毛孔清洁器，结合各面视图来看，其柄部整体呈类长方体，头部宽度基本和体部相同，头部大小在整个握柄中所占的比例较小，头部轮廓呈类半圆形，握柄两侧呈向内凹的曲线形状，底部为平面形。握柄沿宽度方向有两条横线，其中上端的线略呈向上凸的弧线，下端的线为直线，该两条线将柄部分为三段，其中中段所占比重较大，下段所占比重很小，其下横线基本位于握柄的底部，中段正面有呈类椭圆形的开关，该开关表面中间有一类长方形，该类长方形为一凸起，开关相应的握柄部略有内凹，中段靠近下段处有一小圆圈。柄部正面有一圆弧曲线，该曲线将头部的吸引器及中部的开关包纳其中，结束于开关下方离底部有一定距离的位置，该圆弧靠近头部吸引器的部位为类圆型，在中段为两直线形，靠近底部为弧线型，中段靠近下段处有一小圆圈。握柄背部有多个凸点。吸引器的头呈酒杯状，吸引器座在侧面后方有一折线。从右视图看，柄部的头部右方略微有些凸起，从俯视图图看，头部的顶端无小方块（详见证据3附图）。

经比较，二者的相同点是：二者均为毛孔清洁器，属于同类产品；在使用状态下整体轮廓相似，都是一类长方体的握柄部，其头部有一凸起的吸引器。二者的不同点在于：（1）本专利柄部两侧形状为直线形，其面板上两侧的弧线为向内凹的曲线形状，并且曲线结束于接近握柄底部的位置，证据3的握柄两侧形状为向内凹的曲线，其面板上两侧的弧线为直线形，并且结束于大约握柄中部的位置；（2）本专利握柄的二段横线将整体分成大致相等的三段，证据3握柄的二段横线将整体分成的三段，中段所占比重最大，其下横线基本位于握柄的底部；（3）证据3柄部的中段靠近下段处有一小圆圈，而本专利中没有；（4）本专利的开关相应的握柄部分表面平整，其开关表面也光滑平整，而证据3的开关相应的握柄部分略有内凹，开关表面的中间有一类长方形凸起；（5）本专利背部光滑，而证据3的背部有多个凸点；（6）本专利握柄底部为曲面形，而证据3握柄的底部为平面；（7）本专利的头部远宽于握柄部分，并且其大小占整体的比例较大，证据3的头部与握柄部分的宽度基本相同，其大小占整体的比例较小；（8）本专利吸引器的头部开口部分呈喇叭状，而证据3的头部开口部分呈酒杯状；（9）本专利吸引器座的后端有一直线，直线的中间为两嵌套的小圆圈，证据3吸引器的后端为一折线；（10）本专利吸引头的顶部有一小方块，而证据3没有；（11）本专利的部件2为透明的，证据3的相应部分并非透明。

针对上述不同点，合议组认为：本专利和证据3在柄部两侧形状及其表面线条的设计、吸引器头部开口部分的形状、头部的大小等部分均存在较大的区别，并且这都属于使用时容易看到的部位，对于一般消费者而言，上述区别已经对整体视觉效果造成了显著的影响，本专利与证据3既不相同也不相近似。请求人的无效宣告请求理由不能成立。

三、决定

维持200530034015.1号外观设计专利权有效。

当事人对本决定不服的，可以根据专利法第46条第2款的规定，自收到本决定之日起三个月内向北京市第一中级人民法院起诉。根据该款的规定，一方当事人起诉后，另一方当事人应当作为第三人参加诉讼。

本专利附图

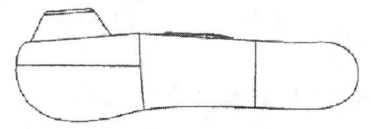
部件1 仰视图

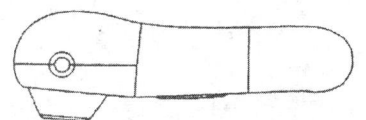
部件1 俯视图

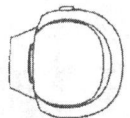
部件1 右视图

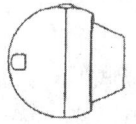
部件1 左视图

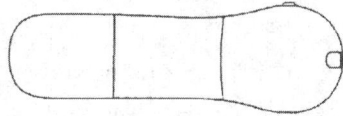
部件1 后视图

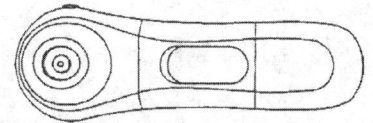
部件1 主视图

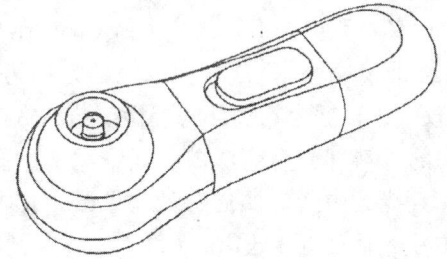
部件1 立体图

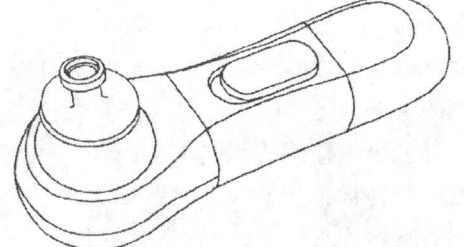
组合状态立体图

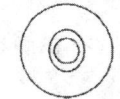
部件2 右视图

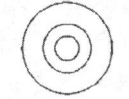
部件2 左视图

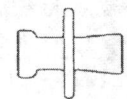
部件2 主视图

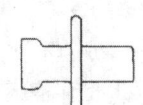
部件2 俯视图

部件2 立体图

证据1

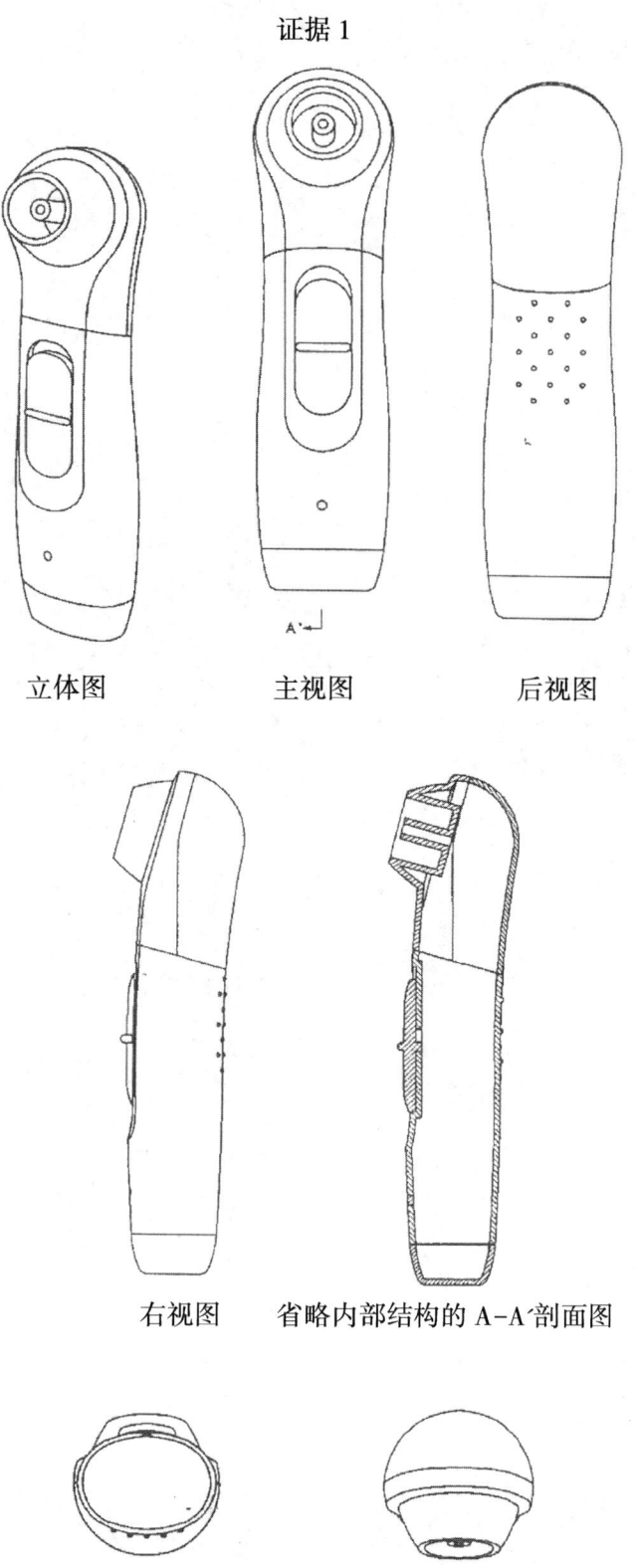

立体图　主视图　后视图

右视图　省略内部结构的 A-A'剖面图

仰视图　俯视图

证据2

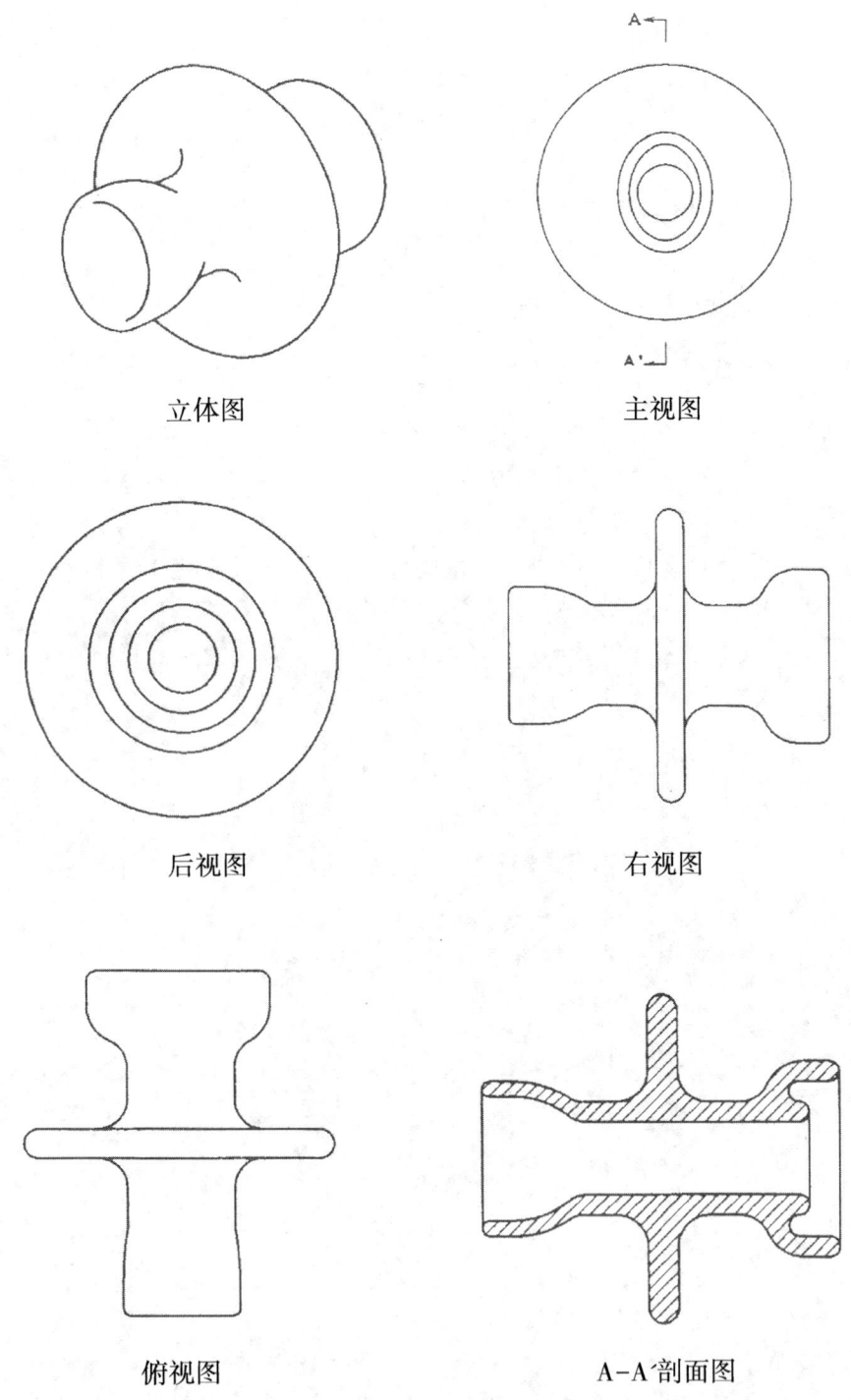

立体图　　　主视图

后视图　　　右视图

俯视图　　　A-A'剖面图

证据 3

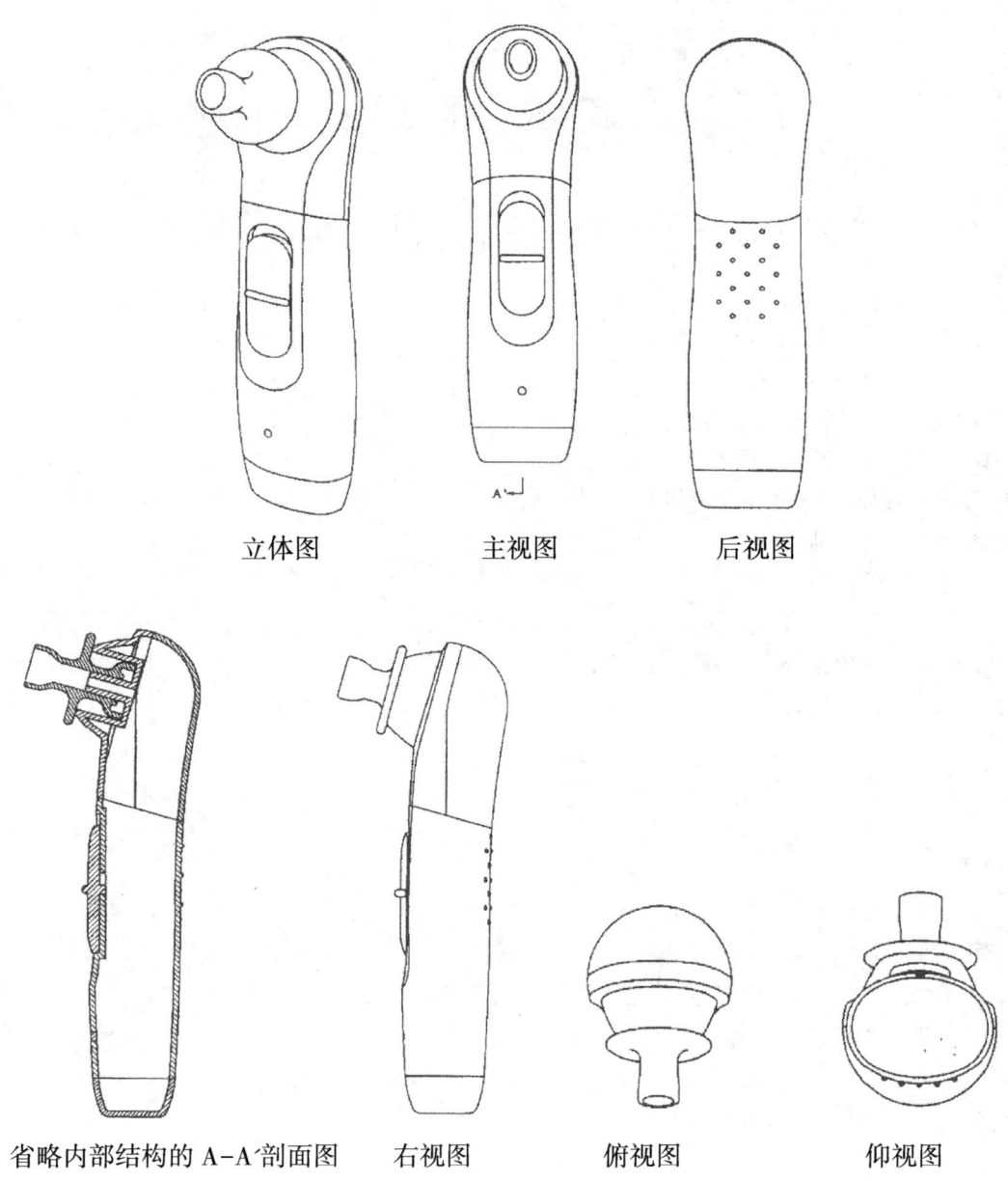

立体图　　主视图　　后视图

省略内部结构的 A-A'剖面图　　右视图　　俯视图　　仰视图

# 包装盒（阿胶）

## 无效宣告请求审查决定（第 10788 号）

| | |
|---|---|
| 决　定　号 | 第 10788 号 |
| 决　定　日 | 2007 年 12 月 13 日 |
| 发明创造名称 | 包装盒（阿胶） |
| 外观设计分类号 | 09-03 |
| 无效宣告请求人 | 山东东阿阿胶股份有限公司 |
| 专 利 权 人 | 吴吉申 |
| 专　利　号 | 200630090579.1 |
| 申　请　日 | 2006 年 2 月 13 日 |
| 授 权 公 告 日 | 2007 年 1 月 3 日 |
| 合 议 组 组 长 | 吴大章 |
| 主　审　员 | 武　磊 |
| 参　审　员 | 李晓莉 |
| 附　　　图 | 2 页 |

**法 律 依 据** 专利法第 23 条

**决 定 要 点**

本专利与在先设计所示包装盒设计采用的基本图案是极相近似的，其整体构图基本相同，特别是二者主、后视图具有醒目的视觉效果且极相近似，而其不同之处仅为局部的极细微差异，其对整体外观视觉效果不会产生显著影响，因此，本专利与在先设计所示包装盒外观设计属于相近似的外观设计，本专利不符合专利法第 23 条的规定。

## 一、案由

本无效宣告请求涉及的是国家知识产权局于 2007 年 1 月 3 日授权公告的 200630090579.1 号外观设计专利，其名称为"包装盒（阿胶）"，申请日是 2006 年 2 月 13 日，专利权人是吴吉申。

针对上述专利权（下称本专利），山东东阿阿胶股份有限公司（下称请求人）于 2007 年 6 月 28 日向专利复审委员会提出无效宣告请求，其依据的事实和理由是：在本专利申请日以前已有与其相近似的外观设计（03303311.0 号外观设计专利）在出版物上公开发表过，因此，本专利的授予不符合专利法第 23 条的规定。同时，请求人提交了如下附件：

附件 1：山东东阿阿胶股份有限公司简介，共 1 页；
附件 2：部分企业荣誉证书和产品荣誉证书复印件，共 7 页；

附件 3：03303311.0 号外观设计专利证书复印件，共 1 页；

附件 4：03303311.0 号外观设计专利的彩色照片，共 4 页；

附件 5：200630090579.1 号外观设计专利（本专利）及 03303311.0 号外观设计专利公报文本的网上检索资料复印件，共 2 页；

附件 6：山东知识产权司法鉴定中心作出的鲁知司鉴中［2006］专鉴字第 109 号司法鉴定书复印件，共 17 页。

经形式审查合格后，专利复审委员会受理了该无效宣告请求，并根据无效宣告请求审查程序的规定，将无效宣告请求书及其附件的副本转送给专利权人，要求其在指定期限内陈述意见。

专利权人逾期未作任何答复。

专利复审委员会依法成立合议组，并于 2007 年 11 月 1 日向双方当事人发出无效宣告请求口头审理通知书，定于 2007 年 12 月 10 日举行无效宣告请求口头审理。

口头审理如期举行，仅请求人一方到庭，专利权人未出席口头审理，合议组依法缺席审理本案。在口头审理过程中，请求人对合议组成员变更无异议，对合议组成员无回避请求。请求人明确无效理由为：本专利与其申请日前授权公告的 03303311.0 号外观设计专利相比较，二者的形状、图案和色彩均相近似，二者局部的细微差别对于整体视觉效果不具有显著的影响，因此本专利不符合专利法第 23 条的规定。请求人表示提交的附件 1~2、4、6 供合议组参考。

合议组经合议，认为本案事实清楚，依法作出本审查决定。

## 二、决定的理由

基于请求人提出的无效宣告请求的理由，合议组依据专利法第 23 条的规定对本案进行审理。

专利法第 23 条规定：授予专利权的外观设计，应当同申请日以前在国内外出版物上公开发表过或者国内公开使用过的外观设计不相同和不相近似，并不得与他人在先取得的合法权利相冲突。

请求人提交的作为证据的附件是 03303311.0 号外观设计专利公报文本的下载复印页，其所示专利申请日为 2003 年 2 月 27 日，授权公告日为 2003 年 12 月 31 日，使用该外观设计的产品名称为"包装盒（阿胶）"，经合议组核实，该复印件所示内容与原件一致，对其真实性予以认定，因此，03303311.0 号外观设计专利公报文本（下称在先设计）属于本专利申请日前的公开出版物，能够适用专利法第 23 条的规定作为本案有效证据。

本专利与在先设计均为包装盒的外观设计，其属于相同种类的产品，二者均请求保护色彩，二者具有可比性，故进行如下相近似性比较判断。

本专利所示包装盒为扁长方体形状，宽度大于高度和厚度，主视图所示图案为：宽度大于高度的长方形设计，在居右约四分之三部位的底色为红色，剩余四分之一部位的底色为淡黄色，在主视图底色中均有呈淡黄色的底纹隐花图案；主视图居中的位置有横向排列的黑色"阿胶"的字体图案；在底色为淡黄色部位的中央位置处有纵向排列的黑色字体图案，该黑色字体图案上部有一呈红色的商标图案；在"阿胶"字体图案右下部有一横向排列的白色字体图案，在主视图底部居右位置有一排横向排列的黑色字体图案；在整体图案的右端居上位置，有一黄白相间的圆形商标图案；纯度从左到右呈由高到低的过渡，明度从左到右呈由明到微明再到暗的渐变；从其后视图来看，视图为宽度大于高度的长方形设计，四周有一边框，其左边框为红色、右边框为粉红色，上下边框居左约四分之三为红色，居右约四分之一为红色向粉红色逐渐过渡；边框内的底色为淡黄色，其底色中有呈淡黄色的底纹隐花图案；边框内的左部位置有由上到下多行横向排列的黑色字体图案，边框内的中部及右部位置有多个均匀分布的服用方法示意图图案；边框内的右下角有长方形图案；从其左视图来看，视图为高度大于宽度的长方形设计，视图的底色在居左三分至二部位为红色，并逐渐过渡到剩余三分之一部位的粉红色，视图的居中位置有纵向排列的黑色字体图案，该黑色字体图案下部有一圆形商标图案；从其俯视图来看，视图为宽度大于高度的长方形设计，视图的底色在居左三分之二部位为红色，并逐渐过渡到剩余三分之一部位的粉红色，在居中位置有一横向排列的黑色文字图案，在该黑色文字图案的左部有一圆形商标图案；从其仰视图来看，视图为宽度大于高度的长方形设计，视图的底色在居右三分之二部位为红色，并逐渐过渡到剩余三分之一部位的粉红色，视图的居中位置有三条横向排列的黑色字体图案，在该黑色字体图案左侧有一横向排列的黑色字体，在这一黑色字体左侧有一圆形商标图案（详见本专利附图）。

在先设计所示包装盒为扁长方体形状，宽度大于高度和厚度，主视图所示图案为：宽度大于高度的长方形设计，在居右约四分之三部位的底色为红色，剩余四分之一部位的底色为白色，在主视图底色中均有呈淡黄色的底纹隐花图案；主视图居中的位置有横向排列的黑色"阿胶"的字体图案，该字体图案的周边为黄色；在底色为白色部位的中央位置处有纵向排列的黑色字体图案，该黑色字体图案上部有一呈红色的商标图案；在整体图案的右端居下位置有一高度大于宽度的底色为褐色矩形透明窗，该透明窗的四个角为圆弧形；在"阿胶"字体图案下部有一横向排列的白色字体图案，该白色字体图案下部有一条黄色的细直线，该细直线下部有一横向排列的黄色细小字体图案；在主视图底部居右位置有一排横向排列的黑色字体图案；在整体图案的右端居上位置，由左向右分别有一红白相间的圆形商标图案和有三个白色字母的椭圆形图案；纯度从左到右呈由高到低的过渡，明度从左到右呈由明到微明再到暗的渐变；从其后视图来看，视图为宽度大于高度的长方形设计，四周有一边框，其左边框为红色、右边框为白色，上下边框居左约四分之三为红色，居右约四分之一为红色向白色逐渐过渡；边框内的底色为淡黄色，其底色中有呈淡黄色的底纹隐花图案；边框内的左部位置有由上到下多行横向排列的黑色字体图案，边框内的中部及右部位置有多个均匀分布的服用方法示意图图案；边框内的右下角有条形码图案；从其左视图来看，视图为高度大于宽度的长方形设计，视图的底色在居右三分至二部位为红色，并逐渐过渡到剩余三分之一部位的淡红色至白色，视图的居中位置有纵向排列的黑色字体图案，该黑色字体图案上部有一圆形商标图案；从其俯视图来看，视图为宽度大于高度的长方形设计，视图的底色在居右三分之二部位为红色，并逐渐过渡到剩余三分之一部位的淡红色至白色，在居中位置有一横向排列的黑色文字图案，在该黑色文字图案的右部有一圆形商标图案；从其仰视图来看，视图为宽度大于高度的长方形设计，视图的底色在居右三分之二部位为红色，并逐渐过渡到剩余三分之一部位的淡红色至白色，视图的居中位置有一横向排列的黑色字体图案，在该黑色图案左侧有一圆形商标图案；从其右视图来看，视图为高度大于宽度的长方形设计，视图的底色在居左三分之二部位为红色，并逐渐过渡到剩余三分之一部位的淡红色至白色（详见在先设计附图）。

将本专利与在先设计相比较，二者所示包装盒形状相近似，分别将二者的主视图和后视图、俯视图、仰视图、左、右视图作交叉对应比较可以看出，其所采用的形体图案设计、字体图案设计及其分布位置、整体色彩分布、矩形框图案、使用说明图形、线条背景图案及其整体构图均基本相同或相近似；其不同之处主要在于二者的高度和宽度、厚度比例有所不同，二者的文字图案略微有所差别，二者商标图案设计有所差别，二者在色彩方面过渡略微有所差别，二者底纹中隐花图案的覆盖范围有所区别，在先设计在主视图右端居下位置有一矩形透明窗，而本专利无此设计。经上述分析对比，合议组认为，本专利与在先设计所采用的基本图案是极相近似的，其整体构图基本相同，特别是二者主、后视图具有醒目的视觉效果且极相近似，而前述不同仅为局部的极细微差异，其对整体外观视觉效果不会产生显著影响，因此，本专利与在先设计所示包装盒外观设计属于相近似的外观设计。

综上所述，本专利与其申请日前授权公告的外观设计专利相近似，因此，本专利不符合专利法第23条的规定。

**三、决定**

宣告200630090579.1号外观设计专利权全部无效。

当事人对本决定不服的，可以根据专利法第46条第2款的规定，自收到本决定之日起三个月内向北京市第一中级人民法院起诉。根据该款的规定，一方当事人起诉后，另一方当事人应当作为第三人参加诉讼。

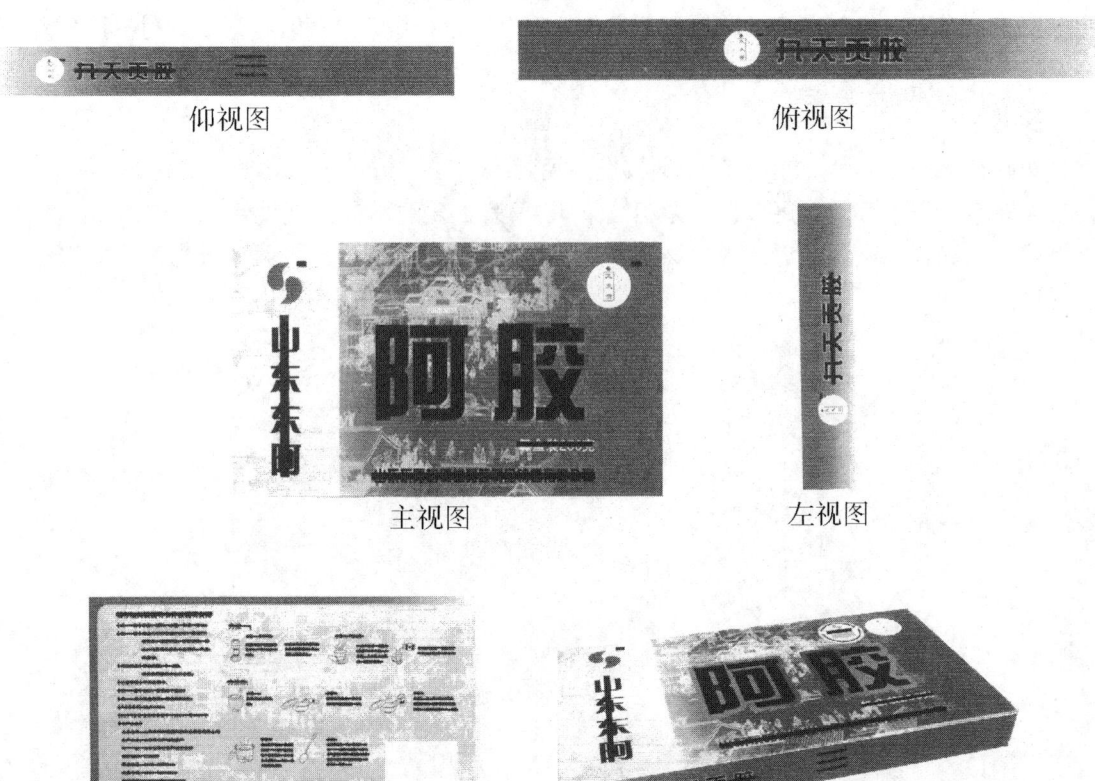

本专利附图

俯视图

后视图

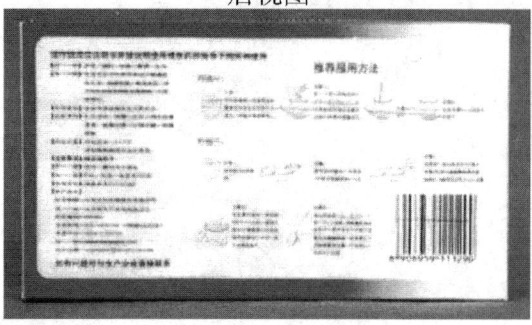

立体图

仰视图

右视图　　　　　主视图

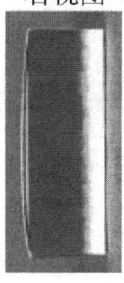 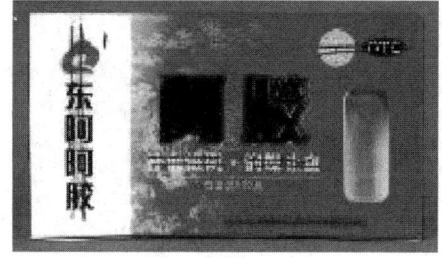

左视图

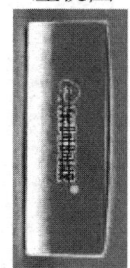

在先设计附图

# 玩具（变形金刚灾难战士）

## 无效宣告请求审查决定（第 10795 号）

| | |
|---|---|
| 决 定 号 | 第 10795 号 |
| 决 定 日 | 2007 年 12 月 24 日 |
| 发明创造名称 | 玩具（变形金刚灾难战士） |
| 外观设计分类号 | 21-01 |
| 无效宣告请求人 | 株式会社万代 |
| 专 利 权 人 | 陈振楷 |
| 申 请 号 | 200430075943.8 |
| 申 请 日 | 2004 年 9 月 27 日 |
| 授权公告日 | 2005 年 3 月 16 日 |
| 合议组组长 | 张雪飞 |
| 主 审 员 | 吴大章 |
| 参 审 员 | 周 佳 |
| 附 图 | 2 页 |

**法 律 依 据** 专利法第 23 条

**决 定 要 点**

在先设计与本专利属于相近似的外观设计，故本专利权的授予不符合专利法第 23 条的规定。

一、案由

本无效宣告请求涉及的是国家知识产权局于 2005 年 3 月 16 日授权公告的、名称为"玩具（变形金刚灾难战士）"的外观设计专利，其申请号是 200430075943.8，申请日是 2004 年 9 月 27 日，专利权人是陈振楷。

针对上述专利权（下称本专利），株式会社万代（下称请求人）于 2007 年 3 月 30 日向专利复审委员会提出无效宣告请求，其理由是本专利权的授予不符合专利法第 23 条的规定，其主张的事实为在本专利申请日之前已有相同的外观设计在出版物上公开发表过。请求人提交了如下证据：

附件 1：本专利授权公告公开信息的复印件共 6 页；

附件 2：附件 3 至附件 6 的证明书及公证和认证文件的复印件共 3 页；

附件 3：《ガンプラ大全集 2004》（《敢达模型大全集 2004》）书刊的封面、第 12 页和第 194 页的复印件共 3 页；

附件 4：《HOBBY JAPAN》（《业余爱好日本》）书刊 2003 年 10 月号的封面、第 50~53 页和第

374 页的复印件共 6 页；

附件 5：《電撃 HOBBY》（《电击业余爱好》）书刊 2003 年 6 月号的封面、第 93 页和第 294 页的复印件共 3 页；

附件 6：《電撃 HOBBY》（《电击业余爱好》）书刊 2003 年 10 月号的封面、第 36~38 页和第 282 页的复印件 5 页。

2007 年 4 月 29 日，专利复审委员会收到了请求人提交的上述附件 2~6 的中文译文。

专利复审委员会经形式审查合格受理了该无效宣告请求，并于 2007 年 8 月 3 日将请求书及相关证据材料副本转送给专利权人，要求其在指定的期限内答复。专利复审委员会始终没有收到专利权人的意见陈述书。

2007 年 10 月 29 日，合议组向双方当事人发出口头审理通知书，定于 2007 年 11 月 27 日进行口头审理。

口头审理如期举行，请求人的代理人出席口头审理。合议组当庭告知当事人参审员由严若艳变更为周佳。请求人对合议组成员无回避请求。专利权人未出席口头审理。专利复审委员会也没有收到其任何书面答复。口头审理中，请求人就提交的证据进行了意见陈述并坚持原有主张，提交了附件 2~6 的原件以及相关书刊当年期刊的全部原件。

口头审理结束后，专利复审委员会向专利权人发出了合议组成员告知通知书。

专利权人逾期未作答复，视为对变更后的合议组成员无回避请求。

至此，在上述审理的基础上，合议组认为本案事实清楚，可以依法作出审查决定。

二、决定的理由

请求人提出的无效宣告请求的理由是：本专利权的授予不符合专利法第 23 条的规定。

专利法第 23 条规定：授予专利权的外观设计，应当同申请日以前在国内外出版物上公开发表过或者国内公开使用过的外观设计不相同和不相近似，并不得与他人在先取得的合法权利相冲突。

请求人提交的附件 3 是《敢达模型大全集 2004》书刊相关页的复印件，并提交了其公证认证文件（附件 2）和中文译文。在口头审理中，请求人提交了附件 2 和附件 3 的原件。在附件 2 中，万代株式会社董事长出具了证言："附加文件确实为下列书籍的真实复印件"，该证言经日本东京法务局公证人川岛贵志郎公证，又经东京法务局、日本外务省、中国驻日本大使馆认证。针对上述证据，专利权人始终未提交任何意见陈述，也未提交相关证据证明其不真实，亦不出席口头审理。合议组认为，附件 3 作为域外证据已经履行了相应的证明手续，并在规定的期限内提交了中文译文，符合审查指南第四部分第八章关于无效宣告程序中有关证据问题的规定，且专利权人未对其提出质疑，因此请求人提供的附件 3 真实可信，《敢达模型大全集 2004》书刊属于专利法意义上的出版物。在该书刊的第 194 页上注明其发行日是 2004 年 3 月 5 日，在本专利申请日（2004 年 9 月 27 日）之前，在其第 12 页上刊载了一款名称为"GAT-X131 灾难战士"的玩具的图片。故附件 3 可以作为判断本专利是否符合专利法第 23 条的规定的依据。

本专利和在先设计均为玩具，两者用途相同，故可以进行相同和相近似比较。

本专利的整体形状呈拟人形设计，各个组成部分呈机械零部件形态的设计。本专利的头部前额具有"V"字形设计，双肩呈半圆形块状机械部件设计，左臂装备盾牌，右手持火箭炮，背后装备有高能长射程光束炮（详见本专利附图）。

从附件 3 的"GAT-X131 灾难战士"的玩具（下称在先设计）的图片可知，在先设计的整体形状呈拟人形设计，各个组成部分呈机械零部件形态的设计。其头部前额具有"V"字形设计，双肩呈半圆形块状机械部件设计，胸部具有图案，左臂装备盾牌，右手持火箭炮，背后装备有高能长射程光束炮（详见在先设计附图）。

将本专利和在先设计进行对比后，可以看到：二者的整体形状相同，除了在先设计在胸部具有图案，本专利没有之外，各相应的组成部分也都是相同的，合议组认为，上述相同点已经构成本专利外观设计与在先设计在整体形状上视觉效果的基本相同，其差异对整体视觉效果明显不具有显著影响，因此，二者属于相近似的外观设计。

请求人提供的证据能够证明在本专利申请日之前，已经有相近似的外观设计在公开出版物上发表。因此本专利权的授予不符合专利法第23条的规定。

鉴于上述已经得出本专利权的授予不符合专利法第23条规定的结论，故本决定对请求人提交的其他证据不再评述。

### 三、决定

依据专利法第23条的规定，宣告200430075943.8号外观设计专利权全部无效。

当事人对本决定不服的，可以根据专利法第46条第2款的规定，在收到本决定之日起三个月内向北京市第一中级人民法院起诉。一方当事人起诉后，另一方当事人将作为第三人参加诉讼。

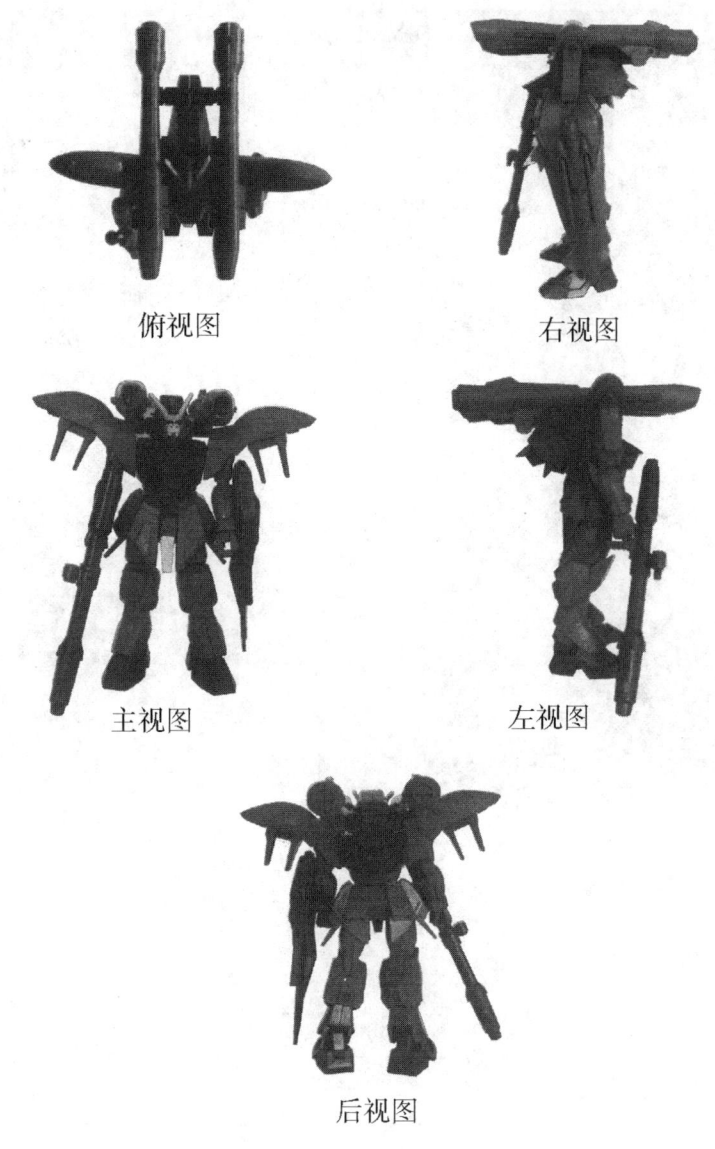

本专利附图

在先设计附图

# 玩具（变形金刚易吉斯战士）

## 无效宣告请求审查决定（第 10797 号）

| | |
|---|---|
| 决 定 号 | 第 10797 号 |
| 决 定 日 | 2007 年 12 月 24 日 |
| 发明创造名称 | 玩具（变形金刚易吉斯战士） |
| 外观设计分类号 | 21-01 |
| 无效宣告请求人 | 株式会社万代 |
| 专 利 权 人 | 陈振楷 |
| 申 请 号 | 200430075935.3 |
| 申 请 日 | 2004 年 9 月 27 日 |
| 授 权 公 告 日 | 2005 年 4 月 20 日 |
| 合议组组长 | 张雪飞 |
| 主 审 员 | 吴大章 |
| 参 审 员 | 周佳 |
| 附 图 | 2 页 |
| 法 律 依 据 | 专利法第 23 条 |
| 决 定 要 点 | |

在先设计与本专利属于相近似的外观设计，故本专利权的授予不符合专利法第 23 条的规定。

### 一、案由

本无效宣告请求涉及的是国家知识产权局于 2005 年 4 月 20 日授权公告的、名称为"玩具（变形金刚易吉斯战士）"的外观设计专利，其申请号是 200430075935.3，申请日是 2004 年 9 月 27 日，专利权人是陈振楷。

针对上述专利权（下称本专利），株式会社万代（下称请求人）于 2007 年 3 月 30 日向专利复审委员会提出无效宣告请求，其理由是本专利权的授予不符合专利法第 23 条的规定，其主张的事实为在本专利申请日之前已有相同的外观设计在日本出版物上公开发表过。请求人提交了如下证据：

附件 1：本专利授权公告公开信息的复印件；

附件 2：附件 3~6 的证明书及公证和认证文件的复印件共 3 页；

附件 3：《ガンプラ大全集 2004》（《敢达模型大全集 2004》）书刊的封面、第 9 页、第 16 页和第 194 页的复印件共 4 页；

附件 4：《HOBBY JAPAN》（《业余爱好日本》）杂志 2003 年 2 月号的封面、第 26 页至第 29 页和第374页的复印件共6页；

附件5：《電撃HOBBY》（《电击业余爱好》）杂志2002年9月号的封面、第92页和第374页的复印件共3页；

附件6：《電撃HOBBY》（《电击业余爱好》）杂志2003年4月号的封面、第12页至第18页和第302页的复印件9页。

2007年4月29日，专利复审委员会收到了请求人提交的上述附件2～6的中文译文。

专利复审委员会经形式审查合格受理了该无效宣告请求，并于2007年8月3日将请求书及相关证据材料副本转送给专利权人，要求其在指定的期限内答复。专利复审委员会始终没有收到专利权人的意见陈述书。

2007年10月29日，合议组向双方当事人发出口头审理通知书，定于2007年11月27日进行口头审理。

口头审理如期举行，请求人的代理人出席口头审理。合议组当庭告知当事人参审员由严若艳变更为周佳。请求人对合议组成员无回避请求。专利权人未出席口头审理。专利复审委员会也没有收到其任何书面答复。口头审理中，请求人就提交的证据进行了意见陈述并坚持原有主张，提交了附件2～6的原件以及相关杂志当年期刊的全部原件。

口头审理结束后，合议组向专利权人发出合议组成员告知通知书。

专利权人逾期未作答复，视为对变更后的合议组成员无回避请求。

至此，在上述审理的基础上，合议组认为本案事实清楚，可以依法作出审查决定。

二、决定的理由

请求人提出的无效宣告请求的理由是：本专利权的授予不符合专利法第23条的规定。

专利法第23条规定：授予专利权的外观设计，应当同申请日以前在国内外出版物上公开发表过或者国内公开使用过的外观设计不相同和不相近似，并不得与他人在先取得的合法权利相冲突。

请求人提交的附件3是《敢达模型大全集2004》书刊相关页的复印件，并提交了其公证认证文件（附件2）和中文译文。在口头审理中，请求人提交了附件2和附件3的原件。在附件2中，万代株式会社董事长出具了证言："附加文件确实为下列书籍的真实复印件"，该证言经日本东京法务局公证人川岛贵志郎公证，又经东京法务局、日本外务省、中国驻日本大使馆认证。针对上述证据，专利权人始终未提交任何意见陈述，也未提交相关证据证明其不真实，亦不出席口头审理。合议组认为，附件3作为域外证据已经履行了相应的证明手续，并在规定的期限内提交了中文译文，符合审查指南第四部分第八章关于无效宣告程序中有关证据问题的规定，且专利权人未对其提出质疑，因此人提供的附件3真实可信，《敢达模型大全集2004》书刊属于专利法意义上的出版物。在该书刊的第194页上注明其发行日是2004年3月5日，在本专利申请日（2004年9月27日）之前，在其第9页上刊载了一款名称为"GAT-X303易吉斯战士"的玩具的图片。故附件3可以作为判断本专利是否符合专利法第23条的规定的依据。

本专利和在先设计均为玩具，两者用途相同，故可以进行相同和相近似比较。

本专利的整体形状呈拟人形设计，各个组成部分呈机械零部件形态的设计。本专利的头部前额具有"V"字形设计，头顶具有"鸡冠"形式的设计，双肩呈块状机械部件设计，腰间两侧具有护甲，左臂装备防盾系统，左手持光束步枪，足尖有上翘的片状设计，背后有翼片（详见本专利附图）。

从附件3第9页的"GAT-X303易吉斯战士"的玩具（下称在先设计）的图片可知，在先设计的整体形状呈拟人形设计，各个组成部分呈机械零部件形态的设计。其头部前额具有"V"字形设计，头顶具有"鸡冠"形式的设计，双肩呈块状机械部件设计，腰间两侧具有护甲，左臂装备防盾系统，右手持光束步枪，足尖有上翘的片状设计，背后有翼片（详见在先设计附图）。

将本专利和在先设计进行对比后，可以看到：二者的整体形状几乎相同，除了持枪的用手不同外，各相应的组成部分也都是基本相同的，合议组认为，上述相同点已经构成本专利外观设计与在先设计在整体形状上视觉效果的基本相同，其差异对整体视觉效果不构成显著影响，因此，二者属于相近似的外观设计。

综上，请求人提供的证据能够证明在本专利申请日之前，已经有相近似的外观设计在公开出版物上发表。因此本专利权的授予不符合专利法第23条的规定。

鉴于上述已经得出本专利权的授予不符合专利法第23条规定的结论，故本决定对请求人提交的其他证据不再评述。

三、决定

依据专利法第23条的规定，宣告200430075935.3号外观设计专利权全部无效。

当事人对本决定不服的，可以根据专利法第46条第2款的规定，在收到本决定之日起三个月内向北京市第一中级人民法院起诉。一方当事人起诉后，另一方当事人将作为第三人参加诉讼。

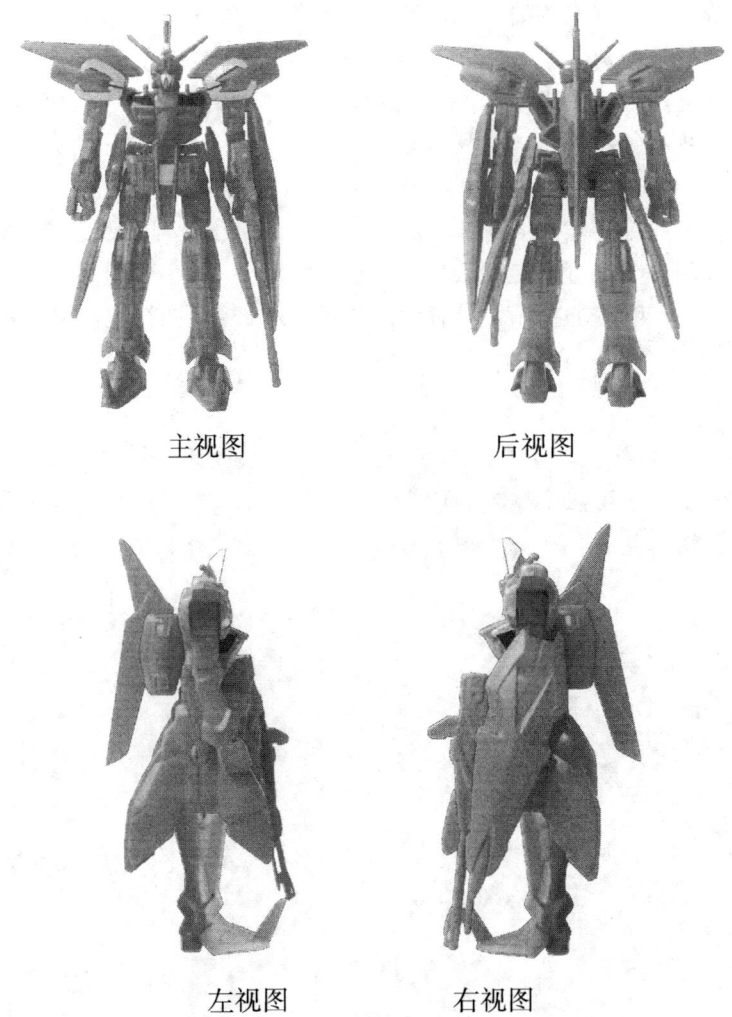

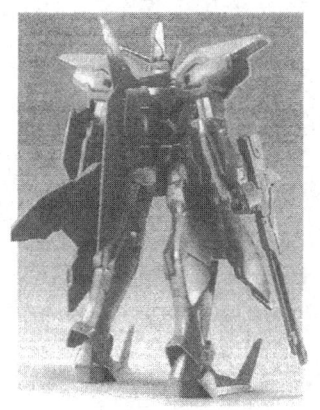

在先设计附图

# 包装盒

## 无效宣告请求审查决定（第 10802 号）

| | |
|---|---|
| 决 定 号 | 第 10802 号 |
| 决 定 日 | 2007 年 12 月 17 日 |
| 发明创造名称 | 包装盒 |
| 外观设计分类号 | 09-03 |
| 无效宣告请求人 | 云南省腾冲制药厂 |
| 专 利 权 人 | 云南省腾冲县东方红制药有限责任公司 |
| 专 利 号 | 200630020646.2 |
| 申 请 日 | 2006 年 1 月 19 日 |
| 授权公告日 | 2007 年 1 月 3 日 |
| 合议组组长 | 高栋 |
| 主 审 员 | 李卉 |
| 参 审 员 | 张巍 |
| 附 图 | 1 页 |

**法 律 依 据** 专利法第 23 条

**决 定 要 点**

在先设计的所示包装盒未公开的部位属于不会被一般消费者关注的部位，并且本专利在相应部位的设计的变化也不会对产品的整体视觉效果产生显著影响，因此根据整体观察、综合判断，本专利与在先设计相近似。

## 一、案由

本无效宣告请求涉及国家知识产权局于 2007 年 1 月 3 日授权公告的、专利号为 200630020646.2 的外观设计专利，名称为"包装盒"，申请日是 2006 年 1 月 19 日，专利权人是云南省腾冲县东方红制药有限责任公司。

针对上述外观设计专利权（下称本专利），云南省腾冲制药厂（下称请求人）于 2007 年 4 月 18 日向专利复审委员会提出无效宣告请求，其理由是本专利不符合专利法第 23 条的规定。请求人认为本专利在申请日之前已经公开使用，且与其申请日以前在国内出版物上公开发表过的外观设计相同和相近似。请求人同时提交了作为证据使用的附件，即：

附件 2：《云南省著名商标汇编（2003）》第 66、67 页复印件共两页，出版时间为 2003 年；

附件 3："藿香正气水"包装展开图复印件共一页；

附件4：编号为AZ-2002-53-0355的非处方药品审核登记证书复印件共两页；

附件5："藿香正气水"电视广告彩色截图共一页；

附件6：云南新联医药有限公司与云南方圆广告公司的广告发布业务合同复印件共一页；

附件7：云南省电视台广告播出证明书复印件共两页；

附件8：云南省广告专用发票复印件共四页；

附件9：云南省电视台广告部出具的关于云南省腾冲制药厂广告光盘内容的证明复印件共一页；

附件10：保山市腾冲县工商行政管理局的腾工商处字（2006）第56号行政处罚决定书复印件共两页。

专利复审委员会根据无效宣告请求审查程序的规定受理了该无效宣告请求，并于2007年5月24日向双方当事人发出了无效宣告请求受理通知书，并将请求人的无效宣告请求书及所附附件的副本转送专利权人。

专利权人于2007年7月6日提交了对该无效宣告请求的答辩意见，其中认为专利权人生产的"藿香正气水"使用本专利包装盒多年，早于请求人所述的非处方药品审核登记的时间。专利权人随答辩意见提交了延期举证请求书、专利无效宣告口头审理请求书，同时还提交了企业法人营业执照、药品生产许可证、税务登记证、组织机构代码证、中国商品条码系统成员证书、商标注册证、核准续展注册证明、专利权人变更药品注册证的名称及地址情况说明、云南省食品药品监督管理局文件、云南省著名商标证书以及云南省著名商标（2004）封面和第46页共16页的复印件。

专利复审委员会于2007年9月13日向双方当事人发出无效宣告请求口头审理通知书，定于2007年11月6日对本案进行口头审理，并随该口审通知书向请求人转送了专利权人于2007年7月6日提交的意见陈述书以及所附附件的副本。

口头审理如期举行，双方当事人均出席了口头审理。

在口头审理中，双方当事人均表示对合议组成员无回避请求，对对方当事人出庭人员身份无异议。请求人当庭出示了附件2~4、7、9、10的原件，未提交附件6和8的原件。专利权人对附件2《云南省著名商标（2003）》的真实性和公开出版日期无异议；认为附件4的公章不一致，没有法律关联性；对附件5、7、9的真实性有异议，其中认为公章单位不具备法人资格；对附件10的真实性没有异议，但对其与本案的关联性有异议。请求人明确无效理由为：本外观设计专利不符合专利法第23条的在先公开使用和在先出版物公开的规定。其中附件2证明在先出版物公开；附件3和附件4相结合证明在先使用公开；附件5~9结合证明在先使用公开；附件10证明专利权人在本专利申请日之前使用与请求人云南腾冲制药厂相近似的"藿香正气水"包装盒的外观设计。请求人当庭提交了附件3中包装盒样本的实物，当庭提交并演示了载有附件5所示图片内容的光盘。在庭审过程中，双方当事人都充分陈述了意见。

至此，合议组经合议认为本案事实已经清楚，可依法作出本无效宣告请求审查决定。

**二、决定的理由**

1. 关于附件2的认定

请求人提交的附件2是《云南省著名商标汇编（2003）》第66、67页的复印件，公开出版时间为2003年，公开日期早于本专利申请日，且专利权人对该附件2的真实性和公开出版日期均无异议，经合议组核实，以上证据所示内容与原件相符，因此可以作为适用于专利法第23条的证据使用。

2. 关于专利法第23条

基于请求人提出的无效宣告请求的理由，合议组依据专利法第23条的规定对本案进行审理。

专利法第23条规定："授予专利权的外观设计，应当同申请日以前在国内外出版物上公开发表过

或者国内公开使用过的外观设计不相同和不相近似，并不得与他人在先取得的合法权利相冲突。"

本专利与附件2第67页的排列图片的第二行左二的图片均为包装盒，二者用途相同，属于相同类别的产品，具有可比性。现将本专利与附件2（下称在先设计）进行相同和相近似比较：

本专利所示包装盒的整体为长方体，从主视图看，其中央具有蓝色隶书字体的商品名"藿香正气水"，上下边各具有一粗一细两条水平方向的蓝色线条，该视图的左上角具有一红色边框的圆形图案，该圆形图案的右上角具有一小红色圆形图案，该视图的右上角具有一水平椭圆形红色图案，商品名的上方具有两行较小的蓝色字体，商品名的下方具有三行较小的蓝色字体；从本专利的右视图、后视图、左视图可以看出，各视图的上下边都具有一粗一细两条水平方向的蓝色线条，靠近商品名一侧的线条是细线条，靠近盒边一侧的线条为明显的粗线条，其中右视图可见具有五行较小的蓝色字体，后视图可见具有八行较小的蓝色字体，左视图可见中部具有蓝色条码；从仰视图看，该视图的上下边具有一较粗的水平方向的蓝色线条；从俯视图可以看出，盒盖面的中央部位具有蓝色字体书写的商品名"藿香正气水"的字样，该商品名上下方各具有一行较小的蓝色字体（详见本专利附图）。

在先设计所示包装盒的整体为长方体，从图中可以看出，其正面视图中央具有蓝色隶书字体的商品名"藿香正气水"的字样，正面视图的上下边同时具有一粗一细两条水平方向的蓝色线条，其中细线条较粗线条更靠近商品名，该正面视图的左上角具有一红色边框的圆形图案，该圆形图案的右上角具有一小红色圆形图案，该正面视图的右上角具有一水平椭圆形红色图案，商品名的上方具有两行较小的蓝色字体，商品名的下方具有三行较小的蓝色字体，盒体的顶部的中央部位具有蓝色字体书写的商品名"藿香正气水"的字样，该商品名下方具有一行较小的蓝色字体；盒体的两侧面和背面不可见（详见在先设计附图）。

将本专利与在先设计相比较，包装盒体的整体形状、盒体上正面视图和顶面的主要图案、主体色彩、商品名称的字体与和其他字体的整体分布都是相同的。二者的区别在于：（1）在先设计包装盒顶面商品名称上方的具体设计不可见；（2）在先设计的包装盒体的两侧面和背面不可见。对于二者之间存在的相同点和不同点，除了由于在先设计的图可视角度的原因，在先设计产品的部分设计内容不可见之外，在先设计与本专利的外观设计是完全相同的。对此合议组认为：本专利和在先设计均属于包装盒产品，首先，在本案中包装盒体的正面和顶面在视觉效果上为一般消费者所关注的面，盒体正面与顶面的大部分与本专利采用了相同的设计，而在先设计不可观察到的面和部分设计内容并不是包装盒产品被一般消费者所关注的部位；其次，从整体视觉观察，虽然对比文件的产品有部分不可见，但是该部分即使在设计上有变化，也不会对产品的整体造型和可见部分形成的整体视觉效果产生显著的影响。因此，通过整体观察，综合判断，二者应属于相近似的外观设计。

基于以上理由，合议组认为：二者属于相近似的外观设计，即，本专利与申请日以前公开发表在国内出版物上的外观设计相近似，不符合专利法第23条的规定，请求人的无效宣告请求理由成立。

鉴于请求人的无效理由已经成立，合议组对请求人所提出的其他证据和理由不再予以具体评述。

### 三、决定

宣告200630020646.2号外观设计专利权全部无效。

当事人对本决定不服的，可以根据专利法第46条第2款的规定，自收到本决定之日起三个月内向北京市第一中级人民法院起诉。根据该款的规定，一方当事人起诉后，另一方当事人应当作为第三人参加诉讼。

| 俯视图 | 后视图 | 仰视图 |
|---|---|---|
|  | 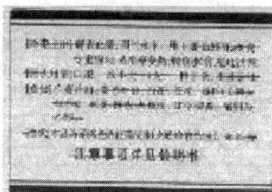 | |

| 右视图 | 主视图 | 左视图 |
|---|---|---|
|  |  | 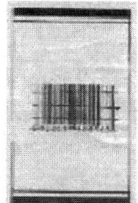 |

本专利附图

在先设计附图

# 北京市第一中级人民法院
# 行政判决书

(2008) 一中行初字第 588 号

原告云南省腾冲县东方红制药有限责任公司，住所地云南省腾冲县腾越镇观音塘社区军民小区 150 号。

法定代表人杨庭岗，总经理。

委托代理人张宏雷，云南震序律师事务所律师。

被告国家知识产权局专利复审委员会，住所地北京市海淀区北四环西路 9 号银谷大厦 10~12 层。

法定代表人廖涛，副主任。

委托代理人李卉，国家知识产权局专利复审委员会审查员。

委托代理人瞿晓峰，国家知识产权局专利复审委员会审查员。

第三人云南省腾冲制药厂，住所地云南省腾冲县腾越镇光华西路下西街 61 号。

法定代表人李筱玲，董事长。

委托代理人杨恒君，云南省腾冲制药厂法务部经理。

原告云南省腾冲县东方红制药有限责任公司（以下简称东方红公司）不服被告国家知识产权局专利复审委员会（以下简称专利复审委员会）于 2007 年 12 月 17 日作出的第 10802 号无效宣告请求审查决定（以下简称第 10802 号决定），于法定期限内向本院提起行政诉讼。本院于 2008 年 4 月 15 日受理后，依法组成合议庭，并依法通知云南省腾冲制药厂（以下简称腾冲制药厂）作为本案第三人参加诉讼。于 2008 年 6 月 5 日公开开庭进行了审理。原告东方红公司委托代理人张宏雷，被告专利复审委员会的委托代理人李卉、瞿晓峰到庭参加了诉讼。第三人腾冲制药厂提交书面声明表示不出庭参加诉讼，本院依法缺席审理。本案现已审理终结。

第 10802 号决定系专利复审委员会于 2007 年 12 月 17 日针对腾冲制药厂就东方红公司拥有的 200630020646.2 号外观设计专利（以下简称本专利）所提出的无效宣告请求而作出的。专利复审委员会在该决定中认定：本专利所示包装盒的整体为长方体，从主视图看，其中央具有蓝色隶书字体的商品名"藿香正气水"，上下边各具有一粗一细两条水平方向的蓝色线条，该视图的左上角具有一红色边框的圆形图案，该圆形图案的右上角具有一小红色圆形图案，该视图的右上角具有一水平椭圆形红色图案，商品名的上方具有两行较小的蓝色字体，商品名的下方具有三行较小的蓝色字体；从本专利的右视图、后视图、左视图可以看出，各视图的上下边都具有一粗一细两条水平方向的蓝色线条，靠近商品名一侧的线条是细线条，靠近盒边一侧的线条为明显的粗线条，其中右视图可见具有五行较小的蓝色字体，后视图可见具有八行较小的蓝色字体，左视图可见中部具有蓝色条码；从仰视图看，该视图的上下边具有一较粗的水平方向的蓝色线条；从俯视图可以看出，盒盖面的中央部位具有蓝色字体书写的商品名"藿香正气水"的字样，该商品名上下方各具有一行较小的蓝色字体。在先设计所示包装盒的整体为长方体，从图中可以看出，其正面视图中央具有蓝色隶书字体的商品名"藿香正气水"的字样，正面视图的上下边同时具有一粗一细两条水平方向的蓝色线条，其中细线条较粗线条更靠近商品名，该正面视图的左上角具有一红色边框的圆形图案，该圆形图案的右上角具有一小红色圆形图案，该正面视图的右上角具有一水平椭圆形红色图案，商品名的上方具有两行较小的蓝色字体，商品名的下方具有三行较小的蓝色字体，盒体的顶部的中央部位具有蓝色字体书写的商品名

"藿香正气水"的字样，该商品名下方具有一行较小的蓝色字体；盒体的两侧面和背面不可见。将本专利与在先设计相比较，包装盒体的整体形状、盒体上正面视图和顶面的主要图案、主体色彩、商品名称的字体与其他字体的整体分布都是相同的。二者的区别在于：（1）在先设计包装盒顶面商品名称上方的具体设计不可见；（2）在先设计的包装盒体的两侧面和背面不可见。对于二者之间存在的相同点和不同点，除了由于在先设计的图可视角度的原因，在先设计产品的部分设计内容不可见之外，在先设计与本专利的外观设计是完全相同的。对此合议组认为：本专利和在先设计均属于包装盒产品，首先，在本案中包装盒体的正面和顶面在视觉效果上为一般消费者所关注的面，盒体正面与顶面的大部分与本专利采用了相同的设计，而在先设计不可观察到的面和部分设计内容并不是包装盒产品被一般消费者所关注的部位；其次，从整体视觉观察，虽然对比文件的产品有部分不可见，但是该部分即使在设计上有变化，也不会对产品的整体造型和可见部分形成的整体视觉效果产生显著的影响。因此，通过整体观察，综合判断，二者应属于相近似的外观设计。基于以上理由，合议组认为：二者属于相近似的外观设计，即，本专利与申请日以前公开发表在国内出版物上的外观设计相近似，不符合《中华人民共和国专利法》（以下简称《专利法》）第二十三条的规定。据此，专利复审委员会作出第10802号决定，宣告本专利权全部无效。

第10802号决定作出后，原告东方红公司不服，向本院提起行政诉讼，其诉称：第10802号决定程序违法。第三人腾冲制药厂于2007年4月18日提出无效宣告请求，2007年9月4日，原告收到昆明市中级人民法院（2007）昆民六初字第136号《应诉通知书》，得知公民苏仁慈起诉原告，案由为专利权属纠纷，要求判令本专利的设计人、专利权人和申请人均为苏仁慈。依据《中华人民共和国专利法实施细则》（以下简称《专利法实施细则》）和《审查指南》相关规定，原告提出《无效宣告中止程序请求书》，并缴纳相关费用。9月24日原告收到《无效宣告请求口头审理通知书》，原告寄出《口头审理通知书回执》的同时再次提交《无效宣告中止程序请求书》。口头审理中，原告带有《应诉通知书》原件，并多次提出中止程序异议。口头审理后，被告向原告发出《视为未提出中止请求通知书》，理由是"证明文件是复印件"、"提交的补正文件仍不符合《专利法实施细则》的有关规定"。原告再次发出《中止程序二次请求书》，并附《应诉通知书》原件。12月30日，原告收到第10802号决定，宣告本专利权全部无效。被告以"证明文件是复印件"为由视为未提出中止请求无视《专利法实施细则》和《审查指南》有关规定，剥夺原告程序权利。并且，被告并未发出过《中止程序请求补正通知书》，而《视为未提出中止请求通知书》理由之一是"提交的补正文件仍不符合《专利法实施细则》的有关规定"，是严重的程序违法行为。程序合法和实体合法是法律的双重要求，但被告作出的《视为未提出中止请求通知书》显失公正和公平，剥夺原告中止程序的权利，匆忙作出"宣告专利权全部无效"的决定，属于严重程序违法，请求人民法院撤销第10802号决定。

被告专利复审委员会辩称：国家知识产权局于2007年11月21日向专利复审委员会转送了《视为未提出中止程序请求通知书》，指出原告于2007年9月21日提出的中止请求经审查不符合《专利法实施细则》的相关规定，该请求视为未提出。由于该中止请求视为未提出，专利复审委员会对该案进行正常的审理程序，于2007年12月21日作出第10802号无效宣告请求审查决定，宣告200630020646.2号外观设计专利权全部无效，该决定的作出程序合法，处分并无不当。另外，本案原告涉及的权属纠纷案已经撤诉，权属纠纷已经不存在，再讨论中止程序已无意义。综上，请求人民法院维持第10802号决定。

第三人腾冲制药厂述称：第10802号决定合法公正，不存在程序违法问题，原告以此提出诉讼目的是拖延决定生效时间，原告仿冒我厂"藿香正气水"包装外观设计，并向国家知识产权局申请专利，是严重违法行为。因此请求人民法院维持第10802号决定，驳回原告诉讼请求。

经审理查明，本案涉及国家知识产权局于2007年1月3日授权公告的200630020646.2号外观设计专利，使用该外观设计的产品名称为"包装盒"，申请日是2006年1月19日，专利权人是东方红公司。

针对上述专利权（即本专利），腾冲制药厂于2007年4月18日向专利复审委员会提出无效宣告请求，其依据的事实和理由是本专利在申请日前已经公开使用，且与其申请日以前在国内出版物上公开发表过的外观设计相同和相近似，因此本专利不符合《专利法》第二十三条的规定。腾冲制药厂提交的证据包括：

附件2：《云南省著名商标汇编（2003）》第66、67页复印件共两页，出版时间为2003年。其中第67页的排列图片的第二行左二的图片见本判决后附图。

200630020646.2号外观设计专利设计内容见本判决后附图。

本案庭审当中，原告当庭提出对第10802号无效决定中关于本专利是否符合《专利法》第二十三条的规定的评述有异议。并提出以下理由：（1）附件2公开的图片是平面视图而非立体视图，无法判断其相似性。（2）附件2公开的图片并未被第三人使用，仅是一个设计图，第三人实际使用的包装盒与我公司的包装盒显著不同。同时，原告指出，被告未予批准中止申请、匆忙作出无效决定，致使工商部门于2008年4月对原告予以查处给原告造成损失。

以上事实有200630020646.2号外观设计专利、附件2、第10802号决定以及当事人陈述等证据在案佐证。

本院认为，关于原告提出的中止程序请求被视为未提出而存在的程序问题，由于设立中止程序的主要目的是保证适格的权利人在无效程序中对相应的权利得以行使，而原告本身即为本案专利权人，其权利归属身份受到苏仁慈质疑，苏仁慈曾就此在昆明市中级人民法院提起专利权属诉讼，被告即是本案原告，作为专利权人，原告参加了复审委员会的无效宣告请求审查程序，没有证据显示其何权利受到妨碍或未能得以行使，并导致了不公平审查决定。国家知识产权局视为未提出中止程序请求并不影响原告正当权利的行使，原告亦未对所述程序问题如何影响其权利行使作出合理陈述，故对于原告主张的第10802号决定程序违法应予撤销的主张本院不予支持。

关于实体问题，《专利法》第二十三条规定：授予专利权的外观设计，应当同申请日以前在国内外出版物上公开发表过或者国内外公开使用过的外观设计不相同和不相近似，并不得与他人在先取得的合法权利相冲突。

本案中，附件2是申请日之前在国内出版物公开发表的包装盒图片，原告对于附件2公开的包装盒显示文字的字体、颜色与本专利相近似不持异议。对于形状，附件2公开的包装盒虽为图片，但能够显示其立体形状为长方体，同样与本专利包装盒的长方体相似。因此，通过整体观察，综合判断，本专利与附件2公开的包装盒相近似，不符合《专利法》第二十三条的规定。第10802号决定宣告本专利权全部无效并无不当。而附件2公开的包装盒是否实际使用、第三人实际经营中使用的包装盒是否与本专利相同或相近似以及工商部门对原告进行的查处等与本案附件2公开的包装盒与本专利是否相同或相近似的判断无关，本院不予考虑。

综上，专利复审委员会作出的第10802号决定认定事实清楚，适用法律正确，程序合法，应予维持。东方红公司请求撤销该决定的理由不能成立，本院不予支持。依照《中华人民共和国行政诉讼法》第四十八条、第五十四条第（一）项之规定，本院判决如下：

维持被告国家知识产权局专利复审委员会作出的第10802号无效宣告请求审查决定。

案件受理费100元，由原告云南省腾冲县东方红制药有限责任公司负担（已交纳）。

如不服本判决，各方当事人可于本判决送达之日起15日内，向本院提交上诉状及其副本，并交纳上诉案件受理费 100 元，上诉于北京市高级人民法院。

审　判　长　任　进
代理审判员　邢　军
人民陪审员　郝建欣
二〇〇八年六月十三日
书　记　员　袁　伟

俯视图　　　　　　后视图　　　　　　仰视图

右视图　　　　　　主视图　　　　　　左视图

本专利附图

在先设计附图

# 枕头（1）

## 无效宣告请求审查决定（第 10803 号）

| | |
|---|---|
| 决　定　号 | 第 10803 号 |
| 决　定　日 | 2007 年 12 月 18 日 |
| 发明创造名称 | 枕头（1） |
| 外观设计分类号 | 06-09 |
| 无效宣告请求人 | 上海罗莱家用纺织品有限公司 |
| 专 利 权 人 | 徐瑞鹏 |
| 专　利　号 | 200330121078.1 |
| 申　请　日 | 2003 年 11 月 28 日 |
| 授 权 公 告 日 | 2004 年 9 月 1 日 |
| 合议组组长 | 张雪飞 |
| 主　审　员 | 李　卉 |
| 参　审　员 | 郑　直 |
| 附　　　图 | 2 页 |

**法 律 依 据** 专利法第 23 条
**决 定 要 点**
本专利与在先设计相比，区别仅在于局部的细微变化，而该变化不足以对二者基本相同的整体形状形成的整体视觉效果产生显著影响，因此本专利与在先设计相近似。

### 一、案由

本无效宣告请求涉及国家知识产权局于 2004 年 9 月 1 日授权公告的、专利号为 200330121078.1 的外观设计专利，名称为"枕头（1）"，申请日是 2003 年 11 月 28 日，专利权人是徐瑞鹏。

针对上述外观设计专利权（下称本专利），上海罗莱家用纺织品有限公司（下称请求人）于 2007 年 4 月 16 日向专利复审委员会提出无效宣告请求，其理由是本专利不符合专利法第 23 条的规定。请求人认为本专利与其申请日以前在国内出版物上公开发表过的外观设计相近似。请求人同时提交了作为证据的附件材料，即

附件 1：授权公告日为 2000 年 1 月 5 日的 99323788.6 号中国外观设计专利权的专利公报复印件 1 页，其授权公告号为 CN3133253；

附件 2：授权公告日为 2003 年 10 月 22 日的 03333987.2 号中国外观设计专利权的专利公报复印件 1 页，其授权公告号为 CN3330698。

专利复审委员会根据无效宣告请求审查程序的规定受理了该无效宣告请求，并于2007年6月15日向双方当事人发出了无效宣告请求受理通知书，并将请求人的无效宣告请求文件的副本转送专利权人。

专利权人于2007年7月4日提交了意见陈述书，认为请求人提供的对比文件与本专利区别明显，本专利应予以维持，并请求进行口头审理，希望在口头审理中充分阐述设计要点。

专利复审委员会于2007年9月13日向双方当事人发出无效宣告请求口头审理通知书，定于2007年11月1日对本案进行口头审理。

双方当事人都在指定期限内提交了无效宣告请求口头审理通知书回执，表示届时参加口头审理。

口头审理如期举行，专利权人出席了口头审理，请求人未出席口头审理。

在口头审理中，专利权人表示对合议组成员无回避请求，专利权人认为本专利与附件1或附件2的区别在于：本专利在枕头中心凹陷部位具有折线纹路，而附件1和附件2不具备该纹路，专利权人同时认为外围蓬松内部凹陷的设计是枕头十几年来的惯常设计。

至此，合议组经合议认为本案事实已经清楚，可以依法作出本审查决定。

## 二、决定的理由

基于请求人提出的无效宣告请求的理由，合议组依据专利法第23条的规定对本案进行审理。

专利法第23条规定："授予专利权的外观设计，应当同申请日以前在国内外出版物上公开发表过或者国内公开使用过的外观设计不相同和不相近似，并不得与他人在先取得的合法权利相冲突。"

请求人提交的附件1是名称为"枕芯（1）"、授权公告日为2000年1月5日的99323788.6号中国外观设计专利的专利公报复印件，其授权公告号为CN3133253，经合议组核实，以上附件内容属实，属于本专利申请日前公开发表的外观设计。

合议组认为：本专利和附件1（下称在先设计）均为枕具，二者用途相同，属于相同种类的产品，具有可比性。现将其与本专利进行相近似性比较：

本专利是一种枕头，从主视图看，其整体形状近似矩形，四角为圆弧倒角，矩形的中部具有一个矩形凹陷，矩形凹陷上均匀分布有若干"V"字形折线线条；从左右视图和俯视图可以看出，四角为圆弧倒角的近似矩形，枕头的侧面中间具有沿长度方向的接缝线，其中左视图可以看出在侧部接缝的中间部位具有一个与接缝线相同方向的拉链（详见本专利附图）。

在先设计是一种枕芯，从主视图看，其整体形状近似矩形，四角为圆弧倒角，矩形的中部具有一个矩形凹陷；从左视图和仰视图可以看出，枕芯的侧面四角为圆弧倒角的近似矩形，其中间具有沿长度方向的接缝线（详见在先设计附图）。

将本专利与在先设计相比较，枕头的整体形状基本相同。二者之间的区别在于：（1）本专利的枕头中心的矩形凹陷上均匀分布有若干"V"字形折线线条，在先设计不具备线条；（2）本专利在枕头左侧接缝部位的中间部位设有一个与接缝线相同方向的拉链，在先设计不具备左视图；（3）在先设计还具有后视图、右视图和俯视图。合议组认为：本专利和在先设计均属于枕具，它们的整体形状、中部凹陷的设计都是相同的，它们之间的区别如是否有内凹面上的浅条纹、是否设计侧面拉链等，在视觉上均属于局部或细微变化，不足以对二者基本相同的整体形状形成的整体视觉效果产生显著影响。同时，本专利的左右侧面相同，主、后视图和俯、仰视图是对称的，除形状外无其他设计内容，在先设计虽然未表示后视图、左、右视图和俯视图的相应面，但其他视图已清楚表示其形状设计，故不影响对二者进行对比。因此，一般消费者经过整体观察可以看出，二者的上述差别对于产品外观设计的整体视觉效果不具有显著的影响。

对于专利权人在口头审理中提出的："外围蓬松内部凹陷的设计是枕头十几年来的惯常设计"的

主张，由于专利权人未能提供证据证明其主张，因此合议组不予支持。

基于以上理由，合议组认为：二者属于相近似的外观设计，即，本专利与申请日以前公开发表在国内外出版物上的外观设计相近似，不符合专利法第23条的规定。鉴于已经得出上述结论的基础上，本决定对请求人提出的其他证据不再予以评述。

三、决定

宣告200330121078.1号外观设计专利权全部无效。

当事人对本决定不服的，可以根据专利法第46条第2款的规定，自收到本决定之日起三个月内向北京市第一中级人民法院起诉。根据该款的规定，一方当事人起诉后，另一方当事人应当作为第三人参加诉讼。

主视图

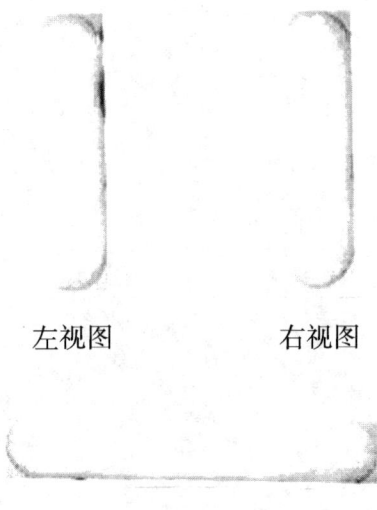

左视图　　　右视图

俯视图

本专利附图

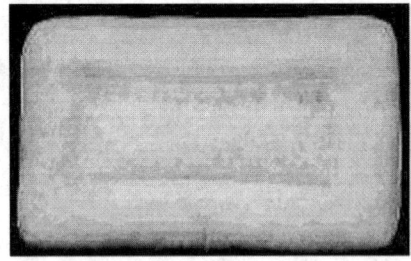

主视图

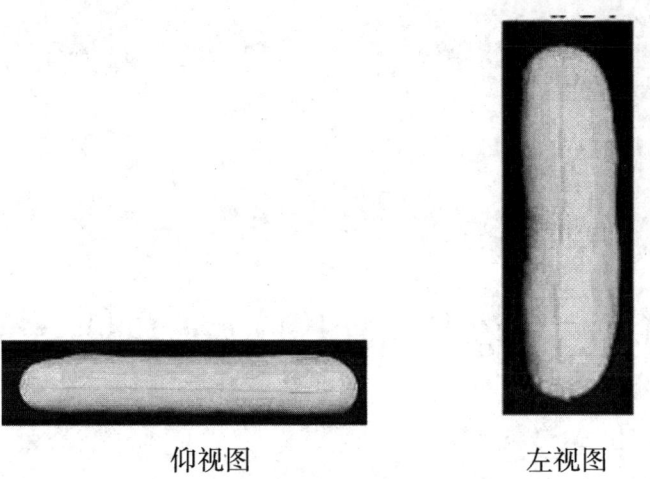

仰视图　　　　　左视图

在先设计附图

# 皮革（02）

## 无效宣告请求审查决定（第 10804 号）

| 决 定 号 | 第 10804 号 |
|---|---|
| 决 定 日 | 2007 年 11 月 28 日 |
| 发明创造名称 | 皮革（02） |
| 外观设计分类号 | 05-05 |
| 无效宣告请求人 | 古乔古希股份公司 |
| 专 利 权 人 | 陈毓萍 |
| 专 利 号 | 200430087311.3 |
| 申 请 日 | 2004 年 10 月 28 日 |
| 授权公告日 | 2005 年 4 月 13 日 |
| 合议组组长 | 钟华 |
| 主 审 员 | 郑直 |
| 参 审 员 | 高颖 |
| 附 图 | 1 页 |

**法 律 依 据** 专利法实施细则第 13 条第 1 款

**决 定 要 点**

同样的发明创造对于外观设计而言是指外观设计相同或相近似。

本专利与专利权人同一申请日申请且授权早于本专利的另外一件外观设计专利相近似，两者构成同样的发明创造，因此本专利不符合专利法实施细则第 13 条第 1 款的规定。

### 一、案由

本无效宣告请求涉及国家知识产权局于 2005 年 4 月 13 日授权公告的 200430087311.3 号外观设计专利，其名称为"皮革（02）"，其申请日是 2004 年 10 月 28 日，专利权人是陈毓萍。

针对上述专利权（下称本专利），古乔古希股份公司（下称请求人）于 2007 年 1 月 31 日向专利复审委员会提出无效宣告请求，并提交了以下附件作为证据：

附件 1：本专利授权公告的网络打印件，共 1 页，其申请日为 2004 年 10 月 28 日，授权公告日为 2005 年 4 月 13 日，专利权人为陈毓萍；

附件 2：200430087310.9 号中国外观设计授权公告的网络打印件，共 1 页，其申请日为 2004 年 10 月 28 日，授权公告日为 2005 年 7 月 13 日，专利权人为陈毓萍。

请求人提出无效宣告请求所依据的事实和理由是：本专利与附件 2 所示的外观设计相比，其设计构思完全相同，图案排列方式完全相同，其不同点仅在于斜方格交点处的较大的字块是两个字母还是四个字母，但是对于一般消费者而言，文字仅作为图案的装饰，上述区别不会对产品的整体视觉效果产生显著影响，上述两项外观设计属于同一申请人在同一申请日提交的相近似的外观设计，不符合专利法实施细则第 13 条的规定。

经形式审查合格后，专利复审委员会受理了该无效宣告请求，并于 2007 年 3 月 12 日向双方当事人发出了无效宣告请求受理通知书，并将无效宣告请求书及其附件的副本转送给专利权人，要求其在指定期限内陈述意见。

专利权人逾期未答复。

专利复审委员会在此基础上依法成立合议组对本无效宣告请求进行审理。合议组于 2007 年 6 月 1 日向双方当事人发出无效宣告请求口头审理通知书，定于 2007 年 7 月 19 日举行口头审理。

口头审理如期举行，请求人委托代理人参加了口头审理，专利权人未参加口头审理。请求人对合议组成员无回避请求，并明确无效宣告请求的理由是本专利不符合专利法实施细则第 13 条第 1 款的规定。

鉴于专利权人未参加口头审理，合议组于 2007 年 7 月 23 日向专利权人发出无效宣告请求审查通知书，其中指出：在口头审理过程中，请求人明确无效宣告请求的理由是本专利不符合专利法实施细则第 13 条第 1 款的规定，所使用的证据是 200430087310.9 号中国外观设计专利。合议组经核实，该证据的申请日为 2004 年 10 月 28 日，专利权人为陈毓萍，即请求人认为同一专利权人的具有相同申请日的两项专利权属于同样的发明创造，因此本专利不符合专利法实施细则第 13 条第 1 款的规定。并告知专利权人：根据审查指南第四部分第七章第 2 节的规定，任何人认为属于同一专利权人的具有相同或者不同申请日的两项专利权不符合专利法实施细则第 13 条第 1 款规定的，可以请求专利复审委员会宣告其中一项专利权无效。在这种情况下，专利权人欲通过放弃另一项专利权的方式来维持该项专利权有效的，应当向专利复审委员会提交自申请日起放弃另一项专利权的书面声明，由专利局予以登记和公告。自申请日起放弃专利权的，该专利权视为自始不存在。在不存在其他无效宣告理由或者其他理由不成立的情况下，专利复审委员会应当维持该项专利权有效。专利权人欲放弃被请求宣告无效的专利的，应当向专利复审委员会提交自申请日起放弃该项专利权的书面声明，专利复审委员会根据当事人处置原则终止该无效宣告程序，并向双方当事人发出结案通知书，由专利局予以登记和公告。

专利权人逾期未答复。

在此基础上，合议组经合议，认为本案事实清楚，可以依法作出本审查决定。

**二、决定的理由**

1. 法律依据

根据请求人提出的无效宣告请求的范围、理由和提交的证据，本案合议组依据专利法实施细则第 13 条第 1 款及 2006 年审查指南的相关规定对本案进行审理。

专利法实施细则第 13 条第 1 款规定：同样的发明创造只能被授予一项专利。

2006 年审查指南第四部分第七章第 1 节规定：专利法实施细则第 13 条第 1 款所述的"同样的发明创造"，对于外观设计而言，是指外观设计相同或者相近似。

2. 关于证据

请求人提交的附件 2 是授权公告号为 200430087310.9 号中国外观设计授权公告的网络打印件，共 1 页，包括著录项目及图片，其申请日为 2004 年 10 月 28 日，授权公告日为 2005 年 7 月 13 日，专利权人为陈毓萍。经本案合议组核实，该证据所示内容真实，属于与本专利同一申请人同日申请的另一项外观设计专利（下称对比设计），可以适用专利法实施细则第 13 条第 1 款的规定与本专利进行比较。

3. 关于专利法实施细则第 13 条第 1 款

本专利是一种皮革的外观设计，未要求保护色彩。该外观设计是由字母组成图案，呈上下左右四方连续。其单元图案是由四串较小的字母串组成一个方格，方格呈 45 度倾斜，在字母串的交点处具有两个较大的并且呈反向对称的"G"形字母图案（详见本专利附图）。

对比设计也是一种皮革的外观设计，该外观设计是由字母组成图案，呈上下左右四方连续。其单元图案是由四串较小的字母串组成一个方格，方格呈 45 度倾斜，在字母串的交点处具有四个较大的"G"形字母图案，四个"G"形字母图案分成两排分布，每排"G"形字母图案彼此反向对称，两排字母图案之间也呈反向对称（详见对比设计附图）。

由上面的描述可知，本专利与对比设计的整体图案布局相同，所不同的是：本专利在字母串的交点处具有两个较大的并且呈反向对称的"G"形字母图案，而对比设计在字母串的交点处具有四个较大的"G"形字母图案，二者相比仅存在局部的细微差别，对于一般消费者而言，上述细微差别对产品的整体视觉效果不具有显著性的影响，所以，二者属于相近似的外观设计。

根据审查指南的规定，同样的发明创造对于外观设计而言是指外观设计相同或相近似。综上所述，本案合议组认为：本专利与对比设计是相近似的外观设计，二者属于同样的发明创造，本专利不符合专利法实施细则第 13 条第 1 款的规定。

三、决定

宣告 200430087311.3 号外观设计专利权全部无效。

当事人对本决定不服的，可以根据专利法第 46 条第 2 款的规定，自收到本决定之日起三个月内向北京市第一中级人民法院起诉。根据该款的规定，一方当事人起诉后，另一方当事人应当作为第三人参加诉讼。

主视图

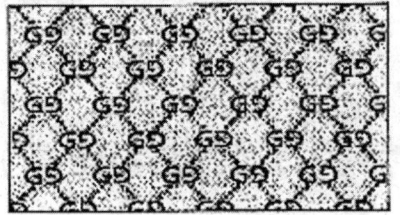

本专利附图

主视图

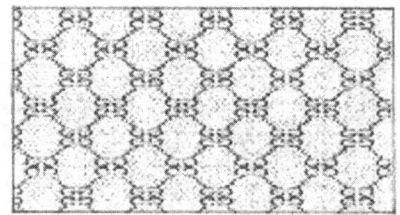

对比设计附图

# 橱柜内置物架（二）

## 无效宣告请求审查决定（第 10807 号）

| | |
|---|---|
| 决 定 号 | 第 10807 号 |
| 决 定 日 | 2007 年 12 月 5 日 |
| 发明创造名称 | 橱柜内置物架（二） |
| 外观设计分类号 | 06-06 |
| 无效宣告请求人 | 范志平 |
| 专 利 权 人 | 黄潮平 |
| 专 利 号 | 200430059533.4 |
| 申 请 日 | 2004 年 6 月 8 日 |
| 授权公告日 | 2005 年 8 月 24 日 |
| 合议组组长 | 张美菊 |
| 主 审 员 | 杜 宇 |
| 参 审 员 | 傅 玉 |
| 附 图 | 3 页 |

**法 律 依 据** 专利法第 23 条，专利法实施细则第 13 条第 1 款

**决 定 要 点**

如果被比外观设计与在先外观设计不相同或不相近似，则二者不属于同样的发明创造；

如果一般消费者通过整体观察、综合判断可以看出被比外观设计与在先外观设计的差别对于产品的整体视觉效果具有显著的影响，则被比外观设计与在先外观设计不相近似。

## 一、案由

本无效宣告请求案涉及国家知识产权局于 2005 年 8 月 24 日授权公告、名称为橱柜内置物架（二）的 200430059533.4 号外观设计专利（下称本专利），申请日为 2004 年 6 月 8 日，专利权人为黄潮平。

针对本专利权，范志平（下称请求人）于 2006 年 11 月 24 日向国家知识产权局专利复审委员会提出无效宣告请求，其理由是本专利不符合专利法第 23 条、专利法实施细则第 13 条第 1 款的规定，请求宣告本专利无效。

请求人提交了下述证据：

附件 1：专利号为 200430059532.X 的中国外观设计专利公报，其申请日为 2004 年 6 月 8 日，公告日为 2005 年 5 月 11 日，专利权人为黄潮平；

附件 2：专利号为 02361952.X 的中国外观设计专利公报，其公告日为 2003 年 4 月 23 日；

附件3：诺米五金2004产品宣传册的复印件，共14页；

附件4：广州市番禺区信成模具塑料厂和广州雅振展览策划有限公司签订的合同复印件，共1页；

附件5：广州雅振展览策划有限公司出具的编号为7717434的收据复印件，共1页；

附件6：广州市番禺区信成模具塑料厂出具的编号为No.0031511的收据复印件和收货单位为厦门王鹤飞的诺米五金送货单的复印件，共1页；

附件7：广州市番禺区信成模具塑料厂出具的编号为No.0031961的收据复印件和收货单位为沈阳欧风的诺米五金送货单的复印件，共1页；

请求人的具体无效理由如下：(1) 附件1的申请日为2004年6月8日，授权公告日为2005年5月11日，为已经授权的外观设计，本专利为附件1公开的置物架中的一个置物篮，附件1公开的外观设计和本专利为相同的外观设计，因而本专利不符合专利法实施细则第13条第1款的规定；(2) 附件2的申请日为2002年9月20日，授权公告日为2003年4月23日，均早于本专利的申请日，属于在先公开的外观设计，将附件2和本专利进行对比可以看出，附件2公开了置物架中的一个置物篮，它由架体和置物板组成，置物板设置在架体上，所述置物板上表面向上突出若干凸起，这些凸起均匀分布，所述凸起为圆形，通过以上分析可以看出，附件2公开的外观设计和本专利为相同的外观设计，因而本专利不符合专利法第23条的规定；(3) 附件3和附件4、5结合，证明附件3在本专利申请日之前公开了与本专利相同的外观设计，附件3属于公开出版物，附件4和5的结合说明其公开出版的日期为2004年5月20日前，早于本专利的申请日，附件3中公开了与本专利相同的外观设计，因而本专利不符合专利法第23条的规定；(4) 附件6或附件7与附件3的结合，证明在本专利申请日之前就有相同的外观设计在国内公开使用过，附件6和附件7分别为广州市番禺区信成模具塑料厂的收据和诺米五金送货单，其日期分别为2004年5月28日和2004年6月4日，早于本专利的申请日，说明其销售行为发生在本专利申请日之前，送货单上列出的产品型号和《诺米五金》上的产品型号相同，如0408，该产品外观设计和本专利是相同的外观设计，因而本专利不符合专利法第23条的规定。

经形式审查合格后，专利复审委员会依法受理了上述无效宣告请求，2006年12月8日向双方当事人发出了无效宣告请求受理通知书并将请求人提交的无效宣告请求书及其附件清单中所列附件的副本转送给专利权人，要求其在指定的期限内答复。

专利权人逾期未作答复。

2007年4月25日，合议组向双方当事人发出无效宣告请求口头审理通知书，定于2007年6月13日举行口头审理。

口头审理于2007年6月13日如期举行，专利权人未参加此次口头审理，请求人对合议组成员没有回避请求。请求人当庭明确其无效理由为：本专利相对于附件1不符合专利法实施细则第13条第1款的规定；本专利相对于附件2不符合专利法第23条的规定；附件3和附件4、5相结合，本专利分别相对于附件3中的型号为0406—0409、0406B—0409B、0405、0401的产品外观不符合专利法第23条的规定；附件3和附件6相结合，本专利分别相对于型号为0401、0405、0408产品外观不符合专利法第23条的规定；附件3和附件7相结合，本专利分别相对于型号为0401、0408B、0408的产品外观不符合专利法第23条的规定。请求人当庭提交附件3和附件4~7的原件。

经过上述审理程序，合议组认为本案事实已经清楚，可以作出审查决定。

## 二、决定的理由

1. 关于无效理由

根据请求人提出的无效宣告请求的范围、理由和提交的证据，本案合议组依据专利法实施细则第

13条第1款和专利法第23条对本案进行审查。

2. 关于证据

附件1为中国外观设计专利，其专利权人与本专利的专利权人相同，并且与本专利具有相同的申请日，其授权公告日为2005年5月11日，因此，附件1可以用于评述本专利权利要求是否符合专利法实施细则第13条第1款的规定。

附件2为中国外观设计专利，其授权公告日（2003年4月23日）早于本专利申请日（2004年6月8日），附件2与本专利的产品均为置物架，其可以与本专利进行专利法第23条规定的相同或相近似的比较。

附件3为诺米五金产品宣传册，附件4为广州市番禺区信成模具塑料厂和广州雅振展览策划有限公司的关于印制产品目录诺米五金画册的设计制作合同的复印件，附件5为广州市番禺区信成模具塑料厂向广州雅振展览策划有限公司付款的收据。附件3封面上印有"2004"的字样，但不能从该产品样册上证明或确定该样册印制和公开散发时间是否早于本专利的申请日，附件4表明番禺区信成模具塑料厂和广州雅振展览策划有限公司于2004年4月26日签订了印制诺米五金画册的合同，附件5显示广州雅振展览策划有限公司收到广州市番禺区信成模具塑料厂为印制诺米五金画册而支付的费用，仅凭附件4和5的产品的目录的设计制作合同和非正规销售发票的收据不足以证明合同确实履行，进而不能证明附件3的产品样本确定是在2004年5月19日之前印制，从而不能证明诺米五金画册何时公开，因此附件4和5尚不足以证明附件3是否于本专利申请日之前被印制，并且即使认为在本专利申请日之前附件3被印制，附件4~5也不能证明附件3在本专利申请日之前已经被公开散发，因此对于附件3~5合议组不予采信。

附件6为广州市番禺区信成模具塑料厂出具的编号为No.0031511的收据和收货单位为厦门王鹤飞的诺米五金送货单，附件7广州市番禺区信成模具塑料厂出具的编号为No.0031961的收据和收货单位为沈阳欧风的诺米五金送货单，合议组认为在没有其他证据佐证的情况下，仅凭非正规销售发票的收据以及送货单尚不足以证明信成广州市番禺区信成模具塑料厂出售过诺米五金产品目录中刊登的相应型号的产品，因此对于附件6和7合议组不予采信。

3. 关于专利法实施细则第13条第1款

专利法实施细则第13条第1款规定：同样的发明创造只能被授予一项专利。

审查指南第四部分第七章第1节规定：专利法第9条和专利法实施细则第13条第1款所述的"同样的发明创造"，对于外观设计而言，是指外观设计相同或者相近似。

本专利为橱柜内置物架，其视图包括主视图、后视图、左视图、右视图、俯视图、仰视图和立体图，未要求保护色彩。该物架由置物板和置物板四周的侧板组成。所述置物板成矩形状，其上具有若干由下表面向上表面突起的圆形的小凸起，所述小凸起被分成四块以"田"字形在所述置物板上均匀分布。所述侧板呈细长矩形状，该侧板中心部全部为呈矩形状的镂空开口，所述置物板正面的侧板由具有两个相同的呈矩形状的小侧板以及中部的取物口构成，所述小侧板朝向所述取物口的上端角被斜切除，所述小侧板中心部也全部为呈矩形状的镂空开口。

附件1也为橱柜内置物架，其视图包括主视图、后视图、左视图、右视图、俯视图、仰视图和立体图，未要求保护色彩。该置物架为一体结构，其在垂直方向上分为上、中、下三层，每层由一个置物板构成，所述置物板由四根立柱垂直连接支撑，所述上、中、下三层的置物板正面的侧板具有一个呈倒梯形的取物口，所述上、下两层的置物板背面的侧板也具有一个倒梯形的开口与所述取物口对应，所述中层的置物板呈矩形状，其背面侧板上没有开口，所述上、中、下三层的置物板的两侧的侧板中心部全部为呈矩形状的镂空开口，所述置物板成矩形状，其四周具有侧板，其上具有若干由下表面向上表面突起的圆形的小凸起，所述小凸起均匀在所述置物板上均匀分布，所述上层置物板上方的两侧板连接一横板，横板一侧的另一层置物板为空，可见下一层置物板。

本专利的置物架为单层结构，而附件1的置物架为三层结构，本专利的小凸起与附件1的小凸起在置物板上的分布不同，并且本专利置物板正面、背面上的侧板形状与附件1的也不相同，因此本专利与附件1存在区别，根据整体观察、综合判断的判断方式，二者的区别对产品的整体外观的视觉效果产生显著影响，二者不相同也不相近似，不是同样的发明创造，因此本专利符合专利法实施细则第13条第1款的规定。

4. 关于专利法第23条

专利法第23条规定：授予专利权的外观设计，应当同申请日以前在国内外出版物上公开发表过或者国内公开使用过的外观设计不相同和不相近似，并不得与他人在先取得的合法权利相冲突。

附件2为储物架，其视图包括主视图、后视图、左视图、俯视图、仰视图，右视图与左视图对称故省略，未要求保护色彩。该物架为一体结构，其在垂直方向上分为上、中、下三层，每层由一个所述置物板构成，所述置物板由四根圆形立柱垂直连接支撑，所述上、中、下三层的置物板正面和背面的侧板由具有两个相同的小侧板以及中部的取物口构成，所述小侧板在取物口侧为弧形边框，所述小侧板中心部全部为镂空开口，所述上、中、下三层的置物板的两侧的侧板中心部全部为呈矩形状的镂空开口，所述置物板成矩形状，其四周具有侧板，其上表面具有若干均匀分布的圆形的小凸起或圆孔，所述下层的置物板的下表面的中部具有"十"字状的筋条，由俯视图可见，在所述上层的置物板一侧为空置无板，所述中层的置物板相应位置层栅栏状，可见所述下层的置物板。

本专利与附件2的区别为：（1）本专利的置物架为单层结构，而附件2的置物架为三层结构；（2）本专利的小凸起与附件2的小凸起在置物板上的分布不同，并且本专利不具有如附件2中的筋条；（3）本专利的置物板正面、背面上的侧板形状与附件2的也不相同。

合议组认为置物架的整体外形对整体视觉效果具有显著的影响，并且置物架正面侧板是消费者在使用中容易见到部分，其也是主要能见部分，而由于上述区别（1）和（3）使本专利的整体外形和侧边形状与附件2公开的储物架的整体外形以及侧边的形状均存在有较大的差别，根据整体观察、综合判断的判断方式，本专利与附件2相比较，二者的外观在整体视觉效果上存在较大差别，因此本专利外观设计与对比文件1的产品外观设计既不相同也不相近似，本专利符合专利法第23条的规定。

请求人在本无效宣告请求中请求将本专利与附件1、2中的一层置物板进行外观设计相近似的对比，对此合议组认为审查指南第四部分第五章5.2节规定在相同或相近似判断中一般应当用一项在先设计与被比设计进行单独对比。附件1、2为中国外观设计专利，其产品均为一体结构，从附件1、2中并不能认定附件1、2为组件产品或成套产品，其置物板并不能从其产品中卸除或替换而成为单独的部件，因此附件1、2作为与本专利进行对比的外观设计应当将产品的整体与本专利进行单独对比。

综上所述，本专利符合专利法实施细则第13条第1款和专利法第23条的规定。

三、决定

维持200430059533.4号外观设计专利权有效。

当事人对本决定不服的，可以根据专利法第46条第2款的规定，自收到本决定之日起三个月内向北京市第一中级人民法院起诉。根据该款的规定，一方当事人起诉后，另一方当事人应当作为第三人参加诉讼。

本专利附图

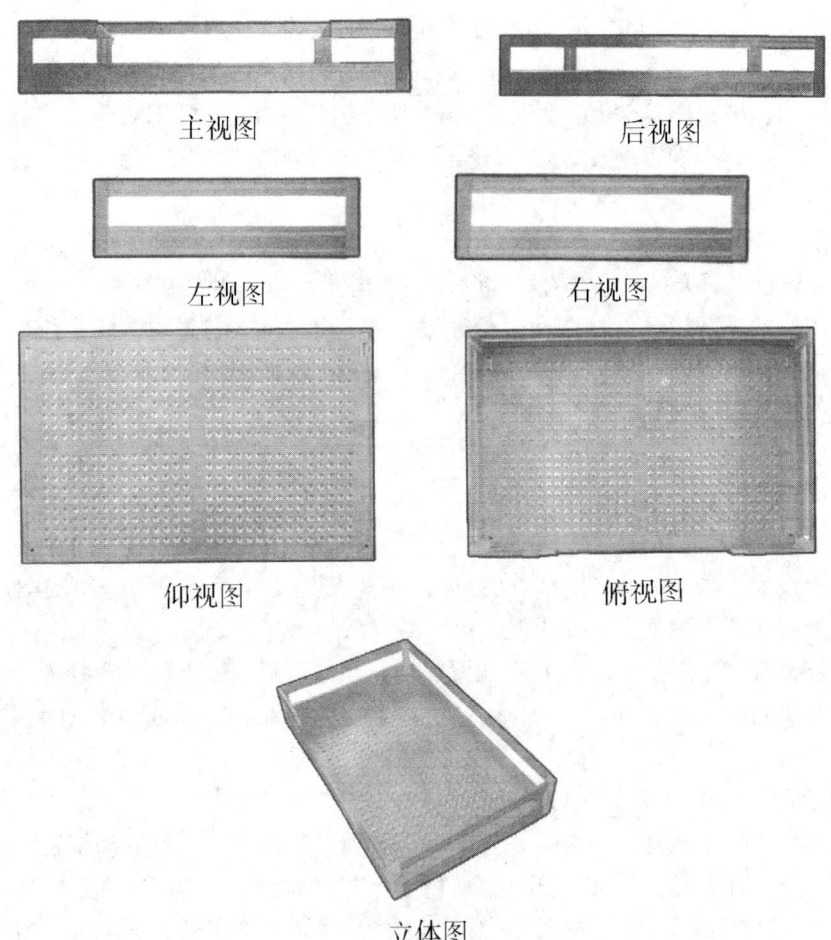

附件1

主视图 后视图

右视图 左视图

仰视图 俯视图

立体图

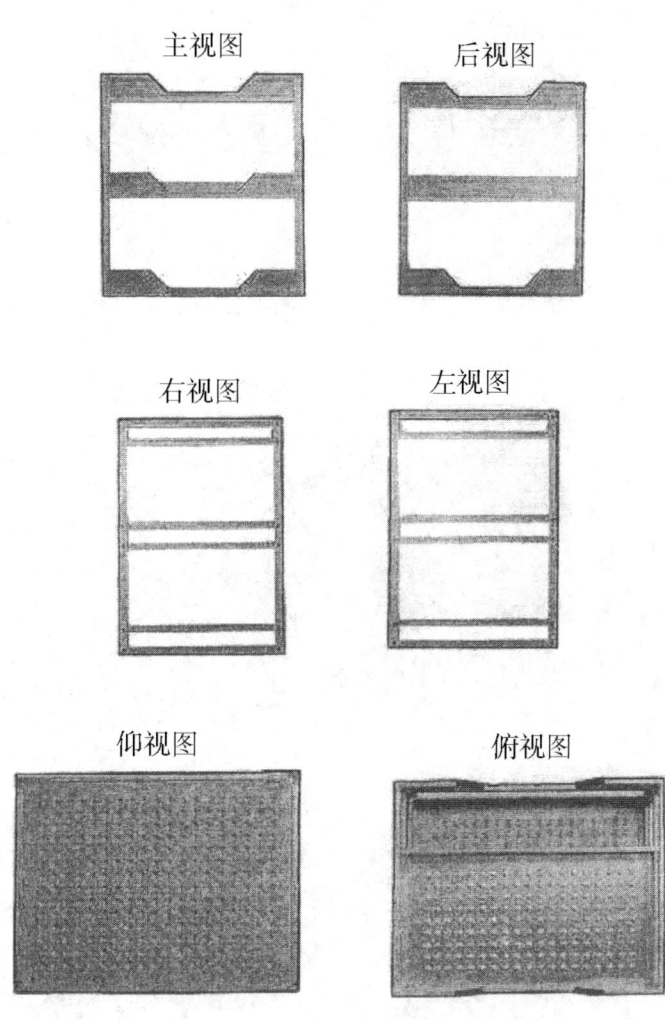

附件 2

主视图      后视图

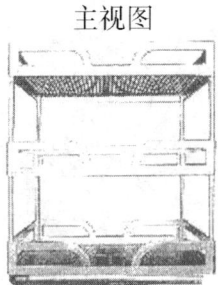 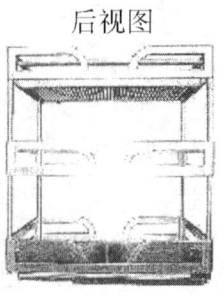

左视图

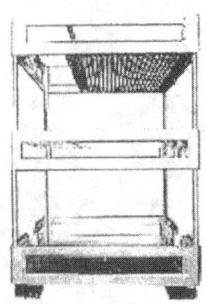

仰视图      俯视图

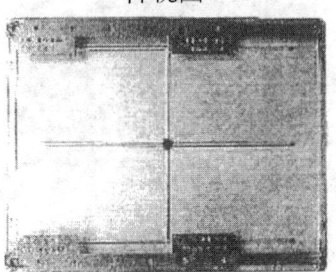 

4650

# 节能灯（2）

## 无效宣告请求审查决定（第 10809 号）

| | |
|---|---|
| 决 定 号 | 第 10809 号 |
| 决 定 日 | 2007 年 12 月 4 日 |
| 发明创造名称 | 节能灯（2） |
| 外观设计分类号 | 26-05 |
| 无效宣告请求人 | 利安电光源（香港）有限公司 |
| 专 利 权 人 | 姜 峰 |
| 专 利 号 | 200530103593.6 |
| 申 请 日 | 2005 年 2 月 5 日 |
| 授 权 公 告 日 | 2005 年 11 月 2 日 |
| 合议组组长 | 张美菊 |
| 主 审 员 | 杜 宇 |
| 参 审 员 | 涂洪文 |
| 附 图 | 1 页 |

**法 律 依 据** 专利法第 23 条

**决 定 要 点**

如果专利保护的外观设计与在先设计的各部分、比例关系基本上完全相同，二者产品外观的整体视觉效果极其相似，则该专利保护的外观设计与在先设计相近似。

### 一、案由

本无效宣告请求涉及中华人民共和国国家知识产权局于 2005 年 11 月 2 日授权公告的 200530103593.6 号外观设计专利，其名称为"节能灯（2）"，申请日为 2005 年 2 月 5 日，专利权人是姜峰。

利安电光源（香港）有限公司（下称请求人）于 2006 年 7 月 12 日向专利复审委员会提出无效宣告请求，认为本外观设计不符合专利法第 23 条的规定，提交的对比文件如下：

附件 1：MEGAMAN ®2002/2003 年度产品目录的封面、第 7 页、封底，共 3 页（下称对比文件 1）；
附件 2：杂志《MARIE GLAIRE 玛利嘉儿》的封面、广告页、封底，共 3 页（下称对比文件 2）；
附件 3：利安电光源（香港）有限公司的证明书《公司董事会决议证明》，档案编号为马字-305（1），其中包括附件 1 和 2 的公证认证文件，共 25 页。

请求人的具体无效理由如下：本专利与对比文件 1 或 2 中刊登的产品立体图进行单独对比，可以明显看出，本专利与公开产品的整体形状十分相似，因此本外观设计不符合专利法第 23 条的规定。

经形式审查合格后，专利复审委员会依法受理了上述请求，于 2006 年 8 月 10 日向双方当事人发出了无效宣告请求受理通知书并将无效宣告请求书及其附件清单中所列附件的副本转送给专利权人，要求其在指定的期限内答复。

2007 年 2 月 5 日，专利复审委员会向双方当事人发出无效宣告请求口头审理通知书，定于 2007 年 4 月 2 日举行口头审理。

口头审理如期举行，请求人单方出席了口头审理，其对对合议组成员没有回避请求。请求人明确其无效的理由、证据、范围以及证据的使用情况为：本专利分别相对于对比文件 1 或 2 不符合专利法第 23 条的规定。请求人明确用对比文件 1 封面、第 7 页 R50 型节能灯、对比文件 2 广告页 R50 型节能灯与本专利进行对比；并且对比文件 1 封面位于上部中央的节能灯与第 7 页 R50 型节能灯属于同一产品。请求人当庭提交了对比文件 2 的原件，但未提交对比文件 2 原件的公证认证文件，请求人认为证明书的会议记录以及对比文件 2 的书脊都可以证明对比文件 2 的公开日期为 2003 年 12 月。

至此，合议组认为本案事实已经调查清楚，现依法作出审查决定。

**二、决定的理由**

1. 关于无效理由

根据请求人提出的无效宣告请求的范围、理由和提交的证据，本案合议组依据专利法第 23 条对本案进行审查。

2. 关于证据

请求人提交了对比文件 1 的原件，并且附件 3 中具有由马豪辉律师以中国委托公证人身份作出的关于对比文件 1 的证明文件，但其中声明对比文件 1 内容由提供文件的当事人负责，即没有对对比文件 1 的内容的真实性做出公证认证，请求人也没有提交其他可以证明对比文件 1 的内容的真实性的公证认证文件，因此合议组对对比文件 1 的真实性不予认可，不予采信。

对比文件 2 是在香港出版发行的出版物，虽然请求人没有提交对比文件 2 的原件的公证认证文件，但附件 3 中具有由马豪辉律师以中国委托公证人身份做出的关于对比文件 2 的证明文件，对比文件 2 的原本经其查证属实，故合议组对对比文件 2 的真实性予以认可。虽然请求人提交的对比文件 2 的封面、广告页、封底均没有记载其的出版时间，但其原件的书脊上印有 2003 年 12 月的字样，该原件完好无损，合议组经核实未发现请求人提交的该原件存在能影响其真实性的瑕疵，因此合议组推定对比文件 2 的公开时间为 2002 年 12 月 31 日。对比文件 2 的广告页公开了商标为曼佳美的 R50 型节能灯的一张照片，对比文件 2 公开的灯与本专利的安排均为节能灯，并且对比文件 2 的公开时间早于本专利的申请日，因此其可以作为在先设计与本专利进行专利法第 23 条规定的相同或相近似的比较。

3. 关于专利法第 23 条

专利法第 23 条规定：授予专利权的外观设计，应当同申请日以前在国内外出版物上公开发表过或者国内公开使用过的外观设计不相同和不相近似，并不得与他人在先取得的合法权利相冲突。

本专利为一节能灯，其视图包括主视图、俯视图、且未要求保护色彩。简要说明的内容主要是：本专利右端置于插座内不可见，其前后、上下对称，因此省略后视图、仰视图，灯身处透明。该节能灯由灯身、灯头构成。灯身由粗短的下圆柱体、过渡部分和细长的上圆柱体构成，所述上圆柱体的顶端与螺纹状的灯头相连，所述下圆柱体具有两种深浅不同的部分，从所述下圆柱体的底端看，由两个 J 字形灯管对称布置，所述上、下圆柱体由呈锥形的过渡部分光滑连接，灯身主体半透明，可隐约显出内部结构（详见本专利附图）。

对比文件 2 也为一节能灯，从整体上看，该节能灯由灯身、灯头构成。灯身由粗短的下圆柱体、细长的上圆柱体构成，所述上圆柱体的顶端与螺纹状的灯头相连，所述下圆柱体具有两种深浅不同的部分，从所述下圆柱体的底端看，由两个J字形灯管对称布置，所述上、下圆柱体由过渡部分连接，灯身主体半透明，可隐约显出内部结构（详见对比文件2附图）。

本专利与对比文件2的区别为：在对比文件2公开的立体照片中粗短的下圆柱体遮挡了其与上圆柱体的连接部分，因此不能明确所述过渡部分的形状，而本专利的过渡部分为呈锥形过渡的光滑连接。

合议组认为在现实生活中手电、灯泡灯上下部分的连接均是通过锥形过渡的光滑连接，可知呈锥形光滑过渡的过渡部分是设计灯时常用的惯常设计，因此对比文件2虽然未公开过渡部分的连接形状，但本专利中对过渡部分的形状的设计是采用惯常的呈锥形的光滑连接设计，该惯常设计对节能灯的整体外观的视觉效果没有产生显著的影响。由于本专利和对比文件2公开的节能灯的各部分外观基本上完全相同，组成灯身的上、下圆柱体占总体的比例关系相近似，因此二者产品外观的整体视觉效果极其相似，故二者属于相近似的外观设计。

综上所述，本专利保护的外观设计与对比文件2公开的外观设计相近似，因此本专利不符合专利法第23条的规定。

鉴于本专利相对于对比文件2不符合专利法第23条的无效宣告理由成立，因此对于请求人提出的其他证据和无效理由，合议组不再进行评述。

三、决定

宣告200530103593.6号外观设计专利权无效。

当事人对本决定不服的，可以根据专利法第46条第2款的规定，自收到本决定之日起三个月内向北京市第一中级人民法院起诉。根据该款的规定，一方当事人起诉后，另一方当事人应当作为第三人参加诉讼。

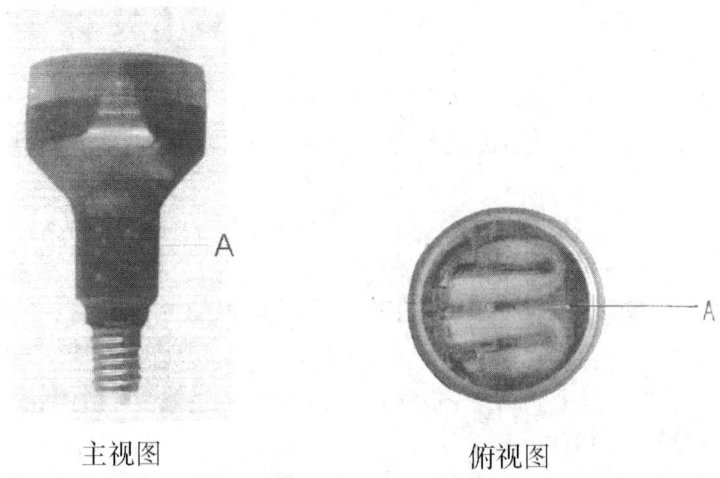

主视图　　　　俯视图

本专利附图

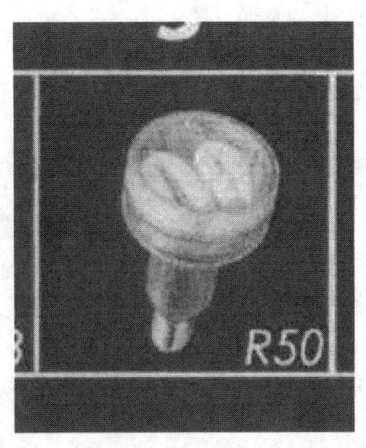

对比文件2

# 储物盒

## 无效宣告请求审查决定（第 10810 号）

| | |
|---|---|
| 决 定 号 | 第 10810 号 |
| 决 定 日 | 2007 年 12 月 13 日 |
| 发明创造名称 | 储物盒 |
| 外观设计分类号 | 09-03 |
| 无效宣告请求人 | 汕头市东方塑胶有限公司 |
| 专 利 权 人 | 德科有限公司 |
| 专 利 号 | 200430060248.4 |
| 申 请 日 | 2004 年 7 月 12 日 |
| 授 权 公 告 日 | 2005 年 7 月 27 日 |
| 合 议 组 组 长 | 钟 华 |
| 主 审 员 | 毕艳红 |
| 参 审 员 | 瑜 佳 |
| 附 图 | 2 页 |

**法 律 依 据** 专利法第 23 条
**决 定 要 点**
　　*在确定是否具有显著影响时，本专利需要综合考虑以下因素：在使用时不容易看到或者看不到部位的设计变化，对整体视觉效果不具有显著的影响；在整体相近似的情况下，区别点仅在于局部的细微变化，对整体视觉效果不足以产生显著影响。*

### 一、案由

　　本无效宣告请求案涉及国家知识产权局于 2005 年 7 月 27 日授权公告的、名称为"容器"的第 200430060248.4 号外观设计专利权（下称本专利），其申请日是 2004 年 7 月 12 日，专利权人是德科有限公司，2005 年 2 月 6 日产品名称变更为"储物盒"。

　　针对上述专利权，汕头市东方塑胶有限公司（下称请求人）于 2007 年 4 月 18 日向国家知识产权局专利复审委员会提出无效宣告请求，其无效宣告理由为本专利外观设计相对于附件 1~5 不符合专利法第 23 条，相对于附件 6 不符合专利法实施细则第 13 条第 1 款的规定。请求人提交了如下附件作为证据：

　　附件 1：中国外观设计专利文献复印件，授权公告号为 CN3009607，授权公告日为 1991 年 5 月 22 日，共 4 页；

附件2：美国外观设计专利公告文本 US D479955S 复印件，授权公告日为2003年9月30日，共2页；

附件3：澳大利亚外观设计专利公告文本 AU147604S 复印件，授权公告日为2002年5月1日，共2页；

附件4：台湾实用新型专利公告文本复印件，公告编号为326208，授权公告日为1998年2月1日，共4页；

附件5：2004年5月25~27日"第93届中国日用百货商品交易会暨广东现代家庭用品展览会"的会刊插页复印件，共2页；

附件6：中国外观设计专利公报复印件，授权公告号为CN3455028D，申请日为2004年7月12日，授权公告日为2005年6月22日，专利权人为德科有限公司，共1页。

经形式审查合格，专利复审委员会依法受理了上述无效宣告请求，于2007年5月14日向双方当事人发出了无效宣告请求受理通知书，同时将请求人于2007年4月18日提交的无效宣告请求书及其附件清单中所列附件副本转给专利权人，要求在指定期限内答复。

2007年5月17日，请求人补充提交了加盖有国家专利检索咨询中心副本认证专用章的附件7，补充的无效理由为本专利相对于附件7不符合专利法第23条的规定。同时，补充提交了加盖有国家专利检索咨询中心副本认证专用章的附件2至4，并且在原有附件2的基础上补充提交了5页内容，其中附件7如下：

附件7：日本外观设计专利公报文本复印件，共4页，授权公告号D1144437，授权公告日为平成14年6月24日（2002年6月24日）。

针对上述无效宣告请求，专利权人于2007年6月29日提交意见陈述书，陈述意见如下：

关于证据，专利权人认为：附件5为一份会刊插页，没有相关证据证明其真实性以及公开日，对其真实性不予认可；附件3、4属于域外证据，请求人未证明是在中国取得的，未经过公证认证程序，对其真实性不予认可；附件2、3为外文证据，提交中文译文的期限适用于外文证据的举证期限，未在举证期限内提交中文译文，附件2、3应当视为未提交；附件4是繁体中文，没有简体中文，专利权人认为对附件4应当适用补充外文证据中文译文的期限，期满未提交则附件4应视为未提交。

关于事实认定，专利权人认为本专利与附件1~5的外观设计存在以下不同之处：（1）提耳形状完全不同，本专利中提耳几乎延伸到容器的全部宽度，以圆弧收于两端，给人以圆润流畅的感觉，附件1~5的提耳在宽度、延伸宽度及形状上与本专利均有不同；（2）在本专利中，容器外侧提耳的下方有一对楔形物，容器的底部有环形线作为修饰，容器底部中心有一个小圆环作为修饰，容器的壁上有垂直线作为修饰，容器有向下翻卷的边，并且该边的延伸宽于容器，容器底部有四个支撑脚。附件1~5没有上述设计。因此本专利与附件1~5既不相同也不相近似，符合专利法第23条的规定；（3）由于请求人同时请求无效本专利与附件6，证据相同并且相互作为不符合专利法实施细则第13条第1款的证据，专利权人请求合并审理这两个无效宣告请求案。

本案合议组于2007年9月5日向双方当事人发出口头审理通知书，定于2007年10月18日对本案进行口头审理，并随口头审理通知书将请求人于2007年5月17日补充提交的意见陈述书及附件清单中所列附件2~4、8转给专利权人，将专利权人于2007年6月29日提交的意见陈述书转给请求人。

由于专利权人请求将本案与针对附件6所提出的无效宣告请求案合并审理，因此本案合议组于2007年10月10日重新发出无效宣告请求口头审理通知书，将原定于2007年10月18日对本案进行的口头审理变更到2007年11月21日举行。

口头审理于2007年11月21日如期举行，双方当事人均出席了口头审理。在口头审理中，双方当事人对合议组成员变更无异议、无回避请求；双方当事人对对方出庭人员身份无异议。请求人明确表示放弃附件2、3作为证据使用，明确无效宣告理由为本专利相对于附件1、4、5、7不符合专利法第23条的规定，相对于附件6不符合专利法实施细则第13条第1款的规定。请求人当庭提交附件5的原件以及加盖有"经确认此副本与原件相同国家知识产权局专利检索咨询中心 副本认证专用章2007年5月8日"的附件7的原件，专利权人对附件5的原件与复印件的一致性无异议，但对附件5的真实性有异议，专利权人对附件1、4、6、7的真实性没有异议。专利权人当庭提交针对附件7的答辩意见，合议组当庭将其转交给请求人，请求人明确表示口头审理之后不再针对上述答辩意见提交意见陈述书。双方当事人都同意本专利盒体侧面的水平线、垂直线都属于绘图线，不是装饰性的线条，专利权人认为附件7盒底中央轻微隆起，隆起部位形成一条绘图线，与本专利的底部明显不同。合议组告知专利权人有权就本专利与附件6所述专利在七日期限内作出选择放弃其中的一项专利权，如果双方有和解意愿在七日内通知合议组，除此之外本次口头审理之后合议组不再接受双方当事人的任何意见陈述。

双方当事人逾期未通知合议组有和解意愿，专利权人逾期未选择放弃本专利或附件6所述专利中的任何一项。

在上述工作的基础上，合议组认为本案事实已经清楚，可以作出审查决定。

**二、决定的理由**

1. 证据认定

附件7为日本外观设计专利文献复印件，是请求人在举证期限内补充提交的证据，请求人在口头审理时提交了加盖有"经确认此副本与原件相同 国家知识产权局专利检索咨询中心副本认证专用章2007年5月8日"的附件7的证明件，专利权人对附件7的真实性没有异议，对其上标注的中文译文的准确性未提出异议，合议组对附件7予以采信。附件7的公开日在本专利申请日之前，可以作为评价本专利是否符合专利法第23条的证据使用，其上记载的容器外观设计构成在本专利申请日前公开的外观设计（下称在先设计）。

2. 关于专利法第23条

专利法第23条规定："授予专利权的外观设计，应当同申请日以前在国内外出版物上公开发表过或者国内公开使用过的外观设计不相同和不相近似，并不得与他人在先取得的合法权利相冲突。"

（1）本专利的描述。

使用本专利外观设计的产品是储物盒，本专利有主视图、右视图、俯视图、立体图1和立体图2，并省略了其他视图。从主视图来看，盒体整体大体为长方体，顶面敞开，各面均类似长方形；从俯视图来看，提耳几乎延伸到储物盒短边的全部宽度，以圆弧收于两端，储物盒内底部有方形环形线，中心有一个小圆环；从右视图及立体图来看，提耳的下方有一对楔形物；从立体图2来看，储物盒有向下翻卷的边，该边宽度大于储物盒的宽度，容器外底部有四个突出容器底部表面的支撑点；从除俯视图外的其他视图来看，盒体侧面分布有水平线、垂直线（参见本专利附图）。

双方当事人的一致认可盒体侧面分布的水平线、垂直线属于绘图线，不是装饰性线条，因此上述绘图线在外观设计相同、相近似的判断中不作为图案考虑。

（2）在先设计的描述。

使用在先设计的产品是食品保存用容器，请求人表示使用在先设计第4页的参考图、正面图中央横断面图、正面图中央纵断面图与本专利进行对比。从正面图中央横断面图、正面图中央纵断面图来看，该容器整体大体呈长方体，顶面敞开，各面均呈长方形；容器的底部中央范围向上隆起，从而在容器底部四周边缘均形成支撑脚，在容器里的底部形成环形线；从参考图来看，提耳形成于两个短边上，占据短边的几乎全部宽度，以圆弧收于两端；容器上边缘向下翻卷，翻卷后该边宽度大于容器的宽度（参见在先设计附图）。

（3）本专利与在先设计的相近似比较。

本专利与在先设计均为容器，属于同类产品，可以进行相近似性比较，二者的相同点在于，容器整体形状均呈长方体、各面形状均呈长方形；容器上边缘向下翻卷，翻卷后该边宽度大于容器的宽度；提耳形成于容器上边缘的两个短边上，占据短边的几乎全部宽度，以圆弧收于两端，均给人以圆润流畅的感觉；容器的底部中央范围均向上隆起，在容器底部均有支撑设计。二者的区别在于，本专利容器内底部中心有一个小圆环、提耳的下方有一对楔形物，在先设计没有上述设计，同时本专利容器外底部有四个突出容器底部表面的支撑点，而在先设计底部中央部分向上隆起而使四周边缘形成支撑。

对于上述区别，合议组认为，本专利容器内底部中心的一个小圆环占底面比例很小，本专利的楔形物长度较短，基本隐藏在提耳下端，上述差异均属于局部细微的设计，在视觉上不会被一般消费者注意到；另外，就容器外底部支撑设计上的不同而言，由于底面外侧属于使用状态下不容易看到的部位，该部位设计上的变化相对于容易看到的部位设计上的变化而言，不容易引起一般消费者的注意，对整体视觉效果不产生显著的影响。根据整体观察、综合判断，本专利与在先设计存在的上述区别均不足以对整体视觉效果产生显著影响，因此本专利与在先设计相近似，本专利不符合专利法第 23 条的规定。

鉴于上述评述已经得出本专利不符合专利法第 23 条的结论，本决定对请求人提出的其他理由和证据不再予以评述。

### 三、决定

宣告 200430060248.4 号外观设计专利权全部无效。

当事人对本决定不服的，可以根据专利法第 46 条第 2 款的规定，自收到本决定之日起三个月内向北京市第一中级人民法院起诉。根据该款的规定，一方当事人起诉后，另一方当事人应当作为第三人参加诉讼。

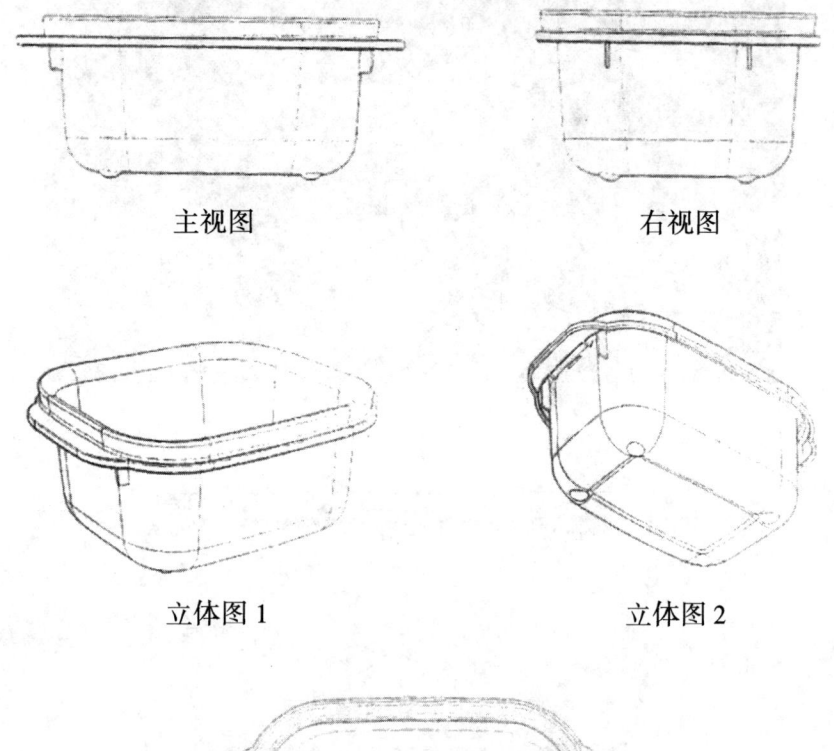

主视图　　　　　右视图

立体图1　　　　　立体图2

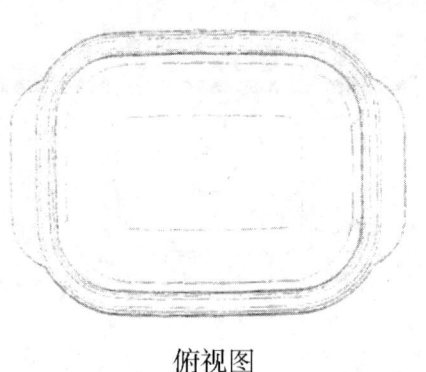

俯视图

本专利附图

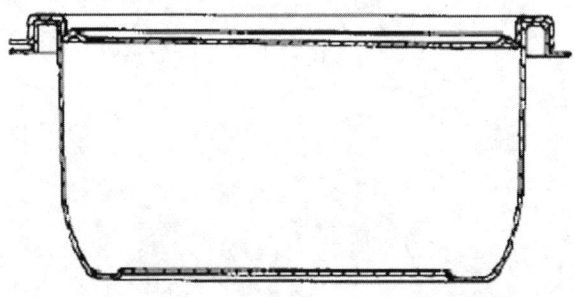

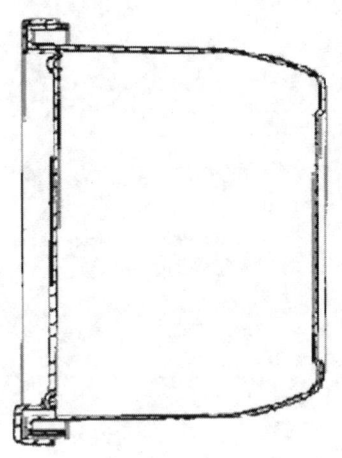

在先设计附图

# 北京市第一中级人民法院
# 行政判决书

(2008) 一中行初字第527号

原告德科有限公司,住所地澳大利亚联邦维多利亚州,斯科斯比3179,佛尼垂格列路1314号。

法定代表人雷蒙德·大卫·高登,董事。

委托代理人朱健,北京市路盛律师事务所律师。

委托代理人李宓,中国商标专利事务所有限公司专利代理人。

被告中华人民共和国国家知识产权局专利复审委员会,住所地中华人民共和国北京市海淀区北四环西路9号银谷大厦10~12层。

法定代表人廖涛,副主任。

委托代理人毕艳红,中华人民共和国国家知识产权局专利复审委员会审查员。

委托代理人朱明雅,中华人民共和国国家知识产权局专利复审委员会审查员。

第三人汕头市东方塑胶有限公司,住所地中华人民共和国广东省汕头市珠池路南侧万安工业区前一、二楼。

法定代表人陈伟建,经理。

委托代理人黄河长,汕头市高科专利事务所专利代理人。

委托代理人唐瑞玉,汕头市高科专利事务所专利代理人。

原告德科有限公司(以下简称德科公司)不服被告中华人民共和国国家知识产权局专利复审委员会(以下简称专利复审委员会)于2007年12月13日作出的第10810号无效宣告请求审查决定(以下简称第10810号决定),于法定期限内向本院提起行政诉讼。本院于2008年4月9日受理本案后,依法组成合议庭,并通知第10810号决定的请求人汕头市东方塑胶有限公司(以下简称东方公司)作为第三人参加本案诉讼。本院于2008年5月21日公开开庭进行了审理。原告德科公司的委托代理人朱健、李宓,被告专利复审委员会的委托代理人毕艳红、朱明雅,第三人东方公司的委托代理人黄河长、唐瑞玉到庭参加了诉讼。本案现已审理终结。

被告专利复审委员会针对第三人东方公司就原告德科公司的名称为"储物盒"的外观设计专利(专利号为200430060248.4,简称本专利)所提出的无效宣告请求作出第10810号决定,该决定认定:

本专利与公告号为D1144437的日本外观设计专利(以下简称在先设计)均为容器,属于同类产品,可以进行相近似性比较,两者的相同点在于,容器整体形状均呈长方体、各面形状均呈长方形;容器上边缘向下翻转,翻转后该边宽度大于容器的宽度;提耳形成于容器上边缘的两个短边上,占据短边的几乎全部宽度,以圆弧收于两端,均给人以圆润流畅的感觉;容器的底部中央范围均向上隆起,在容器底部均有支撑设计。二者的区别在于,本专利容器内底部中心有一个小圆环、提耳的下方有一对楔形物,在先设计没有上述设计,同时本专利容器外底部有四个突出容器底部表面的支撑点,而在先设计底部中央部分向上隆起而使四周边缘形成支撑。

对上述区别,专利复审委员会认为,本专利容器内底部中心的一个小圆环占底面比例很小,本专利的楔形物长度较短,基本隐藏在提耳下端,上述差异均属于局部细微的设计,在视觉上不会被一般消费者注意到;另外,就容器外底部支撑设计上的不同而言,由于底面外侧属于使用状态下不容易看到的部位，该部位设计上的变化相对于容易看到的部位设计上的变化而言，不容易引起一般消费者的注意，对整体视觉效果不产生显著的影响。根据整体观察、综合判断的原则，本专利与在先设计存在的上述区别均不足以对整体视觉效果产生显著影响，因此本专利与在先设计相近似，本专利不符合《中华人民共和国专利法》（以下简称《专利法》）第二十三条的规定。

鉴于上述评述已经得出本专利不符合《专利法》第二十三条的结论，对东方公司提出的其他理由和证据不再予以评述。

被告专利复审委员会第 10810 号决定宣告第 200430060248.4 号外观专利权全部无效。

原告德科公司不服该决定，于法定期限内向本院提起诉讼，诉称：（1）被告对本专利与在先设计之间的相同点和不同点的认定错误。①被告认为"容器上边缘向下翻转，翻转后该边宽度大于容器的宽度"，故"上边缘"为相同点，该认定错误。理由是本专利上边缘向外突出，而在先设计的容器上边缘是平直的。②被告认为"提耳形成于容器上边缘的两个短边上，占据短边的几乎全部宽度，以圆弧收于两端，均给人以圆润流畅的感觉"，故"提耳"为相同点，该认定错误。理由是本专利提耳占据短边几乎全部宽度，而在先设计仅占短边的一半左右；本专利提耳与壁部之间为平滑过渡，而在先设计提耳与壁部之间的过渡带有棱角；本专利提耳的伸展与容器底部平行，在先设计提耳稍微向下倾斜。③被告认为"容器的底部中央范围均向上隆起，在容器底部均有支撑设计"是相同点，该认定错误。理由是本专利容器底部并没有向上隆起。④在判断两个设计的不同点时，被告没有判断出底部和侧壁之间的过渡区域的不同。本专利的过渡区域呈圆弧状，非常平滑，在先设计的过渡区域弧度较小，并略显棱角。（2）被告适用法律存在错误。①被告认为小圆环及楔形物在视觉上不会被一般消费者注意到，属于认定错误。②被告认为底部的四个支撑点属于使用状态下不容易看到的部位，属于认定错误。③被告所认定的相同特征属于惯常设计或由功能限定的特征，不应影响相近似性判断。综上，原告请求法院依法撤销专利复审委员会第 10810 号决定。

被告专利复审委员会辩称：（1）第 10810 号决定对本专利与在先设计之间的相同点和不同点的认定无误。①关于"上边缘"，第 10810 号决定认定的是容器的上边缘均向外翻卷，并未对上边缘向下翻卷部分的末端是否向外突出作出认定。该末端虽然存在差异，但属于局部细微差异。②关于"提耳"，即使两个设计提耳所占短边的宽度存在细微差异，对于一般消费者而言，对二者整体视觉效果的影响也不显著；至于提耳与壁部之间过渡是否圆滑、提耳的伸展与容器底部是否平行的差异，原告在无效程序中并未提出，且过渡角度差异属于细微差异，而提耳与底部是否平行的差异并不存在。③关于"底部隆起"，从本专利仰视立体图来看，本专利容器的底部中央范围向上隆起，第 10810 号决定认定无误。④两个设计侧壁与底部之间的过渡均为圆弧形过渡，过渡平滑，并不存在原告认为的差异。（2）第 10810 号决定适用法律正确。理由与第 10810 号决定的认定部分相同。综上，专利复审委员会第 10810 号决定认定事实清楚、适用法律法规正确、审理程序合法，审查结论正确，请求法院维持第 10810 号决定。

第三人东方公司未提交书面意见陈述，其当庭口头述称：同意被告专利复审委员会的意见，请求法院维持第 10810 号决定。

本院经审理查明，德科公司于 2004 年 7 月 12 日向中华人民共和国国家知识产权局专利局申请了名称为"容器"的外观设计专利（即本专利）。本专利于 2005 年 7 月 27 日被授权公告，专利号为第 200430060248.4 号。2005 年 2 月 6 日产品名称变更为"储物盒"。本专利设计内容见本判决附图 1。

针对上述专利权，东方公司于 2007 年 4 月 18 日向专利复审委员会提出无效宣告请求，认为本专利外观设计相对于附件 1~5 不符合《专利法》第二十三条、相对于附件 6 不符合《中华人民共和国专利法实施细则》（以下简称《专利法实施细则》）第十三条第 1 款的规定。东方公司提交了以下附件：

附件1：中国外观设计专利文献复印件，授权公告号为CN3009607，授权公告日为1991年5月22日，共4页；

附件2：美国外观设计专利公告文本US D479955S复印件，授权公告日为2003年9月30日，共2页；

附件3：澳大利亚外观设计专利公告文本AU147604S复印件，授权公告日为2002年5月1日，共2页；

附件4：台湾实用新型专利公告文本复印件，公告编号为326208，授权公告日为1998年2月1日，共4页；

附件5：2004年5月25～27日"第93届中国日用百货商品交易会暨广东现代家庭用品展览会"的会刊插页复印件，共2页；

附件6：中国外观设计专利公报复印件，授权公告号为CN34550280，申请日为2004年7月12日，授权公告日为2005年6月22日，专利权人为德科公司，共1页；

2007年5月17日，东方公司提交了加盖有国家专利检索咨询中心副本认证专用章的附件7，补充的无效理由为本专利相对于附件7不符合《专利法》第二十三条的规定。

附件7：日本外观设计专利公报文本复印件，共4页，授权公告号D1144437，授权公告日为平成14年6月24日（2002年6月24日）。该外观设计内容见本判决附图2。

口头审理于2007年11月27日举行，双方当事人均出席了口头审理。

2007年12月13日，专利复审委员会作出第10810号决定。

在本案庭审过程中，德科公司坚持其起诉状中的理由。专利复审委员会认为，德科公司在起诉状中所列的本专利与在先设计的不同之处属于局部细微差异，不会对两者整体视觉效果产生显著影响。东方公司认为，德科公司将细微不同之处均作放大示意，本身即证明"细微不同"是事实，因此才需放大说明，且这样的解释也违背专利法关于外观设计专利保护范围认定要求。德科公司称，由于涉案产品属于日常用品，消费者反而会更加关注细节变化的不同所带来的影响，上述不同之处属于明显不同。

上述事实，有第10810号决定、200430060248.4号本专利、D1144437号日本外观设计专利以及当事人陈述等证据在案佐证。

本院认为，根据各方当事人的诉辩主张，本案争议的焦点是：德科公司所述的本专利与在先设计的不同之处是否属于局部细微差异，会否对两者整体视觉效果产生显著影响。

首先，外观设计近似性问题判断的规则为：整体观察，综合判断。结合本案，因其只涉及形状要素，故应对整体形状加以观察确定。根据证据显示，本专利与在先设计的整体形状均呈长方体、各面形状均呈长方形；容器上边缘的宽度均大于容器的宽度；提耳均位于上边缘的两个短边上，占据短边的几乎全部宽度，均以圆弧收于两端。其次，本案涉及的产品属于日常用品，进行近似性判断应当从一般消费者角度出发，而不是从设计者角度出发，且是隔离状态下的判断。德科公司所述的本专利与在先设计的不同之处均属于局部细微差异，不容易引起一般消费者的注意，对整体视觉效果不产生显著的影响。专利复审委员会据此认定两者构成近似，本专利不符合《专利法》第二十三条的规定，该认定并无不当。

综上，专利复审委员会作出的第10810号决定认定事实基本清楚，适用法律正确，程序合法，应予维持。依照《中华人民共和国行政诉讼法》第五十四条第（一）项之规定，本院判决如下：

维持被告中华人民共和国国家知识产权局专利复审委员会作出的第10810号无效宣告请求审查

决定。

案件受理费人民币100元，由原告德科有限公司负担（已交纳）。

如不服本判决，原告德科有限公司可在本判决书送达之日起30日内，被告中华人民共和国国家知识产权局专利复审委员会、第三人汕头市东方塑胶有限公司可在本判决书送达之日起15日内，向本院递交上诉状，并按对方当事人人数提交副本，交纳上诉案件受理费人民币100元，上诉于中华人民共和国北京市高级人民法院。

审　判　长　任　进
代理审判员　邢　军
人民陪审员　郝建欣
二〇〇八年六月十三日
书　记　员　袁　伟

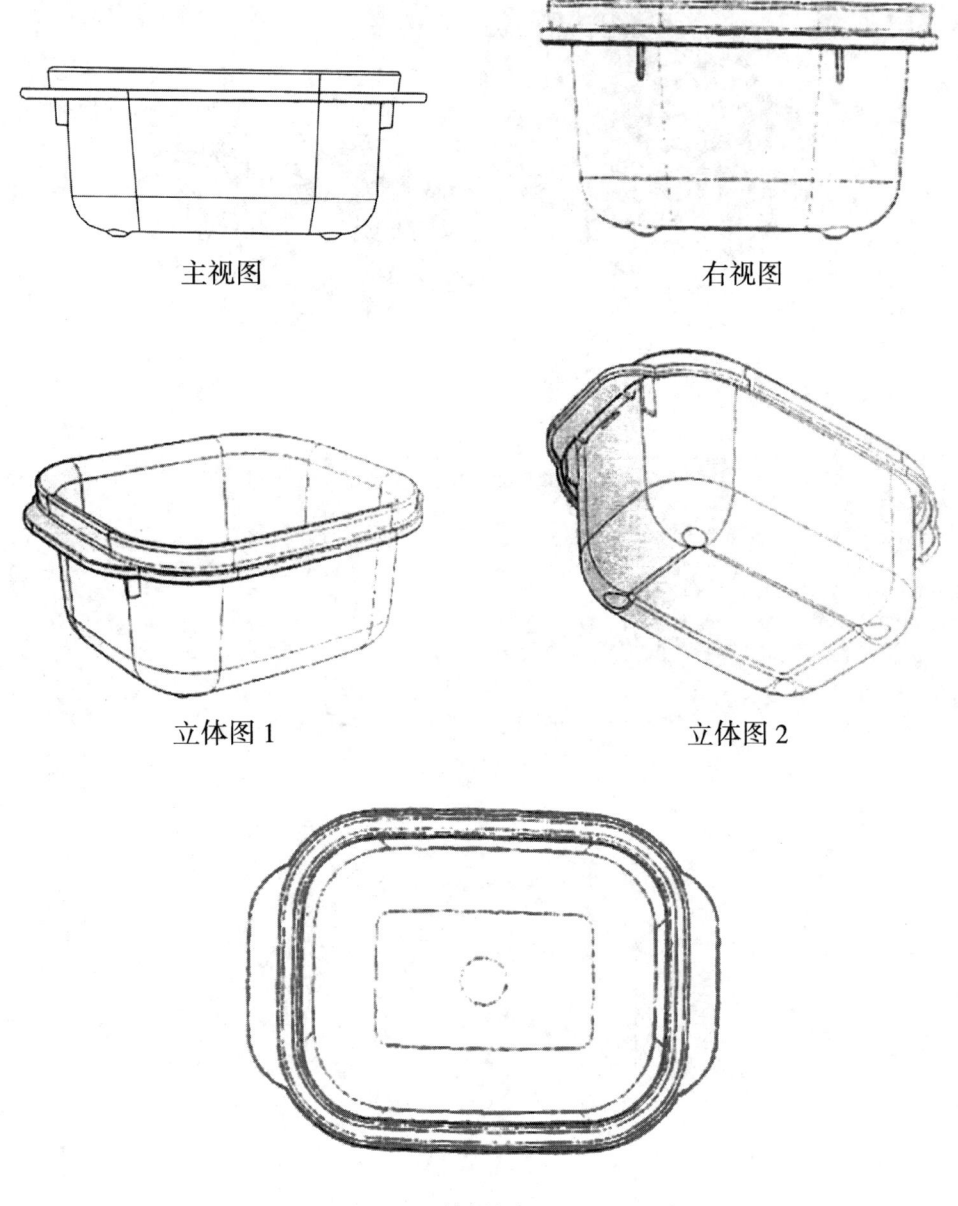

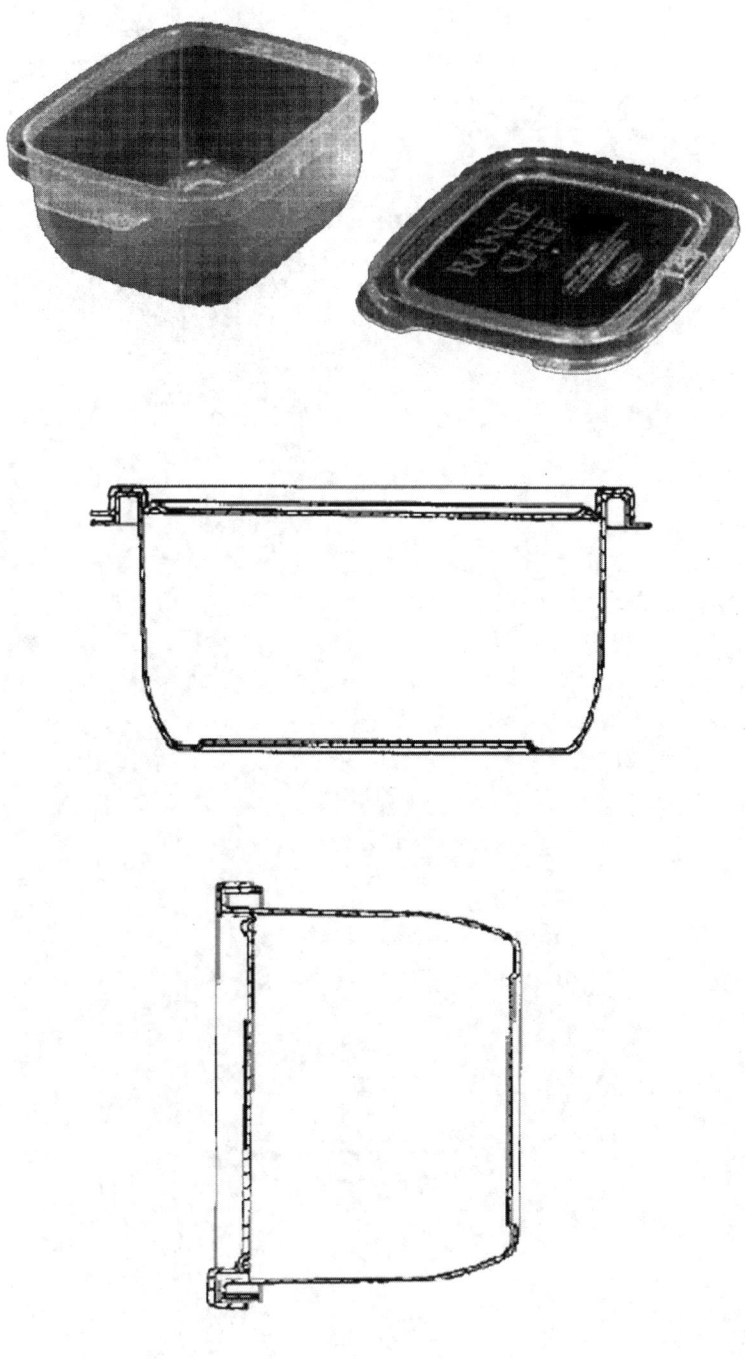

在先设计附图

# 北京市高级人民法院
# 行政判决书

(2008) 高行终字第 525 号

上诉人（原审原告）德科有限公司，住所地澳大利亚联邦维多利亚州，斯科斯比 3179，佛尼垂格列路 1314 号。

法定代表人雷蒙德·大卫·高登，董事。

委托代理人谯荣德，北京市路盛律师事务所律师。

委托代理人郝利生，男，汉族，1963 年 8 月 25 日出生，北京捷鼎知识产权代理有限责任公司专利代理人，住中华人民共和国山西省太原市迎泽区兴农街 2 号 1-1。

被上诉人（原审被告）中华人民共和国国家知识产权局专利复审委员会，住所地中华人民共和国北京市海淀区北四环西路 9 号银谷大厦 10~12 层。

法定代表人廖涛，副主任。

委托代理人毕艳红，该委员会审查员。

委托代理人瞿晓峰，该委员会审查员。

原审第三人汕头市东方塑胶有限公司，住所地中华人民共和国广东省汕头市珠池路南侧万安工业区前一、二楼。

法定代表人陈伟建，总经理。

委托代理人黄河长，男，汉族，1971 年 12 月 6 日出生，汕头市高科专利事务所专利代理人，住中华人民共和国广东省汕头市金平区石炮台街道长平路 45 号 703 房。

委托代理人唐瑞玉，女，汉族，1964 年 11 月 21 日出生，汕头市高科专利事务所专利代理人，住中华人民共和国广东省汕头市金平区海安街道外马路 20 号 20 幢 605 房。

上诉人德科有限公司（以下简称德科公司）因外观设计专利权无效行政纠纷一案，不服中华人民共和国北京市第一中级人民法院（以下简称北京市第一中级人民法院）(2008) 一中行初字第 527 号行政判决，向本院提起上诉。本院 2008 年 8 月 18 日受理后，依法组成合议庭，于 2008 年 10 月 23 日公开开庭进行了审理。上诉人德科公司的委托代理人谯荣德、郝利生，被上诉人中华人民共和国国家知识产权局专利复审委员会（以下简称专利复审委员会）的委托代理人毕艳红、瞿晓峰到庭参加了诉讼。原审第三人汕头市东方塑胶有限公司（以下简称东方公司）经本院合法传票传唤，明确表示不出庭。本案现已审理终结。

北京市第一中级人民法院认定，德科公司于 2004 年 7 月 12 日向中华人民共和国国家知识产权局申请了名称为"容器"，后变更名称为"储物盒"的外观设计（以下简称本专利），并于 2005 年 7 月 27 日获得授权。2007 年 4 月 18 日，东方公司向专利复审委员会提出宣告本专利权无效的请求。专利复审委员会于 2007 年 12 月 13 日作出第 10810 号无效宣告请求审查决定（以下简称第 10810 号无效决定），宣告本专利权全部无效。

北京市第一中级人民法院认为，本专利与在先设计涉及形状要素，应对整体形状加以观察确定，且所涉及的产品属于日常用品，进行近似性判断应当从一般消费者角度出发，而不是从设计者角度出发，且是隔离状态下的判断。本专利与在先设计的不同之处均属于局部细微差异，不容易引起一般消费者的注意，对整体视觉效果不产生显著的影响，两者构成近似的外观设计。

北京市第一中级人民法院依据《中华人民共和国行政诉讼法》第五十四条第（一）项的规定，判决：维持专利复审委员会作出的第10810号无效决定。

德科公司不服一审判决，向本院提起上诉。理由是：一审判决完全忽视本专利与在先设计两个外观设计的显著区别，片面强调两者中功能限定和惯常设计的相同特征，由此认定两者构成近似是完全错误的；一审判决关于本专利与在先设计的不同之处均属于局部细微差别，不容易引起一般消费者的注意的认定，属于认定事实错误，适用法律不当；一审判决认定德科公司是在"隔离状态下"比较本专利和在先设计是错误的。请求撤销一审判决；撤销专利复审委员会作出的第10810号无效决定；认定本专利有效；判令本案诉讼费用全部由专利复审委员会承担。

专利复审委员会、东方公司服从一审判决。

经审理查明，德科公司于2004年7月12日向中华人民共和国国家知识产权局提出名称为"储物盒"外观设计专利申请，2005年7月27日被授予外观设计专利权，专利权人为德科公司，专利号为200430060248.4（即本专利）。本专利包括主视图、后视图、左视图、右视图、俯视图、仰视图、俯视立体图等视图（见本判决书附图1）。

2007年4月18日，东方公司向专利复审委员会提出宣告本专利权无效的请求，理由是：本专利相对于附件1~5不符合《专利法》第二十三条、相对于附件6不符合《专利法实施细则》第十三条第一款的规定。东方公司向专利复审委员会提交了以下附件：

附件1：中国外观设计专利文献复印件，授权公告号为CN3009607，授权公告日为1991年5月22日，共4页；

附件2：美国外观设计专利公告文本US D479955S复印件，授权公告日为2003年9月30日，共2页；

附件3：澳大利亚外观设计专利公告文本AU147604S复印件，授权公告日为2002年5月1日，共2页；

附件4：台湾实用新型专利公告文本复印件，公告编号为326208，授权公告日为1998年2月1日，共4页；

附件5：2004年5月25~27日"第93届中国日用百货商品交易会暨广东现代家庭用品展览会"的会刊插页复印件，共2页；

附件6：中国外观设计专利公报复印件，授权公告号为CN34550280，申请日为2004年7月12日，授权公告日为2005年6月22日，专利权人为德科公司，共1页。

2007年5月17日，东方公司向专利复审委员会提交了盖有中华人民共和国国家专利检索咨询中心副本认证专用章的附件7，并补充提出了本专利相对于附件7不符合《专利法》第二十三条的无效理由。附件7是日本外观设计专利公报文本复印件，共4页，授权公告号D1144437，授权公告日为平成14年6月24日（2002年6月24日）（见本判决书附图2）。

专利复审委员会就东方公司针对本专利权提出的无效宣告请求于2007年11月27日进行口头审理。德科公司、东方公司均参加了此次口头审理。

2007年12月13日，专利复审委员会作出第10810号无效决定，宣告本专利权全部无效。专利复审委员会认为：本专利与附件7记载的日本外观设计专利（以下简称在先设计）均为容器，属于同类产品，可以进行相近似性比较，两者的相同点在于，容器整体形状均呈长方体、各面形状均呈长方形；容器上边缘向下翻转，翻转后该边宽度大于容器的宽度；提耳形成于容器上边缘的两个短边上，占据短边的几乎全部宽度，以圆弧收于两端，均给人以圆润流畅的感觉；容器的底部中央范围均向上隆起，在容器底部均有支撑设计。二者的区别在于，本专利容器内底部中心有一个小圆环、提耳的下方有一对楔形物，在先设计没有上述设计，同时本专利容器外底部有四个突出容器底部表面的支撑点，而在先设计底部中央部分向上隆起而使四周边缘形成支撑。

对上述区别，专利复审委员会认为，本专利容器内底部中心的一个小圆环占底面比例很小，本专利的楔形物长度较短，基本隐藏在提耳下端，上述差异均属于局部细微的设计，在视觉上不会被一般消费者注意到；另外，就容器外底部支撑设计上的不同而言，由于底面外侧属于使用状态下不容易看到的部位，该部位设计上的变化相对于容易看到的部位设计上的变化而言，不容易引起一般消费者的注意，对整体视觉效果不产生显著的影响。根据整体观察、综合判断的原则，本专利与在先设计存在的上述区别均不足以对整体视觉效果产生显著影响，因此本专利与在先设计相近似，本专利不符合《专利法》第二十三条的规定。

鉴于上述评述已经得出本专利不符合《专利法》第二十三条的结论，对东方公司提出的其他理由和证据不再予以评述。

基于以上理由，专利复审委员会作出第 10810 号无效决定。

在一审法院审理本案过程中，专利复审委员会主张，德科公司在起诉状中所列的本专利与在先设计的不同之处属于局部细微差异，不会对两者整体视觉效果产生显著影响。东方公司主张，德科公司将细微不同之处均作放大示意，本身即证明"细微不同"是事实，因此才需放大说明，且这样的解释也违背专利法关于外观设计专利保护范围认定要求。德科公主张，由于涉案产品属于日常用品，消费者反而会更加关注细节变化的不同所带来的影响，上述不同之处属于明显不同。

以上事实，有本专利专利文件、第 10810 号无效决定、东方公司提交的附件 7 及当事人陈述等证据在案佐证。

本院认为，授予专利权的外观设计，应当同申请日以前在国内外出版物上公开发表过或者国内公开使用过的外观设计不相同和不相近似，并不得与他人在先取得的合法权利相冲突。在判断一项外观设计专利与在先设计是否相同和相近似时，应从一般消费者的角度，采用整体观察，综合判断的方法进行判断。

将本专利与在先设计相对比，本专利与在先设计的整体形状均呈长方体、各面形状均呈长方形；容器上边缘的宽度均大于容器的宽度；提耳均位于上边缘的两个短边上，均以圆弧收于两端。本专利的容器上边缘有向外突出，在先设计容器上边缘无突出；本专利提耳的长度大于在先设计提耳的长度。由于在先设计斜视图中记载的提耳向下倾斜非常细微，且在先设计正面图中央横断面图中记载的提耳并非向下倾斜，故德科公司关于本专利的提耳的伸展与容器底部平行，而在先设计的提耳稍微向下倾斜的主张不能成立。本专利是一种储物盒，因此，本专利产品的一般消费者应当是本专利产品的使用者。以一般消费者的角度，采取整体观察，综合判断的方法对本专利与在先设计进行观察，上述区别均属于局部细微差异，不容易引起一般消费者的注意，对整体视觉效果不产生显著的影响，不能从整体上产生不同视觉效果，因此，不能导致本专利在整体上与在先设计不相近似。专利复审委员会认定本专利与在先设计构成近似，并无不当。

德科公司的上诉理由均不能成立，其上诉请求本院不予支持。

综上，一审判决认定事实清楚，适用法律正确。依据《中华人民共和国行政诉讼法》第六十一条第一款第（一）项的规定，判决如下：

驳回上诉，维持原判。

一审案件受理费 100 元，由德科有限公司负担（已交纳）；二审案件受理费 100 元，由德科有限公司负担（已交纳）。

本判决为终审判决。

审 判 长 刘 辉
代理审判员 岑宏宇
代理审判员 焦 彦
二〇〇八年十一月十一日
书 记 员 陈 明
书 记 员 耿巍巍

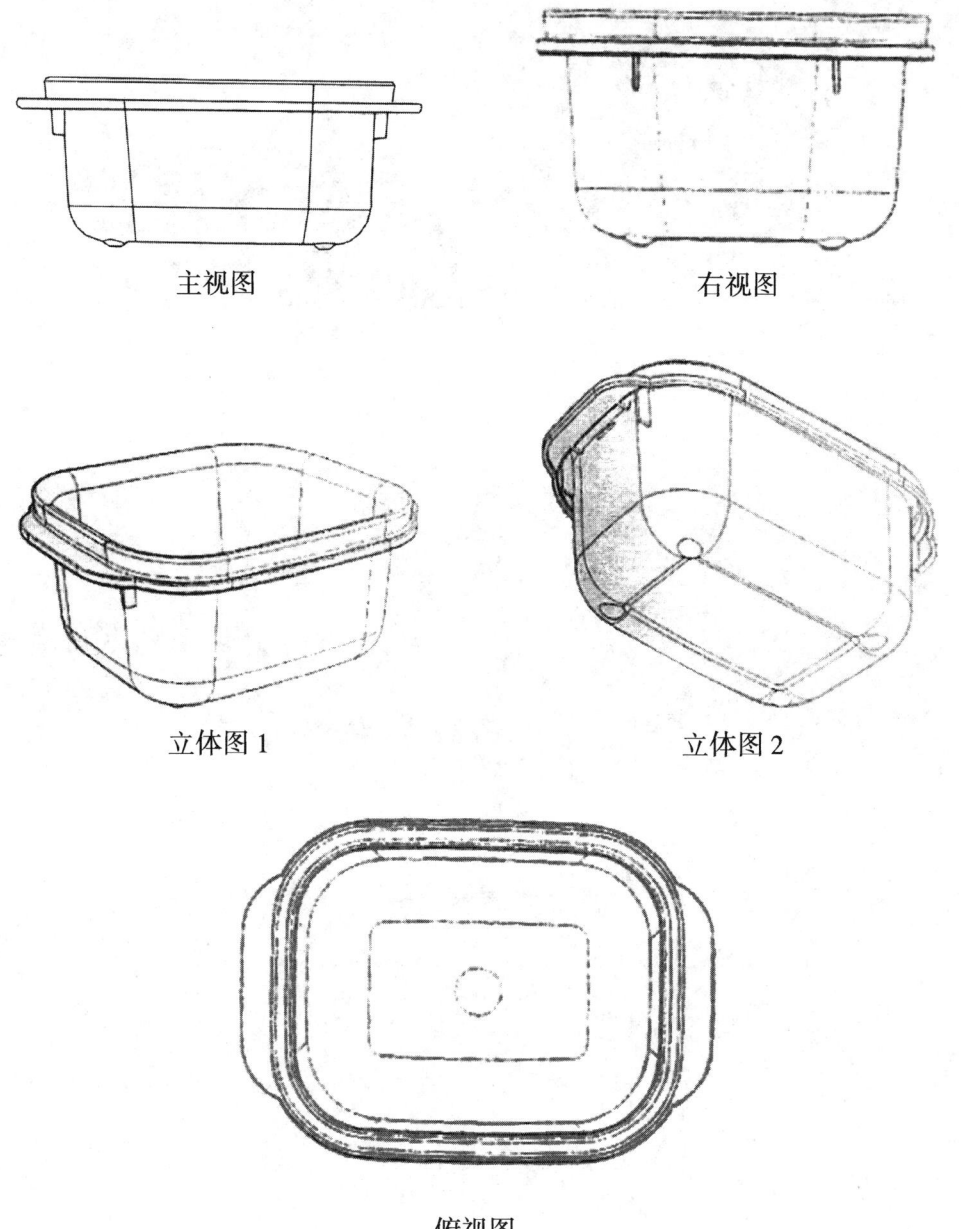

附图1

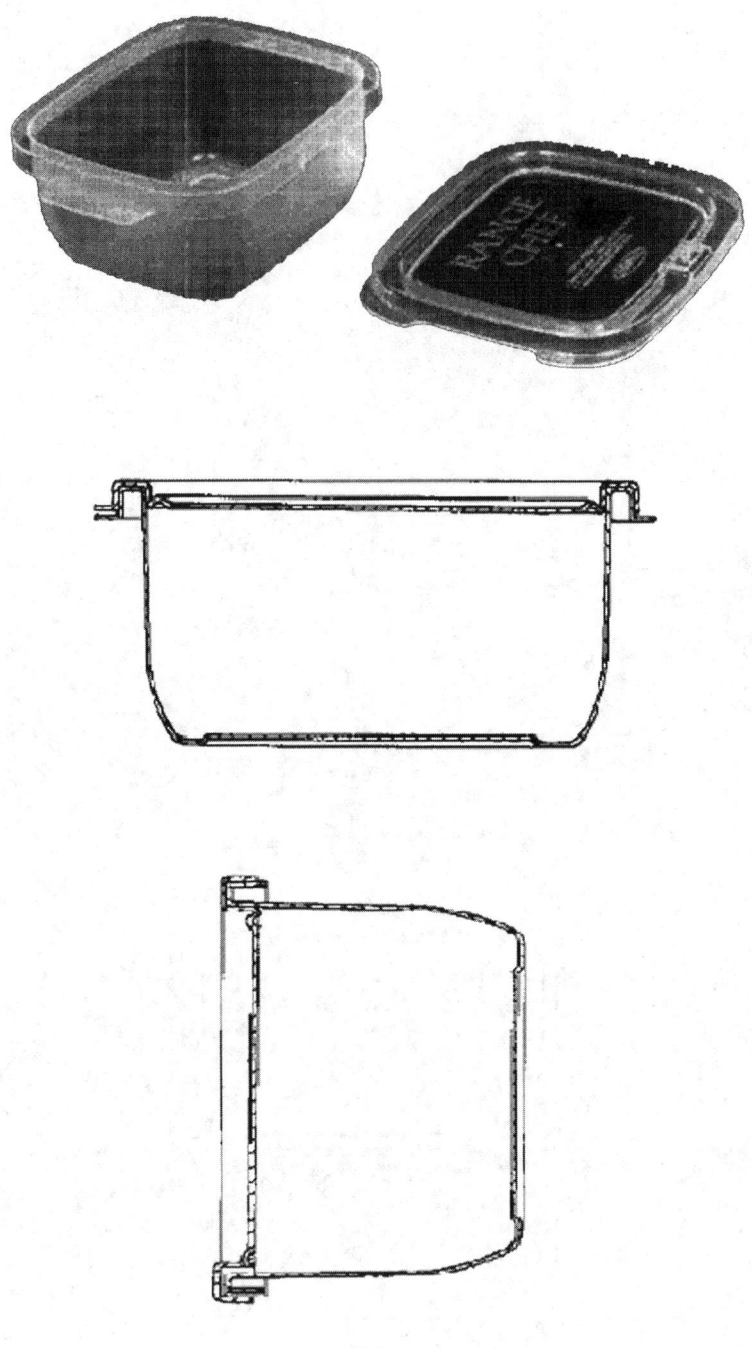

附图 2

# 宠物笼（方管组装式）

## 无效宣告请求审查决定（第10820号）

| | |
|---|---|
| 决 定 号 | 第10820号 |
| 决 定 日 | 2007年11月28日 |
| 发明创造名称 | 宠物笼（方管组装式） |
| 外观设计分类号 | 30-02 |
| 无效宣告请求人 | 陈 明 |
| 专 利 权 人 | 陈丽容 |
| 申 请 号 | 200530093388.6 |
| 申 请 日 | 2005年7月5日 |
| 授权公告日 | 2006年10月11日 |
| 合议组组长 | 钟 华 |
| 主 审 员 | 郑 直 |
| 参 审 员 | 高 颖 |
| 附 图 | 1页 |

**法 律 依 据** 专利法第23条

**决 定 要 点**

在先设计的宠物笼与本专利的宠物笼相比，区别仅在于局部的细微变化，而该变化不足以对产品的整体视觉效果产生显著影响，因此二者相近似。

一、案由

本无效宣告请求涉及国家知识产权局于2006年10月11日授权公告的、申请号为200530093388.6的外观设计专利，名称为"宠物笼（方管组装式）"，申请日是2005年7月5日，专利权人是陈丽容。

针对上述外观设计专利权（下称本专利），陈明（下称请求人）于2007年4月9日向国家知识产权局专利复审委员会提出无效宣告请求，其理由是本专利不符合专利法第23条的规定。请求人认为本专利与其申请日以前在国内外出版物上公开发表过的外观设计相同和相近似。请求人同时提交了以下附件作为证据：

附件1：本专利外观设计专利公告文本复印件共2页；

附件2：右下角标有"2007-4-5"字样的"宠物笼"的百度网搜索结果网页打印件1页，和右下角标有"2007-4-5"字样的成都精确事业有限公司公司简介和产品目录的网页打印件2页。

专利复审委员会根据无效宣告请求审查程序的规定受理了该无效宣告请求，并于2007年4月10日向双方当事人发出了无效宣告请求受理通知书，同时将请求人的无效宣告请求书及其附件的副本转送专利权人。

请求人于2007年5月6日向专利复审委员会寄交了作为补充证据的附件3~7，并结合补充证据进一步对无效宣告理由陈述了意见，认为本专利不符合专利法第23条的规定。其中所提交的证据如下（编号续前）：

附件3：《宠物派》杂志2003年第2期的封面页、大标题为"金禧来宠物养殖中心"的内容页1页、大标题为"北京城乡宠物专卖店"的内容页1页、大标题为"挚爱动物到永远"内容页2页的翻拍彩色照片，共5页；

附件4：《宠物派》杂志2004年第1期的封面页、第92页和第93页的翻拍彩色照片，共3页；

附件5：《宠物派》杂志专业手册2004年第4期的封面和标题为"顽皮精灵宠物舍"页的翻拍彩色照片，共2页；

附件6：《宠物闲情》杂志2005年7月期的封面和"凯旋行"广告页的翻拍彩色照片，共2页；

附件7：朱亚彬出据的证明以及朱亚彬的身份证及名片复印件，共5页。

专利权人于2007年5月10日提交了意见陈述书，并提交了作为证据的DVD光盘。专利权人在意见陈述书中认为请求人提供的百度搜索网页及其快照公开的时间与成都精确事业有限公司的网页上的图片公开的时间之间没有必然对应关系，网页上的图片公开的时间存在明显的不确定性。专利权人在意见陈述书中没有对提交的DVD光盘进行任何陈述。

专利复审委员会于2007年6月1日向双方当事人发出无效宣告请求口头审理通知书，定于2007年8月14日对本案进行口头审理，并随口审通知书向请求人转送专利权人所提交的意见陈述，向专利权人转送请求人所提交的意见陈述书和补充提交的附件3~7的副本。

口头审理如期举行，双方当事人均出席了口头审理。

在口头审理中，双方当事人均表示对合议组成员无回避请求，对对方当事人出庭人员身份无异议，请求人当庭提交了附件3~6的原件，并明确表示放弃附件2作为证据使用。请求人以附件3~5证明在本专利的申请日以前已经有与本专利相同或相近似的外观设计在国内外出版物上公开发表过，以附件6、附件7证明在申请日以前已经有与本专利相同或相近似的外观设计在国内公开使用过，因此本专利不符合专利法第23条的规定。请求人明确附件3~6中与本专利外观设计相同或相近似的图片为：附件3第2页右下角的图片、第3页纵向第2列中间的图片、第5页右上角的图片；附件4第2页左下角的图片；附件5横向第一行右侧的图片；附件6下面第一行中间的图片。出具附件7的证明的证人朱亚彬出庭作证。

在口头审理中，专利权人核实了附件3~6的原件，对附件1、3~6的真实性没有异议，但对证人证言的真实性有异议。专利权人认为：附件3第5页所示的是一种整体笼子，其外观明显区别于本专利，而附件3~5中的其他图片均不完整，无法进行相同和相近似的比较。附件6、7结合证人证言也无法证明在本专利的申请日以前已经有与本专利相同或相近似的外观设计在国内公开使用过，因此本专利符合专利法第23条的规定。专利权人在口头审理过程中对其提交的DVD光盘没有陈述意见。

至此，合议组经合议认为本案事实已经清楚，可依法作出本审查决定。

**二、决定的理由**

基于请求人提出的无效宣告请求的理由，合议组依据专利法第23条的规定对本案进行审理。

专利法第23条规定："授予专利权的外观设计，应当同申请日以前在国内外出版物上公开发表过或者国内公开使用过的外观设计不相同和不相近似，并不得与他人在先取得的合法权利相冲突。"

请求人提交的附件 3 是《宠物派》杂志 2003 年第 2 期的封面页、大标题为"金禧来宠物养殖中心"的内容页 1 页、大标题为"北京城乡宠物专卖店"的内容页 1 页、大标题为"挚爱动物到永远"内容页 2 页的翻拍彩色照片,共 5 页。口头审理中,请求人提交了附件 3 的原件,专利权人对其真实性无异议,并认可其属于本专利申请日前的公开出版物,因此,该证据适用于专利法第 23 条的规定,本案予以采纳。

在附件 3 杂志的第 5 页右上角的图片中,有叠在一起的三排宠物笼,请求人以其中第二排第一个(下称在先设计)与本专利进行对比。合议组认为:本专利和在先设计均为宠物笼,二者用途相同,属于相同种类的产品,具有可比性。现将其与本专利进行相同和相近似比较:

本专利是方管组装式宠物笼,笼体为长方体结构,由金属方管组装形成两层框架,上层框架的高度大于下层框架的高度,上层框架采用纵横交错的金属条所形成的格栅作为其上端面、下端面、左端面、右端面和后端面。笼体的正面四周为纵横交错的金属条形成的格栅,上层框架的正面中部具有由竖直方管形成的方形开口,开口内安装可开启的门扇,门扇的右侧中间位置具有一个作为笼体的门扣用的两个圆弧状金属条,笼体正面的左上方具有一片金属片固定在笼壁的外侧。笼体底部的下层框架具有一个由纵横交错的方管形成的下端面,该端面上支撑着托盘。金属方管框体下端的四角各有一个支撑整个笼体的滚轮(详见本专利附图)。

在先设计也是宠物笼,笼体为长方体结构,由金属方管组装而成,其采用纵横交错的金属条所形成的格栅作为上层框架的上端面、下端面、左端面、右端面、后端面。笼体的正面四周为纵横交错的金属条形成的格栅,正面中部具有由竖直方管形成的方形开口,开口内安装可开启的门扇,门扇的右侧中间位置具有一个作为笼体的门扣用的两个圆弧状金属条,笼体正面的左上方具有一片金属片固定在笼壁的外侧。笼体的底部具有一个托盘(详见在先设计附图)。

将本专利与在先设计相比较,二者均为宠物笼的设计,其中笼体的形状、结构、正面笼门开合的位置、笼下部托盘的形状及相对应的位置等都是相同的。二者之间的区别在于:(1)本专利具有四个支撑整个笼体的滚轮,在先设计无此设计;(2)在先设计中无法清楚的看到支撑托盘的底部框架的具体结构。合议组认为:本专利和在先设计均属于宠物笼,它们之间的区别点仅在于局部的细微变化,即区别仅在于底部的滚轮以及底部框架的具体结构,对于一般消费者而言,产品的上述变化不足以对整体视觉效果产生显著影响。

关于专利权人所提出的在先设计是一个整体的宠物笼,其整体外观与本专利具有明显区别。合议组认为:在先设计的图片中显示了多个宠物笼叠在一起的情况,但是其中第二排第一个已经清楚的显示了单个宠物笼的结构,本专利与该单个的宠物笼相比较,其区别对整体视觉效果不具有显著的影响,因此本专利不符合专利法第 23 条的规定。

基于以上理由,合议组认为:二者属于相近似的外观设计,即本专利与其申请日以前公开发表在出版物上的外观设计相近似,不符合专利法第 23 条的规定,请求人的无效宣告请求理由成立。

鉴于上述评述已得出本专利不符合授权条件的结论,合议组对请求人所提出的其他证据和理由不再予以具体评述。

### 三、决定

宣告 200530093388.6 号外观设计专利权全部无效。

当事人对本决定不服的,可以根据专利法第 46 条第 2 款的规定,自收到本决定之日起三个月内向北京市第一中级人民法院起诉。根据该款的规定,一方当事人起诉后,另一方当事人应当作为第三人参加诉讼。

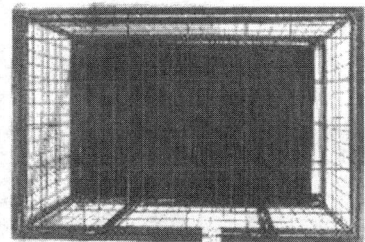
俯视图

后视图

仰视图

右视图

主视图

左视图

本专利附图

在先设计附图

# 电热水壶

## 无效宣告请求审查决定（第 10829 号）

| | |
|---|---|
| 决 定 号 | 第 10829 号 |
| 决 定 日 | 2007 年 12 月 14 日 |
| 发明创造名称 | 电热水壶 |
| 外观设计分类号 | 07-02 |
| 无效宣告请求人 | 中山市伍益家用电器有限公司 |
| 专 利 权 人 | 丁国盛 |
| 专 利 号 | 200630049899.2 |
| 申 请 日 | 2006 年 1 月 6 日 |
| 授权公告日 | 2006 年 11 月 8 日 |
| 合议组组长 | 李 隽 |
| 主 审 员 | 朱明雅 |
| 参 审 员 | 余心蕾 |
| 附 页 | 4 页 |

**法 律 依 据** 专利法第 23 条

**决 定 要 点**

依据一般消费者的认知能力，根据在先设计图片或照片已经公开的内容即可推定出产品其他部分的外观设计的，则该其他部分的外观设计也被视为已经公开。

如果被比设计中对应于在先设计照片未公开的内容仅仅是该类产品的惯常设计并且不受一般消费者关注，则不影响对二者进行整体观察、综合判断。

### 一、案由

本无效宣告请求涉及国家知识产权局于 2006 年 11 月 8 日授权公告、名称为"电热水壶"的外观设计专利（下称本专利），其申请日为 2006 年 1 月 6 日，申请号为 200630049899.2，专利权人是丁国盛。

针对上述专利权，中山市伍益家用电器有限公司（下称请求人）于 2007 年 2 月 2 日向专利复审委员会提出无效宣告请求，其请求理由是本专利不符合专利法第 23 条、专利法实施细则第 64 条第 2 款的规定。请求人提交的证据如下：

证据 1：2005 年第 9 期《慧聪商情广告》的首页、第 69 页复印件共 2 页；

证据 2：型号为 SL-12×41C 电热水壶实物照片以及购买收款收据复印件 1 页，共 4 页；

证据3：专利号为200430043697.8的外观设计六面视图1页；

证据4：民事诉状2页、诉讼禁令申请书4页共6页复印件。

请求人主张，证据1的公开日早于本专利的申请日，且专利权人在民事诉讼状中自认证据1中的型号为SL-12×41C的产品与本专利产品的外观设计相同或相近似；证据3的在先设计与被比设计题材相同、构图方法表现方式相同，不同的只是装饰线多少、中心线的差异，这些差异没有构成在先设计与被比设计整体的显著差异，而且这些差异是惯常设计，故被比设计与在先设计相近似。

经形式审查合格，专利复审委员会于2007年2月5日向请求人和专利权人发出无效宣告请求受理通知书，同日将无效宣告请求书及其所附证据副本转送专利权人。

专利复审委员会依法成立合议组。合议组于2007年10月9日向请求人和专利权人发出口头审理通知书，定于2007年11月12日进行口头审理。

口头审理如期进行，请求人参加了口头审理，专利权人未参加。在口头审理过程中，请求人明确其无效宣告请求的理由和范围是本专利不符合专利法第23条的规定，并明确以出版物公开来评价本专利的外观设计。请求人当庭提交证据1的原件、证据2的实物电热水壶以及购买实物的收款收据原件；请求人未能提交证据4的原件。

在上述审查的基础上，合议组认为事实已经清楚，可以作出无效宣告请求审查决定。

## 二、决定的理由

1. 证据的认定

请求人提交了证据1《慧聪商情广告》一书的原件，其上许可证号为京工商印广登字20050050号，发布单位为北京慧聪商情广告有限公司，封面左上角以及书脊上印有2005.09.01字样，证据1第69页右下方印有型号为SL-12×41C电热水壶照片一幅。经合议组核实，证据1中复印件内容与原件一致。由于请求人提交了证据1的原件，且其为公开出版物，合议组对证据1的真实性予以认可。证据1的出版日早于本专利的申请日，因此可以作为在先设计评价本专利外观设计的相同或相近似性。

对于请求人提交的证据2的实物，该实物的外观与请求人提交的证据2中的照片一致，实物的底座贴有型号为"SL-12×41C"标签；请求人当庭提交了收款收据的原件，收款收据上规格品名一栏内容为"舜龙12×41C"，并印有"哈尔滨市道外区国有精品家电行"的印章，但该收据上面没有填写购买日期，因此合议组无法确定该实物的购买日期以及公开日期。

证据3为本专利申请日之前公开的外观设计专利文献，因此可以用于评价本专利的外观设计是否符合专利法第23条的规定。

由于请求人未提交证据4的原件，合议组仅凭请求人提交的复印件无法判断证据4的真实性，故对证据4不予采信。

2. 关于专利法第23条

专利法第23条规定："授予专利权的外观设计，应当同申请日以前在国内外出版物上公开发表过或者国内公开使用过的外观设计不相同和不相近似，并不得与他人在先取得的合法权利相冲突。"

外观设计应当采用整体观察、综合判断的方式进行相同或者相近似判断。依据一般消费者的认知能力，根据在先设计图片或者照片已经公开的内容即可推定出产品其他部分或者其他变化状态的外观设计的，则该其他部分或者其他变化状态的外观设计也被视为已经公开。

本专利外观设计为电热水壶，该壶由加热座和壶体构成。壶体包括壶身、壶柄、位于壶身左上部的壶嘴以及位于壶身顶部的壶盖。加热座为圆锥台形状；壶身呈鼓状，由底向顶部略缩小，壶身中部有一不规则扇形图案，靠近壶嘴一面为扇形的圆形边，靠近底部和壶柄部为扇形的半径线，两条半径线均向内略微凹陷，壶身下部有一条与底部平行的缝线，壶柄在该线上方；壶身上有一条从壶盖与壶柄相交处起，至壶嘴下方与壶底平行线中间处的斜向装饰线；壶柄呈半圆形，壶柄上部外侧有一突出钮，壶柄中部外侧有一段波浪线，壶柄内侧握手处为波浪形；壶嘴形状近似三角形，壶嘴略向外倾斜；壶盖与壶身相交处为一条与底部基本平行的缝线，该缝线与壶嘴相交；从俯视图可以看出，壶盖上部有一圆形部分，圆形部分上有一类扇形盖，本外观设计专利具体可见附图1。

证据1《慧聪商情广告》的第69页上公开了一幅型号为"SL-12×41C"的电热水壶的照片，从照片中可以看到电热水壶的壶身部分、部分壶顶部以及壶左右两侧的基本形状。证据1中的电热水壶也是由加热座和壶体构成，壶体也包括壶身、壶柄、位于壶身左上部的壶嘴以及位于壶身顶部的壶盖。加热座为圆锥台形状；壶身呈鼓状，由底向顶部略缩小，壶身中部有一不规则扇形图案，靠近壶嘴一面为扇形的圆形边，靠近底部和壶柄部为扇形的半径线，两条半径线均向内略微凹陷，在该不规则扇形图案上有一条斜向的容量刻度，壶身下部有三条与底部平行的缝线，壶柄在该三条线上方；壶身上有一条从壶盖与壶柄相交处起，至壶嘴下方与壶底平行线中间处上的斜向装饰线；壶柄呈半圆形，壶柄上部外侧有一突出钮，壶柄中部外侧有一段波浪线，壶柄内侧握手处为波浪形；壶嘴形状近似三角形，壶嘴略向外倾斜；壶盖与壶身相交处为一条与底部基本平行的缝线，该缝线与壶嘴相交。

本专利的外观设计与证据1相比，两者加热座形状相同；两者壶身的外形均为鼓状，整体外形也相同。证据1虽未公开电热水壶的全部视图，但电热水壶一般情况下其前后两面可以是形状对称的，依据一般消费者的认知能力，由证据1照片部分顶部的内容是可以推知到未公开其余部分的顶部内容。从证据1能够看出，证据1壶盖部分上部由一个扁圆和扁圆内1/4个扇形部分构成，因此能够推知证据1中的壶盖是由一圆形部分和该圆形部分内的一类扇形盖组成，因此本专利和证据1相比，壶盖的形状是相同的。同理，证据1虽未公开电热水壶的后视图以及全部左右视图，但从证据1所公开的部分也是能够推知到后视图和全部左右视图的内容的，因此本专利与证据1的壶柄和壶嘴的形状也是相同的。证据1也未公开电热水壶的仰视图，但电热水壶的底部为使用时不容易看到的部位，不受一般消费者关注，因此证据1未公开仰视图并不影响用证据1与本专利进行整体观察、综合判断，底部是否存在区别均不会带来显著的影响。

综上所述，两者的区别主要是：（1）在壶身的不规则扇形图案上，证据1有一条斜向的容量刻度，而本专利没有；（2）证据1壶身下部的与底部平行的缝线为三条，而本专利仅为一条。对于一般消费者而言，电热水壶的整体形状以及壶身上的图案应当是消费者所关注的部分，而本专利与证据1的外部整体形状是相同的，壶身上主要部位的不规则扇形的形状也是相同的；两者在壶身部分是否有刻度以及缝线条数的不同的差别不足以对电热水壶的整体视觉产生显著影响，因此本专利与证据1相比属于相近似的外观设计，本专利不符合专利法第23条的规定。

三、决定

宣告200630049899.2号外观设计专利权无效。

当事人对本决定不服的，可以根据专利法第46条第2款的规定，自收到本决定之日起三个月内向北京市第一中级人民法院起诉。根据该条款的规定，一方当事人起诉后，另一方当事人应当作为第三人参加诉讼。

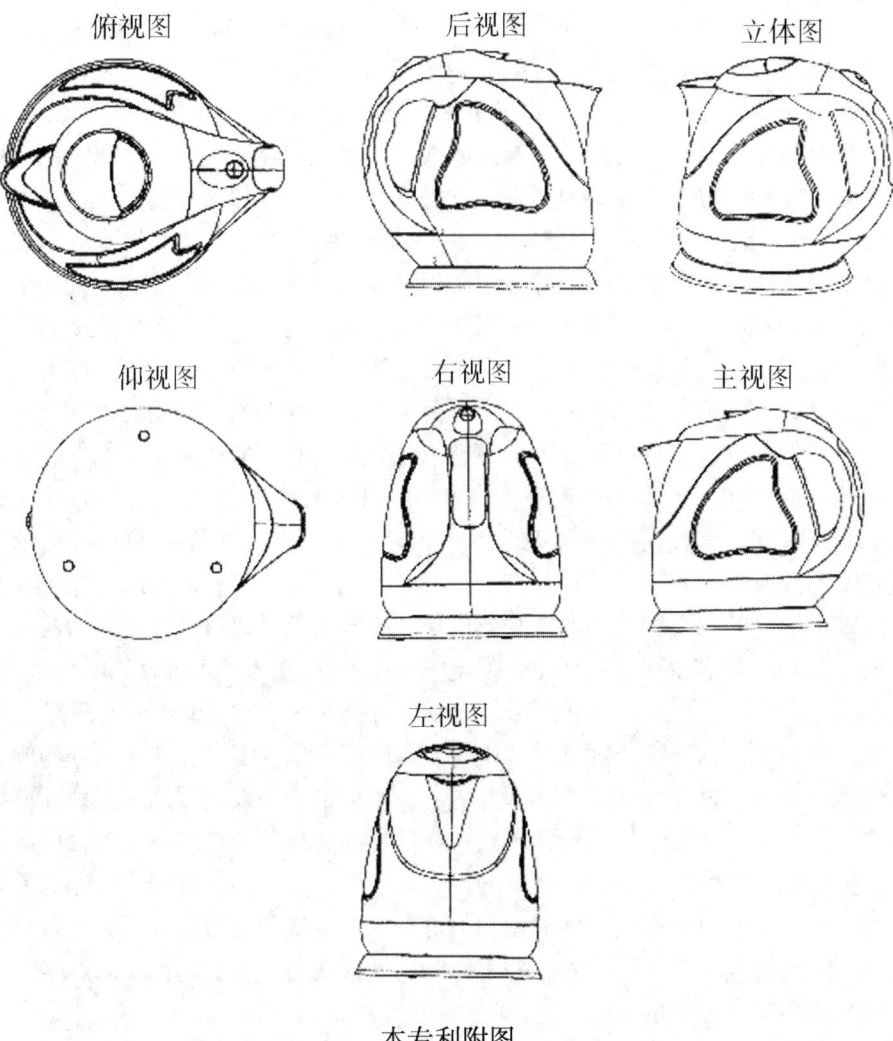

本专利附图

证据1中型号为SL-12x41C电热水壶照片

证据 2 的实物照片

附件2

型号为SL-12X41C电热水壶的实物照片

主视图

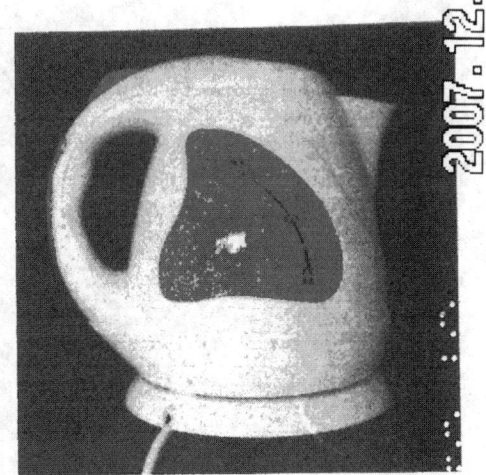
后视图

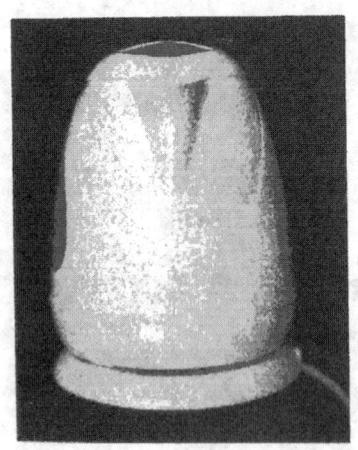
左视图

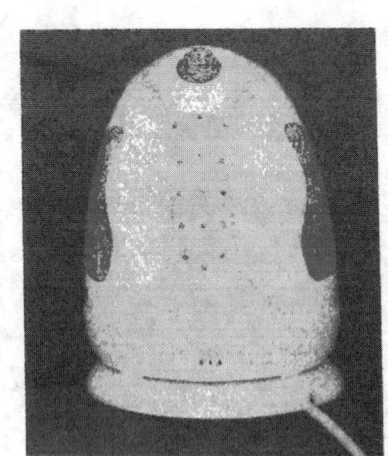
右视图

型号为SL-12X41C电热水壶的实物照片

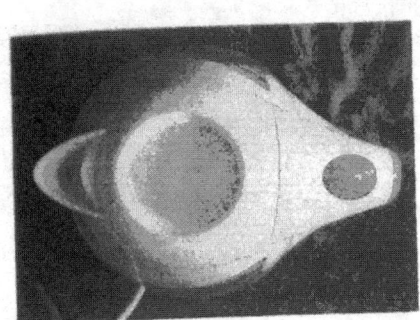

俯视图

立体图

包装箱及立体图

# 饮料瓶

## 无效宣告请求审查决定（第 10832 号）

| | |
|---|---|
| 决 定 号 | 第 10832 号 |
| 决 定 日 | 2007 年 12 月 20 日 |
| 发明创造名称 | 饮料瓶 |
| 外观设计分类号 | 09-01 |
| 无效宣告请求人 | 马佰刚 |
| 专 利 权 人 | 张学敏 |
| 申 请 号 | 200630157723.9 |
| 申 请 日 | 2006 年 5 月 22 日 |
| 授 权 公 告 日 | 2007 年 3 月 7 日 |
| 合议组组长 | 吴大章 |
| 主 审 员 | 毕艳红 |
| 参 审 员 | 郑直 |
| 附 图 | 2 页 |

**法 律 依 据** 专利法第 9 条

**决 定 要 点**

在确定是否具有显著影响时，本专利需要综合考虑以下因素：被比设计中对应于在先设计图片或者照片未公开的内容仅仅是该类产品的惯常设计并且不受一般消费者关注，则不影响对二者进行整体观察、综合判断；在使用时不容易看到或者看不到部位的设计变化，对整体视觉效果不具有显著的影响；在整体相近似的情况下，区别点仅在于局部的细微变化，对整体视觉效果不足以产生显著影响。

## 一、案由

本无效宣告请求涉及的是国家知识产权局于 2007 年 3 月 7 日授权公告的、名称为"饮料瓶"的外观设计专利（下称本专利），其申请号是 200630157723.9，申请日是 2006 年 5 月 22 日，专利权人是张学敏。

针对上述专利权，马佰刚（下称请求人）于 2007 年 5 月 11 日向专利复审委员会提出无效宣告请求，其提出的无效理由是在本专利申请日之前已有与本专利相同的外观设计在国内公开使用过和在公开出版物上发表过，不符合专利法第 23 条的规定；在本专利申请日之前已有与本专利相近似的外观设计在先申请，本专利不符合专利法第 9 条及专利法实施细则第 13 条第 1 款的规定。请求人提交了如下附件作为证据：

附件1：玻璃瓶罐买卖合同及合同所附请求人声称的300毫升信远斋桂花酸梅汤饮料瓶图纸的复印件共2页；

附件2：北京格雷斯海姆玻璃制品有限公司关于"酸梅瓶"瓶型的说明及编号为1300的饮料瓶图纸复印件共2页；

附件3：《科学与和平–国际科学与和平周在中国》宣传册的封面及相关页的复印件共9页，封面标注有"XI"；

附件4：98331140.4号中国外观设计专利文献复印件共1页，申请日1998年12月16日，授权公告日1999年10月6日，专利权人为南京蜜雪儿食品有限责任公司。

经形式审查合格，专利复审委员会受理了该无效宣告请求，于2007年8月3日向双方当事人发出了无效宣告请求受理通知书，并将无效宣告请求书及其附件清单中所列附件的副本转送给专利权人，要求其在指定的期限内答复。

在上述指定期限内专利权人未提交意见陈述书。

2007年11月2日，合议组向双方当事人发出口头审理通知书，定于2007年12月10日进行口头审理。

口头审理如期举行，请求人出席了口头审理，其对合议组成员变更无异议，对合议组成员无回避请求；专利权人未提交口审回执、未出席口头审理，合议组对本案进行缺席审理。口头审理中，请求人当庭提交了附件1玻璃瓶罐买卖合同的原件以及附件3的原件，合议组对作为证据使用的附件1~4进行了质证；请求人重申了无效宣告请求书提出的事实主张：（1）在本专利申请日之前，已有与本专利相同的外观设计使用在信远斋销售的饮料瓶上，构成了使用公开。第十二届"国际科学与和平周"活动期间散发的宣传册上刊载了与本专利相同的北京信远斋公司的饮料瓶的图片，构成了出版物公开，导致本专利不符合专利法第23条的规定；（2）在先申请的中国外观设计专利公开了与本专利相近似的外观设计，二者属于同样的发明创造，导致本专利不符合专利法第9条及专利法实施细则第13条第1款的规定。

2007年12月20日，合议组向专利权人发出合议组成员公知通知书，专利权人于当日来专利复审委员会面取，并表示对合议组成员的变更无异议。

在上述工作的基础上，合议组认为本案事实清楚，可以依法作出审查决定。

## 二、决定的理由

1. 证据认定

附件4为98331140.4号中国外观设计专利文献复印件，专利权人对其未发表任何意见，合议组认可其真实性，予以采信。附件4的申请日为1998年12月16日，在本专利的申请日（2006年5月22日）之前，且其专利权人为南京蜜雪儿食品有限责任公司，与本专利的专利权人不同，因此附件4可以作为判断本专利是否符合专利法第9条的依据（下称附件4所示外观设计为在先设计）。

2. 关于专利法第9条

基于请求人提出的本专利不符合专利法第9条的无效理由对本专利进行审查。

专利法第9条规定："两个以上的申请人分别就同样的发明创造申请专利的，专利权授予最先申请的人。"

本专利与在先设计均应用于"饮料瓶"，属于同类产品，可进行相同、相近似性对比。

本专利外观设计产品"饮料瓶"，包括六面视图，其中后视图与主视图相同，省略后视图，右视图与左视图相同，省略右视图，此外观设计不要求保护色彩。从主视图、左视图来看，本专利整体形状类似圆坛子，可分为瓶盖、瓶颈、瓶肩、瓶身、瓶身下部和瓶底6个组成部分，瓶颈可见部分为圆柱体形状，其宽度小于瓶身宽度，瓶颈与瓶肩之间有一宽于瓶颈的凸沿，瓶身为向外略鼓的圆柱体形状，中间略鼓、两端内收连接瓶颈及瓶底，瓶底为扁圆台形，其宽度小于瓶身宽度；从俯视图可见，瓶盖为惯常的圆形设计，瓶肩一周均匀分布多个相互连接的半椭圆形花瓣设计；从仰视图看，瓶底整体为圆形，底面中央为较大的圆形，在其边缘形成较窄的凸棱（详见本专利附图）。

在先设计外观设计产品为"饮料瓶"，其包括主视图、仰视图和俯视图，此外观设计不要求保护色彩。从主视图来看，在先设计的整体形状类似圆坛子的形状，可分为瓶口、瓶颈、瓶肩、瓶身、瓶身下部和瓶底6个组成部分，瓶口为惯常的圆形设计，瓶颈为圆柱体形状，其宽度小于瓶身宽度，其上分布错落相间的多条凸棱，瓶颈与瓶肩之间有一宽于瓶颈的凸沿，瓶身为向外略鼓的圆柱体形状，中间略鼓、两端内收连接瓶颈及瓶底，瓶底为扁圆台形，其宽度小于瓶身宽度，瓶身下部与瓶底相接的瓶身上有较窄的条形磨砂纹理；从俯视图可见，瓶口为圆形设计，瓶肩一周均匀分布多个凹凸相间的圆弧线，在凹进的圆弧线上还有类似枫叶状的设计；从仰视图看，瓶底为圆形设计，从中央向外周依次为相互包围的小圆形、大圆环、有凹凸纹理的更大的圆环，在其边缘形成较窄的凸棱（详见在先设计附图）。

将本专利和在先设计进行对比后，可以看到二者的相同点在于：二者的整体形状相同、除瓶盖与其覆盖部分外各组成部分相同、各组成部分的形状、布局及比例关系相同；二者瓶肩上均分布有多个类似花瓣形的设计。

本专利与在先设计的不同点在于：在先设计没有瓶盖，本专利有瓶盖；在先设计圆形瓶口及瓶颈上的凹凸棱在本专利视图中不可见；本专利与在先设计在瓶底、瓶肩的花瓣设计上略有差异；在先设计瓶身下部与瓶底相接的瓶身上有磨砂纹理，本专利没有。

针对本专利与在先设计的上述不同点，合议组认为：由于本专利的瓶盖为惯常的圆形设计，其相对于其他部分设计的变化对整体视觉效果不具有显著的影响；对应于在先设计，本专利未公开的圆形瓶口及瓶颈上的凹凸棱，仅仅是该类产品的惯常设计并且不受一般消费者关注，不影响对二者进行整体观察、综合判断；瓶底为使用状态下不容易看到的部位，并且从在先设计的仰视图可见，其底部不存在对于一般消费者能够产生引人瞩目的视觉效果的特定设计，因此本专利与在先设计瓶底之间的区别对整体视觉效果不具有显著的影响；在本专利与在先设计的瓶肩上均存在类似花瓣形设计的情况下，二者在花瓣的组成及形状上的差异仅是局部的细微变化，同时在先设计瓶身下部形成的磨砂纹理占瓶身整体的比例较小，仅是局部的细微变化，不容易被一般消费者注意到，对整体视觉效果不足以产生显著影响。

综上所述，按一般消费者的水平，通过整体观察、综合判断，本专利与在先设计整体形状、各组成部分的形状、布局及比例关系等方面均相同或相近似，并且二者之间的上述差异均不足以对整体视觉效果产生显著影响，因此，本专利相对于在先设计属于相近似的外观设计，不符合专利法第9条的规定。

鉴于上述评述已经得出本专利不符合专利法第9条的规定的结论，合议组对请求人提出的其他无效理由和证据不再予以评述。

### 三、决定

宣告200630157723.9号外观设计专利权全部无效。

当事人对本决定不服的，可以根据专利法第46条第2款的规定，在收到本决定之日起三个月内向北京市第一中级人民法院起诉。一方当事人起诉后，另一方当事人将作为第三人参加诉讼。

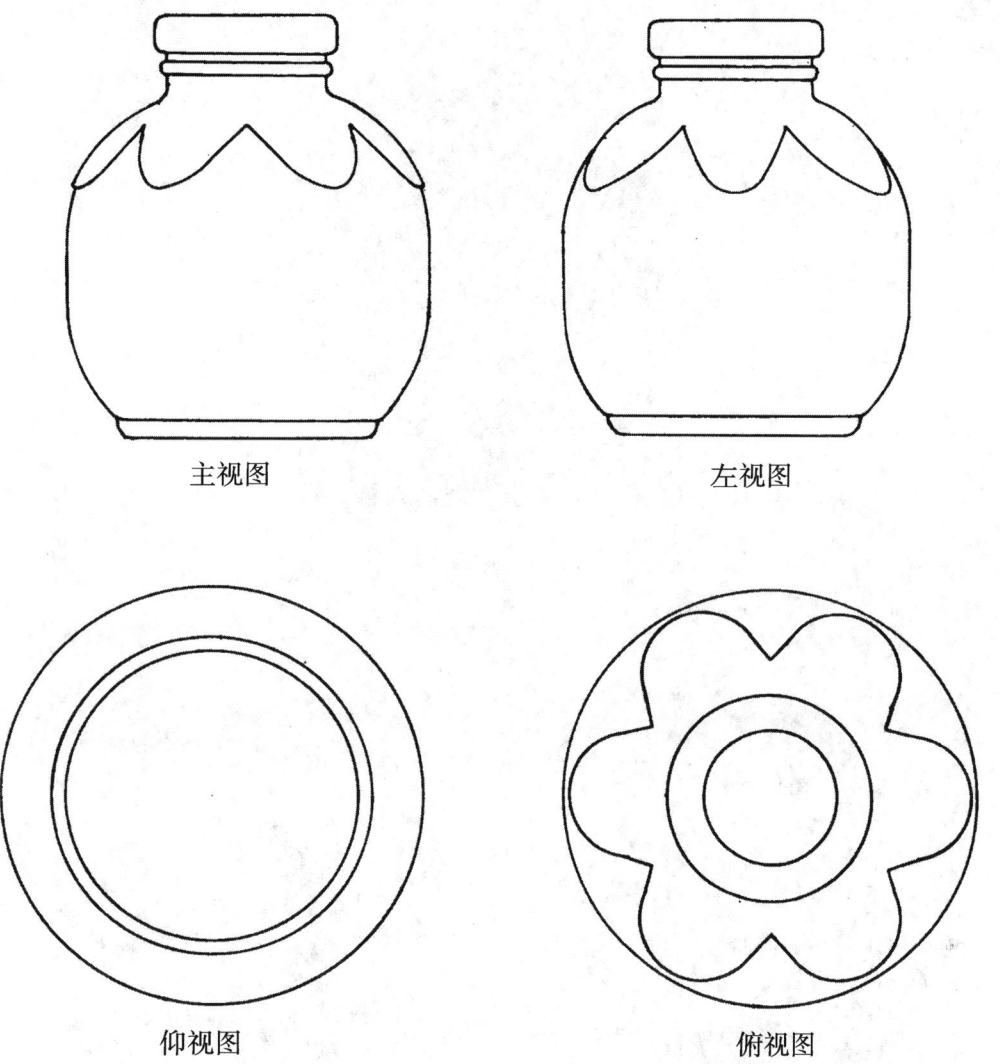

主视图

仰视图

俯视图

在先设计附图

# 充电式枪钻（双头）

## 无效宣告请求审查决定（第 10838 号）

| | |
|---|---|
| 决 定 号 | 第 10838 号 |
| 决 定 日 | 2007 年 11 月 25 日 |
| 发明创造名称 | 充电式枪钻（双头） |
| 外观设计分类号 | 08-01 |
| 无效宣告请求人 | 宁波南方浦立工具有限公司 |
| 专 利 权 人 | 袁海明 |
| 专 利 号 | 200430036540.2 |
| 申 请 日 | 2004 年 8 月 5 日 |
| 授权公告日 | 2005 年 3 月 9 日 |
| 合议组组长 | 左　一 |
| 主 审 员 | 瑜　佳 |
| 参 审 员 | 邢文飞 |
| 附　　　图 | 2 页 |
| 法 律 依 据 | 专利法第 23 条 |

**决 定 要 点**

本专利与在先设计在多个构成部分的设计上存在不同，且这些不同对整体视觉效果能构成显著影响，则在先设计均与本专利不相同也不相近似，本专利符合专利法第 23 条的规定。

### 一、案由

本无效宣告请求涉及国家知识产权局于 2005 年 3 月 9 日授权公告的、专利号为 200430036540.2 的外观设计专利（下称本专利），名称为"充电式枪钻（双头）"，申请日是 2004 年 8 月 5 日，专利权人是袁海明。

针对上述外观设计专利权，宁波南方浦立工具有限公司（下称请求人）于 2007 年 6 月 29 日向专利复审委员会提出无效宣告请求。请求人提出的宣告本专利权无效的理由是：在本专利申请日以前已有公开出版物公开发表了与本专利相近似的外观设计，故本专利不符合专利法第 23 条的规定。请求人同时提交了如下附件作为证据：

附件 1：经中华人民共和国驻丹麦王国大使馆领事部认证的丹麦工业联盟第 DNK-00018462 号公证书复印件及其中文译文及书刊《Enhver ny idé》首页、第 72、73 页的复印件共 6 页；

附件 2：经中华人民共和国驻丹麦王国大使馆领事部认证的丹麦工业联盟第 DNK-00018462 号公

证书复印件及其中文译文，及出版物《ID prisen 1999》标有 1999 年 2 月的首页、第 2、3 页的复印件共 6 页；

附件 3：经中华人民共和国驻丹麦王国大使馆领事部认证的丹麦工业联盟第 DNK-00018474 号公证书复印件及其中文译文及杂志《Teknikeren》1999 年第 3 期的首页、第 34 页的复印件共 6 页；

附件 4：浙江省宁波市中级人民法院第（2007）甬民四初字第 83 号民事案件应诉通知书的复印件共 1 页。

请求人认为：附件 1、2、3 均是公开出版物，均充分公开了一种双钻头机械枪钻，三份证据的出版时间均早于本专利的申请日，且本专利图片中显示的双头枪钻与附件 1、2、3 中显示的双头枪钻其外观设计相近似，其授权不符合专利法第 23 条的规定，应宣告其专利权无效。

经形式审查合格，专利复审委员会受理了该无效宣告请求，于 2007 年 7 月 2 日发出无效宣告请求受理通知书，并将该无效宣告请求书及其附件清单中所列附件副本转送给专利权人，要求其在指定的期限内答复。

2007 年 8 月 15 日，专利权人提交了意见陈述书，认为：附件 1、2、3 均是复印件，且上述附件均看不到出版日期，因此上述附件均为无效证据；附件 1、2、3 中的外文书刊的文字没有中文译文，因此专利权人无法确定附件 1、2、3 所公开的内容；附件 1、2、3 均只公开了一个视图，如果将其作为主视图与本专利的主视图进行比较，它们也存在多处明显不同，因此请求合议组维持专利权有效。

专利复审委员会于 2007 年 9 月 4 日向双方当事人发出《无效宣告请求口头审理通知书》，定于 2007 年 11 月 5 日在专利复审委员会对本案进行口头审理，并随口头审理通知书将专利权人于 2007 年 8 月 15 日提交的意见陈述书转送给请求人。

请求人与专利权人均提交回执，表示参加口头审理。

口头审理如期举行，双方均委托代理人出席了口头审理。合议组当庭告知了合议组成员的变更情况，双方当事人对合议组成员变更均无异议，对合议组成员均无回避请求。请求人对专利权人出庭人员的身份无异议，因请求人代理人缺少授权委托书，专利权人对请求人代理人的身份有异议，合议组告知请求人代理人口审当天需提交代理人的授权委托书，并告知专利权人合议组将依职权核实请求人代理人的身份，请求人代理人在口审辩论结束前补交了授权委托书。

请求人明确无效理由为：本专利相对于附件 1、2、3 分别不符合专利法第 23 条的规定，并要求补充本专利不符合专利法实施细则第 2 条第 3 款规定的无效理由，合议组当庭告知请求人根据专利法实施细则第 64 条和审查指南的相关规定，对新增加的无效理由不予接受。请求人当庭提交了附件 1、2 的原件和附件 3 中公证书的原件。专利权人对附件 1、2 的真实性没有异议，但认为附件 1、2 的书刊或出版物本身没有译文，应当为无效证据；认为附件 3 没有出示杂志的原件，对其真实性有异议。请求人与专利权人就本外观设计专利是否符合专利法第 23 条充分发表了意见。

在以上审理的基础上，本案合议组认为事实已经清楚，现依法作出无效宣告请求审查决定。

## 二、决定的理由

### 1. 法律依据

由于请求人在口头审理当庭增加关于专利法实施细则第 2 条第 3 款的无效理由，已经超出了提出无效宣告请求之日起的 1 个月的期限，根据专利法实施细则第 64 条第 1 款和审查指南第四部分第三章 4.1 节的规定，合议组对其不予考虑。

根据请求人提出的无效宣告请求的理由和提交的证据，本案合议组依据专利法第 23 条对本案进行审理。

专利法第 23 条规定："授予专利权的外观设计，应当同申请日以前在国内外出版物上公开发表过

或者国内公开使用过的外观设计不相同和不相近似，并不得与他人在先取得的合法权利相冲突。"

2. 证据的认定

请求人提交的附件1是经中华人民共和国驻丹麦王国大使馆领事部认证的丹麦工业联盟第DNK-00018462号公证书复印件及其中文译文，及书刊《Enhver ny idé》首页、第72、73页的复印件，该公证书证明书刊《Enhver ny idé》是于2000年出版；请求人提交的附件2是经中华人民共和国驻丹麦王国大使馆领事部认证的丹麦工业联盟第DNK-00018462号公证书复印件及其中文译文，及出版物《ID prisen 1999》标有1999年2月的首页、第2、3页的复印件，该公证书证明出版物《ID prisen 1999》是于1999年出版；请求人口头审理时当庭提交了上述附件1、2的原件，专利权人对其真实性无异议，合议组对上述附件1、2的真实性亦予以认可。虽然，请求人未提交附件1、2中出版物的中文译文，但上述附件1、2的公证书中文译文中已提到《Enhver ny idé》第72、73页和《ID prisen 1999》第2、3页的插图是"双头钻"，因此合议组认为上述附件1、2中的插图可以作为评价本专利是否符合专利法第23条的在先设计使用。

请求人提交的附件3是经中华人民共和国驻丹麦王国大使馆领事部认证的丹麦工业联盟第DNK-00018474号公证书复印件及其中文译文，及杂志《Teknikeren》1999年第3期的首页、第34页的复印件，请求人当庭提交了经中华人民共和国驻丹麦王国大使馆领事部认证的丹麦工业联盟第DNK-00018474号公证书原件，该公证书证明设计者为Steen Mandsfelt Eriksen的双钻头的文章发表于1999年3月出版的杂志《Teknikeren》的第34页，但该公证书并未证明第34页的复印件与原件的一致性及关联性，请求人未提交杂志《Teknikeren》1999年第3期的原件，专利权人对附件3的真实性有异议，合议组认为，公证书本身的真实性可以认可，但没有证据证明请求人提交的杂志复印件与杂志原件一致，因此，合议组对附件3中杂志的真实性不予认可。

3. 关于专利法第23条

本专利和附件1中的书刊《Enhver ny idé》第72、73页的插图（下称在先设计1）及附件2中的出版物《ID prisen 1999》第2、3页（下称在先设计2）均为双头钻，三者用途相同，属于相同种类的产品，具有可比性。现将上述在先设计与本专利进行比较：

本专利共有6幅视图和2幅使用状态图，本专利未要求保护色彩。本专利的充电式枪钻包括一个枪体，两个钻头通过安装在枪体前端的连接块连接，枪体中后端连接有手柄，手柄比较光滑，手柄底部连接有近似长方体的底座，手柄与底座基本垂直，手柄和钻头之间设有保护杆；从主视图、后视图及俯视图可以看到，两个钻头之间的连接块呈"八"字型，枪体前部设有一个凸起的倒梯形的推块，枪体中部有"收腰"设计，枪体后端有三道栅格，枪体与底座之间呈大约30°夹角（参见本专利附图）。

在先设计1公开了一种双头钻的立体视图。在先设计1中的双头钻包括一个枪体，两个钻头通过安装在枪体前端的连接块连接，枪体中后端连接有手柄，手柄上有深浅不一适合手握的防滑槽，手柄底部连接有近似圆柱体的底座，手柄与底座有约70°的夹角，手柄和钻头之间设有保护杆；从立体视图可以看到，两个钻头之间的连接块呈大致梯形，连接块中部有一个圆形按钮，枪体前端及中部较光滑，大致呈圆柱状，后端有三道栅格，枪体与底座大致平行（参见在先设计1附图）。

在先设计2公开了一种双头钻的立体视图。在先设计2中的双头钻包括一个枪体，两个钻头通过安装在枪体前端的连接块连接，枪体中后端连接有手柄，手柄上有深浅不一适合手握的防滑槽，手柄底部连接有近似圆柱体的底座，手柄与底座有约70°的夹角，手柄和钻头之间设有保护杆；从立体视图可以看到，两个钻头之间的连接块呈大致梯形，连接块中部有一个圆形按钮，枪体前端及中部较光滑，大致呈圆柱状，后端有三道栅格，枪体与底座大致平行（详见在先设计2附图）。

本专利和在先设计1、2均涉及具有双头的枪钻，它们属于相同种类的产品，可以进行相近似比较。

将本专利与在先设计1进行比较，二者虽然都包括枪体、两个钻头、手柄、底座、保护杆等组成部件，但其区别在于（1）本专利的枪体中部有收腰设计，而在先设计1的枪体前端及中部较光滑，大致呈圆柱状；（2）本专利的枪体前端有一个凸起的倒梯形的推块，而在先设计1没有；（3）本专利的手柄没有适合手握的防滑槽，而在先设计1中有；（4）本专利枪体与底座之间呈大约30°夹角，在先设计1枪体与底座大致平行；（5）本专利手柄与底座基本垂直，而在先设计1的手柄与底座有约70°的夹角；（6）本专利的的底座呈近似长方体，而在先设计1的底座呈近似圆柱体。

合议组认为，充电式枪钻为一立体外观设计产品，立体产品本身的形状是一般消费者较注意的部分，其枪体、底座、手柄的形状构成了充电式枪钻的主体设计和基本形状，枪体与底座的夹角、手柄与底座的夹角，这些部位构形的差别足以导致二者的整体外观设计产生显著的视觉差异，由于请求人提供的在先设计1与本专利在枪体、底座、手柄的形状上存在区别，枪体与底座的夹角、手柄与底座的夹角存在差异，这些差异对二者的整体视觉效果具有显著的影响，二者不相同也不相近似，因此本专利相对于在先设计1符合专利法第23条的规定。

将本专利与在先设计2进行比较，二者虽然都包括枪体、两个钻头、手柄、底座、保护杆等组成部件，但其区别在于（1）本专利的枪体中部有收腰设计，而在先设计2的枪体前端及中部较光滑，大致呈圆柱状；（2）本专利的枪体前端有一个凸起的倒梯形的推块，而在先设计2没有；（3）本专利的手柄没有适合手握的防滑槽，而在先设计2中有；（4）本专利枪体与底座之间呈大约30°夹角，在先设计2枪体与底座大致平行；（5）本专利手柄与底座基本垂直，而在先设计2的手柄与底座有约70°的夹角；（6）本专利的的底座呈近似长方体，而在先设计2的底座呈近似圆柱体。

合议组认为，充电式枪钻为一立体外观设计产品，立体产品本身的形状是一般消费者较注意的部分，其枪体、底座、手柄的形状构成了充电式枪钻的主体设计和基本形状，枪体与底座的夹角、手柄与底座的夹角，这些部位构形的差别足以导致二者的整体外观设计产生显著的视觉差异，由于请求人提供的在先设计2与本专利在枪体、底座、手柄的形状上存在区别，枪体与底座的夹角、手柄与底座的夹角存在差异，这些差异对二者的整体视觉效果具有显著的影响，二者不相同也不相近似，因此本专利相对于在先设计2符合专利法第23条的规定。

基于上述理由，请求人的无效宣告请求理由均不成立。

三、决定

维持200430036540.2号外观设计专利权全部有效。

当事人对本决定不服的，可以根据专利法第46条第2款的规定，自收到本决定之日起三个月内向北京市第一中级人民法院起诉。根据该款的规定，一方当事人起诉后，另一方当事人应当作为第三人诉讼。

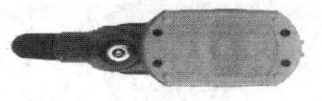
仰视图

 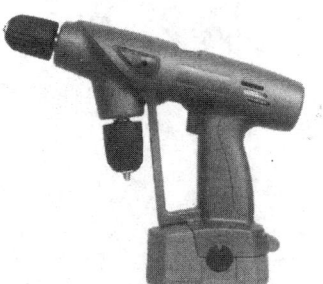 

右视图　　　　主视图　　　　左视图

俯视图

后视图

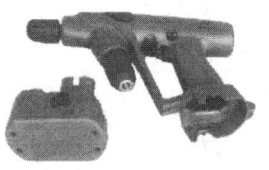　　　

使用状态参考图1　　　使用状态参考图2

本专利附图

在先设计 1

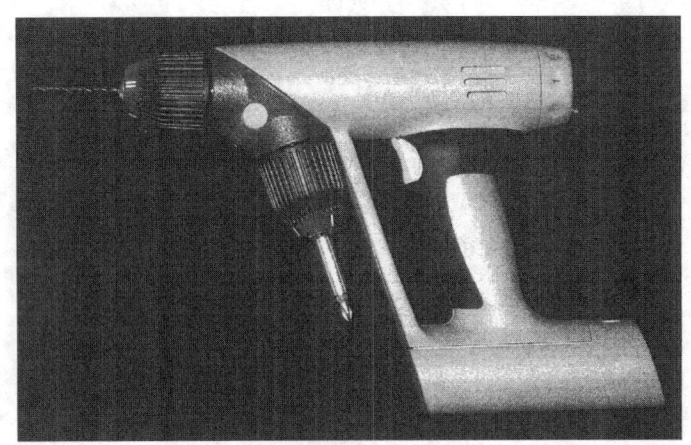

在先设计 2

对比文件附图

# 北京市第一中级人民法院
# 行政判决书

(2008) 一中行初字第589号

原告宁波南方浦立工具有限公司，住所地浙江省宁波市鄞州区横溪镇中街岗头。

法定代表人陈会普，董事长。

委托代理人张杰，北京三聚阳光知只产权代理有限公司专利代理人。

委托代理人刘守宪，北京三聚阳光知识产权代理有限公司专利代理人。

被告国家知识产权局专利复审委员会，住所地北京市海淀区北四环西路9号银谷大厦10~12层。

法定代表人廖涛，副主任。

委托代理人邢文飞，国家知识产权局专利复审委员会审查员。

委托代理人刘妍，国家知识产权局专利复审委员会审查员。

第三人袁海明，男，1972年4月14日出生，汉族，住浙江省宁波市北仑区新碶街道恒山路340弄90号。

委托代理人朱世东，北京金言诚信知识产权代理有限公司专利代理人。

原告宁波南方浦立工具有限公司（以下简称浦立公司）不服被告国家知识产权局专利复审委员会（以下简称专利复审委员会）第10838号无效宣告请求审查决定（以下简称第10838号决定），于法定期限内向本院提起行政诉讼。本院于2008年4月15日受理后，依法组成合议庭，并根据相关法律规定通知袁海明作为本案的第三人参加诉讼，于2008年6月3日公开开庭审理了本案。原告浦立公司的委托代理人张杰、刘守宪，被告专利复审委员会的委托代理人邢文飞、刘妍，第三人袁海明的委托代理人朱世东到庭参加诉讼。本案现已审理终结。

浦立公司针对第三人袁海明拥有的第200430036540.2号名称为"充电式枪钻（双头）"的外观设计专利（以下简称本专利），向专利复审委员会提出无效宣告请求。专利复审委员会作出第10838号决定，认为：（1）本专利和附件1中的书刊《Enhver ny idé》第72、73页的插图（以下简称在先设计1）及附件2中的出版物《ID prisen 1999》第2、3页（以下简称在先设计2）均为双头钻，三者用途相同，属于相同种类的产品，具有可比性。（2）将本专利与在先设计1进行比较，二者虽然都包括枪体、两个钻头、手柄、底座、保护杆等组成部件，但其区别在于①本专利的枪体中部有收腰设计，而在先设计1的枪体前端及中部较光滑，大致呈圆柱状；②本专利的枪体前端有一个凸起的倒梯形的推块，而在先设计1没有；③本专利的手柄没有适合手握的防滑槽，而在先设计1中有；④本专利枪体与底座之间呈大约30°夹角，在先设计1枪体与底座大致平行；⑤本专利手柄与底座基本垂直，而在先设计1的手柄与底座有约70°的夹角；⑥本专利的的底座呈近似长方体，而在先设计1的底座呈近似圆柱体。充电式枪钻为一立体外观设计产品，立体产品本身的形状是一般消费者较注意的部分，其枪体、底座、手柄的形状构成了充电式枪钻的主体设计和基本形状，枪体与底座的夹角、手柄与底座的夹角，这些部位构形的差别足以导致二者的整体外观设计产生显著的视觉差异，由于请求人提供的在先设计1与本专利在枪体、底座、手柄的形状上存在区别，枪体与底座的夹角、手柄与底座的夹角存在差异，这些差异对二者的整体视觉效果具有显著的影响，二者不相同也不相近似，因此本专利相对于在先设计1符合《中华人民共和国专利法》（以下简称《专利法》）第二十三条的规定。（3）将本专利与在先设计2进行比较，二者虽然都包括枪体、两个钻头、手柄、底座、保护杆等组成部件，但其区别在于①本专利的枪体中部有收腰设计，而在先设计2的枪体前端及中部较光滑，大致呈圆柱状；②本专利的枪体前端有一个凸起的倒梯形的推块，而在先设计2没有；③本专利的手柄没有适合手握的防滑槽，而在先设计2中有；④本专利枪体与底座之间呈大约30°夹角，在先设计2枪体与底座大致平行；⑤本专利手柄与底座基本垂直，而在先设计2的手柄与底座有约70°的夹角；⑥本专利的的底座呈近似长方体，而在先设计2的底座呈近似圆柱体。充电式枪钻为一立体外观设计产品，立体产品本身的形状是一般消费者较注意的部分，其枪体、底座、手柄的形状构成了充电式枪钻的主体设计和基本形状，枪体与底座的夹角、手柄与底座的夹角，这些部位构形的差别足以导致二者的整体外观设计产生显著的视觉差异，由于请求人提供的在先设计2与本专利在枪体、底座、手柄的形状上存在区别，枪体与底座的夹角、手柄与底座的夹角存在差异，这些差异对二者的整体视觉效果具有显著的影响，二者不相同也不相近似，因此本专利相对于在先设计2符合《专利法》第二十三条的规定。据此，专利复审委员会作出第10838号决定，维持本专利权有效。

原告浦立公司不服第10838号决定，在法定期限内向本院提起行政诉讼，其诉称：（1）本专利的两个钻头筒、枪体、保护杆、底座等与在先设计1和2相同，手柄部位虽有一些差异，但对整体视觉效果不具有显著影响，本专利与在先设计1和2相近似，不符合《专利法》第二十三条的规定。（2）被告在第10838号决定所认定的本专利与在先设计1和2的区别仅仅是局部的细微差别，双头的设计才对外观设计的整体视觉效果具有显著的影响，除双头以外的设计都是惯常设计。因此，原告请求人民法院判决撤销第10838号决定并责令被告重新作出无效宣告请求审查决定。

被告专利复审委员会辩称：本专利与在先设计1和2在枪体、底座、手柄的形状上存在区别，枪体与底座的夹角、手柄与底座的夹角存在差异，这些差异对二者的整体视觉效果具有显著的影响，二者不相同也不相近似。原告关于"双头设计以外的设计为惯常设计"的主张没有事实依据。综上，第10838号决定认定事实清楚、适用法律法规正确、审查程序合法，请求人民法院予以维持。

第三人袁海明述称：原告在无效程序中没有提出"双头设计以外的设计为惯常设计"的主张，第10838号决定所认定的本专利与在先设计的六点区别特征都是描述充电式枪钻的整体形状的差异特征，这些差异对二者的整体视觉效果具有显著的影响，二者不相近似。第10838号决定认定事实清楚，适用法律正确，请求人民法院驳回原告的诉讼请求。

本院经审理查明：

第10838号决定涉及的是名称为"充电式枪钻（双头）"、专利号为200430036540.2的外观设计专利（即本专利），该专利的申请日为2004年8月5日，授权公告日为2005年3月9日，专利权人是袁海明。本专利授权公报有8幅视图（本专利外观设计详见本判决书附图）。

针对本专利，浦立公司于2007年6月9日以本专利不符合《专利法》第二十三条的规定为由，向专利复审委员会提出无效宣告请求，并提交了证据，其中：

附件1为经中华人民共和国驻丹麦王国大使馆领事部认证的丹麦工业联盟第IDNK-00018462号公证书复印件及其中文译文，及书刊《Enhverny idé》首页、第72、73页的复印件共6页。公证书证明书刊《Enhver ny idé》是于2000年出版，该书刊第72、73页有一副双头钻的插图（即在先设计1，其外观详见判决书附图）。

附件2为经中华人民共和国驻丹麦王国大使馆领事部认证的丹麦工业联盟第DNK-00018462号公证书复印件及其中文译文，及出版物《ID prisen 1999》标有1999年2月的首页、第2、3页的复印件共6页。公证书证明出版物《ID prisen 1999》是于1999年出版，该书第2、3页的插图是"双头钻"（即在先设计2，其外观详见判决书附图）。

专利复审委员会于2007年11月5日对上述无效宣告请求进行了口头审理。在口头审理时，袁海明对附件1和附件2的真实性无异议。2007年11月25日，专利复审委员会作出第10838号决定。

在本案庭审中，浦立公司明确表示对于第10838号决定所认定本专利与在先设计1的区别点（1）～（3）没有异议，但对区别点（4）～（6）不认可，并指出：区别点（4）所述的大约30度夹角是没有依据的，通过对本专利视图延长线夹角的测量，该夹角最大不超过14度；区别点（5）本专利手柄与底座外侧曲线与底座有77度，并非基本垂直，而在先设计1的手柄与底座有80度的夹角，近似垂直，而非被告认定的70度，被告有意通过角度的对比扩大二者的区别；区别点（6）中在先设计1的底座呈近似圆柱体是错误的，应为长方体，形状与本专利一致，只是长度不同。浦立公司还表示对于在先设计2的观点与在先设计1相同。

以上事实有本专利授权公告、第108388号决定、附件1、附件2及当事人陈述等证据在案佐证。

本院认为：

《专利法》第二十三条规定：授予专利权的外观设计，应当同申请日以前在国内外出版物上公开发表过或者国内公开使用过的外观设计不相同和不相近似，并不得与他人在先取得的合法权利相冲突。

根据附件1和附件2的公证书，可知其公开日早于本专利的申请日，因此其中的在先设计1和2可以用来评价本专利是否符合《专利法》第二十三条的规定。在先设计1和2为双头钻，与本专利属于相同种类的产品，因此具有可比性。进行比较时，如果一般消费者经过对比，本专利与在先设计的差别对于产品的整体视觉效果具有显著的影响，则二者既不相同，也不相近似。

由于原告对第10838号决定所认定的本专利与在先设计1的区别点（1）～（3）没有异议，故本院予以确认，即（1）本专利的枪体中部有收腰设计，而在先设计1的枪体前端及中部较光滑，大致呈圆柱状；（2）本专利的枪体前端有一个凸起的倒梯形的推块，而在先设计1没有；（3）本专利的手柄没有适合手握的防滑槽，而在先设计1中有。对于区别点（4）和（5），根据《专利法》第五十六条的规定，外观设计专利权的保护范围以表示在图片或照片中的该外观设计专利产品为准。图片或照片仅是表示保护范围的方式，并非产品的外观本身，不能以图片本身来测量并确定所谓夹角的度数。因此原告关于本专利枪体与底座之间的夹角不超过14度及本专利手柄外侧曲线与底座的夹角为77度等主张没有法律依据。从本专利的视图和在先设计的图片看，本专利枪体与底座之间确实存在一定的角度，手柄与底座基本垂直，而在先设计枪体与底座大致平行，手柄与底座之间有一夹角。对于区别点（6），本院认为本专利的底座呈近似长方体，棱角分明，而在先设计的底座线条圆滑过渡，与本专利有一定差异。

对于本专利与在先设计1存在的上述差异，本院认为在判断两项外观设计是否相近似时，在整体观察的前提下，应当考虑产品在外观方面存在的产生变化的空间大小。本案中，本专利与在先设计均是充电式双头枪钻，由于受功能限制，充电式枪钻的枪体、手柄、底座之间的连接关系基本一致，变化空间不大。在该种情况下，一般消费者会更关注具体部位设计上的变化及各部位之间对应关系的差异。本专利与在先设计1在枪体腰部、推块、手柄、底座及枪体与底座的夹角、手柄与底座的夹角等差别足以导致二者的整体外观设计产生显著的视觉差异，因此本专利与在先设计1不相同也不相近似。原告关于除双头以外的设计均为惯常设计的主张没有事实和法律依据，不能仅以本专利与在先设计1均为双头钻就认定二者相近似。

由于原告对于本专利与在先设计2相近似的理由与在先设计1相同，基于前述理由，本院认为本专利与在先设计2不相同也不相近似。

综上所述，被告作出的第10838号决定认定事实清楚，适用法律正确，程序合法，应予维持。原告的诉讼请求不能成立，本院不予支持。依照《中华人民共和国行政诉讼法》第五十四条第（一）

项之规定，判决如下：维持被告国家知识产权局专利复审委员会作出的第 10838 号无效宣告请求审查决定。

案件受理费 100 元，由原告宁波南方浦立工具有限公司负担（已交纳）。

如不服本判决，各方当事人可在本判决书送达之日起 15 日内，向本院递交上诉状及其副本，并交纳上诉案件受理费 100 元，上诉于北京市高级人民法院。

审　判　长　仪　军<br/>
代理审判员　周云川<br/>
代理审判员　佟　妹<br/>
二〇〇年　月　日<br/>
书　记　员　周丽婷

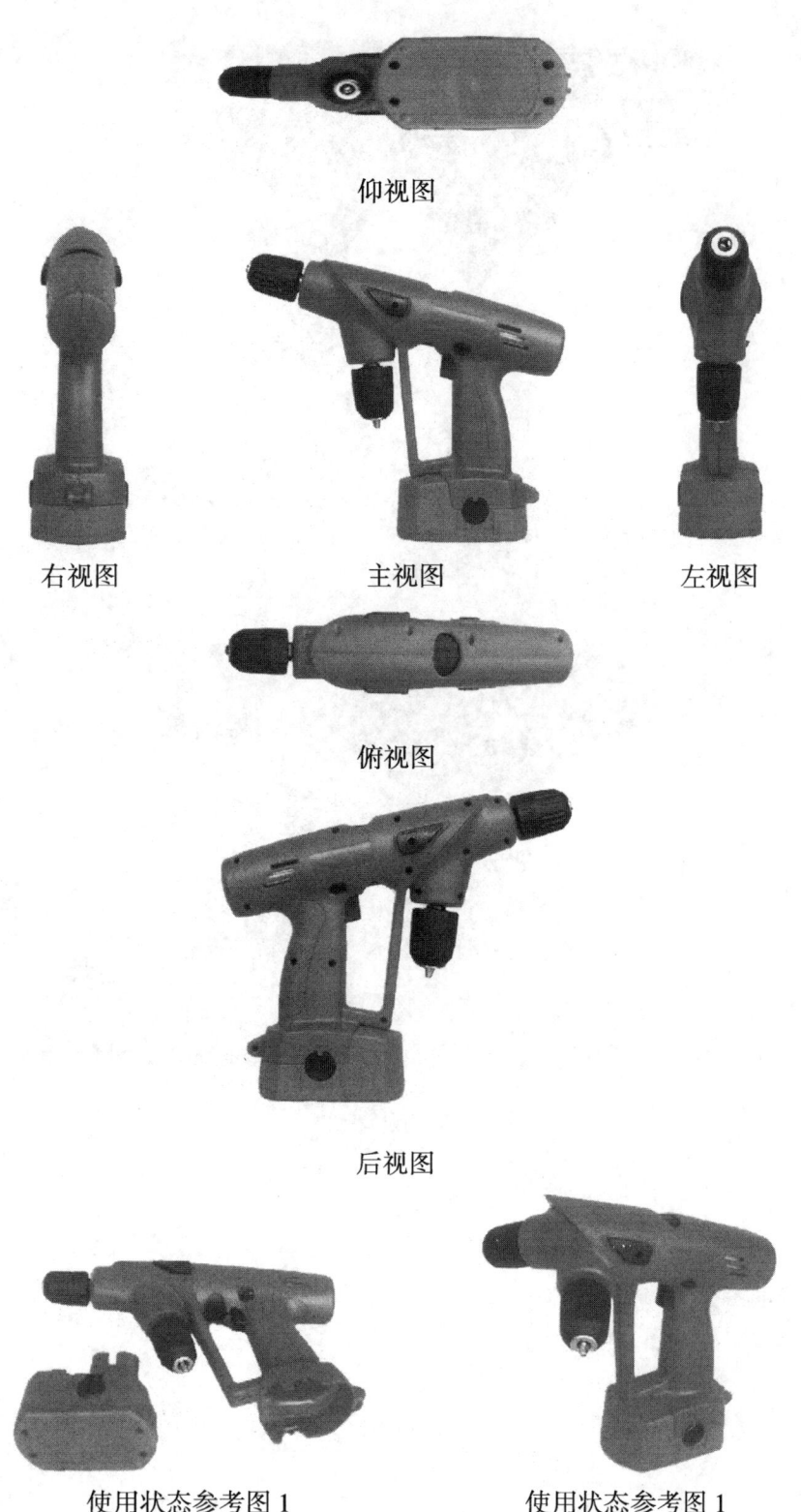

仰视图

右视图　　　主视图　　　左视图

俯视图

后视图

使用状态参考图1　　　使用状态参考图1

本专利附图

在先设计1

在先设计2

对比文件附图

# 北京市高级人民法院
# 行政判决书

(2008) 高行终字第519号

上诉人（原审原告）宁波南方浦立工具有限公司，住所地浙江省宁波市鄞州区横溪镇中街岗头。

法定代表人陈会甫，董事长。

委托代理人刘守宪，男，汉族，1967年12月10日出生，北京三聚阳光知识产权代理有限公司专利代理人，住山东省沂南县人民路22号4号楼1单元402室。

委托代理人王道川，男，汉族，1979年2月28日出生，该公司职员，住北京市海淀区西三环北路105号集体。

被上诉人（原审被告）国家知识产权局专利复审委员会，住所地北京市海淀区北四环西路9号银谷大厦10~12层。

法定代表人廖涛，副主任。

委托代理人邢文飞，该委员会审查员。

委托代理人刘妍，该委员会审查员。

原审第三人袁海明，男，汉族，1972年4月14日出生，住浙江省宁波市北仑区新碶街道恒山路340弄90号。

委托代理人朱世东，男，汉族，1940年11月17日出生，北京金言诚信知识产权代理有限公司专利代理人，住北京市海淀区消夏园3楼1303号。

上诉人宁波南方浦立工具有限公司（以下简称浦立公司）因外观设计专利权无效行政纠纷一案，不服北京市第一中级人民法院（2008）一中行初字第589号行政判决，向本院提起上诉。本院2008年8月18日受理本案后，依法组成合议庭，于2008年9月22日公开开庭进行了审理。上诉人浦立公司的委托代理人刘守宪、王道川，被上诉人国家知识产权局专利复审委员会（以下简称专利复审委员会）的委托代理人邢文飞、刘妍，原审第三人袁海明的委托代理人朱世东到庭参加了诉讼。本案现已审理终结。

北京市第一中级人民法院认定，袁海明是名称为"充电式枪钻（双头）外观设计专利（以下简称本专利）的专利权人。浦立公司于2007年6月9日向专利复审委员会提出宣告本专利权无效的请求。专利复审委员会于2007年11月25日作出第10838号无效宣告请求审查决定（以下简称第10838号无效决定），维持本专利权有效。在开庭审理过程中，浦立公司明确表示对于第10838号无效决定所认定的本专利与在先设计1的区别点（1）~（3）没有异议，但对区别点（4）~（6）不认可。

北京市第一中级人民法院认为，浦立公司提交的附件1、2中在先设计1和2的公开日早于本专利申请日，可以用来评价本专利是否符合《专利法》第二十三条的规定。浦立公司对本专利与在先设计存在的区别点（1）~（3）无异议。对于区别点（4）和（5），本专利枪体与底座之间存在一定的角度，手柄与底座基本垂直，而在先设计枪体与底座大致平行，手柄与底座之间有一夹角。对于区别点（6），本专利的底座呈近似长方体，棱角分明，而在先设计的底座线条圆滑过渡，与本专利有一定差异。本专利与在先设计均是充电式双头枪钻，由于受功能限制，充电式枪钻的枪体、手柄、底座之间的连接关系基本一致，变化空间不大。一般消费者会更关注具体部位设计上的变化及各部位之间对应关系的差异。本专利与在先设计1、在先设计2相比较，不相同也不相近似。

北京市第一中级人民法院依据《中华人民共和国行政诉讼法》第五十四条第（一）项的规定，判决：维持专利复审委员会作出的第10838号无效决定。

浦立公司不服一审判决，向本院提起上诉。理由是：一审判决认定"本专利与在先设计均是充电式双枪钻头，由于受功能限制，充电式枪钻的枪体、手柄、底座之间的连接关系基本一致，变化空间不大。该种情况下，一般消费者会更关注具体部位设计上的变化及各部位之间对应关系的差异"、"从本专利的视图和在先设计的图片看，本专利枪体与底座之间确实存在一定的角度，手柄与底座基本垂直；而在先设计枪体与底座大致平行，手柄与底座之间有一夹角。"以及"在该种情况下，一般消费者会更关注具体部位设计上的变化及各部位之间对应关系的差异。本专利与在先设计1在枪体腰部、推块、手柄、底座及枪体与底座的夹角、手柄与底座的夹角等差别足以导致二者的整体外观设计产生显著的视觉差异，因此，本专利与在先设计1不相同也不相近似"的认定是错误的。请求撤销一审判决，并撤销第10838号无效决定；由专利复审委员会承担本案的诉讼费用。专利复审委员会、袁海明服从一审判决。

经审理查明，本专利名称为"充电式枪钻（双头）"、专利号为200430036540.2、申请日为2004年8月5日、授权公告日为2005年3月9日、专利权人是袁海明。本专利授权公报有8幅视图（见本判决书附图1）。

浦立公司于2007年6月9日以本专利不符合《专利法》第二十三条的规定为由，向专利复审委员会提出无效宣告请求，并提交了证据，其中：

附件1为经中华人民共和国驻丹麦王国大使馆领事部认证的丹麦工业联盟第DNK-00018462号公证书复印件及其中文译文，书刊《Enhver ny idé)》首页、第72、73页的复印件共6页。公证书证明书刊《Enhverpyidé》于2000年出版，该书刊第72、73页有一副双头钻的插图（以下简称在先设计1，见本判决书附图2）。

附件2为经中华人民共和国驻丹麦王国大使馆领事部认证的丹麦工业联盟第DNK-00018462号公证书复印件及其中文译文，标有1992年2月的出版物《ID prisen 1999)》的首页、第2、3页的复印件共6页。公证书证明出版物《ID prisen 1999》是于1999年出版，该书第2、3页的插图是"双头钻"（以下简称在先设计2，见本判决书附图3）。

专利复审委员会于2007年11月5日对上述无效宣告请求进行了口头审理。在口头审理过程中，袁海明对附件1和附件2的真实性无异议。

2007年11月25日，专利复审委员会作出第10838号无效决定，维持本专利权有效。专利复审委员会认为，（1）本专利和在先设计1及在先设计2均为双头钻，三者用途相同，属于相同种类的产品，具有可比性。（2）将本专利与在先设计1进行比较，二者虽然都包括枪体、两个钻头、手柄、底座、保护杆等组成部件，但其区别在于①本专利的枪体中部有收腰设计，而在先设计1的枪体前端及中部较光滑，大致呈圆柱状；②本专利的枪体前端有一个凸起的倒梯形的推块，而在先设计1没有；③本专利的手柄没有适合手握的防滑槽，而在先设计1中有；④本专利枪体与底座之间呈大约30°夹角，在先设计1枪体与底座大致平行；⑤本专利手柄与底座基本垂直，而在先设计1的手柄与底座有约70°的夹角；⑥本专利的底座呈近似长方体，而在先设计1的底座呈近似圆柱体。充电式枪钻为一立体外观设计产品，立体产品本身的形状是一般消费者较注意的部分，其枪体、底座、手柄的形状构成了充电式枪钻的主体设计和基本形状，枪体与底座的夹角、手柄与底座的夹角，这些部位构形的差别足以导致二者的整体外观设计产生显著的视觉差异，由于请求人提供的在先设计1与本专利在枪体、底座、手柄的形状上存在区别，枪体与底座的夹角、手柄与底座的夹角存在差异，这些差异对二者的整体视觉效果具有显著的影响，二者不相同也不相近似，因此本专利相对于在先设计1符合

《专利法》第二十三条的规定。(3)将本专利与在先设计2进行比较，二者虽然都包括枪体、两个钻头、手柄、底座、保护杆等组成部件，但其区别在于①本专利的枪体中部有收腰设计，而在先设计2的枪体前端及中部较光滑，大致呈圆柱状；②本专利的枪体前端有一个凸起的倒梯形的推块，而在先设计2没有；③本专利的手柄没有适合手握的防滑槽，而在先设计2中有；④本专利枪体与底座之间呈大约30°夹角，在先设计2枪体与底座大致平行；⑤本专利手柄与底座基本垂直，而在先设计2的手柄与底座有约70°的夹角；⑥本专利的的底座呈近似长方体，而在先设计2的底座呈近似圆柱体。充电式枪钻为一立体外观设计产品，立体产品本身的形状是一般消费者较注意的部分，其枪体、底座、手柄的形状构成了充电式枪钻的主体设计和基本形状，枪体与底座的夹角、手柄与底座的夹角，这些部位构形的差别足以导致二者的整体外观设计产生显著的视觉差异，由于请求人提供的在先设计2与本专利在枪体、底座、手柄的形状上存在区别，枪体与底座的夹角、手柄与底座的夹角存在差异，这些差异对二者的整体视觉效果具有显著的影响，二者不相同也不相近似，因此本专利相对于在先设计2符合《专利法》第二十三条的规定。

基于以上理由，专利复审委员会作出第10838号无效决定。

浦立公司不服专利复审委员会作出的第10838号无效决定，向一审法院提起诉讼。在一审法院公开开庭审理本案过程中，浦立公司明确表示对于第10838号无效决定所认定本专利与在先设计1的区别点①~③没有异议，但对区别点④~⑥不认可。浦立公司主张：区别点④所述的大约30度夹角是没有依据的，通过对本专利视图延长线夹角的测量，该夹角最大不超过14度；区别点⑤本专利手柄与底座外侧曲线与底座有77度，并非基本垂直，而在先设计1的手柄与底座有80度的夹角，近似垂直，而非专利复审委员会认定的70度，专利复审委员会有意通过角度的对比扩大二者的区别；区别点⑥中在先设计1的底座呈近似圆柱体是错误的，应为长方体，形状与本专利一致，只是长度不同。浦立公司还主张对于在先设计2的观点与在先设计1相同。

以上事实，有本专利的专利文件、第10838号无效决定、浦立公司提交的附件1和附件2及当事人陈述等证据在案佐证。

本院认为，授予专利权的外观设计，应当同申请日以前在国内外出版物上公开发表过或者国内公开使用过的外观设计不相同和不相近似，并不得与他人在先取得的合法权利相冲突。进行比较时，如果一般消费者经过对比，本专利与在先设计的差别对于产品的整体视觉效果具有显著的影响，则二者既不相同，也不相近似。

在先设计1和2为双头钻，与本专利属于相同种类的产品，因此具有可比性。

由于浦立公司、专利复审委员会、袁海明对第10838号无效决定中所认定的本专利与在先设计1的区别点①~③均无异议，对该3点区别本院予以确认。

外观设计专利权的保护范围以表示在图片或照片中的该外观设计专利产品为准。图片或照片仅是表示保护范围的方式，并非产品的外观本身，不能以图片本身来测量并确定所谓夹角的度数。浦立公司关于本专利枪体与底座之间的夹角不超过14度及本专利手柄外侧曲线与底座的夹角为77度等主张没有事实依据。本专利与在先设计相比，本专利枪体与底座之间确实存在一定的角度，手柄与底座基本垂直，而在先设计枪体与底座大致平行，手柄与底座之间有一夹角。因此，本专利与在先设计1相比，存在第10838号无效决定中认定的本专利与在先设计1相比的区别点④、⑤。

本专利的底座呈近似长方体，棱角分明，而在先设计的底座线条圆滑过渡，与本专利有一定差异。本专利与在先设计1相比存在第10838号无效决定中认定的区别点⑥。

判断两项外观设计是否相近似时，应以一般消费者的角度，采取整体观察、综合判断的方法进行判断。本专利与在先设计均是充电式双头枪钻，由于受功能限制，充电式枪钻的枪体、手柄、底座之间的连接关系基本一致，一般消费者会更关注具体部位设计上的变化及各部位之间对应关系的差异。本专利与在先设计1在枪体腰部、推块、手柄、底座及枪体与底座的夹角、手柄与底座的夹角等存在前述6个区别点，这些区别足以导致一般消费者对本专利与在先设计在整体上产生显著的视觉差异，因此本专利与在先设计1不相同也不相近似。

由于浦立公司对于本专利与在先设计2是否相近似的上诉理由与在先设计1相同，且本专利与在先设计2的区别点与本专利与在先设计1的区别点一致，基于前述理由，本专利与在先设计2也属于不相同也不相近似的外观设计。

综上，浦立公司的上诉理由不能成立，其上诉请求本院不予支持。一审判决认定事实清楚，适用法律正确。依据《（中华人民共和国行政诉讼法》第六十一条第一款第（一）项的规定，判决如下：

驳回上诉，维持原判。

一审案件受理费100元，由宁波南方浦立工具有限公司负担（已交纳）；二审案件受理费100元，由宁波南方浦立工具有限公司负担（已交纳）。

本判决为终审判决。

审 判 长 刘 辉
代理审判员 岑 宏
代理审判员 焦 彦
二〇〇八年十二月十九日
书 记 员 陈 明
书 记 员 耿巍巍

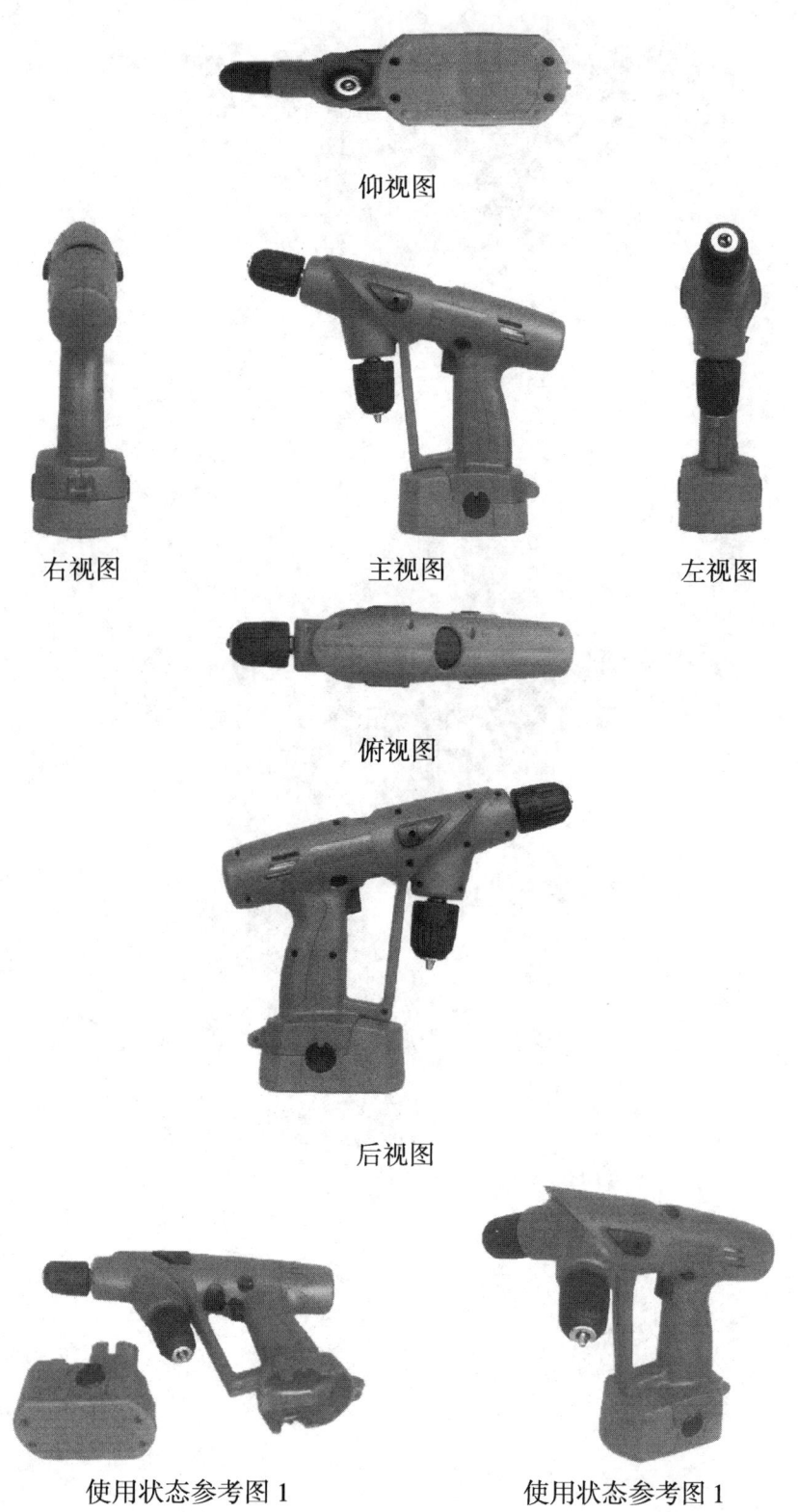

仰视图

右视图　　　主视图　　　左视图

俯视图

后视图

使用状态参考图1　　　使用状态参考图1

附图1

附图 2

附图 3

# 蜡 烛

## 无效宣告请求审查决定（第 10839 号）

| | |
|---|---|
| 决 定 号 | 第 10839 号 |
| 决 定 日 | 2007 年 12 月 18 日 |
| 发明创造名称 | 蜡烛 |
| 外观设计分类号 | 26-04 |
| 无效宣告请求人 | 王际昌 |
| 专 利 权 人 | 青岛同辉丽光蜡制品有限公司 |
| 专 利 号 | 02341563.0 |
| 申 请 日 | 2002 年 12 月 8 日 |
| 授 权 公 告 日 | 2004 年 8 月 11 日 |
| 合议组组长 | 钟 华 |
| 主 审 员 | 瑜 佳 |
| 参 审 员 | 郭 琼 |
| 附 图 | 1 页 |

**法 律 依 据** 专利法第 9 条

**决 定 要 点**

依据整体观察、综合判断的原则可以看出，本专利与在先外观设计之间的差别对于产品的整体视觉效果不具有显著的影响，因此二者属于相近似的外观设计。

在本专利申请日前已有他人就同样的发明创造申请了外观设计专利并在后被授予专利权，因此，本专利不符合专利法第 9 条的规定。

## 一、案由

本无效宣告请求涉及国家知识产权局于 2004 年 8 月 11 日授权公告的名称为"蜡烛"的外观设计专利（下称本专利），其专利号为 02341563.0，申请日为 2002 年 12 月 8 日，专利权人为青岛同辉丽光蜡制品有限公司。

针对上述外观设计专利权，王际昌（下称请求人）于 2007 年 2 月 28 日向专利复审委员会提出了无效宣告请求，理由是本专利不符合专利法实施细则第 13 条第 1 款的规定，并提交了以下附件作为证据：

附件1：02341517.7号外观设计专利授权公告文本。

请求人提出无效宣告请求的理由如下：李茂华于2002年11月29日提出的名称为"蜡烛"的02341517.7号外观设计专利申请已于2003年6月11日授权公告（也就是附件1），其申请日早于本专利申请日。将本专利与附件1的主视图（或者立体图）中左侧的一只蜡烛对比发现，两者的形状相同，两者的图案和色彩也完全相同，综上所述，本专利与附件1的外观设计相同，因此本专利不符合专利法实施细则第13条第1款的规定。

经形式审查合格，专利复审委员会于2007年3月20日向双方当事人发出无效宣告请求受理通知书，并将专利权无效宣告请求书及其附件的副本转给了专利权人，要求其在指定期限内进行意见陈述。

专利权人在指定的期限内未答复。

请求人于2007年3月27日向专利复审委员会寄交了意见陈述书，未提交新的证据。请求人增加了新的无效宣告理由，其认为：将本专利与附件1的主视图（或者立体图）中左侧的一只蜡烛对比发现，两者形状、图案和色彩都完全相同，本专利和附件1都是传统蜡烛，其一般是成对销售、成对使用的，附件1中的一对蜡烛是相互独立的，而本专利尽管是一只蜡烛，但在销售和使用时一般是成对的。综上所述，本专利与附件1的外观设计相同，而附件1申请在先，根据专利法第9条的规定，专利权人应当授予最先申请的人，而本专利依照专利法第9条的规定不能授予专利权。

经过上述程序，合议组于2007年10月8日向双方当事人发出口头审理通知书，定于2007年11月28日举行口头审理，随无效宣告请求口头审理通知书将请求人于2007年3月27日寄交的意见陈述书转送给了专利权人。

专利复审委员会于2007年10月30日收到了请求人提交的无效宣告请求口头审理通知书回执，其表示参加口头审理。口头审理当天，双方均未出席口头审理。

在当事人的意见陈述的基础上，合议组经合议，认为本案事实清楚，现依法作出本审查决定。

二、决定的理由

1. 法律依据

专利法第9条规定：两个以上的申请人分别就同样的发明创造申请专利的，专利权授予最先申请的人。

审查指南第四部分第七章第1节指出：在专利法第9条和专利法实施细则第13条第1款所述的"同样的发明创造"对于同样的外观设计而言，是指两项外观设计相同或者相近似。

2. 关于证据

请求人提交的附件1是一份外观设计专利的授权公告文本，专利权人未对其真实性表示异议，经合议组审查，附件1的真实性可以确认。附件1是在本专利申请日以前申请并且在该申请日以后公告的外观设计专利，其可以作为在先设计与本专利进行对比。

3. 关于本专利是否符合专利法第9条

本外观设计专利授权公告文本有4幅图，即主视图、后视图、左视图、右视图。本专利的蜡烛整体大致为圆柱形，包括蜡烛主体及上方呈近似圆锥状的烛芯伸出部。从主视图可见，本专利蜡烛的正面上部大部分为深色，下部深色部分中具有一段浅色的弧形部分，该弧形部分的弧形形状是向下凸出的，在上部的深色部分有浅色图案和文字，按照从上至下的顺序，首先是一个"福"字，然后是一个元宝的图案，然后是纵向排列的"恭喜发财"四个字，最后是一盆花的图案；从后视图可见，本专利蜡烛上部大部分为深色，下部深色部分中具有一段浅色的弧形部分，该弧形部分的弧形形状是向上凸出的；从左视图可见，本专利蜡烛上部大部分为深色，下部深色部分中具有一段浅色部分，从正面观察该视图的角度看，该浅色部分的形状大致是从左向右且向下倾斜的；从右视图可见，本专利蜡烛上部大部分为深色，下部深色部分中具有一段浅色部分，从正面观察该视图的角度看，该浅色部分的形状大致是从左向右且向上倾斜的（详见本专利附图）。

附件1的外观设计专利授权公告文本包括2幅图，即立体图和主视图。附件1的蜡烛（下称在先设计）为对烛，即成对使用的蜡烛。在先设计的对烛左右两支外型一致，整体大致为两连接的圆柱形，包括蜡烛主体及上方呈近似圆锥状的烛芯伸出部。从立体图中可以看出，蜡烛的正面上部大部分为深色，下部具有一段浅色的弧形部分，该弧形部分的弧形形状是向下凸出的，在上部的深色部分有浅色图案和文字，按照从上至下的顺序，首先是一个"福"字，然后是一条横线，然后是纵向排列的四个字，最后是一盆花的图案；其中左边蜡烛纵向排列的四个字是"恭喜发财"，右边蜡烛纵向排列的四个字是"合家欢乐"（详见在先设计立体图）。

合议组认为：本专利和在先设计均为蜡烛的外观设计，二者用途相同，属于相同种类的物品，具有可比性。虽然在先设计没有左视图、右视图及后视图，本专利无法用其相应的视图进行比较，但是合议组认为，将二者进行对比时，应将各自视图所表达的整体外观设计进行对比，而不是仅仅对各自视图的图面对比。将本专利与在先设计的对烛中左侧蜡烛进行比较，两者的整体均大致为圆柱形，均包括蜡烛主体及上方呈近似圆锥状的烛芯伸出部；两蜡烛均是正面上部大部分为深色，下部深色部分中具有一段浅色的弧形部分，且该弧形部分的弧形形状是向下凸出的，在上部的深色部分有图案和文字，按照从上至下的顺序，均包括一个"福"字，和纵向排列的"恭喜发财"四个字，以及最后一盆花的图案。区别在于本专利的"福"字与"恭喜发财"四个字之间是一个元宝图案，而在先设计的左侧蜡烛在"福"字与"恭喜发财"四个字之间是一条横线。合议组认为，上述区别的变化极小，由此所形成的外观设计视觉效果也是细微变化，其对二者整体形状所形成的相近似视觉效果不具有显著影响，因此本专利与在先设计的对烛中左侧蜡烛相近似。再将本专利的主视图与在先设计的对烛中右侧蜡烛进行比较，两者的整体均大致为圆柱形，均包括蜡烛主体及上方呈近似圆锥状的烛芯伸出部；两蜡烛均是正面上部大部分为深色，下部深色部分中具有一段浅色的弧形部分，且该弧形部分的弧形形状是向下凸出的，在上部的深色部分有图案和文字，按照从上至下的顺序，均包括一个"福"字，和纵向排列的四个字，以及最后一盆花的图案。区别在于本专利的四个字为"恭喜发财"、"福"字与"恭喜发财"四个字之间是一个元宝图案，而在先设计的右侧蜡烛的四个字为"合家欢乐"、在"福"字与"合家欢乐"四个字之间是一条横线。合议组认为，首先，产品外表出现的文字是一种图案，应当考虑其作为图案的装饰作用，而不应当考虑其作为文字的字意，因此，本专利的上述文字的图案与在先设计的右侧蜡烛文字的图案相近似；其次，"横线"与"元宝"图案的区别的变化极小，由此所形成的外观设计视觉效果也是细微变化，其对二者整体形状所形成的相近似视觉效果不具有显著影响，因此本专利与在先设计的对烛中左侧蜡烛相近似。

本专利与在先设计的对烛中左侧的蜡烛相近似，与其右侧蜡烛也相近似，两者主要的区别为本专利为一根圆柱形蜡烛，在先设计为两根圆柱形蜡烛组合成的对烛。由于一根圆柱形蜡烛作为蜡烛产品所司空见惯的形状，合议组认为本专利与在先设计的上述区别不足以给两者的整体视觉效果造成显著影响，因此依据整体观察、综合判断的原则，应认定本专利与在先设计相近似。同样的发明创造对于外观设计是指两项外观设计相同或者相近似，综上所述，在本专利申请日前已有他人就同样的发明创造申请了外观设计专利并在后被授予专利权，因此本专利不符合专利法第9条的规定。

鉴于上述已得出本专利不符合专利法第9条规定的结论，本决定对请求人提出的其他无效宣告请求理由不作评述。

**三、决定**

宣告02341563.0号外观设计专利权全部无效。

当事人对本决定不服的，可以根据专利法第46条第2款的规定，自收到本决定之日起三个月内向北京市第一中级人民法院起诉。根据该款的规定，一方当事人起诉后，另一方当事人应当作为第三人参加诉讼。

主视图　　后视图　　左视图(放大)　右视图(放大)

本专利附图

主视图　　　　立体图

在先设计附图

# 鞋　撑

## 无效宣告请求审查决定（第 10868 号）

| | |
|---|---|
| 决 定 号 | 第 10868 号 |
| 决 定 日 | 2007 年 12 月 19 日 |
| 发明创造名称 | 鞋　撑 |
| 外观设计分类号 | 08-05-S0295 |
| 无效宣告请求人 | 深圳真荣家具有限公司 |
| 专 利 权 人 | 深圳市大富豪实业发展有限公司 |
| 专 利 号 | 01313929.0 |
| 申 请 日 | 2001 年 1 月 10 日 |
| 授 权 公 告 日 | 2001 年 12 月 5 日 |
| 合 议 组 组 长 | 高　栋 |
| 主 审 员 | 邢文飞 |
| 参 审 员 | 张　巍 |
| 附 图 | 2 页 |

**法 律 依 据** 专利法第 23 条

**决 定 要 点**

本专利外观设计与在先公开发表的外观设计之间的差别在整体视觉效果上不具备显著影响，二者属于相近似的外观设计，因此，本专利不符合专利法第 23 条的规定。

### 一、案由

本无效宣告请求涉及国家知识产权局于 2001 年 12 月 5 日授权公告的、名称为"鞋撑"的外观设计专利（下称本专利），其申请日为 2001 年 1 月 10 日，专利号为 01313929.0，专利权人为深圳市大富豪实业发展有限公司。

针对上述专利权，深圳真荣家具有限公司（下称请求人）于 2007 年 8 月 6 日向专利复审委员会提出了无效宣告请求，其理由是本专利不符合专利法第 23 条和专利法实施细则第 2 条第 3 款的规定。请求人提交的作为证据使用的附件如下：

附件 1：专利号为 GB269856 的英国发明专利说明书复印件及其中文译文共 5 页，公开日是 1927 年 10 月 13 日；

附件 2：专利号为 ZL92242253.2 的中国实用新型专利说明书复印件共 5 页，其授权公告日为 1993 年 7 月 7 日。

请求人认为：本专利的外观设计与附件 1 和附件 2 中的在先外观设计相近似，因此本专利不符合专利法第 23 条和专利法实施细则第 2 条第 3 款的规定。

经形式审查合格，专利复审委员会受理了上述无效宣告请求，并于 2007 年 8 月 6 日向双方当事人发出无效宣告请求受理通知书，随无效宣告请求受理通知书将无效宣告请求书及其附件的副本转送给专利权人，要求专利权人在指定的期限内答复。

在指定的期限内，专利权人没有答复。

专利复审委员会依法成立合议组对本案进行审理，本案合议组于 2007 年 10 月 31 日向双方当事人发出口头审理通知书，定于 2007 年 12 月 17 日举行口头审理。

口头审理如期举行，请求人出席了口头审理，专利权人未出席口头审理。在口头审理过程中，请求人对合议组成员无回避请求。请求人当庭放弃本专利不符合专利法实施细则第 2 条第 3 款的无效宣告请求理由；请求人明确表示无效宣告请求理由为：本专利外观设计分别与附件 1 和附件 2 相比均极为相似，不符合专利法第 23 条的规定。

在上述审理的基础上，本案事实清楚，可以依法作出本无效宣告请求审查决定。

## 二、决定的理由

1. 法律依据

根据请求人提出的无效宣告请求的范围、理由和证据，本案合议组依据专利法第 23 条对本案进行审理。

专利法第 23 条规定：授予专利权的外观设计，应当同申请日以前在国内外出版物上公开发表过或者国内公开使用过的外观设计不相同和不相近似，并不得与他人在先取得的合法权利相冲突。

2. 关于证据

附件 1 和附件 2 均是公开的专利文献，附件 1 和附件 2 的公开日均早于本专利的申请日，且专利权人未对上述附件的真实性以及中文译文的准确性提出异议，经合议组核实，对上述附件的真实性予以认可，并接受上述附件作为本专利的在先设计使用。

3. 关于相似性判断

本专利与附件 2（下称在先设计）所公开的产品的外观设计均涉及鞋撑，二者属于同类产品，具有可比性。

本专利外观设计包括五幅视图，即主视图、左视图、右视图、俯视图、仰视图，其中后视图与主视图相同，省略后视图。如各个视图所示，本专利的外观设计产品鞋撑主要由三部分组成，即前撑、后撑以及连接杆，前撑和后撑之间通过一端开口一端封闭的连接杆连接，连接杆大致呈现"U"形，开口处向外大约 90 度弯折，连接杆封闭端的两臂之间的宽度朝着开口端逐渐缩小，并趋于平行，且连接杆的两臂在后撑的槽道内，连接杆开口处向外弯折的钩状部分穿过槽道上的孔露出于外；前撑中间由多孔排列成一直线，以所述的孔排列成的直线作为对称轴的两侧还对称分布有两排孔；前撑上部表面和侧面曲线形状为按照人体学设计，即适于与鞋腔配合，前撑底面为平面状；后撑上端是侧面为大半个圆的耳状手柄设计，下端是一端面呈半圆形类似鞋跟的设计，后撑槽道内的孔呈直线排列，连接杆可调节设置在上述孔中。（详见本专利附图）

在先设计所示的鞋撑包括后视图及各个部分的分解图。如各个视图所示，在先设计的鞋撑主要由三部分组成，即前撑、后撑以及连接杆，前撑和后撑之间通过一端开口一端封闭的连接杆连接，连接杆大致呈现"U"形，开口处向外大约 90 度弯折，连接杆封闭端的两臂之间的宽度朝着开口端逐渐缩小，并趋于平行，且连接杆的两臂在后撑的槽道内，连接杆开口处向外弯折的钩状部分穿过槽道上的孔露出于外；前撑上部表面和侧面曲线形状为按照人体学设计，即适于与鞋腔配合，前撑底面为平面状；后撑下端是侧面为大半个圆的耳状手柄设计，上端为一端面呈半圆形类似鞋跟的设计，后撑槽道内的孔呈直线排列，连接杆可调节设置在上述孔中。（详见在先设计附图）

将本专利和在先设计相比较可知，本专利和在先设计的鞋撑整体形状基本相同，都包括前撑、连接杆和后撑，前撑和后撑之间通过一端开口一端封闭的连接杆连接，连接杆大致呈现"U"形，开口处向外大约90度弯折，连接杆封闭端的两臂之间的宽度朝着开口端逐渐缩小，并趋于平行，且连接杆的两臂在后撑的槽道内，连接杆开口处向外弯折的钩状部分穿过槽道上的孔露出于外；前撑上部表面和侧面曲线形状为按照人体学设计，即适于与鞋腔配合，前撑底面为平面状；后撑槽道内的孔呈直线排列，连接杆可调节设置在上述孔中。在先设计缺少仰视图，但鞋撑底部为一般消费者通常不易关注的部位。因此本专利与在先设计的的主要区别在于：1）本专利前撑中间由多孔排列成一直线，以所述的孔排列成的直线作为对称轴的两侧还对称分布有两排孔；而在先设计没有；2）本专利后撑上端是侧面为大半个圆的耳状手柄设计，下端为一端面呈半圆形类似鞋跟的设计；而在先设计与此相反，即在先设计的后撑下端是侧面为大半个圆的耳状手柄设计，上端为一端面呈半圆形类似鞋跟的设计。对于区别1），前撑表面设置有多个孔是鞋撑设计中的惯常设计；对于区别2），本专利与在先设计的后撑互为180度翻转的设计，且鞋撑底部的设计对整体实际效果不产生显著影响。基于以上分析，可以看出本专利与在先设计的区别都是一些局部细微的区别，以一般消费者观察判断其未产生显著的视觉效果。因此合议组根据整体观察、综合判断，本专利与在先设计整体设计基本相同，其区别点属于局部的细微变化，尚不足以对整体视觉效果产生显著影响，因此本专利与在先设计是相近似的外观设计。

鉴于由上述已得出本专利不符合专利法第23条的规定的结论，合议组对请求人提出的其他证据不再予以评述。

### 三、决定

宣告第01313929.0号外观设计专利权全部无效。

当事人对本决定不服的，可以根据专利法第46条第2款的规定，自收到本决定之日起三个月内向北京市第一中级人民法院起诉。根据该款的规定，一方当事人起诉后，另一方当事人应当作为第三人参加诉讼。

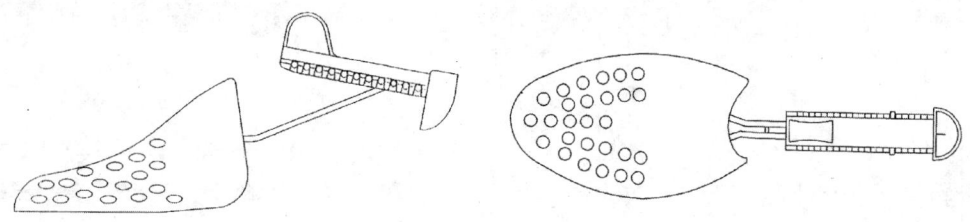

主视图　　　　　　　　俯视图

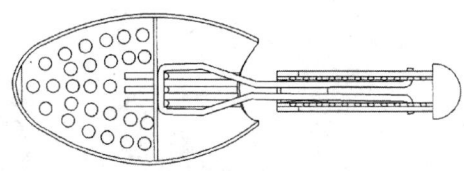

仰视图

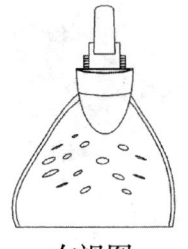　　　　　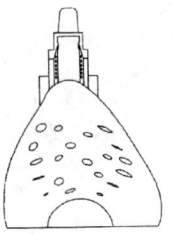

右视图　　　　　　　　左视图

本专利附图

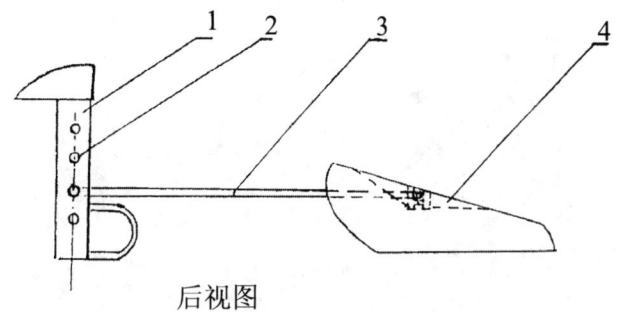
后视图

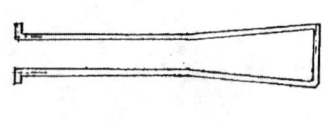
连接杆正面图

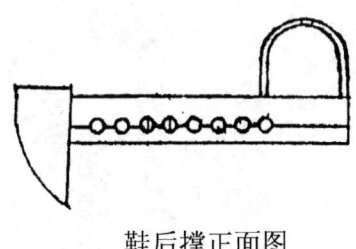
鞋后撑正面图

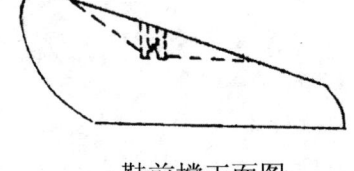
鞋前撑正面图

在先设计附图

# 平板刷

## 无效宣告请求审查决定（第10869号）

| | |
|---|---|
| 决 定 号 | 第10869号 |
| 决 定 日 | 2007年12月23日 |
| 发明创造名称 | 平板刷 |
| 外观设计分类号 | 04-01 |
| 无效宣告请求人 | 宁波捷利工具有限公司 |
| 专 利 权 人 | 陆建新 |
| 专 利 号 | 03327550.5 |
| 申 请 日 | 2003年2月17日 |
| 授权公告日 | 2003年9月17日 |
| 合议组组长 | 左 一 |
| 主 审 员 | 瑜 佳 |
| 参 审 员 | 刘路尧 |
| 附 图 | 1页 |

**法 律 依 据** 专利法第23条

**决 定 要 点**

请求人有责任提供充分有效的证据支持其主张，如果其提交的证据为复印件，请求人在口头审理辩论终结前始终未提供该证据的原件，并且专利权人对该证据的真实性有异议，且无法对该证据进行质证从而核实其真实性，不能支持其无效宣告请求的主张。

### 一、案由

本无效宣告请求涉及国家知识产权局于2003年9月17日授权公告的、专利号为03327550.5的外观设计专利（下称本专利），名称为"平板刷"，申请日是2003年2月17日，专利权人是陆建新。

针对上述外观设计专利权，宁波捷利工具有限公司（下称请求人）于2007年5月31日向专利复审委员会提出无效宣告请求，请求人提出的宣告本专利权无效的理由是：在本专利申请日以前已有与其相同外观设计的产品在中国大陆公开使用，而且该外观设计专利与他人的在先取得的合法权利相冲突，故本专利不符合专利法第23条的规定。请求人同时提交了如下附件作为证据：

附件1：浙江省高级人民法院（2006）浙民三终字第178号民事判决书复印件，共13页；

附件2：中华人民共和国驻芝加哥总领事馆出具的（2005）芝领认字第0014447号认证书复印件，共6页；

附件3：中华人民共和国驻芝加哥总领事馆出具的（2005）芝领认字第0014448号认证书复印件，共6页；

附件4：浙江省宁波市中级人民法院民事案件应诉通知书复印件，共1页。

请求人认为：附件1所认定的法律事实，证明该涉案专利申请日前，Brenner国际公司提供的证据能够证明其早在本专利申请日之前完成了"平板刷"产品的设计，并认为Brenner国际公司提供的板状油漆刷设计图纸上的产品形状与本专利的"平板刷"外观设计专利产品的形状基本一致；此外该附件还认定了"2002年6月至2003年5月间，Brenner国际公司与陆建新任法定代表人的亨迪公司和欧强公司发生了包括平板刷在内的涂刷工具贸易往来，亨迪公司根据Brenner国际公司的订单委托要求，加工了相关的涂刷工具，并将产品运至Brenner国际公司，Brenner国际公司支付了相关的报酬"的法律事实。请求人声称判决书认定的上述法律事实，证明本专利申请日前中国大陆已有相同产品制造并完成了产品销售；附件2和附件3是经过法律文书确认的两幅平板刷图纸，图纸上所示的平板刷产品外观与本专利产品平板刷的外观设计构成相同；因此，本专利"平板刷"在其申请日之前已有相同外观设计的产品在中国大陆公开使用，而且本专利与他人的在先取得的合法权利相冲突，其授权不符合专利法第23条的规定，应宣告其专利权无效。

经形式审查合格后，专利复审委员会受理了该无效宣告请求，于2007年6月19日向双方当事人发出受理通知书，并随该通知书将无效宣告请求书及其附件清单中所列附件的副本转送给专利权人，要求其在指定的期限内答复。

专利权人未在指定的期限内答复。

专利复审委员会依法成立合议组对本案进行审查，并于2007年9月4日向双方当事人发出无效宣告请求口头审理通知书，定于2007年11月6日对本案进行口头审理。请求人提交回执表明参加口头审理。

口头审理如期举行，专利权人委托代理人参加了口头审理，请求人未参加口头审理。专利权人对合议组成员变更无异议，对合议组成员无回避请求。专利权人对附件1的真实性没有异议，但对附件2、附件3的真实性有异议。专利权人认为：附件1没有提及"板状油漆刷"；另外没有证据证明"板状油漆刷"的光盘和图纸已经进入中国大陆，也没有证据证明其为公开出版物；而且附件1也没有认定中国大陆已有相同产品制造并完成了产品销售。

2007年11月15日，合议组向请求人发出合议组成员告知通知书，告知其合议组成员变更情况，要求其如对合议组成员有回避请求，应在指定的期限内答复，逾期未答复，视为无回避请求。

请求人在指定的期限内未答复。

在以上审理的基础上，合议组认为本案事实已经清楚，可以依法作出无效请求审查决定。

二、决定的理由

1. 法律依据

根据请求人提出的无效宣告请求的理由和提交的证据，本案合议组依据专利法第23条对本案进行审理。

专利法第23条规定："授予专利权的外观设计，应当同申请日以前在国内外出版物上公开发表过或者国内公开使用过的外观设计不相同和不相近似，并不得与他人在先取得的合法权利相冲突。"

2. 证据的认定

请求人提交的附件1是浙江省高级人民法院（2006）浙民三终字第178号民事判决书的复印件，专利权人对其真实性没有异议，合议组对其真实性亦予以认可。

附件2是中华人民共和国驻芝加哥总领事馆出具的（2005）芝领认字第0014447号认证书复印

件，附件3是中华人民共和国驻芝加哥总领事馆出具的（2005）芝领认字第0014448号认证书复印件，由于请求人在口头审理辩论终结前始终未提交或出示附件2与附件3的原件，并且专利权人对附件2、附件3的真实性有异议，合议组无法对附件2、附件3进行质证从而核实其真实性，因此，附件2、3不能被采信，不足以作为定案依据。

3. 关于专利法第23条

请求人提供的附件1民事判决书中认定了以下事实：2002年5月和2003年1月间，柯林设计公司受Brenner国际公司委托设计了名称为板状油漆刷的涂刷工具，Brenner国际公司支付了相应的报酬给柯林设计公司，产品设计图纸及光盘均为Brenner国际公司所拥有。陆建新曾于2002年期间收到过Brenner国际公司邮寄的图纸、平板刷实物以及相关的涂刷工具配件等物品。同时，Brenner国际公司也将油漆平板刷装配图纸发送给陆建新。2002年6月至2003年5月间，Brenner国际公司与陆建新任法定代表人的亨迪公司和欧强公司发生了包括平板刷在内的涂刷工具贸易往来，亨迪公司根据Brenner国际公司的订单委托要求，加工了相关的涂刷工具，并将产品运至Brenner国际公司，Brenner国际公司支付了相关的报酬。根据双方订单的约定，Brenner国际公司委托亨迪公司加工的产品及模具所有权人为Brenner国际公司，亨迪公司不能用于其他目的或客户。

合议组认为，附件1中的判决书虽然认定上述Brenner国际公司提供的证据能够证明在陆建新涉案专利申请日前完成了设计，但并未涉及与该产品设计图纸及光盘是否在本专利申请日之前已经为"公众所知"有关的认定。同样，该判决书虽然认定Brenner国际公司委托陆建新任法定代表人的亨迪公司和欧强公司生产加工相关的涂刷用具，并将产品运回Brenner国际公司，但也并未涉及与上述生产加工的相关涂刷工具产品是否在本专利申请日前已在国内公开销售有关的认定，即从附件1中的判决书中无法得到其已构成专利法意义上的使用公开的认定。

由于请求人既未提交相关证明上述"板状油漆刷"的光盘和图纸已经为"公众所知"的证据材料，也未提交中国大陆已有相同产品使用公开的相关证据材料，则应当由请求人对其提出的无效宣告请求所依据的事实承担举证不利的法律后果。

综上所述，请求人没有提交附件2、3的原件，而附件1也不足以证明在本专利申请日前已有与本专利相同或相近似的外观设计公开发表或在国内公开使用过，故请求人提交的证据均不足以支持其无效请求的理由。

三、决定

维持03327550.5号外观设计专利权有效。

当事人对本决定不服的，可以根据专利法第46条第2款的规定，自收到本决定之日起三个月内向北京市第一中级人民法院起诉。根据该款的规定，一方当事人起诉后，另一方当事人应当作为第三人参加诉讼。

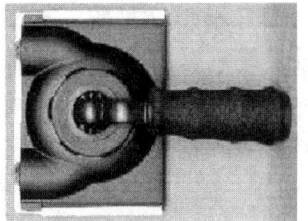

仰视图

左视图　　　　　　　　主视图　　　　　　　　右视图

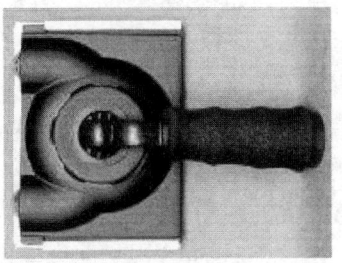

俯视图

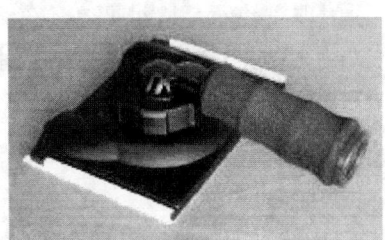 

立体图　　　　　使用状态参考图 1

使用状态参考图 2　　使用状态参考图 3

# 包装袋（转化洗衣粉）

## 无效宣告请求审查决定（第 10874 号）

| | |
|---|---|
| 决 定 号 | 第 10874 号 |
| 决 定 日 | 2007 年 12 月 24 日 |
| 发明创造名称 | 包装袋（转化洗衣粉） |
| 外观设计分类号 | 09-05 |
| 无效宣告请求人 | 杭州传化花王有限公司 |
| 专 利 权 人 | 张家田 |
| 专 利 号 | 200430008928.1 |
| 申 请 日 | 2004 年 4 月 28 日 |
| 授权公告日 | 2004 年 12 月 22 日 |
| 合议组组长 | 王霞军 |
| 主 审 员 | 徐清平 |
| 参 审 员 | 李巍巍 |
| 附 图 | 1 页 |

**法 律 依 据** 专利法第 23 条

**决 定 要 点**

本专利与其申请日前授权公告的外观设计专利相近似，即已有与其相近似的外观设计在出版物上在先公开发表过，因此，本专利不符合专利法第 23 条的规定。

## 一、案由

本无效宣告请求涉及的是国家知识产权局于 2004 年 12 月 22 日授权公告的 200430008928.1 号外观设计专利，使用该外观设计的产品名称为"包装袋（转化洗衣粉）"，申请日是 2004 年 4 月 28 日，专利权人是张家田。

针对上述专利权（下称本专利），杭州传化花王有限公司（下称请求人）于 2006 年 7 月 18 日向专利复审委员会提出无效宣告请求，其依据的事实和理由是：请求人拥有的外观设计在本专利申请日前已在专利公报上公开发表过，且与本专利极相近似，因此，本专利不符合专利法第 23 条的规定，应宣告其无效。请求人同时提交了如下附件作为证据：

附件 1：03331287.7 号外观设计专利证书复印件及该专利公告文本复印件共 4 页；
附件 2：本专利公告文本复印件 3 页。

经形式审查合格，专利复审委员会受理了该无效宣告请求，并于 2007 年 4 月 18 日将无效宣告请求书及其附件的副本转送给专利权人,通知其在指定期限内陈述意见。

专利权人逾期未作答复。

2007年7月11日专利复审委员会分别向请求人和专利权人发出合议组成员告知通知书,双方均逾期未对合议组成员提出回避请求。

合议组经合议,认为本案事实清楚,依法作出本审查决定。

## 二、决定的理由

基于请求人提出无效宣告请求所依据的事实和理由,合议组对本专利是否符合专利法第23条的规定进行审查。

专利法第23条规定:授予专利权的外观设计,应当同申请日以前在国内外出版物上公开发表过或者国内公开使用过的外观设计不相同和不相近似,并不得与他人在先取得的合法权利相冲突。

请求人提交的作为证据的附件1是03331287.7号外观设计专利证书复印件及该专利公告文本复印件共4页,其所示专利授权公告日为2003年11月26日,使用外观设计的产品名称为"包装袋(洗衣粉1)",经合议组核实,该外观设计专利公告文本内容属实,其公告日在本专利申请日之前,确系本专利申请日之前公开发表的外观设计(下称在先设计),可作为判断本专利是否符合专利法第23条规定的证据。

在先设计与本专利均为包装袋的外观设计,属相同种类的产品,故对二者外观设计作如下对比:

本专利包括主视图和后视图,所示包装袋为长方形,其正面分为深色和浅色两个图案区域,浅色图案区近似"C"字形,其中部为呈旋转效果状椭圆形图案并嵌有"转化"文字图案,在上下方另有较小文字,右下角有较小圆形及衣服状图案,深色图案区左上角有一浅色文字;包装袋背面有左右两条长方形图案区,其内有说明性图案和文字,左上角有与正面相对应的旋转效果状椭圆形图案和文字,右上角有较小文字(详见本专利附图)。

在先设计包括主视图和后视图,所示包装袋为长方形,其正面分为深色和浅色两个图案区域,浅色图案区近似"C"字形,其中部为呈旋转效果状椭圆形图案并嵌有"传化"文字图案,在上下方另有较小文字,右下角有较小圆形及衣服状图案,深色图案区左上角有一月牙状图案;包装袋背面有左右两条长方形图案区,其内有说明性图案和文字,左上角有与正面相对应的旋转效果状椭圆形图案和文字,右上角有较小文字(详见在先设计附图)。

将本专利与在先设计相比较,二者所示包装袋形状相同,各主要图案及其构图、包括文字图案排列等基本相同,其不同之处在于部分文字内容不相同,正面左上角和背面局部图案有所不同。合议组认为:外观设计对比不考虑文字的含义,二者部分文字的不同对图案效果影响甚微,二者其他局部图案的不同也显然属细微差异,前述二者基本相同的各主要图案及其构图已形成相近似的整体视觉效果,因此二者属于相近似的外观设计。

综上所述,本专利与其申请日前授权公告的外观设计专利相近似,即已有与其相近似的外观设计在出版物上在先公开发表过,因此,本专利不符合专利法第23条的规定。

## 三、决定

宣告200430008928.1号外观设计专利权全部无效。

当事人对本决定不服的,可以根据专利法第46条第2款的规定,自收到本决定之日起三个月内向北京市第一中级人民法院起诉。根据该款的规定,一方当事人起诉后,另一方当事人应当作为第三人参加诉讼。

主视图 后视图

 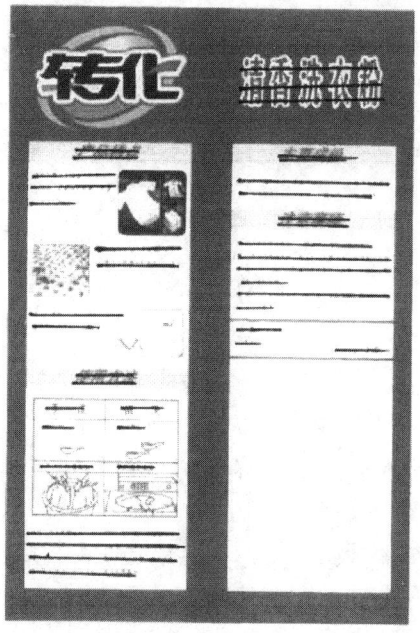

本专利

主视图 后视图

 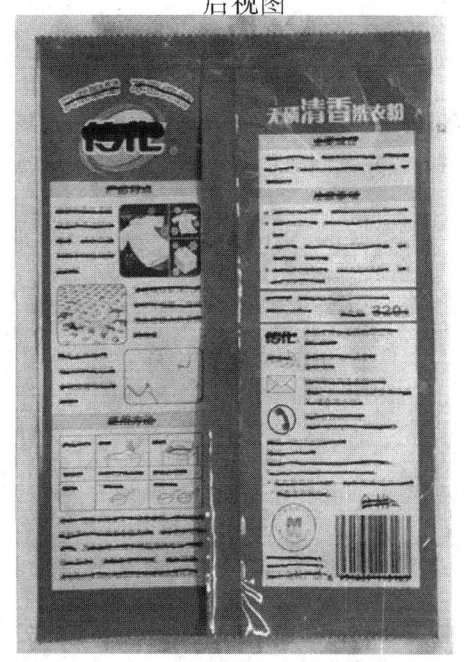

在先设计

# 笔（681）

## 无效宣告请求审查决定（第 10882 号）

| | |
|---|---|
| 决 定 号 | 第 10882 号 |
| 决 定 日 | 2007 年 12 月 20 日 |
| 发明创造名称 | 笔（681） |
| 外观设计分类号 | 19-06 |
| 无效宣告请求人 | 上海中韩晨光文具制造有限公司 |
| 专 利 权 人 | 王建平 |
| 专 利 号 | 200630113315.3 |
| 申 请 日 | 2006 年 7 月 20 日 |
| 授 权 公 告 日 | 2007 年 5 月 16 日 |
| 合 议 组 组 长 | 钟 华 |
| 主 审 员 | 李改平 |
| 参 审 员 | 李巍巍 |
| 附 图 | 2 页 |

**法 律 依 据** 专利法第 23 条

**决 定 要 点**

本专利与其申请日前授权公告的外观设计专利相近似，即已有与其相近似的外观设计在先公开发表过，因此，本专利不符合专利法第 23 条的规定。

### 一、案由

本无效宣告请求涉及的是国家知识产权局于 2007 年 5 月 16 日授权公告的、名称为"笔（681）"的外观设计专利，其申请号是 200630113315.3，申请日是 2006 年 7 月 20 日，专利权人是王建平。

针对上述专利权（下称本专利），上海中韩晨光文具制造有限公司（下称请求人）于 2007 年 8 月 6 日向专利复审委员会提出无效宣告请求，其理由是：本专利与其申请日前授权公告的外观设计专利相近似，即已有与其相近似的外观设计在先公开发表过，因此，本专利不符合专利法第 9 条和第 23 条、专利法实施细则第 13 条第 1 款的规定，请求宣告本专利无效。请求人提交了如下附件作为证据：

附件 1：本专利公报复印件 1 页；

附件 2：专利号为 02316156.6 的外观设计专利证书及国家知识产权局网站下载的专利公告信息复印件共 2 页。

经形式审查合格,专利复审委员会受理了此案,并于2007年8月6日将无效宣告请求书及相关材料副本转送给专利权人,请其在指定的期限内答复。

2007年8月24日请求人提交如下补充证据(编号续前):

附件3:专利权人同意他人使用本专利的授权使用书复印件1页;

附件4:上海市黄浦区第一公证处(2007)沪黄一证经字第6986号公证书复印件4页;

附件5:声称是请求人的专利产品和涉案专利产品照片复印件1页。

2007年9月8日专利权人提交意见陈述书,认为本专利中部使用了透明材料,透过该透明材料可以看到笔内形状、笔芯、文字、标识、图案和油墨颜色,并能看见笔的内部按动结构零件及零件颜色,而附件2中的"笔(事务笔)"的外观设计仅反映了笔的轮廓线条,没有反映笔中部使用材料的透明状态。因此,本专利与附件2中示出的笔的外观设计不相同也不相近似。专利权人提交了如下反证作为证据:

反证1:请求人作为原告的民事诉状及证据复印件共7页;

反证2:宁波微亚达文艺用品有限公司的"微亚达"商标注册证复印件2页;

反证3:宁波微亚达文艺用品有限公司同意宁波微亚达制笔有限公司和宁波微亚达文具有限公司使用"微亚达"商标的授权书复印件1页;

反证4:"K-35"型笔的照片复印件2页;

反证5:"笔(681)"的照片复印件2页;

反证6:上海市第二中级人民法院(2007)沪二中民五(知)初字第158号应诉通知书复印件2份共2页;

反证7:上海市第二中级人民法院(2007)沪二中民五(知)初字第158号民事裁定书复印件1份;

反证8:请求人向上海市第二中级人民法院提出的撤诉申请书复印件1份;

反证9:《民事案件案由规定(试行)》复印件共3页;

反证10:"笔(681)"的实物;

反证11:外商订单复印件2页。

2007年9月20日专利权人提交意见陈述书,指出了本专利与附件2所示外观设计专利的不同点,认为本专利符合专利法第9条、第23条、专利法实施细则第13条第1款的规定。

2007年10月11日专利复审委员会向双方当事人发出无效宣告请求口头审理通知书,定于2007年12月4日在专利复审委员会进行口头审理。同时将专利权人于2007年9月12日及2007年9月20日提交的两份意见陈述书转送给请求人。

口头审理如期举行,双方当事人均委托代理人出庭。双方对对方出庭人员资格均无异议,对合议组成员无回避请求。请求人陈述了请求宣告本专利无效的主要理由和事实,放弃了专利法第9条、专利法实施细则第13条第1款作为无效的理由,坚持认为本专利与附件2所示外观设计专利相同。专利权人对附件2的真实性没有异议,但认为本专利与附件2所示外观设计专利在透明材料的使用、图案、视图数量、制图方式等方面存在不同,因此两者既不相同也不相近似。在口头审理时专利权人还陈述其所提交的反证与本案没有直接的关系,只是为了使合议组了解诉讼中的过程。在此基础上,双方均充分发表了意见。

至此,合议组认为本案事实清楚,可以依法作出审查决定。

## 二、决定的理由

### 1. 法律依据

基于请求人提出的无效宣告请求理由,合议组对本专利是否符合专利法第 23 条的规定进行审查。

专利法第 23 条规定:"授予专利权的外观设计,应当同申请日以前在国内外出版物上公开发表过或者国内公开使用过的外观设计不相同和不相近似,并不得与他人在先取得的合法权利相冲突。"

### 2. 证据认定

附件 1 是本专利公报复印件,用于证明本专利相关信息;

附件 2 是专利号为 02316156.6 的外观设计专利证书及国家知识产权局网站下载的专利公告信息复印件共 2 页,使用该外观设计的产品名称为"笔(事务笔)",经合议组核实属实。该外观设计专利的公开日为 2003 年 2 月 19 日,在本专利的申请日(2006 年 7 月 20 日)之前,故可以作为判断本专利是否符合专利法第 23 条的规定的证据。

### 3. 外观设计对比

本专利为"笔(681)"的外观设计,从仰视图观察可见,本专利书写端管状部中间呈收缩状;笔扣端有一长一短的两个槽,笔扣对应的笔杆部呈半圆开口,笔扣根部有一半月形通孔,笔扣正面有文字;笔管中部使用了透明材料,该透明材料左边有"S"形装饰边,右边有标识性图案和文字,笔的顶端有一控制笔芯伸缩的圆柱形按键(详见本专利附图)。

附件 2 专利公报中所示为"笔(事务笔)"的外观设计(下称在先设计),从主视图观察可见,在先设计书写端管状部中间呈收缩状;笔扣端有一长一短的两个槽,笔扣对应的笔杆部呈半圆开口,笔扣根部有一半月形通孔;中部靠右边有"S"形装饰边,笔的顶端有一控制笔芯伸缩的圆柱形按键(详见在先设计附图)。

由于本专利与在先设计都用于书写的笔,两者用途相同,属于同一类别的产品,故两者具有可比性。将本专利与在先设计进行对比可以看到,两者各部分形状基本相同。两者的主要不同之处在于:本专利笔扣正面有文字,笔管中部使用了透明材料,该透明材料一端有标识性图案和文字,而在先设计中没有上述内容。对于两者的不同之处,合议组认为:本专利使用了透明材料并未改变整体形状,虽然透过透明材料能观察到笔的内部结构,但该不同点对整体视觉效果不具有显著的影响,而笔扣正面的文字和透明材料一端的标识性图案和文字图案属于局部细微的区别,不足以引起视觉上的显著区别。对于专利权人指出的两者视图数量、制图方式等方面存在的不同,以及从笔中部可视油墨色彩问题,合议组认为:本专利未要求保护色彩,从二者的整体形状观察,这些不同之处不影响外观设计的保护范围。因此,按照整体观察、综合判断的原则,两者整体上属于相近似的外观设计。

### 4. 结论

综上所述,在先设计与本专利应属于相近似的外观设计,证明在本专利申请日前已有与本专利相近似的外观设计在出版物上公开发表过,亦即证明本专利不符合专利法第 23 条之规定。

鉴于已经得出本专利不符合专利授权条件的结论,故对请求人提交的其他证据不再作出评述。专利权人对其所提交的反证在口头审理时已声明与本案无关,故不予评述。

## 三、决定

宣告 200630113315.3 号外观设计专利权全部无效。

当事人对本决定不服的,可以根据专利法第 46 条第 2 款的规定,自收到本决定之日起三个月内向北京市第一中级人民法院起诉。根据该款的规定,一方当事人起诉后,另一方当事人应当作为第三人参加诉讼。

 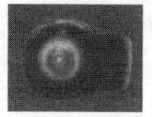

主视图　　　　　　　　　左视图

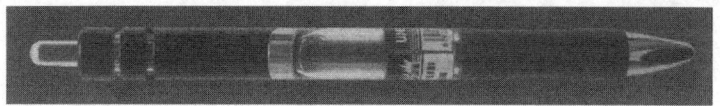 

后视图　　　　　　　　　右视图

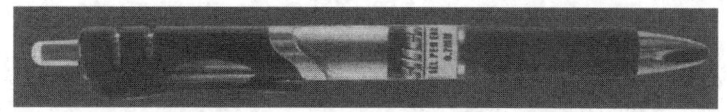

俯视图

仰视图

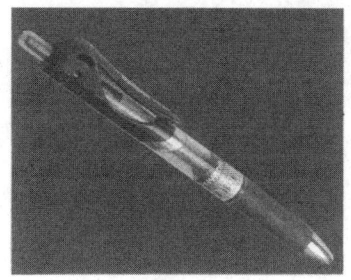

立体图

本专利附图

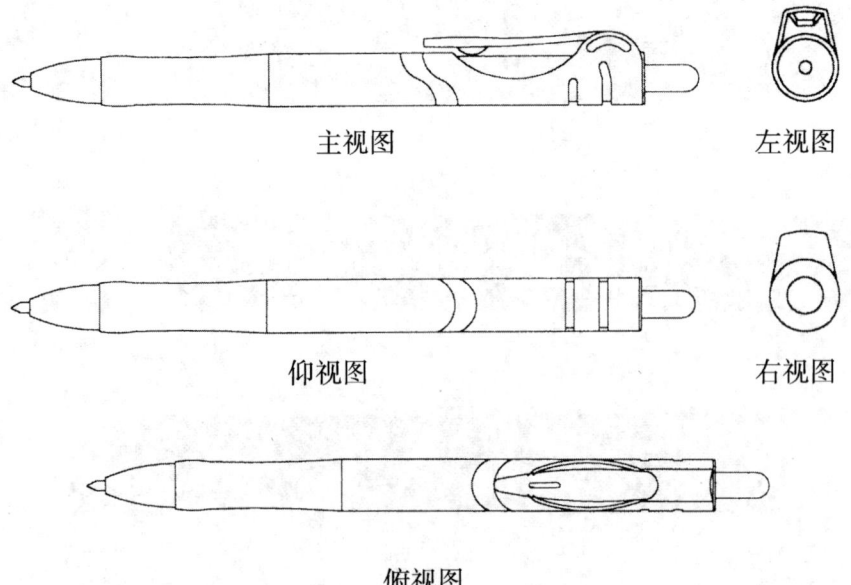

在先设计附图

# 北京市第一中级人民法院
# 行政判决书

(2008) 一中行初字第 439 号

原告王建平，男，汉族，1963 年 10 月 25 日生，住所地浙江省慈溪市掌起镇厉家村永兴。

委托代理人杨顺海，上海共识律师事务所律师。

被告国家知识产权局专利复审委员会，住所地北京市海淀区北四环西路 9 号银谷大厦 10~12 层。

法定代表人廖涛，副主任。

委托代理人李改平，国家知识产权局专利复审委员会审查员。

委托代理人田华，国家知识产权局专利复审委员会审查员。

第三人上海中韩晨光文具制造有限公司，住所地上海市奉贤区青村镇光明经济小区 A 区 145 号。

法定代表人陈湖雄，董事长。

委托代理人洪燕，女，汉族，1973 年 11 月 15 日出生，住北京市海淀区牡丹园西里 6 号楼 1105 号，隆天国际知识产权代理有限公司职员。

委托代理人雷志刚，男，汉族，1973 年 3 月 16 日出生，住北京市西城区和平里中街甲 12 号，隆天国际知识产权代理有限公司专利代理人。

原告王建平不服被告国家知识产权局专利复审委员会（以下简称专利复审委员会）于 2007 年 12 月 20 日作出的第 10882 号无效宣告请求审查决定（以下简称第 10882 号决定），于法定期限内向本院提起行政诉讼。本院于 2008 年 3 月 18 日受理后，依法组成合议庭，并通知上海中韩晨光文具制造有限公司（以下简称晨光公司）作为本案第三人参加诉讼，于 2008 年 5 月 19 日公开开庭进行了审理。原告王建平的代理人杨顺海，被告专利复审委员会的代理人李改平、田华，第三人晨光公司的代理人雷志刚到庭参加了诉讼。本案现已审理终结。

第 10882 号决定系专利复审委员会于 2007 年 12 月 20 日针对晨光公司就王建平拥有的 200630113315.3 号外观设计专利（以下简称本专利）所提出的无效宣告请求而作出的。专利复审委员会在该决定中认定：本专利与附件 2 "笔（事务笔）"的在先设计都是用于书写的笔，用途相同，属于同一类产品，具有可比性。两者各部分形状基本相同，不同之处在于：本专利笔扣正面有文字，笔管中部使用了透明材料，该透明材料一端有标识性图案和文字，而在先设计中没有上述内容。对于上述不同之处，合议组认为：本专利使用的透明材料并未改变整体形状，而笔扣正面的文字和透明材料一端的标识性图案和文字图案属于局部细微的差别，不足以引起视觉上的显著区别。对于专利权人指出的两者视图数量、制图方式等方面存在的不同，以及从笔中部可视油墨色彩问题，合议组认为：本专利未要求保护色彩，从二者的整体形状观察，这些不同之处不影响外观设计的保护范围。按照整体观察、综合判断的原则，两者整体上属于相近似的外观设计，本专利不符合《中华人民共和国专利法》（以下简称《专利法》）第二十三条的规定。据此，专利复审委员会作出第 10882 号决定，宣告本专利全部无效。

第 10882 号决定作出后，原告王建平不服，向本院提起行政诉讼，其诉称：第 10882 号决定对 "笔（681）" 与 "笔（事务笔）" 相近似的认定与事实不符：(1)《审查指南》第五章第四条第二款规定："对于外表使用透明材料的产品而言，通过人的视觉能观察到其透明部分以内的形状、图案和色彩，应视为该产品的外观设计的一部分"，原告 "笔（681）" 由照片反映，有五个用透明材料构成的透明部分,通过人的视觉能够观察到其透明部分以内的形状、图案和色彩,丰富了层次感和立体感,透明部分以内的形状、图案和色彩应视为外观设计,而第三人的"笔(事务笔)"由绘制平面图反映,不反映笔身有透明部分,更不反映笔内的形状、图案和色彩。(2)"笔(681)"的笔身中段和笔头处镀铬,有金属感,而"笔(事务笔)"相关部分不显示镀铬。(3)"笔(681)"照片显示笔三分之一用热塑性材料制成,不同于笔的其他部分材质,增加柔韧感,丰富用笔感受,而"笔(事务笔)"不能显示相关部分用热塑性材料制成。综上,"笔(681)"与"笔(事务笔)"在外观上存在明显差异,既不相同也不相近似,专利复审委员会第10882号决定缺乏事实依据,请求人民法院撤销第10882号决定。

被告专利复审委员会在书面答辩中坚持其在第10882号决定中阐述的意见,认为:通过人的视觉观察到的其透明部分以内的形状、图案和色彩应视为该产品外观设计的一部分,但并不是说观察到的透明部分以内的所有内容都可以成为该产品的外观设计的一部分。本案中通过透明材料观察到的笔的内部结构以及油墨色彩,不是涉案专利的外观设计要素,不是笔的外观设计的内容。另外,外观设计专利不保护不同材质的使用及其效果,使用材料的不同不影响笔的外观设计。原告由于对外观设计专利保护内容的理解不当导致在外观设计相近似对比上产生错误。因此第10882号决定认定事实清楚,适用法律法规正确,审理程序合法,请求人民法院维持该决定。

第三人晨光公司陈述:(1)原告对涉案外观设计与对比外观设计之间的整体形状相同不持异议。(2)原告在专利申请时并没有指出涉案外观设计是否存在有透明部分,因此所谓透明部分的形状、图案和色彩不是涉案外观设计的一部分;原告也没有要求保护色彩,因此色彩不是涉案外观设计的一部分;在判断相似性时,产品的内部结构对外观设计的整体视觉效果来说不具有显著影响。(3)涉案外观设计笔身中段和笔头处镀铬及笔三分之一用热塑性材料制成,未导致涉案外观设计的变化或者仅属于惯常材料的替换,对外观设计的整体视觉效果不具有显著影响。综上,原告的诉讼理由不成立,请求人民法院驳回原告诉讼请求,维持第18002号无效宣告审查决定。

本院经审理查明,本案涉及国家知识产权局于2007年5月16日授权公告的、名称为"笔(681)"的外观设计专利,其申请号为200630113315.3,申请日是2006年7月20日,专利权人是王建平。

针对上述专利权(即本专利),晨光公司于2007年8月6日向专利复审委员会提出无效宣告请求,理由是本专利与其申请日前授权公告的外观设计专利相近似,不符合《专利法》第九条、第二十三条,《中华人民共和国专利法实施细则》(以下简称《专利法实施细则》)第十三条第一款的规定。晨光公司同时提交以下证据:

附件1是本专利公报复印件1页,该设计内容见本判决后附图1。

附件2是专利号为02316156.6的外观设计专利证书及国家知识产权局网站下载的专利公告信息复印件共2页。其设计内容见本判决后附图2。

另,本案庭审当中,原告指出,根据《审查指南》第四部分第五章第3.2节,外观设计比对应以实物为准,而被告仅以照片和图片进行对比,不符合《审查指南》的规定。

以上事实有附件1、2、第10882号决定以及当事人陈述等证据在案佐证。

本院认为,《专利法》第二十三条规定:授予专利权的外观设计,应当同申请日以前在国内外出版物上公开发表过或者国内公开使用过的外观设计不相同和不相近似,并不得与他人在先取得的合法权利相冲突。

《专利法实施细则》第二条第三款规定,专利法所称外观设计,是指对产品的形状、图案或者其结合以及色彩与形状、图案的结合所作出的富有美感并适于工业应用的新设计。

本案当中，原告于庭审中提出的外观设计比对应以实物为准，并认为可依据《审查指南》第四部分第五章第 3.2 节规定，但经查《审查指南》并无此规定，而《专利法》第五十六条规定，外观设计专利权的保护范围以表示在图片或者照片中的该外观设计专利产品为准，《审查指南》第四部分第五章第 2.2 节规定，在确定判断客体的类型时，应当根据外观设计的图片、照片进行确定，因此原告提出的外观设计比对应以实物为准的理由于法无据，本院不予支持。

就本专利照片显示的笔与附件 2 所示的外观设计对比，本院认为，两者的整体形状基本相同，本专利笔身使用透明材料并未改变笔的整体形状，而从笔身使用的透明材料可视的形状、图案为笔芯，属于该类产品的惯常设计。本专利未要求保护色彩，从笔中部透明材料可视的油墨色彩不属于本专利的保护范围。对于本专利笔身中段和笔头处镀铬及三分之一处用热塑性材料制成的区别，上述材料的使用并未改变笔的形状，对整体视觉效果不具有显著影响。按照整体观察、综合判断的原则，本专利与附件 2 整体上属于相近似的外观设计，本专利不符合《专利法》第二十三条的规定。

综上，专利复审委员会作出的第 10882 号决定证据充分，适用法律正确，程序合法，应予维持。王建平请求撤销该决定的理由不能成立，本院不予支持。依照《中华人民共和国行政诉讼法》第五十四条第（一）项之规定，本院判决如下：

维持被告国家知识产权局专利复审委员会作出的第 10882 号无效宣告请求审查决定。

案件受理费 100 元，由原告王建平负担（已交纳）。如不服本判决，各方当事人可于本判决送达之日起 15 日内，向本院提交上诉状及其副本，并交纳上诉案件受理费 100 元，上诉于北京市高级人民法院。

审　判　长　任　进
代理审判员　邢　军
人民陪审员　郝建欣
二〇〇八年六月四日
书　记　员　袁　伟

主视图

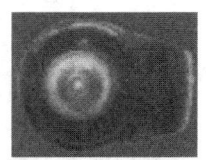
左视图

后视图

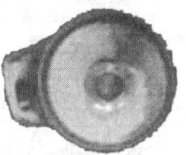
右视图

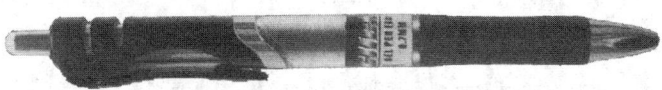
俯视图

仰视图

立体图

附图1

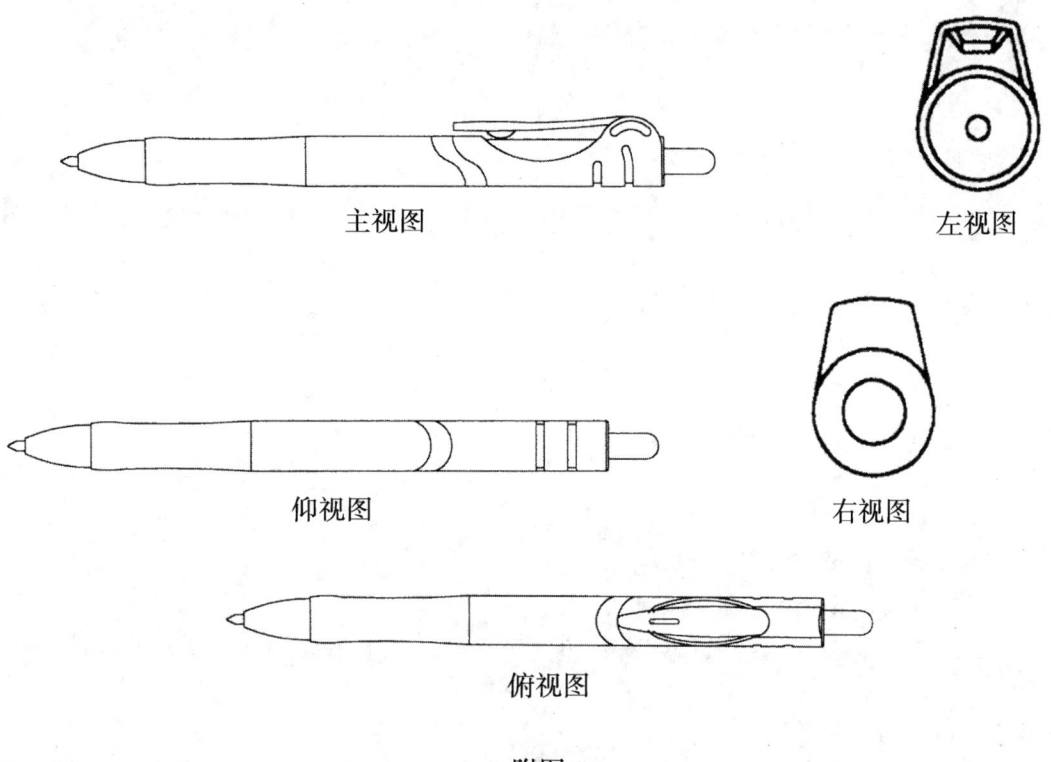

附图 2

# 北京市高级人民法院
# 行政判决书

(2008) 高行终字第 456 号

上诉人（原审原告）王建平，男，汉族，1963年10月25日出生，住浙江省慈溪市掌起镇厉家村永兴。

委托代理人杨顺海，上海共识律师事务所律师。

被上诉人（原审被告）国家知识产权局专利复审委员会，住所地北京市海淀区北四环西路9号银谷大厦10~12层。

法定代表人廖涛，副主任。

委托代理人李改平，该委员会审查员。

委托代理人杨存吉，该委员会审查员。

原审第三人上海中韩晨光文具制造有限公司，住所地上海市奉贤区青村镇光明经济小区A区145号。

法定代表人陈湖雄，董事长。

委托代理人洪燕，女，汉族，1973年11月15日出生，隆天国际知识产权代理有限公司职员，住北京市海淀区牡丹园西里6号楼1105号。

委托代理人雷志刚，男，汉族，1973年3月16日出生，隆天国际知识产权代理有限公司专利代理人，住北京市西城区和平里中街甲12号。

上诉人王建平因外观设计专利权无效行政纠纷一案，不服北京市第一中级人民法院（2008）一中行初字第439号行政判决，向本院提起上诉。本院2008年7月7日受理本案后，依法组成合议庭。2008年8月5日，上诉人王建平的委托代理人杨顺海，原审第三人上海中韩晨光文具制造有限公司（以下简称晨光公司）的委托代理人雷志刚、洪燕到庭接受询问。本案现已审理终结。

北京市第一中级人民法院认定，涉案专利系国家知识产权局于2007年5月16日授权公告的、名称为"笔（681）"的外观设计专利（以下简称本专利），专利权人是王建平。针对本专利，晨光公司于2007年8月6日向国家知识产权局专利复审委员会（以下简称专利复审委员会）提出无效宣告请求，理由是本专利不符合《专利法》第九条、第二十三条，《专利法实施细则》第十三条第一款的规定。2007年12月20日，专利复审委员会作出第10882号无效宣告请求审查决定（以下简称第10882号决定），宣告本专利权全部无效。

北京市第一中级人民法院认为，就本专利与附件2所示的外观设计对比，两者的整体形状基本相同。本专利笔身使用透明材料并未改变笔的整体形状，而从笔身使用的透明材料可视的形状、图案为笔芯，属于该类产品的惯常设计。本专利未要求保护色彩，从笔中部透明材料可视的油墨色彩不属于本专利的保护范围。对于本专利笔身中段和笔头处镀铬及三分之一处用热塑性材料制成的区别，上述材料的使用并未改变笔的形状，对整体视觉效果不具有显著影响。按照整体观察、综合判断的原则，本专利与附件2整体上属于相近似的外观设计，本专利不符合《专利法》第二十三条的规定。

北京市第一中级人民法院依照《中华人民共和国行政诉讼法》第五十四条第（一）项之规定，判决：维持第10882号决定。

王建平不服原审判决，向本院提起上诉，请求撤销原审判决及第10882号决定。其理由主要为：

（1）原审判决认定事实不清，附件2已于2005年10月12日被终止，不能作为本案定案依据；（2）本专利与在先设计附件2并不相同：首先，原审判决及第10882号决定在透明材料带来的整体视觉效果影响方面认定错误；其次，原审判决及第10882号决定错误认定在先设计"透明部分"在出版物上公开发表过；最后，原审判决及第10882号决定违反了整体观察、综合判断的判断方式，本专利与在先设计存在明显差异，既不相同也不相近似。专利复审委员会、晨光公司服从原审判决。

本院经审理查明：本案涉及国家知识产权局于2007年5月16日公告授权的、名称为"笔（681）"的外观设计专利（即本专利），其申请号为200630113315.3，申请日是2006年7月20日，专利权人是王建平。本专利授权公告的视图包括主视图、左视图、右视图、后视图、俯视图、仰视图和立体图（见本判决附图1）。从仰视图观察可见，本专利书写端管状部中间呈收缩状；笔扣端有一长一短的两个槽，笔扣对应的笔杆部呈半圆开口，笔扣根部有一半月形通孔，笔扣正面有文字；笔管中部使用了透明材料，该透明材料左边有"S"形装饰边，右边有标识性图案和文字，笔的顶端有一控制笔芯伸缩的圆柱形按键。

针对本专利，晨光公司于2007年8月6日向专利复审委员会提出无效宣告请求，理由是本专利与其申请日前授权公告的外观设计专利相近似，不符合《专利法》第九条、第二十三条，《专利法实施细则》第十三条第一款的规定。晨光公司同时提交以下证据：

附件1是本专利公报复印件1页（具体内容见本判决附图1）。

附件2是专利号为02316156.6的外观设计专利证书及国家知识产权局网站下载的专利公告信息复印件共2页（即在先设计）。该专利授权公告的视图包括主视图、左视图、右视图、俯视图、仰视图（见本判决附图2）。从主视图观察可见，在先设计书写端管状部中间呈收缩状；笔扣端有一长一短两个槽，笔扣对用的笔杆部呈半圆开口，笔扣根部有一半月形通孔；中部靠右边有"S"形装饰边，笔的顶端有一控制笔芯伸缩的圆柱形按键。

2007年12月20日，专利复审委员会作出第10882号决定。专利复审委员会在该决定中认定：本专利与附件2"笔（事务笔）"都是用于书写的笔，用途相同，属于同一类产品，具有可比性。两者各部分形状基本相同，不同之处在于：本专利笔扣正面有文字，笔管中部使用了透明材料，该透明材料一端有标识性图案和文字，而在先设计中没有上述内容。对于上述不同之处，合议组认为：本专利使用的透明材料并未改变整体形状，而笔扣正面的文字和透明材料一端的标识性图案和文字图案属于局部细微的差别，不足以引起视觉上的显著区别。对于专利权人指出的两者视图数量、制图方式等方面存在的不同，以及从笔中部可视油墨色彩问题，合议组认为：本专利未要求保护色彩，从二者的整体形状观察，这些不同之处不影响外观设计的保护范围。按照整体观察、综合判断的原则，两者整体上属于相近似的外观设计，本专利不符合《专利法》第二十三条的规定。据此，宣告本专利全部无效。

以上事实有本专利文件，附件1、2，第10882号决定以及当事人陈述等证据在案佐证。

本院认为，授予专利权的外观设计，应当同申请日以前在国内外出版物上公开发表过或者国内公开使用过的外观设计不相同和不相近似。本案中，王建平主张附件2已于2005年10月12日被终止，不能作为对比文件。但是，判断一份证据能否作为对比文件时，关键在于该证据是否在本专利申请日前公开。只要该证据已经在本专利申请日前公开，则可以作为对比文件。该证据公开后的事实状态并非判断时需要考虑的。附件2为本专利申请日前公开的我国外观设计专利，可以作为在先设计。王建平的上述主张不能成立，应予驳回。

对于外表使用透明材料的产品而言，通过人的视觉能观察到其透明部分以内的形状、图案和色彩，应视为该产品的外观设计的一部分。就本专利附图显示的笔与附件2所示的外观设计对比，两者的整体形状基本相同，本专利笔身使用透明材料并未改变笔的整体形状，而从笔身使用的透明材料可视的形状、图案为笔芯，属于该类产品的惯常设计。对一般消费者的整体视觉效果没有产生显著影响。本专利未要求保护色彩，从笔中透明材料可视的油墨色彩不属于本专利的保护范围。对于本专利笔身中段和笔头处镀铬及三分之一处用热塑性材料制成的区别，上述材料的使用并未改变笔的形状，对整体视觉效果不具有显著影响。按照整体观察、综合判断的原则，本专利与附件2整体上属于相近似的外观设计，本专利不符合《专利法》第二十三条的规定。王建平关于本专利与在先设计不相同也不相近似的上诉主张不能成立，本院不予支持。

综上，原审判决认定事实清楚，适用法律正确。王建平的上诉主张不能成立，本院不予支持。依照《中华人民共和国行政诉讼法》第六十一条第一款第（一）项之规定，判决如下：

驳回上诉，维持原判。

一审案件受理费100元，由王建平负担（已交纳）；二审案件受理费100元，由王建平负担（已交纳）。

本判决为终审判决。

审　判　长　刘　辉
代理审判员　岑宏宇
代理审判员　焦　彦
二〇〇八年八月七日
书　记　员　陈　明

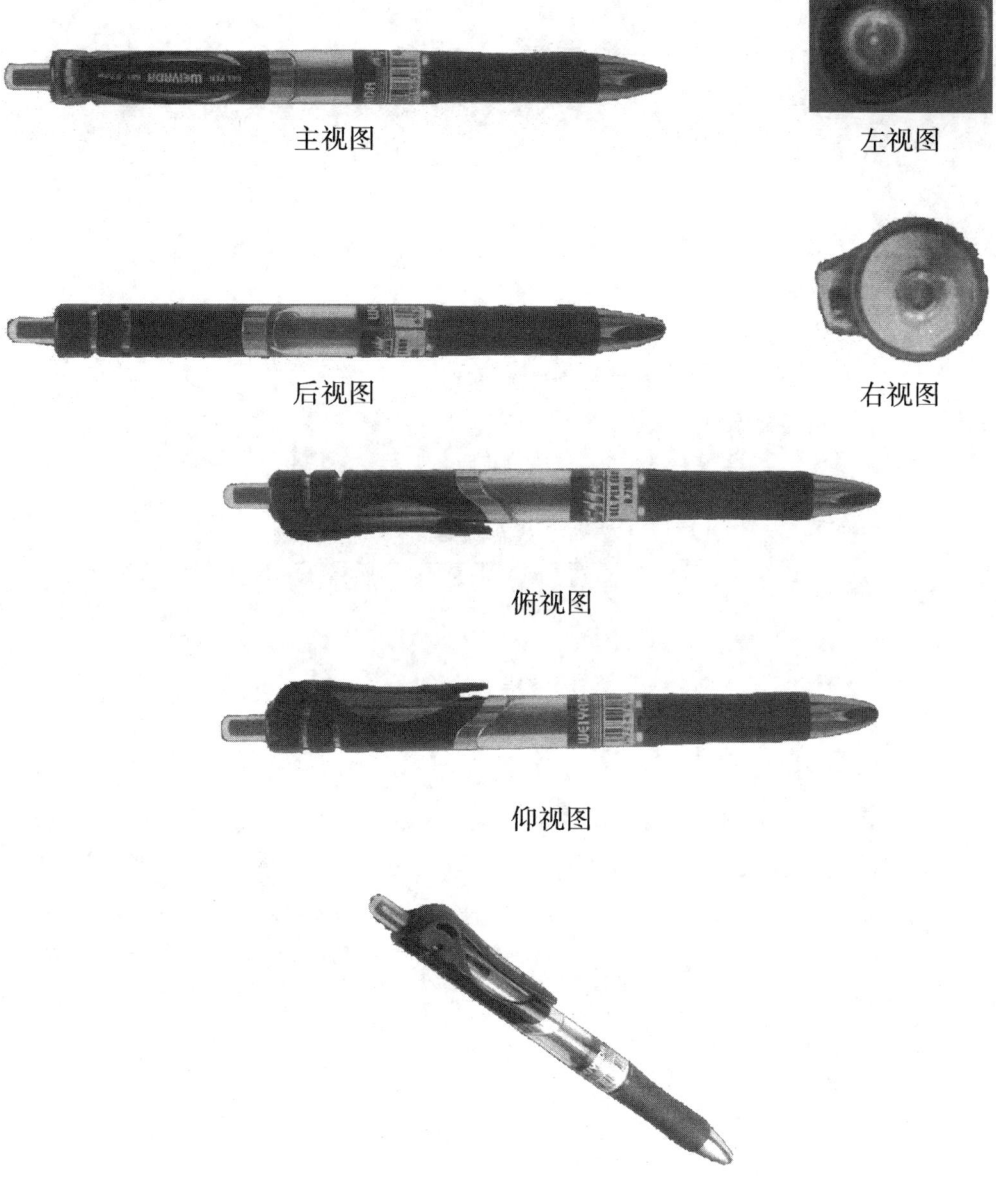

主视图　　左视图

后视图　　右视图

俯视图

仰视图

立体图

附图 1

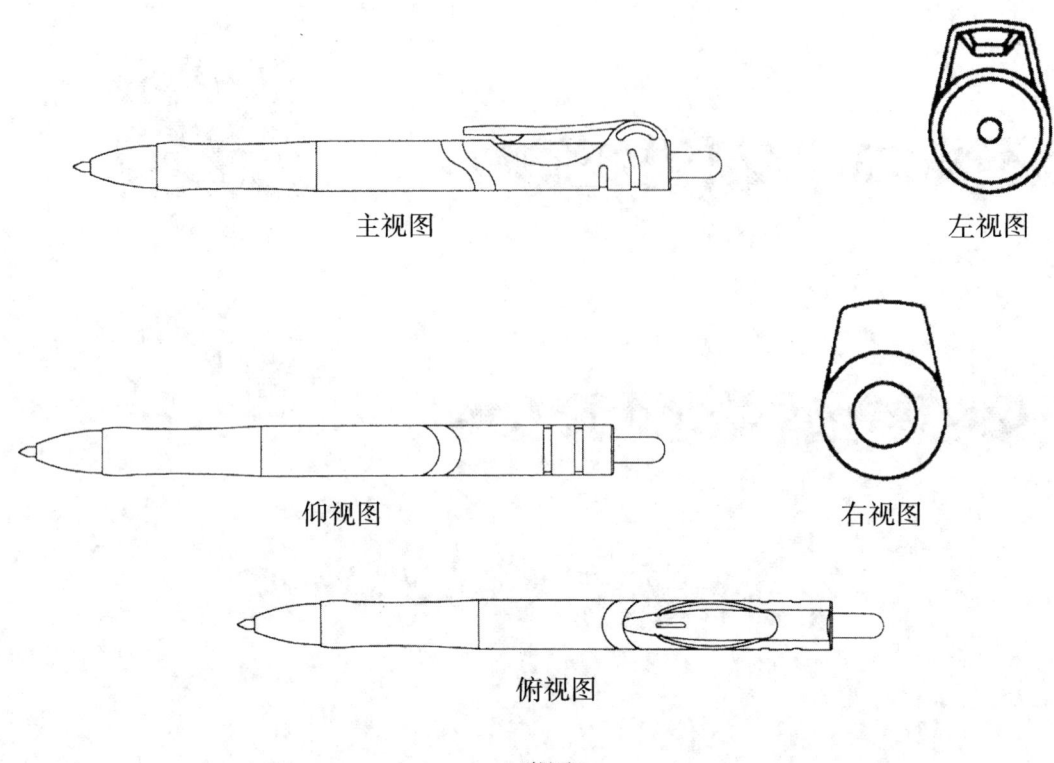

附图 2

# 手动脉冲发生器

## 无效宣告请求审查决定（第 10886 号）

| | |
|---|---|
| 决 定 号 | 第 10886 号 |
| 决 定 日 | 2007 年 12 月 21 日 |
| 发明创造名称 | 手动脉冲发生器 |
| 外观设计分类号 | 13-03 |
| 无效宣告请求人 | 无锡市瑞普科技有限公司 |
| 专 利 权 人 | 长春第一光学有限公司 |
| 专 利 号 | 03310900.1 |
| 申 请 日 | 2003 年 1 月 24 日 |
| 授 权 公 告 日 | 2003 年 9 月 17 日 |
| 合 议 组 组 长 | 李彦涛 |
| 主 审 员 | 刘 磊 |
| 参 审 员 | 侯 曜 |
| 附 图 | 2 页 |

**法 律 依 据** 专利法第 23 条

**决 定 要 点**

当有证据表明具有与本专利外观设计相同或相似的形状的物品已在本外观设计专利的申请日之前在国内公开使用时，本外观设计专利不符合专利法第 23 条的规定。

## 一、案由

本无效宣告请求涉及国家知识产权局于 2003 年 9 月 17 日授权公告的、名称为"手动脉冲发生器"的第 03310900.1 号外观设计专利权（下称本专利），其申请日为 2003 年 1 月 24 日，专利权人为长春第一光学有限公司。

2007 年 6 月 18 日，针对上述专利权，无锡市瑞普科技有限公司（下称请求人）向国家知识产权局专利复审委员会提出无效宣告请求，同时提交了以下证据：

证据 1：《编码器、传感器常用品样本书》（© 1999.1 NEMICON）的封面、第 5、14 页和第 15 页及封底，其中封底有"上海汕达轴承有限公司经销"的字样，复印件共 5 页；

证据 2：《编码器、传感器常用品样本书》（© 1999.1 NEMICON）的封面、一散页及封底，其中封底有"上海三斯电子电器技术有限公司"的字样，复印件共 3 页；

证据 3：《编码器、传感器常用品样本书》（© 1999.1 NEMICON）的封面、第 5 页和两散页及封底，其中上述全部页盖有无锡市瑞普科技有限公司印章，且封底有"广州菱科自动化设备有限公司"的字样，复印件共5页；

证据4：《编码器、传感器常用品样本书》（©1999.1 NEMICON）的封面、第5、14页和一散页及封底，其中第14页和散页及封底盖有无锡市瑞普科技有限公司印章，且封底有"南京同顺源实业有限公司"的字样，复印件共5页；

证据5：《旋转编码器》（长春第一光学仪器厂）的封面、扉页、第40页、印制信息页和封底，其中，除扉页外皆复印有无锡市瑞普科技有限公司印章，且印制信息页写有"长春市文斋印刷中心印制"和"发行日期：1999年8月"，复印件共5页；

证据6：申请号为98109337.X的中国发明专利申请公开说明书，公开日为1998年12月2日，复印件共12页；

证据7：上海增值税专用发票第02389398号，开票日期为2002年11月11日，复印件共1页；

证据8：编码器UFO-01-2Z1的照片，复印件共3页；

证据9：中华人民共和国江苏省无锡市公证处出具的公证书"保全证据公证书（2007）锡证民内字第1325号"，复印件共16页；

证据10：日本电产内密控株式会社网站下载的文件，复印件共1页；

证据11：复印有"上海汕达轴承有限公司"公章的证明，日期为2007年5月18日，复印件共1页。

请求人认为：（1）本专利与证据1第15页所记载的系列名为UFO的手动脉冲发生器的外观基本相同。证据1是请求人在展会上从上海汕达轴承有限公司取得的，证据11说明了证据1的来源，证明了上海汕达轴承有限公司在本专利申请日前公开散发该样本书的行为。证据1和证据11可以证明在本专利申请日之前，UFO产品的外观已经由公开出版物公开，因此本专利不符合专利法第23条的规定。证据1~4是请求人从不同的经销公司获取的NEMICON编码器、传感器常用品样本书，用于证明该样本书来源合法，真实性确凿。（2）证据5是1999年8月发行的公开出版物，本专利与证据5公开的LGF系列编码器产品的外观相近似，因此本专利不符合专利法第23条的规定。（3）证据6为在本专利的申请日之前公开的发明专利申请，本专利与证据6公开的编码器产品的外观相近似，因此本专利不符合专利法第23条的规定。（4）证据7的开票日期为2002年11月11日，其上载明买卖的物品包括名称为"编码器UFO-01-2Z1"的产品10只。证据8是编码器UFO-01-2Z1的实物及照片。从证据8可以看出，本专利与编码器UFO-01-2Z1的外观基本相同。证据9公证了可从日本电产内密控株式会社的网站下载UFO产品的介绍。产品介绍载明了整个UFO产品系列的产品外观，而且载明了编码器UFO-01-2Z1是UFO产品系列中一种规格的产品。证据10说明了日本电产内密控株式会社的公司历史。证据7~9可以证明，在本专利的申请日之前，内密控的UFO产品已经在国内公开销售，因此本专利与其申请日以前在国内公开使用过的产品外观设计相近似，不符合专利法第23条的规定。

经形式审查合格后，专利复审委员会受理了该无效宣告请求，并于2007年8月3日向双方当事人发出了《无效宣告请求受理通知书》，并向专利权人转送了《专利权无效宣告请求书》及其附件清单中所列附件副本，要求其在指定的期限内答复，同时成立合议组对本无效请求案进行审理。

2007年10月10日，专利复审委员会本案合议组向双方当事人发出《无效宣告请求口头审理通知书》，拟定于2007年11月22日对本案进行口头审理。

2007年11月22日，口头审理如期举行，双方当事人的代理人均参加了口头审理。在口头审理过程中，合议组就本案的无效理由及证据逐一进行了调查，听取了双方当事人的意见陈述，记录了以下事项：

（1）请求人提交了证据1~5、7和9的原件，提交了证据8中照片所示的物证，没有出示证据11的原件。

（2）专利权人对证据6的真实性没有表示异议，对证据1~5、7和10~11的真实性有异议，认为证据7的发票由购货方出具或者有证人证明才有效力，但认可原件与复印件核对一致；认可证据9的真实性，但对其涉及的网页内容的真实性有异议；对请求人提交的涉及证据8的物证的来源有异议，认为证据8物证后面的铭牌是贴上去的，贴上去的时间难以确认，但认可证据8中的照片与请求人提交的实物一致。请求人认为专利权人对证据的来源和真实性的异议缺少证据支持。

（3）请求人确认使用证据7~10来证明使用公开，其中证据7证明了产品销售行为，买卖产品包括编码器UFO-01-2Z1；证据8是编码器UFO-01-2Z1；证据7和8结合证明本专利申请日之前具有该外观的产品已经公开销售；证据9是保全证据公证书，证明UFO产品外观型号之间的关联；证据7和9结合证明该种外观的产品已经在本专利申请日之前公开销售了；证据10用以证明日本内密控公司的发展沿革。

经过上述审理程序，合议组认为本案事实已经清楚，可以依法作出审查决定。

## 二、决定的理由

### 1. 关于证据

合议组认为：（1）请求人提交的证据7的原件是上海增值税专用发票第02389398号，上有发票监制章，且暗藏水印，还加盖了供货方印章，在该发票上记载了2002年11月11日无锡市瑞普科技有限公司从上海先旺自动化工程系统有限公司购进了10台编码器UFO-01-2Z1，专利权人对其真实性有异议的理由在于该发票应由购货方出具或有证人作证，该理由实际上是对证据来源提出了质疑，而该发票正是第二联：购货方记帐凭证，证明了该发票来源于购货方，即请求人，因此，专利权人所提出的理由并不成立，证据7可以作为本案的有效证据使用。（2）请求人提交的证据8是编码器UFO-01-2Z1，虽然请求人认为铭牌可以事后粘贴而不认可其真实性，但该类产品的铭牌普遍采用粘贴方式，专利权人对此也没有否认，故合议组认为专利权人这一怀疑并无事实依据，认可证据8的真实性，证据8也可以作为本案的有效证据使用。（3）证据9是公证书，合议组认可其真实性。

### 2. 关于专利法第23条

专利法第23条规定，授予专利权的外观设计，应当同申请日以前在国内外出版物上公开发表过或者国内公开使用过的外观设计不相同和不相近似，并不得与他人在先取得的合法权利相冲突。

当有证据表明具有与本专利外观设计相同或相似的形状的物品已在本外观设计专利的申请日之前在国内公开使用时，则该外观设计专利不符合专利法第23条的规定。

本专利的手动脉冲发生器有一直径较大的扁柱状底盘，底盘上有一直径较小的扁柱状拨动盘，其中拨动盘的高度略大于底盘，并且二者之间有一过渡坡面，所述过渡坡面的坡面圆周上有0~100的均分刻度，每个×10单位的刻度标线比单位刻度的标线略长，底盘向圆周外延伸出一小凸起，用作刻度标线对准参照物，拨动盘的侧面周边设计为宽条摩擦纹，拨动盘边缘有一垂直于拨动盘上表面的细长柱状摇把，该摇把垂直固定在拨动盘上，底盘背面略突出一圆台，圆台上排布两排共6个接线柱，圆台与底盘之间的圆环上均匀分布有3颗高脚螺栓。

由证据7可以得知，在开票日即2002年11月11日，购货方"无锡市瑞普科技有限公司"向销货方"上海先旺自动化工程系统有限公司"购买了10台编码器UFO-01-2Z1，也就是说，在本专利的申请日2003年1月24日之前，编码器UFO-01-2Z1已经被公开销售了。

由证据8可以看出，该编码器UFO-01-2Z1有一直径较大的扁柱状底盘，底盘上有一直径较小的扁柱状拨动盘，其中拨动盘的高度略大于底盘，并且二者之间有一过渡坡面，所述过渡坡面的坡面圆周上有 0~100 的均分刻度，每个×10 单位的刻度标线比单位刻度的标线略长，底盘向圆周外延伸出一小凸起，用作刻度标线对准参照物，拨动盘的侧面周边设计为宽条摩擦纹，拨动盘边缘有一垂直于拨动盘上表面的细长柱状摇把，该摇把用螺丝垂直固定在拨动盘上，底盘背面略突出一圆台，圆台上排布了一排共 4 个接线柱，圆台与底盘之间的圆环上均匀分布有 3 颗高脚螺栓。

可见，证据 8 与本专利的区别仅在于底盘背面设计的不同，其中本专利为 6 个接线柱，而证据 8 为 4 个接线柱。但一般消费者都知晓，在使用状态下手动脉冲发生器的背面是看不到的，并且，背面的接线柱是功能性设计，因此，底盘背面设计不同不会对整体视觉效果产生显著的影响。故，证据 8 所示的产品的外观设计与本专利相近似。

综上所述，合议组认为，证据 8 和证据 7 组合在一起形成一个完整的证据链，证明在本专利的申请日之前，具有与本专利外观设计相似的形状的产品已在国内公开销售，因此本专利不符合专利法第 23 条的规定。

鉴于上述无效宣告理由成立，合议组对于请求人所提出的其他无效证据和理由不再进行评述。

基于上述事实和理由，合议组作出下述决定。

### 三、决定

宣告第 03310900.1 号外观设计专利权无效。

当事人对本决定不服的，可以根据专利法第 46 条第 2 款的规定，自收到本决定之日起三个月内向北京市第一中级人民法院起诉。根据该款规定，一方当事人起诉后，另一方当事人应当作为第三人参加诉讼。

本专利附图

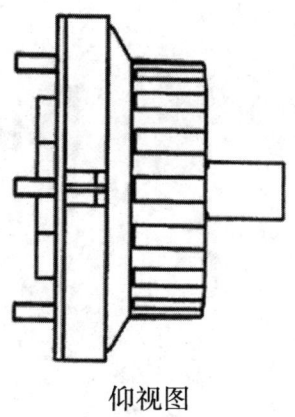

仰视图

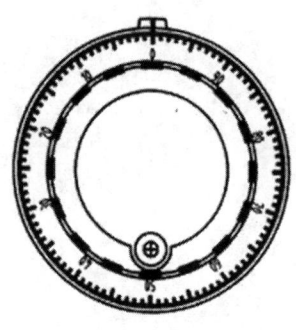

右视图

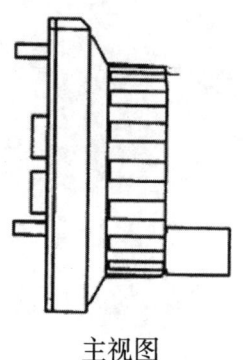

主视图

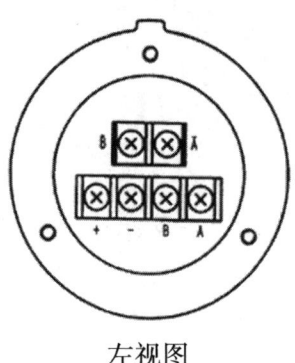

左视图

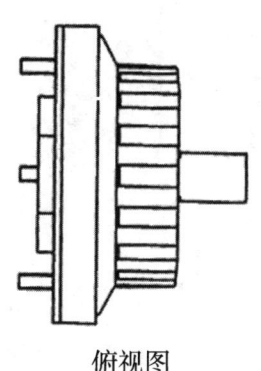

俯视图

证据 8

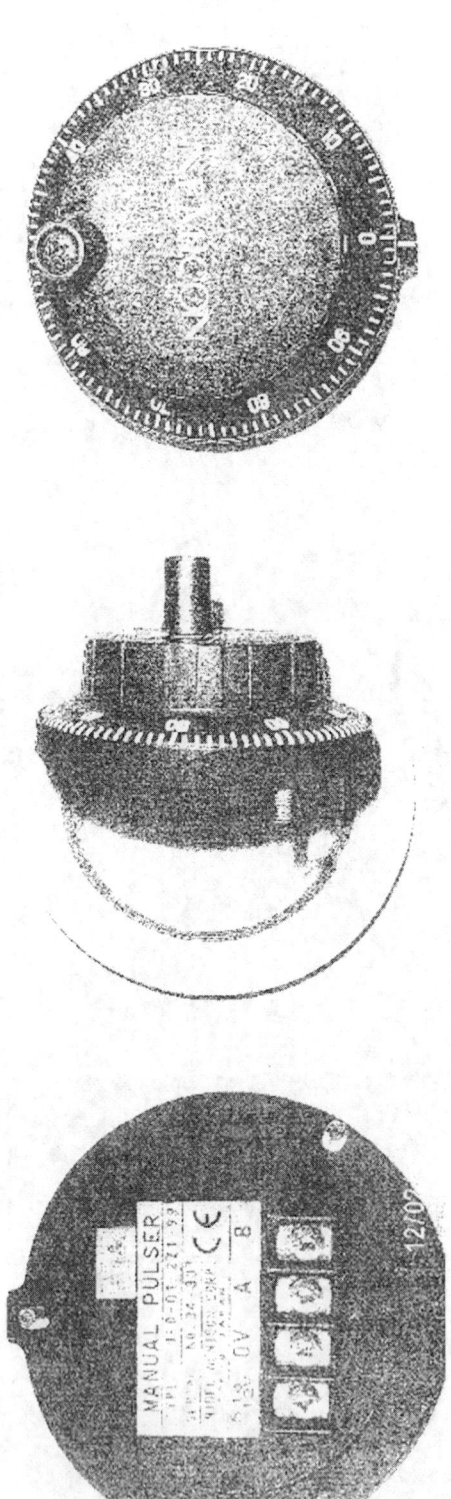

# 冲茶器（巴顿将军）

## 无效宣告请求审查决定（第 10888 号）

| | |
|---|---|
| 决 定 号 | 第 10888 号 |
| 决 定 日 | 2007 年 12 月 24 日 |
| 发明创造名称 | 冲茶器（巴顿将军） |
| 外观设计分类号 | 07-01 |
| 无效宣告请求人 | 品胜实业股份有限公司 |
| 专 利 权 人 | 张 超 |
| 专 利 号 | 200630062006.8 |
| 申 请 日 | 2006 年 5 月 29 日 |
| 授 权 公 告 日 | 2007 年 3 月 21 日 |
| 合议组组长 | 吴大章 |
| 主 审 员 | 刘路尧 |
| 参 审 员 | 郑 直 |
| 附 图 | 2 页 |

**法 律 依 据** 专利法第 23 条
**决 定 要 点**
将本专利与在先设计进行比较后可知，通过对本案壶类产品的外观设计的整体观察、综合判断，两者的差异为局部的细微变化，不足以对产品的整体视觉效果产生显著的影响，故两者应当属于相近似的外观设计。

### 一、案由

本无效宣告请求涉及国家知识产权局于 2007 年 3 月 21 日授权公告的、名称为"冲茶器（巴顿将军）"的第 200630062006.8 号外观设计专利，其申请日为 2006 年 5 月 29 日，专利权人为张超。

针对上述外观设计专利（下称本专利），品胜实业股份有限公司（下称请求人）于 2007 年 7 月 10 日向专利复审委员会提出无效宣告请求。在该无效宣告请求中，请求人提交如下附件作为证据：

附件 1：（香港）《Gifts & Houseware》July 2005 及中文译文复印件，共 6 页；
附件 2：（台湾）2005-2006 台湾地区《食品采购年鉴》复印件，共 5 页；
附件 3：（香港）《Gifts & Home products》April 2005 及中文译文复印件，共 6 页；
附件 4：（香港）《Gifts & Home products》February 2005 及中文译文复印件，共 6 页；
附件 5：（香港）《Gifts & Home products》October 2005 及中文译文复印件，共 6 页；

附件6：（香港）《Gifts &Home products》November 2005 及中文译文复印件，共 6 页；

附件7：（香港）《Gifts&Home products》December 2005 及中文译文复印件，共 6 页；

附件8：（香港）《Gifts&Home products》February 2006 及中文译文复印件，共 6 页；

附件9：申请号为 02341252.

6. 申请日为 2002 年 11 月 7 日、公告日为 2003 年 8 月 6 日、名称为"壶（明珠 DHA102B）"的中国外观设计专利网络信息页打印件，共 1 页；

附件10：申请号为 02341241.0、申请日为 2002 年 11 月 7 日、公告日为 2003 年 8 月 6 日、名称为"壶（金凤 DHB122S）"的中国外观设计专利网络信息页打印件，共 1 页；

附件11：申请号为 03307828.9. 申请日为 2003 年 4 月 21 日、公告日为 2003 年 11 月 5 日、名称为"电热水壶"的中国外观设计专利网络信息页打印件，共 1 页；

附件12：申请号为 01357663.1. 申请日为 2001 年 11 月 26 日、公告日为 2002 年 5 月 29 日、名称为"'金钱豹'紫砂壶"的中国外观设计专利网络信息页打印件，共 1 页；

附件13：申请号为 01346423.X、申请日为 2001 年 8 月 30 日、公告日为 2002 年 4 月 10 日、名称为"保温壶（1）"的中国外观设计专利网络信息页打印件，共 1 页；

附件14：申请号为 02372528.1. 申请日为 2002 年 12 月 19 日、公告日为 2003 年 8 月 20 日、名称为"茶水壶（UFO）"的中国外观设计专利网络信息页打印件，共 1 页；

附件15：申请号为 00319475.2. 申请日为 2000 年 11 月 26 日、公告日为 2001 年 8 月 29 日、名称为"壶"的中国外观设计专利网络信息页打印件，共 1 页；

附件16：申请号为 00313586.1. 申请日为 2000 年 3 月 6 日、公告日为 2000 年 8 月 30 日、名称为"制茶器"的中国外观设计专利网络信息页打印件，共 1 页；

附件17：申请号为 200530156063.8. 申请日为 2005 年 12 月 6 日、公告日为 2007 年 1 月 10 日、名称为"煮茶器（XB6993）"的中国外观设计专利网络信息页打印件，共 1 页；

附件18：申请号为 01351396.6. 申请日为 2001 年 10 月 30 日、公告日为 2002 年 6 月 26 日、名称为"壶（322-T）"的中国外观设计专利网络信息页打印件，共 1 页；

附件19：申请号为 200530127122.9. 申请日为 2005 年 12 月 6 日、公告日为 2006 年 10 月 11 日，名称为"紫砂壶（狮钮）"的中国外观设计专利网络信息页打印件，共 1 页；

附件20：申请号为 200430048062.7. 申请日为 2004 年 8 月 31 日、公告日为 2005 年 8 月 10 日、名称为"茶壶"的中国外观设计专利网络信息页打印件，共 1 页；

附件21：申请号为 02365816.9. 申请日为 2002 年 12 月 9 日、公告日为 2003 年 8 月 6 日、名称为"电热壶"的中国外观设计专利网络信息页打印件，共 1 页；

附件22：申请号为 03359838.X、申请日为 2003 年 7 月 30 日、公告日为 2004 年 2 月 4 日、名称为"茶壶"的中国外观设计专利网络信息页打印件，共 1 页；

附件23：申请号为 200430042104.6. 申请日为 2004 年 6 月 9 日、公告日为 2005 年 3 月 2 日、名称为"茶壶（DS2-5）"的中国外观设计专利网络信息页打印件，共 1 页；

附件24：申请号为 200430031869.X、申请日为 2004 年 6 月 30 日、公告日为 2005 年 3 月 9 日、名称为"壶（T55 山鹰系列茶具）"的中国外观设计专利网络信息页打印件，共 1 页；

附件25：申请号为 200330114366.4. 申请日为 2003 年 12 月 11 日、公告日为 2005 年 3 月 30 日、名称为"咖啡壶"的中国外观设计专利网络信息页打印件，共 1 页；

附件26：申请号为 200530127121.2. 申请日为 2005 年 12 月 6 日、公告日为 2006 年 9 月 27 日、名称为"紫砂壶（金色）"的中国外观设计专利网络信息页打印件，共 1 页；

附件27：申请号为200530157061.0、申请日为2005年12月19日、公告日为2006年12月20日、名称为"茶壶（真龙茶壶）"的中国外观设计专利网络信息页打印件，共1页；

附件28：申请号为200430007552.2、申请日为2004年3月30日、公告日2005年1月12日、名为"咖啡壶（二）"的中国外观设计专利网络信息页打印件，共1页；

附件29：申请号为02362883.9、申请日为2002年10月12日、公告日为2003年5月28日、名称为"无线电热水壶（2）"的中国外观设计专利网络信息页打印件，共1页；

附件30：申请号为00349689.9、申请日为2000年12月26日、公告日为2001年9月12日、名称为"茶壶"的中国外观设计专利网络信息页打印件，共1页；

附件31：申请号为200430036685.2、申请日为2004年1月21日、公告日为2004年8月25日、名称为"茶壶（21）"的中国外观设计专利网络信息页打印件，共1页；

附件32：申请号为96311934.6、申请日为1996年2月28日、公告日为1997年6月25日、名称为"冲泡壶"的中国外观设计专利网络信息页打印件，共1页；

附件33：申请号为02364597.0、申请日为2002年11月12日、公告日为2003年7月9日、名称为"电热水壶（WKF-815）"的中国外观设计专利网络信息页打印件，共1页；

附件34：申请号为02344034.1、申请日为2002年10月30日、公告日为2003年7月23日、名称为"电热壶（XD0202）"的中国外观设计专利网络信息页打印件，共1页；

附件35：申请号为02365890.8、申请日为2002年12月5日、公告日为2003年7月30日、名称为"电热开水壶（QS-1103）"的中国外观设计专利网络信息页打印件，共1页；

附件36：申请号为02359791.7、申请日为2002年8月13日、公告日2003年4月30日、名称为"壶"的中国外观设计专利网络信息页打印件，共1页；

附件37：申请号为200530118699.3、申请日为2005年8月22日、公告日为2006年9月20日、名称为"水壶（C）"的中国外观设计专利网络信息页打印件，共1页；

附件38：申请号为97304684.8、申请日为1997年5月30日、公告日为1998年12月9日、名称为"保温壶"的中国外观设计专利网络信息页打印件，共1页；

附件39：申请号为200430009909.0、申请日为2004年10月7日、公告日为2005年5月11日、名称为"咖啡壶（04-01）"的中国外观设计专利网络信息页打印件，共1页；

附件40：申请号为03322505.2、申请日为2003年4月14日、公告日为2003年10月1日、名称为"壶把"的中国外观设计专利网络信息页打印件，共1页。

请求人提出的具体理由为：本专利相对于附件1-8所揭示的在先设计不符合专利法第23条的规定，附件9-28证明本专利中壶盖顶端的形状是惯常设计，附件29-40证明本专利中把手顶端的形状是惯常设计。

经形式审查合格后，专利复审委员会受理了该无效宣告请求，并于2007年8月23日向双方当事人发出无效宣告请求受理通知书，并随上述无效宣告请求受理通知书将请求人提交的无效宣告请求书及其附件清单中所列附件副本转送专利权人，要求其在指定期限内对该无效宣告请求陈述意见。

专利权人于2007年9月24日提交了意见陈述书及其附件，附件中包括上述附件1-40；专利权人认为：将本专利与附件1-8所揭示的在先设计相比，本专利中盖顶部的类倒柱锥台形体、柄体的凸起与在先设计存在显著区别，本专利中柄体的凸起对整体视觉效果有显著的视觉效果、盖顶部的类倒柱锥台形体相比球形更具视觉效果，因此本专利符合专利法第23条的规定；本专利与附件9-40中任何一个相比，既不相同也不相似，并且附件9-40与上述在先设计结合进行对比，违反了审查指南规定的单独对比原则。

在此基础上，专利复审委员会依法成立合议组，对本案进行审查。合议组于2007年11月12日向双方当事人发出口头审理通知书，定于2007年12月20日对本案进行口头审理，并随口头审理通知书将专利权人于2007年9月24日提交的意见陈述书及其附件清单中所列附件的副本转送给请求人。

口头审理如期举行，请求人出席了口头审理，专利权人未出席口头审理。在口头审理中，请求人对合议组成员无回避请求；请求人明确附件1中第79页左上角图中所示的咖啡/茶壶照片、附件2中第168页第3栏中所示的T836太空梭冲泡器照片、附件3中第164页左下角图中所示的法式压缩机咖啡壶照片、附件4中第174页左上角图中所示的法式压缩机咖啡壶照片、附件5中第122页左下角图中所示的法式咖啡/茶壶照片、附件6中第114页左上角图中所示的法式咖啡/茶壶照片、附件7中第165页左上角图中所示的法式咖啡/茶壶照片、附件8中第173页左上角图中所示的法式咖啡/茶壶照片作为在先设计与本专利进行比较；请求人认为本专利与在先设计仅有两处差别：（1）本专利柄体上部内侧有一个凸起，对一般消费者来说不容易看到，对整体视效果不产生影响；（2）盖顶部有一个提手，本专利是一个类倒柱锥形体，在先专利盖顶部为圆球型，两者不具有显著差别；请求人明确附件9-40使用目的是证明本专利与在先设计专利的区别是惯常设计；请求人当庭提交了附件1-8的原件，经合议组核实上述原件与请求人在提出无效宣告请求时提交的复印件一致；请求人当庭提交了盖有"中华人民共和国司法部委托香港律师办理内地使用的公证文书转递专用章"蓝章和有邓兆驹签名及盖章的证明书原件及其副本，证明附件1.4分别为2005年7月和2005年2月公开发行的定期刊物。

至此，合议组认为本案事实已经清楚，可以依法作出无效宣告请求审查决定。

## 二、决定的理由

1. 关于证据

附件1是在中国香港地区发行的《Gifts & Houseware》期刊及其相关内容的中文译文，请求人在口头审理中当庭提交了附件1的期刊原件及其公证文件。由于专利权人在意见陈述书中对附件1的真实性及其相关内容的中文译文的准确性没有提出异议，并且请求人提交了附件1的公证文件，已经履行了香港地区形成证据的相关证明手续，符合审查指南第四部分第八章2.2.2节关于香港地区形成的证据的证明手续的规定，故合议组对附件1的真实性及其相关内容的中文译文的准确性予以接受。附件1的《Gifts & Houseware》期刊属于专利法意义上的公开出版物，其出版日期应当为2005年7月31日，早于本专利的申请日，因此附件1可以作为评价本专利是否符合专利法第23条规定的证据使用。

2. 关于相近似判断

专利法第23条规定授予专利权的外观设计，应当同申请日以前在国内外出版物上公开发表过或者国内公开使用过的外观设计不相同和不相近似，并不得与他人在先取得的合法权利相冲突。

附件1中第79页左上角图中所示的咖啡/茶壶（下称在先设计）与本专利用途相同，属于相同种类的产品，可以进行外观设计相近似性的对比。

本专利图示有主视图、立体图、左视图、右视图、俯视图、仰视图、使用状态参考图1. 使用状态参考图2，简要说明本专利后视图与主视图对称，省略后视图，主视图中A部分透明。如图所示，本专利所示的冲茶器整体呈圆柱体形，具有杯盖、杯体、杯座三个部分，从使用状态参考图2中可以看出，杯体及杯盖可以与杯座分开使用。其中，在杯盖的圆弧形杯面中心设有一提手；杯体呈上端开口、下端封闭的圆柱体形；杯座包括设有支撑脚的杯底和把手，杯底上缘相对两侧设置一对近半圆弧形的护耳，在具有一护耳侧的杯底向上延伸出圆弧形把手，把手上部内侧设有一凸起。其中，从主视图和俯视图中可以看出，提手为类倒柱锥台形的；从仰视图中可以看出，杯底设有三个支撑脚。（详

见本专利附图)

在先设计所示的咖啡/茶壶照片整体呈圆柱体形,具有杯盖、杯体、杯座三个部分。其中,在杯盖的中心设有一圆球形提手;杯体呈上端开口、下端封闭的圆柱体形;杯座包括设有支撑脚的杯底和把手,杯底上缘相对两侧设置一对近半圆弧形的护耳,在具有一护耳侧的杯底向上延伸出圆弧形把手。(详见在先设计附图)

本专利产品属于组装关系唯一的组件产品,应当以本专利产品在组合状态下的整体外观设计为对象进行相近似判断。在先设计中的杯座虽然从图中仅仅可以直接观察到设有两个支撑脚,但一般消费者根据对该类产品常识性的了解,可以确定此类产品的杯座一般设有三个或更多支撑脚,并且从在先设计的图中所示的支撑脚与杯座的比例关系来看,一般消费者能够确定在先设计产品具有三个支撑脚。将本专利与在先设计进行比较,两者的整体形状基本相同,两者的不同之处主要在于:本专利的提手为类倒柱锥台形的,把手上部内侧设有一凸起;在先设计的提手为圆球形,把手上未设有凸起。对此,合议组认为:虽然本专利与在先设计中的提手的形状和把手上的设置有所不同,但是,本专利中提手的形状类倒柱锥台形、把手上设置有凸起,与在先设计中提手的形状圆球形、把手为平滑的圆弧形未设置有凸起相比,两者的差异属于局部的细微变化,不足以对产品的整体视觉效果产生显著的影响。根据整体观察、综合考虑的原则,本专利与在先设计的上述差异对产品的整体视觉效果不具有显著的影响,因此基于上述分析判断,两者应当属于相近似的外观设计。

综上所述,在本专利申请日前已经有与其相近似的外观设计在出版物上公开发表过,因此本专利不符合专利法第23条的规定。

鉴于上述无效宣告理由成立,因此合议组对请求人提交的其他证据不再进行评述。

根据以上事实和理由,合议组作出如下无效宣告请求审查决定。

### 三、决定

宣告第200630062006.8号外观设计专利权全部无效。

当事人对本决定不服的,可以根据专利法第46条第2款的规定,自收到本决定之日起三个月内向北京市第一中级人民法院起诉。根据该款的规定,一方当事人起诉后,另一方当事人应当作为第三人参加诉讼。

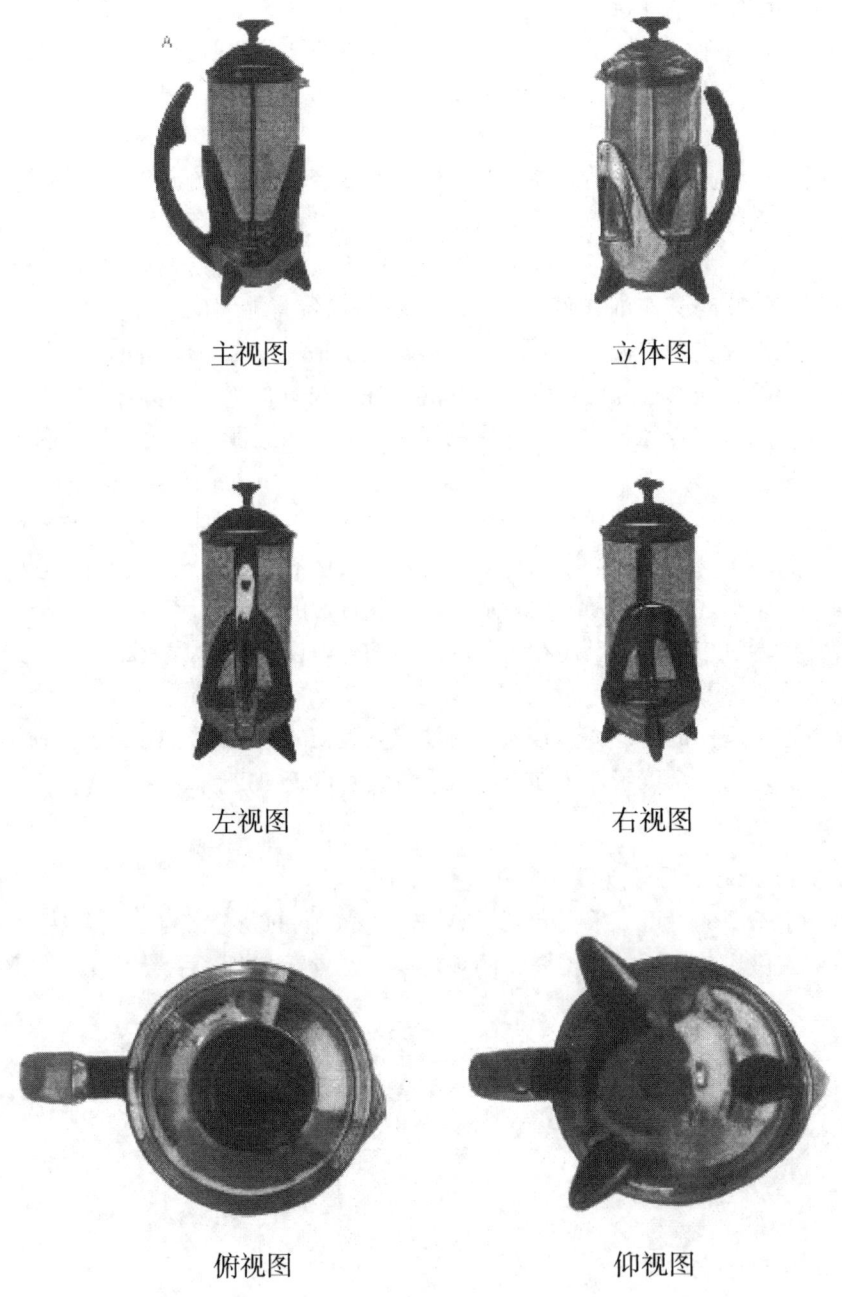

在先设计附图

# 订书机（DXY-911）

## 无效宣告请求审查决定（第 10889 号）

| | |
|---|---|
| 决 定 号 | 第 10889 号 |
| 决 定 日 | 2007 年 12 月 24 日 |
| 发明创造名称 | 订书机（DXY-911） |
| 外观设计分类号 | 19-02 |
| 无效宣告请求人 | 罗米欧·马埃斯特里及子私人公司 |
| 专 利 权 人 | 钟建文 |
| 专 利 号 | 200430020866.6 |
| 申 请 日 | 2004 年 3 月 12 日 |
| 授权公告日 | 2004 年 10 月 20 日 |
| 合议组组长 | 吴赤兵 |
| 主 审 员 | 刘路尧 |
| 参 审 员 | 刘 鹏 |
| 附 图 | 2 页 |

**法律依据** 专利法第 23 条

**决定要点**

将本专利与在先设计进行比较，通过对本案订书机类产品的外观设计的整体观察、综合判断，两者的差异分别为局部的细微变化和不容易看到部位的设计变化，不足以对产品的整体视觉效果产生显著的影响，故两者应当属于相近似的外观设计。

### 一、案由

本无效宣告请求涉及国家知识产权局于 2004 年 10 月 20 日授权公告的、名称为"订书机（DXY-911）"的第 200430020866.6 号外观设计专利，其申请日为 2004 年 3 月 12 日，专利权人为钟建文。

针对上述外观设计专利（下称本专利），罗米欧·马埃斯特里及子私人公司（下称请求人）于 2007 年 2 月 6 日向专利复审委员会提出无效宣告请求。在该无效宣告请求中，请求人提交如下附件作为证据使用：

附件 1：专利号为 02344540.8 的中国外观设计专利证书复印件，共 1 页；

附件 2：网上下载的专利号为 02344540.8 的中国外观设计专利的专利公告信息文件，共 4 页（下称对比文件 1）。

请求人提出的具体理由为：本专利的全部外观设计要素与对比文件 1 的相应要素相同或相近似，

本专利中产品型号仅是专利权人自己确定的型号,并不是产品特征,因此本专利不符合专利法第23条的规定。

经形式审查合格后,专利复审委员会受理了该无效宣告请求,并于2007年4月3日向双方当事人发出无效宣告请求受理通知书,并随上述无效宣告请求受理通知书将请求人提交的无效宣告请求书及其附件清单中所列附件副本转送专利权人,要求其在指定期限内对该无效宣告请求陈述意见。

专利权人在指定的期限内未作答复。

在此基础上,专利复审委员会依法成立合议组,对本案进行审查。合议组于2007年11月8日向双方当事人发出口头审理通知书,定于2007年12月19日对本案进行口头审理。请求人提交了口头审理通知书回执,表示参加口头审理。

口头审理如期举行,请求人出席了口头审理,专利权人未出席口头审理。在口头审理中,请求人对合议组成员无回避请求;请求人明确无效理由为本专利与对比文件1相近似,不符合专利法第23条的规定;请求人当庭演示了声称为本专利产品和对比文件1产品的实物样品;请求人认为:本专利主视图和对比文件1的后视图相对应,本专利后视图和对比文件1的主视图相对应,本专利右视图和对比文件1的仰视图相对应,本专利左视图和对比文件1的俯视图相对应,本专利俯视图与对比文件1的左视图相对应,本专利仰视图和对比文件1的右视图相对应,其中本专利左视图上盖上有英文字母和钉型符号,说明是使用钉的型号;本专利与对比文件1的区别在于:本专利的推杆上有弹簧,对比文件1的推杆上的弹簧没有外露;本专利的下夹部有两个凹痕,与铆钉配合,对比文件1中没有;本专利的弹簧扣与对比文件1的弹簧扣略有不同。

至此,合议组认为本案事实已经清楚,可以依法作出无效宣告请求审查决定。

**二、决定的理由**

1. 关于证据

对比文件1为网上下载的专利号为02344540.8的中国外观设计专利的专利公告信息文件,专利权人对该文件的真实性没有异议,经合议组核实其内容与该专利的公报原件内容一致,故合议组对对比文件1的真实性予以采信。专利号为02344540.8的中国外观设计专利的授权公告日为2003年10月22日,早于本专利的申请日,其名称为"订书机(PRIMULA6-plus versions 8/10)",因此该外观设计可以作为判断本专利相同或者相近似的在先设计使用。

2. 关于专利法第23条

专利法第23条规定授予专利权的外观设计,应当同申请日以前在国内外出版物上公开发表过或者国内公开使用过的外观设计不相同和不相近似,并不得与他人在先取得的合法权利相冲突。

对比文件1所示的"订书机(PRIMULA6-plus versions8/10)"(下称在先设计)与本专利的"订书机"用途相同,属于相同种类的产品,可以进行外观设计相近似性的对比。

本专利"订书机"显示有7幅图:主视图、后视图、左视图、右视图、俯视图、仰视图、立体图。如图所示,本专利所示的订书机整体呈梯形,具有上夹手柄、下夹手柄、拉杆、钉道、弹簧、弹簧扣、连接部、连接部中心的铆钉、上盖以及钉槽夹片,其中连接部下侧具有两个凹痕。其中,从后视图中可以看出与主视图中示出的连接部的对称部分的下侧同样具有两个凹痕;从左视图中可以看出上盖上印有英文字母和钉型符号(详见本专利附图)。

在先设计显示有6幅视图:主视图、后视图、左视图、右视图、俯视图、仰视图,所示的"订书机(PRIMULA6-plus versions8/10)"整体呈梯形,具有上夹手柄、下夹手柄、拉杆、钉道、弹簧扣、连接部、连接部中心的铆钉、上盖以及钉槽夹片(详见在先设计附图)。

将本专利与在先设计进行比较,两者的整体形状基本相同,两者的不同之处在于:本专利的订书机钉道上装有弹簧，在先设计中没有弹簧；本专利下夹部有两个凹痕，在先设计中没有凹痕。对此，合议组认为：虽然本专利与在先设计中的订书机有所不同，但是，弹簧和凹痕的差异属于局部的细微变化，并且本专利中上盖上印有英文字母和钉型符号属于不容易看到部位的设计变化，一般消费者会将本专利与在先设计误认、混同。根据整体观察、综合考虑的原则，本专利与在先设计的上述变化对产品的整体视觉效果不具有显著的影响，因此基于上述分析判断，两者应当属于相近似的外观设计。

综上所述，在本专利申请日前已经有与其相近似的外观设计在出版物上公开发表，因此本专利不符合专利法第23条的规定。

根据以上事实和理由，合议组作出如下无效宣告请求审查决定。

### 三、决定

宣告第200430020866.6号外观设计专利权全部无效。

当事人对本决定不服的，可以根据专利法第46条第2款的规定，自收到本决定之日起三个月内向北京市第一中级人民法院起诉。根据该款的规定，一方当事人起诉后，另一方当事人应当作为第三人参加诉讼。

主视图　　　　　后视图

 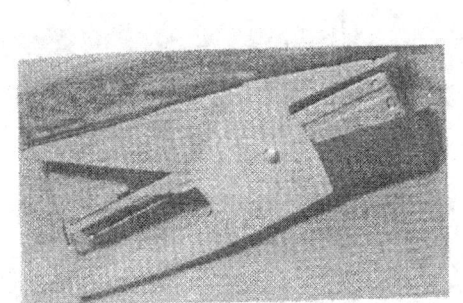 

左视图　　　　立体图　　　　右视图

俯视图　　　仰视图

**200430020866.6 专利附图**

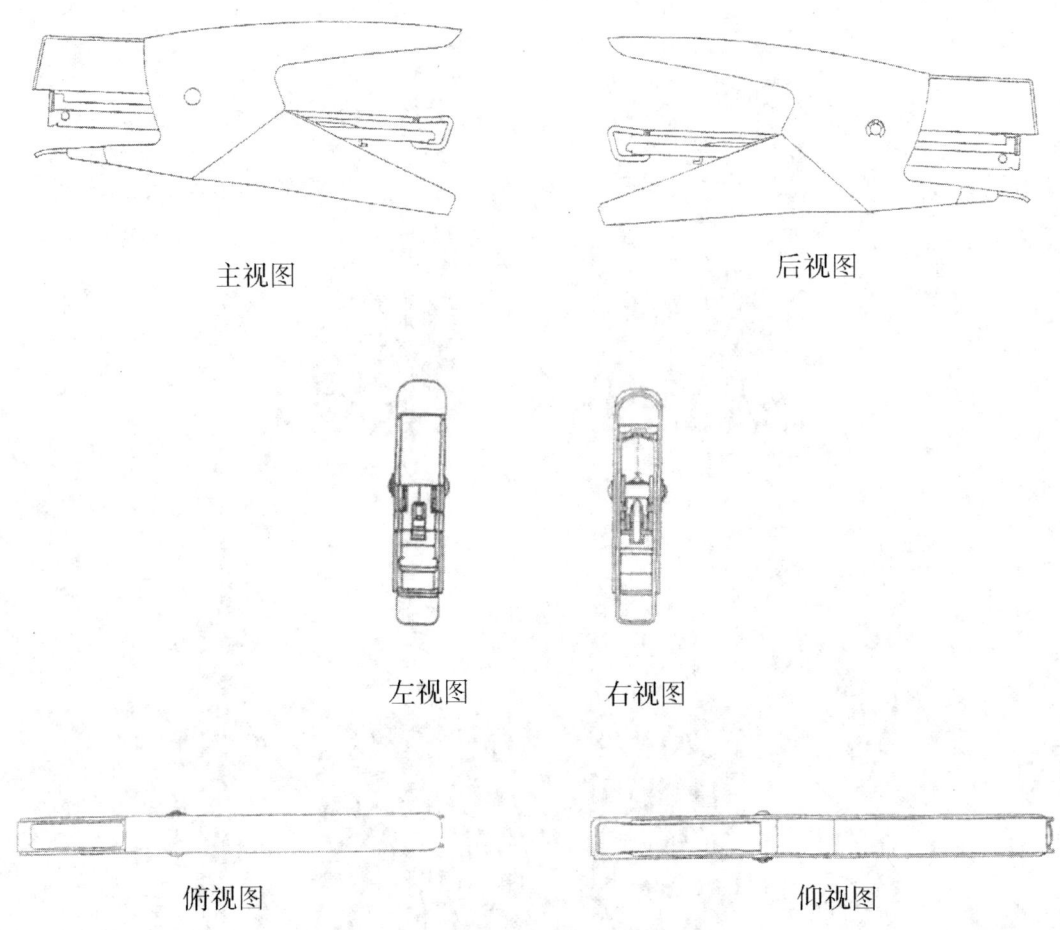

02344540.8 专利附图

# 工具箱

## 无效宣告请求审查决定（第 10895 号）

| | |
|---|---|
| 决 定 号 | 第 10895 号 |
| 决 定 日 | 2007 年 12 月 24 日 |
| 发明创造名称 | 工具箱 |
| 外观设计分类号 | 03-01 |
| 无效宣告请求人 | 黄 俭 |
| 专 利 权 人 | 梁伟斌 |
| 专 利 号 | 200530111647.3 |
| 申 请 日 | 2005 年 6 月 15 日 |
| 授 权 公 告 日 | 2006 年 8 月 30 日 |
| 合 议 组 组 长 | 吴赤兵 |
| 主 审 员 | 刘路尧 |
| 参 审 员 | 刘 鹏 |
| 附 图 | 2 页 |

**法 律 依 据** 专利法第 23 条
**决 定 要 点**
将本专利与在先设计进行比较，通过对本案容器类产品的外观设计的整体观察、综合判断，两者的差异为局部的细微变化和不容易看到部位的设计变化，不足以对产品的整体视觉效果产生显著的影响，故两者应当属于相近似的外观设计。

### 一、案由

本无效宣告请求涉及国家知识产权局于 2006 年 8 月 30 日授权公告的、名称为"工具箱"的第 200530111647.3 号外观设计专利，其申请日为 2005 年 6 月 15 日，专利权人为梁伟斌。

针对上述外观设计专利（下称本专利），黄俭（下称请求人）于 2007 年 4 月 12 日向专利复审委员会提出无效宣告请求。在该无效宣告请求中，请求人提交如下附件作为证据使用：

附件 1：专利号为 97304810.7 的中国外观设计专利公报复印件，共 1 页，授权公告日为 1998 年 6 月 17 日；

附件 2：专利号为 98325776.0 的中国外观设计专利公报复印件，共 1 页，授权公告日为 1999 年 6 月 23 日；

附件 3：专利号为 01216669.3 的中国实用新型专利说明书复印件，共 6 页，授权公告日为 2002

年1月9日；

附件4：云南省昆明市中级人民法院应诉通知书复印件，共1页。

请求人提出的具体理由为：本专利系常规的直线组成的立方体形状，与附件1~3相同和相近似，彼此的轮廓造型、部件形状及布局一致，属于同样的外观设计，不符合专利法第23条的规定。

经形式审查合格后，专利复审委员会受理了该无效宣告请求，并于2007年4月13日向双方当事人发出无效宣告请求受理通知书，并随上述无效宣告请求受理通知书将请求人提交的无效宣告请求书及其附件清单中所列附件副本转送专利权人，要求其在指定期限内对该无效宣告请求陈述意见。

专利权人于2007年5月15日提交了意见陈述书，认为：（1）本专利与附件1在外形上的区别为：附件1的俯视图、仰视图为长方形，本专利的俯视图、仰视图为正方形；上盖与箱体的结合处设有外凸的台阶形直角边的宽度不同，本专利为宽边，附件1为窄边；附件1较本专利额外设置有搭扣和箱体两端的握手；（2）本专利与附件2的形状不同，分别为正方形和长方形，附件2较本专利额外设置有搭扣和合页；（3）附件3为实用新型，与本专利比较缺乏可比性，本专利与附件3比较，附件3的凸边为窄边，凸边左、右还设计了握手，同时在该外凸握手的下体下方还设计了外露的加强筋；因此，本专利与附件1~3既不相同，也不相近似。

在此基础上，专利复审委员会依法成立合议组，对本案进行审查。合议组于2007年11月8日向双方当事人发出口头审理通知书，定于2007年12月19日对本案进行口头审理。双方当事人均提交了口头审理通知书回执，均表示参加口头审理。

口头审理如期举行，双方当事人均出席了口头审理。在口头审理中，双方当事人对合议组成员无回避请求，双方当事人对对方出庭人员身份无异议；请求人明确无效宣告理由为本专利不符合专利法第23条的规定；专利权人对请求人提交的附件1~3的真实性无异议；请求人认为：本专利与附件1的相同点在于两者整体形状是一个立方体，盖子所占比例比较小，箱体比较大，盖子和盒体的结合部，都是有一个外凸的直角边，区别点在于附件1上有搭扣和握手，是细微的差别，本专利不存在搭扣和握手；本专利和附件2的区别在于搭扣的形状在和该盒体的结合处有一个直角边；附件3使用的实用新型专利说明书附图1，附图给出的形状和本专利的左视图、主视图、后视图、完全相同，根据说明书中盒体形状的描述，由硬质塑料可以推断是立方体，外凸的直角边和本专利是完全相同的，凸边的宽、窄没有大的区别，附件3实际上也是斜边，上边和下边的长度是不同的；专利权人认为：附件1俯视图、仰视图均为长方形，与本专利的专利产品相比较，结构上具有区别，形状不同，不能构成相近似；上盖与箱体的外凸边，附件1是窄边，本专利采用的是宽边，设置了螺栓连接，视角上给人感觉不同；本专利和附件1相比较，视角上、功能上都是具有区别的；附件1设置有搭扣和握手，外观设计视角上有不同感官效果，附件1和本专利具有明显区别；附件2与本专利的构成部件不同，长方形和正方形是不同的形状，搭扣和合页设置构成了不同的结构基调，附件2与本专利的视角上具有明显区别；附件3与本专利的区别：（1）附件3是具有把手的，本专利没有把手。（2）附件3是一个长方形，在说明书附图2~4可以看出是长方形结构，而本专利不是。（3）本专利的箱体边为斜边，附件3是直角边；本专利的斜边便于拿放产品，制造方面也是比较方便的；外观上也具有视觉效果。（4）附件3使用的是一次性毁坏的锁扣，锁扣连接箱体和箱盖；本专利的盖上四角是有螺栓孔，在本专利立体图上可以看出，附件3是破坏性的，外形上具有差异，而且带来了功能上的差异。

至此，合议组认为本案事实已经清楚，可以依法作出无效宣告请求审查决定。

## 二、决定的理由

1. 关于证据

附件3为一篇中国实用新型专利说明书，专利权人对附件3的真实性没有异议，合议组对附件3

的真实性予以采信。附件3的授权公告日为2002年1月9日，早于本专利的申请日，因此附件3可以作为评价本专利是否符合专利法第23条规定的证据使用。

2. 关于相近似判断

专利法第23条规定授予专利权的外观设计，应当同申请日以前在国内外出版物上公开发表过或者国内公开使用过的外观设计不相同和不相近似，并不得与他人在先取得的合法权利相冲突。

附件3的附图1中所示的钎头包装盒（下称在先设计）与本专利用途相同，属于相同种类的产品，可以进行外观设计相近似性的对比。

本专利图示有主视图、后视图、左视图、俯视图、立体图，简要说明省略其他视图。如图所示，本专利所示的工具箱整体呈方形，包括箱体和箱盖，箱体和箱盖结合部有一外凸的直角边。其中，从俯视图中可以看出，箱盖上的四角上分别有螺栓孔（详见本专利附图）。

根据在先设计说明书中的记载，附图1为在先设计的外观结构图，所述包装盒包括盒体1、盒盖2，盒盖2上设有一开启孔8，并且在盒体1的内底部平均分布有多条纵向和横向的加强筋3，纵向和横向加强筋3之间围成多个方形块，每个方形块内可安放一个钎头体（详见在先设计说明书第1页倒数第5行、第2页第1~11行，附图1）。

通过上述记载可知，在先设计的附图1所示为包装盒的外观图，可以表示所述包装盒的外观设计；尽管在先设计的附图1中仅仅示出了所述包装盒的一个侧面，但根据在先设计中公开的"所述包装盒由方形盒体1和盒盖2组成"的内容（详见在先设计说明书第2页第3~4行），可以确认所述盒体及盒盖的形状均为方形，所述包装盒的其他侧面应当与附图1中所示出的侧面整体形状相同，故合议组认定在先设计所示的钎头包装盒整体呈方形。

将本专利与在先设计进行比较，两者的整体形状相同，两者的不同之处在于：本专利的箱盖上的四角上分别有螺栓孔，在先设计中没有；在先设计的盒盖2上设有一开启孔8，本专利中没有。对此，合议组认为：虽然本专利与在先设计中的盖结构有所不同，但是，上述螺栓孔、开启孔的差异属于局部的细微变化，并且上述螺栓孔也属于不容易看到部位的设计变化。根据整体观察、综合考虑的原则，本专利与在先设计的上述差异对产品的整体视觉效果不具有显著的影响，因此基于上述分析判断，两者应当属于相近似的外观设计。

专利权人认为本专利与在先设计具有的如下区别：（1）在先设计具有把手，本专利没有把手，并且在先设计中的凸边为窄边，本专利的凸边为宽边；（2）在先设计是一个长方形，本专利是正方形；（3）本专利的箱体边为斜边，在先设计是直角边。对于专利权人的上述意见，合议组认为：（1）在先设计的说明书、附图中均没有描述或图示出所述把手，并且从本专利和在先设计的图中不能确定两者的凸边宽度的区别，因此可以认定本专利和在先设计都没有把手，两者的凸边不具有明显差异；（2）从在先设计的说明书能得知在先设计的包装盒整体呈方形，因此本专利与在先设计的整体形状相同；（3）从本专利和在先设计的图中不能确定两者的侧边的差异，并且从在先设计的说明书中也不能确定在先设计的盒体边为直角边。因此，合议组对专利权人的上述意见不予支持。

综上所述，在本专利申请日前已经有与其相近似的外观设计在出版物上公开发表，因此本专利不符合专利法第23条的规定。

在根据上述证据对本专利不符合专利法第23条规定已经作出评述的情形下，合议组对请求人提交的其他证据不再作出评述。

根据以上事实和理由，合议组作出如下无效宣告请求审查决定。

### 三、决定

宣告第 200530111647.3 号外观设计专利权全部无效。

当事人对本决定不服的，可以根据专利法第 46 条第 2 款的规定，自收到本决定之日起三个月内向北京市第一中级人民法院起诉。根据该款的规定，一方当事人起诉后，另一方当事人应当作为第三人参加诉讼。

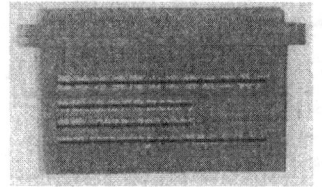
主视图

后视图

左视图

立体图

俯视图

本专利附图

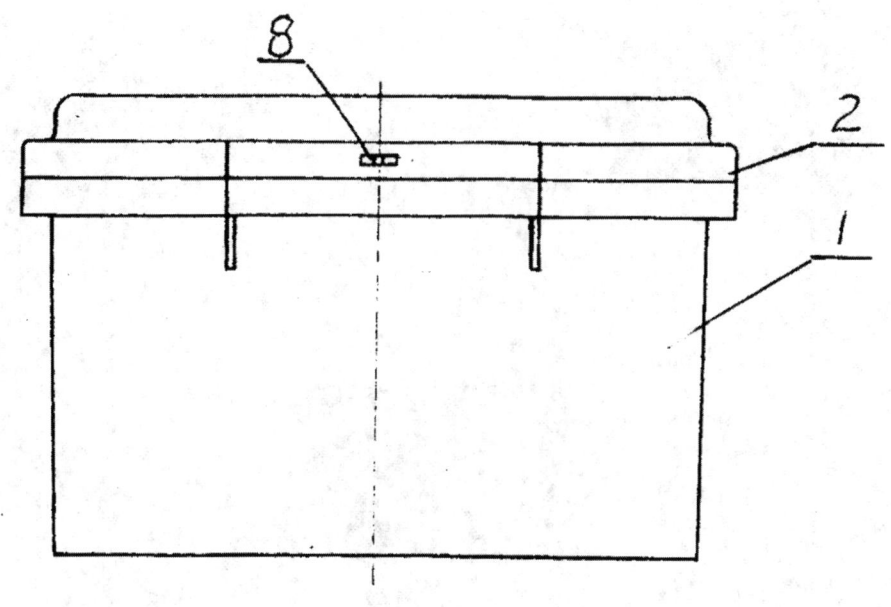

在先设计附图

# 育秧盘

## 无效宣告请求审查决定（第 10898 号）

| | |
|---|---|
| 决　定　号 | 第 10898 号 |
| 决　定　日 | 2007 年 12 月 24 日 |
| 发明创造名称 | 育秧盘 |
| 外观设计分类号 | 99-00 |
| 无效宣告请求人 | 阜宁县永福塑料秧盘厂 |
| 专　利　权　人 | 宋学仁 |
| 专　利　号 | 200530083731.9 |
| 申　请　日 | 2005 年 5 月 19 日 |
| 授 权 公 告 日 | 2006 年 1 月 25 日 |
| 合 议 组 组 长 | 马文霞 |
| 主　审　员 | 刘　亚 |
| 参　审　员 | 吴红权 |
| 附　　　图 | 2 页 |

**法　律　依　据**　专利法第 9 条、第 23 条

**决　定　要　点**

如果本专利外观设计与在先设计的差别只是局部的细微变化，其在该产品的整体设计中只占很小的一部分，一般消费者容易将本专利外观设计与在先设计误认、混同，或者该差别是使用时不容易看到或看不到的部位的设计变化，这些差别对该产品外观设计的整体视觉效果不足以产生显著的影响，则本专利外观设计与在先设计相近似，本专利不符合专利法第 23 条的规定。

### 一、案由

本无效宣告请求案涉及国家知识产权局于 2006 年 1 月 25 日公告授予的、名称为"育秧盘"的第 200530083731.9 号外观设计专利（下称本专利），其申请日为 2005 年 5 月 19 日，专利权人为宋学仁。

针对上述专利权，阜宁县永福塑料秧盘厂（下称请求人）于 2006 年 10 月 5 日向专利复审委员会提出无效宣告请求，其理由是本专利不符合专利法第 23 条的规定。请求人同时提交了下述附件：

附件 1：专利号为 200530083731.9 的外观设计专利公告（即本专利），申请日为 2005 年 5 月 19 日，授权公告日为 2006 年 1 月 25 日，复印件共 1 页；

附件 2：专利号为 200530080149.7 的外观设计专利公告，申请日为 2005 年 1 月 20 日，授权公告

日为2005年11月16日，复印件共1页；

附件3：专利号为02237507.4的实用新型专利说明书，申请日为2002年6月6日，授权公告日为2003年5月28日，复印件共6页；

附件4：专利号为200520068435.6的实用新型专利说明书，申请日为2005年1月20日，授权公告日为2006年4月12日，复印件共6页。

请求人认为：附件3是2002年6月6日申报的实用新型专利，附件4是2005年1月20日申报的实用新型专利，附件2是2005年1月20日申报的外观设计专利，根据专利法第20条"授予专利权的外观设计，应当同申请日以前在国内外出版物上公开发表过或者国内公开使用过的外观设计不相同和不相近似，并不得与他人在先取得的合法权利相冲突"之规定，与附件2、3、4相比，本专利不符合该项规定。

经形式审查合格后，专利复审委员会受理了上述无效宣告请求，于2006年12月4日向双方当事人发出《无效宣告请求受理通知书》，并将《专利权无效宣告请求书》及其附件清单中所列附件的副本转送给专利权人，要求其在指定的期限内答复。

针对上述无效宣告请求，专利权人于2007年1月10日提交了意见陈述书，专利权人认为：（1）本专利产品未见国内外出版物上公开发表过相同的设计，与国内公开使用的产品也不相同，从产品底部的渗水孔到背面的加强筋和侧面的支撑脚等，没有一点相同或相近似之处，而且实践证明本专利设计合理实用，用户认可；（2）育秧盘属于通用产品，品种较多，本专利的育秧盘底部渗水孔和引水槽可使盘中土壤水分分布均衡，支撑脚既美观又实用，背面加强筋既增加了盘体的强度，又便于用机械滚轮输送，育秧盘两头设计有手把，人工搬运时既不打滑又不伤手指，该设计既新颖又实用，并有一定的创造性。

2007年4月6日，专利复审委员会本案合议组向双方当事人发出《无效宣告请求口头审理通知书》，定于2007年5月16日对该专利权的无效宣告请求进行口头审理，并将专利复审委员会于2007年1月16日收到的由专利权人于2007年1月10日提交的意见陈述书（共1页）随口头审理通知书转送给请求人。

2007年4月20日，专利权人向专利复审委员会递交了口头审理通知书回执，表示不参加口头审理。

2007年5月16日，口头审理如期进行，专利权人没有出席，请求人委托的代理人出席了口头审理，合议组在专利权人缺席的情况下就本无效宣告请求案进行了审理。口头审理过程中确认并记录了以下事项：（1）请求人对合议组成员无回避请求；（2）请求人明确其无效宣告请求的理由是本专利相对于附件3不符合专利法第23条的规定，相对于附件2或附件4不符合专利法第9条的规定。

至此，合议组认为本案的事实清楚，可以作出审查决定。

二、决定的理由

1. 法律依据

专利法第23条规定：授予专利权的外观设计，应当同申请日以前在国内外出版物上公开发表过或者国内公开使用过的外观设计不相同和不相近似，并不得与他人在先取得的合法权利相冲突。

2. 无效理由和证据的认定

在口头审理中，请求人要求将本专利相对于附件2或4不符合专利法第23条规定的无效宣告理由变更为本专利相对于附件2或4不符合专利法第9条的规定。合议组经核实，附件2和附件4的公开日均在本专利申请日之后，不属于本专利申请日前的现有技术，不适用专利法第23条，根据审查指南第四部分第三章第4.2节第（2）点的规定，对明显与提交的证据不相对应的无效宣告理由进行变更是允许的，因而合议组对此予以接受。

请求人提交的附件2~4均为中国专利文献，合议组经核实，对其真实性予以认可。附件3的授权公告日为2003年5月28日，在本专利申请日前，因此可以作为现有技术用于评价本专利。

3. 相同相近似性

本专利产品名称为"育秧盘"，附件3公开了一种具有一定形状、构造和外观的水稻育秧盘，本专利的育秧盘与附件3的水稻育秧盘用途相同，二者属于相同类别的产品。

本专利授权公告文本包括六面视图的主视图、后视图、左视图、右视图、仰视图和俯视图，未要求保护色彩。由上述视图可以看出，本专利的育秧盘整体为中间下凹、四周带边框的长方形盘体。从主视图看，中间为盘底，四周为边框，盘内底面按照矩阵方式均匀布满了圆形渗水孔，盘内底面边缘与边框相接处设有沿内底面边缘排列的条形引水槽。从仰视图和俯视图看，两长边框外侧面各有两个梯形支撑脚。从左视图和右视图看，两短边框外侧面的正中间各有一个波浪形手把。从后视图看，盘外底面在与盘边缘平行的方向上交叉设置了数根直线形加强筋，形成方格图案（详见本专利附图）。

附件3的图1~4公开了所述水稻育秧盘的外观设计，其包括主视图、左视图、俯视图和后视图。从主视图、后视图可以看出该水稻育秧盘的左视图与右视图对称，俯视图与仰视图对称。由上述视图可知，该水稻育秧盘整体为中间下凹、四周带边框的长方形盘体。从主视图看，中间为盘底，四周为边框，盘内底面按照矩阵方式布满了方形渗水孔，盘内底面边缘与边框相接处设有沿内底面边缘排列的长方形渗水孔。从俯视图看，两短边框外侧面有不均匀排列的数根直线形加强筋，从左视图看，两长边框外侧面有均匀排列的数根直线形加强筋。从后视图看，盘外底面在与盘边缘成45°角的方向上交叉设有数根直线形加强筋，形成方菱格图案，在中部有三根与短边框平行的直线形加强筋（详见对比文件附图）。

将本专利与附件3的育秧盘的外观相比较，二者整体形状和内部各部件的形状和布局十分相似，外形长宽高比例基本相同，内部渗水孔布局基本相同，侧面和底面均设有加强筋。二者的主要区别在于：（1）育秧盘内底面渗水孔的形状不同，此外，本专利育秧盘内底面边缘排布的是条形引水槽，而附件3的育秧盘内底面边缘排布的是长方形渗水孔；（2）本专利育秧盘在短边框外侧面设置了波浪形手把，在长边框外侧面有梯形支撑脚，而附件3的育秧盘无此设计；（3）本专利育秧盘外底面交叉设置的加强筋呈方格图案，而附件3育秧盘外底面交叉设置的加强筋呈方菱格图案。

合议组认为，育秧盘内底面的渗水孔极小，其形状的变化只是局部的细微变化，如此细微的小圆孔和小方孔对于一般消费者来说很容易造成误认、混同，本专利育秧盘内底面边缘排布的条形引水槽也只是一个局部细微的设计，在整体设计中只占很小的比例，其变化也不足以对整体视觉效果产生显著影响。本专利育秧盘设计的波浪形手把、梯形支撑脚和呈方格图案的加强筋都是功能性部件。波浪形手把是为了用手拿握的方便，该功能所唯一限定的波浪形这一特定形状对整体视觉效果不具有显著影响。梯形支撑脚的设计在整体设计中也只占很小的比例，同样属于局部细微的设计，而且由于在侧面的缘故使用时往往不容易被一般消费者注意到，育秧盘外底面在使用过程中更是不容易看到或看不到的部位，不容易被一般消费者关注，因而盘外底面网格图案的变化对整体视觉效果也不能产生显著的影响。根据整体观察、综合判断的原则，由于上述差异均不足以对育秧盘产品外观设计的整体视觉效果构成显著的影响，因此本专利外观设计与附件3公开的水稻育秧盘的外观设计相近似，本专利不符合专利法第23条的规定。

鉴于以上已经得出本专利不符合专利法第23条规定的结论，合议组对于请求人所主张的本专利不符合专利法第 9 条规定的理由和事实不予评述。

根据上述事实和理由，本案合议组作出如下审查决定。

### 三、决定

宣告第 200530083731.9 号外观设计专利权无效。

当事人对本决定不服的，可以根据专利法第 46 条第 2 款的规定，自收到本决定之日起三个月内向北京市第一中级人民法院起诉。根据该款的规定，一方当事人起诉后，另一方当事人应当作为第三人参加诉讼。

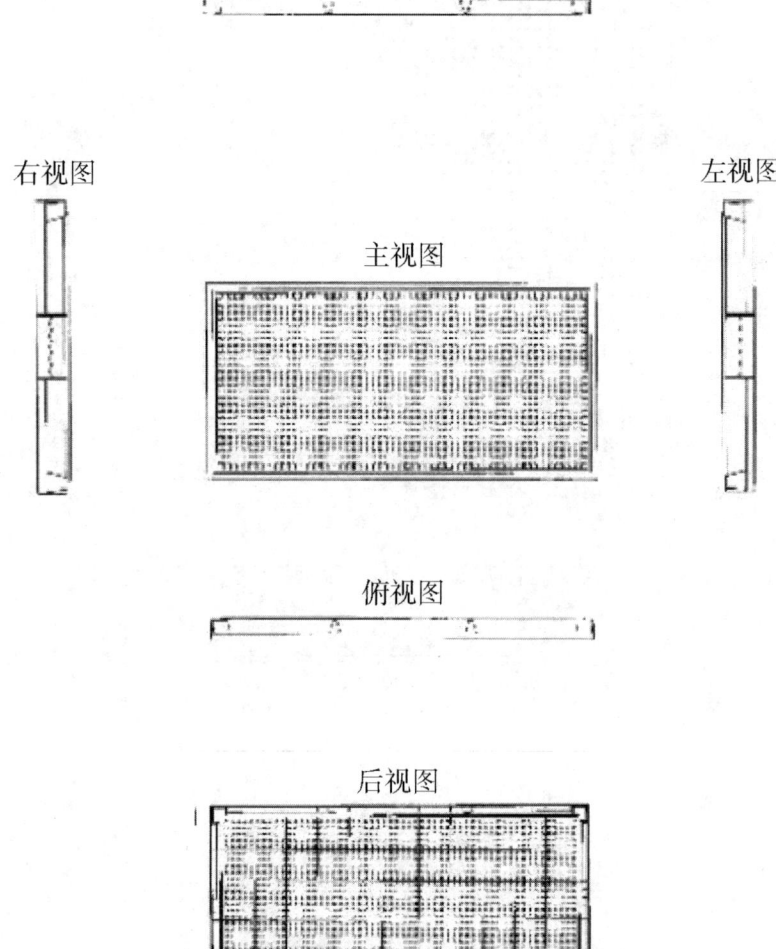

本专利附图

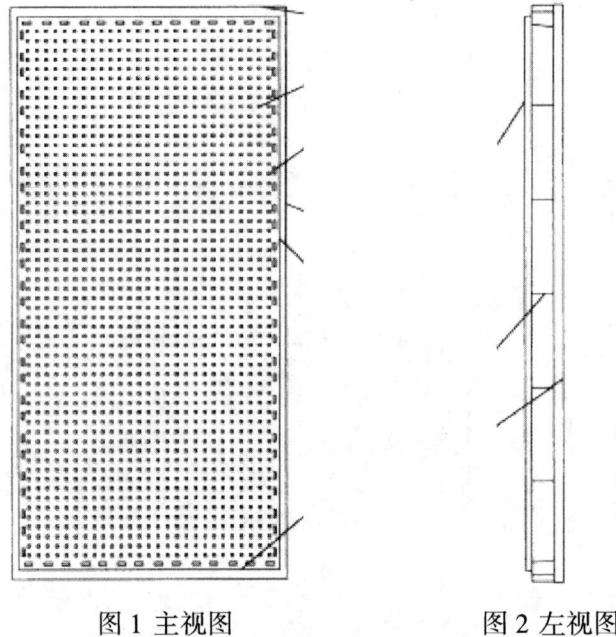

图 1 主视图　　图 2 左视图

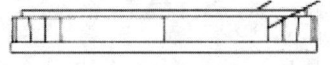

图 3 俯视图

对比文件附图

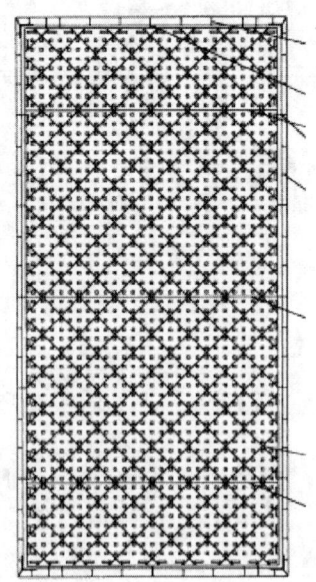

图 4 后视图

# 塑料瓶（农药-2）

## 无效宣告请求审查决定（第 10904 号）

| | |
|---|---|
| 决 定 号 | 第 10904 号 |
| 决 定 日 | 2007 年 12 月 20 日 |
| 发明创造名称 | 塑料瓶（农药-2） |
| 外观设计分类号 | 09-01 |
| 无效宣告请求人 | 临朐天心医药包装有限公司 |
| 专 利 权 人 | 刘二涛 |
| 专 利 号 | 200630092284.8 |
| 申 请 日 | 2006 年 5 月 26 日 |
| 授权公告日 | 2007 年 6 月 13 日 |
| 合议组组长 | 徐清平 |
| 主 审 员 | 刘路尧 |
| 参 审 员 | 张霞 |
| 法 律 依 据 | 专利法第 23 条 |

决 定 要 点

请求人提交的证据不足以证明本专利在其申请日前已经有与其相同或相近似的外观设计在国内使用公开，其据此证明本专利不符合专利法第 23 条规定的无效宣告理由不能成立。

一、案由

本无效宣告请求涉及国家知识产权局于 2007 年 6 月 13 日授权公告的、名称为"塑料瓶（农药-2）"的第 200630092284.8 号外观设计专利，其申请日为 2006 年 5 月 26 日，专利权人为刘二涛。

针对上述外观设计专利（下称本专利），临朐天心医药包装有限公司（下称请求人）于 2007 年 8 月 2 日向专利复审委员会提出无效宣告请求。在该无效宣告请求中，请求人提交如下附件作为证据：

附件 1：本专利公报复印件，共 2 页；

附件 2：印有"国家食品药品监督管理局药品包装用材料和容器注册证（Ⅰ类）"字样的复印件，共 1 页，该页右下角表明日期为 2004 年 11 月 26 日；

附件 3：请求人声称由青岛六和药业有限公司于 2007 年 7 月 20 日出具的证明复印件，证明临朐天心医药包装有限公司自 2004 年 10 月 25 日与该公司签订包装采购合同后，给该公司供应九种不同规格塑料瓶，以及上述九种瓶型规格及图片的复印件、印有"山东增值税专用发票"字样和开票日期为 2005 年 1 月 26 日和 2005 年 1 月 25 日的发票复印件、印有"收到条"字样的复印件，上述文件共16页；

附件4：请求人声称为招标书和包装采购合同的复印件，共7页；

附件5：请求人声称为由潍坊诺达药业有限公司于2007年7月25日出具的证明复印件，证明临朐天心医药包装有限公司自2005年12月19日起给该公司供应四种瓶型的塑料包装瓶，以及上述四种塑料瓶规格及图片的复印件、印有"山东增值税专用发票"字样和开票日期为2005年12月23日的发票复印件、印有"潍坊诺达药业有限公司入库单"字样的入库单复印件，上述文件共5页；

附件6：盖有"临朐天心医药包装有限公司"红章的企业法人营业执照复印件，共1页。

请求人提出的具体理由为：附件3的第3页中显示的100g老注吹瓶外形与本专利相同，附件4的第7页中显示的100g老注吹瓶外形与本专利相同，附件5的第2页中显示的100g注吹瓶A外形与本专利相同，附件3的第6页专用发票和第8、15页收条说明100g老注吹瓶在2005年1月已生产使用，附件4的第1页招标书和第2~5、7页采购合同说明100g老注吹瓶在2004年10月已生产使用，附件5的第4页专用发票和第5页入库单说明100g注吹瓶A在2005年12月已生产使用，因此附件3~5证明在申请日前已有与本专利相同或相近似的外观设计在国内公开使用过，本专利不符合专利法第23条的规定。

经形式审查合格后，专利复审委员会受理了该无效宣告请求，并于2007年8月22日向双方当事人发出无效宣告请求受理通知书，并随上述无效宣告请求受理通知书将请求人提交的无效宣告请求书及其附件清单中所列附件副本转送专利权人，要求其在指定期限内对该无效宣告请求陈述意见。

请求人于2007年8月31日提交了意见陈述书，并提交了更正后的附件5，修改了原附件5的首页日期存在笔误的缺陷，更正后的附件5包括证明临朐天心医药包装有限公司自2005年12月16日起给该公司供应四种瓶型的塑料包装瓶的证明原件，以及上述四种塑料瓶规格及图片的复印件、印有"山东增值税专用发票"字样和开票日期为2005年12月23日的发票复印件、印有"潍坊诺达药业有限公司入库单"字样的入库单复印件，上述文件共5页，其中第1页上盖有"潍坊诺达药业有限公司"红章。请求人还将在原请求书中陈述的附件5的第2页中显示的100g注吹瓶A外形与本专利相同的理由变更为附件5的第3页中显示的100g注吹瓶A外形与本专利相同。

专利权人于2007年10月11日提交了意见陈述书，认为请求人提交的附件是复印件，无法确定其真实性，并且该附件不能说明本专利产品在申请日前被公开。

在此基础上，专利复审委员会依法成立合议组，对本案进行审查。合议组于2007年11月9日向双方当事人发出口头审理通知书，定于2007年12月18日对本案进行口头审理。

口头审理如期举行，请求人出席了口头审理，专利权人未出席口头审理。在口头审理中，请求人对合议组成员无回避请求；请求人明确其无效宣告理由为附件3~5证明本专利与申请日前在国内使用公开的外观设计相同和相近似，本专利不符合专利法第23条的规定；请求人当庭提交了附件3和5中所述发票、收条和入库单的原件，经合议组核实上述原件与请求人在提出无效宣告请求时提交的复印件一致；请求人认为：附件3的第3页中显示的100g老注吹瓶外形与本专利相同，附件4的第7页中显示的100g老注吹瓶外形与本专利相同，附件5的第3页中显示的100g注吹瓶A外形与本专利相同；附件3中所述发票上的型号、名字"100g老注吹"与青岛六和药业有限公司2004年10月25日生产的瓶子型号是所述发票和证明之间关联在一起的依据，其中发票编号9786中记载了本专利产品的瓶子；附件4是2004年10月13日青岛六和药业有限公司发出的招投标书，其中10月15日为采购合同的签订日期，附件4中的文件盖有"青岛六和药业有限公司"的红章骑缝章；附件5是潍坊诺达有限公司开具的证明，以及第4页中发票编号8198的增值税发票记载有"100g注吹瓶A"；将附件3、4结合证明本专利产品使用公开、更正后的附件5是单独证明与本专利相同或相近似的外观设计在申请日前公开使用过,因此本专利产品已经在申请日前公开使用。

至此,合议组认为本案事实已经清楚,可以依法作出无效宣告请求审查决定。

**二、决定的理由**

专利法第23条规定的授予专利权的外观设计,应当同申请日以前在国内外出版物上公开发表过或者国内公开使用过的外观设计不相同和不相近似,并不得与他人在先取得的合法权利相冲突。

请求人提交的附件3中,包括青岛六和药业有限公司于2007年7月20日出具的证明复印件、所述九种瓶型规格及图片的复印件、印有"收到条"字样的复印件,请求人称上述文件均是由青岛六和药业有限公司出具的,所述证明、九种瓶型规格及图片、收条是复印件,请求人当庭提交了所述证明、收条的原件,但在口头审理辩论结束前没有提交所述九种瓶型规格及图片的原件;请求人提交的附件4中,包括盖有"青岛六和药业有限公司"的红章骑缝章的招标书和包装采购合同的复印件,请求人称上述文件均是由青岛六和药业有限公司出具的,所述招标书和包装采购合同是复印件,请求人在口头审理辩论结束前没有提交所述招标书和包装采购合同的原件;请求人提交的更正后的附件5中,包括由潍坊诺达药业有限公司于2007年7月25日出具的盖有"潍坊诺达药业有限公司"红章的证明原件、四种塑料瓶规格及图片的复印件、印有"潍坊诺达药业有限公司入库单"字样的复印件,请求人称上述文件均是由潍坊诺达药业有限公司出具的,所述四种塑料瓶规格及图片、入库单是复印件,请求人当庭提交了所述入库单的原件,但在口头审理辩论结束前没有提交所述四种塑料瓶规格及图片的原件。

针对上述证据,合议组认为:附件3中所述九种瓶型规格及图片、附件4中所述招标书和包装采购合同、附件5中所述四种塑料瓶规格及图片,虽然附件3、4上盖有"青岛六和药业有限公司"红章,附件5上盖有"潍坊诺达药业有限公司"红章,但无相应证明内容,专利权人对上述证据的真实性有异议,因此仅凭所述盖章和请求人声称为其参加招投标留存在青岛六和药业有限公司的文件,在未核实相关原件的情况下,合议组不能确认其真实性;附件3、5中所述证明,其上仅有"青岛六和药业有限公司"红章和"潍坊诺达药业有限公司"红章,为单位出具的证明,作为书面证言,其上没有作证的自然人签字,证人也未出席口头审理作证,并且从上述证据和请求人的陈述中可知,青岛六和药业有限公司和潍坊诺达药业有限公司是请求人的采购方和技术合作方,是本案利害关系人,其证言不能单独用来证明与其有利害关系的事实,专利权人不认可其出具的证人证言所证明的事实,因此合议组仅凭青岛六和药业有限公司和潍坊诺达药业有限公司的证言不能认定附件3、5中证明的事实,不能确认其真实性;附件3、5中的所述收条和入库单,由于请求人当庭提交了所述收条和入库单的原件,经合议组核实该原件与请求人在提出无效宣告请求时提交的复印件一致,故合议组对所述收条和入库单本身的真实性予以认可,但对所述收条和入库单中记载的事实由于缺少其他证据予以印证,合议组对其证明事实的真实性不予认可;附件3中包括印有"山东增值税专用发票"字样和开票日期为2005年1月26日及2005年1月25日的发票复印件,和更正后的附件5中包括印有"山东增值税专用发票"字样和开票日期为2005年12月23日的发票复印件,由于请求人当庭提交了所述发票的原件,经合议组核实该原件与请求人在提出无效宣告请求时提交的复印件一致,故合议组所述发票的真实性予以认可;附件3中所述发票中在"货物或应税劳务名称"栏中记载有"100g老注吹"字样并标明了发票的开票日期为2005年1月26日,更正后的附件5中所述发票中在"货物或应税劳务名称"栏中记载有"100g注吹瓶A"字样并标明了发票的开票日期为2005年12月23日,故合议组可以根据上述记载认定"100g老注吹"在2005年1月26日被公开使用,"100g注吹瓶A"在2005年12月23日被公开使用;但所述发票中记载的"100g老注吹"和"100g注吹瓶A"与请求人提交的附件3和5中的图片所示的瓶之间仅能依赖于公司所出具的上述证明文件相关联,在附件3和

5中待证明事实的真实性不被认可的情况下，由于缺少其他证据予以印证，故合议组对所述发票中记载的"100g 老注吹"和"100g 注吹瓶 A"与请求人提交的附件3和5中的图片所示的瓶之间、以及与本专利产品之间的关联性不予认可，即不能认定所述发票中记载的"100g 老注吹"和"100g 注吹瓶 A"为本专利产品。

附件1为本专利公报，附件2为注册证，附件6为企业法人营业执照，与请求人主张的有关本专利已经公开使用的事实无关联，不能支持其主张。

综上所述，请求人提交的上述证据不足以证明在其申请日前已经有与本专利相同或相近似的外观设计在国内使用公开，其据此证明本专利不符合专利法第23条规定的无效宣告理由不能成立。

三、决定

维持第200630092284.8号外观设计专利权有效。

当事人对本决定不服的，可以根据专利法第46条第2款的规定，自收到本决定之日起三个月内向北京市第一中级人民法院起诉。根据该款的规定，一方当事人起诉后，另一方当事人应当作为第三人参加诉讼。

# 包装瓶（高）

## 无效宣告请求审查决定（第 10905 号）

| | |
|---|---|
| 决 定 号 | 第 10905 号 |
| 决 定 日 | 2007 年 12 月 20 日 |
| 发明创造名称 | 包装瓶（高） |
| 外观设计分类号 | 09-01 |
| 无效宣告请求人 | 临朐天心医药包装有限公司 |
| 专 利 权 人 | 刘二涛 |
| 专 利 号 | 200630090483.5 |
| 申 请 日 | 2006 年 1 月 15 日 |
| 授 权 公 告 日 | 2007 年 1 月 3 日 |
| 合 议 组 组 长 | 徐清平 |
| 主 审 员 | 刘路尧 |
| 参 审 员 | 张 霞 |
| 法 律 依 据 | 专利法第 23 条 |
| 决 定 要 点 | 请求人提交的证据不足以证明本专利在其申请日前已经有与其相同或相近似的外观设计在国内使用公开，其据此证明本专利不符合专利法第 23 条规定的无效宣告理由不能成立。 |

### 一、案由

本无效宣告请求涉及国家知识产权局于 2007 年 1 月 3 日授权公告的、名称为"包装瓶（高）"的第 200630090483.5 号外观设计专利，其申请日为 2006 年 1 月 15 日，专利权人为刘二涛。

针对上述外观设计专利（下称本专利），临朐天心医药包装有限公司（下称请求人）于 2007 年 8 月 2 日向专利复审委员会提出无效宣告请求。在该无效宣告请求中，请求人提交如下附件作为证据：

附件 1：本专利公报复印件，共 2 页；

附件 2：请求人声称其参加招投标留存在青岛六和药业有限公司的文件复印件，以及所述口服固体药用高密度聚乙烯瓶的检验报告和图片的复印件，共 17 页，其中第 1 页为印有"国家食品药品监督管理局药品包装用材料和容器注册证（I 类）"字样的复印件，其上盖有"青岛六和药业有限公司"红章，该页右下角表明日期为 2004 年 11 月 26 日；

附件 3：请求人声称由青岛六和药业有限公司于 2007 年 7 月 20 日出具的证明原件，证明该公司自 2005 年 5 月 25 日起从临朐天心医药包装有限公司采购 100 克新瓶（发票中名称为 100g 注吹 D），其上盖有"青岛六和药业有限公司"红章,以及印有"山东增值税专用发票"字样和开票日期为2005年5月24日的发票复印件、在右下角表明日期为"05.5.25号"的印有"收到条"字样复印件和印有"100g注吹D"字样的100g新瓶的图片复印件,上述文件共4页;

附件4:盖有"临朐天心医药包装有限公司"红章的企业法人营业执照复印件,共1页;

请求人提出的具体理由为:附件2的第9页中显示的100g瓶外形与本专利相同,附件3的第2页专用发票和第3页收条说明"100g注吹D"药瓶在2005年5月已生产使用,因此附件2、3证明在申请日前已有与本专利相同或相近似的外观设计在国内公开使用过,本专利不符合专利法第23条的规定。

经形式审查合格后,专利复审委员会受理了该无效宣告请求,并于2007年8月22日向双方当事人发出无效宣告请求受理通知书,并随上述无效宣告请求受理通知书将请求人提交的无效宣告请求书及其附件清单中所列附件副本转送专利权人,要求其在指定期限内对该无效宣告请求陈述意见。

专利权人于2007年10月11日提交了意见陈述书,认为请求人提交的附件是复印件,无法确定其真实性,并且该附件不能说明本专利产品在申请日前被公开。

在此基础上,专利复审委员会依法成立合议组,对本案进行审查。合议组于2007年11月9日向双方当事人发出口头审理通知书,定于2007年12月18日对本案进行口头审理,并随该口头审理通知书将专利权人于2007年10月11日提交的意见陈述书转送给请求人。

口头审理如期举行,请求人出席了口头审理,专利权人未出席口头审理。在口头审理中,请求人对合议组成员无回避请求;请求人明确其无效宣告理由为附件2、3证明在申请日前已有与本专利相同或相近似的外观设计在国内公开使用过,本专利不符合专利法第23条的规定;请求人当庭提交了附件3中所述发票和收条的原件,经合议组核实上述原件与请求人在提出无效宣告请求时提交的复印件一致;请求人认为:附件2的第9页中显示的100g瓶外形与本专利相同,附件3的第4页中显示的"100g注吹D"药瓶外形与本专利相同;附件2是留存在青岛六和药业有限公司的,有骑缝章,但原始的原件没有提交,提交的只是盖有青岛六和药业有限公司章的文件原件,附件2中的注册证作为药品包装许可证证明当事人本身具有生产药品包装的资格,检验报告证明当事人可以参加青岛六和药业有限公司的招投标,其出具日期2004年12月7日证明该检验报告在上述日期已经公开,但检验报告后面示出瓶子的附图与检验报告之间可通过产品名称相关联;附件3证明请求人与青岛六和药业有限公司已经签订了合同,2004年12月青岛六和药业有限公司和临朐天心医药包装有限公司设计了100g新瓶,其在发票中的名称是"100g注吹瓶D",所述收条证明公开日期为2005年5月25日;因此,与本专利相同或相近似的外观设计在申请日前公开使用过,专利权人在公开使用之后才申请了本专利。

至此,合议组认为本案事实已经清楚,可以依法作出无效宣告请求审查决定。

## 二、决定的理由

专利法第23条规定:授予专利权的外观设计,应当同申请日以前在国内外出版物上公开发表过或者国内公开使用过的外观设计不相同和不相近似,并不得与他人在先取得的合法权利相冲突。

请求人提交的附件2中,包括盖有"青岛六和药业有限公司"红章的印有"国家食品药品监督管理局药品包装用材料和容器注册证(Ⅰ类)"字样的第1页、盖有"青岛六和药业有限公司"红章骑缝章的口服固体药用高密度聚乙烯瓶的检验报告和图片的第2~16页,附件3中,包括盖有"青岛六和药业有限公司"红章及骑缝章的证明、印有"收到条"字样并在右下角表明日期为"05.5.25号"的收条以及标有"100g注吹D"的图片(1页)的第1、3、4页,请求人称上述文件均是由青岛六和药业有限公司出具的,所述注册证、检验报告及图片是复印件,请求人当庭提交了所述收条的原件，但在口头审理辩论结束前没有提交所述注册证、检验报告及图片的原件。

针对上述证据，合议组认为：附件2中所述注册证、检验报告及图片虽然盖有"青岛六和药业有限公司"红章，但无相应证明内容，请求人没有提交其他能够与欲证明内容充分印证的原始证据，专利权人对上述证据的真实性有异议，因此合议组仅凭所述盖章和请求人声称为其参加招投标留存在青岛六和药业有限公司的文件，在未核实相关原件的情况下，不能确认其真实性；附件3中所述证明，其上仅有"青岛六和药业有限公司"红章，为单位出具的证明，作为书面证言，其上没有作证的自然人签字，证人也未出席口头审理作证，并且从上述证据和请求人的陈述中可知，青岛六和药业有限公司是请求人的采购方和技术合作方，是本案利害关系人，其证言不能单独用来证明与其有利害关系的事实，专利权人不认可其出具的证人证言所证明的事实，因此仅凭青岛六和药业有限公司的证言合议组不能认定附件3中证明的事实，不能确认其证明内容的真实性；附件3中的所述收条，由于请求人当庭提交了所述收条的原件，经合议组核实该原件与请求人在提出无效宣告请求时提交的复印件一致，故合议组对所述收条本身的真实性予以认可，但对所述收条中记载的事实由于缺少其他证据予以印证，合议组对其证明事实的真实性不予认可；对于附件3中包括印有"山东增值税专用发票"字样和开票日期为2005年5月24日的发票复印件，由于请求人当庭提交了所述发票的原件，经合议组核实该原件与请求人在提出无效宣告请求时提交的复印件一致，故合议组所述发票的真实性予以认可；所述发票中在"货物或应税劳务名称"栏中记载有"100g注吹瓶D"字样并标明了发票的开票日期为2005年5月24日，故合议组可以根据上述记载认定"100g注吹瓶D"在2005年5月24日被公开使用；但所述发票中记载的"100g注吹瓶D"与请求人提交的附件2、3中的图片所示的瓶之间仅能依赖于青岛六和药业有限公司所出具的上述证明文件相关联，在附件3中待证明事实的真实性不被认可的情况下，由于缺少其他证据予以印证，故合议组对所述发票中记载的"100g注吹瓶D"与请求人提交的附件2、3中的图片所示的瓶之间、以及与本专利产品之间的关联性不予认可，即不能认定所述发票中记载的"100g注吹瓶D"为本专利产品。

附件1为本专利公报，附件4为企业法人营业执照，与请求人主张的有关本专利已经公开使用的事实无关联，不能支持其主张。

综上所述，请求人提交的上述证据不足以证明在其申请日前已经有与本专利相同或相近似的外观设计在国内使用公开，其据此证明本专利不符合专利法第23条规定的无效宣告理由不能成立。

三、决定

维持200630090483.5号外观设计专利权有效。

当事人对本决定不服的，可以根据专利法第46条第2款的规定，自收到本决定之日起三个月内向北京市第一中级人民法院起诉。根据该款的规定，一方当事人起诉后，另一方当事人应当作为第三人参加诉讼。

# 塑料瓶（农药-3）

## 无效宣告请求审查决定（第10906号）

| | |
|---|---|
| 决 定 号 | 第10906号 |
| 决 定 日 | 2007年12月20日 |
| 发明创造名称 | 塑料瓶（农药-3） |
| 外观设计分类号 | 09-01 |
| 无效宣告请求人 | 临朐天心医药包装有限公司 |
| 专 利 权 人 | 刘二涛 |
| 专 利 号 | 200630092285.2 |
| 申 请 日 | 2006年5月26日 |
| 授权公告日 | 2007年4月18日 |
| 合议组组长 | 徐清平 |
| 主 审 员 | 刘路尧 |
| 参 审 员 | 张霞 |
| 法 律 依 据 | 专利法第23条 |

**决定要点**

请求人提交的证据不足以证明本专利在其申请日前已经有与其相同或相近似的外观设计在国内使用公开，其据此证明本专利不符合专利法第23条规定的无效宣告理由不能成立。

### 一、案由

本无效宣告请求涉及国家知识产权局于2007年4月18日授权公告的、名称为"塑料瓶（农药-3）"的200630092285.2号外观设计专利，其申请日为2006年5月26日，专利权人为刘二涛。

针对上述外观设计专利（下称本专利），临朐天心医药包装有限公司（下称请求人）于2007年8月2日向专利复审委员会提出无效宣告请求。在该无效宣告请求中，请求人提交如下附件作为证据：

附件1：本专利公报复印件，共2页；

附件2：印有"国家食品药品监督管理局药品包装用材料和容器注册证（Ⅰ类）"字样的复印件，共1页，该页右下角表明日期为2004年11月26日；

附件3：请求人声称由青岛六和药业有限公司于2007年7月20日出具的证明原件，证明临朐天心医药包装有限公司自2004年10月25日与该公司签订包装采购合同后，给该公司供应九种不同规格塑料瓶，以及上述九种瓶型规格及图片的复印件、印有"山东增值税专用发票"字样和开票日期为2005年1月26日和2005年1月25日的发票复印件、印有"收到条"字样的复印件，上述文件共

16页，其中第1页证明原件上盖有"青岛六和药业有限公司"红章；

附件4：请求人声称为招标书和包装采购合同的复印件，共7页，其中第1页招标书复印件上盖有"青岛六和药业有限公司"红章；

附件5：请求人声称为由潍坊诺达药业有限公司于2007年7月25日出具的证明原件，证明临朐天心医药包装有限公司自2005年12月19日起给该公司供应四种瓶型的塑料包装瓶，以及上述四种塑料瓶规格及图片的复印件、印有"山东增值税专用发票"字样和开票日期为2005年12月23日的发票复印件、印有"潍坊诺达药业有限公司入库单"字样的入库单复印件，上述文件共5页，其中第1页证明原件上盖有"潍坊诺达药业有限公司"红章；

附件6：盖有"临朐天心医药包装有限公司"红章的企业法人营业执照复印件，共1页。

请求人提出的具体理由为：附件3的第3页中显示的100g新注吹瓶外形与本专利相同，附件4的第7页中显示的100g新注吹瓶外形与本专利相同，附件5的第2页中显示的100g注吹瓶D外形与本专利相同，附件3的第7页专用发票和第8、10~12、14页收条说明100g新注吹瓶在2005年1月已生产使用，附件4的第1页招标书和第2~5、7页采购合同说明100g新注吹瓶在2004年10月已生产使用，附件5的第4页专用发票和第5页入库单说明100g注吹瓶D在2005年12月已生产使用，因此附件3~5证明在申请日前已有与本专利相同或相近似的外观设计在国内公开使用过，本专利不符合专利法第23条的规定。

经形式审查合格后，专利复审委员会受理了该无效宣告请求，并于2007年8月22日向双方当事人发出无效宣告请求受理通知书，并随上述无效宣告请求受理通知书将请求人提交的无效宣告请求书及其附件清单中所列附件副本转送专利权人，要求其在指定期限内对该无效宣告请求陈述意见。

请求人于2007年8月31日提交了意见陈述书，并提交了更正后的附件5，修改了原附件5的首页日期存在笔误的缺陷，更正后的附件5包括证明临朐天心医药包装有限公司自2005年12月16日起给该公司供应四种瓶型的塑料包装瓶的证明原件，以及上述四种塑料瓶规格及图片的复印件、印有"山东增值税专用发票"字样和开票日期为2005年12月23日的发票复印件、印有"潍坊诺达药业有限公司入库单"字样的入库单复印件，上述文件共5页。请求人还将在原请求书中陈述的附件5的第2页中显示的100g注吹瓶D外形与本专利相同的理由变更为附件5的第3页中显示的100g注吹瓶D外形与本专利相同。

专利权人于2007年10月11日提交了意见陈述书，认为请求人提交的附件是复印件，无法确定其真实性，并且该附件不能说明本专利产品在申请日前被公开。

在此基础上，专利复审委员会依法成立合议组，对本案进行审查。合议组于2007年11月9日向双方当事人发出口头审理通知书，定于2007年12月18日对本案进行口头审理。

口头审理如期举行，请求人出席了口头审理，专利权人未出席口头审理。在口头审理中，请求人对合议组成员无回避请求；请求人明确其无效宣告理由为附件3~5证明本专利与申请日前在国内使用公开的外观设计相同和相近似，本专利不符合专利法第23条的规定；请求人当庭提交了附件3和5中所述发票、收条和入库单的原件，经合议组核实上述原件与请求人在提出无效宣告请求时提交的复印件一致；请求人认为：附件3的第7页中显示的100g新注吹瓶外形与本专利相同，附件4的第7页中显示的100g新注吹瓶外形与本专利相同，附件5的第2页中显示的100g注吹瓶D外形与本专利相同，附件3~5中所示的瓶子与本专利的瓶子两者主要是高矮的区别，外观上看是相近似的；附件3中所述发票上的型号、名字"100g新注吹"与青岛六和药业有限公司2004年10月25日生产的瓶子型号是所述发票和证明之间关联在一起的依据，其中发票编号9786中记载了本专利产品的瓶子；附件4是2004年10月13日青岛六和药业有限公司发出的招投标书，其中10月15日为采购合同的签订日期，附件4中的文件盖有"青岛六和药业有限公司"的红章骑缝章；附件5是潍坊诺达有限公司开具的证明，以及第4页中发票编号8198的增值税发票记载有"100g注吹瓶D"；将附件3、4结合证明本专利产品使用公开、更正后的附件5是单独证明与本专利相同或相近似的外观设计在申请日前公开使用过，因此本专利产品已经在申请日前公开使用。

至此，合议组认为本案事实已经清楚，可以依法作出无效宣告请求审查决定。

### 二、决定的理由

专利法第23条规定的授予专利权的外观设计，应当同申请日以前在国内外出版物上公开发表过或者国内公开使用过的外观设计不相同和不相近似，并不得与他人在先取得的合法权利相冲突。

请求人提交的附件3中，包括青岛六和药业有限公司于2007年7月20日出具的证明复印件、所述九种瓶型规格及图片的复印件、印有"收到条"字样的复印件，请求人称上述文件均是由青岛六和药业有限公司出具的，所述证明、九种瓶型规格及图片、入库单是复印件，请求人当庭提交了所述证明、入库单的原件，但在口头审理辩论结束前没有提交所述九种瓶型规格及图片的原件；请求人提交的附件4中，包括盖有"青岛六和药业有限公司"的红章骑缝章的招标书和包装采购合同的复印件，其中第1页招标书复印件上盖有"青岛六和药业有限公司"红章，请求人称上述文件均是由青岛六和药业有限公司出具的，所述招标书和包装采购合同是复印件，请求人在口头审理辩论结束前没有提交所述招标书和包装采购合同的原件；请求人提交的更正后的附件5中，包括由潍坊诺达药业有限公司于2007年7月25日出具的盖有"潍坊诺达药业有限公司"红章的证明原件、四种塑料瓶规格及图片的复印件、印有"潍坊诺达药业有限公司入库单"字样的入库单复印件，请求人称上述文件均是由潍坊诺达药业有限公司出具的，所述四种塑料瓶规格及图片、入库单是复印件，请求人当庭提交了所述入库单的原件，但在口头审理辩论结束前没有提交所述四种塑料瓶规格及图片的原件。

针对上述证据，合议组认为：附件3中所述九种瓶型规格及图片、附件4中所述招标书和包装采购合同、附件5中所述四种塑料瓶规格及图片，虽然附件3、4上盖有"青岛六和药业有限公司"红章，附件5上盖有"潍坊诺达药业有限公司"红章，但无相应证明内容，专利权人对上述证据的真实性有异议，因此仅凭所述盖章和请求人声称为其参加招投标留存在青岛六和药业有限公司的文件，在未核实相关原件的情况下，合议组不能确认其真实性；附件3、5中所述证明，其上仅有"青岛六和药业有限公司"红章和"潍坊诺达药业有限公司"红章，为单位出具的证明，作为书面证言，其上没有作证的自然人签字，证人也未出席口头审理作证，并且从上述证据和请求人的陈述中可知，青岛六和药业有限公司和潍坊诺达药业有限公司是请求人的采购方和技术合作方，是本案利害关系人，其证言不能单独用来证明与其有利害关系的事实，专利权人不认可其出具的证人证言所证明的事实，因此合议组仅凭青岛六和药业有限公司和潍坊诺达药业有限公司的证言不能认定附件3、5中证明的事实，不能确认其真实性；附件3、5中的所述收条和入库单，由于请求人当庭提交了所述收条和入库单的原件，经合议组核实该原件与请求人在提出无效宣告请求时提交的复印件一致，故合议组对所述收条和入库单本身的真实性予以认可，但对所述收条和入库单中记载的事实由于缺少其他证据予以印证，合议组对其证明事实的真实性不予认可；附件3中包括印有"山东增值税专用发票"字样和开票日期为2005年1月26日及2005年1月25日的发票复印件，和更正后的附件5中包括印有"山东增值税专用发票"字样和开票日期为2005年12月23日的发票复印件，由于请求人当庭提交了所述发票的原件，经合议组核实该原件与请求人在提出无效宣告请求时提交的复印件一致，故合议组所述发票的真实性予以认可；附件3中所述发票中在"货物或应税劳务名称"栏中记载有"100g新注吹"字样并标明了发票的开票日期为2005年1月25日，更正后的附件5中所述发票中在"货物或应税劳务名称"栏中记载有"100g注吹瓶D"字样并标明了发票的开票日期为2005年12月23日，故合议组可以根据上述记载认定"100g 新注吹"在 2005 年 1 月 25 日被公开使用,"100g 注吹瓶 D"在 2005 年 12 月 23 日被公开使用;但所述发票中记载的"100g 新注吹"和"100g 注吹瓶 D"与请求人提交的附件 3 和 5 中的图片所示的瓶之间仅能依赖于公司所出具的上述证明文件相关联,在附件 3 和 5 中待证明事实的真实性不被认可的情况下,由于缺少其他证据予以印证,故合议组对所述发票中记载的"100g 新注吹"和"100g 注吹瓶 D"与请求人提交的附件 3 和 5 中的图片所示的瓶之间以及与本专利产品之间的关联性不予认可,即不能认定所述发票中记载的"100g 新注吹"和"100g 注吹瓶 D"为本专利产品。

附件 1 为本专利公报,附件 2 为注册证,附件 6 为企业法人营业执照,与请求人主张的有关本专利已经公开使用的事实无关联,不能支持其主张。

综上所述,请求人提交的上述证据不足以证明在其申请日前已经有与本专利相同或相近似的外观设计在国内使用公开,其据此证明本专利不符合专利法第 23 条规定的无效宣告理由不能成立。

三、决定

维持 200630092285.2 号外观设计专利权有效。

当事人对本决定不服的,可以根据专利法第 46 条第 2 款的规定,自收到本决定之日起三个月内向北京市第一中级人民法院起诉。根据该款的规定,一方当事人起诉后,另一方当事人应当作为第三人参加诉讼。

# 护栏横杆（3）

## 无效宣告请求审查决定（第 10908 号）

| | |
|---|---|
| 决 定 号 | 第 10908 号 |
| 决 定 日 | 2007 年 12 月 20 日 |
| 发明创造名称 | 护栏横杆（3） |
| 外观设计分类号 | 25-02 |
| 无效宣告请求人 | 德清华进塑料制品有限公司 |
| 专 利 权 人 | 水 清 |
| 申 请 号 | 200430072232.5 |
| 申 请 日 | 2004 年 8 月 30 日 |
| 授 权 公 告 日 | 2005 年 3 月 23 日 |
| 合 议 组 组 长 | 徐清平 |
| 主 审 员 | 瑜 佳 |
| 参 审 员 | 马桂丽 |

**法 律 依 据** 专利法第 23 条，专利法实施细则第 2 条第 3 款

**决 定 要 点**
证言由于是对以往发生的事情的追忆，因而其客观性受到诸多因素的影响，在没有其他充分的原始证据与其相互印证和支持的情况下，单独的证言不足以作为认定事实的依据。

### 一、案由

本无效宣告请求涉及国家知识产权局于 2005 年 3 月 23 日授权公告的、专利号为 200430072232.5 的外观设计专利，名称为"护栏横杆（3）"，申请日是 2004 年 8 月 30 日，专利权人是水清。

针对上述外观设计专利权（下称本专利），德清华进塑料制品有限公司（下称请求人）于 2007 年 1 月 29 日向专利复审委员会提出无效宣告请求，其理由是本专利不符合专利法实施细则第 2 条第 3 款以及专利法第 23 条的规定。请求人认为该专利产品不具备美感，不属于外观设计专利保护的客体，同时该专利产品与申请日前国内公知公用的外观设计相同或相近似，因而该专利不符合专利法实施细则第 2 条第 3 款和专利法第 23 条的规定。请求人同时提交了如下证据：

证据 1：具有某护栏产品设计图案广告的复印件 1 页；

证据 2：浙江华之杰塑料建材有限公司印刷的《华之杰牌 PVC 塑料异型材选用手册》，复印件，共 44 页（最后一页印有"二零零一年八月重印"）；

证据 3：浙江华之杰塑料建材有限公司印刷的《华之杰牌 PVC 塑料异型材选用手册》，复印件，

共 57 页（最后一页印有"2000 年 4 月印制"）；

证据 4：盖有浙江华之杰塑料建材有限公司公章的、有牛建华签名的证明复印件 1 页以及盖有浙江华之杰塑料建材有限公司公章的所附型材截面图复印件 1 页；

证据 5：盖有浙江华之杰塑料建材有限公司公章的"HSH-A02"型号 A 系列护栏横杆图纸复印件 1 页。

专利复审委员会根据无效宣告请求审查程序的规定受理了该无效宣告请求，并于 2007 年 1 月 30 日向双方当事人发出了无效宣告请求受理通知书，并将请求人的无效宣告请求书及其附件清单中所列附件副本转送专利权人。

专利权人于 2007 年 3 月 15 日针对请求人于 2007 年 1 月 29 日提交的无效宣告请求寄交了意见陈述书，同时还提交了作为证据的如下文件：

证据 A："WORLD FENCE NEWS"报纸 2006 年 3 月的第 117 页的部分版面复印件 1 页以及相关中文译文 1 页；

证据 B：型号为 HSH-A02B、专利号为 ZL200430072232.5 号外观设计专利的设计图纸复印件 1 页；

证据 C：专利权人与请求人在 2006 年 6 月 6 日签订的和解协议书复印件 1 页；

证据 D：盖有德清华之杰护栏有限公司公章的、有王士云签名的证明 2 页。

专利复审委员会依法成立合议组，于 2007 年 11 月 29 日向双方当事人发出无效宣告请求口头审理通知书，定于 2007 年 12 月 18 日对本案进行口头审理。

口头审理如期举行，双方当事人均出席了口头审理。

在口头审理中，双方当事人均表示对合议组成员无回避请求，对对方当事人的身份均无异议。请求人明确无效宣告理由为：以证据 1~3 证明本专利不是富有美感的新设计，不符合专利法实施细则第 2 条第 3 款的规定；以证据 4、5 相结合证明本专利的外观设计产品在先公开使用，本专利不符合专利法第 23 条的规定。专利权人对证据 1~5 本身的真实性没有异议，对证据 4 所证明的事实有异议。关于本专利是否富有美感，请求人认为本专利的护栏在组装后横截面无法看到，因此本专利的外观设计和美感没有关系；型材的截面设计是从功能性的角度出发，重要的不是美感而是功能。专利权人认为本专利符合专利法实施细则第 2 条第 3 款对外观设计的规定，并使用证据 A 与证据 B 作为反证证明本专利富有美感。请求人对于证据 A、证据 B 的真实性没有异议。双方就证据 5 中护栏横杆的外观形状特征与本专利是否相同或相近似都具体充分地陈述了意见。

至此，合议组经合议认为本案事实已经清楚，可依法作出无效宣告请求审查决定。

**二、决定的理由**

1. 关于证据的认定

证据 1 为具有某护栏产品设计图案广告的复印件，证据 2 为浙江华之杰塑料建材有限公司印刷的《华之杰牌 PVC 塑料异型材选用手册》复印件（最后一页印有"二零零一年八月重印"），证据 3 为浙江华之杰塑料建材有限公司印刷的《华之杰牌 PVC 塑料异型材选用手册》复印件（最后一页印有"2000 年 4 月印制"），证据 4 为盖有浙江华之杰塑料建材有限公司公章的、有牛建华签名的证言证明复印件以及盖有浙江华之杰塑料建材有限公司公章的所附型材截面图复印件，证据 5 为盖有浙江华之杰塑料建材有限公司公章的 HSH-A02 的 A 系列护栏横杆图纸复印件，其上注有 2003 年 1 月 15 日字样。专利权人对上述证据 1~5 的真实性无异议，因此合议组对证据 1~5 的真实性亦予以认可。

2. 关于专利法实施细则第 2 条第 3 款

专利法实施细则第 2 条第 3 款规定："专利法所称外观设计，是指对产品的形状、图案或者其结合以及色彩与形状、图案的结合所作出的富有美感并适于工业应用的新设计。"

本专利外观设计的是护栏横杆产品的外观设计，其可以与别的护栏板组合构成护栏整体使用，并且其能应用于产业上并形成批量生产。虽然在最终使用时截面不可见，但作为原材料或零件产品，其生产、加工或组装的消费者可见截面，截面形状的变化能实现不同的功能，其并不由功能唯一限定，在具有功能的同时也能够对这些消费者产生视觉效果，同时该截面形状设计并不会导致一般消费者反感、厌恶等情绪的"非美感"效果。在护栏的横断面周边构成惯常的矩形的情况下，护栏横杆横断面其余部分的变化更具有显著的影响，而本专利正是在横断面产生了变化，其横断面形成了一定的图案，富有美感，因此本专利并不违反专利法实施细则第2条第3款关于外观设计应富有美感的规定，请求人以证据1至3证明本专利不符合专利法实施细则第2条第3款的主张不能成立。

3. 关于专利法第23条

专利法第23条规定："授予专利权的外观设计，应当同申请日以前在国内外出版物上公开发表过或者国内公开使用过的外观设计不相同和不相近似，并不得与他人在先取得的合法权利相冲突。"

请求人提交的证据4所要证明的事实为：牛建华和赖萍参与了证据4附图所示HSH-A02护栏横杆的设计和制图工作，2003年1月至7月由浙江华之杰塑料建材有限公司和绍兴同济塑业有限公司签订开模协议，随即开始制造模具，于2003年4月模具完成并开始生产和销售。合议组认为，仅就证言证明来说，由于它们都是对以往发生的事情的追忆，因而其客观性受到诸多因素的影响，在没有其他充分的原始证据与其相互印证和支持的前提下，单纯的证言证明不能作为认定该A02护栏横杆在申请日之前公开销售事实的依据。因而，请求人提交的证据4不能证明本外观设计专利的产品在本外观设计专利申请日之前在国内公开销售。

请求人提交的证据5的图纸所要证明的是证据5图纸所示HSH-A02护栏横杆已于2003年1月15日完成了设计，请求人承认证据5的图纸是内部设计图纸，因此合议组认为其不属于公开出版物，也不能直接证明公开销售的事实。如前所述，证据4不足以证明本专利在其申请日之前已经在国内公开销售的情况下，证据5无法与证据4构成完整的证据链证明与本专利的外观设计相同或相近似的护栏横杆已在本专利的申请日前在国内公开使用的事实，合议组对请求人据此证明本专利不符合专利法第23条的规定的主张不予支持。

综上所述，请求人的无效宣告请求理由均不成立。鉴于已经得出请求人的无效宣告请求理由均不成立的结论，合议组对专利权人的证据不作评述。

### 三、决定

维持第200430072232.5号外观设计专利权有效。

当事人对本决定不服的，可以根据专利法第46条第2款的规定，自收到本决定之日起三个月内向北京市第一中级人民法院起诉。根据该款的规定，一方当事人起诉后，另一方当事人应当作为第三人参加诉讼。

# 数码变频发电机组（YK3000i）

## 无效宣告请求审查决定（第 10946 号）

| | |
|---|---|
| 决 定 号 | 第 10946 号 |
| 决 定 日 | 2007 年 12 月 25 日 |
| 发明创造名称 | 数码变频发电机组（YK3000i） |
| 外观设计分类号 | 13-01 |
| 无效宣告请求人 | 无锡开普动力有限公司 |
| 专 利 权 人 | 上海扬科发动机有限公司 |
| 专 利 号 | 200530036263.X |
| 申 请 日 | 2005 年 5 月 11 日 |
| 授 权 公 告 日 | 2006 年 5 月 3 日 |
| 合 议 组 组 长 | 盛 昭 |
| 主 审 员 | 代丽洁 |
| 参 审 员 | 李巍巍 |
| 附 图 | 2 页 |
| 法 律 依 据 | 专利法第 23 条 |

**决 定 要 点**

本专利与其申请日前在出版物上公开发表过的数码变频发电机组相比较，二者属于相近似的外观设计，因此，本专利不符合专利法第 23 条的规定。

### 一、案由

本无效宣告请求涉及的是国家知识产权局于 2006 年 5 月 3 日授权公告的 200530036263.X 号外观设计专利，该外观设计的产品名称为"数码变频发电机组（YK3000i）"，申请日是 2005 年 5 月 11 日，专利权人是上海扬科发动机有限公司。

针对上述专利权（下称本专利），无锡开普动力有限公司（下称请求人）于 2007 年 7 月 10 日向专利复审委员会提出无效宣告请求，其依据的事实和理由是：本专利与其申请日前授权公告的 200430020750.2 号外观设计专利（附件 1）所示数码发电机组外观设计相近似，因此，本专利不符合专利法第 23 条的规定。请求人同时提交了如下附件作为证据：

附件 1：200430020750.2 号外观设计专利著录项目及图片 1 页，公开日为 2004 年 10 月 6 日；

经形式审查合格，专利复审委员会于 2007 年 8 月 3 日受理了该无效宣告请求，并将无效宣告请求书及其附件的副本转送给专利权人，要求其在指定期限内陈述意见。专利权人没有在规定的期限内答复。

2007年11月23日专利复审委员会向无效宣告请求人和专利权人分别发出了合议组成员告知通知书，双方在规定的期限内均未对合议组成员提出回避请求。

合议组经合议，认为本案事实清楚，依法作出本审查决定。

**二、决定的理由**

1. 法律依据

基于请求人提出无效宣告请求所依据的事实和理由，合议组对本专利是否符合专利法第23条的规定进行审查。

专利法第23条规定：授予专利权的外观设计，应当同申请日以前在国内外出版物上公开发表过或者国内公开使用过的外观设计不相同和不相近似，并不得与他人在先取得的合法权利相冲突。

2. 证据认定

请求人提交的作为证据的附件1是200430020750.2号中国外观设计专利著录项目及图片，经核实，该复印件与原件相符，其真实性可以确定，该专利的申请日为2004年3月10日，授权公告日为2004年10月6日，授权公告号为CN3396100D，名称为"数码发电机组（3000）"，其授权公告日早于本专利申请日（2005年5月11日），可适用专利法第23条的规定作为本案证据。

请求人指定了附件1所示200430020750.2号外观设计专利（下称在先设计）作为与本专利对比的外观设计，其所示产品与本专利使用外观设计的产品"数码变频发电机组（YK3000i）"属相同类别的产品，具有可比性：

本专利共有六幅视图：主视图所示本专利的正面呈竖向的矩形，两侧边缘呈向外凸出的弧形，中央有近似正方形的凹陷部位，角部呈弧形过度，凹陷部位内为仪表盘，其上布置仪表及按钮；后视图所示本专利的后面也呈竖向的矩形，两侧边缘呈向外凸出的弧形，其上有一略向内凹陷的矩形设计，其上为三排纵向的格栅设计及一方形及圆形设计；左视图所示本专利的左面呈横向的矩形，内有竖向的矩形，该矩形的中部有横向的梭形条，矩形上部有横向排列的按钮，矩形的右侧有一竖向椭圆形设计，两侧为5个纵向排列的椭圆形设计；右视图所示右面中部有横向的梭形条，下部两侧分别有6个竖向排列的椭圆形；俯视图所示顶面有沿矩形长轴方向布置的提手和加油口旋钮；仰视图上有四个圆脚垫及若干长形设计。（详见本专利附图。）

在先设计共有五幅视图：主视图（即本专利的左视图）所示该面为横向的矩形，内有竖向布置的矩形板，中部有横向的梭形条，横向排列的按钮及被线条删掉的文字，矩形板右侧为纵向椭圆形设计，矩形板两侧有5个竖向排列的椭圆形装饰；左视图（即本专利的后视图）所示该面为竖向矩形，两侧边缘为弧形并向外凸出，其上有一略向内凹陷的矩形设计，其上为三排纵向的格栅设计，在上部还有一方形及圆形设计；右视图（即本专利的主视图）所示该面呈竖向矩形，两侧边缘向外凸出并呈弧形，中央有近似正方形的凹陷部位，角部呈弧形过度，凹陷部位内为仪表盘，其上布置仪表及按钮；后视图（及本专利的右视图）所示右面中部有横向的梭形条，下部两侧分别有6个竖向排列的椭圆形及被线条删掉的文字；俯视图（即本专利的俯视图）所示有沿矩形长轴方向布置的提手和加油口旋钮，主视图、后视图、左视图、右视图均可见四个脚垫。（详见在先设计附图。）

将本专利与在先设计相比较，二者不同之处主要在于，在先设计左视图（即本专利的后视图）格栅上中部的圆孔与本专利相比略为向外凸出，圆孔的位置较本专利相比略居中，本专利显示了底面，在先设计未显示，除此之外二者的其他形状设计基本相同。合议组认为，本专利与在先设计的底面在使用状态时，属于一般消费者不易观察到的部位，对整体视觉印象不具有显著的影响，在二者整体形状和各部位的设计均基本相同的情况下，上述不同点仅属于局部的细微差别，因此二者应属于相近似的外观设计。

综上所述，在本专利申请日前已有与其相近似的外观设计在出版物上公开发表过，因此，本专利不符合专利法第 23 条的规定。

### 三、决定

宣告 200530036263.X 号外观设计专利权全部无效。

当事人对本决定不服的，可以根据专利法第 46 条第 2 款的规定，自收到本决定之日起三个月内向北京市第一中级人民法院起诉。根据该款的规定，一方当事人起诉后，另一方当事人应当作为第三人参加诉讼。

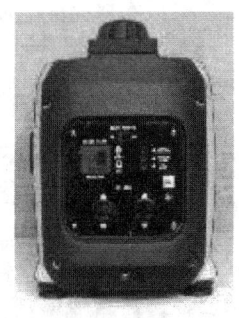  

主视图　　　　　　后视图　　　　　　左视图

右视图　　　　　　俯视图　　　　　　仰视图

立体图

本专利

主视图　　　　　　左视图　　　　　　右视图

 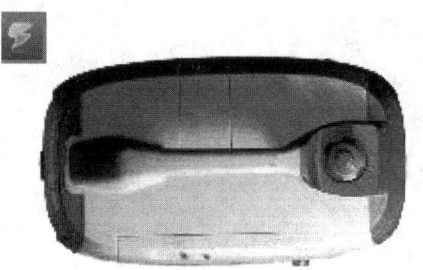

后视图　　　　　　仰视图

在先设计

# 数码变频发电机组（YK3000i）

## 无效宣告请求审查决定（第 10948 号）

| | |
|---|---|
| 决 定 号 | 第 10948 号 |
| 决 定 日 | 2007 年 12 月 25 日 |
| 发明创造名称 | 数码变频发电机组（YK3000i） |
| 外观设计分类号 | 13-01 |
| 请 求 人 | 无锡开普动力有限公司 |
| 专 利 权 人 | 上海扬科发动机有限公司 |
| 专 利 号 | 200530036263.X |
| 申 请 日 | 2005 年 5 月 11 日 |
| 授 权 公 告 日 | 2006 年 5 月 3 日 |
| 合 议 组 组 长 | 盛 昭 |
| 主 审 员 | 代丽洁 |
| 参 审 员 | 李巍巍 |
| 附 图 | 2 页 |
| 法 律 依 据 | 专利法第 23 条 |
| 决 定 要 点 | |

本专利与其申请日前在出版物上公开发表过的数码变频发电机组相比较，二者属于相近似的外观设计，因此，本专利不符合专利法第 23 条的规定。

### 一、案由

本无效宣告请求涉及的是国家知识产权局于 2006 年 5 月 3 日授权公告的 200530036263.X 号外观设计专利，该外观设计的产品名称为"数码变频发电机组（YK3000i）"，申请日是 2005 年 5 月 11 日，专利权人是上海扬科发动机有限公司。

针对上述专利权（下称本专利），无锡开普动力有限公司（下称请求人）于 2007 年 7 月 10 日向专利复审委员会提出无效宣告请求，其依据的事实和理由是：本专利与其申请日前授权公告的 200430020750.2 号外观设计专利（附件 1）所示数码发电机组外观设计相近似，因此，本专利不符合专利法第 23 条的规定。请求人同时提交了如下附件作为证据：

附件 1：200430020750.2 号外观设计专利著录项目及图片 1 页，公开日为 2004 年 10 月 6 日；

经形式审查合格，专利复审委员会于 2007 年 8 月 3 日受理了该无效宣告请求，并将无效宣告请求书及其附件的副本转送给专利权人，要求其在指定期限内陈述意见。专利权人没有在规定的期限内答复。

2007年11月23日专利复审委员会向无效宣告请求人和专利权人分别发出了合议组成员告知通知书，双方在规定的期限内均未对合议组成员提出回避请求。

合议组经合议，认为本案事实清楚，依法作出本审查决定。

**二、决定的理由**

1. 法律依据

基于请求人提出无效宣告请求所依据的事实和理由，合议组对本专利是否符合专利法第23条的规定进行审查。

专利法第23条规定：授予专利权的外观设计，应当同申请日以前在国内外出版物上公开发表过或者国内公开使用过的外观设计不相同和不相近似，并不得与他人在先取得的合法权利相冲突。

2. 证据认定

请求人提交的作为证据的附件1是200430020750.2号中国外观设计专利著录项目及图片，经核实，该复印件与原件相符，其真实性可以确定，该专利的申请日为2004年3月10日，授权公告日为2004年10月6日，授权公告号为CN3396100D，名称为"数码发电机组（3000）"，其授权公告日早于本专利申请日（2005年5月11日），可适用专利法第23条的规定作为本案证据。

请求人指定了附件1所示200430020750.2号外观设计专利（下称在先设计）作为与本专利对比的外观设计，其所示产品与本专利使用外观设计的产品"数码变频发电机组（YK3000i）"属相同类别的产品，具有可比性：

本专利共有六幅视图：主视图所示本专利的正面呈竖向的矩形，两侧边缘呈向外凸出的弧形，中央有近似正方形的凹陷部位，角部呈弧形过度，凹陷部位内为仪表盘，其上布置仪表及按钮；后视图所示本专利的后面也呈竖向的矩形，两侧边缘呈向外凸出的弧形，其上有一略向内凹陷的矩形设计，其上为三排纵向的格栅设计及一方形及圆形设计；左视图所示本专利的左面呈横向的矩形，内有竖向的矩形，该矩形的中部有横向的梭形条，矩形上部有横向排列的按钮，矩形的右侧有一竖向椭圆形设计，两侧为5个纵向排列的椭圆形设计；右视图所示右面中部有横向的梭形条，下部两侧分别有6个竖向排列的椭圆形；俯视图所示顶面有沿矩形长轴方向布置的提手和加油口旋钮；仰视图上有四个圆脚垫及若干长形设计。（详见本专利附图）

在先设计共有五幅视图：主视图（即本专利的左视图）所示该面为横向的矩形，内有竖向布置的矩形板，中部有横向的梭形条，横向排列的按钮及被线条删掉的文字，矩形板右侧为纵向椭圆形设计，矩形板两侧有5个竖向排列的椭圆形装饰；左视图（即本专利的后视图）所示该面为竖向矩形，两侧边缘为弧形并向外凸出，其上有一略向内凹陷的矩形设计，其上为三排纵向的格栅设计，在上部还有一方形及圆形设计；右视图（即本专利的主视图）所示该面呈竖向矩形，两侧边缘向外凸出并呈弧形，中央有近似正方形的凹陷部位，角部呈弧形过度，凹陷部位内为仪表盘，其上布置仪表及按钮；后视图（及本专利的右视图）所示右面中部有横向的梭形条，下部两侧分别有6个竖向排列的椭圆形及被线条删掉的文字；俯视图（即本专利的俯视图）所示有沿矩形长轴方向布置的提手和加油口旋钮，主视图、后视图、左视图、右视图均可见四个脚垫。（详见在先设计附图）

将本专利与在先设计相比较，二者不同之处主要在于，在先设计左视图（即本专利的后视图）格栅上中部的圆孔与本专利相比略为向外凸出，圆孔的位置较本专利相比略居中，本专利显示了底面，在先设计未显示，除此之外二者的其他形状设计基本相同。合议组认为，本专利与在先设计的底面在使用状态时，属于一般消费者不易观察到的部位，对整体视觉印象不具有显著的影响，在二者整体形状和各部位的设计均基本相同的情况下，上述不同点仅属于局部的细微差别，因此二者应属于相近似的外观设计。

综上所述，在本专利申请日前已有与其相近似的外观设计在出版物上公开发表过，因此，本专利不符合专利法第 23 条的规定。

### 三、决定

宣告 200530036263.X 号外观设计专利权全部无效。

当事人对本决定不服的，可以根据专利法第 46 条第 2 款的规定，自收到本决定之日起三个月内向北京市第一中级人民法院起诉。根据该款的规定，一方当事人起诉后，另一方当事人应当作为第三人参加诉讼。

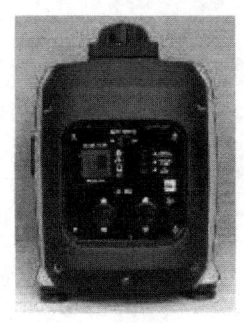  

主视图　　　　　　后视图　　　　　　左视图

 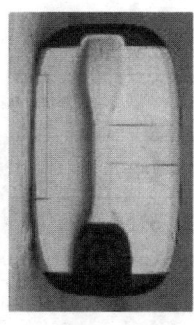 

右视图　　　　　　俯视图　　　　　　仰视图

立体图

本专利

主视图

左视图

右视图

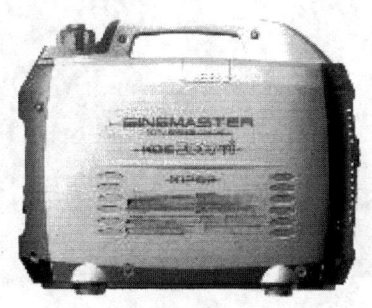
后视图

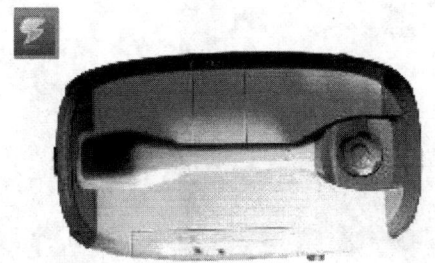
仰视图

在先设计

# 斜断锯（095）

## 无效宣告请求审查决定（第11506号）

| | |
|---|---|
| 决 定 号 | 第11506号 |
| 决 定 日 | 2007年9月24日 |
| 发明创造名称 | 斜断锯（095） |
| 外观设计分类号 | 15-09 |
| 无效宣告请求人 | 曾永冲 |
| 专 利 权 人 | 王骥 |
| 专 利 号 | 200430021762.7 |
| 申 请 日 | 2004年3月29日 |
| 授权公告日 | 2004年10月27日 |
| 合议组组长 | 张雪飞 |
| 主 审 员 | 李巍巍 |
| 参 审 员 | 严若艳 |
| 附 图 | 2页 |

**法 律 依 据** 专利法第23条

**决 定 要 点**

本专利与在先设计相比较，在整体形状和连接等方面均采用了几乎相同的设计，极容易导致一般消费者对二者的整体外观设计误认、混同，二者的不同点属于局部细微差别，其未对二者整体视觉效果产生显著的影响，二者属于相近似的外观设计。

### 一、案由

本无效宣告请求涉及2004年10月27日国家知识产权局授权公告的200430021762.7号外观设计专利，其产品名称是"斜断锯（095）"，申请日是2004年3月29日，专利权人是王骥。

针对上述外观设计专利权（下称本专利），曾永冲（下称请求人）于2007年2月9日向专利复审委员会提出无效宣告请求，其理由是本专利不符合专利法第23条、专利法实施细则第2条第3款和第13条第1款的规定。同时，请求人提交了如下附件作为证据：

附件1是本专利专利著录项目及外观设计图片复印件，共4页；

附件2是Des.345743号美国外观设计专利公告文本复印件及扉页的中文译文，共10页；

附件3是01331030.5号外观设计专利著录项目及外观设计图片复印件，共5页；

附件4是200430021760.8号外观设计专利著录项目及外观设计图片复印件，共4页。

请求人认为：在本专利申请日以前已有与其相近似的外观设计在出版物上公开发表过；且在本专利申请的同日，专利权人还对另一项产品的外观申请了外观设计专利（附件4）。将本专利与附件2所示外观设计相比较，二者不同点是，本专利的各视图是在机体处于压缩状态，并顺时针旋转与工作台成一定角度后拍摄的，而附件2所示外观设计的各视图是在机体呈打开状态和工作台未旋转角度时绘制的，但从机体与工作台的连接方式及其后的限位装置的设置，可以得出机体可以向下压缩，与工作台的角度也可以调整，因此，与本专利外观设计基本相同；本专利与附件3所示外观设计相近似比较的陈述同附件2；将本专利与附件4所示外观设计相比较，二者的不同点是，附件4所示外观设计的各视图是在机体处于压缩状态，并逆时针旋转一定角度后拍摄的，但当二者工作台旋转至同一角度时，两专利的对应视图基本相同，且为同一人同一日申请的专利；另外，从本专利授权公告的各视图观察，所显示的机体压于工作台面，并与工作台面相垂直，而立体图所显示的机体 虽然也压于工作台面，但却倾斜于工作台面，与其他视图投影关系不对应，无法实现工业上的应用。请求人认为，附件2和附件3可以证明本专利不符合专利法第23条的规定，附件4可以证明本专利不符合专利法实施细则第13条第1款的规定，因此，应当宣告本专利无效。

专利复审委员会根据无效宣告请求审查程序的规定受理了该无效宣告请求，并于2007年2月9日将无效宣告请求书和证据的副本转送给专利权人，限其在指定的期限内答复。并告知专利权人如逾期不答复，不影响专利复审委员会的审理。专利权人逾期未答复。

专利复审委员会于2007年7月30日向双方当事人发出《无效宣告请求口头审理通知书》，定于2007年9月13日在专利复审委员会进行口头审理，并告知无效宣告请求人期满未提交回执，并且不参加口头审理的，其无效宣告请求视为撤回。专利权人不参加口头审理的，可以缺席审理。同时向双方当事人告知合议组成员，双方当事人在指定期限内均未对合议组成员提出回避请求。

口头审理如期举行，请求人委托代理人出席了口头审理，专利权人一方未出席口头审理，合议组依法进行缺席审理。在口头审理中，请求人坚持其原有的观点，当庭提交了经国家知识产权局专利检索咨询中心2007年9月11日认证的附件2美国外观设计专利公告的认证原件，合议组对请求人提交的证据进行了核实，其与请求人在无效宣告请求时所提交的附件2内容一致，请求人当庭演示了相关产品实物。

在以上审理的基础上，本案合议组经合议，认为本案事实清楚，依法作出本审查决定。

## 二、决定的理由

### 1. 法律依据

请求人提出的无效宣告请求的理由包括本专利不符合专利法第23条、专利法实施细则第2条第3款、第13条第1款的规定，根据请求人所提交的证据，结合本案案情，合议组首先对本专利是否符合专利法第23条的规定进行审理。

专利法第23条规定："授予专利权的外观设计，应当同申请日以前在国内外出版物上公开发表过或者国内公开使用过的外观设计不相同和不相近似，并不得与他人在先取得的合法权利相冲突。"

### 2. 证据认定

请求人提交的附件3是01331030.5号外观设计著录项目及外观设计图片复印件，所示专利授权公告日为2002年2月6日，使用外观设计的产品名称为"斜切割机"，经合议组核实，其内容属实，为本专利申请日前公开发表的出版物，可适用专利法第23条规定作为本案证据。

### 3. 相同和相近似的比较

本专利为"斜断锯"的外观设计，附件3所示为"斜切割机"的外观设计（下称在先设计），从二者用途考虑，均可用于切割物品，即二者具有相同的用途，属相同种类的产品，具有可比性。

本专利包括主视图、后视图、左视图、右视图、俯视图、立体图，简要说明中记载：因仰视图无实际设计内容，省略仰视图。从各视图观察，该斜断锯由底座、工作台、机体三部分组成，机体大致由圆形锯片、锯片罩、电机、长形传动臂和五边形框体手柄五部分组成，底座整体呈外开状，前后支撑脚为近似"L"形，两后支撑脚之间有一向外斜的支撑脚，底座中部为圆盘状工作台，工作台前端的外周表面有一调节手柄，工作台面上有两块呈"一"字形排列的横向挡板，工件台后部有一凸起，该凸起与机体铰接构成限位装置（详见本专利附图）。

在先设计包括主视图、后视图、左视图、右视图、俯视图、仰视图、使用状态参考图。从各视图观察，在先设计由底座、工作台、机体三部分组成，机体大致由圆形锯片、锯片罩、电机、长形传动臂和五边形框体手柄五部分组成，底座整体呈外开状，前后支撑脚为近似"L"形，两后支撑脚之间有一辅助支撑架，底座中部为圆盘状工作台，工作台前端的外周表面有一调节手柄，工作台面上有两块呈"一"字形排列的横向挡板，工件台后部有一凸起，该凸起与机体铰接构成限位装置，从仰视图观察，底座与工作台整体呈箭头状，其中部为六角星条棱，其中一条棱与工作台前端的外周表面上的调节手柄连接（详见在先设计附图）。

将本专利与在先设计相比较，二者主要不同之处在于：后支撑脚的数量、位置和支架不同，本专利后支撑脚为三个，分别置于两侧和中部，无支撑架；在先设计后支撑脚为二个，基本居中，在两者之间有一辅助支撑架，本专利未显示底座及工作台的底部。合议组认为：从整体视觉观察，二者在后支撑脚和辅助支撑架的不同属于局部细微差别，尚不足以对二者的整体视觉效果产生显著的影响；二者在底座、工作台和机体的连接方式，以及机体的形状及其部件的连接方式等方面均采用了几乎相同的设计，极容易导致一般消费者对二者的整体外观设计误认、混同，虽然本专利没有显示斜断锯的底座及工作台的底部，但二者底座和工作台的底部的形状在使用状态下不可见，故对整体视觉效果不具有显著影响，二者上述基本相同的设计已导致其整体视觉效果相近似，二者应属于相近似的外观设计。

综上所述，在本专利申请日前已有与其相近似的外观设计在出版物上公开发表过，本专利不符合专利法第23条的规定。

在已经得出上述结论的基础上，本审查决定对请求人提出的其他理由和证据不再作出评述。

三、决定

宣告200430021762.7号外观设计专利权全部无效。

当事人对本决定不服的，可以根据专利法第46条第2款的规定，自收到本决定之日起三个月内向北京市第一中级人民法院起诉。根据该款的规定，一方当事人起诉后，另一方当事人应当作为第三人参加诉讼。

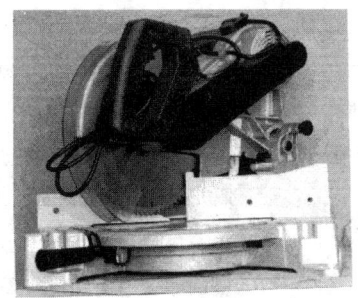
主视图

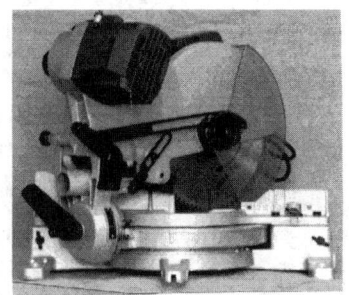
后视图

左视图

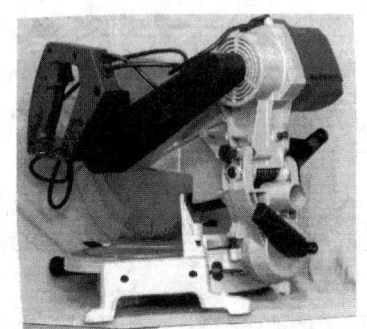
右视图

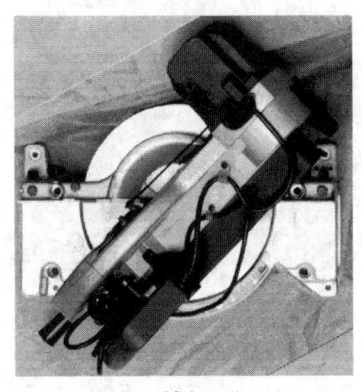
俯视图

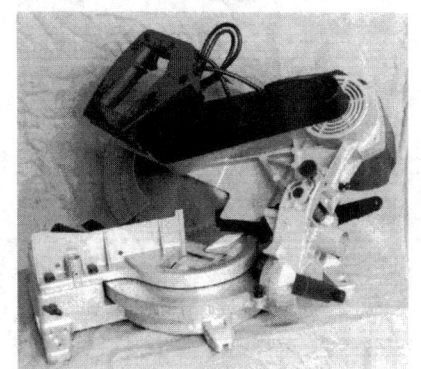
立体图

本专利附图

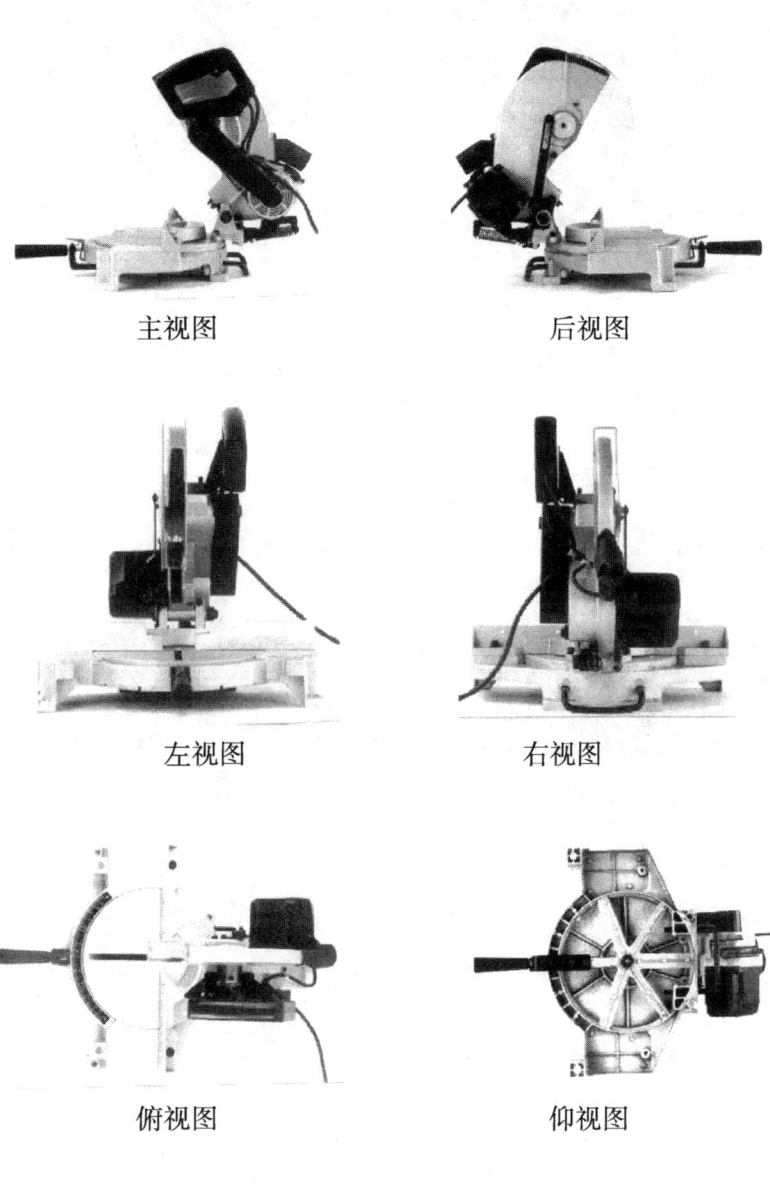

主视图　　　　　后视图

左视图　　　　　右视图

俯视图　　　　　仰视图

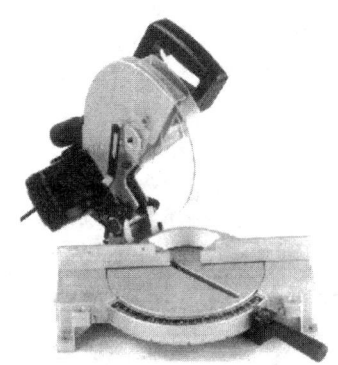

使用状态参考图

在先设计附图

# 锯铝机（090）

## 无效宣告请求审查决定（第 11507 号）

| | |
|---|---|
| 决　定　号 | 第 11507 号 |
| 决　定　日 | 2007 年 9 月 24 日 |
| 发明创造名称 | 锯铝机（090） |
| 外观设计分类号 | 15-09 |
| 无效宣告请求人 | 曾永冲 |
| 专　利　权　人 | 王骥 |
| 专　利　号 | 200430021760.8 |
| 申　请　日 | 2004 年 3 月 29 日 |
| 授权公告日 | 2004 年 11 月 17 日 |
| 合议组组长 | 张雪飞 |
| 主　审　员 | 李巍巍 |
| 参　审　员 | 严若艳 |
| 附　　图 | 2 页 |

**法律依据** 专利法第 23 条

**决定要点**

本专利与在先设计相比较，在整体形状和连接等方面均采用了几乎相同的设计，极容易导致一般消费者对二者的整体外观设计误认、混同，二者的不同点属于局部细微差别，其未对二者整体视觉效果产生显著的影响，二者属于相近似的外观设计。

### 一、案由

本无效宣告请求涉及 2004 年 11 月 17 日国家知识产权局授权公告的 200430021760.8 号外观设计专利，其产品名称是"锯铝机（090）"，申请日是 2004 年 3 月 29 日，专利权人是王骥。

针对上述外观设计专利权（下称本专利），曾永冲（下称请求人）于 2007 年 2 月 9 日向专利复审委员会提出无效宣告请求，其理由是本专利不符合专利法第 23 条和专利法实施细则第 13 条第 1 款的规定。同时，请求人提交了如下附件作为证据：

附件 1 是本专利著录项目及外观设计图片复印件，共 4 页；
附件 2 是 Des. 345743 号美国外观设计专利公告文本复印件及扉页的中文译文，共 10 页；
附件 3 是 01331030.5 号外观设计专利著录项目及外观设计图片复印件，共 5 页；
附件 4 是 200430021762.7 号外观设计专利著录项目及外观设计图片复印件，共 4 页。

请求人认为：在本专利申请日以前已有与其相近似的外观设计在出版物上公开发表过；且在本专利申请的同日，专利权人还对另一项产品的外观申请了外观设计专利（附件4）。将本专利与附件2所示外观设计相比较，二者不同点是，本专利的各视图是在机体处于压缩状态，并顺时针旋转与工作台成一定角度后拍摄的，而附件2所示外观设计的各视图是在机体呈打开状态和工作台未旋转角度时绘制的，但从机体与工作台的连接方式及其后的限位装置的设置，可以得出机体可以向下压缩，与工作台的角度也可以调整，因此，与本专利外观设计基本相同；本专利与附件3所示外观设计相近似比较的陈述同附件2；将本专利与附件4所示外观设计相比较，二者的不同点是，附件4所示外观设计的各视图是在机体处于压缩状态，并逆时针旋转一定角度后拍摄的，但当二者工作台旋转至同一角度时，两专利的对应视图基本相同，且为同一人同一日申请的专利，请求人认为，附件2和附件3可以证明本专利不符合专利法第23条的规定，附件4可以证明本专利不符合专利法实施细则第13条第1款的规定，因此，应当宣告本专利无效。

专利复审委员会根据无效宣告请求审查程序的规定受理了该无效宣告请求，并于2007年2月9日将无效宣告请求书和证据的副本转送给专利权人，限其在指定的期限内答复。并告知专利权人如逾期不答复，不影响专利复审委员会的审理。专利权人逾期未答复。

专利复审委员会于2007年7月30日向双方当事人发出《无效宣告请求口头审理通知书》，定于2007年9月13日在专利复审委员会进行口头审理，并告知无效宣告请求人期满未提交回执，并且不参加口头审理的，其无效宣告请求视为撤回。专利权人不参加口头审理的，可以缺席审理。同时向双方当事人告知合议组成员，双方当事人在指定期限内均未对合议组成员提出回避请求。

口头审理如期举行，请求人委托代理人出席了口头审理，专利权人一方未出席口头审理，合议组依法进行缺席审理。在口头审理中，请求人坚持其原有的观点，当庭提交了经国家知识产权局专利检索咨询中心2007年9月11日认证的附件2美国外观设计专利公告的认证原件，合议组对请求人提交的证据进行了核实，其与请求人在无效宣告请求时所提交的附件2内容一致。请求人当庭演示了相关产品实物。

在以上审理的基础上，本案合议组经合议，认为本案事实清楚，依法作出本审查决定。

**二、决定的理由**

1. 法律依据

请求人提出的无效宣告请求的理由包括本专利不符合专利法第23条、专利法实施细则第13条第1款的规定，根据请求人所提交的证据，结合本案案情，合议组首先对本专利是否符合专利法第23条的规定进行审理。

专利法第23条规定："授予专利权的外观设计，应当同申请日以前在国内外出版物上公开发表过或者国内公开使用过的外观设计不相同和不相近似，并不得与他人在先取得的合法权利相冲突。"

2. 证据的认定

请求人提交的附件3是01331030.5号外观设计著录项目及外观设计图片复印件，所示专利授权公告日为2002年2月6日，使用外观设计的产品名称为"斜切割机"，经合议组核实，其内容属实，为本专利申请日前公开发表的出版物，可适用专利法第23条规定作为本案证据。

3. 相同和相近似的比较

本专利为"锯铝机"的外观设计，附件3所示为"斜切割机"的外观设计（下称在先设计），从二者用途考虑，均可用于切割物品，即二者具有相同的用途，属相同种类的产品，具有可比性。

本专利包括主视图、后视图、左视图、右视图、俯视图、立体图，简要说明中记载：因仰视图无实际设计内容，省略仰视图。从各视图观察，该锯铝机由底座、工作台、机体三部分组成，机体大致由圆形锯片、锯片罩、电机、长形传动臂和五边形框体手柄五部分组成，底座整体呈外开状，前后支撑脚为近似"L"形，两后支撑脚之间有一辅助支撑架，底座中部为圆盘状工作台，工作台前端的外周表面有一调节手柄，工作台面上有两块呈"一"字形排列的横向挡板，工件台后部有一凸起，该凸起与机体铰接构成限位装置（详见本专利附图）。

在先设计包括主视图、后视图、左视图、右视图、俯视图、仰视图、使用状态参考图。从各视图观察，在先设计由底座、工作台、机体三部分组成，机体大致由圆形锯片、锯片罩、电机、长形传动臂和五边形框体手柄五部分组成，底座整体呈外开状，前后支撑脚为近似"L"形，两后支撑脚之间有一辅助支撑架，底座中部为圆盘状工作台，工作台前端的外周表面有一调节手柄，工作台面上有两块呈"一"字形排列的横向挡板，工件台后部有一凸起，该凸起与机体铰接构成限位装置，从仰视图观察，底座与工作台整体呈箭头状，其中部为六角星条棱，其中一条棱与工作台前端的外周表面上的调节手柄连接（详见在先设计附图）。

将本专利与在先设计相比较，二者主要不同之处在于：本专利未显示底座及工作台的底部。合议组认为：从整体视觉观察，二者在底座、工作台和机体的连接方式，以及机体的形状及其部件的连接方式等方面均采用了几乎相同的设计，极容易导致一般消费者对二者的整体外观设计误认、混同，虽然本专利没有显示锯铝机的底座及工作台的底部，但二者底座和工作台的底部的形状在使用状态下不可见，故对整体视觉效果不具有显著影响，二者上述基本相同的设计已导致其整体视觉效果相近似，二者应属于相近似的外观设计。

综上所述，在本专利申请日前已有与其相近似的外观设计在出版物上公开发表过，本专利不符合专利法第23条的规定。

在已经得出上述结论的基础上，本审查决定对请求人提出的其他理由和证据不再作出评述。

三、决定

宣告200430021760.8号外观设计专利权全部无效。

当事人对本决定不服的，可以根据专利法第46条第2款的规定，自收到本决定之日起三个月内向北京市第一中级人民法院起诉。根据该款的规定，一方当事人起诉后，另一方当事人应当作为第三人参加诉讼。

主视图

后视图

左视图

右视图

俯视图

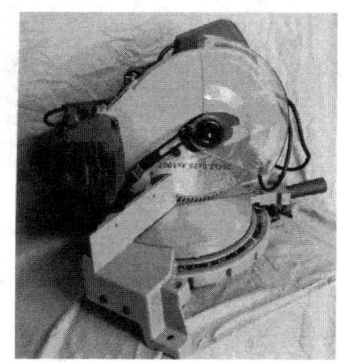
立体图

本专利附图

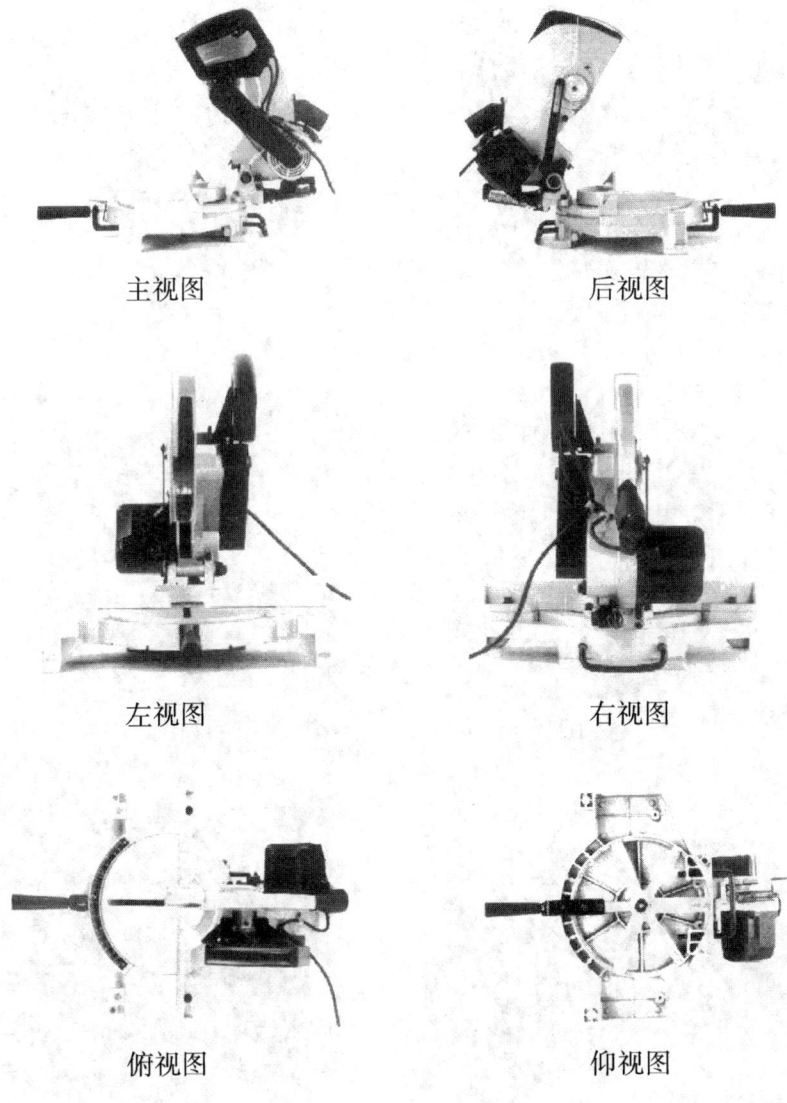

主视图　　　　　　　　后视图

左视图　　　　　　　　右视图

俯视图　　　　　　　　仰视图

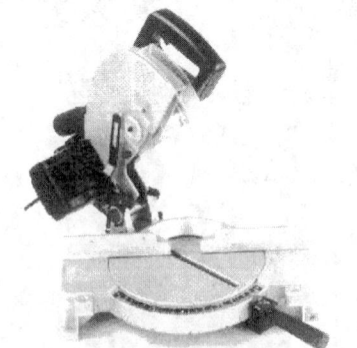

使用状态参考图

在先设计附图